司法文明集览

司法案例卷

主编　霍存福
副主编　金星　武航宇　夏婷婷
冯学伟　张田田

法律出版社
北京

图书在版编目(CIP)数据

司法文明集览. 司法案例卷 / 霍存福主编. -- 北京: 法律出版社, 2023

ISBN 978-7-5197-8026-5

Ⅰ. ①司… Ⅱ. ①霍… Ⅲ. ①案例-世界 Ⅳ. ①D9

中国国家版本馆 CIP 数据核字(2023)第 118162 号

司法文明集览·司法案例卷
SIFA WENMING JILAN · SIFA ANLI JUAN

主　　编　霍存福
责任编辑　陈　慧　陆帅文
编辑统筹　法律教育出版分社
装帧设计　汪奇峰
责任校对　王晓萍
责任印制　刘晓伟
出版发行　法律出版社/北京市丰台区莲花池西里7号(100073)
网　　址　www.lawpress.com.cn
经　　销　新华书店
印　　刷　三河市龙大印装有限公司
版　　本　2023年8月第1版
印　　次　2023年8月第1次印刷
字　　数　1000千
开　　本　787毫米×1092毫米　1/16
印　　张　39.75
定　　价　260.00元
书　　号　ISBN 978-7-5197-8026-5
投稿邮箱　info@lawpress.com.cn
举报盗版邮箱　jbwq@lawpress.com.cn
咨询电话　010-63939796
销售电话　010-83938349
客服电话　010-83938350

本卷编写组

主　编

霍存福

副主编

金　星　武航宇　夏婷婷　冯学伟　张田田

本卷撰写人员（以姓氏笔画为序）

于　钢　王　鑫　王成成　王林枫　王诗雨　王睿麟
王震宇　邓　菲　邓苏雅　冯学伟　吉晓杰　朱延杰
刘林强　池贝贝　孙祺祺　李　震　李宗哲　李晨曦
宋　婕　张少君　张田田　金　星　武航宇　林　祥
周　航　杨振威　夏婷婷　徐铭泽　唐君连　黄　菲
黄　琪　曹　媛　曾　宇　韩　姣　霍存福

凡　例

一、概览

1.《司法文明集览》是一套以展现古今中外司法文明成果为主的综合性法学文献丛书,涵盖司法理论、司法制度、司法机构、司法人物、司法方法、司法技术、司法文化、司法案例,主要供志于法学研究的学者、学生,以及敏于法律兴趣的业余爱好者阅读、检索之用。本卷(司法案例卷)主要从司法案例的维度进行集中展示。

2. 本卷共收录条目1200余条,收录范围涵盖古今中外,具有典型司法意义、展现法官智慧与经验的司法案件。

3. 本卷以国别(文明区域)和时间为主线,划分为中国案例和外国案例两大部分。中国案例,选自七个历史阶段,先后为先秦秦汉、魏晋南北朝、隋唐五代、宋元、明清、民国时期,以及中华人民共和国成立以后时期。外国案例,选自古希腊、古罗马、欧洲中世纪,以及近现代英国、美国、德国、法国等国的著名案例。

二、体例

1. 行文表达。条目阐释文白相映,解释词义以白话述之,引经据典以文言还原;释文起首不重复条目标题。

2. 辅助标识。释文末节标注案例出处和条目撰写者。

3. 纪年标识。古代、近代采年号纪年,夹注公元纪年;公元元年后,省略“公元”二字。

4. 案例命名。中国案例命名原则有二,通常案例以断案者为中心命名;流传甚广者,沿用原案例名。外国案例命名采“某某诉某某案”或“对某某的审判”等表述形式。

5. 索引检索。书末附有全部条目的索引,以拼音为序。

本卷编写说明

本卷选取展现古今中外司法文明的案例。案例是司法文化的重要构成部分，并且在很大程度上能够反映司法文明情形。以史为鉴、以案说法，是古今有识之士重视案例汇编的原因；以小见大，以情动人，则是案例故事轶闻引人入胜的关键。

关于本卷案例范围：

一是时空范围。本卷收录古今中外典型案例一千两百余个。其中，中国案例按照先古后今的时间顺序，分为先秦秦汉案例、魏晋南北朝案例、隋唐五代案例、宋元案例、明清案例、民国案例、中华人民共和国成立以后案例七大部分。对于外国案例，古希腊、古罗马、欧洲中世纪及近现代英美德法等国著名案例，皆有收录。

二是选案标准。本卷从司法文明的视角出发，关注法官办案的事实发现和法律适用过程，重点收录能够体现古代法官的智慧与经验，包括认定事实清楚、适用法律正确、运用司法技术排疑解难，不畏强权、维护法律尊严和司法公正，以及判决准情酌理、产生积极社会效果的案例。此外，从反思教训与法制镜鉴的角度，对皇权擅断、权力倾轧酿成的著名冤假错案，也酌情收录。

本卷所收案例，与所谓“名案”“大案”“要案”“疑案”“冤案”固然有所重叠，但编选、审视案件的视角则力图新颖。对古人编纂的案例集，如《疑狱集》《折狱龟鉴》《刑案汇览》等，本卷按照上述标准作严格筛选，以体现新意。

关于资料使用与加工：

一是资料来源。本卷所收先秦至宋元案例，以正史为主，兼顾笔记、文集等。对各朝代的独特文献，也善加利用。例如，南宋法官判案事例，多取自《名公书判清明集》；元代案例则多引据《元典章》等；明清案例，除引用《明史》《清史列传》《清史稿》等文献中的人物传记外，涉及刑部、三法司等办案的，主要取自《驳案新编》与《刑案汇览》等；涉及地方司法的，主要选自曾任按察使、布政使、州县官及刑幕们所编撰的官箴书与判牍，也参考学界对档案资料的研究成果。笔记小说可补官方资料之不及，因而出于体现司法细节与积极经验的目的，也有一定收录。

二是古语今译。本卷在资料收集及文言史料的白话转译基础上，除对不常见及使用不广的案例做初次今译之外，也广泛参考了近年来的古代案例汇编、译注作品，如辛子牛主编的《中国历代名案集成》、郭成伟主编的《中华法案大辞典》、郑红峰编写的《中华历代名案》等。

三是案例命名。本卷对中国案例命名的原则有二，即在概括案情的同时，尽可能以司法官吏为中心，以方便读者理解和查阅。以清代为例，一般采“某人断某地某案”或“某官员断某案”等命名形式。流传特广之案，部分沿用原名。除此之外，名称中一般不出现原告、被告、罪犯姓名。外国案例部分，取名一般依照“某某诉某某案”等约定俗成的命名方式，也用“对某某的审判”“对某某案的审判”等形式。

关于编写分工：

本卷编撰者主要为沈阳师范大学法学院中青年教师。具体分工情况为：

中国案例部分中，先秦秦汉案例、民国案例，由冯学伟副教授负责；魏晋南北朝案例、隋唐五代案例，主要由夏婷婷副教授负责；宋元明案例，主要由武航宇教授负责；清代案例及中华人民共和国成立以后案例，主要由张田田副教授负责。

外国案例部分全部由金星副教授负责。

霍存福教授负责全卷条目拟定、编写协调、统稿。在编写过程中，几位撰稿人对条目进行互相校对，起到互相提醒和借鉴作用；霍存福教授通读通校了外国案例部分；张田田副教授则协助霍存福教授做了大量校读、编排和协调工作。

作为编撰者，我们想给予读者的大略有三，一是案例所承载的司法理念，二是案例所蕴含的司法经验，三是案例所显示的制度发展。如果读者能从中体味到此三者，那我们的目的也就达到了。

总　目

分　目

中国案例

民国案例

外国案例

中国案例

先秦秦汉案例

丙吉为老人生子断财案

汉代丙吉做廷尉的时候，陈留郡有个八十多岁老人。他的前妻生一女儿，已经出嫁；后妻生一儿子。后来这个老人死了。老人家里很富有，儿子才几岁。他的女儿想要霸占家产，就诬告说后母生的儿子“不是我父亲的孩子”。郡、县两级的官员都断不清这个官司，就上报到尚书台。丙吉说：“我听说老年人生的孩子不耐寒冷，在阳光下没有影子。”当时正是八月，找来与老人的孩子同年龄的小孩让他们都穿上单衣服，结果唯独老人的孩子显出怕冷的样子。又让他和其他的小孩站在阳光底下，只有老人的孩子没有影子。于是作出判决，把前妻之女想夺取的财物归还给后母生的儿子，前妻生的女儿也承认了诬陷后母的罪行。

案例出处：《白话折狱龟鉴》。

（冯学伟）

公士孔于里中刺伤女子婢并伪造线索案

有人在里中刺伤一位名叫婢的女子，抢钱逃走。受命侦讯的，是狱史顺、去疢、忠等人。

婢提了一千二百钱，打着伞，由市中回来，到里巷中，有人从背后动手，像是突然一击，婢倒地，过了一些时间才能起身，钱已失去，贼人也不知去向。该人袭击的动作很快，好像是个男子。婢大声呼救，有名叫龀的女子出来相助，发现婢背上插着刀，婢才知道自己受了伤。狱史顺等对婢进行了详细讯问，调查了人证、物证。凶器是一柄长九寸的刀，合今 20.7 厘米，当为青铜制造。在婢摔倒的处所，还发现了一枚长尺半的荆券，合今 34.5 厘米，有刻出的齿，类似市中贾人所用。顺等未能捕获贼人，另一狱史举阏受命接办此案。他进行了细密的侦查，先拘讯士伍武，结果是“游荡逃亡”，并非此案凶犯。随后，举阏发现疑犯公士孔。公士是秦二十等爵的第一等。该人离家前往市中，在市亭旗下走了一会，便回家去，第二天又是如此。他的衣带有佩刀的位置，却没有刀。经讯问，孔矢口否认曾经佩刀。举阏向民众查询，有个名叫仆的走马，交出一件白色皮革做的刀鞘，上面系有丝绢，说是孔给他的，这是关键性的证据。举阏对刀和鞘进行察验，刀的环首有缺损，向侧方歪出，而鞘口与环首的歪出处相当的部位呈青色，有残破。这确切证明凶刀为孔所有，孔终于不得不招认，并供出故意丢失荆券，伪造线索的行为。

案例出处：《〈奏谳书〉解说》。

（冯学伟）

关于田地的狱讼（琱生簋）

六年四月甲子那天，王在莽。召伯虎告诉（琱生）说：“我大功告成了。”又说：“止公为你诉讼的事交纳了贝，这场官司平息了，有了结果。这也是我父母幽伯羌的命令。我成功了！我就止公附庸的土田数量征求有司的意见，虽然我有记录土田的文书，但是因为没有定论，不敢封存于官府。现在我已经征求了意见,有司说:‘遵从命令。’现在我已经把全部的契约写好送给你。”琱生用玉璧回报了召伯虎。琱生答谢称扬我宗君的赏赐,因而制作了祭祀其烈祖召公的宝簋,希望子子孙孙万年珍贵地使用,让它在宗庙里祭享。

案例出处:《六年召伯虎簋》。

(冯学伟)

郭躬断孙章过失矫诏罪

东汉时郭躬以郡吏的身份被征召到公府。当时有兄弟俩共同犯杀人,但还没有定罪。明帝认为兄长不教诲弟弟,因此判决兄长予以重处而判处弟弟免于死刑。中常侍孙章宣读诏书时,错读成二人都判决重罪。尚书向皇帝奏陈孙章伪造君命,按罪行应判处腰斩。明帝认为郭躬通晓法律,就向他咨询。郭躬回答说:“应判孙章纳金赎罪。”明帝说:“孙章伪造君命杀人,你为何只处以罚金?”郭躬说:“法律上有故意杀人和过失杀人。孙章错误传达君命,事情属于过失。按过失杀人罪的法律规定从轻量刑。”明帝说:“孙章与那个囚犯是同乡,我怀疑他是出于故意。”郭躬说:“《诗经》上说,‘周道如砥,其直如矢’,《论语》上说‘君子不逆诈’。帝王是秉承天意的,议罪量刑时不应该随意附会。”明帝称赞郭躬说得有理,调郭躬为廷尉。

案例出处:《白话折狱龟鉴》。

(冯学伟)

寒朗为四侯爵辩明谋逆冤案

东汉的寒朗做谒者的官时兼任侍御史,和三府属下的官吏共同审理人犯颜忠、王平等,供辞牵连到耿建、臧信、邓鲤、刘建四个侯爵。耿建等四人的供述没有和颜忠、王平等的供辞对案。这时显宗皇帝非常愤怒,官吏们都惴惴不安,那些被牵连到案子中的人,大致上都陷入了这桩谋逆案,所以,没有人敢于请求皇帝宽宥四侯等人。寒朗替那些被冤枉的人伤心,试着找了个同耿建相貌像的人到堂上去,寒朗独自审问颜忠、王平,他们却张皇失措,惊讶得回答不了问题。寒朗弄明了颜忠、王平二人的供辞是虚假的,就上书说耿建等人没有谋逆,他们是颜忠、王平陷害的,并且怀疑全国很多无辜的人遭受冤屈,大多数应当是被人陷害的。皇帝招寒朗入宫,问他:“即便耿建等如你所说是冤枉的,但是,颜忠、王平为什么牵累他们呢?”寒朗回答说:“颜忠、王平他们知道自己犯了大逆不道的罪,就尽量多地凭空攀扯,以图使自己解脱。”皇帝说:“即便如此,四侯没有罪,那你为什么不早告诉我,以了结此案,却拖到现在呢?”寒朗回答说:“我虽然查明耿建等四侯没有参与谋逆的事,但是担心国内另有揭发他们搞阴谋诡计的,所以没敢及时向您禀奏。”皇帝生气地骂道:“作为官员,对事情抱着左右不定、投机观望的态度,应当抓起来斩首!”皇帝的卫官正要把他推下去斩首,寒朗说:“让我死前说一句话。微臣不敢欺骗皇帝,只是想为国出力罢了。”皇帝说:“谁和你一起写的奏章?”回答说:“我自己知道我说的那些话弄不好要遭灭九族之罪,所以没有敢累及别人,实在是希望您能够察觉罢了。我看到担任审问囚犯一事的人,都说凡是大逆不道的案件,做臣子的应当和您一起憎恨:现在判有罪为无罪、罪重为罪轻的比无罪判为有罪、罪轻判为罪重的要少,这样可以没有事后被追究责任的顾虑。因此就拷问一个人牵连出十个人,拷问十个人牵连出一百个人。再有,公卿大臣朝会的时候,您问大家有什么成绩和不足之处时,都直身而跪说旧的法律规定是犯了大罪,九族亲属都要受到牵连；由于您的大恩大德，所以只对犯罪者一个人判罪，全国百姓蒙福的很多。等到他们回到家里后，虽然嘴上不说，却私下在屋里仰首叹息，没有不知道这些人中多数人是冤枉的，只是没有敢于和您抵触、提出不同意见的人。我今天说出了这些话，就是死了也没有什么后悔的了。”皇帝的怒气消解了，下令把寒朗送出皇宫。过了两天，皇帝坐车驾临洛阳监狱，视察讯问了囚犯，清理出一千多无罪的予以释放。

案例出处：《白话折狱龟鉴》。

（冯学伟）

汉武帝辨防年弑母大逆案

汉景帝的时候，廷尉向景帝陈报囚犯及其定罪量刑的情况，其中有个案件是这样的，防年的继母陈氏杀死了他的父亲，防年为报父仇也杀了陈氏。依照当时的法律，杀死母亲应判大逆罪，汉景帝对这个判决有疑义。当时已被立为太子的汉武帝刚十二岁，恰在景帝身旁，景帝就问他的意见。他回答说：“继母和母亲一样，虽然明明赶不上母亲，但因为父亲的缘故，也把继母比作母亲。现在继母行为不检，亲手杀了防年的父亲，那么当她下手杀夫的时候，母子的恩义就已断绝。所以，防年杀他继母应视同杀一般人，判处防年大逆罪不合适。”

案例出处：《白话折狱龟鉴》。

（冯学伟）

何武为老人子断剑夺财案

西汉时，沛县有个富裕人家的老头，家产足有二千万铢。这个老人有一男孩才几岁，母亲却死去了，又没有其他亲属；唯一一个女儿还不贤淑。老人病重的时候考虑到，自己死后，如果女儿和儿子争夺财产，儿子一定不会全部得到。所以，他就叫来同一家族的人作证写了遗书，把全部家产委托给女儿；只给儿子留下一把剑，还说：“等我儿子十五岁时再给他。”后来他儿子长到十五岁了，也没得到那把剑，儿子就到郡府起诉。太守何武拘留审问女儿和女婿；同时查看了老人写的遗书，然后和部下官员说：“女儿蛮横凶悍，女婿又卑下贪婪。老人恐怕他们会害死自己的儿子，又考虑儿子即使当时得到这笔财产也不能全部占有，所以委曲求全，暂时把财产给了女儿和女婿，实际上相当于是寄存在他们那里了。这把剑之所以代表决断的意思，是因为老人规定了十五岁，这时儿子已经长大成人了，同时估计到女儿、女婿这时候不给儿子宝剑，儿子就会告到州县，或许宝剑还是个明显的证据，能够伸张正义。这个平平常常的老人真是太深谋远虑了！”于是，何武要回了财产，给了老人的儿子，说：“这样不义的女儿、女婿，凭着不应该得到的家产享受了十年，也够他们幸运了。”听说何武这样决断的人都十分佩服。

案例出处：《白话折狱龟鉴》。

（冯学伟）

黄霸抱儿断兄弟夺子案

西汉的时候，颍川有个富裕家庭，弟兄二人在一起居住，他俩的媳妇都怀孕了。哥哥的媳妇已流产，但隐瞒了实情；弟弟的媳妇生了个男孩，哥嫂就抢过去作为自己的孩子，官司打了三年也做不出决断。州官黄霸叫人把孩子抱到庭堂之上，命妯娌二人抢到小孩的就可以归自己。

只见嫂子抢孩子时动作很猛烈,弟媳则怕弄伤了孩子,表情非常惨伤。黄霸立刻斥责哥哥的媳妇说:"你贪图得到家产,因而想要孩子,难道就不想想会伤害到别人吗?这事已经很清楚了,马上把你弟媳的儿子还给她!"哥哥的媳妇认了罪。

案例出处:《白话折狱龟鉴》。

(冯学伟)

黄霸判三男共娶一女并争子案

汉宣帝的时候,燕、代之间有三个男人共同娶一个女人为妻子并且生了一个儿子;等到他们要分家的时候,因争着要孩子告到了官府。丞相黄霸判决此案子时说:"这不是人类应该做的事,应当依照对待禽兽的办法进行处理。"于是杀了这三个男人,并把孩子还给了他的母亲。

案例出处:《白话折狱龟鉴》。

(冯学伟)

黄昌严处偷车篷者以震慑豪强大户案

东汉的黄昌做宛县县令时,官吏中推崇严厉治事的风气,喜欢揭发奸邪,使其无处藏匿。有人偷了黄昌车上的篷子,黄昌开始时没说什么,后来暗中派遣亲信到自己的部下贼曹官的家里,趁他没有防备突然进行搜查,搜出了车篷,并逮捕了他的全家,一起杀掉。豪强大户的人家害怕得发抖。大家都称赞他破案如神。

案例出处:《白话折狱龟鉴》。

(冯学伟)

匡季指使奴仆抢劫稻禾案(曶鼎第三段铭文)

过去的一个荒年里,匡季及其臣属二十人抢劫了曶的稻禾十秭,曶把匡季控告到东宫。

东宫就说,恳求对方吧!如果得不到谅解,对你的惩罚可就大了。匡季便对曶叩头求饶,答应用五百亩田,一个叫益的众和名叫𡊨、朏、奠的臣,共四个奴隶赔偿,再次叩头。匡季又说我没有抢劫多少,长官不要鞭打我。曶又把匡季控告于东宫。曶说,必须把我的原稻禾还回来。东宫便说,还给曶稻禾十秭,再加十秭,共二十秭。如果来年还未偿还,就还回四十秭。

匡季便又给曶二百亩田,再加一个臣,总共付给曶国地七百亩,奴隶五人,曶答应免去二十秭的罚金。

案例出处:《长安文物与古代法制》。

(冯学伟)

阑娶南为妻并共同逃走案

女子南系战国时齐国贵族田氏,受命徙处长安,由临淄狱史阑送行。他们到了关中,阑娶南为妻,给她戴上缴冠,佯病卧在车中,用大夫虞的传(过关凭证),企图混出关去,一起回往临淄。不料未能出关,竟遭捕获。阑与南这双夫妻的命运是悲惨的。阑最后被判处黥为城旦,他和南便就此被拆开了。

案例出处:《〈奏谳书〉解说》。

(冯学伟)

牧牛与偞争夺五名奴隶案(偞匜)

周王三月既生霸甲申那一天,王在方邑的上宫。司法官伯扬父定下了判辞。

判辞说:牧牛!喔,你应受到谴责。你竟敢把你的上司偞控告。你违背了先前的誓言。现在你已经又立了誓,依照法令到啬地去见偞,也还了这五个奴隶,也已经立了誓了,你也已经听从讼辞、听从誓约了。按照最初的责罚(惩罚),我本应鞭打你一千下,处黩黜刑。现在我赦了你,还应当鞭打你一千下,处你黩黜刑。现在大赦你,鞭打你五百下,罚你铜三百锊。伯扬父又让牧牛发誓说:"从今以后,我大小事不敢扰乱你。"伯扬父又说:"你的上司偞再把你告上来,就鞭打一千下,处黩黜刑。"牧牛便发了誓。伯扬父便把诉讼结果告知参加审判的官吏邦和官吏曶。牧牛的书面誓辞写成了,罚了铜。偞用这铜做了宗旅的盉。

案例出处:《长安文物与古代法制》。

(冯学伟)

苏秦车裂遗言获刺客案

苏秦在齐国时,齐大夫因和他在国君面前争宠,而派人刺杀他,刺客没有成功杀死苏秦就逃跑了,一直没有拿获凶犯。苏秦快要死的时候对齐王说:"我死以后,您就下令将我车裂并在街上示众,然后说:'苏秦因替燕国在齐国制造动乱而受车裂。'如此这般,就一定能抓到刺杀我的凶手。"齐王照他说的那样做了,凶手果然出现了,齐王下令杀了刺客。

案例出处:《白话折狱龟鉴》。

(冯学伟)

孙宝称馓折数赔偿案

汉代的孙宝做京兆尹。有个卖馓子的人,偶然和一个村民相撞,把馓子都碰掉了,馓子碎了一地。这个村民认赔五十只,卖馓子的非要他赔三百只,于是两人争论不休。孙宝就让人从别处买来一只馓子。先称出它的重量,再把被碰掉而碎的馓子全部称过以后进行折算,便知道了原来馓子的数目。大家非常赞叹,佩服孙宝的英明。

案例出处:《白话折狱龟鉴》。

(冯学伟)

痽包庇䜣带兵逃亡案

苍梧县利乡出现叛乱,其令史䜣、义二人,征发新归秦的民众前往镇压,两次失败,其间义也死了。直到第三次,由攸县征发了更多的民众,才把叛乱者击破。按照秦律,临阵不战而逃的应当问斩,所以要追究前两次失败中的败逃者,但三次征发的名籍都是痽主管的,一起放在笥中,彼此混杂,竟分不清是哪一次了。䜣已逃亡在外,无法追查。痽到攸视事时,苍梧守令和县尉告知他这一事件。痽发现案件未得处理,询问名叫氏的狱史,氏报告了前述情况,并说已由好畤对䜣发出拘令。好畤(今陕西乾县东)应为䜣的家乡。这时痽给朝廷上书,他只要求惩治那些不战而逃的民众,而包庇了䜣这样的带兵官吏。此事被朝廷发现,将痽撤职囚禁,重新任嫭为攸县守令。随后,南郡曾派吏到攸。䜣已自首,匿藏山中的民众也被诱到攸城中,很多人被捕,他们大约均已遭处决。只有癃的问题拖延经年,未能判处。南郡的几个卒史经过复审,判决癃耐为鬼薪。

案例出处:《〈奏谳书〉解说》。

(冯学伟)

廷史申为守丧通奸女子甲减罪案

罪犯女子甲居于"杜泸"(今陕西西安东南),其夫公士丁病故,她在和婆母素夜间守丧时,与男子丙到棺后房中发生性关系。第二天,素以此事告官,女子甲被捕。杜县官吏对如何判处疑不能决,最后报请朝廷,由廷尉处理。当时廷尉等人一致认为应以"敖悍"两条律文论女子甲罪。考虑到妻对夫次于子对父母,参考敖悍之罪,判甲为舂。有一个名叫申的廷史,因徭使没有参加议论,回来后反对廷尉等的意见,提出一系列问题,说服了廷尉等人,女子甲得以减罪。

案例出处:《〈奏谳书〉解说》。

(冯学伟)

土地租赁争讼判例(鬲攸从鼎)

三十二年三月初吉壬辰那一天,周王在周康宫的夷王太室。

鬲从把攸卫牧告到王那里。鬲从说:"你谋求我的田地,没有给我报酬。"王命令司法官眚史南把诉讼双方带到虢旅那里去。虢旅于是让攸卫牧发誓说:"我如果不尽付鬲从租金,酬谢租给我田邑,就处流放刑。"攸卫牧便宣了誓。

鬲从制作了纪念其祖父丁公、父亲的宝鼎。鬲从希望子孙万代永远宝藏享用。

案例出处:《长安文物与古代法制》。

(冯学伟)

为乐人讲辨诬案

秦王政元年(公元前246年)十二月十六日,雍(今陕西凤翔南)市亭负责人庆以书面形式报告县廷,说有名叫毛的士伍即无爵的成年男子,来卖一只牛,经过盘问,怀疑牛是偷来的,送交审讯。此案由史(令史)腾讯问,毛先说是独自偷盗士伍祀的牛,经核对不实,进行拷打,毛在供词中攀扯居住在汧邑(今陕西陇县南)的乐人讲。讲被捕,由史挑讯问,开始再三辩解,后遭拷打,不得已诬服。第二年二月十七日,垂昭、史敢、史挑、史肠进行判决,将讲黥为城旦,冤狱便构成了。

重审中,听取了讲和毛叙述惨被拷打的经过,检验了他们身体上的伤瘢,讲的冤情于是大白。重审者给囚系讲的县发公文,把讲的刑徒身份免除,以为隐官,安置在放(今河南西峡)。因讲判刑已被卖为奴的讲的妻、子,均由公家出钱赎回。这一文书的副本,也送交原判处讲的雍邑。

案例出处:《〈奏谳书〉解说》。

(冯学伟)

新郪令信谋杀狱史武案

求盗甲本随狱史武防备盗贼,武于六月二十九日出行公粱亭管地,失踪不归。公粱亭校长丙认为甲有嫌疑，加以不戴刑械的拘留。淮阳守堰发现校长丙虽拘留求盗甲，却没有囚系的文书，也不行审讯，情事可疑，于七月二十一日下令追查。查究证明，狱史武出行失踪一事，与长苍有关。苍供称：他过去曾是新邦令信的舍人，即私属。信指使苍杀武，苍就伙同求盗大夫布、舍人替袅徐两人在校长丙的管地把武杀了。大夫是二十等爵的第五等，替袅是第三等。丙和发弩赘"荷捕"苍。苍说明是为信杀的，丙和赘便把他放走了。信供出谋杀武的经过。原来在当年五月，天旱不雨，国家命令民众举行求雨的雩礼，武负责县邑中的这件事。这时信巡行县属各乡，叫舍人小替袅造看守家舍。造是名男童，大约是信所宠爱的。雩要有童男女舞。所以武征调遣参加，没想到这触犯了信。信回来很不高兴，对武责难，武又踞坐不跪，言语顶撞，信大怒握剑，口出恶言，武便走开。过了十几天，信的又一舍人莱告诉信，武要向垂相、郡守报告这件事，信就指使苍杀死了武。他不追究求盗甲，也正是怕暴露了自己。校长丙、发弩赘的供辞，印证了信的招供。经过诘问，丙、赘、信三人都不得不认罪。还有一引起证人，舍人造所说与信一致；求盗布已死，舍人徐则逃亡不获。验问四人是否为关内侯，结果：信有子原为右庶长，第十一等爵，因守荣阳立功，赐爵广武君。苍为壮平君，赘为威昌君，丙为五大夫，则都是故楚的封爵。当前皆为大庶长，即第十八等爵。之所以要验问这一点，大约是由于关内侯在法律上有特殊的待遇。不过苍、信、丙、赘四人虽非关内侯，仍须将其罪状上报，才能处置。至于布、徐等，就由县里自行惩办了。

案例出处：《〈奏谳书〉解说》。

（冯学伟）

薛宣分绢断骗绢案

西汉的时候，临淮有个人带着一匹细绢到市场上去卖，路上遇雨就披上细绢挡雨；在他后边有个过路人赶来，也想在细绢下避雨。雨过天晴后他们要分手时，却争斗了起来，都说"细绢是属于我的"，没办法就到官府去讲明各自的理由。太守薛宣审理了很长时间，他们都不认罪。薛宣只好说："一匹细绢才值几百钱，至于吵闹不休地到这里打官司？"薛宣叫来随从官吏把细绢从中剪断，二人各分一半，然后暗地派人紧随其后听他们说些什么。从后边赶上来避雨的人说的是太守英明，细绢的主人却不停地叫屈喊冤，认为太守不公。薛宣知道了实情后，再次审问骗细绢的人，他终于认了罪。

案例出处：《白话折狱龟鉴》。

（冯学伟）

尹翁归按类推测拿贼案

汉代尹翁归在右扶风做官的时候，各个县都有记录作奸犯科者罪行和姓名的花名册。某个地方出了贼盗，尹翁归就找来这个县的长吏，告诉他狡猾奸恶者的姓名，教他使用按类推测的方法，得知盗贼来往和抵达的住所，从而追踪缉拿贼盗，案情经常如尹翁归分析的那样，盗贼少有遗漏和逃脱的。

案例出处：《白话折狱龟鉴》。

（冯学伟）

尹翁归择奸登记治理郡务

汉代尹翁归做东海太守的时候,郡里各级官吏、百姓的好坏以及不安分人做的坏事、所犯的罪行他都知道,各个属县都设有各类人的登记簿。自从他主持郡里事务以后,州里有紧急、必办的事务的时候,对这些管得就稍微松一些;官吏和百姓稍微有些懈怠时,就公布有罪者的姓名。每个县都抓获了奸诈狡猾的官吏和百姓中强横霸道的人,审问以后给他们判罪,罪行最重的判处死刑。逮捕人的时间都安排在秋冬稽核官吏成绩的会考中和到各县巡察的时候,不安排在平常没有事情的时候。尹翁归的这种有所选择地惩治奸邪的做法,能够以一儆百,使那些官吏、百姓都很慑服,有罪的人则因害怕被惩处而改恶自新。

案例出处:《白话折狱龟鉴》。

(冯学伟)

有关奴隶买卖契约执行的案件(曶鼎第二段铭文)

周王(二年)四月既生霸丁酉日的早晨。邢叔在名叫异的地方处理政务。

曶让他的下属𩵦向邢叔控告限,说:“我已经买了你的五个奴隶,中介人是效父,价值是一匹马、一束丝。限开始口头承诺同意了,后来反悔,让他的臣属䝨还了一匹马和一束丝,但是不愿意交出五个奴隶,此为第一次毁约。此后䝨和效父又应许𩵦说在王参门地方改订书面契约,改用货币来买这五个奴隶,用了铜百锊,如果还不出卖这五个奴,便来相告,限同意了,收取了铜百锊,后来又反悔了,让䝨退回了原金,此为第二次毁约。”刑叔对限说:“从事于王室的人,就应当买卖成契则不能违背,把五个奴隶交给曶,不要让你的臣下有弍言。”

曶便叩头称谢,接受了这五个名叫陪、恒、𦓣、𩱧、眚的奴隶。曶让他的下属寽告诉䝨,又让□用曶的酒、羊、价值三锊的丝作为礼物招待这些人,举行了宴会。曶于是对䝨责令说:“你要赠送给𩵦五束矢。”又说:“你一定要让𩵦仍住在他的田邑里,耕种他的田地。”䝨回答说:“行。”

案例出处:《长安文物与古代法制》。

(冯学伟)

袁安不忍禁人做官

东汉袁安做河南尹的时候,施政严明,但没有以贪污受贿罪审问过别人。他常说:“凡是以学入仕之人,都希望做朝廷的宰相,最起码也希望当州郡的长官,在政治昌明的时代禁锢人做官,是当官的不忍心干的。”听了这些话的人都因他的好意非常感动,自觉勉励自己。在袁安任职的十年中,京城的人都对他很恭敬。

案例出处:《白话折狱龟鉴》。

(冯学伟)

张敞利用贼首破群盗案

汉代的张敞做京兆尹。当时长安市的小偷很多,各行各业的生意人都饱受其苦。张敞到任后,寻访了一些老百姓,了解到几个盗首平时似乎都宽厚温和,且出入时有仆役跟随,邻里们都认为盗首是年高德劭的长者。张敞把他们都找来进行训责,还赦免了他们的罪行,但把他们犯罪的老账都控制在手中,让他们招出其他偷盗的人来将功赎罪。一个盗首说:“现在如果把一个盗贼召到官府来,其他的恐怕就会害怕而逃走。希望授我们以吏职来稳住他们。”张敞给几个小贼头都授了吏职,打发他们回家祝贺。他们在家里摆设酒宴,盗贼们都来庆贺,全喝醉后,在他们的衣襟上涂红颜色。官吏们坐在里巷的门旁观察出来的人,把衣襟被涂上红色的都抓起来,一天中就拿住了几百人。然后对他们罪行进行彻底追查并予以惩治,有的一个人就作案百余起,全都依法予以惩处。从此以后击鼓报案的少了,街市上再没发生过盗案。

案例出处:《白话折狱龟鉴》。

(冯学伟)

赵广汉瓦解豪强大户治颍

汉代赵广汉做颍州太守的时候,一些官吏和豪强大户结党营私。赵广汉非常忧虑,就勉励其中可以利用的,发给他们检举的公文状纸;发生了案子就进行审问,有罪的就用法律予以惩处。赵广汉还故意把他们的言辞泄露出去,使他们互相怪罪、怨恨;又让属官设置检举箱,当收到检举揭发信时,就涂去检举揭发人的姓名,假托是豪强大户的子弟说的。这以后强宗大族之间都结下了仇怨,奸党瓦解,州里的风气大有好转。那些官吏和豪强大户之间互相控告揭发,赵广汉就能够把他们作为耳目;盗贼因此而不敢作案,作了案的也能捕获。州里的各个方面都整治得很好,赵广汉的威名广为流传。

案例出处:《白话折狱龟鉴》。

(冯学伟)

钟离意断兄夺弟田案

东汉时钟离意做会稽郡北部督邮,乌程县有个叫孙常的男子同弟弟孙并分了家,每人分得四十顷地。后来,孙并死了,遇上了闹饥荒的年头,孙常稍微接济了孙并妻子和儿子一点粮食,就都加起来算出总价写入凭据,以此侵吞了孙并家的田地。孙并的儿子长大后,到官府告了孙常。钟离意的属官们都认为孙并的儿子在饥荒年,靠孙常一合一升地给他粮食才得以活命长大,现在却和他伯父打官司争田地,这是不孝。钟离意却有不同的主张,他说:“孙常身为伯父,本应该抚育弱女孤儿,给予少量粮食却按升折算,用凭据骗取他们的田地,贪利忘义,不顾亲情,心怀鬼胎。你们应当要回被孙常夺去的田地还给孙并妻子。”大家商议后认可了钟离意的意见。

案例出处:《白话折狱龟鉴》。

(冯学伟)

周纡语尸反诈防骗案

东汉的周纡调任召陵侯相后,属官听说他是个严肃明察的人非常惧怕,想损害他的威望,早晨的时候,找来一个死人尸体,砍断了死尸的手足后立在庙门前。周纡闻讯后,走到尸体旁边,做出跟死人说话的样子。同时,他观察出死人嘴和眼里都有稻芒,就暗地里问守城门的人:“都有谁拉稻草进城了?”回答说:“廷掾。”又问部下:“外边有谁怀疑我跟死人一起说话?”回答说:“廷掾怀疑您跟死人一块说话。”周纡就逮捕了廷掾进行审问,廷掾承认自己没有杀人,用的是路边的死尸。自此以后没人敢欺骗周纡了。

案例出处:《白话折狱龟鉴》。

(冯学伟)

子产听哭声断妇女因奸杀夫案

郑国的子产有一天听到一个妇女的哭声后觉得有异样,就叫人把她带来讯问,果然这个妇女杀了她的丈夫。有人问子产说:“你怎么知道她杀了人呢?”子产说:“人们对自己的亲人,有病时就忧愁,快死时就害怕,死了以后就悲哀。现在这个妇女的丈夫已经死了,但从她的哭声里听不出一点悲哀和害怕的意思,因此断定她和别人有奸情。”

案例出处:《白话折狱龟鉴》。

(冯学伟)

魏晋南北朝案例

蔡撙改判归宗被弹劾案

蔡撙于梁武帝天监初年(502 年),在临海郡任太守。郡中有百姓杨元孙无子,以婢女采兰典贴给乡里黄权,同时约定如果生子,要归宗杨家,杨元孙又给黄家一笔酬金用于乳哺子嗣。后黄权去世,杨元孙找到黄妻吴氏要赎回母子一共五人。吴氏违背约定不肯归还。无奈,杨元孙将黄家告到郡衙,蔡撙亲自审问后,判决吴氏将采兰母子送还杨家。不料那吴氏精通巫术,可以自由出入蔡撙宅邸,并用金钱贿赂蔡撙的爱妾。蔡撙受不住爱妾的教唆,重新审理此案,此次将采兰母子改判给吴氏。杨元孙一怒之下,赴京控告,在宫门口挝登闻鼓,主管官员上奏弹劾蔡撙,此时蔡撙因其他事已经被降职为太子中庶子离开了临海郡,侥幸未被治罪。但蔡氏一族常以此事为耻。

案例出处:《南史》。

(夏婷婷)

曹摅察理断门卫盗叉子木案

晋代的曹摅做洛阳县的县令。一天下大雪的时候,宫门前拦阻人马通行的叉子木被人偷了。曹摅逮捕了守宫门的卫士,官吏们认为不是卫士偷的。曹摅说:“宫中看守得那么严格,外人哪有胆量来偷叉子木,只能是门卫用它来生火御寒。”经审问,门卫果然认罪。

案例出处:《白话折狱龟鉴》《折狱龟鉴译注》。

(冯学伟)

曹摅明察寡妇杀婆母冤案

晋代的曹摅在做临淄县长时,县里有个寡妇很恭敬地扶养她的婆母,婆母认为她还年轻,就好言相劝,让她改嫁。寡妇却不肯,坚持守寡。婆母为了不成为她的累赘,就自杀了。死者亲族的人到官府告寡妇杀了她的婆母,官吏对寡妇严刑拷打,她经受不了苦痛,就含冤承认了杀人。案子判决后,正好曹摅到任。曹摅发现寡妇有冤屈,就详细了解了真实情况并改变判决,重新辨析推究。当时的人们都夸赞曹摅的贤明。

案例出处:《白话折狱龟鉴》《折狱龟鉴译注》。

（冯学伟）

陈表感化施明破盗窃官物案

三国时吴国人陈表因其父战死沙场,被提拔为将军。当时有人盗窃了官家财物,怀疑是穷困潦倒、无所惧怕的施明干的。施明平素强壮、勇猛,被逮捕以后虽然经严刑拷打,但宁死也不发一言,廷尉如实报告给了郡主。陈表却解下施明身上的刑具,并让他洗澡、换衣服,还摆了桌丰盛的酒席,晓之以理、动之以情地规劝他。施明认了罪,还把同伙都说出来了。陈表如实报告给孙权。孙权觉得施明不同于一般人,想保全他的声誉,特地赦免了施明,杀了他的同伙。施明非常感激陈表重感化而不是严刑逼供的做法,后来他成了国家干将,官至将军。

案例出处:《白话折狱龟鉴》《折狱龟鉴译注》。

（冯学伟）

陈伯礼迁延被免案

武陵王伯礼字用之,文帝第十子,天嘉六年(565 年)立。陈宣帝太建九年(577 年),出吴兴太守。伯礼任太守期间,恣意妄为,横征暴敛,百姓恶之。后为有司弹劾。太建十一年(579 年)春,陈宣帝派人代替伯礼出任吴兴太守,而伯礼被征召回京。得到回京旨意后,伯礼竟迁延不发,迟迟不离开吴兴,一拖再拖直至这年十一月。此事为御史中丞徐君整所劾,宣帝下诏免伯礼所居官,以王爵还私第。

案例出处:《陈书》。

（夏婷婷）

陈矫论决滞囚案

三国时魏国的陈矫做魏郡太守的时候,关押的囚犯数以千计,有的被关押了一年以上。陈矫认为周朝有轻典、中典、重典的三典制度,汉朝有杀人者死、伤人及盗抵罪的约法三章,现在只重视判刑轻重,却忽视了长久关押犯人的害处,显然是不合适的。于是,他亲自审阅罪状,很快就论定结案。

案例出处:《白话折狱龟鉴》《折狱龟鉴译注》。

（冯学伟）

陈矫赦孝子为父祷告杀牛案

魏国陈矫做魏郡西部都尉,那时候耕牛很少,如果杀了牛要判处死刑。曲周县一个百姓因父亲有病,就杀了牛进行祷告,县府结案判处他死刑。陈矫说:“这人是个孝子啊!”于是上书朝廷请求赦免他。

案例出处:《白话折狱龟鉴》《折狱龟鉴译注》。

(冯学伟)

邓羌为徐成请命案

太和五年(370年)十月,王猛派将军徐成去侦察前燕军队的布阵要略,要求他中午时返回,而徐成到了黄昏时分才回来。王猛大怒,徐成违反军令,应按军法处斩。邓羌向王猛请求说:“如今敌众我寡,明天一早将要开战。徐成是大将,应该姑且宽恕他。”王猛说:“如果不处斩徐成,军法就无法确立。”邓羌坚持请求说:“徐成是我邓羌本郡的将领,虽然说延误期限应该斩首,但邓羌愿意和徐成一起效力决战以赎罪。”王猛不同意。邓羌大怒,回到军营,急促地敲响战鼓,率领着士兵,将要攻打王猛。王猛询问邓羌这样做的缘故,邓羌说:“我们接受诏令讨伐远敌,现在却有近敌一味地要自相残杀,我想要先把他除掉!”王猛赞扬邓羌仗义勇敢,派人去告诉他说:“将军不要这样,我现在就赦免徐成。”徐成获免以后,邓羌去到王猛那里谢罪。王猛拉着他的手说:“我这是考验将军罢了,将军对本郡的将领尚且如此,何况是对国家呢,我不再忧虑敌人了!”次日与燕军决战,大获全胜。

案例出处:《资治通鉴》。

(夏婷婷)

房景伯母断不孝案

清河郡房爱亲妻崔氏,乃同郡崔元孙之女。崔氏性情严明高尚,历览书传,多所闻知。有景伯、景光二子,崔氏亲自教授二子经书义理,学行修明,两个儿子都成为一代名士。景伯任清河郡太守时,每有疑狱,经常先请教于母。当时,有个贝丘县百姓告子不孝,狱吏要按法律治罪。景伯为之悲伤,便入内寝请教于母。母曰:“吾闻闻不如见,山民未见礼教,何足责哉?但呼其母来,吾与之同居。其子置汝左右,令其见汝事吾,或应自改。”景伯于是将被告之母招进府内,崔氏与之同榻,与之共食。景伯亲自照料二位老人,让这个母亲的儿子侍立于堂下观察学习。其不到十日,便悔恨不已,请求接母亲回家。崔氏曰:“此虽颜惭,未知心愧,且可置之。”经过二十余日,这个儿子叩头直至流血,其母也涕泣恳请归家,景伯及其母方才同意。后来这个儿子终以孝闻。

案例出处:《魏书》。

(夏婷婷)

苻融辨真盗贼案

苻融在永兴(357—359年)年间,任冀州牧。一日,有个老妇人在路上遭强盗抢劫,老妇人急呼抓强盗,一个过路人追上去并抓住了盗贼,怎知强盗反诬是这个行人抢劫。当时天色已晚,老妇人和路上的行人分不清孰是孰非,就把二人一起送官。苻融看见了笑着说:“这件事很容易搞清楚,让他二人一起跑,先跑出凤阳门的就不是强盗。”一会儿他们回来了,苻融严厉地对跑在后面的那个人说:“你才是真正的强盗,为什么要诬陷好人!”盗贼大惊失色,只好认罪。原来,劫盗如果善于奔跑,那他绝对不会被人抓住,所以苻融推定跑在后面的那个人是盗贼。苻融善于察言观色,总能揭发隐蔽的奸邪,查明案情。

案例出处:《晋书》。

(夏婷婷)

苻阳等谋反被赦免死案

建元十八年(382 年)三月,秦国大司农东海公苻阳、员外散骑侍郎王皮、尚书令周虓三人谋反,事情败露后,三人被打入大牢。苻阳为苻坚哥哥苻法之子,周虓为东晋周楚之孙,王皮则是王猛之子。苻坚亲自审问三人,质问他们谋反的原因,苻阳回答:"《礼记》称:'父母之仇,不同天地。'臣的父亲无罪被杀,臣是为父亲报仇。"苻坚流泪说道:"哥哥苻法之死,与朕无关,你难道不知!"又问王皮,王皮回答:"臣父亲王猛有辅佐之功,可是臣却不免贫困,此举只是为了富贵罢了。"苻坚责备王皮说:"丞相临终之时,曾将你托付给我,只是让我给你十头牛,让你安心种田,没有让我给你官位。知子莫若父,由此观之,你的父亲是何等英明啊!"又问周虓,周虓回答:"我们周家世代受到晋朝的厚恩,我生是晋臣,死为晋鬼,有什么好问的!"此前,周虓屡屡谋反,并曾逃往汉中,苻坚手下也多次劝说苻坚将其诛杀,而苻坚却说:"此人是刚烈之士,不畏惧死亡,杀了他反而成就了他的名声。"于是,苻坚将三人全部免死,流罪远方。

案例出处:《晋书》。

(夏婷婷)

驸马通奸殴妻案

孝明帝神龟年间,兰陵公主的丈夫骑马都尉刘辉,与河阴县民张智寿妹容妃、陈庆和妹慧猛通奸,奸乱耽惑,又殴打公主,伤着了公主腹中的胎儿。刘辉畏罪潜逃。门下省奏议皇帝称:"各入死刑,智寿、庆和并以知情不加防限,处以流坐。"孝明帝批示说:"容妃、慧猛恕死,髡发鞭刑后交付宫中,其余准奏。"

尚书三公郎中崔纂坚持称:"我见皇上发布的诏令,悬赏捉拿刘辉,抓获他的人,是官的,官升二级;是百姓的,都根据现有身份进一个阶级,厮役免役,奴婢为良。此案中刘辉没有犯叛逆的罪,但朝廷的悬赏却与捉拿谋反的刘宣明悬赏一样。不久又由门下省提出处理意见,认为'容妃、慧猛与辉私奸,两情耽惑,令辉挟忿,殴主伤胎。'虽然律令上无明文规定,但她们罪应处死。刘智寿和陈庆和等两户人家,发配到敦煌去服兵役。皇上慈悲,没有依从门下省的处理意见,饶恕了容妃等二人的性命,臣私下里以为还是不可以。律令乃是高皇帝用来治天下的,不为喜怒增减,不由亲疏改易。根据《斗律》:'祖父母、父母忿怒,以兵刃杀子孙者五岁刑,殴杀者四岁刑,若心有爱憎而故杀者,各加一等。'虽王姬下降,贵殊常妻,然人妇之孕,不得非一夕生。永平四年先朝旧格:'诸刑流及死,皆首罪判官,后决从者。'凡事都必须循其根本来寻找其分支,这个案子如果因为刘辉逃避在外,无法处理主犯,便应悬处,没有舍弃首恶不办,却先定从犯罪的道理。判处流放与死刑应防止差错,或许一时不能作出允当的判决。门下省长官是宫廷之内的大臣,职责只在于陈述事实。西汉时邴吉为丞相,有人打斗死在路上,他却见而不问,去询问牛为什么会喘气。因为人们打斗,是地方官管的事;春天牛怕热喘气,证明阴阳寒暑气候失调,事关国计民生,是丞相应该问的大事。据查,容妃等人,其罪只是与人私通。如果在肮脏的床席之上把他们捉住,众证分明,即律科处,不越刑坐。据该案当事人张智寿口头陈述,他的妹妹嫁给了司士曹参军罗显贵,已和她丈夫生了两个女儿,那么她也就是别人家的母亲。

《礼》云妇人不二夫,犹曰不二天。如果家庭中出了违法的事,罪责在丈夫,而不在兄弟。昔日魏晋还没去除株连五族的刑法,嫁出去的女儿,生育了孩子,还是要连坐。西晋的丞相何曾直言反对,说:'在室之女,从父母之刑;已醮之妇,从夫家之刑。'《律》,'期亲相隐'之谓凡罪。根据《律》,通奸之罪是不株连的。不可以借着对刘辉的愤怒,把刑罚加到人家兄弟头上。在市井之中处罚人,意在和大家一起鄙弃他;在朝廷之上封人爵位,旨在和大家一起尊敬他。怎么能以不符合法律规定的私意施行于四海呢?判的刑与犯的罪要相当,名实一旦失当,驷马难追。照理说已有皇上的旨意,就该依照执行。只是因为这个案件不符合律法,所以理应再次提出改判的请求。"

尚书元修义认为:"昔日鲁国的哀姜是齐国的女儿,她在鲁国与共仲通奸,齐桓公把她抓来杀了,《春秋》就讥讽齐桓公。又夏姬罪滥于陈国,只责罪她的儿子徵舒,而不非难她的父母。表明妇人外嫁以后,违背礼教的罪行,与其娘家无关。何况出了嫁的妹妹犯罪,要罪及其兄弟呢?"

右仆射游肇启奏说:"臣等侥幸参与管辖中枢事务,主要的责任就是劝善规过,门下省把皇上的命令向下宣布,把下面的意见告诉皇上,为的就是让法则更明确。至于不良分子犯法,职责在主管部门,揭发罪状和判案,本不是门下省的职责所在。容妃等奸状,罪止于刑,并处极法,准律未当。出嫁女犯罪还要株连到她的兄弟,依据典章,过于严苛。而且,刘辉虽然逃避刑法的处置,但犯的不是杀妻儿的罪,视刘辉如同大逆不道的罪人一样悬赏捉拿,亦谓加重。不符合律法的案子,依理应该提出改判的请求,乞付有司,重更详议。"

孝明帝下诏说:"刘辉违法乱纪,罪不可纵。厚赏悬募,必望擒获。容妃、慧猛与刘辉私通,因此耽惑,终使公主遭遇非常之灾。此而不诛,将何惩肃!再说已嫁的女子,不应株连到兄弟,但刘智寿和陈庆和在知晓其妹奸情的情况下,不加以防范抵制,反而招引刘辉,一起做成淫乱丑事,伤风败俗,理应加重处罚。特命门下省结案,不拘恒司,岂能把这个案件与常例等同起来,适用一般准则呢?且古有诏狱,宁复一归大理。而尚书治理根本大事,托付你们采纳众言,弗究悖理之浅深,不详损化之多少,避开合理的途径,随便去过问执法事,大大辜负了朕托付给你们的重任,理应重重地责罚。崔纂可免去三公郎中的官职,都坐大官、尚书等人,扣发一年俸禄。"

案例出处:《魏书》。

(夏婷婷)

傅岐以仁折狱死囚守信归狱案

傅岐字景平,北地灵州人。傅岐起初是国子明经生,入朝做官时任南康王左常侍,迁行参军,兼尚书金部郎,守母丧离职。服丧期满,任始新县令。当时,县中有百姓斗殴打死了人,死者的家人告到郡里,郡里抓获凶犯,刑讯拷打始终不能让犯人服罪,郡狱便将这一案件移交给县里。傅岐升堂审理此案,命令左右解除犯人身上的枷锁,语气温和,详细询问了案件发生的前因后果,犯人随即交代了事情的经过。按法律打死人应该抵命,当时正值冬至时节,傅岐便放犯人回家,让他与家人过完节后再回狱中。曹掾坚决反对说:"过去确有这样的事情,现在不能如此行事。"傅岐说:"若他不守信用,后果由我县令承担,你们不必担忧。"此囚犯果真按期返回监狱。太守将此事上报朝廷。傅岐后来调离始新县,百姓不分老少,都出境拜送,啼号之声几十里都听得见。回到京城,任廷尉正,入宫兼任中书通事舍人,迁任宁远岳阳王记室参军,仍兼任中书通事舍人。

案例出处:《梁书》。

(夏婷婷)

高湝查留靴巧获贼案

高湝于天统三年(567 年),任太保、并州刺史,加封正平郡公。一位妇人在汾水洗衣服时,有一名骑马人换了妇人的新靴后逃跑了,妇人无奈,只好拿着骑马人的旧靴到州府里报官。高湝就召来城外的妇人,展示那对靴子,骗她们说:“有一位骑马人在路途上被贼人劫害,遗下此靴,有没有此人的亲属?”这时候,一位妇人哭诉着说:“我的儿子昨天穿着这双靴子去他媳妇家了。”高湝按照老妇人说的,不久就捕获了那个骑马的人,当时的人认为他明察秋毫。

案例出处:《中华历代名案》。

(夏婷婷)

高谦之枷囚识盗案

北魏孝明帝孝昌初年(525 年),高谦之代理河阴县令。这以前,有人在袋子里装上瓦砾,称是钱物,骗买别人马匹,得手后逃走。皇帝下诏追捕,并要求把结果上报。高谦之于是用枷锁绑着一名假囚徒置于马市,声称这人就是以前在马市上诈取马匹的贼,今天就要行刑了。暗地里派心腹窥探集市看客中议论的人。果然,有两人看到这种情景高兴地说:“我们不用再担惊受怕了。”这两人立即被抓了起来,进行审问,他们都承认了骗取马匹的罪行,他们的同伙也被挖了出来。这次连带查出他们前后盗窃的案子,搜出很多赃物,很久以前失去自家物件的人,都各自来领取被盗物品。高谦之将这一切写成奏本,上表皇帝。不久,皇帝下诏升任高谦之为宁远将军,正式任河阴县令。高谦之在河阴两年,增益减损,政体昭然,所办的事情,多成为治事典范。

案例出处:《魏书》。

(夏婷婷)

高柔断张京告发刘龟违规狩猎案

魏国的高柔做廷尉时,关于狩猎的法律规定特别严格。宜阳的典农官刘龟在禁猎区内打猎射兔子,被功曹张京到校事官处告发。皇帝隐匿了张京的名字,下诏逮捕刘龟并送入监狱。高柔上奏章要求知道告发人的姓名,皇帝非常气愤地说:“刘龟应该被判处死刑,他竟敢到禁区去打猎。把刘龟交给你这个廷尉。你就应该拷打审问,还要问告发人的姓名干什么?我还能随意抓刘龟吗?”高柔说:“廷尉是为国家公正执法的,其平如水,怎么能以帝王的喜怒破坏法律呢?”高柔多次写奏章,道理叙述得深刻而真切。皇帝明白了其中的道理,便说出了张京的名字。高柔立即再行审讯,对刘龟、张京分别判处应得的罪行。

案例出处:《白话折狱龟鉴》《折狱龟鉴译注》。

(冯学伟)

高柔问钱破因债杀人案

魏国的高柔当廷尉的时候，守护军营的士兵窦礼到距兵营不远的地方办事再也没有回来，营里士兵都认为他逃跑了，就报请追捕，并把他的妻子盈和其他家人都没入官府为奴。他的妻子盈含冤上诉，却没有敢受理的，于是就向廷尉府申诉。高柔问："你怎么知道你丈夫不是逃跑？"盈哭着回答说："我深信我丈夫不是奸猾轻浮不顾家室的人。"高柔又问："你丈夫是不是和别人有仇啊？"回答说："我丈夫为人至善，从不与人结仇。"问："你丈夫和别人有过财物往来吗？"回答说："曾经借给同军营士兵焦子文钱，问他还钱时他却不给。"当时焦子文因犯其他罪正被关在监狱里，高柔就提审他，问他犯罪的原因。焦子文交代的过程中，高柔问他："你以前是不是向别人借过钱？"焦子文回答说："我家里贫穷不敢向别人借钱。"高柔发觉他的神色不对，就接着问："你曾经向窦礼借过钱，为什么要否认？"焦子文非常吃惊，知事已败露，回答问话时就更语无伦次了。高柔追问他说："我知道是你杀了窦礼，慎重考虑一下吧，及早认罪！"焦子文只好叩头认罪。

案例出处：《白话折狱龟鉴》《折狱龟鉴译注》。

（冯学伟）

高湝买鹿肉追窃贼

北齐彭城王高湝担任沧州刺史。有一个人从幽州来，用驴驮着鹿肉干，走到沧州境内，因为脚疼行走迟缓。他偶然遇见一个人，两人便结伴而行，岂料那人把驴和鹿肉干全都盗了去。第二天，受害人到沧州府报案，刺史高湝便命左右的人和府中的幕僚官吏分别到集市上买鹿肉，不要问价格，只要是鹿肉干就买。失主见到鹿肉便一眼认出哪块是自己的。于是高湝命人追查捕获了窃贼。

案例出处：《北齐书》。

（夏婷婷）

高湝写字巧破案

高湝后又转任都督、定州刺史。当时，有一户人家的一头背上长着白毛的黑牛被人偷走。长史韦道建对中从事魏道胜说："史君在沧州任刺史时，擒拿盗贼像神一样明断迅速。如果捉住了这个偷牛的贼，他就一定是神仙了。"高湝听后，便诈称接到上面的命令，让手下人去州府市场上买牛皮，而且加倍给钱。让牛的主人来辨认收购的牛皮，最终借助这张牛皮抓住了盗牛的人。韦道建等人十分佩服。

还有一个姓王的老妪，孤独一人，种了三亩菜，种的菜多次被人偷盗，无奈向州府告诉。高湝便派人偷偷在菜叶上写字，第二天他们到集市上看菜叶上的字而抓住了盗贼。自此以后，定州境内再也没有人敢偷盗，政治教化为当时第一。

案例出处：《北齐书》。

（夏婷婷）

顾宪之解牛辨主案

顾宪之，在宋后废帝元徽年间（473—477 年）担任建康县令。顾宪之为人清廉俭朴，执政刚强正直，深受百姓的拥戴，人称“顾建康”。当时，有一人偷了别人家的牛，正要牵牛走时，被牛主人认出。但偷牛人却说牛是自己家的，两人所说牛的特征大体都差不多，也都符合事实，前后两任县令都没有办法决断。等到顾宪之到任后，重新审理了此案，他对双方说：“不必多说，我已经知道答案。”于是下令放开牛绳，让它随便离去，结果牛径直走回了主人家里，偷牛人这才终于承认了自己的罪行。顾宪之查案擒凶，大多时候都是利用聪明智慧破案的，当时的人都叫他“神探”。

案例出处：《梁书》。

（夏婷婷）

国渊对照笔迹破诽谤太祖案

三国时魏国的国渊是魏郡的太守，当时有个人写信诽谤魏太祖，太祖非常震怒，一定要知道他的姓名。国渊请求自己保存那封匿名信，且不对外声张。匿名信中多次引用《二京赋》的内容。国渊就对功曹说：“我们郡很大，但有学问的人却很少。希望找些能够开化教导少年的书，然后派这些少年到老师那里学习。”功曹选出了三个人，临走前带他们去见国渊，国渊指示说：“现在学生们都没有学过《二京赋》。这篇文章知识广博，却被世人忽略了，所以能教授《二京赋》的老师就更少了。应该找能够讲读《二京赋》的人，让学生跟着他学习。”过了十天找到了能够讲读《二京赋》的人，就让少年们前去学习。并请这个老师给《二京赋》写注释，拿回后和那封匿名信的笔迹对照，注释笔迹和匿名信笔迹类似，就像是一个人写的。抓了那个老师后进行审问，他果然认了罪。

案例出处：《白话折狱龟鉴》《折狱龟鉴译注》。

（冯学伟）

韩褒以盗治盗案

韩褒，字弘业，颍川颍阳人。韩褒从小有大志向，喜好学习而不拘泥于章句之学。长大以后，广泛涉猎经史，个性深沉，谋略远大。大统初年（535 年），调任行台左丞。后出京外任北雍州刺史。雍州北面群山环绕，常有盗贼。韩褒暗地里查访得知，都是豪门大族所为。韩褒佯装不知，对他们礼遇有加。一次，韩褒对他们说：“我是读书人出身，怎么懂得纠察盗贼的事情呢？仰仗各位与我共同分担忧愁。”于是把那些祸乱乡里的凶暴狡猾之人都召集起来，让他们负责维持治安，划分地界，如有盗掠的事情发生而不能抓获的，就以纵容犯罪论处。于是那些人都惊惶恐惧地说：“以前发生的偷盗劫掠的事情，都是我们做的。”这些盗贼还把同伙的姓名都列出来，逃亡隐藏起来的，也都供出他们藏身的地方。韩褒于是把写有盗贼名字的本子收起来，在州门口张出告文说：“凡是做过盗贼的人，赶快来府衙自首，可予免罪。过了这个月还不来自首的，一旦捉拿就地正法，没收财产，妻子儿女没官，用来赏给先前来自首的人。”十几天之内，所有的盗贼都来自首了。韩褒取来写有盗贼名字的簿子核对，完全没有差错，一并宽宥了他们的罪行，允许他们改过自新，从此盗贼不敢作乱，辖区内安定太平。

案例出处：《中华历代名案》。

（夏婷婷）

何承天议陈满射鸟案

何承天是东海郡郯县人,五岁时死了父亲。何承天聪明博学,从小就从母亲处受到了很好的教育。陈满射鸟案发生在宋武帝刘裕当政期间(420—422年),何承天时任御史中丞。一次抚军将军刘毅出巡时,鄢陵县的县吏陈满正在林中射鸟,没想到弓箭误中了刘毅,虽没伤着人,陈满依旧被判处死刑。何承天对这起案件发表了自己的看法,他说:“狱贵情断,疑则从轻。昔惊汉文帝乘舆马者,张释之劾以犯跸,罪止罚金。何者?明其无心于惊马也。故不以乘舆之重,加以异制。今满意在射鸟,非有心于中人。按律过误伤人,三岁刑,况不伤乎?微罚可也。”何承天强调断案最可贵的是能作出合乎情理的判决,要分清行为人主观有无故意,这样才能正确适用法律。

案例出处:《南史》。

(夏婷婷)

何承天议尹嘉不孝案

刘宋文帝元嘉年间(424—453年),谢晦镇守江陵,拜请何承天为南蛮长史。当时有一个叫尹嘉的人,家境贫寒,其母亲熊氏以自己为典质,替尹嘉偿还债务。尹嘉因不孝获罪,处以死刑。何承天评议此案说:“根据官府宣布的法令,全面考察尹嘉大辟之罪,符合法吏的规范。母亲控告儿子不肖,并要求杀掉他也是允许的。法令说,违反触犯教义法令,在尊重恭顺方面有不足,父母要求杀掉他,都是允许的,对被控告人的处罚要依据控告人的要求来做。但如果慎重探求这件事的原委,尹嘉的母亲陈述说自己愿意做典质换钱,为儿子还债,尹嘉虽然因为恭顺不至而触犯教义,但其母却没有请求杀掉尹嘉,熊氏用还债使他生存下来,而现在却要杀掉他,这并没有顺从所求人的要求。此事开始于以不孝为理由而控告,终止于由出卖而判罪,从这件事两方面看,母亲和儿子都受了罚。我认为免除尹嘉的死刑,似以春天的恩泽普照万物的恩情。赦免熊氏的过失,用以表明为儿子受苦是合宜的,蒲亭虽陋,却可以同圣明比德,豚鱼虽是微物,却流传到今日。”尹嘉最终没有被处死,恰逢大赦,得以释免。

案例出处:《宋书》。

(夏婷婷)

胡质察情破书吏杀人案

三国时魏国的胡质做过常山郡的太守,后来又调到东莞郡做太守。郡里有个叫卢显的书生被人杀害了,胡质说:“这个书生虽然没有仇人却有个年轻的妻子,这可能就是他被杀的原因!”于是胡质把卢显邻居中的年轻人都召集在一起,问及这件事时,其中有个叫李若的小书吏神色不定,胡质就进一步对他详加审问。李若当即自首。

案例出处:《白话折狱龟鉴》《折狱龟鉴译注》。

(冯学伟)

胡质为冯谅辨明被诬通奸案

三国时魏国的胡质被曹操召为顿邱县令的时候,县里的百桂郭政和他堂妹通奸,杀害了堂妹的丈夫程他,郡吏冯谅被捕押作证。郭政和他的堂妹都禁住了拷打、隐瞒抵赖;冯谅承受不了痛楚，蒙冤认了罪，应按反坐处罪。胡质到任以后，观察他们的表情和神色，进一步了解了案件情况，经检验查证后郭政和他的堂妹都承认了罪行。

案例出处：《白话折狱龟鉴》《折狱龟鉴译注》。

（冯学伟）

吉翰杀说情者案

吉翰在刘宋文帝元嘉七年（430 年）任辅国将军、徐州刺史。当时有一个犯死罪的囚犯，典签想救他性命，便在举行八关斋佛事活动时向吉翰呈文，为死囚犯求情。吉翰看罢呈文，告诉典签说："今天你暂且回去，明天可再来报告此事。"第二天早上，吉翰升堂听讼，典签不敢再进去，吉翰派人把他传唤进来。吉翰取过前日呈文看毕，对典签说："你的意思是要宽宥这个死囚，昨天我看到关于这事的呈文，心里也想救他不死。但他罪情严重，不可饶恕。既然你要施恩于他，你便替他伏罪！"于是命令左右拿下典签投进监狱处死，同时原宥了那个囚犯的死罪。吉翰的刑法治狱就是这样，手下的人都十分敬畏、信服他，不敢再犯禁令。

案例出处：《宋书》。

（夏婷婷）

贾希镜假造世谱坐罪案

贾希镜，齐国大臣，著名家谱学家。贾希镜原名"贾渊"，因与唐朝李渊同名，唐人避讳称其字希镜，并改名为贾泉。齐明帝建武初年（494 年），贾希镜迁长水校尉。当时有一个名叫王宝泰的人贿赂贾希镜，欲将其家族续入琅琊王氏家谱中。尚书令王晏是真正的琅琊王氏后代，便将这件事奏报明帝，贾希镜因此被捕下狱，依律应当判处死刑。后因他的儿子贾栖长哀求代父谢罪，皇帝爱怜他的孝心，才免除了贾希镜的死罪。但贾希镜也因此事断送了前程。

案例出处：《南齐书》。

（夏婷婷）

监察官吏相互纠举案

何承天在刘宋文帝元嘉二十一年（444 年）任御史中丞，他与尚书左丞谢元关系素来不好，二人互相窥伺对方辖台的过失，几次互相上书弹劾。对太尉江夏王刘义恭，每年由政府供给经费，钱币三千万，布帛五万匹，粮米七万斛。刘义恭一向铺张，用度经常不够。元嘉二十一年转向尚书索要第二年资费。按旧制规定，尚书省如出现支出钱币二十万、布帛五百匹以上的情况，均应奏请皇帝批准。谢元则擅自提出以钱币二百万给太尉，事情败露后，谢元遂将此事嫁祸于仆射孟青。后谢元新任太尉咨议参军，还没正式授命，此事即被何承天揭发，上奏弹劾谢元。文帝盛怒之下，贬谪谢元归乡，且禁锢终身。与此同时，谢元也纠举何承天卖绫茭四百七十束给官属，索取高价，何承天因此受到了白衣领职的处分。

案例出处：《宋书》。

（夏婷婷）

江淹受金下狱上书案

江淹自幼好学,性格有些内向,不太喜欢与人交往。江淹少时居住的济阳郡正是南北两个王朝征战之地,为了生存,江淹南下向建平王刘景素自荐,刘景素喜欢招揽人才,因而江淹跟随刘景素在南兖州任职。在此期间江淹曾经因为广陵县令郭彦文案而受牵连入狱,在狱中江淹上书刘景素表示清白。他在信中说:“下官本蓬户桑榆之民,布衣韦带之士,退不饰《诗》《书》以惊愚,进不买名声于天下。日者,谬得升降承明之阙,出入金华之殿,何尝不局影凝严,侧身扃禁者乎?”又说:“窃慕大王之义,为门下之宾,备鸣盗浅术之余,豫三五贱妓之末。大王惠以恩光,眄以颜色。实佩荆卿黄金之赐,窃感豫让国士之分矣。常欲结缨伏剑,少谢万一,剖心磨踵,以报所天。不图小人固陋,坐贻谤缺,迹堕昭宪,身陷幽圄。履影吊心,酸鼻痛骨。下官闻亏名为辱,亏形次之,是以每一念来,忽若有遗。加以涉旬月,迫季秋,天光沉阴,左右无色。身非木石,与狱吏为伍。”又说:“若使下官事非其虚,罪得其实,亦尝钳口吞舌,伏匕首以陨身,何以见齐鲁厅节之人,燕赵悲歌之士乎?方今圣历钦明,天下乐业,青云浮洛,荣光塞河。西泊临洮、狄道,北距飞狐、阳原,莫不浸仁沐义,照景饮醴。而下官抱痛圜门,含愤狱户,一物之微,有足悲者。仰惟大王少垂明白,则梧丘之魂,不愧于沉首;鹄亭之鬼,无恨于灰骨,不任肝胆之切,敬因执事以闻。此心既照,死且不朽。”可能是江淹的这篇表白自己的文章写得太好,使刘景素非常喜欢,因而就释放了他,不久还把他举荐为巴陵王国左常侍。

案例出处:《梁书》。

（夏婷婷）

蒋氏兄弟争求受罪案

刘宋文帝元嘉年间(424—453 年),在义兴郡临津县有蒋恭、蒋协弟兄二人。有一晋陵郡人蒋崇平因抢劫被捕,该犯供称蒋恭妻吴氏之弟吴晞张是同犯。县吏前去抓捕吴晞张,吴晞张不在,恰逢吴晞张所住村发大水,吴晞张妻儿一家五口为避水暂住在蒋恭家中。县吏抓不到吴晞张,就把蒋恭、蒋协抓进狱中,以窝藏劫犯家属为由欲治二人罪。蒋恭、蒋协都供称安置吴晞张妻儿属实,但不知吴晞张抢劫之事。蒋恭供称吴晞张妻是自己妻子的亲属,亲属既已犯罪,自己甘愿受罚,只恳请释放兄长蒋协。蒋协供称自己是户主,如今之罪,与弟无关,请求释放弟弟蒋恭。兄弟二人争求受罪,郡县不能判,遂将此案上报扬州州衙。州议道:“礼让者以义为先,自厚者以利为上,末世俗薄,靡不自私,服膺圣教,犹或不逮,狂在野夫,未达训诂,而能互发天伦之忧,甘受莫测之罪,若斯情义,实为殊特。蔑尔恭、协,而能行之,这是终古所稀少,盛世之佳事。岂宜拘执宪文,加以罪戮?况且吴晞张在其他郡县抢劫,生事在外,赃不还家,借住村伍,实不知情,不应加罪。”下令释放二人。后朝廷闻知蒋氏兄弟二人义举,任用蒋恭为义成令,蒋协为义怡令。

案例出处:《宋书》。

（夏婷婷）

孔渊之议辱骂致母自尽案

宋孝武帝大明年间(457 年),在安陆郡应城县发生了一起子与妻共同辱骂老母致母自尽的案件,对儿子和儿媳该论何罪,颇有争议。该案发生时,刚好又遇皇帝大赦天下,对儿子与儿媳如何量刑,朝廷上下也产生了分歧。按当时法律规定:凡儿子杀死、伤父母,辱骂父母,儿媳谋杀公婆的,均应判处死刑。法律还规定:如遇大赦,就可以免去原刑而重新量刑。根据法条分析该案,儿子辱骂自己的母亲,母亲因此自尽,儿子的这种罪行要比打伤父母重,如果按杀人罪处理,感到量刑有些过重;如果适用伤人及骂人的律条,又感到量刑过轻。而且律文中只有殴打父母,即使遇到大赦仍应执行死刑的条款,却没有遇大赦毒骂父母致死应如何处理的律条。时任尚书比部郎的孔渊之对此案发表了议论,他说:"夫题里逆心,而仁者不入,名且恶之,况乃人事。故殴伤咒诅,法所不原,詈之致尽,则理无可宥。罚有从轻,盖疑失善,求之文旨,非此之谓。江陵虽值赦恩,故合枭首。妇本以义,爱非天属,黄之所恨,情不在吴,原死补冶,有允正法。"孝武帝下令按孔渊之所议处理此案,儿子被处以死刑,妻子免于处死。

案例出处:《宋书》。

(夏婷婷)

寇儁判讼田案

寇儁,字祖儁,寇赞之孙,南北朝时期万年(今陕西临潼)人,好学强记,性廉恕。寇儁为官清廉,断案公正不阿。孝庄帝永安元年(528年),儁任司空府主簿,有华州人史底与司徒杨椿,因田产问题到司空府争讼。长史因为杨椿官高势重,都说杨椿有理,打算把田地判给杨椿。而儁曰:"史底穷人,杨公横夺其地,若以损不足而给有余,未敢闻。"在寇儁的力争下,把田地给了史底。孝庄帝知道这事后,称颂寇儁高尚的品德,对寇儁守正不阿的行为给予肯定,拜为司马。同时对依附杨椿的人都给了责罚。

案例出处:《周书》。

(夏婷婷)

李玚驳司州断李怜生投毒案

孝明帝熙平年间,司州地方上表:河东郡人李怜生施放毒药,被判死刑。其母诉称:"我孤单一人,又没有近亲,请求开恩。"州里检查了李怜生的户籍,发现他母亲诉称的情况属实。可惜,还没等到判决可否上诉,李怜生的母亲就去世了。州里判李怜生服孝三年,然后再执行死刑。司徒法曹参军许琰说州里判决是允当的。主簿李玚驳斥说:"按《法例律》:'诸犯死罪,若祖父母、父母年七十以上,无成人子孙,旁无期亲者,具状上请。流者鞭笞,留养其亲,终则从流。不在原赦之例。'审察向上提出赦免要求的说法,非应府州所决。毒杀人者要处死,妻儿流放,李怜生所犯的罪,实在比法令上说的还要严重。准之情律,所亏不浅。而且李怜生既然怀有用毒药毒人之心,着实不能与邻人为伍。假使其母还健在,也应该关起门来不让他进去,何况现在她已经死了,还要引导他尽三年的孝礼吗?再说给予宽容,让他能完成殡葬之事,皇上的仁厚宽容已经足够了,现在殡葬的事已做完了,不应延迟处罚。对李怜生可依法处斩,流放其妻儿。这样才足以警诫那些百姓,严肃我们的刑章。"尚书萧宝夤启奏同意主簿李玚的意见,孝明帝准其奏。

案例出处:《魏书》。

(夏婷婷)

李崇验诬释罪狱

北魏时，定州有一对兄弟，兄叫解庆宾，弟叫解思安，二人被朝廷判处流刑，流放到扬州。弟解思安为了躲避劳役中途逃跑。哥哥解庆宾害怕官府追查，也担心自己额外承担弟弟的劳役，就在扬州郊外冒领了一具尸体假称是自己的弟弟，并谎称弟弟被人所杀，并买了一块地埋葬这个假弟弟。这时城里一个姓杨的巫婆，自称前几天夜里看见了一个名叫思安的鬼，说自己是被人勒死的，死得冤枉。还说这个鬼整天整夜地哭叫。接着，解庆宾诬陷说凶手正是和弟弟在一起的士兵苏显甫、李盖，将二人告到了州府。

州府判官派人把苏显甫、李盖二人抓来审讯。两名士兵经不起严刑拷打，不得不承认是他俩杀害了解思安。此案正要结案时，扬州刺史李崇认为此案尚存疑点。于是，他秘密指派两位陌生面孔的人，伪装成外地人来扬州，前去探望解庆宾。他俩对解庆宾说："我们住在离此地三百里的地方，前不久的一天晚上，有一个路人前来我家借宿，发现他形迹可疑，便立即追问他，他说自己是被州府判流刑的逃犯，名叫解思安。当夜，我们便把他绑在树上，打算天亮就将他扭送到官府。他苦苦哀求说：'我有一个哥哥叫庆宾，现住在扬州城内，如果你们有怜悯之心，就劳烦去扬州一趟，将此事转告我哥哥，他是一个注重情义，讲究义气的人，定会变卖家产重谢你们的。现在把我留下当作人质好啦。如果见到我哥哥，通报了情况得不到酬金，到时候再送我去见官也不晚。'因此，我们不辞辛劳地来找你，你打算出多少酬金谢我们？我们好赶回去，放你弟弟。"解庆宾听完后顿时脸色发白，立即准备礼物重谢他们。两人拿着礼品火速回府，将情况上报刺史李崇。第二天一早，李崇就升堂提审解庆宾。李刺史惊堂木一拍，大声喝问道："大胆解庆宾，你的弟弟逃出牢房，你为何妄认别人尸体诈称是你弟弟？从实招来！"解庆宾见一旁有那两个"外地人"作证，只得认罪。李崇重新把苏显甫、李盖两位士兵带到法庭审问，两人承认是受不过刑讯诬服。过了大约一个月，弟弟解思安也被拘捕归案，投进牢房。李崇又派人到城里捉来与解庆宾串通一气的巫婆，判处鞭笞一百下。

案例出处：《折狱龟鉴》。

（夏婷婷）

李崇智断真父亲案

北魏宣武帝延昌年间(512—516年)。寿春县农村有一个叫荀泰的乡民，儿子长到3岁，遇到动乱，丢失在路上，几年不知下落，夫妻俩整日忧愁。一次偶然的机会，荀泰发现自己的儿子在同县一个叫赵奉伯的人家中，便告到县府，希望官府判还他的儿子。县令派人把荀泰和赵奉伯传到衙门审问，两人都说孩子是自己的，而且都找了各自的邻居作证。县令一时也无法判断，只得将此案上报给州里。

时任扬州刺史的李崇接到此案后说："案件很容易就能搞清楚。"他让荀泰、赵奉伯二家与孩子分居，不许来往。十几日后，官府派人送信给荀泰、赵奉伯二家说："孩子得了急病，难以救治，已经死了。刺史有令，你们家中可各派人手出钱料理后事。"听到这个不幸的消息，无异于晴天霹雳，荀泰号啕大哭，悲伤哀痛的心情怎么也控制不住；而赵奉伯仅是嗟叹几声而已，并没有悲痛异常的表现。李崇听了差役讲的两家情况，马上将孩子判还荀泰，并追查赵奉伯诈骗他人儿子的罪责。原来赵奉伯自己的亲生儿子不幸在很小的时候得病死了，为了年老有个依靠，这才冒认别人的儿子。

案例出处:《魏书》。

(夏婷婷)

李惠拷讯羊皮断案

李惠任雍州刺史时,遇到一起纠纷。一个卖盐的人和一个卖柴的人同时在树荫下休息。等二人起身重新上路时,为一张羊皮争夺起来,都说羊皮是自己用来垫背的。两人争执不下,告到李惠那里,李惠先打发二人出去,对州主簿低声说:“拷打这张羊皮,它能说出谁是它的主人吗?”州衙内的众多狱吏以为他是在说笑,都低头不语。李惠即刻命人把羊皮放在席上,用木棒敲打它,只见有少许盐屑从羊皮上落下,便说:“知道它的主人是谁了。”随后传唤争扯羊皮的两人上堂,背柴的人见此只好招认,叩头认罪。

案例出处:《北史》。

(夏婷婷)

刘坦故开城门巧除奸案

东昏侯派遣的安成太守刘希祖在平都打败西部太守范僧简,刘希祖向湘州发布文告,于是始兴内史王僧粲响应。王僧粲自号平西将军、湘州刺史,用永阳人周舒为谋主,驻军在建宁。从此之后湘州各郡,都蜂拥起兵,州中百姓都想乘船逃走,当时刘坦任湘州刺史,他命人将船全部集中起来烧掉,派遣将领尹法略抗击王僧粲,相持不下,不分胜负。前湘州镇军钟玄绍私下谋划策应王僧粲,与数百手下士卒,择日在州城谋反。刘坦听说钟玄绍要谋反,表面佯装不知,整理文案直至深夜,连城门也不关闭,以此法来迷惑他们。钟玄绍第二天早晨到刘坦处问其中的缘故,刘坦留下钟玄绍与他长谈以拖延时间,暗中派亲兵到钟玄绍家中搜查密谋往来书信,二人还在交谈时,没收书信的亲兵已经把钟玄绍一伙密谋的全部书信呈上,钟玄绍当即伏罪,在座位上就被斩杀了。刘坦烧掉他的文书,对钟玄绍的余党都不问罪,众人惭愧诚服,州部得以安定。

案例出处:《梁书》。

(夏婷婷)

柳庆施榜欺贼逼出徒党案

大统十年(544 年),柳庆被任命为尚书都兵郎中,并代理记室,不久以本官身份兼任雍州别驾。有一家姓胡的被抢劫,郡县官吏审问追查,没有人知道强盗藏身的地方,邻居因涉嫌该抢劫案被拘禁的有许多人。柳庆认为盗贼是乌合之众,可以通过诱骗的方式来捕捉他们。于是他写了一些匿名信,贴在好些官府门上,信上说:“我等合伙抢劫胡家,同伴各种人都有,恐怕终究要泄露出来。现在想要自首伏罪,又怕难免一死。如果允许自首的免罪,就愿意来告发。”接着柳庆又张榜明示,自首者可以免罪。过了两天,广陵王元欣的一个家奴反绑着双手到文牒前自首,利用这个办法,很快就将这伙盗贼一网打尽。柳庆主持公道明察秋毫的事迹,都是类似这样。

案例出处:《中华历代名案》。

(夏婷婷)

陆襄和言解怨仇案

陆襄,字师卿,吴郡人,于梁武帝大同元年(535 年)任波阳内史。地方上有彭、李两家,起先因为有怨愤而多次争斗,后来竟互相诬告。陆襄了解情况后,把彭、李二人请入内室,并不加责备,只用好言好语来劝解开导二人。彭、李二人十分感激陆襄的恩德,后悔自责,都承认自己有错。于是,陆襄特地为他们摆设了酒菜,让他们在一起尽情地欢饮。酒宴完毕让他们同车回家,于是彭、李二家走得更亲近了。老百姓还为此事编了首歌谣:"陆君为政,没有怨家,争斗结束,仇人也同坐一车。"陆襄在波阳执政六年,郡中治理得井然有序。郡人李现等四百二十人到朝廷拜见皇帝,奉上表章,陈述陆襄的德政教化,要求在郡中立碑,朝廷下令允许他们这样做。陆襄刚成人便遭受家祸,到死都吃素食穿布衣,不听音乐,口中不说杀生害命之类有五十年。陆襄敦厚精深,有孝心,列于名臣。

案例出处:《梁书》。

(夏婷婷)

陆御史不畏强御弹虞肩案

陆杲,字明霞,吴郡吴县人。陆杲年少好学,精于书画,风韵举止颇像其舅父张融。梁武帝天监五年(506 年)担任御史中丞。陆杲性格倔强率直,秉公办事。当时山阴县令虞肩贪污几百万,陆杲向朝廷弹劾虞肩,请求将虞肩收押治罪。中书舍人黄睦之与虞肩关系甚好,于是向陆杲说情,陆杲没有理会。梁武帝萧衍向陆杲问及此,陆杲答道:"确有此事。"梁武帝又问:"你认识黄睦之吗?"陆杲答道:"臣不认识这个人。"这时,黄睦之正好在梁武帝身边,梁武帝指着他对陆杲说:"这个人就是啊!"陆杲对黄睦之说:"君小人,何敢以罪人属南司。"黄睦之吓得脸色苍白。领军将军张稷是陆杲的堂舅,陆杲曾经因公事弹劾过他。张稷趁着侍宴的机会,向梁武帝控诉说:"陆杲是臣亲通,小事弹臣不贷。"梁武帝说:"杲职司其事,卿何得爲嫌。"陆杲在御史台任上,号不畏强御。

案例出处:《梁书》。

(夏婷婷)

陆云破因奸杀夫案

晋代的陆云做浚仪县县令时,有个百姓被杀害后凶手却找不出来,陆云逮捕、讯问了死者的妻子,也没有审出什么结果。十多天后,陆云把死者的妻子放了出去,暗中派人跟着她,并对负责跟踪的人说:"出县城用不着十里地,就会有男人在等她并和她说话,就把那个男的抓来。"果然不久就把那个男人抓来了。经过审讯,他承认了罪行,说是与死者的妻子合谋杀了她丈夫,听说死者的妻子被放出来了,打算和她说话,害怕离县城太近被人发现,于是相约到离县城较远的地方等候。人们都十分叹服陆云的英明。

案例出处:《白话折狱龟鉴》《折狱龟鉴译注》。

(冯学伟)

穆泰陆叡谋逆伏诛案

文明太后当初欲废黜魏孝文帝,将他幽禁在别室,穆泰曾极力阻止。后孝文帝重用穆泰,宠信备至。太和二十年(496年),穆泰自尚书左仆射出任镇北将军、定州刺史,向孝文帝陈述自己身体欠佳,天气回暖,病情加重,请求改任恒州刺史。孝文帝便让恒州刺史陆叡与穆泰对调,穆泰任恒州刺史,陆叡任定州刺史。穆泰到达恒州时,陆叡尚未动身,于是二人密谋犯上作乱之事。二人还私下勾结安乐侯元隆,抚冥镇将、鲁郡侯元业,骁骑将军元超,阳平侯贺头,射声校尉元乐平,前彭城镇将元拔,代郡太守元珍,镇北将军、乐陵王思誉等人,谋推朔州刺史阳平王颐为首领。颐心里不从,表面却佯许以稳住他们,同时秘密上表其事于孝文帝。孝文帝派遣任城王元澄率军讨伐。元澄先遣治书侍御史李焕先行进入平城,出其不意,穆泰等人惊骇,计无所出。李焕晓谕穆泰党羽,示以祸福,于是凶党溃散不成军,不能再听命于穆泰叛党。穆泰自知大势已去,乃率麾下数百人进攻李焕部队于郭门,做最后一搏。久攻不克,穆泰独自骑马出城西逃,被追兵活捉。元澄旋即赶到,消灭余党。孝文帝驾临平城,亲自审讯穆泰及其余党,问其反状,穆泰等均伏诛,无人称冤。

案例出处:《魏书》。

(夏婷婷)

裴宽藏匿韦子爽被赦免案

裴宽,字长宽,河东闻喜人。裴宽仪表堂堂,身材魁伟,博览群书,年少成名。十三岁时,已被选为魏孝明帝挽郎,释褐员外散骑侍郎。跟随孝武西迁之时,裴宽告诫其诸弟说:“君臣逆顺,大义昭然。今天子西幸,理无东面以亏臣节。”于是将家眷老小避难于大石岭。当时独孤信为大都督镇守洛阳,裴宽任宁朔将军,隶属于独孤信。汾州刺史韦子粲叛降东魏,韦子粲诸兄弟在关中者全都被治罪。其小弟韦子爽身在洛阳,闻知此事,窘急之下投靠裴宽,裴宽开怀纳之,把韦子爽藏匿于家中。后遇大赦,有人传韦子爽在赦免之列,韦子爽这才敢从裴宽家出来,谁知韦子爽被独孤信抓获就地正法。独孤信知裴宽藏匿韦子爽之事,责问裴宽为何要窝藏重犯,裴宽答道:“穷来见归,义无执送,今日获罪,是所甘心。”因案件发生时,正值皇帝大赦天下,独孤信见裴宽是一个守义之人,便赦免了裴宽藏匿重犯之罪。

案例出处:《周书》。

(夏婷婷)

裴侠许泣者自首案

北周的裴侠担任民部中大夫时,勤谨公正,明察秋毫。当时有一不法官吏,负责管理仓储财物,多年来隐瞒贪污达到千万钱。等裴侠上任后,竭力揭发检举贪污之事,几十天的时间内,不法的官吏便受到了惩处,奸盗仓库财物这类事情大略就没有了。后来裴侠调任工部中大夫,当时的大司空李贵掌钱物典,他听说裴侠到任,便在府中悲伤地哭泣。有人问他原因,他回答说:“我掌管的官府财物,有很多都被我耗费占用了,裴公清廉严明有名声,我害怕遭到惩罚,所以才哭泣。”裴侠听到这件事,允许他自首。李贵说出了隐瞒耗费的五百万钱。

案例出处:《中华历代名案》。

(夏婷婷)

彭老生杀未婚妻案

北魏孝文帝太和七年(483 年),泾州有一女子兒先氏,许嫁彭老生为妻,聘礼已经送来,只是没有举行婚礼。兒先氏率行贞淑,家境贫苦,常要自己舂米挑水,供养父母。一日,彭老生私自前往兒先家,欲与兒先氏洞房成亲。兒先氏说:"与君礼命虽毕,二门多故,未及相见。何由不禀父母,擅见陵辱!若苟行非礼,正可身死耳。"坚决不从。彭老生恼怒之下,刺而杀之,还拿走了兒先氏衣服。此时,兒先氏还能开口说话,临死之前跟彭老生说:"生身何罪,与君相遇。我所以执节自固者,宁更有所邀?正欲奉给君耳。今反为君所杀,若魂灵有知,自当相报。"说完气绝身亡。彭老生拿着兒先氏的衣服和珠璎来到叔叔家,并将杀妻之事告诉了叔叔。叔叔惊愕地说:"此是汝妇,奈何杀之,天不祐汝!"于是将侄儿扭送官府。有司劾以死罪。皇帝下诏说:"老生不仁,侵陵贞淑,原其强暴,便可戮之。而女守礼履节,没身不改,虽处草莽,行合古迹,宜赐美名,以显风操。其标墓旌善,号曰:贞女。"

案例出处:《魏书》。

(夏婷婷)

申徽平息刘彦谋叛案

瓜州刺史原为东阳王元荣。元荣死后,瓜州地方望族征立元荣之子元康继任刺史,不料,元康被姐夫刘彦所杀,刘彦顺势夺取了瓜州刺史的位置。西魏朝廷几次下征召命令,刘彦都不接受,还与外敌勾结,企图谋反作乱。西魏朝廷多方受挟,无力动用大军镇压,就想用灵活的谋略擒拿他。于是让申徽做河西大使,秘密命令申徽谋取刘彦。申徽率轻骑五十人出发,到了以后,住在馆驿。刘彦见申徽单独一人来做河西大使,并未起疑心。申徽就派一个人暗暗地劝刘彦归附朝廷,用来揣测刘彦的意图,刘彦不从。申徽又派人促成刘彦到馆驿商事,刘彦一来到馆驿就被申徽已经埋伏好的侍卫捉拿捆绑。刘彦起先辩称自己无罪,申徽一一列举他的罪状说:"你无尺寸之功,滥居于州牧的重位,又依恃辽远,不修职进贡,还杀朝廷使者,无视君主诏命。计你之过,已不容诛。但我受诏命之时,命我把你送回朝廷。遗憾的是不能处罚你以慰边远地区的百姓。"于是宣读诏书慰问官吏、老百姓和刘彦的下属,又说大军接着就到,瓜州城内无人敢轻举妄动。

案例出处:《周书》。

(夏婷婷)

申坦受坐讨盗无功案

大明元年(457 年),魏人进攻无盐城,东平太守刘胡出师不利。二月,朝廷派薛安都率领骑兵北伐,东阳太守沈法系率水军进向彭城,同时接受徐州刺史申坦的指挥。孝武帝告诫薛安都说:"如果可以赶上敌人,便可尽力消灭他们。如果敌人逃走,可以渡过黄河耀武扬威而回。"当他们赶到时,魏人已走,申坦建议说:"'任榛'乃亡命之徒,侵犯边民,现在大军出发而未立功勋,应当趁此机会消灭他们。"薛安都率军到东坊城,遇到任榛三个骑兵,捉了一个,其余两个逃走。任榛等听到这消息后,都四处逃散。当时,正逢干旱无雨,泉源都已枯竭,车马劳顿,不能追击逃跑的敌人。此一出兵,不但无功而返,还造成了巨大的财力损耗。(刘宋)孝武帝大怒,降旨问罪。薛安都、沈法系都因此以士兵身份兼领原职,申坦是首谋者,被判弃市。当申坦被押往市曹行刑时,已经致仕的老臣宿将沈庆之入市抱着申坦恸哭道:“你无罪而被朝廷冤杀,我哭你于市曹,不久也要随你去了。”孝武帝得知此事只好下令免去申坦的死罪,关进尚书省劳作,不久后又将他释放了。薛安都在当年被恢复官职。后被改封为武昌县侯,加官散骑常侍。

案例出处:《宋书》。

(夏婷婷)

沈勃贪贿流梁州案

沈勃,沈演之弟,吴兴武康人。精通琴棋书画,好为文章,但为人轻薄逐利。历尚书殿中郎。宋明帝泰始年间(465—471年),沈勃为太子右卫率,加给事中。当时刘宋北征,兵力不足,于是明帝派遣沈勃回老家吴兴郡招兵买马。怎知沈勃却利用募兵之机,大肆收受贿赂。明帝闻讯大怒,命下诏书说:“沈勃琴书艺业,口有美称,而轻躁耽酒,幼多罪愆。比奢淫过度,妓女数十,声酣放纵,无复剂限。自恃吴兴土豪,比门义故,胁说士庶,告索无已。又辄听募将,委役还私,托注病叛,遂有数百。周旋门生,竞受财货,少者至万,多者千金,考计赃物,二百余万,便宜明罚敕法,以正典刑。故光禄大夫演之昔受深遇,忠绩在朝,寻远矜怀,能无弘律,可徙勃西垂,令一思愆悔。”沈勃被判流刑,徙付梁州。废帝元徽初年,方才以例还乡。

案例出处:《宋书》。

(夏婷婷)

沈亮议发冢不罪邻案

沈亮,字道明,吴兴县人。沈亮为人清廉有德,好学深思,工于文章,不到二十岁,便被州里征用为从事。后因弹劾会稽太守孟岂页不守法纪案有功,转任西曹主簿。当地有一规定,辖区内有百姓当盗墓贼的,让附近村民牵连受罪,与军中受敌而不支援同罪。沈亮献议说:“掘墓的行径,只属于盗窃,纯粹因侵犯死去之人,所以把他们当成大罪。掘墓的人,必要隐藏他的形迹;抢劫之人,则大喊大叫让别人害怕。所以做打劫的容易,做强盗的难。况且山野田原是无人居住的地方。山丘陇田很少有路人经过,预防犯罪的方法不能和村庄相比。盗窃方与打劫不同,那么军中受敌而不支援的罪行,应该是比强盗罪重。另外惩罚的律条,虽然和军中不能相比较,但是没有远近路程的等级。”沈亮继续建议道:“墓地没有界限,如果不加以划分界限,那么几步之内和十里之外的百姓,便会受到同一种罪责的惩罚。防止百姓犯罪的条文,应该有适当的分别。我认为相隔一百步内跑去告知而无论的百姓,判徒刑一年,百步以外的地区,不能罚罪。”

案例出处:《宋书》。

(夏婷婷)

石华诬告源贺反坐案

源贺在冀州执政期间,裁断官司通情达理,从不大兴劳役、兵役之事,清廉节约,宽宏大度,深得人心。北魏文成帝太安二年(456年),当时武邑郡的奸险小人石华诬告僧人道可和源贺密谋造反,有关部门将此消息上奏。文成帝道:“源贺绝对不会做这样的事情。”于是命人仔细审讯,石华果然招供是诬告,被判处死刑。文成帝特派使者带着诏书向源贺加勉:“卿之忠诚款至,著名于前朝,以丹青之洁而受青蝇之污。朕立即命严加检核,已将诬告者处以极刑,故遣使者宣告朕意。卿好好绥抚吏民,不必因嚣谤之言引起疑虑。”皇帝又对左右亲信大臣道:“源贺忠心耿耿,尚且招致诬告毁谤,那些不如他的大臣,更要小心警惕!”

案例出处:《魏书》。

(夏婷婷)

司马岐察情决滞囚案

三国时魏国人司马岐做陈留太守的时候,梁郡关押着一个囚犯,他的案子牵连很多人,几年都不能决断。朝廷下诏命令把官司移送司马岐审理,原羁押犯人的县让他预先备好刑具、监狱。司马岐却说:“几十个囚犯要手段进行欺骗,供词很难达成一致,况且他们早已厌倦了酷刑的折磨,所以神色表情很容易表露出来,哪还用长时间地在监狱里关押呢!”等囚犯押到后,司马岐立刻审问,他们果然都不敢隐瞒、如实供述,一天就审决完毕了。

案例出处:《白话折狱龟鉴》《折狱龟鉴译注》。

(冯学伟)

司马悦视鞘查真凶案

司马悦,字庆宗,司马楚之孙,司马金龙之子,源贺之女所生,北魏宣武帝时期任豫州刺史。当时豫州汝南郡上蔡县有个叫董毛奴的人身上带着五千钱,在大路上遭劫遇害,郡县的地方官怀疑是一个叫张堤的人杀害的,而且在张堤家中搜出五千钱。张堤害怕严刑拷打,就供认称自己是杀人凶手。案件送到州里后,司马悦察言观色,怀疑张堤所供非实。又把董毛奴的哥哥董灵之叫来,对他说:“杀人抢钱时,凶手手忙脚乱之下,说不定会丢下什么东西。这个凶手丢下什么东西没有?”董灵之说:“只丢下一个刀鞘。”司马悦把刀鞘拿来仔细查看,说:“这把刀鞘不是一般人所能做的。”于是就把州城里所有的刀匠召集来看这把刀鞘。有一个叫郭门的刀匠上前说:“这把刀鞘是我亲手做的,去年卖给了在城外居住的董及祖。”司马悦命人马上抓捕董及祖,审问董及祖时司马悦说:“你为什么杀人抢钱却丢了刀鞘?”董及祖起先拒不认罪,后来,董灵之又在董及祖身上找到了董毛奴所穿的黑色短袄,董及祖这才俯首认罪,终于被处以极刑。司马悦断案,大多像这样,在州郡百姓之间传播开来。

案例出处:《魏书》。

(夏婷婷)

司马芝宥女工正风气案

三国时魏国的司马芝做大理正的时候,官府的熟绢被盗了,后来在厕所找到,官吏怀疑是女工干的,就把她抓进监狱。司马芝说:“判罪上的失误,往往在于苛刻凶残。现在先得到了赃物,然后审问她的供词,如果经受不住严刑拷打或许会被迫认罪,怎么能断案呢?况且减省狱讼、易于服从,是圣人之世的教化方法;不宽赦有罪的人,是庸世的治理办法。如果宽宥了被怀疑偷绢的人,来培养易于服从的社会风气,不是也很好吗?”魏太祖采纳了他的意见。

案例出处:《白话折狱龟鉴》《折狱龟鉴译注》。

(冯学伟)

宋翻留大枷惩恶案

宋翻,字飞乌,广平列人,吏部尚书宋弁同族弟弟。少年即有志操,世人都认为他刚毅果断。北魏宣武帝即位之初,起家为官,任本州治中、广平王郎中令。不久被朝廷拜授为河阴令。河阴县衙里原来有大刑枷,时人称为"弥尾青",等宋翻为县令时,吏卒请求把它烧掉。宋翻说:"暂且放置在南墙下,以待豪家。"没多久,宫里有个叫杨小驹的太监到县中请事,言辞不逊,宋翻命人取出弥尾青惩罚他。杨小驹被放出后,在宣武帝面前控诉。宣武帝大怒,敕令河南尹验核宋翻之罪。宋翻说出全部情况。帝下诏说:"卿故意违犯朝中法律,难道不是作威以沽名钓誉吗?"宋翻回答说:"造枷的不是微臣,买名的也不是微臣。之所以要把它留下来,臣不敢在百姓头上施刑,是用它来对付如杨小驹这样的凶暴之徒罢了。"宣武帝见他言辞切中,无可反驳,只好将他放了。从此宋翻威震京城。

案例出处:《魏书》。

(夏婷婷)

苏琼感化兄弟争田案

苏琼在武定年间(543—550 年),任南清河郡太守,他为官清廉谨慎,深得当地百姓拥护爱戴。当时有百姓乙普明兄弟二人分析家产,为争夺一块田地打了多年的官司,仍未能断清。他们各自提供证人,竟然有一百来人为他们双方作证。苏琼召集乙普明兄弟,当着众人劝告他们说:"天下难以得到的是兄弟情,容易寻求的是田地,假如让你们得到田地而失去兄弟之心,将会怎样?"苏琼说着就掉下泪来,众人无不哭泣。乙普明兄弟叩头请求到外面去再加考虑,最终他们放弃了田产的争讼。兄弟二人已分居十年,于是又搬到了一起居住。

案例出处:《北史》。

(夏婷婷)

苏琼追查真凶释冤案

苏琼,字珍之,长乐武强人。他在东魏时出任文襄帝高澄的刑狱参军,因平反并州府的一起冤狱,捉获真凶而闻名。并州曾发生抢劫案,根据线索抓捕了一群盗贼。州府长流参军审理此事,所怀疑的贼人们在严刑拷打之下诬服,被抢的失主家也凭借记忆对凶手进行了辨认,只是一直没能起获贼赃。文襄帝将此案交给苏琼,命令他再加审理。结果,苏琼另外查获到元景融等十余人,这些人才是真正的盗贼,并获得赃证。高澄大笑,对以前被误指为贼的人说:"你们如果不是遇上我的好参军,差一点就成了冤死鬼。"苏琼后出任南清河太守,这个郡盗贼很多,但苏琼来到后,吏民恭敬,奸盗平息。

案例出处:《折狱龟鉴》。

(夏婷婷)

孙登比丸辨诬案

孙登在做吴国的皇太子的时候,曾经骑马外出,有个弹丸射了过来,随从们就在附近搜寻射弹丸的人。正好看见一个人拿着弹弓、身上挂着装有弹丸的兜子,就都认为射弹丸的是这个人。问他时他却不承认是自己射的,遭到随从们用棍棒殴打。孙登制止随从,让他们找回射过来的弹丸同这个人的进行比较,结果弹丸不相像,那个人才被释放。

案例出处:《白话折狱龟鉴》《折狱龟鉴译注》。

(冯学伟)

孙礼报恩协助越狱案

三国时魏国的孙礼做司空军谋掾,战乱刚开始,孙礼和他母亲失去了联系。孙礼的同乡马台找到了孙礼的母亲,孙礼倾全部家财报答马台以表谢意。马台后来因犯罪被判处死刑,孙礼就私下打通关系让马台越狱,他自己将去自首。马台却说:“臣民没有逃亡的道理。”孙礼直接到主簿温恢那里去认罪。温恢赞许了他们,如实禀告皇帝,结果,他们二人都被改判为比死刑低一级的刑罚。

案例出处:《白话折狱龟鉴》《折狱龟鉴译注》。

(冯学伟)

孙亮破鼠屎辨藏吏被诬案

三国时期,吴国皇帝孙亮在盛夏游西苑的时候,想吃生梅,命黄门用带盖的银碗到藏吏那里去取蜜。黄门向来怨恨藏吏,就偷偷把鼠屎放进蜜里,告诉皇帝藏吏对皇帝不尊敬。孙亮命藏吏把蜜瓶拿进来,问他说:“蜜瓶有盖子盖着,鼠屎就应该无法掉进去。黄门没有什么事有求于你吗?”藏吏叩头说:“他之前向我借宫席我没有给他。”孙亮说:“一定是因为这件事啊。这事也容易清楚。”于是让手下的人破开鼠屎,鼠屎的内部是干燥的。孙亮笑着说:“如果鼠屎早就在蜜里,应当里外都是湿的;现在里面是干燥的,就是有人要冤枉藏吏了。”于是黄门认了罪。

案例出处:《白话折狱龟鉴》《折狱龟鉴译注》。

(冯学伟)

孙男玉杖杀仇人被赦案

平原郡有女子孙男玉,其夫被邻县人所杀。抓住仇人后,孙男玉要亲手杀死他,孙男玉弟不肯。孙男玉说:“女子出嫁,以夫为天,我要为夫雪恨,为何要借他人之手报仇!”于是杀死了仇人。后孙男玉归案,被处以死刑。案子上奏北魏献文帝,献文帝下诏说:“孙男玉重节轻身,以义犯法,缘情定罪,理在可原,其特恕之。”

案例出处:《魏书》。

(夏婷婷)

孙氏兄弟争相受戮案

刘宋孝武帝大明五年(461 年),征发三五民丁。彭城郡彭城县人孙棘之弟孙萨在被征发之列,但孙萨违期不至。主部官吏依军法规定将孙萨送监等待判决。还未判决,孙棘来到郡衙请求道:“不忍令当一门之苦,乞以身代萨。”孙萨供词里也说:“门户不建,罪应至此,狂愚犯法,实是萨身，自应依法受戮。兄弟少孤，萨三岁失父，一生恃赖，唯在长兄；兄虽可垂愍，有何心处世。”太守张岱怀疑其中有诈，将孙棘、孙萨二人分开关押。对孙棘说：“已把你兄弟二人之事详报朝廷，朝廷下赦准许你代弟去死，天亮立即行刑。”孙棘听罢，和颜悦色地说：“得此结果，明晨赴刑场死亦同生。”张岱又对孙萨说：“朝廷不许孙棘代你去死。”孙萨欣然表示：“死也心甘，只要兄长免死，我死而无憾。”孙棘之妻许氏叫人带话给孙棘说：“君当门户，岂可委罪小郎。且大家临亡，以小郎属君，竟未妻娶，家道不立，君已有二儿，死复何恨！”张岱将此案情详细奏报朝廷，世祖孝武帝下诏称：“孙棘、孙萨虽为普通百姓，但节行却可甄表，特免其罪！”徐州刺史接续嘉奖，征孙棘为官，并赐给许氏帛二十匹以资奖励。

案例出处：《宋书》。

（夏婷婷）

王承开释因好学而犯夜禁者案

晋代的王承做东海太守的时候，吏卒逮到了一个触犯夜行禁令的人。王承问他：“你是从什么地方来的？”回答说：“我从老师家上完课回家，不知不觉天就黑了。”王承说：“鞭打像宁越这样好学的人来树立威望，恐怕不是治国平天下的根本。”王承让吏卒把他送回了家。

案例出处：《新唐书》。

（冯学伟）

王猛杀吏被赦案

前秦主苻坚永兴年间（357—359年），始平县地方豪强不守法度，任意胡为，抢劫与偷盗盛行，于是苻坚调任王猛为始平县令。王猛到任之初，宣示法令，严刑治理，明察善恶行为，严厉约束地方豪强。因以鞭刑处死了一个官吏，王猛遭到控告，加之有司的上奏弹劾，皇帝下诏用刑车将王猛押送还京，关押在廷尉诏狱中等待调查。苻坚亲自审问他说：“当政的根本，是以道德教化作为首选，你到任不久却杀人无数，这是多么的残暴啊！”王猛说：“我听说治理一个安宁的国家当用礼治，而治理一个动乱的国家当用法治。陛下不认为我无能，把政务繁难的县交给我治理，我当为贤明的君主除去凶恶和奸猾之徒。刚杀了一个奸贼，余下的还有数万，如果陛下认为我不能除尽凶暴之徒，维护法度，我岂敢不甘心受刑，为我辜负了陛下而谢罪。但因残暴施政的罪名所受的刑罚，我实在不敢承受。”苻坚听罢，赦免了王猛。

案例出处：《晋书》。

（夏婷婷）

王坦之疑罪从轻恕失牛士兵案

东晋的王坦之袭先辈荫，得蓝田县侯爵。当时有个士兵叫韩帐，逃跑后回来自首说：“我是因为丢了牛才叛逃的。”官吏判韩帐偷牛罪，拷打后他认了罪。王坦之认为韩帐是有自首情节的，却在法律规定之外给他加了罪；韩帐由于懈怠管理而丢失了牛，罪过还是可以宽恕的；但进行刑讯逼供，一般都会诬服认罪。应该归入疑罪从轻的法例。于是韩帐获得从宽处理。

案例出处：《白话折狱龟鉴》《折狱龟鉴译注》。

（冯学伟）

王志遣囚还家复还案

南齐高帝建元年间(479—482 年),王志出任宁朔将军、东阳太守。东阳郡监狱有十多个重囚犯,冬至日都被王志打发回家过节,过完节后犯人都回监狱了,只有一人没有按规定时间返回,狱官向王志报告了这件事。王志说“这应当是我太守的责任,你不用担忧”。第二天早晨,这个迟归的重囚犯果真自己回到了监狱,是因妻子怀孕生产而耽误了日期,于是,官吏百姓更加赞叹佩服王志以德治政的做法。

案例出处:《梁书》。

(夏婷婷)

魏收修国史遭议不公案

魏收是北朝著名文士。他下笔成书,不打草稿,朝班同僚,多敬佩他的才华。后迁为散骑侍郎,不久负责记载皇帝的起居,并编写国史,兼中书侍郎。天保二年(551 年),文宣帝下诏让魏收编撰魏史。文宣帝告诫魏收说:“我不会像魏太武帝拓跋焘那样诛杀史官。”魏收因此指挥通直常侍房延佑、司空司马辛元植、国子博士刁柔、裴昂之、尚书郎高孝干写成了《魏书》。他们辨别、确定名称,对每一条记载进行鉴定,又收集散失的遗文,补续后面的事,终于完成了一朝史书,于是向皇帝上表报告。

修史人员的祖宗亲戚大多被写进《魏书》,并以美言相饰,却隐没以前他所怨恨的人的优点。魏收说:“哪个小子敢和我作对,稍加抬举他可以上天,按压他可使他进地狱。”

当时,人们纷纷议论魏收著史不公,文宣帝命令魏收到尚书省与许多被收入《魏书》的人的子孙进行辩论,先后对魏收投诉的人有 100 多人,或说“遗漏我家世职位”,或说“我的家世不被记录”,抑或说“妄自非议和毁谤”。魏收都能根据各人的具体情况而作出答复。范阳卢斐父亲卢同被附在他不在同族的祖先卢玄《传》下,顿丘李庶家《传》中称李庶本来是梁国蒙人,卢斐、李庶讥嘲议论说:“史书不公正。”魏收性情急躁加心生愤怒,就向皇帝控告卢斐、李庶二人想对他加以谋害。文宣帝大为恼怒,亲自加以盘问,盘问中多有魏收无法回答之处,但文宣帝看重魏收的才华,因此不加罪于他。当时,太原王松年也诽谤魏史,和卢斐、李庶一同获“谤史”的罪,各自遭到笞刑后被发配到甲坊,有的因此而亡。

然而,由于大家对魏史仍议论不止,文宣帝下诏魏史暂不推行,命百官广泛地加以议论。听任那些认为魏史对自家记述不公的人到衙署来投书陈述。因此,众口哗然,称魏史为“秽史”。到了孝昭帝时,因魏史迟迟没有刊行,再次下诏令让魏收详加研究和审查。魏收接受诏书后,对原《魏书》作了较大的改正。魏收所编修的《魏书》,今为《二十四史》之一。《魏书》虽在历史上曾被称为“秽史”,但它保存了不少北魏文学作品,某些传记中也有表现人物思想性格的精彩片段,具有较强的文学性。

案例出处:《北齐书》。

(夏婷婷)

武成帝判王回洛等诬告反坐案

冯翊王高润,字子泽,是神武帝的第十四个儿子。天保初年(550 年)受封,历任东北道行台右仆射、都督、定州刺史。高润为官廉洁谨慎,端方文雅,熟悉官吏的职责。他善于揭发隐匿巧伪,使奸吏无法隐藏他们的罪恶。开府王回洛与六州大都督独孤枝侵吞官田,收受贿赂,高润纠劾此事。这两个人怕事情败露,反诬告高润说:冯翊王送南朝的使者,登上魏孝文帝旧时的高坛,向南眺望,并常常叹息,不知道是什么意思。武成帝派元文遥到定州宣布诏命说:"冯翊王从小就很谨慎,在州中不干非法的事。我对他非常了解。登高远望,是人之常情,小人们想挑拨我们兄弟间的关系,所以任意编造。"于是,王回洛被抽了二百皮鞭,独孤枝被杖责一百。

案例出处:《北史》。

(夏婷婷)

萧鉴宽免盗者案

南齐武帝永明二年(484 年)十一月,武帝任命始兴王萧鉴为督益、宁诸军事,益州刺史。调陈显达返回建康,任中护军。当地有一伙匪徒,党徒上下一千余人,他们截断水源,抢劫商旅,无恶不作,地方官吏无力阻止。萧鉴赴任走到上明时,盗首韩武方向他请降。萧鉴表示同意,韩武方率余众出降。长史虞悰等人请求萧鉴处死韩武方,以绝后患。年仅 14 岁的萧鉴考虑再三后说:"现在他降归于我,如果杀了韩武方,我们就失去了信用,也无法规劝别人改过从善。"先将韩武方拘押起来,后立即奏报朝廷等待处理结果。朝廷果然复命赦免了韩武方。至此,巴蜀西部一带从事抢掠的匪众也都陆续归降。

案例出处:《南史》。

(夏婷婷)

萧纶肆行不法被削爵案

邵陵携王萧纶,字世调,小字六真,是梁武帝的第六个儿子。他从小聪明、博学并善于写诗文,尤其善于写书信。天监十三年(514 年),受封为邵陵郡王。普通五年(524 年),萧纶以中郎将的身份代理南徐州事。他在州中轻佻暴虐,喜怒无常,使用的车驾服饰超越他的身份,横行不法。他时常在市井中游逛,和仆人们混杂在一起。他曾经询问卖黄鳝的人说:"州刺史怎样?"那人回答说,刺史浮躁暴虐。萧纶听罢大怒,下令让卖鳝鱼的人活吞鳝鱼。卖鳝者当场死亡。从此以后,百姓们心惊胆战,路上相遇也只能交换眼色。

有一次他遇到一辆丧车,便一把夺过孝子的丧服穿上,趴到地上号啕大哭,以此取乐。签帅害怕自己获罪,便秘密地报告给皇帝。皇帝起初对萧纶严加责备,可是萧纶不但不改正行为,反而更加违逆傲慢。萧纶找来一个老人,身材很像皇帝,让他穿上袍服戴上皇冠,高坐上方,向他朝拜,将他当作皇帝,自己声称无罪。然后就在座位上剥下他的衣服,抓到院子里痛打。萧纶又制作了一具新棺木,把司马崔会意装在里头,用轻车拉着并唱挽歌,就像送葬一样,并让老太婆坐在丧车上痛哭。崔会意实在受不了,便骑着轻骑回京都向皇帝报告。皇帝怕萧纶逃走,便派禁兵去把他抓住,准备在监狱中将他赐死。昭明太子流着泪坚决劝谏,这才得以免死,于是免去他的官职,削除爵位回家。

案例出处:《南史》。

(夏婷婷)

孝闵帝宇文觉被废案

公元556年,宇文泰病死,他的侄儿宇文护扶持15岁的宇文觉承袭父位,并辅政。第二年正月,宇文护逼迫西魏恭帝拓跋廓把皇位禅让给宇文觉,宇文觉即位称帝,定都长安,立国号周,史称北周。宇文觉称帝后,军政大权实际上全部掌握在他的堂兄大司马宇文护手中,宇文护专横跋扈,一部分元老大臣对他心生不服。太傅赵贵密谋刺杀宇文护,找太保独孤信商议,独孤信阻止了他,但也没有告发他。后来有人告发了这件事,宇文护立刻杀了赵贵,独孤信也被罢官,不久又被赐死。

外表斯文的宇文觉却有着刚毅果敢的性格,对于宇文护专政感到相当不满。他虽然尚未成年,但也想亲自执政,而司会李植与军司马孙恒也对宇文护权高位重颇有微词,孝闵帝宇文觉元年(557年)四月二人便与乙弗凤、贺拔提等人一同私下向宇文觉请求诛杀宇文护,宇文觉同意,准备借宴请公卿的机会捕杀宇文护。他们又找了张光洛一同行事,不料张光洛却将此事告诉宇文护。但宇文护这次没有大开杀戒,只是改封李植为梁州刺史,孙恒为潼州刺史,将他们两人从宇文觉身边调离,贬到地方做官。谁知宇文觉并不罢休,老想召回二人。宇文护只得耐着性子向小皇帝进行"哭谏",他说:"天下至亲莫如兄弟,若是兄弟互相猜疑,那世间还有可信之人吗?叔父嘱托我帮陛下治理国家,如果陛下能独立料理朝政,名扬天下,为兄也就死而无憾了,可是陛下现在年纪尚小,我担心除掉了我以后大权落到奸臣手中,那时候非但对陛下不利,连国家也将灭亡,叫我有何面目去见地下的叔父!我既是陛下长兄,又当了宰相,还能有什么想法!望陛下三思,切勿听信谗言,疏远骨肉。"这一席话说得恳切合理,宇文觉只得停止召回李植、孙恒二人。

侥幸留下来的乙弗凤却不死心,加紧谋划,准备由宇文觉设御宴招待群臣,趁机干掉宇文护,但张光洛又将此事告诉宇文护,这次宇文护不再心慈手软,将乙弗凤、孙恒等人一一捕杀,使宇文觉身边没有了侍卫,接着派贺兰祥逼迫宇文觉逊位,将他贬为略阳公并幽禁,一个月后,宇文护又派人将他毒死,年仅十六岁。宇文护把李植处以死刑,又逼迫李远(柱国大将军,李植父),让其自杀。李植的三个弟弟叔诣、叔谦、叔让也都被杀死,其余的弟弟因年幼被赦免。

案例出处:《周书》。

(夏婷婷)

谢超宗轻慢无礼被赐死案

谢超宗乃是甲族门第,但为人仗才纵酒使性,对人多不讲礼貌。在衙门当值经常喝得醉醺醺。皇上召见,谈及北方事情时,谢超宗说:"魏虏骚扰已经有二十年了,就是佛祖出世也无可奈何!"谢超宗因有失仪礼外出为南郡王中军司马。他心怀怨气,对人说:"我现在应当司驴。"又被省里的官员劾奏,他也因心怀怨气被免职,在十年内不许做官。司徒褚渊送湘州刺史王僧虔,栈道坏了,落在水中;仆射王俭曾经因拉车的牛被惊吓,赤着脚掉下车来。谢超宗拍着巴掌戏笑着说:"落水三公,堕车仆射。"前前后后嘲弄语传遍朝野。

世祖即位,使谢超宗掌管国史,任竟陵王征北谘议参军,领记室。他更不得志。谢超宗娶了张敬儿的女儿做儿媳,皇上因而猜疑他。永明元年(483年),张敬儿被诛杀,谢超宗对丹阳尹李安民说:"往年杀韩信,今年杀彭越,你这位尹打算怎么办?"李安民把这些话一一奏报,皇上想起谢超宗历来轻慢无礼,指使兼中丞袁彖弹奏谢超宗,要陷以重法。袁彖声称"本性糊涂浮躁,任由心性放纵邪恶,狂悖的言论失去真情,喧闹语违背事实,亲戚朋友忍耐着听,官绅贵胄遮蔽眼睛不愿看,即行收捕交付廷尉法狱治罪"。文词内容简略,皇帝并不满意,认为袁彖是在有意包庇谢超宗。旋即又让尚书左丞王逡之弹劾袁彖"轻文略奏,饶法容非"。最终,皇帝诏告说:"谢超宗形同反叛,罪不容诛。袁彖隐瞒情况欺骗国家,爱护朋友而祸害主上,当以最重的刑法处治,特此原谅宽待,不予收捕处治,免去官职记入案卷,十年不准做官。"谢超宗被捕入廷尉,一夜之间白了头。皇上下诏把他流放越州,走到豫章,皇上敕告豫章内史虞悰说:"著令谢超宗在你处自尽,但不要伤损他的形体。"

案例出处:《南齐书》。

(夏婷婷)

许昭先叔父坐事系狱得释案

许昭先,义兴人。其叔父许肇之坐罪入狱,七年未能判决。许肇之共有子侄二十余人,许昭先家境最为贫薄。但也只有许昭先愿为叔父每日奔走,申诉鸣冤。许昭先还经常送些家常便饭到狱中给叔父,没有持续多久,许昭先就倾家荡产了。他只好把房子卖掉以维持生计。许肇之入狱太久,连他的亲生儿子们都已感到倦怠,只有许昭先从不懈息,如此一坚持就是七年。此事后被尚书沈演之知晓,他对许昭先的操行大为赞许,且为其说情,许肇之因此被免罪释放。

许昭先孝义之举并非此一例。许昭先舅舅、舅娘得病相继去世,家贫无以葬,许昭先变卖衣物以营殡葬。舅家三子皆年幼,许昭先将其抚养成人。后许昭先又竭力致养自己的父母,甘旨必从。宗党嘉奖许昭先孝行。

案例出处:《宋书》。

(夏婷婷)

荀攸谏叔察情破杀人案

三国时魏国的荀攸从小就失去了父母,他的祖父广陵太守荀昙去世后,从前的一个差役张权请求给荀昙守墓。荀攸当时才 13 岁,觉得这件事有疑问,就对他的叔父荀衢说:"这个差役的表情不正常,可能是做了什么坏事吧。"荀衢听后恍然大悟,就审问张权,果然张权是杀人后逃命的罪犯。

案例出处:《白话折狱龟鉴》《折狱龟鉴译注》。

(冯学伟)

杨津施诡计巧获盗贼案

北魏的杨津在担任岐州刺史时,无论大事小情,都要亲自处理,终日孜孜不倦。有一个武功县人买了三匹绢,在离城十里的地方被盗贼抢劫。正巧有个奉官府命令办事的使者骑着马走到这里,被抢劫的人把被抢的事情经过告诉了使者。使者来到州城,将这件事报告给了杨津。杨津便发布文告,说有一个人穿着某种颜色的衣服,乘着某种颜色的马,在城东十里的地方被人杀害,不知道姓名。如果家里有人,赶快来府衙认领收尸。有一个老妇人哭着出来说死者是自己的儿子。于是,杨津派骑兵前去抓捕,连人带赃一起获得。从此,岐州全境畏惧敬服杨津。

案例出处:《中华历代名案》。

(夏婷婷)

姚弋仲罪责左尉案

姚弋仲,南安赤亭羌人。后赵主石虎建武十一年(345年),姚弋仲率领部队归顺后赵,驻兵在滠水。后赵主石虎很看重他,让他迁持节、十郡六夷大都督、冠军大将军,朝廷大事,多与之参决。姚弋仲性格刚毅正直,为官清廉,不修威仪,屡献谠言,无所回避。时有武城左尉,季龙宠姬之弟,权势欺人,曾闯入姚弋仲营中,侵扰部众。姚弋仲大怒,命人将他抓来,历数其罪状,命左右将其拉出去斩首。左尉吓得不住地磕头求饶,磕到头破血流,姚弋仲左右极力劝谏,姚弋仲这才放过了他。

案例出处:《晋书》。

(夏婷婷)

殷仲堪原情断黄钦生诈称父死案

晋代殷仲堪做荆州的刺史的时候。有个桂阳人叫黄钦生,父母早死。他却披麻戴孝谎称是给父亲送葬。府曹依照法律规定判处黄钦生弃市的刑罚。殷仲堪说:"推究这条法律规定的本意,指的是父母还活着的时候却无中生有地说父母都死了,这在情理上违背了常道;关于这个情况法律上不忍直接写上去,所以同有关殴打辱骂的条文规定的相同,处以死刑。黄钦生只不过是犯了荒诞不经的过错罢了。"于是没有杀黄钦生。

案例出处:《白话折狱龟鉴》《折狱龟鉴译注》。

(冯学伟)

于仲文放牛认主案

北周于仲文年少时,"倜傥有大志,气调英拔,当时号为名公子"。起家为赵王属下,后迁安固郡太守。当时有任、杜两家各自走失了一头牛,后寻回一头,两家都说是自家的牛。此案久而不决。益州长史韩伯俊说:"于安固(仲文)少聪察,可令决之。"于仲文说道:"这件案子很容易就能搞清楚。"于是他令两家各自把家中牛群赶来,然后将那头寻回的牛放开,结果这头牛跑进了任家的牛群中。于仲文还暗中派人微伤此牛,发现任家非常伤心,而杜家却依然如故。于是于仲文大声苛责杜家,杜家服罪而去。

案例出处:《折狱龟鉴》。

(夏婷婷)

月光童子谣言案

北魏孝明帝熙平中,冀州延陵人王买,妖言惑众谋反作乱,畏罪潜逃,赦免令规定的期限已过,还不回来自首。廷尉卿裴延俊上奏章说:"《法例律》:'诸逃亡,赦书断限之后,不自归首者,复罪如初。'依《贼律》,谋反大逆,处置枭首。延陵的所谓月光童子刘景晖等人,妖言惑众,事在赦后,应当处死。"廷尉正崔纂认为:"刘景晖说能变蛇、野鸡,此乃傍人之言。杀死刘景晖是没有道理的,但赦免刘景晖又恐怕他再妖言惑众。现今是直言无讳的朝代,不应行无罪之戮。刘景晖九岁小儿,口尚乳臭,说话做事,并不都是他所能自已的。‘月光’之称,也不是出自他口中。都是奸吏无缘无故地凭空生出事端,这就是所谓的为之者巧,杀之者能。如果因为妖言惑众,根据律法应判死罪,但又不能揭穿刘景晖到底什么地方惑众。这件事是赦免令发布之后才显露的,在律令之外,再要定他的罪,赦律何以取信于天下!《尚书》中说:与其杀不辜,宁失有罪。又按照《法例律》上所说:‘八十已上,八岁已下,杀伤论坐者上请。’有人议论说,小孩子和老人犯罪,可以不采用这一条律令。我以为,假如老者像姜太公那样智慧过人,或年少像甘罗那样聪明,非一般人可比,那可以照人们所议论的去做。刘景晖只是个愚笨的小孩,当然应当适用普通法律。”灵太后下令说:“刘景晖既然已经得了朝廷宽刑的恩典,怎么能再议论要判处他重刑呢?可以把他流放到略阳为民。余事就如你们奏章上说的行事。”

案例出处:《魏书》。

(夏婷婷)

翟黑子贿布不实以对案

辽东公翟黑子深受北魏太武帝宠信,一次,奉命出使并州,翟黑子接受了下级一千匹布的贿赂,此事不久即被发觉。翟黑子急向中书侍郎高允请教应对之策:“如果皇上问我,我是坦白自首呢,还是隐瞒呢?”高允答道:“你是皇上身边的宠臣,回答皇上的问话应该忠实,这又能表明自己忠诚,治罪之事肯定不用担忧。”翟黑子又向中书侍郎崔览、公孙质等寻求对策,而他们都说主动讲实话,治罪是很严重的,应该隐瞒这些事。翟黑子认为崔览等人和自己亲近,是在为自己着想,反而对高允怨怒,说:“按你的说法,是诱骗我去死,你为何如此对待朋友!”于是和高允断绝来往。翟黑子受贿之事最终被皇帝知晓,而翟黑子因不按实情回答皇上的质问,被太武帝疏远,后来终于获罪被杀。

案例出处:《魏书》。

(夏婷婷)

张长年赐牛息争案

张长年,中书博士,出任宁远将军、汝南太守。当时,郡中有百姓刘崇之,他与弟兄两人已各立门户,分析家产时产生了矛盾。原来,这户人家本来就很穷,只有一头牛,兄弟二人都想据为己有,争来争去也争不出个所以然来,便到郡里打官司。张太守看到这弟兄二人争得面红耳赤的样子,凄然地说:“你们之所以会争吵,主要原因是你们只有这一头牛,如果有两头,每个人各得一头,哪还有打官司的道理。”所以就把自家的一头牛赐给这俩穷兄弟。此事在汝南郡中传开,官民相互告诫约定,都学会了要互敬互让。

案例出处:《魏书》。

(夏婷婷)

张景仁杀仇人被表彰案

广平郡人张景仁的父亲在天监初年(502 年)被同县人韦法杀害。案发时,张景仁刚满八岁,但他却立志长大后要为父复仇。梁武帝普通七年(526 年)的一天,张景仁与韦法不期而遇,张景仁趁韦法不备杀死他,并斩下首级,拿到父亲的坟前祭拜。事后,他把自己捆绑起来到衙门自首,请求按刑律治罪。广平郡太守蔡天起知案情重大,遂将案子上报给雍州刺史。刺史是梁武帝的三子,即后来的梁简文帝萧纲,他不但赦免了张景仁杀人罪行,还褒扬张景仁为父复仇的行为。为表彰张景仁的孝行,特命县衙免一户人家的租调供养张景仁。

案例出处:《南史》。

(夏婷婷)

张举烧猪破杀夫案

三国时期的吴国人张举做句章县令的时候,有一个妻子把丈夫杀死后,放火烧了住房,说她丈夫是被火烧死的。她丈夫家族的人对这件事非常怀疑,就到官府控告,死者的妻子死不认罪。张举就让人找来两头猪,一头杀死、一头活着,堆了柴草把它们都烧死,结果,活着被烧死的猪嘴里有烟灰,而事先杀死的猪嘴里没有灰。于是张举检查死者的口腔,里边果然没有烟灰,显然是死后被烧的。经审问,妻子认罪。

案例出处:《白话折狱龟鉴》《折狱龟鉴译注》。

(冯学伟)

张倪吴庆自罢争田案

王志为人清廉谨慎,且对百姓有恩惠。南齐高帝建元年间(479—482 年)出任宣称内史。郡中有百姓张倪、吴庆二人争夺田地,经历多年还没能解决。王志一到职,乡里人就对他们说:"王府君以德治政,我们乡里竟还有争夺田地之事。"张倪、吴庆于是一起请求惩处,所争夺的田地就被定为公用土地。

案例出处:《梁书》。

(夏婷婷)

张融乞代张欣时死案

张融在南齐武帝永明八年(490 年)任司徒右长史之职。当时的诸暨县令张欣时因犯罪被判处死刑。在征讨宋南谯王义宣的战争中,官军欲杀张融父亲张畅,张欣时之父张兴世用自己的衣袍盖住张畅,自己巍然而坐,这才使张畅脱险。后张兴世去世,张融穿高履为其负土成坟。如今,张兴世之子坐罪当死,张融上启执政的司徒竟陵王萧子良,乞求代替张欣时去死。萧子良回答说:"此乃是长史美事,恐朝有常典,不得如长史所怀。"最终,张欣时还是被依法处置,张融乞代张欣时死未能如愿。

案例出处:《南齐书》。

(夏婷婷)

张赦提纵妻受贿案

北魏孝文帝太和年间(477—499 年),张赦提因为在平城通往河北的莎泉道上剿匪屡立战功,升任幽州刺史,被封为安喜侯。张赦提到任之后严于律己,约束属吏,将原先贫困动乱的幽州治理得安定而有秩序,农业生产也发展起来。张赦提一向清正,可惜对他的妻子段氏约束不严。段氏出身于富裕之家,耐不得贫寒,于是公然受贿,而张赦提则听之任之。岂料段氏的贪污名声越闹越大，被出使幽州的中散大夫李真香侦知实情，上告到朝廷。张赦提挺不住，想要逃隐山林，段氏却不在乎，因为东阳王拓跋丕的妻子是段氏的姑姑，而拓跋丕正是孝文帝身边权势显赫的人物。段氏认为东阳王会为张赦提讲情，张赦提误信段氏之语，没有逃罪。段氏就到京师去造谣，说李真香到幽州后听说张赦提家有一头很壮实的好牛，想要张赦提送给他，张赦提没有照办，于是李真香就怀恨在心，向朝廷诬告张赦提。谣言在平城传开，执事大臣知道段氏是东阳王拓跋丕的亲戚，不敢马虎，就派驾部令赵秦州再往幽州调查，结果不但李真香所举事实皆符，而且还揭出不少新的段氏贪赃事实。

张赦提案报到孝文帝御案上，贪污、造谣等数罪并判，张赦提夫妇被处以极刑。孝文帝念张赦提在维护莎泉道治安上的大功，诏命张赦提夫妇在家中自尽。张赦提越想越气恼，一世英名竟葬送于妇人之手。临死前，他斥责段氏道："贪浊秽吾者卿也，又安吾而不得免祸，九泉之下当为仇矣。"

案例出处：《北史》。

（夏婷婷）

张氏为婆治病私酿酒案

北魏文成帝太安年间（455—459 年），京师地区颁行禁酒令。尚书乐部郎胡长命妻子张氏，服侍婆婆十分勤谨。因婆婆治病需要酒疗，张氏便私下为婆婆酿了些酒。怎料此事被主管官吏发现，主管官吏以违反禁制将张氏拘捕。婆婆王氏到法曹自首说："老病须酒，在家私酿，王所为也。"张氏则供称："姑老抱患，张主家事，姑不知酿，其罪在张。"主管官吏不知该如何判决，只好将案件上报。司徒平原王陆丽接到此案后又将案情呈奏给高宗魏文成帝，文成帝以为婆媳二人均是有义之人，虽违禁令，但情有可原，最终赦免了二人。

案例出处：《魏书》。

（夏婷婷）

长孙虑代父刑罪

长孙虑，代郡人。他的母亲喜欢饮酒，常遭到他父亲长孙真的斥责。一次，长孙真盛怒之下竟失手打死了妻子。长孙真因杀妻被县里抓捕下狱，处以重罪。长孙虑上诉给尚书说："父亲和母亲因生气争吵，本来没什么大错。只是因为父亲的过失，才闯下横祸。现在我的母亲尸骨未寒还未下葬，父亲命不保夕。我们兄弟五人，都还是年幼的孩童。我是兄长，年 15 岁，最小的妹妹，才刚满 4 岁，若要让我们兄弟五人相互抚养，想必是都不得以保全。父亲如果被处死，我们也活不长久。所以我想请求代替父死，使我的幼弟们得以存活下来。"尚书看完了长孙虑的申诉书后，向皇帝启奏说："长孙虑对他的父亲来说，是个孝子；对于他的弟弟们来说，是位仁兄。考虑到他家的实际情况，着实可怜，也特别感动。"于是，高祖孝文帝便下令特赦了长孙虑父亲的死罪，改判流刑。

案例出处：《魏书》。

（夏婷婷）

赵和奔父丧弃军遇赦案

宣武帝永平年间(508—512 年),赵和出任陵江将军,南渡淮河与南朝梁军作战。不巧,赵和父亲赵宁的死讯此时传来,于是他马上弃军归家奔丧。赵和此举严重违反军纪,触犯了北魏刑律。主管官员把他逮捕归案,要处以极刑。赵和说:“罔极之恩,终天莫报。若许安厝,礼毕而即罪戮,死且无恨。”说完痛哭流涕,恸悲感动旁人。主管官员将他的情况向朝廷禀报,皇帝降旨将他赦免。

案例出处:《周书》。

(夏婷婷)

赵修骄奢无礼案

赵修出身低贱,后暴发成富贵之人,十分傲慢无礼,为众人所痛恨。因他在外,有人婉言向北魏宣武帝举发他的罪行。自从他埋葬父亲回来之后,皇帝对他的宠幸稍有减弱。

起初,廷尉卿王显恭顺地依附于赵修,后来因私忿而产生矛盾,暗中窥视其过失,谋划陷害他,而赵修对于自己的过失错误,却从不改悔。王显则收集他前后过失,列举他回家葬父时途中淫乱不轨行为,又掌握了他与长安人赵僧修图谋藏匿玉印之事。高肇、甄琛等人也罗织赵修的罪状,秘密报告皇上。原先甄琛和李凭等人极力迎合赵修,现在见赵修渐失宠信,又害怕日后受到牵连,就争相举发指斥,帮助皇帝来抨击惩治赵修。于是,皇帝下诏说:“小人难抚养,朽木不可雕,犯下种种罪恶又不思悔改,岂容爱抚教养。我虽想将此事搁置不论,但法律实在难以违背。赵修虽是小人,但念及昔日在身边侍奉,关于处以极刑的奏请,我想加之却又不忍。可将他鞭打一百,发配到敦煌充军。其宅第修造的工程立即停止,其亲信在宫廷内任职者一律逐出宫外。”甄琛与王显监督对赵修执行刑罚,事先准备好五个有力气的人轮流鞭打,预谋这样可将他置于死地。圣旨决断打一百鞭,实际上打了三百。赵修一向身体肥壮,能够忍受鞭打的痛楚,受刑时连身子都不转动。鞭打完毕,甄琛等人立即召来驿马,催促他出发。出了城西门,赵修已不能直起身子,就将他捆绑在马鞍上,赶着马急速奔驰。赵修的母亲、妻子在后追随。就这样行走八十里,赵修便一命呜呼。

案例出处:《魏书》。

(夏婷婷)

郑述祖赦盗布者案

起初,郑述祖的父亲郑道昭任光州刺史时,曾在城南小山起斋亭,刻石为记,当时郑述祖年仅 9 岁。北齐文宣帝天保年间(550—559 年),郑述祖继任光州刺史,便往城南寻访旧迹,得一破石,有铭刻:“中岳先生郑道昭之白云堂。”郑述祖对之呜咽,悲动群僚。郑述祖治政为民,亦同其父。当时,有人在市场盗取布匹,回家后被其父发现,其父怒曰:“何忍欺人君!”遂将他扭送至州署,让他自首归罪。郑述祖原宥了盗贼的罪行,免除治罪。自此以后,光州境内路不拾遗。人们对郑氏父子歌颂道:“大郑公,小郑公,相去五十载,风教犹尚同。”

案例出处:《北齐书》。

(夏婷婷)

众臣议葬母卖女转卖案

北魏宣武帝永平三年(510年),尚书李平上奏称:"冀州阜城人费羊皮母亲过世,因家里贫穷,无钱入葬,便将七岁小女卖给同城人张回做奴婢。张回又把这孩子转卖给了鄃县人梁定之,却没有告知她是良家孩子。根据盗律,'掠夺人、掠夺人来卖及合伙卖人为奴婢的,判处死刑'。张回买下费羊皮的女儿,后为牟利转卖他人。根据律法应处绞刑。"宣武帝下诏说:"律称'和卖人',是指两人串通,共同诈取他人财物。现费羊皮卖女,并告诉张回该女为良人,张回图谋卖价低贱,知道是良人而公然收买,诚然两个人的行为都是违反法律的,但是两个人都没有欺诈。此女虽然被父亲出卖为奴,但是本身是良人。张回转卖于他人之时,应当考虑到这一点,但是张回却决然地将她转卖,于情不可。再加推究,作出判决,使之成为典型案例,作为长久定式。"

廷尉少卿杨钧议论说:"仔细研究盗律所规定的'掠夺人、掠卖人为奴婢者皆死',另一条'卖子孙者一岁刑'。虽然两条都是对卖良人的规定,后者只判一年徒刑,前者却要处以死刑,前后处罚差别悬殊。这是因为刑罚是根据具体情况而制定。法律又规定:'群盗强盗,首从皆同。'于共同掠人而言,与这种情况自然没有什么两样。至于知道为他人劫掠之物,还故意收买,应当以从犯论处。然而对于五服之内的亲戚相互卖人,法律都有明文规定,但对于收买的人处以何种处罚,法律上却没有明文规定。臣以为,同样都是服法,根据亲属关系的亲疏,应该有所差别。买者的罪,不能高过卖者的罪。但是费羊皮把女儿卖为奴婢,不言追赎;张回真买,如同自家财产,至转卖他人时,不复疑虑。根据张回从费羊皮手中买得该女,又卖与他人,如果以共同掠人治罪,此属于有前因后果的一类。再看恐吓这一条的注说,'尊长与之已决,恐吓幼贱求之',同样是恐吓的举动,而不按恐吓的罪名治罪,就是因为长辈和他已经断绝关系。而张回本来就是从费羊皮手中将该女作为婢女买下,于是又把她当作真的奴婢转卖给梁定之。按此条例,也是有原因在先,推究其前因后果,道理也很相似。根据这种情状用法律条文来衡量,处以流刑较为妥当。"

三公郎中崔鸿认为:"律'卖子有一岁刑;卖五服内亲属,在尊长者死,期亲及妾与子妇流'。只是对于买者没有相关的规定。但卖的人既然有罪,买的人不应当不坐罪。只是卖的人因为天性难以剥夺,或因亲属关系的疏离,或尊卑不同,惩罚也不同。买的人明知是良人,有心买下,又和被买者没有亲属关系。如果买的人和卖的人同样处罚,从道理上来说是不可以的。为什么呢?律法规定'卖五服内亲属,在尊长者死',这虽然不是指'掠',但因此而收买的人,虽然要受到处罚,却是一判徒刑,一判死刑,差别悬殊。由此可知,买者的罪,自应有一定的条例,不能全如杨钧所议论的,买者的罪不超过卖者的罪。再说买者与被买者又没有天性和血缘关系,为什么有差等减刑的道理?再根据另一条律法:'知人掠盗之物而故卖者,以随从论。'依照该条文,明知他人掠良人而收买,罪止于流刑。但亲属相互出卖,罪行和一般的掠卖人大不一样。至于买的人,罪行也应该不一样。若是也处以流放的罪,则处罚偏重。按律减轻,处五年徒刑。买的人明知被卖的人出身良家,决然当作奴婢转卖,也不向人说此人得来的前因后果。人家只当此人真是奴婢,也许再次转卖,此人因此而四处漂流,家里人不知此人所在,想要追赎也无处求访此人踪迹,则此人将永远沦为奴隶,没有从良之日。这种行为,与'掠'无异。再说法律严明则奸邪易息,为政宽和则百姓多犯。对于买了人家的亲戚而又转卖给他人,不向后买的人讲清楚此人本是良人、为此人亲属所卖的根由,其处罚应当同'掠人'。"

太保、高阳王元雍议论说:"冀州处理张回的案件,专门引用盗律。审查张回所犯的罪,本来并非共同掠卖人,证据清楚,与盗贼相差甚远。现在引用盗律里的条文,以共同掠卖人来判罪,根据实际情况,再对照律法,实为不妥。如杨钧所说,在明知的情况下收买被掠之良人,对此法律并无明文规定,为何就说共同掠卖人口罪与'群盗强盗,无首从皆同'没有差别呢?这就说明本来并没有专门的条文,不过是引相近类型的案子进行类推定罪罢了。崔鸿认为转卖漂流不知何处,其罪和掠卖人相同,这也是以类推定罪。《贼律》说:'谋杀人而发觉者流,从者五岁刑;已伤及杀而还苏者死,从者流;已杀者斩,从而加功者死,不加者流。'详察沉沦贱役和失去生命,漂流四方和身死骨腐,一个依然存活,一个却死了,到底谁的危害更为厉害呢?但盗律对杀人的案子有首犯与从犯之分,盗人来买卖,并没有主犯从犯的差别。谋杀和合伙卖人,被害者都是良人,应该根据相同的标准处罚。现不引用谋杀人的条款对从犯减等处罚,却引用强盗这一类的条款,其有何意义呢?另外,法律规定:'知人掠盗之物而故买者,以随从论。'这是明令禁止暴力掠夺的根由,遏制奸盗事件的根本,而不是说从亲人尊长之手买下就与盗掠所处的刑罚一样。臣下认为,五服之内的亲属相买卖,都是在买卖良人,之所以允许有不同等级的罪,以此表明此种情况与掠盗差别很大,所以根据亲疏来划分等差,依据尊卑来定罪行的轻重。法律规定:'诸共犯罪,皆以发意为首。'说明买卖的开头总有个先起犯意的人,首犯还是从犯的罪就应该根据这个而定。如果费羊皮不说要卖,那么张回也没有买下的心,也就是说费羊皮为此案的首犯,张回是从犯。对首犯有触犯刑法的律法条文,对从犯却要判处更重的罪,依据律典来推究,找不到可以作为量刑依据的明文。买者的罪应该各随卖者的罪。详察崔鸿的议论,他认为从他人亲属手中买得良人,而再转卖,不对后人说清楚根由情状的情况,同掠卖人处以同罪。当时,既然一样是做奴婢,转卖或不转卖,都不是良人。何必认为不卖就可以原谅,转卖就难以饶恕呢?张回的罪,判处鞭刑一百较为合适。卖女儿来安葬母亲,孝心实在值得赞扬,但我们没有听到表扬的议论,而刑罚的处分却下来了。恐怕这不是使民风淳厚、以道德来引导百姓的做法吧。所以,恳请免去费羊皮的罪过,由国家偿付他卖女儿的价钱。"后宣武帝下令说:"羊皮卖女葬母,孝诚可嘉,便可特原。张回虽买之于父,不应转卖,可刑五岁。"

案例出处:《魏书》。

(夏婷婷)

朱谦之手刃冤仇案

朱谦之,字处光,以侠义刚烈知名。朱谦之几岁的时候,生母去世,父亲昭之把她临时埋在田边,被同族人朱幼方放火烧田时烧掉了。朱谦之的同母姐姐偷偷地将此事告诉了他,朱谦之当时虽年幼,却也悲痛得像是守丧一样,长大了也不婚娶。到了永明年间(483—493年),他亲手杀了朱幼方,然后到官府自首。县令申灵勖上奏朝廷,齐武帝赞许他的义气,怕两家互相报复,就派他跟随曹武到西部去。将要出发时,朱幼方的儿子朱怿在津阳门等候刺杀了朱谦之。朱谦之的哥哥巽之,就是朱异的父亲,又刺杀了朱怿。有关部门官员把这个情况上报,齐武帝说:"这些都属于大义之事,不可审讯。"把两家全部赦免。吴兴沈青听说了叹息道:"弟弟死于孝,哥哥循于义,孝敬父母和友爱兄弟的气节,会集到他们一家了。"

案例出处:《南齐书》。

(夏婷婷)

隋唐五代案例

褒中县盗发冢墓案

唐僖宗光启大顺之际(885—891 年),褒中县有盗发冢墓者,官府搜索了很久也没有捕获盗墓者,县令屡次催促破案。忽一日擒获一人,认为其是盗墓者,将其关押在监狱里,拷问了将近一年,其始终不承认有罪,被严刑拷打,其终于承认了盗墓挖坟的犯罪事实,并交出了所盗之物。验看之下,正是墓中所失之物。人赃俱获,无人再怀疑他有冤。“盗掘坟墓者,加役流;已开棺椁者,断绞。”本案盗墓者,依律当绞。于是法司判处其人死刑。临刑之际,围观者中一人伸臂大呼道:“王法岂容枉杀平人者乎!发冢者我也。我日在稠人之中,不为获擒,而斯人何罪,欲杀之?速请释放。”此人还交出了他从墓中所盗之物。官府验看之下,与所失之物略无差异。而法司出示前一囚犯所交之物,竟与后者所交一模一样。山南西道节度使亲自提审前囚,问他是否有冤枉。那人答道:“虽自知非罪,而受棰楚不禁,遂令骨肉伪造此赃,希其一死。”节度使闻听大骇,将此案上奏朝廷。朝廷最终判:有关狱吏拷囚过度,判决“失入”,法司判盗墓嫌疑人死刑,减三等,当处有关官吏流放之刑;释放了受冤枉者,并将自首者补为节度使幕府官员。

案例出处:《太平广记》。

(夏婷婷)

曹柳勣诬告岳父不法案

天宝五年(746 年),太子李亨的姬妾杜良娣的父亲杜有邻惹上了官司,最终酿成大祸。杜有邻时任赞善大夫,正五品官,为太子东宫官属。杜有邻另有一女,嫁给左骁卫兵曹柳勣。柳勣生性狂疏,不拘小节,喜欢结交豪俊之士,与淄川太守裴敦复、北海太守李邕、著作郎王曾等皆结为好友。丈人杜有邻和女婿柳勣性情大不相同,杜有邻接受不了柳勣的轻傲狂放,而柳勣则讥笑杜有邻的迂腐胆小。二人积怨越来越深,甚至相互仇视。杜有邻凭借自己的长辈资格,经常地训斥柳勣。柳勣一气之下,一纸诉状,诬告其岳父。诉状刚好落到李林甫的手里。柳勣状告杜有邻的罪名是“亡称图谶,交构东宫,指斥乘舆”。这是一个很重的罪名,宰相李林甫借口案情重大,直接将此案交给当时的酷吏吉温审讯。推问之下,只是曹柳勣诬陷其妻族。柳勣告发丈人杜有邻,起因简单,不过是挟怨报复,谁知事情被李林甫揪住不放,将李邕、王曾等一批人都牵扯进去,最后太子李亨也被牵连进来。玄宗听说涉及太子,立即令京兆府会同御史台官员审问。案情很快明朗,原来都是曹柳勣搞的鬼。

玄宗对下级官员的告密未加宽贷,因曹柳勣、杜有邻等与皇室有亲戚关系,特予免死,判杖决,贬往岭南。但执行杖刑的过程往往因人而异,在李林甫授意下,杜有邻、曹柳勣均在重杖之下丧命,积尸于大理寺,妻儿家小流徙远方。由于牵连出李邕,李林甫特命人奉敕往北海将其杖死。李邕时年已七十多岁。之前曾经有人对李邕说:“君如干将、莫邪,难与争锋,然终虞缺折耳。”杜有邻一案使太子李亨十分不安,为自保,他派心腹宦官李辅国去宣布他与杜良娣离婚的决定。杜良娣被迁出东宫，废为庶人。

案例出处：《资治通鉴》。

（夏婷婷）

曹文洽杀诬使明姚南仲冤案

姚南仲深受唐德宗的赏识，前后四次提拔，官至御史中丞，后改任给事中、陕虢观察使。贞元十五年（799 年）再拜任义成节度使，军中监薛盈珍想恃权干扰姚南仲的军中事务，没能得逞，因而就在朝中诋毁姚南仲，唐德宗因此对姚南仲产生了怀疑。贞元十六年（800 年），薛盈珍派遣差役程务盈进京上表，诬奏陷害姚南仲。恰好姚南仲的副将曹文洽也要入京进奏，得知了他们表中的奏事内容，就日夜追赶，在长乐驿站赶上了程务盈，与他同在一间客房过夜，在夜里曹文洽自做决定，杀死了程务盈，并把他们诬陷姚南仲的奏表投进了厕所中。在自杀之前，还写了两封书信，一封送给姚南仲，另一封写明姚南仲的冤情，并且承认自己杀死了程务盈。驿吏马上进京奏报此事，皇帝听闻甚为惊骇。姚南仲心中不安，坚决请求入朝陈明情况。皇帝问他说："盈珍干扰军政了吗？"姚南仲回答说："没有干扰我的政事，我毁坏了皇帝的法律。如果盈珍之流到处存在，即使让羊祜、杜延年这样的优秀将领复生，来安抚百姓，统御三军，也必定不能达到和乐平易的教化来端正严肃军中纪律。"皇帝沉默良久。后授予姚南仲尚书右仆射的官职。

案例出处：《旧唐书》。

（夏婷婷）

陈孝意谏止杀囚案

陈孝意，河东人。陈孝意从小立有志向，20 岁时即以贞介知名。他于隋大业初年（605 年）入仕，初任鲁郡司法书佐，即办案辅助。任此职位者多容易贪赃受贿，枉法冤人，但陈孝意任职期间，人称廉平。大业三年（607 年），苏威因高颎"诽谤朝政"案遭受牵连，被贬为鲁郡太守。一次，太守苏威想杀一名囚犯，但该囚罪不至死，陈孝意再三谏劝苏威不应枉杀人性命，但苏威仍坚持弑囚，于是陈孝意将自己衣服脱下，请苏威先杀他再杀囚犯。他这样和苏威相持了许久，苏威才改变了主意。事后，苏威向陈孝意道歉，并送他回家，从此，陈孝意倔强的性格和严于执法的精神给苏威留下了深刻的印象，苏威对陈孝意渐加看重。后苏威复职迁升纳言，特意向皇帝推荐陈孝意为侍御史，陈孝意在任内因父病故离职守丧，守丧未满，即被朝廷起用为雁门郡丞。陈孝意在雁门任职时，已是隋朝末年，世风日下，贪污腐败，比比皆是，但陈孝意终能洁身自好，无染官场恶习。

案例出处：《隋书》。

（夏婷婷）

陈子昂柳宗元论辩礼与刑

此案发生在武则天当政时期。被害人是御史大夫赵师韫，他被人杀死于一家驿站。凶手是同州下邽县人徐元庆，当时徐元庆的身份是该驿站里的家丁。刁民杀害高官，此案轰动了朝野上下。原来徐元庆是为父报仇。赵师韫曾任下邽县县尉，徐元庆的父亲因为犯罪被赵师韫正法。不久，赵师韫升任京官。徐元庆为报杀父之仇，隐姓埋名，到一家驿站做起了家丁。终于有一天,赵师韫因公事出差来到了徐元庆所在的驿站,徐元庆抓住机会,报了杀父之仇。徐元庆到底是孝子还是凶犯,该杀还是该予以表彰,在当时引发了激烈的争论。

陈子昂针对此案,写下了一篇《复仇议》,他在文章中说:“今倘义元庆之节,废国之刑,将为后图,政必多难;则元庆之罪,不可废也。何者? 人必有子,子必有亲,亲亲相仇,其乱谁救? 故圣人作始,必图其终,非一朝一夕之故,所以全其政也。故曰:‘信人之义,其政不行。’且夫以私义而害公法,仁者不为;以公法而徇私节,王道不设。元庆之所以仁高振古,义伏当时,以其能忘生而及于德也。今若释元庆之罪以利其生,是夺其德而亏其义;非所谓杀身成仁,全死无生之节也。如臣等所见,谓宜正国之法,置之以刑,然后旌其闾墓,嘉其徽烈,可使天下直道而行。”陈子昂的意思很清楚,徐元庆谋杀之罪,案情清楚,按照唐律当然毫无争议地应该判处死刑,只有判处死刑才能体现法律的严肃性。但是,从另外一个角度上看,徐元庆这样做却是为父亲报仇,是对父亲的一片孝心才让他走上了犯罪的道路,他将杀父的仇恨记在心间,其孝心感天动地。因此,陈子昂建议在对徐元庆处以极刑之后还应该表彰他的德行,以颂扬他的一片孝心。陈子昂的建议巧妙地解决了“礼”与“法”的冲突,得到了大家的一致认可。最后徐元庆案也就按照陈子昂的建议了结了。

柳宗元则批评陈子昂逻辑混乱,大脑不清,认为陈子昂的建议是完全错误的。柳宗元为此还专门写了一篇《驳复仇议》的文章,柳宗元条分缕析地说:第一种可能是,徐元庆一案的要点在于徐元庆的父亲是否真的有罪,如果徐元庆的父亲有罪,那么被县尉正法就是罪有应得,父亲有罪被诛而徐元庆却执意为父报仇,谋杀朝廷命官就是十恶不赦的大罪,杀之是题中应有之义;第二种可能是,如果徐元庆的父亲死于无罪,赵师韫就涉嫌草菅人命,这样的恶官被徐元庆杀掉也就毫不足惜,徐元庆的行为在客观上也就是为国除害,徐元庆不但不应被杀,而且还应予以表彰。徐元庆要么有罪,要么无罪,二者只能居其一,一个人绝不可能像陈子昂所分析的那样既有罪又无罪。

案例出处:《唐书》。

(夏婷婷)

崔安潜诱捕盗贼案

唐僖宗乾符年间,蜀中多盗贼。乾符六年(879 年),崔安潜出任西川节度使。他上任后不立即追究盗贼,蜀中人都感到奇怪。崔安潜说:“盗非所由通容则不能为。今穷核则应坐者众,搜捕则徒为烦扰。”四月,崔安潜拨出节度使府库钱一千五百贯,分别放置于成都蚕市、药市和七宝市三个市场中,并在市场上张榜,称:“有能告捕一盗,赏钱五百贯。盗不能独为,必有侣,侣者告捕,释其罪,赏同平人。”不久,就有人捕获一盗贼,扭送到官府,盗贼不服,说:“汝与我同为盗十七年,赃皆平分,汝安能捕我! 我与汝同死耳。”崔安潜对盗贼说:“汝即知吾有榜,何不捕彼以来! 则彼应死,汝受赏矣。汝既为所先,死复何辞!”于是立即给捕贼的人赏钱五百贯,并让其归家,然后将盗贼押到市上剐死,并诛灭其一家。于是盗贼与他们的同伙互相猜疑,在成都无容身之地,不到第二天天亮,盗贼们就乘夜逃跑,西川境内再无盗贼。

案例出处:《资治通鉴》。

(夏婷婷)

崔黯搜帑案

唐朝崔黯镇守湖南时,有一恶少不为乡里所容,就自己剃光了头发,并在脖子上锁个铁圈,假称皈依佛教。他假托焚修之举,欺骗诱惑愚昧无知的百姓,搜刮所得数以万计。崔黯刚上任时,这个恶少惧怕自己假借佛事骗钱的罪行败露,于是投牒到崔公处说:"我曾经许愿焚香修行三年,今夙愿已了,请脱钳归俗。"崔公旋即问他说:"尔教化三年,所得几何?"恶少回答说:"即得即用,不曾记下数目。"崔公又问他说:"那你花掉了多少钱呢?"恶少回答说:"三千余贯。"崔公说:"给者既知,纳者不记,决有隐欺。"于是下令搜查恶少的家,乃搜出其积蓄万贯,妻孥满室,早已超出了一般百姓的规格。于是,崔黯判其矫妄之罪,以财物布施于贫下。

案例出处:《中华历代名案》。

(夏婷婷)

崔碣明冤淫雨霁案

尚书博陵公崔碣任河南府尹时,惩奸剪暴,成为天下官吏的楷模。当地有个商客名叫王可久,家境富裕,每年在江湖之间贩卖茶叶,获利颇丰。这一年,他携带钱财到楚地去贩茶,刚要返回,正遇上庞勋造反,战乱之中,他的财物损失殆尽,陷于贼寇之地,不能如期回家。

王可久在老家只有一个年轻貌美的妻子,并且没有伯叔后代这类人。妻子见丈夫久出不归,先是出高价招募人手到处访寻她的丈夫,却都是无果而归。洛阳城中有个叫杨乾夫的算卦先生,王可久的妻子一早拿着一匹上等的绢帛前去杨乾夫处解挂释惑,杨乾夫早就听说了此事,又贪恋她的美貌,就思谋出一个计策来算计她。王可久的妻子抽出签筹后,卦象已经出现,杨乾夫说道:"你所忧虑的难道不是你丈夫的事情吗?这个人已经死了很久了,卦象上显示他已经进了坟墓了。"王可久妻子听后哭着要离开。杨乾夫装作同情的样子劝说道:"今天天色已晚,我再为你挑选个好时辰,重新替你祷祝。"王可久妻子很是信任他,便择一吉日又去卜卦。这次杨乾夫肯定地说:"再也没有希望了。你一味地号啕痛哭也解决不了问题,还是尽快为夫举办丧事,用来积累阴德。"王可久妻子见他说的都是真心话,大事小情都托付给他,杨乾夫也非常尽心地帮她办理王可久的丧事。杨乾夫又私下里给媒人一百两银子,让她引诱欺骗王可久妻子。最终,王可久妻子就嫁给了杨乾夫。个把月后,杨乾夫霸占了王可久的全部资产,带着王可久妻子迁到洛渠北居住。

第二年,庞勋兵败,朝廷收复徐州,王可久一路乞讨,才回到了老家。回到老家后,发现自己的家早已更换了主人,多方打听,终于知道了妻子的下落。当杨乾夫见王可久找上门来,就十分生气,大骂他一顿,又将他驱逐出了家门。王可久不能忍受这样的冤情,向官府投诉。杨乾夫向办案官吏大量行贿,向王可久妻子取证,就诬陷说她的证词不实。当时的河南府尹不能分辨真伪,就以诬告罪判王可久杖刑,并驱逐出境。王可久被冤,痛恨叹息,双目失明。崔碣上任后,王可久又来申诉他的冤情。崔碣命令属下突袭逮捕了杨乾夫一家,又下令把从前承办本案的官吏等人全部捉拿到案,一经审讯,原审官被杨乾夫贿赂的丑事昭然若揭,崔碣依法把他们判了罪,并收缴统计家财,亲手交给了王可久,案情终于大白于天下。此案一处理完,连绵不绝的阴雨天马上放晴了。

案例出处:《中华历代名案》。

(夏婷婷)

崔仁师宽宥刑徒案

太宗贞观时期，青州有人谋反，州县官员逮捕其同伙，致使牢狱中人满为患。太宗遣殿中侍御史、安喜人崔仁师前去复查。崔仁师到青州后，命令卸去囚犯的枷具，给他们饮食、让他们沐浴更衣，经仔细审核后，只将首犯十余人定罪，其他人全部释放。崔仁师回朝禀奏此事，太宗又派敕使前往青州监决本案的死刑犯。大理寺少卿孙伏伽对崔仁师说："您在此案中平反了很多人，依人之常情，谁不贪生怕死，只恐怕这些首犯见同伙免罪释放，不肯甘心，我深为您忧虑。"崔仁师说："凡定罪断案应当以公正宽恕为根本，怎么可以自己为了逃避责任，明知其冤枉而不为他们申诉呢！万一判断不准，放错了人，我宁愿以自己一人换取十个囚犯的生命。"孙伏伽闻言羞惭地退下。等到太宗派的敕使到了青州，重新审讯犯人，他们都说："崔公宽仁公正，断案没有冤枉，请求立刻处死我们。"无一人喊冤。

案例出处：《新唐书》。

（夏婷婷）

崔氏女许配两家案

此案为发生在唐代的婚姻案件。华州柳生与大户人家崔姓女儿两情相悦，私订终身。后来，崔女母王氏的兄长执意要两家亲上加亲，王氏就将女儿许配给兄长的儿子王某。崔女闷闷不乐，对其母亲说："我只愿意嫁给在曲江会上见到的柳生，能嫁给他我此生无憾。如果一定要我嫁给表哥，我就只有一死了之。"王氏心爱自己的女儿，想成全女儿。就让自己的婢女轻红到柳生寄居的寺庙，对柳生说："夫人想成全你们，叫你在两三天内备齐聘礼，赶快与我家小姐结婚。"柳生听后高兴至极，马上备好"数千百的财礼"，五天以后就在客栈迎娶了崔女。后来，王氏去世，舅家将此事讼于官府。官府判决：王家先下财礼，婚约在先；崔女应当归于王某。王某因特别喜欢表妹，也不计较她先嫁柳生之事。

案例出处：《柳参军传》。

（夏婷婷）

崔玄亮廷诤宋申锡案

太和初（827年），崔玄亮出任太常少卿。太和四年（830年），拜为谏议大夫。第二年，宰相宋申锡为郑注所构陷，冤狱从朝廷内发生，京师震惧。崔玄亮首先率谏官十四人，到延英殿请求文宗复核此案，与文宗来回辩论数百句。文宗起初没有醒悟，执意要依法处置宋申锡。崔玄亮哭泣着上奏说："孟轲有言：'众人皆曰杀之，未可也；卿大夫皆曰杀之，未可也；天下皆曰杀之，然后察之，方置于法。'今至圣之代，杀一凡庶，尚须合于典法，况无辜杀一宰相乎？臣为陛下惜天下法，实不为申锡也。"说罢，俯首磕头呜咽，文宗为之感悟。崔玄亮因此事在朝中有了威望。

案例出处：《旧唐书》。

（夏婷婷）

崔沂据法论寇彦卿罚过当案

后梁开平年间（907—911年），金吾街使寇彦卿入朝，经过天津桥时，一个叫梁现的百姓来不及回避,被前边引导开路的士兵抓住殴打,并将他扔在石栏上摔死。寇彦卿在梁太祖面前禀告这事,梁太祖令通事舍人赵可封宣谕旨,令寇彦卿拿出私家财物给死者家属,赎罪。御史崔沂弹劾说:"寇彦卿身为人臣,无擅杀之理。何况天津桥是御道,正对端门,是皇上车驾进出的地方,而不是街使发怒使威风的地方。再说梁现只是来不及回避,他的过错也只够鞭打一顿,抓着他的头摔死,大违朝廷法典,请将寇彦卿以法绳之。"梁太祖爱惜寇彦卿,要崔沂以过失罪论处,崔沂引法典力争,以仗势杀人者为首犯,其他动过手的人罪减一等。又根据法典斗殴一条,不斗而故意打伤人者,加伤罪一等。崔沂的表章献上,梁太祖贬任寇彦卿为游击将军、左卫中郎将。

案例出处:《旧五代史》。

(夏婷婷)

崔元略误征租税案

敬宗于长庆四年(824 年)即位,命崔元略再度任京兆府尹,兼御史大夫。崔元略因误征京师地区已经被朝廷赦免的租税钱一万七千贯,被侍御史萧澈弹劾。皇帝诏令刑部郎中赵元亮、大理正元从质、侍御史温造充任三司使,会审此案。唐律中关于"非法擅赋敛"的律文规定:各级官员如有不应征收而征收者,或虽应征收而擅自加税者,所征若入官府,计其擅征之数,以"坐赃"论罪,罪止徒三年;若入于私人,以受财枉法论罪,所征折绢满十五匹则处绞。崔元略误征租税,正是违背了此条之规定,当按"坐赃"罪处以徒刑。但因崔元略背后权宦崔潭峻相助,崔元略最终只被削所兼御史大夫之职,仍为京兆府尹。

案例出处:《新唐书》。

(夏婷婷)

代宗诏毁升平公主碾硙案

大历十三年(778 年)正月,京兆府百姓向府尹黎干诉白渠渠水被碾硙所壅堵,无水灌溉。唐代,贵族及寺院于其庄园或寺领地设置碾硙,用以脱谷、制粉,成为重要之财源。因为以此设置需利用灌溉用水,这样就会影响普通民田的灌溉。京兆府尹黎干立即将此事奏报代宗。代宗闻奏,特下诏书:"毁除白渠水支流碾硙,以妨民溉田。"代宗爱女升平公主下嫁郭子仪子郭暧。在白渠支流上,升平公主有脂粉硙两轮,郭子仪有私硙两轮,有司不敢拆毁此四座水磨。升平公主特为此事进宫向代宗求诉,请留此四座水磨。代宗对公主说:"吾行此诏,盖为苍生,尔岂不识我意耶?可为众率先。"代宗说此番话时,既未恼怒,也没有责怪之意,是要告诫公主,这是国家做出的一项重要决定;公主应与父王心意相通,支持父亲的决策;公主应该起到表率作用。于是公主命有司尽毁此四磨。

案例出处:《资治通鉴》。

(夏婷婷)

戴胄断诈假官案

唐太宗即位之初,招贤纳士,广揽人才,有司便大开选荐之门。当时,参加取士选官的士人们都聚集到京城,有些士人假报资历出身或造假凭证,希望获取委任。太宗知道后下令,准许造假者自首;如不自首,一经查实立即处死。不久,有个诈假得官的人行为败露,按程序交付大理寺审断，案件审结后，戴胄按照唐律判处此人流刑。唐律规定："诸诈假官，假与人官及受假者，流二千里。"唐太宗责问戴胄说："朕诏不首者死，而今当流，是示天下不以信，卿卖狱邪？"戴胄说："陛下登杀之，非臣所及。既属臣，敢亏法乎？"唐太宗说："卿自守法，而使我失信，奈何？"戴胄说："法者，布大信于人；言乃一时喜怒所发。陛下以一朝忿，将杀之，既知不可而寘于法，此忍小忿、存大信也。若阿忿违信，臣为陛下惜之。"唐太宗听了大受感动而醒悟，赞同了戴胄的说法。

案例出处：《新唐书》。

（夏婷婷）

德宗诏谥高愍女案

高愍女名叫妹妹，其父高彦昭在节度使李正己处谋事。李纳为李正己的儿子，德宗建中二年（781年）李正己病死，李纳一直封锁消息，自领军政，并与田承嗣之子田悦一起发动叛乱。李纳将高彦昭的妻子儿女作为人质，叫高彦昭镇守濮阳城。同年，高彦昭带领全濮阳城百姓归附河南都统刘玄佐，李纳屠其全家。当时高妹妹只有7岁，李氏怜惜女儿幼小，就请求免她一死充作奴婢，得到允许。但高妹妹却不肯，她说："母兄皆不免，何赖而生？"母亲和哥哥将受刑，遍拜四方。高妹妹问缘为何故，他们答道："神可祈也。"高妹妹说："我家以忠义诛，神尚何知而拜之！"问明父亲所在的方向，面西哭拜两次后毅然赴死。德宗闻知此事后，骇叹，命令太常为高妹妹立谥称愍。众儒生争相记述高愍的生前事迹，为她撰写祭文。

案例出处：《新唐书》。

（夏婷婷）

邓景山断河东军粮案

上元二年（761年）十月，邓景山入朝，授尚书左丞。太原尹、北京留守王思礼军中储藏丰实，其外又储备粮食万石，曾奏请向京师分送五十万石。上元元年（760年）王思礼去世，管崇嗣接任。管崇嗣委任左右，为政失于宽松，放任下属，数月之间，积蓄花费殆尽，只留存陈烂粮食万余石。肃宗闻知此事后，当日诏令邓景山代替管崇嗣。宝应元年（762年）邓景山到达太原，以整顿纲纪为己任，追查军吏中隐没财产者，严格依法论处，绝不姑息，众人皆畏惧。依唐律，若为监临主守，自盗所监临财物，绢满三十匹者可处绞刑。军中有一偏将当处死刑，诸位将领都请求赎其罪过，邓景山不允许；偏将的弟弟请求自己代替哥哥去死，又不允许；弟弟请邓景山收纳一匹马用以抵消哥哥的罪行，邓景山准许免去偏将死罪。众人都很愤怒，对邓景山说："吾辈不如一匹马。"军中众人愤怒，遂起兵作乱，杀了邓景山。皇上认为邓景山领导失策，驭下无方，不再追究杀他的人的罪行，派使者抚谕士卒。军中人士于是奏请让都知兵马使、代州刺史辛云京为节度，皇上同意此奏。后辛云京借郭子仪诛朔方作乱将领之机，亦推案杀邓景山者数十人，悉诛之，于是河东诸镇之军皆奉法。

案例出处：《资治通鉴》。

（夏婷婷）

狄仁杰救斫柏将军案

狄仁杰在仪凤年间做大理丞，清理大量疑难积案，一年中判处有罪或无罪释放的多至一万七千人，没有一人认为冤屈而申诉的。当时有左威卫大将军权善才、左监门中郎将范怀义误砍了皇家昭陵上的柏树，狄仁杰上奏依律其罪当免职，唐律规定：盗皇家陵园内草木者，给予徒二年半的处分。若其非盗，止砍伐者，按《杂律》，毁伐树木稼穑，各按盗窃罪的规定处理：斫伐园陵内树木者，徒二年半，他人墓地内树木，杖一百。权善才、范怀义二人依律罪止徒刑二年半，品官犯流罪以下，可以官当徒，因此狄仁杰奏其事当免官除名。可见，狄仁杰适用法律准确。而高宗则认为处罚过轻，下令立即处死。狄仁杰又上奏说此二人罪不当死，高宗怒道："此二人斫昭陵上的树，是陷我于不孝，必须杀掉！"旁边的人示意仁杰赶快退下，狄仁杰据法说理，犯颜直谏："臣以为遇桀、纣则难，通尧、舜则易。今法不至死而陛下特杀之，是法不信于人也，人何措其手足！汉有盗高庙玉杯，文帝欲当之族，张释之廷诤曰：'假令取长陵一抔土，何以加其法？'于是罪止弃市。犯不至死而致死，何哉？今误伐一柏，杀二臣，后世谓陛下为何如主？"高宗的态度缓和一些了，权善才、范怀义二人因之得以免死，给予除名、流放岭南的处罚。过了几天，高宗任命狄仁杰为侍御史。

案例出处：《资治通鉴》。

（夏婷婷）

狄仁杰诬服得生案

天授二年（691 年），狄仁杰以地官侍郎的身份，领凤阁鸾台平章事。武则天对他说："你在汝南有政绩，但也有诋毁你的人，你想知道是谁吗？"仁杰辞谢说："陛下您认为是错的，臣一定改正；如果您认为我没有错，那就是臣的幸运。至于诋毁之人是谁，我不愿意知道。"武则天赞叹他为人忠厚。

则天朝奸臣当道，狄仁杰被酷吏来俊臣诬陷犯谋反罪，被捕入狱。按照唐代惯例，如果在一审就认罪的人可以免除死罪。所以，其他受牵连的人害怕来俊臣的严刑拷打，都诬服招认，只求减免死罪。来俊臣提审狄仁杰，狄仁杰说："大周革新天命，万物欣欣向荣；我作为唐朝旧臣，甘愿受死。我承认谋反的事实。"狄仁杰招供后，被关进监狱。来俊臣手下的一个亲信王德寿来到狱中对仁杰说："我是想让你的处境变得稍微好些，只要你肯供说杨执柔是你的同党，我就设法开脱你的死罪。"狄仁杰问道："为什么要牵扯进他？"王德寿说："你在担任礼部尚书时，杨执柔担任礼部员外郎，你把他供出来就行了。"狄仁杰哀叹道："老天在上，我狄仁杰能干这种伤天害理的事吗？"说完就用头撞柱子，血流满面。王德寿害怕了，灰溜溜地走掉了。时间久了，看押的狱卒也渐渐松怠下来，狄仁杰看准机会，便借了笔，在布上写了份上表皇帝的申冤书，放在褐色的破衣内，对牢中看守说："天热了，请把这件衣服送到我家，让家人把里面的棉花去掉吧。"狄仁杰的儿子狄光远见到了衣内的奏书，立即呈给武则天，武则天派使者去狱中视察。来俊臣让狄仁杰穿着官服出见使者，并秘密下令要王德寿以狄仁杰的名义写了一道《谢死表》，交给使者带回。后来，武则天召见狄仁杰并问他："你为什么承认谋反的罪状呢？"狄仁杰回答说："之前要是不承认谋反，现在早就死在鞭杖之下了！"武则天拿出《谢死表》给他看，接着问道："那你为什么要写《谢死表》呢？"狄仁杰看后说："我从来没写过这样的东西。"武则天识破了这是别人代笔捉刀搞的花招，便免去了狄仁杰的死罪。武承嗣多次请求诛杀狄仁杰，武则天说:“免死令已下,不可追回。”同时被诬陷的凤阁侍郎任知古等人七族也全都得到了宽宥。御史霍献嗑头叩金殿玉阶,坚持一定要杀掉狄仁杰反众。于是,武则天贬谪狄仁杰为彭泽令,彭泽邑人为了表达对狄仁杰的敬意,为他立长生祠。

案例出处:《旧唐书》。

(夏婷婷)

店妇与军士争讼案

后唐闵帝应顺元年(934 年)正月,有一店铺的妇人与一士兵打官司,妇人说:“我在门口曝晒的粟米,被他的马吃掉了。”然而那士兵则恳切申辩,但没有办法使自己清白。高祖对主审官说:“根据两人的讼词不能分辨分明,凭什么裁决?可以杀掉马剖开马肠,看里面有没有粟米,如果有,则诛杀兵士,如果没有,则处死妇人。”于是杀马剖肠,结果,马肠里没有粟米。店妇诬人,反坐其罪,因此杀了那妇人。治区内百姓因此肃然,没有谁再敢欺骗坑人了。

案例出处:《旧五代史》。

(夏婷婷)

豆卢革、韦说树党徇私案

后唐明宗天成元年(926 年)七月,谏议大夫萧希甫弹劾宰相豆卢革、韦说二人:豆卢革纵田客杀人,韦说侵夺邻居水井。唐明宗亲自审阅河南府有关豆卢革、韦说二人的文案与萧希甫的奏疏,弄清豆卢革、韦说二人罪状后,下敕说:“豆卢革、韦说侵夺百姓,阿私爱子,任官失当,贪得无厌,府司及谏署皆多次上奏其案,二人丑行已明,严重玷污了朝廷。贬宰相豆卢革为辰州刺史,贬韦说为溆州刺史。”谏官萧希甫被赏衣缎二十匹,银五十两。五天后,明宗再次下诏说:“豆卢革、韦说等,身为辅相,手握权衡,或端坐称臣,或半笑奏事,于君无礼,举世宁容。革则暂委利权,便私俸禄,文武百辟皆从五月起支,父子二人偏自正初给遣。说则自居重位,全紊大纲。叙荫贪荣,乱儿孙于昭穆;卖官润屋,换令录之身名。丑行叠彰,群情共怒,虽居牧守,示塞非尤。革可责授费州司户参军,说可夷州司户参军,皆员外置同正员,并所在驰驿发遣。”次日,明宗改判豆卢革流刑配陵州,韦说长流合州,均贬为百姓。豆卢革之子同州长春宫判官豆卢升、韦说之子守尚书屯田员外郎韦涛,因父权势,本当贬谪,特恩,并停现任职务。八月又诏长流百姓豆卢革、韦说逢赦不原。

案例出处:《旧五代史》。

(夏婷婷)

窦参不避权贵严格执法事

窦参转任大理司直后,巡查江淮罪案,在扬州停留时,节度使陈少游十分傲慢,不亲自到郊外迎接他,只是派一军吏传达问候,窦参以严正语责问他,陈少游后悔害怕,忙去拜见窦参,窦参不等他来就渡过长江离开了。当时婺州刺史邓珽因贪赃八千贯钱获罪,邓珽与宰相有交情,又适逢大赦,宰相想要免去赃罪。皇上下诏百官在尚书省集议此案,官员们大多迎合宰相的意见,唯独窦参坚持认为应依法论处,最终邓珽被依法治罪,赃款被收回。第二年,窦参被授予监察御史,奉命出使审查湖南判官马彝一案。当时马彝检举属下的县令贪赃犯罪达一千贯,被犯罪者的儿子通过权贵宠臣上奏诬陷马彝,窦参最终辨明马彝无罪。马彝实际是有才能的官员,后来多次辅佐曹王李皋,凭着正直能干闻名。不久,窦参升任御史中丞,他不避权贵,审理案件以严厉著称。

案例出处:《旧唐书》。

(夏婷婷)

窦参当值失囚被贬案

窦参,字时中,是工部尚书窦诞的玄孙。窦参熟悉法令,通晓政务治理,性情端庄严肃,刚强耿直而且果断。代宗大历年间(766—779年),窦参出任万年县县尉。当时同僚中有位在官署中值班的人,天色将晚时,忽得知亲人得了急症,请窦参代他值班。正巧当天夜里有狱囚越狱逃走。按唐律,凡有狱囚逃跑之事,看守官按该囚所判之刑减二等治罪。但听其于百日内追捕,百日期限内能有捕获及他人捕获者,及该囚已死与自首者,可免其罪。若在期限外捕获及囚犯已死或自首,其守官之罪可在追减一等。本案中,当值官吏应该按此律治罪。京兆尹按照值班名册,得知当天值班人的名字,正要向皇帝奏报,窦参立即请求说:"当日实际上是我窦参代替他值班,应当由我接受罪罚。"窦参因此被贬为江夏尉,人们都认为他是讲义气之人。

案例出处:《新唐书》。

(夏婷婷)

窦参正法曹芬兄弟案

窦参当初以门荫任万年县县尉,后调任奉先县县尉。县里有个叫曹芬的人,名籍隶属北军,曹芬平素凶暴,一次因为喝醉了酒,与他的兄弟二人一起欺辱殴打自己的胞妹,其父无力阻止,愤恨之下投井而死。窦参依法判处曹芬兄弟二人死刑,众官都请求等待他们守丧期满再处决,窦参觉得这个建议欠妥,他说:"儿子因为父亲而生,父亲由于儿子而死,如果因守丧而延缓处罪,这是杀父而不获罪。"因此,曹芬兄弟被立即执行了死刑。全县官民都惧服窦参的威严。窦参后来被提任大理寺司直。

案例出处:《折狱龟鉴》。

(夏婷婷)

独孤皇后遵典守章事

文献皇后独孤伽罗,河南洛阳人,后周大司马、河内公独孤信的女儿。北周孝闵帝元年(557年),14岁的独孤伽罗嫁给了父亲老部下杨忠的嫡长子杨坚,即后来的隋文帝。独孤伽罗通达书史、聪明过人,性格刚强果断,具有敏锐的判断力。她虽然热心于政治,但并不爱出风头,个性内敛。宫廷内务官员上书说,按照《周礼》的规定,皇后母仪天下,文武百官的妻子都要听命于皇后,古代有这样的规章制度,请求循此先例行事。独孤皇后回答说,"以妇人与政,或从此渐,不可开其源也",否定了内务官的建议。她对恢复传统伦理道德治理天下的观点和隋文帝完全一致,而且她以身作则、严于律己。她在生活上起居简朴、不尚华丽,家庭生活中要求女儿们要培养妇德、孝顺舅姑,同时公私分明、抑制外戚。她经常告诫每一位公主说:"周家公主,类无妇德,失礼于舅姑,离薄人骨肉,此不顺事,尔等当诫之。"当时,突厥人与中原通商,得明珠一枚,明珠价值八百万钱,幽州总管阴寿向打算跟突厥人交易,买下这枚明珠。皇后说:"非我所须也。当今戎狄屡寇,将士罢劳,未若以八百万分赏有功者。"百官听后都举臂庆贺。又大都督崔长仁是皇后的表兄弟,触犯法律,理应斩首。隋文帝念其是皇后的亲戚,想免他死罪。独孤皇后却说:"国家之事,焉可顾私!"崔长仁终被处死。

案例出处:《隋书》。

(夏婷婷)

独孤陀"事猫鬼"案

开皇十八年(598 年),独孤皇后在仁寿宫生病卧床,奇怪的是她的病症居然和尚书右仆射杨素之妻越国夫人郑氏一模一样。太医为皇后和越国夫人视疾后,说是"猫鬼作祟而引发的疾病",由此引发隋文帝的震怒。独孤陀是皇后的同父异母弟,独孤陀的妻子是杨素的同父异母妹,独孤陀本人"好左道",相传其外祖母家会"事猫鬼",独孤陀有个婢女名叫徐阿尼,她供奉猫的鬼魂,能让猫鬼杀人,还说每当猫鬼杀人以后,死者家中的财物都会神不知鬼不觉地转移到供奉猫鬼者的家中。于是,隋文帝怀疑此事是独孤陀所为。隋文帝先是暗地里派人去问独孤陀,是否是他所为,独孤陀否认,隋文帝心中不悦。后来,隋文帝将此案交于众卿集议,奇章公牛弘说:"妖由人兴,杀其人可以绝矣。"于是隋文帝派人将独孤陀夫妇用牛车送回家,"将赐死于其家"。独孤皇后听说弟弟要被处死,一连三天没有吃饭,向皇帝为独孤陀求情,她说:"如果独孤陀由于蠹政害民而获罪,我不敢为他说话;现在独孤陀是由于我而获罪,所以斗胆请求陛下保全他的性命。"独孤陀的弟弟司勋侍郎独孤整也来到宫中求情,隋文帝最终赦免了独孤陀的死罪,将他革职为民,命他的妻子杨氏出家为尼。

隋文帝原先并不相信有"猫鬼"这种左道,认为这是妖言妄语。有人向他喊冤,说自己母亲被人用猫鬼巫蛊杀死,他不但不信,反而把人骂了一顿并赶走。然而,等到独孤皇后得了和越国夫人一样的疾病时,隋文帝这才相信了世界上真有猫鬼这回事。皇后母仪天下,谋害皇后就等于挑战皇权,隋文帝因此于开皇十八年(598 年)五月,下诏:"畜猫鬼、蛊毒、厌魅、野道之家,投于四裔。"

案例出处:《隋书》。

(夏婷婷)

杜亚核奸辨诬枉案

唐朝扬州有一个有钱人家的儿子,父亲去世没多久,便开始不恭顺孝敬他的继母。正月初一这天,他在家里给继母摆宴祝寿,继母倒酒给儿子喝。他接过酒杯正要喝下去时,怀疑酒里有毒,马上把酒倒在地上,只见洒落在地面上的酒立即鼓起了白泡。这个儿子咒骂继母说:"你竟想用毒酒害死我,如此狠毒老天怎会保佑你!"于是到官府去告官,当地官吏把他们收押了起来。

扬州刺史杜亚亲自审理此案,他质问这个儿子说:"你祝寿时喝的酒是从哪弄来的?"回答说:"是长舌妇从爵里边倒的。"又问:"你继母让你喝的那杯又是从哪里倒的?"这个儿子回答说也是从长舌妇的爵里倒的。杜亚接着问:"那长舌妇又是谁?"儿子的继母回答说:"就是他的媳妇。"杜亚斥责继母的儿子说:"酒中的毒是你媳妇下的,为什么要诬陷你的继母呢!"杜亚在厅堂的两边分别审问继母的儿子和他的媳妇。最终案件水落石出,原来是他夫妻俩合谋利用毒酒来陷害继母。此案中,扬州刺史杜亚紧抓酒杯中毒酒的来源这条线索不放,这是一种根据实物来分辨诬枉的破案策略方法。

案例出处:《中华历代名案》。

（夏婷婷）

段秀实惩暴卒案

广德元年(763年),吐蕃占领长安,唐代宗避难逃至陕西,段秀实劝白孝德带军去协助代宗,白孝德改任邠宁节度使,并奏任段秀实为太常卿、署支度营田二副使。白孝德率军西进,驻军奉天。时军纪涣散,常有抢劫窃盗之事发生。司马王稷任段秀实为都虞侯,管理奉天行营事。段秀实号令严一,军队纪律稳定下来。后来军回邠宁,白孝德推荐其为泾州刺史。广德二年(764年)八月,吐蕃等入侵围攻邠州,郭晞被加授为御史中丞前往救援,大破敌军。此年冬,吐蕃再次攻邠州,列阵于泾河北岸。郭子仪令郭晞率步兵五千,骑兵五百进击。郭晞持兵不战,以观时机。待傍晚时,乘敌人正在渡河,郭晞突然出击,灭敌五千。后又连战连捷,朝廷加封为御史大夫,因郭子仪坚辞,而未授。

段秀实任泾州刺史时,郭子仪子郭晞,为检校尚书领行营节度使,屯兵彬州。郭晞军纪松弛,士兵随意抢夺财物、捣毁器物、撞杀孕妇。邠宁节度使白孝德碍于郭子仪权位,且为其部下,不敢弹劾。段秀实对此非常不满,主动请缨,以制不法,白孝德答应了他的请求。不久,郭晞部下十七名士兵到市场强取人酒,杀死了酒翁,破坏酿酒器具。段秀实下令逮捕他们,并斩首示众。百姓无不称快。郭晞军中闻知此事,大为震动,悉数披上铠甲,准备发动兵变。段秀实从容不迫,解下佩刀,命跛脚老卒牵马,亲去郭晞营中处理此事。段秀实来到郭晞营前,士兵披甲执锐涌出。段秀实笑道:"杀一老卒,何甲也？吾戴吾头来矣!"众士兵见状,尽皆愕然。段秀实又让士兵请郭晞出来。郭晞出,段秀实说道:"副元帅功勋盖世,当善始善终。今天,阁下却放纵手下,恣意作恶。这样做,势必引起混乱,影响国家安定。皇上追究下来,将罪及副元帅。乱皆起因于阁下。人们会说,阁下依仗副元帅,不守法。这样,令尊大人的一世英名将毁于一旦,恐祸将至。"郭晞听后谢罪道:"公幸教晞,愿奉军以从。"即令左右解甲归营,乱来者死。段秀实为了考验他,留下来吃饭,过夜。郭晞怕出意外,一直陪在段秀实的身边。次日早晨,二人到白孝德处,郭晞谢罪,请改过。彬州从此无祸乱发生。

案例出处:《资治通鉴》。

（夏婷婷）

樊爱能、何徽二将临阵脱逃案

后周世宗显德元年(954年),河东刘崇勾结契丹入侵后周。世宗于是令侍卫马步军都虞侯李重进、滑州节度使白重赞统率左军,居战阵之西,侍卫马军都指挥使樊爱能、步军都指挥使何徽统率右军,居战阵之东;宣徽使向训、郑州防御使史彦超,领精锐骑兵居中;殿前都指挥使张永德领禁兵护驾。两军交锋,樊爱能、何徽望见贼军杀来,临阵先退,东边骑兵纷乱,步军弃甲投降,世宗于是亲自率领亲信骑兵,临阵督战。归德军节度使、检校太尉的赵匡胤跃马阵前,迎战敌军前锋,战士们都舍命争相冲锋,贼军大败。傍晚,贼军一万多人以河涧为阻列阵。这时刘词领兵来到，会同大军进逼，贼军又溃败，临阵斩杀贼军大将张晖以及伪枢密使王延嗣。周世宗遣左右向二将宣谕，令止兵抗敌，樊爱能、何徽拒不从命，扬言称："官军大败，余众已解甲。"至傍晚，周世宗亲率其他官军取胜。主将樊爱能、何徽及所领军士，望敌奔逃，临阵先退。

同年九月二十五日，周世宗亲自在潞州审理此案，侍卫马军都指挥使、夔州节度使樊爱能，侍卫步军都指挥使、寿州节度使何徽等连同各军将校七十多人，一并被诛。

案例出处：《旧五代史》。

（夏婷婷）

房孺复妻杀婢女案

房孺复，河南偃师人，唐肃宗朝宰相房琯之子。少时黠慧，七八岁时即能粗解缀文，亲党奇之。长大之后，性情变得狂疏傲慢，任情纵欲。20岁时，被淮南节度陈少游征辟为从事，多次请巫师卜卦，宣称自己年过三十必为宰相。房孺复起初娶郑氏为妻，后轻贱其妻，豢养婢女，郑氏的保母苦言相劝，怎知房孺复买来棺材，召集家人，将保母生敛入棺，远近惊异。郑氏生产后才三四天，便令与其外出，舟船劳顿，没过几天，郑氏便得了风疾而亡。因房孺复是宰相的儿子，加上年少时有浮名，奸恶之相并未暴露，后累拜杭州刺史。又娶台州刺史崔昭之女为妻，崔氏凶悍且嫉妒心极强，一天傍晚，杖杀了房孺复的两个婢女，埋尸雪中。浙东观察使听闻此事后，立案侦查，法司鞫案有实，房孺复坐贬连州司马，并令与崔氏离婚。房孺复后又几任辰州刺史、容州刺史、本管经略使。暗中仍与崔氏交往，久而上疏请合，德宗下诏依准。二年后，又奏与崔氏离异，理由是崔氏取舍恣逸，不顾礼法。

案例出处：《新唐书》。

（夏婷婷）

辅恩舞文陷害慕容天远案

开皇三年(583年)隋中央司法机构设置律博士、律生、明法等职。凡是重大案件的判决，都要先交给明法来定其罪名。开皇五年(583年)，侍官慕容天远纠察大都督田元"冒请义仓"之罪。然而，始平县律生辅恩舞文陷害慕容天远，结果，慕容天远反受其罪。隋文帝闻之，乃下诏曰："人命之重，悬在律文，刊定科条，俾令易晓。分官命职，恒选循吏，小大之狱，理无疑舛。而因袭往代，别置律官，报判之人，推其为首。杀生之柄，常委小人，刑罚所以未清，威福所以妄作，为政之失，莫大于斯。其大理律博士、尚书刑部曹明法、州县律生，并可停废。"自此以后，司法诸曹判决案件，皆令具写律文断之。次年，文帝再次下诏说："敕诸州长史已下，行参军已上，并令习律，集京之日，试其通不。"从此，隋代的地方官吏都要习得法律，通过法律考试，合格者方能任职。又下诏除孥戮相坐之法，命诸州囚有处死，不得驰驿行决。从隋代开始，要求中央、地方所有官员都要明习法律，严格依法裁判。同时，将死刑执行权收归中央，防止滥杀无辜。

案例出处：《隋书》。

（夏婷婷）

高构为童赐姓案

高构,字孝基,北海人,生性滑稽,富有智慧,能言善辩,非常人所能及,喜好读书,精于官府事务。在北齐供职,历任兰陵、平原二郡太守。北齐灭亡后,周武帝任他为许州司马。隋文帝受禅即位,多次升任高构,为户部侍郎。开皇元年(581 年),内史侍郎晋平东与兄长的儿子晋长茂争夺嫡位,尚书省不能决定,朝臣经过多次商议也没有结果。高构决断合理,皇帝特意召他入殿并对他说:"嫡庶者,礼教之所重,我读卿判数遍,词理惬当。"特赐米百石于高构。高构也因此闻名。

风翊武乡有一焦姓聋哑女子,嫁不出去。一次到野外挖野菜,遭人强暴后怀孕,后来生了一个男孩,到了 6 岁还不知道姓什么。于是向上申诉,高构判决说:"母亲不能说话,无从考究,根据《风俗通》,姓氏有九种来源,有的以爵为姓,有的以住地为姓,这孩子出生在武乡,可以武为姓。"不久调为雍州司马,凭借明断而被人赞美。一年后,改任吏部侍郎,号为称职。不久,又改为雍州司马,因事降为盩厔县令,均以能干而出名。

案例出处:《隋书》。

(夏婷婷)

供奉官丁延徽犯赃案

后唐明宗长兴年间(930—933 年),供奉官丁延徽监仓自盗,犯下贪污罪,被人纠举,被捕下狱。在五代,监临主守自盗当以盗罪论,应处流刑甚至是死刑。但是由于他平日里巴结权贵,行贿攀附,后唐许多权贵都为丁延徽说情解救,后唐明宗李嗣源虽是开明之君,但在惩治贪官污吏的问题上却毫不手软,表示绝不释丁延徽的罪。寿州忠正军节度使张从宾乃皇帝宠信之臣,每每进言,多被采纳,张从宾竟也借机求明宗宽免丁延徽。明宗说:"食我优厚的俸禄,不知为国做事,反而偷我仓储财物,论罪当死。现在就是苏秦在世,也不能说服我给他减刑。"然后命令处死丁延徽,绝不姑息。

案例出处:《旧五代史》。

(夏婷婷)

贵戚殴击御史被斩案

李杰,本名务光,相州滏阳人,是后魏并州刺史李宝的后代。他明敏有治政才能,深得人们的赞誉。神龙初年(705 年),迁任卫尉少卿,任河东道巡察黜陟使。开元初年(713 年),李杰任河南尹,勤于治理,每有公事,从不搁置不处理,深得吏民的爱戴。

不久,李杰代宋王景任御史大夫。当时皇后的妹婿尚衣奉御长孙昕因小事与李杰不和,一日,他与妹婿杨仙玉在里巷遇见李杰,便殴打李杰。事后李杰上表道:"发肤被毁,只痛其身;衣冠被陵踏,实为辱国。"皇上大怒,又以敕书慰问李杰,称:"昕等朕之密戚,不能训导,使陵犯衣冠,虽置以极刑,未足谢罪。卿宜以刚肠嫉恶,勿以杀人介意。"于是下令斩杀长孙昕等。散骑常侍马怀素认为中春阳和的月份,不可行刑,多次上表陈请。皇上于是下令:"行法令应由近及远,行罪应先亲后疏。长孙昕、杨仙玉等凭自己是皇亲国戚,恣行凶险,违法乱纪,损辱大臣,情特难容,故令斩决。今群臣多次上表,诚心诚意坚持相请,以阳春季节,非肃杀之时,援引古今,词义恳切。朕虽想听取众臣的意见,情也惜法,但既应当宽异门之法,顺应枯木的凋敝,就应决杀，以谢百僚。”长孙昕、杨仙玉二人殴击三品职事官，依律当处徒、杖之刑，玄宗为整肃皇亲国戚嚣张之风，杀二人儆贵戚。

案例出处：《资治通鉴》。

（夏婷婷）

郭元振坐军容不整案

郭震，字元振，魏州贵乡人，以字显。因在玄宗剿太平公主时保护皇帝有功而进封代国公，实封四百户，赐一子官，物千段。开元元年（713 年），复为朔方大总管，准备攻打突厥。大军还未开拔，玄宗阅兵于骊山脚下，亲自来鼓舞士气，郭元振遽奏礼止，玄宗见军容不整，令左右夺了郭元振主帅的大旗，要就地处斩。刘幽求、张说在玄宗马前磕头劝谏道：“元振有大功，虽得罪，当宥。”郭元振为玄宗继位有功，玄宗乃赦其死，改流新州。开元元年，帝思其旧功，复起用郭元振为饶州司马，因怏怏不得志，郭元振病死于赴任的道上，年五十八。开元十年，赠太子少保。

案例出处：《资治通鉴》。

（夏婷婷）

郭子仪家奴违禁杀羊案

大历四年（779 年），德宗刚刚登基，用严刑峻法治理天下，满朝文武震恐顺服。代宗驾崩后，德宗有令禁屠宰。其年十月，就在代宗丧事行将结束，而禁屠宰的命令尚未撤销之际，郭子仪的家仆违禁杀羊，用车将羊载入长安城时，被人发现。右金吾将军裴谞向德宗陈奏此事。德宗认为他不畏强权，对他颇有好感。有人责问裴谞说：“尚父有社稷功，岂不为庇之？”裴谞笑答道：“非君所知。尚父方贵盛，上新即位，必谓党附者众。今发其细过，以明不恃权耳。吾上以尽事君之道，下以安大臣，不亦可乎？”唐律中没有违禁屠宰的明文规定，此案可按“不应得为而为之”的律条治罪：轻者笞四十，重者杖八十。仆隶违禁屠羊，是做了不应做的事，当按此律治罪，得处以笞杖刑。

案例出处：《资治通鉴》。

（夏婷婷）

韩佽笞行贿豪绅案

韩佽，字相之，京兆长安人，韩思复的曾孙。少有文学，清廉简朴。唐宪宗元和初年（806 年），中进士第，累辟藩方。自襄州从事征拜殿中侍御史，迁刑部员外，求为澧州刺史。后征拜刑部郎中，转京兆少尹，迁给事中。

韩佽出为桂州观察使，统辖桂州境内二十多个州郡，从州掾而下至邑长三百多人，吏部所补者才十分之一，其余官职都是由观察使在考察官吏才能之后补充。韩佽刚到桂州，就有数百位想要当官的人前来拜见。有一官吏手执簿册说：“具员请补其阙。”韩佽告诫他说：“在任有政者，不夺所理；有过者，必绳以法。缺者当俟稽诸故籍，取其可者，然后补之。”适逢内官春衣使到来，乡里有个豪绅用丰厚的财物贿赂使者，想求个县令做，使者向韩佽请求，韩佽表面应允。使者离去后，韩佽召来这个豪绅，坐以枉法罪，令属下笞打他的脊背。由此一来，豪猾敛迹，清正廉洁的人被任以官职。

案例出处:《新唐书》。

（夏婷婷）

韩弘家奴盗主财案

唐穆宗长庆二年(822年)十二月,河中节度使韩弘病死于长安家中,时年58岁,穆宗追赠他为太尉,谥号隐。韩弘在藩镇中任职二十余年,私积钱财过百万贯、粟三百万斛、马七千余匹,还有一定的军械。其子韩公武在朝中任右骁卫将军,父子二人以钱财结交朝廷内外官员,人臣之宠,冠绝一时。韩公武先逝,其父继之而亡,家中只剩年幼的孤孙韩绍宗。韩家主管财务的老奴见主人已死,小主尚幼,便起了邪恶之念,窃取韩家家财,据为己有。此事不久即泄露,长庆三年(823年)正月,有司将此奴诉于御史台。穆宗知道此事后,怜惜韩绍宗年幼无助,又恐其家财被再次盗取,命中使至韩宅,取其财簿审阅,核验家财信息,并惩治了盗财的家奴。

案例出处:《资治通鉴》。

（夏婷婷）

韩洪创敌被治罪案

韩洪,字叔明,大将军韩擒之弟,年少骁勇,善射,膂力过人。文帝继位后,晋爵为公,寻授骠骑将军。开皇九年(589年),平定南陈,授行军总管。平定南陈后,晋王杨广在蒋山狩猎,被猛兽围困其中,众人皆惧。韩洪驰马射之,猛兽应声而倒。南陈归附的将领,列观于侧,无不惊叹。文帝大喜,赐缣百匹。韩洪寻以功加柱国,拜蒋州刺史,几年后,转廉州刺史。当时突厥军队经常侵犯边境,因韩洪骁勇善战,朝廷任命他为检校朔州总管事,后又拜为代州总管。仁寿元年(601年),突厥达头可汗率军进犯边塞,韩洪率蔚州刺史刘隆、大将军李药王抗击。隋军与突厥军在恒安遭遇,因众寡不敌,韩洪四面搏战,身受重伤,将士死伤严重。敌人将其包围,箭如雨下。韩洪使计假装求和,敌人的包围稍有松懈,韩洪趁机率余众突围,死伤大半,但敌方死伤是隋军的一倍。因克敌不过,韩洪和李药王都被除名为民,刘隆被处死。后隋炀帝北巡至恒安,见白骨遍野,询问侍臣。侍臣答曰:“往者韩洪与虏战处也。”炀帝悯然伤感,下令收葬将士的骸骨,又命五郡沙门的和尚做法事诵经祈福。后韩洪再任陇西太守。

案例出处:《隋书》。

（夏婷婷）

韩滉断润州妇人谋杀亲夫案

韩滉于代宗大历十三年至德宗贞元三年(778—787年)任润州刺史、镇海军节度使兼浙江东西都团练观察使,坐镇润州。一夜和衙署同僚登上万岁楼喝酒,正喝得畅快时,他忽然放下酒杯不喝了,对左右的人说:“你们听到有个女人的哭声吗?就在附近的某一个地方。”有人查验后回答说是在某桥某街。第二天早上,韩滉命令狱吏把哭的人抓来审问,连续两天,被抓的妇女也没有说出什么。主审官害怕韩滉怪罪,就守在尸体旁边仔细观察,忽然发现有大绿苍蝇聚集在死者的头顶,拨开头发仔细一看,发现一枚大铁钉钉入死者脑中。再经审讯,该妇女交代了全部犯罪事实。原来这个妇女与邻居通奸,二人共谋将其丈夫灌醉后,用钉子钉入丈夫的头顶,将丈夫害死。案件审结后,主审官问韩滉为何能料事如神。韩滉说:“我听她的哭声急促但不悲伤,像是因为害怕而勉强装出来的。王充在《论衡》里说,郑国子产早晨出门,听到有妇女的哭声。仔细倾听片刻,就派人将妇女抓来审问,果然是这个妇女杀死了丈夫,第二天,仆人问郑子产是如何知道的?郑子产说:‘死了自己所亲爱的人的正常表现是,知道丈夫有病了应该忧愁,丈夫快要死了的时候害怕,死了以后悲痛。这个女人在丈夫死了以后的哭声里充满恐惧,故知其有罪。’前日之事亦如此,该妇人夫死,其哭声中含有恐惧,因此知其异常。”奸夫淫妇最终被依法治罪。

案例出处:《太平广记》。

(夏婷婷)

韩滉隐匿灾情案

代宗大历十二年(777 年)秋,连日暴雨导致河中府盐池遭水,不能生盐。时户部侍郎、判度支韩滉上言称:“河中盐池生瑞盐,实土德之上瑞。”代宗以为“秋霖稍多,水潦为患,不宜生瑞”,疑其所奏不实,遂派谏议大夫蒋镇前往勘验。十月,京兆尹黎干奏报辖区内连日暴雨导致庄稼损毁严重。韩滉恐此奏泄露自己隐匿灾情的行为,反诬黎干所奏不实。代宗又命御史巡视,御史还朝奏报称:“京兆尹受灾田亩共三万顷。”渭南县县令刘澡为迎逢韩滉,谎奏称该县境内禾苗并未受灾,御史赵计巡视归来亦证其所奏。代宗道:“岂能渭南一县独无雨。”再派御史朱敖前往视察,归后奏称:“其县水灾损田三千余顷。”数月的连续降雨,导致洪水泛滥,多地农田房舍损毁严重,盐池涌入洪水后,盐味多苦。韩滉恐对盐户减税,方诈奏雨不坏池,池生瑞盐。韩滉、刘澡匿灾不报,御史赵计复验不以实告,违反律条,当处刑罚。于是代宗贬刘澡为南浦县尉,赵计为澧州司户,独不治罪韩滉。时人认为这是一桩丑闻。

由此案生出代宗时期的盐政改革。唐初,盐政由自由贩卖改为国家专卖。改革后,盐价大幅提高,许多官吏借此中饱私囊,百姓怨声载道。同时政府盐务机构庞大,开支惊人。代宗的盐政改革,首先是大力削减盐务机构,其次是调整了食盐专卖制度,改官收、官运、官销为官收、商运、商销、统一征收盐税。进一步规定盐官统一收购盐户所产的盐,然后加价卖给盐商,由他们贩运到各地销售。国家只通过掌握统购、批发两个环节来控制盐政。这样一来,大批盐吏被精简,盐价下跌,万民称颂。

案例出处:《资治通鉴》。

(夏婷婷)

韩思彦访查真凶案

韩思彦出使并州,当地发生了一起盗贼杀人案,没有查出真凶。后来抓来一个喝醉酒的胡人,因为他怀揣一把带有血污的刀,所以怀疑凶杀案是他所为。因经受不起刑讯,胡人自己承认了杀人的犯罪事实。韩思彦觉得此案蹊跷,怀疑胡人并非真凶。于是,他召集数百名儿童,次日清晨集中到衙署里,傍晚时分再放出,连续三天都如此做。然后问这些孩子:“儿出,亦有问者乎?”皆曰:“有之。”韩思彦让这些孩子描述打听此案的人的体貌特征,巡查追访,终于将其抓获,审讯之下,该人承认了全部犯罪事实,后被依律处死。

案例出处:《新唐书》。

(夏婷婷)

韩思彦以乳止讼案

韩思彦,字英远,邓州南阳县人。游太学,事博士谷那律。万年县令李乾祐惊异于其才干,荐举下笔成章、志烈秋霜科,擢第。授监察御史,昌言当世得失。后来高宗深夜召见,加官二阶,待诏弘文馆,伏内供奉。韩思彦在担任监察御史时,到剑南道巡察,益州有一大户人家的兄弟二人互讼,官司积压了多年也没能得到满意的判决。韩思彦得知此事后,召二人到府衙,又命厨夫给他二人奶喝。兄弟二人幡然醒悟,悔不该只知逐利,而忘记了兄弟二人可是一奶同胞。二人马上撤销了诉讼。

案例出处:《新唐书》。

(夏婷婷)

韩偓议韦贻范居丧起复案

韦贻范做宰相时,经常收受别人的贿赂,然后许给官职。为相不久,因母死免官居丧,每天被求官催问的人吵闹骚扰。他的亲信刘延美,负债尤其多,所以对韦贻范的起复再用极为迫切,每天派人晋见两中尉、枢密及李茂贞,向他们求情。天复二年(902 年)七月,唐昭宗命翰林学士韩偓草拟起复韦贻范的制书,韩偓说:"吾腕可断,此制不可草!"立即上疏论韦贻范为母守丧没有几日,急忙让他起复,实在骇人听闻,有损国体。左军中尉韩全诲等派往监视学士院的二个宦官勃然大怒,说:"学士勿以死为戏!"韩偓把奏疏交给他们,脱衣睡觉去了。昭宗说:"卿辈存贻范,朕不之违;学士不草麻,朕亦不之违。况彼所陈,事理明白,若之何不从!"李茂贞不悦而出,到中书省,见苏检说:"奸邪朋党,宛然如旧。"扼腕痛惜。韦贻范仍然筹划营谋不停,李茂贞对人说:"不知书生礼数,为贻范所误,会当于州安置。"韦贻范这才停止了起复的活动。

案例出处:《资治通鉴》。

(夏婷婷)

韩休辩李美玉案

韩休性格耿直,不愿趋炎附会,敢于进谏,当上宰相后,没有辜负朝廷上下对他的期望。开元二十一年(733 年),万年县县尉李美玉因事坐罪,玄宗决定将其流放岭南。韩休答:"尉小官,犯非大恶。今朝廷有大奸,请得先治。金吾大将军程伯献恃恩而贪,室宅舆马僭法度,臣请先伯献,后美玉。"皇帝没有答应,韩休坚持争辩说:"罪细且不容,巨猾乃置不问,陛下不出伯献,臣不敢奉诏。"玄宗争持不过,只好作罢。韩休做事坚决、正直大致就像这样。

案例出处:《旧唐书》。

(夏婷婷)

韩愈论为血亲复仇事

唐宪宗元和六年(811 年)九月,富平县人梁悦为父亲报仇,杀死了仇人秦杲,后主动前往县衙自首。宪宗下敕书称:"有关复仇的规定,若根据《礼记 · 檀弓上》的说法,在道理上说与仇人应是不共戴天的,但若引证法令条文,杀人的人就应当被处以死刑。礼教与法令两项,都是帝王实行教化的重大根据,既然其间存在这样的区别,固然应当通过论说辨析商量明白,应该让尚书都省召集有关人员计议,奏报闻知。"职方员外郎韩愈表奏说:"刑律中没有关于与杀父的仇人不共戴天的条文，并不是出现了阙疑不书的文字，而是由于若不允许为父报仇，便伤害了孝子的心愿，而且违背了先代帝王的教训；若允许为父报仇，人们便将会凭借着法令擅自杀人，从而无法禁止此类事情的发生。所以圣人在经书里将此中含义反复强调，而在刑律中又将此类条文深深隐没了。圣人的用意是让执法的官吏一概本着法令裁决，而让尊奉经学的人士得以援引经典而加以议论。应该将所规定的此项制度表达为：'凡是为父亲报仇的人，事情被举发后，应当一概申报尚书省，由尚书省召集有关人员计议奏报，斟酌合理的情由，作出应有的处治。'这样，经书与刑律便都不会失去各自的意旨了。"朝廷最终对梁悦处以杖刑一百，流放循州。

案例出处：《资治通鉴》。

（夏婷婷）

贺玄景借佛害人案

唐景云年间（710—711 年），民间笃信佛法。有个留发的假僧人叫贺玄景，自称是五戒贤人，跟他一起作妖弄怪的还有十余人。他们在陆浑山林里搭起草棚，迷惑那些愚昧的善男信女，不少人被害得倾家荡产。他哄骗人们说："诚心来求的人，必定成佛。"贺玄景穿上金箔袈裟，独自坐在昏暗的屋子里，让愚昧的人们窥视，说这是佛在放光，众人皆被慑服。他们又沿着悬崖根点上大火，余党披着红绿纱衣站在半崖间，纱衣随风飘动，宛如仙衣。贺玄景让众人来看，并骗他们说，在这崖间的就是仙人。他让善男信女都穿上红绿纱衣，说飞过去就可以得道成仙了。于是，他们选良辰吉日摆斋设宴，在酒中放入莨菪子，并和那些愚昧的百姓共食。又让女人和头发长得好的人把头发都剪了，说这是为了剃度。他们披着"仙衣"，临悬崖往下看，个个眼花缭乱，神志恍惚。这时，贺玄景一伙将他们推到崖底，顷刻都被烧死，贺玄景这些人便尽取其资财。后来，事情败露，官府派人来侦查，从灰烬中发现残腿剩臂等数百具尸骸。皇帝下令处死贺玄景及其余众，并将陆浑县令贬降。

案例出处：《朝野佥载》。

（夏婷婷）

吉顼谏诛来俊臣案

卫遂忠本是来俊臣的心腹，深知来俊臣心如蛇蝎，虽然现在还没有找自己的麻烦，但难保哪天不翻旧账。思前想后，卫遂忠决定先发制人。来俊臣当时深受武则天的宠信，直接跟武则天说来俊臣谋反未必会起作用，所以他决定去求见武则天的侄子魏王武承嗣。他问武承嗣："您可知上次来俊臣掷石头砸中的是谁的名字？正是魏王您呀！他准备要告您谋反呢！"此话一出，可把武承嗣吓坏了。他也曾经听闻来俊臣在武则天面前说过自己的坏话，现在从来俊臣的心腹卫遂忠口里再次听说，这让他深信不疑。武承嗣立刻行动起来了。他凭借自己的身份地位联络了武家子弟和太平公主，又把皇嗣李旦也拉了进来，最后干脆连禁军将领也给拉上了，说："我们一块儿告倒来俊臣！"这些人本来彼此都有诸多矛盾，但是在痛恨来俊臣这一点上却空前一致。联络好了之后，这些人就以魏王武承嗣为首，联名上奏，控告来俊臣。最终来俊臣以谋反罪被投进了监狱，司刑判处死罪，将处决书报告给武则天，但三天还不下达。这天，另一宠臣吉顼陪武则天在猎场里游玩，吉顼趁机插话说："我是陛下的耳目，来俊臣的犯罪情状送上后不下达，人们开始怀疑这件事了。”武则天说：“我认为来俊臣有过功劳，想慢慢考虑发落。”吉顼说：“于安远告发虺贞谋反，如今做了成州司马。来俊臣诬陷杀害忠良之人，罪恶深重如山，是国家的蟊贼，还有什么值得怜惜的?”武则天最终还是下达了处决书，处斩了来俊臣。又召请于安远做尚食奉御。

案例出处：《新唐书》。

（夏婷婷）

贾至判王去荣杀县令案

至德二年(757年)，将军王去荣杀死富平县县令杜徽。依唐律规定，凡“杀本属府主、刺史、县令、现授业师，吏卒杀本部五品以上官长，及闻夫丧匿不举哀，若作乐、释服从吉及改嫁”者，均为不义之罪。诸谋杀制使，若属府主、刺史、县令及吏卒谋杀本部五品以上官长者，流二千里；已伤者，绞；已杀者；斩。王去荣杀死县令，是杀无赦的死罪。但肃宗爱惜王去荣的才能，下诏说：“贷死，以流人使自效。”中书舍人贾至进谏说：“圣人诛乱，必先示法令，崇礼义。汉始入关，约法三章，杀人者死，不易之法也。按将军去荣以朔方偏裨提数千士，不能整行列，挟私怨杀县令，有犯上之逆。或曰去荣善守，陕新下，非去荣不可守，臣谓不然。李光弼守太原，程千里守上党，许叔冀守灵昌，鲁炅守南阳，贾贲守雍丘，张巡守睢阳，初无去荣，未闻贼能下也。以一能而免死，彼弧矢绝伦、剑术无前者，恃能犯上，何以止之！若舍去荣，诛将来，是法不一而招罪人也。惜一去荣，杀十去荣之材，其伤盖多。彼逆乱之人，有逆于此而顺于彼乎？乱富平而治于陕乎？悖县令，能不悖于君乎？律令者，太宗之律令，陛下不可以一士小材，废祖宗大法。”肃帝召集群臣廷议此案，太子太师韦见素、文部郎中崔器等皆认为：“法者，天地大典，王者不敢专也。帝王不擅杀，而小人得擅杀者，是权过人主。开元以前，无敢专杀，尊朝廷也；今有之，是弱国家也。太宗定天下，陛下复鸿业，则去荣非至德罪人，乃贞观罪人也。其罪祖宗所不赦，陛下可易之耶?”但最终，肃宗还是免去了王去荣的死罪。

案例出处：《新唐书》。

（夏婷婷）

谏帝围猎勿伤稼案

后唐庄宗李存勖酷爱狩猎。有一次在中牟县打猎，践踏了农民的田地，中牟县令拦住皇帝的马头，为民请命，说：“做帝王的，应视民如子，苗稼关系百姓性命，陛下不应以一时之娱，恣意蹂践，为民父母者，岂能这样做。”该县令突然出来指陈皇帝之过，按律犯了“指斥乘舆”的大不敬罪，被激怒的唐庄宗想把他杀了。这时皇帝的宠臣伶人敬新磨认为中牟县令的行为虽然唐突，但罪不至十恶，便出面解围，率领众优伶追上县令，把他捉到御前，假装责备县令说：“你是县令，难道不晓得皇帝喜欢打猎吗？为什么还要放纵农民种庄稼，以此来给朝廷缴纳税赋呢？为什么不让你们县的农民挨饿空出此地来，让皇帝驰骋呢？你真是罪该万死！”于是上前请求庄宗对其施刑，众伶人齐声同意。庄宗大笑，于是就放过了县令。

案例出处：《旧五代史》。

（夏婷婷）

蒋常留妪觇贼案

唐朝贞观年间(627—649 年),卫州人张逖开了一家客栈,在其妻回娘家探亲期间,魏州三卫的禁军士兵杨正等三人前来投宿,第二天天还没亮就起身上路了。而在当天夜里,有人用杨正等人的腰刀杀死了店主张逖,后又把刀放回了刀鞘中,杨正等人都未曾察觉。天亮以后,店里的伙计发现店主张逖被杀,立即去报官,声称店主被禁军士兵杨正等人所杀。官府派人追上杨正等人,发现他们的腰刀上有血迹,于是把他们逮捕,关进了监狱。杨正等三人经不住严刑拷打,被迫承认了杀人的罪行,被判处死刑。

依唐代死刑复奏制度,凡是判处死刑的案件,都必须报请皇帝复核。于是,太宗在复核该案时,对这个案子产生了怀疑,便命御史蒋常复审该案。蒋常奉诏到达卫州后,将店里所有年龄满 15 岁以上的人都集合起来,进行审讯。随后借口人数不全,把他们放了,唯独留下一个年过八旬的老妪,直到傍晚才放她回去,并派狱吏暗中监视她。蒋常吩咐狱吏说:"如果有人和她说话,就把他的名字记下来。"老妇人回去后,果真有一个人到她家中,详细询问了老妇人御使的审问经过。连续三天,都是这个人向老妇人探听消息。蒋常于是把此人抓回来审问,此人招认了与张逖妻子的奸情,以及二人合谋杀死张逖的罪行。蒋常经进一步调查,发现罪证确凿。于是将杨正等人无罪释放,将张逖妻子及奸夫依律处刑。

案例出处:《折狱龟鉴》。

(夏婷婷)

禁军将冲府尹仪仗队案

唐宪宗元和十一年(816 年)十一月,给事中柳公绰升任京兆尹。此案发生在柳公绰上任第一天前往光德坊京兆府办公地点的路上。在唐代,京兆尹初次上任有一套隆重的仪式:仪仗队前面清道,戟阵随后,刀盾弓槊,枫鼓金钲,仪刀团扇,僚佐相随,铙吹横吹。以此表征京兆尹的身份和权威。仪仗队正在行进间,发生了意外,一个神策军小将驰马横冲进仪仗队,短暂混乱之后,这名神策军小将才被制服。神策军即禁军,多由宦官掌管,这些人皆骄横跋扈,无人敢冒犯。京兆尹柳公绰勒住马头,下令依法令行事,对擅闯京兆尹仪仗队的人处以杖刑。棍棒之下,冲仗的神策军小将气绝身亡。当时在长安城有三大恶:中使、闲汉和神策军。对于这三股势力一般很少会有人去惹,法令遇上他们也多会绕道而行。这一次神策军小将因冲撞仪仗队被京兆尹杖杀的消息在京城引起了轩然大波。次日,大明宫延英殿上,宪宗面带怒气,责问柳公绰为何事前不请示而独断专杀。柳公绰从容对答:"臣初次上任,就有人违反法令闯进仪仗队伍之中,这不仅是对臣的无礼,更是在蔑视陛下的权威。臣只知道冲闯仪仗队的人理当受杖击,并不在于他是不是神策军的人。"宪宗又究问柳公绰为何事后不奏报,柳公绰答道:"臣之职使臣有权杖杀不法者,无须上奏。"宪宗再次追问:"谁当奏?"柳公绰答说:"此人所在的神策军应当上报;如果死在大街上,由金吾街使上报;如果死在坊里,那么应当由左右巡街使上报。"柳公绰正义凛然的辩白,让宪宗最终也没有找到治罪柳公绰的把柄。事后宪宗对左右提起柳公绰,感慨说自己也怕他几分。

案例出处:《新唐书》。

(夏婷婷)

敬让越次诉父冤案

敬晖之子敬让,开元中任魏州长史。周利贞受命残杀敬晖后,开元初以酷吏罢官,起复后为辰州长史。一次敬让与周利贞同在朝廷奏事,敬让为父诉冤,上前一步奏道:"周利贞系奸臣意,枉杀先臣晖,惟陛下正罚,以谢天下。"左台侍御史翟璋弹劾敬让说:"让官小职微的人越位奏事,应依法严处。"玄宗说:"敬让为父诉冤应该矜怜,违犯朝仪也应处分。"罚敬让三个月的俸禄,科周利贞枉杀大臣罪,复贬为邕州长史,后在梧州被赐死。

案例出处:《新唐书》。

(夏婷婷)

康季荣擅用官钱案

唐宣宗时,右威卫大将军康季荣任泾原节度使,曾擅自动用官府银钱二百万贯,后事被察觉,康季荣请求用自己的家财抵偿。唐宣宗以康季荣有开辟河、湟地区的战功,表示允许,诏免其罪。门下省给事中认为不可免其罪,封还诏敕,谏官也向唐宣宗上言劝谏,皆认为康季荣私用节度使所管官钱,数目巨大,比照"监临主守自盗"条,其罪当死。同年十二月,宣宗因其有收复失地之功,免其死罪,康季荣被贬官任夔州长史。

案例出处:《资治通鉴》。

(夏婷婷)

康买得救父杀人案

唐穆宗长庆二年(822年),年仅14岁的京兆人康买得,随同父亲康宪去云阳县找一个叫张莅的人讨债。张莅拖欠康宪米钱,康宪前去讨要。不巧张莅喝醉了酒,一见债主上门,一言不合就动起手来。张莅几拳之下,康宪即已气息将绝。14岁的康买得看着彪悍的张莅,估计自己上前施救也无法解除危险,生死一瞬康买得抄起一个铁锸,照着张莅的脑袋就砸了下去。三天后张莅不治身亡。张莅家人提起诉讼,刑部受理此案。刑部侍郎孙革认为:"按《律》,父为人所殴,子往救,击其人至折伤,减通常殴斗罪三等治其罪。若击之致死,则按常律治罪,处以死刑。康买得救父出于至孝,非为暴,击张莅是为救父心切,非为凶。以年幼之岁,能奋身救父,若非圣化所加,童子安能如此。先贤立刑,皆原孝情。《王制》称五刑之理,必原父子之亲以从权变通;《春秋》之义,原心定罪;《周书》所训,诸罚亦有权变。乞请陛下,哀其孝心,稍加宽宥。"穆宗闻奏认为有理,下敕称:"康买得尚在幼年,而能知孝道,虽杀人当死,而救父之情可哀。若依常法治罪,恐失原情之义,宜付法司,减死罪一等。"法司改判康买得为流刑。

案例出处:《新唐书》。

(夏婷婷)

孔循刀下留人案

此案发生在五代后唐时期。枢密使孔循在兼任汴州军政长官时,曾从断头台上救下四个无辜百姓,一时被传为佳话。当时,长垣县百姓家里屡遭偷盗劫掠,经查,系该县四个大贼所为。州衙下令限期将此四贼捉拿归案。不料,窃贼早得风声而遁。过了一段时间,觉得如此躲藏不是长久之计,四贼便深夜偷偷地前往县衙都虞侯、推吏、狱典家,分别给予重赂,请他们设法开脱。此计果真奏效,这些贪官污吏见钱眼开,便答应帮忙设计掩盖罪行。此案州里催得急,期限一到,长垣县衙就报说四贼已擒,案卷中明列了许多罪状,属十恶不赦,并据此判处死刑以弃市示众。州府见证据确凿,便允准处决,并派孔循前往长垣监斩。孔循平时理案十分谨慎,每次监斩前都要再询问一次囚犯,以免出现差错。这次,他翻阅案卷后,虽没发现疑点,但仍向四名囚犯提出询问。可他问了不少话,四个囚犯只是低头不语。孔循见囚犯不吭声,便说道:"你们所犯之罪,罪大恶极。本官问你们多时却不回答,那就算默认不讳了。有什么话尽管说,否则来不及了。午时三刻将至,你们就要人头落地了。"四个囚犯只是跺脚,可仍低头不语。时辰已到,孔循挥挥手,令狱卒及刽子手将囚犯推出处决。四个囚犯被推至门口,瘫倒地上,回头看着孔循,似有话要说的样子。孔循见此情形,心中生疑,便把他们召回来再次讯问。这次他们说道:"我们实在冤枉,刚才狱卒硬用枷尾压住我们的喉咙,所以说不出话来。"孔循发现他们似有顾虑,便支开左右随从。囚犯跪下,连喊救命,并将冤屈一一道出。原来他们根本不是那四个罪大恶极的盗贼,而是四个无辜百姓。一日在街上莫名其妙地被抓,到了县衙又劈头盖脸地被打了一顿,硬要他们承认是盗贼,因吃不住严刑拷打,只得被迫认罪。孔循下令将此案移到州衙审理。结果很快查明,那四个百姓果真是冤枉,而为了制造这个冤案,长垣县衙几十人都接受了四大窃贼的贿赂。最后这些人与那四名真窃贼都被惩处。

案例出处:《中华历代名案》。

(夏婷婷)

兰陵公主不愿屈法申恩案

兰陵公主,字阿五,是隋文帝杨坚的第五女。兰陵公主貌美多姿,性情温婉,好读书,文帝于诸女中最为钟爱。初嫁仪同王奉孝,王奉孝去世后又改嫁柳述,时年18岁。兰陵公主并不像其他姊妹那样娇贵,在柳家遵于妇道,服侍公婆甚是勤谨,遇到公婆生病的时候,兰陵公主必要亲自服侍,喂食汤药。文帝闻之大悦,由此柳述也渐受宠信。当初,兰陵公主刚守寡时,隋文帝原想将爱女许配给晋王妃萧氏之弟萧玚,后又变卦。隋文帝在萧玚和柳述二人中权衡之后,选柳述为婿,令其拜开府仪同三司、内史侍郎,一年多后又擢升他为代兵部尚书。因此事柳述与晋王杨广交恶,随着日后柳述越发腾达,杨广对其愈加厌恶。

仁寿四年(604年)七月十日,皇太子杨广趁隋文帝病重之机,与杨素协谋,伪造诏书逮捕柳述、元岩关入大理寺,并赐死前太子杨勇,追封为房陵王。三天后,隋文帝驾崩;七月二十一日太子杨广登位,即隋炀帝。隋炀帝迅速将柳述免官,流贬至龙川郡,同时责令兰陵公主改嫁。兰陵公主以死相逼,不再朝觐,并上表请求去除封号与柳述同往流放地,隋炀帝大怒,说:"天下岂无男子,欲与述同徙耶?"兰陵公主说:"先帝以妾适于柳家,今其有罪,妾当从坐,不愿陛下屈法申恩。"然而隋炀帝仍旧断然拒绝了妹妹的请求,柳述被独自流放。柳述在龙川郡待了几年,又被贬往宁越,感染瘴毒而死,时年39岁。兰陵公主在柳述获罪后也忧愤而死,时年32岁。临终上表曰:"昔共姜自誓,著美前诗,鄎妫不言,传芳往诰。妾虽负罪,窃慕古人。生既不得从夫,死乞葬于柳氏。"隋炀帝阅罢更加气愤,竟不为妹妹去世而感到悲痛,命人将兰陵公主葬于洪渎川,资送甚薄。朝野上下都感到哀伤。

案例出处:《隋书》。

(夏婷婷)

郎氏兄弟殴人致死案

郎方贵,淮南人,年少时就立有大志向。与堂弟郎双贵同居。开皇年间,郎方贵出行遇到暴雨,正逢淮河水泛滥,在渡口准备乘船过河时,与船夫起了争执,扭打中船夫致郎方贵手臂骨折。郎方贵回到家中后,堂弟郎双贵发现哥哥手臂骨折,问清缘由后,郎双贵恚恨,遂去渡口殴击船夫,致其死亡。看守渡口的津吏将郎双贵扭送到县衙,县官审问,认定郎方贵为首犯,当判处死刑,郎双贵为从犯,当处流刑。但兄弟二人争为首坐,愿自己赴死。县官不能断,报送州刺史。兄弟二人各引咎自责,州仍不能定,二人争着要投河自尽而死。无奈,州司将此案上呈中央朝廷。文帝闻知此案后,感到十分惊异,特下诏原其罪,赦免二人,并表其门闾,赐物百段,后兄弟二人在州里做了主簿。

案例出处:《隋书》。

(夏婷婷)

郎茂劾宇文恺、于仲文竞银窟案

大业四年(608年)工部尚书宇文恺与右翊卫大将军于仲文争夺河东银矿的开采权。尚书左丞郎茂奏劾二人说:“臣闻贵贱殊礼,士农异业,所以人知局分,家识廉耻。宇文恺位望已隆。禄赐优厚,拔葵去织,寂尔无闻,求利下交,曾无愧色。于仲文大将,宿卫近臣,趋侍阶庭,朝夕闻道,虞芮之风,抑而不慕,分铢之利,知而必争。何以贻范庶僚,示民轨物。若不纠绳,将亏政教。”郎茂认为两位三品大员为争夺银矿而打官司,有亏礼教,有辱斯文,亦是对朝廷形象的玷污,故共同治罪。

案例出处:《隋书》。

(夏婷婷)

郎茂教谕兄弟“不睦”案

郎茂,字蔚之,恒山新市人。郎茂少聪敏,精通诗词歌赋,十五岁时学习玄象、刑名之学。郎茂于开皇年间任卫国县令。当时,该县有百姓张元预,与堂弟张思兰关系紧张,经常发生冲突。县丞、县尉都主张对他们依法严惩,而郎茂却说:“元预兄弟,本相憎疾,又坐得罪,弥益其忿,非化民之意也。”于是,派遣县中德高望重的耆老前去劝解、教谕、感化他们。最后,张元预、张思兰二人终于被感化,对当初自己的所作所为懊悔不已,都到县衙磕头请罪。郎茂进一步晓之以义,终使二人相亲互睦,称为友悌。

案例出处:《隋书》。

(夏婷婷)

乐工罗程杀人案

宫廷乐工罗程,善于弹奏琵琶,自武宗朝起即已得到宠幸;唐宣宗平素通晓音律,对罗程更是宠爱。罗程依恃皇帝的恩宠越发暴虐专横。大中十一年(857年)二月,有人只对他瞪了一眼,罗程就将此人杀死。罗程蓄意杀人,论罪当死。因此罗程被京兆府逮捕入狱,将依法治其罪。宫廷诸乐工想请求唐宣宗宽免罗程,待唐宣宗到后苑听音乐演奏时,为罗程设一虚坐,放上罗程的琵琶,并一起跪拜于庭前,哭泣不已。唐宣宗问诸乐工为何哭泣,乐工们回答说:“罗程负陛下万死，然臣等惜其天下绝艺，不复得奉宴游矣！”宣宗道：“汝曹所惜者，罗程之艺，朕所惜者，高祖、太宗之法。”最后，京兆府依律判处罗程死刑。罗程被杖杀。

案例出处：《资治通鉴》。

（夏婷婷）

黎干子请还田产案

唐敬宗宝历年间(825—826年)，已故京兆尹黎干之子黎煟申诉到御史台，请求返还其父在叶县的田产。御史台诸官不知事情始末，唯有时任侍御史的卢简辞能道出原委。他说：“代宗大历初年，权宦鱼朝恩坐罪伏诛，黎干是其同党遭连坐被诛，田产被朝廷收回。大历以后，皇帝发过许多次赦免令，但都没有昭雪鱼朝恩、黎干的内容。更何况事情已过数十年，其田产都已分给周围百姓，今黎干子黎煟依仗背后有宠宦的扶持，就想收回早已收为国有的田产，这是类同于冒认的犯罪行为。”于是御史台斥退黎煟，拒绝其申诉，同时移送文牒至汝州刺史裴通，说明黎干之旧有田产，仍按大历元年敕书分给百姓使用。

案例出处：《新唐书》。

（夏婷婷）

李渤奏议崔发案

五坊卒府里斗殴，伤了县中百姓，鄠县县令崔发很生气，命小吏将一干人等全部拘捕，其中有一人是内官，就释放了他。唐敬宗得知崔发拘捕了内官，大怒，令将崔发下御史狱。正遇大赦，改年号。下达赦令时，崔发正坐在监狱的金鸡竿下，突然几十个宦官手拿棍杖一顿乱打，崔发被打得头破血流，牙齿也打掉了，险些送命。在御史台狱吏的哀求下，这些人才收手。接着，所有的囚犯都被释放了，唯独崔发不得赦免。李渤上疏说：“县令拘捕中人，中人殴打御囚，其罪是一样的。但是县令的犯罪在赦令之前，中人的犯罪则是在赦令下达之后。若不以法来处理，臣担心四夷听说这件事后，会萌生怠慢轻视之心。”李渤又在上朝时说：“前些时候神策军在幔城夺取京兆府的进食牙盘，没有及时处置，以致宦人更加蛮横。”皇帝向左右询问，都说没有夺食的事。皇帝认为李渤与崔发是同党，于是让李渤出京任桂管观察使。另一天，宰相李逢吉等朝见皇帝说：“崔发拘捕了中人，确实是不敬之举。不过，崔发的母亲是以前宰相韦贯之的姐姐，年逾八十，为崔发而忧虑成疾。陛下正提倡以孝治国，应加恩原谅。”皇帝听了心中很难过，说：“谏官们只说崔发冤枉，并未提起他母亲的事。”于是当即派人送崔发回家，并抚慰他的母亲。韦夫人跪拜接诏，当着使者的面打了崔发四十杖。不过，敬宗还是罢了他的官职。到文宗时，才重新启用崔发为怀州长史。

案例出处：《新唐书》。

（夏婷婷）

李朝隐拒闾兴贵请托案

李朝隐，字光国，京兆三原人。明法中第，调临汾尉，擢至大理丞。唐睿宗景云元年(710年)任长安令，宦官闾兴贵有事请托，李朝隐断然拒绝其请托，并将闾兴贵收押入监。唐律规定：“诸有所请求者，笞五十；主司许者，与同罪；已施行者，杖一百。”有所请求，指为自己或他人向主管官吏嘱请曲法行事。嘱请双方,受同样的惩罚。又有“监临势要,为人嘱请者,杖一百”之规定。李朝隐不畏宦官权势,拒绝其请托,下狱治罪,是符合法律规定的。睿宗得知李朝隐所为,大加赞赏。后睿宗御临承天门,在文武百官面前褒谕其能,并下制说:“宦官遇宽柔之代,必弄威权。朕览前代,每所叹息。能符朕意,实在斯人。”李朝隐之名,纵贯朝野上下。后进太中大夫一阶,赐中上考、绢百匹,以旌刚烈。

案例出处:《资治通鉴》。

(夏婷婷)

李朝隐判裴景仙乞赃案

开元十年(722年),李朝隐迁大理卿。当时,武强县县令裴景仙向人乞索财物,总价值累计五千匹绢帛,事情败露后,畏罪潜逃。皇上知道此事后,大怒,召集文武百官,要当众斩杀裴景仙,以警世人。大理卿李朝隐急忙奏报说:“裴景仙缘是乞赃,犯不至死。又景仙曾祖故司空寂,往属缔构,首预元勋。载初年中,家陷非罪,凡有兄弟皆被诛夷,唯景仙独存,今见承嫡。据赃未当死坐,准犯犹入请条。十代宥贤,功实宜录;一门绝祀,情或可哀。愿宽暴市之刑,俾就投荒之役,则旧勋斯允。”玄宗不许,执意要杖杀之。李朝隐又上奏说:“有断自天,处之极法。生杀之柄,人主合专;轻生有条,臣下当守。枉法者,枉理而取,十五匹便抵死刑;乞取者,因乞为赃,数千匹止当流坐。今若乞取得罪,便处斩刑,后有枉法当科,欲加何辟?所以为国惜法,期守律文,非敢以法随人,曲矜仙命。”依唐律相关规定,如官员或豪强向人乞索得赃,其处罚比“坐赃”罪减一等,即一匹以下笞十,满一匹笞二十,二十匹徒一年,三十匹徒一年半,六十匹徒三年,罪止徒三年。裴景仙乞赃数额巨大,当按“坐赃”罪减一等论处,依律最高只能处三年徒刑,罪不至死。李朝隐是严格按照法律规定审理此案的。皇帝于是诏令将裴景仙杖一百,流放岭南。

案例出处:《资治通鉴》。

(夏婷婷)

李德裕模金辨冤案

此案发生在李德裕担任浙江西道观察使时。当时在甘露寺有个主持寺内事务的和尚,告发说在移交寺中财务时,新卸任的住持私吞了许多黄金,并拿出以前几任住持传递交接的文书作为证据。庙里的和尚们也都指认新卸任的住持私吞了银子,并且都挥霍掉了。审讯后,新卸任住持也主动认罪,但没有追查到钱的去处。

观察使李德裕怀疑这个案件还有隐情,就将那个刚卸任的住持叫来,动之以情,晓之以理,开导启发他。他终于把事情的真相讲了出来。原来,住在庙里的和尚都乐于做住持,前后管理寺里事务的人,只是移交记账的文书,却从没见过真实的黄金。众和尚由于和这个新卸任的住持多不亲近,想趁此机会打击排挤他。新卸任的住持说到此处,因为冤屈而泣不成声。李德裕悲悯地安慰他说:“查清这件事并不难。”李德裕想了一会儿,就说:“我想出查清此案的方法了。”因此立即叫来几乘便轿,让与案件有关的几个和尚前来对证。等这些和尚到了之后,安排下面的人不要让这些和尚互相见面,然后命令拿来黄泥,让他们分别做出前后住持移交黄金的模型,当作证据。这些和尚既然没见过黄金的形状,做出来的模型当然各不一样。李德裕见后十分气愤,下令查办这些作假证的和尚。前几代住持个个都认了罪,而他们想要打击排挤的那个住持,最终获得了清白。

案例出处:《疑狱集》。

(夏婷婷)

李辅国诛张皇后案

肃宗朝末期,宦官李辅国总揽大权,朝臣所奏之事往往先经他手然后才告知肃宗。李辅国之所以能够为所欲为,还得益于与张皇后的勾结。张皇后与李辅国里应外合,控制政权。他们对不利于自己的人,一律铲除,决不姑息。李辅国之所以与张皇后狼狈为奸实则是为了各自的利益。在肃宗病重期间,李辅国与张皇后因皇位继承人的问题上发生了尖锐的冲突。李辅国支持太子李豫登基,而张皇后则一心想扶持越王李系为帝。

宝应元年(762 年),唐玄宗忧郁而死,与此同时,唐肃宗也病危。张皇后为了便于自己将来继续插手政局,密谋杀掉太子李豫,策划越王继位。此举被李辅国的同党程元振发现,程元振迅速将张皇后之举告知李辅国。李辅国等首先把太子保护起来,然后冲进皇宫,抓获了越王及其支持者百余人。张皇后逃入重病中的唐肃宗寝宫,被李辅国抓住。肃宗因受到惊吓而在当天就驾崩了。李辅国趁此混乱时机,将张皇后、越王及参与者一并斩首。太子李豫在李辅国的拥戴下即位,是为唐代宗。

案例出处:《资治通鉴》。

(夏婷婷)

李克宁谋篡伏法案

李克宁是晋王李克用的胞弟,开平二年(908 年),李克用病危,召其子李存勖侍侧,对张承业和李克宁说:"把亚子交给你们。"李克用去世后,李存勖告诉叔父李克宁说:"儿年幼孤独,不懂国政,虽然有先王的命令,恐怕无法担当大任。叔父勋德都高,先王曾经把大政交给你管,我想麻烦叔父管军府,等儿年长再说。"李克宁说:"我兄长的命令,把儿托付我,谁敢换人?"马上走下去朝北面再拜称贺,李存勖即晋王位。李克宁掌握重权以后,有个趋炎附势的小人名叫李存颢,他私下劝李克宁说:"兄终弟及,自古有之。叔父向侄子跪拜,哪有这样的道理。富贵功名,应当自己去争取。如果不要上天赐给的机会,后悔也来不及。"李克宁的妻子孟氏平常刚强骄悍,李存颢等人各派妻子说服孟氏,孟氏多次逼迫李克宁。李克宁仁慈缺乏决断,惑于众言,内心也开始动摇。

恰逢李克宁因为某事杀了都虞侯李存质,而李克宁与张承业、李存璋有矛盾,又要求兼领大同军节度使,因此,晋王李存勖觉察到他已有二心。晋王的侍臣史敬镕和李存颢私交甚好,对他们的事情非常了解,于是史敬熔见太后曹氏,告李克宁与李存颢阴谋挟持李存勖和曹氏投降于后梁。李存勖召张承业、李存璋告诉他们说:"叔父这样做,我该怎么办?然而骨肉不可自相残杀,我想避路让贤来解除我家的祸患。"张承业说:"老夫我受先王的遗托,先王还在耳边。李存颢这帮人想拿整个晋地去投降于敌人,你又能到哪儿去求生?不马上除掉他们,恐怕我们也没好日子过了。"于是张承业等请求诛杀李克宁。天裕五年(908 年)二月二十日,张承业在王府中做好埋伏,召集众将到王府赴宴,等到李存颢、李克宁二人落座后,将二人捉拿。晋王哭着责备李克宁说:"侄儿我开始让叔叔继承王位,叔叔不忍心丢弃先王的遗命,不愿意继承;现在却又想把我们母子送给敌人，叔叔你怎么忍心这样做？”李克宁也哭着回答说：“都是这帮小人陷我于不仁不义，我无话可说！”当天，李克宁和李存颢一齐被处死。

案例出处：《新唐书》。

（夏婷婷）

李令质不畏权势案

万年县县令李令质审问一个犯罪的富商。驸马都尉韦濯驰马前去搭救，但李令质不畏权势，坚决不许，韦濯深恨之，就在皇帝面前毁谤他。皇帝宣召李令质，左右很是害怕，李令质沉着地说：“韦濯和犯人非亲非故，只因为贪图财物才替他请免。韦濯虽然权势正盛，但我还是应该严守陛下的法令，死也无恨。”皇帝便放下此事，不加责罚。

案例出处：《新唐书》。

（夏婷婷）

李母责景让杖杀属官案

唐会昌六年（846年），李景让时任浙西观察使，属下牙将因一小事触怒了他，他便命左右杖杀之。李景让刑人过度，引起全军愤怒，军中士兵甚至谋划军变。李景让之母得知此事后，让李景让立于庭院中，斥责他说：“天子付汝以方面，岂得以国家刑法为喜怒之资，而妄杀无罪，万一致一方不宁，岂唯上负朝廷，使垂老之母含羞入地，何以见汝之先人哉？”言罢命左右剥其衣而坐之，将挞其背。军中大将见状向其母拜泣求情，其母不许，在将士的再三恳求下，乃罢。一军遂定。若非李景让之母识大体，处置得当，李景让受将士的私刑在所难免。李景让家行修治，闺门唯谨。后为尚书左丞，拜天平节度使，徙山南东道，封酒泉县男。

案例出处：《资治通鉴》。

（夏婷婷）

李日知判令史受敕遗忘案

唐睿宗景云年间（710—711年），刑部有一令史受敕书已过三日，因遗忘未能执行。依唐律，“诸受制忘误者，事若未失，笞五十；已失，杖七十”。刑部尚书李日知，素以不行笞杖而能办好事情闻名。此次令史受敕忘误，依法当受杖刑。李日知怒召群吏，准备当众行杖。待众人到齐后，李日知又改变主意，对该令史说：“我本想杖责你，但天下人一定认为你能使我李日知动杖，必定是犯了大错；受我之杖，不比别人，连你妻子都将抛弃你！”言罢将其释放。在场官吏皆受感动，无人再敢马虎失职。偶有犯稽失制书者，众人必共责之。

案例出处：《资治通鉴》。

（夏婷婷）

李尚隐绳恶护良事

唐中宗景龙年间（707—710年），中书侍郎、知礼部选事崔湜以及礼部侍郎郑愔共同掌管科举选拔之事，此二人攀附权贵，铨拟不平，士人皆怨。时任左台监察御史的李尚隐和御史李怀让在朝廷上弹劾他们，崔湜等人被削职受审，朝廷最终将他们贬逐。

又有睦州刺史冯昭泰诬陷李师等二百余家,皇帝诏令御史台复查此案。其他御史皆惧怕冯昭泰刚愎自用,推说有病不愿前去查案。李尚隐对此深为感慨,说:“岂可使良善陷枉刑而不为申明哉!”遂主动申请前去查办,结果将李师等人的冤案平反。

司农卿陈思问伙同下属贪污盗窃,李尚隐揭发其罪行,审理后陈思问等判为流放岭南。他前后三次担任法官,执法严明,处事公正,受到社会舆论称赞。

案例出处:《旧唐书》。

(夏婷婷)

李士谦让财息讼事

李士谦,隋朝赵郡人,曾做北魏广平王拓跋赞的参军。李士谦继承祖产,家境富裕,可他生活却十分节俭,穿的仍是布衣旧衫,吃的仍是粗茶淡饭,终日以救济穷苦百姓为急务。邻里中有无钱殓葬的,他便施以棺木。有兄弟分财不均而争讼的,他就出钱补助分钱少的一方,兄弟二人备感惭愧,互相推让,最终也都成为善人。

有一年,李士谦把几千石粮食贷给乡亲度过春荒,可谁知当年遭天灾,庄稼歉收。借粮的人无粮还贷,纷纷来跟李士谦道歉。李士谦说:“吾家余粟,本图振赡,岂求利哉!”于是,他当着所有借粮户的面把借契烧掉了。来年庄稼丰收,借粮户都到李士谦家还粮,李士谦坚决拒收。

一次,别人的牛跑到他家的农田里,李士谦将牛牵到阴凉处,并用草料饲养它,比牛主人照顾的还细致周到。每当看到有人偷割他的庄稼,他就有意回避。家里的仆人曾抓住过偷粮的人,李士谦知道后,反而安慰小偷说:“穷困所致,义无相责。”马上叫仆人放了偷粮的人。李士谦性情宽厚,都像这样的。

开皇八年(588年),李士谦老死于家中,享年66岁。赵郡的百姓听到这个消息后,无不痛哭流涕,哭喊着说:“我曹不死,而令李参军死乎!”参加送葬的有一万多人。

案例出处:《隋书》。

(夏婷婷)

李纾诈假官案

李纾差摄陵台令张保嗣等各虚称试衔,被奉先令王延朗奏劾诈假官。唐明宗天成三年(928年)七月,大理寺审理此案,判李纾诈假官罪,后将此案交于刑部详覆。刑部却认为此案定罪有误,非诈假官罪,发回大理寺重新审理。大理寺重审此案后坚持原判。皇帝召大理寺、刑部两司廷议,李纾诈假官的犯罪事实清楚,刑部理屈。七月,明宗下诏宣布此案的处理结果:因错断此案,主要官员犯有渎职罪,贬刑部侍郎马缟为绥州司马,贬刑部员外郎李慎义为阶州司马。案犯李纾续被发配到陇州,徒一年。结案不久,为防止诈假官现象的再次出现,皇帝又下诏说:“天下州府,例是摄官,皆结试衔,或因勘穷,便关诈假。已前或有称试衔,一切不问,此后并宜禁止。”

案例出处:《旧五代史》。

(夏婷婷)

李行言拒释强盗案

大中八年(854 年)九月,唐宣宗出苑城之北游猎,路上遇到一位樵夫,便问他是哪个县的人,樵夫回答说是泾阳县人。皇上又问县令是谁,回答说是李行言。唐宣宗再问李行言在县为政情况怎样,樵夫回答说李行言性格固执,有几个强盗被关押在县监狱,宦官领掌的北司禁军来县府要人,李行言就是不放人,硬是将这几个强盗全部处死了。唐宣宗回宫后,将李行言的名字、行事写在一个帖子上,挂于自己寝殿中的柱子上。同年十月,李行言被任命为海州刺史,入朝向唐宣宗谢恩时,唐宣宗赐给他金紫衣裳。并对李行言说:“卿知所以衣紫乎?”(唐代三品以上官员着紫衣)”李行言回答说:“不知。”唐宣宗即命左右取来挂于寝殿柱子上的帖文,给李行言看。原来,被李行言抓捕的几个强盗,与北司禁军有牵连,禁军向泾阳县要人,李行言顶住禁军压力,坚持将这些强盗绳之以法,以维护法律尊严。皇帝欣赏他的所作所为,故加赠紫衣,以示奖励。

案例出处:《资治通鉴》。

(夏婷婷)

李元纮判重南山案

唐中宗神龙二年(706 年),李元纮任雍州司户参军时,武则天的女儿太平公主与长安寺院的僧侣争夺碾硙的归属权,讼至雍州户曹。司户参军李元纮依据法律与事实,将碾硙判归给了寺院。雍州刺史窦怀贞,非常惧怕太平公主的权势,敦促李元纮改判。李元纮在判决书后面题字道:“南山或可改移,此判终无动摇!”李元纮始终坚持正确的判决。窦怀贞不能夺其志。

案例出处:《旧唐书》。

(夏婷婷)

李元素辨狱释大将冤案

李元素,字大朴,邢国公李密的裔孙。李元素任侍御史时,东都留守杜亚与大将令狐运交恶,正遇百姓交纳给朝廷的丝织贡品在洛阳城北被强盗劫掠,令狐运与其部下当时正在洛阳北郊狩猎,于是,杜亚怀疑是令狐运策划了这起抢劫案,以此为由将令狐运及其部下四十余人全部抓捕,并进行刑讯,使令狐运等诬服。唐德宗命监察御史杨宁重审此案,杨宁认为此案证据不足,不能定罪。杜亚便控告杨宁欺骗皇上,杨宁被判罪,杜亚还附会罗织罪名,逮捕了许多人。杜亚带着怨气公报私仇,还想拥有捉到盗贼的功劳,上表唐德宗指明令狐运的劫掠罪状,唐德宗深信不疑。宰臣以狱大宜审,奏请覆之,于是唐德宗诏令李元素等人前去调查。经过查访,李元素发现这是一起冤案,就把所有因此事受牵连而被关押坐牢的人都释放了。杜亚闻知大惊,遂又控告李元素有罪。李元素等人回到京城时,皇帝已是怒容满面,没等李元素把审查案件的经过陈述完毕,皇帝就生气地打断了他,说:“出去!”李元素回答道:“臣还没有说完。”“即使这样,也得出去!”皇帝已是怒不可遏。但李元素仍坚持说:“臣以御史的身份前去审查案子,如果明知有冤而不能把话说完,我是没有脸面再见陛下了。”皇帝闻听此言,情绪渐渐平息下来,让他讲了令狐运冤情。听完之后,皇帝这才醒悟,感动地说:“非卿,孰能辨之!”一年后,真正的强盗被抓获,李元素由此得到了天下人的敬重,被皇帝擢升为给事中。

案例出处:《新唐书》。

(夏婷婷)

李愿张榜助客寻马案

名将李晟之子李愿年轻时谦虚谨慎，行事严谨。李晟建立功勋时，他的十五个儿子都没有出来做官，宰相把这事报告给皇帝，朝廷当天便征召李愿任太子宾客、上柱国。

宪宗元和元年(806 年)，李愿兼任夏绥银宥节度使。李愿执法简明，威令简肃，所辖境内秩序良好。州内有一人丢失了一匹马，找寻数日也无果，便到李愿处寻求帮助。李愿便在路边张榜，上写悬赏寻找这匹丢失的马。第三天，丢失的那匹马和一匹良马系在衙门下，送马之人还留下一封信，信上说："这匹马跑到我家，我没有报告官府，应判死罪，谨请用良马赎罪。"唐律规定：凡捡拾得他人所失物者，必须在五日内送交官府；逾期不交者，按"坐赃"减二等治罪，罪止徒二年，其物还失主。马匹丢失已超五日，还马者故称有罪，并献一良马来赎罪。最后，李愿收回丢失的那匹马，交还于主人，但放还了所献之良马。州内百姓对李愿的作为更加敬佩，境内秩序井然。

案例出处：《旧唐书》。

（夏婷婷）

吏部铨选舞弊案

唐五品以上官员由皇帝任命，六品以下官员除员外郎、御史及供奉官外，文官由吏部，武官由兵部，按规定审查合格后授官，称为铨选。李林甫担任吏部尚书后，实则将选拔官吏的事务委托给吏部侍郎苗晋卿和宋遥主持。天宝二年(743 年)春，御史中丞张倚的儿子张奭参加铨选考试，张倚当时正被玄宗所器重，苗晋卿、宋遥二人决定利用铨选考试之机，讨好巴结张倚。当年参加铨选考试者共六十四人，按其判词的写作水平，分甲乙丙科，张奭被定为甲科。当时士人皆知张奭不读书，所以议论纷纷。有个叫苏孝愠的人，曾经担任过蓟县县令，后事奉安禄山，就把此事完整地告诉给安禄山，安禄山当时备受玄宗恩宠，遂向玄宗奏报了这件事。玄宗召集全部科举及第和参加官吏铨选的人，到花萼楼亲自测试，合格的人十个中没有一二个。张奭手拿着试卷，一整天没写出一个字，当时人们讥讽他为"曳白"。玄宗大怒，贬苗晋卿为安康太守，贬宋遥为武当郡太守，张倚被贬为淮阳太守。玄宗下敕说："门庭之间，不能训子；选调之际，仍以托人。"当时的士子都把这件事当成笑谈。

案例出处：《资治通鉴》。

（夏婷婷）

梁彦光谕焦通事亲案

梁彦光在开皇初年(581 年)，任岐州刺史，兼岐州宫监，做了很多利国利民的政事。开皇二年(582 年)，皇帝巡幸岐州，下诏称赞他说："彦光操履平直，识用凝远，布政岐下，威惠在人，廉慎之誉，闻于天下。三载之后，自当迁陟，恐其匮乏，且宜旌善。可赐粟五百斛，物三百段，御伞一枚，庶使有感朕心，四海之内，凡曰官人，慕高山而仰止，闻清风而自励。"又过了几年，转任相州刺史。梁彦光做岐州刺史时，歧州民风质朴，适合用"静"的方法治理，朝廷考评接连最好，天下第一。相州是北齐旧都，风俗杂乱，民风彪悍，百姓多诡诈，梁彦光还用教化的方式治理相州，收效甚微。皇帝听说后责备他，他终被免职。一年多后，又拜为赵州刺史。梁彦光给皇上上书说："臣前待罪相州，百姓呼为戴帽饧。臣自分废黜，无复衣冠之望，不谓天恩复垂收采。请复为相州，改弦易调，庶有以变其风俗，上答隆恩。"隋文帝答应了他的请求，又让他担任相州刺史。强横狡诈不守法纪的人听说梁彦光自请而来,没有人不嘲笑他的。梁彦光到任后,揭露隐蔽潜伏的坏人或坏事,好像神明一般,于是狡猾的人没有不潜逃的,全境都非常惊异。当初,北齐灭亡后,士绅们大多迁往关内,留下的多为手工业者、商人以及乐户。这些人多阴险狡诈,随便一说就会有谣言产生,社会环境非常复杂。梁彦光定要革除弊病,于是用秩俸招致山东大儒,在每一个乡设立学堂,专门教授圣贤之道。梁彦光还经常在季月召集学生,亲自出题考试。有特别勤奋好学、聪明闻名的,在厅堂设宴席,其他人一起坐在走廊下。有喜欢争辩是非、懒惰学业无成的,坐到庭院中,用草具设坐。于是人们都克制自励,民风大为改观。

当时有个叫焦通的滏阳人,喜欢酗酒,侍奉亲长缺少礼节,被堂弟告诉。梁彦光没有处罚他,而是把他带到州学,带他到孔庙参观。当时庙中有韩伯瑜母亲打他不痛,他为母亲力气衰弱而悲哀,对着母亲哭泣的塑像,焦通有所感悟,又悲伤又惭愧,无地自容。梁彦光训诫之后让他回去。后来焦通改过自新,勉力培养良好的品行,最终成为善良的人士。梁彦光以德化人,做法大都如此。

案例出处:《隋书》。

(夏婷婷)

令狐楚草诏失错案

宪宗元和九年(814 年),令狐楚进入翰林院,任学士,晋职为职方郎中、中书舍人。当时朝廷正派兵讨伐淮西逆贼吴元济,奏议、进谏的官员多数认为朝廷长期用兵却不见成效,应当宽赦逆贼,停止继续用兵。在是否继续征讨淮西的问题上,只有裴度与宪宗皇帝意志坚定。

元和十二年(817 年)夏,裴度以宰相兼任彰义军节度使、淮西招抚宣慰处置使。另一位宰相李逢吉不赞成用兵淮西,属罢兵派,故李逢吉与裴度之间产生了矛盾。李逢吉与令狐楚交情甚好,裴度担心自己赴淮西后,二人内外呼应以阻用兵之事,于是想先发制人。令狐楚拟制委任裴度为淮西招抚使的诏令,不符合裴度的意愿,裴度奏请皇帝修改委任诏中的三、四句文字:将诏书中的"剪其类"改为"革其志";又以自己不称"招讨使",请改"更张琴瑟"为"近辍枢衡",改"烦我台席"为"授以成算"。宪宗正取用裴度出兵,从其请。裴度进一步奏请宪宗以草诏失词意,罢令狐楚禁中之职,出为它官。依唐律:承制人草诏时,若有脱漏或增剩文字、错写词句等过误,要受处罚;其未失诏书旨意者,笞五十,已失旨意者,杖七十。又因唐代品官犯流罪以下可以官当刑,于是,宪宗免除了李逢吉的宰相职务,同时也免去了令狐楚在朝廷的职务,令其代理中书舍人之职。

案例出处:《资治通鉴》。

(夏婷婷)

刘崇龟换刀巧断杀人案

唐昭宗大顺年间(890—891 年),刘崇龟出任广州刺史。当时有一个富商的儿子,长得年轻俏丽,气质与众不同。一日,他把船停在江边,岸上有座大宅,里面走出个女子,二十多岁,长得非常美丽,这个女子也不躲避人。所以富商的儿子得以和她眉来眼去交换眼神,并趁机对她说:"我傍晚到你家里去。"那女子面无难色,只是微笑着点头。到了傍晚,这个女子果然开着门等富商的儿子。谁知,这个少年还没有到的时候,却来了个盗贼,见房间里没有点灯火,就闪身进去了。那女子高兴地扑了上去。小偷以为来人抓他,便用杀猪刀刺了女子一刀,然后扔下刀逃走了。美貌女子家里的人也没能发觉。富商的儿子随后来到,一进屋就踩到鲜血上,立刻摔倒在地上。一开始他以为是水,用手一摸,闻到了一股血腥味。接着又摸到地上躺了一个死人,便赶忙出去。直接上了船,船开了一夜,到天亮,已经驶出一百多里。第二天清早,女子家人见女儿被杀,循着血迹找到了江边。然后便向官府报了案。办案的官员遍访了住在江边的人,有人说某日夜晚,有某一条船夜里出发。办案官员立刻派人把富商的儿子抓捕,对他进行严刑拷打。富商的儿子供出实情,只是不承认杀人,女子家人还在现场捡到了一把杀猪刀,正是杀人凶器,立即将它交到官府。刘刺史因此下令说:"某一天要大摆筵席,要把州境内所有的屠夫都要请到球场中来,等着宰杀牲畜。"屠夫们都来了以后,又传令说:"今天天色已晚,明日再来,各自把杀猪刀留到厨房里,可空手回去。"刘刺史命令将所有的刀都拿进来,然后用杀人的那把刀换走了其中的一把刀。第二天屠夫们分别到衙门里取刀。他们各自找到了自己的刀拿走了,唯独有一个屠夫落在最后不肯去拿刀。刺史问他为何不拿刀。他说:"那刀不是我的。"刺史又问:"那这是谁的刀?"回答说:"这是某某人的刀。"又进一步追问那个人住在哪里,立即派人前去捉拿,此人却早已逃跑了。刘刺史又想出一计:将狱里在押的一个死囚犯,假装成富商的儿子,傍晚时公开处死在市场上。不到两天,那个杀人的凶犯果然回家了,潜伏在他家周围的捕快立即捉住了他。他从头到尾交代了杀人的罪行,因此依法将他处死。富商的儿子因夜晚进入别人家里,受到了杖刑的处罚。

案例出处:《折狱龟鉴》。

(夏婷婷)

刘定高夜犯通洛门案

李尚隐,先赵郡人,为人性率刚直,言无所隐,处事明断。开元十年(725 年),唐玄宗驻跸东都洛阳。有不法之徒刘定高率徒众夜犯洛阳城通洛门,企图作乱,被守军悉数捕获处斩。李尚隐因失察之罪,左迁桂州都督。临行,帝使谓之曰:"知卿公忠,然国法须尔。"

本案主犯刘定高犯有犯夜、私闯城门、图谋作乱等多种罪行。唐令规定:每日五更击鼓开城门及坊门,听人行;昼尽时击鼓闭城门、坊门,禁人行。唐律规定:凡开门前、闭门后出行者,为犯夜,受笞二十的处罚。唐律又规定:凡私自闯入宫门、殿门、城门,私越城垣者,处一至三年徒刑。本案中,刘定高意在作乱,故被处斩。

案例出处:《资治通鉴》。

(夏婷婷)

刘仁轨遇风失船案

唐高宗显庆元年(656 年),李义府恃宠用事,怂恿属下大理寺丞毕正义将罪妇淳于释放,欲纳为妾。大理卿段宝玄发觉后,上告朝廷,唐高宗遂派刘仁轨前去查办此事。李义府知刘仁轨刚直不阿,为保全自己,将毕正义逼死。刘仁轨到后,秉公办案,因此得罪了李义府,可惜没有人证,最后没有将李义府定罪。但李义府却怀恨在心,显庆四年(659 年),李义府找机会将刘仁轨调出京城,任青州刺史。

显庆五年(660 年),高宗发兵征讨辽东一带,李义府就逼刘仁轨运送粮草,遇恶劣天气不能出海，在李义府的催促下，勉强出海，大风浪果将送粮草的船只吞没，船上丁夫死伤甚众。于是，高宗命监察御史袁异式查办刘仁轨。袁异式暗中接到了李义府的授意，要重治刘仁轨的罪。袁异式到达青州后，对刘仁轨说："君与朝廷何人为仇，宜早自为计。"刘仁轨却毫不屈服地说："仁轨当官不职，国有常刑，公以法毙之，无所逃命。若使遽自引决以快仇人，窃所未甘！"袁异式于是结案回京上报朝廷，临走时还亲自上锁，以防刘仁轨逃脱。案情上报后，李义府趁机落井下石，对唐高宗说："不斩仁轨，无以谢百姓。"唐律规定："凡行船，有猝遇风暴大浪，而损失船只财物及淹死人者，当事者不罪。"故而舍人源直心依据唐律此条规定，出面为刘仁轨说情："海风暴起，非人力所及，不宜治罪。"唐高宗认为源直心言之有理，将刘仁轨免职，以白衣随军自效。刘仁轨从军立功，复被起用。后升为御史大夫。

案例出处：《资治通鉴》。

（夏婷婷）

刘三复谏杀裴氏案

刘从谏的妻子、刘稹的母亲裴氏乃裴问的妹妹，朝廷军队在剿灭刘稹叛军后，朝中众臣商议赦免她的死罪。当初，刘稹谋反时，裴氏召集潞州大将和校尉的妻子一同欢宴，以酒为寿，泣下不能已，诸妇请命，裴氏说："新妇各与汝夫文字，勿忘先相公之拔擢，莫效李丕背恩，走投国家。子母为托，故悲不能已也。"劝告她们要坚定谋反的信心。诸妇亦泣不成声，都表示要追随到底。因此，潞州反叛意志坚定，朝廷用了一年多时间才铲除了刘稹叛党。刑部侍郎刘三复针对此案向武宗上奏说："自古以来大臣谋反作乱，应当灭掉他的三族，以此来论则裴氏已经不能免于死罪了。况且在刘从谏死后，裴氏仍旧主张谋反叛乱，刘稹既然年龄还小，裴氏作为刘稹的母亲，原本应当劝阻告诫。要是多谈一些忠孝的道理，深刻陈说祸福的根源，必定希望他不要做谋反叛乱之事，也就不会有斩首的下场。但她却鼓励叛党，稳定坚固叛党之心，大肆招待将军、校尉的妻子，才发生了摆设酒席，坚定众人叛乱的心，赠送礼物拉拢众人的事情，因此使叛党顽抗了近一年才能被铲除，这都是裴氏的罪过。即使考虑裴问的功劳，有人希望可以从轻处罚，但是国家法律有偿，难以从轻发落。即便拿管叔为例，他本是周公的亲弟弟，因犯了过错也必须杀了。何况仅仅因为裴问的功绩，怎么可以破坏国家的法律呢？请求按照法律来处罚裴氏。"武宗接受了刘三复的意见，刘稹被处死后，裴氏亦处以极刑，包括刘稹族属昆仲九人，皆诛。

案例出处：《唐书》。

（夏婷婷）

刘行本驳元肇重教命案

刘行本于开皇初年(581 年)任黄门侍郎，领治书侍御史。当时雍州别驾元肇对隋文帝上言："有一州吏，受人馈钱三百文，依律合杖一百。然臣下车之始，与其为约。此吏故违，请加徒一年。"刘行本驳斥元肇说："律令之行，并发明诏，与民约束。今肇乃敢重其教命，轻忽宪章。欲申己言之必行，忘朝廷之大信，亏法取威，非人臣之礼。"刘行本所言是说，元肇惩贪肃廉，初衷是好的，但惩贪只能依据法律规定来实现，不能用以己之意，任意加重刑罚。隋文帝对此表示赞同，赐刘行本绢百匹。

案例出处:《隋书》。

(夏婷婷)

刘行本力阻文帝笞郎官案

隋文帝曾经对一位郎官发怒,命人于殿前鞭笞郎官。谏议大夫刘行本上奏说:“此人为官一向清廉,这次他的过失又很小,希望皇帝能宽恕他。”隋文帝不予理睬。刘行本这时站在皇帝面前说:“陛下不以臣不肖,置臣左右,臣言若是,陛下安得不听;若非,当致之于理。岂得轻臣而不顾也?”随即把笏板扔在地上然后退下。刘行本的这一举动是向皇帝表明,《开皇律》已定,即应依法办事,若郎官有罪,当交付有司依法治罪,怎能由皇帝个人因怒而笞。皇帝收敛了怒容向刘行本道歉,赦免了郎官。

案例出处:《隋书》。

(夏婷婷)

刘炫伪造古书案

隋开皇三年(583年),散骑常侍、秘书监牛弘奏请购买搜求天下散佚的书籍,文帝下诏书奖励捐献奇书异本者,每献书一卷,赏绢一匹,校定誊写完毕后,原书还主。殿内将军刘炫为谋钱财,就伪造书籍一百多卷,题其名为《连山易》《鲁史记》等,送到官府,领了赏就离去了。后来有人告发他,按律应处死,后因大赦被免除死罪,除去名籍。回到家乡后,刘炫以教授学生为业。被废的太子杨勇知道后把他召来。到了京城之后,杨勇令刘炫侍奉蜀王杨秀,刘炫拖延不去,杨秀非常气愤,遂将刘炫戴枷发配益州充为士卒,让他当门卫。后刘炫主持校订书史,因模仿屈原的《卜居》,作《筮途》来寻求自我寄托。杨秀被废后,刘炫和诸位儒生修订五礼,刘炫被授旅骑尉之职。

案例出处:《隋书》。

(夏婷婷)

刘稹秘不发父丧案

唐武宗会昌三年(843年)四月,昭仪节度使刘从谏病故。其子刘稹与母裴氏合谋,令主军事,置大将王协、郭谊、刘武德、刘守义等辅佐自己。刘稹向外界隐瞒父亲的死讯,秘不发丧,欲效仿河北藩镇,父子相袭,乃逼监军宦官崔士康奏称刘从谏病重,请命其子为节度留后,协谋刘从谏属官姜岑请医于朝为刘从谏医治。朝廷派出中使解朝政前往问疾,以观其意。解朝政至潞州,入刘从谏府邸。宦官解朝政与国医到达刘府的时候,刘从谏已去世十余日。刘稹出来拜见解朝政说:“公困革不任受诏,稹请代拜。”解朝政说:“卧而视可也。”刘稹再次推说父亲身边多是女眷在照料,不太方便。解朝政欲闯入内室,刘从谏属将武德当门而立,解朝政不敢入,急走出。刘稹馈赠解朝政财货值数千贯而令其还。解朝政无奈,乃回朝复命。后使者继往,知刘从谏已死,武宗怒解朝政有辱使命,杖责之,发配守恭陵。后刘稹秘不发丧之事败露,刘稹所遣姜岑、梁叔文、梁叔明三辈,皆杖死于京兆府。武宗下诏敕刘稹护丧还东都,刘稹不奉诏。皇帝召集群臣商议此事,李德裕建言:“稹所恃者,河朔耳。若遣大臣谕上旨,出山东兵,破之必矣。”武宗同意李德裕所言,下诏夺去刘从谏、刘稹官职,派军进军河朔,讨伐刘氏藩军。

案例出处:《资治通鉴》。

(夏婷婷)

柳公绰判婆鞭儿媳致死案

唐文宗太和元年(827年),柳公绰任刑部尚书。当时,长安城中有一人家,因家庭纠纷,婆婆把儿媳鞭打致死,婆婆被关押在京兆府狱中。京兆府法司认为当以殴斗杀人论罪。按唐律规定,殴斗而杀伤人者,断绞。于是法司判婆婆死刑。柳公绰上奏说:"尊长打晚辈,不是斗殴,况且她的儿子在,因妻子而杀死他的母亲,在礼法上说不过去。"他建议给婆婆减刑。文宗采纳了他的意见,下诏将婆婆减一等论罪,改为流刑。

案例出处:《旧唐书》。

(夏婷婷)

柳浑依法论玉工毁玉案

有一次,唐德宗命令一个玉工为其制作一条袍带,玉工一不小心毁掉了袍带上的玉质带扣板。这个玉工甚是害怕,不敢报告,就私自跑到集市买了块相似的玉补在了上面。袍带制成后,献给德宗,德宗接过袍带一看,发现这块玉被替换过,德宗觉得玉工敢欺骗自己,非常生气,以欺君之罪,欲将玉工处死。京兆尹柳浑对皇帝说:"陛下如果当时就把他杀了那也就算了,但陛下现在把此案交给司法官来处理,那就必须详加审问,依法定罪。依照法律,失误损坏了皇上乘坐的车舆及御用器具、服装,应该判处杖刑。请陛下依法裁断。"由于柳浑坚持依法论罪,最终玉工被杖打六十,得免一死。

案例出处:《新唐书》。

(夏婷婷)

柳庆断黄金失窃案

北周的柳庆,起初在后魏任雍州别驾。有个商人携带二十斤黄金,到京城做买卖,借住在他人家里。每次外出时,商人都自己带着房间钥匙。没有多久,房间紧闭如常而黄金却不翼而飞。商人认定是房主偷的,就把房主扭送到了县衙。县官对房主进行拷讯审问,房主屈打成招。柳庆听说此案后,觉得可疑,便找来商人,问他说:"你的房间钥匙经常放在什么地方?"商人回答说:"经常是带在自己身上。"柳庆又问:"你可曾与别人一同住宿过吗?"商人回答说:"没有。"柳庆继续追问道:"你与别人一同喝过酒吗?"回答说:"前一阵曾与一个僧人痛饮过两次,醉得大白天就睡着了。"柳庆说:"房主是屈打成招,并不是真正的盗贼,那个僧人才是真正的盗贼。"柳庆当即派遣差役前往逮捕僧人,结果僧人已经携带黄金潜逃了。不久,就将那僧人捕拿归案,丢失的黄金也全部追回。

案例出处:《折狱龟鉴》。

(夏婷婷)

柳彧判唐君明居丧娶妻案

库狄士文素来以执法严酷著称,是隋朝有名的酷吏。以至于民间百姓编写民谣来嘲讽库狄士文,民谣有说:“刺史治民如同恶鬼,司马发怒好像蝮蛇。长史带着笑容判案,清河县令活活地吃人。”隋文帝听到后叹息地说:“厍狄士文的凶暴,超过猛虎。”为此厍狄士文遭免官。不久,朝廷又重新启任他为雍州刺史。厍狄士文对别人说:“我素来执法认真严苛,不能冠测逢迎权贵们的心意,这回必定会死在任上。”接任以后,厍狄士文依旧执法严苛,不避皇亲权贵,宾客没有人敢上门,对他心怀不满的人越来越多。厍狄士文的堂妹是北齐宫中的妃嫔,容貌美丽,北齐亡国以后,被赐给薛国公长孙览做妾。长孙览的妻子郑氏性情嫉妒,在独孤皇后面前说她的坏话,独孤皇后命令长孙览和厍狄氏断绝关系。厍狄士文为此心怀怨恨,终不与长孙览见面。后来应州刺史唐君明在为母亲服丧期间聘娶厍狄氏为妻,因此厍狄士文和唐君明都为治书侍御史柳彧所弹劾:“士文赞务神州,名位通显,整齐风教,四方是则。弃二性之重匹,违六礼之轨仪。请禁锢终身,以惩风俗。”厍狄士文在狱中愤懑而死。他家中没有剩余的财物。

案例出处:《隋书》。

(夏婷婷)

柳仲郢不奉诏案

唐大中九年(855 年)十一月,民间有个叫刘集的人,精于医术,入宫为宣宗治病,疾病治愈后,想求一官半职。宣宗令盐铁转运使柳仲郢补刘集为盐场官。柳仲郢上奏说:“医工术精,宜补医官;若委务铜盐,何以课其殿最!且场官贱品,非特敕所宜亲,臣未敢奉诏。”在唐代,臣不奉诏是严重犯罪,宣宗敕命柳仲郢补授刘集盐场官,而柳仲郢称不敢奉诏,按律应治其罪。宣宗认为,柳仲郢不奉诏是有道理的,敕授低品官确实有违制度。于是宣宗命赐刘集绢百匹,遣其归家。后来,宣宗见到柳仲郢,慰劳他说:“卿论刘集事甚佳。”又一次,宣宗患食滞之症,传唤医工梁新诊治,不日后痊愈。梁新也向宣宗求一官职,宣宗不许,只是敕令盐铁使柳仲郢给钱三十贯了事。

案例出处:《资治通鉴》。

(夏婷婷)

柳仲郢判受杖辜内死亡案

唐懿宗咸通初年(860 年),柳仲郢出任山南道节度使兼兴元府尹。凤州刺史卢方纑因轻罪杖责州内一百姓,此人受杖后不日而亡。其妻以州府擅杖杀人为由,到上一级衙门告诉。受此事牵连的凤州官吏人数众多,都被收押入狱。柳仲郢得知此案后,详细纠问、勘验该案细节,后召亡人妻说:“刺史卢方纑以小罪惩戒人,并非有意杖杀你丈夫。你丈夫在辜限内死去,其实是因病死去的,并非因杖伤而亡。”本案中死者最终被按因病死于辜限内处理,其妻也不再申诉。对于卢方纑小罪重惩的错误行径,柳仲郢给予罚钱百贯作为惩罚,其他在押州吏皆全部被无罪释放。

此案争论之焦点亦在于对唐代的“保辜”制度的理解。唐律规定:凡被殴打、责打受伤者,根据受伤的情况,规定十日至五十日期限,受伤者期限内死亡,伤人者以杀人论罪;期限外死亡及虽死于限内,但非因伤,而是另有缘故(如疾病等),伤人者以殴伤人论罪。本案中死者被认定为是因病死于保辜期限内,故对凤州刺史卢方纑不以杀人罪论,而是以殴伤人论罪。

案例出处:《新唐书》。

(夏婷婷)

六儒擅言天象坐罪案

马光,字荣伯,武安人。年少时好学图书谶纬,莫不毕览。开皇初年(581 年),隋文帝征召山东义学之士,马光与张仲让、孔笼、窦士荣、张黑奴、刘祖仁等全部被征至京师,并被授太学博士,当时人称"六儒"。然而此六人皆来自乡野,言行举止粗鄙,不懂朝廷的礼仪规范,再加之隋文帝尚法,实则此六人并未受重用。后窦士荣因病去世,张仲让不久也告归乡里,著书十卷,自称此书若上奏皇上,他必为宰相。张仲让屡次谈及天象玄学之事,因隋朝禁谶纬,不许私习天象,于是州县将张仲让谈论天象之事列书上奏,张仲让竟因此坐罪遭诛杀。孔笼、张黑奴、刘祖仁未几亦被谴去,唯马光独存。只因马光一次讲解祭奠之礼,隋文帝亲幸国子学听讲,王公以下也都齐集。马光升座讲礼,启发章门。当时在座有十余位硕学鸿儒,当堂发难,马光剖析释义,辞非俊辨,而理义弘赡,论者咸服,隋文帝嘉奖其功劳。

案例出处:《隋书》。

(夏婷婷)

卢损等失出罪人案

延州保安镇将白文审擅自举镇兵于岐山地区谋反,肆意斩杀郡中百姓赵思谦等十余人,后伏其罪,白文审交御史台收捕入狱,但此案并未结案。清泰二年(936 年)五月,唐末帝曾下诏:"天下见禁囚徒,自五月十二日以前,除十恶五逆、放火烧舍、持仗杀人、官典犯赃、伪行印信、合造毒药并见欠省钱外,罪无轻重,一切释放。"御史中丞卢损等人未准确理解诏书的赦免范围,轻易地就将白文审去枷释放。末帝闻之大怒,令收白文审诛之。但御史台仍然坚持认为皇帝德音释放之后,不应继续收审白文审并追查其罪证。中书省则诘问说:"德音言'不在追穷枝蔓',无'不得追领祇证'六字,擅改敕语。"中书省反驳御史台,强调说诏书中只讲"不要追查细节",却没有"不得追查罪证"的文字。后大理寺主持审理御史台释放白文审一案,最终判决御史中丞卢损等人犯失出人罪。后唐清泰三年(936 年)三月,末帝下令处罚御史中丞卢损等一干人等:贬御史中丞卢损为右赞善大夫;贬知杂侍御史韦税为太仆寺丞;贬侍御史魏逊为太仆寺主簿;贬侍御使王岳为司农寺主簿。

案例出处:《旧五代史》。

(夏婷婷)

卢坦输税违期案

唐德宗朝,卢坦任寿安县县令,该县隶属于河南府。河南府尹催征当年租税,期限将至,可寿安县的百姓向卢坦诉说应交纳的绢帛还没有织完,请求宽限时日。卢坦于是报河南府请求延期十日,府尹不许。卢坦便对百姓说:"勿顾限,违之不过罚令俸尔。"结果卢坦因输税逾期,果然被罚了俸禄。从此他远近闻名。后累迁刑部郎中,兼侍御史知杂事。

案例出处:《新唐书》。

(夏婷婷)

卢岳妾诉分财不公案

唐德宗年间(780—805年),陕州观察使卢岳的妾裴氏有子,然而卢岳妻没有分给裴氏母子财产。裴氏自觉不公,遂诉于官府。侍御史穆赞受理了此案。他的上级御史中丞卢佋暗示穆赞要偏袒卢家,令他深绳裴氏无理之罪。穆赞认为此案应公平审理,没有答应御史中丞卢佋。宰相窦参与卢佋关系甚密,二人皆恃权专断,怒穆赞以小事不受指使。于是诬以罪名,将穆赞下狱,命侍御史杜伦审理此案。杜伦知二人意,诬称穆赞收受了裴氏的贿赂,乃枉法裁断。杜伦还对穆赞的属吏刑讯,逼其证明穆赞确实受了裴氏之贿,以成其狱。紧急关头,穆赞弟穆赏疾驰入京,挝登闻鼓鸣冤。德宗诏三司复审穆赞案,最终证明他是被诬告陷害,并无受财枉法之事,将其释放,左迁为郴州刺史。窦参也因此事,征拜刑部郎中。但迫于窦参、卢佋的压力,裴氏最终还是败诉了。

案例出处:《新唐书》。

(夏婷婷)

卢祖尚违君命被斩案

贞观二年(628年),交州都督、遂安公李寿因为贪赃而获罪。唐太宗想寻找好的州牧,朝廷大臣都说卢祖尚文武全才,廉洁正直。卢祖尚被征召到京城,皇帝在朝堂上对他说:"交趾久不得人,须卿镇抚。"卢祖尚接受使命,跪拜称谢而出,不久卢祖尚因交州地方偏远而后悔,以旧疾复发为借口推辞出任。唐太宗又派杜如晦传皇帝旨意,卢祖尚坚决推辞。又派遣他妻子的哥哥周范前去传达皇帝的意思:"匹夫尤犹敦然诺,奈何既许朕而复悔之!"卢祖尚回答说:"岭南瘴气很重,需要整天喝酒,我不能喝酒,去了就不可能回来了。"太宗皇帝大怒说道:"我安排一个人做事他都不听从,怎么能号令天下呢!"于是在朝廷里将卢祖尚斩首,当时他才三十多岁。不久太宗后悔了,下令恢复他原来的官爵。

案例出处:《新唐书》。

(夏婷婷)

陆让母诣数陆让赃污案

仁寿年间(601—604年),陆让任番州刺史。在任期间,数有聚敛,赃货狼藉,为州司马所奏。隋文帝派特使按问,皆证属实,于是将陆让收捕,押解至长安。隋文帝亲自审问此案,陆让称冤不认罪。文帝又命治书侍御史重新审理此案,维持原判。隋文帝又命公卿廷议此案,众大臣都认为,陆让之罪当判处死刑。文帝下诏准奏。陆让的母亲,上党冯氏之女,性仁爱,有母仪。临刑那天,冯氏蓬头垢面来到刑场,当众数落陆让说:"无汗马之劳,致位刺史,不能尽诚奉国,以答鸿恩,而反违犯宪章,赃货狼藉。若言司马诬汝,百姓百官不应亦皆诬汝。若言至尊不怜悯汝,何故治书覆汝?岂诚臣?岂孝子?不诚不孝,何以为人!"于是流涕呜咽,亲持盂粥劝让令食。然后,又上表求哀,"词情甚切",文帝不禁为之动容,独孤皇后也为之求情。治书侍御史柳彧进言说:"冯氏母德之至,有感行路。如或杀之,何以为功。"于是隋文帝召集京城内士庶于朱雀门前,派通事舍人宣读诏书:"冯氏以嫡母之德,足为世范,慈爱之道,义感人神,特宜矜免,用奖风俗。让可减死,除名为民。"随后又下诏书:"冯氏体备仁慈,夙闲礼度。孽让非其所生,往犯宪章,宜从极法。躬自诣阙,为之请命,匍匐顿颡。朕哀其义,特免死辜。使天下妇人皆如冯者,岂不闺门雍睦,风俗和平!朕每嘉叹不能已。宜标扬优赏,用章有德。可赐物五百段。”

案例出处:《隋书》。

(夏婷婷)

陆象先焚烧名刺案

睿宗景云二年(711年),太平公主欲推荐崔湜为宰相。崔湜道:“陆象先素有人望,理应拜相,不然,我也不敢担任宰相。”太平公主只得同时举荐陆象先。陆象先遂被任命为同中书门下平章事,并监修国史,成为宰相。他为人清心寡欲,言辞议论高妙玄远。先天元年(712年),皇太子李隆基登基,为唐玄宗,尊父亲睿宗为太上皇。当时,太平公主干预政事,权倾朝野,宰相崔湜、萧至忠、岑羲等人争相依附,只有陆象先不肯,始终没有前去拜访过她。开元元年(713年),太平公主欲废唐玄宗,另立皇帝,召集宰相商议,陆象先道:“那皇帝为何得以继位?”太平公主道:“他只是一时立功,才登上帝位。如今失德,理应被废。”陆象先道:“因为有功被立为皇帝,那么有罪才可以废黜。如今皇帝没有罪过,怎能被废?”太平公主只得另与窦怀贞等人商议。同年七月,唐玄宗抢先发动政变,当时,唐睿宗支持太平公主,闻变登上承天楼,对前来护驾的群臣道:“愿意帮助我的,都留下来。不愿意的,就请离开!”有些大臣为表忠心,便留了下来,并在名单上署名。政变平息后,唐玄宗得到名单,命陆象先进行搜捕,陆象先却将名单焚毁。唐玄宗大怒,打算加以治罪。陆象先谢罪道:“赴君之难是忠诚的表现,陛下以德行教化天下,怎能杀行义之人?我违背您的命令,是为稳定大局,让心怀疑虑之人安心。”唐玄宗这才醒悟。当时,唐玄宗还要进一步清洗萧至忠、岑羲的党羽,陆象先暗中进行营救保护。很多人得以保全,但都不知是陆象先所为。

案例出处:《旧唐书》。

(夏婷婷)

吕元膺巧破灵车藏刃案

吕元膺,字景夫,唐郓州东平县人,官至吏部侍郎。他镇守岳阳的时候,一次外出路上,碰到一辆丧车停在路边,还有五名身着丧服的男子跟随在丧车左右。吕元膺说:“从操办丧事的角度来看,如果是远葬就显得过于繁琐,如果是近葬又过于简单。这其中一定有诈。”于是,他立即命令随行的士兵仔细搜查,果然发现棺材里装着的都是武器,于是就把这些人都抓了起来。经这些人交代,他们是计划过江去抢劫的,因此用丧车盛装武器,作为伪装,来消除摆渡人的怀疑。与此同时,还有几个同伙,已经约好在对岸接应。最终这伙打算抢劫的劫匪都被抓了起来,依法处治。

案例出处:《折狱龟鉴》。

(夏婷婷)

马嵬坡诛杀杨氏兄妹案

起初,节度使安禄山戍边有功,玄宗宠信他,安禄山认贵妃为义母,每逢入朝,必大摆筵宴。安禄山造反时,以诛除杨国忠为名,并且指斥陈贵妃及其姊妹之罪。杨家人大惊失色,哭于朝廷。杨国忠入宫告诉杨贵妃,杨贵妃口衔土块请死,玄宗极力劝阻,乃止。自从安禄山起兵,杨国忠以身居剑南节制,于是布置心腹在梁、益之间,以图保全自己之计。至德元年(756年)六月九日,安史叛军攻陷潼关,长安城眼见不保。十二日清晨,玄宗率领龙武将军陈玄礼、左相韦见素、京兆尹魏方进、杨国忠与贵妃及亲属仓皇西逃赴蜀避乱。仓促之间,饮食欠缺,直到正午,有百姓献上麦子,皇帝一众才吃上饭。第二天,行至马嵬坡时,军士因饥饿愤怒,龙武将军陈玄礼害怕发生叛乱,对军士说:"现在天下崩难,万乘震荡,还不是因为杨国忠残虐百姓,朝野怨恨才至于此吗?若不杀掉他以谢天下,又怎么能遏止四海的怨愤?"将士们齐说:"早就这样想了。事成,虽死也心甘。"此时,吐蕃和好使者二十余人在驿门前围着杨国忠正在议事,军士大声喊:"杨国忠与胡虏谋反!"各军于是包围驿站抓获杨国忠,斩首示众。陈玄礼等人为天下谋议诛杀杨国忠,但杨国忠死后,军士仍然不愿散开。玄宗派遣高力士寻问原因,军士们说:"祸源尚在!"陈玄礼跟玄宗说:"杨国忠谋反,贵妃也不应留,愿陛下割恩正法。"玄宗说:"朕当自处之。"玄宗不想杀死贵妃,言道:"贵妃居深宫,安知国忠谋反!"高力士答道:"贵妃诚无罪,然将士已杀国忠,而贵妃在陛下左右,岂敢自安。愿陛下审思之,将士安则陛下安矣!"玄宗无可奈何,只好与贵妃诀别,让高力士将贵妃带出庙堂,缢杀于路旁祠庙之下,用紫茵包裹其尸,埋于道旁,众人见杨国忠、杨贵妃皆死,祸乱已除,皆呼万岁,骚乱方才平息。后韩国、虢国二夫人也被乱军所杀,御史大夫魏方进死,左相韦见素伤。许久以后兵乱结束,陈玄礼等人拜见玄宗谢罪说:"国忠扰败国经,构成祸乱,使百姓涂炭,乘车流失,此人不杀,患难无穷。臣等人为社稷大计,请矫制之罪。"皇帝说:"我识人不明。近来也觉悟,明白其诈佞,竟欲到蜀,肆诸市朝。今神明启发我,合我夙志,将奖赏你们,为什么说这些。"

案例出处:《资治通鉴》。

(夏婷婷)

妹夫过失杀妻兄案

王智兴在穆宗长庆年间到文宗太和六年(821—832年),坐镇徐州,任武宁军节度使。他执法严格,属下皆畏服他。有个为朝廷戍边的将士从边防回到徐州,其妹夫一家为其接风洗尘,在家中设宴款待。妹夫在厨房磨刀,磨好后,他手持尖刀匆忙走出厨房,就在同时,他的妻兄恰好从堂屋走入厨房,两人撞在一起,刀尖直刺入妻兄的胸膛,妻兄当场死亡。官府将妹夫抓捕收监并将此案上报给了王智兴。王智兴亲自审理此案,妹夫供称系失误杀伤,并无故意。王智兴不信,命人将其推出斩首,此人磕头喊冤,他的妻子(死者之妹)也向王智兴申明是误杀,请求宽免。王智兴最后将其免死开释。

案例出处:《太平广记》。

(夏婷婷)

慕容彦超赐酒知盗食者案

后汉时期的郓州军帅慕容彦超,破案有方。一次,府衙内的一个仆役偷食樱桃被主吏发现,主吏告发该仆役,仆役不服。慕容彦超慰喻说:"汝辈岂敢盗吾所食之物,主吏诬执,不须忧惧。"分别赐给主吏和仆役一杯酒,密令属下在其酒中加入有催吐功效的藜卢。二人持酒一饮而尽,即吐。发现在仆役的呕吐物中有樱桃在,该仆役无话可说,于是服罪。俗话有入口无赃之语,在此案中,慕容彦超的做法,足以让此俗语不攻自破。

案例出处:《折狱龟鉴》。

(夏婷婷)

慕容彦超饿驴巧获诈绢者案

兖州有个盗贼,装扮成某位大官的随从,骑着驴在大街上打算买些绸缎,价钱谈定之后,领着卖主来到一所大宅的门前,将驴交给他,说:"此本宅使,汝且在此,吾为汝上白于主以请直。"卖绸缎的人信以为真,就在原地等他进宅取钱。谁曾想,那骑驴之人再也没回来。卖绸缎的人怒其不出,便叩门喊叫,发现是一所空宅,自知上当,连声呼喊抓贼。巡逻的官吏路过此地,怀疑卖绸缎的人在说谎,于是就把人和驴一并带到官府。慕容彦超可怜他,就宽慰他说:"不要担心,我会为你抓住此贼。"于是,卖绸缎的人就被留在了府里。同时,慕容彦超又告诫属下不许给那头驴任何吃喝的东西。之后暗中招来亲信之人,告诉他说:"这是盗贼家的驴,从昨天开始就没有吃东西,现在它定是饥饿难忍,放了它必奔归家,只需要追踪它的足迹,定能抓获盗贼。"那个亲信按照慕容彦超交代的做法,放了那头驴,那驴果然进了一条小巷,拐了几道弯,正巧有一个小孩在门旁玩耍,看见了这头驴,连声叫喊道:"驴回来了,驴回来了!"那贼人听见了,正高兴地出来看,就被慕容彦超派来的属下擒获。

案例出处:《旧五代史》。

(夏婷婷)

慕容彦超巧破伪银当钱案

慕容彦超在后汉(947—950年)任郓州军帅。郓州置有经营典当的钱库。一天,一个诈贼用两个假银锭典当了十万贯钱离去。掌管钱库的官吏当时没有发现,事后很久才发觉是两个假银锭。报案后,为了捕得诈贼,慕容彦超让库吏在夜间在钱库墙角挖一个洞穴,将库内的财物偷偷转移到别处贮藏,然后由库吏假称钱库被盗。慕容彦超接到假报案后,张榜于市,宣布在钱库典当财物者,可自行前来府衙,登报典当物品,由钱库负责赔偿。典当财物者都争先恐后地前来登报,于是典当伪银者被捉。经审讯,该诈犯认罪伏法,被依法处刑。

案例出处:《折狱龟鉴》。

(夏婷婷)

裴度冷静处置失印案

唐敬宗宝历二年(826年),皇帝听说裴度乃良相之才,当时裴度出为山南西道节度使,遂征还朝。裴度做中书令,拜为宰相。一日,裴度正在中书省内办公,忽然有人报说相印丢失,在场众人无不惊慌失措。因为依据唐律,凡亡失官印者,处徒刑一至二年。但同时也有规定说,如果官印在三十日内失而复得,可免其罪,逾期,乃治其罪;超过三十日期限失而复得者,可减三等治罪。众人听闻此事,皆惶恐不安,只有裴度镇静自若,仿佛什么事情都没有发生过,还叫人设宴,跳舞唱歌。谁都不明白他这样做是为了什么,众臣私下交谈,都认为他很奇怪。深夜时分,下属禀报裴度说相印于原处复得。裴度也没有理睬,尽欢而散。事后有人问裴度,印都丢了,你为什么还能这样镇定。裴度说:"此徒出于胥吏辈盗印书券耳。缓之则存,急之则投诸水火,不复更得之矣。”当时的人都称赞他为人大度,遇事冷静。

案例出处:《资治通鉴》。

(夏婷婷)

裴敦复逗留不赴任案

裴敦复率兵袭击海贼大获全胜,立下军功,还朝后得到了玄宗的夸奖。本应顺利升迁被授以美职,怎料想宰相李林甫从中作梗,最终于天宝三年(745 年)三月,被授岭南五府经略使。裴敦复心中愤懑,不愿赴任。直到五月,仍逗留在京城,没有赴任的举动。唐代官员被委以新任后,朝廷依据路途的远近,会给出准备赴任的时间,即“程限”制度。超过程限,唐律也有相应的惩罚性规定:规定的“程限”已满,而仍未启程赴任者,超期一日笞十,超过十日笞二十,最高可处一年徒刑。于五月十五日,裴敦复因为逗留不去任职,被贬为淄川太守,光禄少卿彭果代其任岭南五府经略使。

案例出处:《资治通鉴》。

(夏婷婷)

裴寂交结妖人案

贞观三年(629 年),有个法号法雅的和尚,起初因受皇帝恩宠出入两宫,这时被禁止出入,法雅心怀不满,便散布怪诞的邪说,以妖言罪被处死。兵部尚书杜如晦在纠问此案时,法雅告发裴寂知道他的事情。案问裴寂,裴寂答道:“法雅只说到某个时候要流行疾疫,开始没听到怪诞的邪说。”法雅再次出具裴寂知情的证据,因此裴寂受到牵连而被免官,削减一半食邑,遣回故乡。裴寂向唐太宗请求留住在京城,太宗驳斥他说:“武德之时,贿赂成风,都是由你之故。我因你是勋臣故旧,不忍心惩办你,让你回乡养老,够宽大的了!”裴寂于是回到蒲州老家。不久,蒲州当地有个狂妄之人自称信行,寄居在汾阴,所说多是狂妄之语,曾对裴寂的家童说:“裴公有天命。”此时信行已死,裴寂家奴恭命把信行之事报告裴寂,裴寂惊惶不安又不敢上报,于是,裴寂暗中叫恭命杀死秘密传话的人,恭命却放走了秘密传话的人,并让他躲藏起来,裴寂对恭命的所作所为并不知情。后来,裴寂派恭命前去封邑收纳贡赋,得钱一百多万,但都被恭命私吞。裴寂大怒,要派人逮捕他,恭命害怕,于是向朝廷密报裴寂谋反。太宗闻知大怒,对侍臣说:“裴寂有四条死罪:位居三公而和妖人法雅亲近,此罪一;事发之后,心中怨怼,声称唐有天下是我所谋,此罪二;妖人说他有天命,隐瞒不上报,此罪三;暗中杀人灭口,此罪四。我杀他并非没有理由。参议的人多建议流放发配,朕就听从众人的意见吧。”因此裴寂被流放交州,最终流放到静州。不久碰上山羌作乱,有人说反军劫持裴寂作为君主,太宗听说这事后说:“我国家于寂有性命之恩,必不然矣。”没多久,果然传来裴寂率家童打败叛贼的消息。太宗想到裴寂有辅佐朝廷的功劳,征召入朝,裴寂已去世,终年六十岁。追赠相州刺史、工部尚书、河东郡公。

案例出处:《新唐书》。

(夏婷婷)

裴均断通奸妇杀狗告夫案

唐朝裴均镇守襄阳时,辖区内有一个百姓的妻子跟自己的邻居通奸。她借口有病对她的丈夫说:“大夫说吃猎狗肉就减轻我的病痛。”丈夫说:“咱们家里也没有养狗,这可怎么办呢?”妻子说:“东边邻居家里的狗常常到咱们家来,你可以把他家的狗宰了。”丈夫听从了妻子的建议,将东邻家的狗宰杀后,做给妻子吃。邻居家的狗被无辜杀死,于是邻居就到官府告官。官府派人抓捕了妻子的丈夫进行审讯,他很快承认了狗是自己杀的,并且供认出是自己的老婆治病需要吃狗肉。裴均说:“这是你妻子与人通奸,合谋设计陷阱害死你。”经过对妻子的审问,事情果然是那样。妻子和跟她通奸的人承认了罪行,她的丈夫被释放了。

唐代柳宗元说:曾经河间有个荡妇,假称自己有病,让她的丈夫晚上请鬼消灾除病。后又指使别人告发她丈夫在晚上祷告诅咒,干大逆不道之事。官吏审查核实,用鞭子把丈夫打死了。这与引诱丈夫杀狗而告他之事类似。裴均可以发现案件的奸诈,值得称道。

案例出处:《中华历代名案》。

(夏婷婷)

裴潾议受贿于杀母仇人案

唐穆宗继位后,诛死了假方士柳泌诸人,调裴潾为兵部员外郎,又迁刑部郎中。当时有一个做前率府仓曹的人名叫曲元衡,杖杀了平民柏公成的母亲。柏公成暗中收受了曲元衡的钱贿,隐瞒了母亲的死讯,后来事情败露,官府立案审理。法官审理此案的结果是:“公成母死在辜外,元衡父任军使,使以父荫征铜;柏公成私受元衡资货,母死不闻官府,以经恩免罪。”裴潾在复核该案时,发现法官的判决不合法度。他分析说:“典刑者,公柄也。在官者得施于部属之内,若非在官,又非部属,虽有私罪,必告于官。官为之理,以明不得擅行鞭捶于齐人也。且元衡身非在官,公成母非部属,而擅凭威力,横此残虐,岂合于常典?柏公成取货于仇,利母之死,悖逆天性,犯则必诛。”裴潾认为,曲元衡时非在官,柏公成之母亦非其部属,而私加杖罚于其身,致其身亡,应作为特殊案例来处理,不能拘泥于常法。柏公成受贿于杀母仇人,因母死而取利,悖逆人伦天性,应加极刑。

本案的初审法官有意偏袒曲元衡,认为柏公成母亲被杖杀后死于保辜期限之外,应判曲元衡殴斗伤人罪;又援引品官荫护之法,使曲元衡以钱赎刑,再加之穆宗登基,大赦天下,故可免曲元衡之罪。而裴潾议论的出发点,在于维护法治,严禁权贵仗势对平民私自处刑,权贵违法不能凭借特权和钱财了结,逃避罪责,因而受到公众很高的赞誉。在裴潾的坚持下,最终曲元衡被处脊杖六十配流,柏公成被处以死刑。

案例出处:《新唐书》。

(夏婷婷)

裴仁轨私役门夫案

李乾祐,雍州长安人,贞观初年(627 年)任殿中侍御史。郐县县令裴仁轨私下里役使官府的门卒为自己干活,太宗欲斩之。李乾祐说:“法令与天下共之,非陛下独有也。仁轨以轻罪致极刑,非画一之制。刑罚不中,则民无所措手足。”太宗解其意,由此裴仁轨免死。李乾祐所依唐律规定为:“诸丁夫、杂匠在役,而监当官司私使及主司于职掌之所私使兵防者,各计庸准盗论。”盗窃罪的量刑为:赃绢一尺杖六十,一匹加一等,五匹徒一年,十匹加一等,五十匹加役流。如为监临主管之官私役使所部之人,则按“受所监临财物论”。其量刑为:一尺笞四十,一匹加一等，八匹徒一年，五十匹流两千里。裴仁轨私役门夫，依律罪不至死，太宗因一时之怒，量刑明显过重，好在太宗听从了李乾祐的劝谏，阻止了一次法外用刑的发生。后升李乾佑为侍御史。

案例出处：《新唐书》。

（夏婷婷）

裴政断辞见账案

隋文帝开皇元年（581 年），裴政任率更令，加授上仪同三司，奉命与苏威等人共同修订律令。采集魏、晋的刑典，下至齐、梁，沿用变革，刑法轻重，取其折中。一同撰写的有十几人，凡有疑惑皆由裴政决断。裴政后晋升为散骑常侍，转任左庶子。东宫凡是有大事，都委托给裴政处置。右庶子刘荣，为人十分专断。当时武职轮流值班，通事舍人赵元恺制作辞见账（值班名单），名单还没来得及做好。太子再三催促，刘荣让赵元恺口奏，不必制作名单。赵元恺上奏，太子问："名单在哪里？"赵元恺回答说："秉承刘荣的命令，没有制作名单。"太子随即诘问刘荣，刘荣却拒不承认。太子遂将赵元恺交给裴政推问。裴政还未来得及上奏，阿谀依附刘荣的人先对太子说："裴政想陷害刘荣，推问事情不实。"太子召裴政责问，裴政说："凡推事有两，一察情，一据证，审其曲直，以定是非。臣察刘荣，位高任重，纵令实语元恺，盖是纤介之愆。计理而论，不须隐讳。又察元恺受制于荣，岂敢以无端之言妄相点累。二人之情，理正相似。元恺引左卫率崔茜等为证，茜等款状悉与元恺符同。察情既敌，须以证定。臣谓荣语元恺，事必非虚。"太子也没怪罪刘荣，而称赞裴政公平正直。

案例出处：《隋书》。

（夏婷婷）

裴伷先上言遭流放案

裴伷先 11 岁时，任太仆寺丞。他的伯父是相国裴炎，因谋反被杀。裴伷先受牵连而被废官为平民，迁到岭外。裴伷先的性格刚直，痛惜伯父无罪被害，就呈上封事在朝廷前请示接见，武后召见了裴伷先，盛气凌人地对裴伷先说："你的伯父谋反，触犯国法，你有什么话可说？"裴伷先回答说："我今天不是来诉冤的，您是先帝的皇后，李家的媳妇，应保护好李家的社稷。东宫年长，应恢复他掌管朝政，来满足在天上先帝的愿望。现在您却诛杀排斥李家宗室，自称为帝，这样全国都为您气愤惋惜，百姓深感失望。我的伯父最忠于李家，反被您诬陷有罪。连子孙也不能幸免。为您这样打算，我很痛惜。我希望您重新立李家的国家。迎东宫太子为王，您就可以高枕无忧，各位姓武的也就安全了。如果不采纳我的建议，全国都起来反抗，您就会大势已去了。"武后听罢气愤地命人将他拉出去，先是杖刑一百，后发配攘州。

在南中几年，裴伷先娶了一个被流放的卢家的女儿为妻，生一个男孩叫裴愿，卢氏死后，裴伷先带着裴愿，偷偷地回到家乡，几年后被发现，又被杖打一百，逃到北庭。在北庭做了五年的买卖，家资几千万。后裴伷先娶了一个北庭部落首领的女儿，部落首领赠给裴伷先很多黄金和马牛羊。裴伷先收养的门下的食客常常达到几千人。从北庭到东京，每条道路上都安排食客，用来探听东京的消息，朝廷里有什么消息，裴伷先很快就会知道。当时补阙李秦任寓直中书，上奏武后说："陛下自从登上皇位，诛杀排斥李家的人以及各大臣，他们的家人和亲戚们被流放在外的，依我估计，将近几万人，如果一旦他们招集在一起同心反乱，你的天下一定会很危险。谶语说：‘代武者刘。’（刘就是流。）陛下不杀这些人，我怕祸患太大了。”武后采纳了他的意见。他与武后谋密派十个特使到十个道，表面上是去安慰被流放的人，其实是要全部杀掉。命令刚一下达，裴伷先就知道了，就聚会宾客们商量，大家都劝裴伷先到少数民族地区去，裴伷先听从了。裴伷先用骆驼装载金币，拖家带口没走多远，都护派兵就追上了他们，经过格斗，他们都被抓了起来，上了刑具拘禁。使者将情况报告朝廷，正巧武后考虑到流放者大多已被杀，又派使者安顿抚恤十道的流放人员说：“我以前派十个特使分十道安抚被流放的人，不知道为什么使臣不明白我的用意，擅自杀害，太残暴酷毒了，现在追究杀流放人的使臣，并就地逮捕，把他们带到杀害流放人的地方处斩，使亡魂得到快慰。那些没死的流放人，或者因为别的事受牵连的，连同他们的家属一律放回。”因此裴伷先才得免死，于是回到家乡。李唐王朝再次恢复后，宽恕了裴炎一家，裴伷先官至工部尚书。

案例出处：《新唐书》。

（夏婷婷）

裴子云妙断舅甥争牛案

卫州新乡县县令裴子云擅长制订奇妙的计策。他在审理经济纠纷案件时总有一些高招。当时县里有个叫王敬的人要到边疆去戍边，因家中无人，便将一头公牛和六头母牛寄养在其舅舅李进家。养了五年，一共产下三十头小牛，王敬为此也支付给舅舅喂养费十多贯钱。五年后，王敬服役期满回到家乡，来舅父家取牛。谁料他的舅父对他说：“有两头母牛早已死了，还应该还你四头老母牛，剩下的牛都不是你的母牛下的。”李进赖着不肯将牛还他。王敬要了几次也要不回来，气愤之余就向县里告状。裴县令暗中调查属实后，就定下一计。他先把王敬交给监狱看守，然后传令将盗牛贼李进带上大堂。裴县令厉声喝道：“有个盗贼供出你和他结伙盗走三十头牛，现在就藏在你的庄园里。”喝令左右传来盗贼，当面对质。属下将头罩布衫的王敬带到堂上，使他立在南墙下。李进见此情景，哆嗦着说：“禀大人，小的冤枉，不曾做过此等伤天害理之事。”裴县令听罢微微一笑说：“将‘罪犯’带上堂来当面对质！”差役们便将头上套着布衫的王敬押立于堂上。裴县令说：“李进，你伙同此歹徒共盗牛三十头，牛群现就藏于你家，还敢抵赖吗？”李进高声说：“回禀老爷，那三十头牛都是我外甥王敬的母牛所生，实非盗得的啊！”话刚说完，裴县令便让左右将“罪犯”头上的布衫掀开。李进一见是王敬，便对裴县令说：“这哪是什么罪犯？他是我外甥啊！”裴县令笑着说：“既然是你的外甥，就请还他牛罢！”李进一句话也说不出来。全县百姓听说此事后，都佩服裴县令审案有奇策。

案例出处：《朝野佥载》《太平广记》《疑狱集》。

（夏婷婷）

仆役诬告唐景思案

后汉初年（947—948年），宰相史弘肇滥施刑罚，大开告密门路，罗织南北富商巨贾的罪名杀害他们，进而夺得他们的财物。邓州行军司马唐景思手下有一个仆役，此人贪得无厌，唐景思待之甚厚，可他仍不满足。一天仆役拂衣而去，拜见史弘肇，诬告唐景思收受了淮南贼寇的贿赂，私下还藏有武器，想做淮南贼寇的内应。史弘肇令亲信官吏三十骑前往收捕。那个仆役对前去收捕的官吏说："唐景思力大无边，可以一当十，见到他就立即斩杀，不然就抓不到他。"收捕的骑兵到达邓州后，唐景思亲自前来迎接。一军士擒住他，唐景思用双手抱住他，大喊说："冤枉啊！我有什么罪？假使真有罪，弄清之后再杀也不晚，为什么不让我申辩？诸位都是大丈夫，岂能忍心这样做？"领头的将官下令放了他，把那仆役带来与唐景思当面对质。仆役说唐景思受了淮南贼寇的贿赂，唐景思说："我的家人、奴仆都在这里，我如有十缗钱的积蓄，也算是受贿。说我私藏武器，除官府赐给我的外，如有一件多余的也算是私藏武器。"使者搜查了唐景思的家，发现家里只有一箱衣服、军士名册和粮簿而已，于是释放了他。唐景思说："请给我戴上刑枷，送至京师。"唐景思的旧故、京城法官王知权，听说唐景思被诬告，就去拜见史弘肇说："唐景思忠心为国，我曾在他手下三十年，知道他孝顺父母，对朋友讲情义，他遭受诬告，到哪里去陈述诉告？请让我先下狱，请大人追查验证，以免冤枉。"史弘肇怜悯他，让他进监狱，每天给他酒和食物。唐景思带上刑具上路后，颍州、亳州的百姓跟着他来到京城，大家为他作保。史弘肇于是审讯告发的仆役，仆役最终承认系诬陷。仆役诬陷唐景思收受贼人贿赂、畜兵甲以谋叛反坐死罪，被斩，唐景思被释放。

案例出处：《旧五代史》。

（夏婷婷）

齐澣漏泄禁中语案

王毛仲是高丽人，李隆基为临淄王时，王毛仲是其家奴，此人忠诚勇敢，深得玄宗信任。后又跟随玄宗诛太平公主，屡建功勋。玄宗即位后，升王毛仲为内外闲厩使，总掌厩牧之事。禁军诸将多依附于他，进退听其指使。宦官头目高力士为了除掉玄宗身边红得发紫的王毛仲，特地派礼部侍郎齐澣向玄宗说王毛仲的坏话。齐澣于是密向玄宗进言说："葛福顺典禁兵，不宜与王毛仲结为姻亲。王毛仲是小人，宠信过度则生奸邪，不早作处置，恐成后患。"听完之后玄宗说："我知道你是一个忠诚的人，知道你是为国家着想，可是这事它不简单，是一件大事，你容我好好考虑，你且先回。"齐澣又说："古语道君不密则失臣，臣不密则失身。臣所奏论，望陛下为臣保密。"适逢大理寺丞麻察坐事被贬为星州别驾，齐澣素与麻察友善，出城为他饯行，酒过三巡后就将他与玄宗的密谈告诉了麻察。麻察反将齐澣对他说的话报奏于玄宗，告发齐澣漏泄禁中语，玄宗听后恼羞成怒，召见齐澣当面责问他："你恐怕我泄漏了秘密，却主动告诉了麻察，这难道也是保守秘密吗！"齐澣十分惶恐，叩头谢罪。开元十七年（729 年）七月，玄宗以二人肆意议论大臣，挑拨皇帝和大臣的关系为罪由，贬齐澣为高州良德县丞，麻察为浔州皇化县尉。

案例出处：《资治通鉴》。

（夏婷婷）

齐王杨暕聚宴欢歌遭除名案

京兆府人达奚通有个小妾王氏，此人专于"清歌"，在京兆区域很有名气。当时的王公贵族、官宦子弟游玩、宴会时，经常邀请他们参加，以增宴会趣味。因此他们二人辗转出入于王公贵胄之家，"朝臣多相会观之"。达奚通及其妾王氏也常到齐王杨暕之家。大业五年（609 年），御史韦德裕以"男女混杂，聚宴欢歌，伤风败俗"为据弹劾杨暕，受牵连的官员很多，如名将韩擒虎之弟韩僧寿也因参与观歌，遭除名。

案例出处：《隋书》。

（夏婷婷）

亲、义子争讼遗产案

张希崇在后唐末帝清泰二年（935 年），在邠州做刺史。张希崇品德高尚，性情仁厚，但遇上奸邪之事，又疾恶如仇。在辖区内，有一百姓将其子许给郭氏做义子，郭氏将其养大成人，后因为他性情暴躁不服从管教，被郭氏送回本家。不久，郭氏夫妇相继去世。当时，郭氏亲子也已长大成人，理当继承父母遗产，但当时，郭家亲朋好友与义子有约，视他是郭氏亲子，义子也要分得郭家的财产，前后几任州官都不能断案，官司于是成了疑案。张希崇到任后，仔细查阅状词，决断说："该义子在父亲活着时，已经离开，母亲死的时候，又不去尽孝，作为养子，不过辜负了二十年抚养之恩而已；如果说是亲生儿子，那就犯了三千条悖逆不孝的罪过，极大地损害了名教。怎么还敢到衙门去申辩继承财产！郭氏的遗产都一并给亲生儿子继承，把那些诉讼的人与朋比为奸的人，交给司法官按刑律定罪。"听到此判决的人都佩服张希崇明察。

案例出处：《旧五代史》。

（夏婷婷）

秦王妃崔氏下毒案

隋文帝三子杨俊，于开皇初年（581 年），年仅十一岁时即被立为秦王。他"崇敬佛道"，一度想出家为僧，被文帝制止。开皇十年（590 年），秦王任并州总管。一开始，杨俊为政勤勉，可逐渐他在生活中开始追求奢靡淫逸，违犯制度。秦王妻为崔弘度之妹，生性好妒，对秦王追求女色之举甚是怨妒，遂在瓜中下毒给秦王吃，让秦王中毒。文帝知道后，一方面征秦王还师，另一方面治罪秦王妃崔氏，以下毒害王之罪被废，赐死于家中。文帝又以秦王"奢纵"，免其官职，仅以王的身份回府居住。对于皇帝这样的处置，左武卫将军刘升进谏，认为秦王所犯之过是可以容忍的。文帝却说："法不可违。"随后，杨素又进谏说："秦王之过，不应至此，愿陛下详之。"文帝坚持己见，他强调自己是五个儿子的父亲，不是兆民的父亲。如果按照你的意思，为什么不另外制定"天子儿律"。文帝坚持严格执法而不赦免秦王之罪。

案例出处：《隋书》。

（夏婷婷）

邛州刺史捕治已赦者案

唐僖宗中和二年（882 年）冬，西川节度使陈敬瑄任用手下押牙将高仁厚讨平邛州阡能之乱。陈敬瑄在邛州张贴告示："凡阡能亲党皆不问。"不久，邛州刺史申报抓获阡能的叔父阡行全家三十五人，囚在狱中，请求正法。陈敬瑄征求孔目官唐溪的意见，唐溪说："公已有榜，令勿问，而刺史复捕之，此必有故。今若杀之，岂惟使明公失大信，窃恐阡能之常纷纷复起矣！"陈敬瑄觉得唐溪所言在理，派遣押牙将牛晕前往，在邛州的州门口召集众人，打开阡行全一家三十五口的刑具，当场释放。并顺便询问他们为什么被刺史抓起来，果然事出有因，原来是阡行全家有良田，刺史想要收买，阡行全不同意，刺史便因此怀恨在心。陈敬瑄叫来邛州刺史，要对他治罪。唐律规定：凡以已赦免之罪告官府者，以其罪反坐告者；官吏若受理其案，以“故入人罪”论罪；因而致人死者，官吏加役流。邛州刺史自知有罪，忧惧而死。后来，阡行全听说他们全家是由于唐溪的一番话而免于治罪，暗地里给唐溪送去蚀箔金一百两。唐溪怒气冲冲地说：“此乃太师仁明，何预吾事，汝乃怀祸相饷乎！”他把阡行全送来的金子全都退回，斥责并赶走了派来的人。

案例出处：《资治通鉴》。

（夏婷婷）

屈突通谏陇西群牧匿马案

屈突通，出仕任隋朝虎贲郎将。开皇十七年（597年）隋文帝命屈突通检查复核陇西皇家牧场的马匹养殖情况，竟查出隐匿的牧马总数超过两万匹。文帝大怒，要把经营管理牧场的全部官员，上至太仆卿慕容悉达，下至监牧官吏共计一千五百人全部处斩。屈突通劝谏文帝说：“人命至重，人死不能复生。陛下用最仁慈的政令抚育天下，难道容许因为牲畜财产而在一天之内杀戮一千五百人，臣斗胆敢以死请命！”文帝叱责他，屈突通上前叩头说：“臣情愿自身受杀戮，来免除千余人的死罪。”文帝此时方才醒悟，说道：“朕之不明，以至于是，感卿此意，良用恻然。今从所请，以旌谏诤。”于是下令，将慕容悉达等一千五百余人全部按照减刑论处。屈突通后来擢升为左武卫将军。上任后为官刚正，有人犯法时，即使是亲朋也绝不放纵。

案例出处：《旧唐书》。

（夏婷婷）

任正理判李宏索财案

唐朝汴州浚仪县，有个人叫李宏。此人凶恶忤逆，狠毒而不讲仁义。他经常骑着高头大马，游荡于作坊商店，通过伪装恫吓的办法骗取各种税金，动不动就强逼人交给他数百贯钱，还强行借商人的钱上万，竟然没有一份偿还的。商人们都很惧怕他，各商行组织更是对他又恨又怕。任正理调任汴州刺史后，上任十几天，就全部掌握了李宏犯罪的事实，便派人将他捉来，问明案情后，判杖刑六十。唐律规定：凡依官仗势向人强索财物者，以“坐赃”论减一等治罪。依所得钱财多少，处以笞杖直至徒二年半之刑。又规定：凡借贷不偿还者，追还其所欠，并处杖刑。棍棒之下，李宏气绝身亡。工商界的人士，都饮酒欢庆。远近闻听，无不称快。

案例出处：《朝野佥载》。

（夏婷婷）

厍狄士文治长吏赃案

厍狄士文是代州人。厍狄士文生性孤傲耿直，年轻时喜欢读书。杨坚称帝后，厍狄士文被授官上开府，封为湖陂县子爵，不久拜官贝州刺史。他本性清苦，不接纳公物，故家中无剩余的财物。他的儿子曾经吃了官厨中的几个饼，厍狄士文知道后用枷锁套上送到狱中多日，还打了一百杖，又徒步把他送回京城。厍狄士文的仆从不敢随便出门，就是买食盐、小菜也一定要到外地去买。只要出门，就贴上封条。

厍狄士文执法严肃，官吏们闻知非常害怕。州内夜不闭户，路不拾遗，治理的井然有条。

州内有个长吏隐藏了一尺布和一升粟，厍狄士文严惩不贷。他一共举发了一千多人，皇上就把他们统统发配岭南。这些人的亲戚朋友送别之时，哭声传遍州境。到了岭南，遇上瘴气而死的人十之八九。于是这些死者的亲属都咒骂厍狄士文。厍狄士文听了派人去捕捉，用马鞭在门前打他们，但他们哭骂之声更加厉害。厍狄士文是隋初著名的酷吏，他执法严苛，但为官清廉。

案例出处：《隋书》。

（夏婷婷）

沈询家奴归秦杀主案

唐懿宗咸通四年（863 年），昭仪节度使沈询家奴归秦与沈家女婢通奸。沈询发觉此事后，想杀死归秦，还没来得及动手。归秦于同年十二月勾结昭仪牙将作乱，进攻沈询的节度使府邸，将沈询杀死。咸通五年（864 年）正月，朝廷以京兆尹李蠙为昭仪节度使。李蠙入潞州，抓获归秦，取其心肝以祭沈询。在注重维护等级秩序的唐代，严禁以卑犯尊、以下犯上类的行为发生。唐律规定：凡部曲、奴婢预谋杀其主人者，无论已杀、未杀，有谋即处斩。反之，主人杀有罪奴婢，并告之官府者，不治罪；不告而杀者，仅杖一百；奴婢全无罪过而主人故意将其杀死者，处一年徒刑。归秦谋杀主人，依唐律当处死刑。

案例出处：《资治通鉴》。

（夏婷婷）

司马幼之坐罪文表华艳案

司马幼之案是隋初惩治六朝文风浮华的典型案例。李谔乃隋初名士，曾上书隋文帝，建议避除六朝以来文藻浮华之风。李谔认为，大隋王朝承受天命之后，圣人之道开始振兴，应抛弃轻浮之风，大力阻止华丽虚伪之习。假如不是心怀经典，怀抱朴质，志存于道，心依于仁的人，就不能引荐入仕途。隋文帝亦不喜辞藻华丽而内容空洞的文风，采纳了李谔的建议，决心“屏黜轻浮，遏止华伪”，遂于开皇四年（584 年）诏示天下，“公私文翰，并宜实录”。时年九月，泗州刺史司马幼之，因“文表华艳”，被有司治罪。自此以后，公卿大臣都知道了写文章的正路，彻底抛弃华丽绮艳的文风。

案例出处：《隋书》。

（夏婷婷）

苏威告李德林“诬罔”案

李德林乃隋朝开国元勋，开皇初，还参与了律令的修订工作。起初，隋文帝在大象年末（580 年），把逆贼王谦原来的住宅赐给了李德林，文书已下，到了住宅所在地，忽然皇上又改赐给崔谦。皇上宽慰李德林说：“他的夫人想要王谦的住宅，准备给他的舅弟。这事对你也没有什么影响，不必与他争，你可以另选择一套好的住宅。如果没有称心如意的，就另为你营建，并可寻找庄店作替换。”于是李德林上奏，说要拿北齐逆贼高阿那肱在卫国县的八十个市店，替换王谦的住宅，文帝同意。开皇九年（589 年），皇上驾临晋阳，店铺的原赁贷人上书申诉称：“土地本是百姓的财产，高氏强取豪夺，并在上面建筑房屋。”皇上命令有司估价，付钱给百姓作为赔偿。苏威奉旨从长安来，得知此事，只因其与李德林在修律过程中，意见不合，二人之间有隙,故借此事,苏威向皇上奏道:“高阿那肱是乱世宰相,因谄媚而得宠,强占民地,建筑市店出租。李德林虚构事实欺骗人,虚妄奏请搬入。”李圆通、冯世基等人又进谗言:“这些市店,收利如同食邑千户,请计算时日追回这些赃款。”皇上因此责怪李德林,李德林请他们查看叛乱者的文簿记载,并说明原来打算换宅的心意,皇上一概不听,就追回了全部市店给当地的百姓。

案例出处:《隋书》。

（夏婷婷）

苏威、卢恺“朋党”案

此案是隋文帝开皇年间,以“朋党”罪名牵连人数最多的案件之一。文帝很忌讳官员之间相互串联,形成朋党,扰乱朝政。隋文帝对这方面的惩治也从不手软。开皇十二年(592年),国子博士何妥与尚书右仆射邳公苏威议论政事时,素来意见相左,各不相让。苏威的儿子苏夔担任太子通事舍人,他从小就机敏善辩,享有盛名,士大夫都攀附巴结他。及至讨论修订音乐时,苏夔和何妥各有自己的主张。于是文帝下诏令百官群臣各自发表意见,百官由于苏威的缘故,十之八九都表示赞成苏夔的主张。何妥愤愤不平地说:“我当国子博士都四十多年了,现在反倒屈居于一个乳臭未干的小儿之下!”于是向文帝上奏说:“苏威和礼部尚书卢恺、吏部侍郎薛道衡、尚书右丞王弘、吏部考功侍郎李同和等人结党营私,尚书省中称呼王弘为世子,称呼李同和为叔,这是说他们两人就如同苏威的儿子和兄弟。”又告发苏威以不正当手段为堂弟苏彻、苏肃谋求官职等几项罪行。于是文帝派其子蜀王杨秀、上柱国虞庆则等联合进行审查。所奏之事,皆得验证。文帝大怒,令苏威当庭诵读《宋书·谢晦传》中的“朋党”之事。苏威惶惧,免冠顿首。文帝说:“谢已晚矣。”七月,苏威因此被免除官职爵位,只保留开府仪同三司,回家闲居。何妥的“封事”中将卢恺与苏威列为同党,文帝将卢恺交司法部门审理。御史台奏:卢恺说,有房恭懿者,本为尉迟迥之党羽,不当任用为官,苏威、卢恺二人“曲相荐达”,使房恭懿最后官至海州刺史。又吏部预选者很多,卢恺不尽快授予官职,而是先“甄别士流”,“皆注色而遣”。这些事实说明“恺之朋党,事甚明白”。文帝闻奏大怒,说:“恺敢将天官以为私惠!”(天官是指吏部尚书)卢恺代理吏部尚书,与薛道衡一起对官吏的品德加以分别,所以遭到结交朋党的诽谤,以至于获罪。于是将卢恺“除名为百姓”。卢恺因而“未几,卒于家”。

房恭懿因“有异绩”,多次受到文帝的嘉奖赏赐。文帝曾在众臣面前赞扬他说:“如房恭懿,志存体国,爱养我百姓,此乃上天宗庙之所佑助,当令天下模范之,卿等宜师校也。”文帝本人亲自下诏,令房恭懿以德州司马兼海州刺史。只因何妥之奏,一怒之下,文帝将房恭懿治罪,“配防岭南”。“论者于今冤之。”史学家认为房恭懿为隋初著名的循吏之一。吏部侍郎薛道衡,因与卢恺共掌典选,也被攻击为“其党苏威,任人有意故者”,而遭“除名,配防岭表”。

案例出处:《隋书》。

（夏婷婷）

苏味道侵毁墓田遭弹劾案

唐武则天长安四年(704年),宰相苏味道上表请求还乡改葬其父。武则天特别优待他,下制令该州及县供给其一切葬事所需。苏味道因此侵占毁坏乡人墓田,以营造父亲之墓,而且役使过度,丁夫数量超过了规定。苏味道因此遭监察御史萧至忠弹劾。苏味道的行为已触犯了律条,按盗耕之罪,应处杖一百之刑。唐代官员流刑以下犯罪,常以贬降当刑,于是苏味道被贬为坊州刺史。

案例出处:《资治通鉴》。

(夏婷婷)

苏无名智破公主宝物被盗案

天授年间(690—692年),天后曾赐给爱女太平公主细器宝物两木盒,价值万两黄金。太平公主将这两盒宝物藏于密室之中。一年后,太平公主发现两大盒宝物尽数被盗。于是,太平公主向天后报告,天后听后,大为震怒。立即召见洛州长史,责令说:“三日破不了案,就治你的罪!”洛州长史心中非常害怕,对两县负责盗窃案件的县尉说:“两日之内破不了案,我就杀了你们!”县尉则对自己部下说:“一天之内必须将盗贼擒获,若擒不了贼,我就先取你们的项上人头!”吏卒们都惶恐万分,可谁也想不出破案的办法来。在大街上正巧碰到了苏无名,立即将他请到县衙中。吏卒们向县尉禀告说:“能抓盗贼的人来了。”苏无名快步走上县衙台阶,县尉迎出来询问。苏无名说:“我是湖州别驾,因进京听候考核故而在此。”县尉责怪吏卒说:“你们怎么让别驾屈尊到来?”苏无名笑着对县尉说:“你别对吏卒发脾气,这也是事出有因。我任官以来,窃贼从我面前经过,没有能够逃脱的。这些吏卒也是听到过我的事情,所以才把我带来,我或许能为你们解围。”县尉大喜,赶忙求助。苏无名说:“与你一道去州府,你可先进去向长史禀告。”县尉向长史禀告后,长史非常高兴,走下台阶拉着苏无名的手说:“今日遇见先生,真是救了我的命啊,请说说擒贼的方法。”苏无名说:“请与你一道进宫求见天后,我才能说。”

于是天后破例召见了他们,对他说:“你能抓到那个盗贼吗?”苏无名回答说:“要是委托我抓贼,请不要限制时间,并要放宽州县的期限,让他们不要费力追索,两县捕盗的官员都让我指挥,我定为陛下捕获盗贼,找回太平公主的梳妆盒。”天后答应了他的请求。

一个月后,正好是寒食节,苏无名把吏卒召集起来,对他们说:“每十人一组,到洛阳东门和北门一带守候。若发现有十几个胡人穿着孝服一起出城到城北邙山扫墓,就跟踪他们,并派人迅速报告。”吏卒依计行事,果然发现有一队胡人穿着孝服一起出城向北邙山而去,就立即向苏无名报告,苏无名前去察看询问,吏卒回答说:“那十几个胡人到了一个新的墓冢前,设奠扫墓。但是他们只是干号,并不哀伤。不久撤掉奠礼,绕墓冢巡行一圈,还互相对视微笑。”苏无名高兴地说:“大案终于告破了。”随即令吏卒将这十几个胡人尽数拿下,并将这座墓冢挖开,将棺材剖开一看,棺材中装的全部是公主丢失的珍宝。苏无名向天后报告。天后问苏无名:“你用什么过人才智将盗贼擒获的?”苏无名说:“并不是我有什么过人才智,只是我偶然认识这几个盗贼罢了。我到京城洛阳时,正好碰见这群胡人出葬,我当时见他们举葬不哀,就怀疑有问题。但我不知道葬物的地方。今天是寒食节,城中居民照例要去扫墓。料定这伙人肯定要出城到墓地扫墓,我带人跟踪到墓地,就知道他们藏物的地方了。他们既然设奠拜祭,哭却不哀痛,就肯定墓中葬的不是人。又见他们哭完后围绕墓冢一周之后,相视而笑,就断定他们因墓冢财物无损而得意。假若陛下急令府县限期破案擒贼,这伙盗贼必狗急跳墙携物而逃。我们追查起来就难办得多了。”天后赐给苏无名一批金帛之物,并破格将他连升二级。

案例出处:《益智篇》。

(夏婷婷)

肃宗惩治伪官案

至德二年(757年),唐军收复西京长安。长安沦陷时的在京官员,皆集于朝堂之上,着素服请罪。广平王李俶奉肃宗旨意,治陈希烈等受安史伪官者之罪,押赴长安收押于大理寺、京兆府等监狱。唐律规定:凡有谋背本朝,将投蕃国,或欲翻城从伪,或欲以地外奔者,皆为谋叛之罪,位列十恶第三,当处死刑。于是崔器、吕湮上言道:"诸陷贼官,皆背国从伪,依律都该处死。"三司使、梁国公李岘不同意这种意见,他上奏说:"叛军陷西京,天子南巡,人自逃生;事情出于无奈,不得已而苟从。况且此辈中多为陛下亲戚或勋旧子孙,若一概以叛法处死,有违仁恕之道;而且河北未平,群臣陷贼者尚多,若从宽发落,可开自新之途,若尽诛之,是坚其附贼之心。应惩办首恶,胁从不问。崔器、吕湮等只知死守律条,不识大体。望陛下慎思之!"李岘主张治罪于伪官,不能一概而论,乃六等定罪,多所原宥,唯陈希烈、达奚珣斩于独柳树下。后萧华自相州贼中仕贼官归阙,奏报说:"贼中仕官等重为安庆绪所驱,胁至相州,初闻广平王奉宣恩命,释放陈希烈已下,皆相顾曰:'我等国家见待如此,悔恨何及。'及闻崔器议刑太重,众心复摇。"两种意见争论数日,最后肃宗说:"朕几为崔器所误。"皇帝还是采纳了李岘的意见,将伪官视不同情况分别论罪:首重者诛之,次重者赐自尽,又次者杖一百,以下三等分判流、贬。于是刑部、大理寺等法司,连续审理伪官之案,按照罪行的轻重,定等治罪。

案例出处:《资治通鉴》。

(夏婷婷)

太宗错杀张蕴古案

河内人李好德有妖妄之言,太宗诏令将其下狱治罪。大理丞张蕴古奏称,李好德有癫狂病,按照法律不应当治罪。并上书进一步解释说:"《周礼》'三赦'之法:一曰幼弱,二曰老耄,三曰戆(意为鲁莽)愚。今十岁合于'幼弱',八十是为'老耄',笃疾'戆愚'之类,并合三赦之法。有不可赦者,年虽老小,情状难原,故反、逆及杀人,准律应合死者,曹司不断,依上请之式,奏听敕裁。"张蕴古认为李好德案的特殊性即在于他身患疯癫之症,虽有妖妄之言,也不应像正常人那样治罪。唐律中已规定对憨愚者要从宽发落。太宗原本接受了张蕴古的劝谏,许诺将其宽宥。然而,治书侍御史权万纪弹劾张蕴古说,张蕴古的籍贯是相州,李好德的兄长李厚德为相州刺史,所以张蕴古是有意袒护李好德,所说李好德有癫狂之症是不符合事实的。太宗说:"我曾经囚禁一个人在狱中,张蕴古和他下棋,这次若又放纵李好德,就是败坏我的法度。"于是下令将张蕴古斩杀于东市。事后,太宗后悔了,对房玄龄说:"张蕴古身为司法之官,与囚徒弈棋,并向囚犯漏泄我,这虽是很重的罪状,但据法律,罪不至死。我当时盛怒之下,下令处决,你们这些大臣竟没人出来劝阻我,有关部门也不复奏,使我错杀了张蕴古!"于是定制,凡判处死刑,即使立即执行的,仍要三复奏。后来,对臣下说:"人命至关重要,人命不能复生。近来决囚,片刻之间,还没来得及考虑,三奏已经完毕。从今以后,在二日内要五复奏。地方则三复奏。"所谓五复奏,就是在判决前两天和前一天内两复奏,行刑之日再三复奏。但对恶逆之人,一复奏就可以了。

案例出处:《资治通鉴》。

(夏婷婷)

太宗纳谏止杀养马人案

唐太宗喜马，有“昭陵六骏”，昭陵六骏闻名于世。其中一匹，太宗最为喜爱，饲养在长安宫中。谁知此马无病暴死，太宗迁怒于养马人，要杀掉他。唐律规定：“诸乘舆服御物，持护修整不如法者，杖八十；若进御乘失者，杖一百。其车马之属不调习，驾驭之具不完牢，徒一年。”很明显，养马者罪不至死。长孙皇后劝谏太宗说：“从前齐景公因为爱马死了要杀人，晏子指陈养马者的罪状：‘你将马养死了，是你第一条罪状；让国君因马杀人，百姓知道了，必定怨恨我们的国君，是你第二条罪状；诸侯知道了，必定轻视我们齐国，是你第三条罪状。’齐景公听后便赦免了养马人的罪。陛下曾经读书读到过这件事情，难道忘记了吗？”太宗听了长孙皇后的劝谏，有所悟，赦免了养马的人。

案例出处：《贞观政要》。

（夏婷婷）

太宗判长孙顺德受财枉法案

长孙顺德是长孙皇后的族叔，追随唐高祖李渊，乃唐朝开国功勋之臣。武德元年（618年），李渊称帝，拜任长孙顺德为左骁卫大将军，封薛国公。武德九年（626年），长孙顺德参与玄武门之变，与秦叔宝等人击讨李建成余党。八月，唐太宗李世民即位。十月十八日，赐封长孙顺德食邑一千二百户，并赐以宫女。唐太宗对长孙顺德比较信任，有时为了处理政事，就让他夜宿中书省。

长孙顺德发现数位宫中奴仆联合偷盗宫中财宝，依法应将这几个奴仆斩首示众。但是，长孙顺德接受了这些人给他的贿赂，一些丝绢和金银，他便将这件事压了下来，放过这几个人。这件丑闻最终还是被太宗知道了。唐太宗对近臣说：“顺德地居外戚，功即元勋，位高爵厚，足称富贵。若能勤览古今，以自鉴诫，弘益我国家者，朕当与之同有府库耳。何乃不遵名节，而贪冒发闻乎！”按唐律规定，官员受财枉法，所受折绢满十五匹者，即处绞刑。长孙顺德受绢超过了十五匹，依律当处死刑。长孙顺德理应下狱治罪，但是唐太宗思量再三，惋惜他的功劳，不忍心问罪，反而在宫殿上当众赐给他几十匹丝绢，以此刺激他的愧悔之心。大理寺少卿胡演向太宗提出：“顺德枉法受财，罪不可恕，奈何又赐之绢？”太宗回答说：“人生性灵，得绢甚于刑戮；如不知愧，一禽兽耳，杀之何益！”贞观元年（627年）十二月，李孝常谋反，长孙顺德因与李孝常来往，受到牵连，被取消原有官职。

案例出处：《资治通鉴》。

（夏婷婷）

太宗义赦冯立、谢叔方案

冯立，同州冯翊县人，有武艺，略识文字，太子李建成属将，原任翊卫车骑将军，为李建成所信任。武德九年（626年），李建成、李元吉在玄武门之变中被杀，李建成身边的属下大多逃散，冯立感叹说：“岂有生受其恩，而死逃其难！”于是率兵进攻玄武门，苦战良久，杀掉屯营将军敬君弘，对他自己的部下说：“可以微报太子之恩了。”于是扔掉武器与手下士兵逃入了荒野。次日，冯立独自一人前来请罪，太宗李世民数落他说：“你在东宫，暗地里离间中伤，阻隔我们的骨肉之情，是你的罪过之一。昨天又出兵来战，杀伤我的将士，这是你的罪过之二。怎能逃脱一死！”冯立回答说：“献身侍奉主上，希望能舍命报效，兴兵一战，并未想其他。”于是伏在地上抽泣，悲哀不已。太宗嘉其忠义而宽免了他。旋即授予他左屯卫中郎将，作为太宗的贴身侍卫。冯立回后，对部下说：“受到如此大的恩典，当以死为报答。”不久，突厥进犯渭水便桥，冯立率领数百名骑兵与敌军在咸阳交战，杀死并俘获很多突厥士兵。太宗闻讯赞叹，拜授广州都督。冯立在职数年，颇有德政，后死在任上。又齐王李元吉部下谢叔方，玄武之变时率齐王府军与冯立联合抗击秦王军，当李元吉被斩首时，谢叔方悲恸万分，拜辞而去。次日，向太宗自首，太宗安慰他说：“忠于所事，义士也！”释放了谢叔方，后授予他右翊卫郎将，亦为御前侍卫。

案例出处：《新唐书》。

（夏婷婷）

太宗诱赂官吏案

唐太宗于武德九年(626 年)刚一即位，便加紧整顿吏治。有一次太宗听说许多案件都有受贿的人，于是派人用财物去诱赂他们。有个刑部司门令史收受了馈赠的一匹丝绢，太宗非常生气，欲杀之。依据唐律，对官吏受贿，分受财不枉法和受财枉法两种规定，对一般的受财不枉法者，以“坐赃”论处，且依据赃数量刑：受赃折绢一尺笞二十，满一匹加一等，满十匹徒一年，每十匹加一等，罪止徒三年。对监临主守受财枉法的惩罚要重于不枉法的情节。“诸监临主司受财而枉法者，所受赃折绢一尺杖一百，一匹加一等，满十五匹绞。”按此规定，刑部司门令史无论枉法还是不枉法，在受赃数量上，罪不至死。于是，裴矩进谏道：“为吏受赂，罪诚当死；但陛下使人遗之而受，乃陷人于法也，恐非‘导之以德，齐之以礼’。”太宗采纳了裴矩的意见，召集百官说：“裴矩为官，能据理力争，不屈从，倘大家在每件事情上都能这样，何忧天下不治！”

案例出处：《资治通鉴》。

（夏婷婷）

唐临议萧龄之贪赃案

永徽年间(649—655 年)，华州刺史萧龄之在任广州都督时的贪赃事发，高宗将案件交付群臣集议。在奏议之时，高宗非常生气，令于朝堂处置。御史大夫唐临奏议道：“国家大典，在于奖赏和刑罚，古代的先贤圣王都是主宽恤的。《尚书·虞书》中有说，犯罪事实有疑问时，只能轻微处罚；而立功不能确定时，应当重赏。与其杀不辜，宁失不经。《周礼》中也说，刑平国用中典，刑乱国用重典。今天下太平，应用尧、舜之典。近来司法官大都使用重刑，但是论功行赏的时候，又都加以剥夺。可是，定罪必须依照重点的法条，其实并不是出于憎恶犯罪，只是为了顾及自己的安危罢了。今议萧龄之事，根据案情的不同，刑罚有轻有重，重者流死，轻者除名。萧龄之是国家的封疆大吏，犯有贪赃重罪，死有余辜。既然皇帝把案件交付廷议，就必须依法办事。然而，大臣在集议时，并没有理解‘议’的本义。律有‘八议’之条，是依据《周礼》制定的，主要是矜恤其不同于一般的臣子，所以特别制定‘议’法。根据礼的规定，王族刑于隐者，所以议亲；刑不上大夫，所以议贵。议的目的不是嫉妒贤能，而是减免刑罚。现在既然让我们议罪，却反而加重刑罚，这与尧舜的德政相左，不能成为后世效法的榜样。”高宗从其奏，将萧龄之流于岭外。

案例出处：《旧唐书》。

（夏婷婷）

唐临治狱求宽大事

唐临是京兆长安人,周内史唐谨的孙子。唐临年轻时出任万泉县丞。万泉县牢里关押着十几个轻罪囚犯,时值暮春雨季,唐临禀告县令请求将这些轻罪囚犯放归家里播种,县令不许。唐临说:“您如果有所疑虑,出了问题,我自己承受这个罪责。”县令执拗不过,因而请求他暂代县令。唐临召集这十几个轻罪囚犯,让他们回家耕种,并和他们约定,让他们按时回到狱所。囚犯们都感激唐临的宽恕恩惠,到约定时间全都重新回到了监狱,唐监因此知名。

唐高宗即位后,唐临任检校吏部侍郎,后又升为大理卿。高宗常向唐临询问在押囚犯的人数,唐临的回话符合高宗的心意。高宗高兴地说:“我曾经做太子时,你就侍奉我,我现在做皇帝,你又担任侍奉的职位,凭昔日的忠诚,所以我又授予你如此重任。治国重要的事在于刑法,然而法急则人残,法宽则失罪,务必让执法公正不偏,这才符合我的心意啊。”高宗又曾亲自审查死刑囚犯罪状,以前大理卿所判处的犯人,常有死囚号叫喊冤,唐临判处的犯人唯独不说话。高宗很奇怪,犯人答道:“罪行确实是自己犯的,唐卿判处的刑罚,已经不感冤屈,不是滥用刑罚,这是我没有想法的原因。”皇帝感叹良久说:“审理案件的官员不应当如此吗?”

案例出处:《旧唐书》。

(夏婷婷)

万寿公主失礼于夫家案

郑颢是宪宗朝宰相郑絪之孙,进士及第,历任校书郎、右拾遗内供奉等职,以文雅著称。唐大中四年(850 年)二月,宣宗嫁爱女万寿公主于起居郎郑颢。郑颢再拜银青光禄大夫、行起居郎、驸马都尉,有司循旧制请用银装车,上曰:“吾欲以俭约化天下,当自亲者始。”令依外命妇以铜装车。出嫁前,宣宗告诫公主:“无鄙夫家,无干时事。”又说:“太平、安乐之祸,不可不戒!”一日郑颢之弟郑顗突患急症,病势危重。宣宗知道后,立即派人前去探视,其人还,宣宗问道:“公主何在?”其人说:“在慈恩寺观戏场。”宣宗怒,感叹道:“我怪士大夫家不欲与我家为婚,良有以也!”急遣人至慈恩寺召公主入宫。公主至,立于台阶下,宣宗无视之,公主惧怕,哭泣请罪。宣宗责备她说:“岂有小郎病,不往省视,乃观戏乎!”公主忙谢罪。宣宗训诫公主一番后,令其归家。皇亲国戚闻知此事,皆兢兢守礼法,宣帝又下诏说:“夫妇,教化之端。其公主、县主有子而寡,不得复嫁。”

案例出处:《资治通鉴》。

(夏婷婷)

王颁毁帝尸为父报仇案

王颁,字景彦,太原祁地人。他的祖父王神念,梁代时任左卫将军。他的父亲王僧辩,任太尉。他的父亲平定了侯景之乱,留下王颁在荆州作人质,适逢元帝被北周的军队所困陷,王颁因此入关。当他听到他的父亲被陈武帝所杀后,大叫一声而昏厥,过了好半天才苏醒,醒后悲痛欲绝。

灭陈以后,王颁秘密召见父亲旧时的士卒,有一千多人,面对他们就哭泣起来。其中有个壮士问王颁:“你是来攻取陈国的,现在灭了他的国家,已报仇雪恨了,但你悲伤不已,大概是陈霸先早死了,未能亲手杀了他的缘故吧?请让我们挖掘他的坟墓,开他的棺烧他的骨,也可表达孝心。"王颁叩头以表感谢。壮士又说："他是帝王，坟墓很大，如果一夜还挖不到他的尸体，到了明晨，事情就会暴露，那该怎么办呢？"大家请求准备锹锸，连夜挖掘陈武帝的陵墓，打开棺材，王颁拖出陈武帝的尸体，烧其骨，取其灰，投入水中一饮而尽。接着反绑自己，到晋王那里去请罪。晋王向皇上说明了当时的情形，隋文帝说："我凭借道义而攻下陈国，王颁所做的，也是孝义之道，我怎么忍心问他的罪呢！"于是，放下此事不再过问。不过文帝又下诏书，对陈高祖、世祖、高宗的陵寝，分别派人加以看守。后来，有司记录下王颁的战功，将要加封柱国，赐物五千段，王颁坚决推辞说："我因为凭借国家的威势，才得以报仇雪恨，本心是徇私情的，并不是为了国家，给我的加官封赏，终究不敢接受。"高祖听从了他的意见。

案例出处：《隋书》。

（夏婷婷）

王潮兄弟违反军令案

唐僖宗光启元年(835 年)春，光州刺史王绪为叛藩秦宗叔所逼，举起反叛大旗，携带亲属、驱使百姓五千多人，横渡长江南下，直奔福建。七月，王绪到达漳州，因路险粮少，便传令于军中，"不许老弱家人跟随，违令者斩"！军中羸弱皆被舍弃。唯有王潮兄弟搀扶八旬老母董氏随军队行走，王绪召来王潮兄弟斥责他们说："军皆有法，未有无法之军。汝违吾令而不诛，是无法也。"王潮兄弟三人说："人皆有母，未有无母之人；将军奈何使人弃其母！"王绪怒，命左右斩杀王潮的母亲。王潮兄弟三人说："潮等事母如事将军，既杀其母，安用其子！请先母死。"军中将士都为王潮兄弟求情，此事方才作罢。

有个观天预测凶吉的方士曾对王绪说："军中有王者气。"于是，王绪见到军中将领有胆识超过自己的或是孔武有力的士卒皆杀掉，连自己的亲戚刘行全也被斩杀。军营将士中人人自危，大家都说："行全亲也，且军锋之冠，犹不免，况吾属乎！"军队行到南安，王潮劝说前锋将："我们背井离乡，流落外乡做一群盗贼，这是我们希望的吗？这都是被王绪逼迫的结果。现在王绪猜忌苛刻，做出不仁不义之事，军营中有气度、才干出众的人几乎被杀光了，你容貌出众，骑射绝伦，又是前锋将，我真为你的安危担忧呀！"前锋将拉着王潮的手哭泣，问他该怎么办。王潮与前锋将谋划，在竹林里埋伏下几十名强壮士兵，等王绪一到，挺剑大呼跃出，在马背上将王绪擒获，反绑王绪游街示众，军营中的将士都呼喊万岁。众将士最后推举王潮为将军。王绪叹息道："此子在吾网中不能杀，岂非天哉！"

王潮带领人马准备回光州，约令属下，部队所过之地，不能有丝毫的侵犯。队伍行至沙县，有泉州人张延鲁带领耆老敬献牛肉美酒拦住道路，诉说刺史廖彦若的贪婪残暴，请求王潮留下做泉州刺史，王潮于是率领人马围攻了泉州。

案例出处：《资治通鉴》。

（夏婷婷）

王达荐官乞贿案

杨汪，字元度，弘农郡华阴县人。杨汪原为北周旧臣，隋高祖杨坚受禅登基后，封他为平乡县伯爵，食邑二百户。他历任尚书省的司勋、兵部二曹的郎官，秦州总管长史，有聪明能干的名声。升任尚书左丞，后因事被免职。几年之后，隋文帝对谏议大夫王达说："你为我找一个好左丞。”王达于是私下对杨汪说:“我可以推荐你当左丞,但如事情成功了,你当送我良田以相回报。”杨汪把王达所言奏报给隋文帝,王达因“索贿”坐罪,隋文帝最后还是授杨汪为尚书左丞。杨汪熟悉法律,善于分析判断,时为称职。

案例出处:《隋书》。

(夏婷婷)

王锷家奴告主篡改遗表案

唐宪宗元和二年(807 年),王锷升任尚书左仆射、检校司徒、河中节度使,元和五年(810年),兼太子太傅,调任河东节度使。自范希朝讨镇州无功而还,河东军府兵员锐减,府库空虚。王锷到任后,首先“补完啬费”,使财用丰足;然后扩充兵员至五万、骑兵五千。元和九年(814年),王锷升任检校司空、同中书门下平章事,位列宰相。他自忖一生聚敛颇丰,招人诽谤,于是,在功成名就后,主动提出捐献给朝廷钱两千万贯。此举立即招致宰相李绛的弹劾,他认为:“锷虽有劳,然佥望不属,恐天下议以为宰相可市而取。”宪宗予以反驳:“锷当太原残破后,成雄富之治。官爵所以侍功,功之不图,何以为劝?王播所献数万万,亦可以平章政事乎?”元和十年(815 年),王锷病逝,追赠太尉。王锷去世后不到一个月,他的仆人就到官府状告王锷之子稷,说王稷篡改了王锷遗表,隐匿了本应进献的钱物。宪宗命令在宫内审讯那个奴仆,又派遣宦官到东都洛阳去验查王锷的家财。宰相裴度苦苦劝谏道:“王锷既没,其所献之财已为不少。今又因奴告检括其家,臣恐诸将帅闻之,各以身后为忧。”宪宗于是停罢出使的宦官。唐律规定:凡部曲、奴婢告主人罪者,若非谋反逆叛,其奴皆处绞刑。于是,宪宗依法杖杀了王锷的奴仆。

案例出处:《资治通鉴》。

(夏婷婷)

王伽解枷送流囚至京案

王伽,河间章武人。开皇二十年(600 年),任齐州参军。一次,被州府派遣押解被流放的囚徒李参等七十余人到京城。按当时法律规定,在押解流徒的过程中,要给他们戴上枷锁。在荥阳停留休息时,王伽见众人辛苦,就将他们召集在一起,并对他们说:“你们既已犯罪,被处了刑罚,即使名教亏损、身遭捆绑,也是罪有应得。如今又烦劳押送你们的士兵,跟着你们一起遭罪,你们难道不有愧于心吗?”李参等人都表示歉意。王伽又接着说:“你们虽然犯了国法,但戴上枷锁也很痛苦,我想让你们脱掉枷锁,到京城集合,能够不违期到达吗?”这些人都磕头拜谢说:“一定不敢违期。”王伽于是把他们的枷锁全部除掉,遣回了押送的士兵,与众流囚约定说:“某某天应当到达京城,如果没有遵守约定,我就要替你们受死。”然后,放了他们独自离去。囚徒感动欢悦,全部如期抵达了京城,没有一个离叛的。文帝听说此事后感到非常惊讶,立即召见王伽,并对他的行径大加赞赏。又召见了所有囚徒,还让他们携带妻儿一起来,在殿庭设宴并且赦免了他们。文帝下诏说:“凡在有生,含灵禀性,咸知好恶,并识是非。若临以至诚,明加劝导,则俗必从化,人皆迁善。往以海内乱离,德教废绝,官人无慈爱之心,兆庶怀奸诈之意,所以狱讼不息,浇薄难治。朕受命上天,安养万姓,思遵圣法,以德化人,朝夕孜孜,意在于此。而伽深识朕意,诚心宣导。参等感悟,自赴宪司。明是率土之人非为难教,良是官人不加晓示,致令陷罪，无由自新。若使官尽王伽之俦，人皆李参之辈，刑厝不用，其何远哉！”并提升王伽为雍县令。

案例出处：《隋书》。

（夏婷婷）

王璬案下藏人得真相案

贞观年间，左丞相李行廉有一胞弟名叫李行诠，李行诠的儿子李忠跟自己的继母通奸。李忠将继母偷偷地藏了起来，然后谎称他的继母被皇帝叫进宫里去了。李行廉不知道事情的真相，便向皇帝反映了这件事。皇帝催促长安县令抓紧追查李忠继母的下落，详查此事。因朝廷追查得紧，无奈，李忠的继母假装被人用披巾勒住了脖子，躺在大街的中间，长安县令询问她，她说有人假传皇帝的命令将她骗了去，有一个穿紫衣服不知姓名的人留她住了几宿，又把她的脖子勒上，送到大街上。李忠心中惊慌，偷偷地跑去算卦，被官府的办案人员发现，对他产生了怀疑，遂将李忠扭送到长安县衙。长安县尉王璬将他叫到一个屋里进行询问，起初李忠什么都不肯交代。王璬事先叫一个人偷偷地藏在床底下偷听，又安排另一个人唤王璬说：“长使叫您过去。”王璬锁上门走了，独留李忠和他的继母在这房间里。二人见屋中无人，便轻声相互约定万不能说出事情的真相，并且秘密地商量对策。王璬回来打开房门，与此同时，躲在床底下的人也出来了。李忠和他的继母大吃一惊，只好全都招认，最终二人受到了法律的制裁。

案例出处：《中华历代名案》。

（夏婷婷）

王君操报父仇案

王君操的父亲，在隋大业年间与乡人李君则发生争执，李君则将王君操父亲殴打致死，被官府捉拿。王君操事发时年仅六岁。李君则的母亲刘氏被官府收押，李君则畏罪潜逃，官府追访数年，始终没能抓获。贞观初年（627年），李君则出官自首，怎知王君操找到了他，而且袖中藏刀，出其不意将其杀死。事后，王君操到州刺史处自首，州司以其擅自杀戮质问他说：“杀人偿命，律具明文，何方自理，以求生路？”王君操回答说：“亡父被杀二十余载，闻诸典礼，父仇不可同天，早愿图之，久而未遂。常惧亡灭，不展冤情，今大耻既雪，甘从刑宪。”州司依据法律判处他死刑。此案上奏给中央后，太宗怜悯其孝义之情，特下诏书免其死罪。

案例出处：《新唐书》。

（夏婷婷）

王舜姊妹替父报仇案

有孝女王舜，赵郡王子春的女儿。王子春与其堂兄王长忻关系不和，正值北齐灭亡之际，在兵荒马乱之中，王长忻与其妻趁机谋害了王子春。当时王舜只有七岁，二妹王粲五岁，三妹王璠方才两岁，三人孤苦伶仃相依为命，寄人篱下。王舜抚育两个妹妹，三人感情甚笃。然而王舜心中一直想为父报仇，王长忻因为事情发生久了也就疏于防备。后来姊妹三人都长大成人，亲戚准备让她们出嫁，而姐妹三人都拒不从命。一天，王舜招来妹妹们密谋说：“我无兄弟，致使父仇不复。吾辈虽是女子，何用生为？我欲共汝报复，汝意如何？”两个妹妹皆垂泣说：“唯姊所命。”当天夜里，姊妹三人手持尖刀翻墙越入王长忻家中，手刃王长忻夫妻，告祭父墓。事后，姊妹三人一同到县衙请罪，都争为谋首（首犯要处死），州县都无法判决此案。最终，三姊妹替父报仇案上报到隋文帝那里，文帝慨叹三人的孝义行为，特原其罪。

案例出处：《隋书》。

（夏婷婷）

王彦威谏上官兴醉杀不应免死案

京兆府兴平县人上官兴因醉酒杀人后逃亡，县吏抓了他的父亲下狱。上官兴得知此事后，去官府自首请罪，请求释放他的父亲。京兆尹杜悰、御史中丞宇文鼎认为上官兴自首请罪使父亲免被囚禁，属光大孝道的义举，请求免其死罪而处以流放。谏议大夫王彦威与谏官上书奏道：“杀人者处死，乃古今百王共守之理法。假若容许杀人者不被处死，这是教唆杀人。上官兴虽使其父免于囚禁之苦，也不应减免死罪。”最终，唐文宗诏令准许判处上官兴流刑。王彦威到中书省谒见宰相当面论说，语直气盛。执政宰相发怒，将王彦威降为河南少尹，不久，改授司农卿。李宗闵器重他，执政之后，授他青州刺史兼御史大夫，充当平卢军节度、淄青观察使等职。

案例出处：《新唐书》。

（夏婷婷）

王宗俦断士卒断足事佛案

后蜀将领王宗俦管辖南梁时，搜聚粮草，发动士卒屯垦。士兵每天凿山开路，砍伐树木，一刻也不停歇，全军上下叫苦。四川岷峨一带的百姓，信仰佛教。军中士卒，右手拿着兵器，左手拿着佛经。读诵佛经的声音，跟巡更的刁斗声混在一起。当时，有一个名叫李延召的士兵，原本身体非常健壮，由于连年来在三泉黑水服役，劳累得身体已经枯瘦如柴，已经伐不动木材了。于是，他设计欺骗王宗俦，说：“我最近见到了如来佛祖，或乘坐车舆，或骑大象，在山崖绝壁间行走，或在松柏树上飞腾。”李延召继续说：“我虽然身在军门，心却早就皈依佛门。因为我每天诵读佛经，这种真诚感动了诸位神佛，才使他们现身让我看见。我现在乞求长官取消我的军籍，砍断我的双脚，让我侍奉佛主去吧。”王崇俦在李延召报送的申请书上批示道：“虽然身在军籍但心却在佛门。修心在行伍之间，达理于虚幻无常之外。决心皈依佛教，情愿截足以侍奉从未见过的佛主。多么勇猛的兵士啊！你这样的宏大志向难以阻拦，你的真诚理应嘉奖。特此批准这份申请，请交付该兵士所在部队，除掉他的军籍。并差派管理山泽的虞侯就地截去该兵士的一只脚，然后送往真元寺收管，让他在寺中洒扫庭院，侍奉佛主。”李延召本来是想用这种欺骗的办法，逃脱掉劳役之苦，待到真的要砍去他的一只脚时，则非常恐惧。拖延了十多天，又哭又闹，不让虞侯截砍他的脚。王宗俦听到这一消息后，哈哈大笑，却也没有追究李延召的责任。

案例出处：《玉堂闲话》。

（夏婷婷）

韦澳判郑光庄吏逃租案

唐宣宗因为京兆地方很久得不到治理，豪强多不守法，于大中十年（856 年）五月，特命翰林学士、工部侍郎韦澳为京兆尹。韦澳为人公正爽直,既到京兆府上任办公,豪强权贵均有所收敛,不敢为非作歹。然而,国舅郑光手下有个庄吏,恃主之势,骄横无比,多年的租税不交官府,韦澳将他逮捕入狱。依唐律,凡应纳税物违期不交者,应纳租税以十分论,一分违期未交笞四十,每一分加一等,十分全逾期不交者,徒二年。庄吏连年抗税不交,实属故意抗税,应加重处罚。唐宣宗于延英殿问韦澳,韦澳将逮捕郑光庄吏的原委全部向唐宣宗陈奏,唐宣宗说:“卿何以处之?”韦澳回答说:“将欲置于法。”唐宣宗曰:“郑光甚爱之,何如?”对曰:“陛下自内庭用臣为京兆,欲以清畿甸之积弊;若郑光庄吏积年为蠹,得宽重辟,是陛下之法独行于贫户,臣未敢奉诏。”唐宣宗曰:“诚如此。但郑光我不置;卿与痛杖,贷其死,可乎?”对曰:“臣不敢不奉诏,愿听臣且系之,俟征足乃释之。”唐宣宗曰:“灼然可。朕为郑光故桡卿法,殊以为愧。”韦澳回到京兆府,即重杖庄吏;督促他交满数百斛租税后,才将他交还郑光。

案例出处:《资治通鉴》。

(夏婷婷)

韦丹矜仓吏恕众人罪

韦丹镇守江西时,有一个主管粮仓十年的官吏,多次清点粮仓都有五十万石的余粮,重新清点时却发现亏欠了三千多石粮食。韦丹说:“欠了这么多粮食,难道都是他自己挥霍掉了?”于是到他家里搜查,发现他有一个账簿,上面详细地记录了吞用粮食人的名字和各吞用数量。于是,韦丹召集那些吞用粮食的官吏前来训话说:“你们仗着权势而向管理仓库的官员索取粮食,如今粮食亏缺,怎么可能让他一人赔偿,岂能让他一人替你们顶罪?现在按自己私吞粮食的数量,限你们在一个月之内交齐全部亏欠的粮食。”那些官吏都叩头说:“君侯这样明察秋毫!按照法律我们应当受法律的责罚,如今已经免除了我们的罪行,保证在一个月内交齐粮食,绝不违逆。”管理仓库的官员因此而被释放。

案例出处:《中华历代名案》。

(夏婷婷)

韦鼎智用耳目追凶案

开皇十二年(592年),韦鼎任光州刺史。当时,有个人外出做客游玩,竟与主人家的小妾私通,等到主人回家,小妾已经盗窃了财物连夜逃跑了,不久就有人发现小妾已经死在草丛中。主人知道客人与小妾通奸,于是控告说是客人杀死了那小妾。县中的法曹通过审问,获得了客人同小妾通奸的所有证据,于是判处客人死刑。案件办成,上报给光州府。刺史韦鼎看完案状后说:“这个客人确实与小妾通奸,但没有杀人。是某个庙中的和尚偷窃了那小妾的财物,并杀人灭口,赃物就藏在某地。”于是立即释放了那个客人,派人去抓捕和尚,并找到了全部赃物。此外,光州有一土豪,外表老实,暗地里却常常做些偷盗的事情。韦鼎在一次集会时对他说:“您是个有身份的人,为什么要做贼?”于是逐条陈述他与同谋暗地里谋划的不轨之事,这个人非常害怕,立即自首服罪。韦鼎之所以断案如神,是因为他擅于安排耳目,所以才能准确发现和揭露罪行。

案例出处:《中华历代名案》。

(夏婷婷)

韦皋破剑南黑店案

唐德宗朝，益州乃战略要冲，经济繁荣，往来富商大贾身上常携带数以万计的钱财。当地有一家黑客栈，店家常以客人生病进而下药毒杀之，然后报官谎称病故，再将其巨额钱财吞为己有，由此致富。贞元元年（785年），韦皋任剑南西川节度使，坐镇益州。韦皋上任后，此事尚未查处。一天，该店又以太原客商苏延病死店中报官。韦皋预借此机会侦破此案，他派人前去查验，发现苏延的账簿早已被替换，盘问客栈中人苏延病死的经过，每个人的回答都不一样。韦皋严令店主、伙计立即交代他们欺骗官府、谋财害命的罪行。众人见隐瞒不住，交代了全部犯罪事实，并交出了非法所得财物共计数千贯，再审审出受其财贿的官吏达二十余人。韦皋将他们全部依法治罪。

案例出处：《折狱龟鉴》。

（夏婷婷）

韦廑夜醮星辰受骗案

唐宣宗大中十年（856年），司农卿韦廑企图求夏州节度使的官位，有一个术士知道了韦廑的心事，立即登门造访，说："我善于设坛祭星辰，为人求官没有不如愿的。"韦廑信以为真。夜晚，术士在韦家后庭院中摆设好祭坛。术士说："请您在纸上写上您想求得的官阶。"术士得到韦廑手写的求官字条后，即对着天空大声呼道："韦有异志，让我为他祭天。"韦廑惊恐万状，举家向术士拜求并哭述："希望山人赐给百口之家活命之路！"韦廑将家中的钱财珠宝尽予术士。术士见达到目的，满意而归。术士深夜走在路上，被巡逻闾巷的军吏撞见，见他身上携带大量财物，以为他是盗贼，遂将其逮捕；术士窘急，于是诬说："韦廑令我祭天，我欲告之，彼以家财求我耳。"在中国古代，祭天是帝王所行之事，臣子行之则是僭越谋反的大罪。有司见此事重大，遂上报朝廷。宣宗得知此事后，于当年九月秋季时节，召韦廑入朝当面责问。韦廑一五一十地诉说了事情的整个过程，宣宗也知道了韦廑的冤情，便对宰相说："韦城南甲族，为奸人所诬，勿使狱吏辱之。"立即将术士送交京兆府杖杀，韦廑被贬为永州司马。术士以方术骗取钱财，事败后反诬韦廑祭天。唐代禁止官民行妖妄之事，信妖书妖言；禁人假托鬼神之言，妄说他人与自身吉凶，以及观天画地，诡说休咎；禁人行祝诅、符咒等左道之术；违者据情节轻重，处以杖、徒甚至断绞。术士"诬告反坐"，当被处死，是罪有应得。韦廑上当受骗虽有冤屈，但他欲利用妖妄之术祈求官职的行为，也触犯了刑律。宣宗碍于韦氏乃城南名门望族，不想他在牢狱中受狱吏之辱，所以贬降其官。

案例出处：《资治通鉴》。

（夏婷婷）

韦景骏爱民劝民三四事

韦景骏是司农少卿韦弘机的孙子，万年县人。因通晓五经而考中了进士，神龙年间，做了好几年肥乡县令。肥乡县北部靠近漳水，河水连年泛滥，百姓苦不堪言。原来的堤防离漕渠太近，虽然筑得很高，但水一冲就坏，河堤经常决口。韦景骏考察地势，在河南岸离岸边一千步的地方，就着隆起的地势建起了新堤，河水涨到了堤坝脚下就退去了，而堤坝北边的水干了以后，就又变成了沃土。韦景骏又把运货的木船用绳子捆得牢牢的做成大梁横卧在堤坝上，原来的长桥废弃不用了。花的功夫少,费用小,但效果不错,人们就以此为典范。

河北发生了饥荒,他就亲自到乡里巡视,引导百姓互通有无,买卖粮食,教导大家扶贫济困,该县的百姓很幸运地避免了到处流浪、散落异乡的苦难。等到他卸任离开的时候,当地百姓树碑表彰他的功绩。

韦景骏后来做贵乡县令,有母子俩争吵着来到官府告状。景骏劝导这个儿子说:"我父母早亡,现在自己还常常感到痛惜。你现在很幸运有亲人健在,但怎么会忘掉了尽孝呢? 对父母要孝顺的教育不普及,是我做县令的罪过。"说到这里,哽咽得说不出话来。最后送给母子二人一本《孝经》,让做儿子的好好学习怎样孝敬父母的大道理。于是那母子俩很感动,儿子也很惭愧,请求回家悔过自新,后来这个儿子成了一个远近闻名的大孝子。

韦景骏后来做了好几年的赵州长史,有公事路过肥乡的时候,老百姓都争先恐后地凑集了酒食迎接他。有个小孩子也在里面,韦景骏就说:"你还没出生的时候,我就离开了肥乡,我对你也没有旧恩呀,为什么也来呢?"孩子回答说:"老爷爷们告诉我说,县中廨宇、学堂、馆舍、堤桥,并是明公遗迹,我还以为您是古代的人呢,现在有幸能亲眼相见,因此特地前来迎送。"韦景骏很是感动,留在那里和当地百姓喝了一天的酒。

后来韦景骏升任房州刺史,但当地很穷,交通又不便,蛮夷风俗犹存。当地没有学校,百姓喜欢祭祀鬼神。韦景骏就帮助那些读书人去考取功名,还打通狭窄的道路,修缮客栈、废弃不用的祭祀房屋。韦景骏管理百姓,总会结合当地实际情况,寻求方便的解决措施。

案例出处:《唐书》。

(夏婷婷)

卫士弃食险遭诛案

唐开元七年(719 年)某日,武惠妃这天过生日,玄宗与诸位公主在万岁楼下举行宴会。玄宗帝乘上步辇,无意中从复道中窥见一个卫士吃完饭后,将一个没有吃的饼丢进了沟洞中,玄宗震怒,命人将这个卫士擒拿,欲杖杀之。左右都惊恐万状,无人敢言,唯有宋王李成器劝谏玄宗说:"窥见卫士有过而杀之,恐人臣不能自安,又失大体。陛下志在勤俭爱物,恶弃于地,奈何性命至重,轻于残食者乎?"玄宗闻言有所悟,起身说道:"大哥于我,可谓急难。"于是下令释放了卫士。

案例出处:《资治通鉴》。

(夏婷婷)

卫孝女报父仇案

绛州孝女卫氏,字无忌,夏县人。卫氏 6 岁时,父亲被同乡人卫长则所杀,母又改嫁,无兄弟。等她长大后立志为父报仇。叔父大请宾客,卫长则也在座上,卫无忌用砖击杀之。杀死了仇人后,卫氏到官府声称父亲的冤仇已报,请就刑戮。巡察大使、黄门侍郎褚遂良将此事向朝廷报告,唐太宗嘉奖卫氏的孝烈,特令免死,还专门委派车马将她迁徙到雍州,赐给田宅。仍令州县官吏按照礼仪将她嫁人。

案例出处:《新唐书》。

(夏婷婷)

魏昶寻迹获贼案

唐朝中书舍人郭正一攻破平壤后，获得了一个十分漂亮的高丽婢女，名叫玉素，郭正一让她管理财库。有天晚上玉素在郭正一喝的粥里下了毒药，将其毒死。之后这个婢女就消失了，同时郭家还丢失了四十多件金银器皿。皇帝下令全城捕捉盗贼。长安万年县县尉石良部下有个叫魏昶的捕快，打算用变诈的方法查出罪犯。他请求将郭正一家里的亲戚和仆人全部召集起来，从里面挑选了三个年轻、相貌端正的人，用布罩住他们的头，又询问四名守卫："这十几天有什么人来寻找过中书舍人的家吗？"其中一个守卫回答说："有个归顺的高丽人曾经给中书舍人的捉马奴留下一封信，信就在这里。"魏昶仔细查看了书信。上面只说"在金城坊中有一座空房子"，别无他话。魏昶立刻带人来到金城坊，搜查了所有的空房子，其中有一处十分隐蔽的房子，他们破门而入，玉素跟那个投诚归顺的高丽人都在里面，经过审讯原来是投诚归顺的高丽人与中书舍人家中的捉马奴将她藏在这里的。皇帝下令在长安东市处死了他们。

案例出处：《中华历代名案》。

（夏婷婷）

魏谟进谏尊法制事

唐文宗时，中尉仇士良捕获了妖民贺兰进兴和他的党羽，谋反的证据充分有力。唐文宗亲临审问，下令将一干人犯斩首示众。诏书发出后，御使中丞高元裕上书说："陛下审理案件应当和臣下一起议定才是。陛下您一人说了算，没有和刑部、大理寺的法官共同审理判决，司法部门不知道，法律尊严何在，请陛下将这个案子交给司法部门处理。"唐文宗没有给予答复。魏征的后人魏谟上书说，案件牵连到军队的就交由军法部门处理；嫌疑人是老百姓的就交给府县审理。如果案件不交给司法部门，量刑有轻有重，其他人怎么能搞得清楚。唐文宗虚心地听取了他们的意见，收回了诏书，将此案中的军兵留于军内受审，其余人等交由御史台审理。但御史台不敢违拗仇士良的意见，最终还是处死了所有人犯。

案例出处：《新唐书》。

（夏婷婷）

温造请责昭德寺失火案

唐文宗太和二年（828 年）十一月，宫中昭德寺失火。寺在宣政殿东，两处仅隔有一道墙垣，火势即将蔓延到宣政殿，宰臣、两省、京兆尹、中尉、枢密，皆环立日华门外，令神策军士兵扑救。直至黄昏，火势才逐渐熄灭。当天，朝廷各部门的官员都到达了火灾现场，协助救火，唯有御史台官员未到。次日上朝时，温造启奏道："昨日宫中失火，只因台署有在押囚犯，耽心伺机作乱，紧急集合人吏加以戒备，所以至朝堂在众官之后，臣请自罚三十直。其他两名巡使崔蠡、姚合火灭方到，请另议责罚。"唐律规定：宫中失火，责任者徒三年；若延烧了宗庙与宫殿，责任者处绞刑。又规定：凡见起火，应告不告，应救不救者，减失火罪二等论处；但守卫宫殿、仓库，以及掌管囚徒者，皆不得离开岗位去救火，违者杖一百。所以，御史台官员没有去火灾现场协助救火，并不违反法律规定。皇上敕令说："起火事出非常，御史台有在押囚犯，其官警备，亦为周虑。虽然如此，也应待罪于朝廷，听候处置，而温造自许量罚，有违仪制。"诏令各罚温造、崔蠡、姚合一月俸禄。

案例出处:《新唐书》。

(夏婷婷)

文帝朝堂杖杀大臣案

隋文帝晚年好猜忌苛察,容易听信谗言,文帝担心官员贪污,就私下派人送给他们钱物,如果有人收赃,就立即捉拿斩首。还暗派亲信刺探朝廷内外动态,大臣稍有过失即加以重罪,特别是经常于殿廷之上杖打大臣,一日之中,或至数四,时有大臣因廷杖而死。开皇十年(590年),尚书左仆射高熲、治书侍御史柳彧等人劝谏文帝,认为朝堂非杀人之所,殿廷非决罚之地,皇帝没有接受。皇帝回头问领左右都督田元说:“吾杖重乎?”高熲回答:“重。”皇帝问他为什么,田元就举起手说:“陛下杖大如指,棰楚人三十者,比常杖数百,故多致死。”皇帝不悦,但仍下令朝堂上不再放置刑杖,如有决罚者,交付各相关部门处理。后来,楚州行参军李居才上言,说皇上过分宠爱高熲,皇帝听后非常气愤,命用杖捶打李居才,但朝堂上没有刑杖,又命人用马鞭子打死了他。从此朝堂上又开始放置刑杖。后文帝又几次震怒,又于殿廷之上杀人,兵部侍郎冯基坚持劝谏,文帝不听从,竟于殿廷杖打冯基。虽然过后文帝甚是后悔,还去慰问冯基,反过来责怪群臣为何不谏。

案例出处:《隋书》。

(夏婷婷)

文帝赐郑译《孝经》案

高祖杨坚与郑译始有同窗之谊,北周宣帝死时,郑译又与刘昉等人合谋,辅佐杨坚夺袭帝位。开皇元年(581年),郑译受到隋文帝礼遇,进位上柱国,“恕以十死”。但郑译为人生性浅薄,无论政务,贪赃求货。隋文帝杨坚慢慢地开始疏远他,但因他有定策之功,又不忍心逐废他。于是悄悄地告诉他的下级不要把什么事告诉郑译。郑译还坐在大厅上听事,却没什么事要他处理。郑译感到害怕,便向杨坚叩头请求免职,杨坚允以“上柱国公归第,赏赐丰厚”。又把他的儿子郑元王寿的爵位升为城皋郡公,食邑二千户;郑元王旬为永安男爵。又追赠郑译的父亲和亡兄两个人都当刺史。

郑译因被疏远,暗地里请道士来做章醮(章醮是旧时道士为人消灾免祸的方法),以祈求福分帮助。郑译的奴婢上告郑译搞旁门左道。隋文帝对郑译说:“我不负公,此何意也?”郑译无言以对。郑译又与他的母亲分居,被御史台以不孝之罪弹劾,因此被削职为民。隋文帝下诏书说:“译嘉谋良策,寂尔无闻,鬻狱卖官,沸腾盈耳。若留之于世,在人为不道之臣,戮之于朝,入地为不孝之鬼。有累幽显,无以置之,宜赐以《孝经》,令其熟读。”并责令他与其母亲共居。不久,隋文帝下诏让郑译参加撰写《开皇律》,又授他开府、隆州刺史。

案例出处:《隋书》。

(夏婷婷)

吴通玄诬陆贽案

吴通玄,海州人。大历中,被召入宫,为太子诸王讲授经义。德宗做东宫太子时,师从吴通玄的父亲吴道瓘,因此,吴通玄可自由出入宫掖,与太子感情深厚。贞元初(785年),吴通玄被召充任翰林学士,后迁起居舍人、知制诰,与陆贽、吉中孚、韦执谊等同视草。陆贽文采超群,又有谋略,深受德宗器重。而吴通玄只是倚仗着早年与德宗做太子时的交情,见到陆贽迅速提升,颇相嫌恨。陆贽性格刚毅正直,屡次在皇帝面前说吴通玄的缺点,又谏言道:"承平时工艺书画之徒,待诏翰林,比无学士。只自至德后,天子召集贤学士于禁中草书诏,因在翰林院待进止,遂以为名。奔波之时,道途或豫除改,权令草制。今四方无事,百揆时序,制书职分,宜归中书舍人。学士之名,理须停寝。"陆贽因吴通玄援引朋党,在朝中叶力排己,打算废除他的翰林学士,德宗未许。后来陆贽代理兵部侍郎,主持科举,后为实职。唐德宗贞元十年(794 年),吴通玄被授予谏议大夫,自以为很久未提升,理当获得中书舍人,特别失望。吴通玄对陆贽的怨恨一天天加深,谋划夺取陆贽的官职。

陆贽与宰相窦参交恶。窦参阴险狡诈而又刚愎自用,凭借着手中的权力,贪图财利,每当任命官员时,他往往与担任给事中的族侄窦申计议其事。窦申借此招揽权事,收受贿赂,当时的人们把他叫作"喜鹊"。德宗听到了一些风声,便对窦参说:"窦申肯定会连累你的,最好将他调出朝廷,也好平息众人的议论。"窦参反复担保窦申没做别的事情,窦申却依然不肯悔改。左金吾大将军虢王李则之是李巨的儿子,与窦申交好。窦申唯恐陆贽被提拔任用,便暗中与吴通玄、李则之编造攻击陆贽的书函,排挤他。德宗查清了他们构陷的全部事实,深恶之。同年四月,德宗将李则之贬为昭州司马,将吴通玄贬为泉州司马,将窦申贬为道州司马。又因吴通玄奸淫德宗的近亲,德宗亲自责问他,吴通玄不敢回答,不久,吴通玄被赐死在长城驿,陆贽于是当上了宰相。

案例出处:《新唐书》。

(夏婷婷)

武后废章怀太子案

李贤太子与母后关系紧张。武后曾多次亲书手信责备李贤,并遣人送《少阳正范》《孝子传》等书籍于李贤,以此责备李贤不懂得为人子、为太子。李贤常年处于惶恐之中,而宫中关于"太子不是皇后亲生"的流言更使母子关系雪上加霜。当时,一个名叫明崇俨的道士深受武后信赖,常伴随武后左右。一次武后请明崇俨为皇子看相,明崇俨随即作出"英王状类太宗、相王最贵,而太子不堪大任"的论断,事情传到李贤耳中,令李贤更加忧惧。高宗调露二年(680年),明崇俨为盗所杀,武后怀疑是太子所为,随即派人搜查太子府第,查出兵甲三百余副,太子遂因谋逆罪被捕囚禁。唐高宗向来宠爱这个儿子,犹豫再三希望赦免太子,但被武后以"为人子心怀谋逆,天地不容,大义灭亲,何可赦也"的论断驳斥。高宗无奈下令三司会审太子谋逆案,太子最终未能洗脱罪名,被废为庶人,在长安拘禁一年多后流放巴州。高宗驾崩后,中宗继位不久即被武后废黜改立幼子睿宗,睿宗柔弱形同傀儡,武后自此完全把持皇唐朝政。

唐睿宗即位初,武后因担忧废太子在外有所图谋,便以校检李贤宅第的名义派遣丘神勣赴巴州,丘神勣到达巴州后即逼迫李贤自杀。依据李贤死后,武后恢复其雍王王爵,并在流放地下葬。中宗继位后,念及兄弟之情,追授李贤"司徒"官爵,并将灵柩迁回长安,以亲王礼陪葬乾陵。

案例出处:《新唐书》。

(夏婷婷)

萧复擅自赈济被削官阶案

萧复,字履初,太子太师萧嵩的孙子,新昌公主的儿子。自幼生活简朴,不与纨绔子弟为伍,刻苦学习,家族对他皆寄予厚望。后因母亲新昌公主恩荫得官,起初任宫门郎,多次升迁到太子仆。代宗广德年间(763—764 年),连年灾荒,庄稼不收,物价飞涨,萧复因家庭开支拮据,要出卖昭应别墅。当时宰相王缙听说昭应别墅园林树木、水泉秀美,想要占为己有,于是派其弟前去诱劝萧复,说:"足下之才,固宜居右职,如以别业奉家兄,当以要地处矣。"萧复回答说:"仆以家贫而鬻旧业,将以拯济孀幼耳,倘以易美职于身,令门内冻馁,非鄙夫之心也。"王缙很不高兴,于是就罢了萧复的官。沉废数年,萧复的态度一如往常。后来多次迁转到尚书郎。大历十四年,他由常州刺史调为潭州刺史、湖南观察使,到任同州刺史时,适逢大旱,州人正处在饥饿的困境,州境内有京畿观察使粮库,萧复立即开仓放粮,赈济灾民。此事被有司弹劾擅兴之罪,萧复被削去了官阶。朋友们前来慰问,萧复态度和悦地说:"苟利于人,敢惮薄罚。"不久后出任兵部侍郎。

案例出处:《新唐书》。

(夏婷婷)

萧洪等诈冒国舅案

唐穆宗贞献皇后萧氏,祖籍福建,穆宗为建安王时,娶萧氏,后生文宗。文宗即位,上尊号为皇太后。当初,萧氏独自一人远离家乡来到长安,家里人现已杳无音讯,唯记得有一胞弟,文宗为寻此国舅,下诏命福建观察使民间求访。太和二年(828 年),福建当地有一个名叫萧洪的人,称年幼时有一姊,后无音信。萧洪所述经历与萧太后所述极其相似,故而,当地一个叫赵缜的富商便把萧洪引荐给了萧太后的姊妹徐国夫人的女婿吕璋,吕璋又把他引荐给了徐国夫人,徐国夫人不能辨出真伪,于是将萧洪带到了萧太后面前。太后见萧洪后谓得真弟,悲不自胜。文宗以为复得元舅,当即拜萧洪为进武将军、检校户部尚书、河阳节度使,不久又升之为检校右仆射、鄜坊节度使。当初有一惯例,凡节度使出自神策军者,军中资给其行装,此人到任后,按其行装价值的三倍偿还。有一位自左神策军出镇鄜坊者,到任后未来得及偿还行装之债就已死去,等到萧洪出任鄜坊节度使后,神策军要他代偿其钱。萧洪不与,左军中尉宦官仇士良因此记恨于他。

开成元年(836 年),有一福建籍男子名叫萧本自称是萧太后的胞弟,仇士良闻知此事,向文宗揭发萧洪冒充国舅之事,文宗将萧洪召进京,交付御史台审问。萧洪对冒充国舅一事供认不讳,终下狱按治。八月,文宗下诏流萧洪于驩州,萧洪乃代州人,途中又下诏赐死。赵缜、吕璋等相干人等皆从坐,流放岭南。萧洪败露后,文宗以萧本为真国舅,给予赏赐和优待。其实萧本也是假国舅,萧太后的真胞弟,身体羸弱不能自达,萧本找到了他,得其家谱及内外族属姓名讳号,遂假冒太后弟,再加上仇士良的保荐,文宗才会深信不疑。萧本历任卫尉少卿、左金吾将军。开成二年(837 年),福建观察使唐扶上言奏称,有一泉州男子名萧弘自称是太后胞弟。文宗命送其至御史台按问。勘问之下,萧弘露出破绽,御史台断其为假冒。

开成四年(839 年),昭仪节度使刘从谏上疏,论萧本诈伪太后弟一事,称:"今自上及下,异口同音,皆言萧弘是真,萧本为伪。请追萧弘赴阙,与萧弘对征,若含垢于一时,终取笑于千古。"文宗乃诏御史中丞高元裕、刑部侍郎孙简、大理寺卿崔郇,三司会审萧弘、萧本之案。审得二人皆伪。三司判决二人犯有欺君之罪、大不敬之罪，当处极刑，上奏文宗。文宗宽宥其罪，下诏萧本除名，长流爱州，萧弘流儋州。而真正的太后弟，终究没能找到。

案例出处：《新唐书》。

（夏婷婷）

萧钧谏监守自盗案

萧钧是萧瑀的侄子，有才华。唐高宗永徽年间，历任谏议大夫、弘文馆学士等官职。左武侯下属卢文操翻越宫墙偷盗国库财物，高宗认为他是主管，应以监守自盗罪处死。萧钧说："根据犯人的罪实应处死，但恐怕天下人听说后，会说陛下重财物轻法律，凭喜怒而杀人。"高宗说："这是真正的谏议。"下诏赦免他们的死罪。

案例出处：《新唐书》。

（夏婷婷）

萧钧谏乐工传信案

太常寺乐工宋四通等人为宫人传递消息。唐高宗知道后大怒，特令处死宋四通等人，并且命令将禁止向宫人传递消息、物品，违者处死的规定附于律后，作为补充。谏议大夫萧钧上疏说："禁当有渐，虽附律，工不应死。"萧钧向高宗强调的是宋四通等犯在未附律前，当按旧律依法治罪，罪不当死。高宗解其意，亲手下诏书说："朕闻防祸未萌，先贤所重，宫阙之禁，其可渐欤？昔如姬窃符，朕用为永鉴，不欲今兹自彰其过，所搦宪章，想非滥也。但朕翘心紫禁，思觌引裾，侧席朱楹，冀旌折槛。今乃喜得其言，特免四通等死，远处配流。"萧钧后为太子率更令，兼崇贤馆学士。

案例出处：《新唐书》。

（夏婷婷）

萧俨剖牛得衣案

南唐烈祖升元初年（937年），金陵有一豪民甲在庭院中晾晒衣服，后发现一件价值不菲的内衣丢失，豪民甲怀疑内衣被邻居乙所盗，于是到县衙状告邻人乙。县令在邻人乙家中搜查，正巧获得一件与豪民甲所失相同的内衣。邻人乙辩说此衣是从市场上买来的，县令刑讯邻人乙，乙仍然坚持此说。但县令认定豪民甲所失内衣定为邻人乙所盗。《升元格》规定："盗物直三缗者处斩。"据此，县令判乙死刑。乙大呼冤枉，情切动人。该县长吏觉得此案中定有冤情，遂将此案奏报朝廷，南唐烈祖李昇令大理寺直萧俨复查此案。萧俨多方调查后，仍毫无进展。突有一天，狂风大作，电闪雷鸣。雷电击至甲家，致一牛死，剖开牛腹得甲所失内衣。原来是甲自家的牛吞食了内衣，牛腹中的内衣还未全部溃烂，可清晰辨得。此案真相大白，于是萧俨释放了邻人乙，但也没有追究甲的责任。

案例出处：《十国春秋》。

（夏婷婷）

兄弟异居鬻地案

后唐闵帝应顺元年(934 年)三月,常山府的属邑九门有兄弟二人异居,其弟将私地卖与其兄,因价格谈不拢,没有成交。后其弟欲将此地转卖给另一买主。新买主说,如买此地,须卖主之兄订立契约,其兄坚决不肯立契,此案诉至九门县令。县令认为,卖地者兄弟分财异居,皆为不义,遂将此案上报常山府。当时,唐闵帝正在常山府,过目此案后,说:“人之不义,是由于州县长官新到,教化未及民心,我感到很惭愧。如从大道理上讲,兄长要良田,弟弟求好价,顺应弟弟是正确的,阻止弟弟是错误的。兄长更不仁义,应该重重地鞭笞他,用高价买田的人应得到那块土地。”依据闵帝旨意,常山府判重笞其兄,又将地拍卖于市,由出高价者购之。官吏百姓都佩服闵帝的明察。

案例出处:《旧五代史》。

(夏婷婷)

徐有功犯颜论魁首案

武则天当政时,徐有功历任蒲州司法参军、左肃政台侍御史、司刑少卿等官职。当时,酷吏恣横,构陷无辜,严刑峻法,朝野震恐,莫敢正言。唯独徐有功敢于犯颜护法,三次被罢官,但矢志不渝。

那时有博州刺史琅邪王李冲,在贵乡县通过放高利贷获取利息,常派家奴去催收。家奴自作主张拿钱买了弓箭回去。等到李冲谋逆被杀,由于县尉颜余庆跟李冲十分熟悉,魏州有人揭露颜余庆也参与了李冲的阴谋。武则天指令酷吏来俊臣审理此案,来俊臣给颜余庆定下谋反罪。来俊臣向武则天汇报此案结果时,有大臣议论说:“颜余庆遇上了永昌年间的大赦,按照法律应当被判流放。”侍御史魏元忠则说:“颜余庆为李冲督债、通信,谋反罪证确凿,不能说他仅是李冲的党羽,请将他这个主谋处以死刑,籍没他的家产。”武则天下诏批准。徐有功坚持认为:“永昌年间的大赦令规定:‘那些参与越王李贞叛乱的人,为首的已经伏法,党羽没有被告发的都赦免他们。’颜余庆不是‘魁首’,不能诛杀。”武则天大怒,斥问道:“何为魁首?”徐有功说:“魁者,大帅;首者,元谋。颜余庆是在大赦之后被人告发的,这表明他只是党羽。”后来,武则天免除了颜余庆的死罪。

案例出处:《中华历代名案》。

(夏婷婷)

徐有功议韩纪孝案

唐则天朝,有个叫韩纪孝的人,当过叛贼徐敬业的伪官。推事使顾仲琰跟皇上禀奏说韩纪孝的家人应该因为他而牵连坐罪。皇帝下诏依顾仲琰的建议判没收韩家的家产,消除户籍。但此时,韩纪孝已经去世了。时任司刑丞的徐有功认为不妥,上奏说:“按照法律规定谋反的人应该被杀头。但人已死即无斩法。要是罪行特别严重不能不追究的,陛下也可以下敕文屠戮他的尸体。除此种途径,再无其他道理加刑于他人。有也只能是令他们改变衣服的颜色,以示耻辱。受人牵连而被处斩的原因是那个人论罪当斩首,而今所缘之人已亡,能够当作凭证定罪的根据没有了,那么他的家属所受连坐之罪也应当减免。已经减免罪行却又无辜获罪,那就只能天天苦等陛下赦免之恩了。今天判决没收财产、消除户籍,不知道依据的是什么条例?”皇帝于是诏依徐有功议，断放。由此获免籍没者，有好几百家。

《周易·说卦》中说："圣人坐北朝南，听政于天下。"所以，汉代史官记载称赞汉高祖"好谋能听"。善于听取意见，这原本是君主的职责所在。此案中，皇帝要是依准了顾仲琰的建议，就会有好几百家受到没收财产、消除户籍的处罚；但是听取了徐有功的意见后，就会有数百家获免于这种灾难。能够在二者之间做出正确的取舍的皇帝，也可以称得上是明主了。徐有功因为帮助许多人解脱了灾祸，所以有了名声，这难道是偶然之事吗？

案例出处：《折狱龟鉴》。

（夏婷婷）

许孟容判禁军吏限期还债案

宪宗元和四年（809 年），军吏李昱向长安富人借钱八千贯，满三年仍不偿还。京兆尹许孟容派属吏逮捕李昱入狱，命他限期偿还，并厉叱他说："不如期，且死。"自德宗兴元年（784 年）以后，禁军军士日益恣肆横行，府县官员都不敢制止他们。许孟容刚正不惧，依法制裁他们，禁军中人人惊怕，便向皇上诉冤。皇上立即命太监传旨，命将扣押的军士送还本军，但许孟容仍将他囚禁不放。太监再度前来，许孟容禀奏道："臣不奉诏，当死。然臣为陛下治理京畿，非抑制豪强，何以肃清辇下！钱不还清，李昱不可得。"皇上因他笃守正道，同意了他的做法。此后豪强销声敛迹，许孟容威望大震。后调任兵部侍郎。不久以原职代理礼部贡举，淘汰浮华之人，选拔多才多艺之士。后出任河南尹，亦有威望和名声。不久任礼部选事，征召回朝，官拜吏部侍郎。

许孟容裁断此案，有法可依。唐律规定：诸负债违契不偿者，一疋以上，违二十日笞二十，二十日加一等，罪止杖六十；三十疋加二等，百匹又加三等。各令倍偿。百日不偿，罪止徒刑一年，罪不至死。许孟容责令李昱限期偿还，否则处死，更多是为了恐吓李昱，打压权贵的嚣张气焰，最终目的是让李昱还债。

案例出处：《新唐书》。

（夏婷婷）

许圉师瞒奏子射田主案

龙朔二年（662 年）冬，宰相许圉师之子许自然，打猎时践踏田地，田主怒而责之，许自然竟用箭射他。许圉师隐得知此事后，密而不奏，当时法律规定："诸监临主司，知所部有人犯法而不举劾者，减罪人罪三等，纠弹之官减二等。即同五保内，在家有犯，知而不纠者，死罪，徒一年；流罪，杖一百；徒罪，杖七十。"也就是说，许圉师为许自然之父，又是宰相，理当奏告其子犯法之事，而他密而不告，这是触犯法律的。李义府借此事排挤许圉师。高宗得知此事后，对诸大臣说："宰相而暴百姓，非作威福乎？"许圉师急忙谢罪，并说："作威福者，强兵重镇，嫚天子法。臣文吏，何敢然！"高宗闻此言怒道："慊无兵邪？"许敬宗乘机奏说："人臣如此，罪不容诛。"许圉师因此下狱。次年三月，被贬为虔州刺史，后又被贬为相州刺史。许圉师在相州时，政存宽惠，离开相州后，当地百姓立碑纪念之。上元中，再迁户部尚书。

案例出处：《新唐书》。

（夏婷婷）

许宗裔验赃物雪囚事

王蜀时,许宗裔镇守剑州。辖区里有一民户告称家中被盗,并且失主在灯光下记住了盗贼的模样,等到天亮后就立即来报官。官府根据失主对盗贼相貌的描述,抓住了一个人,所缴获的赃物只是些丝绚、细线而已。这个盗贼经受不住巡捕的拷打,承认了偷盗的罪过,被送到州里。许宗裔审讯该囚犯,囚犯辩说自己是被冤枉的,说那丝绚、细线都是自己家里的东西;囚犯所说的跟失主上诉的各不相同,互相争执,无法裁断孰真孰伪。许宗裔就命令取来两家的缫车,随后又用丝钩固定好缫车,衡量了车的轻重大小,结果与囚犯家的物品一样。许宗裔又询问双方卷绸绢的胎心是什么东西,一个说是杏核一个说是瓦块。许宗裔让他们亲自打开线团,里面果然用的是杏核,结果又与囚犯说的一样。因此失主承认是自己乱认盗贼的错误,巡捕也承认了拷打逼供的错误。许宗裔当场为囚犯洗雪了冤枉。

案例出处:《中华历代名案》。

(夏婷婷)

玄宗废王皇后案

王皇后的父亲是折冲府的果毅都尉,王皇后也算是将门之女。在李隆基还在当临淄王的时候,二人结为夫妻,那时候,还看不出李隆基有什么政治前途,所以王皇后也算是糟糠之妻。唐玄宗继位数年后,开始宠幸武惠妃,甚至有了废后的想法,只是苦于找不出正当理由。于是,玄宗找来了宠臣也是他的好友姜皎来谋划废后之事。玄宗说:“王皇后嫉妒成性,让人实在无法忍受,能不能拿她无子为由,把她废掉。”姜皎和王皇后也认识多年,对王皇后的遭遇也深感同情,他不但没有给玄宗谋划方案,反而出了宫门就把这个事情泄露给了皇后的妹夫,嗣濮王李峤。李峤找到玄宗,意在说和,谁知玄宗迁怒于姜皎泄漏禁中密谋,欲治其罪,称姜皎“妄谈休咎”。按唐律,妄谈休咎,涉及君主,而出言不顺者,可处死刑。姜皎被决杖一百而流岭南,因受杖不过,行至汝州而身亡。其弟吏部侍郎姜晦被贬为春州司马。

玄宗谋划废后之事就此作罢。但王皇后知玄宗有意废黜后,忧惧不安。王皇后之兄太子少保王守一,因皇后无子,常担心有废立之事,于是找到了一个叫明悟的和尚,教皇后行符厌之事。明悟为王皇后祭北斗,还找到一块霹雳木,也就是雷劈过的木头,在上头刻上天地两个字和唐玄宗的名字,戴在王皇后的身上,再念诵一条咒语:“佩此有子,当如则天皇后。”为了能生儿子,王皇后也是有病乱投医,就照此办了。不久,事被发觉,上告玄宗。玄宗亲自按问,得知咒语乃为“佩此有子,当如则天皇后”时,这件普通的厌胜案就升级为严重的政治事件。唐律规定:凡以符咒、厌胜之术祝咒他人死者,以谋杀罪减二等论处;若所咒为期亲尊长,不得减罪;若所诅咒者涉及乘舆时,杀无赦。王皇后本意只为得子,并无害人之意,怎料事件升级,再加上玄宗早有废后之意,王皇后兄妹所为,正好为玄宗提供了废后的借口。

开元十二年(724 年)七月,玄宗以“华而不实,迭起狱讼,明扇朝廷,有可讳之恶”为由,废王皇后为庶人,移往别宫安置,贬王守一为潭州别驾,后赐死于途中。

案例出处:《新唐书》。

(夏婷婷)

玄宗宽宥藏匿逃犯者案

陆南金,苏州吴郡人。当初为太常寺奉礼郎,开元二年(714 年),太常少卿卢崇道犯罪,被流放岭南,偷逃回东都。当时陆南金正在为老母守丧在家,卢崇道见事情紧急,就假称是前来吊唁的宾客,造访陆南金,并道明他所处的情形,陆南金可怜他,就把他藏匿了起来。怎料卢崇道为仇人所告发,玄宗诏令侍御史王旭审查此事,逮捕卢崇道,陆南金因藏匿罪犯而受牵连,王旭要对其绳以重法。陆南金的胞弟陆赵璧告诣王旭,自言藏崇道,请代兄死。陆南金固称:"弟实自诬,身请当罪。"兄弟让死,王旭觉得奇怪,问其缘故。陆赵璧说:"兄是长嫡,又能干家事。亡母未葬,小妹未嫁,自惟幼劣,生无所益,身自请死。"王旭听后甚是惊讶,遂将此事列表上奏,玄宗嘉其友义,特赦宽宥了他们的罪行。从此,陆南金名声大震。

案例出处:《新唐书》。

(夏婷婷)

玄宗杖杀侏儒案

有个侍奉玄宗的侏儒名叫黄瓢,此人性格机警狡黠;唐玄宗常常拄着他走路,称他为"肉儿"。玄宗对他甚是宠爱,赏赐给他很多贵重的物品。开元二十一年(733 年)三月的一天,黄瓢进宫比平时晚,玄宗责备他来迟,黄瓢回答道:"我刚才进宫,在路上遇到京兆府的捕盗官与我争道,我把他掀下了马,因此来晚了。"并走下台阶叩头谢罪。唐玄宗说:"只要外边没有奏章奏及此事,你便平安无事。"不久,京兆尹上报黄瓢的情况。唐玄宗立即把黄瓢呵斥下去,交给有司杖杀。玄宗此举意在表明不袒护宠臣,宠臣犯罪不但不能为其开脱,还要严加惩戒。

案例出处:《资治通鉴》。

(夏婷婷)

玄宗诛太平公主案

太平公主作为唐高宗李治与武则天的小女儿,唐中宗和唐睿宗的胞妹,生平受父母兄长的宠爱于一身,权倾一时。延和元年(712 年),太平公主指使一个懂天文历法的人向睿宗李旦献谗言:"出现彗星,标志着除旧布新,所主之事乃与皇太子登基即位有关。"睿宗说:"将帝位传给有德之人,以避免灾祸,我的心意已定。"于是在八月,李旦传位给太子李隆基,自己退为太上皇。

先天二年(713 年),太平公主倚仗太上皇的势力专擅朝政,与唐玄宗李隆基发生尖锐冲突,朝中七位宰相之中,有五位是出自她的门下,文臣武将之中也有一半以上的人依附于她。太平公主与窦怀贞、岑羲、萧至忠、崔湜以及太子少保薛稷、雍州长史新兴王李晋、左羽林大将军常元楷、知右羽林将军李慈、左金吾将军李钦、中书舍人李猷、右散骑常侍贾膺福等人一起图谋废掉唐玄宗,此外,太平公主又与宫女元氏合谋,准备在进献给李隆基服用的天麻粉中投毒。

王琚对李隆基进言道:"形势已十分紧迫,陛下不可不迅速行动了。"尚书左丞张说从东都洛阳派人给李隆基送来了一把佩刀,意思是请玄宗及早决断,铲除太平公主的势力。荆州长史崔日用入朝奏事,对李隆基说:"太平公主图谋叛逆,是由来已久的事情。当初,陛下在东宫做太子时,在名分上还是臣子,如果那时想铲除太平公主,需要施用计谋。现在陛下已为全国之主,只需颁下一道制书,有哪一个敢于抗命不从?如果犹豫不决,万一奸邪之徒的阴谋得逞,那时候再后悔可就来不及了!"李隆基说:"你说得非常正确,只是朕担心会惊动太上皇。"崔日用又说道："天子的大孝在于使四海安宁。倘若奸党得志，则社稷宗庙将化为废墟，陛下的孝行又怎么体现出来呢！请陛下首先控制住左右羽林军和左右万骑军，然后再将太平公主及其党羽一网打尽，这样就不会惊动太上皇了。"李隆基认为他说得很对，便任命他为吏部侍郎。

七月初三，就在太平公主准备谋反的前一天，唐玄宗通过王毛仲调用闲厩中的马匹以及禁兵三百余人，从武德殿进入虔化门，召见常元楷和李慈二人，将其二人斩首，后在内客省逮捕了贾膺福和李猷并将他们带出，又在朝堂上逮捕了萧至忠和岑羲，下令将上述四人一起斩首。窦怀贞逃入城壕之中自缢而死，唐玄宗下令斩戮他的尸体，并将他的姓改为毒氏。太上皇李旦听到事变发生的消息后，登上了承天门的门楼。郭元振上奏李旦说："皇帝只是奉太上皇诰命诛杀窦怀贞等奸臣逆党，并没有发生什么其他的事。"李隆基随后也来到门楼之上，李旦于是颁发诰命列举窦怀贞等人的罪状，并大赦天下，只是逆臣的亲属党羽不在赦免之列。薛稷被赐死在万年县狱中。

太平公主见事败，逃入山寺，三天后才敢出来，被玄宗下诏赐死在自己家中，她的儿子以及党羽被处死的达数十人。唯有薛崇简因为平日屡次谏阻其母太平公主才免于死刑，李隆基赐他姓李，并准许他留任原职。唐玄宗还下令将太平公主的所有财产没收充公，查抄公主家时，发现家中财宝堆积如山，珍宝可与皇家府库媲美，厩中羊马、田园息钱不可胜数。

案例出处：《新唐书》。

（夏婷婷）

薛存诚据法抗诏案

有个叫鉴虚的和尚，自唐德宗贞元中就交结权倖，依仗宦官的权势干了许多非法的勾当，吏不敢绳。到了宪宗元和八年（813 年），因牵连于于頔、杜黄裳两家的案件，而被捕入狱。御史中丞薛存诚主审此案，查获赃财数十万，鉴虚被判处死刑。与鉴虚关系密切的权要，在宪宗面前保救，于是宪宗下令要释放他，薛存诚不奉诏。第二天，钦差持圣旨到官署对薛存诚宣示说："朕要此僧面诘之，非赦之也。"薛存诚附中使回奏说："鉴虚罪款已具，陛下若召而赦之，请先杀臣，然后可取。不然，臣期不奉诏。"宪宗嘉奖其有操守，从之，鉴虚最终被处死。洪州监军高重昌诬奏信州刺史李位谋大逆，宪宗命令将李位交付教坊鞫问。薛存诚一日中三次上表陈请，要求将李位交给御史台查核。御史台审理后，果然没有事实根据，系诬告。

案例出处：《新唐书》。

（夏婷婷）

薛胄断向道力诈假官案

薛胄原为北周重臣。隋文帝受禅后，提拔他做鲁州刺史，他没去上任，任检校庐州总管事。开皇初年（581 年）又被授为兖州刺史。薛胄到任后，对于关押的数百名犯人，他审讯十天就结案了，监狱里空荡荡的。有一个陈州人名叫向道力，冒充高平郡守，在他就要去上任的时候，薛胄在途中遇到了他，攀谈之间，薛胄发现他有问题，想把他留下来追问。司马王君馥苦苦规劝，薛胄才让他到高平郡去了。走后不久，薛胄又后悔了，马上派主簿去追赶拘禁向道力。有个在官署里任职的人，名叫徐俱罗，他曾当过海陵郡守，在此之前已被向道力代替过，等到现在，十年过去了，官府和老百姓都不曾发觉。徐俱罗就对王君馥说："向道力代我任郡守，已经多年了，刺史大人现在怎么还怀疑他呢?”王君馥把徐俱罗之言告诉薛胄，又一再向他请求。薛胄呵斥王君馥说:“我已经清楚地知晓这个人是冒充的，司马你包庇奸人，罪当连坐!”王君馥这才停止劝说，于是前往逮捕向道力，向道力非常害怕，供认了诈假官罪。按照《隋律》，向道力诈假官要被判处重刑;徐俱罗明知其是“诈冒官司”，而听行者，要与之同罪。薛胄发现坏人并使之伏法，大都类似此事，当时人们都称他为神明。

案例出处:《隋书》。

（夏婷婷）

牙将阡能反叛被凌迟案

唐中和二年(882 年)，僖宗避黄巢起义军，退居成都。邛州牙将阡能，因公事违期，怕受杖刑不过，亡命为盗。捕快杨行迁设计圈套诱其自首，许免其罪。阡能识破其圈套，大骂杨迁，立誓为盗。他聚群盗，召良民，逾月之间，众至万人，州县不能制。又有四川人罗浑擎、句胡僧、罗夫子等各招聚数千人马，响应阡能。朝廷派令杨行迁等人与他们作战，几次都失利。杨行迁等请求增兵，官府已无兵可派，陈敬瑄便把看守仓库门庭的兵卒都搜集起来，派给杨行迁。数月间，双方在乾地展开激战，结果官军惨败。杨行迁等人深恐无功而被治罪，便抓了许多村民充作俘虏押送回成都，每天都有几十甚至上百人。陈敬瑄不问青红皂白，把抓来的村民一律处斩。

阡能一伙势力越来越大，一路烧杀劫掠进入蜀州境内。因杨行迁等人久无战功，陈敬瑄便任命押牙将高仁厚为招讨指挥使，带领军队五百人前往取代杨行迁。在大军出发的前一天，有个卖面的人，从早晨到中午，在军营中出出入入多次，巡逻的士兵对这人产生了怀疑，把他抓起来讯问，果然是阡能的间谍。高仁厚一改杨行迁的做法，他招降了阡能的这个间谍，令其潜回匪军之中，并要他对营寨的人偷偷传话说:“陈敬瑄仆射可怜大家都是善良的人，被贼寇控制，实在是不得已。高仁厚要来拯救我们，为我们洗刷冤枉。高仁厚来的时候，你们要分别扔掉兵器前往投降，高仁厚想要杀掉的，不过是阡能、罗浑擎、句胡僧、罗夫子和韩求这五个人。”于是叛军中凡闻知此事者，皆无斗志，暗怀归降之意。

果然，高仁厚统领大军一到，匪军便溃不成军。阡能、罗浑擎被擒送成都，韩求、罗夫子、句胡僧等皆被杀，送首级于成都。又将阡能、罗浑擎钉在城西，七天后把他们处以凌迟极刑。原阡能的孔目官张荣，本是安仁的进士，屡举不中第，最后投奔阡能，为阡能出谋划策，起草书信檄文。阡能失败后，张荣作诗向高仁厚哀求饶其不死，高仁厚把他送到官府，钉在马市处死。自余不戮一人。

案例出处:《新唐书》。

（夏婷婷）

严挺之请托案

开元二十四年(736 年)，宰相李林甫引萧炅为户部侍郎。萧炅经常与严挺之同行庆吊，一次，萧炅当着众宾客的面，把《论语》中的一句读成“蒸尝伏猎”。萧炅入仕很早，但无学问，不识“伏腊”之意，误读之。严挺之戏问之，萧炅对答如初。严挺之将此事告诉给了张九龄，说:“省中岂有‘伏猎侍郎’。”于是，玄宗贬萧炅为岐州刺史。萧炅因是李林甫举荐，所以李林甫怨恨严挺之。张九龄曾经器重严挺之,欲引严挺之同居相位,于是对他说:“李尚书深承圣恩,足下宜一造门款狎。”严挺之素负气,鄙薄李林甫的为人,任中书侍郎三年,非因公事始终不肯登门拜访,李林甫深恨之。这时,蔚州刺史王元琰坐赃下狱,交付三司按鞫。王元琰之妻乃是严挺之的前妻,基于此,严挺之设法营解,有所请托。李林甫借此事谓左右于禁中上告皇帝。玄宗对诸宰相说:“挺之为罪人请属所由。”张九龄为严挺之辩解说:“此乃挺之出妻,不宜有情。”玄宗说:“虽离乃复有私。”唐律规定:“凡以事请托者,笞五十;所司应允其请托者,与之同罪;应允并已施行者,请托者与受请托者各杖一百。”三司依法断案,判王元琰流刑,流放岭南。因张九龄为严挺之辩解,再加上张九龄在皇帝面前逐渐失宠,玄宗以张九龄与裴耀卿、严挺之结朋党为由,于十一月,罢张九龄、裴耀卿宰相之职,而专任李林甫、牛仙客为宰相,贬严挺之为洛州刺史。

案例出处:《新唐书》。

(夏婷婷)

阎济美料银案

阎济美,大历十年(775年)进士及第。贞元末年(805年),任福建观察使。阎济美在江南做官时,有一个船夫受雇佣载了一个商人的货物。商人的货物很多,品种也很多。有十锭银子被秘密地藏在了货物中,在行船的过程中被船夫偶尔暗中看到,船夫趁商人上岸办事之机,偷了银子,并将银子沉在了船只停泊的地方。船只连夜出发,第二天来到了一个市镇,商人在查点货物时发现银子不见了,于是就拉着船夫告到了官府。阎济美问商人说:“昨天晚上你们的船停泊在什么地方?”商人回答说:“就是离这一百里的河汊中。”阎济美立即命令属下跟船夫一起前去寻找。他私下里告诉他的属下说:“肯定是船夫偷了银子,把它们沉到了江底。可以命令船工用钩子打捞,捞到后会有重赏。”办事的属下依照命令去做,果真捞到了一个小箱子,银子都在小箱子里面,封签在箱子上面还完好无损。商人将银子拿到船夫面前,船夫就承认了自己的罪行。

俗话说,“车船店脚牙,无罪也该杀”,是说从事这几种行业的人,为了蝇头小利专爱为难人。阎济美之所以知道是船家偷走了银子,并能推断出它们被沉在江里,大体上也是对这一行业有所了解。

案例出处:《新唐书》。

(夏婷婷)

杨朝汶私设公堂案

唐宪宗元和十三年(818年),长安城中有一商人名叫张陟,他曾向五坊使宦官杨朝汶举借银钱,但拖欠利钱后潜藏隐迹。杨朝汶在张陟家搜到一个私人记事簿,此中记有一个欠债的人叫卢载初,说是已故西川节度使卢坦的手书笔迹,杨朝汶就逮捕卢坦的家人,并私自关押起来,严刑逼供。卢坦的儿子不敢申辩鸣冤,便用自己的钱偿还了杨朝汶。后经验证笔迹,却是已故郑滑节度使卢群的手笔。卢坦的儿子为此事申辩索要代偿的钱,杨朝汶说:“钱入禁中,何可得?”御史中丞萧俛与谏官们向皇帝上疏,陈述杨朝汶强暴蛮横的行径,裴度与崔群趁延英殿对答策问之机,也竭力禀陈其暴横。宪宗说:“姑议东军,此细事,我自处办。”裴度进奏说:“兵事不理,止山东;中人横暴,将乱都下。”宪宗很不高兴。许久,宪宗才解其意,召见杨朝汶斥责他说:“以尔,使我羞见宰相!”立即命令杀了杨朝汶。此案中,应向法司提起诉讼,杨朝汶是无权擅自处治的。只因他身为宦官,恃有宠于宪宗,才敢擅自捕人,私设公堂,已触犯了法律,实属罪有应得。

案例出处:《新唐书》。

(夏婷婷)

杨希朗承伯祖父业案

后唐庄宗李存勖颁行条制:“豪强强买他人田宅,或陷害籍没,显有屈塞者,许人自理。”宦官杨希朗援引此条,要求继承伯祖父(原观军容使杨复恭)的旧有产业。此案报至中书省,平章事赵光胤对郭崇韬说:“杨复恭与南山谋逆,本朝尚未经昭雪,其孙怎能要求继承其产业。”郭崇韬一直打压宦官,就将赵光胤的话上报给庄宗。同时,杨希朗也将诉求告诉庄宗。唐庄宗让他与赵光胤论理。杨希朗说:“叔祖父杨复光对王室有大功,伯祖父杨复恭受张濬诬陷才获罪前朝,至王行瑜叛贼伏诛后,伯祖父之罪已得昭雪,现在制书尚在,你身为宰相,熟悉前朝故事,怎么能说我伯祖父之案未得昭雪,若说未得昭雪,我伯父杨彦博,怎么还能监护诸镇。”杨希朗据理力争,声色俱厉,赵光胤为其所折服,又恐杨希朗以其他事危及己身,便答应了杨希朗的要求。最终,杨希朗继承了伯祖父旧有产业。

案例出处:《旧五代史》。

(夏婷婷)

杨虞卿纠举李賨等伪造告身案

杨虞卿奉诏慰问西北边境归来,升任侍御史,后调任礼部员外郎、史馆修撰,又提升到吏部任职。唐文宗太和二年(828 年),南曹令史李賨等六人,伪出告身签符,卖凿空伪官,得假告身而赴任者达六十五人之多,李賨等先后收受钱财一万六千七百三十余贯。时任吏部员外郎的杨虞卿发现了伪造告身之事,揭发了他们的罪行,李賨等人被收押在御史台,准备受审。李賨等六人对所犯罪行供认不讳,并进一步交代,其中两千贯钱给了杨虞卿的下属厅典温亮,温亮收受贿赂后,替其掩盖了伪造告身的罪行。但温亮见事败,仓皇潜逃。御史台将此案上奏给文宗,文宗下诏给事中严休复、中书舍人高钺、左丞韦景休为三司使,详推此案。三司使详审此案后认为,李賨等六人伪造告身,诈取钱财,并向上级官吏行贿以求缄默,属情节特别严重,应从重处罚。最终判得李賨等六人死刑。杨虞卿也因检下无术,被停现任官职。

案例出处:《新唐书》。

(夏婷婷)

杨豫之私通妻姑案

杨豫之,宰相杨师道之子,贞观年间(627—649 年),娶齐王李元吉之女寿春公主为妻。杨豫之居母丧期间,声称要做孝子,不忍有房闱之乐,因此跟寿春公主分居。但实际上却与唐高祖之女永嘉公主通奸,怎料被公主丈夫左卫将军、秦州都督窦奉节捉获。依唐律,居父母丧期间,不许奏乐、婚嫁,夫妻不得同居等,违者为“不孝”之罪,列为“十恶”之一。又规定:凡奸夫祖之妾及伯母叔母、姑、姊妹、子孙之妇、兄弟之女者，为“内乱”之罪，亦列入“十恶”之罪，有犯者处绞刑。朝廷众议杨豫之之罪，议者皆认为杨豫之在守丧期间，与妻子的姑姑通奸，且永嘉公主为先帝之女，罪行严重，依律当处极刑。最终，杨豫之被处死。

案例出处：《新唐书》。

（夏婷婷）

杨纂误释罪囚案

杨纂，华州华阴县人，隋大业年间进士，后于唐贞观初年（627 年）任长安县县令。县内有袁氏施行妖逆之术，为人所告，杨纂受理此案，因未能查出她的犯罪证据，只好将她释放。后来，袁氏妖逆之事再发并伏诛。唐太宗以杨纂不忠为由，欲杀之。中书令温彦博认为，杨纂未能将袁氏绳之以法，实为失职，依律，法司断案，因失误而放过罪犯者，按该罪犯应得之罪减五等论处。而且，杨纂也并无与袁氏通谋，罪不至死。太宗执意要杀杨纂，温彦博坚持己见，太宗最终乃赦免其死罪。

案例出处：《新唐书》。

（夏婷婷）

以假乱真误杀双亲案

临海县欢迎新生入学。有个少女心仪其中一名长得俊美的学生。旁边的一位老妇说：“他是我邻家的儿子，让我来替小娘子做个媒，让你们结为美满的夫妻！”回去后，老妇把少女的心意传达给了那位英俊少年，那少年不从。老妇家里有一个无赖儿子，得知此事后，趁机冒充学生在晚上前往少女家中，那少女没能分出真假。

一天，少女家里有客人要留宿，夫妇二人让女儿到别处去睡，他们二人睡在女儿的房间。谁知当天夜里，有人把夫妇二人的头砍掉带走了。第二天，家里人发现后立即到县衙报官。县令猜测是客人杀死了夫妇二人，但袋里装的钱财物件却完好无缺，显然客人没有杀人动机。县令就问床上以前是谁在睡？回答说是他们的女儿。县令说：“我知道凶犯是谁了。”令左右马上逮捕那位少女。待到公堂之上，县令装成威严的样子恐吓她说：“谁是你的奸夫？”少女回答说：“是某某学生。”逮捕那少年来到公堂后，他交代说邻家老妇曾经来做过媒，但他当场就回绝了，更不曾去过少女的闺房。县令又问少女：“他身上有没有什么标记？”少女回答说：“他手臂上有颗痣。”查看少年的手臂，并没有痣。县令沉思一会儿以后，转而问：“那老妇有儿子吗？”将那个老妇的儿子带到后，发现他的手臂上有颗痣，县令立即断定，杀人的是老妇的儿子。经过审问，他自己认了罪。原来那晚他进少女的房间，发现床上并排躺着两个人，他误以为是少女还有其他的奸夫，因此就把他们杀了。案情已明，少年被释放了，老妇的儿子被依法判处了死刑。

案例出处：《疑狱集》。

（夏婷婷）

于敏杀奴遭诛案

唐宪宗即位，燕国公于頔已威严振肃四方，深得皇帝宠信。他让四子于季友求娶公主为妻，宪宗降旨将长女永昌公主许配给他。于頔的第二子于方屡次劝父回到朝中，于頔便入朝谒见天子,被册封为司空、同平章事之职。元和年间(806—820年),宦官梁守谦执掌枢密院,颇能招徕权要谋取利益。有个叫梁正言的人,自称与梁守谦同族,情谊深厚,于頔之子于敏同他有交往。于頔长期留在京城,郁郁不得志,梁正言找到机会向于頔索取钱财,说去贿赂梁守谦,为其谋求方镇之职。见许久没有消息,于敏责备父亲白送钱财给梁正言,便诱骗梁正言的僮仆来家,将他杀死肢解后弃于茅厕之中。元和八年(813年)春,于敏的奴仆王再荣到银台门揭发此事,有司当天便拘捕于頔的孔目官沈璧及家僮十余人监禁在宫内待审,由宦官进行审讯。随后便押出宫门交付御史台牢狱,诏令御史中丞薛存诚、刑部侍郎王播、大理卿武少仪组成三司会审此案,到于頔宅中搜寻死奴,找到了尸体,人证、物证俱在。于頔见事情败露,于是带领他的儿子赞善大夫于正、驸马都尉于季友,身着白衣,自己一人骑马,准备面见皇上,在建福门等候降旨问罪。守门官不接纳,只好退到街南,靠墙站立,派人呈上奏表。阁门使因他无人引荐而不接受,次日,又到建福门等候降罪,宰相通知让他回宅听候发落。贬于頔为恩王傅,并绝其朝谒;其子于敏长流雷州,未过秦岭而赐死,于季友追夺两任官,命他全家离京。余子左赞善大夫于正、秘书丞于方并罢现任官;孔目官沈璧处杖刑四十,流放封州。奴仆犀牛与刘干共同杀人,当交付京兆府处决。于敏行至商山诏命赐死,梁正言、僧鉴虚一同交付京兆府处死。于頔后改授太子宾客。重刑之下,于頔一家分崩离析,死伤殆尽。究其原因,起于于頔原镇守藩镇,对朝廷并不恭顺,现又想请托继续求藩镇之职,此时宪宗正着手削除藩镇,恢复朝廷权威,加强皇权统治,故对此种案件严加惩治。

案例出处:《新唐书》。

(夏婷婷)

于志宁谏非时决杀案

唐高宗永徽二年(651年)春,洛阳人李弘泰告太尉长孙无忌谋反,经查实为诬告。依律,诬告者反坐其罪。谋反乃死罪,诬告谋反应反坐死罪。故高宗诏令立即决杀。然而,此案发生时正值春季,宰相于志宁上疏谏道:"真犯之人,罪当反逆,诬告者只反坐其罪,并非真犯,若依法律,合待秋后斩决。今时属阳和,万物生育,而特行杀戮,此谓伤春。"于志宁所依唐律规定是:立春后,秋分前,不得决死刑,违者要受徒一年的处罚。若死囚犯的是十恶中恶逆以上之罪,以及奴婢、部曲杀主人之罪,不拘此令。当时正值立春以后,且诬告罪并非十恶中不赦之重罪,依律禁决死囚。在众大臣的劝谏下,高宗最终同意秋后斩决李宏泰。

案例出处:《新唐书》。

(夏婷婷)

宇文化及兄弟与突厥交市案

宇文化及是左翊卫大将军宇文述的儿子。他性情凶狠阴险,不遵守法度。隋炀帝做太子时,宇文化及任禁卫官,可以随意出入卧室。屡屡升迁,当太子仆。宇文化及因接受他人财物,多次被罢官。但由于太子宠爱他,不久便官复原职。又因他的弟弟宇文士及娶南阳公主为妻,宇文化及更加骄横,与公卿们相处时,出言不逊,多有欺凌。宇文化及看见人家的美女、珍贵玩物,便想方设法弄到手;还经常与屠夫小贩交游,以便谋求他人的利益。

大业初年(605年),炀帝巡幸榆林,宇文化及与其弟智及违犯当时禁令,私下里与突厥人

"交市"。隋代严禁官商勾结,与民争利。炀帝率众人会见突厥,本意是欲向突厥夸富示强,而宇文化及兄弟私下贸易,使炀帝颜面尽失,炀帝大怒,囚禁宇文兄弟数月。等回到青门城外时,炀帝打算先杀宇文化及兄弟后进城,等到脱掉他们的衣服,绾起他们的头发,准备行刑时,碍于南阳公主的缘故,炀帝考虑很久之后又放掉了他们,将宇文化及和宇文智及赐给宇文述为奴。宇文述去世后,炀帝为追忆他,遂又重新起用宇文化及为右屯卫将军,宇文智及为将作少监。

案例出处:《隋书》。

（夏婷婷）

宇文融诬告反坐案

宇文融出身于官宦家庭,其祖父在贞观时期任过尚书右丞,其父后来任过莱州长史。开元初年(713 年),宇文融任富平县主簿。京兆尹干源曜赏识他"明辩有吏干",推荐他入京任监察御史。唐代开始的农民流亡问题,到开元时期已成为重大的社会问题之一,宇文融看到了这一社会积弊,也悉知玄宗皇帝正为此所困忧,于是,他便上书,建议检括逃户,增加租赋收入。这个提议深得玄宗之意,玄宗便命他制定检括之法。开元十六年(728 年),宇文融被调入朝担任鸿胪卿,兼户部侍郎。次年六月,拜黄门侍郎、同中书门下平章事,当了宰相。宇文融精明强干,有政治抱负,又善于选拔人才,推荐宋璟任右丞相,裴耀卿任户部侍郎,许景先为工部侍郎,均被认为是知人善任。但他也喜于与故旧宾客晨夕欢饮,结纳朋党;又性急多言,处事不慎,排斥不同意见,树敌亦多。

当时,信安王李祎大败吐蕃有功,受玄宗宠信,宇文融心生妒忌。宇文融让御史李寅寻事弹劾李祎。李祎得知后,先密奏于玄宗。次日,李寅果然弹劾李祎。玄宗恼怒,于其年九月,以宇文融构陷于人,反坐其罪,贬他为汝州刺史。宇文融为相不到百日被罢。后又有人匿名状告宇文融贪赃受贿之事,案验属实,再贬为岭南平乐县尉。一年后,司农少卿蒋岑举告宇文融在汴州时,侵吞官钱数以万计,案验得实,玄宗无奈将宇文融流放严州。宇文融羞愤死在流放途中。皇帝念其旧劳,追赠台州刺史。

案例出处:《新唐书》。

（夏婷婷）

御史弹王仙童侵暴百姓案

开元二年(714 年),卢怀慎代理黄门监。当时,薛王李业的舅父王仙童侵凌百姓,强取豪夺,遭到御史弹劾。薛王李业为他向玄宗求情,玄宗便命中书门下对王仙童案进行复审。卢怀慎与中书令姚崇经过调查后,认为王仙童案证据确凿,便向玄宗奏道:"王仙童的罪状清楚明白,御史的弹劾并无冤枉之处,不能对他放纵宽宥。"于是,唐玄宗命法司依法治王仙童罪,从此皇亲国戚的嚣张气焰都有所收敛。

案例出处:《资治通鉴》。

（夏婷婷）

御史巧断李靖"谋反"案

李靖,本名药师,雍州三原县人。在隋朝担任马邑郡丞的官职。李靖察觉李渊有夺取天下的意图,于是自戴枷锁,前往扬州,向朝廷报告事变,途经长安,因道路堵塞方才作罢。高祖李渊攻下京城后,抓住李靖,将要杀他。李靖大喊道:“公起兵为天下除暴乱,欲就大事,以私怨杀谊士乎?”高祖敬重他的勇气,秦王亦为之求情,最终李靖获释。不久李靖又被召入幕府。

武德年间(618—626年),李靖任岐州刺史。长安有人诬告李靖谋反,唐高祖派一名御史与告事者一起到岐州去审理此案。临行时,高祖对御史说:“如果李靖谋反属实,就地处斩。”御史知道李靖是被冤枉的,等过了几个驿站后,假装弄丢告事者的诉状,一边显出非常惶恐的表情,一边责罚手下人,然后对告事者说:“李靖反状分明,奉旨我即可以就地正法他。怎奈诉状丢失,这会救李靖之命的,请你重写一状,以治其罪。”告事者便重新写就一份交与御史,御史取原状与之相对照,见二状内容有出入,由此说明告事者属诬告。御史立即赶回长安,奏报高祖,高祖释李靖不问,而加诬告反坐罪于告事者。

案例出处:《新唐书》。

(夏婷婷)

御史与言官争道案

御史中丞温造性情刚烈急躁,假使有人触怒了自己,即便是权贵,也要在气势上胜过他。一次,温造在路上遇到左补阙李虞,李虞未给温造让路,温造怒,命左右抓来他的侍从杖打侮辱。针对此事,左拾遗舒元褒等人上言说:“按我朝惯例,供奉官在街路之中,除遇宰相须避让之外,对其余官员皆不须避路。温造抛弃蔑视典礼,无所畏惧,侮辱天子的侍臣。凡是事情虽小但关系到名分道理的,不能失礼。如果失礼,祸乱就会由此产生。左拾遗、补阙职位虽低,是侍臣;御史中丞地位虽高,仍是执法官吏;侍臣被凌辱,那么恭敬就不能遍及所有;执法官吏放纵自我,那么法律制度就会被破坏。温造擅自尊大,有忽视超越本分的嫌疑,请求将他论罪处理。”文宗于是下诏说:“台官、供奉官同走一条道路时,听凭先后次序行走,相遇时就行揖让之礼。”御史与言官争道之事方才了结。

案例出处:《新唐书》。

(夏婷婷)

元褒为平冤自诬案

元褒,字孝整,十岁成为孤儿,由兄长抚养成人。元褒为人宽厚大度,涉猎书史。初仕北周,先后任开府、北平县令、赵州刺史。杨坚为北周丞相后,元褒随韦孝宽进攻尉迟迥,因有军功,被越级提升为柱国,晋爵为河间郡公,食邑二千户。开皇二年(582年),被授为安州总管。一年多后,调任原州总管。原州地方有一个商人,被贼人偷窃,商人怀疑是同住一个旅店的人所为,就把这个人扭送到了衙门。元褒看此人面有受冤之色,而言辞正壮,于是就将他放了。商人不服,到朝廷控告元褒受金放贼,皇上派使者去调查究竟。使者责问元褒说:“何故利金而舍盗也?”元褒不做争辩,承认自己受赃纵贼。使者与元褒一起回到京师,元褒因此被免官。不久,真正的窃贼在别处被抓住。皇上召见元褒说:“公朝廷旧人,位望隆重,受金舍盗非善事,何至自诬也?”元褒回答说:“臣受委一州,不能息盗贼,臣之罪一也。州民为人所谤,不付法司,悬即放免,臣之罪二也。牵率愚诚,无顾形迹,不恃文书约束,至令为物所疑,臣之罪三也。臣有三罪,何所逃责?臣又不言受赂,使者复将有所穷究,然则缧绁横及良善,重臣之罪,是以自诬。”皇帝感叹他异于常人，称赞他是忠厚的长者。

案例出处：《隋书》。

（夏婷婷）

元寿弹御史见过不言案

开皇十年（590 年），隋平陈后不久，文帝率文武百官出苑观射。开府萧摩诃原为南朝陈国之降将，其妻患病将死，便向文帝奏请派他儿子（萧世略）赶往江南收其家产。当时有御史在场，无人表示异议。事后，时任尚书左丞的元寿就此事弹劾当值御史，上表说：“御史之官，义存纠察，直绳莫举，宪典谁寄？今月五日，銮舆徙跸，亲临射苑，开府仪同三司萧摩诃幸厕朝行，预观盛礼，奏称请遣子世略，暂往江南重收家产。妻安遇患，弥留有日，安若长逝，世略不合此行。窃以人伦之义，伉俪为重，资爱之道，乌鸟弗亏。摩诃远念资财，近忘匹好，又命其子舍危惙之母，为聚敛之行。一言才发，名教顿尽。而兼殿内侍御史臣韩微之等，亲所闻见，竟不弹纠。若知非不举，事涉阿纵；如不以为非，岂关理识？谨按仪同三司、太子左庶子、检校治书侍御史臣刘行本，出入宫省，备蒙任遇，摄职宪台，时月稍久，庶能整肃缨冕，澄清风教。而在法司，亏失宪体，瓶罄罍耻，何所逃愆！臣谬膺朝寄，忝居左辖，无容寝默，谨以状闻。其行本、微之等，请付大理。”“见过不言”，是御史的失职，不仅当值御史要受追究，其官长也要负连带责任。文帝采纳了元寿的弹劾意见。

案例出处：《隋书》。

（夏婷婷）

元岩法办韦伯仁掠人妻案

韦冲于开皇十二年（592 年）被任命为南宁州总管，韦冲治州有方，夷帅爨震等首领都到府上拜见他。皇上很高兴，下诏书表扬他。韦冲哥哥的儿子韦伯仁，也在韦冲总管府中任职。韦伯仁抢夺他人的妻子，又放纵士兵劫掠。边疆民众对此很失望，后在夷帅爨翫带领下反叛朝廷。

益州府长史元岩，为人正直，由元岩审理裁断的案件，当事人无不悦服。元岩按问此案，也是无所宽贷，就连韦冲也负有连带责任被免官。韦冲弟韦世约为太子洗马，遂向皇太子进谗言诬陷元岩。文帝知道后对太子说：“古人有沽酒酸而不售者，为噬犬耳。今何用世约乎？适累汝也。”结果，韦世约诬陷他人未得逞，反而被除名。

案例出处：《隋书》。

（夏婷婷）

元载巨贪遭赐死案

元载，字公辅，凤翔岐山县人，出身寒微。父亲元景升，任员外官，不治理产业，常常住在岐州。元载自幼嗜好学习，喜欢写文章，性情敏捷聪慧，博览子部、史部书籍，特别爱学道家书，元载应策试高中科第，授官邢州新平县尉。肃宗时累官至户部侍郎、度支使及诸道转运使，掌管国家财政。后勾结宦官李辅国，升任宰相。代宗即位后仍任宰相。他用财物收买了宦官董秀，由此受到代宗的宠信。大历五年（770 年），他与代宗密谋杀掉自己的政敌宦官鱼朝恩。此后越发骄奢淫逸，遂引起朝廷上下的不满，元载家门之内，不是他的党羽概不结交。平素交友，凡有道义的人都疏远或抛弃。代宗宽恕仁慈,明察元载的所作所为,已经数年,但元载毫无悔改之意,致使众人的愤怒日益加重。后代宗坐延英殿,命左金吾大将军吴凑在政事堂收押元载及其党羽王缙,各自囚禁在本地,同时收押了中书主书卓英倩、李待荣,以及元载的儿子元仲武、元季能,命吏部尚书刘晏来审讯。元载终于在大历十年(775 年)被代宗诛杀。

经查,元载为政贪纵,生活奢侈,听任手下官吏及家中妻儿收受贿赂。元载在大宁里、安仁里的二处宅院,房屋宏伟富丽,京城首屈一指。又占有用以建造别墅的肥沃田地,纵横相连,达数十区之多。家里收养的名伎和工巧之人,竟然超过了宫廷里的数量。被杀后抄其家,奇珍异宝数不胜数,仅钟乳就抄出五百两,胡椒抄出八百石。皇帝下令将元载家中没收的钟乳五百两分别赐给中书省、门下省、御史台五品以上、尚书省四品以上官员。

案例出处:《新唐书》。

(夏婷婷)

袁从之判诸公主掠人案

唐中宗之女安乐、长宁等诸公主恃宠而骄,经常唆使家奴抢掠百姓之女充为奴婢。景龙三年(709 年)正月,侍御史袁从之将掠人的奴仆悉数收押,欲治其罪。然而袁从之尚未结案,诸公主便诉于中宗,中宗手书制命,令袁从之释放在押的奴仆。袁从之上表陈情,按律,“诸略人、略卖人为奴婢者,绞;为部曲者,流三千里;为妻妾子孙者,徒三年”,诸位公主虽罪不及身,但纵奴掠人,这些奴仆依法应当被处以绞刑。袁从之说:“陛下纵奴掠良人,何以理天下!”但最终中宗碍于诸位公主的情面,还是释放了他们的奴仆。

案例出处:《资治通鉴》。

(夏婷婷)

袁滋称金侦破调包案

李勉,字玄卿,郑王李元懿曾孙,唐高祖李渊玄孙。大历十年(775 年),李勉任工部尚书,封汧国公,曾出任凤翔知府。当时,辖区某县有个农民在耕田时挖到了一大瓮马蹄金,农民马上上报,并请人抬着大瓮送到县衙。一大瓮黄金非同小可,因为县衙公库设施较差,县令便让人把黄金抬来放到自己的卧室内,小心谨慎地看守了一夜。第二天天亮开瓮一看,大瓮里竟然没有黄金的影子,全部都是土块,一大瓮黄金变成土块,此事非同小可。这一瓮黄金在农民挖出时,众乡亲都亲眼所见,千真万确的,如今抬到县令卧室却变成了土块,人们不禁议论纷纷,怀疑是县令见钱眼开,不依照规定把黄金放在公库,而放在他私人的卧室,偷梁换柱,把一大瓮黄金变成了土块。黄金在自己的私宅里变成了土块,县令也觉得难以理解。当初自己把瓮抬到私宅的确是为了保证安全,一晚上又兢兢业业看守,没有任何人动过。但是,众口铄金,而且一大瓮黄金的确是由两名农夫抬到自己的宅子,想来想去,再无别法,县令决定投案自首。县令即到凤翔府投案自首,说自己见财起意,侵吞了农民缴来的黄金。但因为县令确实没有动过大瓮,自然也说不清赃物的下落,找不到赃物,案子就不能结案。知府李勉听说县令见钱眼开,不顾廉耻以土换金,不禁拍案而起,非常愤怒。想方设法要侦破此案。

在一次宴会上,李勉与在座官员们说起县令以土换金之事,官员们都觉得很惊异,对此事各抒己见。当时担任相国的是郎山县人袁滋,只有他低头不语。李勉问他,他回答说:“我怀疑这个事情还另有冤情。”按李勉的要求，派人把案子提到凤翔府来审理。袁滋亲眼看到瓮中有二百五十多个土块，就命令衙役到金库中找来与这些土块同样大小的黄金，进行称量，称了不到一半就发现黄金的重量已经超过三百斤，询问当时把瓮抬到县里的有几个人，回答竟然只有两个农民用竹扁担把它抬到县府，照此计算下去，一大瓮黄金就有七八百斤重，这哪是两个农夫能够抬得动的。袁滋据此判断，黄金不是县令换的，而是在没到县衙之前，就已经被调包了。县令的冤情得以洗清，后来真正的犯人也被抓捕归案，依法受到惩处。

案例出处：《益智篇》。

（夏婷婷）

源师判宿卫擅离职守案

隋文帝接受禅让后，升源师为尚书右丞，源师以精明干练著称。隋炀帝即位后，源师官拜大理少卿。炀帝住在显仁宫，下令宫外的卫士不准擅离职守。有一名主帅私自命卫士外出，炀帝将此人交付大理寺审断。大理寺少卿源师上奏说依法当判此人徒刑。炀帝执意要处死此人。源师奏道：“此人罪诚难恕，若陛下初便杀之，自可不关文墨。既付有司，义归恒典，脱宿卫近侍者更有此犯，将何以加之？”炀帝便不再坚持。源师任职虽然精明能干，有口才，却没有清廉公平的称誉，死时官至刑部侍郎。

案例出处：《隋书》。

（夏婷婷）

宰相路岩被赐死案

早先，路岩在淮南任观察使崔铉的佐吏，掌管文书，崔铉测知路岩日后必定有富贵，亲昵地称路岩的排行说：“路十最终能官至宰相。”不久路岩即调到朝廷任监察御史，十年后升任宰相。当路岩由监察御史升任翰林学士时，崔铉却仍然在淮南任观察使，崔铉得到消息时羡慕地说：“路十如今已入翰林官，还会升迁！”果然，路岩官运亨通，正如崔铉所言。唐懿宗朝，路岩、韦保衡共同为相，二人相互援手，权倾天下。后二人渐失和，韦保衡经常在懿宗面前说路岩的坏话，终于在咸通十二年(871年)正月，懿宗将路岩贬为西川节度使。

路岩任西川节度使时，喜好声色，游宴无度，将节度使军府的政事全权委托给他的亲信边咸和郭筹二人，边咸、郭筹处置军政事务时都是先行后奏，上下官吏对二人都十分畏惧。有一次军府议事，边咸、郭筹二人不说话，却互相在纸条上写字，传阅后烧毁，军府官兵疑惑不解，以为二人密谋有异图，皆惊恐不安。朝廷得知这些情况后，在同年十一月，将路岩调离西川，让其转任荆南节度使。边咸、郭筹私下里得知路岩改官的原因，于是慌忙潜逃。

后懿宗对路岩渐失信任，再将路岩贬为新州刺史。路岩行至江陵，又得到僖宗敕令，削去一切官爵，长流于儋州。路岩被囚禁在江陵监狱中，一夜之间须发全白。不久，唐僖宗又赐路岩自尽，并籍没家产。路岩任宰相时，曾密奏说：“三品以上赐死，皆令使者剔取结喉三寸以进，验其以必死。”懿宗从之。到如今，此法反加己身。另外，边咸、郭筹也相继被捕，均被处死。

案例出处：《新唐书》。

（夏婷婷）

张楚金解字案

唐朝垂拱年间，罗织之事兴起。湖州的佐史江琛，窃取了刺史裴光写的书信，把上面的字裁割下来，拼凑成一篇新的文章。伪造成一封裴光写给徐敬业的谋反信。武则天派御史前去审查此案。裴光供称："字是我的字，话却不是我说的。"前后共去了三个御史，都不能断决。有人推荐说张楚金善于辨案，武则天便命张楚金再去核查此案。裴光仍不改变先前的供词，案件毫无进展。张楚金烦闷地仰卧在窗边，见日光穿过窗户，透射进来，便拿了谋反信对着日光看，结果发现信上的字都是修补粘贴而成，平看看不出来，对着日光才能看得清楚。于是把州县的官吏召集在一起，打来一盆水，命令江琛把谋反信扔到水中，结果字字散开，江琛见诬告事败，只得叩头认罪。武则天命令将江琛先决杖一百，然后斩首。

此案能破，并不是靠机智地推测案情解决的，只是偶然发现罢了。荀子曾说过："如今有人丢了针，找了一天也未找到，后来找到了，并不是因为眼睛变得更加明亮了，而是偶然低下眼睛看到了它。心对于所思虑的事情也是如此，关键在有一片诚心，求之不已。"

案例出处：《中华历代名案》。

（夏婷婷）

张嘉贞奏请免诬告者罪

开元初年（713 年），突厥九个部族归附大唐，他们散居在太原以北。张嘉贞上奏玄宗请求在那里派兵镇守，自此朝廷在并州设天兵军，张嘉贞做统帅。开元六年（718 年）春，张嘉贞奉旨还朝。有人告发他谋反，经过审查，并没有罪状。皇上打算给诬告的人定上诬告罪惩罚。张嘉贞进谏道："依照法律，告发的事情如不属实，是可以反判告发者的罪，但这次却不能这样。今天下太平无忧，重兵利器，全都在边关守将手中。如果告发事情一有不准确，随即就要治告发者的罪，我恐怕掌握兵权的人会萌生异心，成为日后的祸患。况且微臣是陛下信任之人，不应该因为我而断绝了上表言事的途径。"玄宗听后十分高兴，依从张嘉贞的谏言，下令免去诬告者的死罪。最终玄宗任用张嘉贞当了宰相。张嘉贞在任上崇尚刑清政简，处事善于疏导开通，受到了群臣的称赞。

案例出处：《旧唐书》。

（夏婷婷）

张全义改定律法案

当初，东都洛阳经过黄巢的战乱，又有秦宗权、孙儒的残酷暴行，留下的仅仅是残垣断壁。唐僖宗光启三年（887 年），怀州刺史张全义被任命为河南府尹。张全义刚到这里时，只见白骨遍地，放眼望去杂草丛生，田野荒芜，居民总共不到一百户，张全义的部下才一百多人，聚民众共同守卫中州城以自保。张全义于是在手下中挑选了十八名有才干者，称作屯将。发给每人一面旗帜和一张榜文，派这十八个人分别到河南十八个县旧有的村落之中，立起大旗张贴榜文，招收抚恤四处流散的百姓，规劝他们种植耕作。榜文宣示："无租税，无严刑，唯杀人者死，余罪只笞杖而已。"因此前来归顺的老百姓像赶集一样。张全义还挑选精明强壮的百姓教授作战阵法，以防御贼寇强盗。几年之后，河南各地的城市店铺乃至小巷，都渐渐地恢复了原来的规模式样，各县的民户人口，大多都回归到战前水平，各种农作物生长茂盛，田野里再也没有空旷的地方。各地负担供养的军队,大县达到七千人,小县也不少于二千人,于是张全义进呈奏章请设置县令佐官治理地方。张全义精明强干,办理政务宽厚简明。当时在民间流传:“张公不喜声伎,见之未尝笑;独见佳麦良茧则笑耳。”有的人将田地撂荒了,张全义就召集众人当面杖罚;有的人申诉说缺乏人手和耕牛,张全义便把他的邻居叫来责问:“彼诚乏人牛,何不助之!”大家都表示谢罪。就这样,邻里之间彼此帮助,各户钱粮都有积蓄,灾年也不致有饥荒,东都洛阳于是富庶起来。

案例出处:《资治通鉴》。

(夏婷婷)

张氏兄弟复仇案

原嶲州都督府都督张审素的两个儿子,年仅 13 岁的张瑝和 11 岁的张琇将朝廷要员监察御史杨汪杀死于都城洛阳以报父仇。原来在开元十九年(731 年)嶲州都督张审素清廉正直,被部下陈纂仁诬奏其“冒战级、私佣兵”,即谎报战绩,私自雇佣士兵,有贪赃行为。玄宗获报,心存疑惑,于是派监察御史杨汪去军中按察。半道上,陈纂仁又进一步诬告张审素与其属下军官董堂礼合谋造反。于是,杨汪先将张审素关押在雅州监狱,自己则到嶲州按察谋反案。董堂礼身为武将,不胜其愤,擅自杀了陈纂仁,又以兵七百人包围了杨汪,胁迫杨汪为张审素雪冤。很快周边军队赶至,杀了董堂礼及其党羽,杨汪得以脱身,于是上奏说张审素谋反,“因深按审素,构成其罪”。依唐律,凡谋反大逆之罪者,父子连坐皆死;但如果其子年龄在十岁以下,可上奏请皇帝决定是否从死,七岁以下,则可直接免死。所以,张审素本人被处斩,两个儿子张瑝、张琇因未成年,流徙岭南。

几年后,二人逃回洛阳,隐名埋姓,藏匿于市井之中。这时杨汪已迁转为殿中侍御史,并改名为万顷。开元二十三年(735 年),张瑝 13 岁,弟弟张琇 11 岁,一天夜里,在魏王池附近,二人截击杨万顷。张瑝将杨万顷的坐骑马腿砍伤,杨万顷落马,不及反抗,被张琇砍死。二人将父亲的冤情及杀死杨万顷的原因写成一副表状,挂在斧头上,奔向江南,还欲杀与杨万顷共同构陷其父罪者,然后再向官府投案自首。但行到汜水,被官府捉获,上报朝廷。因前朝屡有免死之例,于是玄宗召集群臣议其案。议者多以为儿子之父死非其罪,二人少年孝烈,为父报仇,应加宽宥。宰相张九龄亦持此议,欲全活二子。但宰相裴耀卿、李林甫反对上述意见,他们认为:“国法不可纵报仇。”玄宗亦赞同此论,他对张九龄说:“复仇虽礼法所许,杀人亦格律具存。孝子之情,义不顾命,国家设法,焉得容此!杀之成复仇之志,赦之亏律格之条。然道路谊议,故须告示。”于是玄宗下敕称:“张瑝等兄弟同杀,推问款承。律有正条,俱各至死。近闻士庶,颇有谊词,矜其为父复仇,或言本罪冤滥。但国家设法,事在经久,盖以济人,期于止杀,亦不可恕。不能加以刑戮,肆诸市朝,宜付河南府告示决杀。”敕下后,便将二子交付河南府杖杀。此案轰动洛阳,都城士女都同情张琇兄弟,市人敛钱,为张氏兄弟造了一口义井,以此纪念他们年纪虽幼小,却为父报仇的孝义之行。

案例出处:《新唐书》。

(夏婷婷)

张松寿断劫杀案

张松寿任长安县令时,在长安城昆明池旁发生了一起抢劫杀人案。张松寿接到皇帝命令,限期抓获罪犯,否则,有关人员一律治罪。张松寿来到案发地点,仔细勘察,寻找线索。他看见附近树下有一位老妇人在卖食品,张松寿叫随行人员用马将老妇人驮到县衙,好酒好菜侍候。三天之后,又用马将她送回原来的地方。张松寿暗地里派人,躲在一旁观察。如果发现有人和老妇人攀谈,立即抓来审问。不久,果真有一个人过来问老妇人:“明府若为推逐?”张松寿的手下立即上前用布套在此人的头上,又将他捆绑起来送到衙门,一经审问,这个人承认了全部抢劫杀人的犯罪事实,人赃并获。人们都说张松寿明察善断,断案如神。

案例出处:《朝野佥载》。

(夏婷婷)

张行岌抗命审疑案

唐武则天当政时,有人诬告驸马崔宣谋反。诬告者还把崔宣的小妾骗来,藏匿起来,然后向朝廷检举说:“崔宣怕小妾揭发,竟狠心地将她杀死,尸首丢进了洛水。”武则天信以为真,命御史张行岌审理此案。张行岌查来查去,找不出崔宣谋反的证据,故不能结案。武则天大怒,敕令张行岌重新严加审讯,迅速结案。数天以后,张行岌又以缺乏证据回奏。武则天说:“崔宣的反状十分明显,你只是不敢查。我改命来俊臣负责审理,查实了,你不要后悔!”来俊臣是当时有名的酷吏。张行岌说:“推事断理的本领,臣确实不及来俊臣,然而办案必须查明事实,据事执法。倘臣只知顺从旨意,冤及无罪之人,怕不是执法官的职守。”武则天听罢,更火了,责问道:“崔宣杀死他小妾,反迹已露,这就是证据。你怎么说没有事实?”张行岌办案,为救无辜者之命,常常是不顾自己的命。现在,他想:“是啊,崔宣的小妾,到哪里去了呢?崔宣一再申辩不曾杀过她,那么这个小妾到底在哪里呢?”张行岌不好再说什么,退下朝来,通知崔家抓紧查明小妾的下落。崔宣的堂兄弟崔思兢,便出钱托人,到处仔细探听。几天过去了,还是毫无消息。后来,崔思兢在无意中,发现了一桩令人不解的怪事:凡是崔宣家商量什么事情,那个告发的人很快就知道了。崔思兢猜想:崔宣府中,必有人在暗中给告发人送消息。有一天,崔思兢假意向崔宣的结发妻子说:我要用三百匹绢,请雇个侠客,去刺杀告发人。第二天一早,崔思兢脱下了平常穿的衣装,隐藏在府衙门口侦视。他判断:那个告发人,可能常去府衙中问话的。一会儿,有个崔宣平时十分信任的门客走过来,而且大摇大摆地走进了府衙。不久,官府就派人来崔家,晓谕崔思兢:不可谋刺那告发人,不然,要罪上加罪。崔思兢这下明白了:那个门客,就是内奸。这天,崔思兢尾随这个门客,来到天津桥,把他喊住,正色道:“你是个忘恩负义之徒!你的阴谋诡计,我全都知道了。你既帮助协同坏人,陷害你的主人崔宣,我就叫崔宣咬定你是同谋造反,看你怎么脱身?你如把崔宣的小妾找出来,我就给你五百匹上等绢,这足够你养家活口的了。要知道,背主求荣,是不得好死的!”那个门客见事已败露,只好认错,并且带着崔思兢,来到密处,找到了崔宣的小妾,弄清了告发人和那门客合谋诱骗藏匿小妾的经过,崔宣的冤情终于大白。张行岌将实情奏明武则天,武则天这才无话可说,免了崔宣的罪。张行岌救了崔宣的命。

案例出处:《疑狱集》。

(夏婷婷)

张易之恃宠诬奏案

武后年事已高,张易之兄弟独揽朝政大权,邵王李重润和永泰郡主暗地非议,都被判处绞刑。御史大夫魏元忠曾经弹劾禀奏张易之等人的罪行,张易之向武后申诉,反而诬告魏元忠与司礼丞高戬相约说:“天子年老,应该挟持太子做个能长久保持友谊的朋友。”武后问:“谁是证人?”张易之说:“凤阁舍人张说。”第二天在朝廷辩论,都无证据,但是魏元忠、张说都被驱逐。此后张易之等人更加放肆,贪赃枉法,御史台弹劾禀奏,诏令宗晋卿、李承嘉、桓彦范、袁恕己审查,但司刑正贾敬言观察武后心意,禀奏张昌宗强行购买他人货物,罪刑判为赔偿财物,诏令说行。李承嘉、桓彦范进言说:“张昌宗贪占赃款四百万,还应该罢官。”张昌宗张扬说:“我对国家立有功劳,不应该被罢官。”武后向宰相们咨询,内史令杨再思说:“张昌宗主持炼制药物,陛下吞服很有效验,是个功劳最大的人。”立即诏令释放了他,把罪行推到他的哥哥张昌仪、张同休身上,都降了职。

后来武后长久生病,居住在长生院,宰相们都不能进去拜见,只有张昌宗等人在她身边侍候。张昌宗担心武后死了,灾祸就要到来。但是小人疏忽邪恶,连与此无关的人们都知道了,甚至有人在交通要道旁边张贴传单张扬这些事。左台御史中丞宋璟多次请求审查拘捕,武后表面答应宋璟,很快诏令宋璟离京审查幽州都督屈突仲翔,改令司刑卿崔神庆查问案情。崔神庆胡乱禀奏说:“张昌宗应当被宽免。”宋璟坚持禀奏说:“张昌宗依照法律应当被斩首。”武后不同意,左拾遗李邕进言说:“宋璟是为江山社稷着想,希望批准。”武后始终不同意。

中宗神龙元年(705 年),张柬之、崔玄日韦等人率领羽林军迎接皇太子李显进宫,到迎仙院处死了张易之、张昌宗,他们的哥哥张昌期、张同休、伯叔弟弟张昪雄都在天津桥被斩首示众。牵连获罪遭流放贬官的有几十人。

案例出处:《旧唐书》。

(夏婷婷)

张允济变诈探求牛主案

张允济在隋大业年间担任武阳县县令,用德政训导部下,百姓都十分拥戴他。在临县元武县有个人入赘妻家,将自家的母牛寄养在他妻子的家里,八九年后母牛繁殖出了十多头牛犊;等到分家居住时,妻子的娘家不把牛还给他,这个人到县衙告状,县里也没有解决的好办法,就把这个案子压了下来。于是这个人就到武阳县张允济那里告状。张允济说:“你为什么不在自己县里告状而跑到我这里来呢?”那个人起先不说话,只是不停地哭,到后来才说元武县没有能够帮他把事情解决。张允济于是让属官把他捆起来,并用单衣蒙住他的头,将他带回他妻家的村里,诈称是要抓捕盗牛的贼;命令村民将家中的牛都集中到一起,之后查问每家牛的来历。他妻家人不知道这是张允济设计的圈套,担心受到牵连,于是就指着那十几头牛说:“这都是我女婿的牛,它们是从哪里来的我们不知道。”因此张允济把那人蒙着的头解开,跟那人妻子家的人说:“他就是你的女婿,那些牛应该还给他了。”妻子家的人无话可说,只是不停地磕头认罪。

《史记》将战国初西门豹的事迹附记在《滑稽列传》后面。西门豹作为古代恪尽职守的官吏,像他制止巫婆替河伯娶新娘的事情处理得既巧妙又快捷,想出来的诙谐计策,故被称为滑稽。张允济与西门豹是同一类人,审办临近县里侵吞入赘女婿牛群的事,也是想出了既巧妙又快捷的诙谐办法,与西门豹的方法相同。这些都是尽心职守的官吏使用变诈的方法探求实情的策略。

案例出处:《朝野佥载》。

（夏婷婷）

张允济察言观色识盗贼

此案也是发生在张允济做武阳县县令时。一次,张允济在路上遇到一个种葱的老妇人,搭了一座圆形草房在田边守葱。张允济对老妇人说:“你只管回去,没必要在这儿一直守着,如果遇到偷葱贼,就来县衙报告。”老妇人听从了他的劝告,回家只住了一晚,那葱就丢失了很多。老妇人就把情况报告给了张允济,他便把住在葱地十里之内的全部百姓都召集起来,一个个地叫到跟前来查问,在观察这些人的言谈举止之后,果然找到了盗葱的人。《周礼·秋官·小司寇》中载,司法官可以凭借五个方面来审囚判案,了解民情。一曰辞,即看他的供词是否啰唆含混不清;二曰色,即观察人的脸色,如果没理或说谎,肯定会羞愧脸红;三曰气,即观察人的喘息是否急促紧张;四曰耳,即测试听觉,无理或说谎的人往往注意力不集中,会听不清询问的内容;五曰目,即观察当事人的视觉和眼睛,理亏则不敢正视。张允济把附近居民召集起来,将他们一个一个叫到眼前审查,依靠观察外表,最后抓住偷葱的人,可能用的就是这个办法。在这一点上跟郤雍只观察盗贼外表,就判断谁是盗贼,没有区别。只是还不能使百姓耻于偷盗,还不如让老妇人去看守葱地。

案例出处:《中华历代名案》。

（夏婷婷）

张直方当值不到案

张直方是晚唐名将幽州节度使张仲武之子,生性暴虐纨绔。宣宗大中三年(849年)春,张仲武去世。六月,张直方以幽州节度副使袭其父职。张直方生性残忍,又喜游猎,常多日不归。因嗜酒凌虐士卒,军士对他甚是不满,军中大乱,张得辅欲杀张直方以代之,张直方的牙将阎好问经过一场激战,勉强稳定了局势。但张直方因担心军士会再度发动兵变,就假托打猎之名,逃往长安。唐宣宗念其父张仲武之功,封张直方为金吾大将军,又授他为右羽林统军,使他领禁军宿卫宫禁。但张直方本性难改,大中五年(851年)十一月,他又出城游猎,数日不归,以致耽误了当值宿卫之事,下迁骁卫将军。他因曾以小罪笞杀金吾使,被贬为右羽林统军,又因小过屡杀家中奴婢,再贬为恩州司户,后又纵部下为盗,复贬为康州司马。时郑畋辅政,颇言:“仲武会昌时功第一,今直方百口不自存,每内燕,以衣敝恶,辞不赴。陛下录功念旧,宜少优假。”诏还检校右仆射,进左金吾卫大将军。

案例出处:《新唐书》。

（夏婷婷）

张胄玄刘晖辩历法案

张胄玄,渤海蓨县人,博学多识,尤其精通术数。隋初,被文帝征召授予云骑尉,辅助太史,参与谋议律令历法方面的事务。当初,杨坚在北周任宰相时,有道士张宾,揣度杨坚心意,声称根据玄相,已参出了王朝代谢的征兆,又说杨坚的仪表“非人臣相”,大得杨坚欢喜,引为知己。

杨坚建隋后，任张宾为华州刺史。后张宾与刘晖、董琳、刘祐等联名上书，请求“议造新律”。文帝下诏同意施行，并命太常卿卢贲监制。张宾等损益南朝何承天所造历法后，于开皇四年（584年）奏上，文帝下诏颁行。刘晖见张宾得宠，亦附会张宾，不久升为太史令。后张宾因牵连于其他案件被赐死。开皇十四年（594年），因张宾对日食的预测多不验，杨素又引张胄玄“参定新术”。张胄玄为历法大家，据他所推算的天文历法都很精微细密，而刘晖所言多不验，由此太史令刘晖非常忌恨他。文帝遂让杨素和儒生数人，在过去旧历中寻找难以解决的问题，共设议六十一题，命令刘晖和张胄玄等人辩论解析。刘晖闭口一无所答，张胄玄能解决六十一个问题中的五十四个，于是文帝擢升张胄玄为员外散骑侍郎，兼任太史令，赏赐物品千段。刘晖与余党八人，都被斥退除名为民。改定新历法时，张胄玄说以前历法错一天。内史通事颜鳰楚上奏皇帝说：“汉朝时落下闳修改《颛顼历》，制定《太初历》时说：‘以后会差一天，八百年后会有圣人改定。’算到今天相距七百一十年。学问家取整数，按照圣人的说法，那应该就是现在吧。”皇帝很高兴，张胄玄因此被亲近重用。

案例出处：《隋书》。

（夏婷婷）

赵绰断恶钱交易案

杨坚称帝后，认为“天下钱货轻重不等”，遂着手货币改革，发行五铢钱，并且严禁民间使用假钱。当时，有两个人在集市上用假钱兑换由官府铸造的真钱，巡查社会治安的武侯抓获了他们，并报告给了朝廷，文帝下令将他们斩首，赵绰进谏说：“他们所犯的罪应该判处杖刑，处死他们不符合法律。”文帝回答说：“这不关你的事。”赵绰说：“陛下不因为愚昧无知，把我放置在执法部门，现在陛下想胡乱杀非罪之人，怎么能不关我执法大臣的事！”文帝又说：“摇动高大树木的时候，如果树木不动就该知难而退。”赵绰也回答说：“我希望自己的一片忠心能感动苍天，何况是摇动树木。”文帝又说：“喝汤的时候，如果汤热就放在一边，天子的权威，你也想挫折它吗？”赵绰再次跪拜后又向前靠近，文帝厉声呵斥他，赵绰还是不肯退避，于是文帝就起身回后宫。治书侍御史柳彧又上奏恳切劝谏，最终，文帝接受谏言，收回成命，依法处断二人。

案例出处：《隋书》。

（夏婷婷）

赵绰犯颜执法事

赵绰执法公平，考绩连年最优，转任大理正。每次有上奏、议事，他都神色严正，侃侃而谈，皇上很赞赏他，他也逐渐被重用。当时社会盗贼屡禁不止，隋文帝气愤异常，于是下令凡遇此等罪犯，皆严刑处斩。赵绰进谏说：“陛下行尧、舜之道，多存宽宥。况律者天下之大信，其可失乎！”文帝欣然地采纳了他的建议，对赵绰说：“若更有闻见，宜数陈之也。”升任赵绰为大理少卿。

过去陈国的将领萧摩诃，因他的儿子萧世略在江南造反作乱，应当坐罪。文帝说：“世略年纪不满二十，又能干什么呢？无非因他是名将的儿子，被人逼迫罢了。”因此赦免了萧摩诃。赵绰固谏，以为不可赦免萧摩诃。文帝与他争执不过，想让赵绰退下去后，再赦免萧摩诃，因此让赵绰退下去吃饭。赵绰说：“臣奏狱未决，不敢退朝。”文帝说：“大理，你就为我特赦萧摩诃吧。”赵绰道:“按照法律规定,臣只能判他有罪;如要放他,那只能由陛下亲自特赦了。”因此文帝命令左右放了萧摩诃。

案例出处:《隋书》。

(夏婷婷)

赵绰判辛亶绯裤案

刑部侍郎辛亶经常穿着一条红色的裤子上朝,民间风俗说穿红色裤子可以官运亨通。隋文帝却认为这是妖术,将把辛亶斩首。赵绰说:“根据法律规定,辛亶不应当被处死,我不敢接受诏命。”文帝震怒,对赵绰说:“你可惜辛亶的性命,难道不可惜自己的性命吗?”于是下令将赵绰推出去斩首。赵绰回答说:“陛下可以处死我,但不能处死辛亶。”赵绰被押到朝堂,解去衣服,正准备处斩时,文帝又派人对他说:“你抗命不遵的下场如何?”赵绰回答说:“执法一心,不敢惜死。”文帝拂衣进入后宫,过了很长时间,才传令释放赵绰。第二天,文帝又向赵绰道歉,好言慰问勉励他,赏赐他布帛等物三百段。

案例出处:《隋书》。

(夏婷婷)

赵绰罪己救来旷案

隋文帝时期,掌管全国刑狱的大理寺少卿赵绰,依法办案,刚正不阿,在百官中享有很高的威信。当时在赵绰手下有个掌管办公陈设的小吏,名叫来旷,此人喜欢投机钻营。来旷摸到文帝的脾气,上了一道举告大理寺办案过于宽缓,请求加强法制的奏章,文帝看后很是欣赏,并允许他每日随五品官行列中参见。来旷见得到皇帝宠信,得意忘形,竟想扳倒赵绰,取而代之。于是他向文帝告了一状,说赵绰收买人心,还贪赃枉法,把应该判罪的人都放走了。文帝听罢立即派人下去调查,结果根本没这回事,于是龙颜大怒,平白无故诬告大臣,甚是可恶。立即下令,要将来旷斩首示众。赵绰觉得,来旷这人虽然品质恶劣,但按法律够不上死刑,便上朝为来旷据理力争,请求文帝免除来旷的死罪。文帝感到奇怪,来旷不是诬告陷害你吗,你怎么反倒替他求起情来。赵绰讲了他的想法,恳切地请求文帝依照法律,实事求是地处理来旷。文帝对赵绰不记私仇、秉公执法的精神大为赞赏,但想到来旷的卑鄙行为,仍非杀来旷不可。说罢文帝拂袖进入内阁。赵绰见此状,忙矫言:“臣更不理旷,自有它事,未及奏闻。”文帝命引入阁,绰再拜请曰:“臣有死罪三,臣为大理少卿,不能制驭掌固,使旷触挂天刑,一也;囚不合死,而臣不能死争,二也;臣本无它事,而妄言求入,三也。”文帝听后怒气渐消。最终,来旷得以免死,但仍判“配徙广州”。

案例出处:《隋书》。

(夏婷婷)

赵和设计为民申冤案

唐懿宗咸通初年(860 年),天水县人赵和担任江阴县令。赵和擅断复杂案件,判案风格尤以程序简便、判语凝练著称。他多次出任繁县县令,凭借着昭雪冤案在考核政绩时得到优等。无论什么复杂曲折的案件,他都能调查处理得清楚明白。

当时楚州淮阴县的农民都用丰收所得的钱去经商。某村有一农民，他欲在东邻购买数百亩肥沃的田地，但因买地的钱不够，他便把田契抵押给西邻，借贷了一百万文钱。交付检验了田契，说明第二年连本带利赎回。到了第二年约定的日期，东邻果然因为买来的肥沃土地，收获颇丰。他带着钱去赎田契，先是交纳了八十万文，并且验看了田契，准备第二天把余钱交齐，换回田契。因为只隔一宿，两家又是世交，所以东邻没有向西邻索要已经交纳的八十万文钱的收据。第二天一早，他便带着余款来西邻家赎回田契。谁曾想西邻竟不承认他已经交纳了八十万文钱的事情，因为当时没有保人，也没有留下收据，所以西邻一直拒绝交还田契。东邻无奈只得去县衙告状，县衙进行调查后，也找不到东邻交付给西邻八十万文的证据。县官对东邻说："实在怀疑你是冤枉的，他赖账不交还田契，但是缺乏证据，我们实在没什么办法处理。"东邻又去州府告状，州府也是无法审理。他无法忍受心中的愤怒，听说江阴县令善于正确断案，便跑到江阴县找县令赵和申冤。赵和说："县一级的衙门级别低，并且你的案件超出了我们管辖的地界，有什么办法能为你昭雪呢？"这个农民哭着说："你们这里如果也不能审理，我就无处申冤了。"赵和说："如果真像你所说的，就该为你依法审办。"赵和想了一夜，想出一条妙计。第二天，他召集了几个捕贼办案的能手，带着公文来到淮阴县，对西邻说："有一伙聚集在长江常抢劫的土匪，案件已经调查审理结束。其中有人供认有同伙帮助作恶，居住在某地，长相姓名，指的就是你，所以要把你逮捕带走。我们邻州的法律规定，唯独是对持刀在江上抢劫的，不允许藏匿不究，所以带公文追捕到这儿，果然抓到了你。"西邻倚仗自己并无劣迹，所以也不害怕。等到被带到江阴县衙大堂之上，赵和厉声问道："有条件自己耕种织布生活，为什么要做江上的强盗？"西邻大声哭叫说："我是耕田种地的老实农民，从没有划过船，怎么可能在江上抢劫呢？"赵和又说："你同伙的供词说得非常具体明白，姓名也没有差错，你还要狡猾抵赖，则必须使用重刑迫使你招认。"西邻非常恐惧，把头都要磕出血了，似乎是非常冤屈的样子。赵和又说："所抢劫偷盗的东西幸好大多都是金银珠宝和绸缎布匹，不是农家所购买和积存的东西，你可以申报你的财产来进行核实辩护。"西邻稍微缓解了一点恐惧的心理，详细开列了自己财产的清单，他交代有稻米若干斛，是某些佃户交纳的；绸绢若干匹，是自己家用织机织的；有钱若干贯，是东邻交来赎田契的；银器若干件，是某银匠给加工制作的。但他一点儿也没有料到东邻越境诉讼这一招。赵和大喜，便进一步核查落实，对他说："如果不是在江上抢劫的强盗，你为什么隐匿东邻赎契据的八十万文钱呢？"于是把告状的东邻叫出来和他对质。这下子西邻又羞又怕，脸色都变了，在大堂上请求恕罪饶命。赵和命令把他押回家去，检查交还契据，之后依法对他进行处治。

案例出处：《折狱龟鉴》。

（夏婷婷）

赵环等受贿枉法伏诛案

后唐明宗天成年间（926—930年），镇州人刘方遇，家财数十万。刘方遇妻田氏早卒，田氏妹落发为尼，常出入刘方遇家，后续发还俗，成为刘方遇继室。刘方遇之妻胞弟田令遵贸易有方，使刘家财产日渐增益。刘方遇有子年幼，二女皆嫁。刘方遇去世时，子幼不能继承家业，刘方遇妻及二女以家财素为田令遵经营，刘氏亲族立契，让田令遵改为刘姓，合法继承刘家产业。券书既定，便要求田令遵服斩衰居丧。刘方遇的两个女儿当初与田令遵订立契约时，先邀每月供财二万,及后求取无厌,二女之夫便指使二女诉田令遵冒称刘姓,夺父资产。成德军节度使李从敏令判官陆浣审理此案。石、李二夫族与本府要吏亲党,上至府帅判官、行军司马、随使都押衙,各受刘方遇二女赂钱数千缗,以田令遵与卖契券人安美同情共盗为罪名,斩杀了田令遵,知情者俱以为这是一件冤案。田令遵父上诉至御史台为子申冤,并告赵环、陆浣等人贪赃不法。唐明宗下诏本州节度副使符蒙、掌书记徐台符鞫问此案,符蒙先拘审刘方遇二女,二女皆承认行贿于节度使赵环、代判高知柔、观察判官陆浣等人。奸状备明,并捕下狱,具服赃罪。成德军节度使李从敏因受此案牵连,甚惧,令其妻赴洛阳入宫告诉王淑妃。明宗知之甚怒,说:"朕用从敏为节度使,而枉法杀人,我羞见百官,又令新妇奔赴,不须见吾面。"因当时王淑妃为其求情,赵环等三人皆弃市,李从敏罪止于罚一年俸禄而已。

案例出处:《旧五代史》。

(夏婷婷)

赵煚义救斛斯徵案

赵煚与宗伯斛斯徵素来关系不好,斛斯徵后出任齐州刺史,因犯罪被捕入狱,斛斯徵自知罪孽深重,于是越狱而逃。北周武帝大怒,重金悬赏欲将他捉拿归案。赵煚上密奏说:"徵自知负罪深重,惧死遁逃,如果不向北逃向匈奴,就会向南投奔吴越。徵虽然愚陋,但世面见得够多,且长期居于显赫位置,若他逃向敌国,对我朝没有好处。现在天下大旱,可借这个理由大赦天下。"武帝听从了他的建议。斛斯徵因此而获免,但赵煚到死也没有再提及此事。

案例出处:《隋书》。

(夏婷婷)

赵煚赠蒿于盗蒿贼案

北周宣帝继位后,赵煚官拜相州刺史,征拜尚书右仆射。后因抗旨,被贬为陕州刺史,后又改任冀州刺史,赵煚在做地方官时,很得当地百姓的敬重。赵煚有次生病,百姓都争着为他祈祷,可见他很得民心。曾经有一人盗赵煚田中蒿草,被小吏抓住。赵煚对盗蒿草的贼说"这是因为刺史(说他自己)不能宣传好的民风教化,罪不在你",安慰宽谕一番后,送他回家,并令人装上一车蒿草赐给那个偷盗的人。那个偷盗的人感到比受了重刑还难受。赵煚用自己的品德来感化百姓,大多都是这样做的。

案例出处:《北史》。

(夏婷婷)

赵涓断宫中失火案

代宗永泰元年(765 年),禁中失火,大火烧毁房屋十余间。因火发处与东宫稍近,代宗怀疑太子与此事有关,便委派监察御史赵涓迅速查明失火原因。赵涓知此事关系重大,丝毫不敢怠慢。他在现场反复勘察,又询问相关当事人和知情者,按据迹状,最后认定是值宿宦官不慎引起的。于是传讯当事宦官,推鞠明审,颇尽事情。当事宦官不敢隐瞒,详细供述了失火原因,于是赵涓将调查结果奏明代宗。代宗见他调查无任何疏漏,心中疑虑顿消,并对赵涓大加赞赏。对涉事宦官依律治罪。

德宗当时还为东宫太子，对赵涓明查失火一事心存感激。后赵涓任衢州刺史，当时赵涓与观察使韩滉不和，韩滉奏报朝廷欲免去赵涓之官。德宗见其名，遂问宰相："岂非永泰初御史赵涓乎？"宰相回答是。旋即拜赵涓为尚书左丞。无何，知吏部选，后随侍德宗出巡梁州。兴元元年（784 年）卒，赠户部尚书。

案例出处：《新唐书》。

（夏婷婷）

郑叔清治私铸钱币案

唐肃宗上元年间，开元钱、乾元重宝钱与重轮钱流通已久，适逢年荒，每斗米价值达七千钱，以至于出现了人吃人的现象。民间私铸钱币之风盛行，恶币充斥良币，物价被抬得高。京兆尹郑叔清抓捕私自铸钱的人，数月之间，被杖决者八百有余，依唐律，"诸私铸钱者，流三千里；作具已备，而未铸者，徒二年；作具尚未具备者，杖一百。"虽有法律明文禁止之规定，但私铸钱币还是不能禁止。于是肃宗下敕书于京畿道，命令开元钱与乾元重宝钱都一钱当十钱，重轮钱以一钱当三十钱，其他各州待决。当时史思明也铸造了顺天钱与得壹钱，一钱当开元钱一百钱，所以叛军占据的地区物价更为高涨。

案例出处：《资治通鉴》。

（夏婷婷）

郑余庆怒揭滑涣受贿案

郑余庆两度为相，尤以清廉节俭为时人所称道。于朝廷内外勤勉司职，敢于评议朝政得失，其言精切准当，在朝中更是德高望重。主书滑涣，长期主管中书省文书档案，与宦官典枢密刘光琦私情颇好。宰相议事在中书省，诸相所议之事凡与刘光琦有意见相左的，只要让滑涣转达意思，往往得其所欲。宰相杜佑、郑絪都姑息纵容他，人们谈论说杜佑私下称呼滑涣为滑八，四方书信财礼，聚集到滑涣门下，其弟滑泳官至刺史。及至郑余庆再入中书省，与同僚朝堂议事，滑涣指着郑余庆说是非，郑余庆恼怒他僭越身份，叱责他。不久郑余庆即被罢相，贬为太子宾客。元和元年（806 年）八月，宪宗命人关闭中书省。搜集滑涣罪证。得知滑涣贪赃达数千万钱，滑涣被赐死。宪宗后来听说郑余庆叱责滑涣之事，很敬重他，改授他国子祭酒，不久拜河南尹。元和三年（808 年），任郑余庆为检校兵部尚书，兼东都留守，元和六年（811 年），正式拜兵部尚书。

案例出处：《新唐书》。

（夏婷婷）

中宗和解弹劾案

唐中宗景龙二年（708 年），西突厥娑葛与阿史那阙啜忠节多次互相侵扰，大唐西部边陲不宁。阙啜忠节由于兵少将微，逐渐不敌。安西都护郭元振遂奏请将阙啜忠节召入京师宿卫，宗楚客与宗晋卿、纪处讷等人各自收受阿史那阙啜忠节丰厚的贿赂，上奏请求发兵攻打娑葛，中宗没有采纳郭元振的奏请。娑葛得知后大怒，起兵入侵，边境堪忧。监察御史崔琬对着皇帝的仪仗上奏，弹劾宗楚客、纪处讷二人暗地里勾结戎狄，接受对方的贿赂，导致边疆地区发生叛乱。依照惯例,大臣受到弹劾时,应当弯腰低头快步走出,站在朝堂上听候治罪。这次宗楚客受到弹劾后,反而勃然大怒,变了脸色,向中宗自述自己的忠诚耿直,声称受到了崔琬的诬陷。唐中宗对此居然没有严加追究,只是让崔琬与宗楚客结为兄弟,以此来使两人和解,当时的人都称中宗为"和事天子"。

案例出处:《旧唐书》。

(夏婷婷)

众臣议长孙无忌带刀入宫案

贞观元年(627 年),长孙无忌受太宗李世民召见急忙入宫,竟忘记解下佩刀便径直进入东上阁,待到他出宫时,监门校尉才发觉。在当时,臣子携带兵器入宫是对皇帝人身安全的最直接威胁,也是对皇帝威严的一种挑衅,属于非常严重的大不敬犯罪。长孙无忌带刀入宫的事情上报给太宗后,太宗觉得非常为难,因为长孙无忌是长孙皇后的哥哥,而且长孙无忌是二十四位功臣之首,太宗与他私交甚深。于是,太宗想援用"八议"之法,对长孙无忌从轻处治。于是便召集众臣在朝堂之上商议此案该如何处置。尚书右仆射封德彝认为监门校尉没有发觉,严重失职,应当处死刑;长孙无忌可罚铜赎罪。太宗欲从此议。大理少卿戴胄说:"校尉与长孙无忌犯有相同的罪过,臣子对皇帝不能说有失误。法令上注明:供奉皇帝的汤剂、饮食、舟船,即使属于失误也都是死罪。陛下念长孙无忌的功劳,原谅他可以。如果只惩罚长孙无忌,而杀死校尉,不能称之为刑法。"太宗说:"法令是天下人的法令,朕怎么能偏袒亲戚呢。"下诏重新议罪,封德彝坚持己见,太宗准备依从。戴胄说:"不对,校尉因长孙无忌而获罪,依法应当从轻处理;如果都是失误,不应该处死他一个人。"最后,太宗在群臣广议的基础上,免除了长孙无忌与校尉的死罪。

案例出处:《新唐书》。

(夏婷婷)

重臣廷议宰相欲释死囚案

宣宗大中元年(847 年)二月,天下大旱。宣宗为之减膳撤乐、出宫女、放鹰犬、止兴建;同时命宰相卢商与御史中丞封敖审理京城的在押囚犯,进行大赦。因为中国古代君主都信奉"天人感应"说。每遇灾害,便认为是人间过错太多,迁怒上天,于是减膳撤乐,审查狱讼有无冤滥,赦囚徒,令群臣直言朝政得失,以此祈求上天减轻灾害。不久大理寺卿马植奏称:"卢商、封敖等一味宽宥,犯罪分分轻重,全部免死。以往官吏受财枉法、监守自盗及各种故杀囚犯,遇大赦也均不免其死罪,而今卢商等皆免其死,这会使贪官污吏无所惩,被谋杀者冤不得申。恐怕这种做法并不利于消除旱灾,致平和之气。请陛下重新考虑赦囚之事。"宣宗乃召集中书、门下两省五品以上官重议此事。此时,仅为求上天早降甘露,宰相、御史便不问犯罪轻重,一律实行赦免,是自乱国法,有违法律惩恶劝善的原则。左谏议大夫张鷟等上言道:"陛下因大旱审理在押囚犯,恐其中有冤枉,而今欲赦免的死囚,并无冤可雪。卢商等滥施宽宥,恐不逞之徒常盼水旱为灾。"议者皆赞成马植所奏,于是宣宗听从众人的意见,所有犯重罪的死囚,皆不得宽免。事后任马植为刑部侍郎。

案例出处:《新唐书》。

(夏婷婷)

宋元案例

白天持杖抢夺案

延祐七年(1320年)六月,浙江行省上报到中书省一宗案例。信州路官府抓获案犯余云六,其用棒抢劫王寿甫的钱钞。其同伙徐仁三、陈嫩也都招供了。具体案情是,余云六与陈嫩、徐仁三对客人王寿甫以喝问私盐为理由,用棒子打,将其推下水坑,夺走其钱物。信州路官府认为此案与窃盗类似,可以判余云六刺配,因为事关通例,所以上报刑部。刑部认为:贼人余云六、徐仁三、陈嫩供称是犯撇捲的方法骗钞,屡教不改。这次又共谋在白天持杖劫道,谎称巡问私盐为由,将王寿甫用棒打伤,推入水坑,夺走钱物,可以比照强盗论处。因为地方官府已经将案犯刺断,很难追改,可以将各案犯发付给奴儿干出军。中书省同意了刑部的判决。

案例出处:《判例法的两面:中国古代判例选编》《元典章》。

(武航宇)

百户刘顺奸占民户何大妻室案

大德三年(1299年)三月,江西行省向中书省上报了一宗奸占案,即百户刘顺奸占南阳府百姓何大的妻子王海堂。此案审理明白后,对双方各断八十七下。百户刘顺,身为职官,既已犯奸,双方已经被处罚,可以继续担任职官。此案报送到刑部,刑部认为应该参照至元二十三年(1286年)四月神州路叙浦县丞赵璋与苌用妻陈迎霜通奸的判决。刑部对于赵璋案的判决结果是:赵璋是受敕牒的官员,专治一方,是百姓的榜样,却不能恪守法纪,犯奸被处刑,不应该再担任职官。百户刘顺案中,对刘顺,应该依赵璋例除名不叙用。

案例出处:《判例法的两面:中国古代判例选编》《元典章》。

(武航宇)

被诬官员俸禄补发案

大德十一年(1307年)十一月,浙东道廉访司受理了一桩案件。温州路瑞安州的一名百姓吴瑞诉称:"本州王同知到基层检察时,索要了很多当地的木棉,也索要了很多银两。"瑞安州受理此案后,经审理发现吴瑞等人系诬告,随后对吴瑞进行了处罚。在同知王革享被诬告之后,官府停发了他的俸禄,现在王同知要求返还被诬告期间的俸禄。此案被移送到温州路,审理结果是:"原来有一个判例,江西省令史李元纲也曾经被诬,在被诬期间,他没有履行公职,不给俸禄。但是这样做对官吏不公,因为是诬告,官吏本身并没有犯私罪,不应该扣俸禄。至元十年(1273年)中书省曾经发了一个通例:非因自身原因而缺勤的,俸禄应该全部补发,这是符合事理的。"此案呈报中书省,中书省会同刑部审理的结果是:"凡官吏在任,被人告论,如果是犯了私罪,证据确凿,不至于开除,但离开本职者,其俸禄不给。如果罪不至停罢,后来又还本职者,可以给付俸禄。如果被栽赃诬告,或涉嫌犯了公罪但最终没有问题的官员,其虽然缺勤,但是俸禄应该全都补发。所以,瑞安州同知王革享,既然是因为被诬告而停职,查明真相后,其缺勤期间的俸禄应该全部补上。”

案例出处:《判例法的两面:中国古代判例选编》《元典章》。

(武航宇)

不丁生父忧免职案

延祐元年(1314 年)十一月,江西道廉访司上报了一桩案件。百姓刘浩然状告臧荣不依父姓,改作庄荣,在他的父亲庄觉显、母亲陈氏病故后,任吉州路知事,不为父母守丧,匿丧就任官职,违反法律规定。当地官府提审了庄荣,他如实供述。江西道廉访司上报到刑部,刑部的判决是:以往案例规定,在职官员匿丧不报,处以笞刑四十七下,免现职,等服丧期满后降一等叙用。本案中,庄荣遭值父母重丧,服丧期限未满,继续为官,处以笞刑四十七下,解现任,等服丧期满后降一等叙用。

案例出处:《判例法的两面:中国古代判例选编》《元典章》。

(武航宇)

蔡久轩断妇人背夫再嫁案

蔡久轩做县令时,处理了一宗已嫁女背夫再嫁案。阿吴被其公公胡千三调戏,没有成奸,但是有违伦理,所以阿吴很难再回婆家。当然这只是阿吴的一面之词,官府没有查验。阿吴的父亲吴庆乙受其兄吴大三的教唆,将阿吴偷偷带回家中,又嫁给外州人,同时向官府谎称,其女不知下落。如果此案没有彻查明白,一定是胡千三受牵连,被处刑。事实调查清楚之后,吴庆乙属于妄诉,应该处杖一百,编管邻州。如果妄诉是吴大三所教,那么吴大三应当被处以杖刑,并编管邻州,吴庆乙可免于处罚。阿吴如果回到胡千三之家,一定会有投水自缢之祸,但是背夫盗嫁,也是不能再回胡家。所以,本县命令官牙,将其再行改嫁。胡千三调戏儿媳的事情没有调查清楚,很难定罪。如果针对此事再有诉讼,并有相关的证据,应该送到监狱去改正错误。

案例出处:《名公书判清明集》。

(武航宇)

蔡久轩断继子控生父案

齐元龟出继给齐司法为子,申诉生父齐公旦夺卖养父产业。初审认为齐元龟不对,但蔡久轩复审指出,本州岛佥厅之所断,本司检法之所拟,都不妥当,理由是:天下岂有二父二本之理,抚育之恩固深,而继承之义尤重,为人后者,不得顾其私亲。初审认为齐元龟不当诉生父取其养父之业,果真如此,则齐元龟席卷养父之产业,归齐公旦之家,则不配为齐司法之子,而法律明文规定的继绝、检校之条也就形同虚设,不但于法有碍,而于理亦有碍,恐怕使人不知有父子之大伦。况且,依据“卑幼产业为尊长盗卖,许其不以年限陈乞”的规定,齐元龟陈乞于齐公旦死后,不可以厘革论。然而,本司不欲插手转运司事,让齐元龟经州陈诉。

案例出处:《名公书判清明集》。

(张田田)

蔡久轩断县官乱断人命案

蔡久轩任知县时,处理了一桩县官乱断人命案,判决指出:百姓遇到纠纷就要讲理,这是正常的事,但是如果处理不好就容易出现命案。李大秀和于千四因为馒头而产生纠纷,就不要责怪于千四夫妻抱着幼女登门评理。抱女上门,不为无心。李大秀不知自我反省,反而又动手打人。阿陈非常气愤,不顾其女,挡住李大秀的棒子。阿陈死后,李大秀罪不可赦。案发之后萧主簿受到他人的叮嘱,不深究此事,等到上级官府来检查时,发现主簿竟然以假的和解状上报此案,上级官府欲追究办案法官的责任,主簿却以办案法官逃走为借口,太肆无忌惮了。人命案最为重要,必须要追究明白。上级部门将此案交给段县尉处理,萧主簿暂且免职,涉案人员苏万、王昌各处以杖一百。

案例出处:《名公书判清明集》。

(武航宇)

蔡久轩断义子觊觎家产案

蔡久轩任知县时,处理了一桩子随母嫁而归宗案。舒常和后妻傅氏结婚时,傅氏带来一子,也姓了舒姓,虽然不符合法律规定,但是在二十年的时间里,长幼之间没有任何嫌隙,有古人忠厚之风。舒常还有义子薛龙孙等二人,在舒常死后,义子薛龙孙等二人,应该自归本宗,傅氏也应该以义遣之。但是薛龙孙等二人至今不走,舒氏的族人也要参与其中。傅氏带到舒家的儿子,在舒家已经二十年了,可以分舒家的产业,薛龙孙年长,主张家事,舒氏的亲生儿子反而拱手听命,这是不合理的。所以舒氏族人舒希说等到官府告状,舒常的亲生儿子舒思义已经长大,看到状词之后,知道母亲的难处,而说舒希说等人是侵扰其家,薛龙孙也是觊觎家产。所以,本案的判决是:薛龙孙、龙弟二人归宗,不得再冒姓舒氏,也不得干预舒氏家事。傅氏应以至公为心,留意抚育三子,不得再招惹薛龙孙等人。薛氏二子既已归宗,那么舒希说如果继续诉讼,则是有意欺骗孤寡,应当议罪。

案例出处:《名公书判清明集》。

(武航宇)

蔡久轩断逐子立婿案

《名公书判清明集》载,儿子徐岩甫在父亲死后,在财利分配上不公道,而女婿姜子朝从中挑拨,使母亲向官府入状请求逐子立婿。蔡久轩认为,三人者,皆不为无罪:女婿挑拨离间,而欲绝妻家之祀;徐岩甫为人之子,激其母之讼;李氏为人之母,私意横流,知有女婿,不知有子,知有女儿,而不知有夫家。判决按照佥厅所拟行,各责戒励状,此次免于处罚。如三人还不肯罢休,则要惩姜子朝离间人家母子之罪,治徐岩甫不能承顺其母之罪,如果以后还不和好,则是李氏有意于绝其夫家香火,官府亦不宽恕她,下令原被告各尽其为子、为母之道,以免后悔。

案例出处:《名公书判清明集》。

(张田田)

曹兴为盗案

宋真宗大中祥符二年(1009 年),光化军百姓曹兴为盗,将行刑时,口称有冤,军令县尉复审。刑部认为:“县尉职责是捉捕盗贼,再令其审案,则恐其隐瞒收逮无辜平民之罪,造成刑狱的冤滥。”于是真宗诏命:“从今以后死刑案件审理结束,犯人临刑前称冤者,不得委派与之有关系的官吏复审,如缺官,即申报转运使、提点刑狱使,由临近州府派官复审。”

案例出处:《中华法案大辞典》。

(武航宇)

柴成务笞吏案

宋真宗时,判刑部柴成务因下属的小吏傲慢无礼而鞭笞之。小吏跑到登闻鼓院击鼓喊冤,真宗下诏审讯柴成务,柴成务叹息说:“我身为长官,因鞭笞一小吏而被审,将以何面目在公堂上处理公务呀!”于是请求解职,真宗不允。

案例出处:《中华法案大辞典》。

(武航宇)

沉香蒙冤案

北宋神宗熙宁五年(1072 年),杭州百姓裴氏之妾夏沉香在井边洗衣,裴氏的长子献,戏闹时误坠井底而死,裴氏的正妻向官府控告,说夏沉香有意将儿子挤到井台使其掉入井中身亡。知州先委派录事参军杜子方审问,夏沉香不肯招认故杀罪名,后又由司户参军陈珪、司理参军戚秉道二人再审,仍与第一次的供诉相同,便据此断夏沉香从杖一百放归。路提点刑狱官陈睦在审查州府案件时,认为此案判决不当,便奏请将杜子方、陈珪、戚秉道三人罢免官职。知州又委托秀州官吏张济掬审理此案,许诺若此案审结,则以其才荐官。而张济掬却断沉香以死罪。为此苏东坡曾诗云“杀人无验终不快,此恨终身恐难了”。其后陈睦回到京师,久居而无官职授受,便向一自称能知咎由的庙师询问来事。庙师拒答,而向其亲属问:“知道沉香吗?”陈睦闻此言而惶恐不宁。

案例出处:《中华法案大辞典》。

(武航宇)

陈奉古审吏卒执盗拒夺案

北宋年间,主客郎中陈奉古出任备州通判时,有个差役拘捕盗犯时,盗犯母亲企图上前夺取盗犯,差役抗拒不给,将她推倒在地。第二天,盗犯母亲身亡。差役被交付给法吏,以斗殴杀人论罪。《宋刑统》规定,斗殴杀人者绞。差役被判死刑。陈奉古不以为然,他认为,捕捉盗犯,国家有亡失之法,即犯人逃亡是要追究法律责任的,差役在有人劫夺盗犯时,依法应当抵御。因为抵御而杀死了人,却按斗殴杀人论处,那么以后吏人就没法捕捉盗贼了,杀一无辜之人,而使盗贼得逞,绝非法律的本意。于是将此案上报朝廷。朝廷批复,差役被处以杖刑。

案例出处:《中华法案大辞典》。

(武航宇)

陈耿辨命案冤情

据刘敞撰写的《朝散大夫殿中丞知汝州叶县骑都尉陈君墓志铭》,陈耿在永定军任司理参军时,有人被杀死在路上,不知凶手是谁。死者之子怀疑是仇家所为,到官府告诉,官吏按照死者之子提供的仇人姓名抓捕凶手,在死者之子坚持指证下,被抓获囚禁的人无法为自己辩白。陈耿觉察到被抓获者并非真凶而将其羁押待讯,同时紧急请求守丞捉拿真凶。守丞发怒,认为司理竟敢为死囚开脱,一定是侮辱法律,于是派其他官员杂治嫌犯。嫌犯被笞掠数百千,不胜痛苦而诬服。陈耿仍坚持自己的观点,并不听信刑讯而得的口供。第二年,在博野县捕得真杀人者,举郡大惊,众人皆服。

案例出处:《朝散大夫殿中丞知汝州叶县骑都尉陈君墓志铭》。

(张田田)

陈述古借钟辨盗案

宋仁宗时,建州蒲城县有富民失窃,捕到嫌疑犯数人,但真盗是谁一直查不出来,蒲城主簿陈述古摄县事,审理此案,他谎称某庙有钟一口,至为灵验,能辨认盗犯。派人把钟迎来安置在后阁供奉,然后带来囚犯,立在钟前,告诉他们说盗犯摸钟,钟就会响。陈述古亲自率领同僚,很虔诚恭敬地对钟祷告,祭毕,用帐幕围起来,并暗中派人用墨涂了钟,过了很久,引着囚犯们用手伸到帐幕里摸钟,出来后检验他们的手,发现大家手上都有墨,只有一个囚犯的手上没有墨,原来他乃是真正的盗犯,因为害怕钟有声音,不敢去摸。一经审讯,盗犯当即认罪服刑。

案例出处:《中华法案大辞典》。

(武航宇)

陈巽争谳免死罪案

北宋年间,常州有一盗犯团伙被捕获,其中有的人弃财而逃。依照《宋刑统》,强盗伤人者绞,杀人者斩。未伤害物主的则计赃定罪,一尺徒三年,两匹加一等,十匹绞。通判坚持要将犯罪团伙的所有人都处以死刑,陈巽认为不该处死,双方争执不下报请上司评议,结果盗犯得免死刑。

案例出处:《中华法案大辞典》。

(武航宇)

程颢辨钱案

宋代著名的理学家程颢初任京兆府户县主簿时,有某甲借兄的房子居住,忽有一日发掘出埋藏在地下的许多钱币,依照《宋刑统》,“凡于他人地内得宿藏物者,合与他主中分”,此钱应由某甲与兄之子某乙均分。但某乙不愿。他向官府诉称钱是他父亲藏的,要求某甲将钱全部归还。县令以为没有证人证据,无从决断。程颢不以为然,他问某乙其父藏钱有多少年了。某乙答四十年,又问某甲借住房子有多少年了,某甲说已经二十年了。程颢派人取来一千钱验看,然后对某乙说:“现在官府铸造的货币,不出五六年,就通行遍天下。这些钱是你父亲未藏钱之前数十年所铸造的。”某乙终于承认自己独吞钱币的企图,从而了断此案。

案例出处:《中华法案大辞典》。

(武航宇)

程颢审假冒人父案

北宋仁宗年间，泽州晋城县富民张氏之子，在其父刚死不久，一天早晨起来，见有位老人立于门前，说："我是你父亲，来与你同往。"接着说明了事情的来龙去脉。张氏之子惊疑莫测，便和老人一起来到了县衙，请求明辨。老人声称自己本是云游江湖的医生，妻子生产时，正远在他乡为人治病。妻子贫弱无力抚养，便把儿子送给了张氏，在某年某月某日某人抱走，有人亲眼看到，可以为证。知县程颢问他日深月久，何以记得如此清晰，老人说自己回家得知此事，便记在药法册后面，并拿出药法册呈请知县审检。程颢见上面载有某年某月某日，某人抱走儿子送与张三翁字样，就问张氏子年纪多大，张氏子言 36 岁，又问张氏在世时多大年纪，张氏子说 76 岁。程颢反问老人："张氏子出生时，其父年仅 40 岁，难道这时就有人称他作'三翁'了吗？"老人无言以对。终于承认了自己假冒人父，图谋人产的罪行。

案例出处：《中华法案大辞典》。

（武航宇）

程琳断皇宫失火案

北宋仁宗年间，程琳任京城开封府尹，恰逢皇宫之内发生大火灾，一直烧到两宫。宦官负责查处此案，认定火灾的起因是缝纫匠人使用熨斗，匠人也已被迫认罪。朝廷将此案交付开封府，命程琳审理结案。程琳当即觉察此案有不实之处。由于皇宫之内不能随便进入，程琳便命工匠画出大火所起和经过之处，发现后宫人多，而住所狭窄，匠人烧饭用的灶具靠近板壁，年深月久，板壁变得干燥而起大火，程琳向皇上如实禀奏说："此火乃是天灾，不应该降罪于人。"宋仁宗因此从宽处理此案，使众匠人免遭死刑。

案例出处：《中华法案大辞典》。

（武航宇）

除免节妇差役案

元至十年（1273 年），大都路左警巡院咸宁坊上报了一份节妇免差役的报告。魏阿张 16 岁时嫁给魏明的儿子魏蔓。其夫魏蔓荒纵，不顾家庭，因为欠回族人债务共两锭银子，无法偿还，逃窜不知所往。魏阿张的父亲代魏蔓偿还了债务，此后魏阿张与魏蔓的老母共同居住，一直奉养婆婆。十多年后，其夫魏蔓还家，但不久因病身故，并且没有留下任何产业，没有经济来源，租房居住。这时其儿子 7 岁，婆母 95 岁，眼睛看不清东西而且身体还有病，行动非常不便，魏阿张依旧奉养。对于魏阿张家中的情况，大都路的长官已经和基层的官员进行核对，情况属实。左巡院的记录上也显示："魏阿张今年春天的丝钞，都没有缴纳。"监察御史将此案上报到御史台，御史台官员认为："魏阿张奉养婆婆，守节不嫁，应当按照朝廷恤民的宗旨，由官府予以救济。现在国家决定免除魏阿张家的差役，对其旌表，以励风俗！"

案例出处：《中华法案大辞典》。

（武航宇）

褚克衡兄弟争财案

至元十一年（1274 年）六月左右，彰德路百姓褚克衡诉称："我和兄长褚克衍在父亲去世后分家了。现在生母阿刘和嫡母阿田也都去世了,对于原来给母亲和祖母留的养老产业,兄长褚克衍私自占有,不肯和我平分。我要求官府公平判决。”彰德路官员对此案进行了详细的审理,并且传唤了相关的证人。得知,在褚克衡与褚克衍分家之后,阿田与阿刘与兄长褚克衍一起居住,褚克衍将二位母亲一直奉养得很好,阿田与阿刘名下的房屋田产也都归褚克衍打理。因此,彰德路官员对此案判决是:“阿田、阿刘留下的房屋田产等物,以褚克衍继承为主。另外,褚克衍父亲在世的时候,有驱口张驴子、朱珍两户,在其死后,分给了阿田。现在阿刘与阿田都去世了,这两户驱口都放为良人。”彰德路官员将此案上报户部,户部对此案审议后作出判决:“分家之后的诸子与诸母,无论嫡庶,如果诸母自愿与其中之一子生活,本身还没有儿子,身亡之后,其财产并入同居之家,另外的继承人不能主张其财产。就本案而言,阿刘与阿田都不能分得财产,褚克衍之父留给阿刘与阿田的财产只是让她们在世时生活所用,现在去世了,应该诸子均分。”此案经中书省批准后具有法律效力。

案例出处:《中华法案大辞典》。

（武航宇）

从父主婚案

至元六年(1269 年)十一月,中书省收到一桩悔婚案。高忽赛因诉称:“田总管夫人找媒人来提亲,要将女儿素英嫁给我儿子沙班为妻,我已经下了聘礼。田总管知道此事后,反悔了,将素英许给了李外郎的儿子为妻。”此案送到法司审议后,拟出如下判决:“嫁女需要有祖父母、父母主婚,父亲去世由母亲主婚。另外,嫁女、弃妻都应该有适当的理由,如果没有合适的理由,是不合法的。如果当事人有恰当的理由,应当告知对方,如果告知对方三个月后,对方不理睬的,视同接受。本案中的田总管夫人田阿贾在没有请示田总管的情况下,将女儿素英聘给高忽赛因的儿子为妻。田夫人的主婚无效,待到田总管从西京回家后,应当将田夫人收到的聘礼全额返还给高忽赛因。田总管的女儿素英与高忽赛因的儿子不能结婚。”此判决经中书省批准后施行。

案例出处:《中华法案大辞典》。

（武航宇）

崔敬查造伪钞者案

崔敬,字伯恭,惠州人,通晓法律刑名,曾官拜监察御史、兵部尚书,以善于处理疑案而闻名。他在佥山北廉访司事任上,曾抄录了一桩冤狱。有一名叫李秀的人,以制造伪钞而被定罪,此案牵连几十人,但所有本案牵连的案犯都不认识他。崔敬觉得此案非常可疑,所以决定重新审理。崔敬在提审李秀时,李秀诉称:“我平时以教小孩为生,居住在农村。有一天,官府来到我家,说我造伪钞,起初我是不承认的,但是官府刑讯逼供,我不得不承认了。”崔敬得知此情况后,重新审理此案。后经详细调查,发现此案真正的罪犯是大同的王浊,王浊制造伪钞十多年,都没有被发现。所以崔敬给大同地方官员发出了一份公文,请求协助调查,果然,调查结果证明,王浊是真正制造伪钞的人。

案例出处:《中华法案大辞典》。

（武航宇）

订婚妇犯奸案

至元九年(1272年),御史台接到江西道按察司的文件:“百姓吕成与武梅梅已经订婚,在等待成亲的时间里,武梅梅与陈军儿通奸。吕成告到官府,官府认为不应该让男方家承担订婚的彩礼的损失,女方家应该归还彩礼。”此案上报到刑部,刑部依法作出判决:“订婚后的女方犯奸,如果男方家休弃女方,则可以追还聘财,如果男方家不休弃女方,则男方家可以减半出财求娶成婚。”此案后报中书省批准,依刑部所拟施行。

案例出处:《中华法案大辞典》。

(武航宇)

订婚女再嫁案

至元六年(1269年)八月,李仲通过媒人将女儿丑哥聘给郭伯成的儿子驴儿为妻,收了郭家的聘礼,聘礼是三十五两红花等。二人订婚之后,还没有成亲。第二年,李仲又收了石驴儿的聘礼十五两银子,招其为赘婿。郭家知道此事后,告到官府。大都路府经审议作出以下判决:“石驴儿不知道郭伯成已经给李家下聘礼,为儿子聘娶李丑哥的事情,依照法律规定,将李丑哥断给郭伯成的儿子驴儿为妻,李仲把接受的石驴儿的聘礼在十五日内还给本人。”中书省接到本案的判决后,核准施行。

案例出处:《中华法案大辞典》。

(武航宇)

订婚未嫁夫入狱案

至元十一年(1274年),刑部接到南京总管府上报的一桩案件。百姓樊德诉称:“王招抚的儿子王道道聘了自己女儿菊花为妻,并且已经下了彩礼。但是王道道图财杀害了王何藏,现在被收押在监狱,难以与菊花成亲。现在要求解除王道道与菊花的婚约。”刑部经审议作出判决:“凡是女子订婚未嫁,其夫作盗,可以判处离异,归还男方所下聘财。”此案上报中书省后被批准。

案例出处:《中华法案大辞典》。

(武航宇)

订婚未娶通奸案

至元十二年(1275年)十一月,刑部接到一宗与订婚未娶妾通奸案。百姓豆黑厮供称:“我用女儿一斤交换了郝进的女儿伴姑为妾,让媒人刘二嫂给郝进家送去黄绢三尺,各自写了婚书。之后我就与伴姑通奸,伴姑的哥哥要去了女儿一斤的婚书,并且将郝伴姑送来本家为妾。”

刑部审理此案参照了以往的案例。至元十一年(1274年)六月二十九日,平滦县百姓史延寿供称:“至元九年(1272年)三月,与已经下聘礼的未婚妻私自调情,之后通奸逃走。”其未婚妻刘瑞哥的供词与史延寿相同。于是,本路官府要求史延寿的父亲史甫补交所欠彩礼钱,交给刘瑞哥的父亲收管,将史延寿处刑。因为刘瑞哥怀孕,暂时不做处理。至元十年(1273年)六月九日,按察司依据圣旨作出的判决是:“史延寿恶意拐带刘瑞哥通奸在逃情况属实。对于以后类似的案件,即已经订婚但是没有交足聘财成亲的男女,如果私自背着父母私奔,不属于夫妇之道,应该判处离异。史延寿所犯,是拐带订婚妻私奔,不能等同凡人犯奸,又在史延寿父亲史甫拿到了尚欠女方的聘财，并且交给刘瑞哥的父亲刘留住收管，等到将史延寿执行完刑罚，二人也很难离异。刘瑞哥的罪过也不严重，又不曾前来大都，就命令平滦路量情处理。”

参照史延寿与刘瑞哥案的判决，刑部对于豆黑厮与郝伴姑案的判决如下：“豆黑厮与郝伴姑的犯罪事实，与史延寿与刘瑞哥案案情相似，很难离异，只能作为聘财不足而未迎娶造成的私通来处理，各处以笞刑二十七下，准许成婚。另外，豆黑厮的女儿与郝进的儿子百儿的亲事，也依据婚书成立，各依原定聘财迎娶成亲。”

案例出处：《判例法的两面：中国古代判例选编》《元典章》。

（武航宇）

定期不娶改嫁案

至元七年（1270 年）四月，太原路受理了一宗悔婚案。百姓刘泉诉称：十一年前，元凯找媒人来提亲，请求我将女儿伴姨聘给他的儿子为妻。如今十一年过去了，伴姨已经二十四岁了，但是元凯家并没有人来娶亲。太原路将此案报送到户部，户部审理后认为：限元凯家三十日带聘礼来娶亲，如果超过此期限不来迎娶，伴姨可以改嫁。户部将此案报送尚书省后，尚书省批准了该项处理，并且该案可以作为以后类似案件的判例。

案例出处：《中华法案大辞典》。

（武航宇）

杜镐比附断罪案

杜镐初任南唐，后入宋，曾官至礼部侍郎，预修《册府元龟》，时人称其为“杜万卷”。

杜镐年幼时，他的兄长在南唐做法官，曾遇到过一件非常棘手的案件。有一户人家的儿子毁坏了供奉在家里的父亲画像，而且没有及时予以修补，被前来走动的亲属发现，这位亲属将这家的儿子告到官府，理由是这个儿子不孝。但是杜镐的兄长查阅了所有的法律，也没有找到“儿子毁坏父亲画像该如何处治”的法律依据，这令杜镐的兄长大费脑筋，始终不知该怎样定罪量刑，所以这个案子一直悬而不决。有一天，杜镐的兄长与其聊天，谈及此事，仍然不知如何处理。杜镐问清缘由后，建议以僧尼、道士毁坏天尊和佛像之法比附裁断。杜镐的兄长茅塞顿开，认为此种比附符合当时的类推原则，于是依据此案例裁断。

案例出处：《中华法案大辞典》。

（武航宇）

儿媳诬告公公强奸案

至元十三年（1276 年）正月，中书省收到济宁府郓城县上报：军户赵全状告儿媳妇刘冬儿蓄谋诬告。中书省认为：刘冬儿所犯，为蓄谋诬告其公公与自己通奸，已经招供，判处杖八十七下。如果将本妇裁断归家与公公共同生活，则始终是刘冬儿与公公面对奸事，双方已经义绝，很难再有姑舅之礼，不能继续同居，拟将本妇断离归宗，将原来收到的聘财给付夫家，夫家另娶妻室，比较合理。中书省参照的案例是济宁路李顺状告儿媳妇刘粉儿诬告奸污案。刘粉儿招供了所犯事实，最后被判处杖刑八十七下，地方官府的判决是将本妇给还夫家，依旧一同生活。但中书省认为：刘粉儿诬告公公，而且与公公一起面对通奸之事，可以定为义绝，难叙姑舅之礼,很难同居,所以将本妇断离归宗,追回原来的聘财,给付夫家,夫家别娶妻室,比较合理。中书省的结论是:刘冬儿所犯与刘粉儿无异,顽劣之人要抛弃夫家,诬告成立,则应离异,作为判例。如果夫家还留其居住,则可以继续生活在一起。如果夫家不想留其居住,则可以追回聘财,让男方别求妻室。本案的判决结果是:刘冬儿诬告公公强奸,所犯非轻,虽然已经断离,但是如果追回原来聘财判离,则正合其妇本意,如果判归还夫家,则要与公公一起面对奸事,很难同居,今后若发生此类案件,犯妇可以由夫家嫁卖。

案例出处:《判例法的两面:中国古代判例选编》《元典章》。

(武航宇)

返还赃款减刑案

至治二年(1322 年),河东廉访司上报了一宗案件。原告人冀宁路军器局人匠李伯达在延祐四年(1317 年)三月二十一日,到河东廉访司状告本局官亦剌马丹等勒索其弓袋等物价值钞四十五锭。二十三日张庆将原来收受的中统钞一十五锭归还万谦,六月五日录事李荣祖,也把原来收受的钞四锭回付过钱人刘成管,七日冀宁路将亦剌马丹、杨子雄押解到官,查到的索贿的赃款与李伯达所述款项不符。经追问,十三日亦剌马丹等供出张庆、李荣祖来取过前述钞锭,经审理后得知情况属实。

刑部参照了以往判例之后,判决意见如下。冀宁路官吏张庆、李荣祖所犯罪刑,是向万谦等索要钞锭,得知李伯达赴廉访司告局官万谦等,张庆在廉访司还没有接状之前,将钱返还给李荣祖,在受状之后,过了七日才将原来所收受的钞锭返回给本主。按张庆、李荣祖所招,依例各减二等断罪,解除现任官职。

案例出处:《判例法的两面:中国古代判例选编》《元典章》。

(武航宇)

犯奸妻转卖为奴案

至元九年(1272 年),辉州路军户周璘的儿子周秃当诉称:"父亲因为秃当的母亲邓嫌儿犯奸逃亡,后被捉回,被处以笞刑四十七下后依然归家,但是父亲周璘另娶了孟大姐为妻,并听信孟大姐的教唆,暗地里以丝一千一百两的价钱将母亲邓嫌儿立契卖给周二总管为奴,并且许配给周家的家奴小苏为妻。县里的判决是让父亲把母亲赎回来,但是辉州路却将母亲依旧判给周家为奴。"本案经辉州路总管府提审周璘,查明案情,因而拟判决如下:"邓嫌儿本来是良人,虽曾背夫犯奸逃亡,但是前夫周璘不应该将其卖给周都运。既然已经将邓嫌儿配给苏老为妻一十四年了,那么,其所生男女应为两人,还是和苏老生活在一起。"报至户部,户部同意如此判决。按察司认为:"邓嫌儿本来是良人,有罪已经经过官府惩罚了,其丈夫周璘却将邓嫌儿立契卖与周二总管为奴,这一行为已经属于义绝。周二总管明知邓嫌儿是良人,却私相买卖,将邓嫌儿配给本家家奴苏老为妻,他的本意是让邓嫌儿永远为奴。这件事已经告到官府,虽然邓嫌儿配给苏老为妻已经十多年了,也生了子女,但终究不符合法律的规定。应该断离婚,恢复邓嫌儿的良人身份,再嫁他人。如果她不愿再嫁,可以让她的儿子周秃当奉养她,邓嫌儿原来的身价银充公。路府将邓嫌儿断给苏老为妻是错误的。"按察司将此案移送到刑部审议,刑部核查的结果是:"邓嫌儿原是捕户邓移山的亲生女儿,聘给周璘为妻,虽曾背夫犯奸逃亡,但是案发后,邓嫌儿已经受过处罚并且被断给了周璘。如果周璘不想收她为妻,可以休妻,使其归宗。不应该立契将她卖给周二总管为奴。并且,买家明知邓嫌儿是良人,不应该买,却又在买来后将其配与苏老为妻十余年,虽然生了儿女,但终究是错误,法律不允许。但又不能判归周璘,所以,依据按察司意见,恢复邓嫌儿的良人身份,判决其与苏老离婚,将邓嫌儿交给她的儿子周秃当侍养。邓嫌儿与后夫苏老所生的儿子改为良人。"此案再上报,中书省作出最后判定:"周璘在妻子邓嫌儿犯奸被处罚之后,将其卖给周二总管,配与家奴苏老为妻十四年,生育有子女,很难断离婚。拟令恢复邓嫌儿与所生儿子的良人身份,依旧和苏老生活在一起。在苏老死后,可以另立门户。另外,周璘卖妻的身价银已经遇到恩赦,不需要充公了。"

案例出处:《中华法案大辞典》。

(武航宇)

范西堂断霸占孤遗田产案

范西堂做县令时,处理了一宗孤遗田产纠纷案。解汝霖被贼人劫走之后,夫妻俱亡,之后家人又全部被劫走。过了好多年,解汝霖的幼女七姑、孙女秀娘回来了。解汝霖的侄儿解懃把两个女子养在自己家中,可以称得上能"厚睦族之义,任恤孤之责"。余荣祖连年到官府告状,诉称解汝霖家户绝,解懃想要将财产据为己有,余荣祖要求将其家籍没归官。七姑、秀娘回家之后,就不需要籍没其家了,产业仍交给解懃主管。但是余荣祖至今还在不断诉讼,辗转十年,适滋吏奸。解汝霖家既有两个女孩,依法可以继承家产。解汝霖的家业,每年能收到租谷大约不下二百石,数量很是可观。解懃管理这些财产,既没有收支簿书,又不给两个女孩商量婚事,只立了一个继承人,名叫伴哥。虽然说户绝时,尊长可以命继,但是用一个幼子占据叔父的田产,二女在室未嫁,也没有任何财产的处分权,这是不合适的,容易引起诉讼。解汝霖既然没有亲生儿子,可以比照户绝的法律施行。法律规定:户绝之家立继子孙,可以由近亲尊长来立命继之人。户绝之家的财产,如果只有在室的女儿,则给家产的四分之一,如果又有归宗女儿,给五分之一财产。如果只有归宗的女儿,依户绝法之外给财产,即以其余减半给付,剩余的财产没官。只有出嫁女儿的,将全部财产分为三份,二份由出嫁女均分,一份没官。

本案中,解汝霖只有幼女、孙女,都是在室女,按照户绝法均分,都不在三千贯以上。伴哥继绝,给财产的四分之一,其余的三份,平均分给二个在室女。七姑虽然本姓郑,但是解汝霖生前自己收养的,与亲女一样。二十五岁,还没有结婚。秀娘前些年被劫走的时候,被遗弃在襄阳,襄阳将官王璋将其领回家中,当作女儿一样抚养了八年,解懃因为余荣祖诉讼的原因,为了将解汝霖的财产据为己有,来到王家,要回了秀娘。如果余荣祖不诉讼,解懃就能轻易将解汝霖的产业据为己有,秀娘一定是在襄阳继续生活。秀娘被留在王家,是要给王家的二儿子做媳妇的,这也是好事。解懃领回秀娘,只是因为田产的纠纷,不能因此而破坏了姻缘。当时秀娘有难,如果不是遇见王璋,早就死在他乡。早年王璋想要让秀娘做儿媳妇,并不是图她的财产,如今秀娘既然有了财产,正是报答的时候。本县将解汝霖田产按照法律均分:一份给伴哥,听从解懃的命令,让伴哥为解汝霖的嗣子;一份给七姑,找人给她找个丈夫;一份给秀娘,作为她的产业。另外给襄阳的官府发去一封文书,找到王璋,按照原来的约定,将秀娘领回成婚。解懃也是无后,只有一女,而且已经快六十岁了,就不要觊觎别人的财产了,予以书面惩戒。解汝霖的田租要留一部分,留着给二女结婚时用作经费。

案例出处:《名公书判清明集》。

(武航宇)

范西堂断过继子盗卖财产案

范西堂任司法官时,收到了一宗嗣子乱卖田产案,判决指出:吴革无后,立吴锡为继承人,在其死后没到一年,吴锡就开始典卖田产,目前已经所剩无几。在典卖过程中,价格也相对较低。吴肃乘这一机会,在几天之内,连续订立了五份买卖契约,基本上已经买光了吴革所留下来的财产。吴盟在吴锡和吴肃的买卖过程中做中间人,因为相应的目的没有达到,所以来到官府告状。经官府查验发现,吴锡浪荡,吴肃贪谋,吴盟骗胁,三个人都应被处罚。所订立的买卖契约,均不符合法律规定,不过是为了获得吃喝玩乐的钱财。吴革的家产,其得之也不义,其去之也亦不义。对于本案,判处吴盟、吴锡各杖刑一百,吴肃本人未曾到官,并且可以适用赎刑。五份契约的田产共计五十二亩半,以乡原体例计算,每亩至少应值钱三贯,本案也不追究。但是北源那块地,吴锡不应盗卖,吴肃不应盗买,因为这块地最初是分给吴革之女的地,所以这块地的买卖应当场取消,土地拨付给吴革之女。其余四份买卖契约,均为有效。

案例出处:《名公书判清明集》。

(武航宇)

范西堂断户绝田产继承纠纷案

范西堂任知县时,处理了一宗兄嫂争财案,判决指出:熊赈有三个儿子,长子叫熊邦,次子叫熊贤,幼子叫熊资。熊资身死后,其妻子阿甘改嫁,留下在室女一人,家里有田三百五十亩。其价值不满三百贯,按照律条,都留给了未出嫁的女儿继承。但是这个女儿还没有结婚就死了。如今熊资的两个哥哥都争着要把自己的儿子立为熊资的嗣子,而阿甘又说这些田里有百亩是自己购买的,要求继承。立嗣这件事,名义上是为了熊资能有后人承继香火,实际上却是要继承田产。至于续买,也不是阿甘空口说了就算的。按照律条,这些土地是可以没官的,即使是立嗣,也只能给嗣子四分之一的财产。对于本案,官府的判决是,不按照法律的规定籍没熊资的田产,而是留出钱十贯来埋葬其女儿,另外余下的田产分成三份,熊资的两个哥哥和他的妻子阿甘各一份。此判决没有依照法律的规定,如果各方还有争夺,以后就按照法律规定来判。

案例出处:《名公书判清明集》。

(武航宇)

范西堂断嗣子侵夺亲女家产案

范西堂做县令时,处理了一宗侵夺女儿继承权案。郑应辰无嗣,有两个亲生女儿,一个叫孝纯,另一个叫孝德,过继了一个儿子叫孝先,家有良田三千亩,有十个门市房,家底很厚。郑应辰活着时,立了个遗嘱,两个女儿一人给一百三十亩田,给一个门市,其余的全给养子。郑应辰死后,养子这些都不愿给女儿,想独吞所有家产。如果没有遗嘱,女儿也有份的,如果根据其他省份的规定,女儿和养子应该是平分的。养子现在对每个女儿一百三十亩地都不愿意给,真是不义啊,如果郑应辰泉下有知,得多伤心啊。于是县令说,无论这个遗嘱是否合理,作为养子,你已经得到了三千亩土地,怎么这二百六十亩地都不愿拿出呢。两个女儿是他父亲的亲骨肉,但是家产却只能得到一点点,大部分家产却给了过房的养子,是否合理呢?先不论这么多了,郑孝先你划出二百多亩地也不损失啥,两个女儿每人得到一百多亩地也是合理的。所以先把郑孝先打一百板子,然后依遗嘱来执行。

案例出处:《名公书判清明集》。

(武航宇)

范西堂断一手出典人回赎田产案

范西堂任知县时,处理了一宗出典人直接赎田案,判决指出:曾沂诉称,胡元珪将田地典给他,年限已满而没有回赎,于是他又将土地转典给了陈增。转典之后,胡元珪却在陈增手里赎回了土地,造成曾沂难以回赎土地,蒙受财产损失。因为曾沂的父亲在世的时候典买这块土地的价钱,比现在他典卖给陈增的价格要高。但是曾沂订立典卖契约是自愿的,不能反悔。如果让陈增以原价典买,他嫌价格过高,是不愿意买的,如果让曾沂收赎,也是没有依据的。并且,现在已经到了入务期间,本案不再继续审理,承认胡元珪回赎土地行为有效。

案例出处:《名公书判清明集》。

(武航宇)

范西堂断主母侵占田产案

范西堂任知县时,罗柄家的女使来安(后改名阿邹)诉称,罗柄的妻子夺去了她的土地。官府调查之后发现,罗柄户计税钱五十余贯,妻子没有子嗣,婢女来安生了一个儿子。罗柄曾经写下一份文书,上面记载:“我已经六十岁了,不为继室妻子所容,被迫在外居住,女使来安生了儿子护郎,寄养在田舍,将近一岁。我把平心庵那里的土地,拨出龙嵓田三千把,留给儿子护郎做抚养费。”没过多久,护郎身故,来安缴还此田,仍归罗柄家所有。后来,来安遣还父母,罗柄从杨从那里典到田产和上手契约文书,把这些都交给来安,给来安单独立了一个户籍。这件事发生在嘉定九年(1216 年),有相关的证据能够证明。当时罗柄身体健康,这个举动没有任何异议。第二年,杨从将此田卖给来安,也有印契。至嘉定十一年(1218 年),阿邹又用自己的钱,典买了杨从邓家坪等田六处,价钱五十一贯,再交税九十七文。阿邹本户两项税钱共计五百五十一。当时法律又有明确规定,不准立女户,所以让其父邹明替之为户主。嘉定十四年(1221 年)秋,已差邹明充应苗长一次,所以这份产业的所有权是明确的。罗柄去世后,其家人黄蕴等到官府诉称,阿邹的产业应该归罗柄家所有,包括阿邹自己置买的田地也要归罗柄家所有。

范西堂判道:罗柄晚年无聊,与一个婢女生了儿子,当然儿子没有长大就死了,这种情况下给婢女一些钱,是没有过错的。邹明是前年代阿邹为户主,如今置到一些田产。可以看出,罗柄留下来的文书是真实的。法律规定:妻有七出,无子为先。罗柄之妻赵氏不仅无子,又曾经谋杀其庶子,已经被罗柄所出,大家都知道。后来又回到罗柄家,乘罗柄老且病之机,占有他的产业,而自主家事,使罗柄虽有大厦而不能安居,虽有庶子而不得就养,让路人听了都觉得很可怜。如今罗柄已死,婢女阿邹也另立门户,赵氏还在生事,很是不妥。本县收纳赋税全依保人呈报阿邹交付有误应当杖六十。准许邹明立户,缴纳赋税。阿邹可以再次嫁人。

案例出处:《名公书判清明集》。

(武航宇)

范西堂断宗女之夫服赋役案

范西堂任知县时,处理了一桩宗女之夫服赋役案,判决指出:按照差役之法,将赵八郡主升为百户,能够免百户的赋役。本县的知县认为,妇人从夫,如果以宗女的身份而免除其家人及佃户的赋役,是没有法律依据的,所以没有免除其赋役。但其后赵氏上诉,提刑司下发了一份女户抚恤孤遗的文件,意思是可以免除其赋役。当赵氏还没有嫁给郑说之时,孤遗的身份应该得到肯定,女子也可以单独立户,且可以免除赋役。如今已经嫁人,但是户主仍然是赵八郡主,如果嫁人之后仍然以矜恤孤女的法令来对待她,那她所嫁之夫有什么用处呢?审理案件不用法条,还能用什么呢?郑说住在广济,田在蕲春,赋役是随田而分配的,也不用郑说亲自服役!如此说,外地的寄产,都不能服役,但却都没有任何惩罚,这难道不是乡司、役案的错误吗?审案不用赋役之法,而以提刑的指示为依据,知县的做法不当,而以吏人的说法为正确,这是本末倒置。各地征收赋役的官吏,对于赋役的征收应该有明确的记载,但是上缴的账簿确实有很多问题,可见其奸猾。各地负责征税的乡司、役案各处杖一百。对于赵八郡主的案件,应该按照知县初判的内容施行,期限是十日。如果其夫郑说不服,可以到乡司下主簿厅,在一日之内,将其与赵八郡主的家产分为两份,按照各自的身份征税。

案例出处:《名公书判清明集》。

(武航宇)

范西堂审罗琛盗卖田产案

范西堂任知县时,处理了一宗兄弟盗卖田产案,判决指出:赵宅购买了罗琛的田产一亩二角二十二步,既有契约文书,又上缴了受分关书,交易是没有问题的,纵然有不清楚的地方,也是不知情所致。但是罗琛的亲哥哥罗琦诉称,罗琛所卖的这块地是自己刚买的,是被罗琛偷去了产权证,转而进行了典卖。盗窃产权证,理论上是有可能性的,但是罗琦并没有任何凭证。查考户籍,发现兄弟二人是一户,官府没有任何理由取消本次交易。又据罗琛所供,这块田地先前曾典给了姐夫谢瑜,自己还有一个哥哥名叫罗球也知情,能够证明这块地确实是属于自己的。所以官府认为,罗琛和罗琦是亲兄弟,应该和解。如果仍然有问题,罗琦可以向罗琛讨要卖地价款。

案例出处:《名公书判清明集》。

(武航宇)

方秋崖断不养祖母而告族人案

《名公书判清明集》载,胡师琇飘弃出家不顾祖母阿王,祖母生而孤老,死而葬埋,子孙零落,老无所依,生则族人养,死则族人葬,族人裒金而葬,因风水不利而迁阿王之墓,胡师琇竟控告族人发掘冢墓。初审断令将迁墓两人勘锢,并迁回原处。但胡师琇不肯罢休。覆审的方秋崖认为:迁葬者本自无罪可科,胡师琇为人子孙,不赡养祖母,有何面目立于天地之间,为迁墓事,嚣讼不休,然则族人代其养祖母、葬祖母,难道成了仇人么,实在忘恩负义。对胡师琇判决如下:依法,“供养有缺者,徒二年”,论理,其骨肉相弃,祖母死亡不躬亲葬敛,于徒二年上重行决配,总之,胡师琇不孝之罪,属于十恶,从轻勘杖一百,编管邻州,申照会。

案例出处:《名公书判清明集》。

(张田田)

夫死未嫁聘礼折半返还案

至元六年(1269 年),大都路的麻合马诉称:“至元二年(1265 年)正月里,在媒人法都马等人的说合下,我把女儿阿赊聘给阿里的儿子狗儿为妻,但去年七月里,我未来的女婿狗儿死了。阿里说要让狗儿的弟弟续娶我女儿,我不同意。”路府负责人受理此案后,传唤媒人法都马到堂,法都马说:“至元二年(1265 年)正月,我说合麻合马的女儿阿赊聘给阿里的儿子狗儿为妻,并且阿里当时就给麻合马家下了聘礼,包括金脚玉版环儿一对,红絓丝一个、绢二匹、盖头一个、羊二口、面一旦,酒三十瓶。女婿狗儿死后到现在,阿赊已经二十岁,她的小叔骡骡十五岁。”路府负责人得知此案情后,因为当事人是回族,所以就此案又咨询了回回大师不鲁溪等人,得知回族的惯例是:“女孩儿收了聘礼,但没嫁进门,丈夫就死了的,可以由小叔续娶,女孩儿的爹娘如果同意,当时的聘礼不收回,如果不同意,则要把聘礼的一半返还给男方家。”路府负责人想按回族惯例处理此案,但因为以前从没这么断过案件,所以上报给中书省户部批复。后来户部批复称:“审问无差,依理回付一半财钱。”此后,这就形成惯例,大都路依此惯例施行。回族的婚姻纠纷依据回族惯例,这成为元朝断案的一条原则。

案例出处:《元典章》。

(武航宇)

夫亡守志案

至元十三年(1276 年),淄莱路蒲台县受理了一桩夫亡守志案。百姓韩进诉称:“哥哥韩大去世了,留下了妻子阿庄。韩进希望收继其嫂。”县官审理后得知,阿庄在丈夫去世后,发誓要给丈夫守志,不再嫁人,也不愿嫁给小叔韩进。并且阿庄表示,如果自己不守妇道,愿意接受杖刑一百零七下。但是县官认为,韩大去世后,其家差役由弟弟韩进接替,按照规矩,韩进可以收继其嫂。此案上报到户部核准。户部收到此案后,参照中书省的类似案例,并结合“妇人夫亡,可以为夫守志,公婆不可以单方面命令其改嫁”的规定,作出如下判决:“对于本案及今后类似的案例,对于愿意为夫守志的妇女,可以收继之人不得骚扰,听凭其意愿。但如果另行改嫁他人,则要处刑,并且仍要由应继之人收继。”此案经中书省批准后,作为案例参照执行。

案例出处:《判例法的两面:中国古代判例选编》《元典章》。

(武航宇)

服内宿娼免职案

至大三年(1310 年)三月,山南江北道廉访上报了一宗案件。百姓叶应山状告应城县典史张大荣不守服制,在娼户之家嫖宿。应城县知县提审了典史张大荣,张大荣供称:“我本身是应城县典史,大德十一年(1307 年)三月,在筵席上遇到了正在欢唱的娼女郑丑丑,当时就把盏欢唱,恣意作乐,后来因为喜欢娼女郑丑丑的容貌,就不时地用言语挑逗她。后来在大德十一年

(1307年)八月二十六日夜一更时分到郑丑丑家。依仗自己的官员身份,与娼女郑丑丑商议,我每月出中统钞七十五两给郑丑丑养家糊口。但是郑丑丑不能开门接待别的客人,并且当晚就先给了郑丑丑中统钞二十五两,和她一直嫖宿到二更时分才离开。"后来官府又查明,至大元年闰十一月初十,张大荣的父亲张杰因病身亡,他明知新丧父亲,人子大事,又是应城县典史,亲民之役,应该按规矩居守服制。但是又在当月二十六日前去郑丑丑家与她淫欲了一次,并送去了嫖资,后来陆续又带酒前去宿睡。另外,至大二年三月三日一更时分,张大荣又去娼女吴大姐家宿睡至二更时分,才回到家中。县级官府的意见是:典史张大荣承认所犯罪行,他的职役虽小,但负责亲民教化风俗,责任重大,父死之后没过半个月,骸骨未冷,就与娼女郑丑丑、吴大姐二处嫖宿、饮酒,不遵礼训,大伤风化。张大荣不思父恩,绝灭哀情,饮酒宿睡,情节严重。应将张大荣处以杖刑八十七下,革除官职,永不叙用,以敦风化。此判决上报刑部后,刑部的判决是:应城县典史张大荣父死之后没过半个月,宿娼饮酒,有伤风化,革除官职,永不叙用。

案例出处:《判例法的两面:中国古代判例选编》《元典章》。

(武航宇)

符彦卿暴恣不法案

周渭是北宋时著名的清官,他执法如山,廉明果断,不畏强权,深得宋太祖赵匡胤的赏识与信任。

太祖皇帝在位时,周渭曾出任永济县知县。到任后,周渭立即查处贪赃枉法的官吏和乡间横行不法、为非作歹之人。这其中不少人的后台是大名府主帅符彦卿,周渭也知道符彦卿是权倾朝野的太师爷,还有魏王爵衔。但他坚持行"替天行狩"之责,将这些罪大恶极的罪犯就地正法,然后依程序上报。一时永济县上下震怖,吏治肃然。

另外,当时边境上有强盗寇贼抢劫财物,伤害无辜,大名府主帅符彦卿曾受其贿赂,使之逃避法网,横行无道。周渭下令,敢有藏盗者斩。未出几日,便将这伙强盗捕获,周渭不将盗贼押送到官府,而是及时在当地斩决,然后上奏。他的做法得到了太祖的支持。

案例出处:《中华法案大辞典》。

(武航宇)

父首子烧人房舍案

济衮州上报到中书省一桩烧人房舍案。至元初年(1264年),嘉祥县百姓王祚诉称:三月二十日夜里二更时分,被人烧毁茅草房三间。后来,杨青自行将儿子杨买儿带到官府自首,招供称:"杨买儿为了报仇,故意烧毁王祚家无人居住的茅草房三间。"嘉祥县县令判定:"茅草房加里面的杂物一共价值大概二十九两八钱二分,由杨买儿赔付,并且暂时将杨买儿收监。"此案上报到济衮州,其法司的判决是:"杨买儿供诉称,其故意烧毁私人无人居住的茅草房三间,依以往的判例,故意烧私人房屋的应当处以绞刑,如果没人居住但是损害财物畜产的,应该处徒罪五年,损害满二十贯的也要处以绞刑,所烧房舍价值二十贯以上就与抢劫二十贯一样处刑。以往的判例是,抢劫二十贯处绞刑。依照中书省已经判决的强盗满二十贯以上但不曾伤人的判例,处杖刑一百零七下。本案杨买儿被杨青自行带到官府自首,官府依法受理了。依照以往的判例,符合相容隐条件的人到官府代为自首者,等同于犯罪者本身自首。依据以往判例,犯罪未发而自首者原其罪,依法进行损害赔偿。所以,本案中的杨买儿适用自首,免除刑事处罚。"此案的处理意见上报到刑部后,刑部的最终判决如下:"杨买儿因为既往恩怨,故意烧毁王祚房屋,原本罪行并不轻,但是因为他的父亲杨青将杨买儿押解到官府,可以适用减免。现在处以杖刑三十七下,对所烧房屋造成的损害,如数赔偿。"此判决责成济兖州施行。

案例出处:《中华法案大辞典》。

(武航宇)

葛源审猾吏诱民争讼案

北宋时,吉州吉水胥吏图谋把持县政,每一县令到任时,狡猾的胥吏就诱使县民数百人到县廷告状,布设诈谋搅合县令。这样一连几天,弄得县令厌烦理事,事权自然就会落入胥吏之手。太和县主簿葛源代理吉水县令,初到任上,便碰上了众人投状诉讼的场面。他早已详查其情,并不为之所搅,他先令告状者立于两旁廊下,一一取来诉状查看,发现有的像是胥吏所鼓动的,便让告状人当场写出所诉之事。告状的人中自己不会写的,由胥吏代笔,结果往往与原状不符,告状人只得如实说出自己是受某某吏人教唆这样做的。葛源不动声色地回到县廷。《宋刑统》中有"为人作辞牒"和"教令人告事"两条,规定"诸为人作辞牒,加增其状,不如所告者,笞五十","诸教令人告事虚,应反坐"。照此律文,葛源将吏人与告状人一同逮捕定罪。

案例出处:《中华法案大辞典》。

(武航宇)

孤老除免差役案

至元七年(1270 年),户部向尚书省发文称:大名路录事司张禄因为年纪很大,而且身体不好,没有办法服徭役。经过调查,发现张禄户籍上的人口先后都死去了,目前只有他的妻子一个人活着,并且已经七十一岁了,基本没有什么劳动能力。大名路将这种情况上报了,经审查发现情况属实。户部针对此种情况,认为应当免除孤老百姓的徭役,并将此提议上报尚书省批准。尚书省批准了这项提议。

案例出处:《中华法案大辞典》。

(武航宇)

孤女收赎归宗案

至元十二年(1275 年)三月,百姓齐世荣诉称:"兄长的女儿粉梅因为父母双亡,在张伯松家生活,自己做主,接受聘财七十五两银子,聘给甲局男子张得安为妻。后来张得安身故,齐世荣自愿出七十五两银子,收赎侄女粉梅归宗。"此案报到户部,经审议后,户部判决是:"男子张得安身死,其妻粉梅无人收继,她的叔叔齐世荣愿意收赎,拟同意其请求。"中书省批准户部的建议。

案例出处:《中华法案大辞典》。

(武航宇)

寡妇无子承夫份案

至元八年(1271 年)四月,中书省收到一件户部呈报的案件。百姓杨阿马诉称:"小叔杨世基因为阿马无子,就将其已故丈夫杨世明留下来的房屋及所有财产都据为己有,并且将其女儿兰杨也占为己有,又将陈住儿收继为妾。"户部经审议后认为:"寡妇在无子的情况下,应该继承丈夫的遗产份额。杨世基所得的杨世明的财产以及其妾陈住儿,都应该追回,由其妻杨阿马管理,并且,其女儿兰杨也要与其母亲共同居住。如果其女兰杨要嫁人,需要杨阿马、杨世基一同主婚,彩礼应该归杨阿马所有。但是,对杨阿马所有的财产,杨阿马和其女儿兰杨却不能随意处分。杨阿马身死之后,对其所有的财产再作定夺。"同时,杨世基的儿子杨玙又诉称:"请求官府判令其伯娘杨阿马承担一部分军役,然后他才能将房产交付杨阿马。"因为杨家是军户,所以此案的判决要向枢密院请示。枢密院的结论是:"同意杨阿马继承其丈夫的遗产,但因为她家是军户,所以需要从中拿出一部分钱给替他服军役之人,同意户部的其他决定。"此案后经尚书省批准后施行。

案例出处:《中华法案大辞典》。

(武航宇)

关宰瑨断限田外田产应役案

关宰瑨任知县时,处理了一宗限田外合计田产应役案。陈坦的父亲陈钤干曾做过议郎这个官,不是通过科举考试,而是受了其父亲朝散大夫的恩荫。朝散大夫有四子,其免役限田在其死后减半,其中三个儿子都已经在限田之外置办了田产,并且按规定交税。陈坦祖父的官职高于其父亲的官职,其父亲的官职也是荫袭,按照法律,其享受的待遇只能在祖父和父亲中间选择一个。收税的人认为,无论怎样,从陈坦田产来衡量,他都应该服役。父亲的官职虽然比祖父的官职低,但是祖父的子孙很多,而父亲只有一个儿子,那就应该以父亲的官职为依据来确定免役的土地,这样获得的免役土地就更多一些。如果曾祖父、高祖父的子孙很多,那么他的父亲所能享有的免役土地就是分割之后的,就已经不多了。父亲的官职虽然比曾祖父、高祖父的官职低,但是分的份数少,自然所得的免役土地就多。本案中陈坦的祖父官至六品,拥有二十五顷免役的土地,祖父有四子,祖父去世后,免役土地减掉一半,然后平分,每个儿子能得到三顷多的免役土地;陈坦的父亲虽然是七品,可以有二十顷免役土地,去世后,免役土地减少一半,即可以拥有十顷免役土地。所谓荫补得官,其实与科举考试得官之人的待遇是不同的。官府如果以陈坦父亲、祖父的官职来免除其土地的赋役也是可以的,但是需要勘察明白,陈坦究竟拥有多少土地。并且还要查清楚陈坦的父亲有几个儿子,陈坦如果有兄弟,就要均分,则其所享有的免役土地数量就要减少。从现在的数据来看,陈坦拥有的土地已经超过十顷,具体超过多少,要现场勘验,并且官府赠与的墓地及周围的茔田是应该免役的,其他山林之类,也有具体的折算方法。对于免役土地的问题,官府还没有明确地勘察,导致一些百姓挑起词讼。如果有争论,则要到官府诉讼,并且调查清楚。对于本案中陈坦的免役土地,也是比照这一规定,即限监乡司在十日内把其所享有的免役土地的数量,应缴产钱都核算明白,然后上报。

案例出处:《名公书判清明集》。

(武航宇)

官吏擒获印造伪钞人犯领赏案

皇庆元年(1312年)六月,安西路白水县上报到刑部一宗案件。县尉吴好人在至大二年

(1309年)十二月十八日巡逻时,捉获印造伪钞的陈法海等人。案犯经过审问,全部招供,并且追缴到了赃物,且没有其他争功之人。此事可以比照以往的例子处理,即三原县弓手武直捉获印造伪钞的郭斌等人,经川县弓手张德捉获印造伪钞的赵锦子等人,都是按照惯例奖励元钞五锭的一半,并给付犯人家产。

刑部的判决是:至大四年四月下发的诏书中规定,告获印造伪钞者,赏钞五锭,仍给犯人家产,应捕人减半。结合本案,处理意见是,应捕官兵捉获印造伪钞的人,赏金应该按例减半,给付所有犯人家产的一半,犯人的另一半家产没官。

案例出处:《判例法的两面:中国古代判例选编》《元典章》。

(武航宇)

官吏违规放高利贷案

至元元年(1264年)三月,御史台收到了一宗高利贷纠纷案。军人张林状告:本府鞠令史、于弹压作保人,写立契约,在本管百户孛兰奚处借到高利贷中统钞一百两,三次翻作十七锭十两,勒令张林还清本息。另外,冯小三状告军人小黄作保,在百户孛兰奚处二次借到中统钞五锭,本息共计钞十锭,孛兰奚百户命令他儿子课厮前来冯小三家索要马一匹折钞七锭,绫二匹折钞二锭,又钞一锭,总计还十一锭,但原立契约不肯给付。延祐六年(1319年)正月,孛兰奚又勒令冯小三还钞二十锭,又要钞二锭,绢子一匹,并不将原立契约交付。官府审讯孛兰奚后,其招供案情属实。本院认为:百户孛兰奚不修军政,行事贪婪,一年之间,违例三次以契约逼迫勒索军人,多取本息,幸亏遇到释免,革职后也不改过自新,只是放高利贷获利。如果按照左卫帅府所拟的罪名,有可能依旧重操旧业,陷害告发他的军人,所以将其处以笞刑三十七下,免除现任官职,另行求官,已经追回的赃款,依例没官。中书省同意了此判决。

案例出处:《判例法的两面:中国古代判例选编》《元典章》。

(武航宇)

官吏违例升迁案

皇庆元年(1312年)四月,龙兴路民户刘嘉诉称:本路府吏宠世元因为违例被免职,没过多久,宁州土吏王汝椿究升补为路吏。王汝椿原来是龙兴路新建县吏,负责检尸,因为犯错而被免职,在充州县任司吏三十八个月,就升为路吏,不知道是否符合规定,请长官定夺。此案被移交到中书省。中书省依据刑部的意见,认为新建县吏王汝椿检尸不明,可以比照刘居敬的案例进行裁量。

大德六年(1302年)三月二十九日,济宁路邹平县发生一案:王伴儿与乔小驴等斗殴,黄喜儿将王伴儿踢死。但是经过路一级官府的审理发现,王伴儿实际上是因上树压折树枝掉下摔死的,且众证明白。刑部认为:黄喜儿原来招供称,用脚穿靴将王伴儿踢死。但是再审问,得知王伴儿实际上是因为从树上掉下摔死,并且一干人等指证相同,原告王阿刘等人也承认是诬告。宣慰司将黄喜儿释放,先征得烧埋银两四锭,应该回付。另外,本案初检官郡平县尹张享、典吏宋宥等招供称,黄喜儿兄黄成曾说王伴儿压折树枝掉下摔死,但是主审官员既没有深究,也没有亲监检尸,以致仵作行人陈全将王伴儿当作因踢打所伤而身死,并且取证说黄喜儿曾用脚穿靴在王伴儿右腮连耳和裆内不便之处踢打。罪犯已经被释放,应将县尹张享降职一等,几年之后再行叙用,将典史宋宥、司吏刘居敬免职不再叙用。

如今,对于王汝椿案,刑部认为:王汝椿的犯罪行为,与刘居敬的罪行相似,既然行省已将其革职,也不应再叙用。

案例出处:《判例法的两面:中国古代判例选编》《元典章》。

(武航宇)

官员索要财物案

延祐五年(1318年)十月,江南行御史台向中书省上报了一宗案件。婺州路兰溪州同知亦不剌金,在延祐四年(1317年)二月二十九日接受了姜正四的中统钞五锭,折合元钞五十贯。亦不剌金招认此事,依不枉法的案例,处笞刑五十七下,往边远地区任职。只是亦不剌金先前曾任宜兴路同知,因事收受僧元聚中统钞五锭,知道事发后,将钱退还过钱人周僧判接收,按例减二等处罚,处以笞刑三十七下,免除现任官职,另行任官。如今再度收受姜正四钱钞,依例处以笞刑五十七下,免除现任官职,如果再犯则不能再任官。此案上报到刑部,刑部比照以往中书省批准的案例作出了判决。松江府的推官郑鉴,之前曾任庐陵县尹,接收萧保一嫂钞十锭,知道有人想告发,所以就将钱退回,结果减二等处罚,处以笞刑四十七下,解除现任官职,另行任用。重新任官后,又收受赌博人薛元二至元钞二锭,依照不枉法的判例处以杖刑六十七下,降一等录用。郑鉴二次收受贿赂,如果再犯则不再叙用为官。因为第一次收受萧保一嫂钞锭,知道有人想告发,所以就将钱退回,罪也没有全部科处,不能等同于再犯,所以命令吏部可以依例叙用。对于亦不剌金案,刑部认为:兰溪州同知亦不剌金,在宜兴州同知任上,收受僧元聚钞锭,得知事发,将钱退给过钱人周僧判,依例减罪二等处罚,这次又收受姜正四钞五锭,如果以后再犯则不再叙用。因为前次犯罪没有全部科处,不能等同于再犯,可以参照松江府推官郑鉴案例处理。

案例出处:《判例法的两面:中国古代判例选编》《元典章》。

(武航宇)

官员误判平民致死案

大德七年(1303年)十二月二十四日,庆远路宜山县百姓谢彻广令侄儿谢克勤代为告状称:"先被莫荣捉拿儿子谢三二,卖出深洞,盗杀耕牛,被捉拿到官,莫荣买通主审官员佥事朱国宣,使儿子谢三二被枉法裁断,被判处杖刑一百零七下,赔偿牛九只。请求宣慰使司元帅府回避本官。另外,大德五年(1301年)正月,朱佥事借中统钞五十锭,又借民夫五十名。因为没有借给他,朱佥事心生仇恨,让伪钞犯人蒙五诬指儿子谢二六是其同伙,儿子谢二六被非法拷打,死在牢中。我问过司吏莫焕等人,他们说:'朱佥事说:我审囚,告诉伪钞犯人蒙五,你不用看人长得什么样,这谢彻广曾告过我。我让令焕传言说:官府打听到,谢彻广吩咐原起屋木匠小吴、唐再二和你一起做伪钞,并送伪钞十五锭给谢二六。令焕取得了蒙五的供词,吩咐宜山县吏黄世荣抄写回县,换了蒙五原来的供词。'此事找到连署官安抚使韩文焴等人,众人指证,确有此事。但朱国宣拒不招供,其是钦受宣命人员,不能鞫问,所以本案请求上级批示。"

地方官府受理了此案后,将涉事官员停职。找到相关证人重新进行审理。经过审理韩文焴等人招供称,谢二六确实是被朱佥事拷打致死,但朱佥事拒绝承认,不肯招认。所以,将朱国宣停职,再行审问。大德九年(1305 年)三月二十三日,当事人遇到恩赦,被释免,但情理深重,不能就此了结。所以,依照太原路坚州达鲁花赤忽者鲁为报仇将百姓张添当作贼拷打身死的案例,将朱国宣免官。如果今后再行任用,也是在杂职内任用。对于烧埋银,可以比照武岗县诬告平民匡义等做贼身死的案例,由朱国宣给付死者。安抚使韩文熍身为判署长官,谢二六被拘捕到官后,没有押解到宜山县归队,任由朱佥事留于安抚司,除朱佥事命令周军信拷打外,韩文熍也用木棍拷讯谢二六,致使其杖疮窜发而死。另外,韩文熍几次检视罪囚,发现谢彻广已经年过八十,除了本案外,并无他事,却被囚禁在牢中九个月,置之不问,直到谢彻广病危才放其还家,结果其不到半个月就死亡了。听说谢克勤到廉访司告状,才让亲人甘胜代为自首。韩文熍的罪行,虽然不是蓄谋已久,但他终是判署长官,所以,将韩文熍罢免,另行任用。

此案上报到御史台,其意见是:安抚司佥事朱国宣,枉法致百姓谢二六死亡,虽然没有招供,但是众证明白,依广西廉访司的判决意见,将其免职。安抚使韩文熍已经招供,同朱佥事一起令衙役周军信用木棍将谢二六拷讯,致杖疮窜发而死,又将谢彻广无故监禁九个月,直至病重,方才释放,致其在外不及半月身亡,也予以免职。由朱国宣赔偿死者烧埋银。因为此案涉及官员,所以报送御史台审查。御史台回复之后,报送中书省。

所以中书省的判决是:庆远安抚司佥事朱国宣开始因与百姓谢彻广的儿子谢二六有嫌隙,而将宜山县印造钞人蒙五拷打,令司吏莫焕唆使蒙五虚指谢彻广的儿子谢二六是共犯,知情并分赃。得到蒙五的供词后,吩咐县吏黄世荣扣换蒙五原来的供词,逮捕谢彻广到官。谢二六到广西宣慰司告状,他的侄儿宋元帅徇情不受理此案;赴湖广行省喊冤,朱国宣等人差无职役的人王再贵在武昌路捉拿回来,又不遣送回宜山县,让其与原指犯人归队,也没有取到供词。安抚使韩文熍违例,将谢二六戴枷游街号令,连日拷讯,过了六天,谢二六在牢中因伤身死。他的父亲谢彻广年逾八十,无故被囚禁九个月,病重后才被允许还家,十四天后死亡。他们二人使无辜良民父子二人都因为枉法而遭囚禁,死于非命。复验官河池县簿尉左荣祖依实检验,发现此案情罪深重。虽没有取到供词,但是职官等众人都指证明白,应该免职。安抚使韩文熍的行为,虽然是佥事朱国宣的主意,但他终究是判署长者,一同拷讯,枉法使百姓殒命,比照其减二等处罚。二者均征烧埋银两给死者。

案例出处:《判例法的两面:中国古代判例选编》《元典章》。

（武航宇）

官员虚钱实契典买部民田土案

大德元年(1297 年)八月,湖南道廉访司上报给刑部一宗案件。武岗路的官员昔里吉思虚钱实契,典买其下属百姓的田地,收取租金。元贞元年(1295 年)七月,民户徐端交给昔里吉思租金中统钞四锭,折合元钞四十两以上。对于此案,武岗路的官员判决是:昔里吉思枉法,其所收租金没官,田地还给原主。

刑部参照了以往的案例。广西宣慰司副使于弘道,违反规定将秦少九等一十五户人家的差役免除,让他们作为自己的佃户,每年交纳米粮,为了避免被发现,虚立典契,交付给秦少九中统钞二锭作为典价。确定每年的租金是:米四十八石三斗,估价是中统钞四锭一十七两三钱五分,折合元钞四十三两四钱七分;落实到每户应该交纳元钞二两八钱一分。此案最后判决是:于弘道依不枉法例,处以笞刑三十七下,到别处任职。

刑部参照于弘道的判例，对昔里吉思的判决意见是：昔里吉思将民户舒德兴等田地虚立典卖文契，不服官府差役，与于弘道案的情况类似。非法所得徐端的中统钞四锭，折合元钞四十贯，依不枉法例，受财五十贯以下，免除公职，等待朝廷重新任命。

案例出处：《判例法的两面：中国古代判例选编》《元典章》。

（武航宇）

韩琦断不法吏案

北宋神宗时，大名府有一吏人请假娶妻，有人诉其为不法之事，等到吏人假期满，回官府参拜长官时，府尹韩琦将其逮捕审讯判决，但判决尚未执行，韩琦便令将封案，放吏人。半年以后，韩琦令将此案案卷送签厅，以便执行。通判对韩琦说："此人自封案后，表现得非常谨慎老实，不再做违法之事，可否宽恕他的罪过？"韩琦回答说自己封案的本意是考虑到吏人被诉时刚刚娶妻，一旦判罪行刑，唯恐伤三家人情，所以封起案卷。若这半年中，吏人无违法行为，可以免除其罪罚。

案例出处：《中华法案大辞典》。

（武航宇）

韩亿请乳医证子案

北宋真宗时，扬州土豪李甲，在兄死后，逼迫其嫂改嫁他人，随后诬称兄子为别姓，以图霸占哥哥的家产。其嫂屡次诉于官府，每次李甲都贿赂买通吏人，严刑拷打其嫂，迫使其嫂屈服而自认妄诉。但前后数十年，其嫂诉讼不停。扬州知州韩亿接手此案后，也感到证据不够，难以决断。知州翻阅了全部旧的案卷，发现其嫂生子时，曾有医生为她医治乳疾，所以想传唤医生到庭作证。韩亿下令将李甲本人与亲党全部传到州府，唤来乳医，乳医证实确是兄子。李甲因此而被定罪。

案例出处：《中华法案大辞典》。

（武航宇）

韩赵奴不为亡夫守服案

据《通制条格·户令》载，元至元五年（1263年）三月，中书户部平阳府申奏，有郭从训告韩阿巩不令其女韩赵奴为自己的亡夫郭四守服，户部经审议认为：韩赵奴既与郭四成婚，其夫身亡，应当"于夫家守服，以全妇道"。

案例出处：《中华法案大辞典》。

（武航宇）

韩竹坡断立嗣纠纷案

韩竹坡在任知县时，处理了一宗立嗣纠纷案，判决指出：宗族之所以能够百世不绝，是因为立嗣情况的存在，血脉相通，都可以算作一家。本案中王文植家因为立嗣而互诉，双方各执一理，据查证，案情如下。王文植没有儿子，最初立其兄长王文枢的次子伯大为自己的儿子，后来王伯大去世，于是选择亲房侄儿王志学的儿子王志道作为王伯大的继承人，这是非常合理合法的。王文植刚立王志道为继承人的时候，王文枢的长子王伯达，想要将其弟王伯谦立为王文植之子,没有成功。王伯谦,小名叫鹤翁,王文植曾经到官府起诉王鹤翁打碎家堂上的香。王志道成为王文植继承人之后四年间,王鹤翁一直觊觎王文植的家业,想染指其间,所以一直想找王志道的不足之处。王鹤翁趁王文植生病的时候,逐出两个婢女,亲自喂药。人年纪大了,就喜欢别人迎合自己,王文植也不例外,开始喜欢王鹤翁,而与王志道有隔阂。王志道作为王文植的继承人,曾经给祖母服丧,又已经娶妻生子,祖孙已经相依四年,没什么嫌隙产生。王志道常常在王文植生气的时候,和颜悦色地开解,有命令的时候,竭力完成,有疾病,夜不解带,亲尝汤药以侍奉。尊者之心,自然快乐,一家之内,其乐融融!而且,王文植在立嗣之初,曾经说过王志道可爱,如今要遣嗣,怎能忘记最初自己所说呢?仔细审查案卷,发现凡是王文植嫌恶王志道,都是王鹤翁所写的,这不是出于尊长之本心。驱逐王志道而另立王鹤翁,在法律层面上没有问题。但是王鹤翁曾经被文植起诉过,之前曾是冤家,今日又立为嗣子,王文植本身是自相矛盾。王志道被确立为嗣子已经很久了,现在又要把他驱逐,是有违常理的。王文植诉王志道之词,没有什么实质性的罪名,只是说他狠戾自用而已。狠戾,可以消平;自用,可以训化。王志道带着妻子和自己的儿子、媳妇,向其祖父悔过,这是可以原谅的。如果判王志道为嗣,王鹤翁垂涎王文植的产业已经很久了,决不能善罢甘休。

所以本案的判决是:依案佥厅所提出的,立二者均为继承人,来终止诉讼。古诗云:百年能几时,奄若风中烛。达孝在承宗,可免亲龄促。王文植已经八十岁了,还可以优游数年,以享期颐之寿。立王鹤翁、王志道二人均为继承人,不许别籍异财,各私其私,是符合孝的。天下万善,孝为之本,如果能幡然感悟,劝行孝道,天地鬼神,也将保佑他们,家道可以中兴了!如果不能悔悟,还要诉讼,则要依国法处断。

案例出处:《名公书判清明集》。

(武航宇)

汉人不适用收继案

至元七年(1270年)八月,南京路上报了一宗有关寡妇守志的案件。百姓丁松诉称:“中统元年(1260年),自己与母亲主婚,将妹丁定奴聘给本州时小六的长子时歹儿为妻。至元二年(1265年),女婿时歹儿身故。妹定奴服丧四年,婆家不让归宗,并命令男两儿或侄儿姚驴收纳其为妻,定奴不肯顺从。”

此案可以参照之前河间路的案例判决。河间路的军户赵义的妻子阿刘曾诉,女儿青儿在给亡夫崔犍儿服丧期间,丈夫的哥哥崔大命令弟弟驴驹收纳青儿,不令归宗。此案送法司审理,结论是:依据旧例,汉人、渤海人不可以适用收继婚。法司将审理意见上报中书省,中书省的意见是:“依据旧例:‘同类自相犯者,各从本俗法。’如果本妇人自愿守志,或欲归宗改嫁者,可以准许。青儿服丧期满,可以归宗再嫁,也可以守志。但不能被小叔收继。”

丁定奴的案件应该参照青儿的案例执行,不能被收继。

案例出处:《判例法的两面:中国古代判例选编》《元典章》。

(武航宇)

忽鲁忽都奸奴妻案

至元九年(1272年)正月,延安路官员向刑部汇报:“本路的靳全状告主人乞女家的二儿子忽鲁忽都强奸自己的妻子阿杨,但是没有现场捉奸,也没有强奸的痕迹,目前靳全在逃。”延安路的长官在律条中因为找不到主奸奴妻的罪名,所以将忽鲁忽都、阿杨释放回家,命令基层官吏看管,并请示省部如何处理。中书省和刑部经审议后认为:“原告人靳全已经逃亡,同时又是主奸奴妻,很难判主人有罪,所以对忽鲁忽都不予处罚。”

案例出处:《中华法案大辞典》。

(武航宇)

胡春审击窃食者致死案

北宋年间,胡春出任袁州司理参军时,发生了这样的一个案件。有人到官府偷窃食物,被主管食物的人当场打死,袁州的知州判决主管食物的人死刑。司理参军胡春以为此案不同于普通人相斗殴,官府主管食物者出于本身所负的监管责任而保护食物,并无杀人之心,失手将偷窃者杀死,不应处死,只应处杖刑。知州不肯采纳胡春的建议,而后报请朝廷裁断,朝廷经调查认为胡春的判决正确。

案例出处:《中华法案大辞典》。

(武航宇)

胡石壁断儿媳讼公公强奸案

儿媳阿黄控告公公李起宗性侵犯她,事属暧昧,阿黄陈词于外,则以为有,供对于狱,则以为无。若但据其先后之词,而遂以为有无之决,难辨是非。胡石壁逐一唤问,“耳听其辞,目察其色”,发现儿媳阿黄应对之间,颇多羞涩;公公李起宗争辩之际,颇觉嗫嚅,似若有愧。胡石壁认为供词无以为凭,难说是儿媳诬告,如必欲究竟虚实,刑讯逼供,则捶楚之下,阿张一懦弱妇人恐怕只能终于诬服而已!况且,此等有悖伦常的丑恶之事,只当委曲掩覆,不宜扬播,以免伤风败俗。考虑到尊卑之间,如此反目,纵无此事,亦难复合,根据礼经,父母不悦则子应出妻,阿黄必然不能见容于公公,则夫妇不可能白头偕老,判决阿黄与丈夫离异,不追求媳妇诬告的嫌疑,由其父黄九二将女儿别行改嫁;也不追究李起宗乱伦的嫌疑,免予根究。

案例出处:《名公书判清明集》。

(张田田)

胡石壁断夫诬妻暧昧案

胡石壁做县令时,处理了一宗夫欲弃妻而诬告其暧昧的案件。在礼的规范中,儿子如果非常喜欢他的妻子,但是父母不喜欢,则要休妻。在法律规定中,妻子如果犯了七出之条,丈夫是可以休妻的,七出中最严重的是妇女淫佚。虞氏得罪了她的婆婆,以至于其丈夫要挑起诉讼,而所诉的事情又是与人私通,两件事合在一起,二人是绝对不能再做夫妻了。所以虞氏回了娘家,但是时隔一段时间之后,虞氏的丈夫江滨臾却又来官府诉讼,要求官府押其妻虞氏归家侍奉其母亲。虞氏不从,拒绝回夫家。所以官府传江滨臾和虞氏之父上堂对质。

调查清楚之后,胡石壁认为:在法律的层面上,如果丈夫捉奸,应该是有具体的奸夫,有可捕之人,或者是现场捉奸。但江滨臾是以暧昧的事,来诬陷其妻,没有任何的其妻通奸证据。

江滨臾自知理屈,也不敢坚持说虞氏通奸,却又称虞氏曾经让妾搬到她房间一些器皿,这是说虞氏既有盗的行为,又有通奸的行为。江滨臾这么做,也就是想要折磨虞氏,也不想要其归家。所谓的器皿,要有名称,以佥厅所调取的证据为准。

最后,胡石壁的判决是:夫妇,人伦之首,礼经所重,故曰:妻之为言齐也,一与之齐,终身不改。江滨臾处心积虑想要休弃其妻,实在找不到什么理由,就诬告她与其他男人有暧昧之情,又告她盗搬房奁器皿。其实经过对质,虞氏所搬的器皿,是其自己的陪嫁之物。古人说,人要绝交也不能说他人坏话,就算是有不好的事情,也要互相遮掩。本案中江滨臾伪造事端,诬告其妻通奸,虞氏作为一个女人,是没有理由继续在夫家生活的。虞氏既然不愿复合,官府也不能强求,断其离异。对江滨臾处杖八十。

案例出处:《名公书判清明集》。

(武航宇)

胡石壁断户籍不明应试案

胡石壁任知县时,处理了一宗户籍不明而要求参加科举考试案,判决指出:六月十八日收到邓杰等人的诉状,自称三代居于邵阳的三溪,现在请求参加科举考试。本地官员非常怀疑,于是在六月二十六日判道:"邓杰既然是三世居于此地,那么参加科举考试就不能仅此一次。其自己的供述说:'自高祖以来,只是务农,到父辈开始读书应举,在嘉泰年间,曾经尝试参加科举考试,被士友所攻击,所以没有成功参加考试,但是官府却批准我参加考试了,后来因为疾病、丧服之事接踵而至,所以蹉跌至今。'所以本级官府的判决是:四十多年的时间都是居丧、养病,而且伯叔兄弟那么多人,都是居丧、养病之人,这个理由说不通,参加科举考试必须有明确清白的出身。在学各位学生和家乡的士人全部说邓杰是妄冒,而邓杰又重新申请。本地官府以科举的事情为重,如果阻止其参加科举考试,则担心杜绝其考取功名之路,情况确实可怜;如果允许其参加科举考试,则又不知其所述身份是否属实,担心引起考场的骚乱。于是婉转告知,命令邓杰自己去寻找曾经被批准参加科举考试的证据。看是否曾用湘乡县的户籍参加科举考试,如果不是湘乡县人,就可以在其要求下收试。这样一来,他人就不得拒绝。"邓杰一闻此言,应该连夜前往,即日就应该到州县官府去寻找证据。但是直到八月六日,四十天过去了,邓杰的回复中并没有提及到潭州和湘乡县取证。所以其中一定有问题,邓杰等人是在拖延时间。如果户籍没有查清,官府不能违法允许其参加科举考试。一同参加科举考试的士人也是不能同意的。另外邓杰兄弟俩年龄也很小,还没到二十岁,等到查清楚户籍再参加科举考试,也来得及。

案例出处:《名公书判清明集》。

(武航宇)

胡石壁断士子多占职田案

胡石壁任知县时,处理了一宗学舍之士耕佃正将职田案,判决指出:李癸发是一名儒生,在官府学习,具有学籍,但是却拥有正将的职田。作为学校的士子,而享有正将的庄佃,这是违规的事情!樊迟和孔子说想要学习种庄稼,但是孔子不许他学。所以说,作为学者,学习的是孔、孟之道,李癸发应该知道其中的道理。刘掌计之所以收回李癸发的违规职田,只是希望他能够顺利通过科举考试,而不是仅仅赚点钱而已。

案例出处:《名公书判清明集》。

(武航宇)

胡石壁断顽户抵负税赋案

胡石壁任知县时,处理了一桩顽户抵负税赋案,判决指出:赵桂等人连续数年拒绝缴纳国家的税款,如今被抓捕到官府,准备处断,希望能够惩一戒百。本官念其是上等人户,平日在家,为奴仆所敬畏,乡邻所仰望,如果一旦遭到刑讯,戴着枷锁示众,那么从今以后,奴仆们都得欺侮、怠慢你,乡邻也得欺虐你,以致你终身抬不起头来。本官对待百姓,向来都是宽厚为主,不想因此事而得到刻薄的名声,今天就不用刑罚惩罚你们了。但是保正、户长到你们家里收税收不上来的时候,不知道被打了多少板子,赔偿了多少钱财呢。今天你们毫发无损地回家去,不是偷税的奸民得逞,也不是保正、户长没有出息,而是对你们有另外的要求。官府把各乡欠税人户的名单给你们,你们拿着下乡,逐户催追,给你们三十天的时间,催缴各乡欠税人家的税款。如果还收不到税款,就按照户长的规则审讯你们。这样一来可以缓解户长的辛劳,二来也是对你们这些欠税之人的惩戒。

案例出处:《名公书判清明集》。

(武航宇)

胡石壁断翁媳互讼案

阿张嫁给蒋九,是蒋八的儿媳妇,不能侍奉尊长,不到一年的时间,被公公蒋八两次以不孝告官。阿张辩解称,之所以与蒋八异居,是因为遭蒋八侵犯不遂,所说情形丑不可道,事涉暧昧。胡石壁认为:阿张的供述,虚实虽未可知,然儿媳对公婆,犹子之事父母,孝子扬父母之美,不扬父母之恶。纵然蒋八果真逼奸,阿张拒之则可,彰彰然以告之于人,则非为尊长讳之义。况且,蒋八垂垂老矣,血气既衰,怎会复有不肖之念?阿张乃一过犯妇人,这次不过是为了侥幸免罪,而以恶名加在公公身上。礼曰:“子甚宜其妻,父母不悦,则出之。”如今蒋九因阿张之故,不供养父亲而出外别居,甚是不孝,做儿子、儿媳的都得受罚。判决如下:阿张当与蒋九离婚,然后将她责打十五下,押下,射充军妻;蒋九,杖六十,回家奉养父亲,不许再有违犯,如蒋八再有上告,定当坐蒋九以不孝之罪。

案例出处:《名公书判清明集》。

(张田田)

胡石壁断争财讼母、兄案

南宋李三因财利与母及兄纷争,胡石壁依据礼义指责李三:人生于天地之间,所以异于禽兽者,谓其知有礼义。所谓礼义者,无他,只是孝于父母,友于兄弟而已。若于父母则不孝,于兄弟则不友,是亦禽兽而已。李三为人之弟而悖其兄,为人之子而悖其母,揆之于法,死有余辜。但胡石壁认为,教化为先,刑罚为后,原李三之心,只是小人见利忘义常态,恕其既往之愆,开其自新之路,这次免于处罚,将李三押返家中,拜谢外婆母亲和兄长夫妻,并请邻里劝和,并警告李三如果将来再起纷争,便要依法行罚。

案例出处:《名公书判清明集》。

(张田田)

胡向讯盗洗冤案

北宋时,袁州逮捕盗犯七人,七人经审判都被判处死罪。司理参军胡向怀疑其中有冤,便对犯人重新审问。果然,其中有两个人不是同谋之犯,他们起初受另五个人雇佣,中途被迫胁从行盗。于是,胡向依《宋刑统》规定的从犯当减盗罪处罚,二人遂得免死。

案例出处:《中华法案大辞典》。

(武航宇)

户绝财产继承案

至元六年(1269 年)十一月,户部向中书省汇报称:"南京路钧州阳翟县范显家的驱口张春奴等人来告状,状称:'范显和他儿子范山儿去世了。现在,怀州军户范总帅家的儿子范赞带着妻子儿女搬来范显家居住,企图侵夺范显的家产。'"此案经户部调查清楚,范赞是范显的亲侄儿,因而决定:"范赞继承他伯父范显的差役,范显留下来的财产和驱口都归他所有。范赞原来在怀州老家的差役就不用再交了。"中书省批准户部的判决后,本案作为一则判例具有了法律的效力,此后民户的户绝财产(包括驱口)连同其应当承担的差役均可以由其侄继承。

案例出处:《中华法案大辞典》。

(武航宇)

户绝遗产归属案

北宋年间,邢州,有强盗入户抢劫,遭主人抵御,强盗将一家人全都杀死。当时夫妻二人先亡,次日唯一的儿子也身亡。宋代法律规定,户中人死绝而无男子即为户绝,户绝者的家财,除三分之一办理丧事之外,三分之一是给出嫁女,其余三分之一入官。州司按照户绝法的规定将这家的财产断给了已经出嫁的亲女儿,此案报到刑部后被驳回,理由是这家父母死时,他们的儿子还活着,财产应当全归儿子所有,所谓出嫁之亲女儿,是儿子的出嫁姐妹,无权分得兄弟的财产。

案例出处:《中华法案大辞典》。

(武航宇)

换亲休弃之后抢婚案

延祐六年(1319 年)四月,平江路的吴江州上报了一宗案件。皇庆元年(1312 年)二月,徐千三以周千二为媒,下聘礼要给儿子徐伴哥娶丁庆一的女儿丁阿女为妻,同时,徐千三也要将女儿徐二娘嫁给丁庆一的儿子丁阿孙为妻,两家各自下了聘财,交门换亲,但未曾成亲。延祐元年(1314 年),本地遭遇洪水,水淹庄稼,缺少食物,双方立了合同放弃了换亲的事宜。延祐三年(1316 年)九月,丁庆一将女儿许嫁给倪福一为妻,未曾过门成亲。当年十二月七日徐千三同妻阿立、儿子徐伴哥等驾船,将丁庆一的女儿丁阿女强抱上船,还家违理成婚。

平江路在审理此案时,参照了以往的一个案例。至元二十一年(1284 年)三月,中书省户部曾收到一桩强娶案。胡兴强抱白玉的女儿白满儿给儿子胡回斤为妻,户部当时断的离异。但是皇庆二年(1313年)七月时,中书省礼部给晋宁路石总管讲《婚姻例》时提到:今后许嫁女受财后而后悔者,依例断罪,女归前夫。平江路命令吴江州做出如下说明:"徐伴哥强娶丁阿女媾合,如果按照悔亲的法律判他们结婚,与理不合。徐伴哥的行为,本可以视为无罪,但是如果不加以惩治,这种社会风气恐怕会蔓延。如果依照白满儿的案例判二人离异,则丁阿女要再改嫁他人。这一案件事关重大,请上级定夺。"然后将此案送交礼部审夺,礼部的意见是:"丁庆一、徐千三互受聘财,各以男女交门换亲,后因生活困难,写立休书。徐伴哥不守规矩,强行将丁阿女抱回家,自行违理成婚,对这种情况如果判决离异,必致一女连适二夫,这也是不合理的。所以判决各家依旧换亲,倪福一原来下的财礼,应该全部返还。今后如果还有类似的案件,依照白满儿的判例断罪,判处离异。"礼部将此判决结果上报中书省,中书省的意见是:"丁庆一、徐千三争婚的案件按礼部的判决执行。但是,今后如果有许嫁女已报婚书,并且有私约,或受聘财者,应该依皇庆二年白满儿的案例断罪。"

案例出处:《判例法的两面:中国古代判例选编》《元典章》。

(武航宇)

皇甫鉴宽赦贩私茶百姓

皇甫鉴由父荫官,任台州司法参军,调单州单父县主簿。百姓贩私茶犯法,皇甫鉴不忍将他们绳以重法。郡守责问之下,皇甫鉴解释说:贫民以茶为养生,与务农相似,贫民如果不能贩茶,有可能成为盗贼,罪责就更重了,不如对贩茶之事睁一只眼闭一只眼,使贫民"有以自存",有条生路。

案例出处:《彭城集》。

(张田田)

皇甫鉴明察兄诬弟以争产案

皇甫鉴任并州录事参军时,曲阳县民有兄讼弟,声称其弟并非父亲生的,不能分与田产。弟无法自证清白,县邑久不能决。知府令皇甫鉴审理此案,皇甫鉴让人按视涉讼者父母的埋葬之处,理由是"虽无石铭,棺椁外当有题志"。一查,题志中果然写出其子孙名字,而其弟之名在内,该兄于是首服。

案例出处:《彭城集》。

(张田田)

黄榦断挑唆逐子夺产案

开禧元年(1205年),养母陈氏受谢知府挑唆,意图以归宗为名,逐去先夫所立之子张凯夫。后来,陈氏卖田。张凯夫到官府陈诉谢知府贪并田产。黄榦诘问指出,陈氏一系列举动,是先欲遣逐其子,而后夺其产,然而,夫所立之子,妻不应遣逐,夫所有之产,寡妇不应出卖,二者皆是违法。谢知府阴谋绝人之嗣而夺其产,挟其妻以害其侄婿,此有人心者所不为。押干人下县理对。谢知府虽已搬走,其家尚留旧居,今乃倚恃豪横,不肯给出干照,使词诉无由结绝。案先给据,将所管违法典卖田产,先发证明,给张凯夫管业,并收花利,仍再申安抚使司。

案例出处:《勉斋先生黄文肃公文集》。

(张田田)

黄幹断诬告亲戚案

曾知府父亲先娶董氏,生曾知府等四名子女,再娶寡妇艾氏,生五名子女。黄国材娶艾氏前夫之女,与曾知府关系不和睦,被曾知府诬告窝藏盗贼,其子申冤。黄幹认为,黄国材与曾知府系亲戚,平时往来,不应突然如此诬执。缘于曾知府在乡豪横不法,每为黄国材所持,以致积怨,不知自反,乃因小小被盗,遂买诱妇人阿曾,诬执黄国材等,把持乐安县狱,必欲加罪于黄国材,将黄国材置之死地。黄幹查阅证据,认为显然是诬告。曾知府父子害怕黄幹从公勘断,无以遂其诬告之志,就恶人先告状,去经转运司,妄称黄国材之男与黄幹私意干求。黄幹认为,曾知府竟敢如此蔑视上司、肆行诬罔,对转运司委送之案,尚敢如此把持,可见其在乡曲无所忌惮。曾知府毫不顾惜亲戚之情,声称其父娶编氓之妻,则亦自贱其父!夫为人子,而不母其母,不父其父,不是士大夫所为。使古之君子断斯狱也,将以停盗者为重,还是以不孝于父母者为重,必然是后者。况且黄幹调查发现,被告数人绝非盗贼,而黄国材绝非窝藏盗贼。黄幹欲乞台判立严限,下行本州岛,追上自首人阿曾,穷究其妄告为盗之罪,追上曾将仕,穷究其妄称黄景信曾来相见之迹。如使两人情愿出官,所告得实,则黄国材自当断配,本职不合与外人交通关节,亦甘伏按治。如阿曾、曾将仕惧罪不出,所告非实,亦欲乞将曾知府父子申奏朝廷,重加惩戒,以为士大夫敢于陵驾乡里者之戒,而黄四、李五无辜致死之冤,庶得少伸于地下!申本州岛及诸司。

案例出处:《勉斋先生黄文肃公文集》。

(张田田)

黄幹断携产弃子再嫁案

南宋时,陈女携妆田嫁到徐家,为徐孟彝之妻,生了三女一子,丈夫也替她添置了不少在名义上属于她个人的妆田。徐孟彝死后,寡妻陈氏放弃夫产,留下三女一子来继承,自己则满载新旧妆田返归娘家。徐家于是告陈家取去媳妇和田产。知军吴寺簿原判认为,根据寡妇可携嫁妆归宗的原则,陈氏无罪,将徐孟彝之弟徐善英勘断,以为不应教唆争讼。但是,负责再审的黄幹推翻原判,其理由是:女子在家从父,出嫁从夫,父给田而予之嫁,是为徐氏之田。夫置田而以妆奁为名,是亦徐氏之田,陈氏岂得而有之。假如他们没有子女,则陈氏取其田,以为己有,还说得过去。现在有子女四人,则父母的田产自当分给子女,陈氏岂能取田而弃子?黄幹进一步责备陈氏的父兄:此事未必出于陈氏之本意,乃陈文明、陈伯洪做主挑唆。陈氏一妇人,陈文明年老,那么终究是陈伯洪之罪,黄幹判决:将陈伯洪杖六十,押陈氏归徐家,仍监将两项田听从徐氏收管花利,令陈氏守寡,教其子,嫁其女,不必再嫁。

案例出处:《勉斋先生黄文肃公文集》。

(张田田)

济王谋逆冤案

宝庆元年(1225 年),湖州民潘甫与弟潘丙、潘壬聚集数十名亡命之徒作乱,夜入州劫持济王(宋理宗即位,封皇兄济王),事情败露,济王坐此死,潘甫死于兵,潘丙磔于市,潘壬逸去,余党就擒。守臣谢周卿、通判张宗涛以下悉付大理狱,诏庆元年中刑法科、时任大理少卿的徐瑄审讯此案。宰相史弥远想要借题发挥,排除异己,于是对徐瑄面授风旨,数次以手简罗致不附己者,并许诺徐瑄可立致贵显。徐瑄拒绝,理由是唐武将王忠嗣不肯以人命易官,我更不忍。审理完毕,徐瑄上书于朝,称迹涉疑似者罪不当死,复执论数四,不报。(魏了翁《鹤山集》)大法科出身的大理评事胡梦昱对徐瑄说:为逆人而伸理,岂得已哉?乖陛下之至仁,是吾忧也。徐瑄认为他勤拳忧国、慷慨敢言,引经决狱、近古遗直。不久,朝廷议夺王爵而废其祀。胡梦昱对徐瑄说:身为法官,何忍坐视人侮法于帝兄而不救?当时下诏求直言,胡梦昱想要进言,依例需要借用长官印信。有人威胁徐瑄不要给,徐瑄说:我位列大理寺亚卿,不能建明,难道还要阻同僚之言吗?胡梦昱应诏上书,辩济王之不幸,又写信给丞相史弥远,以为公论在,天下未有久而不明,冤抑在,天下未有久而不神,此论不早明,他日必有反复,此抑不早伸,他日必有厉阶。史弥远得书大怒。(《象台始末》)胡梦昱被夺官,流放象州。徐瑄对史弥远力争不成,也被镌二官而罢免。

案例出处:《鹤山集》《象台始末》。

(张田田)

继母子争业案

《名公书判清明集》载南宋一件子与继母争业的官司。吴贡士丧妻,有子吴汝求,吴汝求七岁。吴贡士再娶王氏,续置田产四十七亩,所立契券上都写成是王氏妆奁。原因是兄弟同居,防他日分家争讼之患。吴贡士死后,王氏席卷于其上,吴汝求破坏于其下,子母之恩爱断绝,吴贡士之家道败坏。已把所得遗产挥霍净尽的吴汝求将王氏告到官府,要索回四十七亩之田。判官先是引经据典,慨叹寡妇不能守义以安其室,人子不能尽孝以事其母,王氏若能守志自誓,扶植门户,且教其子使之成立,不惟王氏可为节妇,吴贡士亦且有后。随后指出,“官凭文书,索出契照,既作王氏名成契,尚复何说”,吴贡士去世时,吴汝求并非年幼,为何不自行照管钱物,待继母再嫁时才来告状,为时已晚,况且“以前后亦有领去银器财物,批照具在”,故王氏得以保留此田。最后,判官考虑到,王氏改适既得所,吴汝求一身无归,建议王氏以前夫为念,将所置的刘县尉屋子业与吴汝求居住,吴汝求不得典卖,以期夫妇、子母之间不致断绝。生者既得相安,也可告慰死者。

案例出处:《名公书判清明集》。

(张田田)

家奴擅自嫁女案

至元十二年(1275 年)五月,阿台的家奴杨仲椿未经过主人同意,擅自将女儿金婵嫁给朱得林的儿子长寿马为妻,并且收了作为聘礼的羊和酒。此案由御史台呈报中书省后作出如下判决:“杨仲椿作为阿台的家奴,在嫁女儿的时候,应该让朱得林向阿台提亲,并且将聘礼交给阿台。”

案例出处:《中华法案大辞典》。

(武航宇)

贾黯断乘泽不孝案

北宋仁宗年间，益州推官乘泽，在蜀地三年，不知自己的父亲已经亡故，及至任官期满还朝时，到掌管官吏考核、升迁的吏部流内铨衙门领取文书时，属吏不给，方才回乡办理丧事。服丧满三年后，又进京请求磨勘，即请主管部门勘验资历及政绩，以定升迁。当时贾黯判流内铨事，他说："乘泽与其父不通音信达三年之久，即使不是匿丧，难道称得上孝吗？"最后乘泽受到除名为民的处罚。

案例出处：《中华法案大辞典》。

（武航宇）

奸生男女抚养案

至元十年（1273 年），刑部上报一桩案件。百姓烟骸儌与李望儿通奸，离家在外居住，并且生了四个儿女。对于此种情况，刑部认为："应该遣送烟骸儌与李望儿分别回家，所生儿女，男随父，女随母。"此判决呈报中书省后，被批准，且成为此后审断非婚生子女的依据。

案例出处：《中华法案大辞典》。

（武航宇）

金忙古歹打死奸夫案

至元六年（1269 年）十一月十八日，中书省收到一宗案件。金忙古歹因为孙求安强奸其妻，夜间又来，所以将孙求安打死，官府判处以杖刑一百七十下，不需追征烧埋银。中书省依以往案例，认为此案审判得当。

案例出处：《判例法的两面：中国古代判例选编》《元典章》。

（武航宇）

禁止卖子案

至元七年（1270 年）十二月，御史台呈报了一宗卖子的案件。济南路有一个百姓叫王瘦斯，因为家里非常贫穷，实在没有办法缴纳各种杂税，迫于无奈，将两个儿子卖了。两年之后，王瘦斯非常想念两个儿子，就来到官府申请把两个儿子要回来，父子团圆。济南路无法决定，就将此事报到尚书省。尚书省审议后认为：此事属于违法的情形，户部应立即将王瘦斯已经卖给崔三、樊九的儿子福兴、僧儿送回本家，父子团聚。之前两个儿子的身价银，王瘦斯不需要返回给崔三、樊九。并且要追究当时征收王瘦斯差税的官吏的责任，因为他的行为导致了王瘦斯卖子。随后，尚书省颁布了一条禁约，即今后不允许买卖亲属。

案例出处：《中华法案大辞典》。

（武航宇）

经年房产不许赎回案

大德元年（1297 年）六月，江西行省上报了一宗龙兴路的案子。百姓范大鼎诉称："翟镇抚占住房屋，虚钱实契，不肯回赎。"官府审理后查明，至元十二年（1275 年），翟镇抚等人领兵收复了龙兴路,然后就到范大鼎家的空房住下了。过了一段时间后,找中间人,立契用钱买下了所住房舍。后来,范大鼎知道官司下令可以回赎房屋,于是就到官府来诉讼了。江西行省接到此案后经调查发现:江南地区归附元帝国之初,使用中统钞两,物价水平很低,所以此房成交之时价钱非常低,过去了这么长时间,房屋的价格增长了数倍,所以贪婪之人就有了侥幸心理,希望通过诉讼,索回低价出售的房屋,造成诉讼特别多。如果判令范大鼎以原价回赎,但是翟镇抚已将所买房屋卖给了马万户,而后马万户又将此房转卖给了杜经历,此事已经过去十五年,经隔三主,如果逐人收赎,则马万户已经不知去向。再有,在至元二十三年(1286 年),因为所卖房舍价格比较低,范大鼎曾经来找翟镇抚寻差价,翟镇抚又给范大鼎添了找价银四锭,并且重新立了契据成交,契据内容非常明白,另外,房屋的装修改造一共花费银两三十余锭,如果允许回赎,买主吃亏。再加上江南地薄,百姓喜欢诉讼,如果此案允许回赎,则一定能引来更多的诉讼。所以为了避免百姓的侥幸心理,应当不准回赎。此判决意见交由中书省,中书省咨询礼部后批道:“准行省所拟判决!”

案例出处:《中华法案大辞典》。

(武航宇)

舅姑嫁寡妇案

至元八年(1271 年)十一月,尚书省户部上报了一桩舅姑嫁寡妇案。百姓徐阿杜诉称:“至元六年(1269 年)十二月,我的儿子绵和死了,抛下儿女无人抚养,也没有办法服官府的徭役,希望儿媳妇阿刘招一个上门女婿。但是儿媳妇阿刘以给丈夫服丧期限未满为由,拒绝招婿上门。希望官府能强制儿媳妇招婿上门。”官府从来没有断过此类案件,不敢擅自决断,于是查阅了以往的法律,发现其中有一款:“妇人在丈夫死后,为丈夫服丧期限届满,可以回娘家,其公婆不得做主将其改嫁。”于是,尚书省户部研究了此案后作出决定:“对于徐阿杜的诉讼请求,应该依照旧例处断,妻子为丈夫服丧三年后,其实是二十七个月,是否改嫁依据阿刘的意愿,公婆不能强迫其改嫁”,同时减轻徐阿杜家的赋税和徭役。

案例出处:《中华法案大辞典》。

(武航宇)

军民承继户绝财产案

至元五年(1268 年)七月,枢密院向中书省呈报一桩户绝财产继承案。平阳路的郑堪净告:“我有个儿子叫挨哥,年龄很小,还没来得及上户籍。我哥哥郑大的户籍属于军户,但是现在年纪大了,没有结婚,也没有子嗣,无人奉养。现在我请示能不能让我的儿子挨哥承继他的产业,将挨哥改成军籍,今后就奉养郑大。”中书省审理此案之后,作出了判决:“郑挨哥可以将户籍改为军籍,以便继承他伯父郑大的财产。今后,如果军户内还有这样的情况,也可以参照此种情况处理。”并且形成定例:今后民户内的无子之家,如果在军户内有同宗弟侄的,也可以仿照这种情况办理,即军户内的男孩可以过继给民户为子。

案例出处:《中华法案大辞典》。

(武航宇)

军人刘万四杀父子案

延祐三年(1316 年)九月,吉安路上报了一桩案件。庐陵县朱阿黄告军人刘万四杀死丈夫朱重一和儿子朱关仔。官府提审之后得知,刘万四将朱重一父子二人杀死,情况属实。依至元六年(1269 年)中书省定例,应追征烧埋银五十两,但是至元二十四年(1287 年)货币改革之后,没有明文规定,杀二人者,其烧埋银两如何追征。所以上报给刑部。刑部参照以往案例,判决如下:如果依旧例,杀死一家数口,只追征一名烧埋银五十两,似乎太轻,白银每两时价是中统钞二十两,应该依时价追付。刘万四用刀将朱重一和朱关仔父子二人杀死,应各征烧埋银两中统钞十锭给付苦主朱阿黄。

案例出处:《判例法的两面:中国古代判例选编》《元典章》。

(武航宇)

军人匿税案

大德七年(1303 年)六月十八日,龙兴路官员上报了一桩案件。军人孙真等人将没有上税的北生绢十九匹,卖给了缎子铺的常四,还没有收到货款,就被抓到官府。如果比照客人兴贩这一判例来处断,担心影响军人士气。此案上报到中书省,又被送户部裁决。户部提审后发现,孙真卖绢是为了当来大都的盘缠。所以又问枢密院令史李安珍,李安珍说:军人用来做盘缠的丝绢等物,从来不曾纳税。户部请示中书省后,判决为:“今后军人所需的盘缠绢匹等物,需要开证明,如果是用来营利,则要上税。军人孙真等人所带的未上税的绢匹,虽没有营利的意图,但有违体例,应该收回北生绢,禁止买卖。”

案例出处:《判例法的两面:中国古代判例选编》《元典章》。

(武航宇)

老人杀人免死案

至元七年(1270 年),陕西行省官员上报了一桩老人杀人案。原来,延长县道士刘志朴,年已八十岁,他的徒弟刘志昇有个放为良人的驱口叫蒲民。在至元七年五月十一日早,因为刘志朴询问蒲民一些事情,蒲民不服管教,并将刘志朴的头打破了。刘志朴非常生气,就找了几个人,将蒲民捆绑起来,用棒子打伤了。打伤之后,又绑在外面的木头上,让阳光暴晒他。没想到,过了不久,蒲民因为伤势过重死了。此案上报到官府,延长县的官员经审理作出判决:“刘志朴打死蒲民,依凡人之法,应处死刑。并且征烧埋银两给付蒲民的家属。但考虑到刘志朴已经八十岁了,因此将此案上报到刑部,请求处断。”此案报到刑部,刑部的判决是:“征赎罪钞三十二贯,征烧埋银五十两。”报呈中书省后改判为:“征赎罪钞一锭,再征烧埋银五十两,给付受害人的家属。”最后,十月二十日皇帝批准此判决。

案例出处:《中华法案大辞典》。

(武航宇)

李逢谋反案

北宋神宗熙宁八年(1075 年),沂州百姓朱唐告发前浙江余姚县主簿李逢谋反,提点刑狱官王庭筠称李逢并无谋反之形迹,但有诽谤怨言,牵涉到攻击皇上和胡乱猜言天降祥瑞和灾难,请编配发落。神宗仍有疑虑,派遣御史台推直官蹇周辅再加审讯断绝。宰相以王庭筠奏词不当,要求处罚他。王庭筠畏惧,自缢而死。李逢在审讯时,供出与之有联系的宗室皇族赵世居、医官刘育、河中府观察推官徐革等人,皇帝令逮捕后送御史台狱,由御史中丞邓绾、同知谏院范百禄与御史徐禧共同处理。狱案审结,神宗赐赵世居死,李逢、刘育及徐革凌迟处死,将作监主簿张靖、武进士郝世宣皆腰斩,司天监学生秦彪杖脊、并往湖南编管。其余牵连者降官落职,赵世居子孙宽待免死,但除去皇族名籍,初审之官吏一并被检举诏罪。

案例出处:《中华法案大辞典》。

(武航宇)

李南公审长沙诡名寄户案

李南公,字楚老,为官六十年,官至户部尚书,在其任长沙县知县期间,查处了隐瞒户税的案件。按北宋朝廷的规定,命官、豪绅、地主或在各级衙门中做吏员的人家田产无限,皆可免除赋役,但一般中小地主和自耕农却赋役繁重,因此有很多人便诈称将田产献纳于寺院,或以假契出售给官宦有权势之家,假称为佃户,以逃避赋役。这种现象在民间极为普遍,使朝廷深感不安。李南公任知县时,其辖区内各村都出现了奇怪的事情,户籍在而其户亡,找不到人承担赋役,每年都是户长代为缴纳赋税。为了解决这一问题,李南公把其辖区内的地方豪强全都传唤来,对他们说:"这些田地不过是被你们典买去罢了,给你们一个月的期限,为我查找田主,否则,由你们平均分担交纳赋税。"期满,庄户之人全都被查清楚,赋税也都有人承担了。

案例出处:《中华法案大辞典》。

(武航宇)

李三丑走马撞死人案

至元四年(1267 年),中都路受理了一宗走马撞死人案。基本案情是李三丑撞死了田快活。中都路的司法官在抓获案犯后,提审了案犯李三丑,其供称:"正月初二那天,因为是节假日,我想宴请朋友乔令史,在卖酒的燕家买了四瓶酒,然后就坐在一起吃喝,一直喝到天黑才散场。我和乔令史各自骑马回家,因为是晚上,路上没有行人,我和乔令史就互相骑马追逐,乔令史骑马在前面跑,我骑马在后面追。走到悯忠寺一带的时候,冷不防有一个男子从东向西跑过来。我因为马走得急,又因为天黑确实没看见,于是将这名男子田快活撞死了。"

此案经中都路司法官员审理后判决如下:"李三丑的行为是无故在城内街上快速骑马,以故杀人论处。旧例规定:'于城内街巷无故走马者,笞五十;以故杀伤人者,减斗杀伤一等。'所以判处李三丑徒五年。"此判决上报刑部后,刑部改为:"案情属实,但改判杖七十七下。"中书省的最终判决是:"同意刑部判决,同时判征二百贯烧埋银给田快活家。"

案例出处:《中华法案大辞典》。

(武航宇)

李士衡荒年宽免死罪案

北宋年间,李士衡暂代军事重镇天雄的地方军事长官时,有人偷瓜打伤了瓜主,依法本当判处死刑,李士衡因为年景饥荒,生存艰辛,所以上奏赦免了人犯,从此著为定例。后来江州州民遭遇荒年,有割了别人的稻禾却打伤了物主者依法应处死,江州通判陈执方认为,古时救荒之政,为了赈济人想尽了办法,然而还要缓刑,更何况今天了。他当即上奏朝廷,援用了本朝荒年免死刑的前例请求宽大处理。朝廷准奏。

案例出处:《中华法案大辞典》。

(武航宇)

李孙砍死妻子蔡佛姑案

延祐二年(1315 年)八月,建宁路上报了一桩杀妻案。李孙砍死妻子蔡佛姑,犯人李孙供称:皇庆二年(1313 年)三月因为生活艰辛,妻子的义父蔡林和妻子蔡佛姑责怪他不务正业,不出去赚钱养家,时常打骂他。八月十三日李孙托周德等对蔡林说,要将妻子蔡佛姑嫁给旁人,导致争端,致使妻子蔡佛姑不容他同宿,李孙怀疑她与其义父蔡林私通,于是在房前摸得木柄铁斧一把,进入房内,用斧头在妻子蔡佛姑左额角重打一下,用斧刃在面上连砍数下,致其气绝身死。本省官府认为,如果按照凡人杀人定罪,恐怕失去明伦厚俗的风气,批准建宁路按以往案例释免。

以往的案例有霍牛儿案。池州路的霍牛儿扎死妻子阿常,遇恩赦被释免。具体案情是,东流县的霍牛儿供称:因为饥荒缺少粮食,就带着一家老小在皇庆元年(1312 年)六月十二日逃难到东流县。同伴岳仙等人问霍牛儿,是否在章马户家讨到饭米钱钞六两,霍牛儿虚称没有讨到,岳仙将霍牛儿打了一顿。霍牛儿的妻子常三姐沿路骂詈霍牛儿的祖宗,又说,你被人打骂,做不得男子汉。我每天给别人做饭,被人欺负。常三姐挑担行李竹篓,又从原路往北去了。因为被骂,加上饮酒未醒,霍牛儿就手执木棒在妻子阿常左腮颊连耳重击一下,使其昏倒在地,又用小尖刀在其脑后偏右猛扎一下,戳入其咽喉,挑断咽喉,使其气绝身死。池州路的判决是杖一百七十下。报送刑部备案。还有一个王文书杀妻案。大德十年(1306 年)三月七日,大都路王文书供称:大德九年(1305 年)九月二十六日,妻子纪秀哥不肯做饭,骂他并索要休书,王文书猜其与人通奸,因此用刀子在纪秀哥咽喉嗓上猛割一下,致其身死,为避免被处重罪,将尸体撇于井内,伪装成投井而死。刑部的判决是,处王文书杖断一百七十下。参照以上两个案例,霍牛儿案的判决结果如下。在逃难路上,妻子常三姐咒骂霍牛儿祖宗,又说我死活不跟你逃难了,从原路往北走。霍牛儿因此发怒,借着酒劲用木棒在常三姐左腮颊连耳猛打一下,又用小尖刀于脑后猛扎一下,把咽喉挑断致其身死。对霍牛儿不能以常人故杀结案,因为霍牛儿是因为妻子骂其祖宗,要弃他归家,才把她杀死,可以处杖一百下。中书省的最终判决是比照霍牛儿案的判决,将李孙释免。

案例出处:《判例法的两面:中国古代判例选编》《元典章》。

(武航宇)

李应言察妖案

北宋郓州居民中有传播妖法的,党羽发展到一百余人,捕吏想邀功请赏,便诬陷他们谋反。按《宋刑统》,“诸造妖书妖言者绞。传用以惑众者亦入之,其不满众者流三千,言理无害者杖一百。即私有妖书,虽不行用,徒两年,言理无害者杖六十”,“诸谋反及大逆者,皆斩”,家人连坐。两罪轻重显有不同。因案情重大,皇帝诏命侍御史李应言亲自前往审核事实,李应言认定只是传妖法,无谋反事状,结果依法将几个首谋诛杀,其余之人免死罪。

案例出处:《中华法案大辞典》。

(武航宇)

林士贵等持火抢劫案

延祐六年(1319 年)正月,江浙行省上报到中书省一宗案件。泉州路惠安县尉司捉获盗贼林士贵等三名,盗贼招供称:"在延祐三年(1316 年)三月二十四日夜二更时分,持火把将王通应的大门打开,用斧将锁砍断,劫去家财、银器、布帛、衣服等物。"中书省认为:盗贼虽然遇到赦免,但是仍应刺字并充警迹人。此案转呈到刑部,刑部认为:江浙行省咨询的案件中,盗贼林士贵等抢劫王通应的家财,犯罪行为发生的时间是在赦免诏书颁布之前,犯罪事发之后,诏书已经颁布,只是没有到。罪犯招供之后,可以免刺。

可以比照的案例是吴牛儿案。至大四年(1311 年)六月十二日,刑部判了一个抢劫案。谢德诚被劫,捉获盗贼吴牛儿等三名,此三人招供称是陆青等的同伙,在至大元年(1308 年)十月十六日夜抢劫王主节的家财,吴牛儿分到中统钞二十五两,生大绢三匹,白布六匹。吴牛儿作案是在至大元年十一月二十五日,赦免令颁布之前,事发后,赦免令到官,如果追赃刺字,终是犯在革前,发在革后,虽有供词,但可以免刺。

案例出处:《判例法的两面:中国古代判例选编》《元典章》。

(武航宇)

领受彩礼改嫁案

大德四年(1300 年)四月,江浙行省省掾石仲宝上报了一宗案件。邵武路许惠诉称:"至元二十五年(1288 年),凭媒说合,许惠聘黄三七的女儿鹤姐为妻,后来许惠出外谋生。至元二十八年(1291 年),黄三七主婚,又将女儿嫁给朱阿老为妻,至今已经九年,二人所生的儿子已经六岁。"省里官员认为:如果将黄鹤姐断给前夫许惠为妻,生的儿子归父亲朱阿老抚养,似乎也不妥当,请求上级指示。

对于此案,可以参照以往的案例判决。大德元年(1297 年)六月十一日,江平路上报了一宗案件。长州县百姓杨千六,在至元二十二年(1285 年)时,以李千四嫂为媒人,将女儿杨福一娘许嫁给陆细一的儿子陆千五为妻,收了二次财礼,双方都是生活比较困难,没有最终成亲。杨千六在至元二十四年(1287 年)八月搬到溧阳州居住,当年十月凭当地人杨万十五为媒,隐瞒了已经收了陆细一家聘礼的事情,将女儿杨福一娘改嫁给陈千十二为妻。对于此案,当时的判决是:"杨千六早在至元二十二年三月收了陆细一家的聘礼,按理应该将其女儿杨福一娘断给陆千五为妻,但是杨福一娘与陈千十二成亲已经十年,陆千五也没有到官府诉讼。一直到大德元年正月,在路上遇见杨福一娘,才将其夺去,告到官府。杨福一娘已经与陈千十二生了两个儿女,应该按照已婚处理。如果杨福一娘有未订婚亲妹,可以让陆千五依理下财求娶;如果没有,可以让陈千十二等出财礼给陆千五,让他别娶妻室,免致杨福一娘母子离散。"对于此判决,中书省的意见是:"如果杨福一娘有未订婚亲妹,可以让陆千五求娶。如果没有,可以让杨千六交还当时收受的陆千五家的裙缎等聘礼,并且将陈千十二所下财钱给付陆千五,让他别求妻室。"

目前，许惠与黄鹤姐案和陆千五与杨福一娘案非常类似，可以参照执行。

案例出处：《判例法的两面：中国古代判例选编》《元典章》。

（武航宇）

刘克庄断复婚案

《名公书判清明集》载一则南宋末年的婚姻纠纷。妻子的哥哥丘教授高中后，看不起家道中落的妹夫黄桂，逼迫黄桂写离书放弃妻子和五个女儿。七年后，黄桂向官府申请与妻子复合。主判的刘克庄赞成复合，称“夫有出妻之理，妻无弃夫之条”，他先责备丘教授和黄桂：丘教授“寿禄不永，万里客死，岂非此等事有以暴其阴骘欤”，遗憾当时官府未能对丘教授晓之以理；黄桂“匹夫不可夺志，若真有伉俪之谊，臂可断，而离书不可写，今观乎写离书，却翻悔于七年之后，亦已疏矣”。总之，黄桂夫妇可以复合，“黄桂不曾犯义绝，既夺其妻，又并其所生女子夺归丘氏家，天下岂有无父之国”。刘克庄劝丘教授之弟丘贡士，“宜鉴乃兄覆辙，做些好事，以助前程”，如黄桂夫妇不可复合，丘贡士也应怜悯感念黄桂贫乏，资助钱物，使之别娶。

案例出处：《名公书判清明集》。

（张田田）

刘沆审尹氏占田案

北宗仁宗年间，衡州有一大族尹氏，图谋收买邻人的田产，邻人不从，未能得手。邻人年老而儿子幼小无知，尹氏便伪造了买卖的券书，待邻人死后，赶走了邻人的儿子，霸占了田产。邻人的儿子四处控诉近二十年而未得伸理，刘沆出任衡州知州，刚一到任，邻人的儿子便再次出来控诉。刘沆唤到尹氏，让尹氏拿出历年所收的户钞，并质问尹氏说：“你的田产多达千顷，户钞为何这么少？你当年立定买卖田产契约时，曾问过其他亲邻吗？那些人现在都还健在，是可以作证的。”《宋刑统》规定，买卖田产必须要询问亲邻，或亲或邻都有优先买下的权利，亲邻不要，他人才得收买，尹氏当然没有履行这一合法程序，在刘沆的严词追问下，只得如实承认了霸占田产、伪造契书的罪行并被依法处治。

案例出处：《中华法案大辞典》。

（武航宇）

路驴儿杀本主案

至元四年（1267 年）八月，西京路法司受理了一宗奴杀主的案件。基本案情是：驱奴路驴儿将主人忽林察用刀子扎死，同时要挟主人的妻子唆鲁忽与其逃走并通奸。西京路法司将二人捉拿归案后，提审了案犯，路驴儿和唆鲁忽的口供完全相同。

西京路法司对于路驴儿的判决如下：依据“奴婢杀主者，皆斩”旧例，路驴儿应该被处死。然后上报刑部和中书省，均予批准。

西京路法司对于唆鲁忽的判决如下：旧例规定，“奴奸主者绞，妇女减一等，合徒五年”。本案唆鲁忽明知奴杀夫而不告官，对于此情节，旧例规定，“祖父母、父母及夫为人所杀，私和者，徒四年。虽不私和，知杀期以上亲，经三十日不告知者，减二等，徒二年”。本案中唆鲁忽二罪俱有，从重者论，拟判处徒刑五年，杖刑八十下，去衣受刑。判完后，上报刑部，刑部认为：就是主被杀害,随从在逃通奸,这项判决偏重,因此判决杖六十七下。此判决报中书省后,中书省判决是:唆鲁忽论不应该与贼为妻,且随之到处躲藏,半年不举报罪犯,应处杖一百零七下。

案例出处:《中华法案大辞典》。

(武航宇)

吕公绰审营妇断腕案

吕公绰曾任北宋开封府知府。当时开封府有一名士兵的妻子,因为丈夫常年在外戍守边疆,独自一人在家生活。有一天夜里,在周围邻居都入睡之后,有盗贼闯入其家中,把这名士兵妻子的手腕斩断之后逃走了。由于天黑,这名士兵的妻子没有看清凶手的面貌,更不知道凶手的姓名。一时间,开封府内众人议论纷纷,感到十分奇怪。作为如此严重的伤害案件,该案很快报告给了知府吕公绰。吕公绰差人仔细调查了该名士兵妻子的品行,得知该女子确实品行端正,且很少与外界闲杂人等联系,遂排除了奸情杀伤的可能。因此,吕公绰就推定此案可能是该士兵之仇人所为。这名士兵的仇人不敢当面伤害其本人,就暗中回到他的老家伤害了他的妻子,以逞一时之快。为了证实这个推定,吕公绰派人快马加鞭到该名士兵的营房去讯问他。通过仔细的询问,发现确实有一个叫韩元的同营士兵嫌疑极大。韩元被逮捕后,全部招认了罪行,依《宋刑统》"诸谋杀者徒三年,已伤者绞,已杀者斩"的规定,将韩元处以死刑。

案例出处:《中华法案大辞典》。

(武航宇)

马亮慎刑扬善案

北宋真宗年间,马亮担任潭州知州,所辖之县中有个逃亡的兵士四处抢掠扰害,成为乡村中的祸害,为众人所恨。乡民合谋杀死了这个兵士。依照法律规定,允许乡民捉捕进行抢掠攻扰的人,但如果不是官府指名追捕的人,而擅自将其杀害,则为法律所不容,这是为避免诬陷冤枉。马亮手下的官吏拘泥律文,将其中四名乡民判处死刑。此案报给马亮后,马亮认为这四人为民除害,其事确有实据,其情值得怜悯,假如一定要诛杀他们,恐怕就不符合法律抑恶扬善的本意了。于是马亮批复该案,将四人全部免除死罪。

案例出处:《中华法案大辞典》。

(武航宇)

马宗元申诉保辜案

北宋年间,马宗元年纪尚幼,其父马麟与人斗殴,伤人,被拘押守候辜限。按照《宋刑统》,凡殴人致伤者,而伤情未定,生死未卜的,官府为之规定日限,责令被告人为伤者治疗,如伤者于限内死亡,被告以死罪论处,不死,则以伤人罪论。通常以手足殴伤人者以十日为辜限,以他物殴伤人者二十日为限,以刀刃利器及汤火伤人者三十日为限,折跌肢体和损伤骨头的以五十日为限。马麟因所伤人死亡,依法本当抵罪,马宗元推算所殴之时,原是在辜限外四刻,于是向州里提出申诉,使父亲的死罪得以赦免。

案例出处:《中华法案大辞典》。

(武航宇)

埋藏物处分案

至元十三年(1276 年)闰三月,户部向中书省上报了一桩案件。百姓王拜驴等人在贺二家的地里挖出了埋藏物,当地官府判决得物之人与地主平分此物。并将此判决交给户部审核。户部将此案呈请中书省批准,同时作出明确规定:“今后若有于官地内挖得埋藏物,将所得物的一半没官,一半给得物之人。在他人地内得者,依上例与地主平分。如果在租佃官府或私人田宅里发现的,例同业主。如得到古器珍宝奇异之物,应该马上上报官府,官府按照物品的价值给予补偿。如果诈伪隐匿其物,所得之物要全部没官,并且要处刑。”中书省核准了户部的判决。

案例出处:《中华法案大辞典》。

(武航宇)

缪紧孙诉收继案

至治元年(1321 年)三月,江阴州上报到福建宣慰司一宗案件。缪紧孙诉称:“房兄缪富六延祐三年(1316 年)九月内身故,延祐五年(1318 年)三月有一般房兄缪富二命令房叔缪贵三做媒,说服已故房弟缪富六的妻子阿雇,在当月十六日缪富二违例在服内收继弟妇阿雇为妻。”官府提审缪富二之后,其承认自己的罪行,地方官府将此案移送刑部定夺。

刑部的意见是:此案可以比照至大元年(1308 年)闰十一月,中书省判的刘令史状告刘监纳接续弟妻案。刘监纳,名君祥,他承认:在大德二年(1298 年)六月,叔伯兄刘大身故,抛下三十五岁的嫂子刘阿王和侄儿宝奴、不兰奚各,当时叔伯弟刘三将嫂刘阿王收继。大德十年(1306 年)七月,刘三病故。大德十一年(1307 年)七月,伯娘刘阿牛因为侄儿宝奴等年幼无人抚养,上报官府称,刘君祥是刘大的亲兄弟,应该由他收继刘阿王。主婚人刘阿牛所招,和刘阿王与刘君祥所招的事实完全相符。刑部认为:刘君祥收继刘阿王,应该断其离异,并处以杖刑。主婚人伯母刘阿牛,年已七十二岁,依例可以处赎刑。刘君祥不应收继弟妻,应该判处其离异。

刑部对于缪富二案的处理结果是:缪富二收继弟妇阿雇,违反例的规定,判处离异。

案例出处:《判例法的两面:中国古代判例选编》《元典章》。

(武航宇)

抹牌赌博案

至元三十一年(1294 年)六月二十三日恩州官府捉获闫僧住、郑猪狗抹牌,并追搜到印牌木符,二人招供。将牌局的领头人吕冬儿、赌博人郑猪狗、蒋四儿、印板人叶林都依例判决,将没有毁掉的纸牌九张,和摊场中的钱中统钞三十六两,收归永丰库收贮。另外,为首纠合抹牌人闫僧住只是抹牌,没有掷骰子赌博钱物,不知如何处断。遂将此案报到刑部。刑部比照至元二十三年(1286 年)二月颁布的圣旨:“禁约诸人不得赌博钱物,如有违犯之人,许诸人捉拿到官,将犯人流去迤北远田地里种田者。钦此。”最后,刑部的判决是:抹牌赌钱人闫僧住等人,依据赌博钱物断例,各处以杖刑七十七下,摊场钱尽数没官。

案例出处:《判例法的两面:中国古代判例选编》《元典章》。

(武航宇)

谋故杀侄案

大德十一年(1307 年)三月二十四日,漳州路上报了一桩案件。百姓郑贵、郑子进同谋将侄儿郑昭举打死,郑贵的儿子郑福德又与郑昭举的妻子通奸。本路官府将郑子进依据以往判例处杖一百七十下,郑福德决杖八十七下后流放,将本案中郑阿李通奸请罪事项和烧埋银两事项作为疑难案件请求上级批示。福建廉访司的拟判是:对于郑昭举被殴致死案,漳州路官府提审了案犯郑贵,郑贵供称,"作为里正,有一项职责是组织乡众收米谷,卖钱后还债。但是在收米谷时,侄儿郑昭举捣乱,又要将弟弟郑子进伤害,我因此对他怀恨在心。在大德六年(1302年)十一月十日夜,与弟弟郑子进同谋,一起将郑昭举打死,将尸体埋藏在其屋后。纵容儿子郑福德与已死郑昭举的妻子阿李通奸的情况属实"。郑子进的供词与郑贵相同。此案属于谋故杀人,情节恶劣,拟将郑贵、郑子进各判杖一百七十下,将郑福德与郑阿李通奸的事情,向上级官府禀告。此案被送到刑部审理,刑部认为:郑贵因为侄儿郑昭举阻止他违例向所管人户收集米谷,就与房弟郑子进同谋,故意将郑昭举引到山顶,用棒打死,之后就地埋尸,后来又将骸骨挖出来抛掷,更是纵容他的儿子郑福德将被打死的郑昭举之妻阿李奸占。郑阿李告发到官,真相大白。郑福德诉郑阿李别欲改嫁等事其实是要遮掩杀人罪名,本案按照以往的判例,对郑贵应该处死,现在漳州路却将本人判处杖一百七十下。这样的判决结果不合适,恐怕会导致愚民无知,叔侄之间,谋故杀害的情况增多。现在改判郑贵迁徙发去辽阳行省地面住坐,以警示其他百姓,使百姓有所畏惧。

案例出处:《判例法的两面:中国古代判例选编》《元典章》。

(武航宇)

母在子不得主婚案

至元五年(1268 年)十月,户部将一宗案件上报到中书省,案卷记载:"田盈和王秀才分别请媒人向赵阿王的女儿赵速儿提亲,且下了聘礼,赵阿王也收下了聘礼,这就出现了一女二聘的情况,赵速儿应该和谁结婚这个问题,双方都没有处理明白。但是现在赵速儿却嫁给孟二为妻。户部调查之后发现,田盈把为弟弟迎娶赵速儿的聘礼下给了她的二哥赵定,订婚宴也是赵定以主婚人的身份参加的,而赵定作为赵速儿的二哥,是没有主婚权之人,所以不能将赵速儿断给田盈之弟。王秀才本来是要给儿子娶赵速儿,所以给赵家下了聘礼,但是后来王秀才之子又娶了别人为妻。目前,赵速儿已经嫁给孟二为妻。这宗案件之前从没办过,怎么裁断,请指示。"

中书省审理后,判决如下:"赵速儿有母在,应由母亲主婚。她的哥哥在外面擅自收取彩礼,许嫁其妹,是违反礼义的,其主婚无效。赵速儿之母赵阿王接受了王秀才家的聘财,将赵速儿许给其子王二为妻,是有效的。但是后来王秀才之子王二不愿娶赵速儿,可以将原来下给赵阿王的聘礼依数追还。"

案例出处:《中华法案大辞典》。

(武航宇)

男妇自害不征烧埋银案

至元十年(1273 年)八月,延安路上报了一桩案件。至元九年(1272 年)二月,延安县军户张禄诉称:至元八年(1271 年)七月十四日,弟妻阿高不服驱使,自缢身亡,其父高山索要烧埋钱私和。刑部的判决是,依照法律规定的禁约,对于高山索要烧埋银一事不予支持。

案例出处:《判例法的两面:中国古代判例选编》《元典章》。

(武航宇)

年龄相差悬殊不收继案

至元十八年(1281 年)四月,中书省礼部收到一宗有关收继的案件。曲周县军户许阿赵诉称:"儿媳步春连儿在儿子去世后,本应由小儿子许广驴收继,但是步春连儿却另嫁他人。"

礼部收到此案后,比照先前平阳路的一宗案件进行了判决。平阳路的军户路显诉称:"我已经找了媒人,下了聘礼,将崔惠的女儿胜儿聘给我的儿子路重兴为妻。此后,重兴因病身故,现在我们想让二儿子四儿收继其嫂胜儿。但是亲家崔惠却将胜儿聘给李孙儿为妻。"此案上报到中书省,中书省的意见是:崔胜儿是十八岁,路四儿才九岁,年龄相差悬殊,不能收继。追回崔惠收到的路显家下的聘财,等路四儿长大成人,别娶妻室。崔胜儿已经改嫁给李孙儿为妇,是非常合理的。

礼部认为:步春连儿的案件与崔胜儿的案例基本相同,步春连儿是二十八岁,小叔许广驴一十二岁,年龄相差悬殊,步春连儿已嫁给刘四为妻,所以比照崔胜儿案判决。追回步大收到的许阿赵家下的聘财,等许广驴长大成人,别娶妻室。步春连儿改嫁给刘四为妻。

案例出处:《判例法的两面:中国古代判例选编》《元典章》。

(武航宇)

聂宇依断例断李彦聪教唆杀人案

宋徽宗宣和年间,袁州百姓李彦聪唆使手下人何大殴打杨聪致死,袁州法官引《宋刑统》斗讼律中"威力使人殴击而致死伤者,虽不下手,犹以威力为重罪,下手者减一等"律文,断李彦聪死罪。案子上报到大理寺后,大理寺的官员都认为判决合理,只有大理寺少卿聂宇力主以杖罪定断,于是大理寺将死罪改作杖罪。此案上报刑部审核时,刑部以为不妥,改杖刑为斩刑。

大理寺重议此案时,聂宇还坚持以前的判决。案子报到中书门下两省,刑部特别申明,大理寺所断不当,经驳难后不改,如果再问,恐怕大理寺还是坚持原来的审判。这是大理寺在拖延案子的时间,请两省与皇帝详酌裁断。而此时大理寺检索出了元丰年间审问的断例作为依据,刑部只得同意断以杖罪。其后对大理寺中执不同意见的官吏给予降官和罚铜的处罚。

案例出处:《中华法案大辞典》。

(武航宇)

宁二娘指证王福一通奸案

大德六年(1302 年)正月,江西道廉访司向御史台上报了一宗通奸案。建康路录事司捉拿宁二娘与刘狗儿通奸,宁二娘指出王福一也曾与她通奸,并且王福一也招供清楚。建康路官府将奸夫刘狗儿、奸妇宁二娘,各处杖刑七十七下,王福一处杖刑五十七下。此案可以参照的是下面这个案例,建康路的苏小尹与苏七通奸,又指出与陈佐通奸,刑部的判决结果是断遣。中书省认为指奸革废,此是古来不易之典。苏小尹与苏七通奸,指出陈佐一事,如果陈佐招供确实通奸,则可以这样判决。以后再遇到指奸的案件,要区分被指奸人是否承认通奸,然后才能区别对待。

案例出处:《判例法的两面:中国古代判例选编》《元典章》。

(武航宇)

农器不收税案

至元八年(1271年)八月,户部收到了一宗税收方面的案件。百姓王明诉称:"在中都路铸造了农具,运送到河西务马头买卖,税务部门要求缴纳税款。"另外,七月二十一日,焦大押运七百部犁地的农具,经由施仁门入城内买卖,被收取税款七两四钱。户部请示中书省后作出判决:依照旧例,蚕织农器及布帛缎匹、灾伤流民物货并不在收税之限。所以,对王明、焦大的农具不用征收税款。

案例出处:《判例法的两面:中国古代判例选编》《元典章》。

(武航宇)

奴偷主财物案

延祐六年(1319年)十月,中书省联合御史台颁布了一项规定:"逃跑的奴隶如果偷拐主人钱物,凡是背弃主人在逃的,已有定例,如果只身而去,其罪都不轻,如果偷拐钱物、马牛在逃者,虽然是盗主人财产,实际上是违背了国家的法律。今后如果奴隶盗窃主人财产、马牛在逃的,二罪俱发,从重论,免其徒刺。"此规定送刑部。

刑部呈交中书省几个类似的案例:太原路贺来福偷盗主人耿忠额银物,如果计赃应流远,但是本主告免,最后判处其杖刑九十七下,重新交还主人。大德八年(1304年)十二月,陕西省安西路官府捉获李宝,其在大德八年六月十七日夜偷盗主人蛮子回回中统钞六十锭,李宝正要出售赃物,被弓手告发到官,估计所盗赃物可以判处流罪,因为是奴盗主财,并且主人没有告官,最后的处理是,免流,处杖刑九十七下,交给原主人收管。刑部的结论是:奴盗主财,并背使在逃,早有断例,可以依照监察御史所言,二罪俱发从重者论,免徒刺。

案例出处:《判例法的两面:中国古代判例选编》《元典章》。

(武航宇)

女婿承佃养母案

王有成之父王万孙不能孝养父母,导致其父母老病无归,依栖女婿,养生送死,皆赖女婿之力。父亲遗嘱,将租田的佃权交给女婿李茂先,母亲同意,官府批准。但王有成、王万孙不服,先后上诉,纠缠十余年。法官认为,纵使老父母当时果有随身囊箧,其家果有田宅,尽以归之于女婿,在王万孙之子,也要反思:父母之于子,天下至情之所在,今我不能成为父母的依靠,而是让父母惟我是疾,以我之食则不食,以女婿之食则食之,以我之室则不居,以女婿之室则居之,生既不肯相养以生,死又不肯相守以死,原因必定是我为子之道有所不至,是以大伤父母之心。为人子一念及此,则将抱终天之痛,恨不粉身碎骨,虽有万金之产,也顾不上过问。况且此项职田是官物,女婿李茂先承佃,有父之遗嘱、母之状词、官司之公据以及历任太守之判凭。而父母住在女婿李茂先之家,衣食之奉,殡葬之费,以承佃权偿还,良不为过。王有成父子怙恶不悛,嚣讼不已，必欲背父母之命而强夺之，怨天尤人，紊烦官司，凡十余载，合行科断，判决将王有成决竹篦二十。

案例出处：《名公书判清明集》。

（张田田）

欧阳晔视食辨凶案

宋真宗时，桂阳监有一百姓因争舟船而互相殴斗致人死亡案，凶手始终没有确定，案子久拖不决。知州欧阳晔令将有关的囚犯带出，让他们坐在庭中，除去刑具，各给饮食，食毕，全部送回狱中。只有犯人某甲被留下，某甲意欲抵赖，欧阳晔说："我看众犯人吃饭时都以右手执匙，唯你以左手。如今死者验伤后，发现伤在右胁，显然是被惯用左手的人打死的。"某甲理屈词穷，不得不供认罪行。依《宋刑统》对斗殴杀人者处以绞刑。

案例出处：《中华法案大辞典》。

（武航宇）

旁人殴死奸夫案

至元十七年(1280年)五月十九日，平江路上报了一桩案件。平江路的吴千三供称：至元十五年(1278年)九月一日，因为周千六吓奸苏小二的儿媳妇吴二娘，劝和时被周千六用瓦钵殴打，吴千三用红油棍在周千六左耳及脸上猛击一下，周千六因伤于二日死亡，周千六父亲周小十一收受了油米等物，将尸体烧了，并埋葬妥当。按察司提审后，证明案情属实。可以比照大名府徐斌殴死张驴儿的案件裁断，判处吴千三减死流放。此案报送刑部后，刑部判决是：死者周千六生前吓奸人，挟恨寻闹，将劝和人吴千三殴打，致吴千三本人还打，造成其身死，周千六的父亲周小十一不想告官，自愿休和，将尸体烧了，并埋葬妥当。与徐斌殴死张驴儿案相似。但吴千三用棍将周千六还打致命的情节比徐斌重，所以判处吴千三杖一百七下，征烧埋银五十两给付苦主。

案例出处：《判例法的两面：中国古代判例选编》《元典章》。

（武航宇）

妻服内改嫁断离案

延祐七年(1320年)正月，建康路句容县上报了一宗案件。佴必用诉称："弟佴贵三在延祐三年(1316年)五月十八日因病死亡，其孝服未满，弟媳妇姜三娘就改嫁给了唐二官。"建康路官府提审了佴阿姜，其诉称："延祐三年十月十二日，阿姜在媒人徐实家与唐二官相见，吃茶说话，阿姜给唐二官白罗手帕一条，作为信物。延祐四年(1317年)五月二十八日嫁与唐二官为妻，服内成亲是实。"又提审了唐二官，唐二官名起莘，相关人徐实等招供相同，参照以往判例，拟将佴阿姜决杖七十七下，离异。唐起莘明知佴阿姜为丈夫守服期限未满，还是让徐实等人说合成亲，明知不合法而共为婚姻，减三等处罚，媒证人又减一等处罚。建康路所拟，不是通例，如今服制已定，请刑部和中书省确定服内成婚罪名的通例，以便地方执行。所以将此案送到刑部。

刑部认为，此案可比照至大元年(1308年)闰十一月蔡寿僧案处理。蔡寿僧在丈夫死后八个月，背着婆婆接受李茂才的财钱，由小叔李五儿主婚，嫁与李茂才为妾。刑部的处理结果是：将蔡寿僧处以杖刑六十七下，李五儿处以笞刑四十七下、李茂才处以笞刑五十七下，二人离异，财钱没官。

刑部对于佴阿姜案的处理结果是：佴阿姜在丈夫佴贵三死亡后，守服期限未满，自行主婚，让徐实及其母徐阿冯、吕阿严等为媒，接受唐起莘的财钱，在服内嫁给唐起莘为妻，依照以往案例应处以杖刑六十七下，离异，与儿子官保一起生活。唐起莘知违例而为婚，处以笞刑五十七下，媒人徐实、吕阿严各处以笞刑三十七下。徐阿冯可以免罪，已经收受的财钱和酬谢等物，全部没官。

案例出处：《判例法的两面：中国古代判例选编》《元典章》。

（武航宇）

妻子缘坐案

北宋年间，寿州有一百姓谋杀了妻子的父母兄弟数人，按《宋刑统》，杀一家非死罪三人为不道，入十恶，犯者皆斩，妻子处流。州司以不道罪处凶犯斩刑，并缘坐妻子，刑部驳回原判，指出州司不应不正名分、不推情理而拘泥于法条，法律有殴打妻子之父母为义绝的规定，义绝者夫妻双方必须强制离异。更何况此案犯是谋杀妻之父母家人，妻子不当缘坐。

案例出处：《中华法案大辞典》。

（武航宇）

迁徙刑会赦不原案

延祐四年（1317年）闰正月，江西行省上报到中书省一桩案例。黄州路的童庆七、童庚二因为崇法院的游慧元拐借钱谷不还，就用挑牙蓖子，故意将游慧元双眼刺瞎。本地官员将童庆七、童庚二定罪，判处二人迁徙至辽阳以东屯种。在迁往辽阳途中，遇到皇帝的恩赦，现在请示是否应该赦免童庆七、童庚二。中书省的判决是：现在的迁徙刑，就是上古的移乡之法，不同于流刑。童庆七、童庚二是凶恶之徒，无故将游慧元双目刺瞎不明，以致本人终身残患，不分道路。官府已经判决迁徙辽阳，虽是在途中遇到皇帝的恩赦，也不能赦免。

案例出处：《判例法的两面：中国古代判例选编》《元典章》。

（武航宇）

钱若水访奴案

北宋太宗年间，钱若水任同州观察推官。同州知州为人性情偏激急躁，多次凭主观臆想断案而不当。钱若水极力劝谏而不能改变，便说："我只好与你一同受罚赎铜了。"后来，果然朝廷将案子驳回，州官全部被处以赎刑。知州当时感到惭愧道歉，但是再审案件时还是依然如故。

当时，有一富户人家的女奴逃亡不知去向，女奴的父母将此事诉于州，知州令录事参军审理此案。录事参军因为曾经向富户借钱而没借到，心生记恨，所以断定是富户父子共同谋划杀死女奴，抛尸河中，以致尸体流失不得。富户一家人有的是主谋之人，有的是胁从之犯，都应处死。富人禁不住严刑拷打，被迫认罪。结案上报，州官审核，此案无异议。但是钱若水认为尚有疑点，留置案件，数日不决。录事参军以钱若水收受富人贿赂，开脱富人罪责为词，公然辱骂他。钱若水只是说,数人将受死刑,难道不应当稍加仔细地看看他们的供词吗?钱若水已将案卷扣留有十天之久,知州多次催促,而钱若水迟迟不决,上上下下都在责怪。钱若水有一天到知州府上,命众人退去后,告诉知府自己明里是置留案卷,其实是在暗自察访,现已将女奴查到,并带到了州府。经女奴父母辨认,确实是自己女儿。于是将富人父子无罪释放。富人痛哭流涕,不胜感激,知州欲为其请功,遭到其拒绝。不久,太宗闻听此事,将钱若水由一个幕职官提拔为知制诰。

案例出处:《中华法案大辞典》。

(武航宇)

强奸十一岁女处杖刑案

延祐二年(1315年)二月,绍兴路山阴县上报了一宗案件。何阿陈状告皇庆二年(1313年)二月二日邻人陈伴僧将十一岁女儿陈归娘强行奸污,陈伴僧认罪。参照以往判例,强奸十岁以上室女,处以杖刑一百零七下;十岁以下者,处死刑。本案中陈伴僧强奸的陈归娘已年满十岁,按照判例,可以处杖一百零七下。

案例出处:《判例法的两面:中国古代判例选编》《元典章》。

(武航宇)

强奸幼女处死案

大德十一年(1307年)六月,淮西廉访司上报给御史台一宗案件。庐州路六安县百姓类徐保十六岁,将五岁女孩儿张凤哥奸污。本地官府审断罪囚只判处杖刑六十七下,淮西廉访司认为判决不妥,将此案送呈刑部裁断。刑部所引的判例和户部所引的判例,处理结果完全不同。

本道廉访司将此案上报御史台,御史台认为:奸分为和奸和强奸,罚有轻重,如果执法不一,则刑无不滥。我朝立法以来,命令御史台提调审理,目的是达到法律的公平适用。类徐保强奸五岁幼女张凤哥案,庐州路已经将犯罪事实查清,徐保罪当处死。地方官府审判官任意枉法,擅自处其杖刑六十七下,本道廉访司纠其不平。刑部既不能依照条例定论,又没有因为地方官府枉法裁判问罪,竟然还援引斡脱儿赤法官有错误的案例,将类徐保处杖刑。类徐保的罪行既已审理并执行完毕,很难再从重处罚,但是斡脱儿赤等法官擅断之事情,却不是久远的定例,如果比照此案例审案,则以后的案件结果恐怕会有问题,长此以往,容易滋生奸恶,不利于公正地审理案件。今后应该命令刑部明确断例,要求全国上下统一遵守,如果官吏违例断罪,则应判处刑罚,达到刑政归一。

御史台将此意见呈报中书省,并由刑部颁布了规定:今后若有强奸幼女者,如果年龄在十岁以下,虽然是和奸但按强奸论,应该处死,如果官吏违例差断,按照具体情况处理,此规定通行全国。

案例出处:《判例法的两面:中国古代判例选编》《元典章》。

(武航宇)

妾诬告妻左道案

李德辉,字仲实,通州潞县人。刚正不阿,善于断案。至元七年(1270年),国内发生了大规模的蝗灾和旱灾,世祖皇帝打算派人到各地录囚,希望以此德感天地,减缓灾情。于是,世祖皇帝派李德辉到山西、河东等地录囚。

李德辉来到怀仁的时候,遇到一桩夫告妻行左道案。原来,怀仁有个百姓魏氏拣到一个木偶,他认为他的妻子利用旁门左道来诅咒他,希望他诸事不顺利。因此,他拿着这个木偶来控告他的妻子。此案审理了好多次,他的妻子都不承认此事。李德辉觉察到本案有冤情,于是开始展开调查。经调查发现,魏氏有一个爱妾,所以李德辉怀疑,是魏氏的爱妾设计陷害其妻。于是,李德辉派衙役将其妾拘捕到堂。经审问,果然是魏氏爱妾陷害其妻。于是,李德辉判处魏氏杖刑,其妾处以死刑。

案例出处:《中华法案大辞典》。

(武航宇)

亲事官失金碟案

北宗真宗时,一次因为宴会,亲事官丢失了一只金碟,左右侍从上奏说:"先给他决杖的处罚。"真宗说:不行,先令他去寻找查访。《宋刑统》规定,"亡失器物、符印之类应坐者,皆听三十日求访,不得,然后决罪。若限内能自访得及他人得者,免其罪;限后得者,追减三等",因此否定了侍从的奏请,给亲事官一定的期限寻找金碟。

案例出处:《中华法案大辞典》。

(武航宇)

亲兄首告雕造伪钞案

至元六年(1269 年),中书省收到济州府的公文,其内容是:郓城县有一名百姓叫刘宣,他派他的儿子刘大举报其同居弟弟刘伯眼察儿,诉称:刘伯眼察儿藏匿造假钞的人苏坚,并在自己家雕刻制造假钞。县令受理此案后,经审问,刘伯眼察儿供认不讳。因此县令拟判决:"依据已经判决的类似案例,判处刘伯眼察儿杖刑一百零七下。"因为本案是同籍亲兄弟刘大到官来告诉的,所以请示中书省是否可以酌情减轻刑罚,处杖刑五十七下。中书省经过权衡之后认为:"刘伯眼察儿的犯罪行为虽然是亲哥哥去官府告诉,但是因为制造假钞确实社会影响恶劣,很难减轻处罚,所以必须严格按照以往的案例来量刑。处刘伯眼察儿杖刑一百零七下。"

案例出处:《中华法案大辞典》。

(武航宇)

驱奴砍伤本使案

至元四年(1267 年),曹州府受理了一宗驱奴砍伤本使案。司法官员将案犯吉四儿缉拿归案,马上提审。经审判得知,吉四儿原来是为了规避赋税而选择投充,托本地官员头目余洪将自己卖给陈百户。但是因为忍受不了陈百户弟弟陈二的打骂,在至元四年七月十二日夜将陈百户弟弟陈二用斧头砍伤。

据此案情,司法人员拟判如下:"吉四儿为了投充,被余主簿作驱口转卖给陈百户为驱口,现在他又谋杀陈百户的弟弟陈二,造成陈二受伤,按谋杀他人定罪。依据旧例,'谋杀人已伤者绞'。判处吉四儿死刑。"

案例出处:《中华法案大辞典》。

(武航宇)

娶逃妇为妻案

至元六年(1269 年)五月,彰德路上报到中书省一桩娶逃妇为妻案。彰德路受理了安阳县的百姓李伴姐状告磁州滏阳县胡大安的案件。李伴姐诉称:“胡大安将他的妻子高唤奴抢跑了。”地方官府的长官约会审理此案后得知:“李伴姐的父母通过媒人,聘娶了高唤奴做童养媳,在高唤奴十三岁的时候结了婚,结果高唤奴在十五岁的时候就逃走了。”官府提审高唤奴和媒人以后,二人的供词都是相同的,没有问题。涉案人胡大安辩称:“我是由朱阿唐做媒人,下聘财娶高唤奴为妻的。我知道她生过男孩,但不知道李伴姐曾经娶过她的事情。”此案上报到中书省户部审议研究后判决如下:“既然媒人和邻居阿姚等人都证明高唤奴确实是李伴姐父母下聘财娶的童养媳,成婚之后逃走。那么,胡大安找媒人下聘财娶到的是李伴姐的妻子,应该判决其离异。将高唤奴判归李伴姐为妻。”可见,娶逃亡妇女为妻是不被法律承认的。

案例出处:《中华法案大辞典》。

(武航宇)

仁寿知县审伪券贪占人田案

北宋年间,陵州仁寿县洪某曾做过里正,他贪图邻居田产,想方设法要侵夺。依据当时的政策,依洪某的身份可以享有免赋役的土地,他欺骗邻居说:“你把田产过户到我的名下,可以免除你的赋役。”邻居愿意免去赋役,便把田产归到洪某的名下,并申报官府。洪氏为了彻底将田产侵夺到手,旋即伪造了一张二十年以前的土地买卖契约,他用茶汁将这份伪造的买卖契约染黄,好像是年代久远的样子,便拿着伪造的买卖契约来到官府诉讼。仁寿知县江某取过契纸,仔细查验之后说:“如果是年代久远的纸张,外面变黄,但里面应该仍是白色的,如今纸表里一色,肯定是伪造的。”经过审问,洪某如实供认,最终服罪。

案例出处:《中华法案大辞典》。

(武航宇)

任布贷孙案

宋真宗时,越州有个州民酒醉之后,斥骂自己的祖父,祖父到官府控诉,法官按照《宋刑统》“诸骂祖父母、父母者绞”拟罪,不久祖父又感到后悔,在官府厅堂上哭诉说自己已经年老,没有儿子,只靠孙子供养度日。越州知州任布就特别宽赦了那个州民,并上书朝廷检讨自己对州民教化不够,宽免死罪犯人,朝廷并未加以置问。

案例出处:《中华法案大辞典》。

(武航宇)

任术诈谋收地案

任术曾任北宋延州临真县县尉,其非常有谋略。有一次,监司让他审理有关土地税收纠纷的案件,他使用计谋处理得很好。临真县山势险峻,不易攀登,县尉在审理土地税收纠纷案件时,因无法亲赴现场检验勘察,屡次被打官司的人所欺骗。所以,任术不得不使用谋略,令打官司的人供出实情。他对涉嫌少缴税的百姓说“我本不忍心尽收你的财产,当给你免除一半的税收。你所有的田,两亩只缴纳一亩的税就可以了,但要小心,不能再欺蒙官府了,否则,将田地全部没收”。百姓听信任术之言,把自己所有的田地的一半缴税。不久,任术来到一处百姓田地的现场进行复查,抓住参差不实之处大做文章,责问这名百姓为何欺骗他,以此为理由将田全部没收,按一亩上报的,没收两亩土地。此后临真县再无隐瞒田地之事。

案例出处:《中华法案大辞典》。

(武航宇)

荣諲审白衣会案

北宋年间,开封府太康县逮捕了几十个人,因为他们奉事佛法,相聚在一起祈福,号称“白衣会”。宋法律禁止以宣传佛法为名结社集会。开封府知府贾黯怀疑其中有妖,报请杀掉为首之人,其余从犯全部处以流刑。开封府判官荣諲不同意,他认为本案中并没有妖,不应当以死处治。贾黯把自己的意见与荣諲的异议一同上奏,朝廷认定荣諲的处理意见是正确的,于是只将其中为首之人判处流刑,其余人全部杖责释放。

案例出处:《中华法案大辞典》。

(武航宇)

三次偷窃出军免刺案

延祐三年(1316 年)六月,吉安路受理了一宗偷窃案。刘贵和被盗,抓获盗贼熊王孙。熊王孙招供称,曾经犯窃盗三次,前两次已经被处以刺字刑。本次盗窃案的具体情况是,在延祐二年(1315 年)八月十三日盗窃了刘贵和的银把钟一个,银竹节钗一只,银小花头钗一个,估赃是至元钞七贯。通过现场勘验,本次盗窃与前犯相同,按例应该出军,除将熊王孙依例刺字外,还处以杖刑六十七下,差人押解到辽阳行省收管。

刑部认为,此案可以比照延祐二年十一月九日,四川行省广元路保宁府阆中县的冯咬住盗窃案。阆中县小李、冯庆二状告被盗水牛、金银头面等财物。后来抓到盗窃者冯咬住,冯咬住招供。此案送到刑部后,刑部认为:贼人冯咬住初犯是在大德三年偷盗李文子川羊二口,已经被刺断,这次又在延祐二年正月九日窃盗小李的金银头面、冯庆二的水牛。所以,贼人冯咬住所犯,依据《盗贼通例》,应被判处出军,刺字。

对于熊王孙案,刑部认为:贼人两犯窃盗,都已经刺断,这次又偷盗刘贵和的银把盏等物,应免刺出军,但吉安路已将贼人熊王孙刺项,处以杖刑六十七下,押解至辽阳行省出军。所以本案是审案官吏出了差错,违反法律,但是事出有因,官吏被免于处罚。罪犯原刺字样应由辽阳行省涂去。

案例出处:《判例法的两面:中国古代判例选编》《元典章》。

(武航宇)

桑怿得衣察案

宋仁宗年间,桑怿所居住的汝水和颍水两河之间各县多有盗贼行窃打劫于乡里之内。桑怿自愿请求充任耆长,往来察捕奸匪。他召集同里中的恶少年,告诫他们盗贼之事不可为,为者则不予宽恕。此后不久,里中有个老人的儿子死了,尚未收敛入葬,就有盗贼趁着夜间将死者的衣服脱下偷走,老人害怕报告官府会引起麻烦,就一直没有声张。桑怿得知此事,怀疑是少年王生所做,便在夜里潜入他的住室,查获了那件衣服,而王生丝毫没有察觉。第二天,桑怿见到王生,责问他为何不守诺言,再次行窃偷走死者尸衣。王生闻听此言,大惊失色。桑怿手疾眼快,将王生推倒在地,捆绑起来,追问与他一同偷盗人的名字,将这伙盗窃人全部送到县里,一律以盗贼罪处罚。

案例出处:《中华法案大辞典》。

(武航宇)

僧道犯奸还俗案

大德七年(1303年)九月,江西行省上报到中书省一宗通奸案。安东州的道士李道恭被捉获与庆阿邵通奸。提审之后,双方招供,依据和奸无夫妇人的判例,判处其杖七十七下,断其还俗,收为百姓。同时,海宁州也上报了一宗类似的案件,东北隅人户宋祥的女婿段胖儿诉称,他捉获其妻宋招儿与道士邵道明通奸,且通奸双方都承认了此事。其所在州的官府因宋招儿怀着四个月的身孕,不适宜处刑,将其关在昫山县的监狱里,等到产后将其押解到州里。但将奸夫邵道明处以杖八十七下,并且交给安东州道正司收管。此案中的邵道士没有被断遣还俗,与安东州道士李道恭的处罚不一致。中书省认为:僧道既处净门,理应洁身奉教,但是却有犯奸作盗的情形,不顾廉耻,有伤风化,僧人有犯此条者,已有刺断为民的案例,出家道士,与僧人的身份相似,拟将邵道明依例遣还俗。此判决送到刑部后,刑部的结论是:僧尼、道士、女冠,理应修洁。既犯奸盗,应一体断罪,依例还俗。

案例出处:《判例法的两面:中国古代判例选编》《元典章》。

(武航宇)

僧人杀师谋财案

北宋太宗时,寿州安未县有个僧人,积存了很多别人施舍的钱财。他的徒弟见财忘义,将僧人杀死,偷埋尸体,然后报告县里说:"师傅外出云游去了。"县尉俞献卿认为僧人很富有,一般不会去外出云游,即使出游,也要辞别好友,故推测其中有奸。于是,俞献卿对徒弟说:"你师傅与我关系甚好,为什么不向我告别就走呢?"徒弟闻听此言,大变颜色。经俞献卿审讯,徒弟供出实情,查获了偷埋的尸体,依法将徒弟处罚。

案例出处:《中华法案大辞典》。

(武航宇)

僧人偷盗师伯财物案

大德七年(1303年)九月,袁州路僧人伍普秀招供,大德七年二月二十七日,窃盗东寮师伯公袁允中中统钞一百一十三两五钱,黄蜡二饼,共计赃至元钞二十贯之上。本路官府已经断罪,令还俗,伍普秀虽然盗窃的不是本宗亲属,但终是窃盗本院师伯公之物,可以比照亲属相犯例免刺,只赔偿正赃即可。

中书省认为：大德七年四月，成都路简州官府上报了一宗案件，即僧人善祥先与李阿王通奸，被捉获，后来窃盗师兄善智财物，也招供，如果以常人犯盗论罪，应刺断还俗。事主善智是善祥的师兄，同寺居住，如果比照亲属断罪，免刺及不还俗，因为没有断过这类案件，所以上报到中书省。中书省认为：僧人张善祥所招供的犯罪事实有二，一是与李忠妻阿王通奸，此案罪犯已经遇诏恩释免，二是于大德六年（1302 年）三月二十七日夜窃盗师兄善智财物，此案中，虽然善祥是善智师弟，义如朋友，但难同亲属定论，将张善祥依例刺断还俗，籍充警迹人，收是当差。

对于僧人伍普秀案，中书省认为：伍普秀窃盗师伯袁允中钱物，罪犯应依例刺断，追征二倍赃款。

案例出处：《判例法的两面：中国古代判例选编》《元典章》。

（武航宇）

僧人诬陷渔民案

北宋真宗大中祥符年间，南安军上犹县的僧人法瑞、守肱，因渔民索要买鱼钱而生怨恨，诬告渔民进行抢劫。他们勾结县里的胥吏，召集了耆长和保长，搜捕渔民之家，使四人遭到杀害，三人被打伤，然后以杀死和捕获劫贼为由报告了官府。县尉验尸时，接受贿赂，隐瞒了被害者曾受到捆绑的情况；县令复查时，又因为年老昏愦被主管的吏人欺蒙。南安军查明了实情，将僧人全部判处死罪，而将其余的人宽恕赦免，因此案情节过于恶劣，江南路提点刑狱公事王长吉特将案情上报朝廷。宋真宗诏命，将县尉杖脊，配隶道州衙前；县令贬官为文学参军；其余十五人流放到广南。将僧人的私田偿给被害的渔民之家。

案例出处：《中华法案大辞典》。

（武航宇）

杀本主次妻及儿案

大名路上报了一桩案件。完元兰家的驱口张保儿、阿都赤等五人杀死主人的次妻一姑和儿子拜乐歹。被害人家属请求将各案犯处以服军役的刑罚。刑部参照以往的案例，判阿都赤处杖刑一百七十下；孙小女减一等，处杖刑九十七下。

案例出处：《判例法的两面：中国古代判例选编》《元典章》。

（武航宇）

杀死奸夫免罪案

至元四年（1267 年），东平路濮州馆陶县知县受理了一宗杀死奸夫案。知县马上提审案犯张驴儿，张驴儿诉称："至元四年十二月二十三日夜，亲眼看见妻子戴引儿与刘三在我家房间内通奸，我本来要上去捉拿，但刘三抓住我的头发，我害怕打不过他，一气之下，就拿起刀子扎了他一下。结果刘三走到河东边之后就死了。"过后，提审奸妇戴引儿，戴引儿所招与张驴儿的供诉完全相同。

依本案事实，本县司法人员对戴引儿拟定的判决如下："旧例规定：'奸有夫妇人，徒二年。妇人与同罪。'依此规定，处戴引儿合徒刑二年，杖七十，去衣受刑。"此案上报到刑部，刑部拟定的判决是："酌情可以减刑，处杖八十七下。"最后，判戴引儿杖一百零七下。

本县司法人员对张驴儿拟定的判决如下："旧例规定：和奸有夫妇人，即使是旁人，也可以在现场抓获后扭送官府，如果犯奸之人拿着器械拒捕的，抓捕者当场杀死或追逐后将其杀死，不负刑事责任。本案中的张驴儿在犯奸现场捉获刘三，刘三还抓住张驴儿头发死不放手，视为拒捕，在此过程中被张驴儿用刀子扎伤后身死，张驴儿免罪。"此判决意见上报刑部后，刑部批准，后来中书省也批准，张驴儿免罪。

案例出处：《中华法案大辞典》。

（武航宇）

烧埋银止征五十两案

至元六年（1269 年）十二月，真定路上报了一桩案件。古城县百姓魏显诉称：儿子换柱、大口二人被程三、程五图财打死。除程五在监狱死亡外，程三处以杖刑。程五家属赔偿烧埋银一锭，程三没有给付烧埋银，现在要求官府判决程三家给付烧埋银。真定路官府提审了案犯，并进行了审讯。案情原来是这样的：程三，小名犇儿，程五，小名军儿，杀死行车客人魏换柱等二人，一同抬尸到村外撇下，被齐祐等十五人将尸体转运到别村。提审完毕后，证明案情属实，并找到了被害人的尸体。所以判决如下：抬尸人程犇儿处以笞刑二十七下，转运尸首的齐祐等人，因为不知情免罪，已死亡罪犯程军儿的家属要给付烧埋银五十两给魏显。

案例出处：《判例法的两面：中国古代判例选编》《元典章》。

（武航宇）

烧妻家住房离异案

至元八年（1271 年）九月二十五日，韩军儿告妹夫黄牛儿将其婆婆阿周、母亲阿龙的卧室烧毁。此事所涉情理太大，如果再令罪犯黄牛儿与妹菊花完聚，菊花很难与其共同生活。中书省参照中都路百姓张宜住殴打妻子之母，犯义绝，判决离异的案例，认为此案更为严重，所以判黄牛儿与菊花离异。

案例出处：《判例法的两面：中国古代判例选编》《元典章》。

（武航宇）

石才逃避赋役案

法官判决指出：最近在核定徭役时，确定石才接替第九都周资谋的徭役，但石才不肯入役，要求县衙再次勘定。如今以契约中的内容来确定徭役的承担，石才之所以不肯承认入役，他的理由是"义役关约"，即按照标准，产钱至一贯的应当充役户税共一千一百六十二文，所以昨天将原来买的陈某土名某处田若干亩，卖给韩伯玉，想要豁免此项产钱，则户下税数都没有达到征税的标准，这样就可以免除应服徭役。对比发现陈某卖地所得产钱一百八十一文，石才卖给韩伯玉的契约内所记载的田产，约定价值是二百七十三文，等到官府又说标的是三百余文，其田产亩数也是不同。卖给韩伯玉的田产契约载明，价钱二百五十贯，但是每次官府录的口供都不同，或者说价钱是二百三十贯，或者说价钱是二百二十贯。韩伯玉买田契内所载的成契之日，是嘉定九年（1217 年）五月，而官府案卷中所记载的口供乃是嘉定九年七月，其契约成立的月份也是不一样。据王珍的口供称，韩伯玉娶妻潘氏，卖田契内所记载的代书者是潘子仁，这是石才妻子的娘家人,中介人周梦德,是石才的女婿。通过以上几点,可以证明石才是在故意隐匿产钱,规避应役,于是与他的亲属串通,以至于弄巧成拙,有很多差错,产钱的价格不一样,买卖契约的成契月份也是不同,这样官府怎么能采信呢?法律规定不许临时推割赋役,如今石才出卖田业,第二年五月成契,应当在当年秋天过割赋役,但是他拖延至次年周资谋役次服满的时候,才要过割。等到被王珍识破之后,又在强调朱契和白契的区别,希望官府勒令王珍先次入役。但是石才不知道有差役,有义役,二者是不同的。二者都是义役之数,关约一定,都应当遵守。而石才最初的供述,也明确说了本都续入的义役人是王珍。二者都是义役的数目,应该以排定名次论,不应当以产钱的高下,朱契或白契来争论。假设石才卖田果然是正常的交易,除豁产钱一百八十一文外,其户下税数都达不到相应的征纳标准,即使有也只有十几文钱而已。官府核定徭役,不是斤斤计较,而是要根据具体的事理、规则办事。根据本案的好几处疑点可以判定,石才应当服相应的徭役。

案例出处:《名公书判清明集》。

(武航宇)

守服未终出任官员案

延祐五年(1318 年)六月,山南江北道上报了一宗案件。百姓孙弘恭状告荆湖北道宣慰司令史裴从义在母亲去世后,回家为母服丧期限未满,即回来任职。裴从义供称:“继母杨氏在延祐元年(1314 年)十二月二十一日去世,延祐二年(1315 年)四月九日才得知此消息,然后就回家服丧。从母亲去世之日开始算,至延祐四年(1317 年)二月十四日,总共服丧二十六个月零二十六日,还差八日服丧期满,应该依规定服丧期满再就任,不应该在延祐四年二月十四日提前就任。”依据该事实,地方官府判道:官吏为父母服丧应该满二十七个月,从亲人去世之日,或听到去世消息之日开始起算。裴从义母亡服丧丁忧,没有期满,应该受处罚。

对于裴从义案,刑部查到条例规定:官吏丁忧,应该满二十七月,以厚风俗,但是蒙古、色目、管军官员不拘此例。刑部认为:延祐元年十二月十一日裴从义母亲去世,延祐二年四月九日闻丧丁忧,至延祐四年二十四日共计二十三月零四日,不符合规定。丁忧应该以闻丧之日为始,裴从义的行为处以笞刑二十七下,解除现官职,今后另行安排。

案例出处:《判例法的两面:中国古代判例选编》《元典章》。

(武航宇)

首告同谋伪造钱钞案

延祐元年(1314 年)十一月,袁州路宜春县上报了一桩案件。甘元亨到官府自首称:“至大四年(1311 年)十月二十七日,在戴荣一的劝导下,到他家刊板抄造伪钞。”官府受理此案后,提审了戴荣一。戴荣一供称:“至大四年十月二十七日,纠集甘元亨一起抄造伪钞,刊雕元钞二贯,伪钞面印一片,其间有‘伪造者处死’字样,开雕未完及用锡铸印二颗,只是做了模具,还没有印造,甘元亨就自首了。”袁州路的判决是:甘元亨自首免罪。戴荣一处杖刑一百零七下,但因为没有先例,所以暂时将戴荣一收监,等候刑部的判决。

刑部的判决是:戴荣一最初是纠集甘元亨同谋印造伪钞,戴荣一抄造纸坯,甘元亨刊雕伪板,不曾印造,甘元亨到官府自首。戴荣一的罪行,虽然起意,终是不曾印造,可以无罪释放。

案例出处:《判例法的两面:中国古代判例选编》《元典章》。

(武航宇)

受财将妻转嫁案

至元三年(1266 年)十一月,湖南宣慰司上报了一宗案件。刘子明将妻子郭二娘谎称为妹子,在媒人的说合下,接受王万四的聘财,将妻子郭二娘嫁给王万四本人为妻。后来此事被告到官府,王万四又用钞四十两买和,但这是违反事理的。湖南宣慰司认为此案可以比照谭八十一嫁妻案来处理,即命令郭二娘归宗,所生儿子留给生父王万四,刘子明所受聘财没官。湖南宣慰司判决后,报送尚书省,尚书省的意见是:"刘子明受财,将妻子郭二娘转嫁给王万四为妻,嫁娶双方都是不合规矩的,理宜惩戒,刑罚可免,事应改正,准宣慰司的拟判,断令郭二娘归宗,所生儿子,归生父抚养,所受财钱等物应追还。"

案例出处:《判例法的两面:中国古代判例选编》《元典章》。

(武航宇)

私自买卖土地无效案

至大元年(1308 年)七月,龙兴路靖安县百姓李勉翁诉称:"舒仁仲没有到官府登记,就将父亲李清叟的土地二十五亩三分卖给了程滑。"此案在大德七年(1303 年)移交给户部。

户部参照了以往的案例。岳州王同知出典田土没有到官府登记,构成违法成交罪,价款和土地都归还本主。近年以来,各处土地增值,刁猾之徒往往滥用词讼。为了保证司法的统一,舒仁仲案仿照王同知案判决。舒仁仲没有到官府登记,不问亲邻,将他岳父李清叟的土地二十五亩三分私卖给程滑,属于违法成交,交易无效,土地和价款分别还给本人。

案例出处:《判例法的两面:中国古代判例选编》《元典章》。

(武航宇)

宋神宗断叶元杀兄案

北宋神宗时,宣州民叶元,因其兄强奸自己妻子,便将兄勒死,又杀兄之子,并强迫他父亲和嫂子出立不向官府告发的契约。乡邻向官府告发此事,州上请朝廷裁断,神宗说:"有罪之人已经死了,奸乱之事只是叶元亲口说出,不足以此来定他哥哥的罪。况且小民无知,值得怜悯。然而因为对妻子的爱,就欺骗父亲,残害哥哥和侄儿,这乃是违背天理、败坏伦常的行为,应当以殴兄至死律论罪。"

案例出处:《中华法案大辞典》。

(武航宇)

苏采审盗母棺柩案

北宋时,苏采曾任大理寺详断官。地方上有一人唤作张秀,父亲死后,母亲改嫁。若干年后,张秀听说改嫁的母亲死了,并已埋葬。他探知了母亲埋葬的具体位置,便去盗取母亲的棺柩,而后合葬在父亲的墓穴中。不久,就被母亲的后夫家告发。地方官府按照挖坟开棺者应处绞刑的律条规定,拟判处他绞刑。张秀大呼冤枉,此案在送到大理寺复审时,详断官苏采不同意判处张秀死刑。苏采认为此案不能和普通的发掘坟墓、盗取钱财的案件一样处理。于是苏采报请皇帝裁决,最后使犯人得减死刑。

在张秀盗母棺柩案处理后的十多年,河中府又出现了一起盗母棺柩案。地方官府援到苏采所断案例,拟从轻处置,陕西路提点刑狱官侯瑾还特别奏请将案件的处理办法正式写入敕令之中。但因河中府的案件与张秀盗母棺柩案有些不同,河中府案件的案犯所挖坟墓除有母亲尸体外,还有后夫的尸体,所以按掘墓见尸法论处,经过上请,河中府盗母棺柩案的案犯只减死一等论罪。

仁宗时,陕州有一百姓王某的父亲死后,母亲改嫁。若干年后,母亲去世。王某恨母不能与父亲合葬,便盗取了母亲遗体,同父亲葬在同一墓穴中。案发后,地方官府欲将王某依未殡而盗尸柩者,徒二年半之法论处。时任陕州通判的张唐卿认为王某只知有孝,而不知有法,便将此人释放,并上报朝廷。

同是北宋时盗母尸体的三个案例,因具体情节不同,最后的判决结果也就轻重不同。

案例出处:《中华法案大辞典》。

(武航宇)

苏涣开脱兄罪案

苏涣,字公群,苏洵兄、苏轼伯父,宋仁宗天圣二年进士。在任开封府鄢城县知县时遇到过一个哥哥杀弟弟的案件。当时,鄢城县因年景不好,发生饥荒,盗贼蜂拥而起。有一户人家的哥哥要杀弟弟,并抢走了衣服,弟弟幸而未死。事后,弟弟与父亲一同到县里控诉哥哥。苏涣问明缘由后,发现哥哥是太过贫穷才做了这件伤天害理之事。苏涣顿生怜悯之心,于是问他说:“你杀害弟弟时,明知他未死而放过他,是何缘故?”哥哥也明白了苏涣的用意,就说:“恰巧有人看到了,不敢再下手了。”按照《宋刑统》,尊长谋杀卑幼,已伤者按故意杀人减二等处罚,已杀者依故杀法,这样哥哥得免一死。

案例出处:《中华法案大辞典》。

(武航宇)

苏颂断张仲宣枉法赃案

宋神宗熙宁二年(1069 年),比部郎中、金州知州张仲宣曾令专章缉捕盗贼和维持地方秩序的巡检考察金州金矿的情况,了解有无收益。当地人恐官府开采,便以八两黄金贿赂张仲宣不要差派官吏。此事被揭露后,法官判张仲宣枉法赃,罪当绞刑,援引前例宽贷不死,杖脊,黥配海岛。知审刑院苏颂认为:“仲宣所犯之罪,可以比照《宋刑统》‘诸恐吓取人财物’条治罪。古者刑不上大夫,张仲宣官至五品,按旧制,五品以上官犯死罪得乘车就刑,今日判为徒犯,其人虽无可怜悯之情,但恐玷污了整个官僚阶级的尊严。”于是免去杖、黥,流贺州。

案例出处:《中华法案大辞典》。

(武航宇)

苏晓依法追赃案

苏晓曾在宋太祖时任大理寺少卿,深得赵匡胤的信任。他曾审理了李守信贪污案,其案情如下。

朝廷派遣供备库使李守信到陕西、山西一带买卖木材,李守信趁机大量侵盗官钱,数额巨大。其任期满后被部下揭发,在回京路上的驿站中刎颈身亡。苏晓接手此案后,雷厉风行,展开紧锣密鼓的追查。陕西、山西共23县与此案相关的大小官吏70多人被逮捕下狱,此案一时震惊朝野。但是在审理过程中,一个棘手的问题出现了,朝廷的右拾遗、秦州(今陕西)通判马适,也就是李守信的女婿也被牵连入案。马适的身份比较特殊,他是北宋第三位状元,且功大权高。苏晓把这一情况汇报给赵匡胤,请太祖皇帝定夺此事。赵匡胤不欲追究马适的罪责,但苏晓出示了李守信和女婿马适的往来书信作为证据,表明李守信不只给马适现金,而且直接用朝廷的木头造了筏子送给他,这是非常明显的监守自盗。赵匡胤感到非常矛盾,一方面他杀了马适会让天子门生心寒,因为他曾立下不杀文人的誓言,另一方面他也不能纵容监守自盗、贪污腐败。此时苏晓态度坚决地对赵匡胤说,修订《宋刑统》就是要让天下犯罪之人有统一的处罚标准,此案涉及面大,一碗水要不端平,今后谁还能为圣上尽忠尽力呢!听到此处,赵匡胤轻轻点头了,同意将马适绳之以法,并将赃款全部追还。

马适被杀一个月后,贪污大案水落石出,赵匡胤召集京城司吏700多人于便殿,亲自阅试,将其中400多人予以除名,其余涉案人员均服法。

案例出处:《中华法案大辞典》。

(武航宇)

孙甫春粟察案

宋仁宗时,孙甫任华州观察推官,州里仓库所存的粮食腐坏,按宋朝法律,仓库内负责保管粮食的吏人必须要如数赔偿,还要议罪判刑。经过计算,该吏人当赔钱数百万贯。转运使便将此案交给孙甫审理。孙甫命人取出一斗腐坏的粟来舂米,发现并非全部腐坏,再取一斗腐坏的粟来舂米,结果也还是如此,也就是说腐坏的粟米只占总量的十分之一左右。吏人之罪因此得以减轻,所赔钱数仅数十万。

案例出处:《中华法案大辞典》。

(武航宇)

孙哇哥诉侄儿强行收继案

至元七年(1270年)七月,河间路上报到中书省一宗收继的案件。百姓付伯川的弟媳妇孙哇哥诉称:"公公、婆婆和丈夫付三3人都去世了,自己应该服丧。至元六年(1269年)十月三十日四更前,丈夫的侄儿付添寿来到孙哇哥住处骚扰,但不曾成奸。到天明才把侄儿赶到张驴家坐下。丈夫的哥哥付大称:'按照惯例,侄儿可以收继婶母。'请长官明断。"

中书省命刑部审理此案,刑部找到一个此前的类似案例。河间路百姓王黑儿下聘财收继亲婶母许留奴。依照旧例,"侄男收继婶母,是侵犯尊长为婚,视同犯奸,应该离异"。王黑儿是汉人。此案上报中书省,经审议后,处理意见是:"依据旧例,同类自相犯者,各从本俗法。其汉人等,不适用收继。如果本妇人,自愿守志,或欲归宗改嫁,可以准许。本案的许留奴,虽然已经成亲,也应该离异。"

孙哇哥的案件可以仿照许留奴案判决。

案例出处:《判例法的两面:中国古代判例选编》《元典章》。

(武航宇)

孙延世伪造契券案

宋真宗时,眉州的大族孙延世伪造契书,霸占族人田产,很久不能辨明,转运使委托同路彭州九龙县知县章频审理此案。章频认为券书的墨迹浮在印迹之上,肯定是先盗用印,然后才写的契券,孙延世也供认不讳。案子尚未上报。孙延世的家人又向转运使提出申诉,转运使另派益州华阳县的知县黄梦松覆审,黄梦松覆审的结果与章频一样,却因此被招进朝廷,升任监察御史,章频因"决狱违限,准律官文书稽程论其罪",降职为庆州监酒。

案例出处:《中华法案大辞典》。

(武航宇)

孙义吉偷盗马匹案

大德三年(1299年)三月,陕西省安西临潼县上报到中书省一宗窃盗案件。僧人孙义吉偷窃马匹,事实审理清楚,但是对于是否刺面,请刑部定夺。

刑部比照至元十六年(1279年)十月九日中书省判的僧人张文通案来处理。僧人张文通做贼,偷窃僧人李宝月等衣服钱钞案。中书省认为:僧人张文通所犯罪已经审理清楚,拟将该僧依例处以刺臂。僧人孙义吉所犯,与张文通类似,也应依例判刺字。因为是札鲁花赤掌事理,所以此案又交付札鲁花赤处理。札鲁花赤认为,和尚做贼,应与俗人一样刺字,依例断配发落。也就是,和尚做贼的,应依体例刺臂,发遣原籍还俗,原来是军籍的交当军,是民籍的交当差。具体的事宜,由地方官府根据实际情况处理。

案例出处:《判例法的两面:中国古代判例选编》《元典章》。

(武航宇)

踢死远房侄儿案

大德五年(1301年)五月二十八日,江西行省受理了一桩案件。周千六向远房侄儿周季四索要其所欠的租房钱,周季四不仅不给,还对其辱骂并动手殴打,因此周千六将周季四踢伤致死。行省已查明周千六踢死周季四,周季四是周千六从堂侄缌麻之亲,因此报请刑部定夺。

刑部比照以往的案例进行审理。大德四年(1300年)七月二十五日,涿州上报了一桩案件。张秀诉称:"大德二年(1298年)七月十七日与另外地方居住的次孙张真一扫除牛粪,遇到房侄张聚醉酒后辱骂张秀,张秀用圆柱檀木拐一条将张聚踢打致死。"当地官府拟判张秀赎刑,但遇到大德三年(1399年)正月十八日的大赦,被免于处罚。刑部认为:张秀因为受房侄辱骂,然后踢打房侄,致其身死,属于卑幼有罪,尊长殴击致死,应处杖刑,遇到恩赦,可以免于处罚,可以征烧埋银给死者。

刑部比照张秀案,对周千六案判决如下。周千六的远房侄儿周季四租住他的房屋,不付房钱,周千六去索要,反而被其辱骂殴打,所以周千六还手踢打他,造成周季四在四天后死亡,虽是远房亲戚,但终究是尊长殴死卑幼,可以处以杖刑。恰好遇到了恩赦,可以免于处罚,但须征烧埋银五十两,周六千原来私下和解给周季四家人的田土屋契,折价中统钞三锭二十两,没官,田土给周季四家人周阿李。

案例出处:《判例法的两面:中国古代判例选编》《元典章》。

(武航宇)

停尸成亲断离案

大德二年(1298 年),中书省收到了一宗父死停尸成亲案。百姓张德清诉称:“本地千户王继祖在其父去世未葬之时,即停尸成亲。”官府受理案件后,提审王继祖,他招供称:“元贞元年(1295 年)六月二十日,父亲王喜身故,我将妻马大姐迎娶过门拜灵成亲。到二十三日将父亲王喜出殡埋葬了。”

基层官府搞清案情之后,将此案送交礼部。礼部参照了至元二十五年(1288 年)十月的一宗案例。太原路临州的军户王仲禄的儿子王猪僧在至元二十一年(1284 年)十二月二十日迎娶贺真真为妻。至元二十三年(1286 年)正月里,王猪僧身故,停尸在家。王仲禄过继了王仲福的儿子王唐儿为子,令王唐儿与贺真真拜讫王猪僧尸灵收继成亲,到二月初二才将王猪僧埋葬。收继之后,王唐儿与贺真真已经生了儿子。礼部的意见是:法律规定了收嫂者的情况。王唐儿没有等到安葬兄长,在停丧之夜与嫂子贺真真拜尸成亲,大伤风化,判王唐儿与贺真真离异。

礼部参照王唐儿与贺真真的案例,对王继祖案的判决意见是:王继祖在父丧停尸期间成亲,乱常败俗,断令二人离异,免去王继祖的千户之职。

案例出处:《判例法的两面:中国古代判例选编》《元典章》。

(武航宇)

童男随父盗窃案

至元十四年(1277 年)六月,江西行省袁州路发生了一桩盗窃案。百姓卢元甫被盗,报到官府后,官府派人捉到贼人高三。袁州路官员在审理案件时发现,和贼人高三一起偷盗的还有他的儿子甘仔。甘仔偷盗是接受其父亲的命令,他本身没有犯罪的意图,并且甘仔只有十四岁,属于未成年人,不懂盗窃是违法的行为,同时也没有分得赃物,所以很难将甘仔作为高三盗窃的从犯来判刑。因此,袁州路将此案上报到行省,请示可否将甘仔免罪。行省省府经审议认为:“高甘仔是未成年人,又是尊奉父命前去,因此,依法由其父高三承担所有罪责,其子高甘仔免于处罚。”

案例出处:《中华法案大辞典》。

(武航宇)

偷盗神像衣物免刺案

延祐二年(1315 年)十一月,江西行省吉安路上报了一宗案件。庐陵县宋长卿状告青源山净居禅寺被盗本寺伊元舍人大花黄罗直裰衣服等物。抓获的贼人张元章供称:在延祐二年二月十日去净居禅寺,随喜观看,吃了素斋,后来起意偷盗神像衣服。所以在当日一更时分,盗取该寺小位祖师原穿旧黄素罗单直裰一件,及塔内七祖禅师旧黄花罗直裰一件,原缝补黄纻丝表黄娟里直裰一件,白绢单直裰一件,并僧鞋一双,打算将前项直裰等衣服改造后作为自己的衣服穿着,后来被捉到官府,招供了犯罪事实。贼人张元章盗剥泥塑祖师所穿直裰等衣服五件,估计至元钞八贯九百文,地方官府判处杖刑六十七下,因为贼人饥贫,另外所盗是神衣,而不是常用之物,可以比照章万一盗东岳庙黄娟字幡例免刺,请求刑部定夺。

刑部找到一桩类似的案例,即至大三年(1310年)十月六日,山东沂州抓获偷盗神衣贼人葛课儿,并收缴原盗衣服等,并葛课儿全部招供,估赃至元钞六两七钱,除将罪犯依例杖断六十七下,如果刺字并处徒刑,恐怕出差错。所以刑部最终处理结果是:葛课儿所招先犯偷驴宰杀食用,经刺断罪,这次的犯罪是饥寒所逼,盗取无人看守庙中的神像衣服,如果与偷盗民财一样刺配,似乎太重。葛课儿既然已经被杖断,可以免刺配。

对于张元章案,刑部认为,贼人张元章偷盗青源山净居禅寺塔内七祖禅师等神像所穿衣服,即是无人看守,不能等同常盗,可以免刺。

案例出处:《判例法的两面:中国古代判例选编》《元典章》。

(武航宇)

偷盗粟谷免刺案

大德八年(1304年)正月,河北道廉访司上报案件称:贼人宋仲友在大德三年(1299年)五月,偷盗事主谢秀粟谷五斗,估赃计中统钞二两,其所在江陵路判杖五十七下,但是没有先前判例,所以呈送刑部。

刑部参照大德七年(1303年)七月的案例来审判。河东山西道贼人张成、李添儿等偷盗事主王聚等的麦谷,和故意偷钱物的盗贼一样被判刺字,有些重了。饥馑之际,盗窃粮食者虽然是法所不容,但却情有所宥。当年庄稼收成不好,粮食卖得很贵,贫民缺少粮食,为救一时之急,因而窃取粮食,也是情非得已,如果与偷盗钱物一样刺断,似乎太重,应该依例断罪,免刺,敢有再盗窃粮食一石之上者,处以刺字刑。

本案中,贼人宋仲友供称,第一次犯罪是跟随姜晚十等,强盗闫千二,但不曾得财,遇到大赦免罪。第二次又在大德三年五月二十六日,因缺口粮,盗窃谢秀粟谷五斗,还没有出门,被看仓人曾六一捉获,拒捕将事主咬伤,估计赃物价值至元钞四钱,赃不满贯。江陵路却将宋仲友刺断,是不当行为,应该洗掉宋仲友原刺字。

案例出处:《判例法的两面:中国古代判例选编》《元典章》。

(武航宇)

万户寿童溺死军人案

大德七年(1303年)四月二十四日,惠州路总管陈祐等人状告万户寿童在违禁日期打围,溺死军人张二。刑部认为:寿童所犯,应该依据王伯川的案例,解除现任官职,追征烧埋银两。

案例出处:《判例法的两面:中国古代判例选编》《元典章》。

(武航宇)

王安礼审马生匿名谤书案

北宋王安石的弟弟王安礼出任开封知府时,有人投递匿名信,告一富家企图谋反。此事传出之后，整个京城惶恐不安，王安礼却不以为然。没过两天，皇帝诏令开封府彻底清查此案。王安礼接到皇帝诏令后，对富家进行了搜查，但没有查出任何谋反的凭据，便问富家是否有仇人。富家回答说："前不久，有一个靠写讼状谋生的马生来借债，没有借给他。他颇为不满，说了许多怨恨。"王安礼暗中借其他事情，把马生带到衙门里，取了他的笔记，再用匿名信上的字核对，发现字迹无丝毫差别。便审问他写诽谤文书的事，果然是马生干的，于是以诬告罪处刑。

案例出处：《中华法案大辞典》。

（武航宇）

王安石断张朝杀从兄案

神宗熙宁二年（1069年），苏州民张朝的堂兄张念六行抢，杀张朝父后逃走，被张朝看见后逮住杀死。审刑院和大理寺判张朝"谋杀缌麻以上之案，犯十恶不睦之罪，当死"。此案上报神宗，而参知政事王安石引律奏："张朝之父被堂兄所杀，法律规定：诸父母、父母及夫为人所杀，私和者流二千里。张朝不能私和，也就无从责其不睦之罪了，应依复仇之法，罪止加役流，遇赦得免。"神宗采纳王安石的建议，了结此案，并对审刑院等官员以用法不当罪责处。

案例出处：《中华法案大辞典》。

（武航宇）

王博文准盗鬻盐案

北宋真宗时，密州靠海，沿岸有盐场。这一年因为年景歉收，州民多去偷盐贩卖。宋朝实行榷盐，盐由官营官卖，百姓私自经营、买卖都要按私盐罪处治。于是吏人到处追捕，激起州民反抗，州民全部被判死刑。密州知州王博文为此奏请朝廷灾荒年景，暂缓盐禁，等年景丰收时再恢复旧禁。朝廷采纳了王博文的意见。

案例出处：《中华法案大辞典》。

（武航宇）

王罕检田案

宋真宗时，常州宜兴县与柳湖相邻，县民每年都有向官府称诉水灾的，大多数都能侥幸减免赋税。王罕出任宜兴知县后，趁农闲之机，召集县内父老，各自列出自己土地的高低位置，绘成地图。第二年，王罕又接到了称诉水灾，要求减免赋税的状子，他亲自前往审查。每到一乡，他便指出某户可以减免，某户不可以减免，众人不得不为之叹服。当时范仲淹任润州知州，他将王罕的检田法上奏朝廷，颁下各路照此办理。

案例出处：《中华法案大辞典》。

（武航宇）

王罕资迁止讼案

北宋年间，潭州有一位百姓与同族之人争夺财产，每次审断之后都又重新提起诉讼，前后数十年。一天，潭州知州王罕把族人全部传召到府衙堂下，对他们说："你们这些人家都是地方上的富户，难道不厌倦逮捕传讯之苦吗？现在告状的人因饥寒交迫活不下去，何况分割家产的契约写的也有不明之处,因此案子拖了很久无法断绝。你们每人如能稍微资助他些钱财,让他远走他乡,以后还会有什么麻烦呢?”族人听从了王罕的意见,自言当初受审时,虽想要求这样做,却担心不能实现。于是告状的人迁徙到别的州里,讼案因而得以终止。

案例出处:《中华法案大辞典》。

(武航宇)

王来兴奸主幼女案

至元五年(1268年),济南路受理了一宗奴奸主幼女案。案犯王来兴被逮捕后,供述称:“将主人梁佑家未曾婚配十二岁女儿强奸一次。”法司拟判决王来兴应处以死刑,刑部将此“准拟”呈报中书省。后来王来兴在监狱囚禁期间死亡,因此不再另行处理。

案例出处:《中华法案大辞典》。

(武航宇)

王利审群盗蒙冤案

北宋太宗年间,沧州通判王利在审阅已经定案报上的案卷时,发现有群盗犯,全部被判处死刑。王利出于审慎,对盗犯重加审讯,见众盗犯面目老实,不像凶狠作恶之徒。王利在秘密讯问中,了解到他们许多的冤情,便将此案留置不决,同时在境内大加搜捕。数日以后,官府将真正的盗犯全部捕获,使七人幸免于死罪。

案例出处:《中华法案大辞典》。

(武航宇)

王蒙正故入人罪案

宋仁宗景佑三年(1036年),蕲州仓管的小官林宗言和崔克明,一个私占官麻,一个私盗官酒,不久事发。知州王蒙正与林宗言有旧怨,就起意借机把林宗言陷入死罪。他向殿直皇甫振借贷银两,收买党羽。派主簿郑照搜求林宗言的劣迹。他吩咐手下的法官,一定将林宗言问成死罪。司理参军刘涣虽没有反对,但是曾经对案子表示疑问。而判官尹奉天却遵照王蒙正的意思,逼出了林宗言的口状。在录问时,虽林宗言一再翻供,可是录问官黄州通判潘衢和蕲春知县苏諲未依法重审。司法参军胡揆依供判刑,录事参军尹化南照例签署,全案由王蒙正画行,通判张士宗附属,申到提刑司和转运司,两监司均未发现林宗言的冤枉。经过大理寺和刑部例行疏驳时,查清了此案乃是冤案,最后将林宗言和崔克明都从轻发落,只予勒停;王蒙正故入人死罪,本当死刑,但因故入之罪未执行,从死罪上减一等,判流刑,以官当流,合追三官,并予勒停,贬为洪州别驾;尹奉天为王蒙正的从犯,比正犯减一等罪,从宽以官当徒二年,通州张士宗不行监察知州的责任,追两任官,不勒停;潘衢在林宗言翻诉后,不依法请求别推,比推司尹奉天减一等定罪,罚铜三十斤,勒停;苏諲以录问不当,罚铜十斤;皇甫振按“不应得为”判罚铜七斤。尹化南和胡揆,不驳正此案,罚铜五斤。

案例出处:《中华法案大辞典》。

(武航宇)

王璩翻检物证察盗案

王璩是北宋时襄州中庐县县令。在其任县令期间，中庐县屡次发生抢劫案，社会影响很坏，经过不懈努力，嫌疑犯被捕，拘押在狱中，但是审讯了很久，也未能查明真相，嫌疑犯本人拒不招供，极力抵赖，官府又无确凿证据定罪，王璩非常为难。很偶然的一次，王璩在翻检嫌疑犯的袋子时，发现里面有封旧信，打开一看，是房陵县一名商人的信，原来该商人曾路遇盗贼，财物与信一同遭劫。王璩赃证在手，嫌疑犯当即招供，随即被判罪服刑。

案例出处：《中华法案大辞典》。

（武航宇）

王延禧栽赃案

北宋时，王延禧曾任岳州阮江县知县。恰巧有一年阮江县遭遇饥荒，盗贼蜂起，县令王延禧亲自缉拿，逮捕了十余人，按赃计罪，这十几人都是死罪。这样一来，王延禧依法便可以升官，但是王延禧认为群盗原来都是善良百姓，只是因为贫困才为盗江湖，自己作为县令，没有能够给他们提供生存的环境，又贪图名利以他们的死作为功劳，于心不忍。于是王延禧劝告被盗之家裁减赃数，盗贼全部得以活命。

案例出处：《中华法案大辞典》。

（武航宇）

王炎执法不畏强权

王炎为乾道五年进士，曾任明州司法参军等，三摄郡政，庭无留讼。他执法不畏强御，有邸第贵介阻挠施政，王炎在判牍中说："你为天子亲，乱天子法，我为天子臣，正天子法。"此言为浙右人传诵。然而，王炎还是因被诽谤而罢官。

案例出处：《新安文献志》。

（张田田）

王元吉被污昭雪案

北宋太宗太平兴国九年（984年），开封府里一名刘寡妇，和人通奸，怕前妻之子王元吉告她，就教她的丫头到府里告王元吉谋害母亲。府里把案子交到右军巡院，由判官宋廷照推问。王元吉不招，于是就移到左军巡院重审。判官韩昭裔受了刘寡妇的贿赂，把王元吉屈打成招。没过多久，刘寡妇身亡。等王元吉到府里过堂时，他忽然翻供。府里的推官张雍，推问了好几个月，问不出头绪来。于是知府把案子移到府院去，让司录参军重审。于是王元吉的冤情逐渐明朗，知府见案件复杂，就奏呈太宗请示。太宗因王元吉毒母证据不足，免死改判徒刑。正当开封府要打板子时，王元吉大声喊冤，道出开封府官吏受贿。于是知府再审受贿之事，王元吉将受贿官吏一一指出，知府再次向太宗请示。同时王元吉的妻子张氏前往登闻鼓院击鼓鸣冤。太宗御前亲审，得知王元吉被冤真情，令将原推官吏一一逮捕，将此案移送御史台重审，最后张雍、韩昭裔、宋延照和曾为刘寡妇增改词状的杨处仁被削任降职。负责验伤的医工陈上良谎称王元吉曾用解毒药，曹司孙节受贿，二人并杖脊配沙门岛。司吏因依法断案各给赏赐，又赐张氏帛十匹。

案例出处:《中华法案大辞典》。

（武航宇）

王质审媳供养不周案

北宋时,荆南有一老妇人到官府控诉儿媳供养不周,儿媳却称公公死后婆婆就改嫁他人,因为贫穷才又回来的,况且自己侍奉她并无不谨慎之处。审理此案的王质对儿媳晓以伦理之大义,劝诫她宽容婆婆的过失,为丈夫多做打算。并从自己家里取来衣服给老妇人穿上。将官仓里的粮食送给儿媳,让她回去好好地侍养婆婆。婆媳二人感动得泪流满面,言归于好回家了。

案例出处:《中华法案大辞典》。

（武航宇）

魏涛求实案

北宋年间,魏涛曾任沂州丞县知县。有一天,县里有两个仇人相遇后发生殴斗,一方受伤。双方来到县衙,请求知县给处断。魏涛命人查验了伤者的伤势,发现伤势较轻。《宋刑统》中的保辜条规定,凡殴人致伤,而伤情未定、生死未卜的,则官府为其订立保辜期限,责令被告为伤者治疗,如伤者限内因伤致死,即以死罪论处被告;不死,即以伤人论。如伤情较轻,则当时判决,不立辜限。依此规定,考虑本案伤者伤势较轻,魏涛当即判决后遣散双方。

不料,伤者回家后就死了。魏涛还未查清死亡真正原因时,死者的儿子就告到监司,称其父是与仇人斗殴后死亡,知县魏涛失于察觉。监司大怒,传唤来魏涛后以恶语责备他。魏涛对监司说:“你可以削夺我的官职,但绝不能让我滥杀无辜。”而后伤者的死亡真相查明,原来伤者是在遣散的当晚,在回家路上骑马,快到家门口时不慎从马背上摔下来之后死亡的,这一过程有邻人作证。真相大白后,这才使魏涛的冤情得以洗刷。

案例出处:《中华法案大辞典》。

（武航宇）

翁浩堂断姐诉妹身死不明案

南宋时,周五十娘身死,事闻于县,知县刚要差县尉体究检验,县尉却报称:周五十娘的丈夫吴曾三状称妻子因产下死胎以致身死,不愿检验,已经入棺烧化。知县押下审问,所供一同,依“诸因病死应验尸,而同居缌麻以上亲至死所,而愿免者,听”之法令,可以不再追究。然而,周五十娘的亲姐姐却有词到官,争执不已,被翁浩堂驳回。翁浩堂的理由是:以法意人情论之,妇人在家从父,既嫁从夫,夫死从子,于姊妹初无相涉;夫同居而姊不同居,按照服制,夫妻亲密而姐妹疏远。周五十娘死之明不明,验与不当验,官司只听从关系最亲、最重者之说,岂应听关系更疏、更轻者之言?周姐可能是挟嫌诬告,且免根究。周五十娘骨殖按照其夫吴曾三之意,从便葬殡,周姐不得干预。

案例出处:《名公书判清明集》。

（张田田）

翁浩堂断立契盗卖未分产业案

南宋年间,方文亮有三个儿子,长子方彦德,次子方彦诚,为前妻黄氏所生。幼子方云老,是妾李氏所生。方彦诚已死,有儿子方仲乙。方云老年方二岁,家业全部都是长子方彦德掌管。方彦德状告儿子方仲乙喜欢赌博,盗卖田产。官府受理此案后,传唤方仲乙到庭。据方仲乙供诉,并参考族长所画宗枝图,得知方仲乙并不是方彦德之子,官府认为,"以侄为子,于理虽顺,但方彦德已自立一男,名仲二,方仲乙父亲方彦诚又无他子,不能无故变乱宗枝,绝灭方彦诚继嗣"。这其实是方彦德怀有吞并弟弟财产之心,故意指侄为儿,有造成方仲乙破家荡产的图谋。胡元十、祝万五等人借着伯侄的嫌隙,引诱方仲乙赌博,导致方仲乙输钱达七百余贯,私自立下卖田和借贷契约。将三张未经印契的契约呈官府查检,确系方仲乙等签押。

审理此案的翁浩堂根据方文亮丧服尚未期满,方云老的生母李氏尚在的情况,决定按照"淳佑七年敕令所看详",拨一部分为赡养李氏所用,其余田产均作三份,各自立户,杜绝争夺。方仲乙虽然有份,但私瞒尊长典卖田业,依法处杖一百,所得钱财入官,通知巡检司三日之内将未到庭的关系人及借贷的文约追索到官。

案例出处:《中华法案大辞典》。

(武航宇)

翁浩堂断诈匿田产擅出卖案

翁浩堂任县令时,受理了一宗田产争讼案,判决指出:江山县临江乡百姓吕千五诉称,詹德兴将他家的名为坑南、牛车头、长町丘等的田产,盗卖给毛监丞家。调查发现,毛监丞家有土地买卖的相关手续,有淳熙十六年(1189年)及绍熙五年(1193年)的契约文书两张,都是詹德兴买来田产的凭证。又有嘉熙四年(1240年)的产簿一扇,具载上件田产,也是詹德兴置立,所有证据都证明这是詹德兴的田产。吕千五拿出嘉定十二年(1219年)的分关一纸,是詹德兴立契,将上述田地典给吕德显家,这个证据又证明这些田产是吕千五家的。推究其缘由,都是乡下奸民为逃避赋役而做出的骗局。吕千五所供,已经明确了他的父亲为了逃避乡司差役,将田产虚假转让给江山县亲属詹德兴。法律规定:各种诈匿减免赋税者,以违制论。所谓的财产隐寄,或假借户名,或立诡名挟户之类。吕千五的行为,正是隐寄、假借,既立产簿,作外县户,却又兜收詹德兴典契在手。这样一来,就可以因为田产转移而不用承担赋役,同时手中还有典契可以作为自己拥有土地的依据。这种逃避赋役的行为是违法的。如今田产被詹德兴出卖,官府知道其中有诈,但是如果追索回来给吕千五,是赏奸,所以不应该给吕千五。詹德兴本来是吕千五的亲戚,所以吕千五才放心做这件事,但是他却无视亲情,视他人之物为己有,擅自出卖。法律规定:知情受寄,诈匿财产者,杖一百。詹德兴受吕千五户的寄产,应该科罪,官司既知他的虚伪,还把财产给他,是诲盗,所以不应该给詹德兴。西安的赋税征收数额少,都是乡民变寄田产所致。所以本案的判决是:以上的几处田产,酌以人情,参以法意,吕千五、詹德兴二家都不应当享有。毛监丞家已经买了,本不知情,并且已经开始管佃,所以本县应该给办理相关的手续,承认其所有权。吕千五、詹德兴两家签订的虚伪契约,詹德兴卖地得到的赃款,没收给官府。詹德兴已死,吕千五遇赦,都免于处刑。

案例出处:《名公书判清明集》。

(武航宇)

吴恕斋断谋寡妇产案

《名公书判清明集》载南宋一则子侄联合异姓谋夺寡妇财产案件。刘传卿有子季六及女季五，刘季六娶阿曹为妻，并收养春哥为子。季五之夫梁万三则为赘婿。刘传卿、刘季六、刘季五相继去世，家业由阿曹主管。梁万三意图霸占刘家产业，而刘传卿的两名子侄或利于并吞，或利于继立，支持梁万三，攻击阿曹，阿曹自欲守节，则诬以改嫁；阿曹自有子春哥，则告以无子。吴恕斋判词中痛骂此三人：刘传卿死，季六死，季五又死，刘家产业合听阿曹主管，梁万三想要霸占，既攫取其家财，后盗卖其产业，既占据其茶店，又强取其田租，至于季六之丧与其妻季五之丧，至今暴露而不葬，则悉置之不问，子侄也不念同宗共祖，却偏袒异姓以凌灭孤寡，令法官吴恕斋感慨，岂有此理，有人心者，何忍如此。宗族亲戚间不幸夭丧，妻弱子幼，又或未有继嗣者，最可怜悯。悼死而为之主丧，继绝而为之择后，当以真实恻怛为心，尽公竭力而行之，这是宗族亲戚的责任。近来词诉乃大不然：死者之肉未寒，为兄弟、为女婿、为亲戚者，于丧葬之事，一不暇问，但知欺凌孤寡，或偷搬其财物，或收藏其契书，或盗卖其田地，或强割其禾稻，或以无分为有分，或以有子为无子，贪图继立，为利忘义，全无人心，此风最为薄恶。不仅是小人如梁万三，儒衣儒冠中亦有此讼。如今姑且为阿曹一案主持公道，以为薄俗之戒。判决如下：将刘家财产置路印押，交阿曹管理，不许典卖，以待春哥成人，并拨给丧葬费，速将季六安葬；对梁万三本应处罚，为了保全亲戚恩义，暂且宽免，仍略支拨钱物给梁万三，令他自葬其妻，梁万三占据典卖的田业都要交还，如梁万三尚敢恃强欺凌占据，仍要依法处置。以期天理人情，各得其当。仍榜市曹，以示劝诫。

案例出处：《名公书判清明集》。

（张田田）

吴思惩行贿老吏

据杨时《吴子正墓志铭》，吴思任吉州吉水知县时，有老吏舞文弄法，充当衙蠹，吴思调查得到此人实际不法的情状，将其管押，打算惩治。老吏谋算要玷污吴思的名声，以阻挠吴思办案，于是趁吴思出门，伪造家信而置金于其中，使小吏送到吴思家里。吴思妻黄氏得此“家书”，感觉重量可疑，推辞不收。吴思正好从外返回家，拆信发现有金，诘问小吏，获知本情，老吏无计可施，只好接受法律制裁。

案例出处：《名公书判清明集》。

（张田田）

吴雨岩断母子、兄弟争讼

《名公书判清明集》载，南宋时，因母亲许氏偏爱少子韩闳，在处理财产时不利于长子韩应之，长子不服而以他事控告弟弟。弟弟搬出母亲，控告长子不孝。审问时，长子情急失口声称许氏“不是我娘”，落实了不孝之罪，而告弟之事查明与弟无关，又得了诬告之罪。原审者于是以不孝和诬告两项罪名，请示中央将韩应之处以极刑，但被驳回。吴雨岩覆审，辨析此案因家庭纠纷而情形恶化：为政者只是痛恨诬告之人，拷打使韩应之服罪，而不顾涉讼三人关系。母子兄弟虽为天伦，审理之时不由自主：兄为官司所囚禁，虽欲向母亲哀求，与弟弟和解，但其词不得以自致，母与弟又自有哗徒主持，虽欲少贷其子，少全其兄，而其事不得以自由。外证愈急，而狱辞愈刻以深，于是不孝诬告之罪，上闻于省部矣。吴雨岩指出，万一处死韩应之，大错酿成则难以挽回：韩应之死则死矣，许氏杀子，韩闶杀兄，以刃与讼，有何不同？许氏何以为怀，韩闶又何以自全于天地间？幸而疏驳，吴雨岩有机会将三人作一处审问，然后母子得以相告语，兄弟得以相勉谕，而哗徒不得以间隔于其间，母子兄弟融融怡怡，可见为政者要先风化，后刑杀。然而死罪可以设法开脱，活罪难逃。吴雨岩认为，若论韩应之、韩闶之罪，则韩应之即便不成立不孝顺母亲的重罪，也犯了不友爱弟弟之罪，而韩闶也难免不尊敬兄长之罪，但兄弟二人皆非有心忤逆。关键是韩应之不该说许氏非娘，但根据经典，未审小弁之怨，孟子反以为亲亲，韩应之正是想要亲近母亲，才会不满母亲偏爱弟弟。韩应之、韩闶兄弟如今都愿意悔过，均可置之不问。但韩应之诬告之举，终难全恕，既全其天伦，合去其人伪，申省取自指挥，所有二据先照给。

案例出处：《名公书判清明集》。

（张田田）

吴雨岩断县吏妄供知县取绢案

吴雨岩任知县时，处理了一桩县吏妄供知县取绢案，判决指出：法官的责任是为百姓洗冤，百姓之冤要申，士大夫之冤更要申。前任贵溪知县黄辂，被毛提刑责备冒衔，正要对他施加刑罚，恰好值班的官吏郑勋等人借本县纳绢的事，谎称黄知县擅自取绢八十六匹，毛提刑马上申请查清此案。庭审时，黄知县辩称，郑勋的供词与事实不符，是毛提刑被误导了。黄知县的祖上是官宦世家，具有家法，不可能擅自贪占公物。吴雨岩当职以来，就听说了黄知县的冤情，等到了信州，发现郑勋因为其他事被收禁在狱，就令狱官获取其口供。结果得知，郑勋等人偷盗绢之后，被黄知县发现后，受到责备，所以就憎恨他，结果就诬陷黄知县。除此之外，郑勋所犯的罪行更为严重，这样就一并被处理了，黄知县的冤情也昭雪了。

案例出处：《名公书判清明集》。

（武航宇）

吴育助审蔡州妖人案

宋仁宗时，京师盛传蔡州境内有妖人数千，仁宗诏命派遣宦官亲自出使，点名逮捕十人。宦官到蔡州后，要求带巡检兵去确山县搜捕。蔡州知州吴育对他说："使者是想捕得妖人回报朝廷吗？那就在此地等候，不要前去，这不过是乡亲按照佛法相聚罢了，可以派人前去叫他们，立刻就会来到。现在带兵前去，人心惊惶疑惑就不好办了。"宦官以为有理，派人去叫，果然来到，便拷送朝廷，经审讯得知这些州民确像吴育说的那样，只是按照佛法相聚，既无祈福禳灾之事，也无结社集会之举，为法律所不禁止，所以将州民无罪释放，告发者以告不实之罪坐。

案例出处：《中华法案大辞典》。

（武航宇）

武多儿偷盗案

福建宣慰司上报到宁国路一宗案件。延祐五年（1318 年）十月六日，官府捉获贼人武多儿。其招供称："在延祐四年（1317 年）三月二日，偷盗事主陈荣祖桎木板船一只。"地方官府认为，此船只价值估计至元钞十贯以上，如果以"钱庆三偷盗铁锚"案来处理，可以刺字。但是没有先例，所以将此案上报到中书省，中书省认为：贼人武多儿偷盗陈荣祖船只，计赃至元钞十贯以上，比照"钱庆三偷盗铁锚"案，将罪犯刺字并拘役。

案例出处：《判例法的两面：中国古代判例选编》《元典章》。

（武航宇）

误伤旁人致死案

至元二年（1265年），济南路的百姓韩进诉称："我与亲家相争，后发生打斗，在打斗过程中，冯阿兰一直在旁围观。我不小心一棒子打在了冯阿兰的右肩膀上，他最终因此伤不治而身死。"济南路的法司经审议后认为，罪犯韩进的行为应该按斗殴而误杀伤人来论处，减死一等处罚，合徒刑五年。此案进而向中书省报批后，又移交刑部审议。刑部拟定判处韩进杖一百零七下，最后中书省又改判为杖七十七下，同时征烧埋银给受害人家属作为补偿。

案例出处：《中华法案大辞典》。

（武航宇）

西门成允据赃定罪

刘挚的《忠肃集》载，西门成允在景德年间考上明法科而做官，"虽以法进，宽平毋害"。他任莱州司法参军时，有犯赃罪者，长官苛深，"欲实之死，使高估赃物价值"，西门成允阅案，坚决请依犯时估价。当时巡视使者在郡，莱守先告状，巡视使者于是都来斥责西门成允。但西门成允不屈服，二囚得以不死。

案例出处：《忠肃集》。

（张田田）

西域驸马缚民案

至元十一年（1275年），廉希宪曾任北京行省平章事，处理了一宗有关西域人的案件。当时有一个西域人自称是西域某国驸马，带着人马在城外扎营，并且捆绑当地富民，借口是这些富民曾经在他祖父那里借过钱，现在应该偿还欠他祖父的利息。百姓将此事告到官府，廉希宪下令将自称驸马的人抓来审讯。提审此人时，此人非常嚣张，竟然骑马直接来到大堂之上，并坐在大堂的榻上。廉希宪命人按其跪下，且厉声说道："法无私狱，你是什么人，竟然敢擅自捆绑百姓？"并且下令将其捆在刑具之上。此人非常害怕，反复求饶，后来请来西域国王给他求情。廉希宪方才对他有所宽免，此人举营连夜逃回西域。

案例出处：《中华法案大辞典》。

（武航宇）

戏杀释免案

延祐六年（1319年）十二月，中书省收到一宗戏杀案例。饶州路李高三做买卖，让李杞一、余兴二作中间人。延祐三年（1316年）四月十七日，三人在金升家里一同饮酒。李高三、余兴二与李杞一开玩笑，二次阻拦，不让李杞一起身去小便，喝完酒后散去。李杞一在小路上奔跑，李高三等又追赶,李杞一不小心跌硌着腹肚,结果小便带血,两天后死亡。李高三、余兴二等到官府自首,给李杞一的家人李杞三钞三十四锭十五两。此案遇上赦免,免除上述赔偿。原赔偿之银追征没官。中书省认为:李高三等因戏而致伤人命,不是故意杀人,应处以徒刑,遇到赦免之后,应该在各人名下征中统钞十五锭,给付死者亲属。此案可以比照徐咬住与王狗儿戏杀案例来处理,征收烧埋银给死者亲属,加害人罪止徒刑,遇赦可以释免。此案送呈刑部,刑部的意见是:李高三、余兴二,只是以言语阻挡李杞一,不让其小便,以致其跌伤身死,中间没有其他故杀情节,也不是以力共戏,遇到大赦可以释免。如果征收烧埋银两,可以依中书省的意见,对李高三等人均征中统十一锭给付死者家属。

案例出处:《判例法的两面:中国古代判例选编》《元典章》。

（武航宇）

戏杀准和案

至元十年(1273 年)十一月,太原路上报了一桩案件。陈猪狗在至元七年(1270 年)十一月一日和小舅子赵羊头在打闹时相夺干麻,陈猪狗用右拳向赵羊头的后头心打了一拳,赵羊头就死了,没有救活。于是他用背麻绳子拴在了赵羊头的脖子上,推称其自缢身死。而后,陈猪狗把赵羊头的尸体背到家里。在说出前因后果之后,请郭和等人说合此事。此事的处理结果是,陈猪狗休妻赵定奴,赵旺交给陈猪狗的父亲陈贵钞二十两,十六日这件事解决完毕,二十四日赵羊头的尸首埋殡结束。并没有报官进行初检和复检。到闰十一月的时候,两家因为私自和解的钱物发生争执,事发到官。

行省参照以往的徐斌案进行裁判。徐斌殴死张驴儿,张驴儿的母亲没有报告官府检验尸体,而是收受了私和钱物。中书省认为,既然张驴儿的母亲阿许自愿不诉讼,那么不须理会,钱物也不需要定夺。

对于陈猪狗案,刑部的判决如下。陈猪狗与小舅子赵羊头在河下撇麻,赵羊头与陈猪狗打闹,陈猪狗与赵羊头相争,用右拳在其后头心打了一拳,其合面倒地身死,只是因戏致伤人命,双方私下和解,陈猪狗把自家店舍、地基、牛驴等折成钱物赔偿给赵羊头家,作为烧埋银,同时让陈猪狗给赵旺做儿子,并写立字据,双方也没有报官验伤,就埋葬出殡,事情就此了结。

案例出处:《判例法的两面:中国古代判例选编》《元典章》。

（武航宇）

相州之狱

宋神宗治平四年(1067 年),有三人抢劫民户,被邻里发现后驱逐而逃,而后为首者对他手下的两个人说:“以后再劫人的时候如果有人施救的,就先把施救者杀死。”这两个手下爽快地答应了。有一天,这三人又劫一家,抓住这家的老妇,拷打要其交出财物,邻人不忍听其痛苦的呼喊,过来对这几个贼说“这个老妇人没有其他财物,打死了可惜”。这伙歹徒中有一个叫冯言的当即将这名邻人杀死。案发后,官府判这三个歹徒均处以死刑。五年以后,王安石做了宰相,允许中书省的刑房堂后官对审刑院、大理寺和刑院的已断案件进行核查,查出一个用法不当的案件,就升迁一官,“故刑房吏日取旧案,吹毛以求其失”。有一名叫周清的堂后官将此案翻出,他说:"新法:凡杀人虽以死,其为从者被执,虽经拷掠,若能先引服,皆从按问欲举律减一等。盗魁即令其徒云:'有救者,先杀之',其徒用魁言杀救者,则为从。又至狱先引服,当减等,而相州杀之。刑部不驳,皆为失入人死罪。"此案交给大理寺复审。大理寺认为,为首的歹徒所言是要杀执兵杖来救人者,而邻居是好言相劝,非以兵杖相救,冯言出于己意,将人亲手杀死,不可为从犯,相州所断正确。周清依然坚持自己的主张,将此案又交到刑部重审,恰好刑部是新官上任,认为周清的主张是对的,大理寺不服。当时相州原判此案的官吏潘开、陈安民先后来到京城打通关节,陈安民的外甥文及甫,是文彦博的儿子、吴充的女婿,正做大理寺评事,他将此事报告给皇帝后,皇帝令蔡确和御史台同审此案。最后的裁判结果认为周清的结论是正确的,将大理寺详断官窦苹、周孝恭枷缚曝晒于外五十七日,陈安民因为害怕受刑而认罪,御史中丞邓润甫与监察御史上官均因此遭贬谪,宰相吴充被迫辞职待罪,幸得赦免。但此案牵连多达数十人。

案例来源:《中华法案大辞典》。

(武航宇)

向敏中诘僧案

北宋太宗年间,向敏中兼任西京洛阳留守时,处理了一宗诬告和尚杀人案。有一个和尚夜间求宿于村舍,主人不同意留宿,和尚又请求睡于门外的车厢之中,主人答应了。当夜,和尚还没有睡着时,看见一个盗贼潜入这家农舍,又携带一个妇人和包裹越墙而出,和尚担心主人怀疑自己,将自己扭送官府,就慌忙而逃。没想到夜间行路,失足落入枯井之中,而那越墙出来的妇人已被人杀害,尸体扔在井里,鲜血玷污了僧人的衣服。主人循迹前来,捉住这个和尚送到了官府。和尚忍受不了刑讯拷打,供认是自己与妇人通奸,引诱她一同逃跑,因为害怕事情败露,所以又将妇人杀死,扔到井里,没想到自己失足也掉了进去,赃物和凶器留在井边,不知被何人拿走。案子审理终结,众人都认为确是如此。

向敏中却认为赃物、凶器没有找到,对案子产生怀疑,几次审问僧人,僧人都是以自己欠人一命,无话可说作答。向敏中还是追问不止,僧人终于说出实情。向敏中于是暗自派遣吏人查访作案的盗贼。吏人在村中小店吃饭时,有老妇人得知他从府城中来,便问他和尚杀人案如何处理了,吏人骗说昨日已将和尚鞭死在刑场。妇人叹息说,如果现在捉到真正的贼犯,会怎么样呢?吏人说府里已经错判了此案,即使捕获了真贼,也不敢审问了。妇人以为此时说出真凶也没有妨害了,便说出被杀妇人是村中少年某甲所杀,还指明了其甲的住处。吏人立即将某甲捕获,还查获了赃物和凶器,和尚最终被释放。府中之人都认为向敏中断案如神。

案例来源:《中华法案大辞典》。

(武航宇)

萧瑀诬告万载县官吏案

延祐元年(1314年)三月,江西行省上报了一宗案件。萧瑀告万载县官吏索贿,通过调查取证,证实是萧瑀诬告本县官吏索贿中统钞七十七锭,官府将原告人萧瑀和教唆词讼的黄鼎,一起审理完毕准备定罪,恰遇恩赦。本案考虑到黄鼎原来就把持官府,挑唆词讼,两次断罪,并且泥置粉壁,现在又诬告本县官吏索贿,写成诉状之后,教唆萧瑀去告状,既已审理明白,就是欺骗官府之人，拟处迁徙刑。

刑部的意见是，参照大德十年(1306 年)七月中书省处理的一个案例。罪犯陈翔的罪行，因为遇到诏赦，可以释免。但是考虑到陈翔侵扰百姓，贩卖私盐，犯下诬告、剜眼等事，累断不悛，如果赦免其罪行，则很难服众。所以刑部同意本省官府的判决，将陈翔迁徙到辽阳服刑。另外，还有一个案例，即皇庆元年(1312 年)十二月二十九日，中书省判了江西行省上报的王逢亨与镇守张万户互相斗殴的案件。王逢亨是豪霸税户，先是逼死人命，强占山林，隐藏军器，已犯数罪，且没有悔改之心，居然还殴打张万户，众证清楚明白，而且称病不说话，详细了解他所犯罪行，应判处他迁徙辽阳肇州屯田。另外，王南乡与其兄弟王达乡，同恶相济，欺官罔民，应该在门首立红泥粉壁标示罪过和姓名，以示警告。刑部对王逢亨、张万户互相殴打案件做出了相应的处理。王逢亨违例重典房舍，另外殴打张万户一案，没有确定的证据，很难判处其迁徙。所有王逢亨兄长王逢午所招供的典当房屋年限未满，预借钱收赎的事情，没有找到书写手帖，对其重典，又占山林，打伤良民等罪，都是皇庆元年十月十九日诏赦以前事情，罪虽然遇免，但是各案犯累犯过于严重，应该在门首立红泥粉壁标示罪过和姓名，以示警告。再犯则要依例处以迁徙刑。

刑部参照以往两宗案例，得出结论：黄鼎原来就把持官府，挑唆词讼，两次断罪，不知悔改。现在又教唆萧福诬告本县官吏索贿，写成诉状之后，教唆萧瑀去告状，不知悔改，审理清楚明白之后遇到恩赦。黄鼎虽是累犯，不知悔改，但与陈翔的犯罪情形不同，可以比照王逢午的案例，在门首立红泥粉壁标示罪过和姓名，以示警告。如果再犯，则处以迁徙刑。

案例出处：《判例法的两面：中国古代判例选编》《元典章》。

（武航宇）

携女适人从母主嫁案

至元五年(1268 年)五月，户部受理了一宗寡妇改嫁案。民户刘亨诉称："阿李最初嫁给了他的哥哥刘大，生了女儿婆安。后来刘大去世，阿李改嫁给了张把的哥哥张用。在改嫁之后，阿李又收下聘财，将自己与前夫刘大所生的女儿婆安聘给后夫张用的儿子丑驴为妻。但是很不幸，至元三年(1266 年)九月，丑驴死了，其妻婆安为丑驴守孝不到一周年。因为家贫而且没有别的男人干活，阿李就接受军户张小乙的钞四十贯，想要招其子张二作为养老女婿，但是目前还没有成婚。"刘亨认为："婆安为丑驴守孝不到一年，改嫁不合法，另外婆安是自己本家哥哥的女儿，应由自己主婚。"该案经中书省审查后，判决："阿李既是婆安亲生母亲，又是她的婆婆，可以给婆安主婚，只是需要婆安给丈夫守孝期满后再结婚。"

案例出处：《中华法案大辞典》。

（武航宇）

兄收弟妻案

至元十四年(1277 年)八月二十一日，平阳路高平县审理了一桩兄收弟妻案。军户段集秀诉称：百姓张义在弟弟去世后，收继弟妻。此举有伤风化。高平县县官立即审理了此案，当事人供认不讳。因为当事人张义是军户，所以此案报至兵部，经审议认为："张义收弟妻的行为应受处罚。"后此案上报中书省，重新审理发现，张义收继弟妻的行为是其母亲阿王的决定，但这也是不可以的,所以中书省的判决是:“处张义杖刑一百零七下,其弟妻阿段九十七下,二人离异。对主婚母亲阿王如果不加以惩戒,会扰乱礼治。如果其母没有达到免刑的年龄,就处以笞刑五十七下,说合人李克孝处笞刑三十七下。”

案例出处:《判例法的两面:中国古代判例选编》《元典章》。

(武航宇)

兄死嫂招后夫案

至元二十八年(1291年)六月六日,燕南按察司批准了广平分司的一个判决。至元二十七年(1290年)七月,广平路百姓陈阿双诉称:“大儿子陈元僧去世后,小儿子陈百家驴应该收继其嫂李兴奴。但是,亲家李信等主婚,在李兴奴为夫服丧期间,要将李兴奴嫁与王玉,并且收了王玉家的聘礼,聘礼有钞绢、缎子、银钗、宝环。”官府审查发现:李兴奴最初嫁给陈元僧,但是陈元僧身故后,又招孙福兴为婿,此时已与陈元僧义绝,现在孙福兴又身故,李兴奴已经与陈元僧是异姓,况且陈家幼子陈百家驴刚刚八岁,李兴奴已经三十岁,年龄相差悬殊,李兴奴归宗与其成亲不合规矩。如果在李信家里查到他收了王家的聘财,则属于服内成亲,聘财应予以没官。

此案上报到御史台,御史台比照之前的案例进行了审理。至元十二年(1275年),百姓徐宽曾告弟媳阿耿在弟弟徐宝去世后,服内受聘财与李斌为妻,但是按察司的判决是索回聘财,断离。但是如果服内成婚,又有所出,则按已婚处理,不判离异。

因此燕南按察司判决结果是:“李兴奴服内嫁给王玉,与阿耿服内嫁给李斌案情节一样,应该追回聘财,予以没官。”

案例出处:《判例法的两面:中国古代判例选编》《元典章》。

(武航宇)

许宰断欺孤家产案

许宰任县令时,受理了一宗欺孤案。陈子牧先娶妻戴氏,没有儿子,立陈璋孙为子,既而庶生一子陈俣孙,年十三。再娶郑八娘,也没有儿子。十八年后,陈子牧、陈璋孙相继去世。陈俣孙是陈子牧亲生之子,陈子牧家并非绝嗣,不用立嗣。陈子牧前娶妻戴氏,夫妻不和,休妻。后娶妻郑氏,又是妇德不良。陈子牧再娶郑氏,是想让她抚养陈俣孙,使他成家立业,保全其家业。陈子牧去世之后,教导陈俣孙,为之婚娶,主持家业,是郑八娘的责任。但是起初陈士驹鼓诱陈俣孙败坏家业,郑八娘无论教;后来郑八娘又立陈绍龙为嗣子,企图占有家产。郑八娘在陈俣孙还没有婚娶的情况下,主张分田产,这是不合礼法的。并且郑八娘听从其兄郑亨父的建议,虚卖田产,意在转移财产,郑亨父、戴周卿是具体谋划者和操纵者。陈俣孙不务正业,郑八娘也是有责任的。

本案的判决是:所有郑亨父、戴周卿虚立契约文书所涉及的土地,全部归还给原业主陈子牧家。陈绍龙,是陈士驹的长子,按照法律规定,过继给他人为子者,不应该是嫡子,所以陈绍龙不符合过继的条件,不应过继给陈子牧为嗣。郑八娘不义,是陈子牧的罪人,处杖八十。陈子牧的田业原来共计三百余石,郑八娘不能很好地教育和抚养陈俣孙,早为其婚娶,以致其被陈士驹鼓诱,败坏一半家产,又要假将陈绍龙立嗣,目的是占有陈子牧的财产。戴周卿平日经常乘人之危,谋并其业,为富不仁,死有遗臭。戴良佐,是戴周卿的儿子,虽然是陈子牧的母族,陈士驷，虽然是陈子牧的房族，但是此后不得干预陈子牧的家事。如果再有诉讼，照法律处断。如果郑亨父再引诱郑八娘，让她不能安分守己地在陈子牧家生活，导致诉讼，一定照法律处断。所有郑亨父、戴周卿所立的虚契，全部毁掉，土地的原有凭证给付郑八娘、陈俣孙。陈绍龙立嗣的事情取消。罚郑八娘立视一日，与陈俣孙归家，主持夫家家事。

案例出处：《名公书判清明集》。

（武航宇）

薛颜审李甲结社为奸案

北宋年间，耀州有一土豪名李甲，勾结宾客数十人，号称"没命社"，为非作歹，有谁不如李甲之意，便推出社中一人与之死斗，数年里为害乡里，百姓虽深恶痛绝，却惧怕报复，无人敢向官府揭发。薛颜出任耀州知州，刚一到任，查明真情，便大力搜捕李甲和其党羽。时逢大赦，本应免于治罪，但薛颜以为如此奸恶之人，不加处治，便无以除百姓之祸患。薛颜特将李甲决杖流放于海岛，将其余的人全部编隶军籍。

案例出处：《中华法案大辞典》。

（武航宇）

薛仪审郝正受贿赂案

北宋时，薛仪任渭州通判，知州是习武出身，不能谨慎廉洁，大吏郝正抓住了知州的把柄，趁机贪污受贿，众官吏都不敢责问。薛仪请求惩治郝正，知州心中不安，便把内情告诉了他。薛仪说："只是要除去恶吏，事情一定不会牵连到你。"知州立即上书称病休假，由薛仪代理州事，很快就揭发了郝正私自到边塞买马的罪行，《宋刑统》规定："诸越度缘边关塞者，徒两年，共化外人私相交易若取与者，一尺徒两年半，三匹加一等，十五匹加役流。"郝正被依法逮捕，以私出边塞与外邦人交易的罪名被判决。

案例出处：《中华法案大辞典》。

（武航宇）

杨告复擒盗贼案

北宋真宗末年，洪州丰城县有一盗贼，行凶杀人后，又将尸体抛掷江中，邻里之人虽都知道凶犯是谁，但顾虑说出以后，遭凶犯报复，都缄默不言，丰城县主簿杨告刚刚上任，闻听此事，查明真相，亲自前往，将凶犯擒获归案。恰逢乾兴元年（1022年），仁宗登极，恩赦天下，凶犯也在赦免之列，被免于治罪，但从此怀恨杨告。有人通报杨告凶犯欲行报复，杨告不为所动。果然不久后的一天夜里，凶犯趁夜色浓重前来行刺，杨告再次将他捕获，终于依法处以死刑。

案例出处：《中华法案大辞典》。

（武航宇）

杨汲驳正曹浔谋杀案

北宋时，杨汲曾任赵州司法参军。当时，有一百姓名为曹浔，他和哥哥一家生活在一起，他的哥哥对他极不友善，哥哥的儿子也对他倍加侮辱。有一天，曹浔忍无可忍，愤怒地持刀追逐侄儿,被其兄发现,其兄挟持儿子迅速逃避,曹浔喊道:“哥哥不要跑,我是要教训侄儿。”后来,被曹浔追逐的侄儿将其诉至官府,侄儿声称叔叔是要蒙骗自己的父亲,让他停步,然后杀死他。当时官府有人欲以谋杀兄长等罪名判处曹浔,杨汲却认为,曹浔大声呼喊哥哥不要逃避,这不能称为“谋”。如果在审案时臆断断罪,百姓将手足无措。知州采纳了杨汲的意见,曹浔被免除死刑。

案例出处:《中华法案大辞典》。

(武航宇)

养子亲子争产案

《名公书判清明集》载,南宋时陈文卿与吴氏夫妻先抱养一子,取名陈厚,再生二子,为陈谦、陈寅。陈文卿在时已生分部分产业,陈文卿死后,寡妻吴氏又生分余下的产业,而且使三子各立户籍,以免瓜葛。抱养子陈厚将所得节次变卖。两弟不满,一方面唆使母亲诉抱养子私自买卖产业,另一方面自己控告抱养子殴母,对此,法官认为,这是陈谦、陈寅买填印白纸,增添讼本,不然,十月二十九日之状簿,何以独无吴氏之名。此案的争点在于,法律既准许父母生分,抱养子买卖已之所得,与两弟无关;不但财产已经生分,而且诸子各有户籍,既有独立的户籍,买卖一从户主,无须他人画押,抱养子无自专之罪。法官认为,爱恶二字,乃是事因,吴氏偏心,方有别籍之举,她令诸子别籍异财,违反了“均其贫富,养其孝弟”的原则,对抱养子是“欲蹙之使贫也”。假如她初无偏私之意、未即分开产业。至今同居共财,母为之主,则抱养子虽欲出卖而无从,故母亲未尝不是罪魁祸首。今母子四人愿和,正应了法官之意。其间抱养子为求息讼,供出还有些产业是用诡名立户,愿意交出。法官于是判决如下:陈厚卖私产无须追究,但不应与母亲争讼,要当厅拜谢母亲;弟不应诉兄殴母,此控诉非母亲本人提出,置之不问,两弟应拜谢兄长;将诡名户产业合并,仍归亡父名下,由母亲主宰,唤乡司克除陈厚、陈谦、陈寅三户之外,其余五户物业,并归陈文卿一户,而使吴氏掌之,遂为子母兄弟如初。吴氏死后,只将陈文卿一户分与三子,陈厚不得再分陈谦、陈寅两户物业,以其已经分析立户,自行卖尽故。若以法意言之,陈谦、陈寅两户亦合归并,但陈厚既已自卖其所受之产,因此屈公法而徇人情,维持原状,以免陈厚将来企图重叠分析,仍给据与陈谦、陈寅为照。陈厚要归与妻子改节以事其亲,笃友以谐其弟,自此以后,无乖争凌犯之习,以厚里闾,满足令之所望。

案例出处:《名公书判清明集》。

(张田田)

姚细僧强奸八岁女案

皇庆元年(1312 年)七月,绍兴路上报了一宗案件:沈明四告姚细僧将他八岁的女儿沈阿妹奸污。刑部参照元贞二年(1296 年)三月咸宁路胡坚案来处理。胡坚年十四岁,将王阿黄六岁的女儿王丑娘强奸,本人招供,最后被判处杖刑一百零七下。本案中的犯人姚细僧是十四岁,奸沈明四的女儿沈阿妹,虽是和奸,但是被害人是幼女,虽和同强,按照胡坚案,应处姚细僧杖一百零七下。

案例出处:《判例法的两面:中国古代判例选编》《元典章》。

(武航宇)

野外设弩致人死亡案

福建宣慰司收到建宁路上报的一宗案件。浦城县百姓杨正三诉称:“至大元年(1308年)十一月二十六日,我儿子杨缘与侄儿杨安采草喂牛,荒草地里踢着药箭,被射伤身死。”犯人何庆一供称:“至大元年十一月六日,我将弩箭毒药安放在荒草里,要射杀野猪等物,没想到却被杨缘在十一月二十六日踢着射伤身死。”事实证明,何庆一装架药弩,是在十一月二十五日以前,杨缘被伤却是十一月二十六日,如果处罚何庆一,可能是误判。此案被呈送到中书省,中书省又送交刑部,刑部的意见是:此案可以比照以往的案例裁断。至大元年闰十一月五日,四川省绍庆路军人武才带领军人何二、小杨去本路运送粮食,大德十一年(1307年)十一月一日没走官路,经由小路前去秦正午家买鹿肉,踢着秦正午预先设下捕杀鹿的拨竿扎伤身死。案件审理明白后,地方官府处以秦正午杖刑七十七下,不征烧埋钞锭。审理发现,秦正午在荒草地中安置杀鹿拨竿,武才经过本家买肉,秦正午的妻子阿黄明确说不要往右壁那边去,那里已安置杀鹿拨竿,其同伴军人又多次阻拦。但其本人不听,独自踏荒,以致被扎死。罪犯既然已经被处以杖刑,烧埋银钞应免征。

对于何庆一案,刑部认为:何庆一在山野荒草地里安放了射杀野猪的窝弓,路口插立了牌记,但其后杨缘因为割草踢着窝弓,以致射伤身死,如果比照秦正午安置杀鹿拨竿扎死军人武才一案,那么何庆一安置窝弓后,没有到原地去起取猎物,也没有平复窝弓,以致射死杨缘,拟杖六十七下,依例免征烧埋银。

案例出处:《判例法的两面:中国古代判例选编》《元典章》。

(武航宇)

叶岩峰断恶霸强占租屋案

叶岩峰任知县时,处理了一宗不肯退还租屋的案件,判决指出:陈成告黄清道承租自己的房屋,不仅不给租金,还霸占屋子不还。官府介入调查发现,承租人黄清道是一方恶霸,外号“十王”。陈成是贫儒士人,不足以敌“十王”的势力。陈成有祖屋八九间,被黄清道强行租住,既不给租金,又打伤前来讨要租金的童仆。为了掩盖其罪,假托杨氏之名,想要亲邻吝赎。但却不知道,此屋是八十余年之产业,买卖契据都找不到了,无法吝赎。本县官府已经判决,让黄清道离开租屋,归还租金,但是黄清道拒绝。黄清道的案件已经上报到了提刑按察使和府,以上两级都认可本县的判决,要求县丞来监督执行,县尉追索租金,结果都没有处理。黄清道只是市井中的一个顽徒,为什么都不敢去执行此判决呢?时间已经过去一个多月了,本案的执行人不敢拘催,承差人甘心受杖,害怕黄清道的凶恶。黄清道一直逃避,不得已,才命令家属来应诉,谎称已经到提刑按察使和府上论理,反而要占有陈成之屋。他的本意是拖延时间,使贫穷士人无法再租出去。本县再次强调,限黄清道的妻属杨氏、杨璲明天就离开租屋,一窗一户,不得移动,并要齐全。如果不服判决,押杨氏、杨璲来官府,戴上枷锢,押解到提刑按察使和府里处理。

案例出处:《名公书判清明集》。

(武航宇)

叶云一持刀杀张明孙案

皇庆二年(1313年),建宁路上报了一桩案件。叶云一与张明孙争斗,被张明孙推到塴下,骑压在地上。张明孙将叶云一的头髻揪扯,连头脑在田禾内连撞数下,叶云一寻思无可抵敌,想起尖头雕刀在身,于是用手扯下,对准张明孙的胸膛戳伤致其身死。地方官府认为不符合故杀的条件,并且案发时遇到了大赦,所以应该释放,不处刑。

此案被送交刑部审议,刑部参照以往的杨进案进行了判决。杨进、谢五都给刘河王钱钞,目的是借宿,但是谢五责怪杨进先在刘河王的床上独卧,将杨进的头髻揪扯,按倒在地猛打,杨进不能还手,就用携带的蓖刀在谢五心坎右边尽力捅了一下,导致谢五身死。杨进所犯,是持刀杀人,属于故杀。

行省官员认为,本案中的叶云一用雕刀将张明孙戳伤身死,是以刃杀人,属于故杀。刑部的最终判决是:叶云一开始与张明孙斗殴,扯下原来携带的铁雕刀,对准张明孙胸膛左边,将其戳死。他的行为,最初无故杀的情况,可以释放。

案例出处:《判例法的两面:中国古代判例选编》《元典章》。

(武航宇)

一产三男免杂役案

至元八年(1271 年)八月,河南道按察司向御史台上报了一份申请免除杂役的请求。邓州户张二的妻子生了三胞胎,三个都是儿子,为国家的人口增长做出了贡献,但是家庭负担较重,请求御史台批准免除其家的杂役。御史台将此事呈报中书省,请示能否除免该户的杂役。中书省作出决定:"对于这种情况,可以免除三年的杂役。"

案例出处:《中华法案大辞典》。

(武航宇)

医死人赔偿案

至元七年(1270 年)七月,刑部接到了北京路上报的一宗医死人案例。北京路的医者焦转僧给女病人陈某看病时,因为误诊,造成陈某死亡。事后,家属将焦转僧告到官府,官府提审焦转僧时,他供认了事实。北京路的司法官员拟将其处杖刑七十七下。此案由尚书省送刑部审议后,判决如下:判处焦转僧杖刑七十七下,赔偿烧埋银给苦主。

案例出处:《中华法案大辞典》。

(武航宇)

遗火烧官房赔偿案

皇庆元年(1312 年)四月,山东廉访司上报了一宗案件。庐州路前达鲁花赤的梯己人张保儿遗火烧掉了官家房屋九间。本路达鲁花赤和家小居住的是官四望亭五间,梯己人张保儿在清书堂一间,其余抱厦等屋八间,都是连在一起的,被张保儿遗火烧毁。河南省认为:"各地迁转的官员,大多数是住在官府的房舍里,如果有损坏,自己备工物修缮,任满之后互相交割。不小心烧毁的,应该赔偿。"此案上报到山东廉访司后,其认为,官府的房舍,有的是官员居住,也有的被百姓租住。民间遗火烧毁房产财物,中书省认为误犯是不需赔偿的。之前尚书省作出的规定说,官员不小心烧毁官府房屋的,应该赔偿。前后不一。另外遗火这件事,不是人为故意的因素,应该修改此判例。所以将此案送到刑部。

刑部检索相关判例，进行比照。至大四年（1311 年）正月十一日夜，宁国路祝县尉家人陶庆儿执灯去喂马草，结果造成失火，烧毁主人祝县尉家房屋，火势延绵，接连烧毁颜元等九十七家，共计房屋六百八十五间，烧死陈译史四个月大的小女儿陈宣女，另外蔡千三房子倒塌压死李重一。刑部的判决是：陶庆儿所犯，比照杜文德遗火延烧官民房舍致伤人命案，处以杖刑八十七下，后遇到赦免。

刑部对于张保儿案的最后判决是：张保儿遗火烧毁官房九间，是误犯，没有纵火烧房的故意，所烧官房不用赔偿。

案例出处：《判例法的两面：中国古代判例选编》《元典章》。

（武航宇）

因弟为盗砍死案

大德六年（1302 年）三月，江西行省上报了一桩案件：王贤一，名文才，因弟王柳仔做贼偷盗他人菜蔬、稻谷、棉絮等物，不听教导，怕人耻笑，他就在大德元年（1297 年）十二月八日用砍柴刀将王柳仔砍伤致死。行省认为：王柳仔有罪而被杀，王贤一遇到诏恩，应该释放。

将此案件移交到了刑部，刑部比照湖广省的李梦龙案例进行了裁量。李梦龙案情节是：弟李辛六向李梦龙索取原来欠的钞二两，李梦龙无钱归还，李辛六就辱骂李梦龙，并用松木担一条，想殴打李梦龙，结果李梦龙用尖刀将弟李辛六扎死。此案不同于常人之间的殴杀，遇到赦免，李梦龙被释放，并且不须征收烧埋银。结合李梦龙案，王贤一案的判决是：王贤一因弟王柳仔做贼，偷盗他人菜蔬，不知悔改，又盗稻谷、毯被、钞两等物，害怕乡人耻笑，所以用砍柴刀将弟王柳仔砍伤，次日身死。这系卑幼有罪，尊长杀害致死，不能比照常人殴伤处理，又遇到恩赦，对王贤一可以释放归家，且不征烧埋银。

案例出处：《判例法的两面：中国古代判例选编》《元典章》。

（武航宇）

因奸同谋勒死本夫案

至元四年（1267 年），卫辉路汲县受理了一宗因奸同谋勒死本夫案。案犯奸夫李驴儿、奸妇刘阿翟均招供称："至元四年二月，为了通奸方便，二人同谋，于当年十一月二十八日，用绳子将刘阿翟的丈夫刘大户勒死。"

汲县法司拟判如下："奸夫李驴儿通奸罪不至死，但勒死刘大户应处死刑，二罪合并论处，处死刑，并征烧埋银五十两。奸妇刘阿翟，依旧例'妻谋杀夫者，皆斩'和'造意者虽不行，仍为首'，应被判处死刑。"对此判决刑部和中书省均核准。

案例出处：《中华法案大辞典》。

（武航宇）

尹洙断孤女冒占人产案

宋仁宗景佑元年（1034 年），河南府伊阳县有某女，从小丧双亲而成孤儿。贺氏夫妻无子嗣，身故后，该女妄称贺氏在室之女，冒占了贺氏的遗产，邻人作证该女冒人，于是贺氏遗产按户绝法被收归官府,尹洙任伊阳知县后,该女又来申诉,要求将没收的遗产归还,此案久拖未决。尹洙询问该女年纪多大,该女言32岁,尹洙检查了咸平年间的户籍,见上载咸平二年(999年)贺氏死而其妻阿刘为户主,便责问该女:“你咸平五年才出生,怎么可能姓贺呢?”该女哑然,只得承认了冒认他人财产的罪行。

案例出处:《中华法案大辞典》。

(武航宇)

遇赦免征倍赃案

大德四年(1300年)四月,江西行省肇庆路高要县上报到刑部一宗偷牛案。朱聪招供称,他在大德二年(1298年)九月二十四日纠合郑宥一同偷窃陈成家中的母黄牛一只,并宰杀。地方官府作出了相关判决,罪犯在大德三年(1299年)二月二十九日遇赦免诏书被减轻刑罚,但不曾全免本罪,加倍赔偿了被害人家的损失,也不曾刺字。地方官府将此案送到刑部,刑部认为,审断盗贼,根据所盗正赃断罪,应加倍赔偿,今既遇恩赦,本罪得减,所得赃款全部给还本主,并不曾随罪减征赃款。加倍征收赃款,不是原盗之数,如被免征,则可以刺字代替。

案例出处:《判例法的两面:中国古代判例选编》《元典章》。

(武航宇)

元太宗断耶律楚材被污案

耶律楚材是元朝的开国功臣,才华横溢,是成吉思汗父子的得力助手。成吉思汗非常器重他,曾经对自己的儿子窝阔台说:“耶律楚材这样的人才,几百年才能出一个,现在为我们所用,实在是上天的恩赐,我们一定要好好待他,今后凡军国大事,都要向他请教!”成吉思汗去世后,窝阔台继承了汗位,继续重用耶律楚材。

太宗八年(1236年),当时有两个道士争做道长,各自培植党羽。其中一个道士诬告对方有两个同伙是逃兵,并结交宫中权贵及通事杨惟忠,并残忍地将对方这两个同伙虐杀了。此案事发后,因为涉及杨惟忠,所以耶律楚材拘捕了他。宫中权贵向皇帝诬陷耶律楚材违反朝廷的规制。皇帝听了之后非常生气,就下令逮捕了耶律楚材。但马上又后悔了,就下令释放他。耶律楚材不肯被松绑,对太宗进谏说:“我身为宰相,是国家的要职。陛下开始下令逮捕我,是因为我有罪,应当在百官面前公开宣布我的罪行。现在释放我,是因为我无罪,怎么能这样随便反复,像戏弄小孩一样呢?如果国家有大事,也能这样干吗?”众人听了耶律楚材的话,吓得脸色都变了。太宗说:“我虽然是皇帝,难道就不能犯错误吗?”于是好言安慰他。耶律楚材借机陈述了10条处理当时时务的措施,这10条措施是:信赏罚、正名分、给俸禄、官功臣、考殿最、均科差、选工匠、务农桑、定土贡、制漕运。都切合当时的时务,太宗全部同意施行。

案例出处:《中华法案大辞典》。

(武航宇)

再犯在逃偷盗案

浙江行省上报了一宗案件。延祐六年(1319年)十二月,嘉兴路抓获的盗贼钱阿添供称:“在延祐四年(1317年)四月十九日夜,偷盗沈世明的钞锭、银钗等物,五月二十日偷盗忽都不丁的银合儿等物。”后被捉拿到官，浙西廉访司分司处其刺左臂，并处以杖刑一百零七下，配役三年，交给坊正王显羁押看管、征赃。但是钱阿添在配役期间逃走，将所刺字迹抹去。又在延祐五年(1318 年)四月初五夜，偷盗头巾、银钗等物，五月九日夜，偷盗哈只银壶瓶、衣服等物，又被捉到。中书省认为：钱阿添因前一个犯罪被刺字，处以杖刑一百零七下，徒三年，交由地方官看管羁押，并征赃。但是案犯还是出逃，并清除所刺字样。本次做贼再犯，可以处其出军，但是事关通例，所以呈请刑部。刑部认为：盗贼钱阿添，如果以再犯定论，那么因为前犯没到配所，二次所犯是偷盗哈只家财，估计赃款在至元钞一百贯之上，应处以杖刑一百零七下，刺右臂，徒役三年，满日充警迹人。

案例出处：《判例法的两面：中国古代判例选编》《元典章》。

（武航宇）

造伪钞不似案

至元七年(1270 年)，德州将司都喜抓获，经过升堂审理，司都喜供称：“至元七年二月八日，曾经纠集苏瘦儿等共七人，造了伪钞九百五十贯，但都没使用红印墨条印，因此被捉到官府。”德州府经审查做出了判决，处司都喜死刑。后将此案报宋中书省审议，中书省认为：“司都喜所印造的伪钞，因为没有使用红印墨条印而事发，被官府抓获，属于伪造没有成功，并且经检验，他所造的伪钞不像真钞，很难使用流通。因此，比照以前的断例，可以判处其杖刑一百零七下，但如果依例处以杖刑，恐怕与钞法相冲突，所以拟将司都喜比照其余为首印造伪钞已成的人减死一等处罚，流放到直北鹰房子种田处劳作。”

案例出处：《中华法案大辞典》。

（武航宇）

曾谔断奸生子继承案

宋徽宗大观年间，诸暨县的知县曾谔曾处理过一宗嫡庶子争产案。明州有一富豪，原本只有一个儿子，后来与奴仆之妻通奸，又生了一个儿子，并收养了。幼子 16 岁时，富豪去世，长子与母亲私下策划，将弟弟遣还回奴仆之家。数年之后，幼子的生母与嫡母都已死亡，幼子要回来服丧守孝，并诉于官府，要求分割家产。因长子坚决否认有这个弟弟的存在，案子拖了很多年不能判决。两浙监司委派越州诸暨县的知县曾谔查处此案，但屡次审问都不能查清事实，曾谔要来本县的户籍，检查该户的丁口，发现富豪曾把幼子登记于本户之内。

宋朝对于别宅子，即私生子的认定，是以生父意愿为准的，“父子天性也，不可以强合，纵是其己之所出，而父不认，亦无可强之理”。本案中富豪已明确认定幼子为自己的儿子，最后官府判幼子有权与长子共同继承其父亲的财产。

案例出处：《中华法案大辞典》。

（武航宇）

站马不纳税钱案

大德五年(1301 年)八月，通政院受理了一宗税收的案件。平江路姑苏马站的百姓吴绍宗诉称：“大德五年四月，我用中统钞八锭买黄骟马一匹，放到马站走递，被税司收取税钱中统钞十三两六千六分,其中非理索要中统钞二两三钱七分,现在要求追还。”

通政院参照以往的案例来进行审理。至元十二年(1275 年)五月,河南宣慰司判了一宗类似的案件。站户郭代等状告归德府等处的走递马匹,都不缴纳税款。中书省的意见是:站马不须出纳税钱。

依据郭代案,陈九二案中收买的站马,也不应交纳税款。

案例出处:《判例法的两面:中国古代判例选编》《元典章》。

(武航宇)

张琯察诬良为盗案

据陆游《朝奉大夫直秘书阁张公墓志铭》,张琯调任潭州右司理参军时,有老卒夫妇在牙城中居住,白昼为人所杀而掠走资财。死者有义子,兵官怀疑此事是义子所为,又有同处之卒及牧羊儿为证人,便将义子作为嫌犯捉拿送到州里。嫌犯被羁押,张琯亲自诘问他,他供认不讳。张琯觉察其有冤情,他日,令牧羊儿站在墙壁后面,先让义子与其他重囚在庭院中混杂站立,再让牧羊儿出来指认这些人里谁杀了老卒,牧羊儿茫然答不上来。张琯于是请示知州悬厚赏捉拿真盗,不多日捉获真盗,乃是名叫王青的兵卒。王青被捕后具状承认,官府又在市库中找到所盗赃物,于是释放义子。

案例出处:《朝奉大夫直秘书阁张公墓志铭》。

(张田田)

张琯察兄诬弟杀叔祖案

据陆游《朝奉大夫直秘书阁张公墓志铭》,张琯任潭州右司理参军时,湘乡县逮捕铺卒张德送州审讯,因为张德涉嫌手刃其叔祖。张琯令人引张德上前,对他说:杀叔祖之罪是十恶之一,赦宥所不及,你兄长与叔祖同居,你由外而来,有何深仇大恨要亲手杀害叔祖?张德哭着说:我来探望叔,没能见到,兄长告诉我说叔生病了,我去探视,才发现人已死亡而非卧病,正愕然来不及反应,就被兄长、里正及邻人共谋陷害为杀人凶手,他们还骗我说罪不至死,如今才知道是死罪。见张德称冤不已,张琯马上传唤嫌犯兄长与其对质,兄长认罪。

案例出处:《朝奉大夫直秘书阁张公墓志铭》。

(张田田)

张琯断收留营妓案

据陆游《朝奉大夫直秘书阁张公墓志铭》,张琯为嘉兴知府,百姓张瑨得临安营妓并带她回家,还要为她弃妻出子。其兄阻止,张瑨忤逆兄长。兄告官,张琯逐妓归临安,且以大义开谕张瑨,于是张瑨的兄弟、夫妇关系又恢复如初。

案例出处:《朝奉大夫直秘书阁张公墓志铭》。

(张田田)

张广无力给付烧埋银案

皇庆元年(1312 年)六月,袁州路上报了一桩案件。龙兴路军人张广打死袁六二,遇到恩赦应该释免,只追征烧埋银两,犯人张广身故,寻找他的家人,发现其户籍上没有家人,并且没有留下任何产业。针对此案,请求上级官府批示。刑部调查得知,张广在至元三十一年(1294年)十二月二十六日打死袁六二,大德元年(1297年)三月二十七日遇赦释放,应该追征烧埋银两,但是张广贫穷,并无任何产业。张广在至大元年(1308年)十月九日因病身死。此种情况,免征烧埋银。

刑部又比照了以往的案例,进行了分析。福州路罗源县百姓张新戒,在大德十一年(1307年)十月因为缺少柴薪烧火,前去周蓬益的船上寻觅柴火,导致双方互骂,回船后,又领水手刘环奴等前去周蓬益船上将柴火夺走,但是周蓬益扯拖不放,张新戒产生恶念,用石圈圆木一条,往周蓬益左胁猛打一下致死。官府判决,应该由张新戒给付周蓬益家属烧埋银两,到至大元年十二月一日张新戒遇赦被释放,应该征双倍的烧埋银。但是据罗源县官府调查,张新戒没有任何财产,应该由官府支付烧埋银。大德九年(1305年)二月二十四日朝廷颁布敕令,囚犯在监狱身死,无钱可追者,可以由官府给付烧埋银。

刑部对于张广案的判决如下:法律规定,大德九年二月二十四日以后,犯人致伤人命,如果犯人在监狱身死,烧埋银两由家属承担,如果真的没钱,调查属实后,可以免征。遇赦释放之人,依例倍征烧埋银,如没有钱,可以让犯人庸工折算,所获银两,给付受害人家属,钱还没给够,本人身死的,子孙不用再服役。对于张广,因为没有财产,也没有亲人,所以免征烧埋银。

案例出处:《判例法的两面:中国古代判例选编》《元典章》。

(武航宇)

张近依众证定罪案

北宋哲宗时,江淮等路发运使吕温卿犯法,大理正张近受诏命审理此案。吕温卿满口谎言,拒不从实招供,与证人对质。张近上奏仁宗。吕温卿罪状明白,倘若听其枝蔓之词,恐怕牵连的证人太多,依照《宋刑统》,罪证俱在,犯人不肯招供而于法又不能用刑时,可以众证定罪法判其罪,吕温卿身为朝廷高官,不宜刑讯,仁宗诏谕以众证定罪。

案例出处:《中华法案大辞典》。

(武航宇)

张齐贤断外戚争财案

北宋真宗时,外戚中因分财不均争吵不息,互相提起诉讼,又借入宫的机会,在真宗面前自我辩解,经十几次断决,双方都不服。中书门下平章事张齐贤说此案不是台府所能决断的,毛遂自荐亲自审理。宋真宗准许后,张齐贤便将告状之人召入相府,问他们是否都认为对方分得的财产多,回答是肯定的。张齐贤令他们各自确认自己的供词,同时派吏人督促他们互换房舍,甲家迁入乙家,乙家迁入甲家,财物全部照旧不动,有关的契约则互相交换,于是平息了争讼。

案例出处:《中华法案大辞典》。

(武航宇)

张升辨妇人杀夫案

北宋英宗时,润州有一妇人,丈夫外出许久未归,忽然听说菜园井里有个死人,就前去查看,一看便放声大哭说这是她的丈夫。于是乡邻报告给了官府,知州张升令所属的吏役招集邻里,到井边检验是否为妇人的丈夫。众人都说井深无法辨认,请求官府将尸体捞出来检查。张升心怀疑虑,既然众人都不能辨认,为何妇人一看便知是自己的丈夫呢?于是将妇人逮捕审讯,果然是妇人与奸夫同谋杀死了自己的丈夫。妇人与奸夫被依法判罪。

案例出处:《中华法案大辞典》。

(武航宇)

张世荣卖妻案

至元八年(1271年)八月,大都路受理了一桩卖妻案。百姓许顺成来到官府,诉称:张世荣带着他认识的一些人来到他家,说自己是许顺成将要娶的妻子和连氏的丈夫,要求许顺成给他买休钱。司法官员将涉案人张世荣及媒人阿赵等都传唤到庭,开始审理。审理结果是,张世荣招认是自嫁妻子。大都路的旧例是:"和娶人妻及嫁之者,各徒三年。即夫自嫁者,亦同,而离之。"但是经调查显示,张世荣是有官职的。大都路将此案上报尚书省决断。尚书省部权衡利弊之后,作出决定:"因为张世荣是有官之人,依旧例,七品以上犯流罪以下减一等,可以判处徒一年半。后来,至元六年(1269年)七月八日的判例是此种情况可以减降五等,所以本案判处张世荣杖刑八十,并且允许以一十六斤铜赎罪。每斤铜折合成二百文钱,总计应该交三贯二百文钱。张世荣已经将和连氏休弃,命令许顺成依理求娶和连氏,准许其二人结婚。另外,张世荣从许顺成处索要的买休钱,应予以没收。"

案例出处:《中华法案大辞典》。

(武航宇)

张文谦阻止屠城案

张文谦,字仲谦,邢州沙河人。忽必烈继位后,历任御史中丞、昭文馆大学士、枢密副使等职,被追封为魏国公。当年,元世祖南征大理,其国主高祥拒不投降,并且杀了元朝使者后逃跑。元世祖非常生气,下令要屠杀大理全国的百姓。张文谦与刘秉忠、姚枢上奏说:"杀死使者的是高祥,拒不投降的也是高祥,与平民无关,请宽恕这些无辜的百姓!"元世祖听后觉得很有道理,于是撤回了屠城的命令,大理全国的百姓免遭屠杀。

案例出处:《元史》卷一五七。

(武航宇)

张詠察诳案

北宋年间,益州有一州民专事商贩在外。公公驱使儿媳,儿媳不从,公公大怒,剪断了儿媳的头发,说要将儿媳作婢女使唤。儿子经商回家,与父亲大闹,吏人们把他们全部解送州府,有人对儿子说:"公公剪断儿媳的头发算什么罪呢?可儿子如果扭送父亲告官,你的罪行可不轻呀!"按照《宋刑统》,子孙告祖父母、父母者,虽得实,也要徒二年。来到厅下,知州张詠审问案件时,公公声称是儿媳自己剪断头发诬赖于己,他儿子也说自己妻子的不对。张詠察知他们是在说谎,便在押送文书后面判曰:"虽子可以为父隐匿罪过,怎奈他所说没有定准。既不能彻底查究尊长,又不能委屈处分卑幼,可据状责问儿媳,今后再不侍养公公,另出具状解送州府。这次把他们全部释放。”张詠还告诫属吏,《宋刑统》中五服之内亲属相犯,有关卑幼冒犯尊长的处罚非常严重,受理民案的官员对此务必要审慎。

案例出处:《中华法案大辞典》。

(武航宇)

张詠察贼案

宋代张詠出任江宁知府时,有个外地和尚来到江宁,按照规定把自己的文牒和凭证呈交官府检验。检验时,张詠用手支撑着书案,盯着和尚,决定把和尚押送司理院,叫他们审查此人是不是杀人贼。第二天,江宁府的官员前来听讼,不理解知府为何下此决断。于是张詠派人把和尚押来,问道:“你当和尚有几年了?”和尚听罢,惊恐万状,承认自己犯了杀人罪。原来此人和一名和尚同路而行,中途心生歹意,杀了和尚,取下祠部发给他的出家受戒的说明书,剃了头发,披上僧衣,冒充了和尚。

案例出处:《中华法案大辞典》。

(武航宇)

张詠审染院耗费颜料案

北宋真宗咸平年间,益州有百姓告发官办的染院耗费大量染料,实际上是主管人员暗中隐瞒,将颜料归为已有。官府受理此案后,拘押了相关的人员四十余人。前任益州知州马知节还没来得及断决此案,便迁官他州,新任知州张詠到任后,继续审理此案,经调查发现,染院所用颜料,是按旧例定额,并非主管人员大量耗费;虽有宽裕剩余,但不能算是偷瞒,于是令告发人估算染料当用数量,并令他写下。然后令染院皆按告发人所写数量使用,不得违反。因主管人员应当上报余额而未上报,各杖六十,其余的人一律释放。

案例出处:《中华法案大辞典》。

(武航宇)

赵抃断伪造官印案

北宋仁宗年间,有“铁面御史”之称的赵抃初任武安军节度推官,有伪造官印的案件,官吏们认为依法当以死刑论处。只有赵抃认为该犯是在大赦以前伪造官印的,使用伪印是在大赦之后,赦前不用,赦后不造,依法都不应处死。于是将此案作为疑案报请评议,结果依赵抃意见,免予死刑。

案例出处:《中华法案大辞典》。

(武航宇)

郑青二次通奸案

大德元年(1297 年)九月,中书省收到安陆府长寿县上报的一宗通奸刺字案。民户郑青诉称,至元二十一年(1284 年)与李阿王通奸,被李阿王的丈夫李友亮拿获送到官府,此后改过,但是却又在元贞元年(1295 年)九月再次与洪阿张通奸,到元贞二年(1296 年)正月十九日夜里又与洪阿张在邻居王出家内奸宿时被拿获,告发到官府。山南江北道廉访分司官先将郑青面刺“犯奸二度”四字，将其转发盗金场运司收管配役。郑青不服刺字的判决。中书省在审查案件时，不见犯奸刺配的通例，便将此案送刑部审查。刑部认为，郑青所招的先犯是在禁例以前，这次与洪阿张通奸，是在例后，初犯既将本人刺面配役，则再难断罪，可以将案犯流放，将原刺字样涂去。札鲁忽赤找到了可以参照的公文，至元二十四(1287 年)年七月二十四日尚书省的公文中说明，男子、妇女通奸的，奸妇放归家中，奸夫配役，具体的量刑依犯罪情节轻重而定。颁布公文之前奸夫、奸妇初犯的，可以释放，第二遍再犯奸的，应配役。元贞元年四月十九日，安喜县的乔禛告自家的媳妇乔阿赵和一个叫李温的人通奸，被处罚后，第二次又通奸，奸夫外逃，抓捕回来后，奸夫招供，地方官府判处杖刑一百零七下。另外还有一宗中书省拟判的案件：有个叫侯西兄的人和叫龚阿郭的妇人通奸，被发现之后，双方中断联系了。但是，又第二次通奸，处以杖刑九十七下。

最后，刑部的处理结果是：郑青所犯，是处罚之后再犯，因为初犯不曾刺配，所以本次再犯加二等断罪。

案例出处：《判例法的两面：中国古代判例选编》《元典章》。

（武航宇）

郑玉轻判盗牛案

郑玉在《先府君休宁县尹方村阡表》中记载，其先君名叫千龄，任祁门县尉时，有盗牛者，当时法律规定，盗马牛皆死，郑县尉认为，涉及牲畜的犯罪要判处百姓死刑，这并非法意。该盗贼得以不死。

案例出处：《先府君休宁县尹方村阡表》。

（张田田）

朱千二诈称神降案

至元二十三年(1286 年)五月，湖东道提刑按察司派官员审理：袁州路宜春县朱千二招供称，自己在家自称是释迦老子，又号白衣居士，诈称是神仙降临，妄言福祸，煽动、蛊惑乡民，烧香请水。中书省认为：朱千二的案件，即与之前断过的诈称神降胡仕宗一样，处以杖刑六十七下，从犯朱千八处以笞刑三十七下，失觉察的牌头处以笞刑十七下。

案例出处：《判例法的两面：中国古代判例选编》《元典章》。

（武航宇）

赘婿离家与妻断离案

至元十年(1273 年)十二月左右，太原路申报一桩案件，“百姓宋德荣诉称：‘至元五年(1268 年)七月通过媒妁立了一份婚书，为侄女小梅招到本府北关石显的弟弟石虎虎为夫，现在小梅要求改嫁，石显、石虎虎没有异议。其原因是小梅的女婿石虎虎至元七年(1270 年)七月离家出走，当月十五日石虎虎出现在其兄石显家内，至十七日其家所属的基层组织官吏苗社长将其送回小梅家。十八日石虎虎又离家出走，不知道去了哪里。’太原路官员对此案进行了调查，问了许多证人，证词都是相同。目前为止，石虎虎在逃已经三年，不见踪影。小梅希望能按照原来的婚书，判决他们离婚。但是本路以前不曾断过此类案件，所以将此案上报”。户部接到此案后，查到以前也有类似的案例。后来户部又查到，为减少因无婚书引发的聘财、年限等争讼，户部曾于至元六年(1269 年)二月要求嫁女招婿必须明立婚书文约，各路已依照施行。因此，户部认为："此案应当依照婚书判决，除了婚书，别无依据。"依此，户部作出判决："对于各地上报的夫婿逃亡的案件，应当按照两方各自所立的婚书进行审判，避免不必要的纠纷。"最后此判决得到中书省的核准。

案例出处：《中华法案大辞典》。

(武航宇)

子代父刑获免案

陈颜，卫州汲县人，世代务农。他的父亲陈光在宋朝的时候中了武举人，被任命为寿阳县尉，但尚未赴任，就赶上金兵攻取汴梁。这时，陈光病重，被围困在汴梁城中。陈颜千方百计地护送父亲带病北上。陈光的家奴想摆脱奴籍，成为良人，但是没有成功。于是，这个家奴就向官府诬告陈光与强盗同谋杀人。陈光被捕入狱，因为不堪刑讯拷打，被迫认罪。陈颜来到郡守那里，请求代替父亲接受死刑。徐太守非常同情他，但因涉及人命，所以不敢擅自处断。恰好，金军的统帅来到此郡，徐太守便将此事禀报，金军统帅称赞说："这真是一个孝子啊！"于是将父子二人一同释放。太宗天会七年(1129 年)，皇帝特地下诏旌表其家。

案例出处：《中华法案大辞典》。

(武航宇)

子代父刑宽减案

宋太宗太平兴国七年(982 年)，滁州陆泽县百姓邢超逾期未纳官租，里胥督催，与邢超发生口角而致争斗，邢超将里胥殴打致死。依《宋刑统》，邢超该抵死罪。邢超之子神留年仅十六，前往官府要求代父受刑，州里上奏朝廷，太宗感动，诏命特减邢超死罪，赐给里胥家万钱购置棺敛之具。

案例出处：《中华法案大辞典》。

(武航宇)

邹七九殴死与女通奸王清一案

大德九年(1305 年)三月，瑞州路上报了一桩案件。王清一与卢三娘通奸，被卢三娘的义父邹七九在奸所捉获，并被打伤身死。地方官府的判决是，邹七九释免，奸妇兰阿熊，即卢三娘处以杖八十七下。对于征烧埋银两之事，请上级官府批复。

刑部比照刘黑儿案进行了裁量。顺元路百姓刘黑儿供称：至元四年(1267 年)十二月三十日夜撞见刘猪儿与其妻说话，等到至元五年(1268 年)二月初七日夜，回家时听到房内有人与妻子说话，黑儿问是谁？那人不说话，黑儿怀疑是刘猪儿，取到拨刀向前猛扎，那人却将拨刀头抓住相夺，黑儿夺了下来，并将刘猪儿扎伤致死。其妻刘阿周也供称：至元四年八月与刘猪儿开始通奸，至元五年二月初七日夜被丈夫在屋内捉获，刘猪儿被扎伤身死，罪犯及犯人家属给刘猪儿烧埋银钞二锭，申请减刑。刑部的判决是：奸妇刘阿周处以杖一百七十下，其丈夫刘黑儿现场捉奸，刘猪儿又将刘黑儿拨刀拿住相夺，被刘黑儿扎伤身死，刘黑儿无罪。给付受害人家属刘顺元钞二锭。

刑部参照刘黑儿案后，对邹七九案的判决结果是：邹七九亲自抓获义女卢三娘与王清一通奸，并在奸所将王清一打伤身死，判处邹七九流放，并征烧埋银钞二锭。

案例出处：《判例法的两面：中国古代判例选编》《元典章》。

（武航宇）

祖母丧成亲离异案

至治元年（1321 年）六月，平江路备常熟州上报到中书省一桩案件。王兴状告钱璋在为母亲服丧期间，给儿子钱安一迎娶了陆寿八娘，新人拜尸成亲。提审钱璋后，其招供，承认事实，本路推官判其笞刑三十七下。中书省认为：钱璋身为官员，在其任上，诈称母死，告假还家。归家后，钱璋见其母病重，就开始讨论迎娶陆寿八娘与儿子钱安一成婚，新娘还未曾过门，其母霍氏身死。钱璋停尸忘哀，一直到儿子娶妇成婚，会亲设宴完毕，才拜灵成服。另外，钱安一是霍氏嫡孙，按照服制的规定，应该为祖母服丧。如果判处新人离异，新人是听从父母之命而成婚。如果承认这桩婚姻，则违反以往的判例。所以将此案送交刑部处理。

刑部约请到礼部尚书张中议一同议得：钱安一祖母丧亡，不应拜灵成亲，虽然是听从父命，但终究是忘哀作乐，释服从吉。依照以往的判例，判处陆寿八娘离异归宗，另行改嫁。另外，钱璋已经被处刑，不再另行裁判。

案例出处：《判例法的两面：中国古代判例选编》《元典章》。

（武航宇）

祖先灵牌恐骗案

大德四年（1300 年），袁州路上报到中书省一宗诈骗案。萍乡州朱惠孙诉称："豪强侯一之等人将朱惠孙原来供养的亡母苏氏的灵牌更改，企图借此诈骗钱财。"紧接着，百姓侯震翁诉称：朱惠孙家的坟墓庵内供养的母亲苏氏的灵牌上写着"皇妣"字样。使用"皇妣"二字，是犯上之罪。州府官员不知道"皇妣"是否应该避讳，所以上报到中书省。中书省的判决是："前段时间还有一宗类似的案例，季二等人也在潘杰供养的亡祖父灵牌上写'皇考'字样，为了恐吓钱物。对于此案礼部与翰林国史院认为，'皇考''皇妣'字样出于经典，理宜回避，但是这个灵牌已经追回并烧毁，就不需治罪了。"

案例出处：《判例法的两面：中国古代判例选编》《元典章》。

（武航宇）

明清案例

包世臣议儿媳拒奸案

这是一件发生在清代的儿媳因拒奸而刺伤公公、初审被判死刑的案件，包世臣议论并记录了案件的难点和法律的漏洞。

包世臣在《齐民四术》中自述，嘉庆十六年(1811 年)其受邀帮助刑部尚书金光悌来复核秋审案卷，其中一案为山东省黄某趁自己的妻子和儿子都不在家，欲入室强奸儿媳。儿媳在室内刺绣，她急忙中取手边剪刀戳黄某臀部，这才得以逃脱。黄某伤愈，儿媳被拟绞监候，入秋审服制册，定为“情实”。包世臣认为，此案判决不当，当奏请改判；刑部认可了该省拟断，属于判断错误，应当自行检举。刑部尚书却固执己见，于是包世臣记下了二人的争执，表达了不满。

刑部尚书认为，根据既有法律，此案判决并无出入，且相比旧例，处刑已减轻。包世臣劝说，刑部职责所在，应准情酌理，其判决应起到维系治安风化的效果，不应像外省小吏一般仅奉行先例。法律规定，因为牵涉到至亲之间的尊卑名分，儿媳妇之于公婆有犯，原则上应该比照儿子犯父母来量刑。然而，翁媳之间并无血缘，当黄某淫念炽起之时，翁媳之义就应该断绝。从儿媳妇的角度来说，假使被公公胁迫而最终依从，就是乱伦，将被拟以斩决，若是拒奸，就是伤害尊亲属，又将被判绞候，这就是使女子进退无生路。

刑部尚书又说：以往此类案件皇帝都是免予勾决的，儿媳妇将来可减流收赎，暂定死罪，是虚拟的，只要不死，何必苦争。包世臣再三陈说：儿媳拒奸反被拟绞，不利于倡导孝道，只要刑部尚书有意争取，自己可以仔细撰稿、反复比引，讲出道理来，皇帝一定能采纳。然而刑部尚书还是坚持认为，他在刑部三十余年，也未见有在秋审时全盘推翻前案判决的，此案自己若上言给儿媳免罪，将导致大批官员被处分。包世臣只得作罢。

当年夏末，伊犁将军晋昌办一案，情节类似，因新疆无例案可援，具奏请旨，奉皇帝特旨将行奸之翁发遣为奴，儿媳无罪释放。同年秋，山东巡抚援伊犁案覆奏，申请纠正此案，最终依法惩罚黄某，并依照改判的思路修改了法律。

案例出处：《包世臣全集》。

（张田田）

蔡贵易断淫僧杀人案

蔡贵易，福建同安人，隆庆二年(1568 年)进士，曾任礼部郎中、浙江按察使。他在宁波府知府任上断了一宗僧众不法案。到任之后的一天，蔡知府来到当地香火极旺的庆云寺参观。

在观看天王殿时，蔡知府发现西方广目天王手里缠着的赤龙上有一处血迹，不由心生疑惑。蔡知府环顾四周，发现墙上还有壁画，他忽然发现，在一幅描有黄龙的画像上，也有暗红色的血迹，便更加心疑起来。就在这时，蔡知府忽然又听到轻微的敲击声，似乎是从里侧内壁传出，他更加疑惑，信步走到屋外，发现屋后即小山，没有什么人影。

蔡知府回到府衙，总觉得黄龙画像上的血迹与内壁的敲击声有疑点，于是便派衙役数百名，来到庆云寺，亲自搜查寺院。蔡知府先讯问住持性慧：“广目天王手中赤龙上的血迹怎么回事？壁画黄龙身上血迹怎么回事？”性慧坚决予以否认，只说是彩绘者留下来的色彩污渍。蔡知府见性慧不肯招供，便到后面搜查，发现天王殿的后墙有一处墙壁不同于其他墙壁，便命人将此处撬开，发现此处是一个夹壁，再往里有个洞口，穿过洞口是一间密室，众衙役来到洞中，不一会儿就从密室中带出一个人来。此人大概三十余岁，头发已经被剃去，一身读书人的打扮。蔡知府询问他为什么被关在这里？只见此人手指口中，却不能说话，竟然是个哑巴。蔡知府问他是否会写字？他点点头，于是蔡知府叫人拿来纸笔，那人便拿起笔来，将自己的遭遇写下来。原来，此人是奉化县生员，名叫程日中，今年三十一岁，他的妻子叫李秀英，今年二十五岁，二人结婚十年，但始终都没有生儿子。夫妻二人听说庆云寺求子非常灵验，便来到庆云寺求子。住持性慧见秀英长得漂亮，便心生邪念，佯装带二人许愿，来到法堂，假意给夫妻二人喝茶。不料，秀英茶中放了春药，程日中的茶中放了哑药。然后性慧等几个僧人将秀英轮奸。秀英不堪折辱，寻机向墙上撞去，死于非命。程日中挣脱僧人们的束缚，扑到秀英身上痛哭，并与众僧人撕扯，不料却将手上所沾妻子的鲜血，挥洒到了黄龙壁画上。后来，程日中被僧人们捆起来，关在密室内。等他醒来便用头撞墙壁，这就是蔡知府听到的敲壁声。

随后，蔡知府按照性慧所招供的埋尸地点，居然挖出二女一男三具尸体。性慧招供说其中一个是秀英，另外两具尸体是本地财主邓文焕夫妇。邓文焕夫妇的遭遇和程日中夫妇的遭遇非常相似，二人也是前来求子，结果几个僧人欲奸淫其妻玉竺，邓文焕与性慧理论，结果性慧却将他砍死，其血溅到广目天王手中赤龙上，玉竺见丈夫被杀便一头撞死在石头上。

查完案情之后，蔡知府下令把所有寺僧都收监到狱中，将庆云寺查封。岂料，性慧贿赂狱卒，得到一些短刀、斧头，等到二更时分，带着众僧，企图越狱。正好监狱外面驻守了很多衙役和士兵，很快把众僧人制服了。蔡知府担心僧人们为祸百姓，就找了理由，把这些僧人全都处死了。回到府衙，蔡知府将此案完整汇报给了浙江巡按。巡按接到案件的汇报之后，同巡抚商议，认为蔡知府处置得当，同意拆毁庆云寺。

案例出处：《柏桦讲明清妙判》。

（武航宇）

曹谨判拾金贪昧案

这是一件清代围绕“失物招领”发生的民事纠纷，曹知县的判决维护了拾金不昧者。

曹谨任知县时，路遇二人吵架，就将二人招来讯问。其中一人说，捡到银子约五十两，拿回家给母亲看。他母亲认为如果失主急需这大笔银子而找寻不得，难保会紧张焦虑、自寻短见，便令其回原处等候，也好物归原主。果然遇到有人来找，不料来者称，丢的不止这五十两，额外还有五十两。拾银者认为寻银者是有意讹诈，所以吵起来。曹知县问寻银者是否果真丢银一百两，此人称是。曹知县于是对拾银者说，“你捡到的银子恐怕是其他人丢的，既然那人不来，你就先拿着”，又对寻银者说，“你就继续等着吧，等有人拾到一百两银，再给你送来”。于是捡银不昧者携银离开，贪心讹诈者无话可说，围观者拍手称快。

案例出处：《劝戒近录》。

（张田田）

曹廉断孝子报父仇案

明孝宗弘治年间，曹廉曾任大理寺正，他审理过一个孝子为父报仇案。孝子名为何兢，字邦植，浙江萧山人。何兢之父何舜宾，曾担任御史，早年因为犯罪被贬谪到广西庆远卫戍边，后来遇到朝廷大赦才回原籍。当时萧山知县是邹鲁，他是当涂人，曾做过御史，因为犯错被贬谪到萧山为官。邹鲁为人贪婪残暴、狡诈蛮横。早年做御史时何舜宾曾因看不惯邹鲁的行为，告过他，双方已有积怨。

萧山县有个富人私自霸占县里的湘湖,影响了周边百姓的利益。何舜宾看不惯此事,将该富人告到了官府,请求官府前去查证核实。这个富人很生气,反过来到京城告了何舜宾一状,状告何舜宾不在边地戍守,却擅自逃回原籍,并且没有官府的批准就穿上了官服。朝廷责成萧山县核实查办此事。在核查环节,县令邹鲁故意将官府发的大赦文书藏了起来,谎称何舜宾虽然遇赦,但却缺少相关凭证,理应回到广西庆远卫重新查审。邹鲁把这个处理结果上报到上级,结果上级上司不赞成这么做,驳回了邹鲁的处理结果。恰好此时,何舜宾的弟子童显章因邹鲁诬告而被判处死刑,童显章要求去上级官府复审,他经过何舜宾家时,便进去一起商议对策。知县邹鲁得知此事后大怒:"何舜宾竟敢私自放走重犯! 胆子实在是太大了!"于是,邹鲁命令衙役将何舜宾家团团围住,将何舜宾逮捕,直接派人把他押到广西庆远卫。知县邹鲁还偷偷叮嘱负责押送何舜宾的衙役,将何舜宾路上穿的、吃的都藏起来。等到他们路过余干县的时候,入住昌国寺,夜里衙役用湿衣服堵住何舜宾的嘴巴,并压在他身上让他窒息而亡。随后,邹鲁又来逮捕何舜宾的妻儿,何兢与母亲预先知道消息后,连夜逃到了常熟,躲在父亲的朋友王鼎家里。

没过多久,邹鲁升职做了山西佥事。何兢知道这一消息后,私下联系了一群年轻人,躲在邹鲁上任的必经之路上。何兢等到邹鲁经过时,以铁链猛击他,致其双目盲,何兢还想要把邹鲁杀了,但是被大家劝住了。何兢将邹鲁和自己锁在一起,然后前往按察司去自首。同时,何兢让他族兄弟的父亲何泽到京城诉冤。浙江佥事萧翀原本便和邹鲁是一伙的,受理此案后,便严刑拷打何兢。何兢大喊:"你如果一定要杀我,我也不是一个贪生怕死的人。可是每个人都有父母,为父报仇,天经地义。何况我委托族人到朝廷告状,现在并不是你们擅自主张便能把我杀死的。"说完,他把自己手臂上的肉咬下来扔到大堂的桌上,将口中的血喷到萧翀脸上,这令公堂上所有的人都震惊不已。

何兢的状纸递上去以后,中央朝廷派刑部郎中李时、给事中李举、巡按御史邓璋一同审理此案。他们三人觉得邹鲁、何兢双方都有罪。邹鲁身为县令故意命令衙役将何舜宾穿的、吃的都藏起来并让人把他害死,是犯罪;何兢等萧山县的百姓竟然将本县知县打成重伤,也是犯罪,依法律判处两人绞刑,其他参与此事件的几百个人都被抓起来了,依罪行轻重分别处以不同的刑罚。何兢的母亲朱氏不服本次判决,又前往京城申冤。邹鲁这边也派人前往京城请求复审。皇帝见此案如此复杂,就任命大理寺正曹廉与巡按御史陈铨对此案再进行复审。审理时,曹廉问何兢:"你为什么要带头殴打本县县官?"何兢回答:"我只知道他是我的杀父仇人,不知道他是什么县官不县官的,我只遗憾没将他打死。"曹廉发现邹鲁杀死何舜宾的环节,缺少证据,御史命令县令开棺验尸。结果,验尸时发现何舜宾身上伤痕累累。恰好,当时押解何舜宾的衙役任宽说出了杀害何舜宾的实情,还把他临死前写的血书拿出来做证。依据任宽的证词和血书,主审官员曹廉、陈铨都清楚了此案的事实真相,改判邹鲁斩首,何兢徒刑三年。没过多久,明武宗登基,大赦天下,邹鲁遇赦被免于处死,何兢也被释放回原籍。九年之后,何兢在原籍去世,他自父亲被害死到自己去世,总共十六年的时间,一直都在为父服丧。

案例出处:《中华历代名案》。

（武航宇）

陈宝琛等议论太监擅出午门案

据《花随人圣盦摭忆》,清光绪六年(1880 年)发生午门护军与太监争殴案,引发朝野关注。

光绪六年八月十二日,孝钦太后命太监李三顺把东西带出宫去给太后之妹醇王福晋。李三顺未报敬事房知照门卫放行,所以走到午门,被守门护军照例阻拦。李三顺不服,与护军争执厮打。李三顺回宫称自己被殴打,东西也遗失了。孝钦太后病中听闻大怒,请求孝贞太后,一定要治涉案护军死罪。此案交刑部、内务府审办。光绪六年八月十三日上谕据太监一面之词,而归咎于护军:"昨日午门值班官兵有殴打太监以致遗失赍送物件之事。本日据岳林奏,太监不服拦阻与兵丁互相口角,请将兵丁交部审办,并自请议处一折。禁门重地,原应严密盘查。若太监赍送门卫物件,门卫并不详细问明便肆意殴打,实在是不成事体。总管内务府大臣会同刑部,提集护军玉林等,严加审讯。护军统领岳林、章京隆昌、司钥长立祥,一并先行交吏部议处。"

太后都认为刑部等所拟判决对护军处罚太轻。十一月二十八日刑部等复奏中仍执前议,二十九日上谕下达,上谕中对护军等处以重刑,而对太监之违例不置一词:午门值班护军殴打太监一案,太监李三顺奉使赍送物件,护军玉林等竟敢拦阻殴打。刑部、内务府拟以玉林从重发往吉林充当苦差,祥福从重发往驻防当差,觉罗忠和从重折圈三年,并将岳林请旨交部议处,属于照例办理。然而,该护军等盘查拦阻李三顺赍送赏件时,李三顺业经告知奉有太后懿旨,该护军仍然抗违不遵,情节严重。若非格外严办,不足以示惩儆。玉林、祥福均著革去护军,销除本身旗档,发往黑龙江充当苦差,遇赦不赦;忠和著革去护军,改为囚禁五年,均著照拟枷号加责。护军统领岳林著再交部严加议处。禁门理宜严肃看管,不得因玉林等抗违获罪而懈弛。

此谕颁布后,闻者骇然,不少大臣都认为判决长太监气焰,流弊甚大。据说,此案因枢廷、刑部等之争持,护军得免死,但护军等被科以重刑,大臣已不敢再争,最后得陈宝琛、张之洞二人上言,才挽回已定之局,护军等得以减刑。当时,张之洞官左庶子,陈宝琛官右庶子,均兼日讲起居注官。陈宝琛认为,此案若竟如此结局,弊端巨大,决意上疏。时官侍讲的张佩纶与陈宝琛交往密切,将此事告诉张之洞。张之洞称自己也要上疏,可同声相应,但认为此事只可就强调重视门禁、防备宦官,至于量刑过重之事最好避而不谈,因太后盛怒之下,不宜再激怒她。陈宝琛疏稿大意如此,但正疏之外,并附一片,仍争此案处分之失当。张之洞闻之,连忙致一笺称"附片万不可服",以药名作隐语。十二月初四日,两人之疏同上。

张之洞疏称:近日护军玉林等殴太监一案,刘振生混入禁地一案,皆由太监而起。历朝历代严格管束太监,皇太后皇上恪守家法,不稍宽假,历有成案,纪纲肃然。玉林因藐抗懿旨而加重,并非仅仅因为太监被殴。然而,谕旨中并无戒责太监之文,臣担忧皇太后、皇上裁抑太监之心,臣能理解,而太监等未必理解,各门护军等未必理解,天下臣民未必理解。太监不体谅圣心,恐将有妄作威福之患;护军等不体谅圣心,恐将有见奸不诘之忧;天下臣民不能体谅圣心,恐将有揣摩近习之事。嘉庆年间林清之变,太监为内应。本年秋间有天棚搜出火药之案,太监失于觉察。刘振生擅入宫禁不止一次,太监从无一人举发。太监等当差之是否谨慎小心,所言之是否忠实可信,圣明在上,臣不评论。万一此后太监等竟有私自出入,动托上命,甚至关系到政务,也敢信口造假,流弊之大,令人寒心。臣记注之官,职在拾遗补阙,迂愚之见,不敢不竭知上陈。

陈宝琛疏写道:请旨申明门禁旧章以肃政体而防流弊。前因午门护军殴打太监,事下刑部内务府审办,不久,有刘振生擅入宫内之事,将神武门护军兵丁斥革。昨日午门案结,朝廷既重科护军殴打违抗之罪,复谕以禁门理宜严肃,仍当实力稽查。臣以为,护军以稽查门禁为职,关防内使出入,律有专条。此次刑部议谴玉林等,理由是其不应于禁地斗殴,而非其不应稽查太监也;谕旨从而加重的原因是其不应藐抗懿旨,不是说护军不应稽查太监。然而,藐抗之罪,成于殴打;殴打之衅,起于稽查。神武门兵丁失查擅入之疯犯,罪止于斥革;此案午门兵丁因稽查出入之太监,以致犯宫内忿争之体,冒抗违懿旨之患,除名戍边,罪且不赦。避重就轻是人情,如此判决,将使守门兵丁今后以为,与其尽职而得罪,不如讨好太监,即使事发,不过削籍为民。此后凡遇太监出入,但据口称享有中旨,概皆放行,守门人再不敢详细盘查以别其真伪,是有护军与无护军同,有门禁与无门禁同。太监之辈,岂尽驯良,所犯罪恶,大则如嘉庆年间太监引致入内之案,小则如乾隆年间偷窃库银遗失陈设、道光年间携带违禁暴械之案,不可不深思而远虑。不仅如此,本朝官府肃清,从无如明代太监假窃威福之事,这都是因为列圣防驭之严,二百年中,但有因太监犯罪而从严的,断无因与太监争执而反得重罪的。臣愚以为此案在皇上之仁孝,不得不格外严办,而在皇太后之宽大,必且格外施恩,以抑宦官。如今重惩护军,则太监快心满意,借此以凌侮护军,藐视祖制,此后气焰漫长,往来禁闭无法控制,因此有必要防微杜渐。查内监出入,向须报明景运门,发给门文,各门方放行,谓之报门。有高宗纯皇帝圣训为证。律载:内监并奉御内使,凡遇出外,各门官须要收留本人在身关防牌面,于簿上印记姓名及牌面字号,明白附写前去某处,干办何事,其门官与守卫官军搜检沿身别无夹带,方许放出,回还一律搜检,以凭逐月稽考出外次数;如有不服搜检者,杖一百,发附近充军;门官及守卫官军失于报检者,与犯人同罪。我朝成宪,本极严明,拟请旨申明定章,并请特旨饬谕内务府,约束太监。使天下臣民知重治兵丁非为殴打太监,也非偏听太监之词。其附片中明确指出:臣细思此案护军罪名,格外从严。旗人销档,必其犯奸盗诈伪之事者也;遇赦不赦,必其犯十恶强盗谋劫杀人之事者。今殴人成伤,情罪本轻,即便是违制之罪,也非常赦所不原。况且,圈禁五年,在觉罗也是极重之罚。臣恐播之四方,传之万世,不知此事始末,益滋疑议。昔汉文帝欲诛惊犯乘舆之人,终从廷尉张释之罚金之议;又欲族盗高庙玉环者,张释之执法奏当,终从廷尉,至今传为盛德之事。臣职司记注,有补阙拾遗之责,理应抗疏,而徘徊数日。臣幸遇圣明,若竟旷职辜恩,坐听天下后世执此细故以疑议圣德,无以自安。不得已附片密陈。

据说,张之洞上疏后,见到陈宝琛又问“附片入药否”,陈宝琛说附片已上。张之洞顿足。不料孝钦太后览疏为之感动,于十二月初七日特颁懿旨。光绪六年十二月初七日,两宫太后又下达懿旨。该谕旨中将护军处罚减轻,太监得薄惩,并有严行约束太监之命:护军玉林等因藐抗获咎,原本就是罪有应得,惟念门禁至为紧要,恐怕嗣后官兵等误会此意,稍行瞻顾,因此格外加恩、玉林改为杖一百,流二千里,照例折枷,枷满鞭责发落。祥福改为杖一百,鞭责发落。忠和改为杖一百,实行责打,不准折罚钱粮,仍圈禁二年,期满后加责三十板。护军统领岳林,免其再行交吏部严议。太监李三顺交慎刑司责打三十板。首领太监刘玉祥,罚去月银六个月。至另案疯犯刘振生混人宫禁,已将该管首领太监等分别摘顶、罚银、斥革、责打、发遣,以示惩儆,仍令总管内务府大臣恪遵定制,将各该太监严行约束。

案例出处:《花随人圣盦摭忆》。

(张田田)

陈昌齐断弟格兄致死案

这是一起发生在清代的弟伤害兄长致死案,陈昌齐通过劝说使嫌犯认罪,获得了关键口供。

陈昌齐于嘉庆九年(1804 年)就任浙江温处道,有永嘉县民误用屠刀格挡兄长致其死亡,讼师教他供述是以木柴殴伤兄长致死。案子审理了十年,犯人坚持不改口供。陈昌齐知道后告诉该犯:若当初坦承是用屠刀自卫,不慎伤兄,情节可认定为"误",有机会得到宽赦;但用木柴殴兄,则是故意为之,罪无可恕。讼师是贪图你的钱财,才用此方法,好拖延时日。犯人听后大惊,叩头说:恩公救活了我,是有人指使我这么做的。陈昌齐将犯人按律定拟,并将幕后讼棍绳之于法。人称他断案神明。

案例出处:《清史列传》。

(张田田)

陈崇砥断赖婚案

这是一起清代的婚姻纠纷案,女方的家长要手段阻挠婚姻缔结,其用心被陈知府识破,维持了原定婚约。

同治十一年(1872 年),陈崇砥时任河间府知府,"尤善治狱",擅断疑案。东明人郝延龄把女儿先许配给周敬止的儿子,周敬止因儿子早死,提出退婚,郝延龄就又收了周庆云家的聘金,准备让女儿嫁给周庆云。不料后来周庆云家道中落、又丢失了婚书,他想求娶郝女时,郝延龄却不答应。郝延龄还把女儿送到周敬止家中,声称要她替周敬止儿子守节,被周敬止拒绝。郝延龄又造谣说,周敬止的儿子只是被掳走,并未死亡,于是争讼。陈崇砥判决指出:郝延龄之女同周敬止家,恩义已绝;周庆云虽丢失婚书,但有媒人可证,郝延龄应该让女儿与周庆云成婚,"不得以贫寒萌他念"。郝延龄父子都是生员,却做出此种背信弃义之举,不褫夺其功名只是为了避免使郝家待嫁女儿难以自安、损害两家情谊,但仍应薄惩,以儆效尤。

案例出处:《清史列传》。

(张田田)

陈崇砥断杀童养媳案

这是一起清代的未婚夫杀害童养媳的疑难案件,陈崇砥在审核案情时尽可能权衡,维护了礼教和法律。

长垣人薛玉成的父亲,给他找了李家的女儿做童养媳,李氏女长到了 14 岁,薛、李二人还没有成婚圆房,薛玉成就经常对她动手动脚,女孩总是推拒,薛玉成最后把她给杀了。原审官员打算按照"夫殴妻至死"律给薛玉成定罪,此条相比凡人斗杀,刑罚相对较轻。长官审核此案时,又派陈崇砥去亲自提讯,陈崇砥调查发现了新情况。原来死者曾经被许配给了段家孩子,但段某还未成婚就被贼人掠走,下落不明。她就算人到了薛家,心里仍对段某念念不忘。薛家父母想让二人赶紧成婚好上,彻底断了她的念想,于是薛玉成屡次挑逗,李氏女一再拒绝,导致被杀身死。陈崇砥得知内情,一方面同情李氏女,如果她不从父母之命、不到薛家去,父母收不到薛家的钱财就要忍饥挨饿,出于孝顺,她只能服从,但她心里却还想着要为段某守节,不从薛玉成,"抵死不悔",应当旌表她;另一方面,"必以君子之道责村农小儿女,则过矣",薛玉成"以父母之命而得妻",自认为跟李氏女存在夫妻关系,想要逼迫她跟自己好,也是有理由的,处罚上可以按照原审方案来办。这个意见也获得了当时的人的信服。

案例出处:《清史列传》。

(张田田)

陈鼎平反涂如松被诬杀妻案

这是一起发生在清代麻城的丈夫被诬杀妻，其实妻子只是出走未死的冤案。

袁枚曾叙述其听闻的麻城冤案，湖北麻城县涂如松娶杨氏为妻，两人关系不好，杨氏回娘家常常不回来，涂如松怀恨不满，隐而不发。正当涂如松母亲患病时，杨氏又要回娘家，涂如松要殴打她，杨氏就逃得不知去向。涂、杨两家就此争讼。杨氏弟弟杨五荣，怀疑涂如松杀死了他姐，平素为人狡诈的赵当儿的戏言证实了他的猜测，于是杨五荣拉赵当儿为证，到县衙去控告涂如松串通友人陈文等人一起杀害妻子。知县汤应求查无实据，不能定案。赵当儿的父亲到官府告发他儿子胡说，请求日后案发免予株连坐罪。汤知县查出杨五荣诬告是受生员杨同范的教唆，上报请求革除杨同范的生员资格，并寻找杨氏。杨氏原是王祖儿的童养媳，在王祖儿死后与他的侄子冯大通奸，她藏匿在冯大家有一个多月，冯大母亲担忧招祸，要向官府揭发。冯大很害怕，就告诉杨五荣，杨五荣告诉杨同范，杨同范贪图杨氏的美色，说道：我是生员，藏在我家，没人敢查。于是就把杨氏藏在自家暗室中，继续控告涂如松杀妻。过了一年，乡民黄某，把他死去的僮仆掩埋在沙滩里，因为埋得太浅，尸体被狗扒吃。地保请县令汤应求去查验。适逢下雨，雷电交加，狂风大作，汤知县中途就返回了。杨同范听说了，异常高兴，与杨五荣密谋冒认是杨氏尸体，又贿赂仵作李荣令其假报是女尸。李荣不肯。过了两天，汤知县前往验尸，但尸体已腐烂难辨，只好收殓埋掉。这时杨同范、杨五荣带领他的党徒几十人到现场哄闹。此事传到总督那里，交给广济县高仁杰重验。高仁杰身为试用县令，看中汤应求的职位。高任杰所任用的验尸人薛某，又接受了杨同范的贿赂，于是报称这是一具女尸，并说肋部有重伤。杨五荣就诬告涂如松杀妻，并控告汤应求知县受贿，书吏李献宗舞文作弊，仵作李荣妄报不实。总督听信他们，弹劾汤应求，并将案件委交高仁杰审理。高仁杰用严刑拷打涂如松等人，打到皮开肉绽见骨，还是得不到口供，于是用火烤红铁索，强迫他们跪在烙铁索上，一跪下去，立刻冒烟，还可以听见肉被烙焦的声音。汤应求也不能避免受刑。大家都屈服供认。李荣被棍杖打死。因发现的本是一具尸骨不全的男尸，于是逼迫涂如松指认埋尸之处，涂如松只好胡乱搪塞。麻城无主的坟墓，被掘开暴露的尸体已有成百以上。高县令认为掘出的尸骨都不合要求，一再将涂如松烤烙烧炙。涂如松母亲许氏等人痛惜亲人受严刑拷打，只好伪造证据，埋在沙滩地里，然后带着衙役前往挖掘。于是定了案。但暂任湖北黄州知府的蒋嘉年认为情况不实，不肯转报；召来别县仵作再检验，都坚持认为不符。高仁杰大惊，又假报尸骨被偷换，请求再讯。不久山洪暴发，冲走尸体，不能再验。总督迈柱以涂如松杀妻，汤知县受赃上奏。

麻城百姓都知道涂如松等人冤枉。不久，杨同范邻居中有一个老妇人很早起来，见到已冤死的李荣血肉模糊地直奔杨同范家，正在惊疑不定时，忽见杨同范家丫环匆忙跑来请她去：我家主母产期没到，突然早产，没有你就再也没有人能帮助胎儿生出来了。老妇人听了立即前去。因为胎儿头颈弯曲，胎胞不能出。杨同范妻子窘迫中呼喊：三姑。快来救救我！三姑就是杨氏，听到喊声急忙跑出，一见到这老妇人，非常后悔，想要逃避，但已露面，于是跪在老妇人面前，恳求她不要泄露出去。杨同范从外面进来，拿了十两银子塞进老妇人衣袖里，叫她不要声张。老妇人回到家里对他儿子说：鬼神显灵啊，我不能不昭雪这一件冤案啊，嘱咐她儿子到县衙门去控诉揭发。

当时任县令的是陈鼎，是海宁县举人，早就知道这是件冤案，苦无证据，听到这个老妇人说所见的事后，立即禀告巡抚吴应棻。吴应棻命令把这事告诉总督。当时总督还是迈柱，他听后认为这真是愚蠢到极点,露出气愤不满的脸色,但是又不好发怒,只好命令姑且光把杨氏拘押起来。陈鼎暗想道:拘押杨氏,如果稍为迟慢一点,或者泄露出去,他们必定把她隐藏到别的地方,或者杀死她灭口,那案件还是不能定案。于是他假称搜查杨同范家中蓄养娼妓,亲自带领精干的衙役直入杨同范家,拆除他家中复壁,果然找到杨氏。麻城百姓几万人见找到杨氏,欢天喜地,也随着拥到公堂。到了公堂,立即叫涂如松辨认妻子。妻子杨氏没想到丈夫焦烂到这副样子,直奔上前抱住涂如松的头颈大声痛哭,说:我连累了你,我害了你啊!公堂下面百姓们也都泪如雨下。杨五荣、杨同范等人只是乞求饶命,再也无法可辩了。当时正是雍正十三年(1735年)七月二十四日。吴应棻即把这件案子的实情详细写文报奏皇上,因为再过十天,皇上就将要"勾决"执行死刑了。圣旨下来后,迈柱没有办法,但又奏报这案有其他原因,请推迟定案。杨同范揣测知道总督迈柱的心意还是要坚持他以前的意见,因此又引诱教唆杨氏写诉状,说她本是娼妓,不是涂如松妻子。而他本人犯有窝娼罪,甘愿受罪。迈柱又再将这情况呈奏皇上。皇帝将吴应棻、迈柱两人都调到京师任用,特选派户部尚书史贻直兼任湖广总督,史贻直即把这案件交两省官员进行会审,结果一切事实情况正如陈鼎所报告的一样,于是恢复汤应求的官职,并依法处决了杨同范、杨五荣等案犯。

但《杨氏宗谱》[咸丰四年(1854年)八月十六日元孙守愚泣识]则称袁枚笔下"诬族人室为公室,诬族人妻为公妻,诬外来之李媪为邻姬,诬捕鱼之李某为仵作李荣,诬已死之媪子,而使之持金诉县,诬公之课徒在外而回手十金纳妪袖,诬李媪之执以送灾民,还虚构县令陈鼎毁墙得杨氏,大率捕风捉影,增凑以供文笔,而不自知其说之诬罔怪诞,一至于此",称杨同范之父总理户政,杨氏族人有妹,嫁给涂如松,夫妻不合,私自逃归,杨氏族人将她藏匿在家,反屡屡告官向涂如松索妹。杨氏族人请杨同范之父帮忙出头,后者以年老为由推辞。杨氏族人乃恸哭流涕找到族长,称妹为涂如松虐待至死,索尸不得,告官不理,撞叩无门,此冤终何由白,激起族长的义愤而写下连名状,他们又担心均是百姓,缺乏分量。于是每天让老媪于杨同范家门口叫骂说:立户长是为了保卫宗族,今杨氏族人有此奇冤,你们父子秀才岂能不出首,如何配当户长!杨同范之父无奈令杨同范在状词上写名,族人由是呼号郡县,历控省垣,告官吏,发疑冢,兴师动众一年多。红石堰有捕鱼人李某,手两枝指,闲谈案事,被杨氏族人即牵入案内,拖累至死。此后,告状的杨氏族人之妻难产,遍访接生婆,有李媪自称能取胎,杨氏族人不知为冤死的捕鱼者之母,将她请到家中,烛忽灭,族人妹不得已出助之,胎儿即下,左右手指各六。李媪出,即率健儿,直入杨家,毁壁发现涂如松妻,将她送官。当是时,杨同范正授徒于夫子河,有人奔走告诉他,涂如松妻没死,杨同范即惊眩坠地,良久方苏。杨氏族长也如梦初醒,十分惶愧。而杨氏族人却狡猾地供称族长等人都知道内情,杨同范便是主谋。一时,差役四下,杨氏宗族之祸几至灭门,避姻家,窜幽谷,奔四川,不知几岁,被逮入城者不下数十人,杨同范被禁锢终身。《麻城县志》也采此说。

案例出处:《袁枚全集》《麻城县志》。

(张田田)

陈其元断伪造借据案

这是一起发生在清代的债务纠纷案,陈其元发现了原告债主、借据和证人中的蹊跷之处,维护了被告的合法利益。

陈其元在南汇任官时，棉花行主姚某来控告王某欠他棉花价洋银一百零六元，向他索债不还，反将自己殴打。原告人证物证俱在，有契券，有中人、证人，有代笔。此案看似简单，其实大有玄机，陈其元谨慎办理，才避免了被蒙蔽，最终维护了正义。

陈其元提讯两造，先问原告及中证、代笔，他们的供述都相符。然后提讯被告，被告跪在堂下，战栗惶恐，说不出话，过了一会儿，才辩称自己实在不曾欠钱。陈其元反问：你不欠钱，何以被控？被告回答不上来。陈其元怀疑他说谎，催促他回答，他这才说：我即便欠钱，又何必请开烟馆者充当中人？陈其元笑着反问：你也算不上什么贵人，怎么不能请开烟馆者作中？被告说：我自能写字，何用代笔？陈其元斥责他蓄意不良、希图赖账，故意不肯亲笔书写。当时差役一起喝问，被告只好伏地哀求，嘴里说着愿意还钱，却神情绝望，涕下如雨，令陈其元心生疑惑。

陈其元于是下令，先将被告带下堂去，又叫原告上前，问他契约为何不令被告亲笔书写。原告答，是被告自己托人代笔的。陈其元又问：此券是被告带来的，还是在原告家里所写？原告犹豫了一下才答：是在原告家所写。陈其元又问，代笔是与被告同来的么？原告答：不是，代笔某甲在村口居住，当日因在茶店相劝，就与被告同来，代为写券。陈其元便大声问：是从茶店同来的么？原告称是。

当时某甲已被带到堂下，陈其元令差人把原告带至门外等候，呼某甲上前讯问：你代王某写借条，是受王某邀请的么？某甲称是。陈其元心知某甲已闻“茶店”二字，因而追问：为何不在姚某家中写，而在茶店？某甲回答：当日相劝在茶店，故在茶店书写。陈其元又问：你是本打算作代笔，所以随身带着纸笔么？某甲答是从茶店借来之笔，而纸是买的。

陈其元随后令人将某甲带入后堂，再传作中之某乙入内，并拍案质问：王某并不欠钱，你与姚某把他骗到你家逼迫，你还非要当中人，是何道理？某乙惶惧地说：我不过为好言相劝，实在没有逼勒。陈其元问：先在茶店，已经言明，为何又到你家？某乙答：我开烟馆，家有余地，是以王某随姚某来，而某甲又欲吸烟，故在我家写借据，因此将我写作中人。

陈其元了然，大笑，令将原告、被告与代笔等人一起带到堂前。陈其元对被告说：此案我已讯明，你所欠不止一百零六元，而是三百一十八元。被告大惊，哭天抢地称冤。原告姚某在一旁也惊讶，说被告确实仅欠他一百零六元。陈其元说不对，据原告、代笔与中人所供，契约共有三：一在原告家写，一在茶店写，一在某乙烟馆写，岂非三百一十八元？今一张借据已经呈上来，尚有二张，速速交出！原告等人面面相觑。陈其元于是将原告、代笔与中人三人重惩枷示，释放王某。

此后，有医生陈君到陈其元官署对他说：公之折狱，百姓之幸也！我早先一日出诊时，走累了便于庙中算卦占卜摊子小坐，一人前来，手持香烛，容色仓皇，卜者与这人是老相识，问他去哪里，这人说：前村姚某欺我懦弱，与恶棍串通，捏造借券，控我于县，明日将开庭，姚某有中证，有笔据，不言言辞，不如去死！此人打算先诉于神，而后求死。被卜者阻拦说：你先去听审，输了官司，再诉于神。我先为你占一卦。卜者视其爻说甚吉，有贵人解救，当无碍。后来我才知道，那人就是陈大人所断之案中的被告，既然已得到公道，应该就不会寻死了。陈其元闻之骇然：钱债虽然是讼狱中细事，如若掉以轻心，可能致死一命！袁简斋先生诗句“狱岂得情宁结早，判防多误每刑轻”，实在是仁人之言。此案可见为地方官者之难。

案例出处：《庸闲斋笔记》。

（张田田）

陈其元明辨盗贼眼线诬指

这是一起清代的因线人做伪证导致多人被诬陷为强盗的疑难案件。由于案情严重、长官震怒、武官催促等原因，办案有压力、难度大。陈其元谨慎权衡，妥善应对，多方求证，终于解决此案。

陈其元任上海知县时，四月间，江南三江营炮船哨官在扬州江都县境捕盗时，遭遇盗贼拒捕，哨官溺水身死，兵勇死者五人，伤者十人。制府闻之震怒，令地方官及水师营官严缉。瓜州镇总兵吴君派营弁，带同作为眼线的失事炮船内之勇丁，来上海缉捕盗贼。眼线称，犯人是浙江巡盐红单船之广勇。营弁、眼线等六月初到沪，越一日，在茶馆店获一人，是红单船之广勇。次日，营弁请观察及右营参将督率兵勇，于红单船又指获二人。三名被获者发县审讯，据眼线指认，一人抛火药包入船，一人隔船斫人，一人过船钉炮眼，眼线言之凿凿。陈其元随即提犯反覆讯究，嫌犯熬审，一日不承，隔日再讯，拧耳跪练，竟日无一词，只是呼冤。陈其元对此案眼线指认的真实性产生了怀疑。

陈其元讯问眼线："盗贼既先以火药包掷到你们船中，当时烟焰迷漫，你怎能辨认得出谁斫人、谁钉炮眼？"眼线答，因巡盐船与炮船同泊一镇上，每日上岸时常相见，故能认识，虽于烟焰之中也能辨识。来弁对陈其元驳诘来勇表示不满。次日，陈其元继续研讯嫌犯，自朝至三鼓，心力俱瘁，仍未得到口供。陈其元恐嫌犯死去，稍稍宽之，来弁却认为陈其元欲纵盗而不用严刑，诉之观察。同时，陈其元也以不能得确情为由，请添派委员会审。

因南汇县叶知县有能吏之名，还是广人，观察札令叶知县来参与审案。叶知县覆讯一日，也不能得其情。陈其元与叶知县都认为此三人冤，而无奈弁、勇质之甚力。制府又委前皖南镇总戎刘启发，带为盗行船之舟人来，于是派兵快与之会缉。当日即于玻璃肆中获广人陈来。陈来是前水营中蓝翎千总，原来，早先有贩猪船停泊在江口，群盗登其舟，将猪客及舟人尽缚置舱底，驾驶着贩猪船行动。行数日，盗稍感倦怠，陈来便劝盗首释放舟人，好帮他们摇橹。行二十余日，盗贼劫客船三次，最后遇到炮船，拒捕后，驶至江阴口，群盗弃船登岸逃逸，猪客到靖江县报案。刘总戎带此舟人来的原因是，其与盗共处久，能辨认盗贼。陈来曾劝盗首释放舟人，是以舟人与他更加熟识。陈其元欣喜于这条线索有利于找到真盗，令舟人辨认三名嫌犯。因来弁与来勇共胁持，舟人就不敢明言，而陈来也狡赖不肯说实话。陈其元与叶县令及刘总戎三人，次日再会讯，反覆诱劝陈来，许诺如果抓获盗首，就不处死陈来，刘总戎指天日以誓之。陈来这才说出，盗贼首领也是广人，与他曾同在水营中，曾保花翎守备，现居六合县城，经营客栈和钱店，还有羽党在镇江，共十二人，都是积惯行劫的。陈来本来在扬州开设烟馆，此行是被盗首邀来的。陈来说，这十二名盗贼皆百战劲卒，别说一艘炮船，即便来十艘炮船都奈何不了。陈其元等令陈来视前获之三人，陈来说不是盗贼。三江营之弁勇则大为不悦，称陈来是包庇同党。于是刘总戎以陈来作眼线，去抓盗首；而瓜镇则禀制府，坚称抓获的三人是真盗。制府下令，将人犯解至金陵再讯。

此时陈其元已卸任上海知县，于是将详细情形告诉应敏斋廉访。刘总戎率陈来，抓到首盗等七人，皆讯明正法；留陈来狱中，待获余犯。江宁府蒋知府审讯这七名犯人，他们都说与上海三人不同路；瓜镇方面却固执己见，制府困惑。至八月中，应敏斋至金陵，极力向制府进言，将此三人释放。

陈其元感叹，假使这三人被严刑锻炼而成招，官员肯定又要令他们供出党羽，转辗株连，冤死者不知多少！但他们又是被眼线确切指认的，眼线哪里值得信赖呢？因此案险些妄杀人，陈其元感叹人心可畏，折狱之难，又始终不解为何三江营眼线必欲诬陷广勇，后来在苏见到应敏斋，乃知应敏斋为平反此狱也大费苦心。广勇解赴江宁之后，署制军何公听信吴镇军，欲诛此三人；承审官孙观察、蒋太守均知悉其冤情，但因眼线勇丁坚称，终不能决。应敏斋将上海前后县及江宁承审各官所得冤滥之意一一剖陈，制军这才醒悟，令应敏斋再讯。应敏斋进一步查明情况，只是营弁坚持，眼线力证，都不肯改口。应敏斋只好对他们说："你们若一意孤行，我便将此案之实在情形一齐发露后再讯。"他们这才害怕服气，爰书乃定。原来应敏斋赴宁时，先访得炮船与贼战败时一船弁勇尽死，其眼线之勇并非本船之人，乃是营官为求抓获数盗以开解自己罪责、规避处分而找人冒充的。长官们又如何能知？只有应敏斋研讯真情，得到一船兵勇都被害的实供，两得其情，才能点破眼线的伪证。

案例出处：《庸闲斋笔记》。

（张田田）

陈其元明辨凶器求生机

这是一起窃盗逃跑时拒捕、伤及事主的清代案件，窃贼和事主在伤人凶器方面有争议，陈其元基于对法律的了解，体察人情，迅速定案。

陈其元为官青浦时，七宝乡人将一名拒捕伤事主的盗贼送官。案情是乡人家有织布机，布已织成，尚未取下，远邻窥见，夜入其室，将布剪下，乡人闻声追赶，窃贼弃布而逃。追至河畔，贼下水逃逸，事主泅水捉贼，贼惶恐中以剪刀划伤事主胳膊，事主被划破了皮也不松手，贼最终被擒。事主状词称：贼以刃伤之。贼辩解自己并未带刀，是以机上主人之剪伤人。陈其元验伤发现，明显是刃非剪造成。贼却坚称是剪非刃，虽加之刑吓，但矢口不移。事主必欲落实凶器为刃，声称县令若不审定是刃伤，必将上控。究其原因，贼因携刃伤人罪重，意图避重而就轻；事主则欲置贼于死地，不肯迁就其辞。陈其元让差役取剪比对伤痕，不符；寻找刃，则不见，讯问事主及乡里，都说刃被贼掷之河中，捞不上来。陈其元因此让事主及里邻以刃伤具结，以众供定案，事主等均心服。贼却痛哭不已，称生平未惯行窃，这是第一次，恳求宽释。陈其元装作置之不理，催促将贼收禁结案。贼要解府时，又向县官哭求，称实在是剪非刃。陈其元对他说："事主已救你命，你何以自寻死路？条例规定：赃未入手而拒捕者，绞监候，逾年则减等；赃已入手而拒捕者，绞决。就此案而言，布尚未剪下，则赃未入手。若携事主之剪，则赃已入手。你何必非要坚称赃之入手呢！"犯人醒悟而叩头说他曾向人咨询，都说刃重而剪轻。陈其元感叹，若事主知晓此例，恐怕就要附和贼的供述以便将其置于死地，于是叹服律例的准情酌理、平衡至当。

案例出处：《庸闲斋笔记》。

（张田田）

陈天锡息巨室争讼

这是一起发生在清代的地方世家大族间的言语摩擦事件，陈天锡作为幕友，协助长官息事宁人。

新宁有江、刘两个大族，江刘氏的儿子娶妻小江刘氏，他们与族中近邻江某有矛盾。江某见江西人陈某经常与江刘氏往来，帮着江刘氏对付他，就怀恨在心，写了一纸“陈某再来以奸盗论”贴在江刘氏家门上，江刘氏一怒之下告官。知县找幕友陈天锡商议，陈天锡给出如下建议：知县在客厅会见江刘氏，不要升堂，并告诉她，一旦升堂则有伤江、刘两族脸面，并在批词中解释，“奸盗”之“奸”不必作通奸解，而是表示奸猾之意，要江刘氏不必介怀，不要自诬对号入座；警告江某，应当邻里和睦，不应造谣生事，再犯定要追究；陈某掺和别人家事，为争议的罪魁祸首，驱逐出境。按照陈天锡的意见处理，两家重回旧好。

案例出处：《清代幕宾中刑名钱谷与本人业此经过》。

（张田田）

陈应堂断奴杀主案

陈应堂是戊戌年进士，地方志上记载他“善政清刑”，百姓称他为“神断”。他在广东潮州府任知府时，处理过一件奇案。

陕西西安府有一个名叫刘永太的富商，带着他家的仆人进兴，到广东潮州府贩卖毛毡、毛毯等西北特产，获利颇丰，最后结账时发现共盈利一千多两白银。于是，刘永太就让进兴收拾行李，准备回老家。一路上骑马坐轿，来到潮州府的西南驿站，在汪华家又重新雇了马，继续向西行进。在路过一个凉亭时，他们停下来休息，恰巧有一队猎人也在这个凉亭里休息。刘永太看见猎人们的战利品中有麂子、鹿，还有山鸡、野鸟，应有尽有，这些战利品有活的，也有死的，有一只山鸡不仅活着，而且两只眼睛里仿佛流着泪水，似乎在向刘永太求助。刘永太为人乐善好施，不忍心让这只山鸡受苦，想买来放生，就让进兴问猎人，这只山鸡能卖不？进兴马上去问猎人：“你的山鸡能卖吗？”猎人问：“你买山鸡干什么用？”进兴说：“我家主人要买来放生。”猎人说：“如果买去吃，也不贵，如果买去放生，价钱则要加倍。”刘永太就让进兴拿皮箱过来，开锁取银两付给猎人。猎人见刘永太皮箱里满是银两，就又要加价，汪华在旁边说：“客官您放生是好事，就再给他添点银两吧！”刘永太又开箱取了些银两，付给猎人，买了这只山鸡。和猎人道别后，又向前走了一段路，刘永太寻了个合适的时机，将山鸡放生了。汪华见皮箱里有那么多银两，顿起杀心，但是觉得一己之力办不到，所以就发出叹息。进兴就问汪华：“是什么事情让你这么伤心啊？”汪华说：“今天见你家主人皮箱内有那么多银两，我真是长了见识！我等却是如此的穷命，一点儿钱都没有。”进兴说：“想要银两，有什么难的？只是没有志同道合之人而已。如果有志同道合之人，一点儿都不难。”汪华说：“怎么能不难呢？”进兴只是微笑，而不回答。汪华就问：“你怎么只笑不回答呢？”进兴说：“我笑痴人不懂我的意思。”汪华说：“你想怎样呢？”进兴说：“我想要干一笔大买卖！”汪华说：“这大买卖怎么做呢？”进兴说：“眼前若有志同道合之人，现在就能做。”就这样，汪华反复询问进兴，进兴终于说出了自己的真实想法，他说：“我家主人的皮箱内有千余两银子，你如果能够和我齐心协力把他谋害致死，我俩可以平分银两。这样你我就马上拥有了大富贵。”汪华说：“你的想法与我不谋而合。我只怕你不肯害主，所以刚才没敢直说，所以我发出叹息！既然你我二人能够同心协力，那我们就好好谋划一下具体怎么行动。如果一会儿住店的时候行动，估计很难脱身；最好等到明天，走到山里偏僻之处的小路上再动手。”二人商量完后，第二天走到山林中时，果然依计进行。二人趁刘永太不注意，将其打死，并将其尸体埋在深山老林之中。二人商议一起到远处去做买卖，但是进兴说：“你先回家，不要做买卖。我不能回老家了，我要到南京去开个当铺，当铺的名字就叫九巍。如果你想给我写信问候,找这个当铺就一定能找到。”二人瓜分了赃银后,就分道扬镳了。汪华先回到西南驿,辞去马夫之职,然后渐渐开始置买房屋田产。汪华的族人和左邻右舍都议论纷纷,猜测他不过是一个马夫,怎么这么快就有钱了呢?族人和左邻右舍都很怀疑其财产的来源。

半年之后,潮州府的大堂上发生一件非常奇怪的事。有一只山鸡从空中飞入府衙,在府衙凄惨地鸣叫,叫的陈知府心里惶恐不安。陈知府问山鸡:“你来找我,是有冤情吗?”山鸡点点头。陈知府又说:“如果你是替人鸣冤,点点头。”不料,那只山鸡果真又点了点头。陈知府对山鸡说:“你如果知道冤情,能否带着衙役到事发地点呢?”那山鸡果真带着两名衙役来到城外一片山林后面的土堆上。两个衙役便找来保长,保长带着人把土堆挖开,果然挖出了一具男尸,还没腐烂,只见尸体的腰带上挂着一个挽手。众人非常惊讶,两名衙役解下挽手,迅速返回潮州府,向陈知府报告。陈知府知细情之后,马上派人将城中的马夫都拘捕过来,询问这个挽手到底是谁的?因为当时的牵马挽手都是自己制作,所以每个人的牵马挽手各不相同,找到这个挽手的主人,也许就能破案。众马夫中有一个马夫仔细看看说:“这个挽手像是西南驿站马夫汪华的。”得知这一线索后,陈知府火速派人捉拿汪华到堂。汪华到堂后,不承认这个挽手是自己的。陈知府连打他四十大板,他还是不认,就用夹棍继续拷讯,最后汪华受刑不过,只得招出实情。陈知府继续追问,同案犯进兴逃到哪里了?汪华说:“我们分别时,进兴说他打算逃往南京,去开当铺。当铺的名字都想好了,叫九嶷。”

如何将进兴抓获归案呢?陈知府先是将汪华收入重监,然后陷入沉思。思考了一夜,陈知府终于想到一个好办法,他有个同年,现任南京府江陵县知县,如果他能够从中协助,事情就好办了。于是陈知府写了一封密函,派四名精干的衙役,连夜前往江陵县。到了江陵,真有九嶷这个当铺,且老板就是进兴。四名衙役即刻将进兴押解回潮州听审。

凶犯进兴被带到大堂之上,陈知府问其是否杀人越货?进兴坚决予以否认。陈知府将汪华带到堂上,与进兴对质,进兴仍不招供。后来开始刑讯,先是打了四十大板,进兴不肯招供;接着又上夹棍,敲打了三百余下,仍不招供;最后,又上脑箍,进兴终于受刑不过,招出实情。

本案的审判结果是进兴与汪华合谋杀人夺财,二人都处以死刑,等待秋后问斩。

案例出处:《柏桦讲明清妙判》。

(武航宇)

陈幼学审讯辨奸案

陈幼学,字志行,无锡人,万历十七年(1589 年)进士,官至刑部主事、按察副使。在其任湖州府知府时,遇到过这样一个案件。乌程县的乡下有一个土娼某氏,她的丈夫某甲经常给附近的密印寺打短工。密印寺中的和尚非常有钱,于是有人便教唆某甲控告和尚奸污了他的妻子。案子上报到府衙之后,知府陈幼学受理了此案,并下令让乌程县的县令审理此案。乌程县令对此案稍加审理,鞭打了涉案和尚之后便将审判结论上报。陈幼学怀疑审判的结论,便亲自提审原告、被告双方。同时,秘密招来铁佛寺的一个和尚,将他安排到空房间中,将某甲安置到门外。然后提审土娼某氏,说:“你所告的和尚,你能辨别他的长相吗?”土娼某氏说:“他奸淫我那么久,还送过我一些财物,怎么能不认识呢?”于是陈幼学把铁佛寺和尚找来,问土娼某氏说:“是这个和尚吗?”土娼某氏回答:“就是这个和尚。”陈幼学大笑,命人捆绑着她的丈夫某甲进来，让衙役痛快地杖责，命人将土娼某氏的衣服也脱下来，处以杖刑。围观的人都拍手称快。

案例出处：《埋忧集》《中华历代名案》。

（武航宇）

陈子龙断夺产杀人案

陈子龙任绍兴府司理时，处理过一个夺产杀人案，判决如下：案犯卢俞贤是一个非常凶悍残忍的人。皮承文祖上留下来的一座山，恰好在卢俞贤他们家的房子后面。卢俞贤垂涎于这座山，千方百计要把这座山夺过来。他先是把这座山上皮家祖坟上的树砍了，皮家上告到衙门，这桩案件还没处理完；他又阻止皮家把女儿葬在山上，皮家葬完女儿后，他居然把人家女儿的尸体扔了，致使人家尸骨无存。等到皮承文来找他评理，并骂他时，卢俞贤拿起扁担就把皮承文打死了。卢俞贤居然还要把自己的亲弟弟卢俞忠打死，企图制造假象，所幸卢俞忠没马上死亡，还能说出这件事的真相。虽然卢俞忠没死，但是卢俞贤确实太狠毒了，下这样重的手把人打死，一定是要抵命的，没有赦免的理由。但是，最初卢俞贤招供时称，双方是用扁担互殴，后来又供称是用枪伤人，所以必须要把案情查明，以免今后出现疑问。详细审理了这个案件后发现，所谓的枪头是包了一层铁的扁担头，并不是存在扁担和枪两个凶器。用包了铁的扁担头殴打皮承文的胸口，这已经会造成致命伤，可以定案了。证人黎乾元的供词，其实是在妄想为脱逃的卢俞杰推卸责任。现在考虑的是砍祖坟上的树、扔尸骨的事是谁干的？用扁担殴打皮承文的事是谁干的？谋杀亲弟想以其抵罪的又是谁？这种种凶残的行为，都是卢俞贤一人所为。卢俞杰即使不逃跑，也不过是帮凶而已，他也不能代替卢俞贤去死。所以，本案的判决结果是判处卢俞贤绞刑。

案例出处：《明清法官断案实录》。

（武航宇）

戴朝用断诬婿杀婢案

戴朝用在万历年间曾任广东潮州府知府。其在任上，处理过一个诬告女婿杀婢案。

邹士龙与王之臣年轻的时候是非常要好的朋友，二人同岁，在一起学习，一同中了乡试之后，又一同进京参加会试。在进京路上，二人互相鼓励、安慰，情同兄弟，又互相约定，将来如果一人生男，一人生女，则此二人将结为夫妻。结果，事情就是那么凑巧，王之臣的妻子生了儿子，取名朝栋；邹士龙的妻子生了女儿，取名琼玉。事后，二人让共同的好友刘伯廉为媒人，定下婚书，待儿女长大后完婚。

邹士龙在京城中了进士，被任命为知县，随后官越做越大，做到广东巡道。王之臣屡试不中，但也依靠祖上的功德，做了广东惠州同知。谁料天有不测风云，王之臣竟病死在任上，临死前写信给邹士龙，请求他照顾朝栋母子。王之臣为官清廉，没有留下多少财产，邹士龙资助朝栋母子白银百两，并将王之臣灵柩运回原籍。王朝栋与母亲相依为命，日日苦读诗书，由于没有收入来源，生活愈加贫困，邹士龙时常赠送其一些银两。待王朝栋长到 14 岁，书读得非常好，邹士龙非常喜欢他。

邹士龙退休之后，王朝栋与刘伯廉去探望他，恰好遇到了同来探访的各府县官员，邹士龙见王朝栋衣着寒酸，觉得很丢脸，就想悔婚。王朝栋满 16 岁时，托媒人刘伯廉到邹家确定迎娶日期,没想到邹士龙故意刁难他,说当日他父亲只是订婚,没下聘礼,如今要结婚,必须要按照官宦人家的标准准备“六礼”。这样算来,王朝栋至少要花费几千两银子,对于家徒四壁的他而言,去哪里找这么多的银子呢? 所以,他再也不敢提迎娶的事了。

有一天,邹士龙与夫人商量,要送王朝栋白银百两,要他另娶别人,恰巧被女儿琼玉听到。第二天,琼玉和婢女丹桂在花园赏花,发现墙外有一少年路过,就问丹桂,这是何人,丹桂告知她说:“这是王公子啊!”琼玉见王朝栋虽然衣着寒酸,但掩盖不住其英俊潇洒,所以非常喜欢。第二天二人又在花园相遇,王朝栋也猜想园内的小姐可能是自己的未婚妻琼玉,也是非常心仪,但不敢上前问候。这时,婢女丹桂来唤他,说琼玉想要见他。二人相见之后,琼玉告诉了朝栋自己父亲的想法,希望朝栋能努力读书,考取功名,并且给了他一些银两。此后在婢女丹桂穿引下,朝栋与琼玉时常相会。久而久之,感情渐深。此后,两个月里,王朝栋都是晚上来约会,早上再走。不料有一天晚上,王朝栋的母亲生病了,他需要照顾母亲,没有按时来和琼玉约会。丹桂正在门口等得着急,忽然听到脚步声,就开了门,不料来者竟是惯偷祝圣八。丹桂见来人不是王朝栋,就大喊,结果祝圣八手起刀落,就把丹桂杀了。琼玉看见有坏人进入房间,非常害怕,迅速躲到了后门外的阴影里。隐约看见坏人进屋以后,拿了好多财物,并隐约看到此人满脸胡须,琼玉吓得不敢动。等到天色微亮,琼玉喊来母亲,叙述了事情经过,这时发现丹桂被杀死在门口。为了查到贼人,邹世龙命家人到城里调查探访。恰好,王朝栋为给母亲治病,来到当铺典当琼玉给他的金手镯。来探访的邹世龙家人看见当铺里的金手镯,就将此手镯赎回来,交给了邹世龙。邹世龙就此猜测,王朝栋杀死婢女丹桂,并抢金银财物逃去。随后,写了一张状纸就将王朝栋告到府衙。

戴朝用当时任潮州知府,清正廉洁,判案公允。戴知府接到诉状后,马上派人去传唤王朝栋。第二天,王朝栋也写了一张状纸,状告邹世龙。状纸内容大意如下:我与邹世龙的女儿琼玉自小指腹为婚,但是现如今我家道中落,邹家想要悔婚,所以杀婢女而嫁祸与我。在堂上,戴知府问:“既然你没有入室抢劫,金手镯是从何而来呢?”王朝栋说是琼玉送给他的,戴知府不方便让琼玉来对质,所以又继续问:“那你和琼玉有没有未婚通好呢?”王朝栋支支吾吾地说没有,戴知府觉得另有隐情,就将王朝栋带入后堂,单独询问,王朝栋才说出了自己与琼玉来往的种种事情。

第二天,戴知府传邹世龙和王朝栋到庭,当面对质。邹士龙讲:女儿琼玉自幼读《女诫》,深明闺房之礼,不可能未婚就与女婿有染,更不可能将首饰财物送人。王朝栋想到父亲清正廉洁,自己却是做贼杀人,真是玷污了祖宗。王朝栋极力辩解。戴知府无法,只好请求邹士龙,让小姐琼玉出庭对质。无奈之下,邹士龙只得叫人把女儿找来。琼玉来到堂前,为了让朝栋免于受刑,将事情原委和盘托出,并说出与朝栋私订终身的事情。同时说明,凶杀那天,丹桂外出迎接朝栋,见到来人不是,便高声喊叫,被贼人杀死。听完琼玉的陈述,戴知府望着邹士龙,笑着说:“琼玉小姐与朝栋的故事与《西厢记》的情节相仿,我看不如成全了他们,让有情人终成眷属吧!”

邹士龙虽然很生气,但事已至此,此事宣扬出去更对自己不利,但也不能就此服软,便说:“小女与朝栋有婚约是一回事,目前婢女丹桂被杀,知府总要找到真凶吧! 不能够让死者含冤呀!”见邹士龙答应两个人的婚事,戴知府便随口回答:“我保证在七天内将凶手拿获正法!”

王朝栋回家之后,不断地思考,到底是谁杀死了婢女丹桂? 百思不得其解,后来他给父亲上香,将困惑说了出来,并请求父亲的在天之灵能给他一点启示,然后他就睡下了。晚上就梦见父亲坐在大堂上给他掷下一对竹签,落在地上呈八字形,然后就醒了。戴知府回家之后也在思考凶手到底是谁,这一夜,他梦见一个峨冠博带之人来到他办公的大堂之上,掷下了一对竹签,呈八字形。早上醒来,他就命衙役传了王朝栋,和他商议捉拿凶手之事,结果发现二人做了相同的梦。这时旁边的一个衙役说,有一个惯犯名叫祝圣八,会不会就是梦中提示的那个罪犯呢?戴知府听后,马上命衙役将祝圣八带到堂上。祝圣八并不认罪,戴知府见他腰上挂着一把钥匙,就命人摘了钥匙去他家搜查。衙役来到祝圣八家,对其妻说:"祝圣八已经招供,现在让我们拿钥匙来取赃物。"果然在祝家的箱子里发现赃物。祝圣八面对赃物,无法狡辩,只得承认自己杀人夺财。并且祝圣八的长相与琼玉的描述完全一致,赃物经邹世龙家人辨认,也是确定无疑。案情至此大白。

最后,戴知府对本案做出如下判决:

罪犯祝圣八,数次盗窃被惩罚,仍然不知悔改。竟然又杀人劫财,且嫁祸他人,依照刑律,判处死刑。

邹士龙嫌贫爱富,见女婿家道中落,就想悔婚,导致女儿、女婿暗自往来,最终酿成祸患。考虑到本身是退休官员,就略施薄惩,仅将其悔婚的行为公示一下。

王朝栋非罪而受诬告,免于处罚。王朝栋与邹琼玉永好而缔前盟,断其成婚。

此案过后,王朝栋与琼玉二人成婚,婚后夫妇和谐,事亲至孝。第二年,王朝栋参加科举考试,考中进士,入京为官。

案例出处:《柏桦讲明清妙判》。

(武航宇)

戴镗断迷拐妇女案

戴镗,万历年间曾任福建寿宁县知县。有一天,戴知县接到当地百姓毛荣、毛华的诉状,诉称他们的妻子失踪了。就在前一天,毛荣之妻姚氏和毛华之妻陈氏,各自带着儿子(一个两岁,一个三岁)到棉花地采摘棉花,但是直到天黑也没有回家。于是,兄弟俩就到自家的棉花地里去找。到了棉花地一看,只见两个小孩子在那里哭得都快没气了,两妯娌不见了踪影。再一看,妯娌俩采摘棉花的筐里还有摘下来的棉花,自家带来的米饭、青菜也还在,地上还有两块吃了几口的烧饼,这才发现,孩子手里也拿着烧饼。毛家从来都是吃米饭、青菜,从没吃过烧饼,不知道这烧饼从何而来?暂时想不了那么多,兄弟俩赶紧请求乡邻点着火把四处寻找,但是找了大半夜也没见她们的踪影。

戴知县面对这宗案件,一筹莫展。本案的人证只有两个连话都说不全的孩子,物证仅是几块烧饼。戴知县仔细观察这几块烧饼,发现地上捡到的烧饼与孩子手中的有些许不同,地上捡到的烧饼中间还有一层黑黄色的物质。戴知县把仵作叫来一问,方才得知,这种黑黄色的物质其实是草乌头,又名射罔,有剧毒,人吃了草乌头以后,会晕过去,如果不服用解药,时间一长就会死亡。但是如果服用解药,人就会苏醒。这是民间拐卖妇女、儿童的常用手法。很显然,本案中毒烧饼是俩妯娌吃过的,戴知县据此判断本案是一起拐卖妇女案,目前只有找出烧饼的来源,才能找到真凶。

至于如何找到烧饼的来源,戴知县想到了一个好办法。戴镗的原籍是江西建昌,从小生活很苦,一边读书,一边需要帮着家人干活。他特别善于观察,在放猪时,发现猪的嗅觉特别灵敏。每年的秋收以后,戴镗就带着猪去寻找地里落下的番薯和花生等作物。还有一次,戴镗的一本书不见了,他就拿着另一本书让猪闻了闻,猪便走进了附近的山林,戴镗跟着它,居然在一棵大树下找到了他丢失的那本书。戴镗到寿宁县任职以后,便开始鼓励人们养猪,他自己也在县衙里养了几头猪,其中有一头白花猪,非常有灵性,戴知县非常喜欢它,经常带着它进书房。这次,戴知县想利用这头白花猪破案。他把白花猪领到面前,拿来那几块作为物证的烧饼让他闻了闻,拍了拍它的屁股,这头白花猪便出了衙门。戴知县命令四名衙役跟着这头猪。

这头白花猪一直走到了距县衙五里开外的一家烧饼铺前。众衙役一看,这烧饼铺应该有问题,就把烧饼铺的掌柜带回了县衙。烧饼铺的掌柜名叫周林。戴知县让他看了看这几块烧饼,问他可知道此烧饼的来历。周林看了看烧饼说,无毒的烧饼是他做的,有毒的烧饼不是他做的。戴知县一听,大喝道:“我并没有说哪块烧饼中有毒,你是怎么知道的?再说这几块烧饼的形状一样,都有你家铺子的暗记,你还不从实招来?”周林一看无法抵赖,就承认这些烧饼是给本县乐户王际明、赵成让做的,至于王、赵两人定做掺有草乌头的烧饼干什么,他并不知道。于是,戴知县便命衙役去捉拿王际明和赵成让。衙役到了乐房一查,王、赵两人不在。乐房的房长姚克廉告诉他们,这两人领了凭信,到福州谋生去了。

思虑再三,戴知县决定派两个亲信和姚克廉一起去福州缉拿王、赵两名案犯。三人坐小船顺松溪而下,到南平上了岸,买了些食物,准备换乘大船再去福州。这时,他们路过一家妓院,听到里边传出了优美的乐曲声,姚克廉听到后居然站着不走了。两名衙役以为他要去嫖妓,就笑话他,可姚克廉一点儿也不生气,说:“这下好了,我们不用去福州了。你们二人再回溪边租艘小船,我们准备回返。”看到两名衙役非常疑惑,姚克廉就告诉他们说:“这乐曲只能由王际明、赵成让两人演奏。我到妓院把他们二人骗出来,等两人上了船,你们就可以把他们抓住了。”

姚克廉到了妓院,看到果然是王际明和赵成让在演奏。姚克廉骗他俩说:“在这里遇见你们简直太好了。闽王王太后马上就要过生日了,现在巡抚要求全省的乐户去演奏。如果王太后高兴了,赏赐金银不说,还有可能把你们变成良民。”二人一听房长这样说,信以为真,随着他来到了船上,两位衙役顺势将他们二人拿下。这样一行人逆溪而上,三天后回到了寿宁。王际明和赵成让被羁押入狱,姚克廉领了赏金,回到乐房。

第二天,戴知县升堂审理此案。起初王、赵二人坚决否认,但随后传来周林和王、赵二人对质。王、赵二人看到人证、物证俱在,只好乖乖地交代了罪行。原来,王际明和赵成让虽然是乐户,但在此处谋生却非常不容易,因为寿宁县很穷,很少有人听演奏。于是,二人便想到拐卖人口赚钱。案发当天,他们在周记烧饼店订做好了有毒烧饼后,就租船沿松溪顺流而下,走了一会儿,他们就发现了棉花地里摘棉花的妯娌俩。他们二人停船上岸去讨水喝,妯娌俩心地善良,给了他们茶水。喝完水后,王际明从怀里掏出两块烧饼给孩子们吃,毛荣的妻子姚氏、毛华的妻子陈氏看到两个孩子吃得挺香,就问他们这烧饼是哪里买的,她们想去买来给孩子吃。王际明和赵成让听了后,就说这烧饼是县城有名的周记烧饼,一分银只能买四个。正好他们这里还有,就又给她们两个烧饼,让她们尝尝。妯娌俩拿到烧饼,却不吃,她们想把烧饼留给孩子和丈夫吃。但王际明和赵成让坚持要她们尝尝,不料,妯娌刚吃了一口烧饼,就晕倒在地上。王际明和赵成让乘机背起二人就跑,哪里还能管地上哭泣的小孩儿。他们背着妯娌二人,来到船上,扬帆顺流而下,来到南平。到了南平,王际明和赵成让才给妯娌二人服了解药。苏醒过来的姚氏和陈氏一看情形,知道她们被人拐骗了,就央求二人放了她们,让她们夫妻团圆,母子能够相见。王际明和赵成让根本不听,一顿皮鞭将妯娌二人打服,并奸宿了几日。随后,又租船顺流而下,将妯娌二人卖到了福州的洪塘妓院。王、赵二人此番得逞以后,本想回寿宁重施故技,再贩几名妇女来卖。二人走到南平,路过熟悉的妓院,就到里面休息一会,演奏了一曲,不料却被他们的房长姚克廉听到,诳骗到船上,带回了寿宁。

至此,案件真相大白,但戴知县却有些犯难,因为福州和寿宁分属不同的府辖,解救被拐妇女有些困难。经过反复思考,戴知县给福建按察使写了一封公文,陈述了此案缘由,请求福州府予以协助。按察使看了之后,马上给福州府发文要求协助办理。福州府一看是按察使批示的案件,没有怠慢,马上派人到洪塘妓院把姚氏和陈氏解救了出来,并送回了寿宁县。

按照《大明律》刑律·贼盗·略人略卖人条规定,拐卖人口犯罪最重的处罚也就是判处杖一百,流三千里,但是本案情节恶劣,戴知县为了让恶人得到应有惩罚,做出了以下判决:王际明和赵成让卖良为娼,所得赃银给付毛家,令姚氏和陈氏归家,夫妻聚首,母子团圆。同时,援引《大明律》刑律·人命·造畜蛊毒杀人条,认为王际明和赵成让二人以毒饼害人,判处死刑。周林为人制作毒饼,理应处死,但他不知道毒饼的具体用途,所以判处杖一百。

案例出处:《柏桦讲明清妙判》。

(武航宇)

邓廷桢断寡妇逐继子案

这是一起发生在清代,涉及礼教与法律的母子纠纷涉讼案,寡妇与继子虽无血缘关系,但有母子名分,邓知府晓之以理、动之以情,帮助他们修复关系。

《清史列传·邓廷桢传》与《国朝先正事略》载,邓廷桢在嘉庆二十二年(1817 年)出任西安知府,同州有寡妇因故想要逐出她的继子,继子无计可施,一家人打起了官司。邓知府假装发怒说:这种逆子,自当杖死!将这名继子系在公堂的柱础下,一面故意先处理其他事情,一面暗中令人把茶饼拿给继子。继子先请母亲食用,继母赌气不吃,他请叔叔吃,叔叔吃了。及至日暮时分,邓知府观察发现,继子被系在庭中,不时看看日影,像是认命等死,而他的继母此时已有悔意。邓廷桢于是私下跟那名继子的叔叔沟通,对他说:你嫂子是痴人,你听我的,试试跟她讲理。既然她把继子从六岁扶养成人,为他娶妻,他妻子死了,又给他再娶,多么操劳。现在她听信别的族人谗言,说他的儿子更好,可以给她当嗣子,她就想不要现在的继子了。殊不知,如果从小养到大的孩子都不能令她满意,别人家养育成人的儿子,岂能真心孝敬她!那些人都只不过是看上了她的钱财罢了。她要是听了这些,如果还是非要逐出现在的继子,明日我升堂把他打死,也不是什么难事。继子的叔叔磕头退出,去劝说嫂子收回成命。次日,这对母子前来哭泣道谢,寡妇说不再考虑逐子之事。就因为邓知府使这对母子重归于好,“陕民歌颂”,名动京城.

案例出处:《清史列传》《国朝先正事略》。

(张田田)

邓廷桢断诬人毒杀案

这起案件发生在清代,有人被诬告为下毒杀人,邓知府从多名证人的证言上找到了突破口,还被诬告者以清白。

邓廷桢被赞誉“精于吏治,有神明称”,他任西安知府时,平反了很多冤案。陕西汉中有一个营卒名叫郑魁,被控把砒霜搀在馒头里杀人,卖砒霜的人、卖馒头的人及邻家妇人都来做证,县令本已据此拟定郑魁死罪并上报。邓廷桢审核时起疑,便暗中把卖馒头的人叫来,问其每天能卖多少个馒头,卖者回答二三百个,又问一人大约买多少个?卖者答三四个。邓廷桢追问他,每天既然要见一百多号人,买者的面貌、姓名和买馒头的时间能一一记住么。卖者称记不全。邓廷桢于是质问他,为何单单能指认郑魁在某月某日买过馒头。卖者愕然,面对邓知府的压力,终于坦诚其实是县里的差役来找他,说官府审讯凶杀案,凶犯已经服罪了,唯独少了一个卖馒头的证人,要他做证。邓廷桢又讯问邻居家的妇人,她也回答是差役令其做伪证。只有卖砒霜的人未做伪证,但郑魁买砒霜是用来毒杀老鼠的。最后查明,死者虽与郑魁有过言语不和,但是被疯狗咬而发病死的,死状虽然是嘴唇发青,但跟郑魁无关。郑魁这才避免了被冤死的命运。

案例出处:《清史列传》《国朝先正事略》。

（张田田）

邓知县断盗纸案

这是一起发生在清代的纸捆被盗案,邓知县通过出人意表的"审纸"方式摸排到了销赃途径,顺藤摸瓜揭破了盗贼身份,实现物归原主。

邓太守本为武官,愿改文职,因此就任浙江省石门县知县。石门地处冲要,号称难治,邓知县却处理得游刃有余。有运输纸的货船停靠岸边,物主报案称失纸数十捆,求官府缉盗。邓知县指出,这必定是船户所盗。失纸者质问船户,船户不肯承认,双方相持不下而见官。邓知县要二人候讯,马上出差票数十,传令差役,到城内外各家纸铺,各锁一捆纸来。围观者都很诧异,来看热闹。邓知县升堂问案,问船户纸上作何记号,船户不知,又问每捆值钱多少,船户也不知。再问失主,则回答某几捆有某字号,某几捆又有某字号。邓知县说,既然铺货俱在,失主可自行辨认。失纸者一一辨明,指出某几捆不是他丢的,而某几捆正是其失物。邓太守按号招铺户,责问铺户为何与船户朋比为奸,铺户辩解,实不知这批纸是盗货,因贪廉价所以买回,邓知县问其从何人处买来,铺户指认船户。于是照数还原物,并追船户所得钱,分归铺户,将船户杖百,并枷示于失物之处。合境皆称邓知县办案神明。

案例出处:《客窗闲话》。

（张田田）

狄尚絅辨明会匪首从

这起案件发生在清代,狄尚絅曾奉上级之命,审理南安会匪李详诰"传徒聚众"的不法之事,狄尚絅查明戴奉飞才是罪魁祸首,李详诰只是从犯,按律应减死。同审官因为李详诰是富豪,想要避嫌,不愿改判。狄尚絅说:"无愧于中,何嫌可避?"巡抚也有顾虑,因判决与原奏初报案情不符,担心被朝廷驳斥。狄尚絅称:"不护前非,乃见至公,圣明在上,又何虑焉。"他再三力争,终获听从,被株连者也多被释放。狄尚絅曾发表感慨:"狱不难于无枉纵,惟干证之牵累,吏胥之需求,受害者不可穷诘。虽拘执迅速,究不能信其无弊。生平思此,时用疚心。"意思是说,抓到真凶并不算难,但司法中存在弊病,可能会因吏胥的敲诈舞弊等导致相关人证等受牵连,因而要对百姓常怀愧疚之心,办案也要更加留心。

案例出处:《清史列传》。

(张田田)

狄尚絅穷究调戏侄媳案

这起案件说的是清代狄知府如何锲而不舍追查隐情,将调戏妇女致她自尽的不法之徒绳之以法的事。

狄尚絅于嘉庆十二年(1807 年)就任江西南康知府,先后在任二十余年,清理刑狱,平反冤狱,卒于南康。曾经有个武举人调戏族侄之妻,被调戏者羞愤自尽。之前因无人告发,此事过了很久也没有被声张出来。但武举多行不义,在狄知府刚上任时,武举因为别的事打上了官司,狄知府在调查盘问武举时,听闻他“忽露前情”,自乱阵脚,就穷追不舍,问出实情,将武举绳之以法。“群惊为神”,百姓十分佩服。这只是狄尚絅司法成就中的一例,他办案不用刑讯恐吓,对囚犯也以诚相待,“絮语如家人”。他的耐心体现在提前详观案牍、深思熟虑,审讯夜以继日、废寝忘食,直到囚犯心服口服。他曾经总结过司法经验,“人知命盗重案之当慎,不知婚姻财产细务尤不可忽。盖必原情度势,使可相安,于异日不至酿成别故,斯为善耳”,也就是说对婚姻财产等小案子也必须遵循情理和形势来妥善判决,化解纠纷,使原被告彼此相安,不至于因民事纠纷酿成更大的祸患。

案例出处:《清史列传》。

(张田田)

伐庙求雨杀人案

南昌府节推李嗣京处理过一个伐庙求雨杀人案。

乡间有祭祀土地神的场所——社,每个家族都有祭祀祖先的场所——庙,这是各地都有的风俗。但是南京府有一个不好的风俗,就是一旦遇到天气大旱之时,就要铲平一个庙来求雨。至于其原因是什么,也没人知道。这一年南京府遭遇大旱,胡纸六等胡家人依仗自己家族人口多,势力大,就欺负何罗五家,把何家的庙铲平了。何罗五家就找了两个势力比较弱的家族联合起来共同反对胡纸六。胡纸六看到三家联合起来反对他,非常生气,就聚集了一些族人,与何罗五家等三家打斗起来,残忍地杀死三人。其中,胡纸六用枪挑了伍的八的胁下,使其当场死亡。本案的判决结果是处以胡纸六死刑,并且在祭祀土地神的地方把他处死。

案例出处:《明清法官断案实录》(上)。

(武航宇)

樊增祥断弟争兄产案

《樊山批判·批吕逢渭呈词》载樊增祥对兄弟财产纠纷中原告的批示,大意如下。

据称,你的已故胞兄吕渭振在四川金盛元号管事三十余年,号内计有本银七千六百两,他又在大邑另设放账生意。光绪四年(1878 年),他请族人来分家:一切家产与你均分,金盛元号内,你分得银三千八百两;大邑的生意,允许你提取二百两银子,此外尚有数年利息未算,准备等红单寄到时再分。数年后,吕渭振在四川病故,分单未立,先后给你银子共三千两。吕渭振死后,你的侄子吕元仁又给你二百六十两银子。依本官看,金盛元号的存银及大邑县的生意利润,并非你家祖先留下的,而是你的胞兄三十年来独自一人勤劳苦积而得。分家之时,凡祖父所遗田地房屋,自应各分一半;至于你的胞兄自己所挣之钱,岂能一概平分。若以圣贤道理而论,兄长固应有财同享,但弟弟必须尽力推让,一毫不取,才算得上兄友弟恭;若以俗情论,兄为商贾,弟是秀才,各自成家立业,你何德何能,要坐享其成,不仅要分本钱,还要分利息。开始时你分到银子三千两,已占了大便宜,足见你的胞兄为人厚道。到后来你的侄子又给你银子,不过是迫于你这个生员叔父的威势。本官认为,当你的胞兄给你三千两银子时,分家一事已算分清了结。如果像你所说,他还欠你银子数千两,则从分家到你胞兄病故,这中间有八年之长,何不早说?从你胞兄病故至今经历了多少年,你为什么早不算账?分明是贪财欺幼,挟长图讹。像你这样的无赖秀才,本官恨不得一棒打死。

总之,今由本县断定,你胞兄所挣银钱,你已分得三千二百六十两,已经足够。此外无论多寡,均是你兄你侄之业,与你吕逢渭不相干;你将来发迹,变成状元宰相,也与你侄子不相干。本县此批,天公地道。你若不服,任你上诉。你若上诉,定将你秀才斥革后予以责打,以为不友不慈、嗜利蔑义者戒。

案例出处:《樊山批判》。

(张田田)

樊增祥断寡妇还债案

《樊山政书》卷六《批石泉县详》载,樊增祥在陕西省按察使任内,就一起债务纠纷案件批示下属石泉县令。

黄继瀛拖欠黄光明当价稞谷,不能偿还,蔓讼八年。黄继瀛已死,其妻黄马氏仍无力清还,以致黄光明一再上控,从道至司,添诬耸动情节以图官司受理。前任李蔚然县令最初审讯此案时,便断令黄继瀛还钱四百串了事。黄继瀛活着的时候,其家尚且无力归还,导致黄光明屡次上控;今仅剩黄马氏这寡妇一人,现任县令仍照前断,令她措钱四百串交案,并扣押已死债务人之弟黄继洲为质。

樊增祥辨析:男子所不能了者责之于妇人,夫死而累其妻,兄死而押其弟,不合情理。万一黄马氏筹措不出四百串钱,难道黄继洲便永无出押之日么?因此,樊增祥告诫原审县令:大凡积年账债之案,贵在随时酌断,不能固执不灵活。黄继瀛已死,当视黄马氏家道如何,根据其经济能力断结其还债额度,或二百串或三百串,则对于断案者,可取的是当事人易于遵照执行,对于债主,好处是能够顺利得钱。如若一定要固守前判,死于句下,恐怕黄光明一无所得,而此案终无了期。

总之,樊增祥指示县令在见到批示之日,如果黄马氏已将钱如数交案,就算黄光明之幸;否则,县令可传原告黄光明前来,剀切开导,一面劝勉以恤孤怜贫之义,一面指责其添诬越控之非,判决被告黄马氏还二百串了案。这样做也是出于现实考虑:假使黄光明再讼八年,所花费者岂止二百串;恐怕黄马氏嫂叔,将跟着欠债的黄继瀛一道去死,而这笔欠债更无着落。末尾,樊增祥对县令说:因为县令是本司故人,所以批示直接坦白,勿以为怪,致以问候。

案例出处:《樊山政书》。

(张田田)

樊增祥断过期不娶案

《樊山批判·批张夭祥呈词》载樊增祥对一起婚姻纠纷案原告的批示:陈二于光绪七年(1881年)聘娶你的胞妹为妻。未及迎娶,他就背井离乡,迄今已十一年,杳无音讯。你妹妹现已二十五岁。查《大清律例》,期约已至五年无故不娶,以及丈夫逃亡三年不归,经过报官立案,女方可以改嫁,男方不得追讨财礼。如今陈二耽误你妹妹的婚期,超过十年,女方可另行择配。但就陈二在外不归之事,你要向官府具结,以免异日纠纷。

案例出处:《樊山政书》。

(张田田)

樊增祥断杀母奸夫案

樊增祥任陕西渭南县令时,李家佃工彭某被主人家的儿子李虎娃杀死,虎娃到县自承,因反抗彭某鸡奸,气愤中以刃杀死彭某,情愿抵命。县令樊增祥根据情理作出推断:年仅十八的虎娃,如何能因彭某奸污未成而痛下杀手,且狂砍多伤后从容移尸,非一人所为。樊增祥屏退他人,密诘虎娃,反复开导,虎娃哭泣坦白。因父亲年老久病,有天晚上虎娃父突然想吃红糖,家中雇工都没空去买,母亲命虎娃赴市购买,因暮夜出行,令虎娃携刀自卫。虎娃返家发现房中亮灯,自外窥之,撞见彭某正与母亲行奸。虎娃即举刀连砍,彭某被虎娃母亲阻挡而未能还击,后挣脱去追虎娃,到院中为粪堆所绊倒地,虎娃便乱刀砍死彭某。此前称彭某要鸡奸自己,为的是替母亲掩饰。樊增祥为虎娃平反,请示上级免虎娃杀人之罪,其公文中有警句:"李虎娃弱龄杀奸,挺身认罪,其始激于义愤,不愧丈夫,其后曲全母名,可称孝子。"

案例出处:《清稗类钞》。

(张田田)

樊增祥断违约转租案

《樊山批判·批李泰盛呈词》载樊增祥对一名违约转租者的批示。

查明王复兴将房屋出租之时,曾经同中人言明,不准再转赁别人。可你违背这一租约,把房屋转赁了别人。经前任县官堂断,将你的租客赶走,只准你一人居住为生,不准再赁他人。你如果认为前任县官的判决不正确,何不另搬一处,省得怄气。你的房东不许你招客,可你非要住下且偏要招客,不知是何居心。你呈词中说,你欠了一些孤寡人的钱,不让你招客,你就赚不了钱,还不了债,更是奇谈怪论:你欠外债,你自筹还,怎么能将他人的房屋作为还债之用?况且赁主交租金给你,你也要转交给房东,哪还有余钱抽还孤寡?如此妄控,等候本官亲讯严惩吧!

总之,本官命令你腾出房屋,交给房东,以绝讼蔓。

案例出处:《樊山批判》。

(张田田)

樊增祥断一屋二卖案

《樊山批判·批柳罗周呈词》载樊增祥对一屋二卖纠纷中原告(第一次交易的中人)的批示。

你的呈词已悉。李积善于三年前,由你作中人,以七百六十金买下赵氏房屋。因房屋先前当给了别人,当期未满,所以虽然订立了契约,却没有交钱。现在赵氏又将此屋卖给了焦姓,因此产生纷争。从买方立场来说,谁先与卖方订约成交,谁先得货;可从卖方立场来说,哪个买主给的钱多,卖方就愿卖给他,无论谁先立约或谁后立约。王赵氏是一妇人,因贫穷而卖屋,自然是唯利是图,焦姓加价百金,她就背弃李积善而卖给了焦姓。虽从道理上说不过去,但情实可原。李积善既然钱多,何处不可买房,何必与这个贫穷糊涂妇人争此闲气。

总之,李积善与王赵氏订立的契约作废,这座房屋就听她另卖。

案例出处:《樊山批判》。

(张田田)

樊增祥批示高利贷案

《樊山政书》卷八《批商州杨牧禀》记载了樊增祥任陕西省布政使时,就一起高利贷案给商州杨知州下达的批示。

樊增祥阅读详文,了解案情:樊应政已故的父亲在同治年间,向"锦盛成"放账铺借钱二百串,至光绪六年(1880年),樊应政父亲去世之时,本息累计共达五百余串,至光绪十七年(1891年),本利滚算,高达八百余串。光绪十七年樊应政还钱六百余串,还欠一百七十串,樊应政又筹措还款一百三十串,最后仅欠四十串。至光绪二十六年(1900年),这四十串欠款,利滚利又达到四百零二串。樊应政只好以其旱地十七亩、瓦屋九间另立当约。光绪二十八年(1902年),樊应政欲将上述当业变卖还债,另将他项当业顶抵,"锦盛成"放账铺不允,双方争讼。雒南县前后两任县令,均准其兑换,而"锦盛成"放账铺东家张庆谟不顾县判,上控至州,愿将当价三百八十串捐作学堂经费,尹知州行县,下令索债,樊应政筹措不到,无奈之下,赴省向藩司(布政使)上控,发到州里覆讯。樊增祥认为,该州署牧(杨知州)叙述此案滚剥情形,可谓详尽,但其断结则令人不满,详文中称张庆谟盘剥穷民,狡翻县断,假托公义,图泄私心,说明杨知州灼见其情,接下来应设法痛加绳治,但杨知州却说,百姓情伪多端,公堂畸重畸轻,民间即长奸长诈;杨知州本已指出,樊应政上控,情尚可原,樊应政借钱仅二百串,而还钱过八百串,原因是"锦盛成"放账铺过于刻薄,杨知州在判决中本应对负债者格外矜原,但却最终判令樊应政按三百三十八串原价与学堂作约定,每岁交钱十二串,有钱赎地,不赎交租。在樊增祥看来,如此判决,意味着"锦盛成"放账铺高利放贷、吸膏吮血至七八百串仍不满足,该州学堂则是乞盗泉而解渴。杨知州素称断案好手,而此案判决如此不妥,更何以责他人。

樊增祥评论:远年陈账,利上滚利,律有明禁,法当严惩。州判所声称的"恐长奸诈"站不住脚,难道说惩治重利盘剥者,就能导致民间都不还债么?樊增祥揭示,近来人心风俗险恶,债主收账不得,多捐入教堂,好借神甫之威,逼穷民之债;"锦盛成"放账铺的张庆谟也是效仿此意,捐给学堂,简直是以牧师神甫待州牧;杨知州明言奸商假公快私,而又坦然领受,使奸商出盘剥之余,更得捐助学堂之誉,穷民受久讼之累,仍纳连年佃户之租,如此颠倒是非,令人愤怒,若非平日信任杨知州,就要将其撤职。

总之,樊增祥要求杨知州于奉批之日,将樊应政与学堂所立之约立即一并涂销,地归樊应政管业;奸商张庆谟如果照重利盘剥律治罪,也毫不枉屈,考虑到杨知州宽纵于前,免科刑罚,但张庆谟既然声称要给学堂捐经费,不可有名无实,杨知州要将张庆谟传案管押并勒令张庆谟缴出铜钱四百串充当学堂诸生膏火。究其原因,张庆谟按照“一本一利”只应得钱四百串,另外四百串便是高额利息,本应充公,仍不得作捐款论。张庆谟倘若敢延抗不交,或杨知州不便勒追,就将张庆谟交押解来省,樊增祥自有办法。末尾,樊增祥勉励杨知州道:该署牧好处尽多,本藩司力持公道,就事论事,不得不然,仍将遵办情形具文申报,以备查考。

案例出处:《樊山政书》。

(张田田)

冯梦龙索捕恶霸陈伯进

明末崇祯年间,年近花甲的冯梦龙被任命为寿宁县知县。上任后着手整饬地方的治安,法办了恶霸陈伯进。

陈伯进是七都泗州桥人,他的父亲曾是本地有名的讼师,包揽当地词讼,后来因为一个官司处理失败,家道中落。陈伯进到处卖唱、乞讨维持生计,后来他慢慢与土匪勾结,家境渐渐宽裕起来,并且凭着他的口才,成了一方的恶霸。他多次因为杀人而被立案,但是在审理时他巧舌如簧,审理后又重金贿赂主审官员,所以都没有受到法律的制裁。一来二去,陈伯进就不把官府放在眼里了,官员们反而在他的掌握之中了。

冯梦龙到任后致力于整饬治安。恰巧这个陈伯进又做了一件恶事。原来,陈伯进家的狗咬了一个麻子脸的乞丐,这个乞丐一急,把这只狗打死了。陈伯进居然让这名乞丐披麻戴孝给狗做孝子,乞丐不愿,横了他一眼,结果陈伯进用铁尺把乞丐的腿打断了。乞丐到官府来告,冯梦龙立刻派四名衙役去抓陈伯进。结果,衙役刚到他家敲门,他就拿着热水壶从门楼上往下泼热水,把几名衙役全都烫伤了。

衙役回去后,冯梦龙很生气,但是两个月内都没有什么动静。陈伯进开始变得更加嚣张。等到了中秋节,冯梦龙让人给陈伯进捎了几块月饼,陈伯进开始放松警惕。等到重阳节,冯梦龙路过陈伯进家,就带了两个随从敲开了陈家的大门。陈伯进为防万一,已经在厢房里安排了人拿着武器埋伏,但是没想到冯梦龙喝过茶,竟直接拿出铁链套住了陈伯进。等陈伯进叫来埋伏好的人时,冯梦龙的两个随从已经把钢刀架到了陈伯进的脖子上。

冯梦龙设计亲自逮捕了恶霸陈伯进,将其依法惩处。

案例出处:《寿宁待志》。

(武航宇)

傅泽洪断强盗诬攀案

这是一起清朝康熙年间傅知府识破了盗贼诬陷富户之阴谋的案件。

傅泽洪任扬州知府时,当地抓获一名大盗,盗贼首领称西乡吴某是窝家,可与吴某在公堂上对质。傅泽洪才刚问明吴某年貌住处,马上就有捕快上堂跪下,请示傅泽洪立刻发签拘审吴某。傅泽洪却说:堂上如此明供,倘派差役捉拿,必然走漏风声而逃,本府要另外密拿。暂且将盗收禁。过了数日,傅泽洪坐堂将盗首提出,呼皂头到宅门耳房内,将吴姓窝家叫来当面对质。盗首对所谓吴某者坚称:某某财物现在你家。来人不肯承认,双方争论多时。傅泽洪这才笑说:此人是本府衙门家仆,因你诬告西乡吴某,本府随即密访,吴某乃本分良民,只是有财,并非窝家。于是将盗夹问,逼问是谁指使,盗这才供出是被某捕快教唆而诬告的。

案例出处:《折狱龟鉴补》。

（张田田）

高廷瑶明辨轿头非匪首

这是一起清代嘉庆年间多位平民被指控为叛逆教匪,高廷瑶通过实地走访调查等方式为他们正名的案件。

嘉庆年间,安徽省各衙门忽然接到怀远匪徒图不轨的报告。抚军派高廷瑶先去到匪徒滋事一带调查,火速报告,以便统兵剿匪。高廷瑶昼夜兼程赶去,在途中获悉,知府已经亲率兵役擒获四百余人。在离怀远还有二里时,高廷瑶暗访一个乡间的私塾先生,询问风俗民情。先生说出此地有冤案,近来因查办教匪,竟将轿头误作教头,接连逮捕了几百人,恐怕有许多人会遭到枉杀。高廷瑶问原因,先生说:民间把轿店的老板称作轿头,婚丧都请轿头。附近赵贡生父母出殡,为通知亲朋好友参加葬礼,开出了一张一百多人的名单,嘱咐王姓轿头挨家挨户通知。王轿头把名单转交给雇工李自平。李自平在三月时,因为怀远地方偏僻没有当铺,将棉衣两件当在宿州。现已十一月,他就顺道取棉衣,夜里借宿在城隍庙,被营兵抓获交给都司衙门,在他身上搜出名单。衙门见名单上人数众多,又因为李自平供认是轿头派他前往通知,就误认为是教头,把名单内良民看作教匪上报。那份名单本是有吊唁门簿可以核对的。高廷瑶到赵贡生家拿到了吊唁门簿,急忙抵达县衙,将檄文上原附教匪姓名的百余人逐个核对,结果一字不差,于是他连夜将所查访的情形据实禀报上司,同时赶赴省衙禀告。抚军却担忧,既然朝廷和上级都已听说了消息,此事最好还是当作叛乱来镇压。高廷瑶则坚持说:如果事情属实,应该惩办;如果事情虚妄,怎可据传闻而兴大狱?抚军把王轿头、李自平、赵贡生三人押解到省,派员讯问,结果与高廷瑶所访查的情况并无差别,于是将逮捕的四百多人全部释放。

案例出处:《宦游纪略》。

（张田田）

高廷瑶平反被诬杀夫案

这是一起因丈夫离家出走,其父指控,原审县令受到误导,以为是妻子与人通奸而作案,将多人屈打成招的冤案。在复核过程中,上级发现疑点,高廷瑶参与并记录下了辩冤的过程与冤案的成因。

霍邱县民范寿子,家境贫困,其父在别村做雇工,就将范寿子送到顾奶奶家做上门女婿。顾奶奶家也很穷,靠卖馄饨过活。范寿子到顾奶奶家的第二年的正月十四,忽然失踪。顾奶奶派义子杨三到处寻找,也没有发现踪迹。范寿子的父亲怀疑儿子被人害死,多次到顾奶奶家吵闹,说话间得罪了杨三,被杨三推倒在地,跌了一跤,于是又到县府去控告杨三。县令王某召集有关人证审讯,仍旧没有弄清楚实情,正巧县令家雇的奶娘是顾奶奶同村人,县令就向她打听顾奶奶家中女婿被害的事。奶娘说,邻家女婿好像是因奸情被害。县令自此心存成见,于是严刑逼供,认定范妻顾氏与杨三私通,使奸夫杨三萌发了谋杀本夫的歹念,并伙同顾氏母女一起将范寿子灭口,并追问他们范寿子尸体埋在哪里。他们屈打成招,只好供说当天晚上叫顾氏的弟弟和雇工某,帮助他们把尸体砍成八块,放在锅里蒸煮成浆汁并泼到土坑之中,又将尸骨烧了,毁尸灭迹。案情确定后,罪犯被押送到上一级官府,也没有翻供。

安徽省按察使李书年审核时发现,众犯人供词如出一辙,像背下来的一样。李书年不敢据此上报,就一面传死者的亲属和相关的证人到省里待审,一面委托高廷瑶和另一位县令复审。见证词、供词都相符,另一位县令认为不会有错,高廷瑶却认为有假,理由是范寿子正月十三晚上还同岳母、妻子、弟弟等人一起外出观灯,回家应有二更时分,打完牌已是三更时分,如果范妻顾氏和杨三、母亲、弟弟等人商定,各持器械将范寿子打死,已是四更时分了,再将尸体肢解煮成浆汁,捞起骨头来再烧成灰,然后把浆汁倒入土坑埋起来,考虑到猪肉煮烂都得好几个时辰,把人肉熬成汁,没有一昼夜的时间是不可能的。况且范顾氏周围有邻居,死者被打死难道会没有一点声息?烧骨的臭味难道会没有被别人闻到?这些都说明口供有问题。李书年说:的确如此,况且根据口供,煮肉烧骨,肝肺肠肚还没有着落,这也是条线索。

再审讯时,某县令请病假不来。高廷瑶先传范父到面前问:你儿媳的罪拟处以凌迟,杨三斩首,儿媳的母亲、弟弟及顾家的雇工都要处以绞监候,你觉得他们冤枉不冤枉?范父回答不冤。高廷瑶又问:你儿媳等人正法后,假使你的儿子又出现,那么这五个人的性命,你都应当抵偿,你愿意立下保证书吗?范父说:我只是上告儿子很久没有回来,缉凶是官府负责的。官府如果抓错人,与我何干?高廷瑶再次询问各犯人,他们供词如前。高廷瑶又问:你们这些人招供把肉煮了,把骨烧了,那么肝肺肚肠到哪儿去了?各犯答不上来,开始大叫冤枉。顾家人说:地保和我们一起来省里,他也说这件案子实在冤枉,但解送我们的差役却嘱咐说,按察使衙门审案,如有翻供,就夹一夹棍。因此地保不敢乱说。高廷瑶提地保来问:案子是官府查访所得,还是死者亲属告发的?地保回答道:死者的父亲四月初告状,官府命令差役李遥同小人一起去查访。访至范寿子姨父陈大凤家,陈大凤已外出,他的妻子说,范寿子十五那天来拜年,住了一宿,十六日吃了早饭便走了。高廷瑶又提讯李遥,李遥的供词也一样。高廷瑶质问他们,这些情况为什么不向官府汇报?李遥答道:回县本打算禀报官府,正值案已审定,就私下告诉看门的差役,没想到反遭斥骂,因此不敢再多言。高廷瑶据实禀告李书年。

此时霍邱县令王某已被撤职,接替他的县令姓陈。高廷瑶给陈知县提建议:范寿子的案件不了结,终是累赘,不可不防。假使府、县两级官府不让陈大凤说实话怎么办呢?您到任后,不妨先将陈大凤交给李书年长官委派来的官员,等陈大凤离去后,传陈大凤的妻子来问,从他妻子的口中取出真实情况的供词,派专人送来,使任何人不能翻这件事的案。此事要秘密进行,不可泄露。陈知县答应。过了十几天,陈知县问清陈大凤的妻子,她说范寿子十五日晚上在她家过夜,十六日吃早饭后离去,陈知县将陈大凤之妻口供一纸交给高廷瑶,高廷瑶留下陈大凤之妻的口供存案。陈大凤到省,果然称正月十五范寿子没有到他家,高廷瑶取出其妻的供词质问,他才哑口无言,说是有官员叫他不可供认的。李书年下令将五人交保候审,责令该县查找范寿子。半年之后,一天突然有人到臬司大堂哭喊,自称是范寿子,前因赌博欠债,被人逼迫,潜逃到河南,直到碰见邻人,得知家中有难,所以赶回来自首。李书年传诉讼双方前来认人,果真是范寿子。顾家人等总算没有冤死。

案例出处:《宦游纪略》。

(张田田)

高子业智断争财杀人案

高子业刚刚开始担任代州知州时,遇到这样一个案件。有个叫江樟的秀才和邻居争夺房屋，几乎发生殴斗。江棨暗中杀死族人江孜等两人，然后把尸体藏匿起来，准备诬陷邻居。邻居知道后，不敢再和他争斗，就把房屋都给江棨，江棨就将尸体埋在房子里。几年以后，江棨担任千户的哥哥江楫无故将妻子杀死了，江棨便唆使江楫妻子娘家控告江楫，并诬告江楫杀了江孜等人。江楫被刑讯致死，没有儿子，他的职位可以由弟弟继承，所以江棨就和弟弟江檠争着继承他的职位。他们继承官职的官司一直打到朝廷，监司台派高子业复审。高子业受理案件之后，觉得江楫杀人案有些蹊跷，就问江棨："被江楫杀死的江孜等人的尸体在哪里？"江棨说："江楫杀死江孜二人后，把尸体埋在他家里，但不知道确实的地点在何处。"高子业问："江楫为什么要杀死江孜？"江棨一时没有防备，慌乱地说："为我和邻居争房屋。"高子业问道："你和江楫住在同一幢屋子里吗？"江棨说："不住一起。"高子业说："他为你去争房屋，杀人后把尸体埋在自己家里，有这种道理吗？"又问衙役："在江棨的家里搜查尸体没有？"衙役回答："还没有。"于是，高子业下令搜查江棨家，果然在地下挖到两具尸体，刀刃砍伤的痕迹还很清楚，江棨这才认罪。代州百姓都说："十年的冤狱，如今才洗清。"

案例出处：《增智囊补》《中华历代名案》。

（武航宇）

桂中行断教堂被焚案

光绪三年（1877 年）宣城民焚烧教堂，外国人不满，两江总督沈葆桢令桂中行知府前去处理。桂中行了解事情本末后，劝导传教士：我们这边的乱民，固然应当按律论罪，但你们侵占民地在先，如果判令民赔偿你们损失的财物，你们也应当归还侵占的民地。传教士起初不肯，桂中行援引国际公法与条约，婉言相劝，又坚持原则，相持数月，最终按照桂中行的提议而结案。

案例出处：《清史列传》。

（张田田）

海瑞察朱砂染骨诬人案

海瑞，字汝贤，号刚峰，广东琼山人，为官刚正不阿，清正廉明，秉公断案，被誉为"海青天"。他在浙江省淳安县任知县时，处理过一个朱砂染骨诬人案。

海瑞刚到淳安县上任，就接到上级府衙要求复审一个案件的命令。这宗案件的凶手叫邵时重，被害人是胡胜祖。邵家和胡家是邻居，多年来一直不和，两家的山地挨着，经常因边界问题发生纠纷。两家之间矛盾越来越大，附近的居民都知道这件事。案卷记载：在半个月前，胡家的大哥胡胜祖到山上去查看自己的山地，恰巧碰到邵时重。邵时重见四周别无他人，就在山坡上找到一根木棍打在胡胜祖的头上，挨了一棍之后，胡胜祖当场死亡。胡胜祖的两个弟弟胡胜荣和胡胜佑在山上找到了哥哥的尸体，还在现场发现了凶器，得知是邵时重打死了哥哥。事发之后两天，兄弟俩到县衙告邵时重杀人。而邵时重在案发当天，确实也一个人到过自家的山地上，但是没有证人。海瑞仔细阅读案卷，发现了几个疑点。第一，为什么胡家兄弟在案发后两天才来县衙报案？因为案发地点离村子并不远，根本不用花两天来寻找。第二，即使是两天后才找到尸体，他们凭什么认为是邵时重杀了人呢？虽然杀人的那根木棍可以作为证据，但木棍并没有什么特殊的标记。海瑞对着这根沾满了血迹的木棍端详了半天，突然看出了一处破绽。接着，海瑞下令，开棺验尸。

海瑞带着汤县丞、仵作亲自来到胡家验尸。海瑞命人将胡胜祖伤口处的头发剃掉，然后就蹲下来仔细地查看这个致命的伤口。只见这个伤口很深，足见这几棍用的力气之大，头部的颅骨都给打开了，血迹一直沾到了骨头上。海瑞低头看了半天之后，突然拿了个磁片，在头骨上不停地刮，刮了半天头骨之后，又把尸体的嘴巴撬开察看，然后还让人把尸体的衣服脱下，又仔细察看了半天之后，才下令回衙。

第二天升堂审案。海瑞让胡胜祖的弟弟胡胜荣又重复了一遍案情之后，就开口问他，你哥哥出事之前，是否生了重病？胡胜荣听了之后先是一愣，随后想了想说，哥哥是生病了，而且病得很重，否则也不会被邵时重几下就打死了。海瑞接着又问，那你们为什么两日后才来报案？胡胜荣想都不想就说，我们两日后才上山找到哥哥的尸体，所以才两日后来报案。海瑞听了点点头，又让人拿出那根沾了血的木棍，让胡胜荣再次辨认。胡胜荣辨认之后说："这就是当日杀我哥哥的凶器，血迹还在上面呢！"海瑞听了这话，突然一拍惊堂木，大喝了一声："撒谎！"他让仵作拿着这根沾了血的木棍放到胡胜荣的面前，说："你再仔细看看！"仵作把木棍放到胡胜荣的面前，把木棍击打头部的位置指给胡胜荣看。因为木棍打死了人，再加上打的力度很大，头骨都被打裂了，所以木棍击打的地方也有木屑断裂。现在胡胜荣只见仵作把沾了血的地方轻轻撬开来一些，只见外面有血的地方，里面却一点血迹也没有。这一下，胡胜荣的脸唰地就变了颜色。这时候，只听海瑞大声地说："你哥哥尸体上的伤口用磁片刮了之后，外表红色的血迹就被刮掉了，里面的头骨一点血迹都没有。这就说明这个伤口是死后伪造的。"原来，海瑞在验尸的过程中，看见尸体的伤口很大，血都一直渗到了头骨上，骨头断裂的地方，包括缝隙的表面都有血迹，但他拿磁片刮了几下，刮去表面的血迹之后，下面的骨头居然一点都不红。而且，伤口周围的肉也呈两种颜色，一种很红，是沾了血的颜色，另一种很暗，海瑞称之为打伤色，就是打归打了，但当时并没出血的颜色。这两种颜色一种是正血液凝结之后，也就是血不流了之后打出来的颜色，另一种是正常的鲜血颜色，这绝对是清晰可辨的。所以，无论是从骨头上的血，还是肉的颜色，还是木棍上的血迹看，种种迹象都表明，尸体上的血，包括伤口上、骨缝里，还有木棍上的，都是死后涂上去的血，而尸体头部所受的重击，也是在死后，在血液凝固后才被打上去的！根据以上分析，海瑞对胡胜荣和胡胜佑兄弟说："你们的花招不过就是用动物的血混了朱砂，事先用火烤过，再涂上去，这样仵作原来验尸的时候，虽然也擦拭过骨头上的血，但怎么擦都还有，这就显得好像是当时流的血。这点小伎俩骗得过旁人，却骗不过我海瑞！"然后，海瑞大喝一声："胡胜荣、胡胜佑，毁亲兄之尸而嫁祸他人，还不从实招来！"海瑞这一嗓子喊出来，胡家兄弟俩彻底认罪了，然后把整个过程原原本本地说了出来。

原来，胡胜祖本来是得病死的，但死了之后两天，胡胜荣突然想起来，两天前在自家山坡上见过仇人邵时重，当时邵时重只有一个人，而且也没发现胡胜荣。而在此之前，胡家跟邵家正因争地打得不可开交。胡胜荣和弟弟一商量，就打算拿哥哥的尸体来陷害邵时重，邵时重一旦入狱，获刑，邵家的地很容易就被胡家夺过来了。于是他们俩来到县衙，状告邵家与其争山地而打死人命，要求知县主持公道。当时，海瑞的前任知县委派县丞前往检验，检验结果是胡胜祖因病死亡，身上必然没有外伤。胡家兄弟眼见一计不成，又生一计。胡胜佑有个外甥名叫邵墉，略懂些医术。胡家兄弟找他将胡胜祖尸体伪装一番后，来到府衙，请求再审。

海瑞凭借高超的验尸技巧，查明了案件的真相，将邵时重无罪释放。这宗案件在浙江的官场上引起了轰动，大家都称赞海瑞为"海青天"。

案例出处:《柏桦讲明清妙判》。

(武航宇)

韩升庸援自首条宽死罪

某县拿获私铸钱的嫌犯,被获者供述是逃犯起意为首,已咨达刑部结案。二年后,逃犯被抓获,却不承认自己是首犯。照例,此案要提审从犯质鞫,但该犯已发配远方,很是不便。幕友韩升庸提议:可依原供不改,只要将后获犯人情节从捕获改为闻拿投案自首,则该犯仍是罪不至死,案即可完。县令采纳这一提议,该逃犯也就怡然以此招供。此案被初习作幕的汪辉祖留心记住,其后办案遇情轻法重的,便采用这种方法,全活人命颇多,他因此确信:一部律例,精义全在名例,求生之术,莫如犯罪自首一条。

案例出处:《学治臆说》。

(张田田)

何巡检阻京控案

洪武十九年(1386年),嘉定县有百姓郭玄二等两人,随身带着朱元璋颁布的《御制大诰》赶赴京城,意欲状告嘉定县的弓兵杨凤春等人肆意盘剥、虐待当地百姓。当他们俩经过淳化镇时,镇上的巡检何添观故意刁难阻止其赶赴京城。这致使弓兵马德旺借机敲诈勒索他们二人,马德旺假装说派人送他俩赶赴京城,其实并没有将告状的百姓郭玄二等两人送到京城。对于巡检何添观和弓兵马德旺这样随意阻止百姓告状的官员,除了将他们拘押送回本地之外,还要处刑。

《御制大诰初编·乡民除患》曾规定,布政司、州、县的官吏,如果和各地方的刁民在一起勾结,为患乡里的,那么地方的豪杰都可以把他们绑赴京城,为民除害。在赴京路上,有敢阻拦的,可以枭首示众。依据这一条,弓兵马德旺被诛杀,死后将首级悬挂城门示众;巡检何添观处斩刖刑,戴枷号令示众。今后如果还有类似的阻止百姓赴京告状的案件,应仿效这个案例予以处置。

案例出处:《御制大诰续编》。

(武航宇)

弘历惩贪污退赃重臣

这起案件中,高官贪污被拟死刑监候,秋审时办案官员因为有从轻发落倾向,被乾隆帝痛斥。

乾隆二十二年(1757年),湖南布政使杨灏侵扣银两案,皇帝亲自过问。该案件起因是乾隆二十一年(1756年)九月湖南巡抚陈宏谋上折弹劾杨灏侵扣银三千余两入己,乾隆帝随即将杨灏革职,陈宏谋奏准将杨灏处以斩监候,秋后处决。到了乾隆二十二年七月,新任湖南巡抚蒋炳以杨灏于限内缴清赃银为由,援引《大清律例》,将其拟入缓决,九卿科道也未提出异议,三法司审议赞同。杨灏被列入秋审官犯册内的缓决人犯册中。

乾隆帝在阅读秋审册后极为愤怒,接连下了四道上谕,责备“廷臣于此等案件不权衡事之轻重,蒙混照覆,将视朕为何主,窃弄权柄,施党庇伎俩,朝臣可谓有权”,意思是说朝廷的臣子不该在这样严肃的重案里要手段、妄图蒙蔽君王、轻判杨灏,这是要窃取君王的权柄。皇帝下令将蒋炳交有关部门从重严加议处,九卿科道等官交有关部门议处,大学士等官明白回奏。三法司立即遵旨改拟,将杨灏改拟情实,又上奏折请罪。第二道谕旨令巡抚蒋炳接旨后,将杨灏正法。第三道谕旨将蒋炳革职抄家。九月初十,又下谕旨,详论九卿等错拟的危害:"明刑弼教,乃国家行政之大纲,限内完赃故从末减,或许适用于小官,但地方大员贪赃累累,岂能借口完赃苟且偷生。蒋炳办理此案,岂不知事理不当如是,其意以为朕于前岁、去岁俱经勾到,今岁或当停勾,所有缓决诸案,便可幸邀宽典,是其有意蒙混,是何居心。九卿科道,每于秋审册内不过求宽一命,或为自己积福,而于此等要案则无一人见,雷同附和,公为矫诬,此而不加惩儆,纪纲安在。"意思是说,国家行政的宗旨就是明刑弼教,通过刑罚教化臣民。减刑措施就算对小官可以适用,但对于高官和大贪,坚决不可姑息,将杨灏定为缓决的官员,盘算的是前两年皇帝对秋审中的清实人犯均已勾决,今年可能会停勾,那样缓决之案就可能蒙混过关。蒋炳办理不妥,九卿科道官员也雷同附和,均应受到惩罚。十月初,降旨对尚书、侍郎、给事中、御史共六十八人分别处以革职留任、降级留任、销级等处分。

案例出处:《清实录》。

(张田田)

弘历断仆妇拒奸案

乾隆四十二年(1777 年)民人程二居丧调奸仆妇不从被伤一案,刑部的拟断被皇帝推翻另判。

案情是:程二、程大是兄弟,二人母亲为马氏。程大有仆妇吴氏,嫁给了仆人张成为妻。程二屡次调奸吴氏,吴氏均不从。她告知主母马氏,马氏将程二斥责。后来程二在居父丧期间,趁吴氏在程大妻子房内熟睡之际图奸,吴氏惊醒不从,程二强行亲嘴。吴氏于是哄令程二将舌头伸入她口中,趁机将舌尖咬下并且大叫。张成进屋得知情由,声言将要报官。程二央求不要报官,后来经过程二之母、妻说合,准许将吴氏夫妻放为良人,吴氏答应不告官,并给还舌尖。

此后,案件被步军统领衙门访获送刑部。吴氏坚供是临时起意拒奸伤人。刑部认为,吴氏在程二图奸之时,如果喊嚷,则家众皆知,本不难成功拒绝,但她却诱令程二伸舌入口,即行咬下,未免涉于机诈,因此将吴氏于殴家长期亲斩律上酌量减一等,拟杖一百,流三千里,不准收赎,定地发配。程二虽然图奸未成,但因为父丧不到一月,若仅照家长奸家中有夫之妇加居丧罪二等拟以杖六十,未免过轻,应再加枷号三个月。另外,程二之母马氏愿意将吴氏和其丈夫放出,不追身价银两。

此案送交皇帝,皇帝下旨,程二图奸仆妇,致舌尖被咬,咎由自取。吴氏拒奸,并非诓诱,加恩宽免刑罚。此案"通行"各省一体遵照。

案例出处:《刑案汇览》。

(张田田)

弘历改判兄收弟媳案

乾隆四十九年(1784 年)奉天府发生了一起高九乱伦娶了弟媳案,他父亲高志礼主婚,奉天府尹咨文送达刑部,刑部按照嫁娶违律事由主婚,主婚为首、男女为从减等规定,判处主婚者高志礼绞刑，高九、杨氏为流刑。

皇帝下达谕旨：刑部题驳奉天府尹定拟高九收弟媳杨氏应行绞决一本，昨已依议行。因高九乱伦之事由父亲高志礼主婚，刑部查照寻常嫁娶违律，驳令奉天府尹改拟。但似此乱伦重犯，减等即当拟流，尚不足以昭平允。刑部堂官固然是按律定拟，但如此判决于律意殊有未尽之处。即便是高志礼主婚，但高九何以竟甘心听从？即使平日无奸，其乱伦之罪已不小。况且，父母无有不爱其子，如果卑幼犯法而尊长出面承认主婚，则乱伦之男女双方可以免死，如何正伦纪而弼教化？因此，嗣后有似此事由父母主婚情节，虽罪坐主婚，而男女应行减等者仍拟绞监候，秋审时再行核其情节轻重办理，刑部堂官要详晰定议并将以上命令增入条例，以便符合皇帝明刑弼教之至意。

至乾隆五十三年（1788 年）便新增条例规定：至兄亡收嫂，弟亡收弟妇，罪犯应死之案，除男女私自配合及先有奸情，后复婚配者，仍照律各拟绞决外，其由父母主婚，男女听从婚配者，即照甘心听从之男女，各拟绞监候，秋审时核其情罪，另行定拟。

案例出处：《大清律例根原》。

（张田田）

弘历论知县受赃案

湖南巡抚姜晟奏称，巴陵县知县郑遇亨办理蓝青荐被刘楚玉殴伤后因病身死案时，虽然并未授意差役贪婪勒索，但在办理命案时并不当场取具尸亲确结，还听信差役方元引进部民私谒馈送，且失察差役指官撞骗。知县虽然自行举发，到底还是办理错谬，巡抚将其照拟革职。

刑部议覆并上奏，皇帝细阅原奏情节，于乾隆五十七年（1792 年）四月颁发上谕指出疑点：蓝青荐经知县验明是因病身死，而县役方元禀知尸亲蓝鸿要求见面，知县疑心方元在外招摇，于是就传唤蓝鸿进见，蓝鸿面呈银二百四十两，知县当即行坐堂，以行贿干求罪将蓝鸿收禁，并通报上级，申请提犯证至省究办。此事如果属实，则郑遇亨知县办理命案不但细心，而且操守清廉，应加之奖擢以风示地方，巡抚姜晟何必奏请将他革职？然而，郑遇亨如果当场验明蓝青荐因病身死，为何还要听任尸亲蓝鸿以殴伤身死具结投案，县役方元禀知蓝鸿欲求进见时，郑遇亨更不应传唤进署，等到蓝鸿呈送银两时，却又复坐堂将蓝鸿收禁，种种情节，矛盾重重，说明郑遇亨极有可能是先贪赃后退赃，其上司避重就轻，仅以办理错谬失察县役撞骗奏请革职，为属员开脱罪名。皇帝认为，此案必须彻底根究，但该抚姜晟是原办之人，自未便仍交其审办，致有回护。湖广总督毕沅统辖两省，湖南虽其所属，但此事原是姜晟办理，与毕沅无涉，该督应立即亲赴湖南，提集案内人证，查明郑遇亨有无得受赃银先侵后吐情事；郑遇亨平日居官操守如何，也不难询访得实。郑遇亨审办此案，如果既无错误又无别项情弊，自不应拟以革职；如果实为先行受贿，其事将败露始行收禁，则是重罪，即便不问拟死罪，也应发往新疆示惩，非仅革职足以敝辜。皇帝强调自己向来办理庶务，事无大小，必期无枉无纵，总督毕沅要秉公据实审拟具奏，此案是特交毕沅审办之件，倘若该督仍为属员开脱，一经发觉，要严厉追究。刑部于该抚奏到定拟之折，并未将以上指出情节详细驳正就照拟议覆，实在是疏漏。

案例出处：《续增驳案新编》。

（张田田）

胡惟庸谋反案

洪武十三年(1380年)正月,明太祖朱元璋接受丞相胡惟庸的邀请,到他家去观看醴泉(胡惟庸的旧宅井里涌出醴泉,因为是祥瑞之兆,所以借此邀请明太祖朱元璋前来观赏)。当皇帝的仪仗走到西华门时,有一名太监冲到皇帝的仪仗之前,状告胡惟庸谋反。朱元璋派人前去查看,发现胡惟庸家里刀枪林立,有谋反的迹象,所以立即下令逮捕胡惟庸,并在当天就对其处以死刑。

胡惟庸被处死之后十余年,对于胡惟庸的罪状一直都在查证,同时牵连出了一大批党羽。据统计,大约共有三万余人被牵连杀害,这其中包括"浙东四先生"。

其实,胡惟庸谋反案只是一个借口,目的就在于解决当时中央集权之下君权与相权的矛盾。明太祖朱元璋以胡惟庸案为契机彻底废除了宰相制度。至于案件本身是否冤案,朱元璋认为并不重要。

案例出处:《大明十五疑案》。

(武航宇)

胡知县平反盲父顶罪案

一则清代胡知县检验致命伤痕而判断真凶的案件。

有中年盲人来直隶某县县衙自首,承认打死了自己的父亲。胡县令前往检验,见死者老翁全身上下只有后脑勺上有三处硬物砸击造成的圆形伤痕,而且三处致命伤排列整齐。盲人供称,因老父脾气暴戾,平时无故打骂子孙,一怒之下从地上拾了块砖头,估摸头部方向,连拍三砖过去。胡知县听后故意说:案情很清楚,此等重犯,要解送到省复审,你怕是有去无回,可叫儿子来诀别。盲人的儿子到衙门后显得特别慌张,胡县令有意催促,叫他有话就快说,以后就见不着父亲面了。盲人流着眼泪叫儿子好好做人,勿念父亲,那儿子还是紧张无语。胡知县先让他人退下,然后单独审问盲人之子,突然严厉喝问他:你打死了祖父,还要自己的父亲来替你顶罪,是逆伦之中又逆伦。你父亲已经招供了,你再不承认,当场打死!那儿子惶恐下跪,连连叩头说:确实是我讨厌祖父一直责骂父亲,偏爱叔父,因此下手打死祖父。顶罪的主意是父亲出的。后来有人问胡知县,是怎么察觉这个案子的真情的,胡知县回答说,他验尸时已经起疑,盲人气愤中拿砖头乱打,怎么可能在死者后脑勺上形成有规则的三个伤痕?借故令父子诀别,发现盲人之子的神色有异,再趁其慌乱突然发问,果然获得真实口供。

案例出处:《不用刑审判书》。

(张田田)

胡州吏改字救人

清代《冷庐杂识》载,胥吏多更改案牍以舞弊,但胡长龄之封翁为通州书吏时曾改一字以救人之生。胡书吏承行盗案时,抄写犯人口供,其中写着"纠众从大门入"。案情已经审明。胡书吏考虑到,这群犯人因贫苦偶然行盗,并非真是恶贯满盈的巨盗团伙,于是向长官请示:这群人到案就招供认罪,定非久惯为盗,如今依律要不分首从一概处斩,似乎有失入人罪之嫌。长官以上司催促,迫不及待,无暇重写招册为由推辞。胡书吏请求:于大字上加一点为犬,这一改动并非谋私作弊,而是官员的好生之德使然。官员了悟而依从。胡书吏一举笔之间保全十余人性命。这是官府案牍更易一字而判决轻重悬殊的例证。

案例出处:《冷庐杂识》。

(张田田)

吉同钧调和部院核覆杀弟案争议

清代宣统二年(1910 年),陕西省赵憘憘挟嫌故杀十岁以下两名幼弟,陕西巡抚依照旧例,拟绞监候,上报中央,大理院、法部各执意见,大理院覆判,因旧例故杀胞弟拟绞一条在新颁布的《大清现行刑律》中已经删除,因此将该犯改照律文,拟流二千里。法部覆核时认为,挟嫌故杀幼弟二命情节较重,奏请依图产故杀胞弟例拟绞,交大理院另拟。大理院认为,部院取义各别,奏交法律馆妥议。部院争执,几致决裂,只好交修律大臣沈家本酌定。沈家本时兼任大理院长,统合新旧例文,详细酌定,认为大理院解释例文毫无疑义,拟仍照原判拟流。法部不服,三堂长官均不画稿,导致案件久悬不决。

时任法部郎中兼修律馆总办、大理院教习的吉同钧在其《乐素堂文集》中描述其撰写说帖调和部院办案意见分歧、使三方面和衷共济的努力,说帖如下:捧读修律大臣议论,逐层分晰,令人钦佩,但尚有存疑之处。查故杀胞弟之罪,历朝刑罚不同,多数情况下都判死刑。根据《尚书·康诰》,兄弟虽有长幼,而实同伦,贼杀他人罪小,骨肉相残之罪,重于一般杀伤。由此可见,兄之杀弟,与弟之杀兄,均不得贷其一死。因为有人可能会质疑,经义泛论道理,未可施诸法律,执经断狱未免涉于迂阔,所以下面我要查考立法。汉律规定,父母无故杀子,以故杀同凡论。杀兄弟及使人杀情同弃市。因此太初元年(公元前 104 年),宜城侯福犯杀弟之罪,被判处弃市之刑。元代《刑法志》记载元代立法,诸以细故杀其弟者处死;诸兄主谋杀其嫡弟者,主谋、下手皆处死。以上都是杀弟拟死之明文。然而唐明律中,弟杀兄拟以斩刑,兄杀弟则减轻拟流,同一杀害情节,犯案兄或弟在处罚上开始有分别。唐律最称完善,此条非但与汉律不同,亦与经旨相悖。我思来想去,不知有何依据,猜测也许是唐太宗曾骨肉相残,不顾天伦,臣下定律恐触忌讳,只好特从宽宥。总之,兄故杀弟,唐明律虽减等拟流,而汉与元并不贷其死罪。因为有人还可能质疑,古律不适时用,未可以衡当代之事,所以我查清朝定律,虽沿前明,乾隆元年(1736 年)时,因律文规定兄故杀弟仅科流罪不足蔽辜,从重定例,改照故杀大功弟拟绞。乾隆五十六年(1791 年),又定有图产故杀十岁以下幼弟照凡拟斩之例,这些法律修改,扫除唐明之失,隐隐与汉律、《周书》相合。现行新律虽删去故杀拟绞之例,而田产挟嫌故杀仍拟死罪,并非一概减流,古法尚未尽失。因为有人还可能质疑,旧律多涉严厉,与现今减轻宗旨不同,所以我查出新订刑律草案第二百九十九条规定,凡杀人者处死刑、无期徒刑或一等有期徒刑。后附理由是杀人者死,为古今东西不易之常经,推而至于尊长卑幼,也要如此区分,臣民是国家之元气,其生命非父母尊长所得夺,此为欧美各国公认之原则,子孙若无应死之罪,固不待论,即有应死之罪,自有审判官在,非余人所得专擅。可见此条文义非但专指常人,即父母杀子,尊长杀卑幼,也当如此规定。以父之杀子较诸兄之杀弟,其情轻自不待言,然以新律衡之,最轻尚处以有期徒刑,工作十五年。如今兄杀弟,而仅拟流二千里,折合工作六年,已较父之杀子减轻数等,何况所杀非止一弟,更何况被杀的都是十岁以下无知之幼弟,以如此残忍之徒而不与以缳首之死刑,非但与经义不合、古律不合、旧律不合,即衡诸新定之律,也是轻重倒置。总之,定案固当恪守律文,然而,果真情罪重大,也当酌量从严。在大理院,解释例文照律文改流,虽系罪疑惟轻之义，然施诸挟嫌故杀一命之案则可，施诸故杀二命而非幼孩者亦可，若赵憘憘一犯，似乎另当别论。凡人谋杀十岁幼孩一命，尚拟立决，胞弟虽较凡人为轻，然既惨毙二命，虽不能比照凡人拟以立决，似乎不可拘泥律文，宽其死罪。大理院有解释律例之权，不可不恪守常法，而法部有执行宣告之责，不能不折衷至当。平心而论，此案赵憘憘所杀的两个弟弟年仅七岁、五岁，小孩子哪里得罪了凶手，使其忍心下此毒手。凶手实属灭绝天伦，惨无人理，若不将其处以死刑，将来工作期满回家，未必不迁怒于其继母，复酿成逆伦之祸。法部议照例文拟绞，是为了维护伦理。但部院既各持一是，似应折中定拟，仍照原议拟绞，从宽酌入秋审缓决，免其实抵，庶几部院两得其平，与诸古律新律均可吻合。

案例出处：《乐素堂文集》。

（张田田）

蒋鸣玉断寡妇逐嗣案

蒋鸣玉，字楚珍，崇祯十一年（1638 年）进士，曾任台州府推官，在任期间他处理过一件争产逐嗣案。

寡妇周氏之父周昌运代其控告嗣子汪嘉麟抢劫家财，要求把他驱逐出门。台州府受理此案之后，蒋推官择日升堂，传众涉案人上堂。周昌运诉称：“小女本来不愿立汪嘉麟为嗣，无奈族人强将其为嗣。汪嘉麟将家内细软掠走，小女无以为生，便回娘家过活。汪姓宗族欲将小女名下财产充为族产，小的告到县衙，但汪家抵赖，望大老爷明断。”蒋推官再问族长：“为什么会把弟弟休弃的妻子归到哥哥的名下过继子嗣呢？你快从实招来！”汪姓族长供称：“周氏被前夫汪培寿所休弃，但她仍要在汪家生活，宗族为了保证她的生活，所以就将汪嘉麟立为汪培寿已死去的哥哥汪培福的子嗣，周氏也归到汪培福这一房。但不久前，周氏家起火，房屋被烧，需要重新修理，周氏便暂时回娘家居住。不料周氏之父却将汪嘉麟告上公堂。”蒋推官又问：“前夫还活着，为什么称为节妇？哥哥已经亡故，弟弟的妻子为什么能为他守节呢？”族长说：“最初，周氏是许配给哥哥汪培福的，过门尚未同房，汪培福便病死了。汪家觉得周氏可怜，就让其弟汪培寿续娶。婚后两人不和，加之周氏无子，汪培寿便将其休弃。周氏又不回娘家，所以才过继汪嘉麟，归在汪培福那一房。毕竟周氏曾经是他六礼所聘，所以周氏为汪培福守节。”

蒋推官又提审汪培寿。汪培寿供称：“我休弃周氏之后，把哥哥的家产划归给她，并过继嗣子。没有想到岳父周昌运控告，要汪家出钱赎回周氏所带走的田契。”过后，蒋推官再审周昌运，问他为什么要勒赎汪家的银两？周昌运供称：“小女不想回汪家生活，汪家中属于小女的财产，当然要索回，并且要将地产折成现银，以后再行立嗣与汪姓无关。”蒋推官这才明白，原来周昌运是想借故把汪嘉麟的继嗣关系解除，让女儿拥有财产处置权，即使是改嫁，汪家的财产也可以带走。蒋推官感觉周昌运背后一定有人指使，所以他把众人都释放以后，命令几名亲信去跟踪原被告，查明原被告都和谁有来往。

经调查得知，生员顾震与周昌运往来频繁。于是蒋推官传顾震到堂，又传来周运昌，且不由分说地就给周运昌上了夹棍，让他招认与顾震有何密谋。周运昌只得招认自己许诺将女儿许配给顾震，为了带些陪嫁，所以一起谋划侵夺汪家财产，并把婚书交了出来。顾震也无法抵赖，只得低头认错。

蒋推官最后判决：周氏被其父操控，免予处罚。周运昌诬告汪嘉麟，处以杖刑。顾震教唆诬陷,也处以杖刑,但须上报礼部除革其功名后再执行刑罚。涉事财产发还给汪家。

案例出处:《柏桦讲明清妙判》。

(武航宇)

九卿议因疯杀夫案

清代光绪年间,刑部等九卿奉皇命集议山东菏泽县崔霍氏砍死丈夫一案,因她患有疯病,建议减轻崔霍氏的凌迟死刑。

崔霍氏籍隶山东菏泽县,平日夫妇和睦。崔霍氏于光绪九年(1883年)十二月,患上疯病,病情时好时坏,其夫崔洝与公公崔志因崔霍氏并不滋事,央求地保、邻佑不要报官,只是将崔霍氏锁锢在家。光绪十年(1884年)五月一天傍晚,崔霍氏发病,手执切瓜铁刀在院跳舞,崔洝阻拦时被崔霍氏用刀砍伤咽喉,倒地不起。崔洝之叔崔学等听到喊声,前来查看,将崔霍氏捆获。此时崔洝已经伤重身亡。县官访闻差查报验,提讯崔霍氏,她语无伦次,不能取供,送去就医后再提审,她供认前情不讳。鉴于崔霍氏非有心致死丈夫,又无起衅别故,并非装疯捏饰,依律拟斩立决,声明并非有心干犯,经刑部等衙门援例声明。光绪十二年(1886年)七月十八日题,二十日奉旨:九卿定议具奏。九卿查《大清律例》,律载:妻殴夫致死者斩决。又例载:妇人殴伤本夫致死,罪干斩决之案,属于发疯无知、有可悯之处的,由该督抚按律定拟,于案内将并非有心干犯各情节分晰叙明,法司会同核覆,援引嘉庆十一年(1806年)段李氏案内所奉谕旨具题,仍照本条拟罪,毋庸夹签,内阁核明,于本内夹叙,票拟九卿议奏及依议斩决双签,进呈恭候钦定。九卿议定:崔霍氏因疯发无知,用铁刀砍伤丈夫崔洝,致其死亡,案发时疯迷,覆审时招供,取有地邻人等甘结证明她无装疯捏饰情弊,其杀夫是因为疯发无知,并非有心干犯,案情与段李氏因疯砍死丈夫之案相似,若将该犯妇依律问拟斩决,实可矜悯。光绪十二年十二月十七日,相应请旨,将该犯妇崔霍氏改为斩监候,秋后处决,恭候钦定。此案是刑部主稿,合并声明。得旨:"霍氏依议,改为应斩,著监候,秋后处决。余依议。"

案例出处:《论清代九卿定议——以光绪十二年崔霍氏因疯砍死本夫案为例》。

(张田田)

孔镛以德平瑶乱

孔镛,字韶文,长洲县人,景泰五年(1454年)进士,曾任高州府知府。当时高州府的汉族和瑶族关系很紧张,其上一任知府刘海因为害怕瑶族人入侵,就紧闭城门以自守。当地城外的百姓为了躲避瑶族人就前来投奔,结果刘海就是不开城门,这些人回去之后就被瑶族人杀害了。但是刘海还怀疑城里有人暗中归降了瑶族人,为了安全,就杀了他所怀疑的人。瑶族人便以此事件来激怒城内众人,使城内人成为他们的内应,很快高州城就被瑶人攻下。

孔镛来高州府上任以后,打开城门接纳前来避难的百姓,每天都有很多城外的百姓来投奔。城内放不下人之后,他就另外在老城的东北处筑新城来安顿流亡的百姓。附近地区有很多百姓的尸骨就暴露在荒野里,乡间也有很多人得传染病死亡的,孔镛就为百姓建立义冢,安葬尸体。

当时高州境内一共有十多个瑶族人的部落,其部落首领之一冯晓驻扎在化州,部落首领之二邓公长驻扎在茅峒,官府很多次招降,他们都不来。有一天,孔镛一个人骑着马,带着两名随从直接前往茅峒。茅峒离城有十多里路,半路上遇到瑶族人的士兵,孔镛就命令他们回去禀报说:“我是新来的太守。”邓公长忽然听到新上任的太守到达自己的地盘,连忙叫来自己的士兵穿上铠甲前去迎接。等他见到孔镛时,发现他说话坦率而且不带随从,就少了好多敌意。孔镛慢慢下马,进去坐在院子里,邓公长带领他手下的士兵脱下铠甲一齐跪拜。孔镛教育他们:“你们以前是品质很好的百姓,由于饥寒交迫才铤而走险。以前的太守想用武力镇压你们,我现在奉皇帝的命令来做你们的父母官。你们就是我的子女,如果你们相信我,就把我送回城里,我会送给你们一些粮食与布匹。你们如果不相信我,可以杀了我,那么朝廷的大军马上就到,会将你们赶尽杀绝。”邓公长还有些犹豫,他手下的士兵却都已经被感动得流下了眼泪。孔镛说:“我现在饿了,你们应该招待我吃饭吧。”邓公长跪着呈上食物和美酒。孔镛吃完后,说:“天都快黑了,你们应该招待我们住一晚吧!”晚上,孔镛解衣酣睡一直到天亮,瑶人见此情形,面面相觑,都叹服孔镛的胆量。孔镛在这里又住了一晚才回城。在回城的路上,他看到路旁树上挂着许多被剥光了衣服的人,就询问具体的情况,原来这些人都是本地的读书人,于是,他命令把这些人全部放下来。邓公长派了几十名骑兵护送孔镛回城,城里人远远看到这样的情景,都非常害怕,以为是知府被抓住,被匪首绑了,前来逼降,官兵全都登上城墙。孔镛让瑶族骑兵留在城外,独自与瘦弱的士兵来到城里,取了之前许诺的粮食与布匹,让骑兵用车装回去。邓公长更加感激孔镛了,便放火烧掉了自己的巢穴,领着自己属下几千人前来投降。邓公长投降之后,其他部落的瑶人也陆续开始向高州府交纳税款,只有冯晓依然倚仗其地势险要而不肯降服。孔镛挑选出二百名壮士,连夜赶往冯晓占据的化州。冯晓得知消息后,仓皇逃走,并隐藏起来,孔镛抓获了他的妻子儿子,并带回来,对他们非常好,最终冯晓也率领五百人投降了。从此以后,高州府境中非常安定。

案例出处:《明史》《中华历代名案》。

(武航宇)

蒯德模辨诬人拐卖案

黄德丰于养媳刘氏逃匿数月后,忽然指控王三拐带其媳。蒯德模问黄德丰,可知王三将人带至何地,答荆溪张渚镇东山村,问他可知王三卖与何人,答娶主为王德奎,媒人为张裕春。黄德丰还提供其他证据:某某于某月某日路遇王三之舟而亲见其事,某某于某月某日行经张渚镇之地而窃闻王三之说,等等。这些证人被提讯时,都众口一词,与黄德丰所说相符。然而,当蒯德模质问王三时,王三却坚不承认。蒯德模也怀疑黄德丰所述的情节过于详细,有串通捏造之嫌疑。复讯时黄德丰只求断给他财礼,蒯德模更加感觉此案情虚,行查荆溪,得知并无其事,于是惩处诬告串供的黄德丰等人,释放王三。

案例出处:《吴中判牍》。

(张田田)

蒯德模辨一尸两案

吕郁文是镇江丹阳人。咸丰十年(1860 年),丹阳城陷,吕郁文载丝出境,行经太平洲,货物被严家正、王龙标劫去,兵退之后,吕郁文捉获严家正送官。但当时团防董事黄宽等倚严家正为左右手,请官将严家正释放,不受理吕郁文之案。吕郁文舅氏贡元良恚愤上控,提及黄宽,黄宽也以贡元良好讼控诉，贡元良被羁押后被放出，之后去向如何，归与不归，不得而知。适值老郎桥地方有无名老男子落水身死，报官验尸埋葬。贡元良妻子贡高氏就来控诉说死者是丈夫贡元良。没多久，又有贡士斌告称此死者是他伯父贡秉锡。双方诉状大略相似，皆控黄宽"挟嫌谋害，贿仵匿报"，并指明下手格杀之人是大眼孙三，历控运司、漕督暨钦差。都将军行辕檄道府审办，拘孙三关押。

蒯德模奉长官命令，亲提人证卷宗，奇怪的是"卷下盈尺许而并无一官讯问"，他细核全卷，此案严家正抢丝之事毋庸质疑，命案则多虚构编造的"影响牵涉之词"，究其原因，"大约因抢案不结，故有此命案之纠缠"。蒯德模认为，严家正已在逃，但只要有王龙标在，便可了结此案。于是他召原来验尸的仵作杨成林诘问：死者有伤么？杨成林答无。问杨成林能为此具结么，答能。又问，死者到底是贡秉锡还是贡元良？杨成林说是贡秉锡。问杨成林何以知之，他回答说自己与贡秉锡本素识，在死者怀中检出已湿词稿，是其在县控人有案可查。蒯德模对仵作说：果真如此，就应实指为贡秉锡，召其亲属领埋，便可定案，就不必以无名男子喝报。就是因为你自开其窦，留有漏洞，而予人以可乘之机。再召贡士斌、贡高氏，二人则皆恸哭呼冤，蒯德模姑置之不问。次日，蒯德模单召贡士斌诘问：死者为贡秉锡无疑，但贡高氏控黄宽，你也控黄宽，贡高氏控凶手孙三，你也控孙三，何以似此依样葫芦？贡士斌说：黄宽担忧贡高氏控告，许我埋葬银，嘱托我领棺以实证虚，我已愿领，而黄宽不给银，故取贡高氏所控情节依稀仿佛而为之，再告一遍，给黄宽施加压力。蒯德模笑着说：这才是实情。但查贡秉锡落水处，人行不到，何以夜间至此？贡士斌不能回答。蒯德模召原仵作询问：相验之所有厕么？仵作说就在厕侧。蒯德模认为，死因或许是夜间入厕，落水身死，死者当时往宿的某家因其已死，而不敢承认。然而，蒯德模考虑到，死者为贡秉锡，而贡元良究往何处不可得而知，此案尚未足为信谳。又过数日，召贡高氏再三诘问，贡高氏坚持说不知道，但蒯德模察言观色觉得她不似此前那样悲伤，就问她得了贡元良的家信了么？贡高氏否认。蒯德模追问：你明明收到了家信，何以欺我？让人搜贡高氏身，果得贡元良书信，是前月初三日由安徽某戚家发出，贡高氏是于前两日接到的。蒯德模质问贡高氏还有什么话可说，贡高氏叩首说出：此前实不知下落，故怀疑误控，事已至此，未便遽呈请求撤诉。

蒯德模因此确定结案，将一干人证，概行省释，只将王龙标于抢丝案内拟判徒刑，并追赃若干，让吕郁文领走。

案例出处：《吴中判牍》。

（张田田）

蒯德模辨捉贼虚实

五品顶戴候选、从九品许鲁珍控告马快陈阿金平空诬告自己行窃。陈阿金供：眼见许鲁珍街市徘徊，用剪刀剪窃行人玉器，赃虽然没到手，但搜出了作案的剪刀。许鲁珍则辩解称，曾在某将军营内得军功保举，现在流落在苏，并没干顺便偷窃的事。蒯德模判决：许鲁珍不是正经人，又缺钱花，"迹有可疑，情已概见"。"剪刀乃家藏之物，并非杂佩在身；街衢是路过之场，安用冷观局外？"许鲁珍的头衔得来不正，行为又不合规，"宦途太滥，头衔尽可悬冰；贼智忽生，手段原来窃玉。虽无赃据，岂免贼名"，以此为由，将其递解，送回原籍。

案例出处：《吴中判牍》。

（张田田）

蒯德模惩僧人不法

涉讼的僧人守成，在蒯德模看来，是个无赖。他原为和尚，战乱中还俗当兵，城复后谋求代理僧纲司，凭借吴县要调查上方山的命令，就想讹诈尼诚宗索取钱文。被控告后，他还狡辩说"不守清规，理应查办"。蒯德模感慨："做和尚都不能坚持的人哪里是个好人？"也就是说，为僧都不能持之以恒，看品行也是不端之人，僧人守成既然这样，"掌责犹从宽政"，体罚一顿，都是轻的。

案例出处：《吴中判牍》。

（张田田）

蒯德模惩小甲不法

于友山为儿娶媳，雇用纪老虎治酒。李星洲自称厨子中的"小甲"行会会长，凭借自己在行业中的主顾来插手别人的家事和生意，因此闹到官府。县令蒯德模认为，各行小甲，最为民害，说厨夫不可替代，简直可笑。至于李星洲呈出乾隆年间充役牌票，先不说事隔多年，难以凭信，即使实有其事，凡不便于民的，本县也要更改。判决将李星洲笞责，牌票注销，小甲名目革除。

案例出处：《吴中判牍》。

（张田田）

蒯德模断被拐妇女完聚案

彭国礼有妹子彭氏，原本嫁给了张成育，但在"贼扰金陵""兵克禾郡"的战乱中，她被匪兵掠走，离开了丈夫。蒯德模表示同情：彭氏"以不能自主之身成无可奈何之事，原情可悯，论例无关，女流无知，原无足怪"，意思是说她与别人生活是迫不得已，不认为她故意背叛了丈夫，也就不按照律法来惩罚她。只是她的踪迹被兄长找到，她的"故夫"即张成育也还健在，"斟情酌理，应即断令领会，再图完聚"，也就是说要维持她原有的合法婚姻关系，让她回到丈夫身边。蒯德模还审时度势，考虑周全，目前"收留"占有彭氏的黄佩元外出未归，如果趁其不在就把彭氏带走，难保黄佩元闻信后借故不归，兴风作浪，造成麻烦，"爱河未续，翻令欲海波兴，殊堪逆虑"，对彭家、张家反而不好。因此他下令在本地另找地方，"将彭氏寄存妥处"，彭国礼"在外候示"，暂且等待，同时催促黄佩元尽快到案，到时他当堂讯明，再让彭氏被领回家。

案例出处：《吴中判牍》。

（张田田）

蒯德模断逼良为娼案

钱阿五、阿六是杭州仁和人，杭城要失陷时，她俩避居于乡，被坏亲戚设计，卖给柳二官。柳二官无子，买她俩时谎称迎娶，其实是逼着钱阿五、阿六做娼妓，二女不从，就受毒打。某天，二女听到邻船有人是杭州口音，写信让他带回杭州，打听消息，没多久，家里亲戚回信了，于是二女相约逃跑。刚下船，而柳二官已发觉，急着要人。她俩害怕，躲在巡查的武都司处。柳二官则去找旧相识的某镇军，镇军怒，打算治武都司之罪，并索回二女。武都司无奈，找到蒯德模，蒯德模说：赶紧把女孩送过来，还有希望。送来之后，蒯德模伫立檐下，将柳二官掌责，使其尽吐实情，立令其具结，并将钱阿五、阿六寄存内署。到镇军差人来时，这边已经结案了。差弁说他奉镇军之命，要带走钱阿五、阿六。蒯德模强硬地回答：替我转告镇军，我此官可不做，此女必不可归。镇军也就没再坚持。

蒯德模写判词如下：钱阿五、阿六“以深闺窈窕，值乱世仳离，偶因烽火惊心，顿致泥途失足”。他还是代入她俩的视角感叹：被亲戚“相煎太急，摧残连理之枝”，在柳二官手下，姐妹俩是“奋飞不能，盼断乡关之路”，直到等来机会，“因而渡头晚泊，借问同乡；袖里书藏，暗通消息”。他认为二人逃走是“落花已成泥土，谁惜残痕；小鸟得脱藩笼，仍思故宇，斯亦情有可悯而志有可嘉者”。柳二官则咄咄逼人，“既疑邻舫之串逃，复假戟门以相压”。在蒯德模看来，“武夫无胆，几为善之不终；少者当怀，况穷民之无告”，他愿为百姓做主，责罚柳二官，拒绝镇军的无理要求，“于是奋我鞭挞，晴空而雷忽惊；抉彼奸私，案定而山不动。奉檄之牙官色变，环辕之士女心欢。铜雀虽高，休望二乔深锁。明驼自在，何难千里送还”。他最后畅想，“将军弯射柳之弧，柔枝并折；宰官荷种花之锸，故土尤宜。用是选派妥丁送归之子，欣此日脱离地狱，重看姊妹之花；况故乡已近天台，再煮胡麻之饭”，二女重获自由，他要派妥当之人把她们送回家乡，使她们重获新生。

案例出处：《吴中判牍》。

（张田田）

蒯德模断不肯嗣子案

原告汪陈氏想要立丈夫弟弟的儿子为嗣子，夫弟不同意，她就告上公堂。蒯德模审理此案，发现原告是头发花白的老年寡妇，汪家“并无旁宗可以承祧”，也就是除了被告那一支之外，再无合适的承嗣人选。他问被告为何不同意让儿子去做嗣子，被告说，那些争着要承嗣的无非是图财，不争也没有错啊。蒯德模则当堂举出了《左传》中“杀茹，璧将焉往”的典故，做诛心之论，暗指被告是觉得寡妇的财产反正也没有其他去处，所以连让亲生儿子出嗣的代价都不愿承担，只想等着兄媳死后占产，“居心狠毒，莫此为甚”。被告当时在病中，闻言浑身汗下，病竟不治而愈，人也心服口服，不再拒绝立嗣。蒯德模办成此案后退堂跟人说，有道是“陈琳檄可愈风，杜陵诗能医疟”，我的判词能治病，也属于这类佳话吧。

案例出处：《吴中判牍》。

（张田田）

蒯德模断差役私吞佃租案

叶遇春赴府状告佃户朱小寿抗租，经府提佃，发知事厅追讨欠款，朱小寿被羁押，荷枷五个月，其堂兄朱锦堂不得不牵其耕牛变卖，得钱交给原差王祥代为呈缴。不料王祥私吞此款，而叶遇春不知，再次赴府催要。蒯德模认为，王祥“以剜肉补疮之钱，饱花费瓜分之橐，非徒大胆，实属忍心”，导致朱小寿“室中之黄犊已牵，家贫如洗；堂上之青蚨未缴，官怒难平”。等到王祥被朱小寿的母亲指控，知府提鞫，他仍然支支吾吾，不肯承认。案件发给县令，蒯德模当即坐堂审理，不再传讯过付之人，直接质问王祥此罪难逃之理，未用刑讯，王祥就不再狡辩，将扣留款项如数退出。蒯德模感慨：佃户朱小寿确实有冤，差役也实在可畏可怕。

案例出处：《吴中判牍》。

（张田田）

蒯德模断长房争嗣案

杨顾氏乃杨家二房杨昭德之妻,杨昭德去世时无子,立嗣应立三房杨芳仙之长子杨鸣皋,方合礼数。出自长房的杨念宗却坚持要承祧,因此争执。蒯德模评论,这是长房未知大宗不能与人为后之义。在族长杨秀章等主持下,让两子并嗣,蒯德模却觉得,这虽然是于伦序之中寓调停之说,但也导致"自乱其例",还是不妥。蒯德模因此断令:财产方面,杨顾氏要将遗产分给长房若干亩,意在"以推让之理,息觊觎之心,所谓以让化争也";嗣子方面,应专以杨鸣皋为嗣,原因是"礼有明文,例有专条,不得紊乱也",建议族长仔细考虑并改正。

案例出处:《吴中判牍》。

(张田田)

蒯德模断长子霸占遗产案

尤薛氏生了七个儿子,她死后留下的膳田,应当七股均分。长子尤杲却霸占私吞,"公然鸠占,遽尔鲸吞;始则抵押,继则盗卖。黄金浪掷,半托花费之名;白手独擎,不作瓜分之想",也就是说居心不良,手段猖狂。蒯德模辨析,长子想来是以为二、三两房仅余寡妇,四、五等房均为年幼的弟弟,被欺负了也无人过问,因此为所欲为,但他想错了,尤张氏把受欺凌的情况写进了诉状,赴县告诉。

知县蒯德模追明原价,重新分配,判决如下:"先于一分之中析之而为七,而不使其强者独据之,所谓惟礼定分使人不争也;又于六分之中,并之而为二,而必择其苦者先畀之,所谓'哿以富人,哀此茕独'也",也就是说将遗产平均分成七份,长子只能得到一份,剩下的六份再分成两组,优先分配给除长房外的六家中日子过得最苦的两家。尤朱氏同样是寡妇,虽未与尤张氏并控,也应该跟尤张氏一样,两寡妇平分剩余的遗产,这是因为儒家经典中的"推己及人",能想得到寡妇必然都有"无告"之苦。尤权等人,虽应与尤张氏公分,但要特别劝说他们把应得的份额让给寡嫂,这也是因为"发政施仁,必先此无告"符合经典之意。他最后勉励尤权等人,"阿兄不道,难应将伯之呼;群季皆贤,尚有援嫂之意,本县用是嘉尚,而于尤权等寄予厚望"。

案例出处:《吴中判牍》。

(张田田)

蒯德模断痴人强葬父母案

蒯德模审理陆福控诉倪三观将父母强行埋葬到陆家田里的案件。蒯德模提讯倪三观,发现他智力低下,本人是做不出这种事来的。于是详细诘问,知道了幕后是地棍施野二、施野三等人。于是判词中指明了责任人,"白骨无辜,甘做骗人之鬼""孺子可教,竟挟奇货以自居;故鬼无灵,乃指他山而为墓",意思是强葬并非死者的本意,也不是倪三观自己想出来的。罪魁祸首是施野二等人"哭他人之灵屋,生平地之风波;既主谋于暗中,复助恶于局外",这伙人"是真市井之尤而乡里之害"。蒯德模要求倪三观迁坟,恢复原状,同时穷治施野二等人,"以快人心"。

案例出处:《吴中判牍》。

(张田田)

蒯德模断将女改嫁案

顾闰寿本来许配给程士林，当“十年贼扰”时，她不得不跟母亲一起到朱云岩家避乱，一来二去，母亲就改变了当初的想法，“郭氏则以绕膝幽兰，移栽别馆；朱某竟以投怀小鸟，畜作家禽”，蒯德模评价顾、朱的结合是“罔顾前言，全忘后患”。果然，“苏城克复”，即当初阻碍顾、程成婚的因素消失后，顾家人、程家人均来告状。顾郭氏的嫡子顾恩湛、顾闰寿的原聘丈夫程士林都告朱云岩“奸占”，要求让顾闰寿离开朱家，嫁到程家。蒯德模考虑到现实情况，顾闰寿已经给朱云岩生了儿子，而且她嫁给朱云岩也是由母亲主婚的，并非擅自通奸。于情于理，既成的婚姻也应该维持，“倘谓牛耳先执，则呱呱在抱竟将置之何人；责以雀角怎穿，则明明有词尚谓禀之自母”。他于是劝告状者不必固执，如果坚持要拆散顾、朱，可能会出现寻死觅活抗婚，或是通奸再续前缘等不尽如人意的结果，考量情理与利害，都不如另娶别家女子：“世间有烈女子，或律以从一之义，则水火堪虞；天下多美妇人，何取此已嫁之身，而中冓可丑。因生成熟，白璧尚属无暇；舍旧谋新，黄金何难再买？”判决将程家聘礼返还，让程士林另觅佳偶。

案例出处：《吴中判牍》。

（张田田）

蒯德模断借女讹索案

沈玉田来告钱昭大借女讹诈索钱一案，起因是钱昭大的女儿生了重病，请来巫人范五天做法祛病，巫者原来与沈玉田有仇，借机说沈家盖房子妨碍了钱家人的健康。钱昭大信以为真，女儿死了也不办丧事，留着尸体不下葬，非要到沈家去闹。范五天到堂，还指天画地说什么钱家死人是“犯白虎”。蒯德模并不相信，引经据典驳斥此说，断令钱大昭自行将女儿入棺收殓，并惩罚了范五天，不让其奸计得逞。

案例出处：《吴中判牍》。

（张田田）

蒯德模断冒认妻子案

陈曾锡的姐姐陈氏许配给了同乡的金元铨。陈氏养在深闺，从未离家。因为拜祭父亲而偶然去到寺庙，要返家时忽然遇到有人用别的名字叫她，还要把她抢走。陈某将此人扭送到县衙，讯问得知此人是来自金陵的王正坤，曾经收留了某家的弃婢，但她很快又跑掉了。蒯德模描述王正坤的得而复失的心态，“落花堆里偶拾残红，蔓草丛中又成野绿，以致求之不得，因恨成痴；立而望之，虽非即是”，再三盘问王正坤，他都坚持这么说，也许有几分可信。但陈氏与那名女子毫不相关，“里居姓氏之不同，亦笑貌声音之弗类”，王正坤显然是错认，冒犯了陈氏。蒯德模认为此案中王正坤“痴情若梦，积想成迷，实雾眼之朦胧，非色胆之敢大”，冒犯之举是出于对别人的思念，而非对陈氏要色胆包天地侵犯，因此“姑予杖遣，以蔽其辜”，也就是对王正坤加以刑责，但不按照强奸来定罪。

案例出处：《吴中判牍》。

（张田田）

蒯德模断母子争讼案

某宗族中有妇人因奸情不安于室，嫌弃儿子碍眼，就到官府首告儿子不孝，因而争讼。族长和祠长都是“诸生”，通晓儒家经典，分别被母、子两方当作后援。袒护母亲者提出“七子之母不安于室，孟子犹以为小过”的理由，蒯德模认为这是曲解经典，指出东汉学者卫宏就有增窜误解诗经的表现，认可清朝学者管世铭对《凯风》诗篇的解读。蒯德模明示自己的态度是“不安于室乃人生之大节，岂得谓之小过”。偏袒母亲一方的诸生耸然叹服。

案例出处：《吴中判牍》。

（张田田）

蒯德模断骗婚案

沈周氏控杨阿全将儿媳陈氏诱拐藏匿，蒯德模提讯杨阿全，杨阿全呈出婚据，上面写着沈周氏主婚，金歪头做媒，且杨阿全说已付洋钱八元。蒯德模质问沈周氏，她却说并未主婚，也未收钱。蒯德模问杨阿全，钱交何人。杨阿全答，交给了金歪头。再问金歪头，则说转交经造陶阿鹅。蒯德模提讯陶阿鹅，陶阿鹅不承认，称事不干己，不应交出洋钱。蒯德模寻思，两造各执，无从定断，但金歪头忽于问中供出陶阿鹅，则陶阿鹅不得为无事，应该跟此事有关系。于是他又问杨阿全，婚据是何人书写，答为沈金龙。提讯沈金龙，说是杨阿全求他写的。蒯德模问他，你会写字，现作何事？沈金龙答，代经造写册，蒯德模问，经造姓甚名谁，沈金龙说是陶阿鹅，问沈金龙写婚据一事陶阿鹅是否知情，沈金龙坚称陶阿鹅不知情。蒯德模盘算，沈金龙现在陶阿鹅处做事，则与金歪头所供又暗相符合，于是命掌颊，沈金龙这才交代是奉陶阿鹅令而写就婚据，底稿是陶阿鹅做就，金歪头交来的洋钱八元也是陶阿鹅收用的，问他沈周氏是否到场，答未到场。原来是陶阿鹅私将陈氏卖给杨阿全，而吞没其身价。蒯德模问沈周氏，何以单控杨阿全，原来是陶阿鹅本与杨阿全有矛盾，借机唆使沈周氏控杨阿全拐匿。蒯德模召陶阿鹅至，陶阿鹅俯首服罪。蒯德模痛惩此人，并追洋钱给沈周氏。

案例出处：《吴中判牍》。

（张田田）

蒯德模断欠债羁押案

蒯德模同治年间在长洲等地做县令刚就任时，去到笼房视察。被羁押者中有名叫高发美的，“忧戚之形见于眉宇”，精神很低落。蒯德模讯问他为何被羁押，高发美回答说他是开面饼摊的，欠金子和面店钱七千文，还不上就被告，押在牢里三个月之久，因母亲有病，屡次乞求归家，未曾获准，如今母亲已经病故了，说完痛哭。蒯德模于是作判：被告高发美“两手全空，没面为饼，一身在押，避债无台，而且母死未归，家贫如洗，未尽一棺之恸，徒虞三尺之追”。面对这种惨状，蒯德模议论：在本官，既少矜凶之情，在原告，也犯伐丧之戒。须知债务他日可偿，母死终天饮恨。钱债事本细故，况欠债数额无多。高发美亲丧疚在，终身都有隐痛。意思是说欠钱事小，母死而不能送终，实在令人同情，就算是原告讨债，也该讲究人情。于是蒯德模召金子和来，以高发美面摊器具抵偿所欠债务，将高发美释放归家。

案例出处：《吴中判牍》。

（张田田）

蒯德模断强夺人妻案

苏城离乱之时，闺秀高氏被淮勇阮国尚掠走，“幽兰在室，苦被搜寻；彩凤随鸦，终惭非偶”，但阮国尚“得人如玉，贮屋无金”，也就不免从想高氏身上赚钱，高氏引来了不少人上门，“絮抛软白，难禁雨打风飘；花太娇红，未免蜂狂蝶醉”。曹启东声称自己跟高氏旧有婚约，但供词混乱，于是“众窜以归，形同强夺”。蒯德模认为此事“暴以易暴，顿生平地风波；奇之又奇，竟架空中楼阁”，高氏就这样被抢来抢去，阮、曹二人恐怕是一丘之貉。蒯德模本想笞责曹启东，将高氏送还，但她“虽觉昨非，犹云今是”，前面在阮国尚处犹如在勾栏中受苦，如今宁愿离开阮国尚，去到曹启东家生活。蒯德模考虑到，“怎得依依杨柳，分得春色两家”，高氏一人不能判给两家，但“请将濯濯芙蓉，度出泥污一朵”，高氏能脱离把她当妓女的阮国尚，毕竟是脱离泥淖的好事。所以蒯县令这才怜悯高氏“折磨可悯，婉转堪怜”，用诗人诗句中的典故表示对妓女的同情，“商妇琵琶，犹伤白傅；东山女妓，本属苍生”，主张他就算成就了高、曹二人，也是“如愿以偿，顺情为理”。因此断令曹启东给阮国尚一些钱，阮国尚“囊金而去，别有生涯”，曹启东“怀璧以归，自成眷属”，“重寻仙子，已迷采药之阮郎；嫁得东风，赖有种花之潘令”。蒯德模用典故，来暗示自己成人之美，也自诩为护花使者。

案例出处：《吴中判牍》。

（张田田）

蒯德模断妾殴妻案

李清桂娶妻方氏，后来又娶妾熊氏，家中朝夕诟谇，做丈夫的竟然纵容妾将妻殴伤，妻控到官。蒯德模召李清桂来，晓之以理：“妒妇固愧乎三从，而宠妾尤犯乎六逆”，妻妾都有错，而做丈夫的也要三思，处理好家务，不要再家丑外扬。

案例出处：《吴中判牍》。

（张田田）

蒯德模断窃券图产案

陆金祐是个“虎而冠”的仗势欺人者，曾捐职为长兴县典史，其子陆仁甫为高子美之婿，高子美死，适值兵乱，陆家偷拿了高家的分书、契券逃走，等战乱平定后，改头换面立陆合珠栈并报官收租。高子美之母高江氏还活着，来控告陆金祐霸占高家产业。陆金祐却辩解，高氏之产不多，且均经押出，由他赎回，剩下的都是他的家产，并呈出高子美分书田数为据。蒯德模细加比对，田数较原分书果多，字圩坵号也有不符，虽然“碍难定断”，仍疑心陆金祐“非正人”。于是他又问“催甲”即收租人，仔细讯问田数何以多出，催甲解释说，高子美之弟高履墀出嗣他房，其原分之田有半数都让给了高子美，故高子美实际得到的田数比原分书里多。又问字圩坵号何以不符？答，高履墀因执业不便，将其原分之田与高子美调换，故字圩坵号又与原分书不符。蒯德模了解情况后，就指责陆金祐道：这种情况就给了你可乘之机，籍此生心希图牵赖。陆金祐语塞，又称，田虽是高子美的，但由其措银赎回。蒯德模问当主为谁，陆金祐说金伟生，问赎价若干，答八百两，于是传金伟生对质。据金伟生供述，价止三百两，仍是高子美之妻高陆氏兑交的。于是蒯德模作出判决，将陆金祐褫革功名，田归高氏。

案例出处:《吴中判牍》。

(张田田)

蒯德模断侵吞财产案

宁波人张庆孝控监生姚城狡赖图吞。蒯德模刚上任时就听说姚城勾结衙门、为害乡里,有外号叫作“黑鬼”。蒯德模查明此案案情:张庆孝租姚城的房子,开设庆云楼茶馆,押租二百千,房租一百千。张庆孝又因资本不敷,再借姚城钱二百千,其房租以租折为凭,借款以借券为凭,本来一清二楚,但姚城设计骗财。房租方面,姚城忽然谎称租折遗失,而以后之张庆孝所付房金,但凭面交,无由登折;借款方面,姚城忽要每月拨还,而从前之所立借券,并未注明,依然原数。其实两款均已收清,而押租仍应归出。张庆孝还蒙在鼓里,姚城则蓄意已久。今夏,张庆孝因病回里,姚城即将房屋另租,所有器具搬入自家。蒯德模认为,姚城此举是“下千里逐客之令,有一网打尽之思”,阴险狡诈,简直像条恶狼。此案本州讯明之后,姚城还敢凭着契券,狡辩不休,蒯德模判决将姚城责打示警,管押限追,“从此高明之家或免于鬼瞰其室”。

案例出处:《吴中判牍》。

(张田田)

蒯德模断侵占祭田案

蒯德模审理文生王念祖控诉顾逸斋等侵占王世贞祭田一案。提讯时,顾逸斋等都将契约“年远遗失”当作说辞,蒯德模一语点破他们的用心:这些田产一定是王姓不肖子孙辗转盗卖的,你们要是能交出契据,本官可酌情补贴价值。既然你们拿不出契约来,我只能无偿将田断还,但也不再追究你们的侵占之罪了。这些人都允诺了。于是蒯德模将三十七亩田产断给王家,在判词中写明原委,“顾逸斋等衣冠未远”,所作所为却不地道,“吊契则托言一炬,问名则已历数人”“断还犹从宽政”。

案例出处:《吴中判牍》。

(张田田)

蒯德模断亲族争遗产案

张瑞和为张茂隆之子,嗣张王氏为孙;张顺发为张吕氏之甥,嗣张吕氏为子。张吕氏死后,张瑞和与张顺发争产。蒯德模辨析:张顺发非张家子孙,不应得张吕氏之产;张瑞和嗣张王氏为嫡孙,也不应得张吕氏之产。然而她家产业应该由谁继承?经调查,张吕氏生子二人,张茂禄被掳,张真德早死。张真德妻张徐氏尚在,生有一子仁寿,年十二,如果其真为张家子孙,就可继承父产,食张氏之租税,遗憾的是,仁寿在血缘上也并非真是张家子孙。然而,张真德病笃时有遗命,立仁寿为子,张氏族人皆知,仁寿非张家子孙这事也就不能说死。蒯德模还是做出了判决并说明理由:以情论,以张吕氏之产“姑且畀之”,即暂且留给张仁寿管理,不伤丧夫的张徐氏之心,还能等待张茂禄归来;以理论,张徐氏应立张瑞和之子为孙,避免以异姓乱张氏之宗,可以安张氏祖宗之心。蒯德模此判,兼顾了张家的香火传承与具体生者如张徐氏、张瑞和等人的利益和感情。他最后反问“张氏有人,其以为何如”,可见对判决的合理性还是相当自信的。

案例出处:《吴中判牍》。

(张田田)

蒯德模断嗣子忤逆案

吕朱氏与吕阿二是嫂叔。吕朱氏夫死无子,立吕阿二之子吕金寿为嗣。吕阿二并不怜惜寡嫂的难处,只是贪图她的财产;吕金寿趁与嗣母同居之便,偷窃她的契券。吕朱氏一朝追问,母子顿起猜嫌。吕朱氏还未来得及责打嗣子,吕金寿先行忤逆而抛砖。蒯德模责备吕金寿此举是"不假反覆以三思,竟成孤注之一掷,螟蛉也而豺狼焉"。吕朱氏出首见官,请逐吕金寿归还吕阿二家。吕阿二用奸计反控吕朱氏女婿挑拨离间母子感情。蒯德模判决:"妇人有私于其女,情本皆同;嗣子不得于其亲,礼应另立。吕金寿送吕阿二家管束,吕阿二控顾金元案注销。"

案例出处:《吴中判牍》。

(张田田)

蒯德模断逃归前夫案

王金妹幼许配于同邑之杨永升,战乱中失散,她被楚军曾吉祥占有,远离家乡,不得不"徙倚军中,流连帐下"。王金妹想与杨永升破镜重圆,蒯德模表示了同情和理解,他甚至代入了王金妹的视角来设想:"苏城咫尺,是儿家生长之乡;楚水千寻,有道路流离之苦。通暗中之消息,姻娅频来;得意外之欢欣,夫家尚在。金戈铁马,不安虎帐之身;月黑云深,暗返渔舟之櫂",王金妹终于偷逃回家乡,与杨永升再践前盟。在蒯德模看来,她虽然私逃,也是"斯亦情有可矜者",情有可原,但曾吉祥不能接受,"责以潜逃,肆将大索",他大张旗鼓地跑来寻找王金妹,与杨永升争执,"口角才兴,拳殴并起"。蒯德模引经据典表明,"岂知端丽夫婿,终属萧郎;处道家姬,仍还徐氏",王金妹终究不属于曾吉祥,"理有一是,事无两全",曾吉祥不应固执不放。曾吉祥控告中,说自己赠给王金妹不少衣服和珠宝,"将必谓其乌有而(曾吉祥)忿不能平,若谴责以归还而(杨永升)贫真如洗",意思是说杨永升家里穷,拿不出这笔钱来,曾吉祥人财两空,势必不能服气。蒯德模伸出援手,"本县爱成人美,不吝己囊,助以二十金,平此两造",也就是说让曾吉祥拿着二十金走人,从此不再来打扰王金妹。

案例出处:《吴中判牍》。

(张田田)

蒯德模断通奸私奔案

蒯德模审理左营把总华德顺与朱兆祥的妻子朱褚氏通奸案件,原来华、朱两家是邻居,原本华德顺与朱褚氏眉来眼去,还没被发现,直到华德顺又来,朱兆祥捉奸,留下了衣服成为奸情的证据,蒯德模认为华德顺"固宜顿死淫心,永寒色胆",结果不思悔改,说着再不来往,却"温语忽通,又匿他所",引得朱褚氏私奔离家,背夫出走。人证物证俱在,蒯德模调侃"温柔乡固多痴汉,风流阵岂容武夫",华德顺不能被原谅。判决将华德顺的把总职位详革,朱褚氏让她母亲领回家去。

案例出处:《吴中判牍》。

(张田田)

蒯德模断伪契争产案

蒯德模审理原告徐宝森控诉被告徐竹溪唆使徐周氏吞占公田的案件时，发现原告虽然申请撤诉，但息词中的理由却存在不妥，因此再次传讯徐竹溪。徐竹溪说所争之田本是周氏的自有产业，并交出田契为证。但蒯德模却发现了这份证据"年久墨新"的疑点，也就是说契约所载交易时间是多年之前，但看墨色却像是新写的。于是他让徐竹溪当堂写字，辨认字迹，字迹跟契约上的相符，说明证据是被告伪造的。蒯德模明确指出，既然徐竹溪是伪造契约来争夺田产的，也就表明所争田产本来是徐家人共有的"公产"，姑且从宽不罚徐竹溪等的伪造之罪，"断两股均分"，原被告平分此田，了结争端。

案例出处：《吴中判牍》。

（张田田）

蒯德模断诬人为洋盗案

福山镇移送来盗犯龚万厚、陆海春，以及被盗事主徐嘉宾叔侄三人。蒯德模仔细研读案卷，案发经过是：某哨弁在洋巡逻，看到有艘船形迹可疑，上前查验，此船就挨着岸边浅滩航行，有十来个人从船上跳下来，凫水逃走，只抓获了龚、陆两人。哨弁听到舱内有人喊救命，解救出来就是徐嘉宾叔侄三人。蒯德模提审龚万厚，龚万厚说自己在十二日时被熟人顾风保举给徐哨官做兵勇，此前的初六那日曾在杨林口顾叙金的草行里住宿，他们都能证明自己并不是贼。听龚万厚的说法，是他十二日到船当差，十八日就被诬陷为盗贼了。蒯德模问了顾风和顾叙金，他们也都支持龚万厚的说法。这也就意味着文书中"初八当日拿获"的叙述是有问题的。蒯德模又让龚万厚和徐嘉宾等人对质，只有徐歪郎指出来陆海春的马褂"是其原赃"，也就是说是抢来的，但接着问徐歪郎马褂的布料、颜色、缝补痕迹、纽扣样式等细节时，又答得并不属实。蒯德模单独鞫问徐嘉宾，他说被盗是在初六晚上，"昏暗之中无从识辨"，也就是他其实分不出谁是谁。蒯德模认定，龚万厚并非当场拿获，所供赃衣也是事主误认，如果事发在初六，"徐嘉宾海洋遇盗之日，正龚万厚旅馆熟睡之时"，龚万厚受了连累，实在是冤，"门火殃鱼，灾成无妄；网兔得雉，事不近情"。于是决定"一概省释，龚万厚递籍"，让无辜的龚万厚回老家去。

案例出处：《吴中判牍》。

（张田田）

蒯德模断兄弟经商欠债案

汪吟舫控告堂兄弟汪卓吾、汪循南在合作经营永庆官铜局时，欠他银一万八千两未还。蒯德模质问汪卓吾，他却说铜商是由汪循南充当的，与自己无干，并无合股欠银之事。然而，汪循南远在东洋，现已无从质讯。蒯德模认为，此等虚实，姑不具论，"如斯巨款，值此乱年"，若说汪循南应给，"则望洋兴叹，君其问诸水滨"，很难要回钱来；若说汪卓吾当还，"则避乱而逃，家已毁于贼手"，也没有偿还能力。蒯县令打算"体酌盈剂虚之意，为分多润寡之谋"，断令汪卓吾酌助汪吟舫银三百两，"期分两限"，分期偿还，汪吟舫一方"永为焚券"，将债务一笔勾销，汪卓吾应不吝解囊，及时交足银两，意在使堂兄弟之间都能维持生活，也不要因债务而反目，"保乱后之余生，敦暮年之兄弟"。蒯德模还敦促原被告：你们衣冠世族，诗礼名门，"菜根饱我一生，应甘淡泊；潭水照人千尺，何等空明。而乃操同室之戈，即为败类；屈公堂之膝，未免贻羞"。自今以始,你们兄弟仍要和睦相处,别闹得家里鸡犬不宁。

案例出处:《吴中判牍》。

(张田田)

蒯德模断兄控妹案

梅徐氏乃徐传生之妹,嫁与梅近川为妻。梅近川早逝,梅徐氏守寡十余年,遗孤梅连生业已长大成人。苏州城战乱后,梅徐氏寄居管田庄人张瑞和家,孤男寡女,二屋相依,有"瓜田李下"即通奸之嫌。徐传生竟然不念亲情,将家丑外扬,控告张瑞和诱奸其妹梅徐氏,还串通梅裕做证。蒯德模评论徐传生居心叵测:"莫须有之事,何能据以为凭;不可道之言,竟忍宣之于众,岂有此理,是何居心!"母亲徐余氏出头告徐传生不法,也就可以理解:据情理而论,纵然是妇人爱护女儿,为人母者也断无不爱其子之心,实在是徐传生做事不地道,哪怕梅徐氏作风不正,应受非议,这非议也不应出自她兄长之口。徐传生到庭后,一经讯问,尽吐实情,原来是他知道梅徐氏"粗有衣食",家里有钱,就设计告官而趁机勒索她的资财。蒯德模判决:徐传生等不法之徒"为索黄金,翻造白舌",见利忘义,当予以重惩。梅裕占居梅徐氏屋,也要押令迁出。

案例出处:《吴中判牍》。

(张田田)

蒯德模断休妻离婚案

赵蓉江把方风姐休了,娶了新人,就要把前妻打发走,蒯德模感慨,真是"但亦见新人笑,不闻旧人哭"。方风姐的母亲方陈氏气不过,觉得女儿被休,无依无靠,就来县衙控诉赵蓉江吞没了钱财。蒯德模理解此举,是"事不尽实,情有可原"。因此他不追究方家告状是否说谎,而是断令赵蓉江给方家四百洋元,方风姐从此跟他一刀两断,也许可以凭这笔钱,回娘家过日子。

案例出处:《吴中判牍》。

(张田田)

蒯德模断移情别恋案

丁四姐本是酒家之女,十七岁时嫁与荣金和为妻,她从小居邻城市,学的是卖酒,嫁到种田之家,却不会做农活,因此被公婆嫌弃,待不下去,因此离家出走。其婆家告官,请官府为荣金和追索逃妻;其娘家则以女儿被贼掳走为托词,此中虚实本未可知。直到武云鹏呈上收留丁四姐之词,乃知丁四姐与武云鹏好上了。蒯德模虽在判词中讽刺这两人"桃花坠雨,尚有余春。柳絮因风,原无定所。丁年正妙,难禁司马之琴心。武夫可依,偏爱子南之戎服,人尽夫也,天实为之",责备丁四姐不守妇道,但又辨析此事原委,丁四姐的出走,根本原因还是她与荣金和出身差距大因而性格不合,"丁氏从倚军中,雅善党家之斟唱,荣某伧粗灶下,那知吴女之温存",丁四姐移情别恋也是"事之无可如何者"。蒯德模考虑到,"若必强以重圆,势必拼将一死。爱河未续,祸水已成",可能两败俱伤,何况武云鹏自乱军中收留丁四姐,金屋藏娇,并非诱拐妇女,也非强暴霸占,他喜爱丁四姐之风情,也是人之常情,因此判决:"本县用儒家之权变,参佛氏之圆通,破小拘墟,成大欢喜",成人之美,断令武云衢给荣金和百元,平息纠纷,在武云衢一方是黄金买笑,得安丁四姐歌舞之身,在荣金和一方也可得到钱财,能够另觅糟糠之妇,期待此判能够“因错就错，弦无用其更张。居安斯安，民或欣其得所”。蒯德模“自谓是矣，闻者何如”，意思是说对此判的合理性相当自信，这种在当时有些大胆的判决，也确实经受得起时间的考验。

案例出处：《吴中判牍》。

（张田田）

蒯德模断遗孀告夫兄案

吴顾氏夫死子幼，家财由夫兄监生吴秋坪打理，但吴秋坪于每年租息之入，半托开销，导致吴顾氏连日用之资都缺乏，很是不便。吴顾氏索取租簿，请自收管，吴秋坪不肯交还。蒯德模指责吴秋坪存心不善：“寡妇孤儿，造物已留其缺陷；诸父昆季，人力端赖其扶持”，让吴秋坪设想，试问该氏即无遗产，非吴秋坪之是依而谁依？吴秋坪代权余资，非该氏之是用而谁用？吴秋坪“当有钱家，算无凭帐。既误于假手，实难以甘心”，不还租簿，要么是掩盖证据，要么是贪恋财物。吴顾氏丁年守志，不过称未亡人，吴秋坪午夜扪心，何以告先死者。因此断令吴秋坪将租簿交出，由吴顾氏自行保管。

案例出处：《吴中判牍》。

（张田田）

蒯德模断诱拐人妻案

王世荣来报官，说妻子冯凤观被不三不四的“野猫”（沈永芳之妻的绰号）引诱离家到常熟去玩。蒯德模把离家妇女找回来提讯，她吐露真情：说是要回娘家，谎称求医问药，其实阿娘严氏和阿叔王敬之都帮忙牵线搭桥和打掩护。蒯德模引经据典感叹“母也不谅，叔兮与同”，加上野猫趁机引诱，凤观不安于室。他将这些人“均杖责以警”，让丈夫把妻子领回家去。

案例出处：《吴中判牍》。

（张田田）

蒯德模断债务纠纷

蒯德模评价陈复初与王士琛的争讼，认为此二人均非善类。陈复初向王士琛借钱未得，捏控王士琛撬损他妻子的厝棺，希图挟制王士琛。其妻已死，而陈复初还想借此为“活计”，居心不良，一至于此。战乱中，王士琛充当乡官，陈复初也曾受伪职，蒯德模引经据典说明，“人惟无暇者，可以戮人”，王士琛即便不肖，岂陈复初所能控告？据呈，所谓“勒借洋钱”，当二人狼狈为奸时，或许有银钱交割未清的往来，但此等账目岂能作准，官府更不会为其追讨。“本应两究，姑宽逐去”，也就是说，让原被告都断了念头，不要再惹是生非。

案例出处：《吴中判牍》。

（张田田）

蒯德模断争坟地案

徐祥贤等控告徐雀桥侵占坟地，原被告各执一词，官府已经勘丈明白，显示出“并无侵僭”。蒯德模再仔细检查，发现胡姓产业本应三亩五分，今丈见三亩三分五厘；徐祥贤坟地本应五分，今丈见二分七厘七毫，两坵合算，实田三亩六分二厘七毫。他认为“此田本来窄小，理应统扯折算，摊纳粮赋”，如果照九零六八折摊算，胡家就多出来了田一分七厘六毫，应扣还徐姓，以昭平允。蒯德模因此判决：将徐祥贤户下扣去一分七厘六毫，由徐雀桥立户办赋；徐雀桥再出洋六元，归徐祥贤收领，以贴补从前完粮之费。涉讼之田本来是胡业，应归胡姓办粮，今徐雀桥因此地葬有亲人之故，自愿认办，事属可行。至于需要扣还的租米，让当地的图董徐廷贵妥善商议明白就行。

案例出处：《吴中判牍》。

（张田田）

蒯德模断争祭田案

颜家宗祠的祭田，先归长房即颜怀义之祖主祀，后来轮到了次房即颜怀恕之祖。“权归宗子，本以绝觊觎之心，势忽中更，必有凌夷之渐”，意思是权力的转移，难免伴随利益的转移。然而，颜怀义之祖曾否盗卖，颜怀恕之祖曾否赎回，因苏城战乱后案据遗失，碍难悬断。颜怀义、颜怀恕现在为了争此祭田而涉讼。县令蒯德模认为：颜怀义等既为圣人颜回之后裔，又身为职官，论世守必得其人，则颜怀义不必挟其祖为大宗而长，而应当让贤；论人伦必有其序，则颜怀恕不必执其祖之复旧而贤，应当归长房，意思是说提倡双方互敬互让。他因此判决：本县觉其本心，晓以大体，断令颜怀义、颜怀恕二房公同收执，“挨次承当，义也当；顾名思义，恕也须”。颜怀义、颜怀恕须责人也恕，慎勿为此区区财产而互相争执，使箪瓢陋巷中先祖颜回闻之愀然不乐。

案例出处：《吴中判牍》。

（张田田）

蒯德模断争妻案

陈太因妻彦氏被张阿桂冒占而告官，他供称张阿桂曾在战乱中掳走彦氏，战乱平定之后，彦氏回到了自己身边，但张阿桂又来冒占。张阿桂则说，彦氏是他在战乱前媒娶来的，被陈太拐带私逃。蒯德模讯问彦氏和她母亲彦陈氏，她们都说陈太是自幼婚聘的，张阿桂是霸占者。蒯德模详细询问张阿桂：你妻是在外时逃走，还是从家里逃的？张阿桂说，妻子去年在丁公馆帮工，就此逃走不归。蒯德模召陈太来问：你是当长随的么？答是。问他以前在何处？答丁公馆。问，你与妻子都去了么？答未曾。蒯德模于是判断：彦氏与你都在丁公馆做事，你说未与妻往，可知彦氏不是你妻，这就可见你与彦氏当时是苟合，因此而逃。陈太哑口无言。张阿桂请官员惩治陈太，还请求带妻子回家，蒯德模说：你也并非明媒正娶了彦氏，否则哪有妻逃两载而不控官者的？张阿桂乃实吐其掳掠状，蒯德模便并惩陈、张，而以彦氏归其母去。

案例出处：《吴中判牍》。

（张田田）

蒯德模断主仆争沙地案

宝山县文生陆文炯上控顾明义、钱鹤楼霸占沙地一案，此案控州未准，控奉抚宪，批州亲提，蒯德模查核全卷发现，顾明义、钱鹤楼报买沙地，均有案据，但真相是陆文炯之父陆荣承买在先。陆荣于缴价未清时,因他案访拿逃避。顾、钱两人,本来是为陆荣管沙的,这二人即于其时,另报承买,升科管业。蒯德模认为,“衡之以仆篡主之义,诛其乘人于危之心,顾、钱均非善类,无怪陆文炯之屡控未休,不肯甘服”,意思是说就算官方手续上没问题,但顾、钱二人也是理亏。于是判决顾明义退还沙地一百亩,钱鹤楼退还稻地十亩,交陆文炯收执。

案例出处:《吴中判牍》。

(张田田)

蒯德模立惩盗墓主犯

蒯德模在九月间下乡,行至北桥地方时,当地保长王春亭、尤公顺等拿获盗棺犯人谭大兴和徐二观两人,夺获斧凿凶器,前来报案,被盗事主尤士芳、尤岐记、钱景春等也前来控诉。蒯德模就地提集犯证,略加诘责,犯人便供认其发冢多次,先后从九十余口棺材中窃取财物。年仅 17 岁的徐二观供认自己是引路之人,为首与窝留者是当地的姚阿福,帮同动手者还包括黄埭的小麻孜。蒯德模将徐二观交给差役看管,把他作为眼线,前往捉拿余犯。徐二观刚出门,便于众人之中指认出姚阿福。蒯德模感叹,不知是天夺姚阿福之魂魄而让他自己前来领死,还是被盗的数十家之鬼神驱使姚阿福前来。当时的场面是,旁观者无不叹息,被害之家的人们相与环跪,有的哭诉称,父母何罪,已死之尸骸颠倒于贼人之手而暴于风霜;有的哭诉,兄弟何罪,送死之衣衾盗卖于贼人之手而供其醉饱。百姓不了解法律规定,只是想亲眼看到盗贼被处死,方可大快人心。在场的蒯德模也义愤填膺,认为当时的情况,虽欲令贼须臾缓死而不可得。

蒯德模于是下判决:根据定例,盗发人棺之罪重于盗贼。究其原因,盗贼者窃人之物,发棺者攫鬼之财,后者情节极其恶劣,“理本绝无,事属仅有”。姚阿福等“索黄金于鬼窟,奇货可居,以白骨作生涯,问心何忍”? 其盗墓之时,“不分新故,有一网打尽之思,砺乃斧斤,无九泉可逃之地”。死者何罪,要被盗墓,天理国法下,盗墓贼应死。然而,“官格于例而事必上详,民迫于情而势难暂缓”。盗墓贼如斯凶恶,谁不疾首痛心,被盗墓之家的子孙,都在呼号吁请。体谅百姓共愤之意,要用上“速死之刑”。此案中谭大兴虽是协从,也要与姚阿福一同杖毙。小麻孜尚未到案,徐二观暂且留他一名作为眼线。“既申三尺之威,勿任一名之漏”,应乡人的请求,为法外之诛。他最后感慨“嫉恶之诚,尚其共谅;专刑之罪,在所不辞”,意思是他知道自己疾恶如仇的判决能够得民心,但也存在违反程序的“专刑”问题,他却并不后悔。

案例出处:《吴中判牍》。

(张田田)

蒯德模判私约婚姻案

谢登科状告徐有才往来其家,与其女约为婚姻,并请杖杀其女。蒯德模问谢登科:你女儿已许配别人了么? 谢登科称未曾许人。蒯德模召徐有才前来,则一翩翩少年。蒯德模断令徐家出财礼若干,劝谢登科将女儿许配给徐有才,判决如下:“城北徐公,素有美誉;江南谢女,久擅才名。既两美之相当,亦三生之凑合。况律虽明设大法,礼尤贵顺人情”,他引经据典,建议此女从一而终,“始乱终成,还思补救;人取我与,毕竟圆通”。为避免奸情的嫌疑,成就一段好姻缘,县令也做一回媒人,两家可选吉日成婚。

案例出处:《吴中判牍》。

(张田田)

蒯德模息婶侄争讼

曹和观状告自己的婶母杨氏殴伤他的妻子曹唐氏,原因是婶母向其邀会借钱,未被应允。蒯德模验伤后,发现伤势轻微,便对原告晓之以理:你家穷成这样,婶母还向你借钱,说明她家更穷。贫苦人家一经提审,不但被告不好过,你原告也要在城里候审,书吏差役们敲诈勒索是当下之难,耽误农活使田地荒芜是将来之苦,何必为争一口气而断绝两家生计?他赏给曹和观两千文钱,让他撤诉回家,此人感泣而去。

案例出处:《吴中判牍》。

(张田田)

蒯德模息甥舅争讼

蒯德模审讯闵家骥控诉舅氏张绳武因为妒行就让儿子张大观前来殴打之案,蒯德模认为,纠纷双方属于"甥舅至亲",就让张大观"当堂服礼",向被殴者道歉。判词里希望张大观认识到对亲戚"奋拳直殴"的错误,也要诚心认错,不要让母亲伤心,也告诫争讼者,"我肯为和事之好官,尔勿为不饶人之痴汉",以和为贵,不要辜负官员的苦心。

案例出处:《吴中判牍》。

(张田田)

蒯德模息争地互殴之讼

蒯德模办理一桩因争地导致斗殴的案件,判决道:此案姚新周控姚阿士强占车基道路,其实姚新周已先占姚阿士三尺,双方互相敌视,互有殴伤,因而涉讼。"愚民无知,每以纤小事故,酿成祸端,可胜浩叹",他作为地方官,感到大可不必。经检验,伤情不重,倘若官司再打下去,势必"传集邻证,听候质讯",书办未饱其欲则欺压两造,差人未饱其欲则又欺压两造,涉讼小民终岁勤苦之血汗钱,都将被剥削殆尽。时间一久,双方气平,想要求息,恐怕都身不由己了。官长为民父母,于心不忍,因此果断做出判决:姚新周与姚阿士将各自所占之地让还,各自之伤各自求医调养,也就是并不追究诉讼双方互相斗殴的刑事责任,而是让他们各退一步,息事宁人。他最后叮嘱,"减一分讼累即培一分身家",小民应当体谅长官一片苦心。

案例出处:《吴中判牍》。

(张田田)

蓝鼎元调处兄弟争讼

已去世的陈智有二子,长子陈阿明、次子陈阿定,兄弟小时候同学,长大了同耕,相互友爱,娶妻后分产异居。父去世后剩有余田七亩,兄弟互争,亲族无法调解,以致对簿公堂。陈阿明说:父分与我,阄书为证,内有老人百年后,此田付与长孙之语。陈阿定也说:父分与我,有临终批嘱为凭。蓝鼎元说:你们都有理,则曲在汝父,当取其棺砍之。兄弟皆无言。蓝鼎元说:田土争讼为细故,兄弟争讼为大恶,此案本官不能断,你们各伸一足受夹,能忍耐不言痛得田,但不知你们左足怕痛还是右足怕痛,各伸一不怕痛之足来。二人都说怕痛。蓝鼎元说:你们的身体发肤来自父,身之视左足好比父之视长子,身之视右足犹如父之视次子,两足尚不忍舍其一,你们的父亲怎肯舍两子之一。

蓝鼎元命令隶役以铁索一条锁住两人,封其钥口,不许私开,使阿明、阿定同席而坐,联袂而食,并头而卧,行则同起,居则同止,便溺粪秽同蹲、同立,顷刻不能相离,更使人探听其举动词色,每日来报。二人初悻悻不相语言,背面侧坐;至一二日,则渐渐相向;又三四日,则相对叹息,后来开始聊天,很快又相与共饭而食。蓝鼎元知其有悔心,问二人有子否,则皆有二子,或十四五岁,或十七八岁,年龄不相上下。蓝鼎元命拘其四子来,对兄弟二人说:你们的父亲不该生二个儿子,是以今日至此,如独子则田宅皆为己有,何等快乐。今你们又不幸皆有二子,他日相争相夺,欲割欲杀,无有已时,我为你们担忧,只好代你们防范,二人各留一子就够了。明居长,留长子,可以去少者;定居次,留次子,可以去长者。蓝鼎元命差役将陈阿明少子、陈阿定长子押交养济院,卖与乞首为儿子,乞丐之家无田可争,他日得免祸患。兄弟皆叩头号哭,说再也不敢打官司了!蓝鼎元问他们为何不敢,陈阿明说,我知罪了,愿把田让给弟弟,至死不再争讼,陈阿定也不肯接受,甘愿让给兄长,终身无怨悔。蓝鼎元说:你二人皆非实心,我不敢信。二人叩首说,如果反悔,神明降罪。蓝鼎元说:你二人之妻未必允许,且归与媳妇商量,三日后来定议。

时间一到,陈阿明妻郭氏、陈阿定妻林氏,邀其族长陈德俊、陈朝义当堂求息。妯娌相扶携,伏地涕泣请求:自今以后,永相和好,皆不爱田。陈阿明、陈阿定都哭着说:我们兄弟俩蠢愚,不知义理,致费仁心。今如梦初醒,惭愧欲绝,悔之已晚。我兄弟皆不愿得此田,可否舍入佛寺斋僧?蓝鼎元评论道:此不孝之甚,言及舍寺斋僧,便当大板扑死。你们的父亲汗血辛勤,创下产业,兄弟鹬蚌相持,和尚收渔人之利,父亲九泉之下能瞑目么?为兄则让弟,为弟则让兄,交让不得,则还汝父。今以此田为汝父祭产,你们弟兄两人,轮留每年收租备祭,子孙世世永无争端,此一举而数善备。于是族长陈德俊、陈朝义皆叩首称善教;阿明、阿定、郭氏、林氏悉欢欣感激,当堂拜谢而去,兄弟妯娌相亲,百倍以往。民间于是提倡礼让。

案例出处:《鹿洲公案》。

(张田田)

黎士弘命兄杖弟

黎士弘在甘州为官时,有两兄弟头发都白了,还争讼不已,黎士弘"心甚恶之"。见兄控告其弟的种种不法情状,黎士弘便故意说:你弟弟果真如此,当立毙杖下,那就让你自行杖打,大快你心。

黎士弘命胥吏取杖给这位兄长,此人尽力一挥,明显是要立刻杀死其弟。黎士弘不悦,让他用三杖了却其弟性命。其弟从阶下忽然抬起头来唤一声兄长,兄长突然良心发现,急忙扔下杖,抱起弟弟。弟揽兄足,兄拊弟背,抱头痛哭,黎士弘为之泣下,旁观吏卒不忍直视。因此息讼。黎士弘感慨:兄赴官府告状时,大声咆哮,仿佛与其弟有不可解之怨毒,举杖欲杀弟之时,也未见有半点怜惜之情,审案官员含怒呵斥,也无济于事,仅仅是公堂上其弟仰首一呼,竟能使兄长从前的百般怨恨化为乌有。在场的胥吏虽不都是仁人孝子,受此触动也都含辛落泪。此时堂上无官司,两旁无衙役,堂下也无罪人,只见一对和睦兄弟,使仁孝之意充满户庭。黎士弘因此认为：仁义礼智本在人性之中，被欲求蒙蔽，时间长了，好比火在石中，不击不发，泉在山下，不凿不流，却始终不能说石无火，山无泉。这样的火种、泉眼，如能扩充，足以保四海太平。如若人人每时每刻都念及此时心意，可以使刑措而不用，去三代不远。

案件出处：《托素斋文集》。

（张田田）

黎循典断一女三许案

黎循典，字成五，湖广华容人，举人出身，曾做过浙江平湖县知县，在任期间断过一宗一女三许案。

浙江平湖县内有个开杂货铺的李福财，有个女儿名唤妙姑，长得非常漂亮，李福财视其为掌上明珠。李家的邻居郑小二，与妙姑青梅竹马，异常爱慕妙姑。妙姑十一岁那年，郑小二托媒人来提亲，李福财要彩礼五百两白银，三年内交齐，否则妙姑则与郑姓无涉，双方立了文书。郑小二为凑够彩礼钱，出外努力赚钱。在此期间，平湖县的新科举人陆光祖，备了彩礼来李家提亲，双方当即定下婚约，婚期暂定为陆光祖明年春天到京城会试以后。李家在与陆光祖订立婚约之后，有一位杭州富商之子卢云程带着三千两白银上门来提亲，李福财马上答应了卢云程，并且定下娶亲的日子。这些事情妙姑概不知情。

不久以后，郑小二凑够五百两彩礼前来履行承诺，碰巧卢光祖也来李家确定迎娶日期。当他们得知李福财将妙姑许配给富商之子后，一气之下，分别将李福财告到县衙。

黎循典受理案件后，把涉案人员都传到堂前，听他们各自的陈述。郑小二有约在先，虽然没有下聘礼，但可以视为有婚约。陆光祖不知道妙姑已经许婚，所定婚约没有瑕疵，并已经下部分聘礼，无须承担责任。卢云程聘礼已经全部给付，且定下迎娶日期，也不知道妙姑已经许配他人，也不需承担责任。按照法律应追还后者彩礼，将妙姑断归前者，但三个人各执一词，无法断定谁是前者。无奈之下，黎知县把妙姑传唤到堂，斥责妙姑不贞不洁，并拿出一碗毒药，要妙姑饮药自尽以谢众人，妙姑见状也没有推辞，马上将毒药一饮而尽，顷刻间便倒在地上。见妙姑倒地，黎知县对三人说："现在妙姑已死，你们谁要迎娶，就把她带回去，本县为你们做主。"陆光祖说："学生不娶死女，事已至此，学生愿意退出。"卢云程说："小人所聘为活妻，妙姑即死，我也退出。求大老爷将小的彩礼归还！"郑小二则伤心欲绝，哀求道："小的与妙姑青梅竹马。今日之事是小的无能所致，小的要承担责任，求大老爷将妙姑尸首判归小的，小的以发妻之礼埋葬，并且终生不娶！"

见三人的态度如此，黎知县判决如下：李福财一女三许，重杖七十，枷号一月。陆光祖无责，但不体恤李氏轻生，罚银百两助李氏成婚。卢云程无责，但薄情寡义，判其三千两彩礼一半祝李氏成婚，一半入官。郑小二与李氏情深恩厚，判其与李氏完婚。原来黎知县为了查明三人对妙姑的情意，先用蒙汗药迷倒妙姑，然后让这三人进行抉择。最终，青梅竹马的郑小二抱得美人归。

案例出处：《柏桦讲明清妙判》。

（武航宇）

李钧断藉约讹赖案

嘉庆十五年（1810 年），关笃行当给关得禄之妻周氏地十四亩，价银一百两，亲笔立约为据。关得福之子关笃瑞承嗣关得禄,因十余年来,关笃行总未交地,并将籽粒霸收,控追原价。该县断令关笃行照数退款,籽粒免追。嗣后关笃行迭控至府,称立约之后,关周氏并未付银,有原中人关杲可证。李钧调查发现,关周氏业已改嫁,无从质讯。虽关杲所供无异,但典质田产,立约之后,始行索价,并非常理。既未交价,即应退约。如原约遗失,也应向典主索要一个失约字据,才能杜绝日后之争。关笃行老于世故,怎么会考虑不到这些。今信物不存,百口莫辩。李钧判令,仍依县断,关笃行于年内速将原价缴出,籽粒从宽勿追。

案例出处:《判语录存》。

（张田田）

李模断恋奸杀赘婿案

粤东某生与某氏定了婚约,某氏貌美,外出看戏被某个为富不仁者撞见,富人买通某氏的母亲而与某氏私通,怕被人捉奸,就凿穿了一条地道直通后院某氏卧房。不久,某生考进县学,派了媒人来商定婚期。富人与母女俩商量,要让某生入赘然后把他杀了,她们都同意。媒人把这话转告某生,他愿做上门女婿。成婚那天,双方亲朋好友前来贺喜的有数十人,大家一边观赏热闹的婚礼,一边羡慕新娘的美貌。某生喜形于色,酩酊大醉。客人忽然听见里屋一声惨叫,只见新郎披头散发狂奔而出,跑出一里地,纵身跃入大河,不见踪影。众宾客赶紧喊来渔船打捞救援,一无所获。新娘和她母亲坐立不安地等在庭院中,泣不成声地询问新郎下落。新娘哭道:新郎正在里屋与我饮酒,突然发狂似的冲出去,我们也不知是什么原因。心想他跑出去,外面的众多亲友一定会竭力拦住他让他回来,怎么却会任他投河而被淹死了呢?这等于是众宾客杀了我的新郎啊。于是把这事告到官府。

县令询问众宾客,大家都说:事发突然,我们猝不及防也追不上,否则哪有见死不救的道理?县令又讯问新娘和她的母亲,她们只是哭着哀声要求找到新郎的尸体。此案成疑案。没过多久换了个县令,颇有见微知著、明察秋毫的断案声名。他仔细推敲后恍然大悟道:新郎投河而反过来诬陷众宾客,实际上是为了让宾客来做见证,这中间必定有其他缘故。于是新县令装扮成卜者走访调查。有个邻居说:某富人,一向与新娘无亲无故,这段时间忽然来往很密切。问他是否亲见新郎的脸,那人说虽在现场,但新郎披头散发遮住了脸,没有看清。县令又问富人住在哪里,那人回答今天还看见他到新娘家去了。县令回到县衙,换上官服,率领健壮精干的衙役一百多人,突然冲进新娘家里,围堵住前后门,房前屋后细细展开搜查,只有母女俩在家里。县令要进新娘屋里仔细搜查,她母亲阻挡:这是寡妇的房间,三尺幼童尚不许进门,何况县令大人为民父母,反倒不懂礼吗?县令笑道:本官正要为你女婿申冤昭雪啊。新娘母亲反问道:倘若进了屋,而又无凭无据,那该如何?县令吼道:那我还你女婿一条命!于是进到里屋,初看并无可疑,正在踌躇的时候,县令俯身看床下,却看到一双男人鞋子。回头再逼视新娘,新娘已花容失色。县令把众衙役叫进来,移开床一看,见地板有新近铺上的,吩咐衙役把这些地板撬起,一条地道赫然呈现在众人眼前。县令带领衙役进去,穿过地道,尽头是一间空房。一个穿着华丽的年轻人缩伏在墙角。推开房门到了庭院里,看见地上有新近挖过的痕迹,衙役们挖开一看,某生的尸体就埋在那里,喉咙间遭扼杀的印痕清清楚楚。于是县令出了庭院,将此案的凶犯、证人一起带来,一加审讯,那些家伙全都供认不讳,原来某生喝醉后,被新娘和富人一起掐死,又从地道把他抬到后院偷偷掩埋起来。至于那个跳河投水的人,则是富人出高价找了个水性好的人假扮的。县令按法律量刑惩罚真凶。

案例出处:《客窗闲话》。

(张田田)

李清断典妻复归案

李清在宁波府推官任上时,慈溪县知县呈送了一桩嫁妻回前夫家不归的案件。李清仔细阅读卷宗后发现,本案争执的妻子许氏,在十五年前就被前夫郑采,以十八两银子的身价嫁卖给后夫程玉。此后十五年间许氏从没有回过前夫家,这次是因为前夫郑采得了重病,到前夫家照顾郑采,之后就不再回后夫程玉家了。

受理案件之后,李推官首先提审后夫程玉。程玉将事情原原本本地描述了一遍。许氏的前夫郑采因为贫穷,便把妻子卖给了程玉,此后二人在一起生活十五年,且育有二子一女,日子过得很是和顺。但是不久前,他家来了一个自称是许氏儿子的年轻人,许氏经过辨认该年轻人背上的胎记,断定就是自己和前夫所生之子郑义。郑义说其父郑采目前病危,并跪地恳请程玉放其母归家见其父最后一面。程玉心软,就让母子二人走了,不料许氏竟然一去不回。十天以后程玉去郑家寻找,郑义不让他见许氏,而且提出如果要许氏回去,程玉要交出二十两银子,程玉非常气愤,只好来到县衙告状。

接着,李推官又提审郑义。本来郑义还想狡辩,但见李推官动起怒来,便招出他的行为都是同村王绍曾所教。原来郑义自幼失母,无人管教,沾染了赌博恶习,欠下王绍曾的高利贷。为了查明案情,李推官传王绍曾上堂,王绍曾所陈述事实与郑义陈述的内容完全相符。至此案情大白。

李推官对此案判决如下:郑义、王绍曾分别予以杖刑;程玉领许氏回家重归于好。

案例出处:《折狱新语》《柏桦讲明清妙判》。

(武航宇)

李清断前夫占婢案

李清,字映碧,南直隶州兴化人,崇祯朝进士,曾任宁波府推官。其在任上时,处理了一起告前夫占婢的案件。有一天,百姓柯应栋来告鲍应龙霸占前妻的婢女,不让婢女回柯家。李清受理此案后,将涉事人员带到公堂上,经审讯得知,柯应栋是受其祖母洪氏委托前来告状,洪氏是柯台明的母亲。柯台明的女儿,也就是洪氏的孙女,嫁给了鲍邵阳的儿子鲍应龙。本来新婚夫妻应该是青春年少,非常有活力的,但是新娘,也就是柯台明的女儿柯小姐,身体非常弱,经常生病,需要别人照顾才行。因为考虑到女儿身体弱,不能与丈夫有夫妻之实,所以柯台明选了一名叫梅女的婢女去照顾女儿,同时照顾女婿。虽然此事遭到了其母洪氏的反对,但最终梅女还是去了鲍家。梅女到了鲍家之后,因为需要照顾柯小姐,所以也就能经常与鲍应龙接触,时间长了,鲍应龙开始喜欢梅女,并且发生了关系。柯小姐虽然生病,但是对此事也很不满,并且找机会和自己的祖母洪氏说明了此事。柯小姐在结婚八年后,去世了。她的祖母洪氏委托孙子柯应栋来告状,诉称柯小姐是鲍应龙明媒正娶的妻子,现在妻子去世了,鲍应龙却霸占了前妻的婢女不还给其娘家。而且鲍应龙还带着梅女去了长安,柯家的家长柯台明也去了长安。李清听完案情之后,问柯应栋:“梅女到底是婢女,还是陪嫁的妾?梅女是后到鲍家的,还是一起与小姐陪嫁过去的?"柯应栋如实回答说:"梅女是以婢女的身份,在小姐结婚后再到鲍家服侍的。"

查明案情后,李清判决如下:鲍邵阳拿六两银子给洪氏,作为梅女的身价,梅女今后就属于鲍家了。洪氏告状事出有因,因为梅女是为照顾柯小姐去的鲍家,现在柯小姐去世了,按道理来讲,梅女是应该回到柯家的,但实际上梅女却仍留在了鲍家。这也事出有因,因为鲍应龙与梅女在感情上无法割舍。所以,洪氏无罪,获赔梅女的六两身价银。就梅女而言,如果日后嫁给他人,则这六两身价银仍要还给鲍家;如果日后鲍应龙纳其为妾,则身价银则永远归柯家。

案例出处:《折狱新语》。

(武航宇)

李清断无赖调戏人妻案

李清在宁波府推官任上时,慈溪县知县呈送了一桩无赖少年调戏人妻的案件。俞三控告无赖张春强奸了妻子沈氏,有自己家的奴仆俞财为证,而被告张春的母亲虞氏则控告俞三系诬告,目的是敲诈,而且证明张春从来没有离开自己身边。慈溪知县因为双方证人都不符合规定,难断真伪,所以呈送宁波府判决。

李推官看完卷宗以后,认为获取强奸罪的证据至关重要,因此,他决定提审相关人证。先提审俞三,俞三供称:案发当天,妻子沈氏由仆人俞财护送回娘家探视生病的保姆,结果沈氏回来以后,哭诉说无赖张春调戏她。第二天,俞三找张春评理,结果张春不仅骂人,还说:你的妻子已经被我强奸了,你能怎样? 所以俞三就到官府告张春强奸其妻。然后,提审奴仆俞财,俞财供称:事发当天,他随女主人到娘家探望保姆,回来时天已经黑了,路上遇到张春。张春走上前来,调戏俞家女主人,俞财斥责他,他反而骂俞财。接着,又提审张春,张春供称:事发当晚遇见沈氏与奴仆同行,便上前搭讪,不料对方生气骂人,他便回骂了一些难听的话,并没有触碰沈氏。后来,又提审张春之母虞氏,虞氏称儿子张春在事发当晚,一直在家睡觉,没有出门,俞三控告,就是想敲诈。李推官见虞氏分明是袒护其子,儿子已经承认调戏,她却还不承认。但念其年老,也就没有责打她,而是把她赶出府衙。最后,提审俞三之妻沈氏,沈氏讲出张春调戏她的经过之后,便把她释放回家了。

为了准确断案,李推官接着又提审了地方保长。得知:张春父亲早亡,母子相依为命,且张春经常寻衅闹事,曾多次被保长申斥。俞三是本地财主,几乎没有什么恶行。

在全面了解情况之后,李推官做出如下判决:张春语言调戏沈氏,处以罚金。虞氏反控做伪证,念其年老,免于处罚。

案例出处:《折狱新语》《柏桦讲明清妙判》。

(武航宇)

李清断赘夫侄谋财案

宁波府推官李清处理了一起赘夫侄谋财的案件。

百姓陈万廉、陈万羔状告胡氏谋取他叔叔陈茂的财产,拒不归还。李清审查得知,陈万廉、陈万羔是陈茂的族侄,陈茂是胡氏的赘夫。胡氏的第一任丈夫姓郑,二人一起生活了数年,生子郑天富。第一任丈夫去世后,胡氏又招了一个姓孙的赘婿,生了一个儿子孙天祥。没想到,孙天祥的父亲也去世了，当时，胡氏已经五十多岁了，但是她还要招一个赘婿，恰好，陈茂愿意做赘婿，所以陈茂就做了胡氏的第三任丈夫。陈茂入赘胡氏一事，陈氏兄弟觉得很羞耻。

现在，陈万廉、陈万羔诉称：陈茂入赘之时，带到胡氏这里很多钱财，现在都被郑天富兄弟给侵夺了。陈茂去世，要求胡氏将当初陈茂带来的财产归还给陈氏兄弟。于是，李清又提审郑天富、孙天祥兄弟俩。但郑天富兄弟俩所说与陈氏兄弟俩所说完全相反，声称陈茂入赘时，没带任何财产。李清经过调查得知，陈茂入赘之时确实没带任何财产。李清说："一般为人父母，都要装作很有钱的样子，让晚辈争着孝敬自己。陈茂是一点儿钱财都没有，否则怎么会入赘到老年妇女家混饭吃呢！"由此可知，陈万廉兄弟说的都是假话，系诬告。

案例出处：《折狱新语》。

（武航宇）

李嗣京断杀疯癫之人应抵命案

南昌府节推李嗣京处理过一个杀疯癫之人抵命案。李绵六殴打雷鸣四致死，两个人因为买罐而发生矛盾，继而发生殴斗，被旁人拉开后，各自回家。没过一会儿，雷鸣四手持镰刀，踢开李绵六家的大门，李绵六也非常气愤。雷鸣四杀气腾腾，李绵六当时无处躲避。如果当时李绵六只是谴责雷鸣四，而不与他打斗，则只能束手待毙，等着雷鸣四把自己杀死。李绵六如果想活命，只能反击，没有别的退路。何况，当时还有珑七帮忙打斗，忠十在一旁加油。所以当时的情景是，李绵六家的父子兄弟几个人一起殴打雷鸣四，把他打得只剩一口气在。把雷鸣四抬回家去后，李绵六的父亲李忠十就到官府告雷鸣四谋杀他儿子。第二天，雷鸣六到官府告李绵六把他哥哥雷鸣四杀了，压根儿没提到雷鸣四有疯病一事。审理李绵六时，就提到说，李绵六当时想定雷鸣四有罪，就没有说他疯癫之事；雷鸣六想定李绵六之罪，所以也没有说自己哥哥是疯癫之人。于是针对雷鸣四是否疯癫而展开讨论。假设雷鸣四是疯癫之人，那么他在市场买罐的时候，为什么不错误地走向绵六，而是正确地到高八那里买罐？在他拿刀杀人的时候为什么不杀高八，而杀和他有仇的李绵六呢？疯癫之人都这样吗？无论怎样，雷鸣四被殴打致死了，他是疯癫之人，也死了，他不是疯癫之人，也是死了。李绵六应该抵命，雷鸣四不是疯癫之人要李绵六抵命，他是疯癫之人也要李绵六抵命。如果把人杀了，借口对方有病而不用抵命，那么是所有生病的人都一定会死吗？法条中也没有一条法律载明："杀有病的人可以不抵命！"李绵六应该反思一下：如果当日他把雷鸣四的凶器夺下来，雷鸣四也不可以凭借自己疯病来减轻罪过？没有疯癫之人可以杀死疯癫之人，那么没有疯癫之人可以成为被人杀的对象吗？假如这不是李绵六的想法，那么李绵六自己应当后悔自己下手太毒了。依照法律应当被判绞刑。

此案判决之后，李绵六不服，要求复审。复审的结果如下。

李绵六是否应该抵命的案子，主要案情是他打死了雷鸣四。李绵六打死了雷鸣四，因为他们在外面已经发生口角，雷鸣四拿着刀来到李绵六家，被李绵六殴打致死，李绵六因为杀了人而应该偿命。这宗案子拖了七年，哪里容得再争执而拖下去！只因为县里的官员刚开始审讯的时候，曾经根据李绵六的供辞，假如雷鸣四有"精神病"这类，于是争辩、讨论的局面就开始了。暂且无论雷鸣四本来就没有疯癫，就是认为雷鸣四是疯癫之人，法律上也没有"疯癫之人杀人不用负责"的规定，又怎么会有正常人杀了疯癫之人，反而得到宽恕的呢？而且原、被告诉状和答辩，加上地保的呈词，并没有说雷鸣四疯了，尤其是县丞相处理文书，也没提到"疯癫"的事。到十一日,李绵六提交诉词,突然说雷鸣四原来的疯病发作了,而审判的人就以此为恶人寻出路,死去的人怎么能够瞑目?况且攻击雷鸣四的有多人,有人出门踢他肘部,母亲胡氏、妻子蔡氏抱住他,熊汤八、萧末六把他抬回家,雷鸣四是死于殴打,而不是死于疯病是很明显的。如果不是殴打雷鸣四,他满身血渍,伤痕累累,是从何处得来?接着倾向李绵六的人又说:"雷鸣四生前寻医、祈祷,都是有疯病的证据。"医治、祷告的说法,所有世俗的人、害怕死亡的人都习惯用的,没有听说专门为疯人设置。这个案子,只应当考虑李绵六有没有打人,不应该考虑雷鸣四疯了还是没疯,也只应当考虑雷鸣四受没受伤,死没死,更不应当考虑他家里祈祷与不祈祷,是否找医生。前面判案词说:"正是因为'疯癫'二字,不能为李绵六减轻罪行。"这真是铁案了!核准原来判处的绞刑。

案件出处:《明清法官断案实录》(上)。

（武航宇）

李嗣京断杀人弃尸案

南昌府节推李嗣京处理过一件杀人弃尸案,判决指出:郑太在殴打罗元时,罗元之子罗丑来救他父亲。郑太非常生气,就对罗丑拳脚相加,结果把罗丑的头打破了,胸口也打伤了,没到十天,罗丑就死了。罗丑死后官府曾去验尸,没有什么疑问。但是郑太想逃脱罪责,他趁雨天把罗丑的尸体扔到了河里,造成复检无法完成。但是天网恢恢,疏而不漏,很快,在河的下游发现了罗丑的尸体。复检发现,当时的致命伤还在,这次郑太无从抵赖。本案判决结果是处以郑太绞刑。

案例出处:《明清法官断案实录》(上)。

（武航宇）

李嗣京断占地斗殴致死案

李嗣京在任南昌府节推时,处理过一件占地斗殴致死案,判决指出:谌、黄两家的山地是连着的。谌家以采石烧灰为业,在采石过程中,动了黄家的祖坟。黄家来找谌家评理,一来二去,两家的人打了起来,互相向对方投掷石块,很多人都受伤了,只有黄家的黄应死了。仔细查看原因,发现大家都是拿石头互相投掷,只有谌家的谌东拿的是枪。黄应的致命伤是眼和鼻两处,都是枪伤而不是石头砸伤。所以谌东作为防身利器的枪,现在是杀人的凶器。由此可以裁断,谌东以杀人罪处以绞刑。

案例出处:《明清法官断案实录》(上)。

（武航宇）

李嗣京清查冤狱案

南昌府节推李嗣京在任时曾清查当地冤狱,判决指出:任君佐、任君弼溺死一案,仵作已经做过检验,二人指甲中有泥沙,肚子膨胀,完全是溺水而死的特征。并且任君佐的尸体顺着河水漂了五里路,任君弼的尸体顺着河水漂了十里路。当日打捞上来尸体做检验的时候,发现两具尸体完全是裸体。紧接着,就继续追查这两具尸体为什么是体无寸丝地漂浮在水里,后来得知任佛看见二人脱下衣服蹚水过河,以此就认定任佛是疑犯,并把他关押在监狱十年。在这十年间,此案都因为证据不足没有定罪。因为该州在初审的时候出现了疏漏,即本案没有目击证人,案发时只有一个一起拿衣服蹚水过河的陈其赞,而且此人并没有到官府做证,他的证词只是由乡里的执役者拿来的。这类人命重案,不到当地去查找证据,仅仅依靠乡间的执役者的判断就定案了,难道这个乡间的执役者时刻守在水边,对于来往行人时刻观察吗?他怎么能确定陈其赞当时是和死去的二人一起过河的呢?这么大的案子,没有一个目击证人证明任佛殴打了任君佐、任君弼二人,致使其落水而亡,而仅仅依据一纸空言,就判定任佛是凶手,这太过草率了!当初的审判之所以判任佛死刑,估计是怜惜任君佐、任君弼二人猝亡,想给二人一个交代,就判处了任佛死刑。怎么就没想想,如果任佛是穷凶极恶之徒,接连杀了两个人,且没有悔悟之心,他应该慌忙逃走,而不应该长时间地站在岸边,等到来了两个妇人的时候,还从容地和这两个妇人说话。任佛实在是没有被处死的法律依据。法律规定:"用暴力手段殴打,并且造成致命重伤,虽然受伤之人是自杀,也应该依法赔偿一定数额的丧葬费,发往边卫充军。"这个法条是针对真正下手殴打的情况的。本案的两具尸体虽然有伤,但是无法证明是谁殴打所致。所以对于此案,似乎不能援引上述法律规定。目前任佛已经死了,对于误判本案的官员,应该处以杖刑,其他涉案人员另案审理。

案例出处:《明清法官断案实录》(上)。

(武航宇)

李松园议逼奸令儿媳自缢案

李松园在刑部为官时,办理一起公公强奸儿媳而儿媳抓伤公公面部才得免被奸污的案件,儿媳害怕再次被逼奸,无奈自尽。众人都认为,伤及公公是不孝,自尽者不宜旌表。唯独李松园称:案发之时,伤人者唯恐不能抗拒而被强奸,其反抗伤人均无妨于孝道,应当旌表其节烈。长官钱维城听从李松园意见。李松园因此闻名。

案例出处:《冷庐杂识》。

(张田田)

李文在断伪契诬人为奴案

广西梧州司马李文在,于乾隆戊寅兼摄苍梧县事,吏才明敏,案无留牍,民间不敢以虚事妄控。西门外枥木桥人余阿吕呈控被逆仆邱以诚殴打。李文在接状,面询余阿吕,余阿吕说:"邱以诚于康熙五十九年(1720 年)卖身为仆,至乾隆二年(1737 年)余阿吕父故,家贫不能养活,邱以诚只好出外谋食。今邱以诚已富,而小人贫苦,只好向邱以诚道及前情,嘱其赎身,以资糊口。邱以诚昧良不认,拳脚相加,伤痕现在。今有其手书文契为证。"李文在传唤邱以诚到案。邱以诚称:"我于驿前马头竹簰上开张米店,余阿吕屡次赊米,已及十千,有簿可据。今向他索取,他不肯还,彼此相殴则有之,若说我是家仆,则是余阿吕凭空诬告。"李文在因余阿吕曾供称卖身契是邱以诚本人亲手所写,就令邱以诚照契抄写数行,笔迹很相似。李文在严厉诘问,邱以诚痛哭流涕,坚不承认,看情形是受了冤屈。李文在难以决断,退而找幕友钟灵泉商量。钟灵泉沉吟良久,取《康熙字典》及时宪书后页览之,对李文在说:这是伪契。因邱姓向无阝旁。至雍正年间,因避圣讳,始加而为邱。其卖身在康熙五十九年,邱当无阝。今契内径写邱字,可知是作伪。且据邱以诚供,今年四十八岁,当在康熙五十年(1711 年)辛卯降生,至五十九年刚十岁。市井幼童,安能写此端正楷书之契?李文在便唤余阿吕以"邱"字诘问,余阿吕俯首战栗,无辞以答。再问契是何人所书,余阿吕开始还想狡赖,怵以严刑,始言向与邱以诚交好,欲其资助而不能,反索旧欠,而朱阿良善于临摹,一向与邱以诚有矛盾,代为仿写身契,他才藉以诬告。李文在复拘朱阿良到案,令摹写之,悉如余阿吕言。李文在于是重惩余阿吕、朱阿良二人而枷之,复追欠还给邱以诚。邱以诚焚香叩谢而去。

案例出处:《听雨轩笔记》。

(张田田)

李兴验证辨冤案

李兴在陕西曾经处理了一个疑难案件,大家都称赞他明察秋毫,办案有方。当地有一个叫杨二的人,因为杀人而被判处死刑,案子拖了很久都不能执行,原因是他一直在喊冤。

为了搞清楚事实,李兴调查了案卷:案犯杨二在案发时刚刚十几岁,被告发和一个女子通奸,并因此杀死了巡检夫妇。当时的官员将杨二的父亲和通奸女子的嫂子一并抓了起来。李兴重新审理此案时,通奸女子的嫂嫂供称:"我的公公、婆婆和丈夫都死了,只留下我和我的小姑子一起居住。我的小姑子案发当年只有十六岁。一天,我的小姑子和我在后院散步,忽然看见墙外有一个少年骑马经过,我一看,此人长得英俊潇洒,我就称赞他说'姑娘以后如果能和这位公子结为夫妻,那么一生都能称心满意了!'我的小姑子问我说'他是什么人?'我答道'这就是东门的杨二官人。'回家以后又过了一个多月,被害的巡检夫妇做官期满后携带妻儿回乡,路过我家,恰遇天黑就前来投宿。因为这对巡检夫妇与已过世公公是旧相识,我就收留了他们。当天晚上我安排小姑子和我一起住在我的房间里,而把小姑子的房间让给巡检夫妇居住,他们的儿子住在外间屋里。没想到那晚巡检夫妇双双被人杀死在里屋。今天大人您又重新审理此案,我才敢把案情的经过如实禀告给您。"李兴又重新提审那通奸的女子,供词也和她嫂嫂说的一样。李兴又重新提审杨二:"你为什么在几年前刚犯罪的时候已经认罪,现在又喊冤枉呢?"杨二回答道:"我刚被抓来时年纪很小,之前也没有打过官司,来到官府没能经得住严刑拷打,就含冤招认了。其实,我确实一点也不知实情。"李兴又问那个通奸的女子:"你和他相处一个多月,怎么能不了解他身上的暗记呢?"通奸的女子答道:"虽然在黑天相会时看不清楚容貌,但曾经摸到他左臂上有一个肉瘤。"于是,李兴检查杨二的左手臂上是否有肉瘤,检查结果是没有,就让众人暂且退出去。后来,又嘱咐衙役召集通奸的女子家前后左右四面邻居共四十户人家一起来领取结案的状纸,要求他们提供杨二有无通奸杀人的事实,并且连人一起带到都察院。

衙役马上召集通奸的女子的邻居领取具结状纸,准备呈请解送。李兴看到,这些状纸都是证明杨二因通奸而杀死人命的。李兴很生气地对众人说:"你们就是简单地跟从原判,也不查明事情的真相。案犯既然是在黑夜行奸杀人,难道他在杀人时向你们报告了吗?你们有什么证据证明他是因奸杀人?"于是,李兴命令左右衙役脱去众人衣服,把他们当场绑了起来。同时命令衙役鞭打他们的背部。李兴暗中观察他们的手臂,看见一个屠夫的左臂上有一个肉瘤,立刻把他叫过来,说:"你知道你犯了死罪吗?本案的杀人凶手就是你!"屠夫对此事心知肚明,哭着说:"我已知罪。"李兴问:"你为什么要杀死巡检夫妇,又为什么能够长期和这名女子通奸?"屠夫回答:"那天她们姑嫂二人在后院闲逛,互相开玩笑时,我其实正在偷她们家后院里种的笋,恰巧偷听到了她们的谈话,于是就藏在草丛中一直听。等她们回去后,到了晚上,我就冒充杨二进去求奸。和她相处了一个多月。有一天晚上,我又去她的卧室求奸,看见有两个人一起睡在一张床上,我非常气愤,认为她又和别人通奸,就回家取来屠刀杀了他们。当时我并不知道他们是巡检夫妇。”李兴问:“当时你为什么不来投案自首?”屠夫说:“因为我知道这是死罪,不敢来官府自首,就拖延到现在。”于是李兴依法判了他的死罪,释放了无罪的杨二。

案例出处:《治世余闻》。

(武航宇)

李澐断寡妇立嗣案

李澐任广东令时审断争嗣一案,当地富家兄弟,仲没而伯存,哥哥有两子,欲将次子给弟弟当嗣子,守寡的弟媳不满,想要择族人子为嗣,而哥哥不许。于是伯以应嗣诉,妇以立所爱诉。而伯之子品德不端,且认为仲既绝后,产必归己,常常忤逆仲妇,控于县令,历任县令不能妥善处理,屡讼不决。李澐到任,这家又来告。

李澐问哥哥,你弟弟果真绝嗣么?哥哥称是。又问他有几子,答:有两子,应以一子给弟弟当后嗣。李澐再问族众邻右,都说情况属实,于是故意沉吟说,既然如此,哥哥理直,妇何必讼。再诘问妇人,她说,律设大法,礼顺人情,应嗣者,法也,立所爱者,情也。且哥哥次子游手好闲,来了就要败坏我的家业,还经常悖逆,我恐怕老无所依。李澐装作发怒说:我今站在法堂上,只知执法,如何会给你行方便。伯闻言默喜,磕头致谢,众人交口附和。李澐命各署结状,而召其子上前,指妇人对他说:你父既具结,则她为你母,可于庭下拜跪以正名,以免滋讼。伯子向仲妇行礼,她大哭不愿:这种判决,就是杀我!我不如死!李澐问妇有何不满,妇说早已跟上官说过,何必强人所难。李澐称:之前是怕你说谎,既然嗣子悖逆,你有证据么?妇言之历历。李澐对伯说,律载:父母首告子忤逆,逆子应处以死罪,既然认妇为子,当依律断,命隶人将逆子立毙于杖下。伯大窘乞求,李澐不听,催促赶紧拿杖来。众人大惊失色,跪下求情。李澐良久才说:我身为法吏,何敢屈法,为今之计,不为妇子,就可以不为母死。伯连忙从命,李澐便令众改结状,听妇立所爱者为嗣。

案例出处:《谈屑》。

(张田田)

历秀芳审帮差殴官案

太仓帮陆运官受侮于水手,归咎其帮差黄凤、吴桂,控告帮差喝令水手殴官长,泣诉请求漕帅做主。上级令历秀芳缉拿黄凤、吴桂,历秀芳于是广传捕役,缉获二人,回署讯案;上级还要求,明日须送来口供,不可拖延。历秀芳认为现已日暮,路途遥远,请求宽限一日。上级说时间紧迫。历秀芳抵署,已经三鼓,乃提审黄凤、吴桂,开导他们说:本官深悉你们有冤,但你们若不如所禀,则漕帅亲讯,三木之下,何求不得!两运差哭泣求援,历秀芳说:你们莫若就运官所禀情节,可承认者就招供,不可应承的情节,忍死勿应。两差答应。历秀芳将原禀条款给他们看并解说:例如运官告你们酗酒,此笞杖罪,不妨承认。又如运官称是水手行凶,水手的事与你们无干,也可承认,惟中间“喝令”两字,断断不可招认,你们可与刑书仿照原禀,商量一套供词,勿认“喝令”情节。两差见历秀芳推诚若此,商于阶下,须臾供成。历秀芳令画供,一再宽慰,写就案卷后,驱车七十里,登漕帅船禀见。上官见两差供词之悉如原禀,而赞许历秀芳办事之速。

案例出处:《梦谈随录》。

（张田田）

廖冀亨断诬告儿子案

廖冀亨康熙朝在江苏吴县当县令,秉公执法,擅长断案,又不扰民。东山司巡检报告有人家的二儿子想要弑父杀嫂,未遂后自尽。廖冀亨深夜点着两根蜡烛翻阅卷宗,虽然无风,蜡烛全灭,似乎暗示他有冤情。乘船验尸途中,湖上起了大风,险些翻船,随从都大惊失色,廖冀亨却从容发言:本县令是给人申冤理枉来的,神灵必然保佑,因此无所畏惧。抵达之后,研讯半日,就发现了实情,原来二儿子是被父亲故意杀害的,巡检收了犯人的钱,诬告死者,谎报案情。廖冀亨把这些人都依法惩治了。

案例出处:《清史列传》。

（张田田）

廖冀亨断诬告杀人案

廖冀亨刚在吴县当县令时,就确立了办案速决、从宽等原则。有庠生给盐商的孩子做家教老师,却自刎而死,他问明情况后,就要给盐商洗脱杀人嫌疑。当时有诽谤他收受贿赂包庇富商的,他也不在乎。其实他刚上任时,当地人告诉他,都说当地民风好讼,但"其人两粥一饭,肢体薄弱",意思是不禁折腾。建议官员"凡讼求少准、速决,更须加二字曰'从宽'"。廖冀亨认真听进去了,还记了下来,为了体察民情,"收词不立定期",也很少体罚百姓,"在吴三年,非奸盗光棍,行杖无过二十",也就是将"少准""速决""从宽"六字作为了办案的六字箴言。他的子孙后代里也有能办好案、施惠政的人才。

案例出处:《清史列传》。

（张田田）

廖腾煃断失鸭案

有人丢失数十只鸭子,告到休宁县令廖腾煃那里。廖县令问,近来可有向你求买鸭子而未成者么?失主说有姓金的人曾经来过。去金某那里查看,发现许多鸭子,但金某强辩不服。廖县令命令将两家鸭子带来,混杂放在大堂上,要两家人各自呼唤。金某呼唤而鸭群不应,失主用竹竿招呼,鸭子成群相应。失主还说:我家鸭子,都用火烙印鸭掌做了记号。经查验,果真如失主所言。只有一只鸭子不听失主呼唤,也无掌印。金某因此狡辩不已。廖县令说:这正说明你是惯偷!怕人发觉,有意买一只鸭,混在所盗之鸭群中。金某羞愧服罪。廖县令处置小偷,鸭还失主。

案例出处:《寄园寄所寄》。

（张田田）

廖文锦断夺寡妇产案

廖文锦"数决疑狱,所在仰若神明",杨寡妇生有遗腹子,却被夫家族人诬陷为不贞节,丈夫的田产地契都被夺走,她被赶出家门。杨寡妇到县衙去控诉,数年来都没能讨还公道,又到南阳府知府廖冀亨那里申诉。当时是大热天，杨寡妇还穿着棉衣，人们都认为是她精神错乱。廖文锦观察她所言非痴，就对她进行详细的询问，杨寡妇哭着说，不碰到清官，就不敢泄露真情，家计都藏在身上，生怕一时不慎，被人骗去，更没有证据了。原来她把丈夫亲手登记的租赋来往账目都藏在这棉衣里。廖知府采信了这些证据，为她主持正义。

案例出处：《清史列传》。

（张田田）

廖文锦断诬告叛逆案

廖冀亨的曾孙廖文锦在道光二年（1822 年）任河南南阳知府。廖文锦为官，兴利除弊，他在南阳作官时，南阳"教匪初平"，战乱之后，禁令极严。有一个武生家里富裕，生活在内乡、淅川两地，内乡的差役看到武生富，就借故诬陷他家的佃农是教匪，牵连到武生，他行贿才免除了官司。结果淅川的差役也学了起来，多次骚扰、抓捕当地的佃户，佃农气不过，拒捕，事情闹大，就把武生诬陷为叛逆的首犯了。巡抚要求两地官员会同缉拿，廖文锦迅速前往调查，了解到实情后就建议将无辜受累者释放，但长官却想将错就错、穷追不舍。廖文锦据理力争："杀人以媚上，吾不为也。"最终还是按照廖文锦的建议办了。

案例出处：《清史列传》。

（张田田）

林福祚平反东流狱

林福祚任安徽省东流县知县时，县民王三衙同建德县的黄孔英交好，黄孔英的年龄比王三衙大一倍，王三衙把他当作兄长对待。太平天国事件后，王三衙不知所踪，他的妻子萧氏年纪还轻，失去了赖以依靠的丈夫，就到建德县去依靠黄孔英定居下来。黄孔英觉得萧氏很漂亮，想把她卖出去而占有她带来的财产，于是欺骗萧氏说：王三衙的全家已经被太平天国军队都杀尽了，你回去也已经没有依靠了，何不再嫁？萧氏不得已，拜黄孔英为义父，由黄孔英作主，改嫁给建德县里的陈某为妻。然而，这时王三衙已经回到了东流县家里，只是起先不知道自己妻子在好友黄孔英家。刚巧陈某有事要到东流县去，萧氏嘱托他顺路到她母亲家里寻找亲人，陈某到了东流县，在一座破庙里找到她的弟弟，陈某告诉他事情的经过，萧氏之弟听到后，立即奔跑到姊夫家报告王三衙。王三衙知道后就与陈某一同到建德县的张家镇，当面责问黄孔英的不义行为，黄孔英又羞惭又害怕，回答不出话来，于是先叫家里人设宴款待王三衙，趁人吃喝不注意，黄孔英回卧房服毒药自杀。黄孔英的儿子迁怒王三衙，于是趁夜把父亲的尸体抬到山里，再去县衙诬陷控告王三衙将他父亲殴打致死，并且以山路旁边丢弃的轿子作为物证，说王三衙就是用这轿子抬尸并丢弃的。建德县知县孙某不愿到山中去验尸，就让县尉代他去，县尉得到黄家人的贿赂，直接以"殴伤致死"上报。孙县令信以为真，用严刑逼迫王三衙含冤屈招。东流县百姓上访池州府，代王三衙鸣冤，郡府太守周某把这件案子委派给东流县林福祚审理。林福祚审阅案卷分析：王三衙若杀人移尸，不会丢弃轿子而留下犯罪痕迹，况且抬轿的人也没有抓获，于是责令捕役，缉拿轿夫。后来在镇上抓住一名轿夫，经审问是王三衙的同族兄弟，黄孔英死的第二天正巧在镇上看戏，被黄孔英的儿子抓住指认为载尸体进山的人。林福祚认为，替凶犯抬尸体的轿夫，虽然没有参与谋杀，却不能无罪，而这一轿夫并未逃避缉捕，仍然在镇上看戏，不合人之常情。进一步审讯发现,王三衙有个族叔在镇上开店,生了病,族叔的家人派了这顶轿子来镇上接他回去,轿子到了店铺,族叔的病却痊愈了,轿子没有立即回去。轿夫没有事做,上街看戏,结果被黄孔英的儿子诬告。案情查清后上报给郡府,周郡守阅后大发雷霆,批驳并命令林福祚重新审讯。林福祚不同意,周郡守扬言要找机会处分林福祚。林福祚到省府拜见长官,请求开启黄孔英的棺材验尸。开棺验尸的事关系重大,安徽省几十年内没有实施过。两江总督沈葆桢特地为此写了征召文书,召请江西的著名仵作某人来,这人已经八十多岁了,把黄孔英的棺材启开后,经过检验,黄孔英的尸体果然呈现服毒状态,全身无殴打致伤的痕迹。这时,黄孔英的儿子才承认犯了诬告罪,然后周郡守、孙县令都被革职,而林福祚仍旧任东流县县令。

案例出处:《清稗类钞》。

（张田田）

刘芳断婢女内应劫盗案

刘芳,字百子,云南石屏人,崇祯年间曾任涂州府砀山县知县。他曾处理过一宗婢女做内应劫盗主家案。有一天,刘知县受理了本县百姓官元的告诉,官元诉称:自己家遭到强盗抢劫,数名奴婢和雇用的工人被杀,妻子和两个儿子侥幸逃脱,婢女秋兰被捆绑在家中院里的老槐树上,家中财产被洗劫一空,恳请知县缉捕真凶。

第二天,刘芳提审官元,官元说:事发当天,自己刚好到乡下去收租,大约五更天才回到家中。进门后,他看见家里已经被洗劫,三名婢女、三名雇工被砍死,两名奴仆被砍伤,也已经奄奄一息,不能开口说话了。后来发现婢女秋兰被捆在院子里的老愧树上,嘴里塞有布团。秋兰说:傍晚时分,有二十多个脸涂油彩的强盗破门而入,见人就砍,奴仆与雇工见状与强盗搏斗,保护主母周氏和两个小主人从后门逃走,结果奴仆与雇工都被砍杀。自己大喊救命,结果被强盗捆绑在老槐树上,并堵住了嘴。天明之后,官元就来到县衙告状。刘知县觉得秋兰有些可疑,就马上提审她。秋兰交代:事发时,强盗脸上涂满油彩,所以无法辨认其真面目。强盗杀人时,自己大喊救命,所以被捆绑在老槐树上。后来,强盗着急抢劫财产,没顾得上杀她就跑了。刘知县又提审周氏,周氏称:听到雇工高喊强盗杀人了,自己马上带着两个幼子,由婢女夏竹、冬梅扶持,由后门逃出,到亲戚家躲避。事发当天,周氏并没有听到婢女秋兰的呼叫,她呼叫秋兰,也没有听见回应。刘知县又提审婢女夏竹、冬梅,二人称:听见雇工喊叫,马上就起床保护女主人和小主人逃离。秋兰常常深夜外出不归,那天也不在。

庭审之后,刘知县就去勘察现场。他发现官家大门没有被撞的痕迹,排除强盗破门而入的可能;墙头的杂草整齐,也排除翻墙而入的可能。外院没有打斗痕迹,但大门的门栓下面有一只破碎的绿色玉镯。中院有明显的打斗痕迹,奴仆的死伤都发生在此地。内院没有打斗痕迹,后门虚掩,门栓打开。内院有一颗老槐树,就是捆绑秋兰的那棵树。刘知县猜测:"内院没有打斗痕迹,秋兰却说看见强盗杀人,还高呼救命?这不合情理。中院发生了打斗,为什么秋兰被捆在了后院?"至此,刘知县认为秋兰具有重大嫌疑。

刘知县回到县衙,马上升堂,先是提审婢女夏竹、冬梅。两名婢女交代,秋兰时常夜里出门与屠户郑阳约会,并且确认碎玉镯是她的相好郑阳送的。紧接着,刘知县开始提审秋兰。最初,秋兰拒不交代,给她刑讯上了拶指后,秋兰承认她与屠夫郑阳有奸情,但不承认与郑阳合谋抢劫官元家。

刘知县马上派衙役拘捕屠户郑阳到堂,但无论如何用刑,郑阳拒不招供。无奈,刘知县派衙役到郑阳家把所有财物都搬到县衙,然后让官元前来辨认。官元认出其中的一些财物确实是自家的。有了赃物,刘知县再次提审郑阳,郑阳见到赃物,主动交代了犯罪过程。

原来,三年前郑阳与秋兰因为卖肉而相识,进而发生奸情。通过秋兰,郑阳逐步摸清了官元家的底细。所以案发当天,他趁官元下乡收租之际,纠集强盗去抢劫官家。为避免被主人怀疑,他们将秋兰绑了起来。

之后,刘县令又让郑阳的妻子到堂与秋兰对质,当秋兰得知郑阳有家室之后,才发觉自己被骗了,得知隐瞒无益,就交代了全部罪行。至此,案情真相大白。

刘知县最终依《大明律》刑律·人命·谋杀人条规定,判处郑阳斩刑,秋兰绞刑。其余同伙待缉捕归案后,另行处理。

案例出处:《柏桦讲明清妙判》。

（武航宇）

刘世澜协办灌阳无头尸案

嘉庆年间,灌阳县王乙因当地多山,垦山为生,在山前盖屋居住,多日不曾出屋,邻居入室查看,只见床上一具无头尸体。邻居惊恐,商量后将尸体掩埋。王乙侄子王大,经常去看望他,王大再来时,邻居告诉他王乙病死,已经埋葬了。王大痛哭而去,几天后又回来说要带走叔叔的尸骨,回乡改葬。开棺后发现尸体无头,邻居解释,但王大要告官。邻居害怕,想要私了,但无法满足王大索要的高额钱财,因此被当作杀人嫌犯捉拿到案,反复受审后,都不得不承认杀死王乙,但供不出尸体的头在何处,有两人死在狱中。其后,新任灌阳县令杜某前来,其刑名师爷刘世澜阅卷生疑:王大的经济条件,不像能归葬叔叔的;王大当众开棺,极有可能是预先得知尸体无头;死者无头,怎能肯定是王乙?证据并不充分。杜县令于是提审,被告回答,从死者衣服认出是王乙的。刘世澜建议县令以王大如何知道死者无头为突破口,在堂上摆出刑具,升堂审问。县令厉声呵斥王大:你贫穷本无力改葬叔叔,明知棺中尸体无头,非要开棺,一定是杀人者!王大害怕受刑,只好交代其叔并未死亡,而是被他藏在家里。县令派人搜捕,果然发现王乙,查明真相:有过路人因避雨来到王乙房前,天黑借宿在王家,当时王大也在。叔侄合谋图财将过路人杀死,并割下尸体的头,尸身上套上王乙的衣服后连夜逃走。后来,王大听说王乙邻居们以为尸体是王乙的,起意敲诈,酿成冤案。

案例出处:《清稗类钞》。

（张田田）

刘于义议直隶强盗分首从

雍正九年(1731年)刘于义署直隶总督,大名发生劫盗十余案,每案抓获数十人。依律,强盗罪犯不分首从皆斩。刘于义认为这些案件中的凶器都是田具,赃物仅为米谷,实属饥民借粮争夺,与强盗情节略有不同,他上奏请示皇帝法外开恩,部分犯人得以减刑免死。

案例出处:《清史稿》。

（张田田）

龙晋断新娘被夺案

龙晋，江西吉水县人，曾在天顺年间任江苏嘉定县知县。他初就任时，依照惯例，审查前任遗留的案件。当他看到徐二抢劫新娘案时，觉得案情蹊跷，且没有结案，提审当事人，结果没有发现任何线索。

案情是，县里杂货铺老板贾昌之女月香，要嫁给成衣铺王守谦为妻。按照习俗，新娘在结婚前要绞脸，贾昌就请来了专门干这个活的徐二。不料，徐二在绞脸时调戏月香，被月香赶了出去。但是徐二不甘心，第二天，他来到王守谦家，送了一份贺礼，按照习俗，徐二被王家邀请参加婚宴。婚礼当天，徐二趁王守谦醉倒，趁机溜进新房，用迷药迷倒月香，然后用口袋将月香装进去，扛到了后门，交给外面接应的两个帮凶。待两人将月香抬走之后，徐二又回到婚礼现场，与大家打完招呼后从正门离开，去与那两个帮凶接头。

待新郎王守谦醒来后，进入洞房，发现新娘失踪了。便开始四处寻找，最后发现后门有人开过，便从后门冲出去寻找。因为后门外是一条又长又窄的小巷，两个帮凶扛着新娘跑不快，这时听到后面有人追来，怕被当场抓获，所以扔下新娘就跑。恰好，徐二按约定时间赶来接头，见新娘被扔在地上，自己背起来接着跑，但后面的追兵越来越近了，徐二情急之下将新娘扔进了枯井，然后继续跑。众人抓住徐二，追问他把新娘藏在哪里了？徐二却说他是在帮助寻找新娘，众人无奈，将他暂时扣住。

第二天，王家将徐二押到县衙，徐二见事情败露，就全部招认了。县令派衙役到徐二指认的枯井寻找尸体，果然发现井里有具尸体。但将尸体拉上来一看，发现是具男尸，众人都被吓呆了。县令又将两名帮凶抓获，但是二人也说不清楚为什么新娘变成了男尸，虽然几次刑讯，但是仍没有结果。县令只能发出公告，请知情者来认领尸体，几个月过去了，尸体也无人认领。至知县离任，此案还没有告破。

新任知县龙晋到任后，一直关注此案，但也无头绪。过了没多久，河南开封府送来两名人犯，女的自称月香，是贾昌之女。一听到月香，龙晋马上想起徐二抢劫新娘案，便提审徐二前来对质。徐二来了之后，确定此人就是月香。确定了来者身份后，龙晋就询问月香具体情况。月香简单地讲述了自己被劫走的经历。

原来，案发当天，月香被扔到井里苏醒过来，曾听到众人抓徐二，但由于人声嘈杂，无论自己在井里怎样叫喊，都没人听见。因为枯井太深，月香无法爬上来，就在井底哭泣喊叫直到天明。这时，有两个男子经过此处，此二人是开封府的唐浩、凌舜，两人一起来嘉定贩布。他们听到哭声，就伏在井口询问。听到月香的遭遇后，便打算实施救助。二人决定派一个人下井去救月香，一人拉拽。凌舜把布拴在腰间下井以后，就把布拴在月香腰间让唐浩把月香拉出去，唐浩把月香拉出来一看，竟是一个美女，顿时想占为己有。于是捡起地上的石块投到井中，将凌舜砸死。唐浩把凌舜砸死之后，将月香带到开封府，收作自己的小妾。唐浩的原配夫人非常凶悍，不能容忍月香的存在，就经常虐待她。有一天趁唐浩及其夫人不备，月香就跑到开封府鸣冤。开封府知府得知案情后，便逮捕了唐浩，同月香一起押回嘉定县对质。至此，案情大白。

龙知县做出如下判决：唐浩见色忘义，落井下石，逼人为妾，二罪并罚，处斩。徐二帮凶张海、张祥夺人妻子，按律应处杖一百、流二千里，但因已在狱中关押一年有余，所以处杖刑后，释放。月香与其夫王守谦重归于好。

案例出处:《柏桦讲明清妙判》。

（武航宇）

陆陇其教导忤逆者

陆陇其任灵寿县令时,曾有一老妇到县衙控告其子忤逆。陆县令见被告为弱冠少年,认为孺子可教,令其跟随自己左右,学习如何尽孝,数月下来,少年见陆陇其侍母极孝,深受感动,归家与母亲和好如初。

案例出处:《清稗类钞》。

（张田田）

毛一鹭断典妻争子案

毛一鹭,遂安人,万历三十二年(1604 年)进士,曾任兵部左侍郎,断案能力较强,但后期依附魏忠贤,被时人谴责。他在任松江府推官时,断了一宗典妻争子案。

此案原告张念祖,四十余岁,耕田为生,诉称:妻子卫氏与自己离异后,改嫁给张凤,不足五月而产一子,所以这孩子应该是自己的,请求将这个孩子断归自己。被告张凤,年纪三十余岁,辩称自己与卫氏是结发夫妻,已经育有二子,长子十岁,幼子不到半岁。张念祖因为无力娶妻,所以要夺妻占子。证人张玉麟,是张姓的族长。他做证说,张念祖因贫卖妻卫氏给张凤,有当日的休书和卖身契为证,并且自己就是中人。但不知道休妻时卫氏已经怀孕,所以张念祖打算要回其子。

张凤原来是本县徐姓大户的奴仆,妻子是主人指配的,为使女出身。两个人结婚以后,不想让自己的后代再为奴仆了,便借了高利贷,赎身为良,现在靠打短工为生,生活非常拮据,经常是吃了上顿没下顿。这对不屈服于生活的夫妇,为了孩子不再为人奴仆,努力挣钱,虽然生活困难,但为了下一代,甘愿牺牲一切,盼望着孩子早些长大成人。

毛推官看了案卷之后,疑虑重重,原被告双方各执一词,于是提审张凤。张凤称:“卫氏确实是小的发妻,小的没有买妻,并且有本县徐姓家长为证。”毛推官翻阅卷宗,发现确实有徐姓家长的证言,证实张凤十余年前娶卫氏为妻。接着又提审张念祖,张念祖辩称:“卫氏确实曾是张凤之妻,但三年前张凤因贫休妻,把卫氏卖给小的。但卫氏与张凤旧情未断,所以小的把她休了,送归张凤家,不料卫氏不足五月产子,这是小的儿子,定要索回。”

毛推官见作为证据的契约只有一份,且对方并不认同,所以决定实地进行考察。毛推官带人来到案发的华亭县探访,实地考察之后,他了解到了案情的真相。

原来,卫氏是徐姓家族的家生奴,被主人配给同是家生奴的张凤,生了一个儿子,依然还要给徐家为奴。二人商议,先将卫氏典卖出去换些银两,先赎身为良,再买上两亩地,改变身份,过自由的生活。于是,二人通过族长张玉麟做中人,找到族人张念祖,让他出银把卫氏典下,期限二年,这期间所生之子归张念祖。张凤拿这笔银子去赎了身。三年期间,卫氏一直没有生育,没有想到临要回家前怀孕了,回到张凤家以后,不到五个月,就生了一个儿子。张念祖前来索取,但张凤不给,所以两家就打起了官司。

知道这些事情后,毛推官回到府里,再次提审张念祖、张凤等人,揭穿了他们各自的谎言,他们只好如实招供。原来,张念祖希望把和卫氏生的儿子要回来,但他知道典雇别人的妻子犯法,所以找族长张玉麟相商。二人得知张凤收回卫氏之后,就把契约烧毁了,但忘记把张念祖手中那张收回来销毁,所以就伪造了休书及卖身契,企图蒙混过关。至此,真相大白。

毛推官的判决是:张念祖处杖八十,之前的典雇银,要被官府没收。张凤处杖八十。卫氏自己选择今后与谁生活,但无论如何选择,都不要再生矛盾。张玉麟处杖一百、流放云南。

案例出处:《柏桦讲明清妙判》。

(武航宇)

毛一鹭断奴婢逃亡案

毛一鹭在任松江府推官时,断了一宗奴婢逃亡案。

此案发生在华亭县,百姓姚可成控告司兵朱禄、曹成抢夺其妻采莲,勒索银两,证人是本县百姓郁宪宗。司兵朱禄、曹成反控姚可成奸拐婢女采莲,采莲的主人李显思是证人。松江府受理此案后,交由毛推官审理。

毛推官先提审姚可成,其供称:其与妻子采莲,傍晚一起回家,被司兵曹成等盘查。因不服盘查,与司兵争吵,司兵污蔑他奸拐妇女,并将采莲霸占。至今采莲仍被司兵曹成奸占。毛推官又提审朱禄,其供称:案发当晚,自己与曹成见姚可成与采莲夜行,就上前盘问,不料此二人却要逃跑。二人被抓回来后,经过审查得知,姚可成是本县财主徐柏的仆人,便将徐柏传来认领,确认无误后,将其释放。而采莲不能够说明身份,无法证明她是姚可成的妻子,所以羁押至今,等待核实其身份,并没有谁将其奸占。接着,毛推官提审曹成,其供称:事发当晚,自己确实盘问了这对男女。但姚可成不是财主徐柏的奴仆,而是李显思的奴仆,但被逐出李家。姚可成被逐出后,又拐带婢女采莲出逃,被我等抓获。本来想让李显思将其领回,但徐柏却有契约,说采莲是他家的婢女。李显思说采莲是他家的婢女,但没有带契约,所以朱禄等人不把她给李家,而要将采莲交给徐柏。我等不服,所以递交诉状。毛推官接着又提审李显思,其供述:姚可成以前是自家的奴仆,但他结交匪人,就将他驱逐出家门,连卖身契也一并还给了他。后来他又把婢女采莲拐走,谎称是他的妻子,不肯将采莲归还。再审问徐柏,其供称:姚可成是他前年新买来的奴仆,因为他诚实能干,就把婢女采莲许配给她,且采莲有卖身契约。但现在司兵羁押采莲不放。

各家说完口供,毛推官又提审采莲。采莲讲出了事情的经过。原来,采莲在不满周岁的时候,就被卖到李显思家,长大后成为主母的贴身丫鬟。有一天,李显思趁无人之机,想要奸占采莲,恰巧被奴仆姚可成听见,姚可成假装有事而闯进屋里,救了采莲,因此遭李显思怨恨。随后李显思把姚可成以很低的价格卖给了财主徐柏,姚可成害怕采莲被主人奸害,就偷偷逃出来,劝采莲与他一起逃走。采莲见姚可成有情有义,就同意了。没想到刚刚逃出李家,就被司兵朱禄、曹成截获,还被他们轮奸。姚可成无奈之下,与朱禄协商,只要他认可采莲是他的妻子,朱禄随时都可以来奸淫采莲。朱禄原本就想独霸采莲,所以同意。司兵曹成见此情形,心生妒忌,就找了理由把采莲夺回来,押解到县衙。姚可成为了把采莲夺回,就找了讼师郁宪宗为自己出谋划策。后来哀求新主人徐柏,让郁宪宗做中人,将采莲卖到徐家。徐柏见价钱非常便宜,就签订了契约,随后拿着契约去索要采莲。但遇到李显思也带着契约来索要采莲,在此情况下,郁宪宗又让姚可成状告司兵奸占妻室。至此案情大白。

毛推官判决如下:姚可成和诱采莲,处以杖八十、徒二年。采莲断还给主人之子李元达。

徐柏罚银三两。讼师郁宪宗教唆词讼,处以杖一百。司兵朱禄、曹成,处以杖刑,除司兵籍。

案例出处:《柏桦讲明清妙判》。

(武航宇)

名幕协办踩踏致死多人案

清末重庆发生教案,信教的乡绅罗元义为了阻止民众攻打教堂,雇人反击,结果踩踏致死十余人。四川总督刘秉璋想将罗元义枭首示众,为了找到有力的理由,请来幕友臧吟樵、胡山农为其参谋,跟他们说,想杀罗元义,但担心依据不够充分。幕友们说,"案有由,其可哉",愿意尝试。臧、胡二人执笔写道"死由于踏,踏由于追,罪坐所由",强调罗元义之罪,比械斗为首之犯更加严重,致死多人,应科斩枭。朝廷认可,通过电报命令将罗元义就地正法。法国公使想要求情,已经来不及了。

案例出处:《异辞录》。

(张田田)

幕友议易棺谋产案

绍兴县有个富翁,有三个儿子,都已娶妻,却先后死去。富翁还有个女儿,就招女婿上门,替他管理家务。富翁年老没有子孙,闷闷不乐,于是又纳了一房妾,没到一年就生了一个儿子,但是富翁也接着死了。家里没有成年男子,一切丧事只有听女婿指挥。出葬日子,正和邻村某家送葬安排在同一天,敲打吹送的仪仗队互相争夺道路,以至于互相打了起来,棺材停在路边,打完以后再埋葬。葬完以后,富翁的女儿向官府控告,说这个幼儿不是富翁生的。富翁的大儿媳听说,愤怒地到官府申诉,说幼儿确实是富翁的儿子,如果不信,请求开棺滴血检验。官府责令大儿媳具结立下保证书:如果是假的,她甘心服诬告反坐罪。开棺滴血,幼儿的血不渗入富翁的尸骨,大儿媳被关进了监狱。二儿媳向上级官府控告,经提审开棺滴血检验,结果同前次一样。二儿媳也因诬告罪被关进了监狱。三儿媳气愤得很,跑到京城控告。正遇上某公任浙江省按察使,受理此案。某公调集了所有案卷材料,反复思考,也没有想出破案的计策:说不是富翁的儿子,但三个儿媳坚决确认,并且甘愿抵罪,连续告状,自然是由于真情;说是富翁的儿子,但几次滴血不入尸骨。向验尸官查问,也没有查出什么漏洞。按察使听说某幕友因为断案闻名天下,备了厚礼聘请幕友前来。幕友思考了几天,忽然拍案道:找到原因了! 于是向某公提议,先滴富翁女儿的血来检验。某公顿时醒悟过来,把富翁女儿叫来对她说:"你的弟弟不是你父亲生的,你也不是你父亲生的吗? 何不先拿你试一试?"那女儿脸色大变。滴血检验,血也不渗入尸骨。某公大怒,用严刑审问她。那女儿哭着招认:"这件事都是由我丈夫安排的。"某公立即把富翁的女婿抓来,一经审问他就服罪了,原来他在出葬时,故意安排了和邻村同日出葬,并在路旁打斗,乘混乱的机会偷换了棺材,其老谋深算,出乎人之常情。于是某公按照法律治富翁女婿罪,释放了三个儿媳。

案例出处:《折狱龟鉴补》。

(张田田)

倪孟贤断诬人谋反案

丽水县有一个靠占卜为生的人,平时靠在街上摆个卦摊混饭吃。有一天,他到当地一个有钱人家,要给人家算命,但是这家人认为他水平不行,没有搭理他。这个人没赚到钱就很生气,他跑到朝廷去告状。说当地的世家大族陈公望等五十七人纠集百姓准备图谋造反,皇帝一听很害怕,马上下令让锦衣卫的千户周原去逮捕他们。当时倪孟贤任丽水县知县,他听说锦衣卫的千户周原要来,心中很是忐忑,不知道谋反是否属实,于是,他秘密召见当地的族长,询问是否有人图谋造反。当地的族长都说没有此事。倪孟贤不放心,就微服私访,来到乡间。他看到那里的百姓们男耕女织地生活着,和往常一样。回到衙门后,他对下属说:"朝廷命令我孟贤当这个丽水县的知县,目的是要我教令这里的百姓,让他们能安逸地生活。现如今平白无故地使好人蒙冤,这难道是朝廷任命我孟贤的本意么?"随后,倪孟贤给皇帝写了一份奏折,禀明案情,又选了当地四十位德高望重的老人到京朝去证明此事系诬告。皇帝收到奏折之后,命令司法机关查明真相,对诬告者依法论处,同时,赏赐给这四十位德高望重的老人以酒菜饭食及旅程费用,并派人把他们送回家。

案例出处:《明通鉴》。

(武航宇)

潘相办理不从父命逃婚案

郓城刘甲惯赌,为偿还赌债,通过媒人将女儿许嫁原籍河南、现居本邑的张某,得财礼若干。刘甲妻子当媒人造访其家报告婚期时,才知女儿被许配给张某,大闹不允。刘甲无奈外出。张某家控于官,县官一面寻找刘甲,一面就要提刘甲之女到案。郓城县官是河南人,诸生监认为此官偏袒同乡,又称张某将兴贩刘家女儿为娼,因此藏匿刘氏母女,拒不交出。官传刘氏族长生员某,族长听信刘氏母女之言,又伪造其友居河南者的书信,信中描述张某诸多不良。郓城县官联系张某原籍河南某县县官,河南方面向张某父兄邻佑及寄书之人调查,都说张某是良民,家中丰衣足食,刘氏族长某生并未有书来。郓城县官据此传问族长,刘氏族长出言顶撞。郓城当地生党愈甚,将刘氏母女藏匿濮州吴生家。半年后郓城县官联系潘相,要求传讯刘氏母女到案。此时遇素好嫖赌之武生,见刘氏女儿少艾,视为奇货,多方调护,到解送这母女到案时,武生骑马先后行,夜宿范县武生店,以多金买通前来的差役,令此母女逃匿。郓城县官又详关范县与濮县这两名涉案武生,案子越发复杂难办,拖延达两年,上司乃批府委托潘相去郓城协办该案。

潘相考虑到,一方面,婚嫁本为小事,因官长办理不善,局面混乱至此;另一方面,生监结党抗官,贴匿名帖骂官,遍官宅内外,几欲罢市,刁风不可长。潘相先传刘甲之妻,晓谕以是非祸福。再呼刘甲之女上堂,此女头面不梳洗,数日不食,一息奄奄,屡问不答。潘相教导她女子在家从父的道理,此女说不愿认父,因为父要将她卖与娼家。潘相对她说:果真如是,不从父命,不嫁张某,也说得过去。但张某本郓人,家中还有田宅,其外家李姓为富人,你二人婚后,本官命李姓与你夫妻田屋赀财,你不必远赴河南。你一少女,两年来抛头露面,东藏西躲,被这些武生监生看作奇货,岂不害羞。此女乃微言:求县太爷救命。潘相说:你要我救,须从我言。潘相命媒婆将此女领到厨房,梳洗吃粥,复传上堂,再三劝谕。此女对潘相说:"小的也是一世人身。"潘相安慰她放心,不会把她当堂断与张姓的,将给她明媒正娶的体面。稍后,取绸缎衣及首饰给此女看。郓城县官的夫人,也派人请将此女付内宅,为她梳妆。次日,郓城县官端坐大堂,具花烛席,令张某衣冠整齐前来,与女结纳,令李姓妇女具车数辆来迎。县官送以大轿,鼓乐至李门。时潘相与诸友坐二堂,此女盛妆给潘相叩了多个头而去。围观者填街路,皆感叹心服。潘相于是开始追究诸生监的责任,分别办理。正逢知府上省,经过此地,惊问潘相为何未详上奉批,便做主将此女嫁给张某。潘相回答,此女悬而未嫁一日,则事一日不了。知府也佩服潘相之敏。

案例出处:《事友录》。

(张田田)

潘相辨二人捉奸杀二人罪名

范县李甲纵容妻子与人通奸,其伯叔李某与其戚杨某夜往捉奸,打伤嫖者刘乙。刘乙性情强悍,返回邀多人持械报复,被李某、杨某二人杀死。因范县县令详报含混,上司指派潘相审理并报告。范县县令认为,此案衅起李某捉奸,欲为杨某出杀人之罪,原拟称二人均为李某所杀。潘相细鞫之,一名死者确实被李某所杀,另一名虽被李某枪伤,但致命则是杨某所为。况且,两死者均归咎于李某,则李某罪名是杀死一家非死罪二人,刑罚过重,而将一名死者归责于杨某,则两犯皆可认定为依法允许捉奸、拒捕格杀,俱可邀恩。按潘相拟断上奏,后李、杨二人皆减等发落。

案例出处:《事友录》。

(张田田)

潘相断官绅争远年财案

六十年前,濮牧郅某与州监生范姓父子交好,说事过钱,关系密切。开州有价格低廉的数顷田地,范诱郅某同买,契约上只写范某之名。后郅某罢官将回山右,不能有田,也就不敢言,范某便占据其田,止立一借数百金之借据。郅某归乡,后屡命其子来索要钱款,范则拖延不给,只给少许路费,郅某之子死后,再无人过问。至今,郅某之孙搬到河南,已经中举,十分贫困,翻检旧物,见范借券,不知实为田价,持券来索债,范某不理会,郅某之孙于是具控。潘相念及郅某之孙是年轻有为的举人,且从前任孙县令之处,早就听说范某品德不好。于是查询范某是否曾与人有讼案,吏将二十年前范家叔侄争产案卷呈上,潘相查到范监生弟死,侄幼,范主家事,析产时有田二十余顷,止以数顷与侄,前牧问范监生何以多十余顷,范监生手开一单,称某处是妻子的奁田,某处是儿媳的奁田,某处几顷是前任郅太爷田,族长众证单也都相同。范某既诓骗郅田,又想独专其利而不分给侄子。潘相因此传唤范某到堂,此时范某已八十多岁,起初还强辩,及以其亲笔单示之,才俯首无词。因事隔久远,范家也败落,酌断二百金与郅某之孙。

案例出处:《事友录》。

(张田田)

潘相断巨室依远年契索地案

原告为官宦巨室,遣人告诉,称其土地为曲家庄人占住。潘相勘查询问,审核地契,得知顺治年间立契,四至辽阔,占地宽广。被告庄民称,祖孙父子四世居住至今,只知道地界与官宦巨室接连，不知居住地就在原告地契之内。潘相判决，保持原状，依照旧界。原告十分不满。潘相劝说原告称，天已待其甚厚，世登科第，高官厚禄，田产广阔，其中清开国初期获得的未垦土地，久未经理，因被告数十户世世代代耕种而成为腴产，被告以此保其室家。一旦依照原告的远年契据，将被告逐出，法官不忍为之。原告的伯叔子侄都认为潘相言之成理。潘相忆起初到登州府，府司马建议他居官不得罪于巨室。潘相自我评价办理此案还是比较符合为政不得罪巨室的原则的。

案例出处：《事友录》。

（张田田）

潘相断卖产不交案

陈某在皋兰县任官，因亏累巨万，将其家产业值数万金，卖给同在甘肃为官的海阳姻戚李某，新旧契均已交讫。陈某本打算补官日取赎，但突然离世。陈某妻子还据所有，李某价业俱悬，担心钱物两空，因而向潘相告诉。原被告各托贵人以千金向法官潘相行贿，潘相置之不理，造访陈某庄园，清查数日，以其宅屋及近宅之地可三万金者留给陈家，外腴产可数万金者归李某。陈、李双方立界招佃，纠纷得到解决。后有自甘肃来的监司，厚待潘相。潘相在曲阜任内，值本道与本府关系紧张，上司道员疑心潘相助府，潘相以不能阿谀而触怒道员，道员因此事事与潘相为难，全赖监司开解，上下相安。潘相感激，监司才说出，其在甘肃，即知潘相为官清廉而敏于事。潘相认为，这来自原告李某的宣传，可见做好官未尝无利。

案例出处：《事友录》。

（张田田）

潘相破嫖娼谎称娶妾案

章丘县令熊某因为某监生包养娼妇，而派人将该娼妇拿获。娼妇之母在家羞愧自杀。娼妇之父张荣状告县令熊某诬陷良民，逼死人命。该监生则与亲邻串通，否认嫖娼事实，而说该娼妇是该监生之妾，有媒人做证。这下连累多人，案情错综复杂，上级委派潘相处理。潘相仔细阅卷，发现该娼妇到该监生家时穿的是孝鞋，于是提审该娼妇，该娼妇一口咬定自己是该监生娶的妾。潘相讯问她到该监生家时的地点、衣着打扮，是否拜堂，是否拜见了该监生的原配夫人，是否有亲朋好友来贺喜？该娼妇不知潘相用意，如实回答，到该监生家宿花园房中，当时穿的是随身衣服，还因为叔叔去世穿了孝鞋，没有拜堂，没有拜见夫人，也没有亲朋好友来贺喜。潘相又继续提审该监生，讯问他同样的问题，该监生也如实回答。潘相据此质问该监生，既然因无后而娶妾，岂能一看就载回，不令拜祖，不见其妻，不安放在正寝侧屋，不更换吉服，更没有亲朋好友来贺喜？该监生哑口无言，承认该女子是卖淫的，案件真相大白。该娼妇的父亲张荣，也无话可说。无辜受牵连者也被无罪释放。

案例出处：《事友录》。

（张田田）

潘相速取命案供

行凶者曹法，杀人原因是曹法家住李姓村内，素被欺凌，李母与其长子尤其凶狠，总是辱骂曹法父母。曹法父母性格怯懦,不敢还嘴。曹法年纪刚满二十,看在眼里,心中忿甚,就于六月某日夜间,持利斧至李家禾场,将李家长子砍死,又入室砍李母数刀,将李母当场杀害,又进到李家次媳房中,媳适赴厕不在屋内,曹法就杀其周月儿,且自言火气大着,还想继续杀人。李父同众起身,擒住曹法,拉至曹法家门时呼喊称曹法杀人,曹父从睡梦惊起,起先并不知情。李父同地保锁拿曹法,告官鸣冤,潘相再三讯问曹法,曹法供认不讳。潘相讯问李父及地保,皆称案发时曹法之父正在家中酣睡。潘相当即下令将曹法押赴尸场,对众讯供,供述仍不变。潘相讯问曹法父亲,他说平日并无心报复李家,未尝教唆曹法夜出杀人,此事全家皆不知情。潘相于是验尸,如例办理。次日,李父改口,控告曹法父子三人杀李家三人,潘相根据落地供当场供予以驳回,并究治讼师,最终结案。

案例出处:《事友录》。

(张田田)

潘相徐办命案得真凶

乾隆甲申年(1764 年)六月二十八日,栖霞县权家山沟中发现一具无名腐尸,代理县令杨烛经检验,除了死者遗留的草帽、烟袋、墨染的孝鞋,一无所获。杨烛于七月十二日调任,案件移交潘相。潘相向精于办案的老吏杨烛请教,杨烛告诫潘相说,要徐徐办理,有线索则在签押房中屏退外人仔细勘问,不要急于坐大堂滥用刑讯手段。潘相派人查明死者名叫于志朋,找到于志朋的叔叔了解情况,得知于志朋在京城经商回来,赚得钱财准备娶妻。出事那天,于志朋与同乡赵二上集后未归。潘相询问赵二,赵二称于志朋到县城后就说要去粮店,二人就分开了。赵二之母当夜在树上自缢身亡。潘相去验看,得知赵二有姐守寡,赵二之姐称,六月某日天刚亮时,赵二不知从哪里回来,稍一坐就到客床上假寐,过了早饭时间才醒,给他饭也不怎么吃,问他也不回答,好像有心事,后来就走了。其母亲来她家说,因赵二被公差传唤,心里害怕。赵二的姐姐好言相劝,结果母亲走后还是去寻死了。其他情况她都不知道。潘相又找到粮店的老板调查,粮店老板说,于志朋与赵二是一起到店的,于志朋与他人发生争吵时,赵二还劝了架。潘相质问之下,赵二改称,于志朋与其分别后到山南去讨债,被柳某当作山贼杀死了。但潘相让柳某混在多人中间,赵二辨认不出。潘相因此断定赵二说谎,继续追问,赵二又诬陷冯家村大喜、二喜兄弟二人害死了于志朋。但赵二仍认不出大喜、二喜。赵二推脱不过,指称黄连树村的赵十是真凶,却闪烁其词。潘相讯问赵十,赵十神色平静,与一般人无异。潘相又派人跟踪赵二与赵十,赵十还是谈笑自若。案件陷入僵局。潘相了解到赵十的妻子朱氏的娘家在福山县,就私下要求朱氏的母亲将朱氏叫到娘家,寻根究底。朱氏有犯奸前科,起初遮遮掩掩,后来终于开口说出赵十欠于志朋的钱,于志朋上门索要。因为赵十长期纵容妻子卖奸,于志朋就戏言,赵十有个漂亮妻子,怎么会没有钱。后双方说定嫖娼价钱八百文。但于志朋不满意朱氏患病口臭,拒绝付钱。赵十讨要嫖资,于志朋讨要欠款,双方发生争打,赵十被于志朋摔倒在其从赵明新处借来的斧头上,就拿起斧头打击于志朋头部多次,导致于志朋当场死亡。赵十与赵六瞎子等抬尸掩埋。赵十衣服有血迹,虽经朱氏拆洗,但印迹还在。潘相验证如实,赵十与赵六瞎子等供认不讳。潘相会同栖霞县令一同到作案的赵十家中检验杀人现场。赵十同族的贡生先已带领数十人具保,当天又合族呼冤。直到根据赵十的口供在赵明新家找到了还回去的凶器斧头,族人这才服气,案件最终告破。

案例出处:《事友录》。

(张田田)

彭同魁断奸妇被杀案

彭同魁,在万历年间曾任湖北德安府孝感县知县,其刚刚上任不久,就遇到一桩因奸杀人的案件。

这一天,彭同魁刚刚在衙门升堂,守城士兵林雄就来到县衙告状,状告徐銮强奸并杀死自己的妻子。其诉称:我是本县守城士兵,平日里雇用徐銮挑水。没想到徐銮凶狠残忍,趁我守城未归,在今天早晨来我家挑水时,见我妻赵氏未起床,就想强奸她,我妻子不从,他就抽刀将我妻子砍死,身首异处,情景非常凄惨。希望县官依法处断,令其偿命。彭县令受理诉状之后,马上派衙役郑纲、汪福将徐銮拘捕到堂。徐銮辩称:我徐銮因为家贫无法生活,只好以挑水为生。今天早晨挑水到林雄家,叫门没人答应,见门虚掩着,就进屋将水倒在厨房缸内,又出来,去给别人家挑水。我也不知道谁杀死林雄的妻子。林雄却凭空诬陷,颠倒黑白,请县太爷给小人做主。

为了查明案情,彭知县马上来到林家检验尸体。县令和仵作到了林家,果然看见林雄妻子身首异处。随后命仵作检验尸体,仵作将尸体抬到堂前光亮处检验后,禀报说:"尸体阴户内有余精。"检验明白后,彭知县又将二犯带回衙门。首先提审林雄,问:"你妻子有外遇吗?"林雄说:"她平日坚贞守节,并无外遇。"又问道:"你家有人来往吗?"林雄说:"没有闲人来往,只有徐銮每天早晨挑水往来。"随后,又提审徐銮,其辩称:"今天早晨,小人叫门没人答应,心想必定是睡得正浓,况且见门没插,就挑水进厨房,倒在缸里就出来了。小人进房尚且不敢,又怎么敢杀人呢?"彭知县对徐銮略施刑讯,徐銮也没招认,就先押在监中。

退堂之后,彭知县一直在思考此事,一夜未睡。第二天早上,升堂之后,例行公事点名。点完名之后,彭知县问谁没到,衙役说:"只有捕役李逢春未到。"彭知县接着问:"请假没有?昨日是否也未到?"衙役说:"没有请假,昨日就没有来。"彭知县说:"速将李逢春找来,本官有话要问。"众衙役来到李逢春家里,没有见到李逢春,担心不好交差,就把他父亲李恭带到县衙。彭知县因为李逢春是个熟悉巡捕业务之人,本想从他那里了解一些线索。没料到李逢春没来,其父李恭来了。彭知县当时很失望,而且脑子里还在想着那杀人案件,所以顺嘴说出:"你儿子李逢春,杀死赵氏,如今逃到哪里去了?还不从实招来!"没想到这句说出来之后,李恭便扑通跪倒在地,连连磕头。李恭说:"前天晚上我儿子回家,告诉我要出去躲几天。我问他为什么,他说自己刚杀了人,等过了这风头就回来,还没等我细问所杀何人,他就走了。"面对这一线索,彭知县大吃一惊,接问道:"李逢春现在何处?"李恭说:"我真的不知道!"无奈之下,彭知县将李姓一家老小全部关进监狱,并发下逮捕文书,缉拿李逢春归案,而赵氏尸体则交给林雄安葬。

彭知县派出的衙役寻访了一个月,也没有找到李逢春,正在焦躁之时,李逢春不知听到了什么风声,居然自己来县衙自首了。县令马上升堂,提审李逢春,喝道:"李逢春,你为什么杀死赵氏,从实招来,免动刑具。"李逢春就一五一十地说出了事情的真相。

原来,林雄的妻子赵氏长得非常漂亮,但也比较风流,和李逢春已经私通很久了。事发当晚,该林雄值班守城门,赵氏心想林雄晚上一定上城门值班睡觉,就约李逢春晚上来约会。到了晚上，赵氏先备饭让林雄吃完去守城。黄昏时，李逢春就来赴约，赵氏备好酒饭，等候多时，见逢春来到，高兴地说："酒已经热了半天了，怎么才来呀？"逢春笑着说："来得正是时候。"说完二人携手入房，饮酒调情。

当时正值十月上旬，林雄在城楼守城睡到半夜，感觉寒气逼人，就想妻子在家独宿也很寒冷，就对同伴说："今天夜里天气寒冷，我想老爷也不会出来巡察，你们好好看守，我回家去睡。明天晚上你们回家我守城。"同伴说："你想回去就回去，只要明天一早就来。"林雄答应回家。赵氏、李逢春因为酒醉睡得很死，林雄叩门没人答应，又怕吓着妻子，只得低声轻轻喊叫。李逢春心里警觉先睡醒了，就推起赵氏。林家只有一个门，二人心里慌张，出不了屋，赵氏只好一边答应，一边取被褥在床下铺开，让逢春睡在床下，才出来开门。林雄进屋后，慢慢地说："怎么睡得那么死啊，我叫门叫了好大一会，你都不知道？"赵氏恼怒地说："你既然回来，干吗不早点回来？半夜三更把我叫起来，冷飕飕地给你开门。"林雄说："我因为怕冷，担心你也冷，所以才回来给你做伴。"赵氏很不高兴地上了床，脸对着墙就睡觉。林雄只好不说话又睡了。赵氏见天刚蒙蒙亮，连声叫赵雄说："天亮了，快起床，快起床。"林雄起身看看天色说："天还没大亮。"想和赵氏玩玩再走，赵氏到底不同意。林雄一看不行，就披衣起床，又害怕妻子脚冷，从厨房拿了一个火笼，送到妻子的被下，又告诉妻子说："天冷，不要早起受了风寒。"就闭门离家而去。

赵氏见丈夫走了，连声叫逢春上床来睡，并且说："真可恶，天杀的！他一回来，让你在床下冻了一夜，我心里真不好受。"李逢春义气激发，心里想道：这个妇人不是好人，愤然就想起身，赵氏紧抱着他，请求云雨过后再起床，李逢春不得已而草草完事。赵氏说："我还没尽兴，干吗这么早就起床，莫非怪罪我怠慢你吗？"李逢春不答话，就起床穿衣，披衣时挂动床头腰刀响，逢春说："什么东西响？"赵氏说："腰刀。"李逢春拿刀在手，厉声说："你这无情的泼妇，我要杀你。"赵氏以为李逢春开玩笑，不想李逢春一刀砍下，躲避不及，头随刀落。李逢春杀了赵氏，忙走回家，气愤平息，悔之不及，心想这事一定会暴露，就逃往外地了。

至此，案件真相大白。彭县令做出以下判决：李逢春不知道官法如炉，擅杀赵氏，判处绞刑。林雄诬告无罪的人，又擅离值守，处以杖刑。李恭对儿子管束不严，念其年老，免罪。徐銮无罪，释放归家。

案例出处：《柏桦讲明清妙判》。

（武航宇）

彭永思断以石掉包粮饷案

彭永思任楚雄县令时，精于治狱。某官解饷至省会，打开封条，只得一石，失银二百两。彭永思至省，在石头里发现了虫窝，觉得这石头非道涂随意可得之物，就告诉某官，不必向吏卒求失银。彭永思以手量石问：石轻于银，骡负银左右轻重必均，何时倾斜？答，某日出某店即斜。彭永思说，我归途当察之。他置石舆中，路遇相似的石头就找来比对，皆不甚相似，至某店，从屋后得石，极其相似。彭永思暗置石于袖中，呼店主及某官及其随从者说：今日但看我审石。取数石令众人比较，都说不像；出袖中石，都说类似。彭永思笑着问店主：此石头何以出自你屋后？店主顿服，供述与某官从者勾结盗银。

案例出处：《国朝先正事略》。

（张田田）

三法司议杀骗娶者案

江西鄱阳县犯妇王氏谋勒妄冒骗娶之朱文铭身死一案，王氏年甫十五，朱文铭探知王氏少艾，欲娶为妻，因朱文铭年近四旬，恐女家嫌其年老，嘱朱均才等为媒，瞒骗女方报称二十四岁。王氏之父王遗芳欲相看再许，朱文铭起意妄冒，以少年清秀的侄儿朱慕膺去相亲。迎娶王氏过门后，王氏见朱文铭并非少年，诘问得知妄冒情由，归向其父哭诉。王遗芳以事已错误不能挽回，两次解劝王氏，并斥朱文铭不应妄冒骗娶，两家从此不睦，朱文铭遇事即将王氏苛责折磨。后来朱文铭自外醉归，又说总归要将王氏打死。王氏饮泣。朱文铭上床睡卧，令六岁幼婢冰雪捶腿。此时王氏忆及朱文铭欺妄骗娶并历被凌虐，悔恨莫遏，起意杀死朱文铭，趁朱睡熟，冰雪打盹，王氏取麻绳来，将一头栓在床后门格，一头由朱文铭咽喉绕转项颈，执行住绳头用力拉，将朱文铭勒死。江西巡抚认为，王氏被骗成婚，律应离异，并无夫妇名分可言。惟例无治罪明文，于道光十八年(1838年)咨达刑部。

三法司核拟时产生争议。道光十九年(1839年)二月十六日内阁奉旨：据大理寺奏，江西犯妇朱王氏谋勒朱文铭身死一案拟罪似未允协，著刑部悉心核依具奏。刑部遵查，向来谋故杀诓骗财物罪人，均照擅杀定拟。今朱文铭设计将王氏骗娶，已是罪人。妇女以名节为重，该氏被骗失身较之被骗财物，其情更加迫切。如果杀由忿激，并无起衅别情，应即依擅杀定拟，行令该抚研审有无别情，按律妥拟题报。江西巡抚裕某随后审明，王氏谋杀朱文铭身死实在是杀由忿激，并无起衅别故，将王氏照罪人不拒捕而擅杀以斗杀论律拟绞监候，题报到刑部。刑部照拟核覆，会同大理寺、都察院具题。大理寺以情罪未协签商过部。刑部覆查，该氏致毙朱文铭已在成婚十余月之后，难保无暧昧不明情事，既据该寺签商，应再驳审明确，以昭慎重，复会同题驳。该抚审明案无别故，仍照原拟具题。刑部查核情罪相符，照拟会题。大理寺复以此案情罪未当难以会画等因咨部并奏，奉谕旨交刑部悉心核议。

刑部认为，议狱贵于精详，而断罪期于允当，不敢固执己见，也不敢迁就雷同。谨就所奏各层，逐一解释：大理寺原奏称，朱文铭之于王氏虽律应离异，但自迎娶过门至犯事之日，男女居室已将一年，况王氏两经其父王遗芳劝回夫家，正欲从一而终以全名节，并无异说。该氏既遵父命转回，即与朱文铭不得谓非夫妇，纵被骗不甘，也是不安义命，刑部等查，夫妇之道，礼隆正始，若其始既冒妄不正，律应断离，后此委曲弥缝，终不能以夫妇定论。今王氏被朱文铭骗娶，其父王遗芳于被骗后委曲弥缝，乃万不得已，朱文铭之敢于骗娶，阴计而决其必出于此。及王氏不甘隐忍，忿毙其命，如无论死者骗娶之罪，而因被骗失身妇女曾被父亲劝慰，就附会父命之说，将她处以极刑，不足以昭情法之平。且谓妇女被骗不甘为不安义命，而安义命者必甘心受骗而后可，似非衡情断狱之道。大理寺又称，谋勒之情出于忿激，即应逞忿于初婚之时，何有夫妇相处一年之久，特因朱文铭屡次折磨凌辱，并有日后总要打死贼妇之言，而顿起杀机。若朱文铭能以恩义相接，该氏未必萌此恶念。是朱文铭之凌辱折磨，即起衅缘由，并未专因被骗不甘，刑部等查，王氏谋毙朱文铭不在初婚之时，而在十余月之后，原难保无起衅别情，但案经屡次驳行，历讯，该省审明实为被骗忿激而杀人，也就不能悬空臆断其不因被骗。且详核全案，朱文铭凌虐王氏，原因是王氏与之不睦；王氏不睦的原因是她被朱文铭骗娶，前后实为一衅相连，似不得因朱文铭曾将王氏凌虐，就断言王氏谋勒之由不因被骗而起。大理寺又称设使相处既久，生有子女，不特其亲戚邻里咸谓彼夫妇所生，即问之王氏也不肯认为苟合奸生，而必然要说是她与丈夫朱文铭所生。今不问其成婚之久暂，夫妻之名分，乃概谓朱文铭有妄冒之杖罪，该氏谋杀的是有罪之人便可援引擅杀科断，平心而论，终觉情浮于法，刑部查，历办有关夫妇名分之案，总揆其嫁娶是否以礼，不以成婚之久暂为断。故先奸后娶、知情买休、苟合成婚等类，有历数年或数十年的，在彼也自居为夫妇，而一经犯事到官，概不照夫妇科断。今王氏被朱文铭骗娶，如果事后乐从，愿为夫妇，未始非情理所或有。而事若到官，例难曲徇，即使生有子女不能与奸生相等，岂能因此遽以为夫妇名分之正？且男女之间，久固足以生育，暂可以胎孕，大理寺欲以生有子女为夫妇名分之所由定。设该氏于甫过门时便已受孕，并于此时将朱文铭致毙：欲以夫妇论，而王氏甫经被骗，其时甚暂；欲不以夫妇论，而王氏将来产生子女又是朱文铭所生，又将何以定断？大理寺又称，一经核准，将来即可援为成案，嗣后凡有类似情况，相爱，则权为夫妇可以苟安，相恶，则视为罪人可以擅杀，其流弊不可不防，刑部等查，狱情分歧，弊原不少，而人命至重，罪难滥加，故臣部向来核覆外省案件，就本案情罪虚衷商榷。如果情罪相符，别无弊窦，断不能以防弊为由而错误判罚。今王氏之于朱文铭，使如果所谓相爱则安，相恶则杀，则必致其致死之由不因被骗而起，自不应照擅杀科断。然而，查核全案，王氏查知朱文铭骗娶后即与朱文铭不睦，其后将朱文铭致毙，也实因被骗不甘所致，并无前后爱恶相反情节，两次驳审均无异词。该省将该氏照擅杀定拟，似无错误，应行照覆。至谓既经核准，将来即可援为成案。查案经准行，将来遇有情节似此之案，即不应前后两歧。其有案情近似而起衅根由各别，则由承审官临时研讯确情，另行议罪，不得滥行比附。若因后来之案虑有狡饰，欲将现在之犯先置重典，殊非核实之道。总之，刑部认为，大理寺所奏各层，与例意案情均未符合。犯妇王氏似应仍照擅杀律拟以绞候，恭候钦定。

案例出处：《刑案新编》《刑案汇览续编》。

（张田田）

三法司议因奸致死童养媳案

山西省李贾氏因与贾汰恒通奸，因被儿媳李乔氏窥破奸情，将李乔氏灭口。山西巡抚声明此案情节恶劣，不应仅依寻常谋杀子妇定拟，将李贾氏比照“因奸致死子女灭口，系嫡母，拟绞监候”例，拟绞监候具题。刑部比照以下成案：乾隆三十六年（1771 年）河南林朱氏案件中上谕，此案林朱氏因奸且逼令儿媳通奸，不从则杀之，依平人谋杀律拟绞监候，秋审情实。乾隆四十八年（1783 年）老王邢氏案件判决，婆婆凶残谋杀本无大过之儿媳，应发伊犁为奴。寻常则依婆媳名分判则拟杖流。刑部历来办理此类案件，均将婆婆比照母因奸致死子女灭口，拟死罪，秋审缓决永远监禁，是以此案李贾氏拟绞照覆，秋审毋庸永远监禁则改为永远监禁。在三法司核拟阶段，大理寺签商提出异议，意在从重判决。然而，刑部认为，若李贾氏须照平人故杀定拟，则未逼迫儿媳与人通奸，与林朱氏案不符，以后遇有逼迫儿媳与人通奸之案，也就不能再行加重，因此仍比照成案办理。但各省办案，罪名未划一，刑部区分名分：“亲姑、嫡姑”拟绞监候，“继姑”拟斩监侯，于稿内声请通行。

大理寺再行签商，刑部片覆大理寺，母因奸杀子灭口之刑视“是否令其夫绝嗣”为条件，有轻重，乃嘉庆六年（1801 年）定例，未规定杀儿媳，但杀儿媳之案均比照此条；童养媳均照已婚妻科断，也有成案。大理寺引相似律例，认为婆媳与母子难以类比。刑部紧扣“加”者不加入至死原则，认为难以以死相抵。立法之意，母致死子、婆致死媳，“以得罪祖宗为重”，不应从凡论。刑部援礼论服制，认为童养媳之名分同儿媳。大理寺所引据的乾隆七年（1742 年）安氏杀使女案、乾隆五十三年(1788年)主人杀婢女案,不可推广。定例层层加重,不可再加。刑部分析数罪构成,认为断无于一事一例一罪之内分轻重之理,且旁征"自首得免其所因","所因"便不得视为轻罪,是以林朱氏案中,逼迫儿媳通奸是致死儿媳之"所因"。大理寺指出现行例因奸致死亲生子女中严格区分亲母、嫡母、继母等,在婆媳关系中,因均无血缘关系,似无所区别。大理寺旁征婆婆殴打儿媳至笃疾,即杖九十,儿媳归娘家,可离异。因"以义合",构成重伤害时彼此之"义"应随之断绝,照凡人处断。刑部则认为,因妻从夫,区分亲、嫡仍有意义。婆婆殴打儿媳至笃疾,允许离异,离异则无服制,而婆婆仅处杖九十,可收赎,与凡人殴打不同。比照夫殴妻折伤以上,如不愿离异,仍听从之,则婆婆殴儿媳至笃疾,也不是一概离异,婆媳关系仍存在。刑部从严守名分、从严维护服制的角度,指出将犯人李贾氏永远监禁,使其求生不得求死不能,这样的判决足以惩恶。该案最终依刑部观点判决,即拟绞监候,秋审入缓决永远监禁。同时随案通行各省。

案例出处:《刑案汇览》。

(张田田)

邵位西议法官反坐事

清代大狱皆由军机处官员(枢臣)与法司杂治协办。琦善之狱,钦差大臣萨迎阿查办,称琦善重罪误国,奉旨将琦善逮捕审讯,军机处与法司会同办案。琦善声称受萨迎阿陷害,争辩不已。邵位西作为军机章京参与审理,诘驳琦善供词中十九事,都很切要,但其他参审官员不理解,有人认为应传讯萨迎阿随带司员上堂对质,甚至有人提议按诬告反坐处置钦差司员。邵位西大胆质疑:琦善虽位至将相,但既然到了奉旨查办的地步,则司员的调查乃是本职工作,并无传讯查案者与犯官对质之理,况且办案者如果因办案而被责,改日再有大员有罪,谁敢按问?况且,谕旨只令官员会审琦善,并未涉及司员,必定要传讯司官,那就得另外请旨。他声色俱厉,四座官员为之震慑,再不提传司员对质之事。但邵位西也因此得罪长官,受到排挤。

案例出处:《南屋述闻》。

(张田田)

师爷协办女子自尽案

清朝一个男子在户外小便,被一名楼上的女子看见,男子指着自己的阳物让女子看,女子羞愤自尽。县官想重惩男子,但苦于男子既非言语调戏,又非手足勾引,不符合现有法律规定。师爷拟判词为:"调戏虽无言语,勾引甚于手足。"以此终于给男子定了罪。

案例出处:《异辞录》。

(张田田)

孙传庭断扮夫服丧奸妻案

孙传庭,山西代州人,曾在万历四十七年(1619年)任永城知县,他性格刚强正直,从不趋炎附势,不惧上级的权威,而且善于调查审理错综复杂的案件。当时永城有个孝子,刚刚新婚就丧父,因为恪守孝道没有和妻子同房,独自一人在父亲墓地旁搭了一间小草屋居住,他的母亲、妻子在家中各住一个房间。一天夜里,有一个恶人身穿生粗麻布做成的丧服,冒充孝子,潜入他妻子的房间调戏了她。事后不久，孝子的母亲发现了这件事，就问儿媳，儿媳将孝子晚上潜回家中与之相会的事情告诉了她。等儿子回家时，母亲责怪孝子，孝子听了这件事后，非常震惊，晚上就偷偷地躲在别的房间暗中观察动静。到了半夜，上次来偷奸的恶人又来到妻子的房间，刚要脱衣上床时，孝子突然出现，恶人慌忙逃走。孝子的妻子知道事情的原委后，感到非常羞惭，当晚就上吊自杀了。这孝子听到妻子自杀身死的消息后，也上吊自杀了。孝子的母亲拿着当夜抢到的恶人的生粗麻布的丧服到县衙门告状，县令孙传庭给她立案但是没有进一步追问案情。后来的一天，县令突然把全县的裁缝全部逮捕，关在县衙门的后院。然后，拿出事发当晚孝子的母亲抢到的生粗麻布丧服给他们看，让他们辨认这件丧服是谁做的？其中一人认出来了，说："这是某家公子请我在密室里做的。"孙传庭立即派衙役把某家公子抓来归案，经过审讯，某家公子就承认了罪行。孙传庭把某家公子关进监狱，没多久，某家公子就被以强奸罪名判处了死刑。某家公子的父亲是六部尚书之一，曾经送给魏忠贤一个黄金做的夜壶，他的权势非常大。但是孙传庭没有顾忌他的权势而是秉公执法。

案例出处：《消夏闲记摘抄・孙传庭审孝子事》。

（武航宇）

孙星衍议窝藏赃物案

孙星衍任刑部郎中时，犯人甲盗窃主人财物，数额逾贯，应科流刑，甲隐瞒数目将赃物藏匿到朋友乙那里，随后逃逸。案发后，将乙按照知情藏匿罪人之罪定拟流刑，孙星衍认为：根据律条规定，知情方可坐罪，乙并不知道其所藏匿的赃物已经满贯，按照乙所知之数量刑，应减等问拟徒罪。刑部长官诘问孙星衍：乙的供述，并无旁证，等到甲被擒获对质时，如果甲说对乙如实相告赃数，又将如何？孙星衍回答：这就可以按照《名例律》所规定的"通计前罪，以充后数"来办理。乙因此被科以徒刑。

案例出处：《国朝先正事略》。

（张田田）

太平乡令明辨族谱伪造

广东省嘉应州，姓李的氏族人口最多。有一人迁居江西数十年，他的孙子某甲回乡扫墓。某乙不答应，说某甲不是直系亲属，因而告到官府。氏族中有袒护某甲的，有偏向某乙的，几年未能结案。嘉应州长官李兼山太守委托太平乡令查讯。诉讼双方各自拿出族谱提供核对查验。双方族谱记载李姓某一代祖母姓邱都相同，只是所生的儿子不一样：一本族谱上记载生一子，名松；一本族谱上记载生二子，大的名松，小的名柏。乙自称是松的子孙，提出那时松并没有弟弟，对方族谱上记载有名柏的弟弟，是伪造的。甲则自称是柏的子孙，说松本来就有弟弟，对方族谱是伪造的。太平乡令取族中各家族谱印证，袒护乙的所呈的族谱和乙的族谱相合，袒护甲的所呈的族谱和甲的族谱相合。那些族谱都有"万历二年修"的字样，它们的纸色、墨迹，看上去都不像是新造的。但彼此的族谱具体记载却不同，显然有一方族谱是真的，一方族谱是假的。不过都找不出它们的漏洞。太平乡令细细核对，发现那些记载"一子"的族谱，邱字都有偏旁；那些记载"二子"的族谱，都没有偏旁。于是问乙说：你某一代的祖母本来生有两个儿子，甲是柏的子孙。你怎么能伪造族谱？乙还是不服。太平乡令说：你们的族潜中，"邱"字怎么会有偏旁?”乙说:这是为了回避圣上的忌讳!怎么能说是伪造的?太平乡令说:这些族谱伪造的证据正在这个字上。雍正元年(1723 年),奉皇上的圣旨,“邱”字才加了偏旁,你们族谱是明万历二年(1574 年)编印的,怎么预先一百五十年知道以后要避讳?”乙张口结舌说不出话来。此案才得以了结。

案例出处:《折狱龟鉴补》。

(张田田)

汤斌断军民斗殴案

汤斌任江西岭北道时,平南军经过南安,有军人杀人,有司依斗杀论罪,汤斌却并不认可。汤斌认为,双方势均力敌的情形,才可认定为“斗”。如今,杀人的军人毫发无伤,被杀的民人却死于兵刃之下,不符合法律规定的“斗”的情节。于是依法判处杀人者抵命。

案例出处:《国朝先正事略》。

(张田田)

屠倬议强盗翻供

屠倬治理仪征时,有湖广回空粮船夜出瓜洲大江,三更入仪征境内被盗,屠倬连夜赴舟勘验,从本船水手的表现上发现端倪,马上将水手可疑者三人带回署中鞫讯,得知首从犯人八人姓名,原来正是本船水手通同勾引作案。仪征之地,捕役懈弛已久,屠倬到任后,自募健儿数十辈,遇有要案,重赏缉捕,无不立破,乃选自募者八人,而以一家丁一捕役领之,不分畛域,凡粮船所过,西至芜湖太平,南至苏松杭州,一无所获,又折向北始于邳州宿迁沛县济宁,先后获四人,又于直隶武清获二人。刚将犯人绑缚,各粮船水手围拥数百人要夺犯,适漕帅许秋崖来到,停舆查询,命中军协拿,众始散。于是招解到省,苏臬发首府督同首县覆审,长洲某公忽欲改盗为窃,窜易供词,具禀按察使,详巡抚,飞札调屠倬前来会审。因案情甚重,若错判无故,即便死罪未决,判官不免发遣黑龙江之罪。

家人都责怪屠倬办事太拙,本来有级可抵,虽不获盗也无碍,今以两年之久,往返数千里,悬赏赔累至二千余金,案虽破反致获咎。屠倬笑道:“人人都像我这么笨拙,天下也就无盗了。”他于是赴省会审,相持一月未决。同官有人调停,称将案情改作起意行窃,临时行强,则屠倬与长洲皆无处分,盖起意行窃则长洲翻供为有因,已可出数人于死罪。屠倬次日即以此情面呈于大府,且自认原办情节太过,大府就命他暂且回任。家人复咎,案情既无可疑,奈何不力争而迁就,屠倬笑着说,“盗犯到案即伏以盗定案,是盗死于法。今有人必欲活之,如果为了规避处分,必致之死,是盗犯不死于法,而死于法官之心,死于法,公也,死于心,私也。《尚书》曰:罪疑惟轻。自己不疑于案情,而疑于自己居心之介于公私之际,故从轻”。后月余,省中来信告知,按察使过堂,盗仍吐实,按察使大惊,复照原招定案。

案例出处:《劝戒近录》。

(张田田)

晚明南京教案

16 世纪罗马教廷为了应对宗教改革运动,派耶稣会士前往中国传教,其目的是扩大天主教在东方的影响。意大利人利玛窦(Mattio Ricci)成功叩开中国传教的大门,被誉为“沟通中西文化的先驱者”。利玛窦去世后,意大利籍耶稣会士王丰肃(Alfonso Vagnoni)于万历三十三年(1605年)被派到南京传教。万历三十五年(1607年)开始,王丰肃开始主持南京教务。

因为教徒越来越多,王丰肃在南京建了中国第一个天主教堂,同时在朱元璋的陵寝孝陵附近建了一处花园。孝陵是当朝圣地,此刻却变成了天主教徒活动的场所。这引起了当地一些保守派官僚的强烈不满,而且他们也害怕天主教会像北方的白莲教一样发展壮大,引发叛乱。

沈漼曾任南京礼部侍郎,后来升迁为礼部尚书并任大学士。万历四十四年(1616年)当他到达南京就任礼部侍郎后不久,就连上三道《参远夷疏》,严辞参劾天主教传教士,要求查禁天主教,并将传教士驱逐出境。他列举的传教士罪状如下:

第一,笼络民心,蓄谋不轨。传教士经常布施钱财,受财的百姓往往会受传教士的蛊惑而信教。如今教会的规模越来越大,不得不加以防范。

第二,私改历法,变乱纲纪。传教士使用的是西方历法,与我朝历法截然不同,是对我朝纲纪的最大变乱。

第三,不祭祖宗,败坏伦常。传教士蛊惑百姓只信奉天主,而无须祭奠祖先,坏我朝纲常。

在沈漼上书后不久,南京巡城御史派来三名官员,告诉传教士王丰肃和谢务禄,他们将被驱逐出境。第二天,传教士王丰肃和谢务禄还有几位教徒一起被逮捕。在审判之后,明神宗颁布了禁教谕旨,王丰肃等传教士被驱逐出境。

南京教案的发生,表面上看似是中西文化的冲突,实际上是以东林士人为核心的清流派,与以浙党为首的反对东林的势力之间的冲突。明神宗万历初年,东林士人主张改革,对现实中的问题有很多疑惑,他们曾向传教士请教救世良方,所以他们支持天主教活动。到万历四十一年(1613年),政局发生了变动,浙党为首的反对东林的势力掌权,主张通过禁教打击东林人士。

案例出处:《大明十五疑案》。

(武航宇)

汪旦断僧奸求子妇女案

汪旦,字仲昭,嘉靖年间进士,曾任广西南宁府水淳县县令。水淳县有个宝莲寺,寺内设有子孙堂,旁边有好几个净室,传闻不孕妇女到这儿来祈求生子十分灵验,只要在这里的净室住上一晚,就能怀孕,因此来求子的香客络绎不绝,香客供奉的东西堆积如山。但是该寺对于求子的妇女有个要求,就是必须年轻健康,没有疾病。且事先须沐浴更衣,不食荤腥,到寺中求了吉卦后,才能被允许在净室中住宿过夜。过夜之后,这些求子的妇女有的说梦见佛祖送给她一个儿子,有的说梦见罗汉送给她一个儿子,有的妇女却什么也不说,有的妇女在净室住了一夜就再也不来了,有的却是在净室中住了再住,来了又来。由于净室的门窗关闭很严,几乎没有任何缝隙,而求子的女子们的丈夫又可以住在净室之外的厅堂之内,所以大家都相信宝莲寺确实祈子灵验。

汪旦刚到这里出任县令,觉得此事非常蹊跷。为了揭开这个谜团,他选了两个长得漂亮的妓女扮作良家妇女的模样去宝莲寺求子,并且再三嘱咐她俩说:“如果,夜里有人来净室求欢,你们不必拒绝,用红色的染料涂在他们头上就可以了。”第二天清晨,汪旦带兵前往宝莲寺。宝莲寺众僧听说县官亲自来巡视，诚惶诚恐地出来迎接，一共有一百多人。汪旦直接喝令众僧将帽取下，发现果真有两名僧人头上有红色的染料。于是，汪旦下令士兵把这两名僧人都绑起来。随后，就将昨晚在净室中居住的两名妓女叫出来做证，她们说："夜深了之后，有两个和尚不知从哪里钻了出来，说是佛祖派他们来送子的，并送给我们一包调经种子丸，然后就开始动手脱我们的内衣裤，然后进行奸污。"汪旦听她俩这样说，立即命令把其他密室中过夜的妇女叫出来询问，这些妇女都面露愠色不肯承认有此事。但是一搜身，发现她们身上也都有那种调经种子丸。汪旦明白怎么回事了，便不再追问下去，把她们都释放回家了。然后，汪旦下令让埋伏在寺外的士兵也都进来，面对这些士兵，这群僧人吓得一动不动，全部都被捆绑起来。

汪旦又下令仔细搜查寺院，发现净室的床下都有暗道。原来，宝莲寺中的僧人十分贪图女色，利用子孙堂的幌子招摇撞骗，许多不孕妇女慕名而来祈祷。可她们不知道住的净室床下有暗道通往外面，和尚们深夜潜入行奸十分顺当，而这些妇女不辨真伪，误认为是梦中佛祖送子。这些和尚凭此诡计已经不知奸污了多少良家妇女。汪旦将他们全部投入牢中，牢房都关得满满的。

宝莲寺的住持法号佛显，他对狱卒凌志说："我掌管宝莲寺已经四十年了，所积攒下来的金银无数。我猜想此番必死无疑，只要你暗中将我暂时放回去，我去将金银取来，必定把其中的一半赠给你。"凌志受利益的诱惑，答应三个僧人跟着佛显回寺，他自己一个人跟在后面。到宝莲寺的地窖一看，发现里面全是亮晃晃的金银，凌志贪婪地随意抓取。佛显等几人假装收拾卧具，偷偷将寺庙中的刀斧等凶器全都藏进了卧具里，打算回到狱中之后在三更时分破门越狱。

晚上，汪旦正在草拟报告给上司的文书，忽然想到：那百余名僧人关在一个牢房里，如果突然发生什么情况，将难以应付。于是他暗中召集衙役带上兵器赶到牢房。刚赶到牢房，这伙僧人已经开始闹事暴动。僧人们手中都是短兵器，所以衙役、士兵就用长兵器刺杀过去。僧人们抵挡不住，很快就死了大半。住持佛显见此次暴动不能成功，就说："我们宝莲寺的僧人也有好坏之分，县令您没有仔细审查，区分好坏，就全部抓捕投入牢房，众僧人很是不平，因此才引发暴动。但真正闹事的只是几个僧人，如今已经全都死了。我们要当面和县令说明。"汪旦让牢房官员对众僧人说："县令也知道你们不全是闹事暴动的。如今真正暴动的僧人已经死了，你们可以把兵器全交出来了，明天再当堂审问，加以分辨。"等到僧人们把兵器都交出来之后，汪旦下令把僧人集中，然后十人一组加以审问，查明案情之后，发现所有僧人都参与了行奸和暴动。判决结果是全部判处死刑。接着，再盘查僧人的兵器是如何带入牢房的，才得知狱卒凌志已被住持收买，所以才给他们提供了方便，而凌志在镇压暴动时已经被打死了，也就不用追究他的刑责了。

案例出处：《增智囊补》《中华历代名案》。

（武航宇）

汪辉祖辨铸钱

"宽永通宝"铜钱在江苏沿海一带被发现，被怀疑是私铸钱，此罪处罚严厉，而且要追究地方长官的失察责任。江苏巡抚庄有恭焦急万分，令各级下属衙门查清这种钱的来历。汪辉祖在江苏督粮道胡偶韩处作幕友，朱彝尊《曝书亭集》载有日本宽永年号，说明此种钱文是日本人所铸，由商船带回而在中土流通，并非江苏人私铸。胡偶韩据此上报，当地官员受处分的危机得以化解。

案例出处:《病榻梦痕录》。

(张田田)

汪辉祖断寡妇立嗣案

湖南宜章县寡妇郑宋氏无子,欲继亲侄郑观。族人说,郑观无兄弟且父死,不宜给他人为后。郑宋氏诉到县、州,越四年,诉本道,发汪辉祖审讯。汪辉祖认为:孀妇立继,听其自择,昭穆相当,独子勿禁。儒家经典指出:已孤不为人后,谓不受命于所生父。今例得出继,天子之命。因此不传两造,援例详结。这说明听讼者当知今。

案例出处:《病榻梦痕录》。

(张田田)

汪辉祖断童养妻与夫尊长通奸案

汪辉祖《病榻梦痕录》自述,其就"无锡县民浦四童养妻王氏与四叔经私事发"一事,向上级报告处理意见,认为王氏应依照凡人通奸论断。常州府驳案,理由是王氏之罪是与有服尊长通奸,应拟充军。汪辉祖回应:"奸夫"是浦四的叔父,浦四与王氏并未成婚,不存在可"旁推"服制的夫妻关系,应以凡人通奸论。按察使驳案,理由是王氏以"翁"称呼浦四之父,代表她具有"儿媳"的地位,"奸夫"是王氏之"翁"的弟弟,也就是王氏的有服尊长。汪辉祖回应,认为王氏称呼"翁"只是依当地风俗对老人的敬称,无其他含义,坚持原来观点。巡抚驳案,理由是王氏与浦四的亲属若"依凡人论",则王氏身为浦四"童养媳"的事实也得不到承认。汪辉祖的回应是王氏与浦四平时以兄妹相称,所谓童养之妻纯属虚名,不应视为夫妇。巡抚二次驳案,认为案件有关名分,应慎重考虑。汪辉祖引礼经规定的夫妇条件,运用"罪疑唯轻"原则,说明不应"科以服制"的理由,判处王氏"比凡稍重""枷号三个月"。结果是巡抚依照汪辉祖的意见撰写题本,得到批准。

案例出处:《病榻梦痕录》。

(张田田)

汪辉祖断养子谋产案

汪辉祖为官道州时,有别县民匡学义,本为陈氏子,为匡诚乞养。匡诚后来生子匡学礼,于是给匡学义八亩田令其归宗。匡学礼一病不起之时,又赠给匡学义五亩田,托他帮忙料理家事。匡学礼留下田200亩,妻匡李氏、子匡胜时,都勤俭持家,17年来,增置田百余亩,岁息日富一日。一次田主赎田,正值匡学义去别处,匡李氏令子检契,则载匡李氏与匡学义同买此田,其他契也是这样。质问之下,匡学义坚称,产原公置,租应平分,有租籍文书为证。匡李氏诉县不直,诉府,发零陵审理,县令也以产契租籍为凭。诉本道,汪辉祖认为,匡学义为李氏治家,田皆匡学义交易,匡李氏执契而不识字,契载自不可凭,但舍契而断,不能使匡学义信服,因此也照契断为同买。匡李氏再三哀求,汪辉祖不理,将她赶走,而表扬匡学义善于经理。匡学义得意中忘记汪辉祖正在办案,就说自己有田13亩,岁入谷31石,得米16石。汪辉祖诘问,据你所言,食尚不给,为何外人都说你有钱,你与匡李氏共同购买田土的资金,必是窃盗得来,于是命吏检报窃旧案。匡学义大窘,叩头坦白:“我未尝为盗,价皆李氏所出,契实伪造同买,为的是等到李氏死后,与其子争产。”汪辉祖传唤李氏慰谕,取来伪契,涂抹匡学义名,契、产都归匡李氏。匡李氏请求追究匡学义的罪责,汪辉祖称,假使匡诚所托不当,原产且废,安能续置。天道恶贪,足可惩奸,于是免匡学义之刑罚而勒令其归宗。

案例出处:《病榻梦痕录》。

(张田田)

汪辉祖明辨寡妇艳妆自缢

乾隆四十七年(1782 年),浙江新城寡妇叶氏自缢身亡,原因据说是被逼改嫁。叶氏先后嫁过两个男人,后夫姓孙,死后留下一个前妻所生的才四岁的儿子和二十几亩薄田。叶氏雇了个姓秦的雇工帮忙耕种,雇工平时就住在叶氏家中。后来,叶氏后夫的一个远房侄子孙乐嘉要叶氏辞退姓秦的雇工,叶氏也答应了,可几个月下来并没有真的辞退,说是发不出积欠的工钱。孙氏宗族的族长又建议叶氏改嫁邻村的一户刚丧妻的周姓人士,要孙乐嘉去和叶氏商量。不料叶氏立即叫姓秦的雇工代她到县衙去起诉孙氏逼迫改嫁。可是过了几天县官派人来向孙氏宗族了解情况时,孙氏族长满口否认,而姓秦的雇工又突然失踪,无法对质。被派来调查的书吏责问叶氏,叶氏只是推说是姓秦的雇工主谋诬告的。当晚叶氏就上吊自尽了。新城知县勘验现场后,将孙乐嘉带到县衙,定“威逼小功尊长自尽”的罪,拟徒刑。案件上报到杭州府,知府认为叶氏是寡妇,应该按照“威逼寡妇自尽”律,拟充军。报到省按察使司,按察使又怀疑这是族长威逼寡妇改嫁意图谋财,将案件转发钱塘县重审,拟科孙氏族长绞刑、孙乐嘉流放。报到浙江巡抚衙门,巡抚下令交湖州府同知唐若瀛重新审理。唐若瀛请教汪辉祖应如何处理。汪辉祖仔细研读卷宗,尤其是查验现场的记录,发现叶氏死的时候,身穿红衣绿裙、红绣袜、花膝裤,脸上还薄施脂粉。现场的卧室只是一间,以木板墙间隔,木板墙上并无房门,里间是叶氏卧床,外间就是姓秦的雇工的木床。汪辉祖说:此案子只要枷枷就可以了结,逼嫁罪名的前提是寡妇自愿守寡,可是叶氏后夫才死了十一个月,就已经是艳装抹粉,而且她与前夫结婚十七年,在丈夫死后都没有守寡,更何况与孙姓后夫结婚才一年?姓秦者贫穷,哪里肯拿不到工资而劳作?孙乐嘉和族长劝叶氏改嫁时,她也没有当面严词拒绝。她之所以轻生,估计是因为秦某不告而别,并不是因为孙氏宗族要她改嫁。案件的关键在于找到姓秦的雇工,这应该不难。唐若瀛依计而行,通缉姓秦的雇工,不久就抓到了他,一经审问,他果然承认自己和叶氏有奸情,听说孙氏宗族要叶氏改嫁,起先想起诉吓唬他们一下,后来知道事情闹大了,就自己逃走,没料到叶氏会因此自杀。汪辉祖建议如此拟断:秦某与叶氏通奸,徒刑;孙乐嘉等分别判处枷枷。

案例出处:《病榻梦痕录》。

(张田田)

汪辉祖明察借尸讹诈

汪辉祖任湖南宁远县知县时,当地有个恶习,地痞恶棍喜欢用无名尸体敲诈殷实的良民,称为“泊火命案”,意思是以无名尸体为柴,以官府追究命案火上浇油,敲诈勒索当事人。汪辉祖到任后,本县山区的地保来县城报案,说是当地一个姓刘的人家门前有人上吊身亡。汪辉祖听了,立刻下令摆轿,要去验尸。地保连忙劝阻说山高路远,请大老爷明日起身。汪辉祖说:你能来，我为什么不能去，难道验尸的权力在你手里吗？汪辉祖赶到现场发现，那尸体显然是倒毙了很多天的陈尸，检验下来，脖子上的那道勒痕也是淡色的死后勒的痕迹。原来是地方上一些无赖看到山路边有这么一具野尸，就拖到这户姓刘的殷实人家门口，以图敲诈。想不到的是，汪辉祖竟然连夜赶到。汪辉祖叫随行的皂隶当场将地保杖一百，押回县城枷号示众。这一恶俗从此得到控制。

案例出处：《病榻梦痕录》。

（张田田）

汪辉祖协办寡母为子争继案

汪辉祖《病榻梦痕录》记，他于乾隆二十五年（1760 年）做幕，江苏苏州府长洲县周姓族人争继，起因是寡妇周张氏因子殇而想给其子周继郎立继（立孙），族中不同意，欲为周张氏之夫立继（立子），历任县令皆批房族公议，导致讼案历十八年未结。是年二月，周张氏又告，其语甚哀。汪辉祖查阅全卷，发现双方族人、寡妇互不相让。汪辉祖建议将此讼批结，但同事诸友和主官都觉得不妥，汪辉祖以去就相争，争得官员以汪辉祖拟稿的批词为定：周张氏抚遗腹子十八年，周继郎垂婚而死，周张氏伤心追痛必倍寻常。如不立嗣，则周继郎终绝后，周张氏多年抚育苦衷也就化为乌有。她想立嗣，实近人情。族谓周继郎未娶，嗣子无母，天下无无母之儿，此语未见于经典。礼有明文，为殇后者，以其服服之。殇果无继，谁为之后？律所未备，可通于礼。与其绝殇而伤慈母之心，何如继殇以全贞妇之志。乾隆十九年（1754 年）张氏欲继之孙，现在则年已十六，昭穆相当，即可定议。后因生员上控，此案惊动了时任江苏巡抚的陈宏谋，陈宏谋令县里封送该案全卷，阅后盛赞，此批得体，知县则因上官赞许其能而对汪辉祖办案心悦诚服。

案例出处：《病榻梦痕录》。

（张田田）

汪辉祖协办抢船案

平湖县发生一起船只被抢案，在缉拿逃犯时，当地破获一个以逃兵盛大为首的抢劫团伙，审讯时，盛大及其他成员都招认抢劫船只的事实。师爷汪辉祖查阅供词，发现情节详备，被盗者还指认一条蓝布棉被为失窃的赃物。然而，复审时，汪辉祖发现盛大等人众口一词，仿佛对罪状倒背如流，他因此请县令将被告分开来审，有意在讯问中增减情节，结果诸多被告口供不一，有人开始呼冤。汪辉祖又找管库之吏拿来多条相似棉被，让被盗者辨认，被盗者认不出来。据此，主官重审，查明真相：盛大等人被捕时觉得作为犯了抢劫的逃兵，一定没有活路了，因此当县官追问船只抢劫案时也随口应承，同伙随声附和，棉被实际上是他们自己的。而根据他们实际犯罪的情节，并未达到死刑标准。这些人因此免于枉死。

案例出处：《续佐治药言》。

（张田田）

王繻定继母因奸杀女罪

王繻任东明知县时，有安某出门在外，家中留有继妻高氏与安某前妻所生之女安氏。高氏与外人私通，害怕被安氏发现，图谋让安氏一并通奸，此女不从，被杀死灭口。王繻认为：高氏"母道已绝"，应依照故杀妻前夫之子律论斩。巡抚以此具题上报，获批，并著为例。

案例出处：《清史列传》。

（张田田）

王繻明辨辜限

王繻任江南按察使时，无锡有个皮匠和别人打了一架，被打之人不久后就死掉了。有个和尚过去和这皮匠有仇，就去做证说，死者是"因伤致死"。县令据此确定皮匠应该抵命。案件上报到王繻那里，他仔细检查斗殴发生的时间，发现实际上那人死的时候已经超出保辜期限，王繻诘问报案者，"伤久，何得不医"，也就是死者既然早先受了伤，是否请过医生。听说请过医生，就让拿药方来看，发现是治疗伤寒的，说明死者并非因伤致死，而是另有死因。和尚这才承认诬告之罪。王繻就用这样的耐心细致，平反了很多冤案。

案例出处：《清史列传》。

（张田田）

王繻平反毒杀案

康熙四十九年（1710 年）王繻任江南按察使，宿州有位读书人带着老婆孩子一起住在某家，给某家当私塾先生。他妻子的兄长和女儿前来造访后，私塾先生的妻子和孩子就都中毒身亡了。丈夫与妻兄以前就有嫌隙，疑心是妻兄之女下的手。案子告到知府那里去，妻兄之女被刑讯逼供，屈打成招。判决虽然已经拟定，但王繻心生疑惑，讯问私塾先生住处还有什么人去过，被冤枉者说，只有私塾先生教授的十二岁的学生。王繻把那学生叫来，"曲诱之"，耐心细致审问，学生说了实话，因为"师扶我急"，也就是被老师下重手体罚了，心生怨气，就在食物里下了砒霜，被私塾先生的妻子和女儿吃下去了，出了命案。被冤枉者这才得到了开释。

案例出处：《清史列传》。

（张田田）

王繻平反逃人诬告案

康熙二十五年（1686 年），王繻任东明知县，冯化居心不良，勾结逃人，想要诬陷邻居。王繻让被诬告者藏在别处，另外找了一个不相干的人，长跪在公堂之下，再把逃人召上来，对他说"谁勾汝，可执以出"。逃人指认跪着的人，"众皆哗"，也就是旁听的众人都不服。逃者无计可施，就说出实话，抱怨"冯化给我"，声称自己被冯化给蒙骗了。此时围观众人中有人要跑，王繻说，这肯定就是冯化，让人去抓。抓到一看，果然不错。于是重杖冯化。

案例出处：《清史列传》。

（张田田）

王士棻辨子挖母坟真情

王士棻做刑官，经常平反冤案。邳州有舅举报外甥，称外甥挖掘母亲之坟墓，应论死罪。王士棻疑之，查明舅舅是外甥后妈的兄弟，甥舅本无血缘关系。后母讨厌这个长子，舅于是骗外甥说在他死去的亲娘坟边发现有蛇,甥带着妻子过去查看,舅伺机藏在墓间,跳出来抓着外甥,赴县见官。王士棻查明真相,还被告以清白。

案例出处:《清史稿》。

(张田田)

王士棻不畏权贵

王士棻在乾隆年间任刑部主事、刑部郎中。他执法不避权贵,在和珅任步军统领时,宠爱的仆役强占了通州车行,民众只好诉到刑部,王士棻判处这名仆役发配到黑龙江。乾隆帝到碧云寺礼佛时,惊讶地发现池子干涸,问起缘故,僧人说寺庙后面在开矿挖煤,引水别流。皇帝大怒,抓到主事者,刑部审问时发现是和珅的家奴,于是很多人都不敢据实结案。王士棻仍然主张据实上报,皇帝责备了和珅,诛杀了家奴。

案例出处:《清史稿》。

(张田田)

王士棻平反诬子杀弟媳案

王士棻治狱周密,不抱成见,每每有所平反。王士棻曾经总结了办案经验:"刑官之弊,莫大于成见。听讼有成见,强人从我,不能尽其情,是客气也。断罪有成见,或偏于严明,因求折狱名;或偏于宽厚,自以为阴德:皆私心也。"意思是说,刑官应当吸取因成见而影响听讼、断案的教训,不偏不倚。旗丁有同父异母兄弟,住在一起,哥哥是鳏夫,弟媳于夜间被杀,母亲告状说是被长子奸杀了。王士棻去勘验现场,发现长子只是伏地痛哭,并不自辩。母亲的侄子却在一旁指指点点。王士棻审视良久,突然对那侄子大喊:真凶就是你!侄子吓得腿抖,跪地认罪。

案例出处:《清史稿》。

(张田田)

王世名复仇受旌表案

武义县有孝子名为王世名,在他十七岁那一年,他的父亲王良,与同族兄弟之子王俊因争夺房产而发生殴斗,最终其父王良被王俊殴打致死。王世名认为报官会启动验尸程序,而验尸会破坏父亲的遗体,所以拒绝报官,而装作听从王俊的讲和协议,接受了王俊交出的田产,但是田产收入全部都换作银两封存并作了标记,王俊馈赠的东西,也都装作收下。其实他暗中把父亲的画像悬挂在密室里,把自己的画像挂在父亲画像旁边,每日早晚哭泣跪拜。后来王世名买了一把刀,并刻上"报仇"两个字,时刻带在身边。这些事他的母亲和妻子并不知道。王世名在服丧期满后,当了生员。又过了几年,他的妻子生了儿子,他非常高兴,等到儿子几个月大的时候,他对母亲和妻子说:"我已经有了后代,可以死了。"不久以后有一天,仇人王俊从外面喝醉了酒回到村里,埋伏在路边的王世名拔刀迎面砍向他,王俊受伤当场死去。王世名为父报仇之后,告诉了亲人和邻居,而后回到家里告诉母亲和妻子,并且取出以前封存的作了标记的财物去见县官,请求一死。这时,离他父亲被杀已经过去六年了。武义县知县陈某说:"这个人是孝子,他的行为是为父报仇,不能关进监狱。"安排王世名住在其他的地方,并向上级官府报告复仇这件事。上级官府初步审理此案后,命令金华知县汪大受来审理。来到大堂之上,王世名只请求一死，汪大受说："我们可以派人去检验你父亲的尸体，如果验尸证明你父有伤，你就可以不死！"王世名说："我正是因为不忍心破坏父亲的遗体才等到今天才复仇，不然，在六年前我就已经为父报仇了！现在我请求您放我回去与母亲告别，然后去死。"汪大受答应了他。王世名回到家中，母亲见到他后，抱着他痛哭了很久。王世名对母亲说："我的身体是父亲给的，我现在拿父亲给的身体为父亲而死，没什么遗憾的。虽然离开了母亲，却能够永远跟随父亲了，感觉非常心安！"不久以后汪大受来到武义县，县里的人听到这件事之后，为王世名奔走的人数以千计。汪大受就让人抬来王世名父亲的棺材，准备开棺验尸。王世名见此情形号啕大哭，用头撞向石阶，头破了，流出来的血把周围的地染成了红色。汪大受和旁观之人都为之流下了眼泪，于是命令衙役把棺材抬回去埋葬，并准备请示上级官府，免去验尸的环节来成全孝子。王世名却说："不开棺验尸而免去我的刑罚，这不合我朝法律。不遵守法律就是无视君主，这让我们以后怎么生活呢！"于是，王世名绝食而死。王世名之妻俞氏，抚养孤儿三年后，上吊殉情。皇帝知道此事后，颁布圣旨表彰王世名一家称为"孝烈"。

案例出处：《明通鉴》。

（武航宇）

王树枏治盗

王树枏在其《陶庐老人随年录》中自述，其任新津县令时，该县盗贼猖獗，王树枏到任后着手惩盗，第五日枪毙数名贼犯，第六日邛州贼魁牟花脸，派族人牟千总来拜见。牟千总称，愿意居中说和，只要县里每月送贼钱米若干，便可不使一贼入境，声称其他州县长官多如此行事，才不妨碍考成。王树枏拍案大怒：敢向我如此提议，便是你自投罗网！当即将牟千总扣押在官署，称：你既然不能指认窝家，那我不抓获有名巨匪，就要拿你抵罪，决不宽贷。以后，抄一窝家，抓获一贼，都声言是牟千总提供的线索。盗贼听闻，对牟千总恨之入骨，都密谋要杀牟千总泄愤，牟千总至此不敢走出新津官署，只能一心一意为王树枏出谋划策。每当抓获贼人，便令牟千总当堂质证。于是不用刑讯，也能使贼招供。王树枏惩盗办贼，都得到牟千总的助力。当王树枏卸任离开新津时，牟千总哭着说自己要不久于世了，其后果真被盗贼党羽谋害。据尚秉和《故新疆布政使王公行状》，王树枏调任新津时，总督刘秉璋断言：惟真书生乃能办贼。王树枏到任之始，招募堂勇，城乡练团，禀明上级，可以越境拿贼，获贼审明后就地正法，派勇驻扎城内看守监狱。访实贼窝即率勇抄拿，周巡属地，开始贼还敢拒捕，后来闻风而逃。王树枏到任五月之后，地方无一报盗的，他因此说，官不畏贼，则贼必畏官。此前盗贼横行，都是官畏贼所导致的。

案例出处：《陶庐老人随年录》。

（张田田）

王阳明察盗贼做伪证

王守仁是我国明代著名的哲学家、思想家、政治家，官至南京兵部尚书，他在任庐陵县知县时，办过这样一个案件。庐陵县有一个强盗团伙，无恶不作，扰乱治安。经过长时间的侦破，这个团伙的主犯王和尚被捕，并且招供出了其同伙。同伙中多应亨、多邦宰两人比其他同伙更加彪悍，经过审讯，也已招供。这件事过了很久，忽然有一天，同伙之一多应亨的母亲到上级衙门请求重审,上级衙门命令庐陵县重审此案,其母亲请求让主犯王和尚为其子做证。王守仁接到重审命令后,仔细分析了案情,猜测一定是王和尚接受了多应亨母亲的财物,然后答应为他摆脱罪名的。为了验证这一猜测,王守仁在提审案犯之前,在后堂设置了一张桌子,桌子表面铺了一块厚布,在桌子下方藏了一个衙役。然后王守仁把三个案犯一起押到有桌子的后堂审问。同时,王守仁事先叮嘱一名衙役说,在审问这三个案犯时,让他来报告有客人来访。所以在审讯了一会儿后,事先安排好的衙役来把王守仁请走了,留下了三个强盗独自在后堂。过了一会儿,王守仁回到后堂,预先藏在桌子下面的衙役钻了出来。王守仁问他听到案犯说了什么?衙役回答,听见主犯王和尚对另外两个案犯说:"你们暂且忍受两下夹棍,等我替你们解脱罪行。"主犯王和尚听了衙役的话后惊慌失措,连忙磕头请求王守仁宽恕其罪行。

案例出处:《增广智囊补》卷十。

(武航宇)

王友亮议盗祖坟树木案

王友亮自述,其在乾隆乙巳春于刑部任官,办理某甲盗伐祖父坟木二株案,依律治罪。书吏进言说,还应当刺字。王友亮答复,法律无此规定。又有浙江司某乙犯案情节与某甲同,问官比照窃盗例,已经刺字。满主事五泰迷惑不解。王友亮辨析:子孙盗祖父财,祖父之所以在家责打子孙,而不对外张扬,原因是不忍心让子孙担上盗窃的名声。祖父或生或死,子孙行盗的性质并无不同。况且法律规定的刑罚也体现出盗祖父与盗他人的区别,立法之意是虽痛惩子孙不肖,但仍期待子孙将来悔过自新。如今将盗家财者刺字,则是认定其人为盗贼,恐怕就要伤已死祖父之心,绝子孙自新之路。法律不可根据一己之意而擅为增减。五泰称是,又对王友亮说:某甲、某乙皆贫而无赖之人,受刑释放以后还会再犯被捉,等到那时,检查前案,长官定会赞同刺字的做法,到时你我二人都会被处分,要分担责任。逾年,果如满主事所言,吏部判定,王友亮和五泰各罚俸六个月。再修例时,又增添了不得以赃少罪轻免刺之条。

案例出处:《皇朝经世文编》。

(张田田)

卫承芳断灭门七口案

卫承芳,达州人,隆庆年间进士,曾任温州知府、江西巡抚、户部尚书、吏部尚书,为官清廉。他在温州知府任上,曾断过一宗灭门惨案。有一天,卫承芳接到洞头巡检司的报告,称当地发生了一起杀害七口的灭门案件。巡检称:被害人陈知识一家不是岛上的原住民,而是从永嘉县来投奔他舅舅的,在岛上住了半年。被害的七人全部是被刀砍死,其中陈知识妻子的双乳被割走。案发当天曾有十四人来到岛上,其后不知所踪。案发后,里正报告给知县,知县认为案件影响太大,便与巡检一起来向知府汇报。

在岛上没有找到其他的线索,所以卫知府就带着陈知识家豢养的一只大黄狗来到了他的原籍永嘉县,希望能够找到线索。来到永嘉县之后,在大黄狗的带领下找到了陈知识家。经过对当地村民的调查,卫知府得知陈知识搬家前曾在村子的地主常杰家做短工,就来到了常杰家。没想到,大黄狗来到院子里就在后院的一棵树下刨挖,衙役们见状也来帮忙,一会就挖出来一个坛子,坛子里居然有一对女人的乳房。所以卫知府便命衙役将常杰带到了官府进行审讯。刚开始,常杰矢口否认,后来卫知府给他上了夹棍,常杰面对证据,最后交代了事情的原委。

原来,陈知识在永嘉县炉湾村居住,有几亩地,仅够维生,为了增加收入,就租了地主常杰家的几亩地一起耕种。常杰不收地租,只是让他们夫妇到家里来做短工,陈知识的妻子需要经常去给常杰家舂米磨面。因为陈妻长得很漂亮,常杰便将其奸淫。见妻子受辱,陈知识就要退租,但是常杰不同意,居然把陈妻留在家中居住。无奈之下,陈知识悄悄地离开了炉湾村,来到洞头岛投奔舅舅。当常杰得知陈知识夫妻逃走之后,就派人打听他们的去处。当得知他们身在洞头岛之后,便雇佣了十四名无赖,让他们去把陈知识家的人全部杀死,并将陈妻的双乳割下来。凶手作案时,陈知识家的大黄狗曾过来扑咬,所以大黄狗能够在常杰家找到装有双乳的坛子。十四名杀人凶手经过洞头岛居民的确认,确定是案发当天登岛的那些人。至此,案情明确。

卫知府对本案的判决如下:常杰为主犯,判处枭首。张甲等六人为主犯,判处斩刑。张威、李雄等八人为从犯,判处杖刑之后流放。

案例出处:《柏桦讲明清妙判》。

(武航宇)

闻渊断崔鉴杀娼救母案

崔鉴是明武宗时的一个孝子,京城人。他父亲嗜酒如命,又整天去青楼。他父亲非常喜欢一个妓女,就把那名妓女带回家中,一起居住。这名妓女倚仗得宠,时常欺负崔鉴的母亲。而崔鉴的父亲又总是喝得烂醉,不辨是非,反而辱骂崔鉴的母亲。有一天,这名妓女咒骂崔鉴的母亲,崔鉴的母亲忍不住也回骂了她几句,没想到,她竟把崔鉴母亲的脸给打伤了。崔鉴母亲非常生气,回到自己屋中趴在床上痛哭,越哭越伤心,就想自杀。那时崔鉴只有 13 岁,从学舍放学回家,看见了母亲要寻短见,就问母亲是怎么一回事?母亲将事情经过都告诉了他。崔鉴对母亲说:“你不用死。”然后回到学舍取了把刀回到家。那名妓女刚好在扫地,一边扫一边骂。崔鉴拔刀刺向她的左肋,她马上就断了气。杀人之后,崔鉴把刀藏到窗下,一口气逃跑了好几里地,突然想起来:“我父亲不知道我把这名妓女杀了,他肯定会牵连到我母亲。”所以,他急忙往家里跑。果然他父亲已经把此事告到官府,官府马上要来抓捕他母亲。崔鉴赶到后,对衙役说:“这名妓女是我杀的,不是我母亲杀的。”大家看他年纪太小,都不相信。崔鉴说:“你们都不相信,那么请问,谁知道凶器放在什么地方了?”大家都不知道,这时崔鉴自己把刀找出来给大家看,众衙役才把他母亲放了,把他抓入狱中。这宗案件一直上报到朝廷的刑部,明武宗知道此事之后,将案子交由刑部议审。刑部尚书闻渊、刑部主事吴桂芳合议之后认为,崔鉴杀人的目的是救母,而且年纪幼小,值得怜悯,很难按照一般法律来定案。而后,刑部将合议结果上报给皇帝明武宗。明武宗也认同刑部的意见,赦免了崔鉴的罪刑。

案例出处:《中华历代名案》。

(武航宇)

翁运标息兄弟讼田

翁运标乾隆八年(1743 年)为湖南武陵县令,有兄弟争田,翁运标亲自去勘验,坐在田野中，忽自流泪，讼者惊问，翁运标说，我兄弟曾日日相依，我来武陵时，兄长已去世，再也见不到了。如今见你们兄弟，我想念兄长，感到伤悲。他话音未落，讼者也感动哭泣，以其田互相谦让，最终中分。

案例出处：《清史列传》。

（张田田）

翁运标息争田讼

邓、康二姓争一块湖州，数十年间不断斗殴杀人，积怨已久，不服管束。翁运标亲自前往，勘验其地，遇上大雨，二姓人皆请翁运标避雨，翁运标却说，你们为一块土地，世世代代打打杀杀，置触犯刑法、承受重罚于不顾，我又何必爱惜身体！翁运标在雨中站立良久，众人皆感动，划清分界，从此息讼。

案例出处：《清史列传》。

（张田田）

翁运标息子证父罪

翁运标任湖南武陵县令时，有儿子做证，说父亲偷了别人的钱财。被控者到案后，翁运标耐心细致地审讯，但始终不用刑讯。理由是，倘若此人是被诬告的，父子“天性之恩”恐怕就要断绝，不妨再等等。此后，终于查明了事实，原来被盗钱财是黑夜中被人攫取，儿子误以为是父亲所为。

案例出处：《清史列传》。

（张田田）

翁运标责弟争兄田

翁运标任湖南武陵县令时，有兄弟在父亲去世后争产，弟称其兄只是养子，只给其兄贫瘠的土壤，令其兄别居。其兄控诉的词状中写出了父亲嗜酒得疾之事，翁运标不满儿子张扬父亲的过错，笞责兄长，但仍责令其弟将肥沃的田地分割给兄长。

案例出处：《清史列传》。

（张田田）

乌程县张应望执法被诬案

万历年间，王汝训曾任浙江巡抚，在其管辖的范围内有个乌程县，县里有两位大人物横行乡里，霸占田产、重额官租、谋取权位、横行霸道，置万民于水火。这两位大人物分别是曾做过尚书的董份和中过状元、做过祭酒的范应期，他们二人目无法纪，百姓怨声载道。王汝训个性耿直，不畏权贵，知道这些事情后，非常气愤，准备将此二人绳之以法。

恰好此时皇帝派彭应参到地方巡察，彭应参路过乌程县时，来状告范应期和董份的百姓有一千多人。彭应参为了处理这件事，下达公文，命令乌程知县张应望将董份、范应期逮捕入狱，并进行审查。没料到范应期在狱中畏罪上吊自杀。事后，范应期的妻子吴氏到京城，先是找到范应期之前的同僚好友，在大家给她出谋划策之后向皇上鸣冤叫屈。吴氏向万历皇帝诬告彭应参出于个人目的,到了乌程县后,诱使当地民众状告范应期,命令乌程县知县张应望火速把人逮捕入狱,并且勒索范应期八百两银子。范应期在狱中不堪折辱,自缢身死,范应期之子服毒自尽。吴氏辩称,时任浙江巡抚的王汝训与彭应参为一党,为其遮掩辩护,使案件疑点众多,范应期蒙冤。万历皇帝听后,非常生气,训斥当时的吏部尚书孙丕扬选官不当,训斥当时的都察院都御史衷贞吉用人不当。为了使案件明辨,皇帝派三法司共同审理此案。没想到,三法司在审理这桩案件的时候,范应期之妻吴氏在身上藏了一把匕首。当案件审理到下午三四点钟的时候,案情基本清楚,法官下令将彭应参押入监牢。突然间,范应期的家人当场抓住彭应参不放,一旁的衙役担心在大堂上扭打有伤大雅,就将彭应参拉开回避,没料到此时吴氏拿起预藏在衣袖中的匕首引颈自尽。一时间,大堂上鲜血满地。

为何这个案件能够演绎得如此复杂,其中原因很是复杂。当初,彭应参作为中央派往地方的巡按御史,目的是整饬当地的纲纪,重点是加重对地方豪强势力的惩处,所以执行难度很大。本案中的乌程县有两个大人物,一个是状元范应期,一个是致仕的尚书董份,董份是当地首富,行事尤为专横。在千人告发他的事件之后,范应期自尽,他为了免于刑责,唆使范应期之妻吴氏进京告御状,同时,想方设法买通当时的权贵,意图陷害御史彭应参和巡抚王汝训。在最初的审理过程中,主审官员发现董份、范应期家中的土地大多数都是低价强买或是抵债的百姓土地,涉案金额巨大,牵连官员人数很多,导致主审官员换了好几任,案件无法继续进行下去。这个错综复杂的案件拖延了很久。当然,当时朝廷上也有很多高官为彭应参鸣不平,为他申冤,如刑部尚书赵焕、给事中乔胤、福建道御史章守诚、南京户科给事中伍文焕等一大批官员。他们不断上疏为彭应参鸣冤,甚至认为万历皇帝偏听佞言,但是万历皇帝并不理会,其中多位高官被革职或罚俸。

三司会审完毕后,万历皇帝颁圣旨,内容是:革除王汝训浙江巡抚之职,贬黜乌程县知县张应望至烟瘴之地充军,御史彭应参削职为民。

其实,在万历皇帝颁布圣旨,要求三司会审之后,刑部左侍郎吕坤就曾上奏。吕坤上奏称,在审理过程中,张应望没有承认收受贿赂,也没有找到相关的受贿证据。皇帝对他的处罚过严,恳求皇帝能够对此案再度进行审理,追查证据,进而申明法纪,严格按法律办事,从而使天下人信服。《大明律》和条例,都是太祖皇帝传下来的法令;县令张应望身为法官,是执行法令的官吏。《大明例》中有一条款规定:凡是因有事施用暴力手段殴打、威逼人致死,确实有致命的重伤以及造成残疾的,及使残疾的人有自杀的实际行为,发边卫充军。这是“威逼”的罪行。又有一条款规定:凡是因为有事威逼别人致死一家两条性命的,判发边卫充军。《大明律》有一条款规定:凡是因为有事威逼别人致死的,处杖打一百。如果官吏不是因为执行公务而威逼平民致死的,罪名相同。这是“威逼”的法令。本案对祭酒范应期的处理,是听从了皇上的意旨,由判官勘定的;县令张应望只是接受了上司指派,从事审理案情的基层官员。张应望的行为只是按规定执行公务,属于因公犯罪。县令张应望下发的逮捕令上,并没有祭酒范应期的名字,这是符合规范的;在监禁范应期期间,虽然对其有录口供的行为,但并没有对其造成伤害。范氏父子相继自杀,但是审讯官员并没有刑讯逼供的行为。刑部没有直接判处张应望“致死二命”之罪,完全是依法办事,并没有徇情枉法。同时,法律有规定:文职官员接受财物而曲法处断的达到满贯(一百二十贯)判处绞刑的,发附近卫所充军。又一条款规定:凡是司法部门全部上报的犯人中,有蒙冤的,就要给他申辩,审明案情,再将处理情况如实全部上报,如果明知有冤屈,却不给他申辩,那就应按故意加罪于人的罪名论处。当初,锦衣卫审问张应望结束,将案卷转呈司法机关时，文书的抄件中有这样的表述："所上报的情况中称，针对案犯受赃的具体情况，相互辗转牵连，因为与受赃有牵连的人没有经过当面对质，所以应当送刑部衙门重新详细审理，一并上报。"这份文书表明，锦衣卫不能判定他受赃。张应望自己上奏辩解称："状元范应期与乌程县当地民众有很深的怨仇，并且在狱中畏罪自杀，我作为知县来解决民间纠纷反倒受了诬陷。我愿意跟与受赃之事有牵连的小吏沈敬溪和施守仁当面对质。"在审理过程中接到圣旨称："法司知道。"刑部领会是皇上已经同意他申辩了，但是紧接着却又接到圣旨称："张应望害死儒臣范应期一家两条性命，又都指认他受赃不少，怎么就容忍他狡辩推卸罪责！好一个徇私枉法的人！怎能暂且不去追究他。对张应望从严追赃，赃款缴纳完毕后，发送至边远烟瘴之地永远充军。"

这个案件历史上称为"董范之变"。

案例出处：《救张应望疏》。

（武航宇）

吴复释奸妻获真贼案

溧水县知县吴复是晋江人，以善于断案而闻名，他曾办过这样一个案件。溧水县有个百姓叫陈德，娶了一个妻子姓林，生活一年多之后，日子过得入不敷出，非常艰难，所以就去临清县给有钱人家作佣工。陈德之妻林氏在家纺麻赚钱。林娘子独自一人在家时间长了，就觉得非常寂寞，恰好这时，她家左边的邻居张奴来勾引她，此两人干柴烈火般勾搭到了一起，经常往来偷情。陈德离家做佣工三年之后，积攒了几十两银子，他将银子装在一个口袋里带回家中。在离家还有十五里远的时候，太阳落山并且天开始下起雨来，陈德担心带着这些银子走夜路太危险，就将银子藏在附近水心桥下第三根桥柱的洞内，然后空手徒步回家。陈德之妻林氏正在与邻居张奴调情，听到有人敲门，就不耐烦地问是谁？在得知是陈德之后，张奴就躲到床下。陈德夫妻两人见了面，互诉这些年来的辛劳之后，陈德就将桥下藏金的事告诉林氏，预备等天亮以后再去拿。第二天早上，陈德去取银子时，发现银子不见了，非常纳闷。回家之后告诉林氏，因为林氏已移情别恋，眼中已经没有了丈夫，所以一听说丈夫丢了所有积蓄，立刻大骂陈德，说他挣不上钱也就罢了，还要骗人。陈德不但三年辛辛苦苦挣的血汗钱全部丢了，还换来妻子的一顿臭骂，很是生气，就向官府报案。吴复受理案件后，经过初步审理，笑着对陈德说："你虽真心爱你的妻子，但是你的妻子是否真心爱你，我想你可能不清楚。"于是吴复就传讯林氏，严厉审问，但是诡计多端的林氏坚决不吐露实情。陈德心疼妻子，不忍她受牢狱之苦，就向县令要求撤案，情愿丢下银子不要，只希望他们夫妻从此过平安的日子。可是吴复却不答应，故意大声怒斥陈德说："你这个大胆刁民，竟胆敢谎报失窃，存心戏弄本官，罪不可赦！"说完命人将陈德押入大牢，然后释放林氏回家。吴复在释放林氏的同时，命令聪明伶俐的衙役伪装成乞丐，在陈德家附近严密监视林氏的举动。果然发现她跟邻居张奴通奸，并且得知陈德回家当晚和妻子林氏所说的话，都被躲在床下的张奴听见，张奴在陈德熟睡后悄悄从后门溜走，抢先跑到水心桥下把钱拿走。得知真相之后，吴复下令逮捕林氏和张奴两人，经过审理，二人招供，被分别处以重刑，陈德被无罪释放。至此，才真相大白。

案例出处：《增智囊补》《中华历代名案》。

（武航宇）

吴冠贤辨兄妹夫妇

吴冠贤为安定县令时，有少女少男在其车前呼冤，二人皆十六七岁。少年说少女是他的童养媳，他父母去世，少女要弃他别嫁。少女则说这是胞兄要占她为妻。县官问两人姓氏，尚且能记得，但问他们的家乡，则因为父母皆流离失所为乞丐，不知为何处人，再问与他们一同行乞之丐，说他们到此地仅数日便父母双亡，未知其始末，但闻其以兄妹相称，然而，小户人家童养媳与夫也以兄妹相称。有老吏建议，此事如捕风捉影，查无实证，又不可以刑求，断合断离，皆难保不误，然而，两害相权取其轻：断离而误，不过误破婚姻，其失小；断和而误，则误断人伦，其失大。吴冠贤推研再三，别无良策，只好听从老吏的建议。

案例出处：《阅微草堂笔记》。

（张田田）

吴焕彩查办诬良造反案

乾隆三十九年（1774 年），吴焕彩中进士后就任山东范县知县。与范县相距四十里的寿张县里，逆贼王伦造反，吴焕彩认真守城，组织防御，力清保甲，对当地人民的贤愚情况都了然于心。范县的孟兴璧与黄昌吉等人有过节，报告这个村有三十余人造反，朝廷派侍郎高朴与巡抚来调查。他们派使者把公文交给吴焕彩，吴焕彩看着所谓的造反名单说，某人已经去世，其他人全是奉公守法的百姓，要传唤马上就能来。使者想派兵到村中捉拿，吴焕彩反对，理由是如果官兵下乡，无知的百姓不是被杀，就是被吓跑，就没有人可以讯问了，这个责任谁来承担？吴焕彩连夜到达村中，来问百姓，大家都直呼冤枉。吴焕彩说：要想无事，就要出来接受讯问。不然，大祸临头。百姓听后，都带着干粮跟着他去。使者清点，发现少了两个人，吴焕彩回答说：一个人已经死了，一个人外出了，已经命他的兄长去找他回来。话音刚落，就有人跪在门外，就是那个人赶了回来。讯问后发现，这些人都是被冤枉的，于是那个诬告者被判了罪。巡抚在结案后对吴焕彩说："知县者，知一县事"，你熟知本县之事，可以说是真正的知县；知县，应为百姓父母，你也不愧为父母官。

案例出处：《清史稿》。

（张田田）

吴士凤断船户谋财害命案

苏州知府是吴士凤，字淡观，举人出身，在其任上，曾处理过一件船户谋财害命案。一天，徽州商人宁龙来到府衙，状告船户单贵和其伙计叶新谋财害命。其诉称：宁龙带仆人季兴，在苏州城买了一批绸缎，价值千余两白银，打算带回家乡贩卖。为了节省路费，宁龙在埠头方有任的推荐下，租了一艘吴县籍的小船，船主是单贵，水手是叶新。搬货上船后，主仆二人次日登舟开船，径直开往江西。走了五天之后，来到章湾休息。当天晚上，单贵买来酒肉，邀请宁龙主仆一起喝酒，原本宁龙主仆很谨慎，不想喝酒，但是，单贵极力邀请，就喝了几杯，没想到喝醉了。等到半夜二更天时，单贵、叶新将船划到江心深处，将主仆二人丢入水中。季兴昏昏沉醉，不省人事，被水淹死。宁龙从小就会游泳，落水的时候趁机钻到水下，过了好一会，估计单贵他们已经离开，才浮出水面。游了一会，偶然找到一块木头，就趴在木头上，顺流而下。忽然看见一艘大船，就大喊："救命！"恰好，船上的人是宁龙的姨表兄，听到有人呼救，连忙把他救上船。

等到天亮,两人一起来到苏州府告状。

吴士凤受理案件之后,便签下拘捕令,让衙役将船户单贵、叶新缉拿归案。结果单贵二人还没回家,衙役就将他们的家人都押回了衙门。吴知府命令衙役谢能、李俊二人去搜索抓捕。衙役谢能、李俊在章湾发现单贵二人,便借口搭船回苏州,登上了他们的小船。当船行至苏州境内,上岸之后,谢能、李俊二人将单贵二人拘捕。来到堂上,单贵二人高呼冤枉,声称自己不认识宁龙主仆。吴知府把宁龙雇佣单贵小船的契约给他看了,单贵又说,宁龙主仆是雇了我的船,但是中途遇到强盗,强盗把他们主仆二人杀了,并劫了他们的财物,我是好不容易才保住了一条命。吴知府派人到单贵的船上把东西全都拿到堂上,请宁龙辨认,宁龙没发现自己的货物。这时,单贵见没有证据更是猖狂,称宁龙是诬告。无奈之下,吴知府只得中止审讯,将他们收监。

第二天,吴知府单独提审叶新,问道:“事发当晚,劫持你们船的劫匪一共有多少人,都穿什么衣服,你看见他们的面貌了吗?”叶新说:“是三更时分,我们四人都在船中沉睡,忽然劫匪将我们的船拉到江心,一个身穿青衣、脸涂黑墨的大汉先跳上我们船,随后有三只小船把我们围住,宁龙主仆因为惊慌都跳入水中,小的苦苦哀求,他们才放手,但把货物全部掳去,现在宁龙诬告我们,实在是瞒心昧己。”随后,吴知府又单独提讯单贵,所问相同,而单贵说:“事发在二更时分,劫匪把我们的船拖到江心,四面有七八只小船围住,有三个身穿红衣的人跳过船来,把宁龙主仆丢入水中,又要丢小的,小的说是船户,他们才放手,不然早就没命了。”吴知府见两个人口供不一,就知道他们在撒谎,于是用夹棍刑讯。但二人一口咬定没有赃物,便不能够定罪。吴知府只好又把他们收监了。

收监之后,吴知府到单贵的船上去检查,发现船底有个缝隙,顺着缝隙往里看,发现下面有东西,就想打开,但是里面有暗栓,打不开,于是用斧子劈开了。看见船底有一个密室,里面有好多衣服器具,还有两只皮箱,箱子里面全是银子。吴知府命衙役将这些物品都挑回府来,让宁龙前来认赃。宁龙仔细辨认之后说其中一个旧箱子是他的,另一个新箱子不是他的。但是单贵辩称:箱子是别人寄存在他这里的。宁龙说旧箱子里有一个标记,吴知府检查之后发现果然不差。又在新的箱子里查出一本账簿,账簿上记载单贵在南京某货栈贩卖绸缎一批,得白银一千三百两。吴知县获得这些证据后,继续刑讯单贵,单贵在证据面前无法抵赖,便招供。原来单贵、叶新把宁龙主仆二人扔进江中之后,顺流而下,到南京把绸缎卖了,想在章湾打听宁龙主仆是否真死了,但没有想到遇到了前去抓捕他们的官差。

证据确凿之后,吴知府判决如下:单贵、叶新谋财害命,判处斩刑。赃物返还给宁龙。

案例出处:《柏桦讲明清妙判》。

(武航宇)

吴县令辨“咬死人不偿命”案

因《说岳全传》小说中有张浚陷害岳武穆后为诸将咬死的情节,于是吴俗有咬死人不偿命之说。同治壬申年(1872 年),苏郡有飞金之贡。起先,业金箔者因本小利薄,自立规约,每人须三年授一徒。否则,恐怕以此为业者多,则失业者众。其时有某人无赖,以办贡为名,呈请多授学徒用赴工作,得到批准后就广招徒众,向来学手艺者每人收取六百文,一时学徒云集。同行大为不满,于是凭信咬死不偿命一言,一起去按住这个人,人各咬一口,顷刻咬死。吴县令前往检验,计咬伤处共一百二十三口,然何人咬何处,人多口杂,不但生者不知,即使让死者活过来问他，恐怕他也不能知，只好将始谋先咬者一人判处死刑。

案例出处：《庸闲斋笔记》。

（张田田）

谢玉衍笞讨债僧

谢玉衍任四川昭化县县令时，为政惠民，善于折狱。有僧人控告邻家妇人向其借贷多次，屡欠不还，恳请官府出面追讨。谢县令仔细观察原告，诘问他：邻妇多大年纪？僧答，三十。借钱多少？僧答，百余千。何年所借？僧答，陆陆续续，并非一时，近来向她讨要，她不肯归还，因此告官。谢县令拍案称：本官不但不帮你索债，还要打你，原因你自己清楚！僧人俯首，良久回答，愿意认罚，于是自行退下受笞，不再告诉。原来这僧人与邻妇通奸已久，后来两人生了嫌隙，妇女与他断绝往来，于是僧人累计此前赠给妇人的夜合之资，指为出借之债，告官追讨。不料被谢县令识破，只好认罚通奸之罪，并不敢索要给出的钱物。

案例出处：《折狱龟鉴补》。

（张田田）

刑部办宗室欠债案

道光六年（1826年），刑部山东等司审办提督咨送张泳翔呈控宗室吉庆欠钱不还率同子仆将他殴伤一案时，堂官指示：向来办理棍徒扰害之案，都是临时酌量问拟，有直引屡次行凶例拟军者，有实在情凶势恶虽一时一事也引此例拟军者，有情同扰害尚非无故逞凶因而量减拟徒者，历经办有成案。至于官贵势豪有犯，非平人可比，更须从严，使知警惧，不得与寻常斗殴一般科断。此案前据山东司司员回堂，传讯吉庆家人唐幅儿，供认主人确实欠张泳翔车钱八吊七百文，并将张泳翔殴伤。会审时，吉庆于当堂斥詈问官，狡辩不已，被唐幅儿质证，始行画供。山东司将吉庆照棍徒量减拟徒，属于酌情定罪，其原稿内虽未将咆哮公堂、斥詈问官种种凶恶情状叙明，画稿时该司员等也已经回明堂官，各堂见吉庆情节可恶，是以照议画行。此后，吉庆畏罪避匿，随遣子庆恬翻控。刑部改派安徽臣审讯，起初称并无该欠情事，复经派员审讯，吉庆始供认该欠车钱八百文，殴伤张泳翔一次，又在途遇用鞭殴伤张泳翔一次，该司员等将吉庆看作寻常斗殴，问拟不应重杖，与山东司原拟罪名轻重悬殊。查吉庆身为宗室，附近居民谁敢与之较量？吉庆欠债不还，逞凶欺压平人，讯供时复诡计狡辩，种种凶横实属“棍徒”，非寻常斗殴可比。山东司将其量减拟徒，本无错误。吉庆翻控，派审司员本已讯明吉庆欠债、殴打情节，似应照原拟罪名问拟满徒，方足以昭平允而儆刁风。然而，派审司员止将吉庆拟以不应重杖，是有意改徒为杖，又将原审司员交吏部察议拟罪错误。在山东司，复何敢言，惟山东司司员无故受到处分，如何能心服口服。况且，山东司拟徒之稿，业经画至六堂，如果原拟罪名过重，何以当时堂官并无异议。今刑部堂官以原无错误之案而甘自认错，实在不成事体。总之，众所周知，止有吉庆欺人，哪有人欺吉庆？即据现在派审司员所取供词，平心而论，吉庆负欠两次并殴人，究竟应照常斗问拟重杖，抑应照棍徒量减拟徒？公道自在人心，所不得不辨者，诚为本衙门顾大体，非区区为山东司处分而言。本堂官意见恐未必即是，今将所议原帖及派审司员所呈稿底一并发交各司比对成案，公平妥议，断不可少存迎合之见。究竟何者为允，俱各注明，交律例馆司员汇齐核定办稿呈堂，再行定案，方成信谳。至派审及山东司各员似应回避，不必再议。

先将此回明各堂,然后传司商议。

律例馆汇总各司主张,据直隶、奉天、福建、四川、广西、浙江等六司各以吉庆所犯情节较重,应照棍徒量减,都建议将吉庆两次殴打张泳翔及斥詈咆哮等情科罪,如果案情确凿,所议自极平允,但现据山东司付称,原稿内既未叙明宗室吉庆咆哮公堂、斥詈问官情节,现在碍难呈办。查吉庆有无当堂肆闹各情,原审司员自必目击其事。今山东司既付称碍难呈办,若仍据前次回堂之语定谳,似觉供勘未符,诚恐吉庆父子转得有所借口,似应将此层毋庸置疑。至六司之外,各司所议轻重不一。江苏、贵州二司专据吉庆两次殴打张泳翔一节,谓吉庆罪应拟徒,律例馆认为未甚确当。山西司议称,吉庆咆哮斥詈等情既未叙明,似应拟杖。律例馆查吉庆原犯情节较重,仅予杖责,虽已严于凡斗,尚不足以蔽辜。云南司议称拟徒似觉过重,拟杖也觉过轻,其究竟应科何罪仍未议及。陕西、江西、广东等司议,请将吉庆照不应重杖酌加枷号一个月。律例馆司员认为,洵属允协:虽河南司说帖所称此案宜比凡斗加严,宗室向无再加枷号之条,应照宗人府例实行责打等语,与陕西等司所议又不相符。但查宗人府则例内,原载有宗室犯枷号者枷一日折圈二日之语。且检查道光三年(1823 年)宗室克永等向花户讹索案内,宗室穆兰布等即照不应重杖加拟枷号,似可仿照酌办。至山东司将吉庆依棍徒量减拟徒,尚在吉庆第二次殴打张泳翔之前,原拟固未允当,惟该司原稿各堂尚未画全,核与堂稿画全罪名已定者有间,且旗人犯徒,例得折枷,是徒与枷杖罪名也不甚相悬,似应免其置议,仍咨吏部查核。待堂官决定,律例馆再具稿尾,交司办理。

案例出处:《刑案汇览》。

(张田田)

刑部驳捕盗烧死七命案

刑部议驳光绪十一年(1885 年)捕役李富教供妄攀致令自行失火烧毙陈志杨等一家七命案。此案案情是:方忠充当禄丰县甲长,李富充当该县差役,均与已死陈志杨等素无嫌怨。客民张敬山在禄丰县境被贼抢劫杀伤,赴县报案,县令派差李富等查缉。李富见罗有材携卖衣物非其所有,疑为前案正盗,盘问之下,罗有材供出其赃物是在广通县行窃路遇不知姓名人所得。李富因未能抓获盗案嫌犯,害怕上官追责,起意教唆罗有材做伪证搪塞。李富又回忆起先年未充县役时,在广通县属娶李兽医孀嫂余氏,未给财礼被李兽医控诉,陈裕沅、陈三沅质证,以致审输受刑,早就想找机会报复他们。因此李富教令罗有材到案供称,途遇素识之陈裕沅、陈三沅兄弟,说起近在禄丰县劫抢张姓过客得赃,闻事主报案查拿,雇令罗有材代其探信,如果严紧,速赴广通县舍资街上西屯陈裕沅家告知,如不知住处,即问李兽医指引。罗有材先不允从,李富声称犯窃本属有罪,如依所教,愿为保充差头。罗有材到案,便依所教供认。该县令信以为真,移文让把总何朝贤带同县差吴怔、谢洪、赵兴及兵丁人等前去捉拿。何朝贤沿途询问陈裕沅等下落,均称现无其人。询悉李兽医与该处汛弁住处相近,何朝贤即令吴怔等先往等候,何朝贤带同兵丁分路去邀汛弁并寻李兽医指引。吴怔等走至广禄交界地方,遇上新充禄丰县甲长方忠,因方忠曾住舍资街,吴怔以为方忠必定知道陈裕沅等人的住处,于是将情由告知,向方忠询问路线。方忠念及上西屯只有陈志汰家也是兄弟数人,陈裕沅或是诡名,因新充甲长,急于邀功,于是要马上跟随吴怔等人往拿嫌犯。吴怔等本打算等何朝贤回来再去。方忠出言恐吓称,官到仍必饬人往拿,吴怔等已说出案由,倘犯人闻风逃遁,定当禀究。吴怔等畏惧勉从。方忠即喊同团丁杨有德等一并前往。行至陈志汰门首时已天晚,陈志汰外出,其弟陈志杨等闭门歇宿。方忠喝令开门,陈志杨惊醒,疑为强盗,忙取长矛,喊同其弟陈志兴走出,听闻门外人声喧嚷,陈志杨用矛柄从门隙戳出,适伤吴怔肚腹。方忠以擅伤官差喊拿,且谓再敢抗拒,定将陈家全家人一并捆解送官。陈志杨等不知何事,更为惊惧,即同陈志兴等寻棍撑抵大门。陈志杨慌张取棍而去,误将柴草拉倒火炉引燃。陈志兴等瞥见扑救,不料风猛炎烈,草房被立时烧倒,致将陈志杨、陈王氏、陈徐氏、瀶英、凤英、官凤、二凤一家七命压火身死。何朝贤因该处汛弁出巡久候未回,自往寻获李兽医,问明陈裕沅等已迁回四川原籍,赶至该处,惊悉前情,报验提省审办。该抚以已死陈志杨等均属平民,因缉盗误被围拿,情急慌张,烧毙七命,虽讯明火由自失,惟事关一家七命重案,不能不有抵偿。涉案之人中,把总何朝贤先已分路,实未在场;差役李富教供诬攀而肇衅,然而所捕并非所诬之人,且意只图卸责报复,非谋杀而误杀旁人可比;罗有材听从攀诬,更属为从,均未便以之拟抵,所有该二犯自应仍照教供诬攀及听从教诬本例分别拟办;唯独方忠本无承缉之责,倚势新充甲长,妄欲邀功,复不确查姓名,率先指引围拿,逞威吓逼致酿烧毙平民一家七命,实为祸首。查律例并无恰合专条,例载,豪强凶恶之徒倚势威逼挟制窘辱令平民情急自尽致死一家三命以上者,拟斩监候,核与方忠所犯情形相近。虽失火与自尽有间,而由于吓逼情急则同,以之比引,尚属允当。究无办过似此成案,情节较重,恐滋出入,未便率定爰书,因此咨请部示。

刑部驳案理由是:审理捕役教供妄攀酿命案件,必须根究致死确情,严行惩办,此案关系到一家七命,情节尤为残忍,更不该率凭支离含混供词遽行咨请部示,致衙蠹李富逃避惩罚。刑部详核案情,层层辩驳:捕役李富因与陈裕沅弟兄及李兽医有嫌,因而教令窃赃罗有材诬攀陈裕沅等为劫杀张敬山案内盗犯,即使该县误信为实,票差吴怔等往缉,该差等也必以拿获陈裕沅弟兄为主,何至一闻方忠揣度疑似之词,并不虑及误拿,而是贸然前往绝不相干之陈志汰家捉人,导致烧毙七命?至于该处是否有陈裕沅其人,事后李兽医供述陈裕沅先已搬回四川,如果属实,李富既时存报复之心,岂有不探听清楚,而于陈裕沅已回原籍后始教贼诬攀?似无此情理。该县令伍懋郇,在李富起带罗有材到案时,既不追究差役有无教供,也不问罗有材是否正盗;陈裕沅等住居隔县,又不告知邻县协助查缉,便令把总何朝贤带同兵役往捕,其听信差役指使办理,已属荒谬;及将陈志汰家烧毙,罗有材供明教令情节,该县又不将李富即时拿获,任令脱逃,迨被奏参,始行交出,更属有心护庇。综上,李富之为此案首恶已可概见。然而,原拟却声称,这是该处甲长方忠欲图邀功,将差役引至陈志汰门首,试问兵役已来捕拿,方忠并未奉有牌票,有何功可邀?且陈志汰家既然是良民,平日必无为匪实据,方忠曾见该处居住,自能详细,何以即迟疑是陈裕沅诡名?吴怔等尚欲等候把总何朝贤带兵到后再往缉拿,方忠有何迫不及待,必于天晚时用言恐吓,逼令差役先往砸门喊捕?均非常情。刑部检查该抚参革伍懋郇原奏内所叙情节,与现讯供词无一不合,独无一语叙及方忠,恐怕李富有事后串捏方忠,希图避就情事。至于陈志汰家起火的原因,如实因陈志杨慌张取棍而去误将柴草拉倒引燃火炉,彼在内救火之陈志兴尚能逃出,岂有取棍已去之陈志杨反被烧死?显然是差役纵火吓逼,所谓火自内起之语不可凭信。总之,差役教供诬攀,最属近来恶习。其中希图邀功者百无一二,大抵皆由诈赃挟嫌而起。及至酿成巨案,州县官回护处分,上司徇庇属员,往往改移情节,化重为轻,以致差役无所顾忌,益肆其狡诈诡谲之术,而良民受累无穷。此案既经发觉,即应切实根究,尽法惩治,方足以警凶恶而伸民冤。该抚却于此等重大案件并不彻底严究,欲坐重罪于方忠一人,而谓李富等均无议抵之条，略举案情为之请示，刑部殊难悬断，令该抚另行讯办，妥速按律定拟具奏，到日再议。另据《清实录》载，光绪十年（1884 年）十月，以缉盗酿命，革云南禄丰县知县伍懋郇职并讯办。

案例出处：《刑案新编》。

（张田田）

刑部驳拒奸误杀本夫案

《驳案新编》卷十三《拒奸误杀本夫》载，刑部认为河南巡抚既已查明死者逼妻卖奸，被妻子拒奸误杀，应按照妻子案发时的认知情况即"殴死图奸之人"来"依凡人论"定罪，河南巡抚据所谓"名分攸关"理由认定本案为"妻殴夫致死"，援引"妻妾殴夫律文"即"凡妻殴夫者……死者，斩（决）；故杀者，凌迟处死"，是未认真参详律例，将拒奸的"贞节"特殊情况同律文中杀死丈夫的"寻常"情况混淆，造成不近人情的判决。

皇帝认为"部驳甚是"，巡抚改正，比照"男子拒奸杀人例"问拟。因嘉庆朝出台的规定"妇女拒奸杀人之案，审有确据登时杀死者，无论所杀系强奸、调奸罪人，调奸罪人，本妇均勿论"，在乾隆朝尚无，因此本案只能将"妇女拒奸"情况比照"男子拒奸"例处断。

案例出处：《驳案汇编》。

（张田田）

刑部驳砍死岳父案

光绪十年（1884 年）盛京将军奉天总督庆裕等具题张广财因妻父郝匍沅将妻子张郝氏诓卖后逼索休书气忿用刀砍死郝匍沅案，刑部因为故杀义绝外姻缌麻尊属案件拟罪未能画一，由题改奏，请旨遵行。案情是，张广财因妻父郝匍沅将其妻郝氏诓卖后逼索休书气忿，用刀将郝匍沅故砍身死，该督等以已死郝匍沅虽为该犯妻父，然而乘其外出将女诓卖，恩义已绝，应同凡论，且郝匍沅诓卖出嫁之女，即属有罪之人，将张广财依罪人不拒捕而擅杀以斗杀论、斗杀者绞律拟绞监候。刑部以引断未协题驳。该督仍照原拟依擅杀罪人律拟绞。

刑部查，谳狱总以律例为凭，而科罪尤以平允为当，若舍律例而援引成案，不特与定章不符，恐有畸轻畸重之弊。女婿与妻父服属缌麻，义绝各依常人论，本为许相告言而设，谓彼此互告不在干名犯义及自首免罪之列，非谓有犯杀伤也可依常人论，是以"斗殴"门内并无此语。后来遇有因义绝杀伤之案，往往因情稍可原，即援引此律以凡斗论，不照杀伤妻父科罪，办理已属从宽。至擅杀拟绞各例，是专指平人而致毙奸盗等项罪人而言，并无杀死有服尊长以擅杀论之条，也无与义绝妻父相犯得照平人擅杀问拟之文，未便强为比附、相提并论。本案中，郝匍沅自犯义绝，不得复为张广财之妻父，其被张广财气忿用刀故砍身死，自应仍照旁人故杀本律问拟，方与律意相符。即谓郝匍沅诓卖张广财妻，张广财愤怒中杀人，与寻常故杀之案不同，也只可秋审时酌量办理，以示区别。若如该督等所拟，谓翁婿一经义绝即属凡人、既同凡论，其为概包杀伤在内也可想见，是以许告言之文牵入尊卑斗殴之内，已与律意不符，至谓死者诓卖出嫁之女又向逼索休书，其居心欺诈实有甚于窃盗，且女嫁从夫而夫为妻纲，妻被诓卖则受辱抱忿，其情与事主之仅失财物者尤为难堪，忿激致毙似与擅杀无异，核其议论，无非坐死者以罪人，而等该犯于事主。不知亲属相盗之案，例内明言不准照擅杀科断，死者哪怕有诈欺行为，情节恶性甚于窃盗,也无率照擅杀定拟之理。就逐婿嫁女律规定而言:其女断付前夫则无论已未改嫁,均许仍为夫妇,可知妻父从妻而有服,夫妻之情尚在,则翁婿之义即不应遽绝;止说出居完聚,而别无他语,可知有犯杀伤不得依常人论。该督既称夫为妻纲,该犯又因妻而抱忿,是仍以死者之女为己妻,并无弃绝之意,乃因妻而戕及其所生,反得原其受辱难堪之情,而曲贷其凶残犯尊之罪,其理安在?以素有名分之尊长与罪人同论,揆之情罪,已觉未能允协。假如张广财逼索休书之时,彼此分争或致郝甸沅将该犯殴毙,势必照罪人拒捕杀人律科罪,于理更觉难通。再如妻被别项有服亲属诓卖因而致毙其命,可照擅杀定拟么?彼此参观,其义自见。总之,妻被人诓卖,其夫自不能无忿激之情,而女被父嫁卖,其事究不得以奸盗同论。该督等置律例于不问,经刑部驳令另拟,复援引未经通行成案固执原议,刑部仍难率覆。

且即以成案而论,检查成案包括:同治二年(1863 年)山西省题王禾六只殴伤悔婚再许之妻父王荃四身死一案,同治五年(1866 年)直隶省题崔陈重踹伤逼令退婚之妻母周氏身死一案,同治八年(1869 年)四川省题朱先意砍伤逼令退婚将女另嫁之妻母张氏身死一案,同治十年(1871 年)湖南省题唐士甲砍伤逼令退婚之妻父何来陇身死一案,以上该省均声称恩义已绝应同凡论,将王禾六只等均照斗杀律拟绞;同治十年直隶司题孙桢谋砍逼写休书欲将女另嫁之妻父母贾恺等一家二命一案,该督声称翁婿之义已绝,未便再照缌麻尊长论断,将孙桢依平人杀一家非死罪二人例拟斩立决枭示;光绪三年(1877 年)湖南省题潘禾仔听从在逃之胞叔潘珠林谋杀逼令退婚逐出之妻父张得怔身死,该抚声称翁婿之义已绝,应同凡论,将潘禾仔照凡人谋杀加功律拟绞监候,均经臣部照拟题覆,并声明潘禾仔恭逢光绪元年(1875 年)正月二十日恩诏不准援免酌入秋审缓决办理。上述案件均不照擅杀定拟,与该督等所引之案,又属两歧。刑部考虑到,斗杀与擅杀同一绞,罪名尚无出入,若案关谋故,即有斩候绞候之分。该督既误会例意,恐各省引拟,也不免诸多参差,亟须随时更正,以昭遵守而期画一。刑部等公同酌议,应请嗣后致毙义绝妻父母以常人论案件,只应按谋故斗杀各本律定拟,如情节实有可原,于疏内声明,俟秋审时酌核办理,已有区分,不得再照凡人擅杀科断,以免分歧而昭限制。如获准,刑部通行各省一体遵照,即将张广财改依故杀者斩律拟斩监候,入于秋审办理。余如该督等所题完结。光绪十年(1884 年)十一月二十九日奉旨:依议。

案例出处:《刑案新编》。

(张田田)

刑部驳杀奸夫致母自尽案

《驳案新编》卷十三《杀死伊母奸夫致父母自尽》载,乾隆四十三年(1778 年)云南巡抚所题之案,拟断援引“子孙违反教令第二条例文”规定“凡子孙因奸、因盗以致祖父母、父母忧忿戕生,或畏累自尽者,均照过失杀例治罪。若罪犯应死及谋、故杀人事情败露,致祖父母、父母自尽者,即照各本犯罪名拟以立决”。

皇帝认为此案若依“子犯罪父母自尽律”判处犯人绞立决,未合情理,因为设此律意在惩罚不肖子女致死父母的不孝行为,此案中儿子义忿杀奸,是在顾惜其母脸面与保全其父名声的两难中做出的无奈选择,本意是尽孝而非忤逆父母,却导致父母自尽的不幸后果,值得怜悯,折中判处绞监候,惩罚该犯“离奸所而杀奸”的行为;下旨要求刑部以后再出现此种情况,应仿照此案处理。刑部遵旨区别致父母自尽的子女行为意图,将此类情况照“罪人拒捕而擅杀,绞监候”

科罪,不一概适用“子犯罪父母自尽”律拟立决,酌定专条,请旨制定新例。

乾隆四十六年(1781 年)的案例,即《驳案新编》卷十三《杀死伊母奸夫带伤伊母》案,山东巡抚认为儿子登时杀死母亲的奸夫,误伤母亲,应依“子殴母”拟斩立决,但如此判决似乎情轻法重,因而请示刑部。刑部便引用乾隆四十三年云南省案例中的皇帝旨意,强调对儿子维护父母名声的杀奸动机的同情态度,将犯人雪耻杀奸而误伤其母与恶逆殴打父母相区别,认定为“过失伤父母”,判处徒刑。

案例出处:《驳案汇编》。

(张田田)

刑部驳杀一家六命案

《驳案新编》卷十四《杀一家六命案》载,乾隆四十一年(1776 年)的杀一家六口之案,督抚拟断令妻儿缘坐,刑部认为此等情况凶残前所未见,议覆时请示酌情修改律例,使此案犯人及其家属依新例重罚,获得批准。原有规定为“凡杀一家三人及肢解(活)人者……凌迟处死”,新例规定,杀一家四人以上绝后嗣者,除凌迟凶犯外,凶犯之子加重判处斩立决。

皇帝关注处罚上要使同一起命案中死亡人数与判处死刑抵罪的人数保持相当,因此在案中以上谕认可刑部意见,认为对杀一家六口的犯人,凌迟尚且“罪浮于法”;犯人将一家残杀致绝后,不应留有子嗣,令凶犯之子苟活更失“情法之平”,判处凶犯之子斩立决。因本案凶残罕见,因而在“杀一家非死罪三命”基础上,定新例规定“杀一家四命以上致令绝嗣”的犯人及其子女的处罚。

案例出处:《驳案汇编》。

(张田田)

刑部驳听从父母谋杀胞兄多案

刑部内部检查道光四年(1824 年)吴开幅听从母亲之命勒死胞兄吴开庆案、黄开武听从父亲之命勒死胞兄黄开文案、李三元等听从父亲之命活埋胞兄李梦元身死案三案是否统一夹签,刑部堂官交律例馆查,听从父母逼吓谋杀期亲兄姊的案件,有无夹签申请减等的明文规定。

律例馆检查成案,如该犯迫于父母之命勉从下手杀死殴詈父母罪犯应死的胞兄,该督抚于疏内声明后刑部核议,照谋杀期亲尊长本律问拟凌迟,同时援引殴死期功尊长罪干斩决情可矜悯之例夹签声明;如死者并非罪犯应死胞兄,则止将听从父母之命勉从下手不忍致死之情量为声叙,由内阁票拟双签。原因在于,谋杀期亲尊长情罪较重,苟非大有可原,即难率予夹签;向来办理此等案件,被杀之兄实为罪犯应死者,便将该犯比例夹签,若并非罪犯应死,则止于案内声明,所以示区别。查黄开武、李三元等二案,死者将父推跌,可认定为罪犯应死,该犯等听从致死,乃是迫于父命勉从下手,该司将该犯等比例夹签,核与办过成案相符。至吴开幅一案,已死吴开庆向母索讨膳谷卖钱使用,因母亲不允而将母推跌倒地,也属罪犯应死。该犯吴开幅按住兄长两脚,乃是听从母命,被逼无奈,与黄开武等案事无二致,应该比例夹签。今湖广司援照道光二年(1822 年)湖北省郑得华之案,只于稿内声明,但郑得华一案与现案情节不同,郑得华听从父命谋杀胞兄郑万才,死者并无忤逆罪犯应死故止于稿内声明。因此应将吴开幅一案改拟夹签,并传知各司存记,避免办理两歧。

案例出处:《刑案汇览》。

(张田田)

刑部驳误杀劝架者案

张喜发与朱顺高是邻居,无冤无仇,张喜发村中有朱张二姓公共水埂一道,向来是公修,道光四年(1824 年)正月二十三日,朱顺高在田割草,张喜发与朱在仁各带锄头、扁担挑泥修埂,朱在仁掘有杨树根一个,欲行携回,张喜发称这是公物,令其均分,两人谈不拢,争夺起来,朱在仁顺举锄头向张喜发殴打,张喜发用扁担抵格。朱顺高赶来劝架,致被锄口伤及囟门倒地,被扶送回家,因伤处溃烂,延至二月初九日殒命,报验审供不讳。苏抚认为,伤由于格,自应以张喜发拟抵,将张喜发依律拟绞监候,朱在仁拟杖。

刑部检索相关规定:律载,因斗殴而误杀旁人者以斗杀论,斗杀者绞监候。然而,两人互相殴格致伤旁人身死,应以何人拟抵,律例并无明文。检查办过的成案:嘉庆十五年(1810 年)贵州省题黎毓荣与李正发争吵,李正发拾铁磬向掷,黎毓荣恐被打伤,用手搪拨,不期误伤期亲伯母令狐氏身死,将黎毓荣依殴死伯母律拟斩;嘉庆二十四年(1819 年)山东省题,尼二持耙向刘二殴打,刘二举手一格,致耙误伤尼二之母尼于氏身死,将刘二依斗殴而误杀其人之母例拟绞,均经照拟题结。此案,该护抚以伤由于格,将张喜发拟以绞抵,核与办过黎毓荣、刘二等二案情节相同,属于仿照成案办理。但刑部等详细考核,两人互相争斗之案,如彼殴此格,撞回器械,因而致伤,先殴者毙命,自不得以先殴者之受伤身死,是由自执之械撞回所致,将格者轻议宽减,至命案竟无抵偿之人;至于因斗殴而误杀旁人,则殴者格者均非意料所及,被殴者势必不能束手任其殴打,也就是说,误杀固由于抵格,抵格则因被殴,况且殴者意在伤人,而格者止图避害,论情定谳,自应罪坐所由,将行殴者以误杀拟抵。如果持伤由于格观点而将抵格者以误杀拟抵,假设有甲向乙殴打,乙因闪避而误将旁人碰撞堕入水中淹毙或撞跌致毙,将以乙拟抵,则被殴闪避者仅欲避其凶殴却导致身罹重罪,而逞凶行殴者反得置身事外,岂足为情法之平?再假设有甲姓挟嫌于饮食内下毒,欲谋毙乙姓,乙姓不知而转送给丙,导致丙误食毙命,律贵诛心,势必不能坐餽者以误杀之条,而仅科下毒者以谋杀未死之罪。准情酌理,从前黎毓荣、刘二等二案,均以抵格者拟抵,殊未允协,不可援为定式。刑部伏思成案,如果于情法两得其平,原不妨比附定拟,如若轻重稍有倒置则罪名出入攸关,不得因仍迁就,一误再误,致启高下其手之弊。且查道光二年(1822 年)陕西省咨王恩长义取掛衣脱落棒击何云骑马惊跑,致碰跌郑象身死一案,因郑象之被碰身死由何云之马惊跑,而何云之马惊跑则由王恩长之撑木击打所致,罪坐所由,将王恩长独坐过失杀人之咎,并通行各省在案。今此案与陕西省王恩长过失杀人之案参观互证,自然也应罪坐所由,将行殴之朱在仁依误杀律问拟绞抵。张喜发肇衅酿命,止应照不应重律拟杖。该护抚原拟断虽与成案符合,但准情酌理未能允协。罪名生死悬殊,刑部未便率覆,理合据实奏明。如获准,刑部将行文该护抚将张喜发一案改拟具题,到日再行核覆。道光四年(1824 年)十二月十九日奉旨依议。

案例出处:《刑案汇览》。

(张田田)

刑部错办窃盗案自行检举

《刑案新编》所录光绪十三年(1887 年)刑部说帖载,贾黑子三犯窃盗案,刑部司员自行检举一事。刑部前掌印郎中现奉天司掌印阿克敦、主稿候补主事张闻锦谨呈,职等于光绪十一年(1885 年)五月间承审步军统领衙门咨送贾黑子再犯窃盗一案,讯据贾黑子供称:先于光绪三年(1877 年)九月偷窃烟袋被获详城刺臂,光绪四年(1878 年)十一月复窃得眼镜等物被获送部刺面,至光绪十一年五月十三日独窃得过路人靴掖等物被获送部。经职等按照窃盗三犯银不及十两钱不及十千例拟以杖一百流三千里办稿,呈堂标画,将该犯交顺天府尹定发陕西鄜州,贾黑子脱逃来京,由步军统领衙门拿获,送刑部归案讯办。此时,职等详核原案,该犯虽为窃盗三犯,例应拟流,惟查初窃、复窃均在光绪十一年正月初四日恩旨以前,应援照恭逢恩赦准免并计一次,仍按再犯科断。职等彼时误会减等章程,以该犯罪至满流不准援减,也不得援照恩赦,免其并计。一时疏忽,漏叙恩旨,未将该犯准免并计一次。现经查出,不敢回护,谨据实自行检举,呈请将原拟更正,伏乞中堂大人核夺施行谨呈。

律例馆负责调查,提贾黑子,审悉前情,研诘该犯逃后并无偷窃别案,也无另犯为匪不法情事,应即改拟完结。查贾黑子既是再犯行窃得免并计一次之犯,其三次犯窃,计赃一两以上,应按照再犯问拟杖七十,加枷号二十五日,该司员业将该犯错拟流罪,现虽配逃来京,应免其重科,所刺三犯面字并准起除,交县严加管束。至该司员典吏等将应拟枷杖人犯失入拟以满流,已决枷号人犯向照徒罪折枷科断,贾黑子应拟枷号二十五日律抵徒一年半,失增徒流典吏为首减三等,放而还获听减一等,共减四等,也应杖七十徒一年半已无剩罪可坐,首领官再减一等更属减尽无科,应免其移咨吏部议处。惟此案办理究属疏忽,建议仍由本部将书吏酌予责处,司员记过示惩,相应知照步军统领衙门。

案例出处:《刑案新编》。

(张田田)

刑部断赌徒自尽案

《刑案汇览》载嘉庆六年(1801 年)说帖,浙抚咨陈朝宗等诱赌威逼致陈朝秀自缢身死一案。陈朝宗诱陈朝秀赌博,因陈朝秀赌输无钱偿还,陈朝宗便勒令陈朝秀将田作抵,写立票据,至期未还,陈朝宗往向逼索,陈朝秀央缓,陈朝宗以如不还钱,欲归田亩之言恐吓。陈朝秀被逼情急,上吊自杀。浙江巡抚将陈朝宗比照凶恶棍徒例拟军,咨达刑部。

刑部司官分析案情,陈朝宗因陈朝秀懦弱,局赌赢钱,勒田作抵,逼欠殴詈,确实如堂官所言,与诬诈逼毙人命之案情节可恶相等。但对比相关规定,诬诈逼毙人命之案,惟诬良为窃与蠹役诈赃及诬告人因而致毙人命的,判绞监候;如常人索诈致毙人命,例无拟绞明文。况且,检阅尸格可见,陈朝秀年已三十,并非幼稚无知,其听从赌博输钱,也是咎由自取。今该抚将陈朝宗比照棍徒例拟军,刑罚已无可再加,只好照覆。

案例出处:《刑案汇览》。

(张田田)

刑部断居丧娶同姓妻案

刑部贵州司办理周四居丧娶同姓周氏为妻一案,刑部律例馆说帖指出,为婚属双重违例,但已成事实，律设大法而体贴人情，居丧嫁娶虽有明禁，而乡曲小民昧于礼法，往往有犯。若令必照律离异，转致妇女之名节因此而失，故条例称“揆于法制似为太重，或名分不甚有碍，听各衙门临时斟酌”，于曲顺人情之中仍不失维持礼法之意。办理此种案件，原可不拘律文，断令完聚。若夫妻本不和谐，则可从离异之条，不必强令完娶。该司所拟于律例并无不合，应请照办。

案例出处：《刑案汇览》。

（张田田）

刑部断殴死家仆案

《刑案汇览》载嘉庆元年（1796 年）说帖，刑部贵州司现审案，存德于白契所买家人沈得已允准赎身之后，因向沈得催取身价，用秤杆殴打沈得，致使沈得伤重身亡。律例馆司员认为，诚如刑部堂官钧谕，因沈得身价不全，将其殴毙，与违犯教令者不同。但沈得因妻计氏生产有乳，商同赎身另典，希图多得身价，则沈得自离其主，存德允准赎身，主仆恩义还未断绝。即使沈得赎身缴完身价后，若于存德有犯，仍应照赎身奴仆恩义犹存之律注科断，且现在沈得身价尚未缴完，契纸现存主处，似应仍按殴死雇工定拟。贵州司将存德照殴死雇工人律拟徒，尚属平允，应请照办。堂官画稿同意。

案例出处：《刑案汇览》。

（张田田）

刑部断行窃官学物件案

《刑案汇览》载嘉庆十五年（1810 年）说帖，安徽司查钱大先因偷窃厢红旗觉罗官学内炕毡，被提督衙门拿获，杖责刺臂；此后又偷窃学内桌凳，被提督衙门拿获，因前案在嘉庆十一年（1806 年）恩旨以前，免其并计，仍依初犯杖责完结；如今他又偷窃学内清字二套卖钱，被抓获送到刑部，由安徽司承审。

刑部律例馆司官认为，官学并无印信，与衙门官物不同，且钱大先前两次行窃，均由提督衙门照寻常窃盗办理。此次犯窃，安徽司依再犯计赃科断，拟以枷杖，只可照办。

刑部堂官批示：偷窃官学之物，是否应照偷官署内物同科，抑或应按照寻常窃盗科断，令律例馆查核从前有无办过成案。今律例馆意见，仍为臆度之词，难以凭信，仍须检查办过成案，方可定拟。

律例馆检查各司并无办过偷窃八旗官学内物件之案，既查无恰对成案，未便同罪异罚，应请仍照司原拟完结。

案例出处：《刑案汇览》。

（张田田）

刑部复核控匪抢女自杀案

光绪十年（1884 年）江南杜有明控匪抢女忽自经身死案，刑部遵旨详查回奏。光绪十年七月初十日军机大臣面奉谕旨：御史恩隆奏，江南宿迁县人杜有明控匪抢女忽自经身死一案，情节支离，疑窦甚多，令刑部将此案详细查明具奏。由军机处抄录原奏交出到部，刑部遵即检查。

此案于上年六月间经大学士前任两江总督左某奏称：杜有明之女被柏钰蠢纠邀吴荃楼、柏二黄、周潮先(周绍先)、高三、柏钰山，并在逃之徐绍湖，共伙七人，各带洋枪等械，夜抵杜有明家门前，点燃火把，推门进内，恐吓威胁，不让声张。柏钰蠢等将杜女抢出带走，由穆家瀊、刘广茌辗转卖与杨添瀊为媳。杜家报案后，正在通缉嫌犯中，杜有明同堂兄杜有方访至杨添瀊家，遇见杜女，询知是被不知姓名七人架抢，卖与穆家瀊作婢女，又凭王二虾说合，转卖与杨添瀊之子杨椿沅为妻。杜有明本欲带女回家，因杨添瀊邀集亲友劝允另立婚据，认为姻亲，杜有明与杜有方归家，曾向其子杜学之告知情由，并未有陈家保父子同抢之说。后杜有明诬告陈家保父子抢架其女，蔡金台嘱其甥武钟英代写禀词呈控，提讯时各执一词，杜有明于讯后先归，称此事实为受愚妄告，审实定须反坐，如果讯出实情，又恐连累他人，愁闷至极，经杜学之劝解，然而，杜有明因续奉提讯对质，一时愁急莫释，乘间自缢身死。蔡金台又哄诱杜有明之女杨杜氏替父申冤，诬陈家保将她抢夺，陈家保旋即在监病故。拿获柏钰蠢后，审悉前情。该督等将柏钰蠢依聚众伙谋于素无瓜葛之家入室抢夺妇女已成为首例拟斩立决，已革守备蔡金台依原告并未起意诬告致被诬之人囚禁身死者绞监候为从减一等例拟流，声称蔡金台身为武职，竟敢代捏抢架重情转交杜有明呈递，以致杜有明畏罪自尽，并节次交串妄供，几陷陈家保于死罪，牵连无辜，应从重发往新疆充当苦差。武钟英、穆家瀊等分别拟以军徒。经刑部查核，情罪均属相符，照拟核覆，于去年七月十六日奏准，咨行该督等遵照在案。其后一年之久，该御史恩隆奏称此案情节支离、疑窦甚多。

刑部再查，抢夺杜有明室女乃是柏钰蠢等所为，与陈家保无涉，有柏钰蠢供词可凭；诬控家保是蔡金台等教唆，非杜有明起意，有蔡金台供词足据。柏钰蠢业经奉旨正法，其伙犯柏二黄、柏钰山、周绍先、高三等，均为著名匪徒，也多于另案服辜，是抢夺妇女之罪人已得。至蔡金台主使杜有明诬控陈家保抢夺杜家之女，始而致杜有明畏罪自尽，继而又将陈家保在监拖毙，该省以蔡金台坚供乃是在逃之蔡家宝起意，将该犯发遣新疆，实属罪所应得，并无屈抑可言。案经提省，屡次推鞫，似无疑窦。若如该御史所奏，再行覆加勘审，不仅要将在配人犯纷纷提回，徒滋拖累，且杨杜氏以无辜女流，远道传质，更非矜全之道。况所称“陈家保既定爰书，单子钰冤沉海底”等语，不但该省原办并未将单子钰牵扯在内，而且涉及陈家保也未尝订有爰书。以刑部等观点，案已奉旨奏结，罪名又无关出入，该御史所请覆讯之处，不必再议。光绪十年(1884年)七月二十五日奉旨依议。

案例出处：《刑案新编》。

（张田田）

刑部平反杨乃武案

葛品莲籍隶浙江余杭县，于同治十一年(1872年)三月，娶喻敬添妻王氏前夫之女毕氏为妻，四月搬入癸酉科举人杨乃武(现已革)家同住。葛品莲在豆腐铺帮伙，时宿店中。其母亲沈喻氏，即葛喻氏，先因夫故改适沈体芒，并不同居。七八月间，葛品莲因屡次见妻葛毕氏与杨乃武同坐共食，疑有奸私，潜在门外檐下窃听数夜，仅闻杨乃武教葛毕氏经卷，未撞获奸情，曾向沈喻氏、喻敬添告述。沈喻氏至葛品莲家，也看见葛毕氏与杨乃武同食，怀疑莫释，每向外人谈论，以致巷间遍传。正逢杨乃武要涨房租，沈喻氏等均劝令葛品莲迁居避嫌。同治十二年(1873年)闰六月，移至喻敬添表弟王心培间壁居住。王心培留心察看，杨乃武并无来往。八月二十四日，葛品莲因腌菜迟误，将葛毕氏责打，葛毕氏情急，自将头发剪落，欲为尼。喻王氏及沈喻氏闻闹，接踵而至，向王心培询悉情由，喻王氏气忿，称小事何至如此。沈喻氏斥骂儿子，葛品莲被骂，说出杨乃武前事，说想借此出气。十月初七日，葛品莲身发寒热，膝上红肿，葛毕氏因丈夫素有流火疯症，劝其央人替工，葛品莲不听。初九日早晨，葛品莲由店回家。沈体芢在大桥茶店，见其行走迟慢，有发冷情形。地保王淋在点心店前，见其买粉团，吃后即时呕吐，面色发青。喻敬添也听到朋友朱大告说，在学官字纸炉前，见葛品莲呕吐。到家时，王心培之妻在门前站立，见葛品莲两手抱肩，畏寒发抖，说是病了。葛品莲进家门，上楼即睡，时欲呕吐，令葛毕氏盖被两床，称连日身软发冷，两腿无力，恐怕是疾发气弱之故，嘱葛毕氏携钱一千文，托喻敬添代买东洋参、桂圆煎汤服食。喻王氏来探望，葛品莲卧床寒抖，又复作呕，询悉病状，旋即回家。葛毕氏因葛品莲喉中痰响，忙向查问，葛品莲口吐白沫，不能言语。葛毕氏情急喊嚷，王心培等趋至，葛毕氏告知情由，央其将葛喻氏、喻王氏等唤来，见葛品莲咽喉起痰，不能开口。延医诊视，料是痧症，用万年青、萝葡子灌救，不效，申时身死。沈喻氏为之易衣，查看尸身，毫无他故，以为是痧胀致死，也无疑意。此葛品莲疑奸迁居，复染患痧症之原委。

葛品莲年小体肥，死虽孟冬，南方气暖，至初十日夜间，尸身渐次发变，口鼻内有痰血水流出。葛品莲义母冯许氏扬言，葛品莲速死可疑。沈喻氏心惑，又见面色发青，恐怕是中毒，盘诘葛毕氏，葛毕氏坚称无故。沈喻氏了解到葛毕氏素性轻狂，虑有别情，就以儿子身死不明，恳求知县相验。地保王淋赴县喊告，嘱代书缮就呈词，于十一日黎明投递。刘锡彤知县接阅后，访查情由，遇生员陈湖即陈竹山，来官署医病。陈湖提及，葛毕氏曾与杨乃武同居，因不避嫌疑，外人颇多谈论，搬家后夫妻吵闹剪发，今葛品莲暴亡，皆说被葛毕氏谋毒。刘锡彤复加查听，所闻无疑，午刻带领门丁、仵作亲诣尸场相验。彼时尸身胖胀，已有发变情形，上身作淡青黑色，肚腹腋胑起有浮皮，疹疱数个，控之即破，肉色红紫。仵作辨验不真，因口鼻内有血水流入眼耳，认作七窍流血，十指十趾甲灰黯色，认作青黑色，用银针探入咽喉，作淡青黑色，致将发变颜色误作服毒。尸身软而不僵，称似烟毒。门丁惑于陈竹山之说，谓烟毒多为自行吞服，显有不符，因肚腹青黑起疱，称是砒毒，互相争论。未将银针用皂角水擦试，沈祥不能执定何毒，含糊报称服毒身死。刘锡彤当场讯问尸亲邻右人等，均不知毒从何来。当将葛毕氏带回县署审问，供不知情，加以刑讯，葛毕氏受刑不过，因丈夫尸身检验结果为服毒，难以置辩，只好招认从前与杨乃武通奸，移居后杨乃武于初五授与砒毒，谋毙本夫。知县随传到杨乃武质对，杨乃武不认。十二日，知县详请将杨乃武举人斥革。十六日，杨乃武堂弟杨恭治并妻弟詹善政等，各以杨乃武初五日正在南乡詹家，何由交给砒毒，葛毕氏所供显然是虚捏，赴县审诉。葛毕氏畏刑照前供说，杨乃武仍不承认。

知县刘锡彤详报验讯各情，捏称银针已用皂角水擦洗，青黑不去。将人犯于二十日解省，经杭州府陈鲁督审，率用刑讯，杨乃武畏刑诬服。因追究砒毒来历，杨乃武回忆起由余杭进省，路经仓前地方，有钱姓爱仁堂药铺，随口供认，"初三日假称毒鼠，买得钱宝生铺内红砒四十文，交给葛毕氏"等语。二十七日，陈鲁饬令刘锡彤回县传讯钱宝生卖砒情由，刘锡彤恐其畏累不认，当恳府署幕友章濬即章抡香，致函钱宝生，嘱其到案供明，不必害怕。及钱宝生到县，供无其事，且称名唤钱坦，并无宝生名字。刘锡彤给阅章抡香书信，又向开导，钱宝生誓不拖累，知县只好令其退下。钱宝生之弟钱恺闻兄长涉案，素谂陈竹山与刘锡彤熟识，央陈竹山代达诬报冤情。陈竹山就偕钱恺进县，甫至门房，探知刘锡彤已在花厅讯供，不便谒见，向沈彩皋索阅杨乃武供单。正值钱宝生退出花厅门外，陈竹山趋问，钱宝生诉说县官强令承认卖砒，陈竹山详述杨乃武供词，并称买砒毒鼠，不知害人，不过枷责罪名，劝其尽可承认。钱宝生依从，随照杨乃武所供出具卖砒等结。刘锡彤恐解证人增添拖累，写给无干谕单，未令钱宝生与杨乃武质对，仅将其甘结送府，陈鲁即据县讯甘结定案。其时葛毕氏随口混供，有八月二十四日杨乃武在房内顽笑，被彼夫撞见、责打，及她在夫死后复经沈喻氏盘问，说出商同杨乃武谋害各情。沈喻氏因葛毕氏供认谋毒死葛品莲，虽知情节不符，急欲为子复仇，即照依混供，致与控县原呈歧异。王心培不知底细，也随同沈喻氏供说。陈鲁率凭现供叙入详稿，未比对该县初详。刘锡彤又因详稿内录取犯供皆称口鼻流血，尸格不符，屡被驳斥，就尽行涂改"七窍流血"字样。知府将葛毕氏、杨乃武拟以凌迟、斩决，钱宝生拟以杖责，于十一月初六日详经已故按察使蒯贺荪审解，巡抚杨昌濬亲鞫。葛毕氏、杨乃武因供认在先，势难翻异，均各画供。杨昌濬复派候补知县郑锡滜赴县密查。钱宝生已闻知，商从陈竹山，仍照原结承认。郑锡滜并不访察确实，竟以无冤无滥，会同刘锡彤禀复。杨昌濬就依陈鲁等原拟罪名勘题。

刑部正在核题间，同治十三年(1874 年)四月，杨乃武自做亲供，以葛毕氏串诬，问官刑逼，并提称有何春芳在葛家顽笑，余杭县长子刘子翰令阮得索诈等情，嘱胞姊叶杨氏具呈，遣抱王廷南赴都察院衙门呈控，咨解回浙。杨昌濬委原问官复审，添传王淋、沈体芒等到案，皆因囚已伏罪，随沈喻氏混供，证明出谋毒报验等情节。陈鲁仍照原详拟结。尚未咨部，杨乃武之妻詹氏于六七月赴巡抚按察使衙门具控，归案讯办，杨乃武未能申诉。九月，杨詹氏复遣姚士法，赴步军统领衙门续控。谕旨交杨昌濬同按察使亲提严讯，委湖州府知府锡光等详鞫，杨乃武、葛毕氏均称冤抑，翻异前供，未能讯结。光绪元年(1875 年)四月，给事中王书瑞上疏，特旨派胡瑞澜审办，调查宁波府知府、嘉兴县知县及两位候补知县随同研鞫。杨乃武剖诉冤情，坚称八月二十四日何春芳与葛毕氏顽笑，被葛品莲撞见责打。胡瑞澜因讯为虚诬，徒以余杭县原验葛品莲毒死为凭，未究仵作，未加复验，昼夜熬审，杨乃武、葛毕氏仍复诬认，虽屡经质对，率多迁就成供。杨乃武、葛毕氏供词先后相互歧异，仍未彻底根究，竟依原拟罪名奏结。奉旨交刑部议，复因给事中边宝泉奏称案情未协，又奉谕令刑部详细研求。刑部将现讯情节与原题不合之处，逐层指驳。胡瑞澜学政将驳查各节，分晰奏复，声明杨乃武又复翻供，钱宝生已经病故，遽难定谳。

刑部等自提到犯证卷宗，详加综核，疑点重重：因其谋毒本夫虽秘密，总由恋奸情热而起，何以学政讯时，王心培供词坚称未见杨乃武到过葛家，且沈喻氏控县原呈，也未提及杨乃武一字；钱宝生卖砒，既然是杨乃武在杭州府供出，自当提到钱宝生与杨乃武质审，何从仅在余杭县传讯取结，即行开释；葛品莲果真是毒发身死，沈喻氏当时即应看出情形，何以事隔两日，始行喊控。于是提集犯证，逐类详鞫，讯出实情：银针颜色未经擦洗，仵作、门丁互执尸毒，则县官之相验未真；钱宝生出结，乃是幕友函嘱生员劝诱，即砒毒来历未确。当经奏提葛品莲尸棺到京，复加检验，骨殖黄白，属于病死，并非青黑颜色，也就不是中毒，取具原验知县、仵作甘结，声称从前相验时尸已发变，致辨认未确，误将青黑起疱认作服毒。讯据尸亲邻右人等，都说尸身发变是由于天气晴暖。检查学政七月间讯取沈体芒供词，也有天热之语，是原验官、仵作称因发变错误等情，尚可凭信。

刑部等诚恐原审各员有怀挟私仇勒索教供情事，讯问杨乃武，杨乃武坚称与知县及役吏人等素无干涉事件，毫无嫌怨。研诘刘锡彤、阮得，供与杨乃武无仇，实为葛毕氏自行诬报，且杨乃武于十一日夜间甫经到案，次日即行详革，如果意在索诈，自必缓办详文，既欲挟案作赃，断不肯未及十日即行解府，审办委无勒诈重情。杨乃武也承认，此前所供串诬索诈等情，是图脱己罪,捏词妄诉,并无其事,不能指出诈赃确据;传讯杨詹氏,供无异词。据葛毕氏供,因县官刑求与何人来往谋毒本夫,一时想不出人,只好将从前同住之杨乃武供出,并非挟嫌陷害,也非官役教令诬报。并据刘锡彤供称,卖砒之钱宝生姓名,是凭杨乃武所供传讯,如果是官员串嘱,断无名字不符之理。现经钱宝生之母钱姚氏供称,儿子名唤钱坦,向无宝生名字,铺伙杨小桥供也相同,可为杨乃武畏刑妄供之证。至原题据陈鲁、刘锡彤会详,有沈喻氏向葛毕氏盘出听从杨乃武谋毒情由报验一节。检查沈喻氏控县初呈,并无是语;复恐问官有改造口供情弊,讯问刘锡彤,供称因沈喻氏在杭州供有是语,率谓该氏原报不实,便凭现供情节叙入详稿,致与原呈不合,委无捏造供词情事。提质沈喻氏,她供认府谳时,曾妄供有盘出谋毒报验之语,与刘锡彤所供尚属相符。反复推究,矢口不移。是此案刘锡彤因误认尸毒而刑逼葛毕氏,因葛毕氏妄供而拘拿杨乃武,因杨乃武妄供而传讯钱宝生,因钱宝生被诱捏结而枉坐葛毕氏、杨乃武死罪,以致陈鲁草率审评,杨昌濬照依起结,胡瑞澜迁就复奏。历次办审不实,皆轻信刘锡彤验报服毒,酿成冤狱。先后承审各员尚非故勘故入,原验官、仵作也无有心捏报情事,至杨乃武与葛毕氏通奸等情,检阅浙江案卷,供吐明晰,似非无因,屡经详审杨乃武、葛毕氏,坚不承认。质讯沈喻氏、俞敬添等,均称葛品莲仅见杨乃武与葛毕氏不避嫌疑教经同食,料有奸私,并未撞破等语。既无奸私捕获确据,律有不准指奸明文,应毋庸追究,照例勿论。叶杨氏呈内究控沈体芒容留已故逃徒倪锦云即倪八金在家,讯未滋事,何春芳并未与葛毕氏通奸,刘锡彤长子刘海升并无子翰其名,也没有干预公事。检验杨乃武、葛毕氏刑伤均已平复,确无损伤筋骨情事。陈湖在监病故,业经查监御史验无凌虐情弊。沈喻氏到部后,身上搜出住址名条二纸,经讯问,乃是她担心京中人地生疏,欲找令浙江粮道如山家丁刘瀠臣,并余杭县家丁姜位瀡之旧主即刑部主事之超资助旅费,委无别情。案无遁饰,应即拟结。

条例载:州县审逆伦罪关凌迟重案,如有失入,业经定罪报解者,按律定拟。另一条例载:检验尸伤有实罪有增减者,以失入人罪论;断罪失于入者,减三等,并以吏典为首,首领官减吏典一等,囚未决减一等。律载:承审官草率定案,证据无凭,枉作人罪者,革职。又一条律载:诬告人死罪未决,杖一百,流三千里,加徒役三年。又例载:地方官长随倚官滋事怂令妄为累及本官罪至流者,与同罪。又例载:制书有违者杖一百,又不应为而为之者笞四十,事理重者杖八十各等语。此案的仵作,率将病死发变尸身误报服毒,致入凌迟重罪,殊非寻常疏忽可比,合依检验不实,失入死罪,照例递减四等,拟杖八十,徒二年;已革余杭县知县刘锡彤,虽讯无挟仇索贿情事,惟始则任听仵作草率相验,继复捏报擦洗银针,涂改尸状,及刑逼葛毕氏等诬服,并嘱令章濬函致钱宝生诱勒具结,罗织成狱,仅依失于死罪未决本律拟结,殊觉轻纵,应请从重发往黑龙江效力赎罪,年逾七十,不准收赎;杭州知府陈鲁,于所属州县相验错误毫无觉察,及解府督审,率凭刑讯供具详定案,复不亲提钱宝生究明砒毒来历,实属草菅人命,宁波府知府、嘉兴县知县及两位候补知县,经学政委审此案,未能彻底根究,候补知县郑锡滜,被巡抚派令密查案情,并不详细访查,率以无冤无滥会同原审问官含糊禀复,俱应依承审官草率定案证据无凭枉坐人罪例,各拟以革职;巡抚杨昌濬,据详具题,不能查出冤情,京控交审,不能据实平反,意涉瞻徇,学政胡瑞澜,以特旨交审要案,所讯情节既有与原题不符之处,未能究诘致死根由、详加复验,草率奏结,几致二命惨罹重辟,均为大员,所有应得处分,恭候钦定。按察司蒯贺孙失入死罪,业已病故,湖州府知府锡光等复审此案,尚未拟结,均免置议。刘锡彤的门丁,在尸场与仵作争论坚执砒毒,实属任意妄为,合依长随倚官滋事怂令妄为累及本官罪至流者与同罪律,拟杖一百,流三千里;沈喻氏因儿子速死可疑,喊求相验,并未指供何人谋毒,与诬告人谋死人命不同,且府谳时妄供盘出谋毒各情,由于痛子情切所致,应与诬告人死罪未决满流加徒律上量减一等,拟杖一百,总徒四年。王心培、王淋、沈体芢不知底细,就随同沈喻氏混供,也是不妥,惟到案即将实情供明,当非始终诬证;训导章濬即章抡香为杭州幕友,行为也有不合;葛毕氏提供杨乃武商令谋毒本夫,讯由畏刑所致,惟与杨乃武同居时不避嫌疑,致招物议,众供合同,虽无奸私实据,究属不守妇道,应与王心培等各依不应重律,拟杖八十。章濬革去训导。杨乃武讯无与葛毕氏通奸确据,但就同食教经而论,也是不知远嫌,又复诬指何春芳在葛家顽笑,虽因图脱己罪,并非有心陷害,到底是狱囚诬指平人,有违定制,律应杖一百,业已革去举人,免其再议。姜信瀊、刘瀫臣写给沈喻氏字帖,讯为资助旅费起见,殊属多事,各依不应轻律,拟笞四十。此案虽事犯在光绪元年正月二十日恩诏以前,所有应得罪名,均请不准援免,以昭惩戒。陈湖即陈竹山,劝令钱宝生诬认卖砒,业经监毙,应与在籍病故钱宝生均毋庸议。沈体芢容留亲戚逃徒倪锦云在家,本有不合,业已拟杖,免其重科,应与讯无为本县长子索诈之阮得,并未在葛家顽笑之何春芳,并未干预公事之刘海升,并未与旧仆书信来往之主事文超,及并无不合之钱姚氏等,也就毋庸置疑。提到葛品莲尸棺,既经复验明确,尸属并无争论,仍交浙江原解委员知县袁来保等,连仵作、门丁,并原卷仍交浙江巡抚分别定地发配。其余应收赎之沈喻氏、葛毕氏,并罪应笞杖王心培、王淋、沈体芢、姜信瀊、刘灏臣等,均由臣部分别折责银。将全案人证连同陈湖尸棺,饬坊递籍保释、埋葬,未到免提省累。所有臣等审明定拟缘由,谨恭折具奏请旨。

疏入,奉上谕:杨昌濬、胡瑞澜均著即行革职,余著照所拟完结。此次葛品莲身死一案,该巡抚等审办不实,始终回护,几至二命惨罹重辟,殊出情理之外。嗣后各直省督抚等,于审办案件,务当督饬属员悉心研究,期于情真罪当,不得稍涉轻率,用副朝廷明慎用刑至意。

案例出处:《翁同龢日记》《李慈铭日记》《申报》《刑案新编》等。

(张田田)

刑部议盗割尸头讹诈案

《续增驳案新编》卷九《盗割尸头讹诈案分斩绞敕部改议部覆仍各照本律》载,嘉庆二年(1797 年)江苏省杨伦估等盗割尸头讹诈案、广东省陈阿剑等盗割尸头讹诈案两案,刑部于嘉庆二年闰六月十七日奉上谕:御史广兴奏,江苏省杨伦估等盗挖任咬郎尸棺,割取尸头讹诈,经该省加重问拟斩候;广东省陈阿剑等盗挖陈阿灶尸棺割取尸头讹诈,经该省照律问拟绞候,此二案俱经刑部照覆,办理两岐,原折发交刑部堂官阅看,令将谕旨指出情节明白回奏,并将此等开棺残尸希图讹诈之案究应定拟斩候绞候之处一并悉心妥议具奏。

刑部检索相关法律:发冢开棺见尸及残毁死尸定例规定,发冢开棺见尸者绞监候,残毁他人死尸者杖一百流三千里,小注为:若已殡葬者,自依发冢开棺见尸律从重论;至于割取尸头讹诈情节,虽例无明文,已包含在残毁死尸之内。乾隆五十九年(1794 年)九月,原任苏抚题杨伦估盗挖任咬郎尸棺割头讹诈一案,援照乾隆十六年(1751 年)该省吴惠忠及乾隆四十六年(1781 年)徐细保拟斩成案,将杨伦估照发冢开棺见尸拟绞律量加为斩监候。刑部检查,乾隆十六年(1751 年)吴惠忠之案,因刑部资料两遭火灾,无凭检核;乾隆四十六年徐细保之案情是,该犯挟胞兄逐出之嫌,起意开掘妇女尸棺割头图害,因天明不及携赴胞兄家内,就将头抛入素有挟恨之周殿文田内,图诈得财,加重拟以斩候。相比之下,杨伦估本案,被毁的任咬郎尸身,生年仅两岁,该犯将尸头潜藏袁日升店内设计讹诈,几陷人以谋杀十岁以下幼孩斩决之重罪,较寻常开棺残尸图诈之案为重。据该抚量加拟斩监候,乃是因事惩创,刑部不便拘泥成例改从减轻,因此照拟核覆。又乾隆六十年(1795 年)五月升任广东巡抚朱某所题陈阿剑盗挖陈阿灶尸棺割头讹诈一案,审照发冢开棺见尸本律拟绞监候,刑部查各省审拟此等二犯并无前项挟嫌犯尊等重情者,俱照本律拟绞,是以将陈阿剑之案,也一例照拟题覆。总之,此二案情节有轻重之分,罪名判决上有斩绞之别,因均为残尸图诈,上年恭逢恩赦俱奏明不准援免,现今并入于秋审情实册内。然而,刑部等于江苏杨伦估一案未将量加惩创缘由于原疏内声明,实为疏忽。今蒙皇帝垂询,不胜惶恐,因此请旨交部议处。刑部伏思:定例一成不易,案情有百出不穷。现今律例已属详明,即间有奸狡凶徒所犯之罪出于情法之外,《名例律》内原有援引比附加减定拟之条,向来各省题奏案件因情罪较重遵照《名例律》规定而量加定拟,臣部照覆,皇帝批准遵行之事,在所常有。若因一二情节较重、量加定拟之案,即另立一例,不惟条款纷烦,且情幻无穷,终不能该尽。发冢开棺残尸图讹之案,应照本律及照名例加减定拟,自有成例可援,惟在随时随案酌合情节妥拟办理,期无枉纵,似不必另立科条。奉旨:此二案情节既属相同,因刑部未经详查,率行照覆,以致定拟互异。及降旨询问,乃复以江苏省杨伦估一犯所割任咬郎尸身年仅两岁为词,是以未将陈阿剑一案照办,不免回护。姑念刑部案件较繁,且过止失出,所有刑部堂官交部察议,余依议。

案例出处:《驳案汇编》。

(张田田)

刑部议盗墓自首案

江西巡抚疏称,潘友南与黄冬苟、王必胜都是砍柴度日为生,没有盗窃前科,黄冬苟与黄家亨同姓不宗。嘉庆十七年(1812 年)十一月二十二日,黄家亨之嫂黄秋氏病故,二十七日葬于祖山添子冈。下葬之日,潘友南同黄冬苟、王必胜以及在逃之潘奴生在山砍柴瞥见,潘友南猜测棺材中有衣物,起意结伙挖坟,窃取其中衣物,卖钱分用,黄冬苟等允从。是夜三更时分,潘友南携带柴刀,黄冬苟携带铁锄,王必胜携带粪箕,潘奴生携带桐油、草纸、香火,来到黄邱氏坟边,将草纸作条浸油,用香火燃亮,潘友南先用铁锄挖开坟堆,四人轮流挖透砖椁见棺,潘友南用柴刀撬脱板钉,同黄冬苟用锄柄撬开棺盖,窃得衣物十件,仍将棺材盖好,用土掩埋,将衣服运赴黄冬苟柴屋内藏放,约好过几天卖银分用,然后四散。潘友南行窃之时,误将棺内丝带一条,带落坟侧,二十九日黄家亨上山时瞥见坟土松浮,坟侧遗有丝带,黄家亨认出是陪葬之物,开冢发现被盗,于是报县会营勘讯差缉。潘友南闻知畏惧而赴县投首,又抓获同伙黄冬苟、王必胜,起赃讯供通详饬审招解,巡抚亲加研审,犯人供认不讳。巡抚认为,尸身未曾损毁,潘友南等也没有其他窝伙刨窃等不法行为,赃经主认,正贼无疑,将潘友南依律拟绞,因闻拿投首减等拟流,具题。嘉庆十九年(1814 年)四月二十八日题,六月二十八日奉旨:三法司核拟具奏。

刑部会同吏部院寺会看得金谿县贼犯潘友南等挖窃黄邱氏尸棺衣服闻拿投首一案,查核案情,潘友南等业已将黄邱氏已埋尸棺挖掘,开棺见尸,暴露尸身,剥取尸衣,属于损伤于人不可赔偿,并不在自首之律。该抚以该犯潘友南闻拿投首,依律减等拟流,纯属错误。嘉庆十二年(1807 年)刑部议覆四川省蓝玉贵发掘龚世科坟冢,开棺剥取尸衣,闻拿投首一案,四川总督将蓝玉贵减等拟流咨部,刑部以损伤于人不准自首议驳,该督将蓝玉贵拟绞监候具题,经臣部照拟核覆。今潘友南发掘黄邱氏坟冢开棺剥取尸衣,与蓝玉贵之案情罪相符,应令该抚按律改拟具题,到日再行核议。嘉庆十九年(1814 年)二月初七日题,初九日奉旨,部驳甚是,依议。

相似成案包括,乾隆五十四年(1789 年)江西省玉山县贼犯尹盈撬窃尹徐氏棺内衣物,闻拿投首减等拟流,又嘉庆六年(1801 年)龙南县民蔡思达发掘钟玉成坟冢开棺见尸,闻拿投首,两案都是将首从各犯均照例减等问拟流徒,刑部覆准。万知县以为,本案事同一例,未便两歧,是以将该犯潘友南照律减等拟流。接到部驳,当即驳改拟。巡抚遵驳更正,将潘友南依律改拟绞监候照例刺字,黄冬苟等拟军等因具题。

刑部律例馆司员谨查:此案潘友南纠伙挖掘黄邱氏已埋尸棺,该抚以该犯闻拿投首依律减等拟流等因具题,本部驳令改拟,据该省遵驳改正,将潘友南依律拟绞,与例相符。刑部江西司卷查嘉庆八年(1803 年)甘肃省安银幅子一案、嘉庆十二年(1807 年)四川省蓝玉贵一案,均为开棺见尸闻拿投首,各该省将安银幅子等量减拟流,均经刑部驳令改拟绞候,属于照例办理。但江西省所引乾隆五十四年、嘉庆六年该省办理尹盈、蔡思达二案均为闻拿投首照例减等拟流,是刑部误行照覆。江西司恐怕各省办理未能画一,议请通行各省以免歧异,律例馆认为妥当,应请照办;至侵损于人不准自首,律有明文,律例馆认为,不必纂入例册,仍候堂官钧定。刑部具题称,题驳去后,巡抚照例更正,应如该抚所题,潘友南应依发掘他人坟冢开棺见尸者绞监候律拟绞监候,秋后处决;该抚既称黄冬苟、王必胜应仍照原拟,均合依开棺见尸为从一次改发近边充军,到配杖一百各折责四十板,均照例刺字,失察为匪之牌甲潘成谦等照例拟笞,恭逢嘉庆十九年二月三十日恩旨:黄冬苟、王必胜听从发掘坟冢开棺见尸情节较重,不准援减,牌甲笞罪应予援免,犯兄潘发俚等讯俱外出无从禁约,应免置议,逸犯潘奴生饬缉获日另结等语,均应如该抚所题完结;逸犯潘奴生应令该抚饬缉务获照例办理。至该抚疏称查乾隆五十四年、嘉庆六年该省办理尹盈、蔡思达二案,俱因闻拿投首减等拟流,先后咨题奉准部覆,本案事同一例,是以将潘友南等拟流等语。刑部认为,该抚所引尹盈、蔡思达二案,均曾经臣部照覆,虽属远年陈案,惟事同一例,办理究未画一,应请嗣后凡有开棺见尸闻拿自首之案均应依律拟绞不准自首,画一办理以免歧误。嘉庆十九年九月二十日题,二十四日奉旨,潘友南依拟应绞,著监候,秋后处决。余依议。

案例出处:《刑案汇览》。

(张田田)

刑部议调奸杀死儿媳案

李泳奉趁儿子李癸酉出外打工,儿媳陈氏独处时,调戏儿媳。陈氏不从,抽身欲走,李泳奉将她拦住并推跌倒地,乘势跪压在陈氏身上。陈氏因此肚腹受伤,她大声喊叫,李泳奉怕被人听到,起了杀心,于是持刀按住陈氏头面,划伤她手心,割伤咽喉,陈氏当即殒命。四川总督认为,律例并无调奸子媳不从将其杀毙作何治罪专条,检查道光七年(1827 年)江西省伍济瀛图奸儿媳彭氏因被斥骂喊叫将彭氏按倒、掐住咽喉使她毙命一案,刑部将伍济瀛依强奸未成将本妇立时杀死例拟斩立决,与四川省此案情节相似,都是图奸未成立时将媳杀死,自可援照办理。然而,光绪七年(1881 年)通行"图奸调奸未成罪人杀死本妇,无论立时与越数日,俱照犯罪拒捕杀所捕人律拟斩监候"。总督疑虑:若将李泳奉一案照伍济瀛案旧奉通行问拟斩决,似与现奉通行未符;若仅照拒捕杀所捕人律拟斩监候,似此灭伦伤化之翁,惨毙守正不污之媳,伦纪所关,论罪反轻于平人,殊不足以惩淫凶而维风化。总督就李泳奉是否应依强奸未成致死本妇之例拟斩立决,抑应照罪人拒捕杀所捕人之律问拟斩候,咨部核示。

光绪十六年(1890年),刑部查,从前办理图奸调奸未成杀死本妇案件,均因例无治罪专条,比照强奸未成杀死本妇分别立时越日拟以斩决斩候,故遇有翁奸子媳未成杀死本妇应同凡论之案,也按照强奸未成杀死本妇例,分别是否立时一体科断。自光绪七年以后,凡人图奸调奸杀死本妇既经奏定专条,无论立时越日俱照犯罪拒捕杀人律拟以斩候,则翁图奸调奸子媳未成杀死本妇应照犯人问拟者,自有定章可循,引断无虞歧误。本案李泳奉因向儿媳陈氏调奸,因儿媳不从,起意将她割伤身死,翁媳之义已绝,自应以凡人论,按照新章定拟。该督声称,若仅依拒捕杀人律拟斩监候,论罪反轻于平人,岂知平人调奸未成杀死本妇自经定有新章以来,也不问拟斩决况,翁媳名分綦重,一因调奸将媳杀死即与平人同科,概置名分于不问,已不得谓非从严。至于道光七年江西省伍济瀛之案,在未定新章之前,未便复行援引,导致纷歧。该省尚未将全案供招报送刑部,刑部未知案情是否确凿,无从悬拟。该督应迅速审拟具题,刑部将于详情到日再议。

案例出处:《刑案汇览》。

(张田田)

刑部议服制共犯案

《刑案汇览》载,姚氏受向凝唆使,诬告公公谢群调戏她。北抚咨达刑部。

刑部堂官批示:此案事关伦纪,似应各科各罪,向凝教唆姚氏诬告亲翁,自应即照教唆诬告翁姑绞决例拟绞决;姚氏听从诬告,案关伦纪,似不能为从论。参照相关规定,听从谋死胞叔伯兄仍以全罪科之,便是明证。姚氏既非七岁小儿,又非九十老人,向凝何能以教唆凡人论?其诈赃毙命情节属于轻罪不议。又有堂官批示:律内既有教唆七岁小儿、九十老人,教唆者以凡论之语,可以反推,案关服制,若非七岁小儿、九十老人,即不得以凡论。且七岁小儿、九十老人,例不加刑,教唆者仍以凡论,是欲加重。今非七岁小儿,又非九十老人,亦以凡论,是从轻。

刑部司官分析案情,辨析律例,律载:卑幼与外人谋亲属者,外人造意下手,从而加功不加功,各依凡人本律科罪;例载:子孙发掘祖父母、父母坟冢,如有尊长卑幼或外人为首为从,分别服制、凡人,各以首从论。详绎上述条文,卑幼将引外人于尊长有犯,卑幼应按服制科罪,其案内之外人,俱照凡人首从本条科断,并不与子孙一律问拟。本案中,姚氏诬告亲翁罪应绞决,而向凝与谢群并无服制,关系属于外人,自应各科各罪,以凡人教唆为首之条。今向凝因本案诈赃使人毙命,则应从重照蠹役诈赃毙命例科以绞候,该省因例无明文,先行咨请部示。其实此案供招尚未审拟到部,且案情支离,拟于此稿内驳令再审,伏候堂官钧定。至堂官前议所引教令七岁小儿殴打父母,又教令九十老人故杀子孙之例,详查此例用意是:律内有九十以上、七岁以下虽有死罪不加刑,其有人教令坐其教令者之文,恐教令之人一概将本罪坐之,则教令故杀子孙罪止杖徒,失之太轻,教令殴打父母罪应斩决,失之太重,故律注分晰言之,俱以凡论,以昭平允,乾隆五年(1740年)将律注纂为条例。司官认为此例似非概从重论,与本案无涉,已经删去。

案例出处:《刑案汇览》。

(张田田)

刑部议共犯轮奸案

《刑案新编》载,直隶王玉拴等轮奸致毙幼女一案,刑部以拟罪未协题驳,接到军机处交片称,向来办理轮奸重情,案牍不少,请将历来办理轮奸致毙本妇的成案与例意详细查明,片覆圆明园汉军机处。

道光十九年(1839年),刑部查找相关规定并回复军机处:例载,轮奸良人妇女已成,因而杀死本妇者,首犯拟斩立决枭示,为从同奸又帮同下手者拟斩立决,同奸而未下手及下手而未同奸者,均拟绞立决;如致本妇自尽者,首犯拟斩立决,为从同奸之犯拟绞立决。刑部解释轮奸已成杀死本妇之例,是针对因轮奸而复将本妇谋故斗杀者的,所以为从同奸之犯,以曾否帮同下手分别问拟斩、绞立决;至于轮奸致妇女被奸身死,在本犯,并无谋故斗杀之心,虽例内并无作何治罪明文,核与轮奸致妇女自尽相似,都是死非意料。倘若照杀死本妇例科罪,不特首犯罪名失之稍重,而为从之犯核之例内分别下手、不下手科罪之意,也多窒碍。本案中,王玉拴轮奸韩位姐,将她揿按致毙,事出意料,并非谋故斗杀。该省将王玉拴等依轮奸已成杀死本妇例分别首从,拟以斩枭、斩决。刑部认为情罪殊未允协。相似成案包括:嘉庆二十年(1815年)四川省具题文悰学等轮奸无名女子身死案,四川总督疏称,被奸毙命究非杀死可比,将文悰学等比照轮奸妇女已成致本妇自尽之例分别首从拟以斩决、绞决,经刑部照拟题结在案;道光十七年(1837年),王十商允闻大等,欲将顺儿鸡奸,奸毕欲替闻大下坑,恐闻大替换时顺儿喊嚷,于是掐住顺儿咽喉,闻大等下坑先后轮奸顺儿导致她气闭身死,经刑部审理,将王十依轮奸妇女已成因而杀死本妇为首例拟斩立决枭示,张二、闻大依为从同奸而未下手例拟绞立决。刑部辨析,文悰学、王十等案,均因轮奸致本妇被奸及揿按致毙,都是死非意料,都与轮奸而谋故斗致死本妇者不同。文悰学一案比照本妇自尽例问拟,情罪允协;王十一案,首犯照杀死本妇例问拟斩枭,已觉稍重,且首犯既科杀死本妇之罪,则为从同奸帮按之闻大等既属下手,又援引并未下手之例问拟绞决,虽罪名并无出入,核与例意不甚符合,未便援引为据。是以王玉拴一案本部查照文悰学等旧案议驳。

案例出处:《刑案新编》。

(张田田)

刑部议故杀童养侄媳案

光绪九年(1883年),刑部律例馆奉堂交核吉林将军咨李苏氏故杀童养大功侄媳秦奎儿身死案。此案案情是:李苏氏夫胞兄李幅,在其原籍聘定秦奎儿与其子李秃子为妻,后来李幅病故,其妻李董氏改嫁,李秃子经李苏氏与夫李才抚养。嗣后李才闻知秦奎儿父母俱故,无人照管,即将秦奎儿接至家中作童养媳,随同李苏氏睡歇。李苏氏因秦奎儿不服管教,时常斥责。秦奎儿向李才之母李王氏及李才哭诉,还说李苏氏做事懒惰。李苏氏被李王氏、李才训斥,与秦奎儿产生嫌隙。后来,李王氏外出探亲,李才、李秃子出外卖鱼,李苏氏掩门欲睡,秦奎儿却脱衣上炕与李苏氏儿女等说笑。李苏氏屡次要她躺卧,秦奎儿不听,李苏氏声称如再不听定行殴打,秦奎儿不服混骂。李苏氏气得用指甲掐伤秦奎儿左右腮颊等处。秦奎儿仰卧哭骂,李苏氏将其按住,顺手拿起木棍,将其左胳膊等处殴伤。秦奎儿在炕上打滚哭喊,称要等李王氏、李才回家告状,让李苏氏也受苦。李苏氏触其前嫌,一气之下,起意致死,于是将秦奎儿合面揿住,用木棍迭殴,伤其顶心等处,导致秦奎儿死亡。该将军以秦奎儿是该氏胞侄李秃子的童养媳，虽未成婚，名分已定，该氏为死者大功尊长，将李苏氏依“期亲以下缌麻以上尊长殴卑幼之妇至死者绞监候，故杀亦绞”律拟绞监候。

律例馆官员等查核，认为情罪与律相符，议如所奏办理，缮稿呈堂，获得批准。但刑部奉天司官员认为，秦奎儿年甫十岁，李苏氏时常打骂，后起意致死，用棍迭殴伤至七十余处之多，情节极为惨毒，与尊长挟嫌惨杀十岁以下卑幼之例正相符合。秦奎儿是该氏童养侄媳，如不听教训，自应管教斥责，但不得恣行残忍。即其脱衣上炕，与该氏儿女等耍笑，该氏嘱令躺卧不听，是幼小无知。该氏却逞忿毒殴，情节惨毒，毫无恩义。该将军置恩义于无论，略幼小而不言，而只就名分定谳，似非情法之平，且以挟嫌惨杀大功幼小卑幼，治罪反轻于挟嫌惨杀期服幼小卑幼之罪，似未为允协。可否议驳，缮具说帖呈堂交馆再核。

律例馆官员检索相关法律规定：律载，期亲以下缌麻以上尊长，殴伤卑幼之妇至死者绞，故杀亦绞，指各项尊属殴死侄妇以下而言，载在“妻妾与夫亲属相殴”门内；至期亲尊长因图占财产官职，挟嫌惨杀毒毙十岁以下弟侄，依凡人谋杀故杀律拟斩之例，指期尊杀死弟侄而言，载在“殴期亲尊长”门内，律例各有指归，引断不容牵混。该省将李苏氏拟绞监候，属于按律办理。如谓死者年幼而该氏故杀情节残忍，将来秋审酌入情实，自可无虞轻纵。且案情为故杀，向来无论伤痕多寡轻重。该司谓毒殴鳞伤遍体几无完肤，毫无恩义，是故杀之案而以斗杀衡情，已觉未合。至于该司如下观点即应照期亲弟侄年在十岁以下尊长挟嫌惨杀，依凡人故杀律拟斩监候，是其没有考虑到例内“因图占财产官职挟嫌惨杀毒毙”一句的语气是连贯而下，本意重在图占财产官职，本不应摘引挟嫌一层，况且细绎挟嫌二字，总因平素仇隙不睦而起，弟侄年未及岁，正幼小无知，与凶犯有何嫌怨，大都挟死者父母之嫌，功服以下尊长因卑幼父兄相待刻薄挟有素嫌故杀十岁以下弟侄照凡人谋故杀定拟之例，原与此条互相发明，可见条例并非指挟死者之嫌更无疑义。该司谓例不言功服以下者，举重以赅轻，是未合诸例而参观。况且，侄妇故杀夫伯叔父母尊长止拟斩候，不与夫同问凌迟；于寻常妇女故杀夫侄妇之案，必欲与期尊争夺财产官职杀死弟侄相提并论，于情既觉不顺，于理即属难安。例内既无杀死侄妇分别年岁明文，未便舍本律不引，比照别条，致涉纷歧。仍请照覆，恭候堂官钧定。

案例出处：《刑案新编》。

（张田田）

刑部议棍责平民案

《刑案汇览》载道光六年（1826 年）律例馆说帖，把总郭文因李恭租给卖奸之刘氏等房屋居住，地保禀知郭文派兵查拿，刘氏等闻风逃逸，郭文将李恭传到，夜深不及送县，即自行审讯。李恭出言顶撞，郭文喝令兵丁贾明金棍责李恭二十下，李恭仍不认罪，郭文又令贾明金棍责李恭十下后将李恭释放。李恭回家后，因右腿棍伤溃烂身死。直督将郭文比依监临官因公事非法殴打致死律拟杖一百徒三年，将听从下手之兵丁贾明金拟以不应重杖（杖八十），咨达刑部。

律例馆查相似成案：嘉庆十七年（1812 年），山东省革弁颜怀哲拿获赌犯靳连山，因靳连山不服押带，颜怀哲令兵丁张敬将靳连山鞭责身死，颜怀哲徒三年，下手之兵丁张敬杖九十徒二年半。律例馆认为，今已革把总郭文棍责民人，属于非法殴打，与颜怀哲之案情节相似，郭文杖一百徒三年，情罪允协，仍应照律追埋葬银两给死者之亲具领；直隶总督将贾明金拟以不应重杖，殊属轻纵，且与颜怀哲案内之兵丁张敬办理两歧，应将贾明金于郭文满徒上减一等，杖九十徒二年半。

刑部堂官批示：道光五年（1825 年），直隶李崇绅一案，听从下手之兵丁照不应重律拟杖，律例馆应再核。

律例馆复查，李崇绅之案，将郭幅仁杖责后致郭幅仁气忿自尽，死非因伤，下手之犯只可拟杖，与郭文之案死由于伤者不同。揆诸情理，因公非法殴打致毙人命之案，如果下手者果真依法决罚，被责之人又如何会因伤身死？所以此等下手之犯，应与本官分任其罪，本官既照因公事非法殴打致死律拟以满徒，若将听从下手之犯仅拟杖责，未免轻重失伦。况且，既然有办过拟徒成案，自应将贾明金仍照为从律减等拟徒，以昭平允。

案例出处：《刑案汇览》。

（张田田）

刑部议黑夜杀盗案

《刑案汇览》载嘉庆十五年（1810 年）说帖，南抚咨赵中魁殴死窃贼蒋荣案，将赵中魁依例拟徒三年。刑部律例馆司官认为，赵中魁殴毙蒋荣，时当黑夜，事在登时，问拟满徒，与例相符，议请照覆。堂官批示：山内柴薪，似与有人看守财物不同，细查例案为妥。律例馆司官于是查找相关规定：例载，事主因贼犯黑夜偷窃，或白日市野偷窃有人看守器物，殴打至死者杖一百，徒三年；其旷野白日偷窃无人看守器物殴打至死者，不问是否登时，拟绞监候。可见，殴死窃贼分别拟徒、拟绞，总以黑夜白日为断。如在黑夜，无论其所偷之物有无看守，杀为登时，罪止城旦（徒刑），若是在白日，则偷窃有人看守之物始拟满徒，偷窃无人看守之物罪拟绞候。故例凡黑夜则统言偷窃，凡白日则分有无看守，历来遵办，并无歧误。本案蒋荣黑夜偷窃杨文畅山内柴薪，赵中魁是杨文畅的雇工，例有应捕之责，见而追捕，用棍殴伤致蒋荣死，案发在黑夜，登时杀死，例止满徒，尚无错误，应仍照覆。

案例出处：《刑案汇览》。

（张田田）

刑部议华民在日本杀华民案

光绪十年（1884 年），华侨韦滔在日本期间为讨还赌债杀害华侨陈建兆。清律规定，仇杀判处斩监候，秋后行刑。案发地在日本，依日本法，则须由日本理事官讯取确证后方能移交中国。中日两国交涉后，经出使日本的清朝大臣批准，韦滔被递解回国，交由韦滔所属的上海县衙审理。初审认定韦滔犯故意杀人罪报告松江府。知府复审上报省级。江苏省按察使许应认为，韦滔于国外仇杀同胞，法无治罪专条，但应严惩不贷，依律绞监候。江苏巡抚认可其说，并报请皇帝批准。结案后该判决通行。

案例出处：《刑案汇览》。

（张田田）

刑部议奸妇夹签案

《刑案汇览》载嘉庆二十一年（1816 年）说帖，黄邓氏与欧亚德通奸，导致丈夫黄元畛被欧亚德毒死。黄邓氏虽不知情，于丈夫被杀后将实情哭告夫弟，恳求代为申冤。欧亚德在逃，广东巡抚具题,将黄邓氏监候待质。刑部覆核,堂官批示:黄邓氏不忍致死其夫之心的情节,应先于稿中叙明,再议待质监候。

刑部律例馆查定例:死罪人犯不准监候待质,若军流以下人犯如首犯在逃,赃证未明者,分别十年、五年、三年监禁待质,限满时照原拟罪名即行发落。此案,黄邓氏应拟绞监候,因尚有不忍致死其夫之心,照例可夹签随声请减流。其奸夫在逃、照例监候待质之处,应照流罪监禁,按限查办,自应叙于夹签声请之后。今该司所拟稿尾,出语竟似死罪人犯监候待质,不够明晰,因此另拟稿尾如下:查律载,奸夫自杀其夫奸妇虽不知情绞监候。此案应如该抚所题,黄邓氏合依奸夫自杀其夫奸妇虽不知情律拟绞监候。既据该抚于疏内声明该氏尚有不忍致死其夫之心,臣部(刑部)另行照例夹签声请,其奸夫在逃将黄邓氏监候待质之处,应俟奉旨准其减等后,再行照例办理。

案例出处:《刑案汇览》。

(张田田)

刑部议卖女抢回案

昌名山先将女儿昌氏卖与王功发为妻,后因向王功发借钱未遂,起意将女儿抢回另卖,于是昌名山伙同侄子昌独功,以及宋传典等一共六人,夜里撬门入室到王功发家中,昌独功同陈某将昌氏拉走,王功发扭住昌氏衣服拦护,昌名山用木棍殴伤王功发左耳连耳轮耳根,王功发紧揪不放,昌独功用刀背殴伤王功发左臂膊,王功发仍不放手,宋传典用矛戳伤其右腿等处,王功发倒地身亡。王功发之叔王洪济、叔母王刘氏呼喊并前来救护,都被昌独功用刀戳伤。陈得林等将昌氏背跑,装上船只逃逸,打算将她卖掉,得钱后再各分散。昌名山、宋传典被抓获,该州以律例并无妻父图抢已经婚配之女另卖致伙犯杀死女婿作何治罪专条上报。相关规定包括:将亲女卖与人作妻骗财后中途聚众行凶邀抢者,发近边充军;期功卑幼抢卖兄妻胞姊,及卑幼缌麻抢卖尊属尊长,并疏远无服亲属抢卖尊长卑幼者,均拟绞监候,如尊属尊长强卖卑幼,属于期功的,杖一百流三千里,属于缌麻的,发附近充军,未成婚者各减一等;聚众伙谋于素无瓜葛之家入室抢夺妇女,一经抢获出门,即属已成,为首斩决,为从者皆绞监候,拒捕杀人者,下手杀人之犯斩决枭示,帮殴成伤从犯无论手足他物金刃均拟绞监候,其并未帮殴首从各犯仍分别已未抢获妇女本例问拟;若于素有瓜葛之家,先经媒说未允,因而纠众强抢者,仍按强夺奸占已未成律例科断,如有拒捕杀伤人者,照强夺杀伤人例办理;律载共犯罪而首从本罪各别者,各依本律首从论。按察使认为,王功发身受各伤中,被宋传典用矛戳伤为重,应以宋传典拟抵;昌名山纠抢已经婚配之女拉回另卖,与婿王功发有义绝之状,按律应以常人论,然而,根据新定章程,女婿致毙义绝妻父母既不律以擅杀之条,则妻父母因而杀婿,自然就不能照罪人拒捕科罪,若以昌名山拒捕按斗杀律科断,昌名山只应照原谋问流,而将亲女嫁卖与人作妻骗财后中途聚众行凶邀抢者尚应拟军,遍查律例,并无义绝妻父纠抢其女另卖首从各犯作何治罪明文,也无办过似此成案。因此,按察使就如下问题咨询刑部:昌名山与死者之家是儿女至亲,可否将昌名山照于素有瓜葛之家纠众强抢已成例,按强夺律拟绞监候,或依斗杀案内原谋拟流,抑照将亲女卖与人骗财后中途聚众邀抢例拟军;宋传典可否照强夺杀人例拟斩立决;在逃之昌独功用刀戳划伤王洪清夫妇将来获案可否照抢夺杀人为从刃伤例拟绞监候;其余逸犯未经帮殴成伤者,可否于抓获之日问发极边足四千里充军。

光绪十七年(1891年),刑部辨析,律例各有区分:例内聚众伙谋于素无瓜葛之家抢夺妇女一条,就凡人而言,其实有戚谊者得以素有瓜葛论,罪名已与凡人有别,若为首之犯与被抢之人属于父女至亲,更非仅有瓜葛者可比,其不能一律拟罪自可概见。为从各犯如果是被抢之人有服亲属,也与凡人不同,若未杀伤人向来是按照强迫抢卖亲属的规定,分别尊卑服制科断,若是外人听从伙抢,与被抢者素无瓜葛,即应按照凡人伙抢妇女为从问拟。至所强者,虽然是亲属而杀伤者,或是应同凡论之人,似又难与杀伤有服亲属相提并论,法官应当酌核情节,悉心定拟,期归允当。刑部认为,今昌名山虽与王功发翁婿之义已绝,应同凡论,而被抢之昌氏到底是该犯亲女,既不得与凡人同科,也就未便按素有瓜葛之条拟以缳首;且昌名山意在抢人,并非同谋共殴,王功发虽因该犯纠抢昌氏而被拒毙,与谋殴毙命之案究不相同。因此,昌名山非原谋,其聚众强抢拒捕行凶,与将亲女卖与人作妻骗财后中途聚众行凶邀抢之例相符,酌量比附,尚得情法之平。至宋传典一犯,乃是外人,与昌氏并无戚谊,其听从伙抢将王功发拒伤致毙,按共犯罪而首从罪各别者各依首从本律论,应将该犯照聚众伙抢素无瓜葛之妇女拒捕下手杀人例拟以斩枭。在逃之昌独功等人既有亲属、外人之别,应该等到他们被抓获时,讯明所犯情节,分别服制、凡人,各按本例定拟。刑部前次通行,是专为女婿与义绝妻父有犯而设,其外姻无服亲属并不在内。昌独功一犯听从将昌氏抢获嫁卖,如果是昌氏尊长,本罪止应拟徒,另自刃伤王洪清夫妇二人,并非致毙王功发帮殴刃伤之犯,酌照抢夺刃伤为首例问拟,尚非失之过严,按察使所咨询的依照杀人为从刃伤例拟罪,似未允协。该省尚未将全案供招报送刑部,刑部未知案情是否确凿,无从悬拟;巡抚应迅速审拟具题,刑部将于详情到日再议。

案例出处:《刑案新编》。

(张田田)

刑部议鸟枪伤人案

《刑案汇览》载,河抚题杜殿选听纠用枪伤刘太兴身死一案。杜殿选与刘太兴同村,无冤无仇,嘉庆十五年(1810年)四月,刘太兴在庙开赌抽头,杜殿选族叔杜士杰及杜云恐滋事端,前去阻拦,并称要告官驱逐,刘太兴因此挟恨。是月二十三日,杜云被刘太兴路遇追殴,杜云逃避未伤。二十七日,刘太兴纠邀李蛮等五人,商欲谋殴杜士杰等出气,杜士杰闻知,起意纠众往拿送,究因值母病不能脱身,当嘱杜云纠人往拿,杜云转纠杜殿选等一共十人,分携枪械赴庙喊拿。刘太兴领同李蛮等持枪出敌,扎伤杜云右脚面,杜云情急用鸟枪放弹,伤李蛮右肋,杜殿选也放枪伤刘太兴左肋,李蛮、刘太兴先后殒命。杜士杰自首,嘉庆十七年(1812年)缉获杜云,二犯俱在监病故,河抚因原谋杜士杰监毙在狱,将杜云减等拟流,并声明业已病故,应毋庸议,咨准部覆。如今抓获杜殿选一犯,河抚依同谋共殴致毙二命,原谋在监病故准其抵命,将下手应绞之犯减等拟流例从重发新疆为奴具题。

刑部堂官批示:原谋监毙在狱,下手应绞之人,例应减流,惟此案下手之杜殿选为鸟枪杀人依故杀拟斩之犯,可否准减,例无明文,交律例馆查案比核。

律例馆司官查找相关规定。一则条例载:共殴案内下手应拟绞抵人犯,果于未经到官之前,遇有原谋及共殴余人内殴有致死重伤之人,实因本案畏罪自尽;及到官以后,未结之前,监毙在狱与解审中途因而病故者,准其抵命,将下手应绞之人减等拟流。又一则条例载:同谋共殴致毙二命非一家者,原谋在监在途病故及因本案畏罪自尽,准其抵命,将下手应绞之犯减等拟流。前条为乾隆五年(1740 年)定例,后条是嘉庆六年(1801 年)定例。推原例意,共殴之案以伤痕之重轻定罪名之差等,所争在几微之间,所关有生死之别。遇有首祸之原谋及助殴伤重亦足致死之余人病毙、自尽,则死者命已有抵而不致含冤,故下手伤重之犯得以减流。秋审时共殴案内,每因余人也有骨损骨折重伤,罪疑惟轻,议入缓决,与之相似,即此意。根据文义,言同谋共殴,则凡一人斗杀及威力主使制缚等项,不在其内;指明下手应绞,则凡谋故火器杀及有关服制应拟斩抵等项,也不在其内。原因在于,共殴之案,秋审多可入缓,故随案减流,并不为纵,间有因案已题结,原谋及助殴伤重余人监毙,例不准其抵命者,秋审时也可以命已有抵,酌入缓决。若谋故火器杀等项,则例必应实,即秋审时也从无因原谋及余人监毙酌拟入缓之案,诚以谋殴则罪严首祸,共殴则罪可分肩,至谋故杀人,虽起衅或非该犯所肇,而致死则罪归正凶。若以最烈之火器戕害人命,伤者已应发烟瘴,死则与故杀同科,非原谋及助殴余人所能分其重罪。此案杜殿选一犯,其罪与杜云同例,其情较杜云更轻,既据该省援引杜云前案题请减流,例内又有谋殴致毙二命原谋病故俱准抵命之条,似难议驳,或就案照覆,或另行声明例义、通行遵办,恭候堂官定夺。

刑部因此具题,共殴案内下手应绞人犯,或因听纠助殴尚非造意首祸,或因余人所殴也有重伤,罪疑惟轻,秋审时可酌议缓决,是以未经定案之先,遇有原谋及殴有重伤之余人病故,准其抵命,下手之犯即可随案减流;如果属于威力主使制缚人致死及谋故杀人,并有关服制等案,即非例所该载,不得援引此例。火器为害最烈,伤人已应拟军,一经杀人,即与故杀同科,秋审应入情实,与共殴案内下手应拟绞抵者不同,不应一概议减。然而,例内究无明文,办理恐致歧误,请嗣后除共殴致毙一二命案内,遇有原谋及助势伤重之余人监毙在狱与解审中途病故,或因本案畏罪自尽,仍照例准其抵命,将下手应绞之犯减等拟流外,其余谋故杀人火器杀人威力主使制缚并有关尊长尊属服制之案,悉照本律本例拟抵,不得率请减等。杜殿选应即改照因争斗擅将鸟枪施放杀人以故杀论律拟斩监候,因其脱逃三年以上,应照例改为斩立决。嘉庆二十二年(1817 年)九月十二日题,十四日奉旨:杜殿选处斩。余依议。钦此。

案例出处:《刑案汇览》。

(张田田)

刑部议殴人断骨案

《刑案汇览》载,贵州巡抚具题陶成贵等共殴李士玉身死一案,案情如下:陶成贵堂兄陶成耀因诱赌赢钱,被李士玉索分。陶成耀不允,被李士玉用刀戳伤。陶成贵不服,邀陶有林等四人找到并责骂李士玉泄愤,李士玉拔刀在手回詈,陶成贵等围殴,陈么梅拳殴李士玉左臂膊,陈大满棍殴李士玉,致其左胳肘骨断倒地,黄岩保夺过李士玉尖刀戳伤李士玉,陶有林棍殴李士玉,李士玉受伤躺地喊骂,声称将来定行杀害。陶成贵想要将李士玉打成残疾,于是拾棍用力殴李士玉数下,当即骨断,又虑李士玉痊愈后报复,拾刀将其断骨剔出丢弃。李士玉越日殒命。

刑部司官详核案情后认为,共殴之案于死者身受多伤后复起意殴折成废,也符合常情,未必是有心致死。陶成贵将李士玉殴至骨断,后又用刀剔出断骨,情节虽然残忍,但如果杀出有心,可以狠砍其致命处,何必将已断之骨剔出丢弃?陶成贵所供并无另有谋故重情,似尚可信。贵州巡抚将陶成贵拟以绞抵,情罪尚属相符,惟所引共殴人致死之律究未妥协,应请于出律处酌添“同谋”二字。

一位堂官批示:罪疑惟轻,固是善心善政,但如此断案,未免令死者含冤,若其他堂官皆以为可,本人也不便一定要居心刻薄而重判,还请司官回明各堂阅画后,再送画题。另一位堂官也批示:似应议驳。

案例出处:《刑案汇览》。

(张田田)

刑部议强盗未遂案

《刑案汇览》载道光五年(1825 年)说帖,广东巡抚咨林亚晚、曾阿尔等图劫未成二案。广东省咨在逃之林老商允该犯曾阿尔等驾船行劫,船内放有鸟枪、火药、刀械,以备拒敌。林老因人少恐难行事,与林阿七转回,打算再行纠人同往行劫,令曾阿尔等在船等候,旋被兵役拿获一案。又咨病故之林亚晚起意纠允劳癡太等十六人驾艇行劫,三更时见有客船一只,停泊河边,点燃油捻,正欲将艇驶拢,适被兵役拿获一案。广东巡抚将曾阿尔、劳癡太等均依强盗未得财,又未伤人为从例各杖一百,流三千里。

刑部覆核,查找相关规定。律载:强盗已行而不得财者,皆杖一百,流三千里;例载:强盗未得财,又未伤人,首犯发新疆给官兵为奴,为从杖一百,流三千里;律载:未成盗而有显迹证见者,依已行而未得财科断。说明办理强盗已行未得财之案,以有无显迹证见为断。如既置有盗械,即属显迹,纠有伙党,即属证见,自应以已行论。以上二案情节均属于置有盗械、纠有伙党,正与有显迹证见之律相符。检查历年办过成案,广东省向来都如此办理。道光元年(1821年),福建省拿获洋盗案内,王进等五犯听从驾船行劫,即被拿获,将王进等也依强盗未得财又未伤人为从例拟流。惟据广东司查出,广西巡抚办理似此案件,首从各犯则量减拟徒,核与广东、福建两省所办,并不一致。司官考量:强盗、洋盗为百姓、商贾之害,立法不宜从宽,曾阿尔等二案,应请照覆。广西省办理两歧之处,即由广东司于曾阿尔案内咨行该广东省转行广西巡抚。嗣后遇有此等案件,应即画一办理,不得仍照旧案量减问拟。

案例出处:《刑案汇览》。

(张田田)

刑部议娶弟妇案

《刑案汇览》载乾隆六十年(1795 年)说帖,刘七之弟刘八聘定苏从德侄女苏大各为妻,尚未过门,刘八逃亡外出,八年无踪,苏从德因苏大各年已长成,恐误终身,商同刘七胞兄刘美主婚,将苏大各许配给刘七为妻。奉尹比照嫁娶违律独坐主婚律,分别首从,将苏从德等问拟流、徒,咨达刑部。

刑部司官仔细分析案情:假如苏大各已与刘八成婚,而刘七听从兄长之命与苏大各成婚,自应照例拟绞。如今苏大各虽许聘刘八为妻,并未过门婚配,是在室之女。刘八既逃亡无踪,苏大各照例可以报官别行改嫁。该府尹议请独坐主婚,男女照律不坐,苏大各仍离异归宗,听其改嫁别姓,揆之情理均允当。

刑部堂官批示:此案该府尹所办颇得情理,自应照覆。但此等案情罕见,仍交律例馆详查从前有无成案可比,如无旧案,则自此为始,即传知刑部各司抄存备考。又有堂官批示:按法,已聘者即有名分,但律设大法,例顺人情,故条例规定,夫逃亡在外,三年无信,许其妻告官别嫁。此案苏氏别嫁本属合法，惟不得与刘七婚配耳。今苏父、刘兄冒昧作合，乃愚民之无知，既不便判定刘七是收已婚之弟妇，也不可谓刘七是娶应嫁之平人。即查无成案，似应以此作为依据，传知各司抄存。

案例出处：《刑案汇览》。

（张田田）

刑部议劝酒致死案

《刑案汇览》载道光六年（1826 年）说帖，倪幅醉后滑跌撤伤刘立刚身死一案。倪幅与刘立刚伙买烧酒，在船共饮，倪幅与刘立刚均入醉乡，刘立刚仰卧后艄，倪幅弯身用左手拉住刘立刚裤带，声言起来再饮，刘立刚将身侧扭说不喝了。倪幅酒后腿软，因扭滑跌，扑压刘立刚身上，致刘立刚肚腹被压伤而身死。苏抚咨达刑部，将倪幅依过失杀人律收赎。

刑部覆核，该司认为倪幅与刘立刚共饮，虽无争斗情形，惟刘立刚饮醉仰卧，该犯用手拉其裤带，声言起来再饮，实属醉后戏谑，驳照因戏而杀人律拟绞。

律例馆检查成案，道光四年（1824 年）奉天司核覆吉林将军咨李万有留赵佩饮酒，二人均醉，李万有持刀削瓜，赵佩起身走出，李万有持刀相送，赵佩弯腰作别，酒后站立不稳，骤向前跌，李万有急以手扶，忙中未及弃刀，以致赵佩扑在刀尖致伤心坎殒命。吉林将军将李万有拟以不应重杖，经本部改照过失杀收赎。今倪幅酒后相让，压伤刘立刚身死，既无口角争斗之事，又无戏谑相狎情状，虽非耳目所不及，到底还是思虑所不到，与初无害人之意，而偶致杀人之律相符，且与李万有之案情节相似。该省将倪幅依过失杀收赎，似可照覆，毋庸议驳。呈堂交司，该司以倪幅拉带强之使饮，实属醉后戏谑，并援该司办过的杨洪喜成案请照戏杀议驳。律例馆认真复核：律条规定，因戏而杀人，以斗杀论，小注指出，以堪杀人之事为戏，如比较拳棒之类，律将戏杀、误杀、过失杀等项共归一门，原恐戏杀、过失杀界限难以分晰，是以将三项并例以便详参援引。戏杀各案，多为彼此角力，其事本可伤人，并非无知过犯，是以一经杀人即以斗杀拟绞。至过失杀则耳目不及，思虑不到，初无害人之意，偶致杀人，较之戏杀过误悬殊，故罪分差等。此案案情，与戏杀律注全不相符，与思虑所不到，初无害人之意，偶致杀人之律注大半吻合，与其由刑部改拟戏杀，转较原拟更未允协，似不如就案照覆，是以议请仍照原拟完结。今该司所引杨洪喜成案，情节是杨洪喜与吴洪中共饮，吴洪中先睡，杨洪喜令其起身复饮，吴洪中声言若能将其拉起方饮，致杨洪喜向拉失跌膝跪吴洪中身死。该省将杨洪喜照戏杀拟绞题结。律例馆查阅犯供，有小的用手拉住他右臂膊用力一挣等语，是死者既赌令拉起，杨洪喜即用力一挣，已有彼此角力情形，与比较拳棒者相仿，自应以戏杀论，似与倪幅案情不符。衡情酌议，倪幅酒后腿软，因扭滑跌扑压，则与过失杀律注所载因升高险足有蹉跌，及乘马驰车势不能止等项稍觉近似。复检查阎盛元、陈四娃子、李光绳三案均照过失杀定拟，核与倪幅案情相仿，建议将倪幅一案仍照原拟完结。

案例出处：《刑案汇览》。

（张田田）

刑部议杀妻烧房案

《刑案汇览》载嘉庆十九年（1814 年）律例馆说帖，四川省题文德应故杀妻子陈氏并殴死何赵氏并放火故烧房屋一案，文德应本已娶妻陈氏，后来有何郭氏长子病故，她的儿媳何李氏招文德应上门为夫，与何郭氏次子何元林同居。陈氏常与文德应吵闹。一次，何元林误收马负图田边谷草，被马负图雇工袁大才瞥见，疑心何元林有意行窃，将其斥詈。文德应不满，与袁大才争殴，被袁大才用担殴伤，其母文杜氏控县验伤。饬差唤讯后，文德应因何元林误收谷草致被殴伤心怀气忿，欲与袁大才雇主马负图理论，令何元林并雇工何狗儿同去。何元林等因其平素凶横，勉强允从。文德应令何元林等先走，回家喊同妻子陈氏，走至马负图门首，因见马负图家中宴客，人多不便进内。文德应想起妻子陈氏平日妒忌吵闹，起意致死妻子图赖，因何元林等在旁不便动手，即将陈氏诓至马负图屋后田坎，用棍连打她的脑后，又恐陈氏叫唤，掐住她的咽喉使她殒命。何元林等走近看见，畏惧跑走。文德应回家后，李氏见他形色慌张，即向查问，该犯告知前情。何元林之妻何赵氏听说后，认为文德应致毙人命必致连累自家，令文德应搬出。文德应骂她，何赵氏扑殴，文德应用棍连殴她的右腮颊、左耳窍，使她倒地身亡。文德应又因何郭氏佃居草房本属马正陇，现已卖与马负图，起意将房烧毁泄愤，于是将房屋全行烧毁。四川总督拟断如下：文德应故杀妻子陈氏及将赵氏殴毙，按律均止绞候，惟放火故烧马负图房屋，应从重拟以斩候；何元林等拟杖。

刑部律例馆司员认为，此案文德应故杀妻子陈氏图赖，又殴毙赵氏，复放火故烧马负图房屋，身犯二绞一斩之罪，情凶势恶，非同寻常，实与“光棍”无异，该省拟断殊属轻纵，且案情也多疑点，似应驳令覆审。谨另拟驳稿呈阅，仍候堂官钧定。其驳稿如下：查审理命案务须研鞫致死实情及有无帮同下手之人，方成信谳。臣等检阅供招，详核案情，疑点重重，李氏夫亡未久，既有其姑何郭氏及夫弟何元林同居过度，并非无人倚靠，文德应是娶有妻室之人，李氏何以急不暇择，无须媒妁，也不禀命其姑，公然招文德应为夫？文德应极有可能是觊觎李氏家私，恃强奸占。何元林误收袁大才雇主马负图田边谷草，袁大才瞥见斥詈疑窃，不为无因，何元林自知理屈，不敢与争，文德应却胆敢挺身争殴，其凶狠之状已可概见，被袁大才用担殴伤，也是辱由自取。既经母亲文杜氏控县验伤，饬差唤讯，应候官为责惩，何以事隔半月之久，文德应忽称被殴气愤，复迁怒袁大才的雇主马负图，令何元林并雇工何狗儿同往理论，并非情理。如果说何元林等畏惧文德应的凶横，勉强允从，当文德应回家找妻子陈氏时，何元林等尽可乘间走避，他们若非甘心听从文德应的主使，怎么肯先在该处等候？及文德应偕陈氏到来，即便真的因马负图家宴客而不便进内，无难改日再来，为何忽然起意将陈氏致死图赖？文德应既称何元林等在旁不便动手，将陈氏诓至马负图屋后用棍殴伤其脑后跌地，陈氏突被殴打疼痛，势必声喊，何元林等相离不远，何致声息不闻？陈氏刚死，何元林等均即走上前来，何元林等极有可能在旁边帮着文德应按住陈氏。何况文德应与马负图理论，如果先无害死陈氏之心，何必夜里带着陈氏前来？文德应既非存心行凶，又为何用手持木棍，极有可能是要蓄意致死陈氏图赖。文德应回家后，因何赵氏询知致毙人命，令他搬走，他正当理屈情虚之时，走避不遑，何以又逞凶肆忿，将何赵氏殴伤立毙，若非文德应有心欲杀，下手不应如此凶狠。至文德应用火烧房，据称原因是想要泄愤而将赵氏上身烧焦，但赵氏被殴伤痕俱在头面，如果检验发现皮肉焦烂，又何能分别确定乃是木器致伤？以上情节诸多疑窦，必须另行究审。即使所审属实，该犯身犯两绞一斩，似此情凶势恶，实与“光棍”无异。该督以该犯两犯绞候均为轻罪，将该犯依放火故烧官民房屋律拟斩监候，殊属轻纵。刑部碍难率覆，应令该督遴委贤员，虚衷研鞫，务得实情，另行妥拟，到日再议。

案例出处：《刑案汇览》。

（张田田）

刑部议少年斗杀案

《刑案汇览》载嘉庆二十一年(1816年)说帖,林奉向熊照借钱买酒未允,指责熊照小气,二人争闹,林奉将熊照推倒,熊照起身回骂,林奉拾石,熊照恐被掷殴而取尖刀吓戳,伤林奉右后肋,导致林奉死亡。广西巡抚声明熊照年仅十五,死者林奉年长凶犯四岁以上,且因借钱不得,就将熊照推倒后又拾石掷殴,实属理屈逞凶,依例将熊照声请减等收赎。

刑部覆核,堂官批示:此案死者因借钱买酒起衅,并非实在理曲,将熊照掌推倒地也非实在逞凶,林奉拿刀吓戳时又非实在情急,似未便遽援丁乞三仔之例声请减流,应交律例馆查核。

律例馆司官辨析案情与律例:审理十五岁以下殴毙人命,必死者实有欺凌逞凶情事,方可照例声请。查熊照与林奉仅为寻常口角,林奉对熊照并无其他欺凌情状,即不得专责死者理屈。熊照虽被推倒,并非情势紧迫,以金刃伤人,与丁乞三仔原案扔石伤人致死情节有别。检查上年各司成案,有四川司方正元一起,衅起死者疑窃,夺刀回戳一伤;又河南司刘成才一起,死因行窃罪人护父,脚踢一伤,较之此案情节为轻,均止照例入缓。如此办理,原因是认为幼童殴毙人命,可见赋性凶悍,多行监禁数年,可稍微消磨犯人的桀骜不驯之气。死究无辜,爰非姑息,于秋审时尚不轻议矜减,定案时自难遽请减等收赎。所有熊照一犯应请交广西司更正,照律定拟,毋庸声请减刑。

案例出处:《刑案汇览》。

(张田田)

刑部议图财害命案

《刑案汇览》载嘉庆十五年(1810年)说帖,卢秀成欲行窃金尚志家,因不认识路,打算拉金尚志佃户张三仔入伙指路,许以分赃。张三仔不允喊嚷,并称欲告知金尚志送官,卢秀成虑恐败露,将张三仔勒死灭口。路过张三仔门首,知其家止寡母,随拨门进内窃得衣物变用。苏抚具题,刑部覆核。

刑部司官详核案情,认为死者是金尚志佃户,而卢秀成因行窃金尚志家,欲纠张三仔入伙不从,将其致死灭口,与罪人拒捕杀人情节不同;杀死张三仔之后复窃其衣物,与欲图其财而戕其命情节不同,而与杀人后攫取财物仍按谋故本律办理之例相符。该省将卢秀成依故杀律拟以斩候,尚无错误,似可照覆。

刑部有堂官批示:"既戕其命,复图其财"与"欲图其财,而戕其命","罪名虽甚悬殊,只在承审官员办案之笔妙耳",也就是说承审官员可能有意通过剪裁案件情节来影响定罪量刑的轻重。"虽非必欲批驳而置人于重罪,但此案细核案情太露做作,诸公平心静气,看得下否,以浅人观之,总是图财害命",意思是说这位堂官感觉此案仍应定性为图财害命重罪,其个人意见与议定的集体意见不同。

案例出处:《刑案汇览》。

(张田田)

刑部议汪大勒死妻陈氏案

《刑案汇览》拾遗备考载,汪大与白承绪为姻亲,汪大贫穷,屡向白承绪借贷钱米。后来汪大又一次带着妻子陈氏到白承绪家借钱,白承绪称无钱没有答应。因天色已晚,汪大与妻陈氏即在白承绪家猪圈住宿。陈氏说，家贫难以度日，回家必是饿死，不如同死在一处，图得装殓。汪大也就依从。陈氏寻获拴猪棕索两根，与汪大各分一根。汪大接得棕索，向陈氏项颈围绕两道，用手拉勒，陈氏窒息而死。汪大便用棕索在猪栏上自缢。白承绪听到动静，喊来陈仲贤查看，将汪大救下。四川总督因汪陈氏自愿被丈夫勒死，将汪大于故杀妻律绞罪上减等拟流。

嘉庆十七年（1812年），刑部覆核，撰写说帖，检索相关规定如下。律载：夫殴妻致死者绞，故杀亦绞。嘉庆十六年（1811年）九月奉旨，部院衙门为政事总汇之区，慎守纪纲，必以定例为凭。刑部指出，法官既有本律可循，总应按律惩办，不得妄议增减，况此案情节关系到谋命，应辨析有无图赖情节。刑部等详核案情，发现多处疑点：汪大向亲戚白承绪借贷多次，该犯与妻陈氏再来借钱不得，尽可当时返回，何必住下；猪圈也非栖止之所，白承绪与汪大夫妇素无嫌怨，自应将该犯夫妇留住家内，怎能让他们在猪圈住歇；该犯夫妇年方强壮，均可力作谋生，而且分居另住之犯父汪文举也不忍漠视其子媳贫穷无告，何必一起自杀；即便有同死的打算，该犯与陈氏既各分执一绳，即当各行自尽，若陈氏先令该犯将其勒死尚属情事所有，但口供中并无陈氏先令勒死之语，该犯与妻素称和睦，何忍下此杀手。总之，未免存在这种可能：该犯向白承绪索借不遂，蓄意谋命图赖，哄诱妻子夜间前往白家并杀妻，事后因听到犬吠，恐人撞破，一时畏罪自尽，被白承绪解救得苏后捏词抵饰。所称商谋同死，乃是该犯一面之词，并无确凿见证。白承绪等闻声往视，已在陈氏勒毙之后。案情存在疑点，未便以陈氏被勒身死出自该氏本意，而免该犯杀妻之死罪；即使所审属实，应依故杀妻本律拟绞。据《刑案汇览》编者注：此案遵驳拟绞，于嘉庆十八年（1813年）题结。

案例出处：《刑案汇览》。

（张田田）

刑部议新疆独子杀人留养

《驳案新编》卷十五《斗殴杀人》载，喀拉沙尔办事大臣请示定例，本着新疆社会情况有别，犯“斗杀”而留养免死不利于社会治安的认识，出于因地定议、防弊惩凶目的，避免凶悍之徒自恃身为独生子而犯法作乱，将本案中独子人犯判处绞立决。

皇帝批示，将办事大臣奏折交由刑部商议。刑部权衡情罪，建议不予批准，理由是如果照办事大臣建议判决，出现情节更加恶劣的斗殴杀人事件则无加重余地；即使是犯人恶性重于“斗杀”的“谋故杀人”，死刑也非立即执行，而是监候至秋审时列入“情实”至秋后处决，若“斗杀之犯定拟重于谋故”将导致轻重失衡。建议折中拟绞监候。

案例出处：《驳案汇编》。

（张田田）

刑部议异姓养子能否留养

《刑案汇览》载嘉庆五年（1800年）说帖，王延奉是王王氏乞养义子，因周从德图奸子媳董氏，激于义忿，将周从德捆缚殴打致毙，山东巡抚将王延奉照擅杀罪人律拟绞监候。

刑部律例馆辨析案情与律例：查例载，独子留养之案，如本犯身为人后，所后之家可以另继者，概不得以留养声请。王延奉殴毙周从德，固然是图奸子媳罪人，既经该抚声明，乞养异姓之子例无留养之文，应毋庸议，只可照覆。刑部堂官批示：其一，异姓义子例应归宗，尚可留养。

本案王文美兄弟三人均因乏嗣,各抱异姓之子为子,可见本宗并无另有可继之子,且本宗有无可继之人,题本内并未声叙明晰,自应驳令确查有据,岂可悬揣而遽援例断之。其二,交馆讨论的问题,不在留养而在承祀。查本宗果若驳案后查出另无可继之人,王家兄弟三人皆是抱养八岁幼孩为子,彼二家者,所养异姓义子均不断令归宗,而此家义子不幸遭此变故,不令留养,究似情法,未得其平。若以例论,天下古今案情百变,哪里是条例所能包含的。仍交律例馆再考量。律例馆司官遵谕平心核议,王文美兄弟三人,均各抱异姓之子为子,诚如堂官钧批,可见本宗并无另有可继之子,情殊可悯。然而,例载:收养三岁以下遗弃小儿,仍依律即从其姓,但不得以无子便立为嗣,仍酌给财产,俱不必勒令归宗。意思是说,若因本宗并无另有可继之人,便将例不得立嗣之异姓准其留养,不特办理多有窒碍,揆之情法终未允协。此案长房义子王延能,次房义子王延廷,均为自幼抱养,无故例不归宗。况且王延奉犯罪,与他人无涉,不会断令长房、次房养子归宗。王延奉一犯仍请照前议,不必声请留养。

案例出处:《刑案汇览》。

(张田田)

刑部议因鸡奸伤人案

《刑案汇览》载乾隆六十年(1795年)说帖,李有亮先与高廉鸡奸,嗣因向高廉借贷不给,诱惑高廉重修旧好,用刀将高廉阴茎割下。直隶总督将李有亮依毁败人阴阳不能生育律杖一百,流三千里,断付财产一半养赡。刑部司官查核相关规定:律载,毁败人阴阳以至不能生育者杖一百,流三千里,仍将犯人财产一半断付被伤笃疾之人养赡;在新纂条例内殴伤奸盗罪人至笃疾者毋庸断付财产养赡,就平人殴伤奸盗罪人至笃疾者而言,若先经和奸后因借贷不遂,致伤笃疾,自应仍按本律办理。李有亮与高廉和同鸡奸,均为罪人,将高廉阴茎割下,原因是泄私愤,而非顾惜颜面,与平人怀挟公愤致伤奸盗罪人至笃疾者不同。该省拟以断付财产一半养赡,尚属平允,似可照覆。但刑部堂官批示:所伤既为有罪之人,即不应断给财产。何况高廉先诱奸良人子弟,后又吝财不给,被伤乃是咎由自取,若再断给财产养赡,致与平人被毁败者无所区别。李有亮虽非悔过拒奸而伤人,与无罪之平人不同,不妨追断财产,但淫恶作孽之高廉则断不可得财,应驳令毋庸断给财产,以为贪淫遭害者戒,也是明刑弼教之一端。

案例出处:《刑案汇览》。

(张田田)

刑部议助妻自杀案

黄生榜之妻因病苦难忍,想要早死,自拾瓦片划伤额颅,并解带绕在项颈,令丈夫将她勒死。黄生榜勉从下手,将李氏拉勒致毙。四川总督将该犯依故杀妻律拟绞具题。

刑部覆核,堂官批示:与汪郑氏案比核。刑部司官随检查四川省嘉庆二十年(1815年)汪郑氏一案,因后夫汪文俊久病乏食,向张居美骗诈不遂,自欲寻死图赖,用索套在颈上自勒,并逼令汪郑氏帮勒致毙。因郑氏是死者买休之妇,律应离异,将郑氏照凡人谋杀加功律拟绞监候,与此案情同而罪异。复检查嘉庆二十年湖北省题毛大成缢死妻子赵氏一案,因妻赵氏痨病,声言病磨难过,不欲存活,嘱令该犯将其勒死,该犯听从将赵氏缢毙。又是年四川省题周景盟勒死妻子张氏一案,因妻张氏疮毒疼痛难忍,又乏食用,声言不如早死,该犯听从将张氏背至族邻屋后，张氏解下腰带套入咽喉，自勒不死，该犯接带帮勒殒命，均依故杀妻律拟绞题结。此二案与现在黄生榜一案罪名相符。又嘉庆二十二年（1817 年）湖北省陈邵氏勒死储氏一案，情节是因储氏教子行窃被控，欲在树上自缢，因树高攀扶不上，逼令邵氏抱起，将绳系于树上，套入咽喉致毙。邵氏为储氏次子买休之妻，律应离异，将邵氏依凡人谋杀加功律拟绞题结。此一案与先经题结之汪郑氏一案罪名相符，是同一听从死者帮勒致毙之案，属于凡人，则照为从定罪，属于妻子，则照为首定罪，似未平允。司官考量，命案首重造谋，而犯供尤防狡卸，如死者自行起意寻死，或先行动手，凶犯只是听从加功，确有证据，自未便坐凶犯以造意为首之条；若死者自欲寻死，并先行动手之言并无证据，出自凶犯之口，即难据一面之虚词，遽宽其首祸之重罪，应以旁人有无供证，分别首从科断。随将已经题结之四案详加比较，如汪郑氏一案已死汪文俊曾将自欲寻死图赖之言向堂兄汪文学并前妻之女范汪氏告知，经汪文学等到官供证有据；又陈邵氏一案，已死储氏曾将犯罪无颜，不如一死之言向张老么、刘姚氏告知，经张老么等到官供证有据，是此二案死者起意欲死之言，均有旁人证佐，尚非凶犯捏饰。至毛大成、周景盟二案，死者生前均未将欲行寻死之言向旁人告述，仅凭凶犯一人供词定谳，与前二案情有区分，是以从前原题将汪郑氏、陈邵氏均照谋杀为从例，情节是凡人加功，照律拟绞。毛大成、周景盟均照谋杀为首例，情节是谋杀妻，照律应如故杀法，故杀妻应拟绞，衡情定罪，两不相背。今黄生榜一案，检阅供招，已死李氏生前曾将病苦难过，称欲早死之言，向夫堂弟黄生训并儿子黄丁儿等告述，到官供证有据，核与应科从罪之汪郑氏、陈邵氏二案情节符合，该省将黄生榜仍依故杀妻律拟绞，似乎是照该省周景盟一案办理，虽例无正条，但与成案不符，似应议驳。

案例出处：《刑案汇览》。

（张田田）

刑部议自行追殴失跌毙命案

《刑案新编》载，兼署四川总督觉罗乐某所题璧山县民汪泷咬伤周芳祖跑走致令周芳祖追赶并失跌身死案，咸丰五年（1855 年）五月十七日奉旨三法司核拟具奏。刑部因死由自行追殴失跌毙命的斗殴案件在断罪上未能统一，酌拟章程，由题改奏，请旨遵行。

四川总督原题内称：汪泷与周芳祖素好无嫌，咸丰四年（1854 年）二月，汪泷向周芳祖买得仓谷三石，当场付钱六千八百文，欠钱二千文未偿，四月二十五日，汪泷赶场遇见喝醉酒的周芳祖向他索讨前欠，汪泷央缓，周芳祖不依并斥骂汪骗赖，汪泷反唇相讥，周芳祖抓住汪泷发辫就要去找人理论，汪泷无法挣脱，咬伤周芳祖左手背，周松手，汪跑走。周芳祖随后追赶，至独耳岩地方失足跌落岩下。张洪声劝架不及，向汪泷询悉情由查看，此时周芳祖左太阳穴、左膝、左臁肋、脑后近左、右后肋、右臀均被跌磕擦伤，又找来周芳祖之母周何氏，周芳祖很快因伤殒命。该督将该犯依斗杀律拟绞监候等因具题。

刑部等检索相关规定：律载，斗杀人者不问手足他物金刃并绞监候。就此案而言，详核案情，该犯被扭将其咬伤，固有争斗情形，惟松手后业经跑走，周芳祖追赶失跌，是斗在死者，非该犯意料所及。若仍照律拟绞，似与被追跌毙者无所区别。查上年刑部题覆四川省卿方远推跌卿周氏，致令后者追跌受伤痰壅气闭身死的案卷，卿方远因与族侄媳卿周氏争角，卿周氏欲拉其理论，彼此骂詈，卿周氏抓扭，卿方远当即跑出门外，卿周氏起身追赶，不期被门槛绊跌倒地，磕伤擦伤左眉等处，痰壅气闭身死。据四川总督审照殴杀律拟绞监候，经刑部照覆在案，与此案情节相似。然而,案关人命,不厌详求,刑部未便以曾经题覆有案,就存自我回护之见。刑部复检查历年办过似此成案,详加查核,发现判决并不一致:如乾隆二十七年(1762 年)湖南省吴升生与罗上顺扭殴,经人劝开,罗上顺不甘被殴而追赶,结果自己失足跌水溺毙,声明罗死于溺非死于殴,将吴升生驳照不应重律拟杖;嘉庆元年(1796 年)奉天省荆付常与毕明争吵,荆复常在门外嚷骂,经人将门外拦住,毕明从窗户跳出,滑跌内损殒命,将荆付常照不应重律杖八十加枷号一个月;嘉庆二十二年(1817 年)安徽省姚春荣用土块掷伤王以德右乳逃跑,致令后者追赶失跌身死,声明致命右乳伤虽轻微,惟死者因被伤而追赶,因追赶而跌垫,事实相因,将姚春荣照斗殴杀律拟绞监候;道光十六年(1836 年)江苏省郭三仔殴伤王帼罄右眼胞逃跑,致令追赶失跌身死,声明后者死由向追,非郭三仔意料所及,将郭三仔酌照不应重律拟杖。刑部等伏查,司谳贵在持平,断罪期于允当,历来办理斗殴伤人致令死者因追殴跌毙之案,有的以罪坐所由拟以绞抵,有的以死非凶犯意料所及酌拟杖枷,办理原未画一。此等案件如死者向人赶殴自行失跌,较之死者被追跌毙的,情节为轻,一方面,如果遽予论抵,似觉法重情轻;另一方面,若因死由失跌,非其意料所及,将殴人之犯仅拟枷杖,殊失辟以止辟之意。定例并无明文,引断终鲜依据,因此要区别情况,明定章程,以昭遵守而期画一。刑部等请示:嗣后斗殴之案,除向人追殴致被追之人失跌身死者仍照律拟绞外,如先将人殴伤,殴人之犯业已跑走,其被殴之人因向追赶,自行失跌身死者,于斗杀绞监候上量减一等拟杖一百,流三千里;仅止口角,并无争殴情事,因自行向人赶殴失跌身死者,属于肇衅酿命,仍酌照不应重律拟杖八十。明定专条,以期法官可有所遵循,断罪无虞枉纵。获准后,通行各省一体遵照,并将汪泷一案照奏定章程,于斗杀绞罪上减一等拟(杖)一百,流三千里,至配折责安置。余如该督所题完结。又,该督疏称有承审迟延逾限不及一月职名相应附参等语,恭候命下,刑部移咨吏部照例办理。至四川省卿方远一案与汪泷之案情节相似,汪泷既经减等杖流,卿方远事同一律相应奏明一并更正,并于秋审册内删除,以归画一。所有刑部等酌拟章程由题改奏原由,谨会同都察院、大理寺画词恭折具奏请旨。薛允升《读例存疑》载,咸丰五年(1855 年)通行之后,又发生相似案件,因此定例,附于"斗殴及故杀人"律后。

案例出处:《刑案新编》。

(张田田)

徐珪议满仓儿诬母案

徐珪,应城人,弘治九年(1496 年)他在刑部任职期间遇到过这样一个案件。千户吴能有个女儿,名唤满仓儿,长得很漂亮。因为家境困难,吴能通过买卖人口的牙婆把女儿卖给了女艺人张氏,但是却骗她说:"我们把你卖到了周皇亲家里,你以后的日子就好过了。"后来女艺人张氏又将满仓儿卖给了艺工袁璘。不久以后,吴能生病死了,他的妻子聂氏千方百计寻找到了女儿的下落。但是,见面之后,满仓儿非常怨恨父母把她卖到别人家,想要报复其母聂氏,就谎说聂氏不是自己的亲生母亲。其母聂氏也很生气,就和儿子一起把女儿满仓儿抢回到家中。看着自己花钱买来的人被抢走,袁璘来到刑部告状。刑部郎中丁哲、员外郎王爵负责审理这起案件,在庭审过程中,袁璘出言不逊,顶撞了长官。刑部郎中丁哲下令对袁璘适用笞刑,不料没过几天,袁璘就死了。按照法定程序,御史陈玉和主事孔琦验过袁璘的尸体后,就把他掩埋了。但没想到的是,东厂太监杨鹏的养子曾和满仓儿有私情,于是就挑唆袁璘的妻子到太监杨鹏那里去诉冤,并指使女艺人张氏说满仓儿是自己的妹妹,又找到最初买卖满仓儿的牙婆做证说,聂氏的女儿本早已经卖到了周皇亲家里,眼前的这个女子满仓儿不是她的女儿。这样一来,此案交由镇抚司审理,镇抚司在审理过程中认定刑部丁哲和王爵等人有罪。镇抚司又下令刑部和锦衣卫查明案情,到周皇亲家里寻找聂氏之女,但经过仔细排查后,没有找到这样的一个人。镇抚司又命令各部门大臣和给事中、御史各方进行当庭会审,女艺人张氏与满仓儿才吐露实情。最后,都察院复核本案后,判决如下:丁哲因公用刑致人死亡,判处徒刑,王爵、陈玉、孔琦判处杖刑,聂氏及其女儿满仓儿也是判处杖刑。

看到这样的判决,作为刑部典吏的徐硅上奏说:"聂氏女儿一案,丁哲已作了明白的审理。杨鹏拷问聂氏使此案重起风波,造成了冤案。镇抚司和锦衣卫又互相欺瞒、遮掩,混淆视听。陛下您下令让镇抚司、刑部和锦衣卫联合审理此案,但是他们都惧怕东厂的威势,不敢详细地审理案件,为此案平反。一直到大殿之上,刑部和锦衣卫才不敢继续隐瞒。现在的情况是,女儿诬告母亲仅仅处以杖刑,而判案的法官丁哲没有任何罪责,却要被处以徒刑。之所以出现这样黑白颠倒,本末倒置之事,完全是东厂凭借其威势干预司法的结果。我在刑部任职三年,平时审问的盗贼,多数是东厂和镇抚司通缉抓捕,然后送过来的。这些案件的罪犯,有的是东厂校尉因为个人恩怨而诬陷的,有的是校尉代人报仇而将其抓捕来的,有的是校尉接受了犯罪头子的钱财而抓来顶罪的。刑部的官员明明知道案件的真实情况,也不敢擅自更改一个字。这样审理的结果是,冤案太多。上天察觉到了人间的冤情,已经开始频繁地以灾异警告我们。我希望陛下您能取消东厂,顺应天意。同时我希望您能下旨,处死杨鹏叔侄二人、东厂的贾校尉和满仓儿,贬黜镇抚司的官员到极边充军,给丁哲、王爵、陈玉、孔琦四人各升一级官职,以雪其冤。这样上天就能感受到我们的诚意,天下就能太平了。如果实在不能撤销东厂,也应该选任忠厚的宦官做长官,比如陈宽、韦泰等人,并委派一位大臣与之共同管理。另外,镇抚司的案件不能用锦衣卫单独审理,我建议推选在京各卫和刑部主事各一人,共同审理案件。并且三年或六年一轮换,这样擅自枉法裁判、诬告无辜的情况就能杜绝。我是一个微贱的人,周围都是东厂和镇抚司的人,说完这些话后,灾祸是难免的了。我想与其死在东厂这些人的手里,倒不如死在朝堂之上。我宁愿陛下杀我的头,而采纳我的意见。待我身死之后,让我的妻子把我的尸骨送回老家,我也没什么遗憾的了。"

皇帝看了徐硅的奏折之后,非常生气,随即把他送到都察院进行拷讯。都察院的都御史闵珪等人认为徐硅所奏不实,判处他徒刑,并且允许以赎抵罪。皇帝看到判决结果后很不高兴,认为都察院对徐硅案审理不当,都御史闵珪等人纷纷上书检讨,最后,皇帝的处理结果是,都察院审理徐硅案的官员按级别罚俸,徐硅以赎抵罪后,削职为民。

又过了一段时间,给事中庞泮等人上奏说:"丁哲等人的案件已经处理完三个月了,本案的涉案关系人共三十八人,还在狱中羁押,是否应该早作处理。"最后,皇帝下旨,将满仓儿处以杖刑后,送浣衣局服役。丁哲给袁璘家属一笔丧葬费,并且也被削职为民。王爵、陈玉、孔琦等人以赎抵杖刑后,官复原职。

案例出处:《明通鉴》。

(武航宇)

徐士林断父子重典私卖案

《徐公谳词》载徐士林对一起上控到府的土地买卖纠纷案件的判决。案情是，王越万于雍正元年(1723年)将七斗田典与周兼两，未交还典价，复重典于李尧阶。雍正四年(1726年)冬，其子王泽雅又复背卖于汪见武。王越万不允，于雍正五年(1727年)春，复找价绝卖于周兼两。而王泽雅领受汪见武半价二十两，仍未归还，因而两方挖梗毁禾，割麦割稻，控争四年，竟无宁日。

徐士林作判，指出交易中王越万、王泽雅与汪见武均用心不良，存在过错。在王氏父子方面，如若王泽雅卖田于汪见武果出自其父王越万的授意，则当交还李、周二人之典价，并授田于汪见武；如未与父亲商量，则不当盗卖父亲的财产。而王越万既然发觉儿子的行动，就应当退还汪见武田价，以绝争端。父重典，子私卖，既不归还典价，而子卖父毁，本应立即还汪见武之价；直到王越万将地绝卖与周兼两，得受多金，仍不还汪见武之价；即便是汪见武贪恋此田，格外勒索，而雍正六年(1728年)九月内业经县断退银，汪见武之措勒已无所施，王氏父子不应屡经差押而又不还汪见武之价。汪见武一怒之下割麦抢稻，事非无因。王越万今年控窃麦，明年控窃稻，为了掩饰己子盗卖之罪，而诬坐他人匪窃之名。可见王氏父子居心不良。王越万又捏称公议将契外之田一斗抵算前银，汪见武收田耕种。不思汪见武果允此议，胡为七年冬八年春，汪见武仍有抗断抗比之禀？支吾违延，致生葛藤。直至雍正八年(1730年)六月内，在周兼两控告抢割之前一日，始缴价贮库，冀免子罪。由此可见，王泽雅背卖骗价之事，虽狡辩称非父子串谋，谁其信之！在汪见武方面，也非无罪。父在子不得自专，乃是常理。王泽雅卖田，汪见武何不质问王越万一语？汪见武六年合同内，也还有封银十九两向周兼两赎典之语，是汪见武已明知王越万典田在先，何竟阴诱其子背父成交佃人作中阿叔书约，公然作此掩耳盗铃之事。且三十九两田价，止交二十两，契不明，价不足，居然投税，居然收亩，居然过庄耕种，可见贪婪迫不及待。汪见武自以为有了王泽雅一纸契，便成铁券。但子卖父产，外人汪见武怎能鹊巢鸠占？汪见武先是阴谋诡计不顾后患，嗣后抢夺相寻构讼不已。官断退价，即王越万抗延，汪见武惟有禀官押追，不当妄想得田。汪见武却欲壑难填，凶胆辄炽，硬种硬抢，毫无顾忌。相比之下，王越万消极不执行判决的行为，其恶柔，汪见武积极对抗判决的行为，其恶刚。藐法惟均，岂能曲人而直己？汪见武控府词内，竟捏称雍正七年(1729年)九月，李案方结，田归自己。徐士林质问："哪个官做主归你？还是王越万说归你？卷宗具在，鬼语何来。"汪见武又称，雍正五、六、七年，周姓未具一词，竟以周兼两搀买在后，借为争田之柄。不知周兼两从前虽未具词，而雍正六年内约所王则颖等屡为汪见武呈覆气出一孔，词内早载有复卖周兼两之语，可见周兼两雍正五年绝卖之契，原属不虚。汪见武买田于子王泽雅手，周兼两买于父王越万手，直在周兼两，曲在汪见武，买田论是非，无论先后。汪见武种种不法，原因无非是有七斗田之利益横塞于胸中，不能割爱。徐士林查阅县级审理时的案卷，关拘汪见武原为查讯抢稻情由，并无着落完粮之语。汪见武乃敢以遗留冤粮，子孙累害为题，捏词架控，危言耸听。三尺法不能为刁头宽。

徐士林判决：汪见武当堂诘讯，重责二十五板，以惩刁贪。王越万本应提究，卷内词称年老，姑从宽免。其子王泽雅县虽薄责，不足蔽辜，饬县加责十五板，以儆骗诈。仍照县断，从汪见武名下追抢稻六石，即于王越万缴田价银内扣除稻价二两给周兼两收领完粮，田归周兼两照契管业。汪见武买契发县涂销。王越万缴库银二十两，除扣稻价二两外，由汪见武领回。

案例出处:《徐公谳词》。

(张田田)

徐士林断骗婚案

《徐公谳词》载,徐士林审得龙溪县民林礼,是李翩的化名。李翩的前妻郑氏于雍正三年(1725年),因不为丈夫的继母所容,自缢而死。至雍正五年,李翩听说海澄县戴氏的女儿愿娘还未许配嫁人,急切地想娶她,但害怕人家是处女,不愿意做后妻;又觉得自己的年龄与她不相当,担心女家不答应。于是就嘱托他的亲戚颜维从中作媒,更书换姓,叫作林礼,隐瞒年龄,谎称28岁,又隐瞒他前妻上吊身死的事,说自己从未娶妻。戴家让次子苏送,同媒人颜维一起验看,媒人所指的,是林礼找来的替身。女方陷入李翩等设下的圈套中,当即答应将愿娘许配给他,接纳礼金十五元,写立婚书。因为苏姓居住在海澄县格林镇,李翩居住在龙溪县石码镇,相距六十里,李翩的履历及门第境况,全都听凭媒人粉饰,戴氏母子全都被蒙在鼓里了。直到年底,戴氏的长子苏迎,从铜山回家,经过石码时,寻访林礼,查无此人。于是,李翩的欺诈行为暴露了,戴氏悔婚。她儿子找到颜维进行斥责,要退还聘金。颜维深知情虚,于是离家跑到台湾去了。族人苏圣出面说和,退还礼金,两家就此分手,而李翩不同意。一直拖到雍正十一年(1733年),李翩状告苏家,戴氏母子只得应诉。县令没有审理结案。上年,新任冯县令,以"聘金定亲"为依据,判决李翩再补聘金五元、丝绸布帛三匹,责令苏家收领,打发妹妹出嫁。李翩迎娶新娘的那天,愿娘哭闹不止,投河自杀,幸而被人救起,于是没有娶成。李翩再次将苏家控告到县,进而控告到道。本道责令该县把此案审理清楚并上报。该县不能决断。本道提审认为,虽然原来的媒人颜维不在,从道理上加以分析,也可弄清真相。李翩假若不是诡骗,为什么在议定婚事的那天,不说姓李反而说姓林呢?为什么不叫"翩"而叫"礼"呢?李翩又辩称:"本来姓李,过继给林家了。"问他是哪年过继的,他说十七八岁。如果按他的说法,则应当在他前妻缢死的那年,李翩就早已是林家的儿子了。但他前妻娘家那边郑姓家族,控告女儿死因不明时,为什么不告林礼,而告李翩?当时李翩畏罪潜逃,县令又为什么不下令追捕缉拿林礼,反而责问他父亲李用,让其交出儿子呢?由此判断,改李姓为林姓,把名"翩"改为名"礼",完全是为诈骗婚姻设下的计谋。苏送、苏迎供述,他们访听李翩现年为五十岁,而李翩自称为三十岁。本道当庭审讯时,看他的相貌,大约在四十岁以上,虽然新理了头发,且将脸面洗净刮光,终究掩饰不住他的老相。况李翩前妻留下一个女儿,县衙审讯时他供述"女儿十四岁",道衙审讯时则供述"女儿十一岁"。两个月之内,竟然减去了三岁,减小女儿的岁数,明显是为了减小自己的岁数。李翩的状词中称"苏家欺负他家贫困而废除婚事"。雍正五年(1727年)四月许婚,雍正六年(1728年)正月悔婚,仅半年时间,贫富相差怎可能如此悬殊?又说"苏送的妻子郭氏索要银钱,阻止婚事"。愿娘婚配嫁人,是母亲的主张、兄长的成全及愿娘自己同意的,郭氏怎能作主呢?大概愿娘被母兄许配之时,已经十七岁了,在闺房中暗自欢喜,找到合适的人终身有了依靠。接着,哥哥探得这个人的底细,私下里心情忧怨愤懑,以为这个人变易名姓,只怕不是好人。老大一把年纪,不能说是好伴侣,况且还有继母在堂,前一个妻子已遭毒手,心中怎能不担心害怕呢?再加上前妻还留下个女儿,更容易招致闲话,不愿做后妻,更不愿意做继母。反复考虑,没有一样称心的,因此宁愿投河自杀,也绝不愿与李翩结为夫妻。闺阁女子的心事,不难想象。假设当初,李翩求婚时,说实话,不隐瞒,苏家一旦应允,这门婚事就定了。戴氏不能反悔,苏送、苏迎也不能反悔,愿娘就更不能反悔。如果反悔,则必定绳之以法。然而,李翩却靠行骗诈婚,结下这一段恶劣姻缘。苏送、苏迎因官府判决责罚,官衙派遣的差役又登门逼嫁,不得不忍气吞声,屈心服从,劝妹妹出嫁。而愿娘的心意不为之改变,作为母亲的戴氏,目击儿子被拷打,耳闻弱女悲恸号泣,惨不忍睹,触目伤心,毫无办法,只好呈状恳求官府,为女儿请命,愿养女儿终身。回忆订婚以来,官司如同乱麻纠葛,斗转星移,整整九年,愿娘已经二十六岁了。李翩光棍一个,不值得惋惜。而愿娘却长期蒙受冤屈,实在可怜。律为国法,不离人情。律载:男女定婚之初,若有残疾老幼、庶出过继或收养的情况,务要两家都明白告知,各从所愿,写立婚书,依礼聘嫁。若答应嫁女已报了婚书,及有礼约而翻悔的人,笞打五十。既然法律规定"双方务必明白通知,各从所愿",那么因不通知而许婚于前,悔婚于后的,则又另当别论了。李翩若果真是过继的,也应通知对方,况且并没这回事,还改换自己的姓名,对自己年龄不说实话,这就是法律上所说的"不告知";丧妻等事,虽然法律没有明文规定要通知对方,但以义理推论,也是不可隐瞒的。律载:为求婚,女方以别人冒充自己的,杖打八十,追还财礼;男方以别人冒充自己的,罪加一等。李翩虽然不是像律注所言,男方有残疾,让其弟兄冒充相见,但苏迎和媒人相看时,却假借别人为林礼,这也是冒充。冯县令在李翩的状词中批示戴氏悔婚,却不肯调查戴氏悔婚的真实原因。杨县令说:无论是李翩还是林礼,既然苏家接受了聘礼,就应该把女儿嫁过去。把女儿嫁人却并不问新郎姓甚名谁,是何道理?戴氏悔婚,不能说是不义。李翩骗婚,确实是不诚实。苏送、苏迎九年中不敢把妹妹嫁给别人,更可以说是奉公守法。两县令拘泥于文字,牵强取义,实在不妥。本道依据法律,斟酌情理,为李翩斩断妄想,为愿娘除恶,为慈母戴氏达成心愿,为苏送、苏迎解除多年的苦恼。判决如下:李翩应杖,姑且赦免,前后的聘金和布帛,让苏送等如数退还给李翩,李翩可用退回的聘礼再找一个妻子,但必须把真实情况告诉人家,不要再藏头露尾;愿娘抓紧时间找个合适的人成亲。李翩在供词中称"自己是一个教书先生",本道认为,李翩不诚,倘若能悔过自新,对学生现身说法,大概还不至于误人子弟。

案例出处:《徐公谳词》。

(张田田)

许孚中诱审辨真凶

泰安州(今山东泰安市)有个富豪叫王元起,平时凭借其威势奸淫妇女,强取豪夺。临县有个雇工李进贤带着他的妻子方氏租了王元起的房子住。王元起见李进贤的妻子方氏长得很漂亮,就依仗自己的威势,趁不在家的时候,屡次与方氏通奸,也不避人耳目。过了很长时间,李进贤才知道妻子通奸之事,就责怪妻子说:"你不好好在家干活,守住门户,反而与王元起通奸,搞得人尽皆知,真是丢人。今后,如果你不改过,我一定把你活活打死!"方氏反驳说:"你作为男人,不能自立,住着王元起的房子,给王元起干活,收入完全靠他给予,一点都不能给我做主,让我被人欺辱,还来教训我!如果不是他用威势来恐吓我,我也不愿意与他通奸!不如今天我们就搬到别处去住,如果我再做对不起你的事,就是我的不对了!"李进贤听了之后,怒气填胸,非常生气,便大骂:"姓王的强盗!你若再来我家找我老婆,我一定把你一刀杀了!"谁知隔墙有耳,他早早就被人报告给了王元起。第二天晚上,李进贤从王家门口经过,王元起命令他的手下把李进贤绑起来,一顿暴打,把左腿打折了。王元起又怕李进贤逃跑,就命人用破簸箕绑住李进贤两条腿,扔在地上。到了半夜,李进贤因为伤势太重,疼痛而死。王元起又命令手下把李进贤的尸体扔到了山沟里。第二天天刚亮，王元起故意来到李进贤家，说要雇李进贤抬轿。方氏说："李进贤昨天出去以后就没有回过家。"王元起说："听说最近几天附近山里有老虎出没，你丈夫没回来，估计是被老虎给吃了。"方氏说："我们家也没人能去山里寻找，这可如何是好？"王元起说："我让我手下的人去给你找找吧。"到了下午，佯装去山里找了一圈回来了，说："昨天果然有老虎伤人，山上有很多血迹，但是山上树木太多，没人敢向深处去寻找你丈夫的尸体。"方氏最初相信了王元起，非常悲痛。但是邻居中有人打抱不平，悄悄告诉方氏："你丈夫不是被老虎吃了，而是被王元起半路截住后给打死的，有很多人可以做证。"方氏知道丈夫被害是真的，但也没有办法，也不敢声张。这一天，王元起又来到方氏家里纠缠、通奸，方氏很不情愿，一直闷闷不乐。王元起就说："你丈夫这么多天都没回来，一定是死了。你孤身一个女人，也不能在我这里常住。你丈夫还有一个哥哥，我派人把你送到你丈夫的哥哥家，以后如果遇到个诚实的好男人，我给你说媒，你再成个家，过日子。死者不能复生，节哀吧！"于是，送给方氏很多礼物，并派人把她送走。

方氏到了李进贤的哥哥李进贵那里，就把丈夫怎么被王元起打死的事都详细地说了。李进贵很生气，和方氏一起到县衙门告状，称："我现在告发杀人匿尸的事，恶霸王元起，富甲一方，仗势欺人，无恶不作。我死去的弟弟李进贤，因为家穷去做雇工，租住他家的房屋。王元起见我弟媳妇年轻貌美，百般调戏。我弟弟进贤有怨言，王元起就让家人拦住进贤并私自拷打，进贤死于非命。王元起害怕事发，将尸体扔到深山。这件事周围邻居都知道，大家敢怒不敢言。现在我请求您帮我找到我弟弟进贤的尸体，检验伤口，为我弟弟申冤，惩罚恶霸王元起！"县官受理案件后，把王元起传来审问。王元起辩驳说："我家境殷实，也遵守法纪。因为邻县的李进贤来本地做工，租了我家房子住了半年，没啥异常。现在，李进贤外出未归，你就诬陷我与你弟媳妇通奸，打死你兄弟。这对我而言，真是飞来横祸。如果我打死人，怎能还帮他媳妇找尸体？何况我如果与方氏通奸，怎么还敢打她的丈夫呢？请大人明察！"

县官宋太尹在审理本案时，李进贵说："我弟弟租住王元起的屋子，王元起经常来调戏我弟媳妇，因为这件事，我弟弟骂他。第二天，我弟弟从他门前经过，他就拦住我弟弟，把他活活打死。现在，请求您找到我弟弟的尸体，检验看是否有伤，为他申冤！"王元起说："因为你弟弟下落不明，你就诬陷我杀人吗？你为什么不自己找到你弟弟的尸体呢？我出租房屋，图的是吉利。我如果有奸淫之心，你弟弟死了，你弟媳妇还能在这吗？我还给她很多钱，派人送她去找你，可见我并没有奸淫你弟媳妇。"县官问方氏："你与王元起是否通奸？"方氏不好意思回答，就说王元起常来调戏，并未成奸。县官再讯问传来的证人："李进贤是被王元起打死的，还是自己死在外面了？"那些证人都被王元起买通，都说李进贤是个雇工，在山里走路的时候失踪的。王元起并没有拦住他，更没有把他打死。虽然对证人都用刑了，但都没改口供。所以县官宋太尹就判定李进贵是诬告罪。李进贵不服，又到府衙去告状。石太府亲自复审此案，证人证言仍和以前一样，也没有找到尸体，所以，仍然维持原判，判李进贵徒刑，并批示李进贵不许再去上告。李进贵的冤情无处可申，只等着发配去服刑。

但是没过多久，李进贵听说朝廷新派来的巡抚许孚中是个清正廉明的官员，就在路上拦轿喊冤。李进贵说："我弟弟李进贤，被恶霸王元起打死，恶霸埋了尸首，买通旁证，拒不承认。县衙、府衙都认定我是诬告，判处我以徒刑。徒刑很快就能服满，但是我弟弟的冤屈没申，我死不甘心！"

许孚中见李进贵非常可怜，就受理了此案，并亲自提审一干人犯。审问的第一天，所有的证人都经历过好几次庭审，证词背的很牢，仍然坚持原来的证词，没有任何疑问。第二天复审，许孚中命令所有涉案人员都远远地跪在门外，单独把证人蔡弘来叫入大堂。不问他与案件有关的事，只是问些村庄坐落，村里有哪些人家，有些什么树、什么山？随后，又把证人卫完来叫来，仍然不问与案件有关的事，只问村里有哪些人，有些什么牲畜之类，并且边听边点头，问完后，就把证人押入后堂。其他证人只看见许大人和这两名证人点头说话，并不知道说了些什么事？接着，许大人又传唤证人林棠，直接就说出了他们村子的基本情况，包括房屋住址、人口情况。林棠听了之后，发现一点都不差，非常惊讶，怀疑许大人曾经到他们村里微服私访过，所以才能知道得如此详细。这时，许孚中追问说："李进贤是被打断了腿而疼死的，当时王家的邻居老妇正好牵了头花牛经过，看见他被绑住双腿。你快从实招了吧，如果你还不说实话，我可要给你上刑了！"林棠知道王家确实有个邻居老妇经常放花牛，怀疑许大人已经亲自访问得知事情，又怀疑刚才的两名证人都已经说了实话。所以就据实禀告："李进贤是被打断了腿之后，用破簸箕绑住了脚，到夜里疼死的。现在尸体不知扔到哪里去了。"许孚中得知这个细节后，再把王元起叫过来，仍用这几个细节去提示他，最后说："你自己去把尸体找来。"王元起吓坏了，赶紧叩头认罪，说："尸体是在半夜里被扔到山沟里的，不知道还在不在了。"许孚中说："这两天下了暴雨，肯定能把尸体冲到下游去。"于是，他派出衙役到下游去寻找，果然找到了李进贤的尸体，那个破簸箕还绑在尸体的腿上。于是许大人判决称："王元起凶残成性，睚眦必报，看见美色，心生邪念，本来想与方氏一直通奸，但是被其丈夫李进贤咒骂之后，心生歹意，纠结家人把李进贤活活打死，手段实在是残忍。现判处王元起死刑，其他参与杀人的，视作从犯，减死从流。"

案例出处：《皇明诸司公案》。

（武航宇）

许进昭雪投毒杀夫案

许进，成化二年（1466年）进士及第，最初的官职是监察御史，后又任右佥都御史，官至吏部尚书。许进审判案件周密详慎。他任山东按察使期间，处理过这样的一个案件。单县有一名女子，被告谋杀亲夫。具体案情是：在农忙季节，男人在地里干活，女人负责送饭，有一天这名女子到地里给丈夫送饭。没想到，她丈夫刚吃完饭，就倒地而死，该名女子慌张不知所措。后来，该名女子的公婆把她告到官府，指控她谋害亲夫。这名女子不知道如何辩解，只好承认。许进在审阅这宗案卷时，感觉很奇怪，他想："夫妇相互守护扶持，这是普通人的至诚愿望。而下毒杀人，应该是谋杀中最为详细周密的一种杀人方法，按照常理，怎么能自己亲自送有毒的饭菜，而谋杀丈夫呢？"于是，许进又详细询问这名女子当时的情况，比如送去的是什么饭菜，经过的又是哪一条道路？这名女子回答说："我那天给丈夫送去的是鱼汤和米饭，路过村里的荆树林。"于是许进就命令属下买来鱼熬成汤，又做了米饭，然后把荆花放到饭菜中，之后试着把这饭菜给狗和猪吃，没想到，狗和猪吃过这混着荆花的鱼汤、米饭后，全都死了。所以，许进判定，该名女子的丈夫是误食混有荆花的鱼汤、米饭后中毒身亡，不是该女子谋杀致死。这名女子始得沉冤昭雪。

案例出处：《祥刑古鉴》卷上。

（武航宇）

许治判粪溅武举新衣

江苏人尚文学，然武科不能废，当岁试之年，武举搜罗充数，往往不及额而止。无赖者侥幸得到武举资格，不求上进，往往横行霸道，不特闾里苦之，地方官也苦之。乾隆二十二年（1757年），许治任华亭县知县，有一个武举人扭送一个乡下人前来告官，说在街上走时被乡下人挑粪弄脏了衣服。许治听后拍桌大喊：应该重重地罚，不能饶恕。乡下人苦苦哀求。许治说，如果愿受罚可向相公磕头一百下，命令武举人向南坐，乡下人在下面磕头，还让差役在旁边数清楚。差役数至七十多下，许治突然说：停！我也太糊涂了，还没有问，你是文举人还是武举人？原告回答是武举人。许治说：那我错了！得罪文举人，磕头一百下，武举人，只须磕五十下。你该磕还二十下。于是许治又命令乡下人向南坐下，让武举人在下面磕头。武举人不肯，两个差役就一齐按着他磕头。武举人磕完头后，愤愤而出。许治抚掌大笑，邑人旁观者无不大笑。

案例出处：《明斋小识》。

（张田田）

薛允升严惩太监杀人

光绪二十二年（1896年）太监李苌材、张受山搆众击杀捕者，严旨付刑部议，薛允升拟援光棍例定罪。总管太监李莲英为太监乞恩，太后于是以例有伤人致死按律问拟一语，敕刑部再议。薛允升上疏：“李苌材一案，既非谋故斗杀，不得援此例。且我朝家法，严格管控太监，此次本官从严惩治，不能仰体哀矜之意，已愧于心，倘复迁就定拟，并置初奉谕旨于不顾，负疚益深。立法本以惩恶，而法外也可施仁。皇上果欲肃风气、惩处罪犯，则仍依原奏办理；若以为过严，或诛首而宥从，自在皇上权衡至当，非臣等所敢定拟。”疏上，仍敕刑部议罪。其间，李莲英嘱要人求末减，薛允升不为所动，复奏请处斩张受山，李苌材因伤人未死，量减为斩监候。上知其执法不挠，卒从其议。

案例出处：《直节敢言，不畏权要：薛允升与太监的斗法往事》。

（张田田）

严道甫议亏空案

严道甫在军机处很久，熟悉典故，很讲义气。罗长浩观察督云南粮储，亏空铜厂一万一千两银子，又要分赔下属汪大镛亏欠银千两。圣旨勒令十倍加罚，逾限不还，就要正法。罗长浩已交纳十一万两，但分赔的银两还未还清，乞求展限，事下军机处与刑部查办。当时刑部长官主持会试入闱，其他官员无法决断。正巧有行在宣谕枢臣之事，严道甫借机造访贡院求见长官，从容说道：罗长浩还款限期迫在眉睫，等您出闱恐怕就来不及了，罗长浩未还清的是分赔属吏的款项，而前日里见到吏部文案，属吏汪大镛尚且赴补直隶，得到宽宥，重新为官，而上官仍要受牵连而陷于极刑，岂能妥当？从袖中拿出罗长浩一案请求宽限的稿件，求长官定夺，获得批准。严道甫出外将裁判给其他官员阅看，大家列衔入奏，得旨：令汪大镛分缴所欠款项，罗长浩得以出狱。

案例出处：《南屋述闻》。

（张田田）

颜检明察夫杀继妻真情

颜检在直隶总督任上时，河北省永年县民梁自新勒死自己的继妻白氏和儿媳妇张氏，颜检讯问得知杀人动机，原来白氏是携与前夫所生之女张氏来再嫁梁自新，梁自新的儿子梁有福因愚笨为白氏所嫌，常被虐待。梁自新觉得梁有福是独子，媒聘张氏为梁有福妻，希望白氏爱屋及乌，因爱女并怜其子。但白氏对梁有福憎詈如故，还纵容张氏与族孙梁顺先通奸。奸情被梁自新父子窥破后，白氏母女就想谋害毒死梁有福。经梁自新搜出毒食，气愤想要告官。白氏母女转而要赶走梁有福，梁自新一怒之下，先后将张氏、白氏勒毙。依律，殴妻至死应绞监候，但颜检认为，白氏长期作恶，不知悔改，与丈夫早无情义，此案比起寻常殴妻致死来说，更应该从轻发落，拟判梁自新杖刑与流放。皇帝特旨依议，并对梁自新加恩，减为杖一百、徒三年。

案例出处：《清史列传》。

（张田田）

颜检议强奸伤人案

嘉庆五年（1800 年），颜检在直隶总督任上，有东明县李车图谋强奸七岁幼童赵六，因赵六不从，李车就想砍杀他，伤痕达到十五条之多。赵六的伤，在保辜限期内痊愈了。但颜检仍认为李车的淫恶逞凶不同寻常，应该比常规的强奸未成、伤人未死之刑更重，建议将李车处以绞立决，皇帝下旨，认可颜检的议论。

案例出处：《清史列传》。

（张田田）

杨逢春夜审获奸案

南京刑部典吏王宗，是福建人。有一天恰逢他值班，突然有人来报信，说他的小妾被杀死在客栈的房间中。王宗听了之后，非常吃惊，飞快跑回客栈。回到客栈后，看见他的小妾横尸卧室，其状惨不忍睹。于是，他痛哭流涕跑回刑部向上司报案。没过几天，有人来告诉他说，刑部尚书周用将把此案交给河南司审问。河南司将此案审理了几天都没有任何结果，便开始怀疑此案是王宗所为，于是下令拘捕王宗到庭，并严加审问。王宗连呼冤枉，辩解说："我那天值班，有人来报告后才回去的，这是大家有目共睹的事情。并且据我所知，我的这个妾在外面并没有做对不起我的事，平常我们也十分恩爱，我怎么可能杀她呢？"河南司官吏将王宗拷打审问了好几天，王宗始终没有改变他的供词。河南司只得将案件的审理情况禀报给都察院，几个月之后，都察院发文将此案交给了浙江道御史杨逢春主持审理。杨逢春接到这个案件后，就在街头贴出告示，说约定某天晚上二更之后审讯王宗的案子。到了约定的时间，杨逢春开始审理王宗的案件，审讯了一会，突然停住，命令两旁的衙役说："门外有人偷听，立即给我抓来！"衙役出门，果真抓获了两个人。杨逢春喝道："你二人鬼鬼祟祟地偷听，为何偷听审讯？从实招来！"其中一人甲吓得直哆嗦，指着另一个人乙说："是他强拉我陪他到这儿来的，不知道是什么原因。"杨逢春指着乙问甲："他是什么人？"甲回答："客栈的账房先生。"于是，杨逢春将甲释放了。接着命令衙役将乙锁住，严加盘问。乙终于露出马脚，招供了全部罪行。乙供称：他和王宗所住客栈的老板娘勾搭成奸，恰巧被王宗的小妾撞见，他怕事情败露，惊慌之下便将她杀死灭口。至此，真相大白，杨逢春将乙依法判处死刑，同时将王宗无罪释放。

人们都觉得很诧异,问杨逢春审理此案的诀窍是什么? 罪犯为何自投罗网? 杨逢春说:"如果白天审判此案,旁观审判的人就会有很多,不容易辨别嫌疑犯的踪迹。但是,如果半夜审案,如果此案与自己没有切身的利害关系,谁会来偷听呢?"因为审断了这起案件,人人都赞叹他断案如神,杨逢春一时间在南京城名声大振。

案例出处:《说听》《中华历代名案》。

(武航宇)

杨莲府协办私奔案

光绪年间,广东一对男女通奸后私奔,逃离家乡两年后,在数百里外被本夫抓获并杀死,省里"援例释罪",主张本夫捉奸杀人勿论,但被刑部驳案,因为具体情节与奸所登时获奸的法律规定不符。杨莲府在省里作幕,将文书改写为:"窃负而逃,到处皆为奸所;久觅不获,乍见即系登时。"因此获得当时执掌刑部的薛允升的赞许,"立允其请"。

案例出处:《异辞录》。

(张田田)

杨茂清断杀丐嫁祸案

杨茂清在做安徽泾县做知县时,曾处理过一桩杀乞丐嫁祸案。泾县有个叫王赞的人,平日游手好闲,是个无赖。他欠了富商周鉴一百两银子,到时间还不上,就想要设计陷害他。王赞预先收养了一名女乞丐供养在家中。有一天,周鉴上王赞家来讨债,他刚踏上王赞家门前河中那座小木桥,那个女乞丐就出来和他争吵,然后就直愣愣地扑向他。周鉴连忙闪过,那个女乞丐一头栽倒在河中,很快就断气身亡。第二天,王赞就到官府告状,说:周鉴倚财杀人,有一位离这儿五十多里路的贩麻的商人就是人证。审问此案的官员因为周鉴家太富有了,担心为他说话会沾上受贿的嫌疑,就不敢替他说话。这个案件处理完后,上报到都察院,都御史又将案子下发到郡,郡守下令杨茂清前去重新审理。杨茂清挑灯夜阅卷宗,心中疑窦越来越多:"此案为什么不请乡邻做证,而是请家住五十里外的麻商来做证? 说王赞被打晕在地,又怎么能知道贩麻商人的姓名并领来做证人?"他思忖一会儿,又突发奇想:"这案卷记载,女乞丐因伏在王赞背上掩护他而被打死,那么她的胸口怎么会有致命伤口呢? 对,一定要重审贩麻商人!"看完案卷,杨茂清连夜审问商人。那商人无奈,乖乖地交代:"王赞是有名的无赖。他要我做假证人,我敢不做吗? 更何况,他还许诺,待案子了结后,他要给我五十两银子做酬谢。"第二天早晨,杨茂清来到案发现场察看地形。他边察看,边询问附近居民,案子终于水落石出。原来,王赞家门前一条小河中戳着一排排养河蚌用的竹竿,河面上架了几根长梢木椽子作为桥。案发当天,王赞特意让女乞丐出来和周鉴争吵,然后乘女乞丐不注意,把她推入河中。女乞丐胸口猛地撞在河中竹竿上,当场身亡。王赞在审问时无话可说,周鉴终于洗净冤情,无罪释放。

案例出处:《增智囊补》《中华历代名案》。

(武航宇)

杨评事理雪沉夫呼妻案

湖州赵三和周生关系很好,两人相约一起去南京做生意。天刚亮,赵三来就来到了约定的船上,因为早上起得太早,他感觉很困,就打算穿着衣服在船上睡一觉,顺便等着周生的到来。万万没想到,这艘船的主人张潮看到他熟睡,心生邪念,将船摇到一个偏僻的地方,把张三推到了水中,把他身上带的钱财据为己有。之后,又回到原地,假装在船上熟睡。等周生来到船上时,他发现赵三还没到,就等了一会,但是过了很久,赵三都没来,便叫张潮去催赵三快来。张潮佯装无事来到赵家,敲门喊道:"三娘子! 三官人为什么还没到船上?"赵三的妻子孙氏吃惊地说:"他今天早早就出门了,怎么还没到船上呢?"张潮回去告诉周生。周生非常惊讶,就约了赵三的妻子孙氏到处寻找。一共找了三天,仍不见赵三的影子。周生怕受牵连,就将赵三失踪之事上报给了官府。湖州县令怀疑赵三的妻子谋杀了丈夫,拟判处其死刑。这个案件逐级上报到大理寺,大理寺的杨评事仔细地查阅了案卷,综合分析推测:"张潮去找赵三,但是敲门时就喊三娘子,而不是喊三官人,这说明他已经知道赵三不在家! 他作为外人怎么能知道赵三不在家呢,说明张潮有犯罪的可能。"杨评事以此为突破口,重审张潮。最后证明杨评事的推测完全正确,张潮服罪。

案例出处:《祥刑古鉴》卷上。

（武航宇）

杨一鹗断致仕官失窃案

杨一鹗,嘉靖年间的进士,曾任福建建宁府知府。在建宁知府任上,杨一鹗处理了一宗致仕官员失窃案。有一天,杨知府接到退休官员林命的诉状,林命诉称自己家中被盗走六个皮箱,里面装有千余两白银,请求杨知府尽快拿获盗贼。林命向杨知府陈述,自己退休后,在建宁府临江门附近购买了一处旧房子,装修之后入住了两年,为了补贴家用,今年准备把其中的一个小院出租出去,结果整理房间时,发现装有家中所有积蓄的六只皮箱都不见了。

杨知府为了查明案情,就来到林家被盗现场进行勘验。杨知府发现在丢失银子的阁楼上有两个陌生人的脚印,是普通麻鞋留下的;还有一双脚印,是光脚留下来的。杨知府问林命:"你这个房子是什么时候装修的? 是谁帮你装修的呢?"林命说:"是两年前装修的,我请附近密记木匠铺的掌柜密汲带人来装修的。"杨知府又问:"装修那天是你一个人上了阁楼,还是有人陪同你上的阁楼?"林命说:"那日是两个家人陪我一起上的阁楼,两个家人都在。"杨知府把两个家人叫来,仔细查看,发现二人都穿着麻鞋,那麻鞋的脚印应该是这两个家人留下的,但是这两个家人看上去忠厚老实,不像恶人。杨知府再仔细查看,发现光脚的脚印主要集中在窗前,非常凌乱。而且有一扇窗户没有从里面插上,外面还有刀撬的痕迹。而且窗户离院墙不远,墙砖上也有明显的绳勒的痕迹。从这些证据可以判断,屋里光脚的人把六只皮箱放到院外,院外有人接应。正在杨知府苦苦思索的时候,有一只大老鼠,嘴里叼着一只小老鼠,从院墙上跳到阁楼檐角,窜入阁楼之内。过了一会儿,这只大老鼠又出来,跳到院墙上,再跃到院外。过了一会,大老鼠嘴里又叼着一只小老鼠回来,窜入阁楼之内。林命的家人说认识这只大老鼠,因为这只老鼠曾经到厨房偷吃食物,被人发现后被铲断了尾巴。杨知府觉得很奇怪:"林家的老鼠,也应该在林家生小老鼠啊,怎么还从外面往家里叼小老鼠呢?"杨知府命令手下人去跟踪那只大老鼠。果不出所料,大老鼠又翻出墙外,从隔壁家里叼出一只小老鼠,然后又赶往林家阁楼,林家人说,隔壁就是密记木匠铺。得知此事后,杨知府马上带领衙役来到密记木匠铺搜查。

杨知府先让人绑了密记木匠铺的掌柜密汲,然后开始搜查各个房间。就在搜查的时候,杨知府发现那只大老鼠又进入卧房,从床前脚踏板下的一个小洞钻了进去,过了一会儿,叼出一只小老鼠,然后从墙角的鼠洞窜了出去。于是,杨知府命令衙役,将脚踏板打开,发现下面居然有一个地窖。在地窖里找到了林家丢失的六只皮箱,其中一只皮箱有破洞。打开一看,里面除银两之外,还有另外几只小老鼠,大概是老鼠把箱子当作窝了,因为箱子被搬走移动,小老鼠被带到这里,大老鼠是来营救小老鼠。

杨知府在找到赃物后,提审密汲。首先检验楼上的脚印是否是密汲留下的,检验发现不是,于是杨知府断定密汲还有同伙。密汲面对确凿的证据,知道无法躲避,就如实招供了。

原来,密汲在给林家装修时,就发现阁楼里有好几个皮箱,猜想里面有贵重物品。不久前,密汲认识了一个惯偷蒋承熙,将此事告诉了他。蒋承熙让密汲画出林家阁楼的地形图,然后趁夜深人静,潜入阁楼,盗走了六只皮箱,并转移到隔壁密汲家。蒋承熙担心林家保安,就将银两藏在了密汲家,打算等风头一过,再分赃。没想到,皮箱中的老鼠泄露了机密,杨知府顺着老鼠衔子的线索就找到了丢失的银两。得知实情之后,杨知府将蒋承熙及其同伙谭漆抓捕归案。

杨知府检查完六只皮箱后,发现箱内共有三千两白银,与林命所报损失不符。杨知府将林命找来后,杨知府说:"林兄所告失窃银两太多,哪能有盗窃一千两银子的盗贼呢?这个诉状也只有我能受理,换作别人都不能相信。"林命说:"我确实丢失了一千两白银,这是我这一辈子积攒的辛苦钱。"杨知府说:"如果确定是一千两,那么在审讯窃贼时,如果多追回来的赃款就可能是别人的赃物了,您就不能冒认了。"林命说:"我只要我丢失的一千两银子,多出的不能要。"于是杨知府命衙役拿出两只皮箱,里面装有一千两白银,就让林命签领收据。随后又拿出四只皮箱,里面还有二千两白银。林命看到之后说:"这四只皮箱和里面的两千两白银也是我的!"杨知府说:"您的诉状称丢失一千两白银,怎么现在要认领三千两白银呢?"林命说:"我丢失的确实是三千两白银,在告状时,担心您不相信,所以说是一千两。如今此案告破,我愿意将一千两白银充公。"杨知府说:"我并不贪图您的财产,如果贪图您的财产,给你一千两,你也没有疑问,主要是因为你告状时说丢失的是一千两白银。您为官一场,非常不容易,三千两银子全部领回家吧,小心存放!"之所以林命被盗三千两白银,却说被盗一千两白银,是因为他为官六年,且是七品官,按照当时的俸禄,他六年的全部收入也就是二三百两白银,所以其他的银两收入都是不合法的。为了避免被追查贪污受贿等情况,林命开始不敢说自己被盗那么多财产。

杨知府在确认完银两属于林命之后,就再次提审盗贼,因为赃银已经被找到,所以盗贼都承认了作案的事实。

杨知府判决如下:蒋承熙屡次盗窃,且数额巨大,处以绞刑。密汲勾引盗贼,且藏赃物,判处绞监候。谭漆等人为从犯,且是初犯,处刺字刑。

案例出处:《柏桦讲明清妙判》。

(武航宇)

姚柬之断控贼杀妻案

《清史稿·循吏传》载,姚柬之为河南临漳知县,屡决疑狱。县民张鸣武控贼杀妻,称贼人是从窗棂爬入室内的。姚柬之勘查现场,发现窗棂窄,且夫声称捉贼却并未走远,于是诘问张鸣武,果然是他在追赶盗贼时误将妻子砍伤致死。

案例出处:《清史稿》。

(张田田)

姚文然断盗伐官柳案

姚文然曾自述，其刚就任刑部长官时，康熙十一年（1672 年）四月初五日，有一名犯人，盗伐官柳一株入家，刑部照盗窃获赃物价值在一两以下之律，判决杖八十，刺盗官物三字。此后，姚文然与陕西司正郎王明德论律，涉及几条盗贼免刺的规定：盗园陵树木一条，其罪重至于皆杖一百，徒三年，计赃重于本罪者各加盗（监守、常人）罪一等，然而律不言刺字，意味着免刺。按律，盗田野谷麦菜果及无人看守器物者并计赃准窃盗论，免刺。发冢条内，其盗取坟茔上器物砖石者计赃准凡盗论，免刺。姚文然归查《笺释》，盗园林树木条例下小注称：除擅入山陵间毁伐树木，系官者加，计赃准窃盗；又再四遍查其余内容，户律田宅弃毁器物稼穑等条下，凡故意弃毁人器物及毁伐树木稼穑者，计赃准窃盗论，免刺，罪止杖一百，流三千里，官物准窃盗赃上加二等。姚文然读至此，喟然长叹。起初以为，窃盗之条不过就本律查看，误以为官树就是官物，岂能知毁伐树木系官物加准窃盗赃上二等，乃在户律田宅之条？准者不在刺字之限，而一时误刺之。三犯窃盗者绞，以曾经刺字为凭，刺一字是去人性命三分之一。姚文然反省：曾经说过，新任官初到署半年之内，不应用意剖断一事，恐怕有误。如今自蹈之，罪戾不小。次日入署，再同满汉司官细考详议，众人都以为仍照律为是。又迟至四月十三日，又遇有数人各盗伐柳栽一根，刑部官员公议照准窃盗赃一两以下杖六十加二等，杖八十而免刺。

案例出处：《皇朝经世文编》。

（张田田）

叶芸士解纷

邑东鄙某村的于媪，从女儿家归来，筐中携粮米数升，内有京钱八百。天热物重，她头上出汗如珠。正巧后面有少妇赶上来，于媪认出是邻村王氏，请她帮忙拿筐，王氏答应了。王氏走得快，打算先到前面的村子里等着于媪，于媪同意了。于媪赶来后，发现粮内之钱已不见了，王氏却说未见。此钱原来是于媪之女纺绩零星积聚，背着丈夫周济母亲，数额不多，于媪却视之以一当百，以百当千，一旦丢失，十分难过，因此连骂带哭，甚至要动手。正逢县令叶芸士来，见有口角，呼而问之。于媪哭诉情实，真堪怜悯。叶芸士视王氏，容貌幽雅，是乡村美妇人；夏天衣薄，腰里的钱隐隐外露。叶芸士想到，如果令男姓差役搜寻，恐致少妇羞愧。旁边有古庙一所，就在庙里审讯此事。他令差役呼地方至，沽酒四两，称量发现两数不足。于是将卖酒者传至责问："地方沽酒，给你钱否？"卖酒者说如数交给，又问："钱既如数，奈何分两不足？欲加重责，可怜你乡愚无知，罚你出京钱八百，不许少数短底，可速取来！"卖酒者既取至，叶芸士便将此钱给于媪并对她说："你的钱可能忘在女儿家了，不要再找王氏索要了。"将她们都遣去。叶芸士又问卖酒者生意几年，答，五年；问是否有外债未收回，答外欠二百余千。叶芸士对他说："帮你讨回，不无小补。"于是按帐代索，嘱差役说：乡农之家，恒无存项，有钱者如数清还，无钱者以粟折之。如有故违，传至重责。未几，欠账悉清。叶芸士对卖酒者说："虽罚你出钱文，也知你觉得委屈，如今还有怨言么？"卖酒者连呼青天而去。时人评价，叶芸士决此狱是霹雳手，以不忍人之心，行不忍人之政，可谓得法外意。

案例出处：《益智录》。

（张田田）

易贵审石查获盗纸贼案

易贵,字天爵,明英宗正统年间的举人,官至兵部主事、礼部郎中,曾出任湖广辰州知府。易贵在辰州做知府时,非常体恤民情,为官刚正,不惧权贵。当时他破获一起盗纸案。辰州有个穷人挑着一担纸到集市上去卖,走累了,就在路边歇息。由于这几天连续工作,疲劳过度,竟然在路边睡着了。等他一觉醒来,发现装纸的担子已经被人拿走了。他在附近找了好久,都没有找到,最后他没有办法,就来到知府衙门告状。知府易贵受理此案后,马上派人到案发地点搬来一块大石头台,放到官府的台阶下,并开始鞭打、"审问"这块石头台。知府易贵这一怪异的举动,引得过往的人们纷纷围过来看热闹,顷刻间衙门已经热闹得像市场一样了。过了一会儿,知府易贵命令衙役关上大门。围观看热闹的人都觉得这个穷人很可怜,纷纷自发地施舍给他一些钱,帮助他渡过难关。审完石头之后,知府易贵问他:"你家的纸有没有做什么标记呢?"他回答说:"有。"然后知府易贵就让他在附近找地方住下,等待消息。几天之后,知府易贵发出一份公告,内容是辰州要采购数量很多的纸,采购的价钱也是非常合理。纸商们非常踊跃地来卖纸,知府易贵命令纸商在纸上标注各自的名字。过后,让丢纸的穷人来辨认他的纸,这名穷人果然辨认出了他丢失的纸。知府易贵按照先前纸商们标注的名字,很快就把盗纸的贼抓住了。审讯时,盗纸贼面对铁证,只能老实服罪。

案例出处:《中华历代名案》。

(武航宇)

应敏斋明辨事主认赃不实

应敏斋任按察使时,遇有命盗案件,怕有冤枉,总是悉心研鞫,州县颇以接到应敏斋的驳诘为苦,但这样也使狱中少冤民。无锡有一盗案,盗贼屡承屡翻,赃据凿确,发审局诸委员也信以为真。应敏斋亲提研讯,见事主高大,盗贼矮小,究诘再四,事主坚持认赃为据。应敏斋取被认为是赃物的衣服反覆观察,叫事主上前,指一马褂问:这是你的衣服吗? 事主说是。应敏斋令事主试穿,短小不合身,叫嫌犯来穿则正好。嫌犯哭喊:今日终于见到青天了! 那本来就是我的衣服。原来无锡那年盗案层出,一无破获,捕役担心考核,抓获一人强迫他承认为盗,嘱事主勉强指认,希望能不追究其捕责不力的责任,这些情况都被事主供出。应敏斋重责捕役,而取一长大之马褂送给事主穿走,告诉事主:以后终当给你抓到真盗,再不要帮着捕役诬告好人! 应敏斋自言,此案破获,不敢自夸为有神通,而是要求承审官留心。

案例出处:《庸闲斋笔记》。

(张田田)

袁崇友断争牛犊案

袁崇友,字伯益,万历年间的进士,曾任福建泉州府南安县知县。在其任上,他断过一宗争牛犊案。案情是:本县农民董惟仁状告其邻居贾怀远强占自家小牛,请求知县判归小牛。紧接着,上一宗案件的被告贾怀远也来状告其邻居董惟仁诬告自己霸占他家的小牛,涉案的小牛是自己家的。请求知县严惩董惟仁。

既然是互讼的案件,且双方都已到场,袁知县开始升堂。袁知县首先提审原告董惟仁,他说:"我们家的母牛生了小牛之后不久就死了,小牛现在是六个月,不好养活,所以想把小牛卖掉。但是小牛因为失去了母亲,误入贾怀远家的牛栏,贾怀远就说小牛是他家的了。”接着,袁知县提审被告贾怀远,贾怀远反驳说:“我们两家最近两年相安无事。但是不久前,我家母牛生了两头小牛,都是我亲自接生的,长得一模一样。董惟仁家根本就没有母牛,怎么会有小牛呢?分明就是他想栽赃陷害。”

袁知县看到,虽然这只是一宗争夺小牛的案件,但是原、被告双方家族来观审的人特别多,加上他深知此地经常会因为小事而引发大规模械斗,所以他处理此案特别谨慎。袁知县发现双方都没有直接证据证明小牛的归属,也没有说明小牛具体的标记,都说小牛是一模一样的,所以他只能自己检验小牛了。袁知县命贾怀远把三头牛牵到堂前,对原、被告双方说:“一牛两主,一定有人说谎。现在如果从实招来,我可以既往不咎,否则,将严惩不贷!”双方都依然坚持自己的主张。思索了一下,袁知县命衙役将两只小牛分别拴在衙门之前的两棵树上,命令衙役:“给我狠狠地打这两只小牛!”打完之后,袁知县又命令把母牛牵过来,只见母牛一进来便奔向左边树上捆绑的小牛,并用嘴去舔小牛的伤口,小牛则依偎在母牛的腹部。母牛压根就不管右边的小牛。袁知县这时才说:“这只母牛只生了一子,你们看明白了吧。”贾怀远辩解道:“大老爷,小牛拴在两边,母牛只能顾一边,所以它才来照顾左边的小牛,但是它的眼睛还在看着右边的小牛呢。这不能证明母牛只生了一只小牛!”袁知县又让衙役把母牛牵到中间,然后让另外两个衙役把两头小牛同时释放。结果,左边的小牛马上跑到母牛的身边,依偎在母牛的腹部,而右边的小牛则避开众人,向门外逃去。这时,袁知县对围观的人说:“逃跑的小牛是董惟仁家的,贾怀远家的这头母牛只生了一头小牛。牲畜也有爱子的天性,当小牛被殴受伤的时候,它的母亲最心疼它,而无暇顾及其他的小牛。”众人听了袁知县的分析后,都赞叹不已。董惟仁和贾怀远见袁知县断案如神,讲出了实情。

原来,董、贾两家都养有母牛,而且两头母牛在同月各生了一头小牛。因为是邻居,所以两家经常在一起放牛。但是,在小牛长到两个月的时候,董家的母牛从山上跌下去摔死了,再去放牛时,董家的小牛就主动跑到贾家的母牛那里去吃奶,母牛也不驱赶。晚上,董家的小牛也跟着贾家的母牛一起回贾家。董惟仁图方便,也不管,而贾怀远则想完全占有小牛。四个月之后,小牛长大了,可以卖了,董惟仁来牵小牛,贾怀远当然不同意。双方互不相让,就来到县衙互相控告。至此,案情大白。

袁知县判决如下:贾怀远冒占他人物品,且诬告他人,按律当处以笞刑,但是他也帮董惟仁养了四个月的牛,所以轻重相抵。董惟仁企图不给贾怀远代管小牛的草料钱,但是也被诬告了,所以轻重相抵,不追究责任,也不用交草料钱。而且这是一桩小案子,不收诉讼费。

案例出处:《柏桦讲明清妙判》。

（武航宇）

袁知县断婚姻纠纷案

光绪二十年(1894 年)十月十九日,四川南部县东路金兴乡二甲廪生罗云瑞以“窝娼逐逼”控告李炜、李何氏、李猪儿、何广平四人,据其控词,罗云瑞之妹罗氏幼配李玉林为室,两家为姻亲关系,李玉林之父李炜勾宿名娼何氏(事实上与之结婚),并蹧毙嫡妻,何氏悍虐,打堕罗云瑞妹童胎,并将罗云瑞妹逐出,罗云瑞之父为其女被虐待之事前去质问何氏,反被何氏抓殴,并跌毙于宋文达店内,惨至罗云瑞妹夫妇无衣,生妹无家可归,父遭殴毙,弟也亡。因案情属于“命案”,县衙将此案归入“刑房”,袁知县批示罗云瑞“候唤讯察夺”。十一月十三日,李玉林所诉却与罗云瑞所言大相径庭:李玉林母之死与父亲后娶之何氏并无相干,罗云瑞保枪革办,永不开复,后揽讼跟棚,李玉林所娶妻子曾由罗云瑞先许杨姓后嫌离,现在罗云瑞父子欺李玉林贫而仍图嫌离,在此情况下,李玉林先投周宗林、张应林等理处,罗云瑞之父病故,不是被打致死,且罗云瑞之弟贫穷,求李玉林给钱十三串安埋。李玉林也来告状,是因为罗云瑞纵嫌欺辱:罗云瑞父遭殴毙命,罗云瑞却不报官请求检验,并指李玉林之母为娼,李玉林父年老多病,由李玉林代告。经罗、李双方的家族、场头及本人就事情的“本来面目”具禀,但所述内容仍是各执一词。衙门于四月二十四日堂讯,衙门虽传唤与案件有关的李炜、李何氏即李猴儿、何广平、李猪儿等人到堂,但只到了罗云瑞、李玉林两人。此时罗云瑞的供词却发生了变化:廪生平日教读,并没妄为。李罗氏是胞妹,幼配李炜的儿子李玉林为妻,过门几载,夫妇和好无嫌。上年间李炜娶何氏为妾,平常恃泼,令胞妹要叫翁姑不遂,由此蹧践刻待,廪生迭次劝和罔听,各往省教馆去了。迨后愈加刻待,把胞妹逐出。父亲往闻反受凶辱,父亲气急殒命。去年廪生转归闻知,心里不服,在前雷主案下具告准唤,他抗不到案,如今才来案开单候讯的,求天断。李玉林的供词也与以前不尽一致:李炜是父亲,李何氏是母亲。小的平日务农无妄。小的幼配罗云瑞胞妹罗氏为妻,自过门后夫妇和好无嫌。因妻子累与母亲不睦,小的教诫抗听。迨后罗氏久往娘家,仗他胞兄罗云瑞势大,不服管束,背夫出外。岳父纵容长刁,反说小的蹧践刻待,前来不依。请凭族亲理明。岳父各归,不知因何在碑院寺病故。那时罗云瑞在省教读,亲戚凑钱安埋。去岁罗云瑞归家,借他父亲向小的搕索钱十余串未允。罗云瑞就来捏词,在前雷主案下把小的父亲们告了。小的闻知,才来跟诉代质候讯的,求详情。县官堂谕为认定罗云瑞为妄告,照理诬告当按律治罪,但从轻判决如下:讯得罗云瑞之妹罗氏发配李玉林为妻,李炜娶亲何氏,应称翁姑。罗云瑞身列庠生,不能教诫妹妹,反纵容她长刁,而且借父亲病故,向李家勒索,未能如愿,竟敢捏词妄告,殊属不知自爱。本应深究,姑念两造谊属至亲,从宽申斥,饬令罗云瑞以后不许再寻衅滋事。各结完案。

案例出处:《清代县域民事纠纷与法律秩序考察》。

(张田田)

袁滋审以土易金幻术案

风翔府沂阳县的农民祝典、祝编一起到田间锄地,忽然看见一大片砖,很诧异地说:“这田地里怎么能有这么大块的砖呢?”把这一片砖揭开一看,下面有一瓮的马蹄金。二人相视无语,想据为己有。但是在附近耕田的人听说田地里有一大片砖,都来看热闹,想看看砖下是什么,打开一看是瓮,瓮中有马蹄金,大家都说:“这么一瓮马蹄金,大家见者有份,应该平分。”祝典暗自想:“法律规定获得地下的埋藏物,如果自己主动送官,官府会依照法律规定,给自己埋藏物的一半,这样做没有任何后患。现在我如果和大家一起分,我只能得到其中的一小部分,非常不划算!”于是祝典倡议说:“这些金子是我们二人发现的,应该和大家一起确定具体数量之后交给官府,由官府赏赐给我们,这样避免以后的争端。”大家也不敢强行分配这些马蹄金。所以就一起数了一下,共计三百六十锭马蹄金,每锭大概十两左右。第二天,祝典、祝编二人用一个竹杠把这个装着马蹄金的瓮扛到了县里,向县令报告:

“我们这是发现马蹄金送官请赏的事,祝典、祝编一起在田间锄地,在田地中发掘马蹄金一瓮,当时和围观的农民一起数了数,一共是三百六十锭。按照规矩,获得埋藏物应该交给官府,请求官府的赏赐,避免日后的纠纷。”

林县令收了报告之后,当堂就派人数了马蹄金的数量,果真是三百六十锭。于是,吩咐说:“获得的马蹄金这么多,应该向上级报告,然后再给你们赏赐。”林县令又担心把这么多马蹄金放在衙门的仓库不安全,便派人把这一瓮马蹄金抬到了他的私衙,找来亲信的衙役看守。但是当这名衙役再看瓮中的马蹄金时,发现瓮中全部都是土块,压根就没有马蹄金。林知县非常惊讶,马上传唤祝典,告知其此事,祝典不信马蹄金变土,所以到府衙告状。状纸写道:“我和祝编在田中锄地,发掘出马蹄金一瓮,不敢私自藏匿,马上送到县衙,县令当众数了,一共是三百六十锭。今天我们前去领赏,县令称马蹄金已经变成了土,压根就没有任何赏赐。我请求您,多少给点赏赐,算作劳务费了。”

府衙李长官接了状纸,交给属下王推官检验、审理此案。审理过程中,祝典、祝编以及周围的农民都证明,当时确定从地里挖出来的是马蹄金,而不是土块。林知县面对众人的供辞,百口莫辩。被众人指证以土换金,也没有其他的证据证明自己清白,最后没有办法,只能认罪,但是始终没有找到那三百六十锭马蹄金的下落。府衙把林知县的家人拘捕过来,严刑拷打逼问马蹄金的下落。这些家人受刑不过,纷纷招供,有的说藏在了粪里,有的说扔到了水里,总之说藏在哪里的都有,但就是没找到马蹄金的下落。王推官把审理结果报告给府衙李长官,李长官看了很生气。没过几天,恰巧有个官员的内部聚会,在聚会上大家谈论起这个案件,众官员感觉很蹊跷,议论纷纷。当时的刑部主事袁滋恰好因为来凤翔府出差,也在聚会现场,只有他低着头没说话。李长官看了他好几次,说:“涉案的林知县和你关系很好吗?”袁滋说:“我们素不相识。”李长官说:“那为什么你听到他犯罪,感觉很不高兴呢?”袁滋说:“我怀疑此案有冤情。怎么能在一天之内马蹄金都变成了土块呢?让我好好思考一下。”李长官说:“以土换金,这个案情太清楚了,没啥疑点。如果真有冤情,那还真得您来查明案情。”袁滋说:“可以让我试着审一审此案。”第二天,那个装土的大瓮被抬来了。袁滋看这个大瓮的容积大概是二石,土块差不多把它都填满了。问道:“那天,是几个人用什么东西把这个瓮扛来的?”祝典说:“当日是我和祝编,用竹杠扛来的。”袁滋命人取出瓮中的土块,派人到商店用锡浇成金锭的模样,和土块几乎一样大小。放二百个锡锭到瓮中,又命令祝典二人以竹杠把瓮扛起来。发现,竹杠都弯的不行,他们二人也几乎扛不动了。袁滋说:“土轻金重。之前瓮中的也是土块,所以你们二人能用竹杠扛。现在锡比马蹄金轻,二百锭你们二人都扛不起来,那么三百六十锭马蹄金,你们一定扛不动!之前,这瓮中就是土,而大家目眩,误以为是马蹄金了。”林知县终于明白是怎么一回事了。祝典不敢再出一声。而前几天一起聚会的官员们听说了这件事后,没有不佩服袁滋的。李长官更是极力夸奖袁滋。袁滋的判词写道:“沂阳县知县林沂阳,从来都是清正廉洁,恪守本分。因为境内农民祝典、祝编在田间锄地时得到马蹄金一瓮,并送到县衙,林知县将其收入私衙。不料,第二天再看的时候,发现马蹄金全部变成了土块。祝典、祝编怀疑林沂阳以土易金。这个大瓮的容积是二石,装满三百六十块土以后,两个农夫能用一根竹杠扛走,是因为土比较轻。后来我把二百锭锡块放到这个瓮中,这两名农夫已经扛不起来了,更何况是放三百六十锭马蹄金呢?所以,可以确信,之前瓮中放的只能是土,而不可能是马蹄金。这样一来,就真相大白了,林沂阳确实是被冤枉的。那么,当时众人都看见瓮中有马蹄金,这是幻术。至于为什么把土做成金锭的形状埋在土里,为什么先看是马蹄金,后来看又是土?是谁埋的,是谁施的幻术?现在我们谁也不知道,只能等到以后的高人来解释了。林沂阳应该官复原职,祝典也免于追究诬告之罪。”

案例出处:《皇明诸司公案》。

(武航宇)

曾国荃回奏门丁诈赃案

《新增刑案汇览》载,关于知州长康门丁被控指官诈赃案,光绪十一年(1885 年),江督等回奏,此案发生之后曾拟罪上报,于同治十年(1871 年)经刑部驳案,奉旨交审,现在就刑部的指驳,逐一查讯后,一一回复。

就刑部驳“已死李振西于朱乐落河身死,曾经唆使朱桥藉尸捏控图诈,既据朱桥等供明,李振西本为讼棍,自应拿办,何以经善堂董事杨世耀代为乞请,情愿捐修龙王庙宇,便允从免究?情近科敛勒罚。该善堂董事共有数人,何以一切收捐支发钱文均杨世耀一人经手,夏嘉谷等均未与闻?似非情理”一节,曾国荃称,据讯,该参牧长康供称,李振西于朱乐落水身死图诈,朱桥尚未呈控之前,就已经被访闻差拿。当时正值州境荒旱,董事捐修龙王庙,李振西于被访之前,就已经认捐钱八百吊,未经缴清,旋闻访拿,逃避在外。该董事恐捐项无着,禀求免提,未准。原案所叙禀州批准,专指捐修龙王庙,与访案无涉。李振西捐修庙宇,本来出自他的自愿,而且该州提前报明扬州府,走了立案程序,不算是违例科罚。据杨振岗供称,善堂董事虽有数人,该堂的银两收支,向来都是他父亲杨世耀一人经理。因此李振西捐修庙宇,夏嘉谷等人均不知情。这就是李振西于未经访拿之先,自愿捐修庙宇,并非被长康藉案科罚的实在情形。

就部驳“该参牧既已批准免提,何以尚有未销差票?李振西认捐钱文业已禀明立案,也不应复向门丁高顺恳请送给洋钱,求将差票吊销。且他既乐意遵从,何以上控呈词?王兆咸声称该参牧勒令报效,托杨世耀说合,减至八百吊,杨世耀如果仅代李振西经手捐项,并无别情,何至闻控轻生”一节,曾国荃称,讯据李文彬供称,其父李振西因杨世耀代求免提而未准,就又向门丁高顺恳请送给洋钱三十六元,求销差票。究竟洋钱曾否送给,高顺曾否收受,当时未经讯明,不能确指。李振西捐钱修庙在被访之先,本出自愿,并非被勒令报效,他的上控呈词,实为图准捏砌。又据尸子杨振岗供称,其父杨世耀因被李振西上控牵累,听说是吴六唆使,畏累忿极,吞服洋药在吴六家自尽,委无别情。这就是李振西曾否送给高顺洋钱讯无证据,王兆咸并未勒令报效,杨世耀畏累自尽之实在情形。

就部驳“秦得厚因何服毒身死为此案紧要关键,李振西承买僧照广地亩,与刘兆艮在州互控,续复呈控秦得厚、刘佩元主唆,既据审明刘兆艮所控全虚,秦得厚有无主唆,何以并未详细叙明?迨刘兆艮赴府翻控,斯时李振西并未呈控,何以知道是秦得厚等主唆,该参牧当时凭何讯结,何以并未申详到府,直至案经累年,秦得厚忽因奉提严紧,遽行自尽?显有别情。况李振西被朱桥供出之时,正与秦得厚在州涉讼,查办容易,乃检阅供招,或称李振西畏罪逃避,或称李振西因病未到,已属自相矛盾,且同一唆讼之案,李振西捐钱完结,秦得厚仍复严提,不应如此颟顸”一节,曾国荃称,据秦得厚祖母秦费氏供称,孙子秦得厚实因被李振西诬控唆讼,奉府提究,畏累自尽,并无别故。并据该参牧供称,秦得厚先据李振西供其主唆,刘兆艮之妻刘水氏捏控,讯明结案后,刘兆艮赴府翻供,批准,该参牧录案详覆,饬将刘兆艮控案讯明。因秦得厚未到,有无主唆,尚未完结。核诸府州各卷,均属相符。又据李文彬供,其父李振西与秦得厚在州涉讼,闻朱桥供出是自己主唆,就畏累逃避,后因病回归,又不能到案,并非互相矛盾。诘问该参牧,李振西是朱桥案内由州讯出主唆之人,秦得厚是刘兆良案内奉府严提,各不相涉。李振西并未捐钱免提,秦得厚迭奉府催,是以转饬拿解。这就是秦得厚被控唆讼,曾经该参牧录详到府,并未讯结,迨奉府催拿解,畏累自尽之实在情形。

就部驳"李振西与刘兆艮在州涉讼,该参牧集证断结,及刘兆艮赴府翻控,并严提主唆之秦得厚等究办,均未讯叙明是何月何日。门丁高顺究竟何时潜逃,应具甘结均称高顺于(同治)六年(1867 年)闰四月初三日在安徽失足落水身死,无论六年并无闰月,且无尸亲见证确供,难信为落水身死实据。李振西并未到案,何以知其所控均是诬告"一节,曾国荃查该参牧集证讯断,刘兆艮赴府翻控,秦得厚被控严提,各日期前案均经声明。至门丁高顺实于(同治)七年(1868 年)闰四月初三日在安徽怀宁县鲁港地方失足落河身死,业据怀宁县取尸亲邻证供结,由地方官加具印结,均称闰四月初三日身死,确切无疑,惟七年错写六年,是苏州府申详笔误所致。这就是门丁高顺在安徽落水身死并无捏饰,李振西所控全虚之实在情形。

曾国荃称,前署臬司杜文澜检查案卷,李振西因闻拿,捐钱修庙求免,到案禀州批准收捐,该参牧亲供中也说是因庙久失修,劝办非易,俯如所请兴修。担心现讯供情不够确切,就又严诘李文彬,他供称其父李振西实于未奉访获之先,自愿捐修庙宇。前次到案时尚未查访明确,即奉提省审办,以致供词互异,现经集证,该参牧长康如果藉案科罚,例只降调,似尚无避就情事。详经前抚臣吴元炳以该参牧尚有经手统捐局欠款,饬俟缴清后再行详办。旋据藩司查覆前款清完,应将参案拟结。又据江宁布政使梁肇煌、苏州布政使谭钧培、江苏按察使李嘉乐会同确查:此案前署泰州已革知州长康既经各前司讯明,李振西于未访拿之先即捐钱修庙,并非该参牧藉案科罚。杨世耀死由畏累情急,并非因为李振西过付情虚自尽。李振西、秦得厚之短见轻生,或因牵累忿极,或因严提惧受拖累所致,均据各尸亲供明具结可凭。其门丁高顺,实于同治七年(1868 年)闰四月初三日落水身死,前详误写六年(1867 年)闰四月初三日,经调查,是苏州府经书缮详笔误,已据怀宁县讯取尸亲邻证所具各结,移送来苏,似属可信。总之,该参牧长康于家丁得赃逃去远方,虽非徇庇抗交,仅止失于觉察,李振西被控访拿,也非授意勒捐,但他审理词讼,辗转牵涉,致令案证畏累自尽,死亡三命,实属咎无可辞,业已革职,应毋庸议。

另据《清实录》,光绪十一年(1885 年)丙辰上谕,曾国荃、卫荣光奏,核议部驳知州门丁被控指官诈赃一折,已革前署江苏泰州知州长康既据查明并无藉案科罚、徇庇家丁情事,惟审理词讼辗转牵涉,致令案证畏累自尽,咎无可辞,业已革职,毋庸置疑。此案于同治十年(1871 年)九月经刑部奏驳请饬研讯,奉旨允准,时逾十数年之久,始行奏结,殊属不成事体。所有办理迟延历任各督抚、臬司,由吏部查取职名,照例议处。嗣后各督抚等于交查事件,务须赶紧办结,不得迟延干咎。

案例出处:《新增刑案汇览》《清实录》。

(张田田)

张集馨治讼师上控

张集馨在《道咸宦海见闻录》中自述其任知府时处理平定州讼棍郭嗣宗缠讼事件。郭嗣宗的父亲在家塾教子时就令儿子读律例,作控词,兄弟互控,父亲批阅。父亲死后,郭嗣宗以其生母某氏名,在州县控其胞兄生员郭绍宗调奸弟媳,控词中所描述的妇临窗解衣盥洗,兄隔窗将手带金镯掷入她盆内,顾之而笑等情节,经州讯明,并无其事,将郭母问流收赎,郭嗣宗斥革衣衿,发朔州充徒。他在配所很不安分,等到徒满回籍,越发放肆,而案例甚熟,地方官很畏惧他。此次郭嗣宗借其出嫁女自刎案,京控三次,省控四次,钦差行辕控二次,由院司发交太原府讯,拖延四年不结。委派的官员及王守皆不敢撄其锋。

事情的经过是:郭嗣宗有女儿,嫁到州民某童生家,生子四岁,一日子于窗前哭闹,童母责备其儿媳妇不照应,郭女挺撞,出言不逊,适其夫自外入,听见妻子顶撞母亲,就用拳殴打郭女肩胛,郭女撒泼,用剃刀自刎。母子惊慌,将她扶到炕边,用鸡皮蒙补伤口,但郭女气嗓已断,随即殉命。童生担忧郭嗣宗不肯甘休,未敢亲往送信,途遇与郭嗣宗比邻而居的王举人,就请王举人顺路到郭家告知其女病重,请郭嗣宗来看,童生自称要延请名医诊视,无暇分身。王举人应允而去。其实童生已赴州禀报,恳请相验。郭嗣宗闻王举人言,当即前往童生家探视,发现其女已死,不发一言,赴州喊控,不知其女婿已经报官。官吏、刑仵皆耳闻郭嗣宗名声,相验极为详细,死者伤口入重出轻,实为自刎。肩胛有拳伤二点,以童生比较,检验相符。郭嗣宗不肯具结,官验未毕,就已离开现场,到省里呈控,他在状词称:"查《洗冤录》所载,自刎者入重出轻,今细阅伤口,入重而出亦重,何也?伤重如此,断不能再行挪步,今看血迹数处,并炕边俱有血迹,何也?据说伤势甚重,必然立时殒命,今衣斜发散,何也?血迹只该流在尸身,不应在童生母子衣上也有血痕;童生所说的用鸡皮掩补、母子同扶等情,安知非有装点情节?相验惟凭刑仵喝报,所填尸格(尸检报告)与我填写的不同。"郭嗣宗明知女儿自杀身亡,所以词中不下一被人杀害之语,而遍设疑阵,哪怕将来真相大白、水落石出,自己也并未控人谋害,可见讼师之技巧。

此案拖累数年,有刑仵死于省城,王举人两科不能会试,尤其无辜。每次审案,郭嗣宗都要把他七十岁的老娘带到堂上听审,审讯的官员辞色稍微严厉一点,老太太就要碰头寻死,是以此案没有官员敢于承审。即便是首府王有壬也将此案束之高阁。张集馨署理知府,怜悯案证拖累,派候补知县靳某承审,然后亲自坐堂监督问案。

张集馨对郭嗣宗说:"你是尸亲,爱女心切,为死者申冤,生者雪愤,理所当然,但你母亲年纪甚大,身体又不好,你身为一个读书人,应该懂得孝道,何苦拖累老母亲?我建议你不如把老人家送回州城让你媳妇好好侍奉,由你在此质审。况且状词中情节,你母亲并不了解,倘若问出节外生枝之事,反而于全案有碍。"郭嗣宗在堂叩谢,求赏假送母回家。书吏请示张集馨,是否派差役押解,以免其拖延不归。张集馨便对郭嗣宗说:"赏你半个月假期,不派差押,你若到时不归,本官便视为你畏罪脱逃,将罪证都释放。"郭嗣宗叩首称不敢负恩。郭嗣宗按时到案,张集馨此前细核全卷,认为郭嗣宗所控词有破绽,即可从此根求,于是对他说:"你是守信的人。如今我仔细问你,状词中情节,若出自你的粉饰,则你自罹于法。你故布疑阵,是要为难长官呢,还是显示讼师手段?你的状词前后有数份之多,第一份说女儿有臂伤一处,第四份变成两处,尸检时查验证实的伤疤,有几处就是几处,是随时可以增添或删改的吗?尸格是刑部颁发图样,验尸官员当场填写,你是什么身份,怎么能去填写尸格?今日不再多说,只问你一句,你女儿如是自刎而死,你当立即具结并撤诉,如是被杀,本官将尸棺提到省城检验,如检验发现并非被害,就要把你平素行止及借命扰累官民的情况,奏交刑部审讯。"郭嗣宗支支吾吾,张集馨喝令掌责,靳令大惊,害怕郭嗣宗受责后更不甘心。张集馨却坚持说,责一讼师,何惧之有?郭嗣宗气馁,这才同意不再呈控。郭嗣宗女婿本来无罪,但按察使担心郭嗣宗翻控,将该女婿按不应为笞三十,意图迎合郭嗣宗,但断送了该童生的前程。

案例出处:《道咸宦海见闻录》。

(张田田)

张肯堂断兄债弟取案

张肯堂,字载宁,天启年间进士,官至巡抚,其在滑台县任知县时,遇到一宗兄债弟取案。

福建人杨明学在滑台县大规模批发纸张,李时化经常到他那里批发纸张用于零售,并且经常赊账。时间一长,李时化共欠杨明学三十一两六钱银子。有一天,杨明学因为有急事要回福建老家,就与李时化签订了契约,约定李时化在他回来时一定要还清欠款。这种双方订立契约,约定还款事项的事,在经商的人看来,是平常事。不过,在李时化与杨学明签订契约后的十八年里,杨学明都没回到滑台县,也没有任何音讯。李时化暗自庆幸,认为这笔款不用还了。但是就在去年,杨明学的弟弟杨兴学,忽然从福建来到滑台县,拿着当年的契约来索款。李时化一时起了坏心,不想还款,就诈称压根就没有欠款这码事。杨兴学在索款无望的情况下,到县衙告状,诉称:“我只是讨回原来李时化欠我哥哥杨明学的款项,也不要利息,这也不过分吧!欠债还钱,天经地义!李时化欠债不还,是昧良心的。”但是,李时化却说:“我当时欠杨明学的款,现在是杨兴学来索款,我不给他。”张肯堂审理后认为,百姓之间的买卖、借贷事项均以契约签订的内容为准。因为经商的人,经常转换地方做买卖,往来索债不方便,通常把欠款契约交给他人代取,几经转手之后,可能欠款之人并不认识索款之人,这是很正常的事。这个案件中,杨兴学代替哥哥杨明学来索款,契约完整,没有任何疑问,李时化没有任何理由不还款。判定李时化即时全额还款。

案例出处:《莹辞》。

(武航宇)

张其仁断两姓争坟案

张其仁任新安知府,上任伊始,有两家争夺坟地而起诉。张其仁得知纠纷已经持续三十年,感到不解。书吏解释说,这两家每逢新太守上任就来告状,但因两家都没有地契文书,历任知府都不能决断,建议“只合置之不理”。张其仁不从:“天下岂有三十余年不结之案!”于是传令双方,“五日后登山验看”。第二日,张其仁就斋戒沐浴,并到城隍庙祈祷,请求神灵托梦指点。

断案当日,诉讼双方到场,一方是衣冠华美、“纳资以郡丞候选”的年轻人,一方是“貌甚寒俭”、七十多岁的老诸生。张其仁先责备两家纠缠不清,使其祖先多年来得不到祭祀,进而分析,两虎相争,必有一伤,打官司有一方赢,必有一方输。他已经通过城隍神传墓主人来,得知真假。因输者再也不能上这个坟地来祭祀,为此双方可先“别祖”,在宣判前先行祭祀一番。为公平起见,经双方抓阄决定,先由诉争一方,一位七十多岁的老者主祭祀叩拜。大庭广众面前,他只是敷衍了事,在坟前三叩首了事,像是很难为情。另一方,候补郡丞他一到坟前就放声大哭,声嘶力竭,边哭边说,作为子孙不能保全祖宗的坟墓,就是奇耻大辱。万一神灵托梦不灵,祖宗的坟地就会落入他人之手,祖宗们就会因此得不到子孙的祭祀。此人因为痛哭不止,伤心过度,昏厥过去。张其仁询问围观群众,是否看清楚坟地究竟属于谁家,围观群众异口同声说坟地是郡丞家的。那个老者面红耳赤。张其仁当众问他为什么要诉争别人家的坟地,老者只得坦白说,因为知道郡丞家丢失了地契,就想浑水摸鱼,据为己有,现已知罪,绝不翻控。张其仁令两姓画押。众口称快。

此案因地契失落已久,历任知府都想当然认为是郡丞家为望族,仗势欺人,于是偏袒老诸生一方，结果导致案件久拖不结。

此事为张其仁当面对许奉恩叙述的。许奉恩还问，祈梦城隍时是否真的得到了梦兆。张其仁笑着解释，梦兆之说是“姑妄言之”，但他办此案确实很讲策略：既然没有契据可凭，就只能以别墓为由，“察其情形”，真子孙必然不舍，假子孙即便无良，也不能够厚颜无耻到于大庭广众之下认别人为祖，若天良尚未耗尽，则勉强之状“仓促间难以掩著”。果然由此辨别了是非真伪。许奉恩特别记录此事，以便留心折狱者遇到疑难情况可以效法，但也“存乎其人”，不应拘泥。

案例出处：《兰苕馆外史》。

（张田田）

张师爷辨奸夫杀本夫奸妇不知情案

清代归安县有妇人通奸，奸夫并未与她合谋而杀死她的丈夫，县令裘鲁青拟不判妇人死刑，幕友张某反对，引经据典说明理由：赵盾不讨贼为弑君，许止不尝药为弑父，《春秋》诛意，此案中犯妇应判死刑。县令采纳了幕友的意见。

案例出处：《阅微草堂笔记》。

（张田田）

张五纬断贫富争山案

张五纬任进贤县令时，曾有贫富相争山地一案，迁延既久，各任判官虽以理断究，事实未能查清，依然屡断屡翻。张五纬查阅各前任堂断，残缺不全，大概皆以理断究，未能指其诬诈之据。张五纬细核契据，发现疑点，将其抄粘十余契纸，并于前任当堂呈出税过各契，逐张细核比对，对出抄契一张与正契所写笔迹相同，反覆细看，如出一手，惟正契年月数字笔迹不同。查其正契为百十年前所立，年月上税有印信，素知税契用印总在银数之上，并不盖于年月，而契内银数上并未盖印，却又有半印错用在契纸之边，愈觉可疑。随与被告富家所呈是年印契对比，又无私雕形迹。随将其契于粘连处起下展开，发现中有折痕一道，痕迹纸色迥然不同，这才确定为伪造。谁是伪造者呢？张五纬先试原告，令其先将所呈各契写出清单，以便各契当堂查对，只须写某契是某人卖，不必细开。顷刻开呈，与抄、正两契对比，笔迹实出一手，契为原告自造无疑。张五纬逐层指问，原告供认造诬，乞求饶恕，观者点首，书役骇然，都想不到县官能数语断结。

案例出处：《未能信录》。

（张田田）

张五纬断僧俗争山案

乾隆四十九年（1784年），张五纬任南昌县令时，有僧俗互争山地一案投到。俗家有祖遗山地二十余亩，片段不一，四至分明，以僧人造契盗葬呈控究退。僧人以此山是师祖买自俗家之父，并非造占抄契呈诉。对簿之下，原告供称，其父于乾隆三十三至三十四年（1768～1769年）在前县主任内，曾与山邻互讼，画有山图四至呈案，如果雍正年间买卖是实，何以图内并不注明。张五纬问之被告，据称此远年买卖事，僧人不知底里，只知凭契管业。两造各执一说，张五纬当堂查阅契卷,查对前案山图四至内并未注明卖于僧地为界之说,或许是当时遗漏,不可为造占之据。查核僧人原契,则是雍正十一年(1733 年)所立白契,这也是民间漏税常事,尚不能立刻判定为伪造。契中代笔均已亡故,其子侄到堂,无从质其真假。张五纬问僧人:“所葬者何人,是否你师祖师父?”僧人供称:“前月葬的是师叔。师与祖早年物故,藏于自山,师祖是师父葬的,师父是僧人葬的。”又诘问僧人其师何不葬于此山?僧人供称:“先不知从前买有此山,今年无意中于经卷箱内捡得契约,又因自山不能添葬,适师叔病故,就抬赴此山,实非伪造盗葬。”张五纬考虑到,民间买卖田地房产,首重代笔中人,其次凭信红契,此案买卖原人均经物故,代笔中证俱无,且是五十年前白契,又于寺僧两代已葬自山之后,于该僧师叔将死之前忽于经卷箱内捡出,难以相信契约为真,以此认定僧人造占,定可折服,无不平之失。但阅契内笔迹,为善书者所写,也许此人即此案讼师,张五纬想要一并治讼师之罪,于是令僧人招出伪造契据之人。僧不招,即令掌责长跪,换审别件,完一件问一件,僧人仍不招,又掌责一回,一连问完四宗,共计掌责五十,僧人始则混认自造。张五纬令其照写,字迹不对,复议动刑,僧人急呼,情愿退还山地不要。张五纬想到,止就案论案,僧虽口服,心也不服。时已三鼓,故令将僧人带出,以待来日复审。退堂就寝,不能成寐。想设法令僧人供出造契之人,须得代笔者亲笔红契以质之,就不怕其不招。张五纬随披衣而起,四鼓将尽,出坐二堂,谕开宅门,叫守门差役于署前唤代笔之子问话,顷刻带到。问代笔之子:“你向习何业,你父亲在日作何生理,你能写字否?”代笔之子供称:“乡民务农,向未读书,父亲在日训蒙,常为邻里作中代笔。”问他其家中有无字迹,答,以止有代笔谢资收簿一本。张五纬开城门令其深夜赶取账簿并索契纸数张同来,务要雍正十一年(1733 年)前后三四年内税过印契,促其速来速去,并不令差役同往。张五纬满打算此番对出真假,既可究其造契之人,并可显示掌责僧人不冤。转至次日午前,代笔之子回呈到取来红契六张、账簿一本,细核之下,不但笔迹花押年份相同,且收据谢资簿内是年四月十七日连收三家,第二家僧祖法名并注明笔资银数,其为并非造占已无疑义。起初未尝料及是此种结果。张五纬复讯定断,僧人之屈才明,俗家之诬可恕,只有他自己因成见擅责无辜而愧怍交集,从此办案更加敬慎,以此为戒。

案例出处:《未能信录》。

（张田田）

张五纬明辨窃贼翻供

张五纬任南昌同知时曾奉命审理广昌县窃贼拒捕杀死事主过司翻供一案。该犯行窃,甫经入室,即被失主惊觉,失主从后将贼紧抱不放,贼犯情急之下,用刀连戳失主。失主松手倒地登时殒命,这是十月发生的事。报经县尹勘验,缉获犯人,讯据供认前情,议拟解府审转,并查获血污短衫一件、无血青缎羊皮马褂一件、凶刀一把,连同犯人一道解司,司审翻供,因而发审。

张五纬细阅招册内,血衣凶刀均经起获,自然是正贼真凶。及至提讯,据嫌犯称:“血污白布短衫实为失主之衣,并非我的,衣上现有刀戳破痕三处可验,解来凶刀也是捕役随后呈缴,并非从我身上搜出,也不是因我供出放于何处而查获的,我并非贼匪,实未杀人,都是捕役害怕考核,平空栽害。”这与原招大相径庭。张五纬继而验看血污白布短衫,果有刀戳破痕三处,自应为失主被杀血衣。短衫为贴身之衣,既已血污刀伤,不值剥取,又当失主被杀身死之际,该犯正好逃脱,哪里有工夫剥取血衣?即便称死后剥取,已难凭信,况以之为杀人者身穿血溅之衣,实在讲不通,嫌犯确有可翻供之理,导致其连行凶之刀也敢抵赖。不但不能折服嫌犯,并征求其故而不可得,且恐无血迹之马褂该犯也不能招认。张五纬认为,必定要等到该犯其认定,而后可以细看。张五纬问捉到该犯之捕快,哪里有身穿缎羊皮之贼,捕者仓促不能答。转而问贼:"恐怕这马褂也不是你的衣服吧,也许是借给你穿的?"嫌犯供称:"这件马褂确实是我的,我从不借给人穿,别人也未曾借穿我的。"张五纬问,马褂上有何记认,嫌犯供称,领背合缝处有线切万字为记,靠领口扣绊还是去年新换的,据认已属确凿。张五纬随将马褂反复细看,缎旧皮黄,面里好像被水擦过,胸前一块皮板响硬,颇露水痕。问嫌犯为何如此,供称被雨打湿,追问雨为何单独打湿胸前,嫌犯口吃不能答,再问之,推脱说擦洗油腻,驳以衣被油腻非水擦所能去,嫌犯又低头不语。张五纬观其神色,察其言词,已见词遁情亏,不是不可以刑讯定案,但擦洗血迹一层推理还是不够结实,始终不能折服该犯,即便他现在招认,难保解司不再刁难。张五纬考虑到,擦洗究非拆洗,外面擦洗一块,水至浸湿皮板,当时血污自属不少,其中贴边布条必有鲜血渗入,果如所料则此案可定。张五纬拆看白布贴边,上竟有指大血点四处,可谓死者冤魂不散。张五纬令嫌犯自看自招,并对比拒杀情形,供认历历如绘,不假刑求,真情毕露,凶犯甘服无词,从此案定不复再翻。

原问官急于求成,以死者衣充当犯衣,反倒给了凶犯以刁顾之柄。当时,按察使打算揭参,张五纬请求,总该先问缘故,于是让该县令到省面陈始末。县令说,他检验后带回血衣,原为查起凶器对比刀痕起见,因重在对比刀痕,留心于死者血衣,反将该犯之衣有无血迹不行查验,实属疏忽。继而起获凶刀,比对破处刀痕、尸格分寸,都符合。但是以别刀比对,则宽窄也相同。县令再三思量,反自疑惑,因与刑名幕友商议,可否止解贼衣凶刀。幕友认为,此案情真罪当,正凶无疑,若止解凶刀及无血之衣,恐上宪驳斥为何无凶犯之血衣,案情倒不能落实,不如竟将失主血衣作犯衣一并叙入解勘,且凶刀起到,比试血衣,凶犯并未当面,上司验看也不至于拿在手中反复细看。实因欲求证据确凿,反而导致错谬至此。按察使因正凶不错,咎属有因,对原审县令痛诫一番,不再处罚。张五纬认为,这是案真办假之累。

案例出处:《未能信录》。

(张田田)

章知县断监生捏控夺买案

紫阳县正堂章知县办理一起民事纠纷,查明既经原中人蔡某、吴某,先询该监生即原告卢某,但原告出价既少而又推延时日,出卖土地的人要卖个好价钱,于是"弃少就多""舍迟趋速""自是人情之正"。被告甘某凭中价买地,名正言顺,批示原告勿嗣后以界畔为连,捏控成刁。监生卢某再告甘某等为贿串夺买事,县令简单批示,买卖应由地主为政,由卖主决定卖给谁不卖给谁,毋庸事后争买,仍不准。卢某再告,第三次的批示就发生了变化,辜候遣差协同保约中证,确实查明事实真相,公正地来调解处理,如甘某义让,当然更好,否则据实速行,具覆核夺。差役下乡,前往原被告所在庙沟,地主寇某着急,开始陈述他的理由。县正堂这时候批示,既据该卖主诚恳免累,而该卖主之父已病故,可以准予销案。但庙沟乡约龚某、原差吴某回禀,为用让覆翻禀覆核夺事,买主本来同意义让,但是那两个中见人不同意,县正堂批示,倘甘某同意义让,那就义让,但又发出了差票。实际的被告变成了那两个中人。开庭唤训,判决房班及全案人证妥议，着两造酌让分买，这个地分成三个部分，叫原先的原主买上一部分，后面这两份叫监生买。三天以后又进行了第二次开庭，甘某此次又坚不承让，不听劝勉，判决掌嘴六十，吴某中人，从中作祟，致兴讼端，责手一百，寇姓之业，即着甘某一人承买，卢某无允争买，均各具结，可以完案。

案例出处：《紫阳县档案》。

（张田田）

赵士登断悔婚案

赵士登，字应庸，陕西径县人，进士出身，曾任淮安府清河县知县。他在任时，曾处理过一宗悔婚案。清河县的百姓龙光有两个女儿，长大以后，大女儿嫁给了钱佩，二女儿嫁给了胥庆。结婚没多久，在同一年，她们分别有了自己的孩子。嫁到钱家的大女儿生的是个男孩，叫钱明。嫁到胥家的二女儿生的是个女儿，叫作赛英。这两姐妹关系非常好，两个孩子也玩得很投缘，再加上两家都是小康之家，经济条件还不错，所以当这两个孩子长到五岁的时候，两姐妹在征得夫家同意之后，就请舅舅龙祥做媒人，为孩子定了娃娃亲，约定等到孩子长到十六岁就成亲，钱家马上就下了聘礼。这种情形在当时被称为割衫襟为亲。

没想到，天有不测风云，大女婿钱佩的家境败落，有时甚至需要举债度日。因为经济状况相差悬殊，两家往来就少了，等到孩子长到十六岁的时候，二女婿胥庆便将其女儿又许配给李贤。大女婿钱佩得知这一情况之后，便委托龙祥去责问，并要求尽快给双方的子女完婚。但是胥庆置之不理。钱佩无奈之下只得到清河县县衙控告胥庆。钱佩诉称："告状人钱佩，系本县居民，因为胥庆违背婚约导致家族绝祧一事提出控告。十一年前，我曾委托龙祥为媒，聘了胥庆长女赛英与我儿钱明为妻。当年约定，两家的孩子长到十六岁，便托媒人商定日期完婚。"县令赵世登受理了案件之后，提审了钱佩。赵知县向钱佩询问胥庆家退婚的缘由，钱佩说："因为胥庆看我家经济状况不如当初，便又接受了富人李贤重聘，逼立休书。娶媳为了继承宗祧，我们家遭到这样的变故，就好像绝了我家的后嗣，请老爷做主。"于是赵士登马上提审胥庆，没料到胥庆提出了反诉说："我的女儿赛英幼年时，确实曾由其姨夫钱佩为媒，聘与他的侄子钱忠为妻。不幸钱忠父子相继死去，钱佩竟逼迫我将女儿嫁给他的儿子钱明为妻，不允许聘给别人。钱佩的这种行为是兄娶弟妇，破坏伦理纲常。请求老爷惩治奸徒。"赵知县听了之后，顿时感到案情有些复杂，于是退堂，等待第二天再审。第二天，赵知县将二人拘捕到堂。首先询问胥庆："你女儿已经许配钱明，怎可以再许配他人呢？"胥庆回答："小的当时将女儿聘给他侄儿钱忠，现在钱忠死了，我女儿另行改嫁，是很正常的。"钱佩反驳道："当时过聘，媒书可证，是聘给钱明的，怎么说聘给了钱忠呢？你纯属抵赖，望老爷把其女儿还给我的儿子，让他能够完婚，使我的家族能够延续。"赵县令又问当年的媒人龙祥："你为媒人，孰是孰非，说句公道话。"龙祥回答说："当年两家确实自愿结婚，由我做媒人，并支付了聘礼。"最后赵知县的判决是："钱明、赛英是嫡亲两姨姻亲关系，依《大明律》不宜结婚，应当离异，聘财入官。胥庆作为赛英之父，在当初定亲时已经有了过错，受人聘礼却又撕毁婚约，处以杖刑三十；钱佩作为钱明之父，违律为婚，处以杖刑十。"

案例出处：《柏桦讲明清妙判》。

（武航宇）

赵廷臣断盲人偷钱案

赵廷臣断案有盲人入屠者室，窃其钱而走，屠夫追之，盲人反而哭诉说是屠夫欺负他眼盲而夺钱。赵廷臣令人投钱入水中，见有浮脂飘上来，因此将钱还给屠者。

案例出处：《国朝先正事略》。

（张田田）

周家俊获盗速禀平反冤案

《宦游纪略》载，高廷瑶就任广州府后，曲江县盗案首伙十四人发审后，解经司院提审无异，牌示次日即将首犯正法。昏暮时，忽接阳山县令周家俊禀称：拿获盗犯某，乃是曲江解省劫案的首犯，听说此案先经解省，必发府审办，恐怕移查不及，因此遣家人解犯来省，听候提质。高廷瑶将解来之犯另置一处，一面于司监中提出曲江全案人犯，复加细讯，发现其中有一名犯人供语参差、存在疑点，因而查出挟仇诬陷实情。高廷瑶怀疑：一犯挟仇，他犯也皆挟仇么？原来，同伙之犯因被诬陷者本人已认罪，也就不再反对。复讯被诬告为首之犯，他仍矢口不移，坚称自己就是盗首。高廷瑶问众犯："你们说这个首犯是假，那你们认得真犯么？"众犯都说："他首约为盗，如何不认得。"时已四鼓，高廷瑶马上提阳山县解到者与十三人质认，众口一词指此人为真盗首。此前被诬陷是盗首的人不禁放声大哭。高廷瑶问他何以肯自诬？假盗首说他畏刑不敢翻供，今得再生。原来是曲江县令对此人曾用重刑。天刚亮，高廷瑶就赴臬署呼门求见，备述前由，自认审错处分，认为今日断不可斩。按察使说："我与你一同负责任。"二人共同请见巡抚，巡抚说："两位不必着急，我也有错。"当即知会总督，越日复审定案，释假首而诛真盗。周县令此禀迟到一日，假首犯已正法，冤案就无可挽回。此案周县令办事识大体，居功甚伟。

案例出处：《宦游纪略》。

（张田田）

朱休度查县民上控

乾隆年间，朱休度时任山西广灵知县，在大荒大疫之年安抚百姓、恢复民生，也特别擅长断案。史载他"待人以诚，人亦不忍欺。周知民情，诉曲直者，数语处分，民皆悦服"，群众基础极好，深得百姓爱戴。大同的冯良纯的哥哥为里长，催缴料草时被笞责，愤懑而死。冯良纯上告，知府委托朱休度审理此案，冯良纯见到了朱休度，就俯首听命，于是朱休度让他回家候审。后来长官要提审冯良纯，朱休度只是找了个家丁去叫冯良纯，并没有出动官差。冯良纯也非常配合，并说自己逃跑不难，只是不忍心亏欠朱休度。

案例出处：《清史列传》。

（张田田）

朱休度断改嫁自尽案

朱休度时任山西广灵知县，刘杷子的妻子张氏在丈夫出外后，险些饿死，就改了姓，嫁给了郭添保。可她怀疑郭添保是"略卖"的人贩子，娶她是骗她的，就手刃所生子女后自刎身亡。朱休度去案发现场时，张氏还没断气，看着郭添保说"贩，贩"。朱休度最终查明真相，定案之后，刘杷子才回到家。群众说,你老婆死了,详情你去问朱爷。朱休度把案情告诉了刘杷子,也说起了调查得知的其他家事来佐证。刘杷子哭着说,是我回来晚了,也怪不得别人。叩头离去。

案例出处:《清史稿》。

(张田田)

朱休度断刃伤致死案

朱休度本是浙江秀水人,在山西广灵作知县,总结经验,“南方狱多法轻情重,北方狱多法重情轻,稍忽之失其情矣,能无慎乎”,也就是办案必须要谨慎。他在任“数年囹圄一空,举卓异”,百姓都叫他“良心官”。广灵县民薛石头带着妹子去看戏,发现朋友目送其妹,薛石头大怒,刃伤朋友左胸,使其当场毙命。到案后,薛石头宣称早有杀心,死而无恨。越日,朱休度再问薛石头,你就出了一刀,能保证必杀么?薛石头回答:砍是砍了,没料到对方当即死亡。朱休度问他,既然拿不准,为何不再砍?薛石头答:看见友人流血不止,心里极其恐惧,怎么忍心再下刀?朱休度于是将薛石头以误杀论,减死从戍。

案例出处:《清史列传》《清史稿》。

(张田田)

朱元璋断为愈母杀儿案

任亨泰,襄阳人,洪武二十一年(1388 年)进士第一名,曾任礼部尚书。他在礼部尚书任上,发生一件杀儿案。当时的山东长官上报说:“日照有一个农民叫江伯儿,他母亲生病一直不好,便仿效古人,把自己胁下的肉割下来给母亲治病,结果他母亲病情依然没有好转。所以,江伯儿向泰山之神祈祷说,如果他母亲的病痊愈,他愿意杀死自己的儿子来祭祀泰山之神。之后不久,他母亲的病果真痊愈了,江伯儿居然真的将自己年仅 3 岁的儿子给杀了!”任亨泰接到这个奏报后,又上奏给明太祖朱元璋,朱元璋听后大怒:“父子骨肉之情,应该是分量最重的。依丧礼来说,长子去世父亲要给他服丧三年。现在小民愚昧无知,不辨人伦,竟然做出这样伤天害理之事,应当立即查办。”山东的长官依令将江伯儿抓来,审理完之后,案情属实,处以杖刑一百,再发配到海南戍边。但同时朱元璋依照惯例下令让朝臣讨论是否需要表彰江伯儿割肉替母亲治病的孝行。

礼部尚书任亨泰说:“身为人子的侍奉父母,平常对父母恭敬有礼,供养父母让他们愉悦。如果父母生病了,就去求医问药,这样急切的心情,为人子者都会表现出来。至于说母亲想吃鱼,而河中冰冻三尺,为人子者就卧冰捕鱼;父母病了,就把自己大腿的肉割下来给父母治病,这种所谓的孝行上古从未听说过。如果父母只有一个儿子,后者因为割肝救母而丧命,或者因为卧冰捕鱼而受寒致死,最终导致父母老无所依,祖宗香火从此断绝,反而成了最大的不孝了。这种‘卧冰求鲤’‘割肝救母’的事,全是那些愚昧之徒的理论,他们信奉离奇之事,惊异昏庸之俗,还希望朝廷立牌赐匾,借此逃避劳役。如果割股的事不加以约束,那么可能又会出现割肝的事来,割肝的事不加以制止,现在又出现杀子的事了。违背天理,戕害生命,没有比这更严重的事了。从此以后,假如父母患病,治疗无效,做儿子的不得已才做出‘卧冰求鲤’‘割股救母’之类的行动,那就让他去做吧,对这种人压根儿就不值得立牌赐匾予以表彰。”明太祖朱元璋听了任亨泰的话之后,下诏表示赞同。

案例出处:《明史》《中华历代名案》。

(武航宇)

朱垣验骨息旧讼

济阳县有差役因事逮捕民人,民人死亡,下葬后家人控告其被差役所杀。案审三十年不决。上官令朱垣跟当地官员一同验骨。尸骨在浅土败柳棺中,仵作称事隔已久,疑不可检。朱垣设法令骨如蒸状,仵人检讫发现,尸独脑骨紫血伤有方寸许。朱垣仔细检视说,此处可以洗去。众人笑道:伤三十年入骨,岂可洗?朱垣呼水刷之,骨变为白,控诉也就平息。有人问:此种情形,《洗冤录》不载,何以辨之?朱垣说:受伤的痕迹应该是紫色,中重而外轻,若晕逐减的,而此案中伤不符合,当是腐血污。众人叹服。

案件出处:《冷庐杂识》。

(张田田)

邹应龙藏吏听言断冤案

江西袁州府有个放高利贷的人名叫曹煌,他放了三十两银子的高利贷给一个叫秦制的人。秦制在四年内还清了本利,可是曹煌却不愿意把当初的借条还给他。无奈之下,秦制答应再送曹煌好布一匹、京履一双,他才肯交出借条。可是当秦制真的把布匹和鞋给他送过去,曹煌又嫌质地不好,仍然不愿意还当初的借条。秦制很生气,于是双方争执起来。曹煌虽然没理,但还是先动手打了秦制两三下,秦制也回了一拳打在曹煌肩膀上,很快,两人被旁边围观的人给劝开了。没想到,才过了两天,曹煌突然得病死了。他的儿子曹基就去衙门告状,控告秦制打死了他的父亲。

为了打赢这场官司,曹基拿出十两银子买通曹煌和秦制打架时在场的两个证人,又费尽心机地去买通县衙里的负责验尸的仵作昌览,承诺说:“只要你做一个致命伤,我就给你十两银子。”这个仵作利欲熏心,就在检验时使用的糟醋里放了药,做了手脚。结果,在曹煌的尸体上“检验”出了胸膛、胁下、脑后三处致命伤。县令依据检验结果,定秦制为“斗杀”,拟判处死刑。秦制及家属不服,几次请求复审,都是维持原判。

嘉靖四十年(1561年),邹应龙作为御史,弹劾严嵩父子,没过多久,皇帝令严嵩致仕,其子被治罪。邹应龙作为铲除严嵩一党的功臣,得到皇帝的赏识,升职很快。到隆庆朝,皇帝派他以副都御使的身份总理江西、江南盐屯。这虽然是一个财政方面的官职,但因为他挂的是“副都御史”的头衔,属于当时最高监察部门的副职长官,级别很高,所以当然具有监察职权,能够受理地方的冤狱。所以,秦制的家人知道他的身份后,就来到他所在的衙门来申冤,并表示只要是邹应龙做出的判决,他们就心甘情愿地接受,永远不再申冤。当时的江西巡抚见此情形,就顺水推舟,批示邹应龙可以复审。

邹应龙审阅了卷宗后,觉察到此案的证人和仵作有可能都被买通了,已经是做了伪证,所以,准备使用计谋破案。邹应龙先是吩咐两个衙役躲在衙门大堂旁边小房间的隔间里,然后又安排衙役明天一定要再三来传报说巡抚驾临,需要他本人亲自去迎接。待到第二天正式审理案件时,邹应龙先是传唤秦制上堂,没几句就佯装发火说:“你的案件已经没有什么疑问了,你们二人打斗时的人证都在,仵作的检验也是清楚明白,你又何必屡次申诉呢?”于是扔下火签,命令衙役打他三十大板。秦制冤枉地大哭,恨极了邹应龙,大骂邹应龙道:"你这个蠢邹,审案糊涂!我今天如果被板子打死,我不怨恨别的官老爷,我只怨恨你一个人。就算到了阎王殿前,我也要连告三状,就像你连续三次弹劾严嵩一样!"邹应龙佯装被气得暴跳如雷,下令衙役猛打秦制。这时,衙役来通报说巡抚入城,要邹应龙前去迎接。邹应龙生气地说:"巡抚又不是皇帝,他是官,我也是官,我不接他能怎样?"说着就把衙役骂走了,并且下令把秦制押到监狱。又下令传两个证人和仵作上堂,大喝:"秦制如果不是冤枉,他怎么敢这么和我说话?一定是你们这两个证人和仵作一起作弊,既然你们不招供,我就打你们每人一百板子。"正在这时,衙役又跑来请他出去迎接巡抚。邹应龙这才急急忙忙地带着众官员、衙役出去迎接,并把曹基、证人、仵作四人锁进大堂边的小房间里。两个证人看众人都出去了,房间里没有别人,就开始埋怨曹基说:"我们给你做伪证只得了你十两银子,现在这位糊涂官发火,要把我们打个半死呢。"曹基赶紧说:"你们挺住,除了之前许诺的那十两银子,今天如果挨打,打一下,我给一两银子,决不失信!打板子的那些皂隶我都给了银子,肯定不会重打你们的。"仵作又说:"我给你的父亲做了三处伤,统共只得了二十两银子,今天你可要补给我。"曹基也爽快地答应了。他们万万没想到旁边屋里面的那两个衙役把他们说的话全都记录下来了。过了不久,邹应龙从外面回来,再次升堂,把衙役偷听来的笔录向堂下一扔,喝道:"你们为了区区利益而陷害人命,真是罪不可赦,我如果用轻刑,你们怎能招供!"于是命令衙役将曹基、证人、仵作四人各重打二十大板。这四个人知道无法再隐瞒真相,纷纷低头认罪。最后,邹应龙判曹基诬告,反坐死罪,但是按照明律减为流三千里,两个证人和仵作都被判处了徒刑。

案例出处:《皇明诸司公案》。

(武航宇)

邹应元办洋匪抢夺案

汪辉祖在平湖县刘国煊处作幕友,嘉兴邹应元命刘国煊讯慈溪沈氏一案,而该县申文与事主报辞不符,邹应元疑有强盗情节,汪辉祖向邹应元解释:"今事主之辞,以为三船共渔一处,被风漂至黄盘,又同泊为三艘盗船同时抢劫,当无是理。"邹应元爽然改容,诘问事主,则兄弟三人起初虽一同打鱼,遇风飘失,各不相顾,林好等十五人各窃各船,非同谋,也非同行,这才定案。然而,两抚军认为,洋匪宜重创,虽是抢夺,也应当援强盗律治罪。幕友皆托故去,两抚军专令邹应元承办,邹应元听从汪辉祖的建议而拟定判决,四昼夜中十数次改易文稿,最终拟林好绞,其余十六人及续获七人流徒杖笞各有差,不牵连无辜。

案件出处:《病榻梦痕录》。

(张田田)

民国案例

安俊杰盗窃、诬告及窝赃案

安俊杰因犯盗窃罪、诬告罪被起诉至法院。安俊杰盗窃王鸿斌财物,事发后伙同郭文高诬告孙云山,被保释后畏罪潜逃。此案一人涉及多个罪名,且牵扯多位当事人,对其展开研究能够帮助了解当时的法律制度与程序内容。

安俊杰于1948年8月29日晚在王鸿斌夫妇家盗走铜罗底一丈一尺余,农洋一百五十万元,大烟二两四钱,油墨两桶,洋布被里一块,方绸衬衫两件,昌呢衫两件,青布袴、条条布袴各一件,丝手巾十一块,煮兰一桶半,白底红花单子一块,毛线一磅,手镯一副等物。安俊杰把罗底及部分手巾卖给温克昌,被王鸿斌发现。安俊杰谎称是从孙云山手中买的,找一麻子郭文高做证。同时,岳培杰在王家被盗后的表现引起王鸿斌怀疑。法院因真相难明,将安俊杰、孙云山、岳培杰等一并关押。多次讯问,安俊杰仍坚称东西是买孙云山的,并且说他当晚与联政李志良、王鸿斌同在礼堂看戏,经法院分别找李志良及王鸿斌等证明属实,法院把安俊杰交保释放。随后安俊杰畏罪潜逃,借口在黄龙经商不再回来,引起法院注意。法院又传讯郭文高,郭承认不认识孙云山,是安俊杰托他做伪证。于是法院于1948年11月28日及12月16日先后将孙云山、岳培杰交保释放。后经调查发现,该市南关温子孝与安俊杰赌博,用七十八万农洋买得安俊杰手中盗得手镯一副,当时就把这手镯扣押在法院,并呈请陕甘宁边区高等法院通缉安俊杰归案法办。1949年3月14日由洛川县将安俊杰捕获到陕甘宁边区高等法院,安俊杰承认盗窃事实并谎称赃物在洛川卖完了。经调查其妻刘月增手里存有多件赃物,曾于1948年10月托孙继武先后代售方绸衫一件、昌呢衫一件、油墨两桶等物,当时得银洋四元。1949年3月底得农洋二百万元。法院传来孙继武,经多次询问孙承认隐匿代售赃物事实,并在他家里(绥德义合镇孙家崖)找到赃物方绸衫一件、昌呢衫一件、袴子一条、煮兰半桶。那些已经卖掉的赃物,除方绸衫、昌呢衫和袴子外,当庭和原告商量同意后,由孙继武折价赔偿农洋一千五百万元外,油墨二桶、煮兰半桶,刘月增承诺负责赔偿。

陕甘宁边区高等法院认为:安俊杰作为商人,多次行窃;1948年曾因盗窃,经法院判处劳役四个月后,为照顾生产及其家庭生活而假释。安俊杰不知悔改、重操旧业,事发后仍狡辩并诬陷他人,致孙云山、岳培杰入狱三个多月,自身逃避制裁五个月;在被捕后仍欺骗法庭,企图吞没赃物,无悔改之意,影响恶劣,社会危害性大。刘月增明知丈夫盗窃行为,还帮助窝藏、出售赃物,应予适当教育。孙云山身为革命干部,明知是赃物,还代为出售、藏匿,在事发后仍欺骗隐瞒,不思悔改,除将所存赃物交出及出卖赃物折价赔偿外,仍应予以适当教育。郭文高做伪证诬陷好人,予以严格训诫。孙云山、岳培杰无罪释放,二人系因被安诬陷入狱,蒙受损失,现将安现有房子一间作为补偿交给二人。温子孝与安共同赌博收受赃物手镯一副,应予没收,退还原主以示教育。

最终依法判决安俊杰累犯盗窃及诬告罪,处徒刑四年(自1948年9月6日起至1953年2月4日止)(扣除保释后潜逃五个月期间)。刘月增犯窝藏售卖赃物罪,处徒刑六个月(自1949年5月18日起至同年11月17日止)。孙继武犯隐匿代售赃物罪,处劳役三个月(自1949年10月26日起至1950年1月25日止)。郭文高犯伪证罪当庭予以训诫教育交保释放。温子孝因赌博而买赃物应将赃物手镯一副没收返还原告。岳培杰无罪释放。孙云山无罪释放。安俊杰房子一间,判由因其被陷而受害者岳培杰、孙云山二人平均享有。赃物除现存者退还及部分折价赔偿原告外,因安俊杰等无力全部赔偿,其余的免予追究。

案例出处:《陕甘宁边区判例案例选》。

(冯学伟)

白海清和张芝英因婚姻及财产继承不服上诉案

白海清与张芝英因婚姻及财产继承纠纷上诉到陕甘宁边区高等法院。长兄白海法去世后，弟弟白海清将白海法遗妻张芝英告上法庭，企图参与瓜分长兄遗产，安塞县法院判决遗妻张芝英只能继承五分之一的份额，张不服提起上诉，说明情由，高等法院改判遗产归张芝英及其子女所有。

白海清弟兄五人均已分居，白海清认为，长兄白海法于1948年9月病故，遗妻张芝英及子女，姑念她寡居及子女幼小，去秋（1948年秋）曾帮助给收秋，今春还帮助找伙子种地，张芝英小孩有病及柴水困难，亦给照顾，至4月她提出要招夫养子，白海清弟兄也同意，但应该选择妥当对象，而张不听，即由王生玉介绍与白海清弟兄素不了解之蔡维海结婚，结婚前既不商得白海清弟兄同意，也不将白海法遗产交代给白海清弟兄，擅由其管理，小孩子也不打招呼，与她一起生活，诉经安塞县法院判决，将白海法之财产断归其子女所有，土地作为五份，五分之一归为张芝英所有，五分之四属白海法子女所有，也由张芝英管理。寡妇既然与蔡姓人结婚，就应该随蔡姓去生活，财产归于白姓，因此提起上诉。张芝英认为丈夫病故，丢下母子五人（二子二女），大儿子才五岁（原系抚养刘姓的），其余都是儿童，不能自立生活。去秋庄稼无人收割，张芝英亲自含泪收割入仓，多次向白家兄弟请求，才勉强帮助了一下。今春二子患出疹病，柴水不到，吃食困难，白家兄弟都不看管，结果致使二儿子病亡。张芝英感到处于寡居境地，子女小，无法生产，生活难以维持，迫于无奈，想招夫养子。曾与白家兄弟商量数次，都被拒绝或推诿无论。后经王生玉介绍蔡维海，在双方同意之下招为夫。可是白海清等叫张芝英也姓蔡随去生活，所有的财产衣物白姓要管理。张芝英坚决不离白家门，“愿招夫养育我的子女，财产应当由我管理”。

陕甘宁边区高等法院认为，张芝英在前夫白海法死后，自愿与蔡维海结婚，是合法的。至于白海法所遗财产、土地是生前与妻张芝英共同劳动所得，况且还有子女，待以养育，自然应当由张芝英继承管产。现在张芝英与蔡维海结婚，蔡维海有权参与共同管理经营，也有义务负担养育白海法所遗的子女。白海清等在蔡维海正当经营之下，不能无故干涉阻止。至于白海清借口素日对蔡维海不了解，对张氏有帮助，而企图限制张的婚姻自由及强调张芝英与蔡维海另谋生活，意图独得白海法的遗产，纯粹是旧的封建意识和贪利行为，于法于情都属不合。安塞县把白海法遗产完全断给白姓及土地分成五份，只准张芝英本人继承五分之一，也属欠妥，依法应予变更。故而特判决张芝英与蔡维海自愿结婚，依法有效。白海法的遗产均归张芝英及其子女继承，蔡维海有共同参与正当管理经营的权利。

案例出处：《陕甘宁边区判例案例选》。

（冯学伟）

鲍汇元、周步瀛贪污案

鲍汇元、周步瀛由于贪污公款被起诉至法院。鲍汇元、周步瀛利用社员不识字的缺点，通过任意记载出入货物、乱自使用开支等方式，将公款占为已有。案发后，鲍汇元、周步瀛分别被法院以贪污罪判处有期徒刑三年零六个月、有期徒刑三年。

鲍汇元、周步瀛于1937年9月间共同到安塞县一区合作社任职，鲍汇元做合作社主任，周步瀛做合作社会计。鲍汇元等自从到合作社后，一贯利用社员不识字及不会审查账目，对于出入货物任意记载,对于资本红利乱自使用开支。后来虽然经边区建设厅及安塞县政府派员指示,鲍汇元等置之不理,仍然百般欺诈隐瞒,实行贪污,致使合作社在群众中信仰大减,亏空日益加深。据鲍汇元等供称,其盈利率占百分之十四,但查其账中记载,利率还不止于此,即以他们所供述的利率标准及其买货总资本售货总额缴目存货额一并计算,则五个月中间短少红利洋一百九十二元,短少货洋二百零三元三角五分,除去开支九十八元五角及缴过红利二十六元零一分外,其贪污最低总额为二百七十元零八角四分。嗣后经安塞县发觉逮捕,各处以有期徒刑二年,并科按数赔偿贪污款额,鲍汇元等对第一审所为判决不服,上诉到陕甘宁边区高等法院。

陕甘宁边区高等法院认为,鲍汇元等受政府及社员的委托,不自尽责,反借以欺骗蒙蔽社员,不遵政府指示,从中实行贪污,假公肥己,破坏边区经济建设,损害群众利益,法院为严惩贪污,发展经济建设,充实抗战力量,维护群众利益起见,依法判决撤销原判。鲍汇元犯贪污罪判处有期徒刑三年零六个月,赔偿贪污合作社洋一百三十五元四角二分,并科罚金五十元。周步瀛犯贪污罪判处有期徒刑三年,赔偿贪污合作社洋一百三十五元四角二分,并科罚金五十元。

案例出处:《陕甘宁边区判例案例选》。

(冯学伟)

操声来伤害致死及伪证案

操声来因故意伤害致人死亡被起诉至法院。操声来对殴打徐狗牙致人死亡的事情供认不讳,只承认是自己一人所为,但是当时可能还存在其他同伙共同殴打徐狗牙的情况,潜山县政府判决操声来一人负全部责任,其他人员无责任,安徽高等法院认为根据现有证据不能证明此案仅为操声来一人所为,将案件发回重审。

被告操声来等因伤害致死及伪证案,经潜山县政府判决,呈送覆判。安徽高等法院认为,操声来对于1929年七月初八日因扒柴细故将徐狗牙殴伤致死等情既自白不讳,当时解劝之董鹤龄亦称只见徐狗牙、操声来互扭。原审认为徐狗牙之死系操声来一人加害,与操家旺、操家善无涉,固不能谓全为无见。但已故徐狗牙左胁有踢伤一处,斜长约三寸、上宽约二寸、下宽约寸余,右肋有踢伤一处,围圆约三寸,又小腹有踢伤一处,直长约二寸、宽约五分,以上三伤均系青黑色。又背面龟尾亦带青色,委系生前受伤身死,业经原审验明,填具验断书附卷。该被害人之伤既有多处,其部位或在前或在后,被告操声来年仅十五,而说是该被告一人所为,显难置信。况据王子庶、陈有才、郭万丰、王俊州、储怀宾、汪凤州述称:"我们在外面围观,听到徐狗牙说是操声来、操家善、操家旺三人打他的。"核对后发现与王泽元及告诉人徐玉松与其女所述相同。原审对于王子庶、王泽元之证言不予理睬,而郭万丰等又未传案研讯,殊嫌草率,且操家旺始称那天早上去了岳父家,太阳下山才回来,但是又说初八那天,打架的时候在外母家,外母家就在附近,其前后述词歧异,是否饰词诿卸,亦不是没有审认余地。审判除有特别规定外,(如最重本刑为拘役或专科罚金案件)被告不出庭者,不得审判。根据当时的法律规定,本案被告操家善并未到案辩论,原审遽予判决,和上开规定未免违误。再查关于王泽元部分,该被告之证言系根据被害人生前及告诉人所申述,是否真实,尚属未决问题,已如上述。即便该证言并不真实,但是否故意,也需要切实审究。原审未注意及此,就认为伪证,尤欠允洽,所以,应予发回覆审。

案例出处:《安徽高等法院公报》。

(冯学伟)

曹刘氏生活费案

曹刘氏与曹炳文为生活费涉讼假扣押一案起诉到法院。抗告人曹刘氏因与曹炳文为生活费涉讼假扣押一案,不服芜湖地方法院 1931 年 4 月 30 日所为之裁决,提起抗告至安徽高等法院。

安徽高等法院认为,假扣押的裁决一经确定,非有假扣押之原因消灭或其他命假扣押之情事变更者,不得任意撤销。至于被假扣押之标的物,如第三人主张有所有权或其他足以防阻让与及交付之权利者,应以诉讼向债权人声明异让,即应提起异让之诉,以资救济。不得就假扣押裁决递行声请撤销。本案假扣押之船货早经裁决确定,无论其是否悉属曹炳文所有,要非原声请人可声请撤销。即便该船货确系原声请人所有,依上述之说明仅可对抗告人提起异议之诉。乃径声请撤销假扣押,自不应予准许。原法院见未及此,竟准如所请,很难认为合法,抗告人之抗告不得谓为无理由。因此裁定,原裁决废弃。曹焕盛在原法院所为之声请驳斥。讼费由曹焕盛负担。

案例出处:《安徽高等法院公报》。

(冯学伟)

查实甫等因保证债务涉讼案

查实甫因介绍担保岑自让在王少兰所开王祥泰杂货号内为伙一事被起诉至法院,要求其承担担保赔偿责任。查实甫介绍岑自让在王少兰所开王祥泰杂货号内为伙,并立有担保字一纸为据,岑自让在收账中将部分账款收入自己囊中,并透支薪金,查实甫被王少兰起诉至法院,要求保证人查实甫如数赔偿。

查实甫于 1929 年 5 月介绍岑自让在王少兰所开王祥泰杂货号内为伙,并立有担保字一纸为据。岑自让于 1930 年年底往江北无为等处收账,所收账款仅交还号内大洋一千三百元,余款均擅自用尽,另外又透支薪资大洋一百二十三元零五分二厘。央中崔祥喜等调处无效,王少兰遂向芜湖地方法院起诉,请求保证人查实甫如数赔偿。案经判决,被告人应赔偿岑自让亏欠原告人大洋一千七百六十二元一角九分,其余岑自让在快顺小轮被劫之四百元,又让免各号尾数七十三两五钱八分七厘及兑付德丰存款折息六十两暨存于王义泰银五十三两五钱,认为原告之诉无理由,予以驳斥。查实甫对于原判责令赔偿部分声明不服,王少兰对于驳斥其余之诉部分亦提起附带上诉到安徽高等法院。据查实甫陈述上诉意旨略称:"我原来保岑自让系任街缺职务,他下乡收账所生的损失,我不负责任。况岑自让他自己有钱,被上诉人可以找他要。请求废弃原判,更为公允判决。"据王少兰陈述上诉及答辩意旨略称:"保单上已经载明岑自让如有错处即归保人负完全责任,我是要保人赔偿决不找岑自让的。岑自让家里好不好我不知道,他老子生活是很好的。至街缺是管理一切事务,与批发并无分别,我在原审有两张状纸列有岑自让名字,是要保人找岑自让来证明数目,我并没有告岑自让,我附带上诉有无为县呈覆及账簿可证,请予改判。"

安徽高等法院认为,本案上诉人查实甫之上诉意旨约分两点:(1)上诉人担保岑自让之职务系属街缺,外县批发,街缺不能负责;(2)主债务人有财产足供清偿,不能径使上诉人践行保证义务。安徽高等法院查芜湖商场惯例,对于充当街缺能否派往外县收取批发账款,曾函托芜湖县商会调查,据该会覆称,“本会当于昨日召集执委会详加讨论,佥以本帮商场习惯:所有店内同事皆可派人收账职务”等语,是上诉意旨第一论点显无可取。惟查保证人于债权人未就主债务人之财产强制执行而无效果前,对于债权人得拒绝清偿,此为当时的民法第七百四十五条明文所规定,亦为最高法院及前大理院认为至当之条理而著为判例。本案据主债务人岑自让供称:“我愿意了,我要变卖田产来还他,我有田四十五亩七分,可值两千多元。”主债务人此项陈述是否实在,虽无积极证明,但被上诉人亦未能举证证明主债务人确无财产足供清偿。据被上诉人述称“岑自让家里好不好我不知道”,依上开说明,被上诉人自应先向主债务人为审判上之请求,如果主债务人实无资产可供执行,始得主张保证人即上诉人代偿债务,否则保证人自得拒绝保证债务之履行,即所谓的先诉抗辩权。被上诉人仅因担保字内有倘有银洋亏空等情概归保人负完全责任之记载,遂径向上诉人请求履行保证债务,而置上诉人先诉抗辩权于不顾。原审未予注意及此,径行判令上诉人代位清偿,于法均有未合。(查岑自让向住无为县,不能谓其住所或居所有变更。又被上诉人不能证明主债务人之财产不足清偿其债务,已如上述,则被上诉人自无援引当时的民法第七百四十六条第二、第四两款之余地。况该余款依民法债编施行法第一条规定亦不能适用)上诉意旨第二论点应认为有理由。再查被上诉人未先向主债务人为审判上之请求,径向保证人起诉,原审仅须根据上诉人之先诉抗辩将被上诉人全部之诉认为无理由,予以驳斥,而其主张之数额是否确实,可以不问。原判驳斥原告其余之诉部分未就上述上诉人之先诉抗辩予以审究,而就被上诉人主张之数额加以审判,其所持理由固嫌失当,惟判决驳斥其诉尚无错误,关于该部分仍应予以维持,附带上诉不能认为有理由。所以,原判决除驳斥原告其余之诉部分外废弃。被上诉人关于上开部分其余之诉均驳斥。诉讼费用由被上诉人负担。

案例出处:《安徽高等法院公报》。

(冯学伟)

常维信拖欠债务案

常维信因拖欠高申氏银币三十元一事不满米脂县务委员会的判处结果上诉到陕甘宁边区高等法院。常维信因拖欠高申氏借款一事被高申氏报诉给米脂县务委员会,米脂县务委员会判常维信归还欠款并计算本金与利息,常维信不服计算方式,上诉到陕甘宁边区高等法院。

常维信于1933年借高申氏银币三十元,已经十一年了,高申氏屡次催索债款,常维信也不返还。因而高申氏报诉给米脂县务委员会,判决常维信停息返还高申氏本银三十元,按米脂边区银行分行牌示时价每块银元合边币五十元,应返还边币一千五百元整。常维信以三十元银币折合边币一千五百元为数甚巨,无力返还,去陕甘宁边区高等法院上诉,请求酌量减免。法院传讯各当事人,高申氏以贫病交加,不能去法院,常维信也受传不到。

陕甘宁边区高等法院认为,常维信借高申氏银币三十元,已自认负返还的责任,高申氏也自愿不要利息只要本金。常维信仅对银币三十元折合边币一千五百元部分表示不服,是此案争点在于银币折价多寡一节,至于债务本身已无争论。这项银币折合边币的市价因为在抗战时期变动无常难作标准,自然就应该斟酌双方实际生计情况来作处断。常维信虽然不是富户,但按照他的经济状况还可以勉强筹措，所以，酌情返还高申氏边币八百元。

案例出处：《陕甘宁边区判例案例选》。

（冯学伟）

陈海清等强盗案

陈海清、李金章等人因入室持枪抢劫案被起诉至法院。陈海清、李金章伙同王得胜及在逃盗匪四五人密怀手枪，侵入芜湖濮家巷胡配庚与吕路氏同住家内，搜劫衣物等而去。案发后，两人被抓捕并起诉至芜湖地方法院。

陈海清、李金章原籍合肥，流落芜湖，均无正业。1929 年 10 月 9 日晚七时陈海清等伙同王得胜及在逃盗匪四五人密怀手枪，侵入芜湖濮家巷胡配庚与吕路氏同住家内，用枪威吓，禁止声张，分赴各房间搜劫衣物等而去。经事主报告公安局侦缉队派队踩缉。翌日经探警余海昌等在来复会后面草屋内查获陈海清、李金章二名，并搜出手枪一支、子弹二十一粒及原赃银花鼓坠等，又由陈海清供出王得胜居住点。又拘获王得胜，搜出手枪一支、子弹五十余粒及原赃小银镯等，当将一并带局讯问，后解送驻芜新编步兵第三旅司令部转送芜湖地方法院，检察官侦查起诉，由芜湖地方法院刑庭分别判处陈海清、李金章、王得胜各有期徒刑十三年，陈海清、李金章不服，上诉到安徽高等法院。

安徽高等法院认为，本案上诉人等虽然对于行劫事实坚持不供认，但检阅原卷，据王得胜在三旅司令部述称，他在花园洗澡堂听人说胡配庚的亲戚勾通高小五子、沈麻子、刘海彪等同伙去抢的，李金章、陈海清两个人也去抢。其后侦查公判中历次提讯王得胜，虽翻异前供，但查原审法院判处王得胜徒刑十三年，并未提起上诉，其为行劫胡配庚、吕路氏家内之正犯，自无可疑。对于其他共犯所作的陈述，自应认为真实可信，予以采用。况且在上诉人陈海清家搜出衣物很多，内有银花鼓坠一件，经事主吕路氏认明，系伊家被劫原赃，并称“银花鼓坠是其孙子手上带的，在家里多年了，是在洋烟盒子内拿去的”。上诉人等之行劫尚属赃证确凿，乃上诉人陈海清对于原赃之银花鼓坠，在原审侦查中辩称，银花鼓坠是他今年八月廿几日打的，费三角钱，在宝庆打的。法院提讯，陈海清称银花鼓坠是阴历七月廿几日，费二角三分钱，在宝庆银楼买来的，其所述买价及日期，前后不一致。复经法院嘱托芜湖地方法院向宝庆银楼查询，据称原赃银花鼓坠并非该店出品，1929 年七月廿日以后三十日以前并未售出此物，此物亦非年来之物等情，呈覆到院。上诉人捏饰诿卸，自属显然。至于上诉人李金章前在公安局述称，他在宣城，游击队第五队队长张凤亭是他干爷，他到此地，是干爷叫到此来找张汉忠谋事，嗣后又改称是干老子叫来接干妈，干老子名靖标号，在凤亭干爷队上当稽查，于九月初五日来接干妈，不料干妈于是日起程回宣城，彼此相左，他就住在老表陈海清家。并以搜获之手枪一支、子弹二十余粒，谓为由宣城带来，接眷护卫之用。经原审函请宣城县政府查复，诘县人民自卫团，第二队长虽名张靖标，别号凤亭，然与上诉人李金章素不相识，并无结与手枪来芜接眷的事。所以，上诉人李金章所提反证，借以证明手枪子弹之来历，纯属虚捏，自无置信的余地。原审认定上诉人等为行劫胡配庚家的共同正犯，与当时法律，本无不合。上诉人空言攻击，自非有理。惟查相关法律，科刑的判决应以职权认定事实，而阅原判决虽有事实一栏，但仅叙述胡配庚等被盗及上诉人获案的经过情形，并未就犯罪事实加以认定，其适用法则显有未合。又胡配庚家被劫，据吕路氏在侦查中述称是阴历九月初七（10 月 9 日）吃晚饭的时候，盗匪喊开大门进来，显然不符合当时法律所规定的于夜间侵入住宅或毁越门墙等情形,原判决援引这一情形,又搜获之手枪二支、子弹七十余粒,既经侦缉队查出,呈由公安局转送新编步兵第三旅司令部,自系经官署押之物,虽该枪弹已由司令部存留应用,依法仍应予以没收,原判决未经宣告没收,也属疏漏,应予撤销改判。据上论结,根据当时法律判决如下:原判决关于陈海清、李金章罪刑及抵刑部分撤销。陈海清、李金章结伙三人以上,携带凶器强盗,各处有期徒刑十三年、褫夺公权十三年,裁判确定前羁押日数以二日抵徒刑一日。手枪二支、子弹七十六粒没收。

案例出处:《安徽高等法院公报》。

(冯学伟)

陈黄云等因山场涉讼案

陈黄云等与程玉堂等因山场涉讼案上诉至安徽高等法院。上诉人陈黄云等与被上诉人程玉堂等因山场涉讼案,上诉人不服芜湖地方法院1929年12月4日所为之第二审判决,提起上诉。

安徽高等法院认为,法院就当事人讼争事项,据其判决理由已明确表示判断之意思者,虽未将其判断揭示于判决文书,亦不能不认其就该讼争事项已有裁判。(参照前大理院1927年上字59号判例)本件讼争采樵权原判决虽未揭示于主文,而其理由内既加以认定,并依该项认定之结果,凡张家坑山上所有树木之可供樵采者,均包括在内。该项讼争标的之价额显非未逾百元,可以依法提起诉讼。复查被上诉人在第一审系主张上诉人盗伐其所有吴家边山之树木,诉请判令赔偿损害、制止盗伐,并据供称,张家坑山只能樵采、不能砍伐。原审既认定上诉人所伐之树木非被上诉人所有吴家边山之树木,而又判令上诉人赔偿被上诉人树价,似已溢出当事人请求。究竟讼争采樵权是否在被上诉人声明范围之内,并上诉人砍伐张家坑山树木,被上诉人能否请求赔偿,即被上诉人之采樵权仅及该山毛草,抑包括树木在内,尚欠明晰。遽难为法律上之判断,应认为有发还更审之原因。所以,原判决关于采樵权及树价并讼费部分废弃,发回芜湖地方法院更为判决。

案例出处:《安徽高等法院公报》。

(冯学伟)

陈老汉因陈许氏声请停止羁押抗告案

陈老汉因陈许氏之声请停止羁押裁定驳回一事向安徽高等法院提起抗告。抗告人陈老汉因陈许氏声请停止羁押案,不服芜湖地方法院1930年9月13日裁定,提起抗告。

安徽高等法院认为,当事人对于法院之裁定有不服者,得抗告于直接上级法院,但有特别规定者不在此限。证人、鉴定人、通译及其他非当事人受裁定者,亦得抗告,此为当时法律所明定。细绎法意,是提起抗告须以当事人及非当事人之受有裁定者,方得为之。本案原审是对于陈许氏之声请停止羁押裁定驳回,则受裁定者显为陈许氏。该陈许氏虽经原审裁定后因病身故,但根据当时法律,除自诉案件自诉人于辩论终结前死亡者、于一月内被害人或其直系亲属配偶或同财共居之亲属得承受其诉讼外,并无其他案件有直系亲属配偶或同财共居之亲属得承受诉讼之明文。本案抗告人是否系陈许氏之直系亲属,姑不具论,但既非自诉案件,乃就原审对于陈许氏之裁定谓为承受诉讼,提起抗告,自属于法不合。况抗告期限除有特别规定外为七日，自送达裁定后起算。查核原裁定系于9月15日送达，截至同月22日即已满期。该抗告人于23日提起抗告，亦逾越法定期间。本案抗告应认为违背程序规定。所以，抗告驳回。

案例出处：《安徽高等法院公报》。

（冯学伟）

陈龙宝运输鸦片案

陈龙宝因运输鸦片被起诉至法院。被告陈龙宝因运输鸦片案，经望江县司法公署判决后呈送安徽高等法院覆判。

安徽高等法院认为，本案被告陈龙宝对于船内所搜获的烟土供称是客人留下的，与他无关。但查当日第三区助理员及排长、团丁上船检查，系根据当地人民虞友功之报告，该被告既系驾船之人，而搭客携带烟土复有百余两之多，焉有毫不知情之理？且查搜出之烟土又在该船后舱箱内，并据搜查之排长述称，汤志鸿上船向船户告知有人报告船上有烟土，那船户就开箱拿出来了，团丁陈玉清供亦相符。该被告一经盘查即开箱将烟土拿出，纵如所云烟土系搭客带来，该被告并无贩卖情事，然其对于携带之烟土已不得诿为不知，况据鲁雅清、刘秀洪、金世昌、陈子清、汪仁奇、林群章其县原函载"南西九甲刘明才、刘秀廷、刘玉恒等三人托永兴一甲船户陈龙宝担保，在省城华安皮花行借洋一百七十元，船将返里，陈龙宝复将该洋购买烟土，约定到家归款"，刘玉清在保卫团也有"汤先生要开他的箱子，船家害怕，自己就将烟土拿出来。他说烟土是刘家大屋客人的"的述词，究竟该被告是否以刘明才等借款购买烟土、意图回家贩卖，或者是刘客购买的烟土、该被告帮助其运输，情节如何，深堪推究。如果是意图贩卖烟土而运输，固应成为当时的禁烟法第六条之罪，即仅帮助搭客运输烟土，也应依刑法处断。原审未注意及此，率予宣告无罪，殊不无轻纵之嫌。又查鲁雅清等原函系1919年8月17日呈递，第三区区长范天锡呈烟土一百零四两至望江县政府则为8月19日，据鲁雅清等函载"烟土一百零七两"，被告陈龙宝述称"凭我当面秤有一百零七两"，陈玉清在保卫团亦称，比时过了秤就是一百一十两，后来汤先生只说一百零六两，赖他们留四两，他们要拜菩萨，汤先生才不说。而李学莲等在安徽省政府具诉又谓"搜抢烟土至三百余两之多"，当时所获之烟土数目究系几何，更不乏研鞫之余地，原审并未审究明确，遽行判决，尤为不合。又原审未讯问被告年龄、籍贯，亦属草率，本案事实未明，自足为发回复审之原因。所以，本案发回望江县司法公署覆审。

案例出处：《安徽高等法院公报》。

（冯学伟）

陈梅花请求成婚案

陈梅花因婚姻嫁娶一事不服太湖县政府判决上诉至安徽高等法院。

上诉人陈梅花幼时由已故方金满抱为次子德明童养媳，德明六岁夭亡，陈梅花仍留方家代为抚养幼弟，撑持家务。现因年事已长（二十二岁），方姓又有将其价卖与人作妾之说，乃忿而奔回母家，由其姊黄陈氏说合，嫁与上诉人黄仁山为妻。旋由德明之兄即被上诉人方德初以德明故后曾经陈梅花故父陈咏高允，将陈梅花转许与自己为室等情，诉经太湖县政府1930年6月12日判准方德初将陈梅花领回完婚。陈梅花等不服，提起上诉至安徽高等法院。

安徽高等法院认为，本案上诉人陈梅花原系许与被上诉人方德初之弟方德明为童养媳，此为被上诉人所不争。虽据被上诉人谓曾经该上诉人之父陈咏高将上诉人转许与自己为室,但仅系空言主张,显属不足置信。根据当时法律,父母为未成年子女所定婚约,非子女于成年时表示追认不生效力。姑无论上诉人陈梅花与被上诉人并无婚姻关系,即假定被上诉人所称属实,然迄今既未成婚(据方德初于10月14日在本审供称因年岁不好,还未成亲),而上诉人陈梅花与上诉人黄仁山之结婚又系出于合法之自由,依据上开法例,被上诉人亦无争执之余地,原审遽依被上诉人之主张,命将上诉人陈梅花领回完婚,实有未洽,应即予以改判。所以,原判决关于陈梅花应由方德初领回完婚部分废弃。被上诉人方德初在第一审所为前项之诉驳斥,第二审诉讼费用由被上诉人负担。

案例出处:《安徽高等法院公报》。

(冯学伟)

陈乃彬等因迁让坟地涉讼案

陈乃彬因请求迁让坟地涉讼案上诉至安徽高等法院。上诉人陈乃彬与被上诉人杨启萼等因请求迁让坟地涉讼案,上诉人不服怀宁地方法院于1930年3月1日所为第二审判决,提起上诉。

安徽高等法院认为,上诉人陈乃彬对于讼争坟地主张所有,系以清嘉庆十五年(1810年)戴学名、严广美承约及同治六年(1867年)邓再才等清界字为凭。原审以该承约及清界字上均现有水浸痕迹且清界石内并无杨姓(被上诉人方面)在场,因而驳斥上诉人在第一审之诉,固非无见。惟查前项承约及清界石是否真实乃为解决本案之关键,两造既无其他证据方法足资参证,自非依法鉴定(例如素有经验之裱画家及其他具有辨别书证真伪之特长者均得选任为鉴定人)不足以明真相。原审并未践行此项程序,遽认前项书证均系捏造,尚属难昭折服。又查前项清界字上虽无杨姓列名,但如果该据系属真实,则当日杨姓何以未经列名及两造就讼争地历来执管之情形如何,亦应详予阐明,原审未就上开各点实施调查,应予发回更审。所以,原判决废弃,发回怀宁地方法院更为判决。

案例出处:《安徽高等法院公报》。

(冯学伟)

陈神照吓案

陈神照因向他人强行索取财物一事被起诉至法院。陈神照原为土匪,自首后由族人作保被释放,后强行向陈叶氏索取钱财,案发后被捕入狱,被东流县政府判处罪刑,陈神照不服上诉到安徽高等法院。

陈神照原从朱老五为匪,1929年3月朱老五伏诛,旋向东流县政府自首免罪,并由族人陈安吉等保其悔过自新。谁知陈神照匪性难驯,于1930年正月十三日向陈安吉之妻陈叶氏强索洋百元或八十元,并以"如不交付,过三天再看"等语相恫吓。同月十五夜又以贺号为名,招聚多人在家痛饮,复往催索,陈安吉夫妇闻风先行隐避,并报告保董陈振荣(陈正荣)、转报该管自卫团第二队第二排排长王举贤,将陈神照逮捕,送由东流县政府1930年11月12日第一审判处罪刑,陈神照不服,上诉到安徽高等法院。

安徽高等法院认为,本案上诉人对于1930年正月十三日向陈安吉之妻陈叶氏吓诈洋百元或八十元,并于同月十五日晚以贺号为名招聚多人在家痛饮复往催索等情虽不自承,但据陈叶氏述:上诉人正月十三日到陈叶氏家要借钱,不借一百也要八十元,如不借钱,过三天再看。十五日夜里,他在家贺号吃酒,后又来打陈叶氏门,陈叶氏就跑了,并报告保董陈振荣。陈安吉所供亦同,该被害人等述上诉人于何日实施及其吓诈情形历历如绘,并经陈迴谟、陈宣猷等证实,参以陈振荣供称:今年正月十五日夜里陈叶氏到陈振荣家打门,说陈神照正月十三日要借钱,不借一百元要借八十元,如不借钱,过三天再看,到十五日那天,陈神照在家贺号喝酒,带人去捉安吉,安吉就跑了。陈振荣怕不实,陈振荣就找迴谟问,他说有这事。陈振荣又叫陈宣猷来问,宣猷说有贺号这事。陈振荣还不相信,陈振荣又过去问那里年老的,他们都说正月十五日晚有这事。陈振荣因温县长下有指令,如他不归正,要陈振荣先行报告,陈振荣就报告了,及上诉人所称"正月十五日我贺号,因为要改一个字",其犯罪事实证据极为确凿。上诉人虽辩称陈安吉、陈迴谟、陈宣猷、陈振荣等均与其有仇,是栽诬的,其并未向陈叶氏借钱,微论徒托空言,毫无实据,已难置信,且上诉人于1929年7月向该县自首免罪之时,是由陈安吉等保其悔过自新,为上诉人所自认。就此观察,则上诉人谓为挟嫌栽诬,显系饰词诿卸。原审认为上诉人犯恐吓之罪,本无不合。惟上诉人虽已实行犯罪,然尚未得财,依当时法律自系未遂,原判认为已遂,未免违误。上诉意旨空言饰辩,固难认为有理,然原判既系失当,自应撤销改判。又未遂罪本得减既遂罪之刑二分之一,此固为当时的刑法第四十条前段所明定,但上诉人始而随从朱老五为匪,继而由陈安吉等保其悔过自新,领有免罪执照,自应痛改前非,方不负陈安吉等担保之厚意,乃怙恶不悛,竟向陈安吉夫妇实行恐吓,论其过去行为及心术品行与被害人平日之关系,不但毋庸酌减,并应于法定主刑范围内科以适当之刑,以期与罪情相符。所以,原判决关于陈神照部分撤销。陈神照以恐吓使人交付所有物未遂,处有期徒刑四年、褫夺公权四年,裁判确定前羁押日数以二日抵徒刑一日。

案例出处:《安徽高等法院公报》。

(冯学伟)

陈永年伪造嫌疑案

夏子芳因诉陈永年伪造嫌疑案向安徽高等法院提起再抗告。再抗告人夏子芳因诉陈永年伪造嫌疑案,不服芜湖地方法院1931年3月25日所为裁定,提起再抗告到安徽高等法院。

安徽高等法院认为,对于抗告法院之裁定所得提起再抗告,以当时法律规定为限。本案再抗告人与陈永年因田地水利在南陵县政府涉讼,审理中再抗告人以陈永年所提出契纸有伪造情事,请求将民事停止进行刑事,未邀允准。提起抗告经原法院认其抗告为无理由,依当时法律规定,自在不得再抗告之列,兹复提起再抗告,殊属违背规定,应予驳回。

案例出处:《安徽高等法院公报》。

(冯学伟)

陈郁章因坟山涉讼案

陈郁章因坟山涉讼案上诉至安徽高等法院。上诉人陈郁章与被上诉人李维可等因坟山涉讼案,上诉人不服芜湖地方法院1930年3月18日所为之第二审判决,提起上诉。

安徽高等法院认为,本案上诉人主张讼争山场树木为其所有,系以同治十一年、宣统元年、

1922年乌珠山大禁公约及1922年林业公会保林证书为证。检阅乌珠山大禁公约三纸载有陈明锦公字样,而保林证书所载林场四至(第一审判决载明林业公会曾经县署核准备案,乃原审竟谓为未自政府立案,殊嫌无据。至该会所发上诉人之保林证书内所填四至、地名,墨色虽略有浓淡之分,无如其他反证,似难遽谓为摹补)。又与一、二两审勘图载讼争山西至路东至田地北至地适相吻合,并据乌珠山大禁公约经理徐九皋等于第一审呈称"陈明锦公在属禁入禁,已历数十年之久,除此所争坟山外,别无他山"等语。如果所称非虚,则上诉人谓讼争山场树木应属其所有,似不得谓为无相当证明,且两造既各抄呈邻契,则孰为可信,并该山历年管业情形如何,更不乏审究之途。原审见未及此,遽驳斥上诉人在第一审之诉,殊不足以昭折服。更查讼争山内之坟墓(第一审勘图载明山凸两处,原审勘图仅载坟墓一处,而于第一审所绘较大之山凸,则指为无坟墓形迹可考。究竟该山有坟墓两冢,抑仅一冢,有无其他证据堪资参考,应予详加审究)凸形仅存,与讼山西被上诉人所有之祖坟丰碑屹立者迥殊,且隔有山路,则被上诉人指讼争坟墓为其祖坟,亦不能谓为无疑。总之,讼争山场究属何造所有,既如上述,尚待审究,则该山场内之坟墓应认为何姓祖坟,自难遽加断定,亦应认为有发还更审之原因。所以,原判决废弃,发回芜湖地方法院更为判决。

案例出处:《安徽高等法院公报》。

(冯学伟)

陈忠成离婚案

贾改娃在十一岁时,被她父亲以四十二元白洋卖给陈忠成做童养媳妇。贾改娃在陈家住了一年多,因为不堪陈忠成虐待,曾在延安市政府打过官司。当时决定,贾改娃由她母亲刘氏带回娘家,等她满了十八岁由她自己决定。1943年陈忠成以改娃已到结婚年龄,要她履行婚约,改娃坚决不从。因此,陈忠成告到延安市地方法院。该院根据双方情形以及边区婚姻条例之规定,男女结婚须双方同意,判决准许解除婚约。改娃父亲曾经花费的陈家婚礼,由改娃以工钱赔付其父亲花费的白洋,市价折合边币五千元。上诉人陈忠成不服1943年3月23日延安市地方法院作出的一审判决,向陕甘宁边区高等法院提起上诉,主张要改娃履行婚约,否则就要她赔偿够娶一个媳妇的钱。

陕甘宁边区高等法院认为,改娃被她父亲卖给陈忠成时,年纪很小,做童养媳,受虐待,曾因此打过官司,可见他们的婚姻,改娃本人是不愿意的。依据边区婚姻自愿自主的原则,陈忠成不能强迫改娃履行由父母包办及买卖的婚约。此外,陈忠成与贾改娃一个是农人一个是工人,彼此生产方式不同,他们的生活方式、生活习惯也不同。如果强制改娃履行婚约,是不能得到好结果的。所以第一审准许他们解除婚约是适当的。至于陈忠成在订婚时给贾家的四十二元婚礼,由改娃照白银市价赔偿边币五千元,也很合适,但陈忠成还要提出履行婚约的要求,实在不近人情。

案例出处:《陕甘宁边区判例案例选》。

(冯学伟)

程运铨与吴身福因货款涉讼案

抗告人程运铨因与吴身福为货款涉讼声请假扣押案,不服芜湖地方法院于1930年11月

10日所为裁决,提起抗告至安徽高等法院。

安徽高等法院认为,本案抗告人以债务人吴身福拟将所有广裕油坊房屋、基地、生财、家具与其他债权人抵偿债务,恐将来有执行甚难之虞,作为声请假扣押的原因。而法院查吴身福所有前项财产虽经另案债权人范华衡等声请,由原法院实施假扣押。依法各债权人本可受同等之分配,惟果如抗告人所称吴身福竟将前项财产抵偿范华衡等债务,或该案别有撤销假扣押之原因,则抗告人为保全将来执行起见,就不能说没有假扣押的必要,盖各个判决程序中所为之诉讼行为原系各别存在也。所以,原裁决废弃,应由原法院更为裁决。

案例出处:《安徽高等法院公报》。

(冯学伟)

戴中原抢夺嫌疑案

王德全、王德训、王德凯因戴中原抢夺嫌疑案,被告戴中原不服芜湖地方法院1929年12月28日第一审判决,王德全、王德训、王德凯亦不服,先后提起上诉。

安徽高等法院认为,本案被告戴中原与上诉人王德全、王德训、王德凯等能否负抢夺之责,应以该被告对于东湖滩荒地与孔世昌有无平分领权及该上诉人等对于所割之麦有无加种之事实为解决之关键。讯据该被告戴中原供称,1925年间鲍筱斋招其入股,用其名义向实业厅呈请领东湖滩荒地,因其为人不正,地方上反对,未邀允准,其自行强行开垦,遭到芜湖县政府通缉。1926年10月,由各股东公推戴中原与鲍筱斋雇佣的孔世昌承领,经安徽屯垦总局批准,并先后缴纳领价,给有收据在案。不料鲍筱斋见批准之后,一人擅将滩地招佃耕种,并唆使孔世昌呈请独领。经芜湖垦务专局于1927年10月15日批驳,并称未奉厅令解决之前,该代表(孔世昌)与戴中原暂行平分领权、各守原界。因该地鲍筱斋的佃户种了,遂招佃户王德全、王德凯、王德训等六十余家在上半段耕种一千二百余亩,并在芜湖垦务专局备案。该上半段之地虽有鲍筱斋的佃户,但经戴中原散放传单,这些佃户都走了,然后戴中原的佃户才上滩耕种。上一年四月麦熟,戴中原的各佃户始上滩割麦,戴中原因有事人在芜湖,所以没有上滩。上诉人王德全、王德训、王德凯亦称自己均是戴中原佃户,前年8月至10月,戴中原叫他们上滩种地,戴中原指到何处,他们就种到何处。上一年4月18日至20日,戴中原佃户始将所种之麦割去,并未割他人的麦。以上为戴中原及王德全等所述取得平分领权及播种麦种情形,并有芜湖垦务专局1928年10月15日与1929年1月28日批示两纸为证,参以孔世昌供称其对于平分领权批示没有走取消的程序。鲍筱斋供称其无法认定涉案滩地与戴中原无关,现在依地势作为沟道,垦务局将来认定戴中原有多少地,就还给戴中原多少地。地保奚良仕供称,王德全等随后在东湖滩上半段撒了麦子在地下,是在鲍筱斋等佃户种过以后种的。张朝锡供称戴中原的佃户是上一年9月(1928年)挑了泥土灰面,上盖麦子到东湖滩上半段地内,无法证明鲍筱斋的佃户没有种麦。是该戴中原对于东湖滩上半段之地已取得领权及王德全等曾在该段加种麦种,事实极为明确,则戴中原及王德全等之割麦并非无权行为,自无何等刑事责任之可言。

至鲍筱斋在原审供称,东湖滩之地领权并未分割,上半段及下半段之地均是民等招佃开垦,麦熟之后,他们抢去了。他的批示民等并未承认,不能生效。然戴中原既与孔世昌共同承领该地,缴纳地价亦系二人名义,其取得平分领权又系根据垦务局之批示,是其领权已无疵可指。况该滩上半段之地业经财政部事后发给执照,归该戴中原承领,该告诉人鲍筱斋等尤无否认之余地。该戴中原取得领权已如上述,鲍筱斋等竟将该滩全部招佃耕种,置被告之领权于不问,显系侵权行为。戴中原为排除不法之侵害,散放传单,告知上半段之佃户迁走,并于不妨害其他共有人权利范围内加种麦子,依侵权行为及共有不动产之民事法理条,应有权利,则其割麦亦属正当收益,与刑法意图为自己不法之所有,抢夺他人所有物不相同。原审未注意及此,遽认王德全、王德训、王德凯共犯抢夺之罪,分别判处罪刑,未免违误上诉意旨。攻击原判不当,不能谓为无理。惟关于戴中原部分,原审仅就采证方面认为犯罪嫌疑不能证明,而于其行为根本上应否成罪未予研究,其理由固欠允洽,但其结果宣告无罪,尚无不合。检察官指摘原判违法,自非有理。

所以,原判决除戴中原部分外撤销。王德全、王德训、王德凯无罪。检察官之上诉驳回。

案例出处:《安徽高等法院公报》。

(冯学伟)

邓凤标等确认坟地所有权案

上诉人邓凤标等与被上诉人邓文渊等因确认坟地所有权涉讼案,上诉人不服怀宁地方法院于1930年8月27日所为第二审判决,上诉到安徽高等法院。

安徽高等法院认为,同族间关于坟地的争执,依法应以宗谱为重要证凭。本案讼争坟地,据两造宗谱茔垅图说迭载上诉人祖妣“陈氏让娘葬屋后,凤形左齐田直下抵木星老坟山,右齐地田直下至堰水沟为界,界内永禁添葬”,又该谱世表亦迭载“让娘葬汪家垅屋后,其坟山界址前齐屋后高坝,后齐坟后田,左齐坪地,右齐田”各字样,似上诉人等谓该地属于他方所共有,尚非毫无依据。虽前项世表所载“右齐田”三字后续载“抵木星老坟山为界”一语,与该地现状不符,但是否显然错误,抑或地势变迁,并木星老坟山左边是否另有让娘坟地,自应就谱牒全部记载及该地详细形势予以审认,原审仅以该世表所载“抵木星老坟山”一语为推翻谱牒全部记载之论据,殊难认为允洽。

又据被上诉人谓讼争坟地系由邓姓卖与朱姓,复由朱姓于1915年卖与其祖惟昴公支下。上诉人则谓邓姓卖与朱姓之地系属让娘坟地以外余地,且至光绪十八年(1892年)仍由朱姓吐退还原朱姓管业时,从未侵越让娘葬坟之地各情,并各提出契据为证。究竟两造主张孰为可信,非就各该契据所载四至实施查勘(或嘱托原县查勘)并传集朱姓或其他中证详加讯问,不足以资认定。原审仅据被上诉人买契遽认讼争地在其四界以内,且谓上诉人指为四大房共有的讼争山内不应只葬一坟,(谱内本载有永禁添葬等字)其见解也有未协。又按上诉人提出之谱牒契据均载有“坟山”字样,与讼争地形势适属相符。被上诉人1915年买契既未载有坟茔,则其主张1916年迁葬其祖妣吴氏旭娘于讼争地之事实,自应责令举证。原判认为没有审究的必要,尤属难昭折服。上诉人声明废弃原判,发回更审,应认为有理由。

所以,原判决废弃,发回怀宁地方法院更为判决。

案例出处:《安徽高等法院公报》。

(冯学伟)

邓凤英离婚案

邓凤英因不服延安县政府于1942年8月1日驳回其离婚诉讼的一审判决,故向陕甘宁边区高等法院提起上诉。

邓凤英与孙钱柜于1939年冬季结婚。三年来,夫妻感情还算和好,只是在1941年邓凤英被孙钱柜殴打两次。1942年4月末,邓凤英回娘家,5月初返还后,夫妻感情骤为不睦。5月16日邓凤英逃跑到延安起诉,与王光信相遇,王光信认为和她是娘家的旧相识,就把她送到桥儿沟邓凤英娘家中。邓凤英的母亲又把邓凤英送到桥儿沟公安局处理,由公安局把邓凤英送到延安县政府,邓凤英即提起离婚之诉,经判决驳回其诉。邓凤英不服提起上诉到陕甘宁边区高等法院,其上诉意旨大致为自己被孙钱柜殴打过三次,身体被打青了,1941年12月间用鞭杆打的,1942年2月间用鞋打的,5月间用棍打的,其公婆常责骂她,不给吃穿,把东西做上记号防止她偷窃,而且自身已与孙钱柜感情不和,请求离婚。

孙钱柜答辩称,其与邓凤英感情很好,1941年6月间,因邓凤英不洗桶用扫帚打了邓凤英一下。同年11月间邓凤英在娘家不回来,其用细条打了她一下,都未成伤,公婆没有辱骂邓凤英,也没有不提供吃穿以及防止偷东西的事。并保证今后不再打邓凤英,请求驳回上诉。

1942年9月20日,陕甘宁边区高等法院根据以上事实认为,邓凤英供称于1941年12月间被孙钱柜殴打,此前并没有殴打的事,足以证明双方结婚后长期感情还算和好,并没有大的裂痕。而邓凤英又称,她曾被孙钱柜殴打过三次成伤,公婆常骂,不给穿吃,这是邓凤英有力的主张,但又说伤痕已经不存在了,受虐待的事,也没有任何证明,难以凭信。至于孙钱柜在1941年殴打邓凤英两次,孙钱柜已经自认错误,提出"以后不再打她",足见孙钱柜业已悔过。邓凤英在延安县政府也曾声明愿意回家,说明夫妻感情还不是根本不合。况且家庭夫妇是农村经济机构组织的重要成分,不得因口角打骂细故,遽行离异,以致动摇农村经济基础,本案双方当事人夫妻关系仍然应当继续,原判以无法定离婚原因,驳回原告之诉,自无不当。邓凤英的上诉无理由,判决驳回上诉。

案例出处:《陕甘宁边区判例案例选》。

（冯学伟）

邓林氏杀人案

宁国县政府判决邓林氏杀人案呈送安徽高等法院覆判。

安徽高等法院认为,被告邓林氏于1929年11月24日因其夫邓龙昌(隆昌)泼粪于床,强迫索款汲食鸦片,以致口角,并各持木榔头及铁锄互相打击。该被告一时气愤,用铁锄将邓龙昌头部挖伤,并夺取木榔头向邓龙昌左右眉角痛殴使其毙命。又为灭迹起见,将尸遗弃于阴沟之内等情。该被告既迭次自白不讳,核与验断书所载邓龙昌仰面致命,顶心铁锄伤一处,长九分宽三分,深抵骨。偏左铁锄伤一处,湾长一寸九分宽二分,骨损合面致命。脑后铁锄伤一处,长一寸五分宽三分,深抵骨又不致命。发际铁锄伤一处,长一寸六分宽八分,深抵骨。左眉角木器伤一处,长一寸三分,右眉角木器伤一处,长一寸八分。颈项有麻绳搭痕围圆一道,白色,系死后加搭,委系身前受伤身死。及告发人所供,邓龙昌被害情形均相吻合。是其犯罪事实甚为明确,初判认邓林氏有杀人之决意,并斟酌该被告犯罪时所受之刺激,依当时的刑法第二百八十二条第一项、第五十七条第四项、第五十六条、第六十条第二款处以有期徒刑十五年,褫夺公权无期,木榔头、铁锄没收,尚无不合。惟该被告意图灭迹,将邓龙昌尸身遗弃阴沟之内,虽系杀人之结果,依同法第七十四条应从一重处断,然未引同法第二百六十二条第一项,于罪未免失出。又裁判确定前羁押日数未依同法第六十四条准以二日抵徒刑一日，又未释明不予折抵之理由，亦嫌疏漏，并予指明。

所以，初判关于邓林氏部分发回宁国县政府覆审。

案例出处：《安徽高等法院公报》。

（冯学伟）

丁宪富妨害婚姻及家庭案

丁宪富与徐黄氏相奸已久，1929年6月27日，竟自乡间同至省城租屋姘居。计历一月有余，始经徐黄氏之父黄太和及其夫兄徐百魁来省寻获，报告公安局解送怀宁地方法院，检察官侦查并由徐黄氏本夫徐百森到案告诉，当即一并起诉。

丁宪富不服1929年怀宁地方法院对其通奸罪刑的判决，向安徽高等法院提起上诉。

安徽高等法院认为，本案上诉人丁宪富固已自认素与徐黄氏相奸，及去年六月二十七日同自乡间潜来省城租屋姘居等情不讳，而徐黄氏对于此种事实亦经自白无遗，并由原审以第一审判处该氏通奸罪刑，为无错误，驳回其上诉，确定在卷。是丁宪富应负相奸罪责，实甚明显。现虽据其状称：（1）徐百森抛弃徐黄氏已七年之久，徐黄氏无法赡养乃依赖上诉人过活；（2）黄太和、徐百魁无权告诉；（3）徐百森如果逐年赡养，当俟本案终结，再行赴浙，何致第二审判迭传不到；（4）黄太和、徐百魁未就徐百森历年所寄信函提出证明；（5）徐百森于侦查中提出借条是否真伪、徐黄氏知之与否，均应研究，以为不服之理由。

然核阅卷宗，不但黄太和、徐百魁佥称徐百森每年回家，即徐黄氏在侦查时，经检察官问，你丈夫何时回来的呢？亦答称是前年六月间回来的，足见第一项理由不能成立。又徐黄氏本夫徐百森在侦查中既曾具状请求迅即拘提拐犯丁宪富及被拐妇徐黄氏到庭收押，再为依法侦查。旋经检察官问其意思如何，复答称请院长办他奸拐，迨第一审庭讯时再诘以他（指徐黄氏）与丁（指上诉人）通奸。要不要办他的罪？据答称要办罪。是本案已有合法之告诉，该黄太和、徐百魁仅为来省寻获、报告公安局之人，并非告诉人，实无可疑，则第二项理由亦不成立。又告诉乃论之罪，告诉人固得于第一审辩论终结前撤回其告诉，但徐百森系于第二审进行中始赴浙江，就事实与本案不生影响，故第三项理由亦难成立。又徐百森并非逃亡三年不归，已如第一项所述，则其所寄信函自非必要调查之证据，原审本命黄太和、徐百魁提出作证，很难说是疏略，即第四项理由亦嫌牵强。又徐黄氏从前在家乏资过活，向人借款。丙寅年所立借条二纸、戊辰年所立借条一纸均系徐百森回家清偿、收回，经徐百森在侦查中检出呈阅，即由检察官讯，据徐黄氏答称是。可见此项借条系徐黄氏出立之件，已为徐黄氏不争之事实，第五项理由更属饰词狡辩。原审认第一审依当时的刑法第七十五条、第二百五十九条第一项、第二百五十六条、第七十六条第一项第四款、第八款判处上诉人相奸罪，有期徒刑四个月，为无错误，将其上诉驳回，洵无不合，本件上诉为无理由。

案例出处：《安徽高等法院公报》。

（冯学伟）

董海峰违背度量衡案

安徽高等法院检察官因被告董海峰违背度量衡案，就告诉人呈诉不服舒城县司法公署

1930年11月29日第一审判决，提起上诉。

安徽高等法院认为，违背度量衡罪的成立，必以度量衡法已经施行为基础。关于度量衡法规所规定之数目故意违犯为要件，若度量衡法未经施行以前而因各地习惯以致度量衡各有大小轻重之不同，自不成立本罪。本案被告董海峰所开设董祥源茶行，使用之茶秤虽有十八两、二十两、二十四两不等，然讯据述称我们那处秤茶，经同业公议，在谷雨节前用十八两，在谷雨节后用二十两，立夏后用二十四两，在中梅河商会存过案。还有晓天镇及六安毛坦厂秤茶都是用这种秤。并先后呈出晓天镇、毛坦厂茶行公议字为证。

法院复查阅原卷，舒城县中梅河商会于1929年10月23日呈覆原审，文内亦有"1928年5月据行商德丰和等公议规条、函请备案，当开会审查，以该行商所议各节与附近茶行规则尚属相符，应予备案"之语，是该被告持用此项茶秤乃根据各处茶行之习惯，并函请中梅河商会备案。虽此项茶秤计算一斤其两数有多少不等，与度量衡法所规定不符。然查度量衡法于1929年2月16日公布，依照全国度量衡划一程序第一条规定，1930年1月1日为施行之期。本案被告持有此项茶秤在民国十八年(1929年)，比时度量衡法尚未至施行期限，不发生违背定程问题，自不负刑法罪责。至于韩鸿恩、李延寿于1929年8月借用被告茶秤向秦孔义秤柴，因而发生口角，将秦孔义殴伤身死，被告事前既不知情，临时又未从场，亦自无刑事责任可言。原判决理由栏内既谓被告不负伤害责任，乃于主文栏宣示被告持有违背定程之度量衡，致发生伤害之因果，依当时的刑法第二百二十一条、第二百二十二条判处被告罚金六十元，并将茶秤没收，自属违法。本案呈诉不服意旨，仍请求加重处刑，固无理由，但原判决既有未当，应予撤销改判。

所以，原判决关于董海峰部分撤销。董海峰无罪。

案例出处：《安徽高等法院公报》。

（冯学伟）

董学润鸦片案

董学润(学闰)于1929年10月16日上午8时，江天轮船自汉口下，驶抵本城西门外杨家套地方开慢车之际，乘陈光后所撑划船至轮船内搬运衣箱、网蓝小被窝各一件，其中均藏鸦片烟土，仍坐原划船而返，经安吉巡轮副目张国祥瞥见，认为形迹可疑，报告轮长，饬令大副丁仲记暨水手五名同往检查，当即查获烟土大小二十二件，计一百五十包又十四饼，共重六百三十五两，旋将人赃一并呈由安徽民政厅，函送怀宁地方法院，检察官侦查起诉，刑庭判处罪刑。董学润不服怀宁地方法院对其所作刑事判决，向安徽高等法院提起上诉。

安徽高等法院认为，上诉人董学润，系因搬运鸦片、烟土，经安吉巡轮轮长派人查获，连同烟土呈由安徽民政厅函送到案。其在原审法院曾供称，贩土客人是另外一个划子走的，接有两客，他坐的是陈光后的船，上船下船都是乘坐陈光后的划子，没有别人，只有三件行李。陈光后在此前原审法院亦曾供称他的船上只有董学润，雇用董学润的客人是单叫一个划子离开的，并嘱咐船上有几件行李，要董学润乘坐他的划子带走行李。安吉巡轮大副丁仲记前在原审法院又曾供称在检查时，行李、网篮、箱子都有，但没有烟土，雇用董学润的客人在高头下船，并具结附卷。

上诉人所具上诉理由状复载称"有搭客某携带行李等件，亲自叫雇陈光后之划船一艘，托付学润代为搬运，照应下划，已则另雇他划登岸”各等语。是该上诉人当日自江天轮船搬运鸦片、烟土至陈光后之划船内，证据极为确凿。兹应审究者，即上诉人所称，民系码头搬夫，只知为搭客搬运行李，不知其内藏有烟土，客人与其一个划子下来，看见检查的来，就走了等情，是否可信而已。按陈光后迭次供述，均称上诉人系搬夫。本院察其容貌，亦尚类似。搬夫当无贩卖大宗鸦片、烟土之资力，惟综核上述供状，足见上诉人与陈光后嗣又改称客人与其同坐一划回来，迨客人登岸后始被检查，不为真实。且此次查获之鸦片、烟土计有六百三十五两之多，值洋在一千元以上，苟贩运者与上诉人素不相识，断无任上诉人独自搬运而己另雇划船上岸之理，况据上诉人供，并不知客人之姓名、住址，乃竟搬运客人之行李，而未与客人同坐划子拢岸，尤属不近常情。参观互证，显系贩运者自汉口购来，因上诉人向业搬夫前往接送不至，招人疑忌，并因彼此相知有素，故敢分乘划船避人耳目，而不料适被安吉巡轮副目张国祥瞥见，报告轮长，派人查获送案。该上诉人谓不知其内藏有鸦片、烟土，固属捏词饰辩，希图诿卸罪责。原审法院不以帮助意图贩卖而运输鸦片论罪科刑，遽认上诉人自己由汉口购买鸦片烟土来皖，判处上诉人意图贩卖而持有鸦片烟之罪刑，亦显不当。故本件上诉虽无理由，然原判决仍难维持。又查上诉人此次系自江天轮船上搬运鸦片、烟土登岸，应属实施犯罪行为之际，为直接及重要之帮助，依法应处以正犯之刑。

所以，原判决撤销。董学润（学闰）帮助意图贩卖而运输鸦片，处有期徒刑二年并科罚金二百元。罚金经强制执行，仍未完纳，应以一元易科监禁一日，裁判确定前羁押日数，准以二日抵徒刑一日，或以一日抵罚金一元，鸦片、烟土六百三十五两没收焚毁。

案例出处：《安徽高等法院公报》。

（冯学伟）

方华祝、方华礼田产案

抗告人方华祝与方华礼因田产涉讼案，不服合肥县政府于1929年12月所为执行处分，提起抗告。

安徽高等法院认为，按当时民事诉讼执行规则第七十一条第一项载，拍卖期日无合格声明拍买额者，执行审判厅应酌减最低拍卖价，更定新拍卖期日。又第七十三条第一项载，自拍卖日起经三次低减拍卖价格，无合格声明拍买价格者，得依最低价格由审判厅以职权发给权利移转之书交债权人收受。但书据内应载明，自给发书据日起一年内，有第三人增价买时，许原债务人向债权人备价赎回各等语。本件原县依据两造和解内容将拍告人所有田产减价拍卖，核与前开规定尚无远背，纵令原县最后所定拍卖价格较低，而依前开第七十三条但书规定，抗告人尚得于一年内赎回另卖，乃遽行提起抗告，希图延宕执行，显难认为有理。

所以，抗告驳斥，诉讼费用由抗告人负担。

案例出处：《安徽高等法院公报》。

（冯学伟）

封彦贵聚众抢婚案

封彦贵的女儿（封棒儿）小时于1928年经媒说合，许与张金才的次子（张柏）为妻。1932年5月，封彦贵见女儿长大，以女儿婚姻自主为名，以法币贰仟四百元、硬币四十八元把棒儿卖给城壕川南塬张宪芝的儿子为妻。被张金才告发,经华池县府查明属实,即撤销。谁料封彦贵又于1943年3月以法币八千元、哔叽布四匹、硬币二十元,经张光荣做媒又卖给新堡区朱寿昌为妻。于3月10日在封家订婚,当即交法币七千元,布两匹,棉花三斤。另外,恰巧1943年古二月十三日新堡区赵家洼子钟聚宝过事,封彦贵的女儿棒儿前赴该事,而张柏也去了。男女两人亲自会面谈话,棒儿说自己愿意与张柏结婚,只是被父母包办,出不了恶劣的家庭环境。而张柏也回家告诉了他父亲张金才,张金才听到封彦贵把棒儿许给朱寿昌的消息,就请来张金贵及户族张得赐、张仲、张老五等连儿子张柏共二十人,在3月18日下午从家里出发,当晚二更后到封彦贵家,人已睡定。首先让张柏进家把封棒儿拖出,当时封姓家中人见来了很多人,就让棒儿由着张姓抢劫前去,等到天明,小两口成了婚姻。当日,封姓控告至华池县府,县司法处判处张金才有期徒刑六个月,棒儿与柏儿婚姻无效。封彦贵不服,上诉到陕甘宁边区高等法院陇东分庭。经调查,一般群众对华池县处理此案也有意见。

陕甘宁边区高等法院陇东分庭认为,封棒儿与张柏的婚约虽是在1928年由父母包办,但在地方一般社会惯例也是这样。其后在边区政权建立后,封彦贵借男女婚姻之说,把女儿简直当作营业工具,如二次卖给张宪芝的儿子后又卖给朱寿昌,企图到处骗财,引起乡村群众不满,应受刑事处罚。张金才与封姓结成亲眷,无论封姓怎样不好,也应该以理交涉或控告,不应该纠结许多群众寅夜中实行抢婚,更不应该亲自参加。而张金才等竟然大胆实施抢劫行动,致使群众恐慌,扰乱社会秩序,所以对张金才应以刑事论罪。封彦贵把女儿当牛马出售,且得法币数千,这类买卖婚姻款应予没收。至于棒儿与张柏本质上双方早已同意,在尊重男女婚姻自主的原则下,应予成立。而华池县初审判决,只看现象,不看本质,对封姓过于放纵,对棒儿、张柏自主婚姻尚未真正顾及,所以该判决应予撤销。最终判决封、张两者行为都属违法,一则以女儿当货物出卖,一则胆敢实行抢劫。

所以,依当时刑法第一百五十条及同法第二百九十八条第一款之规定受到处罚。特依当时刑事诉讼法第三百六十一条第一款及边区婚姻法第五、六两条之规定判决如下:(1)原判决撤销。(2)张金才聚众抢婚罪判处有期徒刑二年零六个月。(3)张金贵实行抢婚罪判处有期徒刑一年零六个月。(4)张得赐附和抢婚罪判处苦役三个月。(5)张仲附和抢婚罪判处苦役三个月。(6)张老五附和抢婚罪判处苦役三个月。(7)封彦贵实行出卖女儿包办婚姻判处苦役三个月。封彦贵出卖女儿法币柒仟元没收。(8)封棒儿与张柏婚姻自主有效。

案例出处:《陕甘宁边区判例案例选》。

(冯学伟)

冯秀山争地案

冯开云兄弟三人,长开云、次开连、三开和,开云于1933年前将其所有杏树峁土地六垧、崖窑峁土地二垧,出典于李国栋。1933年开云病故,开连、开和将此项出典土地八垧赎回。又以银币八十元,出典于冯崇明。1939年3月4日经开云家族议定,将开云遗产,全部由冯秀山继承。冯崇明承典开连、开和的杏树峁土地六垧、崖窑峁土地二垧,亦在冯秀山继承财产之列,除订立嗣约外,并将开云所遗之分家文约交付冯秀山。

1940年2月间,开连病故,同年冯秀山向冯崇明赎回土地,冯崇明则称"所典开连开和树峁土地六垧,崖窑土地二垧,系于1939年8月15日以价四万另二元由开连手中买回,并有买地文约为凭”，冯秀山以开连死于1940年，事前并未闻卖地之事，且契内中人、说合人都是崇明的胞弟及女婿，不足为证，指为伪造。因此，双方兴讼。经米脂各界抗日救国会调处，由冯秀山给付冯崇明崖窑峁土地二垧作为抽地典价，冯崇明所持买地文约作废。并经冯开和提议为日后息争起见，以冯崇明之子作开连之嗣孩，承续开连产业。双方遵断息争，各自回家，办理崇明之子承继开连的承继手续，已各相安无事。1941年冯秀山嗣约遗失，当日经手在场家长冯开和补写嗣约交秀山收执。事为冯崇明所知，复翻成案，向抗救会提起争地之议，未能了结。于1942年2月3日冯秀山向绥德地方法院提起诉讼，经判决确认冯崇明买约有效，冯秀山嗣约无效。冯秀山不服提起上诉陕甘宁边区高等法院，请求撤销原判，冯崇明请求驳回上诉。

陕甘宁边区高等法院认为，冯秀山于1939年承继开云为嗣，立有嗣约，为现时家长冯开和认证。冯崇明对于此点，也不能予以否认。冯秀山嗣约因水遗失，由当日在场家长冯开和补写嗣约一纸为秀山承继之证明，秀山承继与失约均是事实，则此项由当时交约在场之经手家长补写之约，自不能指为伪造。秀山既经合法承继开云财产，此次系争地八垧，原为开云产业，载在开云分家之旧约内，当然为秀山承继所有。冯崇明谓此地买自开连之手一层，查地非开连之物，开连即无权出卖此地。无论其卖契内所写之中人系属崇明胞弟说合人又是崇明女婿，开和秀山两方均无人在场已不足为证明，即便契非伪造，而开连根本上即无权出卖，在法律上亦不能认为有效。原判确认冯崇明买约有效，冯秀山嗣约无效，显系不合实际，自应予以变更。

双方争讼土地八垧原系在冯崇明手中承典，经米脂县各界抗日救国会调解成立，由该地内划出两垧归崇明所有，抵作抽地典价，其余六垧归秀山所有处断原属公允。又经开和以维持家族和平起见，将崇明之子承嗣开连为孙继承开连产业，双方均已相安无事，自不能另生枝节，致伤家谊。

所以，依当时民事诉讼法第四十七条之规定，1942年10月18日判决确认冯秀山所持1939年3月4日嗣约有效，冯崇明持1939年8月15日买杏树峁土地六垧、崖窑峁土地二垧文约为无效。双方争讼的杏树峁土地六垧、崖窑峁土地二垧，现在冯崇明手中承典，由冯秀山交付冯崇明崖窑峁土地二垧，作为系争土地八垧之典价，赎回杏树峁土地六垧。

案例出处：《陕甘宁边区判例案例选》。

（冯学伟）

高玉银伤人致死及脱逃案

上诉人高玉银因伤人致死及逃脱案，不服合肥县法院1930年6月17日及7月3日第一审判决，声明上诉至安徽高等法院。涉及上诉程序、期限等法律问题。

安徽高等法院认为，刑事上诉应以书状为之，即书状是其必要的形式要件。如果仅以言词声明上诉。除在上诉期限内或送达判决前自行补正外，其上诉程式即为违法。不但前大理院著为判例，即便是依据当时刑事诉讼法第三百六十四条“提起上诉应以书状叙述不服理由、向原审法院为之”的规定，意义也极明显。此案上诉人因伤人致死罪，经原审于1930年6月17日判处有期徒刑七年，又因脱逃罪于7月3日判处有期徒刑一年，虽于两次论知判决时，推事问其是否服判？回答说不服、要上诉。这些都登记了笔录，附在案卷之中。但高玉银自口头声明以后及原审于6月18日、7月7日先后将两次判决送达，并未于上诉法定期限内提出上诉书状，等到10月24日原审法院检察官论令补具书状，仍始终未据提出，则此项上诉依照前述规定显系违背法律程序。

所以，上诉驳回。

案例出处：《安徽高等法院公报》。

（冯学伟）

顾鉴珩等因债务涉讼案

顾鉴珩因不服1928年由舒城县政府所作之判决，向安徽高等法院提起上诉。涉及上诉程序、债务偿还等诸多法律问题。

高道平与顾鉴珩素有银钱往来，1928年废历闰二月初一日结算，计欠顾鉴珩原本洋一千九百元、利息洋一百元，即分立千元票据二纸：一纸约期同年8月20日本利一并交还、一纸约期同年9月20日本利一并交还，均载明照月二分生息，交由顾鉴珩收执。届期本利均未偿还，顾鉴珩遂诉，由舒城县政府判决原被告债权债务关系会同商会妥为调处，并着被告将债务提前设法清偿。顾鉴珩不服，提起上诉。经安徽高等法院判决，原判决废弃，高道平应即偿还所欠顾鉴珩原本洋一千九百元并自1928年阴历闰二月初一日起至执行终了之日止年利二分之利息，上诉人其余之上诉及在第一审其余之诉均予驳斥，讼费归上诉人负担十分之一、被上诉人负担十分之九。高道平不服，上诉于最高法院，经判决，原判决除驳斥被上诉人其余上诉及在第一审其余之诉外废弃，发回安徽高等法院更审。

安徽高等法院认为，本案被上诉人所欠上诉人之债额为两造所不争，所应审究者，被上诉人应否即时偿还所欠上诉人本利一点。是已查被上诉人薄有资产，虽据坚称因开设魁记油坊亏折负债甚多，曾席请商会及各债权人到场，经各债权人共同处理，决定仍维持油坊营业，所欠各债止利还本，分期五年偿清，上诉人不应独异。然查被上诉人席请各债权人时，上诉人既未到场同意，而被上诉人抄呈之各债权人名单，其到场认可之人又或系其至戚（如曾玉衡）或系其胞叔（如高子正）或系其胞弟妹（如高道盛、高道慈），更不无串通损害其他债权人情事（如杜三姑、雍怀春、葛文波皆不列入摊还之内）。则无论舒城有无摊还止利、分期还本之习惯，自难以之相绳。况查被上诉人所欠祥和太、顾少南、顾陶村等各债（以上各债均在被上诉人抄呈摊还之内）均已债还，（见被上诉人代理人高品三供）近且购置市房，（见证人曾玉衡供）其非无力偿债，尤彰彰明甚，依法应即判令即时债还。

所以，原判决废弃。高道平应即偿还所欠顾鉴珩原本洋一千九百元并自1928年废历闰二月初一日起至执行终了之日止年利二分之利息。讼费归上诉人负担十分之一、被上诉人负担十分之九。

案例出处：《安徽高等法院公报》。

（冯学伟）

管传余等强盗案

管传余、赵宣余对1929年芜湖地方法院判处二人共同连续强盗罪刑的判决不服，向安徽高等法院提起上诉。涉及上诉期限、程序、盗窃罪的认定等诸多法律问题。

管传余听从在逃之曹一成等纠约，并同赵宣余及窦姓、谢姓、樊姓共十余人，于1929年废历六月初二日夜间分携枪棍至芜湖县属沉泽桥德聚沅油坊行劫，撞门未开，即毁墙入室，计被抢去银洋五十六元、铜钞四千余枚，暨各同事之衣服、帽履、皮箱等损失约值百元之谱。又在其附近塘茂村侵入戴崇新茶馆，搜去摸牌者之财物。又至隔壁徐福荣爆竹店倒去钱筒内之银钱，方始各自回归。管传余分得皮箱、衣服，赵宣余分得洋四元、钱五千文，黎明时（初三日晨）行至芜湖北门外北坛铁路边，遇见巡警吴发仁等，行色不免仓皇。吴发仁等因其形迹可疑，就加以盘诘。他们对于皮箱内盛何物及携带银钱数目竟都未能据实答覆，就一并获送芜湖市公安局，由芜湖县政府转解芜湖地方法院检察处侦查起诉，该院刑庭审理，判处共同连续强盗罪刑，管传余、赵宣余均不服，提起上诉到安徽高等法院。

安徽高等法院认为，上诉人管传余等在原审及再审虽均未直接承认行劫事情，但核阅侦讯笔录，管传余曾供称赵宣余承认抢劫过炮烛店打麻将的，他自己没有去，他只是与赵宣余一路，没有其他同伙，曹一成也邀请过他入伙参与抢劫，但他认为与曹不熟，只是在一营同时当过兵，就没有答应，且其所携皮箱及箱内各件多系德聚沅油坊被劫之赃物，也经巡警吴发仁等连同该上诉人抓获呈案，并由该油坊主人舒埋斋到庭认领在卷。

又赵宣余在被逮捕的时候，虽然仅携带银钱，但据其在芜湖县政府供称，案发当天是谢老小同姓管的叫他去玩，到了濮家店砻坊，他们找棍将一个爆竹店打麻将的钱都搜跑了，出来有十点多钟。走到油坊又来了七八个人，共有十几个人，内新添的姓樊的他是认识的，将墙撞毁，进去抢了六七十元钱及衣物等，他共分四元外五串钱，姓谢的分十二元，姓管的拿了一个皮箱，余下不知道。有两支枪，樊三拿一支，一个不认得的拿一支，已将该上诉人等听纠上盗及分受赃洋的情形自白不讳。其未分得他种赃物，也属可疑。况巡警吴发仁等见其形迹可疑，加以检查，在铜钞包中查有穿红头绳的制钱四五个，是徐福荣爆竹店钱筒内之物，已经吴发仁、徐福荣到案供明，该上诉人辩称是工头给他四千二百钱，叫他买鸡等语，不惟有法警昝耀廷之报告，足以证明并非真正事实，即便仅就其在侦讯时供述"实在是四月十五日停的开支"，在再审时供述"五月二十几里歇工的"，也足见其任意捏词饰辩。综上以观，上诉人等犯罪事实俱已供证确凿，不容空言狡赖。原审判处共同强盗罪刑，洵非无据。

惟查原判未引用当时刑法第四十二条实属疏漏，德聚沅油坊于上年废历五月二十八日被劫一次，是否亦是上诉人等所为，既无任何证明方法，自难遽以连续犯论。至上诉人等于1929年废历六月初二夜间行劫德聚沅油坊之外，又搜去戴崇新茶馆内摸牌者的财物及徐福荣爆竹店钱筒内的钱钞，虽属侵害多数法益，但其犯罪行为究属单一，依当时刑法第七十四条之规定，应从一重处断，原判未注意这一点，而处上诉人等共同连续强盗罪刑，实与法理有未合。本案上诉意旨纯系空言狡饰，固不足采，但原判既有违误，即难维持。再上诉人管传余被获当时并无军服或证章等件，在侦查中又已供明"前在新编第三旅杨营长部下当兵，后来请假回家来芜的。我是三月初四日回去的，六月初一到芜的"，足征是请长假，则其在本院供述只请三个礼拜假，并未退伍一节，显不足信，并予释明。

因此，原判决撤销。管传余、赵宣余结伙三人以上，携带凶器于夜间毁越墙垣侵入住宅强盗，各处有期徒刑八年、褫夺公权八年，裁判确定前羁押日数均以二日抵徒刑一日。

案例出处：《安徽高等法院公报》。

（冯学伟）

海明甫恐吓案

海明甫、阿庆藻、撒梦锦、撒应武对发和县政府判处其恐吓罪刑不服,向安徽高等法院提起上诉,安徽高等法院检察官亦提起上诉。

海明甫、阿庆藻、撒梦锦与禹世海均信回教,撒、禹两姓系五代老亲。先年撒梦锦家道优裕,其子撒应武凭媒王耀廷、王宝山,与禹世海之女禹素琴联婚。撒梦锦择1928年12月27日为子完婚,禹素琴初无异义。有禹成美,系禹素琴之二兄,由美国留学归来见撒梦锦近来家道中落,其子撒应武又学习商务,即怂恿其妹离婚。禹素琴年幼无知,为其所惑,于同月23日向和县政府提起解除婚约之诉。事为撒应武所闻,以喜期将近,勿容翻悔,于24日在和县东门街上与禹素琴相遇,即将其强抢至家,欲行婚配。当由禹成美报,经县政府派队前往,将禹素琴起回,此经媒王耀廷、王宝山及阿庆藻(阿松亭)等调处,言定本年旧历正月择吉迎娶,并由禹成美、撒梦锦具结和解在案。

不料和状甫递而禹素琴又以撒应武违法架抢等情向和县诉,原县虽批准传讯而双方终未投案。旧历正月三十日又有原媒王耀廷、王宝山调和处令禹姓出洋一千六百元赔偿撒姓农年损失,解除婚约。并以禹姓嫌贫悔婚,有犯教规另罚四百元充作清真寺公用,禹成美及兄禹成意与撒梦锦父子均各应允同历二月初一日由调处媒证邀集双方到庆乐园茶馆,成事时海明甫、阿庆藻亦到场参加。比因阿庆藻向大众宣言禹姓嫌贫爱富如要悔婚非一万或八千不可,并以撒姓不是教门得钱卖媳大加申斥。海明甫亦赞成其说,于是一唱一和,禹成美在场闻知见悔婚一举大违舆论,遂面允交人。禹素琴以悔婚之议原为二兄禹成美所怂恿,而此时因受舆论攻击,兄长禹成意又面许于归撒姓,出尔反尔颜面难堪,遂吞服鸦片,佯表愿意与胞兄禹成意、禹成俊及原媒王耀廷、王宝山等同往撒家。其母禹马氏明知服毒旋请西医前往,禹成美亦跟踪而至,不料西医误为无毒,即行转回,移时,禹素琴面色发变,撒梦锦、撒应武父子始知毒发无法救治,一面催人抬禹素琴进城一面追至中途将禹成美捕获,欲与拼命,并将禹成美辗转私禁于沈家山之王兆兴、吴启明两家之至一日夜之久,翌日夜间始由王耀廷邀集李冠廷、禹庆居、海明甫等将禹成美接回并仍令禹姓赔偿撒梦锦损失一千六百元,双方具结销案,嗣后禹成美以和议破裂由阿庆藻、海明甫从中发言所致恨之刺骨,起意报复,遂来省城先后以海明甫、阿庆藻等抢婚逼命掳人勒赎等情向省政府及民政局具诉,令发和县政府审讯判处海明甫、阿庆藻、撒梦锦、撒应武恐吓罪刑,海明甫等不服上诉,安徽高等法院检察官亦提起上诉。

安徽高等法院认为,原判一再称海阿等有愍不畏法之恶势力,其对于回教民众隐隐有发纵指挥之权能,则其时同教人之哄闹胁迫海明甫等显犯当时刑法第三百一十八条之罪之重大嫌疑,原判竟未置议,实有不当。法院查检察官之上诉论点系就禹成意所述,本年旧历正月十三日回教中人在清真寺开会之事,微论逼迫签字出于禹成意一面之词,而海明甫、阿庆藻有发纵指挥之权能,由检察官自行推测不足凭信,就令认为属实。

但查阅原判对于该部分既未论及,自不在法院第二审审理范围,至查禹成美所称禹素琴头次被抢一节,据禹素琴二月七日及十七日两次诉状只称撒应武率领流氓拦街架抢,并未声叙海明甫、阿庆藻在内,又由禹成意在原审述称可知,禹素琴之被抢自与海明甫、阿庆藻二人无涉,且查该部分经原审判决理由栏内认定海明甫、阿庆藻及撒梦锦、撒应武均不成立犯罪,详予释明现既未经检察官对于该部分提起上诉,自无再予审查之必要,禹成美犹借此攻击其意图罗织自属灼然。再查禹成美之被捕带至沈家山私禁,因各证人陈述歧异,是禹成美之被捕确在沈家山附近，当时并无海明甫、阿庆藻在场，事实已堪认定。

原报告上已根本动摇当然不足信，原审不察本案实在情形，竟以撒姓事前之逮捕私禁禹成美系恐吓取财之手段，并根据科员呼延栋之报告谓海明甫、阿庆藻为发纵指使（原误使为示）之人依当时刑法第四十二条、第三百七十条第一项，第三百七十五、五十七条判处主从各刑致海明甫、阿庆藻上诉意旨就本案事实上级采证攻击原判决为不当，自难谓无理由。

此外，检察官上诉意旨称被告撒应武与已故禹素琴虽有指腹为婚之预约，并未正式结婚，且在禹素琴诉请解除婚约之后，竟以强暴胁迫掠诱至沈家山，意图使与自己结婚，显犯当时刑法第三百十五条第一项之罪，原判竟未论罪。法院查禹素琴之请求离婚，虽由其兄禹成美所怂恿，但具状以后，翌日即手持皮包搭轮赴京，其本人亦不愿与撒应武结婚之意思至为显著，撒应武相遇于途，竟将其抓住带回，则当日之具有强暴胁迫情形，自属毫无疑义，此项事实既经禹素琴生前具状告诉，应于依法论究，原审仅于判决事实栏内叙及，未予判处罪刑，殊属疏漏。

至禹成美所称第二次抢亲一节，该撒梦锦父子均不成立犯罪且案经判决确定毋庸再予审查，已于前项说明，兹不赘论。再查禹成美之被逮捕私禁，撒梦锦与撒应武均共同实施，当然应负同一罪责，曷能任其诿卸。惟查撒梦锦父子当日因禹素琴毒发，知难救治，深恨禹成美为主使离婚之人，一时情急故将禹成美扭获拼命雪恨，核其动机并非意在得财。嗣后王耀廷等之从中调和，处令禹姓出洋一千六百元，不过禹素琴已死，撒姓人财两空，仍遵前议赔偿损失亦非以捕禁为恐吓取财之手段，该撒梦锦、撒应武只应成立当时刑法第三百一十六条第一项之罪，原判决认为恐吓取财，依当时刑法第三百七十条第一项处断自难予以维持。

据上论结，应依当时刑事诉讼法第三百八十五条第一项，当时刑法第三百一十五条第一项、第三百二十二条、第四十二条、第三百一十六条第一项、第七十条第三款、第六十四条，当时刑事诉讼法第三百五十九、三百一十六条判决如主文。

所以，原判决关于海明甫、阿松亭即阿庆藻、撒梦锦、撒应武罪刑部分撤销。撒应武意图使女子与自己结婚而掠诱一罪，处有期徒刑一年；以非法方式剥夺人之行动自由一罪，处有期徒刑四个月，执行有期徒刑一年零二个月，判决确定前羁押日数以二日抵徒刑一日。

案例出处：《安徽高等法院公报》。

（冯学伟）

韩福厚讨地案

韩福厚对安定县政府判决长圪太土地七垧为原分主韩银厚所有不服，向陕甘宁边区高等法院提起上诉。此案涉及典权认定、上诉程序等诸多法律问题。

1929年11月间韩福厚把他所有的长圪太土地八垧半出典于强正伦。1935年冬，土地革命事起，没收地主的地分配给贫农，因此强正伦所典韩福厚长圪太土地八垧半也在没收之列。没收后，分给韩银厚、韩占福兄弟二人共七垧。1936年古历五月间，当地革命政权一度失败，移转于异军之手，所有在革命政权时代没收的土地仍旧归还各地主。因此强正伦所典受的长圪太土地也恢复了典权，而此时韩银厚已在该地播种，按韩银厚承租处理。1936年韩银厚曾缴纳强正伦租粮黑豆二斗。1937年强正伦改租于韩占全。1937年冬，韩福厚从强正伦手中将该原典地八垧半赎回，后又以典价一百元出典于韩银厚、韩占福兄弟二人。1940年冬，异军退走，革命政权恢复。韩银厚认为从前已没收分配的土地，仍然应该归还原先分得之人，就是商兑所典受韩福厚的长圪太土地八垧半中有其原分得的七垧,属自己以往取得的所有权。1941年古历12月间,韩福厚向韩银厚支付典款一百元请求赎回长圪太八垧土地。韩银厚收到典价后,交还了典约,但只准韩福厚赎回土地一垧半,韩福厚不同意,韩银厚向安定县政府提起诉讼,经判决,双方争讼的长圪太土地七垧为原分主韩银厚所有。韩福厚不服判决提起上诉到陕甘宁边区高等法院。

陕甘宁边区高等法院认为,当时边区现行土地条例第三条规定边区人民经土地革命分配所得之土地即为其私人所有,案内争讼地八垧半曾经1935年冬间土地革命时没收后,划出七垧分给韩银厚、韩占福兄弟所有。虽然1936年5月间革命政权曾一度失败,移转于异军之手,将已分之地归还原地主,但到1940年冬季,异军退走,革命政权依然建设,仍旧恢复已分各地。现在该地亦仍为革命政权所统治,则土地条例自应遵守执行。案内争讼地在土地革命时为韩银厚所分得,已为当时经手负责分地的韩占宽证明属实,即原典主强正伦也证明该地刚开始确实分配给了韩银厚,由其自种,后来政权移转于异军,恢复强正伦的典权时,地上已经韩银厚播种,不便退耕,改由其承租,缴纳租粮黑豆二斗。这些事项都经强正伦供明,足证韩福厚并无分得该地之事,韩福厚不应对已没收分配的土地主张收回,安定县原判认系争地内七垧为韩银厚所有,并无不当。韩福厚的上诉无理由,应当驳回。

案例出处:《陕甘宁边区判例案例选》。

(冯学伟)

郝鸣谦破坏边区土地法案

郝鸣谦因不服延川县政府对其判处有期徒刑一年的判决,向陕甘宁边区高等法院提起上诉。涉及边区土地法的执行、土地登记中的损公肥私等诸多法律问题。

郝鸣谦是前清秀才,革命前是豪绅地主,民国时任联保主任。1934年4月土地革命时,随国民党县政府及保安队逃跑到山西永和县,家里土地财产当即被没收。1937年统一战线形成后,郝鸣谦返回,地方政府拨给土地、窑洞等。后来因为当地缺少识字的人,就命他在乡政府任土地登记员。在任土地登记员过程中,收回郝鸣高之地二垧,郝永祥之地二垧,张增禄之地三垧,李姓之地三垧,共土地十垧。1938年将没收归公的窑洞十孔,私在自己名下登记,后经延川县政府逮捕,判处有期徒刑一年。郝鸣谦不服又上诉到陕甘宁边区高等法院。

陕甘宁边区高等法院认为,郝鸣谦原来是地方豪绅,在土地革命时曾受打击,故而逃跑。统一战线后乘机回来,并混入政府机关工作,借以窃取土地革命果实,暗中私自登记收回已被没收分配的土地窑洞,实属破坏边区土地法令。故而判决上诉驳回,郝鸣谦破坏边区土地法令罪,仍按原判处徒刑一年,所有收回的土地窑洞及其他财物,一律归还原主。

案例出处:《陕甘宁边区判例案例选》。

(冯学伟)

侯丁卯神经错乱而被离婚案

侯丁卯因不服庆阳地方法院判决侯张氏与其离婚,由其父侯贤儒代理上诉至陕甘宁边区高等法院。涉及上诉程序、婚姻法律秩序的维护等法律问题。

张明之妹侯张氏于1933年,经媒说与侯贤儒的次子侯丁卯结婚。婚后侯张氏始知侯丁卯是神志不清的傻子,且有羊羔疯。刚开始希望请医治疗,病可痊愈。时经九年,医诊无效,侯张氏以侯丁卯有不治之神经错乱病,不堪同居,要求离异,诉于庆阳地方法院。经判决,侯张氏与侯丁卯离婚。侯丁卯不服,由其父侯贤儒代理上诉,主张侯丁卯年轻力壮,并无不治之症。今后无子,也可以侯丁卯之侄为嗣。并诉张明从中唆使侯张氏诉请离婚,图另嫁贪财,要求废弃原判。

经法院传讯两造,侯丁卯确为不识五以上之数(在庭上数六个凳子为八件),不晓自己之年龄(二十七岁说十岁),不识农时(说正月可种谷粟子),更不知男女之乐(同床各睡,不省房事),神经错乱,还患有羊羔疯的不治恶疾。侯张氏以其空有夫妻之名,不能享天伦之乐,坚决主张离婚,自属人情之常;侯贤儒所说,因为有张明唆使,另嫁图财一节,殊属无据。案经讯明,记录在卷。

查侯丁卯神经错乱,不识五以上之数,不知自己之年龄,更不知男女之乐及夫妇之情,且患有羊羔疯病,既已当庭讯明,侯张氏谓侯丁卯年轻力壮,并无不治之病,显属遁词;而欲以侯丁卯之侄与侯张氏为嗣子,亦何能弥补侯张氏终身幸福之缺陷。侯张氏结婚以来苦恼九年,侯丁卯病愈无望,自念青春瞬逝,前途悲观,要求离婚,实出于不得已的衷心,怎么能认定张明唆使图财呢?因此,最终侯丁卯的上诉被驳回。

案例出处:《陕甘宁边区判例案例选》。

(冯学伟)

侯锡璋因确认田地所有权涉讼案

侯锡璋、吴金阶等因确认田地所有权涉讼案,不服安徽高等法院第一分院于1931年8月13日所为第二审判决,各自提起上诉到安徽高等法院。此案涉及土地的所有权纠纷问题,通过学习和研究可以了解当时社会对有关土地及其所有权的法律规定和法律适用。

安徽高等法院认为,本案对两造上诉应分别论述如下:(1)关于侯锡璋上诉部分,对于财产权上诉之第二审判决,若因上诉所应受之利益不逾一元者,不得上诉,此为民事诉讼条例第五百三十一条所明定。本案讼争小田二丘,据上诉人侯锡璋状称该二小田值洋一百元,其诉讼标的之价额显系未逾百元,依上开规定,上诉人之上诉应认为不合法。(2)关于吴金阶上诉部分,上诉意旨不外以本案讼争之主要标的物即在此山场部分,上诉人万难认诺系侯姓坟境,对于被上诉人,侯锡璋绝无认诺之事实。原审关于此项笔录殆出于言语不通晓之所致等情,为其不服原判之论据。法院查两造讼争之茔西、茔北两沿荒地已由第一审勘明,紧接侯姓坟茔并迭经上诉人在第一、二两审供认,自愿停止垦荒,各在卷。上诉人显已认诺被上诉人关于诉讼标的之主张,固可据以认定上诉人犹以空言否认诉讼记录,攻击原判决为不当,自难采取。原审维持第一审判决、驳斥上诉人之上诉,于法并无不合。本案上诉不能谓有理由。所以,两造上诉均驳斥。第三审讼费由上诉人各自负担。

案例出处:《安徽高等法院公报》。

(冯学伟)

胡光玉杀人案

胡光玉伙同他人密谋杀害袁大启案,因动机不明被安徽高等法院发回覆审。袁大启与胡玉光之妻沈氏通奸，后发，待袁大启购麦之际，胡玉光与他人密谋杀之，后经审判，但因动机不明发回覆审。该案涉及共同犯罪及犯罪动机之问题，研究该案有助于了解当时相关的法律制度以及法律程序。

胡光玉杀人案，安徽高等法院经查阅卷宗，知已死袁大启仰面，面色烧黑，全身肤色焦黑，顶心相连，偏左偏右腮门，额头左右额角有石堆伤一处，围圆长七寸五分，有脑髓血迹，骨破碎，两鼻孔内无灰烬，口开口内无灰烬，两手不拳缩，两腿伸，左膝有木器伤一处，围圆长二寸八分，骨损断，两脚而不拳缩，合面肤色焦黑色，委系殴伤身死后放火烧毁，业经原县验明填具验断书在卷初。判依被告胡光玉之自白及其妻胡沈氏之陈述，参以告诉人袁振槐最后之供词，认定袁大启与胡光玉之妻胡沈氏通奸，被胡光玉察觉，将沈氏责骂，袁大启怀恨放火烧毁胡光玉箱屋灰屋，胡光玉闻声救火，袁大启突入胡沈氏房内迫其续奸。胡光玉回家拿取铁锹扒火撞见气愤，当场用铁锹石堆将袁大启殴伤身死，固属不为无据。惟据袁振槐初次诉称："民侄大儒着民子大启代为在杨镇购麦，阴历五月初八日，付洋五十元，大启即于午后返杨镇购麦，被胡光玉等谋财害命，嗣又状称大启与胡沈氏和奸有年，本年四月间胡光玉席请徐家福、王元和等到场声明其妻不守妇道，并与王元和商议设法对待大启，知有不利，禁绝往来，本月初八日带洋五十元前往购麦，竟被胡光玉等包围拖至后门外杀死，将尸体移至灰屋藏匿，由胡光玉奔往王元和家密商多时，旋即仓忙回去，将灰屋放火烧毁，一面由王元和投鸣，第三分队捉拿防火袁大启，以为掩藏卸责之计，当胡光玉与王元和密商往来时，有本镇诸天治、葛良柏、丁裕增等目证情形确实。"

安徽高等法院认为，胡光玉杀害袁大启究竟是故杀还是谋杀，有无共犯在内已属不无疑问，而杀害原因果因奸，抑系图财，或另有其他原因，尤应详切研讯。原县于上述各点并未注意，遽予定案，殊有未合，自应发回宣城县政府覆审。

案例出处：《安徽高等法院公报》。

（冯学伟）

胡世流杀人案

胡世流伙同他人伤害孔庆达被诉至法院。胡世流见色起意于孔庆达之妻，未如愿，心生嫉恨，遂伙同方陈三六伤害孔庆达，孔庆达因伤于次日毙命，后怀宁地方法院判处二人罪刑，二人不服后上诉至安徽高等法院。该案件涉及共同犯罪及犯罪动机之问题，研究该案有助于了解当时的法律制度与法律程序。

胡世流一向在方兴仪家佣工，与邻居方陈三六相友善。而孔庆达是九江人，先在老湖塔看守号灯，即与方陈三六之堂嫂方李氏姘识。胡世流常至李氏家起坐，亦起渔色之念。因未如愿，遂生妒忌。1929 年 8 月 25 日夜间（阴历七月二十一日），胡世流知道孔庆达前往叙旧，乃邀同方陈三六在门外守候，及孔庆达外出，用木棍击伤孔庆达头颅、臁肕等处，延至天明，因伤毙命。经地保朱华报由怀宁地方法院，检察官莅验，并由方兴仪将胡世流、方陈三六交案，经检察官侦查，终结诉由。怀宁地方法院刑庭判处罪刑，胡世流、方陈三六不服，上诉到安徽高等法院。高等法院认为，本案已故孔庆达顶心偏左、脑后及左臁肕各处均受有木器伤，确实是因伤身死，已经原审检察官验明，填具验断书附卷。据方赵氏在侦查中述称，阴历二十一日晚上下半夜时听见外面有人喊叫，此时方赵氏就开门出来看看，只见胡世流手执桑树棍子与那人（指孔庆达)打架,打得那人喊叫不已,方赵氏当时向胡世流叩头说不要打了。胡世流当时告诉她没事,打死了有他在,是已将上诉人胡世流加害孔庆达之情形说得历历如绘。到原审公判及安徽高等法院审理时,方赵氏虽经身故,而其子方待士屡次到庭,转述其母生前之言,核与方赵氏之陈述亦相吻合。且上诉人当日所持桑树棍一根,经检察官莅验时,在方兴仪车屋内起出,上面尚有血迹。讯据方兴仪自己承认为他家所有之物。经诘问,这棍子是否是胡世流拿去打人的,回答是。参观互证,上诉人胡世流之殴伤孔庆达毙命,自属供证确凿。上诉人胡世流述称,因为方赵氏有一只鸡落在其老板的粪缸里淹死,与其吵嘴有隙,这事其老板也晓得,借此攻击证言之不实。传方兴仪到庭,问是否有此事,方兴仪回答不晓此事。故再问,家里人可知此事,回答家人亦不知。可见,上诉人胡世流的陈述显然是捏饰狡卸,当然不足征信。至于上诉人方陈三六虽然对于共同殴打孔庆达之事也狡辩不供认,但查阅侦查卷宗,检察官前往勘验的时候,该上诉人的母亲胡氏哭称,这件事源于孔庆达和她大侄媳妇李氏因奸姘识,常有来往。胡世流也常常去她侄媳妇家坐,前天晚上姓孔的在方李氏家里,胡世流于半夜时起来,邀她儿子一阵出去,不知作何事故,第二天就发生这人命案子。胡氏称她儿子年轻不懂事,请法官代她申冤。可见,胡世流邀方陈三六之时,正是孔庆达在方李氏家之际,黑夜之间约同外出,既无正当事由,其为守候孔庆达由方李氏家出门共同殴打,情节显然。且孔庆达受伤以后,其表亲柯聪静前往询问,孔庆达尚能言语,即称是方家小老板(指方陈三六)同伙计(指胡世流)打的他,并由柯聪静到案述明。上诉人方陈三六在原审亦承认与胡世流同行,并称上了他的当,又称是被胡世流害了。则共同殴打孔庆达之事实,已于词语间无意流露,还有什么诿卸的余地。而方赵氏到案,仅指明殴打孔庆达为胡世流一人。但查方陈三六是方赵氏的叔子,案关人命,无论妇孺皆知为法所不容,亲属之间当然会捏词掩盖。且方李氏在侦查中述称孔庆达被人打死,方待士的母亲赵氏与她说此人是世流、三六两人打的。又地保朱华述称他问方待士,据他说他母亲看见世流、三六。足征方赵氏在事发时的声明与到案时的陈述略有不同,其事后不肯指出方陈三六在内,显然意存偏护,不能作为对上诉人方陈三六有利的反证。

高等法院认为,综上,孔庆达身死是上诉人等共同加害,已毫无疑义。惟查孔庆达受伤在8月25日夜间,至次日天亮才死亡,而上诉人等并未逃走,仍在家工作。据方待士述称,第二天清早胡世流并不晓得孔庆达死了,所以还在外面做活。所以,上诉人等当时虽有殴伤孔庆达的意思,但尚难认为有致死之决心。虽方赵氏解劝之时,上诉人胡世流有“打死了有我,不与相干”之语,然不过因当时妒忿交集,才语出不伦,很难就此认为其有意杀人。其后孔庆达之因伤身死,依现刑法只应负伤害致人死亡的责任。而原审以上诉人胡世流当时所持桑树木棍异常沉重,一击足以致人于死,认为下手之时具有杀意,论以杀人罪。纯就以此推断,未于本案事实详加审察,与法理殊有未合。又查上诉人方陈三六与方李氏属亲房叔嫂(据称未出五服),孔庆达以异地人氏竟与方李氏私通情好,往来无忌。在上诉人方陈三六平日见之已不无忿恨,又因胡世流邀约前往,致将孔庆达殴伤毙命,虽应负共犯罪责,但核其犯罪情状,究不无可恕,应予酌减本刑二分之一,借昭情法之平。所以,原判决撤销。胡世流伤害人致死,处有期徒刑十年、褫夺公权无期。方陈三六伤害人致死,处有期徒刑四年,褫夺公权四年,裁判确定前羁押日数均以二日抵徒刑一日。

案例出处:《安徽高等法院公报》。

(冯学伟)

黄克功逼婚不遂杀害人命案

黄克功因逼婚不遂故意枪杀刘茜被诉至法院。黄克功为抗日军政大学第十五队长,与学员刘茜相识并多次求爱未果,后于10月5日晚于河边枪杀刘茜,最终被判处死刑。该案发生于特殊的社会背景下并且涉及婚姻问题,研究该案可以更清楚地了解当时社会的法律制度以及背后的法治精神。

被黄克功枪杀的女性刘茜,十六岁,山西定襄人,是陕北公学的学员。早年在太原求学,卢沟桥抗战后,愤暴日军侵凌,感国难严重,于1927年8月间,决然舍弃家庭学业,冒险间道来到延安城。随即进入抗日军政大学,在第十五队为学员,学习、工作都很努力。当时黄克功任抗大第十五队队长,逐渐与刘茜相识,通信来往,渐涉恋爱,感情尚好。9月间,陕北公学成立,抗大第十五队全体人员,拨归公学。但没过几天,黄克功就被调回抗大转任第六队队长,刘茜留在公学学习,二人关系开始疏离。后黄克功向刘茜追求不已,送钱赠物,要求结婚,而刘茜感觉黄克功过于纠缠,发生反感,曾经表示拒绝,并给以劝诫和批评。黄克功失望,加上听信谗言,以为刘在公学已经另有爱人,就去信责备。同时更加迫切地追求结婚,但刘茜坚决不同意,也不给答复。黄克功认为失恋是人生莫大耻辱,忘却自己是革命队伍中的干部,放弃十年革命斗争的历史,不顾当前国家民族危难,陷入恋爱第一主义的泥坑中,不能自拔,还萌生了杀害刘茜的动机,借以泄愤。于10月5日晚饭后,带备勃朗宁手枪,偕同抗大训练干部黄志勇到公学访寻刘茜。在公学前正好与刘茜相遇并有她的同学董铁风等数人,黄即招刘茜走向河边散步,刘茜不能拒,离开她的同学同黄克功偕行。适天已黑,黄志勇先行分手回校,还看见黄克功与刘茜仍留在河边谈话。黄即再次和刘谈判,要求公开宣布结婚,刘予以严厉抗拒。当时黄克功即拔出手枪对刘茜威胁恫吓,刘也不屈服。黄克功感情冲动,失去理智,不顾一切,遂下最后毒手,竟以打敌人的枪弹对准青年革命分子刘茜胁下开枪,刘茜倒地未死,尚呼求救,黄复对刘头部加一枪,刘茜即毙命。黄克功于谋杀事情完成后,立即回校取水洗脚,企图湮灭血迹证据,即自行解下外衣及鞋子洗尽血污,才去校部汇报。回来后又把手枪擦拭,并对刘茜过去谈恋爱的信上加填10月4日的日期,借作反证掩饰。陕北公学董铁风等,因刘茜一夜未归,翌早(10月6日)即到黄克功处询问。黄神色怆忙,假作不知。迤后,群众在河边发现刘的尸体,特向陕北公学当局报告,并在当地捡获勃朗宁手枪弹壳两颗,弹头一颗,转报法院检验。在刘身上,右胁下有枪伤,人口乌黑色,无出口;左耳背有一枪伤,弹穿脑门,血液模糊;左腿有伤痕两处,紫黑色,实属枪杀毙命。此项杀人行为黄克功实为凶犯,证据确凿,当经抗日军政大学当局,将凶犯黄克功拘押,捆送法院。凶犯黄克功自己承认杀人不讳,复经检察机关侦查起诉。

陕甘宁边区高等法院认为,(1)蓄意杀害刘茜的犯罪行为,该凶犯黄克功已供不讳,更加以检察机关所提出各种确凿证据证明,罪案成立,已无疑义。(2)国难当头,凡属中国人民,均要认清日本帝国主义及其走狗——汉奸才是自己国家民族的死敌,我们用血肉换来的枪弹,应用来杀敌人,用来争取自己国家民族的自由独立解放,但该凶犯黄克功竟致丧心病狂,枪杀自己的革命青年同志,破坏革命纪律,破坏革命团结,无意帮助了敌人,无论他的主观是否汉奸,但客观事实,确是汉奸行为。(3)刘茜今年才十六岁,根据特区的婚姻法令,未达结婚年龄,黄克功是革命干部,要求与未达婚龄的幼女刘茜结婚,已属违法。更因逼婚不遂以致实行枪杀泄愤,这完全是兽性不如的行为,罪无可逭。无论刘茜对黄克功过去发生如何极好的感情,甚至口头允许将来结婚,在后因不同意而拒绝,也属正当,绝不能以此为借口加以杀害。(4)男女婚姻,应完全是处于自愿的结合,条件或不适应,宜可正式分离,绝不许任何的强迫。黄克功与刘茜的关系,最高限度只不过是朋友相恋,即使结婚,各人仍有其各人的自由,黄克功决不能强制干涉刘茜的行动,更不能借口刘茜滥找爱人枪杀之。(5)凶犯黄克功对刘茜实行杀害行为以后,清洗衣服,擦拭枪,湮灭证据,复在刘茜信上,假造时日,捏造反证,更在学校法庭讯问的时候,初尚狡赖,推卸责任,这足以证明黄克功预蓄杀人的计划及对革命的不忠实,这些表现证其实为革命队伍中之败类。最终根据该凶犯黄克功的犯罪事实,判处死刑,当即验明正身,执行枪决。

案例出处:《陕甘宁边区判例案例选》。

(冯学伟)

黄诗发上诉期限案

黄诗发因共同侵占暨掘坟毁碑等案,经原县审判后不服抗告。抗告人黄诗发因不服巢县县政府于1929年12月12日所为批示,提起抗告,原县以逾期为由予以驳回,然原判决未依法送达,后安徽高等法院撤销该批示。该案涉及上诉期限问题,反映了当时社会对该问题的司法技术考量和价值取舍。

本案抗告人黄诗发因共同侵占暨掘坟毁碑等案,经原县于1928年8月25日判处有期徒刑三年又十五日。然查阅原卷,并无送达证书。可见此项判决实未依法送达,是其上诉期限即属无从起算,不能认为已经确定。

安徽高等法院认为,依当时刑事诉讼法规定,上诉期限为十日,自送达判决书后起算。但于判决谕知后送达前之上诉,亦有效力。故上诉期限之是否经过,须视其判决书之有无送达为先决问题。该抗告人于1929年12月12日对之提起再审,用语固属错误,但详查原状内容,系属攻击原判决未为送达,不能认为确定,请求救济。核与上诉无异,原县未按照上诉程序办理,竟以批示,将其驳回,显难认为正当。所以,安徽高等法院予以撤销,抗告意旨不能谓无理由。

案例出处:《安徽高等法院公报》。

(冯学伟)

黄喆夫被诬告毁坏什物案

戴家宽诬告黄喆夫率众捣毁什物被诉至法院,一审被判处有期徒刑一年,褫夺公权九年,上诉至安徽高等法院,被驳回。黄喆夫之媳张氏背夫潜逃,疑戴家宽之子所为并前去理论,翌日戴家宽捏词诬告黄喆夫率人捣毁什物。黄喆夫诉戴家宽诱拐并捏词提起诬告之诉。后经法院分别判处,戴家宽不服判决上诉被驳回。该案涉及诬告罪,通过对该案的研读有助于我们研究和了解当时的法律制度对诬告的法律规定,也能体会当时的法律制度对人格名誉的保护程度。

戴家宽与黄喆夫等为邻居,黄喆夫之媳张氏背夫潜逃,怀疑是戴家宽的儿子诱去藏匿。黄喆夫于1930年2月18日即废历正月二十日席请该处士绅与戴家宽理论,戴家宽乃于翌日捏词向怀宁地方法院起诉黄喆夫等率众捣毁什物,黄喆夫除另向原法院检察处告诉诱拐外,也以图搪诱拐、串伪栽诬等情提起诬告之诉。案经原法院判决,黄喆夫、张宣文、黄徐氏、黄珍奇、黄小八、黄小七均无罪,黄张氏、黄玉山、黄贵荣等到案另结,戴家宽诬告一罪处有期徒刑一年、褫夺公权九年。戴家宽不服,提起上诉到安徽高等法院。

安徽高等法院认为,本案关于自诉部分,上诉人戴家宽主张被告黄喆夫等捣毁其家内之什物,虽已举出操红奎、操宏元、查德馨三人作证,但查操红奎在原审供述戴家宽在27、28日才去他家见面,又供述上年废历十二月二十六日戴家宽去他家填谢,操红奎表示费心解救,也没说其他。再问,戴家宽是否要请客于他,经操宏元把帖子收着,预备代他调停没有?操红奎供称没有核查,与上诉人在原审供述情节显不相符,且属自相矛盾。操宏元又供称,张宣恩、张宣忠,丁士培三人均没有请过。核查与原审笔录内载问操宏元、戴家宽、张宣恩、毕国成是否是地方绅士,操宏元称是。又问操宏元有没有请张宣恩喝酒,操宏元称有,也不相合。其为闻知张宣恩等前在原审有不利于上诉人之呈,故供称他们均不在场,希冀袒护上诉人,殊属显而易见。又查德馨并不是目睹证人,他的陈述虽然与上诉人及操宏元的陈述尚无差异,但操宏元的证言不足置信,已如上述。此项证人之证据力实甚薄弱,况黄喆夫之媳张氏于本案起诉以前背夫潜逃,黄喆夫于本案起诉之前一日(2月18日)席请该处士绅与上诉人理论,上诉人于是晚覆席请原士绅在同一酒馆内宴会种种情节,都是上诉人不争的事实。若黄喆夫等果然有于旧腊月二十六日齐赴上诉人家内捣毁什物的事,该上诉人定然不能不在席间向士绅声明,至于起衅原因更无不能先后主张一致的道理。现核查原卷,钦化乡团防分局董储挺生曾具呈略称,黄喆夫前因为他媳妇被人诱拐,曾于高河埠万和春酒馆席鸣地方士绅时,挺生暨高河埠商会主席操锦文亦与其列,当晚戴家宽复筵请原士绅理处,均未闻谈及毁损情事等情。并呈送张宣恩等原呈到案,上诉人所具起诉状系叙述赠奉未周及诬民妻,说伊媳有不正之行为,致有统众捣毁之事。嗣后续具诉状,暨当庭供述则均翻称系因争取树枝及猪吃田麦互相口角致有统众捣毁之事,先后主张如出两人,其为任意捏词朦诉,甚为明显。原审依当时刑事诉讼法规定谕知黄喆夫等均无罪,尚无不当。

至关于诬告部分,按上诉人所诉,黄喆夫等捣毁什物为虚伪告诉,前已详予释明,原审诘问状上说与指上诉人意思是否一样?回答,是。又诘问上诉人告状意思是不是要他受刑事处分?回答,称请院长依法办他。等到安徽高等法院再审,又坚持说其所诉非虚,对于原判黄喆夫等均无罪部分,仍声明不服,显然是意图他人受刑事处分而作虚伪告诉,实已构成诬告罪之要件。原审依当时刑法规定判处上诉人诬告罪,有期徒刑一年、褫夺公权九年,自属允当。本案上诉不得谓有理由,再就诬告罪的性质而论,直接受害者是国家,也就是说,国家的审判事务,每每因为诬告而不当进行,至于个人受害乃国家进行不当审判事务所发生的结果,与诬告行为不生直接关系,所以,以一诉状诬告数人仅能成立一个诬告罪,早经最高法院著为判例。黄喆夫等因戴家宽以一诉状诬告多人,攻击原审仅判一罪为不当,其法律上的见解,显有错误,并予说明。

因此,上诉驳回。

案例出处:《安徽高等法院公报》。

(冯学伟)

惠思祥索债窑洞案

惠思祥因向张海胜索回窑洞而诉至法院。原惠思祥与张海胜妻子通奸,后张海胜夫妇因无家可归,惠思祥为便于通奸便允许张海胜在其窑背上开凿窑洞,后惠思祥与白氏感情破裂,借张白氏与他人通奸之由向张海胜夫妇索回窑洞,便诉至法院。此案涉及债务纠纷,体现了当时社会背景下对债务纠纷的制度设计以及司法价值取舍。

惠思祥于1938年7、8月间与张海胜合伙,在延安市内开设磨坊,那时就与张海胜的妻子张白氏通奸。等到这年冬天,延安市被日寇飞机轰炸,张海胜夫妻无处居住,惠思祥为了便于和张白氏通奸,自动提出要张海胜在窑背上开掘窑洞二座,并且帮助张海胜出资四十余元,还和张海胜说,住的感觉合适,可以长期居住,并没有提起居住期限及租金,更未提出任何条件。1939年1月,张海胜的窑洞修成以后,惠思祥和张白氏感情破裂。恰巧这时,张白氏又拒绝与胡玉林通奸,而胡玉林竟把张海胜的一头驴杀死,该案已由延市政府交军法处处理。惠思祥就以张白氏与他人通奸生事,恐怕日后受累,要求张海胜交还二孔窑洞。张海胜答辩称,他在惠思祥地上开掘二孔窑洞,是经过惠思祥允许的,因而不愿交出窑洞,且开掘窑洞的时候,惠思祥曾经允许可以长久居住,开掘窑洞自己还花费大洋一百一十元,惠思祥并未出资,所以更不愿交还窑洞。至于张白氏与惠思祥通奸,张海胜及张白氏都不承认有这件事。

后经查证,张海胜在惠思祥地上开掘窑洞时,确实经过惠思祥的允许,且倘有约定任何条件,其口头契约自然应当成立;张海胜开掘窑洞时,惠思祥出资四十元相助,并无证据。即便惠思祥确实资助过,但据其供称也是出于自愿,未附任何条件,当然也不能反悔。最终,陕甘宁边区高等法院判决,张海胜在惠思祥地上修的二孔窑洞,仍由张海胜居住,如张海胜日后移居,其在此窑洞的居住权就消灭。张海胜的妻子张白氏,如再与人通奸生事,由当地政府驱逐其出境,所修的二座窑洞就归惠思祥所有。

案例出处:《陕甘宁边区判例案例选》。

(冯学伟)

吉思恭汉奸案

吉思恭从事汉奸工作损害国家和民族利益被陕甘宁边区高等法院判处死刑。吉思恭多次从事汉奸工作,陷害同胞,阻碍抗战,严重损害了民族和国家利益,事实成立,证据确凿,供认不讳,被陕甘宁边区高等法院依法判处死刑。该案反映了当时的司法政策以及价值导向。

吉思恭又名尔悌,别号云僧,化名马克志,曾在浙江杭州医药讲习所毕业,当过医生、教员,因为贪污及行为不正被除职。后来受日本特务机关的雇用,于1936年9月在西安混进太和团组织,开始其汉奸活动。是年冬,绥远抗战爆发,其就直接受日本特务机关的派遣在绥远进行侦探破坏工作,曾被逮捕,后来解脱。1937年卢沟桥事变全国抗战以后,返回西安,又加入日本组织的地与研究社,每月领受日寇津贴三百元,继续进行汉奸工作,替日寇宣传灭亡中国的口号,破坏抗战。在西安、三原、富平、渭南各地散布抗战失利,前线溃败的谣言,淆惑听闻,恐吓学校当局,禁止学生下乡作救国工作,阻挠群众参加抗战;随时随地带备妇女衣物,以为化装侦探潜逃之用,经常怀着白沙布为敌机空袭时作信号,并在沿陇海路各重要地区侦查地形,摄影绘图暗送敌人,指示敌人轰炸进攻目标。还四处宣传破坏抗日民族统一战线,分裂国共两党亲密合作与全国的统一团结,使日寇更易于达到吞灭中国的企图。此外,凭空虚构事实,毁损全国抗日最高领袖蒋委员长的威信,企图削弱抗战的领导力量,又假冒第八路军政训处处长与共产党员的名义招摇撞骗,迫诱妇女做其汉奸的助手,有意借此破坏八路军与共产党的政治影响,其目的正是执行日寇所指示的任务。上述种种犯罪事实,经检察机关侦查明白,证据确凿提起公诉，在公审大会上也当庭对其犯罪行为供认不讳。

陕甘宁边区高等法院认为，吉思恭甘做汉奸，出卖国家民族的利益，是中国人民的公敌，帮助日寇消灭中国，执行汉奸的种种行为，是日本帝国主义最忠实的走狗。当时全国抗战正在严重的时候，此种叛变国家民族的汉奸分子不能不依法严惩，以伸公愤而昭炯戒。依照当时的法律规定，判决吉思恭汉奸罪，应判处死刑。

案例出处：《陕甘宁边区判例案例选》。

（冯学伟）

江庆华窃盗案

江庆华因盗窃罪被诉至法院，不服判决后上诉至安徽高等法院。江庆华与老魏扒鸡一审被判处罪刑，不服判决后上诉至安徽高等法院，后安徽高等法院依法判处刑罚。该案涉及盗窃罪以及审判程序问题，研究此案有助于了解当时的法律制度和法律程序。

江庆华在怀宁高河埠开设轿行，有伙计老魏、金小来等均惯行偷窃。江庆华亦曾于1929年2、3月间随同老魏至高河埠附近的地方扒鸡，两次分得赃物。同年5月11日，金小来从他处来至江庆华家住宿，翌晨即有匪首苏长茂率领土匪六十余人执持枪械到高河埠焚劫多家，并绑去商民二三十名勒赎。当由怀宁县长饬队追剿，除将拿获匪首苏长茂及供认为匪之金小来一并执行枪决外，又据钦化乡团防分局呈解匪犯窝家江庆华转送怀宁地方法院，检察官侦查起诉，刑庭判处以犯窃盗为常业罪刑，至关于窝藏绑匪部分，则以要件不备判处无罪，江庆华对于判处罪刑不服，提起上诉到安徽高等法院。

安徽高等法院认为，本案上诉人江庆华在侦查中已经供认他跟老魏扒过两次，“老魏扒我接，有一次在离高河埠三里的地处扒一个，第二次在离高河埠十五里的黄盆河地方扒的，他也分到一个”。供认不讳，后在原审又述称其2月间扒一次，3月扒一次，共两次。就只跟老魏扒过两次鸡，没有为过匪，与在再审所供扒鸡情形恰相符合，是其意图为以自己不法之所有而取他人所有物，应属犯窃盗罪，实无疑义。上诉时说他没偷人家什么东西，操锦文（高河埠团防局局长）与他有仇隙诬害他，一若扒鸡不成犯罪，依照上开自白，本案上诉显然无理。惟查该上诉人既系开设轿行，又仅随老魏扒鸡两次，原审认其窃盗为常业，依当时刑事法律规定处断。又未引用同法第四十二条关于褫夺公权，亦漏引同法第三百四十二、五十七条，均显失当。再该上诉人犯罪时期所及被害人皆不相同，自应合并论罪。因此，原判决除关于江庆华无罪部分外撤销。江庆华窃盗案二罪各处有期徒刑八月、褫夺公权二年，应执行徒刑十月、褫夺公权二年，裁判确定前羁押日数准以二日抵徒刑一日。

案例出处：《安徽高等法院公报》。

（冯学伟）

江盛香抢夺案

江盛香因其婶母江韦氏欠洋二十一元，屡索不给，于1930年废历八月二十三日凭同族人江盛泽、江盛美、江宜黄等径入江韦氏家，将江韦氏所有之稻抢去三担，卖洋应用。江韦氏遂以无故入室抢夺等情诉由合肥县法院，检察官侦查起诉，经该院判决无罪，检察官不服，提起上诉到安徽高等法院。

江盛香于1930年废历八月二十三日侵入江韦氏家挑去稻谷三担,卖洋八元应用,既迭次自白不讳,已无问题。所应审究的是,是否出于抢夺及有无为自己或第三人所有之意思是也。讯据该被告述称其婶母江韦氏欠民所垫棺殓洋三十一元,除已还十元外,下欠洋二十一元,屡次催讨,均不给付。民无法,乃凭江盛泽等挑稻三担,作洋八元。其婶母是愿意的,并非抢得。但检阅原卷,据江韦氏述称,八月二十三日中饭时他(指被告)带伙计到其家,将江氏所有之稻完全抢去。证人江盛泽亦称抢稻日期其记不清了,其看见抢了三担。其抢稻,因为江韦氏欠其二十一元钱。江盛美供称江韦氏丈夫死时,江盛香垫有款项,故抢稻三担作抵,江宜黄所供亦同。

安徽高等法院认为,就此观察,该被告因江韦氏欠有款项,乃乘其不备抢稻三担以资抵偿,证据极为明确。虽然江韦氏欠有债务未清,但只能求法律上正当救济,不能以非法手段将他人之稻攘为己有。而该被告将江韦氏之稻抢去之后,即卖洋八元足,征抢夺之目的并非催促江韦氏债务之履行,实具有据为己有之意思,自应负刑事责任。原审徒以该被告尚无强暴胁迫情事,及其犯罪之原因在于抵偿债务,遂谕知无罪,法律上之见解未免违误,以致上诉意旨指摘原判违法,自应认为有理。惟该被告向未犯罪,核与缓刑条件尚相符合,应予宣告缓刑。所以,原判决撤销。江盛香抢夺他人所有物,处有期徒刑六月,裁判确定前羁押日数以二日抵徒刑一日,缓刑三年。

案例出处:《安徽高等法院公报》。

(冯学伟)

康海江和王俊莲因婚姻上诉案

康海江与王俊莲系包办婚姻,后感情不和,王俊莲多次请求离婚,经安塞司法处判决离婚,康海江不服判决上诉至陕甘宁边区高等法院,高等法院以婚姻自由判处离婚。该案反映了当时法治精神的价值考量,坚持了婚姻自由的基本原则,切实保障了妇女的合法权益。

王俊莲在十三岁时由父母包办,与康海江早婚,过门后,前几年因为王俊莲年幼,还没发生什么问题。但据康海江称,自1941年搬来安塞后,王俊莲就和他不好了,第二年王俊莲就开始两次和他闹离婚,一直看不起他,嫌他不比她灵动,眉眼不光,穿吃也不漂亮。王俊莲也说,他们是包办婚姻,开始年小,她没提意见,但懂事后,即与他毫无感情。自1942年起,因长期感情不和,已向乡区县专署请求离婚五次了。但过去每次请求离婚,政府都劝她忍耐,希望感情好转,自闹离婚起已忍耐四五年,全无感情。安塞司法处因迭次劝解双方和好无效,就于1946年3月28日判决离婚。但康海江不服,提起上诉到陕甘宁边区高等法院,在法院声称他不离婚的道理就是他是穷人又不赌博不吸洋烟,老婆是他的家当,决不能离婚。

陕甘宁边区高等法院认为,王俊莲与康海江原为包办结婚,就是康海江也承认自王俊莲长大后,关系就不好了。而王俊莲自开始向政府请求离婚,也已经四五年了。中间虽然经过屡次劝好,仍然终归无效。足见感情不和由来已久,事实上已再不能维持婚姻关系。康海江以自己是穷人为理由,痛恨离婚,虽不无苦衷,但根据陕甘宁边区婚姻条例第一条的规定,婚姻以感情为基础,自愿为原则。政府照顾穷人的办法很多,但决不能以照顾穷人而牺牲妇女在婚姻上的合法权益,也不可能强迫确已无法继续同居的女方,仍维持其无法继续的夫妇关系,故而安塞司法处原判尚无不合。根据当时法律规定“感情意志根本不合无法继续同居者,应准予离婚”。

判决驳回上诉。

案例出处:《陕甘宁边区判例案例选》。

（冯学伟）

柯文泾因妨害名誉及反诉诬告案

上诉人柯文泾等因妨害名誉及反诉诬告等罪案件,不服北平地方法院中国 1936 年 4 月 11 日第一审判决,提起上诉到河北高等法院。该案涉及诬告及反诉等问题,研究此案可更为充分了解当时的相关制度和诉讼程序。

林业臻诉柯文泾以匿名伪造私文书,诬告并妨害其名誉。然而匿名信内容中毁损林业臻名誉词句,并非柯文泾所谓。同时,本案之匿名信件,经最后鉴定结果,并不能确实证明为上诉人柯文泾所书。而且,林业臻以匿名信件是上诉人柯文泾伪造,明显是出于误认,且并非虚构事实,核与虚构事实而意图他人受刑事处分者,迥不相侔,自不构成诬告之罪。

河北高等法院认为,本案应分三部分说明之。

关于上诉人柯文泾妨害名誉部分。自诉状除应记载被告之姓名、性别、年龄、职业、住所或其他足资辨别之特征外,并应记载犯罪事实及证据就够了,无须记明所犯之法条。征之当时刑事诉讼法第三百一十二条第二项第一、二两款规定,本案自诉人林业臻,在原审对上诉人柯文泾提起自诉,除诉其伪造私文书外,并诉其妨害名誉。就林业臻在原审所具之多数书状,及所为之全辩论意旨,综合以观,亦甚明显。上诉人柯文泾以该自诉状内未记载妨害名誉法条,遂谓妨害名誉不在自诉人自诉范围以内,攻击原审就事实上判决违法,固有未合。所应审究的是,以学生家长名义致育英中学校长李如松之匿名信件,是否为柯文泾所书这一点。查该匿名信之信穰,业经法院鉴定非柯文泾所书,而信穰内之涂改添注之数字,及末尾月日和信皮上的字迹,据上述人林业臻称系柯文泾所书,查信穰果系柯文泾请人代写,而写后涂改添注月日及信皮,尽可一并请人代写,又何必自留痕迹,授人以柄,按照常情,已不可信。且据最后司法行政部法医研究所检查说明书,谓航空署信穰内之改正字迹,因字迹过少,且墨色浓淡,又有显著之差别,信末日期内之九十两字,曾经涂改,均未便据以施行比对检查。关于此节,自应毋庸再加研究外,而信皮上字迹据鉴定与柯文泾亲笔字迹之壁画姿势及结构等,经详细比对检查后,获得有显著类似之点,应为同一习惯之书写,并无肯定确为柯文泾所书字样。所以,匿名信件封皮之字迹,亦不能证明即为柯文泾所书,已属彰彰明甚。即使匿名信内容有毁损林业臻名誉词句,然并非柯文泾所谓,既如前述,即便与诽谤罪之构成要件相合,则柯文泾亦目无刑责之可言,原审未注意及此,竟应该上诉人柯文泾以毁损他人名誉罪刑,显属违误。

关于上诉人柯文泾伪造私文书部分。查伪造私文书罪虽系直接侵害公共信用之社会法益,同时也侵害个人法益,其被害人个人,自得提起自诉,此系当然之解释。本案上诉人林业臻在原审呈案致育英中学校长李如松之匿名信件,其作成名义人虽为学生家长,但其内容皆属关涉该上诉人林业臻不名誉之事实,该林业臻并因此被该校解聘,实际上受有损害。此种匿名信件,既足以包括表示特定之人格,自然是一种伪造他人名义的私文书。原判决认为该信为一种匿名揭帖而非私文书,并认林业臻非直接被害人,因而将该部分之自诉论知不受理。其见解固有未合,但查伪造私文书与妨害名誉,显有方法结果关系,本案之匿名信件,经最后鉴定结果,并不能确实证明为上诉人柯文泾所书,已如前述,而柯文泾自然也不负刑事责任。

关于反诉林业臻诬告部分。诬告罪除侵害国家法益外,同时具有侵害个人法益的故意,其被诬告的个人,当然可以提起自诉。原审认上诉人柯文泾反诉诬告为不合法,一并予以不受理,固虽然可以说是适当的,但诬告是指明知无此事时故意虚构而言,如果告诉人误认有此事实,或以为有此嫌疑,自不得认为是虚构告诉的事实。本案上诉人林业臻以匿名信件是上诉人柯文泾伪造,明显是出于误认,且并非虚构事实,核与虚构事实而意图他人受刑事处分者,迥不相侔,自不构成诬告之罪。

所以,原判决撤销。柯文泾、林业臻均无罪。

案例出处:《河北高等法院公报》。

(冯学伟)

雷海明和张文秀以烟膏交换耕牛案

雷海明以假烟膏与张文秀换牛被诉至法院。张文秀原打算到延安售牛,遇雷海明并以牛换其烟膏,后发现烟膏为假,便诉至法院,后法院对二人行为进行审判。该案涉及禁止流通物的非法交易,通过对该案件的研究可以了解当时社会对大烟等违禁品的法律规定和背后的价值取舍。

张文秀的父亲于1949年9月18日在富县曲儿村以农币七千四百万元买得陈宝华一头牛。10月19日由张文秀赶了这头牛并驮五斗麦子去延安出售,出发前,他姐姐张氏因为给儿子结婚需要钱,打算把一头耕牛卖掉。只是因丈夫病故,没人办理出卖事宜,就顺便托张文秀到延安代卖。张文秀于是赶了两头牛,在9月21日抵达延安,住复和店。第二天把麦子卖了以后,23日就赶了两头牛到骡马市出卖。快要天黑时,还没有卖掉。张文秀因为急于返家,心中焦急。忽然有个叫雷海明的,提出换大烟,并说:“我的烟实在好。”张文秀信以为真,就议定两头牛换大烟二两八钱。雷海明回身取出大烟面膏二两五钱,不足部分折银洋一元,农币九百二十二万元。雷海明恐怕张发觉烟膏有假,就以怕走漏风声为名欺骗张文秀走上归途,到少陵寺下河边交于张。张另外又托店主苗永田以三百六十万农洋买得烟膏三两,意图掺入该二两五钱烟土内出售,多取非法利润。到晚上,张文秀行至十里铺,住宿在一个群众家里,打开烟土看时,嗅不到一点烟味,才发觉是膏子。24日又折身至延安市马家湾找寻雷海明,被该村村长发觉送交延安市公安分局,于当天转送陕甘宁边区高等法院法办,经陕甘宁边区高等法院传讯雷海明、苗永田等证明属实。

陕甘宁边区高等法院认为,雷海明以鸦片代人民币交换耕牛已属违法。继而又欺骗张文秀走上归途付以面膏,更表现其奸诈,应予制裁,以资教育。至于张文秀先把牛吆喝在骡马市出卖,证明其原本没有换取大烟的意图。只是因急于返家,而在紧急情况的逼迫下才干了不法的事。但最后张文秀又买了三两大烟膏,企图多取非法利润,显然属于故意违法,毫无悔过之心,除应将其烟膏银洋没收外,并给以劳役教育。店主苗永田受托转卖面膏,也属于不法行为,并且坚持不供出卖烟者的姓名,显然是苗姓自售,应视为仍不放弃违法行为的证明,故而应当给予劳役教育。至于张文秀代其姐张氏卖牛,出发前并没有受托售卖或换取大烟,不应以张文秀的失错而受损失。再查张文秀也没有偿还他姐姐张氏损失的经济能力,为照顾生产,亲戚团结和好,不再起讼争,特将张氏的牛退还。最终,判决雷海明犯贩卖鸦片及诈欺罪,判处劳役三个月(自1949年10月24日起至1950年1月23日止)。以大烟面膏交换得张文秀所有的两头牛，于法不合，予以没收。只是张文秀代卖他姐姐张氏的耕牛，因为并非出自张氏的托付而代换取鸦片及照顾其姐姐的家庭困难，应予退还张氏所有。张文秀以牛换售大烟膏，应处劳役三个月，为照顾生产缓刑半年。至于换取的二两五钱大烟面膏和买到的三两大烟面膏以及以烟折合的一元银洋，农洋九百二十万元，依法全数没收，苗永田卖膏子所得农洋三百六十万元，予以没收，并出库于一月交乡执行。

案例出处：《陕甘宁边区判例案例选》。

（冯学伟）

李国栋等请求分析遗产涉讼案

上诉人李国栋、李国楹、李国森、李国权、李国荣与被上诉人李桂芹因请求分析遗产涉讼案，上诉人等不服北平地方法院于1937年2月10日所为第一审判决，提起上诉到河北高等法院。

上诉人及其代理人称，两造先父李秀峰有子女六人，被上诉人早已出嫁，秀峰于1934年病故，妻亦相继而亡。国权、国荣时尚年幼，均未结婚。被上诉人因夫亡久住，母悔因即主持分居，上诉人等遵从。于是，由世伯刘锡臣监视，家中一切房地、衣服、家具、什物、金银等项按五股均分。被上诉人除酌受一部分财物外并表示抛弃继承权，立有字据一纸为证，载明：立字人张李桂芹，因娘家兄弟分居，经手帮忙，又因目下手中窘迫，特向每个兄弟要求给予大洋六十元，并将家中旧存银一百零六两值毛皮袄一件、美国金元一个、衣料两件分与桂芹名下。以后他兄弟分居另过，各立门户，与桂芹并无纠葛不清之事。以后各不相扰，其金银衣物笔下交清，并不欠少。此系双方同意，各无反悔。经她自签名章，又亲笔记明“收受一百二十元”等字，此有代笔人刘义民、中证人刘锡臣可证，且为被上诉人所自认。这说明，被上诉人已有抛弃继承权之意。而且既然说上诉人分居另过，各立门户，与李桂芹并无纠葛不清之事，以后各不相扰。则遗产中的动产及不动产均已包括在内，自属无疑。岂能以未受不动产就说只是对动产无争议？据被上诉人及其代理人称，被上诉人并未主持分居，他们分产亦未使被上诉人到场，那分单不知何时书立，事后仅分给皮袄一件、大褂一件、假金戒一只，并一百二十元。由柜项取出字据一纸，命被上诉人亲书取款给盖印章。被上诉人识字不多，误为收钱之用，实无抛弃继承权意思。刘义民与李国森交谊极厚，两造父亲在世的时候，已不许刘义民登门。上诉人李国栋及其证言均不可信。1935年9月被上诉人见上诉人等纷纷迁居，才托年姓向其索要应得之份，他们刚开始应承，后来就支吾了事，所以提起诉讼。

河北高等法院认为，本案被上诉人与上诉人等均为李秀峰直系卑亲属，李秀峰于1934年死亡，被上诉人就其父李秀峰遗产与上诉人有同等继承权，为两造不争事实。兹应究者，就是被上诉人曾否抛弃其继承权。查上诉人等提出的以被上诉人名义所立字据，初无一语涉及被上诉人的应继份额，而所谓并无纠葛及各不相扰，殊无从探得其真实意思。而且上诉人等兄弟分产，虽说是由被上诉人主持，其提出的分家字据，也有经家姊桂芹主持之语。但字据并无被上诉人签名画押，显然与被上诉人主持分产的事实不能相容。况且以被上诉人名义所立的字据既有“目下手中窘迫，特向每个兄弟要求给与大洋六十元”字样，又说“同时甘愿抛弃其应继之分”，也不是人之常情。进一步讲，分家字据载明9月1日，而以被上诉人名义所立的字据则仅书9月而不填某日，其非同日所作成，无待多论。上诉人却主张均为9月1日书立，而就其一未书日之原因又不能为合理之辩解，然则被上诉人所称，上诉人等成立分家字据，她不知情。及以她名义立的字据也是上诉人等预先写好，而就给付一百二十元后，持令被上诉人盖章，洵其置信。更就被上诉人名义立的字据内容论述，据上诉人称该字据为上诉人李国楹所代拟。如果被上诉人确有抛弃继承权的事实，上诉人等既然知道索立字据，怎么能不令其明白表示而作含混之词。况且被上诉人果真已抛弃其应继分，是大有利于上诉人的。在上诉人等赠与资财亦属分所应得的财物，而在字内还有“求给与六十元”，尤为不近情理。推究其蓄意，恐被上诉人觉察，引起争执，故而吞吐其词以便仓促间蒙混无知妇女，而逞其侵害继承权的诡计。殊不知一就上开各点综核考察，显然可见。至于证人刘义民的证言虽然与上诉人的主张一致，但经法院诘以：“两字是否同时作成？”一会说是当时一块写的，一会又说或隔一二年记不甚清，不是当时写的就是过一两天写的。而证人刘锡臣则称，听说写了字，他不在场，不知怎么写的，什么时候他说不清，不惟词多闪烁，且刘义民说“立两字时刘锡臣均在场”，而刘锡臣则称“未见书立被上诉人名义之字据”，可见，各证人的证词显然不相符合。而该字并非在立分单的时候所做成，也可断定。继承人抛弃其继承权须以书面为之，为当时的民法第一千一百七十四条第二项所明定，推究立法本旨，原以此项行为实于财产权的得失产生重大影响，故不可不于其成立要件特昭郑重。那么，没有明确的意思表示，自然不能附会其意，剥夺固有权利。本案上诉人提出的字据依前说明，不但词涉牵混而且显然有诈害嫌疑，毫无疑问，不能认定被上诉人有抛弃继承权的表示，所以，此项字据没有证据效力。原审认定被上诉人并未抛弃继承权，命上诉人就其故父遗产分给被上诉人六分之一，并无不当，上诉不能说，没有道理。所以，李国栋等的上诉驳回。第二审诉讼费用由上诉人负担。

案例出处：《河北高等法院公报》。

（冯学伟）

李海彦被诬盗窃案

李海彦被诬告偷盗荞麦诉至法院。谢拓氏有荞麦不知被谁偷去，因李海彦与同村人相处较差，便遭到诬告，后诉至法院，经过数次上诉终释疑。

安塞县一区五乡四政村佛店沟庄，有住户二十二户，还有移居这个村的几家新户。老户里边，薛生彦（副支书）、段迎秀（村主任）、谢清娃（村长）、谢拓氏、高能亮、马如俊、李加堂、张占斗等因血缘及个人情感关系，形成一个封建团体，还以多数的老户欺压近年移居该村的新户及少数不合群者。1948 年春，灾荒严重，各地政府筹粮救济，李加堂本身有几石存粮，但还向政府领取救济粮，李海彦看不过眼，就把李加堂的存粮情况告知乡政府。在政府的领导下被群众斗争，挖出李加堂窖内谷子两石，并将部分谷子给其他群众作了调剂。此事引起李加堂对李海彦的极度不满。此外，马如俊与李海彦因耘地拆墙走路之事，发生过争吵，虽两家还在同一个院内居住，但互相关系并不融洽。过去，段迎秀与李海彦因遭人命，李海彦曾因为死者争穿衣服等与段迎秀发生口角，自那以后，段迎秀与李海彦关系破裂。另外，李海彦在该村平日里待人接物较差，天长日久，引起群众歧视。谢拓氏有一窖荞麦共五斗，上边还盖着高粱，在 1948 年 4 月间不知被何人偷去。至腊月间，马如俊对谢拓氏说，荞麦可能是李海彦偷的，他在耘荞麦的时候借了李海彦五升荞麦种子，里边夹杂有高粱数粒。另外，李海彦今年春天经常吃荞麦。又说，今年秋收的时候，他还看见李海彦从马的地里偷背了两把谷子。谢拓氏听了，当即报告给村主任段迎秀,要求解决。段迎秀又叮咛马如俊,要他一定作证,且彼此互相商量等过年后再处理。正月初二日早晨,李加堂女人又向段迎秀报告说,昨晚她丢了五六袋洋芋,也是李海彦偷的……专门来诬咬李海彦。村长谢清娃(谢拓氏之侄儿)同村人到李海彦家中搜查,始终没有搜查出来,但对李海彦说,谢拓氏的荞麦一定是他偷去的。到初四日,段迎秀等便召开全村会议,斗争李海彦,并使用威吓、捆打等手段,逼迫李海彦承认偷荞麦的事情。李海彦因为确实没偷,无论如何也不承认。他们没有办法,又把李海彦绑送到乡政府处理,借以恐吓李海彦承认,但李仍不承认。途中还让张占斗对李海彦说,让他把这件事承认了吧,赔些荞麦,就没事了,不然,过不去的,因为大家都说是你偷去的。要是到了县上,还少不了坐禁闭……到乡政府后,乡长要李海彦赔,李不认可,要去县,途中又被乡长邀请回去,李迫于无奈,只好答应赔偿三斗荞麦。后来,李海彦感到赔荞麦事小,但贼名难当,所以就到安塞县人民法院起诉,请求解决。

经该院审讯,认为马如俊的证明不确切,就关押了四天然后释放了,叫谢拓氏将原赔的三斗荞麦退还李海彦。其间乡长戴海鱼还向法院写信证明,认为荞麦就是李海彦偷的,所以谢拓氏不服判决,又上诉至陕北人民法院。经传讯两次都不能得出肯定结论,但从李海彦的说话及表情上看,似乎是李所偷,根据李的意见,只要说他不是贼,就多数两颗粮,也没有关系。于是陕北人民法院为照顾农村团结,及息事宁人,于11月9日,函示安塞县,应宣布李海彦不是贼,原来赔偿的荞麦念及谢拓氏寡居,子女幼小,不能从事生产,所以不再退还。李海彦不服又去申诉,陕北人民法院立即派人调查解决,由于办案人员不了解当地的具体情况,没进行广泛深入的调查研究,觉得群众的意见不会有错,在思想上就认为是李海彦偷去的,判李劳役一个月,赔偿的荞麦不再退还。判后,李海彦夫妇提出重新研究的要求,因而引起办案人员的慎重考虑,随即进行详细认真的调查。讯问了证人马如俊,才知道该村的具体情况,发现了马如俊做伪证的事实真相,才正确解决了案件。于是在村民大会上宣布李海彦无罪,原来赔偿的三斗荞麦如数退还李海彦,另处作伪证人马如俊劳役一个月。

案例出处:《陕甘宁边区判例案例选》。

(冯学伟)

李和鼐等因请求确认买卖契约无效涉讼案

孟心诚将自置田卖与李和鼐为业,后向李和鼐要求赎田,李和鼐不允。孟心诚等遂以勾中谋买等词向原县起诉,案经判决,买卖契约无效。李和鼐不服,声明上诉法院。

孟心诚等于1929年废历三月十四日将自置田十五石凭中李和祥等卖与李和鼐为业,计价洋一千八百一十六元。嗣因孟心诚族人孟心宽有祖墓在内,出面与孟心诚等交涉,主张由其收买保墓。孟心诚等乃向李和鼐要求赎田,李和鼐不允。孟心诚等遂以勾中谋买等词向原县起诉,案经判决,买卖契约无效。李和鼐不服,声明上诉到法院。据其意旨,称民人买他的田,是他托中人李和祥等再三要买的。在正月说这话时并未答应,到2月里又送水程字,一直到三月十四日才成事的,这是两方情愿,县判契约无效,民人不服。被上诉人代理人陈述答辩意旨,称买卖契约当以双方合意为成立要件,本案上诉人两着李和祥向孟心诚等买田,均未得其承诺,复以丁和鼎名义向孟心诚将田买去,是未得其同意,有事实可以证明。况李孟两姓原系世仇,历来田产不通买卖,所以李和鼐不用本人名义而假用丁和鼎名义,是其谋买,确系实在。应请维持原判、驳斥上诉等语。

安徽高等法院认为，买卖契约经两造意思一致即属合法成立，非有无效原因不得由一造任意主张其买卖契约无效。本案上诉人与被上诉人所立之买卖契约能否有效，应以缔结契约时两造之意思是否一致，即是否合法成立为断据。证人李和祥等在第一审述称，孟心诚卖田与李和鼐，民等与宋为宽、潘心富做中。先问孟心宽，他说无钱。后问当主李端发，不要。民人们才向李和鼐说合，价洋一千八百一十六元，成交时未说回赎等语。两造缔结此项买卖契约确系意思一致，已可概见。虽被上诉人谓民人卖田偿债，中人李和祥们说丁和鼎买受。成交后，听说李和鼐买的民叔泽长先年与李和鼐为花水争吵挟嫌，故此田不能卖与李和鼐。成交时受他们蒙混。然查被上诉人在原审起诉，略称衅因三月十三日倏被李和鼐谋买民田十五石，民本懦愚，逼迫难持，只得书立卖据，价洋一千八百一十六元。民收洋一百一十六元，余则未收。谁知书据时买主系丁和鼎堂，十五日下午民叔、弟（孟泽长、孟心宽）得知，比向民家诘问，责骂万状，民亦深悔受愚等语。足见被上诉人卖田时，确系认上诉人为买主，并无不能卖与李和鼐之特约，亦无以特定之买主为买卖契约成立之条件（据上诉人谓，契书丁和鼎系避匪人耳目，是与他当面说明的，以被上诉人之状词观之，尚属可信）。嗣因孟心宽从旁干涉，被上诉人遂主张勾中谋买，请求赎回保墓，其情形极为明显。兹被上诉人谓上诉人借丁和鼎名义蒙买田产，显系饰词，反悔殊难认为正当。又查上诉人虽在原审述称求传孟心诚到案，买卖毁交认民损失，民人心就甘服了等语。然查孟泽长同日述称，前沈司法当庭宣示双方买卖应作无效，令孟心诚赔偿李和鼐损失若干。可见上诉人上述供词系出于审判官劝令和解之办法，不能认为审判上之舍弃。兹被上诉人、该上诉人对于买卖契约无效在原审已有舍弃之意思表示，亦无可取。原审未予查明事实，遽认买卖契约无效，实欠允洽。上诉人声明废弃原判，另予判决，不能谓无理由。再查孟心宽在原审并非当事人，上诉人将其列为被上诉人，于法殊有未合，应予纠正。

所以，原判决废弃，被上诉人在第一审之诉驳斥，诉讼费用由被上诉人负担。

案例出处：《安徽高等法院公报》。

（冯学伟）

李怀珍回赎铺房纠纷案

李怀珍的六祖李清太及族叔李贵 1911 年将房屋出典给本城宝生珍，言明典期四年，洋到回赎，如届期不赎即由宝生珍永远营业。李怀珍于期满后多次提出回赎但因欠账未能解决作罢，后诉于盐池县司法处，判决不能回赎，李怀珍不服提起上诉到陕甘宁边区高等法院。

李怀珍的六祖李清太及族叔李贵，在 1926 年 7 月 15 日把自己祖遗盐池城内中街市坊一院门面七间破旧房子二十一间，出典给本城宝生珍，典价银洋三百元，并另借银洋二百元，言明典期四年，洋到回赎，如届期不赎即由宝生珍永远营业。1927 年宝生珍因另选居别地，而把这房院征得原出典人李清太、李贵同意，以原价典与姚学文。到 1929 年届期已满，经催告，原主未赎。1930 年李贵病故，其遗产由李怀珍的弟弟李怀珠继承。1931 年冬月李怀珍才提出回赎此房，但由于李清太及李贵平日赊欠姚学文的货物账款达银洋一千五百八十元之多，因此未赎。1939 年又提出回赎，仍因为欠账没能解决作罢。1942 年 3 月间李怀珍又向姚学文提出赎坊，诉于盐池县司法处，判决不能回赎，由姚学文取得该坊之所有权。李怀珍不服提起上诉到陕甘宁边区高等法院。

经陕甘宁边区高等法院审讯，据李怀珍供称原日铺坊有她六祖李清太和族叔李贵分到的，由他们经手典出，因李怀珍弟怀珠为李贵继承，所以李怀珍于1931年冬月及1939年两次提出要赎该铺房，但姚学文所开账目不清，将典价借款货账铺修费合计起来，竟增至一两千元之多，兼以李怀珍为人做事常不在家，致迟延至今，现县司法处以期限已逾多年判决不能回赎，因之不服，请求算清账目准依原典价赎房。而姚学文则辩称他典这房是从宝生珍征得原主同意所推典来的，原定四年为期。1929年届满时，他曾催告原主李清太等回赎，他们都没有赎，及1931年冬月李怀珍之父曾提出要赎，他即将典价借款及李清太、李贵两人所支取过的货款开单给伊后，让李怀珍之父回赎，并经请有原局长靳会长等多人办理，但李怀珍之父以赎回无利而返回乡下未赎，及1939年又要提出赎房亦经请人，仍以他们不愿付货钱和铺修费等未得解决，现在逾期已十三年之久，如要赎时应按当时拿了他的银洋米布照样还他，不然是不能赎的。双方均当庭呈验其所持的典借约及账单等，并经转令原审将账目及以上事实查明核算清楚都报到陕甘宁边区高等法院。

陕甘宁边区高等法院最终认为，这个案子双方争讼的铺房，既然经李怀珍的先辈李清太、李贵等出典时契约内订明期限四年，1929年就已经期满，催告未赎。现在已逾期十三年之久，依法应由受典人即姚学文取得该房所有权，已无不合。且查姚学文承典此铺房后加以修理，经商至今，尚未息业，自属需要。而李怀珍住在乡村务农，回赎这项铺房不过意在图利，并非需要。至于李清太、李贵生前所欠姚学文钱款货款等项，姚学文声明取得该典物所有权后，自愿不再讨要，于理也算允洽。

案例出处：《陕甘宁边区判例案例选》。

（冯学伟）

李兰馨等因请求迁让坟地涉讼案

上诉人李兰馨等与被上诉人李德祥因请求迁让坟地涉讼案，上讼人不服怀宁地方法院于1929年11月14日所为第二审判决，提起上诉。

安徽高等法院认为，本案被上诉人对于讼争坟地主张所有，已提出1912年李百福等卖契为据。查该地坟塚垒垒，多系李百福等祖墓，为上诉人所不争。被上诉人于1928年11月安葬三棺时，曾经上诉人李国政目睹，并无异议，亦为该上诉人所自认。是该地系属上诉人所有，已有相当之证明。上诉人在第一审诉请起迁，其证据方法不外一清同治八年并契、二1926年议约各一纸。核阅该项并契略载，竹林、山场一块，右凭正芷（两造均将正芷作为正兰）山安石为界字样。按该地于立契以前，早已成为坟地，不应指为竹林山场，且讼争地上段即该并契所称右凭正兰山安石为界之处，现在虽无界石可考，然该上段之地历经正兰（李百福等之祖）名下执管，既如前述，则当日所指安石为界之处，系在正兰所管坟地以外，而不能将讼争地包括在内，自甚明了。至1926年议约，被上诉人未经列名，不应受其拘束，业经原第二审合法认定，尤属不足采用。原判驳斥上诉人之诉，尚无不合。上诉论旨均系空言指摘，非有理由。

所以，上诉驳斥，第三审诉讼费用由上诉人负担。

案例出处：《安徽高等法院公报》。

（冯学伟）

李刘氏被诬告案

本案为原告李刘氏与被告张虎子、李小喜子返还财物案。被告张虎子私自将家中二牛出卖,事情被李刘氏知道后,托其夫之族侄李小喜子代为追回,后李小喜子将牛价四千二百元及驴一头扣留,拒不返还。李刘氏遂诉至法院。

李刘氏于1942年6月12日嫁于李凤林为继室。李凤林先有养子张虎子,平日不事家人生产作业。据李刘氏诉称1941年10月间,因张虎子不愿同居,曾给予洋一千元令其在外独立营业。但张虎子辩答此一千元是其义父所给予的婚姻费用,而不是生活费。1942年废历五月初六日,李凤林回原籍河北省亲的时候,曾将农事嘱托原告李刘氏管理。八月初七日,张虎子趁其义父回原籍,托词与原告借牛一头驮运粮食,竟然把二头牛拉到延安县东川出卖。事情被李刘氏知道后,就托其夫之族侄李小喜子代为追回。但张虎子已将一头牛卖洋四千元,另一头牛换回驴一头,并找得大洋二百元。李小喜子当即把牛价四千二百元及驴一头扣留。李刘氏向其索回时,李小喜子借口其族叔不在家暂时代为管理。而实际即与张虎子共同计议觊觎这项财产,李刘氏因而控诉于法院。经调解不成。经传讯,李小喜子等仍借口说,恐怕李刘氏把这项财产花费,不愿交还。

陕甘宁边区高等法院认为,张虎子与其义父李凤林分居与否,两造各执一词,现无确证,暂可不问。而李凤林回原籍的时候,并没有把家事嘱托亲友、邻居代为照管,法律上应视为李刘氏有承管李凤林家户的权利。张虎子的行为显然别有所图。李小喜子虽然经李刘氏嘱托向张虎子追回她的牛,但追回时其任务就终了了,却还借口代为管理,属于越权行为,李小喜子与张虎子串通觊觎李刘氏财产已可想见。为保证财产在李凤林回家前不被浪费,应限令李刘氏寻找殷实铺保保存,把牛价四千二百元及驴一头领回,李刘氏有管理权。但处分时须得其养子张虎子的同意。保家应负责保证此项财产,不致浪费。李小喜子不得干预。

案例出处:延安市地方法院民事裁决书。

（冯学伟）

李刘氏土地纠纷案

本案为上诉人李刘氏与被上诉人丁攀生土地诉讼案。李刘氏因其土地仅出典于丁攀生并未出卖,投诉于定边县,要求回赎。上诉人不服定边县司法处所为第一审判决,向高院提起上诉。

1927年李刘氏的丈夫李尚财把地名夏魏单的地出典给丁攀生。到1929年李尚财病故。据丁攀生说,李刘氏随即把这块地全部出卖于他(列举合人石成福、丁正科、赵惠智、魏现均及王如意等为证人),由他管业。1936年土地革命,丁攀生原为地主,连同夏魏单的土地,共有土地三百余垧,按当时的土地政策,地主所有的土地,及其典受的土地,都在没收之列,已全部归公。后来丁攀生以及当地居民因政府对这块地未加管理,就侵种了一部分。李刘氏见丁攀生侵种地内有原属她的土地,虽然在1927年出典于丁攀生时并没有出卖,所以就于1940年投诉于定边县,要求回赎。定边县政府当时未加细查,不知道这块地早已没收归公民,就判决三分之二归李刘氏耕种,三分之一归丁攀生耕种。迄至1942年,定边县政府查明该地早经没收归公,丁攀生等所占的土地原属非法侵种,县司法处因根据这项事实对1940年所作的判决进行再审。审后撤销原判,将判给丁攀生及李刘氏的地一律收回公有。同时,该县政府第一科为照顾各阶层利益,考虑到丁攀生、李刘氏生计困难,又各补偿其一部分土地。李刘氏认为补偿的土地太少,心有不甘。又看到丁攀生补充的地里仍有她原有的地,不服判决,去陕甘宁边区高等法院上诉,要求回复1940年所分的地并诉丁攀生霸占她的土地。

陕甘宁边区高等法院认为,核查双方争讼土地,在土地革命时期,按当时土地政策早经没收归公。李刘氏所说的仅在1927年出典于丁攀生并未出卖一节,无论是否属实,均不能阻挠土地政策已成的实效。而业已收归公有的土地不能再返还旧有地主。定边县于1940年对双方争讼的土地曾经判决以三分之一归丁攀生,三分之二归李刘氏,是因为没有洞查土地真相。但由于现在发现了新的事实,确认该地曾没收归公,并非私人产业。原判决认定的事实已经属于根本错误,进行再审,撤销原判,并把原判决分给两造的土地一律收回归公,于法尚无不合。李刘氏请求废弃原判恢复其1940年判决分种的土地,实在无理。至于丁攀生受政府所补充的土地,其中虽然有李刘氏原种土地的一部分,但既然以经没收归公,后来又由政府给予丁攀生,就不能认为是丁攀生霸占。李刘氏也不得要求分割丁攀生合法分得的土地。如果李刘氏自己现在分的地太少,无法维持生活,可以根据实际情况向定边县政府声请补给土地,以资救济。丁攀生的土地,是政府给予的,与李刘氏无关,不得再向丁攀生索地。

案例出处:《陕甘宁边区判例案例选》。

(冯学伟)

李卢氏妨害家庭案

上诉人李庆才因被告姚德山等妨害家庭案件,李庆才配偶李卢氏称被李尹氏、么张氏拐卖、介绍与姚德山,李庆才不服北平地方法院1937年1月28日第一审判决,提起上诉到河北高等法院。此案涉及婚姻、上诉等多种法律问题。

河北高等法院认为,这个案件应分作三部分说明。首先,头天李庆才上诉暨李卢氏关于秦德龙的上诉部分。上诉人李庆才,原本不是此案的当事人,自然属于无权上诉,虽然他是原属自诉人李卢氏的配偶,但法律上既未明许以独立上诉权,也属于终结案件的其他办法,究竟与已经判决的不相符。而上诉人李卢氏,不该就未经第一审判决的部分提起上诉,尤觉于法有违,均应驳回其上诉。

其次,关于姚德山被诉部分。同一案件经检察官终结侦查者,不得再行上诉,为当时刑事诉讼法第三百一十五条第一项所明定,至于所说的同一案件者,如果属于同一被告及同一犯罪实施者,都是;而其究竟由何人告发或告诉,则在所不问。所谓的有终结侦查,指曾经终结侦查,虽然现在仍奉令或职权绩行又重行侦查,均不失为终结侦查,凡此或为当然解释,或经司法院解释有例。本案被告姚德山因诱拐李卢氏案件,经原法院检察官,另案终结侦查,于1936年9月29日,予以不起诉处分。而原告诉人李庆才,以发现新证据为由,声请重行侦查,并由本案上诉人李卢氏参加告诉,经原法院检察官准予行侦查。又据李卢氏在原审提起自诉,都在案。所以,此案早经检察官终结侦查,原极明显。虽然原告诉人并非李卢氏,且别有重行侦查情事,但被告及犯罪事实,既然都属同一,其为同一案件,自无可疑。李卢氏对于已经经过检察官终结侦查的同一案件,提起自诉,原审自应作出不受理判决,才与法理相符。

最后,关于李尹氏、么张氏被诉部分。被告李尹氏、么张氏,涉及略诱或藏匿被诱人之嫌疑者,不外自诉人李卢氏之指诉而已。而查李卢氏(卢大荣)被拐后,其由山海关与其父母信函,叙述被拐经过甚详，而独于李尹氏、么张氏，并未道及一语。且他在山海关警察局初供，亦同。其后虽经指诉历历，但她一会称么张氏给她介绍的姚德山，她在打水的时候从婆家跑出来，在村子南后苇塘和姚德山么张氏会齐，后来跑到小营姚某的亲戚家，把她交给秦德荣，到天津再交给陈秀亭；一会又称她于夏历六月十一日上井台去汲水，街邻么张氏叫她到家内去。在么张氏家里见到姚德山，如果不跟姚德山走就要打死她。当天姚德山就带她上小营村，将她放在一个姓李的家内住了六天。但姚德山没住在姓李的家内，她与姚德山也没有奸。核其情词，已经显然有不符之处。其后又说伊与姚德山在李尹氏屋内，曾通奸两三次。经原审检察官诘问：李尹氏屋内间数，大门方向，及其人口几何？李卢氏又张口结舌，无词以对。即便她说的么张氏参与诱拐行为，亦词涉恍惚，倘其指诉并非虚情，何至屡易其词。且其寄居李尹氏家中，既然有六日，那么，房屋间数、大门方向及其人口几何，怎么能一无所知？况且既成事实，原本不会变动，却屡易其词，或茫无所知，可见具为捏造。至于她所说的姚德山将她拐至中途，经熊士元瞥见，此情节如果能证实，对于本案固然不失为有力佐证。而熊士元在原审侦查中，则又矢口否认。由此印证，该李卢氏的指诉更不足取。原审认为李尹氏、么张氏的犯罪嫌疑，不能证明，依当时刑事诉讼法第三百三十五条、第二百九十三条第一项，将李尹氏、么张氏都判作无罪，于法自属无违，上诉非有理由。原法院侦查卷内，虽然附有李卢氏撤回告诉状一件，但据李卢氏对此始终否认同意，仔细核查，该状是在 1936 年 11 月 13 日提出，而李卢氏旋于同年同月 14 日，具状催请侦查，其否认同意，已觉可信。原调处人王金升（王金陞）尤堪印证，也说"原状内十字，是他父亲代替书的，不是他自己书的"，所以，本案尚可认为曾经撤回告诉，并予说明。

所以，原判决关于姚德山部分撤销。姚德山被诉妨害家庭，不受理。其他上诉驳回。

案例出处：《河北高等法院公报》。

（冯学伟）

李清华土地窑洞纠纷案

上诉人李清华与被上诉人李仲仁因土地纠纷案，李仲英、李仲仁乘土地革命对土地登记的疏忽或粗率而偷登，且将李清华所打的窑一并登记，李清华上诉到陕甘宁边区高等法院请求收回窑院和地。

上诉人李清华与被上诉人李仲仁因土地纠纷案，不服延长县人民法院的判决，上诉到陕甘宁边区高等法院。李清华称 1926 年李仲英、李仲仁借他的地打窑，当时李仲英、李仲仁共打了两孔窑，并说下窑打好住几年就把窑给他腾下。后来李仲英、李仲仁住了几年走了，他就住在那里。1929 年李仲英的母亲又来住下，后得病死了，李仲英、李仲仁的弟兄曾给他叩头下话，让他把李仲英母亲埋在他地里。后来他们就把这窑院及窑背地连他的窑一并登记了，并谎称这窑院和窑背地是他们当初典下的。李清华称登记时其本人并不知道，现在他要收回这窑院和地。李仲英称 1926 年他以十二块银洋典得李清华的这块地，有中间人高宝山可证明。当年 10 月打了两孔窑。1927 年 9 月又打了一孔，大概在五年前又打了一孔，这四孔窑都是自己动手并雇人打的，如于治君就是他雇的。当时连打窑带门窗共花了二十多块银洋。她们登记这窑地时在西庄，当时李清华、王凤仁、刘金斗等人均在场。

陕甘宁边区高等法院认为，李仲英、李仲仁所说的地是从李清华手中典得以及那四孔窑全是他打的，不是事实。其所持的土地所有权证，只是乘土地革命对土地登记的疏忽或粗率而偷登,并未经过村内群众知道,且将李清华所打的窑一并登记,不能认为合法,因此原土地证应行作废。至于所打的两孔窑,虽然是借李清华的地基,但已居住多年,在该村已建立起家务,并经土地革命时明确宣布过“谁住的归谁所有”的法令,特将东南面的两孔窑判归李仲仁兄弟所有;至于东北边的两孔窑,原来是李清华的地,又是李清华穿窑而居,自应为李清华所有。故延长县人民法院的判决予以撤销。东面靠南边与南面之窑共两孔,应归李仲仁、李仲英所有,地基从坐东的两孔窑中间划一直线,至畔为界,南至碾子,东面靠北边与北面之窑共两孔,应归李清华所有;窑背上李仲英葬母之地二分,应归李仲英、李仲仁所有;原窑登记证作废,可凭判决书各向政府登记。

案例出处:《陕甘宁边区判例案例选》。

(冯学伟)

李清远汉奸案

李清远受特务机关指使,初为敌输送粮食、汽油、枪弹,后来经营饭馆生意,收买汉奸,且至南岗村地方刺探军情,散布荒谬言论,证据确凿提起公诉。

李清远是台湾浪人,1937 年 3 月,从台湾到达兰州。8 月间投靠日寇关东军汽车队为日寇开汽车,运送粮食、汽油、枪弹,往来于承德、多伦、张北、张家口、大同、阳明堡、太原等地。直至 1938 年 3 月,受日寇特务机关驱使,以八百元资本留太原开设饭馆,借以结识中国落后分子,网罗大批汉奸,仅仅经过三个月营业,就把资本耗尽。7 月 1 日就转到日寇特务机关设立的三兴公司服务,受日寇特务机关长谷秋南华雄指示与特务警察公田催促,在 7 月 5 日,改穿中国服装,伪称湖南人氏,带款二百四十元,以收买烟叶为名,协同汉奸王忠到太原城北四十里南岗村地方,刺探中国军情,向群众散布荒谬言论,后来被当地群众告发给附近的八路军游击队,将其逮捕解送至延安法院。

陕甘宁边区高等法院认为,李清远一贯受特务机关指使,初为敌输送粮食、汽油、枪弹,继而借营饭馆生意,收买汉奸,且至南岗村地方,刺探军情,散布荒谬言论,证明该犯对于祖国,已无任何民族意识,当兹抗日紧急之际,敌探汉奸大肆猖狂,法院为着完成肃清敌探汉奸工作,争取抗战胜利起见,依法判决李清远出卖祖国、为敌作探罪,判处死刑。

案例出处:《陕甘宁边区判例案例选》。

(冯学伟)

李荣春婚姻纠纷案

崔氏在未与雷尚志办理离婚手续的情形下,改嫁与李荣春;后来雷尚志退伍回家强行要回崔氏;李荣春因此人财两空,于心不甘,控诉到绥德县司法处,后来又转诉到延安县,经判决驳回告诉。李荣春不服,上诉到陕甘宁边区高等法院。

雷尚志在 1934 年娶妻崔氏,生了一个女儿。1935 年雷尚志参加部队离家在外。在 1936 年曾经寄回一封信后,就再也没通音讯。因为家中贫苦,生活无着,崔氏就在 1940 年由她祖翁雷光清主持出嫁于李荣春为妻,并把所生女孩带养到李家。当时由李荣春出聘礼法币二十四元,并给雷姓亲属马氏及雷光清二人法币各十元。到 1942 年 10 月间,雷尚志突然从前方退伍回家,得知妻崔氏已经嫁人,就邀同邻族四五人从李荣春家强行把崔氏和女孩要回,又带着崔氏到延安县甘谷驿谋生为人雇工。后来,李荣春因为人财两空,于心不甘,在1943年3月间,控诉到绥德县司法处。继而探知雷尚志迁住甘谷驿,又转诉到延安县,经判决驳回告诉。李荣春不服,上诉到陕甘宁边区高等法院。

陕甘宁边区高等法院认为,崔氏改嫁与李荣春,固然由雷尚志的祖父雷光清主持,但当时雷尚志远在前方,并没有得到本人同意及经过正式的离婚手续。依据当时抗属离婚处理办法,崔氏的改嫁很难认为有效,而且查雷尚志参加抗日部队在前线血战多年,不无劳绩,已经由部队首长证明。李荣春所持的婚姻应由女方自主等主张,都不足以为推翻抗属保障的理由。又雷尚志回家后已与崔氏恢复夫妻关系同居将近一年,身怀有孕,于法于情都不能再归李姓。原判决令崔氏归还雷尚志恢复夫妻关系,李荣春原出的聘金法洋二十四元,又雷姓亲属所得的法洋二十元,折合边币价格如数返还李荣春,各节并无不当,应该认为上诉是没有理由的,予以驳回。

案例出处:《陕甘宁边区判例案例选》。

（冯学伟）

李森洁盗窃诬告伪证案

李森洁未犯罪前是庆阳县政府第二科科长。1941年8月3日,因在庆阳县高迎区工作之便,与区政府秘书李和材宿于一处,乘机将其所经管的运盐边币六千元盗去。被人发觉后,由庆阳县政府逮捕,李森洁坚决不承认,同时也将李和材逮捕。李森洁为了推卸罪责,还趁势伪造证据,诬告李和材与反共分子勾结。后李和材因为病重得以保释,而案情也不久大白,所以,李森洁以盗窃罪处以有期徒刑二年。但李和材回家三个月后就病故了,李俊材认为与李和材被诬告有因果关系,向高等法院提起上诉。

经判决,除盗窃罪照第一审原判外,另处伪证罪有期徒刑一年,合并执行有期徒刑二年零十个月。李俊材不服,再次提起上诉,其意是说:"李森洁以公务员而盗窃六千元公款,又诬告胞弟为反革命而致抑郁染病身故,处罚实觉太轻。庆阳县县长陆为公只根据李森洁诬告,就对李和材加以刑讯,也是染病致死的原因之一,因而请求为撤销第二审原判之判决。"各情均记录在卷。依当时刑事诉讼法第三百七十、三百八十九条规定,判决原判决关于罪行部分撤销。李森浩盗窃罪判处有期徒刑三年,诬告及伪造证据罪从一重处断,判处有期徒刑三年,合并执行有期徒刑五年,并褫夺公权六年。

案例出处:《陕甘宁边区判例案例选》。

（冯学伟）

李延寿伤害致死案

李延寿原充舒城中梅河自卫团团丁,与秦孔义素不相识,1929年8月2日(废历六月二十七日)延寿与二棚头目韩鸿恩轮充勤务、采办柴米。正遇到秦孔义挑柴上街,当议价每斤大钞一枚,韩鸿恩乃向董祥源行内借用秤茶大秤权柴,计重二十七斤半。秦孔义嫌其秤大,即欲挑柴他售。李延寿等阻止不从,一时忿极,先由延寿以手批击左耳,韩鸿恩又以铁秤锤击伤腰部,秦孔义受伤不支,当即倒地,经医调治无效,延至同月7日因伤身死。由秦孔义之兄秦孔章诉经舒城县公署验明审讯,判处李延寿伤害罪,徒刑二年;韩鸿恩伤人致死罪,徒刑八年。告诉人呈诉不服，请求检察官提起上诉，韩鸿恩又在舒城县监狱脱逃，由舒城县司法公署解送李延寿到安徽高等法院。

安徽高等法院认为，查阅原卷，已故秦孔义左耳有掌伤一处，红色、有血印；左腰有铁器伤一处，长一寸六分、宽一寸二分，周围参差不齐，紫红色，有血印，委系受伤身死，业经原县验明填具验断书附卷。据被告李延寿在原审初次讯问时虽供词支吾，待详加驳诘，亦承认为买柴争秤大小打秦孔义一耳掌，韩鸿恩打一秤锤（原作砣）等情不讳。

法院讯据证人朱冠庭述称前年六月二十七日他在家中听说外面打架，出门看见李延寿捺住秦孔义（秦孔仪）挑柴的扁担，秦孔义说不卖，李延寿不许他走，就用手打了秦孔义一巴掌。韩鸿恩在旁边站着，随将手里拿的秤锤向秦孔义腰间打了一下，秦孔义随即倒地。已就该被告等当时下手伤害秦孔义情形言之历历如绘，不但与原验断书所载秦孔义左耳有掌伤、左腰有铁器伤相符，也与被告李延寿在原审自白之述词亦无异致，则犯罪事实自属确凿无疑。安徽高等法院提讯该被告。竟将伤害秦孔义事实完全归于韩鸿恩一人。核其情形无非以韩鸿恩在逃、无可质抵，故尔捏词诿卸，当然不足征信。惟所应审究者，该被告李延寿对于秦孔义之因伤身死是否应负共同正犯责任而已。查当时刑法上所谓共同正犯者，只须有共同之意思及共同之行为，因而发生一定之结果即应负正犯责任。若犯罪行为中有下手轻重之不同，此不过分担实施问题，于正犯之责任原不生何等影响。

本案被告李延寿与韩鸿恩因买秦孔义木柴，秦孔义嫌其秤大，意欲他往，李延寿先以手击伤秦孔义之耳，韩鸿恩又以铁锤击伤其腰，以致身死，是该被告等同时具有伤害秦孔义之意思与行为。待后秦孔义因伤身死，纵令就伤害程度可认为系铁锤击伤腰部之一处所致，然不过分担实施，有下手轻重之别，依照前项说明，该被告李延寿仍应负伤害致死共同正犯责任。乃原审仅科韩鸿恩伤人致死罪刑，而对于被告李延寿依当时刑法第二百九十三条之伤害人罪处断，法律见解自属错误。惟查被告之与韩鸿恩伤害秦孔义实因买柴细故、一时气忿所致，虽秦孔义因而致死，不能不成立伤人致死罪责，然核其犯罪情节尚属轻微，自应于法定主刑范围内从轻科处，以昭平允。所以，原判决关于李延寿部分撤销。李延寿伤害人致死，处有期徒刑七年、褫夺公权七年，裁判确定前羁押日数以二日抵徒刑一日。

案例出处：《安徽高等法院公报》。

（冯学伟）

李振和因和奸贩卖鸦片赌博案

李振和与王廷珍谊属同乡，于1929年夏间合伙贩卖鸦片烟土，同居数月，与王廷珍之妻有染。后被王廷珍觉察，以致反目。1930年9月间李振和迁寓大南门外招商旅馆，仍与王王氏恋奸情热，暗中来往。1931年4月30日晨王王氏趁夫外出，携儿逃匿，王廷珍寻觅无着，遂以李振和奸拐等情诉由怀宁地方法院，检察官侦查，并经李振和自认有共同赌博情事，一并提起公诉。后李振和不服怀宁地方法院1931年9月9日第一审判决，提起上诉到安徽高等法院。

安徽高等法院认为，本案上诉人对于原判赌博罪部分已声明允服，应置无论外，其共同连续贩卖鸦片部分，不但上诉人在原审检察处自白不讳，就是原审诘问上诉人贩卖烟土是否与王廷珍一伙，上诉人回答1929年是与他合伙，这与王廷珍的证言相吻合。原审据此认定上诉人犯罪事实，适用禁烟法第二、六条，刑法第九、四十二、七十五条处以有期徒刑一年二月论罪科刑,尚无不当。上诉意旨关于此点空言狡辩,自非有理。

至于上诉人连续与王王氏相奸部分,虽上诉人仅称同王廷珍在家时相来往,王廷珍在家他也去,不在家他也去等语,坚不自承与王王氏有相奸情事。然查王廷珍次子王双喜迭称家中有两个床,他和哥哥一床在外边睡,李振和与母亲睡里边床上。李振和没有来时他与哥哥就同妈一床睡。当父亲不在家,李振和到家中,晚上同他的母亲一头睡。其于上诉人如何来往其家、如何与其母同睡已言之历历,且王廷珍呈阅在妻床内检获上诉人平日所戴之眼镜一副为证。该上诉人固绝对否认,但据王廷珍一再述称眼镜是李振和的,从前他想与孙广德换,孙广德不肯,所以没有换。法院传讯孙广德述称李振和确有说换眼镜之事。参以证人王国保述称李振和与王廷珍妻子时相来往,据邻右说是有奸情的事。高少臣述称街邻都知道王氏与李振和通奸,并不瞒人。他一与王廷珍吵嘴就说要走。因此,上诉人与王王氏相奸之事实亦属无可诿卸。原审事实依此认定,引用当时刑法第七十五条,第二百五十九条第一项,第二百五十六条后段,第二百六十条,第五十六条,第五十七条第五项,第六十九条,第七十条第三、八款处有期徒刑一年零六个月、褫夺公权四年,并定执行二年六月、褫夺公权四年,裁判确定前羁押日数依第六十四条以二日抵徒刑一日,均无违误。上诉意旨关于这点犹复置辩,亦难遽谓有理由。

所以,上诉人李振和之上诉驳回。

案例出处:《安徽高等法院公报》。

(冯学伟)

刘秉禄、刘秉忠与王国春为山场涉讼案

声请人刘秉禄等因与王国春为山场涉讼案,认为秋浦县何承审员执行职务有所偏颇,害怕诉讼结果于己不利,于是向上级机关捏名呈控并借以声请回避。

安徽高等法院认为,按当事人对于承审员如认其执行职务有偏颇之虞者,固得声请回避。惟该当事人如与承审员原无嫌怨,仅因诉讼进行微感不利,曾向上级机关呈诉,有案者自不得借为声请回避之事由,以免滥诉及迟延诉讼之弊。本案声请人与原县何承审员原无嫌怨,察阅原卷,关于诉讼经过情形亦无瑕疵可供指摘,乃声请人因恐诉讼结果于己不利,遽向上级机关捏名呈控并借以声请回避,依上说明,显属不应准许。

所以,声请驳斥。声请诉讼费用由声请人负担。

案例出处:《安徽高等法院公报》。

(冯学伟)

刘博轩因请求偿还欠款上诉案

上诉人刘博轩与被上诉人陈子斌因请求偿还欠款及确认抵押权并请求会同登记涉讼案,上诉人不服北平地方法院于1936年2月26日所为第一审判决,提起上诉到河北高等法院。

河北高等法院认为,本案讼争债款二千四百元,本利已经经过原审判决,命被上诉人如数清偿。谁知被上诉人提起上诉,自己确定毋庸予以审究。现在应该解决的是,上诉人主张的抵押权是否有效存在,以及被上诉人应否会同为抵押权设定登记。已查上诉人主张的抵押权,据其提出的被上诉人所立之借约载明,以祖遗之坐落广安门外关厢路北门牌六十三号泉顺店及祥顺轩全部灰瓦房四十间作押,并将该房全套契纸交由上诉人收存。那么,被上诉人确实曾经

以其所有的不动产对上诉人设定抵押权,毫无疑问。这样一来,上诉人要求做出确认抵押权有效成立的判决,自属正当。

而当时民法物权编关于登记的规定,依该编施行法第三条在此项登记法律公布以前,凡已实行不动产登记制度之区域,已登记及未登记的效力仍暂缓用从前施行的法令办理,不适用该编关于登记的规定,曾经司法院于1930年以某字第二七四号解释在案。河北北平市既是久已实行不动产登记制度的区域,就应当仍适用不动产登记条例。按该条例第三条及第五条之规定,抵押权非经登记不得对抗第三人,也就是说登记始生对抗第三人的效力,而非物权成立之要件。则在契约当事人间即便未经登记,也并无任何影响。

这个案件中上诉人对于抵押人即被上诉人主张抵押权的存在,按照前述说明,于法律及程序并无不合之处。原审未注意民法物权编施行法及前边开列的解释,误依当时民法第七百五十八条的规定,因为上诉人的抵押权尚未登记,就认为不发生法律上的效力,其适用法律自属显然不适当。从而驳回上诉人所为就抵押物优先受偿的请求,亦有失公允。次查为不动产权利之设定而其权利未经登记者,登记权利人可以邀同登记义务人声请登记。又所有权以外之权利的设定,如所有权未经登记,须先为所有权登记,此为当时不动产登记条例第五十三条及第一百一十四条所明定。故所有权人设定抵押权,如果其所有权未经登记,即应该会同抵押权人声请登记及先为所有权登记。原审本案被上诉人以其所有之房屋对上诉人设定抵押权,而其所有权并未登记,这一点从上诉人提出的房契就可以推知。此前说明上诉人欲为抵押权设定之登记,既不能不邀同被上诉人进行,且非经被上诉人先为所有权之登记不可。那么,上诉人请求被上诉人会同登记,自然属于合理请求,无论两造关于设定抵押权时有无约定,都不允许被上诉人无故拒绝。原审只以借约内并无会同登记的特殊约定,就说上诉人的这项请求权是不存在的,予以驳回,尤属不合法理。上诉均应认为有理由。

所以,原判决驳回,上诉人其余之请求部分废弃。虽然可以确认上诉人就广安门外关厢路北门牌陆拾壹号,现开泉顺店及祥顺轩之房屋全部共灰瓦房肆拾间有抵押权,可以就该房之实得金优先受偿国币二千四百元的本利券,被上诉人会同上诉人为前项抵押权设定登记。第二审诉讼费用由被上诉人负担。

案例出处:《河北高等法院公报》。

(冯学伟)

刘茀田等交地纠葛案

上诉人刘茀田与被上诉人陈子言因交地纠葛案,不服安徽高等法院第一分院1930年9月9日所为第二审判决,提起上诉至安徽高等法院。此案为再次上诉案件,涉及上诉程序、交地督责、司法与行政的关系等诸多法律问题。

安徽高等法院认为,县长原兼右司法及行政两种职权,其处理司法案件及实施行政处分,纵令用同一形式,但二者性质截然不同,所有行政处分当然受上级行政机关之监督,自非法院所应纠正。本案被上诉人向原县呈请承租马公祠田产办学,经原县令仰教育局查复,认为可行,指令照准。是被上诉人并未依照民事诉讼程序提起民事诉讼,已极明显。嗣虽经原县传案,谕令上诉人交地,亦不过执行其行政处分而已。无论其处分及执行是否适法,依上述说明,显非法院所能纠正。原审驳斥其上诉,尚无不合,上诉意旨非有理由。

所以,上诉驳斥。第三审讼费由上诉人负担。

案例出处:《安徽高等法院公报》。

（冯学伟）

刘汉臣妨害家庭案

刘汉臣因为家庭贫困把他年仅七岁的亲生女玲子,送与姜纪茂为童养媳,并约明财礼洋三十元。等走到烟台地方,姜纪茂因为有诱拐嫌疑,经福山地方法院检察官侦查,作不起诉处分,并将玲子交由刘汉臣领回。而刘汉臣困羁烟台地方,又将玲子送与苗起盛为养女,并由苗起盛给付旅费洋二十元。上诉人刘汉臣因妨害家庭案件,不服北平地方法院1936年12月26日第一审判决,提起上诉到河北高等法院。

这个案件中案上诉人刘汉臣,因贫将他年仅七岁的亲生女玲子,送与姜纪茂为童养媳,并约明财礼洋三十元。等走到烟台地方,姜纪茂因为有诱拐嫌疑,经福山地方法院检察官侦查,作不起诉处分,并将玲子交由刘汉臣领回。而刘汉臣困羁烟台地方,又将玲子送与苗起盛为养女,并由苗起盛给付旅费洋二十元。此参考综合福山地方法院监察处原卷暨苗起盛的报告,事实极其明显。

据刘汉臣辩称,他将玲子送与姜纪茂为童养媳,原本商得其妻刘刘氏同意,并由玲子述称属实。仔细查核案情,刘汉臣历次供述,狡辩其词。参考刘刘氏因寻女无着而情急告诉情况,刘汉臣的辩称虽然能够采信,即玲子年刚七岁,偶因衣食无缺,遽尔信口陈词,既非事所必无,其言亦不足取。虽然刘刘氏说,被迫按捺字纹一节,无证足征。而事前未得刘刘氏同意,大致可以断定。据此事实,刘汉臣两次将其亲生女与人为童养媳或养女,虽均未得其妻刘刘氏同意,但核其或约明财礼洋三十元,或收受旅费洋二十元,尚与价卖情形不同。

河北高等法院认为,父母合意价卖子女,固然不成立当时刑法第二百四十条之罪。但其父母之一方,价卖未成年子女,而他方不同意时,依民法第一千零八十九条规定,要虽谓非侵害家庭之监督权。前开刑法同条,所谓脱离家庭者,固然不应以脱离亲权为限,而脱离亲权,毕竟为其内容之一。在脱离亲权的犯罪中,父母之一方可以作为其主体。其行为更须具有违法性才行,如果因贫不能养活子女,将其子女给人作养子女或童养媳,同其父母意思未能一致,其中且有收受相当之扶养费或财礼的情况,也属于民法上的亲权纠葛,毕竟与价卖情形不同,也就是说没有违法性可言,只能论以刑法上的诱拐罪。如前说明,刘汉臣的行为应难谓具有违法性,乃原审遽论知科刑判决,未免违误,应当依法予以纠正。原判决事实栏内,其认定事实,虽涉含混,而理由栏内,则于刘汉臣辩称是过继给姜纪茂等详加记载。此项记载,应认为包括姜纪茂及苗起盛收受玲子两事,故本案也应以上开两事,为其范围,并予说明。所以,原判决撤销。刘汉臣无罪。

案例出处:《河北高等法院公报》。

（冯学伟）

刘立问等诬告案

1930年刘立问、刘立杰因诬告罪提起再审,本案提起再审意旨略谓原判决基础即丁定山、李旭春、王光翠等之证言,而该证人均系陈宝田等所串出,其证言自难认为有效,且陈诉陈宝田等共同伤害,伤痕显著,自非完全虚伪,不能成立诬告罪。

安徽高等法院认为,科刑之判决确定后,受刑人为自己利益起见,得提起再审。当时刑事诉讼法第四百一十一条、第四百四十六条第二款本有明文规定,然必合于当时刑事诉讼法第四百一十一条所列各款之情形,方能据为再审之理由。本件提起再审,意旨略谓原判决基础即丁定山、李旭春、王光翠等之证言,而该证人均系陈宝田等所串出,其证言自难认为有效,且陈诉陈宝田等共同伤害,伤痕显著,自非完全虚伪,不能成立诬告罪。此项主张无论是否属实,在原案未经判决确定以前,当事人为求自己利益起见,未尝不可持此辩解,以备审决上之参酌。兹乃于判决确定以后犹对于原案事实断断致辩,并持为提起再审之根据,核与当时刑事诉讼法第四百一十一条所列各款之要件不合,不能认为有理由。

所以,再审之提起驳回。

案例出处:《安徽高等法院公报》。

(冯学伟)

刘丕银抵押银货案

刘丕银借白高亮银十元,八分利息,以首饰银货重十两为抵押。后来刘丕银无力偿还利息,多次索取银货被拒。白高亮已故,据白高亮之妻意思称,抵押银货早已遗失,返还原物实属困难,自允酌情返还一部分边币。刘丕银则坚持认为银货还在,但也没能举出有力人证。刘丕银因不服清涧县司法处判决,到陕甘宁边区高等法院上诉,请求废弃原判。

刘丕银于1931年借白高亮(张耀珍为白高亮之媳赘夫)银十元,八分利息,以首饰银货重十两为抵押。1935年,刘丕银返还白高亮本银十元及三年利息共二十四元,但还差一年利息八元未付,白高亮拒绝赎回银货。刘丕银以无力照付利息于1935年、1938年先后向白高亮赎回银货,均被拒绝。到1942年2月再次索取银货时,白高亮已经亡故,其妻也卧病不能言语。据张耀珍转述其老母(白高亮之妻)意思称,抵押银货在内战年间,早已遗失,返还原物实属困难,自允酌情返还一部分边币。刘丕银则坚持认为银货还在,说原物仍存白高亮的儿媳化居仁家中,但也没能举出有力人证。此案于1942年5月15日经清涧县司法处判决称,刘丕银过去抵押于白高亮银货十两,应由张耀珍偿还边币四十元,化居仁对此问题不负责任。刘丕银不服,以张耀珍偿还边币四十元过微,仍要求返还原物,到陕甘宁边区高等法院上诉,请求废弃原判。

陕甘宁边区高等法院认为,张耀珍五年前招白高亮之媳为妻,于1941年又于白高亮两家合住,并管其全部财产,对白高亮应交付刘丕银的十两银货,自然应当负返还原物责任。但时过境迁,该原物是否存在,刘丕银也不能举出有力人证。清涧司法处原判张耀珍以十两银货折合边币返还刘丕银部分,尚无不合。但银货十两仅折合边币四十元,自然是太少,刘丕银当然很难心服。如果按延安边区银行目前市价折合,似乎又为数过巨。斟酌双方经济情况,张耀珍目前生活较刘丕银好,返还刘丕银边币三百元。刘丕银尚欠旧利八元,应当予以停止偿付。

案例出处:陕甘宁边区高等法院民事判决书。

(冯学伟)

刘庆旺因债务涉讼案

刘庆旺于1926年废历二月二十八日凭中刘庆安等将坐落陈庄田四斗抵押于汪念长,得价洋四十元。又于同月二十二日及1929年正月初八日、十二月二十八日先后借洋三十六元八角八分。因刘庆旺将田卖与刘余全为业，汪念长同子汪维林遂于1931年1月14日向刘庆旺索取借款，当以转款未齐，汪念长乃留子于刘家坐待。刘庆旺主张债务甚多、应减折摊，汪维林承认减为四十元，并书一收字为凭。汪念长不允，即以局骗未遂、留子生枭等词向原审怀宁地方法院起诉，案经判决被告刘庆旺偿还原告借款洋七十一元八角八分。（因立收字时已收过五元）刘庆旺不服声明，上诉到安徽高等法院，汪念长称，其放弃三十五元，只要求判还其余三十六元八角八分。汪念长认为收字是不能有效的，因为汪维林不能当家作主，做出的意思表示无效。

安徽高等法院认为，本案被上诉人对于其子所立收字内载之四十元除承认收过五元外，其余三十五元既已表示舍弃，自可毋庸置议。兹应审究者，即上诉人所持汪维林之收字对于被上诉人能否有效。检阅上述收字载有自收之后，旺所立契票后当一力检消，如身父不肯推让，任意捎匿，借该契票生事，均归身担负，与汪无涉等语，足征汪维林承认减让上诉人之债务，事前并未取得其父即被上诉人之同意，此种无权代理之行为，依法当然无效。原审认上诉人所持收字对被上诉人不能生效，因而判令按照票据偿还被上诉人洋七十一元八角八分，原无不合。惟查被上诉人对于收字内之三十五元既据表示舍弃，则原判关于该部分自应予以变更，并将上诉人在第一审其余关于舍弃部分之诉予以驳斥。

所以，原判决关于数额部分废弃。上诉人应给付被上诉人洋三十六元八角八分，其余上诉及被上诉人在第一审其余之诉均驳斥。

案例出处：《安徽高等法院公报》。

（冯学伟）

刘全因争女上诉案

刘全的三哥于1935年正月在革命战争中被红军打死。遗妻王氏及一岁半小女刘花。同年正月，王氏经贺德胜介绍，按当时自愿原则与贺德武结婚，并带走刘花。据刘全称，当时带走女子时曾说明由王氏负责养育十年后送回刘全家，有王玉贵可证明。故刘全早就应当要回刘花，到去年才去要人，但刘花却已被卖给刘寿武，得洋一百零六元。刘全坚持要回刘花。王氏则说，其改嫁带女时，刘全家在革命中被打击，自顾不了，刘全一家也未抚养过刘花，并且刘花是王氏的生女，女子订婚确实应先通知刘姓，但现在一百零六元白洋已花完。刘花今年十三岁，其表示愿跟娘住。

据此，延川县司法处判决刘花跟随谁家居住由其自愿。但刘全不服上诉到陕甘宁边区高等法院，仍要刘花回去，声称有王玉贵为证，即确曾说定十年后应送回刘全家。据法院调查王玉贵来信，王玉贵称其不知此事。

陕甘宁边区高等法院认为，刘花是刘姓之女，确实是事实。但刘花现在已经十三岁，根据当时《陕甘宁边区婚姻条例》第十四条规定："满七岁以后，子女随父随母，须尊重子女的意见，不得强迫。"刘花既然愿意随母居住，应予尊重。刘全可以请去暂住，但必须保证尊重刘花意志，如期送回母家。又据同条例第一条："男女婚姻以自愿为原则。"刘花被订婚时才十一岁，没有独立行为能力，该婚约是否有效应等其年满十六岁后自行决定。王氏与贺德武以幼女得财，实属不当，无理由使用此款。贺王退出原用的一百零六元白洋，等刘花年满十六岁起，自行处理。

案例出处：《陕甘宁边区判例案例选》。

（冯学伟）

刘天乐等因确认山场所有权涉讼案

上诉人所执光绪二十六年(1900年)典契略载“契买汪国泰发达山”,被上诉人所执光绪二十年(1894年)买契载“契买汪国泰重阳垅”,上诉人前项典契载明,发达山“上至尖”,被上诉人买契载明重阳垅“上至峰”,现在不知发达山与重阳拢是否为同一地点,上诉人刘天乐与被上诉人汪金宝想要确认山场的所有权。

上诉人刘天乐与被上诉人汪金宝因确认山场所有权涉讼案,上诉人不服芜湖地方法院于1930年3月22日所为第二审判决,提起上诉。

安徽高等法院认为,本案上诉人所执光绪二十六年典契略载“契买汪国泰发达山”,被上诉人所执光绪二十年买契载“契买汪国泰重阳垅”,如果各该契据均系同一业主汪国泰所书立,则发达山与重阳垅是否为同一地点,实为解决讼争山地所有权之关键。查上诉人前项典契载明,发达山“上至尖”,被上诉人买契载明重阳垅“上至峰”。又诉外陈姓买契亦载有“发达山土名鸡公降”字样,究竟该处系属一地两名抑或发达山与重阳垅各有其地,自非就各契内容及两造历年执管山地之事实(关于此点似应向地邻调查)详加审究,不足以明真相。原审仅因讼争处下段山场系名重阳垅,因认讼争山场并非发达山,殊嫌无据。且原业主汪国泰之子汪希圣曾于1929年8月20日在原审供称“重阳垅与发达山是连界的山”等语,载明笔录。原判对于此项证言未予置议,乃谓汪希圣情虚畏审,尤属难昭折服。

所以,原判决废弃,发回芜湖地方法院更为判决。

案例出处:《安徽高等法院公报》。

(冯学伟)

刘文义充当汉奸案

1940年古历十一月间,刘文义在山西临县城内纸烟工厂做工。当时日寇攻陷临县,刘文义没来得及逃跑,被日寇俘虏。在日寇特务机关受训一个月,受汉奸陈国秉之指使,在临县一带刺探八路军军情。1941年古历正月间,化装成卖盐商人混进边区,在佳县、米脂、绥德各地刺探军情,曾两次报告于汉奸周嘉荣,转报告于汉奸彭怀绪,再转报告于陈国秉。并携带地信(毒药)一包,企图投入井水陷害民众,携带薛福全证章一块,李振全过期路条一张,及李政治盐票一张,借以掩饰其犯罪行为。1941年5月5日在绥德四十里铺被捕。

陕甘宁边区高等法院认为,刘文义被捕之后,曾在绥德县政府供出犯罪事实,其供述没有强迫、利诱、诈欺或其他不正当的方法,又没有足以致其虚构陈述的原因,依法自当采取作为证据。刘文义在法院法庭否认有充当汉奸的事实,一会说地信(毒药)是偷来的,卖洋二元七角五分,一会说供卖洋四元五角,不能自圆其词。至于他携带的薛福全证章、李振全过期路条及李政治的盐票原因,供词异常支吾,显然是藉词狡赖。只是他本意还不是坚决不愿改悔的,依法判决刘文义汉奸罪判处有期徒刑二年。

案例出处:《陕甘宁边区判例案例选》。

(冯学伟)

刘应怀争地案

刘应怀父刘惊蛰,于满清同治年间继承其姑夫刘乃亮及其姑母刘刘氏脑堡斗水咀阳地三垧半,鱼坬沟汗山里背地三垧,武家沟沟岔坪圪涝地一垧,柳湾岸向东地一垧,窑五孔。光绪三年(1877 年)饥馑,刘应怀的父亲将其所继承的土地八垧半出典于刘当拴的祖父,逃往延川永坪镇,没过多久,又返回原籍刘家川。光绪二十年(1894 年),刘惊蛰病故,葬于刘家川。1919 年刘应怀的母亲也病故了,与刘应怀父合葬,倘有和他的被继承人刘乃亮夫妻葬在一起。那时被继承人刘乃亮的族人即刘福有及刘福成父都在场表示同意。后来,刘应怀把出典的土地八垧半由刘当拴父手中赎回。

1941 年农历十二月十六日,刘应怀的儿子结婚,刘福成等回去帮助料理婚事。十七日祭祖,依习惯应该先让被继承人的族人行礼,而刘应怀没有遵照这一俗礼,致使被继承人刘乃亮的族人即白映琪等不满,就将刘应怀所继承刘乃亮夫妻的八垧半土地收回耕种。刘应怀当即向清涧县政府提起诉讼,经判令:刘应怀迁移其本生父母坟墓于刘家硷刘乃亮夫妻坟下后,才允许刘应怀继承土地。

刘应怀不服,提起上诉到陕甘宁边区高等法院,经陕甘宁边区高等法院传讯,刘应怀主张继承早已开始,其父母安葬在刘家川亦是刘福有等之父所允许,不愿返迁其本生父母的坟墓,白映琪等则要求驳回上诉。

经查刘应怀父刘惊蛰继承刘乃亮夫妻财产,为满清同治年间的事,迄今已经一百一十多年,刘应怀对这项土地所有权的取得,自被继承人死亡时,就已经开始。白映琪自然没有收回刘应怀已因继承取得土地所有权的道理。刘应怀在婚事祭祖的时候,虽然在行祭次序上有违礼俗,刘福成等也不能因此撤销刘应怀久经有效之继承关系而收回其土地。刘应怀的父母安葬刘家川,为时已久,当时既然经过被继承人刘亮的族人即刘福成、刘福有的父亲在场同意,怎么能在数十年后再提异议呢。原判责令刘应怀将其父母坟墓迁移于刘家硷刘乃亮夫妻墓下始准继承一节,于法固然没有根据,于理也不合适。至于祭奠先后是出于敬重先人的意思,本来不分厚薄,然而在礼让方面的一般情理与习俗,应先人而后己,可责令刘应怀日后祭奠,不得再有先其本家后其被继承人之大礼所为,即为已过,更不必强令将埋葬已久的父母坟墓再行迁移。

最终法院判决,双方争讼的刘家硷脑堡斗水咀阳地三垧半,鱼坬沟汗山里背地三垧,武家沟沟岔坪圪涝地一垧,柳湾岸向东地一垧,刘应怀继承。刘应怀的父母原葬刘家川之地,毋庸迁移。刘应怀日后祭奠祖先,应先由被继承人之宗支行礼,次由本生宗支行礼。

案例出处:《陕甘宁边区判例案例选》。

(冯学伟)

卢龙发等伤害案

卢龙发住居怀宁县属之周家湖附近,该湖原为卢、程二姓所共有,1930 年夏季因旱水浅,游鱼可数。有汪祖三、汪光顺者随从多人于废历闰六月初十日上午持罩前往取鱼,龙发暨其族人与程姓均环湖而居,瞥见多人入湖,当即鸣锣聚众,由湖两旁抄往制止。其时祖三正拟脱衣下水取鱼,未及逃避,龙发即持齐眉棍向祖三头部猛击,在逃之卢龙为、龙秀、龙高等亦持草槓、扁担等件在场助殴。祖三受伤倒地,同时汪光顺亦被卢龙发击有微伤。延至次日上午祖三因伤甚重不治而死,其兄汪祖年与汪光顺遂以殴伤毙命及伤害等情诉由怀宁地方法院检察官侦查起诉,经该院判处罪刑,卢龙发不服上诉至安徽高等法院。

安徽高等法院认为,已故汪祖三致命顶心偏左木物伤一处,斜长五分、宽三分,深至骨,骨未损;致命额颅偏左木物戳伤一处,横长三分、宽一分,余深至骨,骨未损;致命左太阳穴木伤一处,长一分、宽五分,青赤,皮未破;不致命左眼胞连近上拳伤一处,围圆二寸,余紫赤色,高肿;致命脊背偏左木伤一处,斜长一寸五分、宽五分,红赤色,委系生前因伤身死。又汪光顺左眉近上有落痂伤疤一处,系木器伤,均经检察官先后验明,填具验断书及伤单附卷。

该上诉人对于加害事实虽坚不自承,但据告诉人汪光顺迭次供称,阴历又六月初十日半上昼,汪光顺等五六个人沿途罩鱼,走到周家湖看见那边湖内有几个人罩鱼,便也想去罩,汪祖三坐在罩上脱衣,听见打锣,东南边来了一些人,西边也来了一些人,从湖梢上抄来。水里的人都跑了,汪祖三去劝阻,卢龙发当头在顶心上就是一齐眉棍。龙为、龙高、龙秀他们又用草锤木杠子打,汪光顺向龙发求饶,卢龙发向汪光顺头部打击一下。汪祖三到第二天上午就死了,已将因何起衅及上诉人持何凶器与被害人受伤部位历陈如绘,并经当时在场目见之陈金元、辜从义到案证实,参以地保陈济民供称事后其调查汪祖三是龙发、龙为、龙高、龙秀四个人打的,其犯罪事实证据已极明确。

况上诉人于肇事之后立即逃匿,经原审一再派警,拘传无着,嗣据去警覆称卢龙发逃往宁国东山渡抓毛村。当由原审派警往拘,并函宁国县政府协助,才于1930年12月13日在该村将上诉人捕获,其情虚畏罪尤属灼然。至上诉人虽辩称,阴历六月初十日,其在江家咀(江镇)陈文秀家买麦、吃了炒饭,回家时为上午八九点钟,洋船开头了,打架之时并不在场,并请传陈文秀为证。但该上诉人始而述称,8月4日(废历闰六月初十日)其到宁国县去了,是前六月去的,继又改称,闰六月初十日中饭边,上诉人到江镇陈文秀家买麦并在他家吃中饭,晚上回家,而于高等法院审理时又称,早上八九点钟回家,其前后陈述既不一致,且上诉人于侦查时述称,打架那天,上诉人拿着锄头从家去右边看水,打架时仅站在那边。诘以,是否看见汪光顺、汪祖三?是何人打锣?上诉人答称,见到了汪光顺,是卢庆文打锣,隔一餐饭时候去的。又诘以,是否看见龙高、龙为、龙秀?答称,看见了三人,他们手内拿姓汪的鱼罩,未拿旁的东西,该上诉人述其在场情形又极明确,而证人陈文秀经原审一再票传,迄未到案,并据其妻声称,其丈夫不知道此事。就此论断,该上诉人所称打架时并不在家,显系饰词诿卸。

即便上诉人有买麦的事,然江镇与上诉人住处仅有二十五里,上诉人既于是日上午八九点钟回家,则日中之时参与殴打并非事实上所不能。证人陈文秀纵能证明买麦属实,亦与上诉人无何等利益,自无调查之必要。再查周家湖原为卢、程二姓所有,被害人等随同多人前往取鱼,固属不法之侵害。上诉人本有权制止,但其入水取鱼者既相率而逃,被害人等因未下水未即逃避,这种侵害无须打击就可排除。而上诉人竟将各被害人殴伤,汪祖三并因伤致死,其防卫显逾必要之程度。又防卫过当依法本得减轻或免除其刑,然上诉人带同伙犯多人,分持凶器对于被害人等头部进行打击,就当时凶猛情形观察,匪惟不能免除且毋庸减轻。原审认为上诉人犯伤害致死及伤害人身体之罪,依当时刑法第四十二条,第七十四条,第二百九十六条,第三百零三条,第五十七条第二、五项,第六十四条判处有期徒刑八年、褫夺公权十年,裁判确定前羁押日数以二日抵徒刑一日,委无不合。上诉意旨空言狡饰,难认为有理。虽原判未引同法第二百九十三条第一项、第三百零二条,微显疏漏,但关于伤害汪光顺部分既详予认定,且漏引法文尚与罪刑无关,仍应维持。

所以,上诉人卢龙发之上诉驳回。

案例出处:《安徽高等法院公报》。

(冯学伟)

马丁氏请求折屋让基案

马丁氏和孙李氏对折屋让基产生纠纷,原审以马丁氏所提出的乾隆三十九年(1774 年)徐姓卖契与道光十七年(1837 年)王姓卖契显不衔接,而所载坐落又有大巷口、小巷口之别,即究与讼争基地四至是否相符,尚待审究因,因而发还更审。现马丁氏提出道光十八年(1838 年)孙姓典契内载有“比存孙买王姓赤契一纸,又王买徐姓白契一纸,又徐买徐老赤契一纸”,但该典契墨沈新浮,且满纸揉搓痕迹。

上诉人马丁氏与被上诉人孙李氏因请求折屋让基涉讼案,上诉人不服怀宁地方法院 1931 年 7 月 3 日所为更审判决,提起上诉到安徽高等法院。

安徽高等法院认为,本案讼争基地安徽高等法院曾以被上诉人所提出的乾隆三十九年徐姓卖契与道光十七年王姓卖契显不衔接,而所载坐落又有大巷口、小巷口之别,即究与讼争基地四至是否相符,尚待审究因,而发还更审。此次原审更审结果,据被上诉人提出道光十八年孙姓典契内载有“比存孙买王姓赤契一纸,又王买徐姓白契一纸,又徐买徐老赤契一纸”等语,遂认定上述之契并非不能衔接,安徽高等法院查该典契墨沈新浮,且满纸揉搓痕迹,是该契有无形式上之证据力,尚属待究问题。原审未予详查,遽认为真实,殊显率断。且检阅勘图,同安桥迤东有巷道数条,原审置桥傍之巷道不问,而谓讼争基地左边之巷道为距同安桥最近之巷道,与契载左至相符,又未释明理由,亦有未合。综之,该基地纵因代远年湮,不无变迁,然勘图内既载有毗连之邻地,似尚不乏审究之途径,原审见未及此,遽驳斥上诉人之上诉,自属难昭折服,应仍认为有发还更审之原因。

所以,原判决废弃,发回怀宁地方法院更为判决。

案例出处:《安徽高等法院公报》。

(冯学伟)

马老二致人堕胎案

马金沐与马许氏于 1930 年 8 月 27 日(废历七月初四)因摘取菱角细故发生口角,致相揪扭。马许氏左乳受拳伤一处、征青。在废历七月初四,马许氏之夫马兴堂以攒殴堕胎等情具诉,废历七月初七,马许氏得药方载“前投止崩固正之品,血崩已止,近因怒甚动肝,血崩复发”,9 月 30 日马兴堂粘呈药方有小产下血之预。

被告马老二等因堕胎案,经和县政府判决后呈送安徽高等法院覆判。

安徽高等法院认为,马金沐与马许氏于 1930 年 8 月 27 日因摘取菱角细故发生口角,致相揪扭。翌日即据马许氏之夫马兴堂以攒殴堕胎等情具诉,并举出证人马必言及粘呈药方为证。经查核该药方(初七日诊)派案云“前投止崩固正之品,血崩已止,近因怒甚动肝,血崩复发”等语,就此脉案观察,是经医生两次诊治,专为马许氏染有血崩病症并未言及堕胎之事,虽 9 月 30 日马兴堂粘呈药方又有小产下血之预。然查马兴堂具诉堕胎系在废历七月初四日,经于七月初七日延医诊治,均只言血崩,而于初七以后正马兴堂向原县具诉之时,忽然在脉案内言及小产,则此项记载是否就告诉人之申述随意填注,抑或以案经涉讼、预嘱医生记明小产以为呈验地步,均在不可知之数,自难就此作为堕胎之证明。

证人马必言经初审传讯,只说马金沐与马许氏揪打是实,并称马许氏是否动胎要问接生张奶奶就明白了。张倪氏则称,初四半夜,张倪氏跑到马兴堂家,他妇人业已上床,只见地板上与粪桶内均有血迹,看过就离开了。也没提到马许氏实有堕胎之事,似难仅据马兴堂说的"胎被马金沐夺去抛弃"之语就认定真实。

综上可见,马许氏是否堕胎已不能说没有疑问,即便查明马许氏堕胎属实,但据马金堂诉称马许氏身怀有胎时仅四月,在身体上尚未特别表现,并非一望而知。马金沐是否明知马许氏身怀有胎,故意使之堕落,就不能不予切实审究了。如果马金沐不知马许氏怀有胎孕,除马许氏左乳受拳伤一处、征青,经初审验明注单附卷,马金沐应负伤害责任外,尚不成立堕胎罪,初审未予查明,率依刑法第三百零七条第一项判处堕胎罪刑,殊有未合。

再查原审所列被告为马老二、马金沐、马必发三名,而审核内容对于马必发是否有罪或无罪并无一语述及。而马老二一名,虽据证人马必言称,马金沐与马许氏拉扯时,马老二(哑巴子)亦属在场之一。究竟所谓在场者是仅在旁观望还是加入实施殴打,如仅从旁观望并未实施加害行为,应不成立犯罪,倘加入殴打则为共同实施之正犯,应依当时刑法第四十二条处断。原审仅据马必言在场之语竟推定马老二帮助其弟马金沐殴拉马许氏,认为从犯,依刑法第四十四条论拟,亦欠允洽,予发回覆审。又查刑事判决书应记载主文、事实及理由形式,诉讼法已有明文规定,初审竟以堂论代判决并未分别记明,尤显草率,案经发回覆审,并予指明。

所以,本案发回和县政府覆审。

案例出处:《安徽高等法院公报》。

(冯学伟)

马啸崖请求清偿债务案

上诉人马啸崖于1927年以其所有的坐落于桐城南门外的市房向被上诉人马公执抵借洋一千三百元,当立字据载明次年废历二月底本利归还。嗣后延不履行,由被上诉人诉经桐城县法院1931年1月5日第一审判决将本洋如数偿还,并添附周年二分之利息,即以所抵市房拍卖充偿。

上诉人不服,提起上诉到安徽高等法院,请求判准分期履行。

安徽高等法院认为,债务人无为一部分清偿之权利,当时民法第三百一十八条第一项前段定有明文,本案上诉人对于被上诉人诉追之抵款早经自认属实。核自1928年废历二月即已届期,被上诉人请求全部清偿,委属正当。又查前条但书所载"法院得斟酌债务人之境况,许其于无甚害于债权人利益之相当期限内分期给付"之规定,系指债务人确无履行资力或虽薄有资力而许其分期履行无害于债权人之利益者而言。上诉人出抵之市房足敷清偿债务之用,为该上诉人所不争。迄今延宕数载,仍为反对拍卖抵品之主张,显与设定抵押权之本旨不符,则其分期给付之请求不得谓其无甚害于被上诉人之利益,自不容援据前项但书之规定以为抗辩之理由。

所以,上诉驳斥。第二审诉讼费用由上诉人负担。

案例出处:《安徽高等法院公报》。

(冯学伟)

马祚和确认码头权利案

安庆三四两段码头向由洪天宝等执管,都分为十股共同支管,洪天宝等人原系民船码头夫头不能搬运轮船码头货物。洪天宝之总夫头资格,纵因行政处分而撤销,而其在惯例上早经取得之管,有三四两段码头权利尚虽随之消灭,1927 年招商轮船停驶时,马祚和在该两段内搬运货物,然并未取得洪天宝等同意且随即发生讼争。原审判决认为,招商轮船新码头于 1923 年迁至该三四两段区域时两造仍需互立议准字据订明。码头虽有民船与轮船之分,而关于界段之分划,则不容加以否认,故确认上诉人等在得到被上诉人等容许以前不得在讼争新码头外之其他三四两段区域内搬运货物。

上诉人马祚和等与被上诉人洪天宝等因确认码头权利案,上诉人不服怀宓地方法院于 1929 年 7 月 19 日所为第二审再审判决,提起上诉。

安徽高等法院认为,本案原确定判决是因安庆三四两段码头向由被上诉人等执管,虽该被上诉人等原系民船码头,夫头不能搬运轮船码头货物,但招商轮船新码头于 1923 年迁至该三四两段区域时两造仍需互立议准字据订明。种种条件可见,码头虽有民船与轮船之分,而关于界段之分划,则不容加以否认,故确认上诉人等在得到被上诉人等容许以前,不得在讼争新码头外之其他三四两段区域内搬运货物。

据上诉人等在原第二审请求再审及向本审声明上诉之理由外:(1)被上诉人洪天宝之总夫头资格已经怀宓县政府批示撤销,即无管有三四两段内轮船码头之权利,上诉人等在该两段内搬运轮船码头货物无须再经被上诉人等容许之必要。(2)上诉人等在该两段内供应曾由马祚和于 1927 年前,向公安局南水渠出具保结,则该两段轮船码头货物,当然应归上诉人搬运。(3)招商轮船于 1927 年提供班时,刚才两段内轮舶船坞均由上诉人搬运,有新意公司账本儿可查。

经查三四两段码头都分为十股共同支管,原有被上诉人关于码头地段的划分,亦不容加以否认,已经第二审判决,及原确定判决详予释明被上诉人洪天宝之总夫头资格,纵因行政处分而撤销,而其在惯例上早经取得之管有三四两段码头权利尚随之消灭,即据上诉人提出之怀宓县政府抄批所载"洪天宝总夫头名义业经王前县长取缔惟民船与轮船各码头夫役挑货应遵向章办理"等语亦不谓嗣后夫役挑货可以不受码头界段之限制,上诉人等关于第一点之主张,殊难认为有理,又上诉人等曾在讼争三四两段内供应兵差本应取得相当权利,惟原确定判决既认上诉人非引用 1923 年议准字先例另订新约,不能扩充码头范围,则上诉人供应兵差之事实仅能据为要求,被上诉人等另订新约之理由(如有正当理由而被上诉人故意留难时自得另求救济)而不足为动摇原确定判决之论据至上诉人等于 1927 年招商轮船停驶时,虽曾在该两段内搬运货物,然并未取得被上诉人等同意且随即发生讼争是此项事实,实与解决本件关于上诉人等关于第二点及第三点之主张,亦属不能成立原审驳斥其再审之诉,尚无不当上诉人等声明,无废弃原判理由。

所以,应当驳回上诉,第三审诉讼费由上诉人负担。

案例出处:《安徽高等法院公报》。

(冯学伟)

南格禄等因洲地涉讼案

南格禄和汪杰民就洲地发生纠纷,南格禄主张讼争地应属天主堂所有,原审中,南格禄以阮培之等捐字及余大揉等捐约、余光皖卖契为据,原审以捐约内未载国课及卖契内载有牧厂字样，遂认该地属官荒，因而驳斥上诉人之上诉。

上诉人南格禄与被上诉人汪杰民等因洲地涉讼案，上诉人不服怀宁地方法院 1931 年 3 月 7 日所为之第二审判决，提起上诉到安徽高等法院。

安徽高等法院认为，言词辩论日期当事人之一造不到场者，法院固然可以按民诉条例第四百五十七条的规定，据到场当事人之声请由其一造辩论而为判决。倘不到场之当事人未于相当期间受合法之传唤或可认为当事人系因不可避之事故不能到场者，仍不得递予判决。本案原审指定 1931 年 3 月 3 日为言词辩论日期，于同年 2 月 26 日始行送达传票，依同条例第二百九十一条之规定，其就审期间已显过促。且审期前上诉人一再声请中止诉讼程序，虽经批驳，又未送达。是上诉人尚难负迟误之责，原审竟依被上诉人之声请，由其一造辩论而为判决，殊显率断。再查讼争地，据上诉人主张应属天主堂所有，系以阮培之等捐字及余大揉等捐约、余光皖卖契为据，究竟该项契据是否真实，又捐输入及卖主有无处分讼争地之权，原审均未予审究释明，徒以捐约内未载国课及卖契内载有牧厂字样，遂认该地属官荒，因而驳斥上诉人之上诉，尚属难昭折服。更查上诉人系代理天主堂出而涉讼，究竟该堂系属何国国籍，于适用法律上不无有关，案经发还更审，亦应注意及之。

原判决废弃，发回怀宁地方法院更为判决。

案例出处：《安徽高等法院公报》。

（冯学伟）

宁延龄伤害直系亲属致死案

宁延龄素行凶横，其母宁陈氏年老血衰、心神耗弱，宁延龄对之异常忤逆，动辄打骂，已非一次。1929 年 3 月 14 日（废历二月初四日）午间，宁延龄之妻宁翟氏下河洗衣，房门未锁。延龄由外归来，见米遗地下，指称其母偷米，始而用拳殴打，继用铁锄击伤头部，旋复外出。至晚归家，见宁陈氏啼泣不止，且代人搓蔴未成，复触其怒。又用锄柄连殴左肩甲脊背等处，宁陈氏以伤痕过重，遂于其夜间身死。宁延龄畏祸，将尸身负至屋外，投入河内。翌晨佯作不知，四出寻找，找至河边，将其尸身移归，谓系溺水身死。为其父宁迪盛告知宁伦三，查见宁陈氏身有伤痕，鸣之乡约，报由陵阳镇公安支局比获宁延龄，呈解青阳县政府诣验办究。后上诉人宁延龄不服青阳县政府 1929 年 4 月 15 日第一审判决，提起上诉到安徽高等法院，经安徽高等法院判决后又上诉于最高法院，最高法院发回安徽高等法院更审。

安徽高等法院认为，本案上诉人宁延龄应负何种罪责，当先审查其证据如何，次就最高法院发回更审各论点分别释明为重要关键。死者宁陈氏致命颅门铁器伤一处，斜长一寸、宽一分、皮破裂深；抵骨不致命左肩甲木器伤一处，斜长四寸、宽六寸五分，青紫色、有红润；不致命左膀拳伤一处，围圆三寸，紫红色，有血迹；致命脊背木器伤一处，斜长五寸、宽四寸，青紫色，有血迹；两鼻窍无沙水、口开、上下唇吻翻捲、舌抵齿、十指甲缝无沙泥、肚腹低陷，委系生前因伤身死，余无故，业经青阳县政府验明填具验断书在卷。

据上诉人在原审述称，母亲偷米，被上诉人看见，遂殴打其母，到晚时因其母替人搓蔴未搓起来，上诉人又拿锄头杆打她一下，天亮时其母亲就已经伏在水内死了，是上诉人已将因何事故、执何凶器、如何打伤其母历历自白如绘，核与其妻宁翟氏所供，那日宁翟氏到河内洗衣，上诉人说其母偷米，就持锄头杆向他殴打，经宁翟氏洗衣回来瞥见解救，宁翟氏还被丈夫连打一次,手上尚有伤痕可验,上诉人依就外出了。到夜晚,上诉人回家,因不愿其母吃饭,复行凶殴,那时宁翟氏在房内带儿女安睡,没有起来,等语正相吻合,且上诉人殴打其母宁陈氏头部以致流血,经宁陈氏生前向上诉人之父宁迪盛、上诉人之妻宁翟氏哭诉,有宁迪盛、宁翟氏迭次述词可据,与其自白殴打其母之原因尤属相符。更证以近邻宁伦三所称,那日叔叔宁迪盛来宁伦三家说,不得了,宁延龄将他母亲打死了。宁迪盛说昨日共打两次,将他母亲打死了。以后宁翟氏又是这样说,等语亦复一致,则上诉人殴打其母以致身死情形愈觉众证确凿,毫无疑义。

虽然上诉人坚持认为其母是自行投水身死、不认有死后移至河内事情,但查上诉人在法院称,寻母时,听闻张二姨娘说河内漂有一人,上诉人跑到河下始见其母投水溺毙,与张叶氏(张二姨娘)称,清晨开门时忽见宁延龄已经在河内将他母亲尸身捞起扛回,宁延龄当时并未啼哭等语已不相符。上诉人在法院又称,二更以后回家,发现母亲已睡。第二天清早,宁翟氏起来看见后门开了,便喊上诉人起床并询问后门如何开的,宁翟氏在原审称,天亮时起来,没有看见宁陈氏,比问上诉人情由,上诉人即说宁陈氏已在门口河内溺毙。如其所言,上诉人深夜归家,天明尚未起身,若非负尸投河,何以即知其母之所在?又宁伦三在法院称宁陈氏被打死后,是由后门拖出抛在河里。宁延龄房门口、婶母住室、小院里外及耳门并由后门出去沿路都有血迹,则其死后移尸尤堪认定。参考陵阳镇公安支局程挹青呈文所说的"遍访乡间议论,都说陈氏生前确实被她儿子宁延龄殴伤毙命,然后才抛弃到水中,又从水面将尸身捞起回家,假装成淹毙的形象",与青阳县承审员何其隽 1929 年 3 月 19 日所勘验的"宁陈氏尸身口开、两鼻窍无沙水、十指甲缝无泥沙、肚腹低陷"种种情形观察,确实是上诉人于其母死后投尸河内,更属了然。且上诉人认为他母亲自行投水,举张二姨娘、吴莲蓬听闻哭声为证,并以宁伦三因仇陷害等词置辩,经委托原审讯据张叶氏(张二姨娘)、吴莲蓬,都声称并未听闻宁陈氏在河边哭泣,其为饰词图卸,自无可疑。所称宁伦三因怨陷害,不但空言无据,而且这种主张直到上诉审的时候才提出,更没有采取价值了。

到最高法院发回重审的时候,论点不外乎"上诉人加害的时候有无杀人决心及死亡预见与宁陈氏尸身木器伤两处:一为宽六寸五分,一为宽四寸,其凶器是否仅为锄柄,抑另有其他木器,很难说毫无疑义",高等法院查锄柄击人其伤痕成为圆形,原无四寸、六寸五分之宽,但查宁陈氏木器伤两处验断书内均各载明一遍,其为连击可知,以锄柄连击之故,致多数之锄柄伤痕混合,成为宽四寸与六寸五分之象,不得谓非必然之势,即此断定该木器伤两处仍为锄柄所殴,尚无容疑。至当时殴打情形,虽据宁翟氏在原审述称上诉人殴打宁陈氏时候说过这话,叫宁陈氏尽可自己死罢,刀索水都有,听其自便,但核其言乃上诉人一时气愤之词,充其量教唆其母自杀,尚难为上诉人杀母决心之表示,况法院讯据宁迪盛称,上诉人以前也打宁陈氏,也打宁迪盛,上诉人性格暴戾,是上诉人殴打其母已非一次,此次殴打其母宁陈氏以致于死,不过忤逆性成、一触即发,亦难谓殴打之时即有死亡之预见,故不应成立杀死直系尊亲属罪,仍当以伤害直系尊亲属致死罪论,方为允协。原审认为触犯当时刑法第二百九十八条第一项、第二百九十六条之罪,本无不合。惟上诉人将其母宁陈氏尸体投入河内,虽为一罪,所生之结果触犯他项罪名,应依当时刑法第七十四条从一重处断,究不能置之不议。又上诉人两次殴打其母系连续犯,原审未引用第七十五条,于从刑部分漏引第三百零三条、第五十七条第三项,复因用从前永远褫夺其全部公权语句,引用第六十条未载第二款。对于事实栏内叙述原呈供词并未依职权加以认定,均属违法。上诉意旨固无足采。但原判决确有未当,即难予以维持。

所以,原判决撤销。宁延龄伤害直系尊亲属致死处死刑、褫夺公权无期。凶器木柄铁锄一根没收。

案例出处:《安徽高等法院公报》。

（冯学伟）

戚报三因债务涉讼案

戚报三与费步阶、彭国瑞产生债务纠纷,戚报三根据有价证券主张费步阶、彭国瑞偿还存款一万零八百九十七元七角三分二厘,并负担一二两审讼费。目前该有价证券所有权人以及债务主体尚不明确。

上诉人戚报三与被上诉人费步阶、彭国瑞因债务涉讼一案,上诉人不服芜湖地方法院1930年4月9日所为第一审判决,提起上诉。

上诉人戚报三声明,请废弃原判,更判令被上诉人费步阶、彭国瑞偿还存款一万零八百九十七元七角三分二厘,并负担一二两审讼费。其意旨略谓钱庄折据在法律上为一种有价券,依法无第三人主张权利时,自以持有人为所有权人。依习惯,折上载明凭折支取,尤当以持有人为权利主体。本案起诉原因及事实既以上列证书证明,何能谓证书之诉不具备要件,此对于原判不服之点一。再查民诉条例第五百八十五条内载,为请求原因事实之证书应将原本或缮本附于诉状或言词辩论日期前送达之准备书状。按此项规定,原告之责任只要将证书原本或缮本附于诉状或准备之书状,即为终了。果如原判所言,此证书原本或缮本按他造人数附于诉状,始为合法。若抄具缮本固可说设附,原本岂可变为二,此种主张决为事理所无,足见当时诉讼法第五百八十五条之规定不受第一百四十五条之通常程序拘束,甚为明显,此对于原判不服之点二等语。

据被上诉人费步阶之代理人陈述答辩,意旨略谓上诉人提出之折据,其本身不能证明被上诉人系债务主体,亦不能证明上诉人系债权主体。其折据内所载存款之数额又系原本与利息混合而成,显与当时诉讼法第五百八十三条及第五百八十七条所规定之证书诉讼条件不合,原审驳斥其诉,委无不合,请驳斥上诉人之上诉。

安徽高等法院认为,依当时诉讼法第五百八十三条载(请求给付可代替物或有价证券之一定数量,若能以证书证其请求之原因事实者,得提起证书诉讼)、又第五百八十八条载(声明书证非提出证书不得为之),故提起证书诉讼必限于请求给付可代替物或有价券之一定数量,其请求之证据、方法并限定只用书证,且须即时提出,如不具备上述要件,即应认为不应准许判决驳斥其诉。本案上诉人在原审仅提出永泰钱庄存折三扣,查其折内仅有永泰钱庄印章,并无被上诉人彭国瑞及费步阶名义,则被上诉人是否为债务主体已属无从认定(上诉人主张被上诉人系永泰庄正副经理,故应由被上诉人负责偿还等语,亦不能提出书证证明。虽据上诉代理人陈述曾于原审声称费步阶与南和钱涉讼案内,自述是永泰庄副经理,有案可稽。即令属实,而于彭国瑞是否为永泰庄正经理,仍属无从证明)。而存折户名又系湘公记、吉秀记、福记,并据上诉人于原审供称,永泰庄的存款是我父兄手分三个记共同存的,留为我出洋留学费用等语。则上诉人是否为债权主体即有无请求偿还权,亦不能遽谓无疑,自非另就其他人证证明,不足以明真相,显与上述证据方法限定只用书证且须即时提出等条件不符。(至折据持有人能否仅凭折据支取,两造既有争执,非另调查钱业商事习惯不足以解决,显与仅得以书证证明之本旨相反。)再查原告提起证书诉讼,凡证明请求之原因事实,所拟提起之证书须预使被告知之,俾其得为自行提出证书之准备。故同条例第五百八十五条规定，请求原因事实之证书应将原本或缮本附于诉状或于言词辩论日期前送达之准备书状。本件上诉人于原审起诉状内仅附有存折影片一份，并未依照同条例第一百四十五条第一项规定除提出于法院者外，另按应受送达之他造人数提出缮出于原审书记科，致使被上诉人于言词辩论日期前无从准备，显违反同条例第五百八十五条规定真义，其证书诉讼亦应认为不应准许，原审驳斥其诉，尚无不合。

所以，上诉驳回，第二审诉讼费由上诉人负担。

案例出处：《安徽高等法院公报》。

（冯学伟）

钱龙臣因地租涉讼案

1929 年上诉人钱龙臣说在大农圩内小乌鱼沟的地方有地约三百余亩，为其祖遗业，佃与洪燦南等耕种，因为洪等抗不交租，所以向原审提起诉讼，经判决，驳斥原告的诉讼请求，钱龙臣不服提起上诉。据其代理人陈述说，该地是钱龙臣祖遗之业，原审未将业权确定即驳斥其诉已与法律有未合，且未经宣告辩论中介，程序上显有重大疵累，请废弃原判，发回原审。而被上诉人叶德茂答辩称，原审根据事实法理判决，驳斥上诉人之诉，与法律没有不合。

安徽高等法院认为，法院审理案件，应传集两造，经其言辞辩论，对事实详加说明并有相当之证明后，才能适用法律进行判决。若未经辩论终结，遂予宣告判决，致当事人攻击防御未能尽其能事，并于职权上应尽之义务亦有未尽。被上诉人涉讼经原审受理后于 1928 年 12 月 17 日开庭询问，认为尚有传讯大农公司管事人之必要，显然是尚未达终结之程度。乃事后竟不待传集两造覆讯径予上说明，实难认为合法，所以，上诉人请求废弃原判发回重审，不能说没有道理。

所以原判决废弃，发回贵池县政府更为判决。

案例出处：《安徽高等法院公报》。

（冯学伟）

任学善婚姻涉讼案

任学善与仝万明是结拜弟兄，平常感情很好。1942 年任学善打算给他胞弟任学章代办婆姨，托仝万明的父亲返回河南的时候，代为物色女子。并先交付法币四千元给仝万明的父亲。河南正值饥荒，1943 年 2 月其带回乡亲任香儿。经任学超说媒，将任香儿与学章订婚，由任学善共出订婚礼再出法币六千元、麦子二斗给仝万明。香儿也随到任家。但任学章不同意，于 1945 年古十月乃另行订婚。仝家提出香儿已无理由再在任家。女子本人也不愿再在任家，愿意返回仝家生活。但任学善则主张把该女孩改作自己的义妹，故此双涉讼到富县司法处。当时判决香儿与任学章的婚约应予解除，香儿今后婚姻，由本人长大后自主，且本人现愿到仝家居住，应尊重其自愿。至于任学善所送的订婚礼物，除由河南来边区所用路费外，准作香儿目前生活费用。但任学善不同意，提起上诉到陕甘宁边区高等法院，任学善称仝姓现把香儿卖给自己，应是任学善家人，可改作任学善的妹子。仝万明则称，原约是将香儿与任学章订婚，从未说许给任学善作妹子。何去何从，应该尊重香儿自愿。

陕甘宁边区高等法院认为，任香儿由河南逃荒而来，原来是许给任学章，现在任学章既然已经根据本人自愿,另行订婚;香儿也可以根据自愿原则,决定其何去何从。任学善提出要香儿给他作妹子,但香儿本人既然不愿意,于法自然不得强迫他人作自己妹子。任学善的上诉应当认为无理由。这部分应当按照原判办理。但对订婚礼物的处理,应当根据当时边区婚姻条例第六条的规定:"解除婚约,应双方退还互送之订婚礼物。"原判任学善所送的订婚礼物,一概作为香儿路费及目前生活费用,是不恰当的。但仝家为受任学善之托,为其弟代办女子,任弟现在不要了,则路费应当由任家负责,准予在订婚礼物内扣除先交付的四千元法币,其余则应由仝家退出。所以,判决任香儿于任学章婚约部分维持原判,任香儿今后婚姻与居住,由本人自愿决定。原判对订婚礼物部分应予撤销。任学善所出法币一万元及麦子二斗,除去四千元法币准作路费外,均由仝万明退还。

案例出处:《陕甘宁边区判例案例选》。

(冯学伟)

任玉成与艾蒲堂杀人案

任玉成于1942年因逃荒移居延安县盘龙区新庄南村,务农。1944年和任登士的妻艾蒲堂发生通奸关系,自此之后,不仅与自己的妻子闫氏感情不和,还弄得艾蒲堂夫妇间关系日趋恶化。1947年胡宗南的部队进扰陕甘宁边区的时候,任玉成与艾蒲堂都移居孙家沟村暂时避难。但因为任玉成与艾蒲堂的通奸行为引起村人反对,并且阻止他们继续居住。任玉成与艾蒲堂也深知自己恶劣行为,无法继续居住,就暗中共同商量杀死任登士,以便作永久同居的夫妇。其二人于1947年古历六月初二日下定杀人决心,晚饭后以移居之名来到孙家沟后山上休息,乘任登士睡觉不防之际,在月色朦胧下,把任登士用斧头砍死。艾蒲堂也手持木棍在死者腿上打了一棍,并与任玉成共同把尸体埋在水渠。

艾蒲堂与任玉成把任登士杀死后,叫醒任登士的小女儿富荣儿继续前进。在途中艾蒲堂便问任玉成说:"你妻怎样办呢?"任玉成便说:"我自有处理办法。"任玉成把艾蒲堂母女安置在小塌子村后,随即去了安塞县四区张家沟村。于六月十三日把原配妻闫氏以送去其兄家(羊毛沟)之名将其在晚间引到山上打落崖下。任玉成转到崖底,见闫氏尚未毙命,就用手举起老镢,将闫氏打死,尸体抛在水渠。任玉成把闫氏打死后,带着艾蒲堂母女投奔了国民党占领区川口居住,并改名为张志成,还经常带领国民党军队抢劫陕甘宁边区人民的粮食、财物,借以维持其流浪生活。延安光复后,任玉成畏罪潜居安塞县史家沟,改名为张志厚。后被死者任登士的兄长任和士告发,经陕甘宁边区高等法院逮捕审讯,任玉成等直供不讳。

杀人凶犯任玉成,虽然出身贫寒,但因与艾犯通奸后,连杀二命,实属目无法纪。为保障人权,维护革命纪律,延安县人民法院呈请陕北人民法院审核转呈陕甘宁边区人民法院批答,将任玉成处以死刑,艾蒲堂处以十年最高徒刑。除艾犯转监执行刑期外,于1949年10月19日上午12时,将任玉成从监所提出,当庭验明正身,绑赴刑场执行了枪决。

案例出处:《陕甘宁边区判例案例选》。

(冯学伟)

申求贵掳人勒赎案

申求贵于1930年废历二月初二日听从伙犯王小爷等之纠邀,分持器械赴无为县属大王庙地方撞开潘姓后门入内,将其年约二十余岁之男子绑去。被告申求贵因掳人勒赎案,经巢县县政府判决后呈送安徽高等法院覆判。

安徽高等法院裁定认为,被告的自白与事实相符,固得作为证据。若其自白是否与事实相符尚未审定,即难据为判决之基础,此观之刑事诉讼法第二百八十条第一项规定,意至明显。本案被告申求贵于1930年废历二月初二日听从伙犯王小爷等之纠邀,分持器械赴无为县属大王庙地方撞开潘姓后门入内,将其年约二十余岁之男子绑去等情,虽自白不讳,然未传被害人潘姓研讯,此种自白是否与事实相符,尚无从断定,初判竟以该被告之自白为犯罪之论据,依上规定殊显草率。又该被告系由伙犯王小爷邀约上盗,如其犯罪情形确有可原,应予减处。依特别法优于普通法之例,亦应依盗匪案件适用当时法律暂行细则第一条第二项、惩治盗匪暂行条例第二条第三款、特别刑事法令刑等计算标准条例第三条、刑法第七十九条第二项酌减初判,乃依当时刑法第七十七条减轻本刑三分之一,而关于夺权部分又用终身字样,殊欠允洽,应予发回覆审,以昭翔实。至关于申求田部分,无论该被告应否负刑事责任,但初判既依刑事诉讼法第二百四十四条第二款予以不起诉处分,并未经过判决,自不在覆判范围之内,特并予说明。

所以,本案发回巢县县政府覆审。

案例出处:《安徽高等法院公报》。

(冯学伟)

沈炳桃伤害致死案

沈炳桃于1929年废历七月初三日夜,在洋湖田内将其嗣父沈高发小腹踢伤身死。据该被告供称,沈炳桃在被告姊夫(指曹衡章)家回来,走到洋湖田那块,小的在前他在后,他来打小的,过程中两人都跌倒了,沈炳桃压在小的身上,小的用脚拨开后起来跑了等语。而核阅验断书,该已故沈高发仅小腹有踢伤一处,围圆九寸,痕色青肿,按捺坚硬,余无故委。

生前因伤身死,则原审认为伤害致死,依当时刑法第二百九十八条第一项后半(原判漏引刑法第二百九十六条)判处有期徒刑十二年,并依同法第三百零三条、第五十七条第四项(原判漏引第四项)同法第五十六条褫夺公权无期,固不能谓全为无见。但查该被告自过继沈高发后,沈高发为之娶妻,该被告竟将其妻卖出。去岁二月,该被告跌伤头部,沈高发出资为之诊治。乃该被告因不务正业,将沈高发之絮被窃去,押钱花用。嗣因沈高发转告其生父加保,沈以斥责,遂于夜间在洋湖田内将沈高发踢伤身死,此种情形业经沈伯鸿、沈正五、曹衡章、沈子樵、倪木及地天相等到案证实。论其犯罪原因与被害人平日之关系及其品行情节,不为不重,原审仅处徒刑十二年,量刑未免失当。况该被告与沈高发因挟窃被嫌隙,于夜间预伏于洋湖田畔,俟沈高发经过之时,突起扑倒,用手叉其咽喉,勒其肾囊,足踢小腹。嗣因沈高发大喊救命,沈三和前往解救,该被告始松手逃去等情,业经沈三和等言之确凿。如所言非虚,该被告是否预谋杀人,尤不无审认之余地。

原审未予详究,遽认为伤害致死,亦显草率,应予发回泾县政府覆审。

案例出处:《安徽高等法院公报》。

(冯学伟)

施长有因确认坟地所有权涉讼案

施长有、秦亭魁等因小虎皮尖山地坟地的所有权产生争议，提供卖契、并契等证据诉至法院，因对契约真实性、所载内容存在异议，不服一审、二审判决，最终上诉至安徽高等法院。

1929 年 10 月，上诉人施长有、秦亭魁等因确认坟地所有权涉讼案各不服怀宁地方法院，于 1929 年 8 月 31 日所为第二审判决提起上诉。

安徽高等法院认为，上诉人秦亭魁等所呈清咸丰元年施姓卖契一纸系属真实，业经原审合法认定。核阅该契内容，讼争小虎皮尖山地系由秦六义堂名下子孙共同承买，上诉人施长有等提出咸丰二年仅由秦学清个人名义出力之除留字据显属不能生效，况查该上诉人之祖如珍卒于咸丰六年，载明谱牒，而前项咸丰二年除留字据已载有“如珍坟界”字样，其为临讼虚捏，实甚明了。原第一、第二两审将该字据判为无效，委无不合。

此外，原审判令施道璠等之祖在讼争山地右首，所葬施泰彭之墓上下以穿心十八丈，左以分水横量三丈，右以分水横量十丈为其坟境，系以施道璠等所呈道光十八年并契为惟一之根据。且查该契明载“将续置小虎皮尖住宅右茶山内阴地一穴出并”字样，似其所出并者为茶山阴地而与讼争小虎皮尖山地无涉。证以两造各别提出之韦姓出卖虎皮尖山地上手契，所载“东齐王姓茶山为界”一语尤甚显然。且上诉人施长有等在第一审初仅提出上除留字据，主张讼争左右两段山地为其所有。后忽提出前项并契为证明右首山地所有权之证据，而察阅各该契据所载右首山地丈尺，属彼此不符。其中有无移契影射情事，实绰有审究之余地。至上诉人施长有等宗谱内虽有关于施泰彭等葬小虎皮尖之记载，但虎皮尖山地面积广至数百丈，其间古塚垒垒，究竟讼争处是否系施泰彭等坟墓，已属无从认定。况施姓咸丰元年卖契明载“除留卖主祖坟一塚上下穿心二丈，左右穿一丈五尺为界，以作护坟之用，永不加葬，其余在山坟塚俱照上业韦姓卖契为界”等语使施道璠等不得借坟占地，更无疑义。原审未就上述各点详加论究，自属难昭折服，上诉人秦亭魁等关于此部上诉不得谓无理由。惟上诉人施长有等在讼争地左首一段所葬坟墓，历年已久，原审因上诉人秦亭魁等从未声明异议，判令无庸起迁，尚属允洽。上诉人秦魁等关于此部上诉仍应予以驳斥。

所以，原判决关于施道璠及讼费部分废弃，发回怀宁地方法院更为判决。施长有等上诉及秦亭魁等其余上诉均驳斥。

案例出处：《安徽高等法院公报》。

（冯学伟）

舒城县教育局请求交还田产案

上诉人舒城县教育局与被上诉人王道辅因对王应武等所遗水月庵之田产的所有权存在争议向法院提起诉讼，舒城县教育局因不服对于争讼田种的二审判决，上诉至安徽高等法院。

1929 年 9 月 7 日，案件争讼田种三石连同另田四石五斗，均系已故王应武、王含璞所置田产，归水月庵所有，为两造所不争。上诉人舒城县教育局于 1914 年向舒城县呈请拨还讼争田种及 1923 年向佃户汪月贵等诉求交租各案卷，互证参观是该田于光绪末年即已拨充学产，先后由舒城财政局劝学所及，上诉人执管收租，似也足以认定现在被上诉人王道辅对于该田主张所有，首先应该审查其有无诉权之存在，即其对于王应武等所遗水月庵之产是否有权告争。关于此点，据被上诉人答辩意旨称该田曾经应武推归合族，现为他一人所管，有应武支下立有国典系其先祖等情纯属空言，主张除非责令提出确切证据，否则不能率意采取。

至于大理院解释所谓已绝旁系尊属的坟地被人侵害，该旁系子孙虽未依律承继也认其有告争权等，系指被侵害的坟地，向由该旁系子孙管有者而言。（参照原解释全文）依据上述说明，被上诉人既无管有讼争田种之事实，即无援用前项解释之余地，又查时效制度尚未施行，以前占有故不为取得所有权之原因，惟主张所有人对于占有人平稳公然占有之事实久安无异者，有时亦可推定其有默示之舍弃，本件假定被上诉人有权告争，而就其经过情形观之应否，认其曾有舍弃之表示，亦应予以阐明，原审仅依被上诉人片面成立之蹦单及承佃字（又康熙年检老谱似无重要记载）并舒城县议会议案（仅载提田四石五斗）认讼争田未经提充学产因而变更第一审判决，将该田判归被上诉人所有，尚属难昭折服，上诉人声明废弃原判不能说没有理由。

所以，安徽高等法院裁定，原判决废弃，发回怀宓地方法院更为判决。

案例出处：《安徽高等法院公报》。

（冯学伟）

舒鸿贻为保证债务涉讼案

抗告人舒鸿贻与安庆市私立慈善联合会存在债务纠纷诉至法院，受诉法院判决后下达执行裁断，命舒鸿贻履行保证债务，舒鸿贻不服，向安徽高等法院提起抗告。

抗告人舒鸿贻因与安庆市私立慈善联合会为保证债务涉讼案，不服怀宁地方法院于1930年2月28日所为执行裁断，提起抗告。

安徽高等法院认为，执行名义为确定判决时，执行法院即应以该确定判决之内容为根据。故如债务人本于判决后新发生之原因主张该判决不适于执行者，非依法提起异议之诉。经受诉法院裁决停止执行后，自不容率予停止，以免执行延滞之弊。本件原确定判决，系命抗告人履行保证债务，并因安徽省政府以债券偿债之决议与保证借约内容不符，将抗告人之先诉抗辩予以驳斥，依上说明，是抗告人于执行程序中，当然不得仍据前项抗辩以为主张异议之理由，尤其未经提起异议之诉以前，遽予停止执行之余地。抗告论旨，以现去安庆市政府筹备处曾经通知，自1930年1月27日起，发行有利债券以两个月为限，债权人均须依限以借据掉换债券等情，因谓主债务人已自顾履行债务，对于保证人之执行应予停止，显难认为有理由。（惟债权人慈善联合会对于所持借据应为必要之处置，以保全抗告人之求偿权或代位权）原法院驳斥其声明，委无不合。

所以，抗告驳斥，抗告诉讼费用由抗告人负担。

案例出处：《安徽高等法院公报》。

（冯学伟）

宋成玉因抚养上诉案

宋成玉和吴俊彦因宋家孙子的抚养权归属问题产生纠纷，诉至黄陵县司法处，宋成玉因不服黄陵县司法处一审判决，上诉到陕甘宁边区高等法院，陕甘宁边区高等法院调解结案。

1948年6月，宋成玉与吴俊彦因抚养案，不服黄陵县司法处的第一审判决，上诉到陕甘宁边区高等法院。

1943年11月，宋成玉家乡遭灾荒，宋成玉的大儿和大媳妇死了，留下一孙子，全家逃难到黄陵县秦家窑窠。后宋成玉一家在秦家窑窠的吴俊彦家住了两个月,吃了吴姓小米三斗、荞麦二斗,借用敌币一千元。吴俊彦大哥于1940年出征之后杳无音信,留下孤嫂寡居。吴姓认为宋家无力归还粮食,而自家大哥缺儿子继承后嗣,遂想买宋家孙子使嫂嫂安居抚养。吴俊彦陈述,已与宋成玉立下嗣单,宋成玉卖孙子是事实,有说合人刘岐山、中见人吴贵银、代笔人吴新民,同住家长户族,立有约据,身价言定两石麦子,已经给了宋成玉。宋成玉对此持异议,说其不卖孙子。

陕甘宁边区高等法院认为,宋吴两家所争执的事,都是为了继承后嗣。宋家有孙子,吴家没儿子,双方后嗣都得接续。为了免得两家再起诉讼,因而召请乡里,议定四点和解意见:(1)这个小孩可以同时继承两姓后嗣。娶妻后,先生的儿子姓宋,后生的儿子姓吴,另外,把小名进喜改为宋继吴。(2)吴姓供给读书,直到中学毕业。(3)两姓认为亲戚,互相来往照料宋继吴成人,依宋继吴自愿可以随意到两家居住。(4)考虑到宋成玉家境贫困,由吴俊彦自愿给帮助粮食糜谷各五斗。

和解意见得到了双方当事人的同意。

案例出处:《陕甘宁边区判例案例选》。

（冯学伟）

宋介卿等因同居及生活费涉讼案

宋文钊与史佩瑜夫妻感情不和,史佩瑜诉至法院请求判准别居,并要求宋文钊与其父宋介卿给付生活费用洋二千元,一审法院判准史佩瑜之诉讼请求。上诉人宋文钊、宋介卿不服,上诉至安徽高等法院,并提起反诉,请求判准离婚。

上诉人宋文钊与被上诉人史佩瑜于1925年成婚后,感情尚称融洽。到1927年,二人由合肥同往宣城即史佩瑜母家避难,史佩瑜随产一女,产后复病。宋文钊促令回肥,史佩瑜迫不得已,乃于同年废历腊月二十四日手书笔据,载明“愿与宋文钊君分析,从此两不相干,至宋君日后娶人与否,概不过问”等语交执。次年史佩瑜侦知宋文钊另娶,出而干涉,经中调解后,娶作妾,两造和谐如初。惟因宋文钊于纳妾后待遇稍偏,未几复生龃龉。史佩瑜遂以不堪虐待等情诉请别居,并命宋文钊与其父即上诉人宋介卿给付生活费用。原县判准别居,命上诉人等给付生活费洋二千元,上诉人等不服,提起上诉,声明废弃原判,驳斥史佩瑜在第一审之诉。宋文钊并提起反诉,请求判准离婚。

安徽高等法院经检察官欧阳咸莅场陈述意见后,认为该案应分三部分论述如下:

(1)关于同居部分。上诉人宋文钊自纳妾后即与被上诉人史佩瑜常生龃龉,为两造所不争。证以该上诉人于1929年7月29日诉状所称“史氏遇事生风,只得稍加制裁”等语,是该上诉人于纳妾后对于被上诉人未免有不堪同居之待遇,实甚明了。现在上诉人已表示愿意别居并进而主张离异,则原判关于此部分自无不合。

(2)关于生活费用部分。父母在,子媳固不得请求分财异居。惟媳因特别情形暂与其夫断绝同居关系,因而向夫翁请求酌给扶养费用,自非法之所禁。本案被上诉人在未与上诉人宋文钊离异以前仍未脱离上诉人等家属之身份,依法得为扶养之请求。惟安徽高等法院嘱托合肥县法院调查结果,上诉人宋介卿现为李姓管租兼充轮船公司经理,每年仅收租一百余石,核其资力如今一次支出二千元之生活费用尚感困难,且被上诉人既希望将来仍行同居,亦无一次索取巨额费用之理。就目下中人生活状况而论,个人每月生活不过需洋十余元,故安徽高等法院酌令上诉人每年分两次给付被上诉人洋二百元,将被上诉人在第一审其余生活费用之请求驳斥,以昭公允。

(3)关于离婚部分。离婚及夫妻同居之诉,依当时民事诉讼条例第六百七十二条第一项规定本得于第二审言词辩论终结前提起反诉。本件上诉人宋文钊在本审以反诉请求离婚,查与前项规定相符。惟该上诉人主张离婚之理由不外"一、被上诉人已立据,自愿离异;二、在家吵闹,不能维持和平;三、既经诉请别居,并与夫翁涉讼,已难复合等情"。安徽高等法院查被上诉人于1927年废历腊月二十四日所立笔据显系出于一时之激愤,且嗣后随即言归于好。则该据尤属早经失效,上诉人宋文钊对于被上诉人待遇不良,已如上述。纵令一时不能维持家庭之和平,亦不应由被上诉人一人负责,至被上诉人因迫于环境不得已而诉请别居,非与夫翁别有义绝及永难复合之重大情事,被上诉人以彼此均居冲龄(均二十四岁)主张目前暂时别居,以缓和家庭之冲突,仍保留夫妻身份,以待将来感情之转圜(据宋文钊于1929年7月29日亦在原县状称仍保留该氏妻之身份,冀其万一悔悟等语),并以遂其从一而终之志愿,按之条理,不能谓为不合(该上诉人早经纳妾,亦无即予离婚之必要)。反诉论旨,非有理由。

所以,原判决关于生活费部分废弃。被上诉人于别居期内,着上诉人每年给付生活费洋二百元,于每年1月1日及7月1日各付半数,其余上诉及反诉并被上诉人第一审其余之诉均驳斥。第二审诉讼费用由上诉人负担三分之二、被上诉人负担三分之一。

案例出处:《安徽高等法院公报》。

(冯学伟)

宋铁仁诈欺婚姻案

宋铁仁因丈夫王发旺参军多年没有音讯想要改嫁李运光,结婚时遭同村村民阻拦并报告政府,吴堡县审理判决不准宋铁仁与李运光结婚,并科有关人等以徒刑及没收钱物,宋铁仁不服,遂上诉至边区高等法院。

王积喜的儿子王发旺早年参加八路军,在1940年3月回家与宋铁仁结婚,婚后没到半月就离家归队(一二零师某团医院)。到1941年曾回来一信,后八九年无音信。宋氏等待无望,不愿孤守,要求改嫁。她翁父王积喜也同意,并且先后给她找了三四次对象,都因为得钱不多而没成。1949年4月间,经由媒人王鸿恩介绍与李运光自愿结婚。约定婚前给原夫家王积喜银洋一百元,娘家宋汝华银洋四十元,媒人王鸿恩银洋二十元。已付夫家银洋八十七元、棉花十八斤折洋九元,共计九十六元。付娘家昌呢三匹折洋二十元,欠下二十元。付媒人土布十一匹折洋二十四元。4月19日,媒人和宋铁仁出村与李运光结婚,该村王增昌联络村内无赖王鸿汝等人手持铁锹一起堵住王、宋去路,并出口谩骂。王鸿恩看到这种情况,就把实情告诉众人,并把自己所得土布八匹如数交付这些人后才被放行。王增昌等七人回村后把这些土布瓜分了,多则二匹,少则二丈。王起祥分得两丈嫌少,就报告政府。经吴堡县审理判决不准宋铁仁与李运光结婚,并科有关人等以徒刑及没收钱物等处理。宋铁仁不服,上诉到陕甘宁边区高等法院。

陕甘宁边区高等法院认为,王发旺与宋铁仁结婚不久即返回部队,已经九年既无音讯,又不返回,其妻宋氏因此不愿长守空闺要求另嫁,自在情理。她公公、父母也表示同意,应视为合法。只是,夫家王积喜、娘家宋汝华、媒人王鸿恩得钱情况,实属违法,依法应予全部没收。但王积喜家境贫苦,已将所得钱大部分花费,故除将其所交到的银洋三十元予以没收外,下余李姓欠其二十元的欠条作废,不得再向李姓索取。王鸿恩所得土布八匹已被王增昌等七人诈去,故不向其没收。上述三人除法庭批评外,不再科刑。王增昌等七人手持铁锹,图利聚集妨害宋铁仁的婚姻,显然是封建社会遗毒的反复,这种无赖流氓行为既妨害他人婚姻,又危害新民主社会秩序,故而除了把其所诈取的土布十一匹如数没收外,还应当严格教育。王起祥事先参与阻挡,事后却又因少分赃物而不满告发,其动机实不可原谅,本应严肃处理,但初审已经予以处理,故而再不究处。宋铁仁与李运光二人仍愿继续结为夫妻,自然应当认为合法有效。而吴堡县司法处强行判决宋、李婚姻离异,显属不合,应当予以变更。

所以,原判决撤销。宋铁仁与王发旺的婚姻准予离异;王积喜除当庭批评及没收其所得全部彩礼银洋一部分(三十元)外,不再科刑;宋汝华除当庭批评及没收其所得全部彩礼外,不再科刑;王鸿恩除当庭批评外,不再科刑;王起祥、王增昌、王鸿汝、王银拴、王魁、王福和王鸿飞七人所诈取之土布十一匹全部予以没收,宋铁仁与李运光二人同意继续成婚,应视为有效。

案例出处:《陕甘宁边区判例案例选》。

(冯学伟)

孙建中渎职伤害案

原告张克厚告诉孙建中等人渎职伤害,孙建中等人被羁押。孙建中等称原告曾于一审判决前具状请求撤销原案,向安徽高等法院请求停止羁押。

声请人孙建中等因渎职伤害案,声请停止羁押。

安徽高等法院认为,声请人等声请停止羁押,意旨略谓民等被张克厚告诉渎职伤害案,张克厚于第一审未判决以前,曾具状请求撤销原案,足征原审判处民等罪刑实属冤枉,请停止羁押。法院检阅原审卷宗,告诉人并无是项诉状,显难置信。且关于渎职部分,并非告诉乃论之罪。纵如声请人等所云,告诉人曾具状撤回,亦不能发生效力,自不能据为停止羁押原因。况共犯孙鼎岑在逃未获,若准声请人等保释,难保无勾串之虞,依中华民国刑事诉讼法第六十六条第四十二条第三款规定,尚有继续羁押之必要,自应认为该声请为无理由,予以驳回。

案例出处:《安徽高等法院公报》。

(冯学伟)

谈寿臣与德孚煤油号因请求偿还欠款涉讼案

谈寿臣所经营的谈复泰商店与德孚煤油号存在煤油买卖交易,交易过程中谈复泰商店欠款,德孚煤油号遂请求偿还欠款,双方在欠款偿还上产生纠纷,上诉至安徽高等法院。

上诉人谈寿臣向在合肥开设谈复泰商店,曾于1919年向被上诉人德孚煤油号订立分销煤油合同,将田房赤契交执。嗣后货款往来均由谈寿臣次子仲三经理,至1924年,结欠油款九百元,比由谈仲三以谈复泰名义出立凭票,载明月息一分六厘。德孚煤油号因谈寿臣延不履行,诉经原县判令将该款本利及另欠油款洋一百五十元如数给付谈寿臣,遂提起上诉,请将原判关于九百元本利部分废弃,经法院依德孚煤油号一造辩论改利率,按月一分,驳斥其余上诉。谈寿臣旋以前因土匪骚扰、阻碍交通,且收到传票太晚,以致迟误辩论日期等情,声请回复原状,请求废弃法院前次判决及第一审判决。据称其次子名幼臣并非仲三,自 1927 年出门,不知下落。长子念奎亦未归家。所有账簿均于同年被直鲁军烧毁,德孚号所抄十六年底货账仅载两比欠洋一百五十元,可见别无欠款。上诉人不服合肥县政府于 1929 年 8 月 8 日所为第一审判决,提起上诉,经判决后,上诉人声请回复原状。

安徽高等法院认为,本件上诉人以交通发生阻碍,因而迟误辩论日期等情,声请回复原状,核与民事诉讼条例第二百零五条规定相符,应即予以准许。

复查上诉人所开谈复泰商店与被上诉人货款交易,向由其次子仲三经理,已据被上诉人提出与 1924 年所立欠款凭票同一笔迹之货款单据二纸为证,并经原中马典煌证明属实。上诉人 1926 年间覆函,尚称"尊款本拟早日奉上,方合道理"等语(据被上诉人称该函系上诉人长子念奎所书,其函面所盖谈复泰红戳与上诉人自认属实,前开货款单据上所盖红戳无异),乃忽空言否认,始终不肯令其两子到案,并提出折据为证(据上诉人于 1928 年间尚登合肥民声报声称历年均有折据),显难认为正当。又被上诉人系属殷实商号,其所呈营业流水往来各项账簿,关于讼争货款记载甚详,既经另立凭票约定利息,则十六年所抄账单虽未将该款列入,亦难借为攻击之论据。又凭票所载,原系购货结欠之款,自与借贷关系不同。上诉人谓,假定凭票实系其子所立,亦已成为独立债务等语,尤属不合。

所以,上诉人于回复原状后所主张之理由既均不能成立,则法院前次判决应予维持。声请回复原状后之诉讼费用由上诉人负担。

案例出处:《安徽高等法院公报》。

(冯学伟)

谭修礼伐树葬坟案

上诉人谭善甫与被上诉人谭修礼因讼争山坟地的所有权产生纠纷,上诉人不服一、二审判决,遂上诉至安徽高等法院。

上诉人谭善甫与被上诉人谭修礼因伐树葬坟涉讼案,上诉人不服怀宓地方法院 1929 年 7 月 4 日所为之再审判决,提起上诉。按中华民国民事诉讼条例第四十二条第一项第七款规定,推事曾参与该案件之前审者应行回避,其所谓前审者是指上级审推事就声明不服之案例,曾为下级审推事,参与该案审判者而言,至在同一审级曾参与一度审判,经上级审发,还更审,重为审判者自非该款之所谓参与前审推事即无适用该款之余地(参照前大理院 1925 年抗字 74 号、1928 年上字 649 号判例),上诉大意是说本案再审前参与审判之马推事、高推事于更审时仍参与审判,又此次参与再审之王推事于前审更审时亦会参与审判,均应回避而未回避等语显属误会,先予说明。

本案上诉人于前审主张国秀坟葬于讼争山,该山分归上诉人私有,即分关内所载宋怀亮及周对言之田稞,并提出分关弃约等件为证,经审查国秀葬于宋怀亮田稞之山场内(见时美分关)上诉人之祖诗贞并未分得此项田产,而诗贞分关内虽附记,诗贞与国秀之坟山界址又显不在上诉人管业范围以内,故驳斥上诉人之诉,此次上诉人请求再审不过是说长房崇礼、克礼(诗异之子)、二房诗意的六张拼契计都记载有"郑家冲田几石、几坵、鱼塘余基空坦各色大小树木平斜荒熟"等字样,那么,郑家冲坟山从今分属长房嗣经其子崇礼,二房诗意等均出拼与上诉人的父亲制礼为业,丝毫无存在"该山自应为上诉人之私业"等语,检阅其呈案谭崇礼等并契六纸,徽论纸新墨浮(其验契日期均在前审判决确定后)是否真实尚滋疑义,即查其内容除光绪二十二年(1896年)克礼并契佃人为陈义于光绪三十年谭燮昭,并契佃人为陈姓均與讼争坟山系在宋怀亮佃户种田山稞场内,无涉外其光绪七年(1882年)崇礼并契及光绪十一年(1885年),诗意并契虽有郑家冲及宋佃字样,然既未记载,将国秀坟山四界一并出,并则崇礼等所并之山场是否连国秀坟山一并出,并即讼争山是否应归上诉人私有,仍属无从证明。该契显然不是可受较有利益裁判的新证据,至诗意及诗滨分关内虽无国秀坟山四址之记载,然不能以此即可退定讼争山为上诉人所私有上诉意旨虽胪列多端显非有理。

所以,安徽高等法院认为,应当驳回上诉,第三审诉讼费由上诉人负担。

案例出处:《安徽高等法院公报》。

(冯学伟)

汤海彦反革命案

被告汤海彦多年从事反革命活动,过程中残忍剥削、屠杀无辜百姓,非法拘禁、勒索财物、抢劫民财、奸淫烧杀、无恶不作,受害群众不可胜数。落网后群众纷纷到县要求为民除害,法院举行公审,对其执行枪决。

汤海彦,男性,年四十八,安塞四区三乡汤家河人,原来是地主成分。曾经盘踞在一区李家塌一带,练团抽丁派粮派款,剥削农民,阻碍革命进行,并屠杀梁仲兰、任文祥、艾大及惠姓等无辜良民。1934年同伪团总薛生华等,请兵剿共,与四二师王团附等到八里湾坪桥一带清剿,沿途抢劫民财,骡马牛羊,粮食衣物不可胜数,还施实杀人残行。在破坏坪桥八里湾的两个崖窑时,拉去野鹏飞兄弟三人、李长贵父子三人,及教师张老先生(山东人)等七人。除李姓兄弟二人当时囚禁监狱中,后来被八路军打开新乐寨时救出外,其余一律枪杀。又杀死砭儿峁李应兰,还在化子坪川绑走张炳勋、张俊贤、牛文孝等数人,吊拷勒索每人银洋一百余元。1935年和梁伪营长到闫家沟,将八路军兵工厂烧光。又在牛家沟捉住五名打土窑工人,当即杀死三人。在寺湾山里捉得放羊和砍柴的张、南二姓两个孩子,也一齐枪杀。以及在洛河川一带,奸淫烧杀无恶不作。同年5月,八路军解放新乐寨时,汤海彦得以漏网,逃到延安后仍积极进行反共反革命活动,充任保安第三分队队长。12月间国民党军被迫退出延安,汤海彦又乘机逃到绥德。1936年双十二事变后,汤海彦才被迫回到延安,虽然缴械归里,但反心犹存,曾逃到宁夏接洽省委党部书记井仰山进行特务破坏,并在马匪部下受训一年多。当1947年胡宗南侵占延安后,汤海彦夜行逃回安塞,于8月底逃去延安充任延安北川乡反共支队长,经常出动与八路军作战,更逞凶虐杀居民,抢劫民财。计先后在陈家沟惹寺湾一带抢了六十多只羊,骡子三头,在解家沟挖了十二石多粮,万庄一带挖了二十一石多粮,又在侯家沟挖了一石五斗多粮,受害群众不可胜举。后来胡宗南部队向南逃窜时,汤海彦又任伪副连长之职,仍未稍减杀人、抢劫、奸淫恶行。

直到荔北战役中,在寺前镇被八路军俘获,后押回本县,群众普表心快,纷纷到县要求枪决,为民除害,陕甘宁边区高等法院鉴于群众公愤,及查汤犯一贯本反革命反人民本质,进行烧杀奸掠,剥削勒索,无恶之不为。1937年为争取汤海彦自新,曾本宽大政策,未予究处,不料汤海彦继续前恶,不忍向善,又继续残害群众,抢劫民财,实属恶盈满贯,罪无可恕,本着“首恶者必惩”的政策,举行公审,当将汤海彦犯验明正身押赴刑场,执行枪决,以雪众恨而快人心。

案例出处:《陕甘宁边区判例案例选》。

(冯学伟)

陶邦兴决堤私禁案

声请人俞禹甸等因诉陶邦兴等决堤私禁案,声请转移管辖。

安徽高等法院认为,声请移转管辖须由当事人为之,而当事人系指检察官、自诉人及被告而言,此为当时刑事诉讼法第二十二条及第三条所明白规定。本件声请人俞禹甸等诉陶邦兴等决堤私禁案,系立于告诉人地位,非诉讼法上之当事人,依上述规定,则其声请移转管辖显属违背法定程序。至所称原县诬民等强抢枪枝、饬警拘提,显有偏颇之虞。法院查声请人等于该县派员销毁三合圩强筑泥土之时,竟率众抵抗,抢去枪支并捕禁去警二名,业经委员汪祥祯、队长陈凤鸣报告有案。原县以该声请人等犯罪嫌疑重大,不经传唤,竟予拘提,其进行程序核与刑事诉讼法第四十二条各款、第四十三条,正县知事审理诉讼暂行章程第十二条第一项各规定尚无不合,声请人等据以声请移转管辖,亦非有理。

所以,俞禹甸等的声请驳回。

案例出处:《安徽高等法院公报》。

(冯学伟)

田兰芳请求离婚案

田兰芳与霍如法婚后三月,霍如法离家参军抗日,四年多无音信,田兰芳遂要求离婚,诉请经地方法院驳回后,田兰芳不服,上诉至陕甘宁边区高等法院。

田兰芳在1939年正月与霍如法结婚;同年3、4月间霍如法即离开家庭出外至八十六师当兵,至1943年3月杳无音信,田兰芳以空房难守为由,要求离婚。经延安市地方法院判决驳回其诉,田兰芳不服去陕甘宁边区高等法院上诉,仍要求离婚。

陕甘宁边区高等法院认为,霍如法乃抗日军人,为国服务,对于其婚姻关系应予保护,以安军心而励士气,依边区抗日军人家属离婚办法的规定,应于五年后不通音信,才可以提起离婚之诉,原判尚无不合。

所以,上诉为无理由,1943年1月21日判决不允许田兰芳离婚。

案例出处:《陕甘宁边区判例案例选》。

(冯学伟)

王朝曾、单鲁因保证债务涉讼案

单鲁和王朝曾因单鲁所开公寓的旅客张继田食宿费担保的问题产生纠纷,因对证据真实性、有效性存在异议,上诉人不服二审判决,向安徽高等法院提起上诉。

上诉人王朝曾与被上诉人单鲁等因保证债务涉讼案,上诉人不服安徽高等法院第一分院1929年11月29日所为第二审判决,提起上诉。

安徽高等法院认为,保证契约虽不以作成书据为成立之必要条件,但必须有其他方法足以证明其保证之事实,然后才可认当事人之间有契约关系存在。本案被上诉人在第一审起诉主张旅客张继田之食宿费系由上诉人负责担保,并提出账簿及张继田之证言作为唯一凭据。然查被上诉人前托陈起山向上诉人借洋五十元,上诉人仅允借洋二十元,还需要由陈起山经手交付借资证明。如果张继田之食宿费确系上诉人所担保,上诉人又怎么能任其积欠食宿费及借款至三百余元之多,绝不凭人证明,已属不近情理。且查被上诉人在原审述称张继田是今年3月底才走的,质之张继田,则始称至今仍住该寓,后称今年8月才离寓。彼此陈述,极端冲突。

并据张继田述称,在公寓住时,只有其与王朝曾父子三人,别无旁人。王朝曾父子是9月8、9日走的,检阅账簿,自1928年9月22日以后,每日仍记有四人五人不等,即1929年3月17日,犹记有四人之多,核与张继田之证言绝不相符。又该账自1928年8月20日至9月22日止,每餐载明二角,而自9月22日以后,又不依照每餐二角计算,前后记载又极不一致,则被上诉人提出之簿据是否实在及张继田之证言有无勾串情弊,尤绰有审究余地。至张继田提出之信件,既非上诉人亲笔,苟无别项佐证,也难遽予采用,被上诉人对于起诉原因之证明,既无确实证据又无其他立证方法,足以证明上诉人有保证之事实,上诉人系居被告地位,依法尚难遽令负反证之责。原审未予调查明确,就判令被上诉人代张继田偿还被上诉人洋一百五十元,尚不足以资折服人心,上诉人声明废弃原判,应认为有理由。

所以,原判决废弃,发回安徽高等法院第一分院更为判决。

案例出处:《安徽高等法院公报》。

(冯学伟)

王臣以略诱案

王臣以奸拐何荣太之媳何陈氏,拐至孔城时被察觉而未遂。转年又想拐走何陈氏,被何家人扭送至西河公安局。王臣以不服宣城县政府所为一审判决,上诉至安徽高等法院。

王臣以贩布为业,与何荣太之媳何陈氏娘家同村居住。于1928年10月与何陈氏发生恋爱,因奸情热,遂于是年12月约同逃走,先行来省,寓小南门余家客栈。旋又往孔城镇寓近水楼茶馆旁边,意图转卖,为何陈氏察觉,奔诉近水楼女老板,函知何荣太将媳领回。待1929年废历七月王臣以又来何陈氏家威胁复逃,经何陈氏告知何荣太,赶到西河将王臣以扭获送至西河公安局,转送宣城县政府法办。经判,王臣以不服宣城县政府1930年1月5日第一审判决,提起上诉到安徽高等法院。

安徽高等法院认为,本案上诉人应否负刑事罪责,当以有无略诱何陈氏为断据。被害人何陈氏在原审供述,其与王臣以去年10月发生恋爱,交情才两个月,就被丈夫知晓。丈夫遂打骂何陈氏,叫其跟王臣以走。何陈氏跟着王臣以,腊月初三到芜湖,初五到省住小南门鸿雁码头余家客栈,十五又到孔城镇住近水楼茶馆边贩店里,何陈氏察觉王臣以要卖其,争吵起来。近水楼老板奶奶遂查问来历,写信给何荣太来接何陈氏。1929年废历七月王臣以复到清弋江,又叫何陈氏跟他走,何陈氏告诉家里人,赶到西河将王臣以拿住。何陈氏还供述,被王臣以拐到孔城镇住的约半个月,王臣以在那块改叫王少斋,谎称何陈氏是他的妇人。其如何因奸诱拐、如何因卖争吵均言之历历如绘。核与桐城县政府函覆宣城县政府文载,有近水楼茶馆店主童发祥的证言,适与何陈氏供述相吻合。又有证人童发祥之子童中章在法院的陈述,亦属相符。

参观互证,上诉人改名王少斋,略诱何陈氏已为不可掩之事实。乃据辩称何荣太诈去王成玉一百八十元钱,并抢去包袱一个,包袱内有洋七十三元并衣服布匹等件,如果非虚,何以王成玉不出而告诉?又何以扭送上诉人于西河公安局而对于抢去包袱、银洋、布匹并无一语述及?

而西河公安局呈送县政府文亦只言及上诉人奸诱何陈氏，并未叙及何荣太有抢物情事，且何荣太于1929年1月在清弋江公安局诉上诉人奸拐伊媳何陈氏，该公安局传讯上诉人之兄王承先限期交案，词复在巢县政府告诉，因饬传未到。是何荣太告诉在先而上诉人谓诈财抢物在后，显系饰词强辩，希图抵制。又上诉人若无诱拐何陈氏至近水楼茶馆，何以法院庭讯时上诉人犹嘱童中章称与不识，经法警鲁崐山当庭述明，则其情虚畏罪尤属灼然。原审认定上诉人触犯当时刑法第三百一十五条第二项之罪，判处有期徒刑三年又三个月并科罚金一百二十元，并依同法第三百二十三条暨第五十七条第五项褫夺公权四年，裁判确定前羁押日数依第六十四条前半以二日抵徒刑一日，均无违误。上诉意旨空言攻击，殊难认为有理由。惟原判漏引刑法第三百二十二条，虽与主刑无关，究应纠正，并予说明。

所以，上诉人王臣以之上诉驳回。

案例出处：《安徽高等法院公报》。

（冯学伟）

王光胜汉奸案

王光胜结识汉奸李玉祥后，甘为李玉祥指使在八路军中充当汉奸卧底，其间多次在饮水中投毒，企图毒害人命，为敌机指示轰炸目标，诱致青年充当汉奸，进行汉奸宣传，诬蔑八路军，为敌刺探消息，出卖祖国，罪不可恕，被边区高等法院以汉奸罪判处死刑。

王光胜在1937年1月间混入八路军一一五师充当号兵，后来因为患疥疮转送到延安柳树店二病站医院四所休养。1939年10月间在柳树店与伪装行乞的汉奸李玉祥结识。刚开始卖给李玉祥一件军衣，得大洋十五元。从那以后，就接受汉奸指使，当时接到李玉祥黄面毒药一盒、缺口镜子及日寇旗帜各一面。同年11月间王光胜在柳树店曾以镜子指使敌机轰炸延安。11月间，向青年休养员郭长年宣称八路军抢劫打骂群众，奸淫妇女，引诱郭长年逃跑，充当汉奸。郭长年在其利诱之下，果然接受其汉奸宣传，并于汉奸李玉祥发生关系，成为汉奸助手。11月间，王光胜被调至中央教导大队当勤务，竟以黄面毒药先后向中央教导大队各负责干部及大会场茶壶内投放毒药六次，企图毒死革命干部，向饮水井内投毒一次，企图毒死中央教导大队人员。又多次为敌机指示轰炸目标：一次，敌机轰炸延安，王光胜故意乱跑，大声呐喊，扰乱防空秩序，企图使敌机发现轰炸目标；再次，敌机空袭延安，王光胜跑至中央教导大队附近山上放火摇旗照镜子，企图使敌机轰炸教导大队驻地一带；三次，闻延安发生警报，即将中央教导大队操场所有柴草放火三处；四次，延安警报发出，王光胜即以缺口镜子向空中照耀。经常将首长洗的白色衣服晒在窑洞上，企图在敌机来时来不及收拾，显示轰炸目标。再者王光胜平时消极怠工，每到开会时候，故意提送开水，缓步走进会场，给各负责干部一一送水，企图停在会场，探听重要消息。又在负责干部晚间集会时，故意提送洗脚水，探听消息，有时潜伏在门外偷听，利用扫地机会捡拾废字纸三十余块，埋藏地下，希图收集文件，并企图盗取公章后逃跑。直到1940年1月开始被发觉逮捕，经检察机关侦查明白，证据属实，提起公诉。

陕甘宁边区高等法院认为，王光胜受汉奸李玉祥指使，在饮水中投毒，企图毒死人命，为敌机指示轰炸目标，诱致青年充当汉奸，进行汉奸宣传，诬蔑八路军，为敌刺探消息。又企图窃取文件、公章后逃跑，甘愿出卖祖国。依照当时国民政府修正的惩治汉奸条例第二条第一项第七、十二款及第十三款之规定判决王光胜汉奸罪，判处死刑。

案例出处:《陕甘宁边区判例案例选》。

(冯学伟)

王鹤皋债款案

陈杰民与王鹤皋之间存在债务纠纷,诉至法院,上诉人陈杰民因不服地方法院所为二审判决,遂上诉至安徽高等法院。

上诉人陈杰民与被上诉人王鹤皋因债款涉讼案,上诉人不服怀宁地方法院于1929年10月11日所为之第二审判决,声明上诉。

安徽高等法院认为,上诉人上诉意旨略称,被上诉人思骗民母(陈扬义)会款银二百五十元,迭次勾串伪证。刘菊生等伪造梁效三信件并代刻一图章,借以搪塞,信封面上书"自沪寄",乃将印花撕去。据称上诉人往年向其借款,被上诉人彼时由财政厅发垫修皖园工程费千余元,饬怀宁县署拨付,即由此款内借给二百元。县署既无卷可稽,梁效三之印章又不相符合,且县署非银行公款,何能由私人拨兑,又何以未取有收据?上次诉讼上之和解,上诉人方面减让六十元,陈元太、吴剑秋等之证言皆属虚伪,不得以之为根据,应请撤销原判,另为判决。

被上诉人答辩要旨略称,上诉人与被上诉人素称至好,1923年借款时,被上诉人适因财厅令发垫修皖园工程费千余元,饬怀宁县署划拨。遂写二百元收据,交上诉人径往支取。上诉人谓与县长高铁君有私交,可以情商也。嗣后接县署会计梁效三来函,谓已照付。本年6月发生诉讼时,梁效三又来函证明。上诉人谓梁信系伪造,梁现寓上海,仍可传质。图章有名号之差,不足为异。上诉人前诉被上诉人欠伊会款银二百五十元,业于1929年2月5日当庭和解,饬上诉人在前借之二百元债款内抵销六十元,其余之款由双方自行清理,有卷可考。会款纠葛,证人刘竹孙、王少云、何泗君及担保人陈元太、吴剑秋等曾向上诉人郑重声明,谓前借之款如不归还,即代贴九十两会,以清手续。上诉人已当面承认,今忽违反前约,并否认法院和解之笔录,实属无理,应请驳斥上诉。

查上诉人之母陈扬义与被上诉人为会款涉讼案,上诉卷内和解笔录载上诉人王鹤皋欠被上诉人陈扬义会款洋二百五十元,由被上诉人代理人桂德标担任,扣抵洋六十元,尚欠一百九十元(中略)。再上诉人王鹤皋诉称,被上诉人之子陈杰民欠洋二百元,除扣抵洋六十元外,其余之款由王鹤皋与陈杰民自行清理,被上诉人代理人不负责,任讼费各自负担。寻绎其意,已认上诉人欠被上诉人之债款为实,在其扣抵之六十元,即系已为部分之偿还,剩余之一百四十元,只谓原代理人不负责任,非谓上诉人可不负责任,犹有审究之余地也。该上诉人当时未声明异议,更于原审委任在和解笔录签字之桂德标为代理人,对于和解笔录早经同意尤可认定,且审核前后诉讼记录证人吴剑秋、刘菊生、陈元太、李霞城等,一致供称,在1925年双方为会款争执,曾由伊等调处,上诉人之母陈扬义即已承认有此借款,不过谓须由其子即上诉人负责偿还而已。事实之真伪不限于有无定式之书据,原审判令上诉人偿还被上诉人债款一百四十元,并无不合之处。上诉人徒借口于无借字,以否认被上诉人之债权,置其他一切证据于不顾,其理由显不成立。

所以,上诉驳斥,第三审讼费由上诉人负担。

案例出处:《安徽高等法院公报》。

(冯学伟)

王济春等因请求解约及返还收益涉讼案

王济春与赵月峰因买卖洲地价款兑付之事产生纠纷，王济春认为赵月峰并非诚心付款，请求解约并返还期间洲地收益，因不服一、二审判决，上诉至安徽高等法院。

王济春籍隶太平，有洲地千余亩，坐落无为县属东乡四区七洲圩，向蓄芦柴，1926 年欲从事开垦，恐遭该地居民反对。有赵月峰者，正充该区农会会长，浼中刘俊卿商说，愿买受若干亩，王济春冀得其助，遂允将该洲地头号及十三号内从廉出卖二百亩，定价每亩廿三元五角，共计价银四千七百元，由王济春书立杜卖契交赵月峰收执。赵月峰亦书 1926 年四月初十日三千元期票、四月二十日一千七百元期票各一纸交王济春收执，双方并另订承认字各一纸，载明地价凭票，不能照兑，卖契即作废。又原有丈量局印照，须王济春于第一期兑价时携出，凭中批注，否则停兑处罚。又买卖行为能否成立，以能否达到开垦目的为准等语，彼此互执。嗣以该洲地所发生之行政诉讼正在进行，致凭票上所注之日期不生效力。

其年冬月，行政诉讼结束，已达到开垦目的。王济春照约索款，赵月峰恳请待至来春。迨至 1927 年 3 月，赵月峰着手开垦，王济春又向其索款，赵月峰恳待至其年 4 月，如数兑交。旋因发生战事，王济春避居沪上，事遂延搁。其年 10 月，王济春由沪返芜，复催令交款，赵月峰又约至其年 11 月分两期送交，届期仍未见交到。王济春以其无交款诚意，遂于其年 12 月向县政府状请解除买卖契约，并返还洲地上所生之孳息。1928 年 2 月赵月峰以抹据图占等情抗辩，谓 1926 年 11 月双方齐集芜湖兑价时，王济春未将凭票两纸及丈量局印照携带，违反前约，经中人刘俊卿、马雨琴、伍荣斋、夏毓岑四人说合，罚银壹千七百元，比兑交银三千元，由王济春亲书收字，载明两纸凭票以后查出作废字样。1927 年春，王济春照约索偿埂费，又凭中交付埂费一千元，亦有王济春亲笔收字可证。王济春未交出印照批注，照约应罚银三千元，今只罚银一千七百元，是王济春仍应返还一千三百元。该县审讯后，判认买卖契约不能解除，责令赵月峰仍补交地价一千七百元，并核实补缴，埂费讼费归王济春负担，王济春不服，提起上诉，赵月峰亦提起附带上诉。

安徽高等法院认为，本案最要之症结即被上诉人赵月峰所提出之收字两纸是否为上诉人王济春亲笔书立，查杜卖契及承认字系上诉人亲笔书立，为双方所公认。经法院将收字连同杜卖契、承认字一并函托鉴定人邹成九为之鉴定。据覆函略称，详阅杜卖契与承认字，用笔兼有侧重之处，方笔多于圆笔；收条半尚轻滑，圆笔多于方笔。且 1926 年 11 月收条第二行“赵月峰”三字、第五行“王济春”三字均系蒙承认字摹出，1927 年 3 月收条上“民国十六年”五字、又凭中人下“全见”二字亦均出于蒙摹，笔画之疏密、行气之长短一律相同，如摹碑帖，惟恐不肖，显属有意伪造。复经函请安徽大学为之审查，据覆函略称，经指定教授蒋思道、杨铸秋、秘书张和声三君详细审查，据覆函开审查结果：（1）杜卖契、承认字，字迹较硬。收条二纸，字迹较熟；（2）十五年之收条“凭中人”三字，又中见人马雨琴、伍荣斋、刘俊卿、夏毓岑四人名字及“王济春”三字均分别由杜卖契、承认字朦仿；（3）其他各点与邹成九之鉴定书所具意见相同。依该鉴定及其审查结果，被上诉人所提出之收字两纸显难认为真实。

再被上诉人原称，其交款系凭马雨琴、伍荣斋、刘俊卿、夏毓岑四人，后改称仅凭刘俊卿、夏毓岑两人。刘俊卿迭次供称，不知有兑款情事。夏毓岑为被上诉人妻弟，被上诉人业已自承，且非原立卖契议字及承认字时到场之原中，其证言殊难以采用。又查原承认字虽有丈量局印照，不能于第一期兑价时，携出凭中批注第一期地价即行停兑处罚字样。而议字及承认字止均载有俟洲地达到开垦目的时，一切契约始发生效力等语。该洲地至1926年冬月行政诉讼结束时始达到开垦目的，为双方所不争。是1926年四月初十日、二十日两期票早失其拘束力，微特处罚之意义不明，上诉人既不负违反认字之责任，何至遽允处罚至一千七百元之巨？况上诉人住所距芜不远，有何急迫情形而不携带印照，更何以不能忍耐数日而回取出印照？被上诉人到旅馆之日期固非凭票上所定之限期也，果以凭票上之限期为准，被上诉人亦不免于违约，双方皆负违约之责。上诉人独甘心认罚，尤属不近情理。上以言收字不能认为真实，夏毓岑之证言不足采用，被上诉人所谓处罚之经过于事理又不可信，是被上诉人所主张者完全不能成立。上诉人以被上诉人违背契约，擅自垦种，请求解除契约并返还洲地及判决确定前该洲地上所有历年之收益，自系正当。原审于讼争事实未能明了，仅判令被上诉人缴出一千七百元，并核实分担埂费，而不允上诉人之请求解约，诚属不合，被上诉人之附带上诉，谓不应判交一千七百元及核实补缴埂费，尤属无理。据上论结，本案上诉有理由，附带上诉无理由。

所以，原判决废弃。上诉人与被上诉人所结之买卖洲地契约准予解除，被上诉人应将该洲地及其收益返还于上诉人。被上诉人之附带上诉驳斥。第一、第二两审及前第三审讼费均归被上诉人负担。

案例出处：《安徽高等法院公报》。

（冯学伟）

王敬文确认房屋所有权案

上诉人王敬文与被上诉人王吴氏因确认房屋所有权涉讼案，上诉人不服安徽高等法院第一分院于1930年10月31日所为第二审判决，提起上诉至安徽高等法院。

安徽高等法院认为，本案讼争房屋曾由被上诉人故翁王汝璧于清光绪年间立契出典与王应连，随由王汝璧之弟王汝宝赎回租与吕学贤，这些情况已为两造所不争。原审根据前项事实及证人王汝良在第一审所为房屋由王宗香买受，折给王吴氏洋一百五十元，双方愿意之陈述，认该房应归被上诉人所有，固非无见。惟据上诉人主张该房基地原系自己所有，上诉人方面出典后早由自己赎回，并经凭中王子齐找补上诉人建筑费六十千后，又凭中王汝良借给上诉人洋三元，历安无异等语。据被上诉人称该房系由上诉人承租后转租与吕学贤居住，第一年曾凭王子齐付过租钱六十千，第二年又凭王汝良付洋三元。法院查王汝璧原立典契现为上诉人所持有，则被上诉人就上诉人曾向自己租房之事实即应为相当之证明。核阅两造所呈吕学贤租赁该房之租约二纸，一载每月房价三千二百文，一载每年房价二十四千文，则上诉人似不至以每年六十千之租价将该房承租后复又减价转租。又据王汝良在第一审供称"王宗香年年也未把过他租钱，后来我只经手交三元，是吴氏借的，不是租钱"等语，究竟上诉人凭中王子齐交付之六十千系属找价作绝，抑系给付租金？又凭中王汝良交付三元究系如何情形，并近数年来被上诉人有无索取租金之事实，此为解决本件之关键。原审未经传集原中王子齐等详予阐明，尚属难昭折服。

又据上诉人迭称被上诉人之夫王敬业及其夫之兄弟均未出头告争等情，如果讼争房屋系属王汝璧遗产并为王敬业等兄弟所共有，即不应由上诉人一人出而诉追，此与当事人是否适格有关，更审时并应注意。

所以，原判决废弃，发回安徽高等法院第一分院更为判决。

案例出处:《安徽高等法院公报》。

（冯学伟）

夏维桐强盗案

夏维桐因跟随匪首王汉章等人纠约,加入匪伙,共参与行劫南陵县属史村史宗靖家、持枪械入侵行劫南陵县属三甲陶村陶大荣、陶福兴两家。被捕后因犯强盗罪被起诉至芜湖地方法院,后不服,上诉到安徽高等法院。此案涉及多项罪名与累犯情况,可为当今展示历史上针对此案件的处断方式。

夏维桐向不务正,加入匪伙,于1929年废历九月(日时未详)听从匪首王汉章、章业经、章荣宾等纠约,行劫南陵县属史村史宗靖家布匹、衣服、铜元等件,共同裱分。1930年废历闰六月二十一日夜间又听王汉章等纠约,分持枪械在南陵县属三甲陶村侵入陶大荣、陶福兴两家劫取银洋、衣服等件,共同裱分。后经芜湖白沙圩人民自卫团先后捕获王汉章、章荣宾、章业经及夏维桐多人,解由芜湖县政府转送剿匪指挥部,将王汉章、章业经、章荣宾枪决外,即将夏维桐函送芜湖地方法院检察官侦查起诉,判处罪刑。夏维桐不服,上诉到安徽高等法院。

安徽高等法院认为:本案上诉人之先后行劫,提讯时虽不承认,但是检阅芜湖县政府卷宗,据王老三(王永淑)在自卫团述称,其于去年(1929年)抢方坝史村史宗靖家时,同伙有章大老五、章小老五、王汉章、奚驼子、奚本行、刘永来、夏维桐(桐原作同)。此案抢洋一百八十元,其得手后,在李村圩奚村后头埂上见面,于西边埂坟园分赃;据沈国荣(老虎)述称,在抢三甲陶村两家人时,由王汉章纠约沈国荣,伙同共计五十四人,即刘永来(持六子连一枝)、王汉章、章小老五(持八音枪一枝)、奚驼子、章麻子、章剃头匠(中略)夏维桐等人。上诉人两次结伙行劫已据王永淑、沈国荣历历述明。参以芜湖县长解送上诉人至安徽第六区剿匪指挥部文内,也有夏维桐供述入伙行劫不讳之语,以此互相印证,则上诉人的行劫不独经王永淑、沈国荣证明,就是上诉人也在原县自白无异。其后解送,原审历在侦查公判中虽然据王永淑等改称与上诉人素不相识,而上诉人也坚持认为并没有行劫之事,显然是串通诿卸,当然不足采信。

至于上诉人及其辩护人的辩护理由,不过是说芜湖县政府文内所称夏维桐供认行劫一语,并无记录可考;王永淑供方坝史村史宗靖家被劫银洋一百八十元与南陵县覆文内称史宗靖家被劫系布匹、衣服及铜元之赃物不符;南陵夏村尚另有同姓名之夏维桐,其人不能以王永淑所供之夏维桐即为上诉人本人等。而卷内之文件只须来源明白、内容无疵,即可采为证据,历经前大理院著为判例。本案上诉人在芜湖县政府自白行劫之供述,虽因卷宗散失,原纪录无从查考,然既经芜湖前县长呈文声叙明晰,又无瑕疵可指,则采作证据,自难容上诉人任意攻击。

至王永淑所供劫取史宗靖家银洋一百八十元,与南陵县查复文内所载史宗靖被劫赃物不相符合,惟查盗匪劫人财物,到手即行分赃,事后追问赃品,想要其一一答复完全无讹,在事实上难以做到。况且王永淑在自卫团承认与王汉章等同伙抢劫者有六七起之多,而王汉章、章业经、章荣宾等又经剿匪指挥部讯问属实,执行枪决。则所供史宗靖家赃物不同之点不是因为事隔日久记忆不清,就是王永淑于承认犯罪之中故述赃物不符,以便自己事后狡卸,不能专就此点认为其是对上诉人有利的反证。

就南陵夏村有与上诉人同姓名的情况而论,上诉人在原审由侦查而公判始终并无此项主张,直到安徽高等法院才提出,亦难免非指名影射。且嘱托南陵县政府复查夏村之夏维桐,其人向务农业，讯问上诉人，亦不能指明另一夏维桐平素有何种不法行为。即使姓名相同，究与上诉人之犯罪有何关系，上诉人持此主张也不能解脱责任。综是以观，原审认定上诉人应触犯两个强盗罪，本无不合。惟查原判决事实栏内除记载上诉人伙劫史宗靖外，对于陶大荣、陶福兴两家被劫仅述及抢三甲陶村某姓，其词意似仅指行劫一家而言，而理由栏内又援引沈国荣之供述抢三甲陶村共两家是事实，与理由已不免自相龃龉。且同时同地行劫，陶大荣、陶福兴两家虽可认为一行为，而犯数项罪名从一重处断，原判决既未释明，又未引用当时刑法第七十四条。又行劫史宗靖家系在夜间，原判决引用刑法第三百三十八条，漏列第一款，均属不免违误。又本案上诉意旨虽无理由，而原判决既有不当，应予撤销改判。

所以，原判决撤销。夏维桐结伙三人以上强盗一罪，处有期徒刑七年、褫夺公权七年；又结伙三人以上携带凶器于夜间侵入住宅强盗一罪，处有期徒刑八年、褫夺公权八年，执行有期徒刑九年、褫夺公权八年，裁判确定前羁押日数以二日抵徒刑一日。

案例出处：《安徽高等法院公报》。

（冯学伟）

向昌满土地纠纷案

唐安及其侄唐七、唐根与向克志以及其孙向昌满就唐家湾土地所有权发生纠纷，唐安起诉至庆阳地方法院判决后，向昌满不服，上诉至陕甘宁边区高等法院。

唐安原有祖遗唐家湾土地一块，到光绪三十年（1904 年）才领到承业执照一张，载明土地五十亩。这块地荒芜未垦，宣统元年（1909 年），向昌满的祖父向克志又占了荒地进行开垦，并取得二十亩的承业执照。那时候，唐姓认为荒地不值钱，又不靠这种地生活，就没加注意。后又流落外乡。1915 年将原执照验讫一次，直到 1928 年起，才由唐安及其侄唐七、唐根先后向向昌满、向克志索要这块土地，历年不断缠讼。1942 年唐安又诉到庆阳地方法院，经判决，唐家湾土地，以二十五亩归唐安所有，五十亩归向昌满所有，庄窑三分之一归唐安，三分之二归向昌满。向昌满不服，向陕甘宁边区高等法院提起上诉。经陕甘宁边区高等法院审讯，向昌满陈述要求，其祖先于清光绪年间，由四川到此，在县府领得唐家湾土地一块，纳粮种地迄今数十年，庆阳地方法院将该地二十亩归唐安，五十亩归其本人，实使其含冤莫伸，请予作主，将土地追回。经传，向昌满说自己年老不能到案，于是让原审法院就地传讯，原审法院回复，向唐两家所争唐家湾土地庄窑，原属唐姓（附近四邻老年人均知），因于光绪十七年灾荒时唐安的父亲将此地放弃，于光绪三十二年（1906 年）领有五十亩地承业执照，及向姓种后以当时荒地不值钱，日后又流落他乡，遂未加追究。直至 1928 年、1932 年、1938 年，唐安及其侄唐七、唐根先后问向昌满索要该地，历诉庆阳及司峰司法处，并经当地乡区政府绅士魏含英、苏心鳌等调解，始终以向姓逃避未得解决。经多方调查，向家于宣统元年领有二十亩地执照，唐家则系光绪三十二年领得五十亩的执照。向家领照时间较唐家为迟，且地内有唐家祖墓，并经政府验过契据以及当地绅士老年人的证明。该地确实是双重领证，并随带呈上了唐安的口供笔录及原执照废约。

陕甘宁边区高等法院认为：唐安在第一审及法院均呈验其清光绪三十二年所领执照，且经过该县府于 1915 年验契手续，盖有戳记，虽然查核与向昌满所呈执照上亩数不尽相同，经原审承办人员亲临勘验及调查证明确是双重领照，当无疑义。向昌满领地在唐安之后，后领者不能影响前领的权利，这是一般法理。又向昌满对该地实垦亩数超过领地执照所开亩数，这项所超的数目不在法律保护之列。不过唐安领地虽然在前,但放弃二十余年未曾过问,也就荒芜。向昌满以积年辛力殷勤开垦成为熟地,此时若全部交还,唐安势必使向昌满发生无地耕种的恐慌。原审根据中央土地政策及该县参议会上土地提案决定的原则,判决双方争讼的土地归唐安二十五亩,归向昌满五十亩,庄窑唐安有三分之一,向昌满有三分之二,尚无不当。

案例出处:《陕甘宁边区判例案例选》。

(冯学伟)

项起高等掳人勒赎案

项起高等人因掳人勒赎案经宣城县政府判决后,安徽高等法院认为判决中载明事实所凭之证据,对于犯罪事实未依职权认定,法律适用有误,要求发回覆判。

被告项起高等因掳人勒赎案,经宣城县政府判决后,呈送覆判。

安徽高等法院认为:科刑判决应依职权认定事实,而理由栏内并应记载认定事实所凭之证据,此为当时刑事诉讼法第二百八十二条、第三百二十四条第一款所明定。本件初判,事实栏内仅叙述地方人民报告谭绍祥与其弟被掳情形及如何将被告项起高等捕获并讯问供述,对于犯罪事实未依职权加以认定,已和上述规定不合。次查谭绍祥与其弟被掳勒赎,据被告龚尽忠、周得胜均承认共同实施及分赃等情不讳,自应依惩治绑匪条例第二条处断。如认为犯罪情形确有可原,再依当时惩治盗匪暂行条例第二条第三款(原误为项)减轻科刑,方为允当。乃初判仍引惩治盗匪暂行条例第一条第一款论拟,自属不合。再被告项起高在原县述称绑票尚未同去,不过事后分赃。如果此项述词不虚,则项起高是否共同正犯,抑或仅负刑法上之同谋强盗及收受赃物责任,不无审究之余地。原县并未释明项起高之述词为不实,遽认为掳人勒赎正犯,并就此述词为酌减理由,亦欠允洽。

又被告吴夏生述称,在绑姓谭(原供认谭为广)的票时吴夏生并不在内,其是随后才到;在绑姓刘的票时,其仅为引路的。吴夏生又称,当其将人绑到了手,县城自卫团大队到了,便将他们一伙人冲散。依此供述观察,是被绑之人已入被告等之手,虽因军队冲散,尚未达到得财之目的,在法律上亦应认为既遂,初判认为未遂,并基此引用条款减轻科断,法律见解亦显错误。且绑刘姓之票,吴夏生仅承认引路,究竟在场实施者有无被告项起高、龚尽忠、周得胜等在内?如仍为项起高等所为,与掳谭绍祥弟兄又非同一行为,则项起高等尚应成立两个掳人勒赎罪名,初判关于上述各点不但事实上尚未研讯明确,即便是适用法律也多违误,应予发回覆审。

案例出处:《安徽高等法院公报》。

(冯学伟)

项作良伤害致死案

项作良纠合陈振兴、蒋兴周与黄吉昌争执互殴将黄吉昌打死案,经法院审理后判处项作良、陈振兴、蒋兴周共同伤害致死罪刑,项作良不服,上诉到安徽高等法院。此案涉及共同犯罪以及民国时期刑法出台前后的法律溯及力原则等情形,可为当时就此情况的判决提供借鉴与参考。

项作良在宿松县城东门外杨姓豆腐店内帮工,于1929年7月27日往迎江寺宝塔上纳凉昼寝。曾将裤带解开放头旁,带内藏有大洋二元、铜钞四十二枚,醒来不知去向。闻系黄吉昌之子黄子俊所窃,当即至黄吉昌家索还,未遂其愿。乃于翌日上午邀集陈振兴、蒋兴周等到嘉宾楼吃茶,预备与黄吉昌理论,黄吉昌拒不赴召。项作良等因而与之争执互殴,比由岗警疏鼎兴将双方扭送公安局第一分驻所请究。黄吉昌受伤甚重,该分驻所即送怀宁地方法院核办,甫至该院门首,黄吉昌已气绝身死。其左手腕有指甲划伤两点,皮破;左乳有拳伤一处,量围圆二寸八分,青赤晕征肿;左胁肋偏左有拳伤一处,量围圆三寸二分,青紫晕征肿;两眼胞开,两手十指散,与录载被殴身死条内合符。查其形状,实系伤震内部,因左胁肋拳伤身死各节,业经原审法院检察官验明,填具验断书附卷。案经检察官侦查起诉,刑庭审理,判处项作良、陈振兴、蒋兴周共同伤害致死罪刑,项作良不服,提起上诉到安徽高等法院。

安徽高等法院认为:上诉人项作良系因与陈振兴等共同殴伤黄吉昌,经岗警疏鼎兴当场一并获送本城公安局第一分驻所,转送原审法院核办。证人疏鼎兴供称,那天上诉人等殴打时,疏鼎兴在那里站岗,见他们许多人在一处打,其比时就上前解劝,看见黄吉昌业已受伤。随即就将斗殴人一起带到署里。迨诘以是否项作良、陈振兴、蒋兴周三人打黄吉昌一个人,皆承认,由项作良等三人打黄吉昌一个。疏鼎兴并未看见除此之外的其他人殴打黄吉昌;核与证人夏杨氏供述,夏杨氏见三人动手打人;证人胡德发供述,警察带去的三个人动手打人各等语,均尚相符。该上诉人在第一次侦讯时供述其当日在宝塔上睡,将裤带解开放在头边下,黄子俊将其裤带拿去了,里面有四十二个钞,有两块钱是预备贴会的,他也拿去了。次日早上其前往要钱、要裤带,黄子俊父亲不承认有两块钱,所以就争打起来。上诉人是用拳头打,也是无意的,并不是有意的行为;亦与黄徐氏(黄吉昌之妻)所述情形无异,是该上诉人之犯罪事实已经供证确凿,毫无可疑。其上诉辩称黄吉昌叫儿子殴打上诉人,上诉人便离开,被害人怎么死的,其已到区里去,并不知情,以为上诉理由,而不知公安局第一分驻所致原审法院片内已载明,该日十二点钟,据三孔桥岗警疏鼎兴报称等字样,该上诉人并未先赴分驻所报告,极为显然,何能任其狡饰,原审法院认定上诉人犯共同伤害致死罪,判处徒刑,洵无不合。惟查此案犯罪时期系上年7月28日,在当时刑法施行之前;刑法第二百九十六条所定处无期徒刑或七年以上有期徒刑,较刑律第三百一十三条第一款所定无期徒刑或二等以上有期徒刑为重,依刑法第二条但书规定,仍应用刑律科刑,原判决援引刑法处断,实属不当,故本件上诉虽无理由,而原判决关于项作良罪刑部分仍难予以维持。

所以,原判决关于项作良罪刑部分撤销。项作良共同伤害致人于死,处有期徒刑七年,褫夺公权八年,裁判确定前羁押日数准以二日抵徒刑一日。

案例出处:《安徽高等法院公报》。

(冯学伟)

肖积金、陈华贪污公款及收受赃物案

肖积金、陈华因贪污公款及收受赃物分别被陕甘宁边区高等法院判处徒刑四年与徒刑两年一案,可作为陕甘宁边区职务犯罪的相关研究案例。

肖积金是职工合作社人员,之前做过多年经济工作,因个人生活堕落腐化,发财思想浓厚,在每一机关都经常发生手续不清等情事。在难民工厂时,曾贪污公款四五十元,被前保安县政府关押数月。1943年3月间职工合作社派肖积金去绥德营业,因赌博及挥霍又挪用公款一万余元。在返回延安途中私向挪用的公款无法偿还,又准备侵吞随身携带的公款六万四千三百元、白洋布半匹，就立刻起下不良之心，路过飞机场把款、白布寄存在熟人张鸿耀（外号满子）家。回社后伪造事实，虚报中途遇匪被抢劫公款八万余元、白洋布半匹，以欺骗该社，达到彼贪污的目的。次日，肖积金又把款布取回，以五万元托高等法院监狱保外服役之人犯陈华保存。肖积金是陈华老友，陈华明知这款来路不正，企图获利，故意收受。案经职工合作社呈请市公安局侦查属实，转送到陕甘宁边区高等法院。

陕甘宁边区高等法院认为：肖积金在工作中一贯发生经济手续不清等行为，且经前保安县政府关押后益又变本加厉，贪污巨款，本无可宥恕，只是考虑到他从小参加革命，有长期斗争历史，且现在还年轻，尤其在审判过程中，其反省及悔悟的态度很是诚恳深刻，故而依照当时边区惩治贪污条例第三条第三款之规定，酌情判处徒刑四年。陈华在刑期执行中，犹未悔改，收受赃物意图获利，应依照当时刑法第四百三十九条第一项及同法第五十一条之规定，根据上述理由，特判决肖积金贪污公款八万余元及白洋布半匹之所为，处徒刑四年（刑期自 1943 年 3 月 28 日起至 1947 年 3 月 27 日止）。陈华收受赃物五万元之所为，判处劳役六个月，连同前犯妨害风化一罪所判徒刑二年，一并执行。

案例出处：《陕甘宁边区判例案例选》。

（冯学伟）

谢二窃盗及脱逃案

谢二因盗窃含山县西门外庆泽沛家与石光玉家被捕获，同年脱逃。后被拿获，被安徽省该县法院审理后分别判处罪刑，送安徽高等法院覆判。此案涉及一罪与数罪的区别等情形。

谢二于 1929 年废历十月初八日夜，伙同在逃之陈麻子毁墙侵入含山县西门外庆泽沛家窃取烟袋、铜元、眼镜等物，同时又侵入石光玉家窃取棉袍、大褂子等物件，得赃俵分。由庆泽沛、石光玉报告含山县，将谢二捕获，发交看守所羁押。同年十二月廿五日谢二出外小便，乘间脱逃。延至 1930 年四月卅日才在二坝地方将谢二拿获，经该县审理，认为谢二犯两个夜间侵入住宅窃盗及一个脱逃之罪，分别判处罪刑，呈送安徽高等法院覆判。

安徽高等法院认为：本案被告于 1929 年废历十月初八日夜，伙同在逃之陈麻子赴含山县西门外行窃，将庆泽沛墙垣毁坏，入内窃取烟袋、铜元、眼镜等物，同时又侵入石光玉家窃取棉袍、大褂子等件，得赃俵分。经该县捕获羁押后又扒墙脱逃等情，该被告既迭次自白不讳，核与被害人庆泽沛、石光玉及看守秦明所述被窃及脱逃情形相吻合。是其犯罪事实极为明确。初判认该被告犯窃盗及脱逃之罪，本无不合。惟关于窃盗部分，一罪数罪之区别以行为为标准，不依法益计算，此为现行法例所明示。核被告既系同时在同一地方窃盗两家财物，显系一行为而犯数罪名，学理上名为想象上之俱发，初判未依刑法第七十四条从一重处断，而认为两罪并合，未免失入。又该被告于夜间侵入庆泽沛家，系挖墙入内，其罪质涉及同法第三百三十八条第一项（初判漏引第一项）第一、二款，初判未引该条项第一款。而裁判确定前羁押日数不予折抵，又未释明理由，殊嫌疏漏，并予说明。

因此，初判更正。谢二于夜间毁墙侵入住宅窃盗，处有期徒刑一年又二月。又拘禁后脱逃，处有期徒刑十月，执行有期徒刑一年又八月，裁判确定前羁押日数以二日抵徒刑一日。

案例出处：《安徽高等法院公报》。

（冯学伟）

徐光耀等因坟山涉讼案

徐光耀与方运来因坟山界限产生纠纷，经怀宁地方法院二审判决后徐光耀仍不服，上诉至安徽高等法院。

上诉人徐光耀与被上诉人方运来因坟山涉讼案，上诉人不服怀宁地方法院 1929 年 11 月 25 日所为第二审判决，提起上诉。

安徽高等法院认为，本案上诉人之祖徐用仪坟山界址，系上齐山脊、荣姓毗连，下齐人行小路，左齐人行小路，右与汤姓毗连，业经徐德扬光绪三年（1877 年）所立之议单详细载明，并为两造不争之事实。兹应审究者，汤姓之坟究在何处，即上诉人坟山之右界究竟抵至何处为止而已。检阅原审勘图，据上诉人指该山北部之坟塚为汤坟，主张其坟山之右界应抵止该坟塚为止。然查当事人主张有利于己之事实者就其事实有举证之责，该上诉人所指该山北部之坟墓一塚既无墓碑可考，而上诉人又始终不能举证证明，则该坟是否为汤坟已属无从认定。且查上诉人所指汤坟之左尚有王姓坟及徐连贵等坟墓多塚，王姓墓碑并刊有光绪六年（1880 年）字样。如果该处为上诉人之祖于光绪三年提留之山场，应属上诉人所有，何以于光绪三年以后犹任人一再安葬坟墓、竖立墓碑？关于此点，业经原判详予阐明，而该山北部之坟又经证人汤沛然到庭否认，并证明被上诉人葬坟处之左首四塚为汤坟。是上诉人妄指汤坟、以图占地，尤甚明显。原审根据汤沛然之证言认定汤坟在被上诉人葬坟之左，上诉人坟山之右界应抵至该处为止，尚无错误。上诉人空言争执，殊难认为正当。至上诉人所呈尹姓清界字一纸，系载明同治年间尹添葬尹定临公坟一塚等语，核与尹定临墓碑所载光绪五年（1879 年）字样不符，亦无可采。

所以，上诉驳斥，第三审讼费由上诉人负担。

案例出处：《安徽高等法院公报》。

（冯学伟）

徐光宗等因账项涉讼案

徐光宗认为谌友松在经理账务之时存在侵蚀店款等情形，要求予以追讨。在清缴款项之后双方达成和解，后徐光宗认为谌友松有舞弊情形，不服芜湖地方法院判决，上诉至安徽高等法院。

上诉人徐光宗与被上诉人谌友松因账项涉讼案，上诉人不服芜湖地方法院 1931 年 7 月 17 日所为第二审判决，提起上诉至安徽高等法院。

安徽高等法院认为：和解有使当事人所抛弃之权利消灭及使当事人取得和解契约所订明权利之效力，此为当时民法第七百三十七条所明定。本案上诉人在第一审主张被上诉人经理同和裕账务、侵蚀店款，请求予以追讨，并提出钱总簿账册等件为证。法院查被上诉人于 1929 年春辞去该店职务，曾于同年三月初七日凭证人余良臣等书立经手款事字一纸，交由上诉人收执，至同年十二月初四日复经两造凭同余良臣等立有双方和解字二纸，交由两造收执，此项事实原为两造所不争。检阅经手款事字内载“倘有发现谌友松亲笔字样、盖同和书柬图章之票据纠葛等情，归谌友松个人是问、偿还，与该号主东无涉”，又据和解字内载“分手出店以前账项、票据有友松个人名义亲笔，假借同和裕图章应归友松负完全责任，此系两相情愿”，并载明“所有友松经理该店出入账项凭同亲友一律结算清楚，日后永断纠葛”各等语，是经手款事字固仅为解决被上诉人在服务期内书立票据应自负其责任之问题，而设至和解字则除经手款事字内所载票据事项外即被上诉人历年在该店经管之出入款项各账目亦均已经两造会同亲友结算清楚，予以解决，至为明了。从而可知上诉人如果发现被上诉人假借该店名义，盖用该店图章之票据，固得依据和解字主张应由被上诉人负责偿还。而对于从前之账目则应受和解字之拘束，不得再行主张清算或求偿。此就上开法条及和解字内容观之，应属当然解释，毫无疑义者。卷查上诉人系根据从前账簿请求追偿被上诉人所侵蚀之店款，显系和解字成立以前业经结算清楚之账目，纵令被上诉人实有舞弊情事，然既已因立和解字使上诉人之权利消灭，自不得重行主张，兹上诉人乃谓被上诉人两次所立字据皆系解决被上诉人于1929年春赴沪办货所借二千元之票款问题，并非解决吞款问题，显与和解字内容不符，殊难谓正当。第一审判令被上诉人贴还上诉人洋五百元，按照上述说明，未免错误。原审废弃第一审判决，驳斥上诉人在第一审之诉，尚无不合。上诉论旨非有理由。

所以，上诉驳斥。第三审讼费由上诉人负担。

案例出处：《安徽高等法院公报》。

（冯学伟）

徐鹏元伤害案

徐鹏元其妻因家庭琐事与徐鹏元胞叔徐宝光发生冲突，徐鹏元不问情由殴打胞叔徐宝光。徐宝光于次日前往怀宁地方法院提起自诉，判处徐鹏元以伤害旁系亲属罪有期徒刑四个月，徐鹏元不服，上诉至安徽高等法院。

徐鹏元与其胞叔徐宝光同屋居住，1930年6月9日午后，徐鹏元由外回家，适见宝光与伊妻为移置小孩摇床发生争论，即不问情由遽以手持之木扁担向宝光胸背、左臂等处殴击成伤，比经邻人王荣泰、徐宝玉上前解劝始散。宝光于翌日赴怀宁地方法院提起自诉，判处徐鹏元伤害旁系尊亲属罪，有期徒刑四个月。徐鹏元不服上诉，复经该院刑事合议庭受理，第二审为上诉驳回之判决。徐鹏元仍不服，上诉到安徽高等法院。

安徽高等法院认为：上诉人上诉意旨大概是，徐宝光以旁系尊亲属身份被人唆嘱、借案诈财，第一审不为真确之调查既判其有期徒刑四个月，又判赔洋四十元。等上诉第二审时，又将证人徐宝玉疏通作一致之伪证，对于第一审以刑法第二百九十八条判处自诉案件不为驳斥，反予维持，已显失当。

高等法院查上诉人徐鹏元虽不供认有伤害其胞叔徐宝光之事实，而辩称徐宝光是因碰在小桌拐上受伤，但核阅当时解劝之王荣春在第一审供述，王荣春听见徐家吵闹，便跑往徐家，见宝光被打在地。诘以其去看时见徐鹏元手中拿的何物，据答为木扁担，且徐宝光之伤由徐鹏元拿扁担殴打所致，并具结附卷。实与同时前往解劝之徐宝玉在原审供称，其与王荣泰共同拉架，徐鹏元拿木扁担在手殴打徐宝光，被打躺在地下，此情况属实，并非因碰在小桌拐受伤。

既与第一审所填徐宝光伤单内载“胸膛木戳擦伤、脊背中偏右并合面左臂均木伤”等字样均相符合，且上诉人于是日曾因抛置小孩摇床与徐宝光发生争执，业经自认不讳，则徐宝光之受伤委系该上诉人所殴击，已无丝毫疑义。原审因第一审认定上诉犯刑法第二百九十三条之罪，依同法第十五条、第二百九十八条第二项加重本刑三分之一，处以有期徒刑四个月，实无不当。将其上诉驳回，自非无见。上诉意旨纯系空言狡辩，非有理由。虽查刑法第二百九十三条之罪须告诉乃论,第一审未引同法第三百零二条,原审亦未予纠正,均属疏漏。然既与判决主旨无关,毋庸撤销改判。又查犯刑法第二百九十八条之罪仍依同法第二百九十三条定,法院之管辖早经解释在案,(见司法院二四一号解释)是原第一审对于此案依自诉程序审理判决,于法并无不合。上诉意旨攻击原审不予驳回自诉失当,亦非有理,并予指明。

所以,上诉驳回。

案例出处:《安徽高等法院公报》。

(冯学伟)

徐子彬等因请求偿还欠款案

徐子彬与孔庆荣的店伙计刘凤臣曾签订借据,现徐子彬请求由店主孔庆荣偿还欠款,经怀宁地方法院判决后,徐子彬不服,上诉至安徽高等法院,安徽高等法院因借据存在漏洞不足以证明欠款之事的真实性,要求发回重审。

上诉人徐子彬与被上诉人孔庆荣因请求偿还欠款涉讼案,上诉人不服怀宁地方法院于1930年4月15日所为第二审判决,提起上诉。

安徽高等法院认为:本案上诉人主张被上诉人欠款之事实是否真实,应以上诉人提出之借据是否确系被上诉人店伙计刘凤臣亲笔为断。关于此点,原第一、第二两审均传唤刘凤臣到场核对笔迹,第一审认为该借据实系刘凤臣所书,第二审则反是。法院查证书之真伪,产生疑问时,例非选任鉴定人详加鉴定,不足以资依据。细核前项借据与刘凤臣先后所书字迹是否相符,尚滋疑窦。原审并未践行鉴定程序,遽将第一审判决变更,尚属难昭折服。后查刘凤臣原系被上诉人店伙计,该店账据多系刘凤臣手笔,刘凤臣复始终否认有代书借据之事,更参以调处原中丁金甫、王金亭等在第一审之陈述,似该据如果系属刘凤臣所书,即应由被上诉人负履行之责任。至被上诉人并非不能签押,有第一审1930年2月22日之判决送达证书可考。原判谓借据上之押非被上诉人所能签,假定借据确系刘凤臣所书,亦不应由被上诉人负责,尤有未合,应认为有发回更审之原因。

所以,原判决废弃,发回怀宁地方法院更为判决。

案例出处:《安徽高等法院公报》。

(冯学伟)

许照才确认坟地上诉案

许照才与郑明海就坟地所有权发生争执,上诉到怀宓地方法院。怀宓地方法院判决后许照才不服,上诉到安徽高等法院,经安徽高等法院审理后认为原审法院未予详究据,发回怀宓地方法院更为判决。

1929年10月,上诉人许照才与被上诉人郑明海因确认坟地所有权涉讼案,上诉人不服怀宓地方法院于1929年9月14日所为第二审判决,提起上诉。

安徽高等法院认为:当事人主张有利于己之事实者应负举证之责,本案原审认为上诉人所呈1927年看坟字及抄谱等件不能为主张所有权之证据,因将其诉予以驳斥,固非无见,惟查讼争山地坟冢累累,据上诉人称除被上诉人方面,因看管坟地安葬数棺外,其余均系上诉人祖墓等语据,被上诉人则称该处坟冢均系伊造所安葬,上诉人仅于今年借葬三冢,上诉人家另有坟三十二冢于讼争坟地毗连(见第一审 1929 年 6 月 25 日辩论笔录)。

又被上诉人提出讼争坟地图一纸亦将许氏毗连古沟坟三十二冢及靠东部坟六冢,错列于讼争地内,究竟两造主张孰为真实。假令该地全部均系被上诉人所有,何以迭经上诉人卜兆其间不生异议,如谓上诉人方面坟冢系属借葬,则被上诉人关于借葬之事实有无相当证据方法足资证明自应详予审认。又上诉人提出之谱据虽不足以证明其主张,而其在讼争山地安葬坟茔之事实,既为被上诉人所不争,依法应即推定其有正当权源之存在。被上诉人如欲加以否认即应负举证之责,如两造对于该地各有占有一部分之事实,又均不能提出证明所有权之确证,亦应维持其占有之现状,原审未予详究据,将上诉人之诉,及附带上诉均予驳斥尚属难昭折服,应认为有发回更审之原因。再查被上诉人提出之谱牒当契粮串分关等件纵属真实,然是否能将讼争山地全部包括在内,抑仅足为该地一部分之证明,更审时并注意。

所以,本案上诉非无理由,原判决废弃,发回怀宓地方法院更为判决。

案例出处:《安徽高等法院公报》。

(冯学伟)

许自成等强盗案

许自成、何志堂、陈有发等二十人携凶器撞门闯入陈绍箕家,盗走洋元、首饰等财物,将陈聂氏殴成轻微伤。投案经原县审理判决后三人与高等法院检察官均不服,上诉至安徽高等法院。此案经二审审理后,最终为安徽高等法院宣布上诉人无罪。

许自成、何志堂、陈有发均住潜山县五区和里。1928 年 11 月间许自成、何志堂及陈有发之胞兄陈文发与许象坤等十九人曾以该里保董陈绍箕土劣等情,向安徽特种刑事临时法庭告发陈绍箕,于同年 12 月 15 日来省应讯。

1929 年 1 月 3 日夜陈绍箕家被盗,二十人左右携带凶器撞门入室,抢去洋元、首饰等件,并将陈聂氏殴成轻微伤,得赃逃逸。陈聂氏于同月 5 日以强盗伤人等情向该县告诉,请求缉凶究办,并报告人民自卫团请其转呈。经该县勘验被抢属实,因不知逃犯姓名,立即分呈省政府及安徽高等法院通缉在案。迨陈绍箕由省返家,疑系许自成、何志堂、陈有发等所为,于同月 15 日向该县指名告诉。经该县将许自成、陈有发拘获,何志堂亦自行投案,经原县审理认定许自成犯强盗及伤害两罪,何志堂、陈有发各犯强盗一罪,分别判处罪刑。许自成、何志堂、陈有发及安徽高等法院检察官均不服,先后提起上诉。

安徽高等法院认为,上诉人许自成等于 1929 年 1 月 3 日夜,伙同逃犯十余人分持枪刀铁尺等物,撞殴告诉人耳门,入室抢去洋元首饰等件,并将告诉人之妻陈聂氏殴成轻微伤,系以陈及其媳陈聂氏之陈述,及地保王义元之证言,与上诉人许自成、何志堂家所搜出之铁尺、屠刀为判决基础。

但查陈聂氏于被抢之后向原审告诉并报告该区区董及自卫团,均称 1929 年 1 月 23 日夜,有盗匪约近二十人均头套猴帽,身穿各色大褂外加马褂背褡不等,撞门将陈聂氏殴伤抢劫洋元等物。经原审庭讯,也说人不认识且都戴猴帽。如上诉人等确系为首正犯,于抢劫之时被陈聂氏认明,何以告诉之始及庭讯时从无一言提及,直至告诉人回家后才以上诉人等为被告,情节实属可疑。如果说告诉人父子在省恐途中被害,但盗匪案件一经告诉,依法即予逮捕,无加害之可能。即便逃犯尚多,恐其报复,何以诉请缉凶究办又无所顾忌,前后措辞均难自圆其说。

况据该陈聂氏供称,何志堂拿杀猪刀,许自成拿铁尺,打其手膀,陈有发拿炮向她脚底下放,与该氏所称皆不认识行为人,因其都戴猴帽,显有歧异。而该氏所称许自成用铁尺殴伤情形又与原审伤单所载"左胎膊有他物伤一处,围圆三寸,许青肿坚硬,殴有他物伤一处,围圆二寸,红肿色,左肩下有铁器伤一处,围圆约四寸"等语不符,尤难置信。

次查证人王义元系该区地保,而告诉人曾充团总,均为告诉人及该证人所自认,所以,该证人与告诉人于职务上关系极为密切,不无偏袒之嫌。且该证人供称,陈聂氏1月25日报案,1月26日县长去勘案,陈聂氏没有说其知晓四人。之后陈聂氏同证人在厨房说认识四个人,未说什么人。证人曾问其何以不对县长说明,陈聂氏答复其不能说,若说这话,陈聂氏丈夫有性命危险等语。陈聂氏称此话以前对地保王义元说过,姓许的一个,何志堂一个,小獾子一个(陈有发),储兰馨在外吹号。

及告诉人所称,其不在家,家内无主,且陈聂氏乃妇人,胆小畏言,曾向地保王义元说明。王义元曾表示因陈聂氏系妇人,恐难对质,命陈聂氏候其回家补陈。又称向王义元说明在县长未勘以前,各语并不一致,是否其为事后串通以为作证,还需要讨论。且肇事之后,该区区董、自卫团团总及该县先后指验,从未言及认识上诉人等在内,而在厨房中向一地保申诉情节殊太离奇,则该证人之证言自难认为合法之证据,更无可采信。

复查铁尺屠刀等件,据上诉人许自成辩称,其以前有五六石种(现在只有两三石种),故打铁尺一柄以防盗贼。何志堂辩称,其以杀猪为业,故有杀猪刀两把,告诉人对于许自成家道小康,何志堂以杀猪为生及该上诉人等以前并无抢劫情事,均不争执,则上诉人等为自卫及业务上所用之铁尺、杀猪刀,何能指为系供犯罪所用之物。如果是上诉人等在抢劫时携带的凶器,则上诉人等自应早为坏弃,以图灭迹,何能置之家中静待法警搜索,作为犯罪之证物,该上诉人等再笨也不会这么做。

至于上诉人等所提出反证,除许自成于1928年1月23日夜在涂许氏家歇业,经涂许氏证明外,其余前后述词固然稍微有些不符。但犯罪事实须有积极证据来证明,如果不能证明,则反证无论是否真实终不能入人于罪,此为现行法例所明示。告诉人就反证方面攻击自难认为有理。况查许象坤等十九人诉告诉人土劣等情一案卷宗,上诉人许自成、何志堂及陈有发之胞兄陈文发,均列名告发,则告诉人来省应讯,上诉人等自属知悉,参以告诉人之妻陈聂氏所称"23日我家有要饭的、卖稻的,他们只问我丈夫可在家,我说到省城打官司,那要饭人我不认得"等语。足以证明告诉人家之被抢其系不知,告诉人业已来省之逃犯所为与上诉人等无涉,告诉人事后竟指上诉人等为实施正犯,则上诉人等说是挟嫌栽诬,不能说没有证据。

原审未予详究,就认定上诉人许自成犯强盗及伤害两罪,并合执行徒刑八年,陈有发、何志堂各犯强盗一罪各处徒刑七年,均褫夺公权十年,屠刀、铁尺没收,未免于法律有所违误。上诉人等及检察官都攻击原判违法,不能说没有道理。

所以,原判决撤销,许自成、何志堂、陈有发均无罪。

案例出处:《安徽高等法院公报》。

(冯学伟)

薛常荣离婚案

薛李氏上诉绥德地方法院要求离婚,法院支持薛李氏的请求后,薛常荣不服,上诉至陕甘宁边区高等法院。此案例体现了陕甘宁边区法律对夫妻二人情感与婚姻的态度,可作为研究的经典材料。

薛常荣与薛李氏于1929年结婚,已十四年,并且生了两个子女。1934年薛李氏曾一度被另嫁他人,最终又经政府判归,夫妻和好如初。而薛常荣家里贫穷,并且常年出外做工。对家庭生活的供给难免时有困难,因而薛李氏就时常在她娘家居住。到1942年4月间,薛常荣从延安返回家乡,坚持要求薛李氏回家,共同生活。直至6月间,薛李氏才回去。不但对生活不满,还怪怨丈夫强迫她回家,两人就发生了口角纠纷。薛李氏于是去区府控诉,要求离婚。经调解不成,转介绍到绥德地方法院。该院审理后,认为不堪同居,判决准予离婚,子女依自愿决定随父或随母,财产各归自有。薛常荣不服,提起上诉到陕甘宁边区高等法院。经法院讯问薛常荣供如上述。又因薛李氏因为缺少路费,又有小孩,无法到案,就查原审法院录取口供,其供述称薛常荣是傻子,无论其吃穿,诬赖薛李氏和人通奸打骂,故薛李氏要求离婚。

依照以上事实,陕甘宁边区高等法院认为:薛李氏与薛常荣结婚已有十四年之久,且生有子女,并非根本感情不和,无法同居。薛常荣所说的薛李氏与他人通奸,而薛李氏又说薛常荣强迫她卖淫,经原审令区府调查,均无事实。薛李氏所持的唯一离婚理由就是打骂和不管吃穿两点。关于这一点,薛李氏也仅提出1942年6月18、21、23日打了三次,尚未成伤。而对吃穿,薛常荣则说,除了有地三垧多可以打些粮食外,他还可每年给家捎三五百元或千余元不等。薛李氏亦承认,1941年捎过一百元,1942年捎过一百元,显然不是虐待或完全无论薛李氏的生活。似乎薛李氏坚决要求离婚实是出于嫌贫爱富或受他人教唆所致。原审断然以不堪同居,判准离异,实在有些不妥当。且薛常荣当庭再三声称,保证今后尽力维持薛李氏生活,绝不致再有短缺之虞,保证不再打骂。所以,薛李氏尽可安心同居,恢复感情,没有可以再提离异的理由。至于薛李氏所说的薛常荣是傻子,并且欺诈嫖赌等行为均经查无实据,多属诬控之辞。法院认为农村家庭夫妇为社会经济机构组织成分,不宜轻易判离,致危及社会经济基础。

所以,原判决撤销,薛李氏应与薛常荣继续同居,不准离异。

案例出处:《陕甘宁边区判例案例选》。

(冯学伟)

薛玉祥窃盗案

薛玉辉认为薛玉祥窃占他村南两段地,计三亩有余等情,先提起民事诉讼不成后,以自诉被告盗窃,遭涿县地方法院驳回后不服,上诉至河北高等法院案。此案涉及法律的有效时期等情形。

上诉人薛玉辉因自诉被告窃盗案件,不服涿县地方法院1937年4月5日第一审判决,提起上诉到河北高等法院。

河北高等法院认为:行为的处罚,以行为实施时的法律有明文规定者为限,刑法第一条定有明文。故窃占他人不动产,如在旧刑法有效时期,依据该法,并无处罚规定。本案上诉人薛玉辉,自诉被告薛玉祥,于1934年9月间,窃占他村南两段地,计三亩有余等情,是以"此项地亩,上诉人曾与被告提起民事诉讼,因不谙法律,致遭败诉,提起自诉,以求救济"等词为论据。

民事确定判决,已明示被告并无侵占上诉人地亩的事情。上诉人于民事败诉后,又提起自诉,说被被告窃占,其非实情,灼然可见。即使假定自诉人所诉非虚,而据其所述,被告窃占他地亩的行为，既然在1934年9月间。当时新刑法尚未施行，依该法第二条第一项但书及以上规定，也没有处以罪刑的余地。原审却不依刑事诉讼法第二百九十三条第一项，判被告无罪。据认上诉人，非本案被害人，不得提起自诉，依刑事诉讼法第三百一十一、三百二十六条，作出不受理的判决，显属于法违误。本案上诉并非毫无理由。又据上诉人在河北高等法院所称，被告在去年间，窃占伊地亩三分有余，仍在初诉窃占地段三亩余以内，苟属实在，何以在1936年3月20日所作的自诉状及在原审供述中均未述及只字，其为饰词攻讦，昭然若揭，倘有采用价值。

所以，原判决撤销。薛玉祥无罪。

案例出处：《河北高等法院公报》。

（冯学伟）

杨陈氏自诉被伤害案

杨陈氏上诉称其因买卖鸡蛋遭马有云殴伤一事，杨陈氏不服怀宁地方法院判决，上诉至安徽高等法院案。

上诉人杨陈氏因自诉被告伤害案，不服怀宁地方法院1930年10月18日第二审判决，提起上诉到安徽高等法院。

上诉人杨陈氏虽经第一审验明额颅指甲刮伤四道，各长一分至六分不等、宽均不及皮，微破，注明伤单附卷。讯据上诉人一再指称为被告所殴伤，又证人张文长在第一审亦称杨陈氏与马有云因争买鸡蛋，马有云将杨陈氏打伤腰并头部，但质之被告始终否认有殴伤上诉人之事。经原审传集证人胡正山，讯问其杨陈氏是否受伤，其回答没有看清。又讯证人靳以三、胡以福二人是否看见杨陈氏与马有云为买鸡蛋事打架，均称没有，杨陈氏额颅亦没看见有伤。又讯当时排解巡士张福田是否看杨陈氏额颅指甲划伤四道，其回答没看见。

安徽高等法院认为：查阅原卷，上诉人虽因购买鸡蛋与被告发生争执但并无被殴受伤之事，不但证人胡正山、靳以三、胡以福等一致述明，就是当时排解巡士张福田亦在原审指证属实。则上诉人事后之诉经第一审验明额颅有指甲划伤四道，无论是否出于上诉人自行装点，抑或基于其他情形发生。但就前项所述，自不能认为系被告所加害。再查上诉人初次诉状所举证人为胡正山，及第一审于8月9日传讯证人传票内亦仅列胡正山一人，乃于8月13日公判时忽由上诉人之夫杨光道自行邀集张文长到庭作证，则此项证人显系临讼勾串，其所陈述要无置信之余地。原审以张文长之证言不足采用，认定被告之犯罪嫌疑不足，将第一审所判被告伤害罪行撤销，依当时刑事诉讼法第三百七十九、三百一十六条论知被告无罪，并无不合。上诉意旨仍以原审未传张文长到庭，就采证上任意攻击，不能认为有理由。

所以，上诉驳回。

案例出处：《安徽高等法院公报》。

（冯学伟）

杨合德开设烟馆案

杨合德因开设馆舍供人吸食鸦片，后被怀宁地方法院判处后，声明服从判决。然而其后上诉至安徽高等法院，遭安徽高等法院驳回案。此案涉及上诉权的丧失情形。

上诉人杨合德因开设馆舍供人吸食鸦片烟案，不服怀宁地方法院1931年10月22日第一审判决，提起上诉到安徽高等法院。

安徽高等法院认为：上诉制度原为当事人不服判决之一种救济方法，若于法定上诉期间内以书状舍弃上诉或于审判时以言词声明经记载于笔录者，其上诉权即行丧失，不许再行上诉，此观之当时刑事诉讼法第三百七十、三百七十二条之规定至明。本案上诉人因犯吸食鸦片烟以及设馆舍供人吸食鸦片两罪，于1931年10月22日经原审告知，判决时与同案被告杨青山、胡子飞等均当庭声明服从判决不上诉，由原审书记官记明笔录在卷，并于判决书尾末亦有被告均声明舍弃上诉权之记载。所以，上诉人之上诉权已因舍弃而丧失，而原审于10月25日送达判决书后，上诉人又于同月27日具状上诉，依前述规定，自为法所不许。虽讯据上诉人述称没有舍弃上诉，然既经原审记明笔录，曷能任其空言翻异，本案上诉不能认为合法。

所以，上诉人杨合德之上诉驳回。

案例出处：《安徽高等法院公报》。

（冯学伟）

杨绍贵预谋杀人案

杨绍贵与杨郭氏因恋奸情心生邪念，将杨郭氏丈夫杨天扬杀害。经地方法院判决后杨绍贵不服，上诉到安徽高等法院案。此案涉及预谋杀人等情形。

杨绍贵与杨郭氏邻近居住，时相过从，于1930年3月与杨郭氏调笑成奸，嗣后遇便续旧，不时往来。其夫杨天扬廉得其情，责令杨郭氏暗中拒绝。杨绍贵因恋奸情热，乃与杨郭氏商议将杨天扬杀害。1931年3月21日（废历二月初三日）夜间杨绍贵预藏杨郭氏家内，等杨天扬睡熟以后就与杨郭氏共同用布带将天扬勒毙。第二天，杨天扬之兄杨天赐因事前往，惊悉伊弟仓卒身故，根询情形。杨郭氏意图掩盖，佯称是发痧症身死。杨天赐查验颈项有带勒伤痕，一面席请族戚到场验视。此时杨绍贵与兄杨绍富知事不可掩，央人出钱私和了事。杨天赐不从，就派杨天清、杨天启具诉繁昌县政府，拘获杨绍贵、杨郭氏到案，判处罪刑。杨绍贵等不服，上诉到安徽高等法院。

安徽高等法院检阅原卷，已故杨天扬咽喉下有伤痕一道，门头周围一尺、宽五分带头，左耳根下有焦头八字痕迹，左肘受垫伤一处，长六分、宽三分，实系生前受带勒伤身死，业经原审验明，填具验断书附卷。

安徽高等法院认为：上诉人等虽经高等法院提讯坚不承认有加害事情，然讯据证人杨天烘、杨又金、杨邦声、杨家煌、杨邦云、杨厚礼等均供述，二月初五日杨天赐请前述证人到场，当时曾问杨郭氏之夫杨天扬如何身死。据杨郭氏回答，其丈夫是绍贵用带子勒死。上诉人杨郭氏经原审讯，问其同杨绍贵何时有来往，杨郭氏答称去年3月。又问其可有与别人来往，杨郭氏答称没有。问杨郭氏杨绍贵是用什么东西将杨天扬勒死，杨郭氏答称杨绍贵是用腰带将被害人勒死的。问其杨绍贵为何要将其丈夫谋害勒死，杨郭氏答称，杨绍贵本为其夫朋友，后他两人产生嫌隙。杨天扬于正月告诫杨郭氏不让与杨绍贵接触，当杨郭氏将此事告诉杨绍贵后，杨绍贵便起了将杨天扬勒死的杀心。问杨郭氏杨天扬何日被勒死，其回答称于二月初三日半夜里，于杨郭氏房里。问杨郭氏，当杨绍贵行凶之时，杨天扬可有叫喊，杨郭氏回答杨天扬已睡着，没有作声。问其杨天扬何时死亡，杨郭氏回答称鸡叫时就死了。再问其杨绍贵何时离开，临走说过何话，杨郭氏回答称杨绍贵于天小亮时离开，走时，杨郭氏说不得了，杨绍贵安抚说不要紧,教杨郭氏就说杨天扬是痧死等。是上诉人杨郭氏之因问为答,对于何时与杨绍贵私通奸好、何时杨绍贵起意谋杀以及当时致死方法、下手情形言之历历如绘。再参以杨天扬被害以后上诉人杨绍贵之兄杨绍富央人私和,并出七十元凭票一纸以作杨天扬丧葬之用,业据证人唐厚礼等缴验,凭票并分别供明在卷。则上诉人杨绍贵为谋杀杨天扬之正犯,有何狡赖之余地?

而上诉人杨郭氏虽在原审没有直承帮同谋害,但讯据供称3月21日夜间与其夫杨天扬同床歇宿,并称晚间大门房门均经关闭,则杨绍贵之预藏在家,显与上诉人杨郭氏事先约定。且已故杨天扬年甫三十、气力正强,如为杨绍贵一人勒住咽喉,当时手足挣扎势必拼命翻动,以一人之力如何制止?检阅验断书所载杨天扬虽系咽喉被勒毙命,左肘尚受有垫伤一处,足征加害之时系以一人勒住咽喉一人按住手足,以致杨天扬立时气绝身死。待既死以后,杨天赐于次晨前往查询,杨郭氏犹以杨天扬系发痧殒命蒙混答复,以图掩盖。综是以观,则上诉人杨郭氏之共同谋害杨天扬亦属毫无疑义,原审认定上诉人杨绍贵、杨郭氏均触犯当时刑法第四十二条、第三百八十四条第一项第一款之罪,本无不合。惟查上诉人杨绍贵始而与杨郭氏通奸,继因其夫杨天扬禁止其二人往来,即商同谋杀害,审核犯罪情状实在无可悯恕。上诉人杨郭氏之共同杀害其夫虽由杨绍贵首先起意,较之杨绍贵犯罪情节其轻重似有等差,于法本可酌减,然依刑法第三百八十四条第一项第一款法定主刑范围以内酌减三分之一即为已足,原无再予减轻之必要。乃原审竟以上诉人等未受相当教育、蠢然无知为理由,均依刑法第七十七条减轻二分之一科处上诉人等有期徒刑十二年,量刑自属失当。又上诉人等之预谋杀人系意图便利行奸而起,亦应触犯刑法第二百八十五条第一项第一款之罪,虽杀人为便利行奸所用之方法,应依第七十四条从一重处断然,究不能置之无论。原判未予论及,亦显疏漏。本案上诉人上诉意旨虽无理由,但原判决确有未当,应予撤销改判。

所以,原判决关于杨绍贵、杨郭氏罪刑及抵刑部分撤销。杨绍贵预谋杀人,处死刑、褫夺公权无期。杨郭氏预谋杀人,处无期徒刑、褫夺公权无期。

案例出处:《安徽高等法院公报》。

（冯学伟）

杨四杀人烧尸案

杨二秃子与陈星祺产生嫌隙后,杨二秃子纠合其弟杨四,与陈星祺早已结仇的陈德海以及赌友王三、林夯子,将陈星祺带往深山将其杀害,后焚尸灭迹。事发后被捕,于地方法院判决后,安徽高等法院检察官不服,提出抗诉一案。此案案情复杂,涉及多个罪名,以及犯罪中止等犯罪形态。

杨四、陈德海等均与已死陈星祺有嫌怨,杨四因其兄杨二秃子与近村王大木匠之妻有染,陈星祺素行无赖(与王大木匠、杨二秃子、王三等均为当地赌棍),一日与王大木匠为赌博事争吵,即欲将王大木匠杀害。杨二秃子闻知从旁边怂恿,并许之杀死后愿酬送银洋二十元,当先付十元。谁知陈星祺得钱后言不实行,且向杨二秃子索取未付之十元,谓如不照给即将此事宣布。杨二秃子愤极,与杨四密商谋定杀害陈星祺之计。陈德海因陈星祺曾殴伤其母,对陈星祺亦恨之甚深,杨二秃子知其必表同情向之邀约,并约同其赌友王三,又贿卖一穷极无聊之林夯子,于1928年废历闰二月初一日晚,由王三将陈星祺请出。途中杨四、林夯子、陈德海会合,同行至山凹地方,先由杨四将陈星祺抓住,林夯子即举其暗藏之刀向陈星祺头部猛砍。陈德海心存不忍,向前救护,被林夯子推开,仍将陈星祺砍死。死后杨四及林夯子、王三等复将陈星祺之尸体拖至山洞内,用山草烧毁以泄愤。迨后陈星祺之母李氏以陈星祺数日不知下落,四处查访,传闻山凹中有烧毁之男尸一具,前往侦视,面目模糊不可辨认,惟在山洞火灰中扒出蓝家机布袜子,白袜弟黑洋缎套裤,用青布补绽及玉色布脚带子,认明确是陈星祺之衣物,此即喊报县府。先据当地公安支局呈报,已于同日饬吏前往勘验,填单给圆附卷,旋将陈德海缉获,讯据供认不讳,杨四到案知无可掩饰,亦即供认。该县判决后,安徽高等法院检察官不服,提起上诉。

安徽省高等法院认为:本案据该县验单载已死无名男尸,致命项心有刀伤一处,斜长二寸一分宽二分深抵骨致命,腮门有刀伤一处,长一寸五分宽二分致命,右额角有刀伤,斜长二寸四分宽三分深抵骨不致命,左肩甲有刀戳伤一处,长八分宽三分,全身焦黑色,左耳及两手脱落,胸膛腐烂,肚腹焦黑,左腋肕及腰皮开均系火烧所致,断为系生前受刀伤身死,死后又被火烧以致尸体毁坏,与陈德海所供尚属相符。

陈李氏于勘验前在山洞火灰中扒出衣物,据总甲刘贵供称所有衣物他都看见了,陈星祺被害之夜天尚下雨,当系因雨而未曾烧尽。勘验之日陈李氏等不在场,刘贵亦不敢确信。此尸体之确为陈星祺亦不容置疑。

陈德海在法院所供与在原审所供前后一致,自属可信。杨四虽不承认,查原审讯问笔录,杨四迭次所供均与陈德海相似,且其曾供述因陈星祺作恶太多,若杨四不害他,陈星祺就要害杨四,所以大家商议将陈星祺除掉,以免后祸等语,焉能听其再行狡执原判,认杨四犯杀人及毁损尸体两罪。

陈德海以不能认明毁损尸体未事先预定之计划临时又未加入实施为由,抵处以杀人罪固均不能谓为错误。惟杨四杀人出于预谋,虽应依刑法第二、二百八十四条,刑律第三百一十一条论科。而陈星祺平日无恶不作(各方一致供明见原审诉讼记录),此次借端要挟又实与人以难堪(杨四与杨二秃子同居共财),遽处杨四以无期徒刑不免失之于苛,此不合者一。损坏尸体系又一罪名,另有专条应分别宣告,原判仍依刑法第二百八十四条前项第二款,论罪复引刑法第八十条、第七十条第二款,免予科刑,此不合者二。陈德海受杨四等之邀约,对于杀害陈星祺之谋书,虽曾参与乃临时意存不忍忽,欲向前救护,被林夯子推开,尚在后面哭泣,杨四亦谓闻有哭声,自是刑法第二百八十四条之中止犯,原判未予辩明,此不合者三。杨四之主刑,依刑法第二条虽应依刑法科处从刑,则仍依刑律科处,原判处杨四、陈德海等之从刑,援用刑律条文,此不合者四。

据上论述本案上诉为有理由,应依刑事诉讼法第三百八十五条第一项,将原判决撤销更为判决杨四,即依刑法第二条,第七十六条前项第一、二、三各款,第二百八十四条前项第一款,刑律第三百一十一条,刑法第二百九十二条,第五十六条,第五十七条第四款,第二百六十二条第一项,第七十条第三、八款;处断陈德海依刑法第二条,第七十六条前项第一、九款,第二百八十四条前项第一款及后项刑律第三百一十一条,刑法第四十一、八十四条。处断杨四、陈德海之裁判确定前拘押日数均依刑法第六十四条,准于折抵。爰为判决如主文。

所以,原判决撤销。判决杨四预谋杀人一罪处有期徒刑十二年,褫夺公权十二年,损坏尸体一罪处有期徒刑二年,执行有期徒刑十二年零六个月,褫夺公权十二年。陈德海预谋杀人中止一罪,处有期徒刑三年,裁判确定前拘押日数均准以二日折抵徒刑一日。

案例出处:《安徽高等法院公报》。

(冯学伟)

杨文运等因基地及树木涉讼案

上诉人杨文运与被上诉人吴连桂地基及树木案，上诉人不服1930年4月10日怀宁地方法院二审判决，上诉至安徽省高等法院，被安徽高院以原审裁判均无不合为由驳回诉请。本案高院以道光五年（1825年）两造做成的踩单和光绪十四年（1888年）议定的字据，法院认为吴连桂祖上吴百龄虽将房屋卖与杨的祖上，但余下地基仍属吴所有，而树木即在诉争地基之上，自然阻碍杨的砍伐请求权。

道光五年吴立成等人做成踩单，踩单载明，一原屋基地系吴百龄公坟境，照立石为界，其屋不拘远近，听宾雅叔姪折移，照旧间数在坟境北大小竹园内架还。后在光绪十四年吴又和杨议定，杨在吴坟境左边余基处架（盖）草屋三间，至撤屋还基，载明借券。后吴持借券以撤还移架等情和杨坚说合，双方各执己见，杨体念吴为祖起见，居求安议，于是在吴坟前神道右边将屋退缩一尺五寸，凑共神横量八尺，澈后通前，以免移架。双方并达成协议，由杨出洋蚨二十元归吴缴券，屋不撤还，听杨管业。后杨吴后人发生争议，继而构诉。本案经一审、二审后，杨立成仍然不服，继而向安徽高院上诉。

安徽高院依据道光五年的踩单认为，吴的祖上虽将屋基卖与杨的祖上，后又经调处折让，但屋基之外的余基并不属于杨，另据光绪五年的字据也未将余基纳入杨的管业之内。故余基之上的树木不为杨所有，杨自无砍伐请求权。后法院驳回杨的上诉，第三审讼费由杨负担。

案例出处：《安徽高等法院公报》。

（冯学伟）

杨志成因土地上诉案

上诉人杨志成与被上诉人杨兆祥土地纠纷案，上诉人不服延川县司法处判决上诉至延属专署，后转到陕甘宁边区高等法院，被边区高院撤销原判。本案审理中，边区高院确认了土改中对土地所有权进行的变更，说明司法机关在司法判决中对土改政策的积极贯彻。

1935年土地革命时，杨志成分得同村地主杨兆祥吃狐子峁土地四垧，榆树圪台土地一垧，后领取土地证，并一直耕种管业。同时又没收了地主杨兆祥石窑两孔归公，在公窑前的一堆社窠地，也由杨志成耕种，后栽培桃树，已经数年。1948年冬再次土改时，杨兆祥突然提出吃孤子峁土地八垧，内有三垧和杨志成经营多年的桃果园（社窠地）是他所有，其主张，吃孤子峁塄下三垧地，是其老坟地，村内社窠地是其祖产，均是借给杨志成耕种的，现在要求收回所有权。该起纠纷经区乡干部及延川县委书记李荣华等数次调解无效。1949年农历二月初，杨志成的妻子杨赵氏向延川县司法处起诉，请求司法处按土地证所载四至界限，连同社窠地判决归其所有。后县司法处判决将吃孤子峁塄下坟地三垧，村内社窠地一堆判决归杨兆祥所有。社窠地内已栽植的桃果树，准杨志成再吃三年，榆树圪台南下角半垧地充公。杨赵氏不服，于5月2日上诉到延属专署，后转到陕甘宁边区高等法院。

边区高院经审理认为，吃孤子峁、榆树圪台两段地，已于1935年分给杨志成所有，杨志成持有该两段地的所有权证和历年耕种管产，就是明确证据。杨兆祥借口胡匪烧掉其地证，企图收回该段土地，显属不当。至于公窑前社窠地一堆，杨志成自土地革命时起经营至今，如属杨兆祥借与杨志成耕种，杨志成栽植树木时，绝不能容忍，即使容忍，也必须有所约定。目前树大结果，杨兆祥提出是借与他人耕种，实属不近情理，延川司法处将该段地判给杨兆祥也属欠妥。

故而判决撤销原判。

案例出处:《陕甘宁边区判例案例选》。

（冯学伟）

叶兴岑与叶兴和因议字涉讼案

上诉人叶兴岑与被上诉人叶兴和因合同效力纠纷案,上诉人上诉至安徽省高院,被安徽省高院驳回诉请。案件审理中,安徽省高院查明案件事实,在原告无相反证据证明其意思表示受胁迫外,对两造依真实意愿达成的合同予以认可,并且双方应受合同约束。

叶兴和与叶兴岑是叶岭公后裔,叶岭公有祭田三处,即云田坂、柘涧、保于家□等处,均载明谱牒。其中柘涧、保于家□两处田租于同治年间被股内人俊卿、南宾典出,在光绪二十五年(1899年)由叶兴岑之父叶怡堂赎回,已经多年。1925年叶兴和等以祭祀费不足为由,邀中间人与叶兴岑理论,经中间人调处,将如上二田收为公产,立合同为据。1926年叶兴岑反悔,遂以当时被胁迫为由提起诉讼,案经三次审理,其诉请皆被驳回。后其仍不服判,提交光绪六年(1880年)合同议约、光绪十九年(1893年)遗嘱等证据,请求再审。其提交的两组证据载明,于家□山塝二处田原来是叶岭公留下的祭田,其支下人都有份。此前因支下人等自由出典得价,致业权尽属外人,因此合同议定,若未得典价的人共同赎回典田,曾经得过典价的人不得有异议。而且对于未得典价的人来说,能够备价赎回,即归其私有。得过典价的人不得以出典时无处分权为由提出异议。而且光绪十九年遗嘱又载明,日后按价赎回之人,除祭扫公坟、办纳粮差外,其余皆由其独自管业。光绪二十五年叶兴岑之父叶怡堂按原价独自赎回典田,故该二田应属私人管业,当属无异。所以,叶兴岑以在1925年与叶兴和、叶兴隆等达成的协议系逼迫为由,请求安徽省高院法院撤销勒约,变更判决。

安徽高院查明1925年合同字据,载明叶兴岑将云田坂田租于1926年起归公,其余柘涧、保于家□二处准其收租四年,作为以前典价,期满归公。该项字据出于两造合议,再审原告叶兴岑声称被迫立约,显系不实,故被原法院驳回。后再审原告提交光绪六年合同及光绪十九年遗嘱,合同载明,此租自光绪七年(1881年)起典,以八年为期,期满之日,听凭领股公同备原典价制钱向治堂子良一并赎回,保祖不得借言兴塘等费,治堂子良不得执留。赎租之日,须凭岭公支下,未得典价者共同赎回,曾得过典价者无得异说。遗嘱载有日后备原价赎回者,除祭扫公坟办纳差粮外,余资听其独管,不得因公租生端异说,外余略同。因此依该合同所载,该田系由俊卿及以文、以藻、以咏典出,受有典价。再审被告叶兴和既非俊卿及以文、以藻、以咏之后裔,则再审原告指称再审被告曾得典价,显属无据。且两造已于1925年9月凭中间人书立合同议约,再审原告不能证明其受胁迫,故无论光绪年间合同、遗嘱所载内容如何,以及再审被告是否受有典价,均应受该合同议约之拘束。

案例出处:《安徽高等法院公报》。

（冯学伟）

迎江寺请求返还道路案

上诉人迎江寺与被上诉人胡启福因请求返还道路纠纷案,上诉人不服怀宁地方法院于1928年7月27日第二审判决,后上诉至安徽高等法院。该案法院在事实认定上仔细甄别,而且对上诉人主张权利存在的冲突予以释明。

本案上诉人迎江寺主张被上诉人胡启福在系争地所建房屋妨害其所有权及通行权,为举证证明其主张,其提交有1929年怀宁县政府发放的执照和怀宁县志及光绪十年(1884年)印碑等证据。对此,被上诉人提交有1922年1月16日买受何为华等住屋红契,红契载明"前至大街、后至大士阁滴水为界"字样,至于为何未能提交老契,证人何孝德称,大士阁棺柩从前是走系争地出入,后因何为华家不准由此经过,他只得在西边山上开一圆门出入棺柩。

案经审理,安徽高院查明,就道路所有权,上诉人提交的怀宁县志及光绪十年印碑,仅能证明一直有大士阁及该阁建于康熙三年(1664年),并未有关于该阁西墙外有古路的记载。至于1929年上诉人向怀宁县政府请发的执照虽载有"大士阁东至本寺菜园脚为界、西至大士阁西边古濠沟为界、南至大街为界"字样,然核阅勘图,大士阁西南方尚有林姓屋、何姓屋、被上诉人屋及其他房屋数家。而且何孝仁所提光绪九年(1883年)买地赤契已有"南至大街"的记载,足见该执照所载西南两至均不完全确实,则系争道路属上诉人所有,殊堪认定。况且据上诉人代理人在第一审最后辩论日期称,系争地基关系到迎江寺的通行权,是其请求之目的既主张所有权又主张通行权,显然与当时的民法第七百六十二条规定不合。(1927年民法第七百六十二条规定,同一物之所有权及其他物权归属一人者,其他物权因混同而消灭,但其他物权之存续于所有人或第三人法律上之利益者不在此限。)关于通行权方面,被上诉人已于添造后屋时在该阁滴水外让有三英尺之道路于行人通过,并未阻碍通行。另查明系争地东南北三方均系房屋接合处,非交通要道可比。故应认定上诉人主张之事实不能成立,驳回其上诉请求。

案例出处:《安徽高等法院公报》。

(冯学伟)

余光廷等确认水塘所有权案

上诉人余光廷与被上诉人王广传确认水塘所有权纠纷案,上诉人不服安徽高等法院第一分院1930年9月30日第二审判决,上诉至安徽高等法院。本案高院裁判意在说明占有人若长期占有某物,在原告无相反证据足以阻碍占有人之占有时,推定占有人具有所有权。

本案讼争水塘已被被上诉人使用二十年之久,这在此前审理中被上诉人已自认。但上诉人以1914年补契为唯一凭证请求判决该塘属于自己所有。查通常补契办法,应由田邻证明界址。两造本是田邻,上诉人补契时被上诉人并不知情,则依照该补契所载界址很难确认其有对抗被上诉人占有之效力,故原审法院驳回其诉请。

案经审理,安徽高院依照当时民法第九百四十三条及九百四十四条之规定认为,占有人在占有物上行使其权利,推定其依法享有该权利。而且该占有人推定其为以所有之意思善意和平及公然占有。(1927年民法第九百四十三条规定,占有人于占有物上行使之权利,推定其适法有此权利。第九百四十四条规定,占有人推定其为以所有之意思善意和平及公然占有者。)故凡对于占有人主张其占有物者,依法应负举证之责,如果原告不能达到相当之证明程度,则不问占有人之证据方法如何,应即驳斥原告之诉。据上,驳回上诉人的上诉请求。

案例出处:《安徽高等法院公报》。

(冯学伟)

袁赵凤贞与汇丰公司抵押权案

抗告人宋友梅为袁赵凤贞与汇丰公司因抵押权纠纷案，不服芜湖地方法院1930年1月19日所为之裁决，提起抗告。法院在审理中对抗告人是以参见人身份参与诉讼，还是有独立的诉请进行分析，最终认定抗告人系有独立请求权的第三人，其应该另案起诉为妥。

该案因袁赵凤贞的代理律师周策平与汇丰公司达成和解契约，致第三人宋友梅利益受损，引起宋友梅抗告。

安徽高等法院审理后认为，当时民事诉讼条例第六十九条载明，就两告之诉讼有法律上利害关系之第三人为辅助一造起见得参加于该诉讼，是从参加人应以有法律上利害关系之第三人为辅助一造起见者为限。如果为自己有所请求于本诉讼之两造均有所攻击时，则除另案起诉外，不认之资格为独立之请求。本案件抗告人曾于袁赵凤贞起诉后，向原审法院提出参加诉讼的申请，在本案开始审理之前其曾受有被告（指汇丰公司）抵押出的单契，而且契约规定，倘有纠葛，由主当事人袁赵凤贞承担。对于所享有的权利，都照被告作出的抵押契约约定，袁赵凤贞依约负有担当诉讼之义务，不得任意拒绝参加诉讼。现查阅卷宗，袁赵凤贞的代理人周策平竟于1928年10月9日在法院成立之和解契约上任意所为，致参加人之权利受影响，确属非法侵害参加人利益。为维持法律付与之利益起见，对于袁赵凤贞的代理人周策平所做的和解不予认可，足见抗告人之参加诉讼目的是为自己主张权利，对原审当事人之两造均有所攻击，应该以自己名义向袁赵凤贞及汇丰公司提起确认抵押权之诉，方为正当。（查袁赵凤贞于法院撤回上诉后，审判上之和解业已确定，如仍由袁赵凤贞起诉，依一事不再理之原则言之，即使抗告人参加诉讼亦无实益）乃以参加人之资格为自己独立之请求，依前述说明，显有未合。原裁决认为不合法，驳回抗告人请求，尚无错误。抗告人所主张的，难谓有理，所以，抗告驳斥。

案例出处：《安徽高等法院公报》。

（冯学伟）

张福成与冯永昌争地纠纷案

上诉人张福成与上诉人冯永昌争地纠纷案，两造不服延安市地方法院判决，上诉至陕甘宁边区高等法院。边区高院依据相关政策进行裁决，是当时边司法的普遍做法。

延安市高坡村周围的山川，都属于公地。在土地革命的时候，曾将大部分川地和部分山地分配给张文华、史新安等四户所有，剩余的地被后来难民自由开垦耕种和修宅居住，而政府酌情收租。张福成于1940年移到这个村后，也修建房子居住，继而又设立碾子、挖了水井。到1946年冬补充土地时，因评议员张文华、冯永昌等办事欠公正，不仅没有给张福成分配川地，且张的房宅附近也没有留相当地势，致使张姓再无处修建宅舍，张因而向乡区政府提出意见。后因胡匪侵占延安，使问题搁置。1948年冬调剂土地时，张又提起土地问题，政府除新补给张川地四亩外，又在房子背侧划出六分川地，供张修建。张因为原有房子被胡匪拆毁无处可住，就在冯永昌连界的东梁山地坡上打了一孔窑，冯姓并未干涉。后来因为整党会上张福成的儿子张善生向他提了意见，引起冯的不满，就去拦阻张福成居住，惹起纠纷，起诉到延安市地方法院。地方法院判决窑归张姓居住，地权属冯永昌所有。张冯两姓都不服，上诉到陕甘宁边区高等法院。

陕甘宁边区高等法院认为，冯永昌等评议员，在1946年冬补充土地时，挟私不给张姓分配应得的川地和宅舍地，确属不合，致引起纠纷，因敌进攻未能适时解决。又因张的房舍被敌人所毁，再无藏身之处，现在所打窑洞，对冯姓耕种东梁山地并没有丝毫妨碍。冯的阻挡，不合民主政权帮贫济困的政策，故而冯姓无理，特判决撤销原判。张福成在东梁山已打的窑洞，为张福成所有，张福成还可以根据需要继续打窑，只是不能影响冯永昌对该地的耕作。

案例出处：《陕甘宁边区判例案例选》。

（冯学伟）

张富堂等因请求禁止伐树及确认山地所有权案

上诉人陈向朝与被上诉人张富堂山地所有权确权纠纷案，一审法院将系争土地判由被上诉人所有，后经安徽高等法院审理，对原裁判予以变更，确认该地归上诉人所有。

清康熙年间陈向朝等买入诉争的簸箕塘与簸箕坦山地为业，并一直在该山地种树砍树，从来没有人提出异议。直到1928年3月被上诉人张富堂等忽然以占山伐树等情起诉陈向朝，经原审判决认定，该山地为张富堂等所有。陈向朝等不服，提出上诉，请求废弃原判，驳斥张富堂等在第一审之诉。安徽高等法院判决确定后，张富堂等又申请再审，经最高法院判决，认安徽高等法院确定判决内，署名推事与言词辩论笔录内所载列席推事不符，因此，发回安徽高等法院重审。

安徽高院经审理认为，告争人主张对现时占有人所有权享有权益，应由告争人负举证之责。查明本案讼争山地所有树木一直由上诉人方面栽植砍伐，这也被被上诉人等所举证人林万源、林秀章等于1929年2月27日在法院具结证明，因此该系争土地向来为上诉人所占有，已无疑义。另据上诉人提交的乾隆三十六年（1771年）林姓卖契载明的事实，康熙六年（1667年）林姓祖上林富春将簸箕塘排山出卖，恰与乾隆三十三年（1768年）买契所载外至陈姓来龙山及上至陈姓来龙山等语相合，可推定该地卖与陈姓。对此，被上诉人主张该地为其所有，其向法院提交康熙十六年（1677年）禁约、康熙五年（1666年）及嘉庆二十五年（1820年）买契、道光二十年（1840年）买契等证据，但经审查发现，禁约并无讼争山地记载，且乾隆三十六年林姓既已将讼争山地卖与上诉人，则被上诉人即不能再据该禁约主张所有权。被上诉人提交的康熙五年及嘉庆二十五年买契仅载簸箕塘名称，并无坐落四至可资考证。道光二十年买契所载北至岭脊，虽与讼争山地形势相同，然该地原系东至陈地南至横路，核与该契所载东至张地南至汪婆坟并毛山坞心字样不符，虽据被上诉人提出族谱为证，但该谱略载"汪妣葬茶沟蛇形有碑"等语，现在该地南界既无碑碣（被上诉人张富堂于再审程序先称有碑，法院论须经勘验，该被上诉人复称无碑，详见笔录）。而茶沟尚在该地以东，相距半里，早经原中林万源等供明在卷。故如上被上诉人提交的证据均不足采取。所以，原判决废弃。被上诉人在第一审之诉驳斥。

案例出处：《安徽高等法院公报》。

（冯学伟）

张老小掳人勒赎案

被告人张老小即小张又名张宗第因犯掳人勒赎、强盗、和奸被检察官童达华、潘祉侯、潘传法、阮正卿等提起公诉，后法院数罪并罚，判处张老小无期徒刑、无期褫夺公权，后在上诉期内其未上诉，其兄张宗海以法定代理人身份上诉至安徽高等法院。本案高院依法裁断驳回，维护了法律的权威。

被告人张老小因绑票劫财等情，被检察官童达华、潘祉侯、潘传法、阮正卿等提起公诉，1930 年 8 月 12 日案一审判决其共同掳人勒赎二罪，处两个无期徒刑、各无期褫夺公权；强盗一罪，处有期徒刑十年、褫夺公权十二年，决定执行无期徒刑、无期褫夺公权，和奸部分驳回。送达判决书后，张老小本人未于上诉期限内表示不服，后来其胞兄张宗海独立具状，请由原县检送卷宗及将张老小押解省院，并据张老小自行具状提起上诉到安徽高等法院。

安徽高等法院认为，依据当时刑事诉讼法第三百五十九条之明文规定，刑事诉讼为被告利益起见可以独立上诉，对于限制或无刑事责任能力人，可由被告人法定代理人、保佐人或配偶为之，而被告人张老小既非未成年又无精神耗弱及声哑盲等情况，则其胞兄自不具备法定代理人或保佐人的资格，即没有独立上诉权，其上诉显然不合法。所以，驳回上诉。

案例出处：《安徽高等法院公报》。

（冯学伟）

张明海与张明俭土地纠纷案

上诉人张明海与被上诉人张明俭田地权及地租纠纷，上诉人不服合水县司法处判决，遂上诉至陕甘宁边区高等法院。高院经审理，认为本案系民事争议，撤销对张明海侵占土地之罪的判决，再是认为上诉人家境贫乏，已无自耕之地，而又一时难以租到他人的地来耕种，一家生计无法维持。令张明俭顾全家谊，将该地三十七亩仍由张明海承租两年，真正做到案结事了，体现司法为民。

张明海上诉称，上诉人原有土地七百九十六亩，窑洞一百一十六间，于 1913 年分家时，按父辈兄弟六人均分，本应各分到土地一百三十三亩，窑十九间，但当时其六叔欺其父老实，仅分给地一百零六亩，窑十三间，地少分二十七亩。当时其年幼无知，父亦早故。上诉人六叔（张明俭之父）曾说，上诉人父亲欠其债款，故将上诉人所分得地霸占，并以此地出典与张生贵。1942 年上诉人又经张生贵手租种此地，但去年张明俭又要收回此地，上诉人便以原日分家不公为由提出重分主张，张明俭诉到县府，说上诉人侵占此地，并向上诉人索租，而县府竟不问理由，判其苦役两月，将地归张明俭，并付本地地租二石四斗零五石，上诉人自感冤枉，请求重新分地。对此，被上诉人张明俭答辩称，张明海之父与其父原系一父两母，大伯二伯及三伯（张明海之父）为先房而生，四伯五伯及民父属后母所生。光绪七八年（1891—1892 年）民祖在世时，即行分居，每门除分得庄窑牲畜等物外各分地一顷多，民祖父母自留养老地一顷，长二三门各自立炊，四五六门则仍随祖父母同居。后祖父母去世，全由四五六门负责葬埋，因之长二三门未分养老地。及 1929 年明海之父又把所分之地卖给被上诉人，有约为证。迄 1930 年被上诉人将地当给张生贵，张家招明海佃租，后被上诉人经张生贵手赎回此地，仍由张明海租种，逐年纳租，并无异言。至 1939 年，兄弟分家，因人多地少关系，拟收回自种，张明海忽生侵占之心，抗不交租，并扬言原日分家不公，地是他的，完全狡赖，历经乡区县府查验契约证明，地属其有，现张明海上诉图侥幸，乞维持原判，交地交租。

案经审理，陕甘宁边区高等法院认为，张明海的父亲已把分得的土地卖与张明俭，其契约业经验明属实。张明海租种张明俭三十七亩土地已有十余年，逐年纳租并无异议，也为张明海认可。现因张明俭要收回该地自种，张明海便借口从前父辈分家不公，说张明俭多分地三十余亩,主张重新分地,不允退耕,其所作所为已经类似霸佃。但这是民事诉讼的范围,原判处张明海侵占土地之罪,殊有未当,应予撤销。至于张明海因着不愿退耕而控称先辈分家不公,对于三十年前已经分定之地,主张重分并抗不交租,实在没有道理。原判确认张明海耕种三十七亩的土地为张明俭所有,并令张明海交还欠租六石四斗四升五石,尚无不合,应将张明海关于这项上诉部分予以驳回。但念及张明海家境贫乏,已无自耕之地,而又一时难以租到他人的地来耕种,一家生计势必无法维持。令张明俭顾全家谊,将该地三十七亩仍由张明海承租两年,只须年清年租,不得短欠。期满即由张明俭收回该地自种。张明海不得再行借口阻挠。

案例出处:《陕甘宁边区判例案例选》。

（冯学伟）

张屏三共同预谋杀人案

上诉人张屏三因犯预谋杀人,被原审法院处以无期徒刑,并褫夺公权无期,后张屏三不服诉至安徽高等法院。

张屏三是前国民革命军第三十三军第二师第一旅军法官,于 1927 年间驻庐江县招募兵士,因在收编凌流辉保卫团时未能如愿,遂怀疑当地士绅卢国华从中作梗,心怀怨恨。恰巧庐江县长王浩如与卢国华党派有罅隙,二人遂共同决定谋害卢国华。1927 年 6 月 16 日其二人以凌流辉复将攻城、卢国华密谋内应为由,派队将卢国华拿获,解在张屏三招兵处讯供,并拟定死刑。经蒙报前安徽省政务委员会同省党部改组委员会联席会议决定照准,于同年 7 月 17 日将卢国华执行枪决,后经其子卢美意呈由司法行政部令饬调查后,发文怀宁地方法院检察官侦查起诉,张屏山声明不服,提起上诉到安徽高等法院。

安徽高院经审理认为,核阅卷宗,上诉人在法院仅供认派队将卢国华拿获,在上诉人招兵处同庐江县政府派员会审,但坚决不承认有预谋及参与枪决卢国华情事,关于庐江县地方党派如何构隐陷、上诉人如何与卢国华发生恶感、王浩如如何商得上诉人等设计陷害、如何将卢国华逮捕审讯、如何蒙报核准执行枪决,已据其子卢美意在历次审讯中言之甚详。根据王浩如宣布卢国华罪状文载明“本县长于上月 17 日协同张军法官监提卢国华一名,验明正身,绑赴刑场枪决”,以及上诉人 1929 年 9 月 26 日在原审辩称,卢国华有主使攻城的事,确实犯有应死之罪,捕拿卢国华的事其也与县府商量过。枪决卢国华时,卢国华说上诉人是乱党招兵。所以上诉人对于枪决卢国华,确系与王浩如等共同主持办理,显而易见。

至于上诉人称卢国华有勾结凌流辉密谋攻城之罪,但对于卢国华如何密谋、如何图为内应,不但上诉人始终不能提出证明,并经法院讯问上诉人,上诉人只称,都是王浩如的事,与其不相干,只知道卢国华是个老先生。因此卢国华平日无不法行为,已为上诉人深悉。且凌流辉当日率队回城并无战斗抢劫情事,经无为县县长李启光暨法院检察官汪光列先后查明,呈覆在卷。既凌流辉无率队攻城之事,卢国华自更无密谋内应之可言。况上诉人经法院讯据称“我奉委的公事,由我指挥,并监察团长收编凌流辉队子的事,结果没有把他收编”,又称“凌流辉没有第二次攻城”等语,参观互证,上诉人因未收编凌流辉的保卫团,遂怀疑卢国华作梗,故与王浩如预谋致卢国华于死地,情节显然。

原审依此认定事实,又依当时刑法第四十二条、第二百八十四条第一款第一项论罪,因其犯罪尚在刑律有效期间,并依同法第二条之规定,按刑律第三百一十一条较轻之刑处以无期徒刑,再依该法第二百九十二条(原判漏引此条)、第五十七条第三项(赘引第五十九条第一项)褫夺公权无期论罪科刑,并无不当。上诉人意旨饰词图逞,殊难认为有理由。惟上诉人公务员身份,原审未依党员背誓条例第一条暨特别刑事法令刑等计算标准条例第三条,殊有未合。但与主刑出入无关,无须改判,应予以补正,合并指明即可。所以,驳回张屏三上诉。

案例出处:《安徽高等法院公报》。

(冯学伟)

张善莲诉梁玉才妨害婚姻自由案

张善莲诉梁玉才妨害婚姻自由案,先由张善莲与其兄共同到临镇区署告发,后由临镇区署转到陕甘宁边区高等法院。案经审理,边区高院撤销张善莲与梁玉才婚姻,体现司法审判贯彻婚姻自由,否认封建买办婚姻的理念。

1948年农历十二月,张善莲经家庭包办以二百三十元银洋卖给野雀山前梁村史凤桐为妻。婚后感情尚好。1949年农历四月廿三日,史凤桐去山上找牛从崖上跌伤即因病死亡。张善莲遂沦为寡妇。农历六月廿六日,史凤桐的父亲史殿为获取巨资,想将张善莲卖掉,就托何月清、李德明等,找寻适当对象。何、李就前去西野雀山告知梁玉才,梁表示愿意。于是,廿九日议定婚礼农洋四亿元,并约定七月初三日结婚。当时因为恐怕张善莲不来,就商定用欺骗方式,使张善莲到达梁家。议定后,史殿一直没有告知张善莲。届时,除由梁玉才、史殿、何月清等到一山沟写好婚书,继而由梁玉才又派村内刘合子、陈树林等两小孩牵毛驴一头去前梁村向张善莲假称,其祖父病重,其兄善文顾不上来,请她前去。张善莲信以为真,当即动身与刘合子、陈树林等同行到西野雀山来,走到梁玉才门前,刘合子等对善莲说,在这里喝点水再走。张善莲没有在意,就进入梁玉才家。时近日落,村人纷纷来探望,也有人告诉张善莲,其公公将其卖给梁玉才了。张善莲听了非常生气,但已无法走脱。到了晚上,被迫和梁玉才拜过天地。进入室内,张善莲就紧勒裤带,意图不被梁姓奸辱。梁玉才没有办法,就和他母亲用绳捆绑张善莲两手,为了防止张善莲叫喊,还用毛巾塞住善莲的嘴。然后,梁母用剪刀剪断张善莲的裤带,由梁玉才强奸,接连两夜。张善莲感苦难言,终日啼哭。第三天,张善莲的兄长善文途经西野雀山时,见妹善莲在梁姓院内啼哭。因而产生怀疑,上前问张善莲,才知道其受骗被迫成婚的事情,于是带其共同到临镇区署告发,后由临镇区署介绍到陕甘宁边区高等法院。

陕甘宁边区高等法院经审理认为,张善莲与梁玉才的婚姻,完全是受史殿包办及梁玉才欺骗强迫而成。张善莲提出否认婚姻成立的主张,应予支持。至于史殿对张善莲后来的婚姻,不让善莲自主,竟行偷卖,妨害善莲婚姻自主、自由,与法不合,除应将已得的婚礼没收外,应给予教育;梁玉才不按照婚姻自由、自主的精神,取得善莲同意,自愿结成夫妇,反以金钱诱买善莲成婚,最后又绳捆善莲两手,口塞毛巾,刀剪裤带,实行强奸,除不能承认与善莲的婚姻有效外,还应以强奸行为论罪科刑。何月清、李德明做媒助长封建的买卖婚姻制度,积极协助史殿出卖善莲的不法行为,也不是没有应该探究的地方。故而判决张善莲与梁玉才婚姻撤销;婚礼二亿四千九百九十七万五千元没收归公;梁玉才犯强迫张善莲成婚及强奸罪,判处徒刑一年,刑期自1949年8月7日起至1950年8月6日止;史殿犯妨害婚姻自由罪,判处劳役五个月,刑期自1949年8月7日起至1950年1月6日止;何月清、李德明犯妨害婚姻自由罪,各判处劳役三个月,交临镇区执行。

案例出处:《陕甘宁边区判例案例选》。

(冯学伟)

张维金诉女婚姻案

张维金的女儿张瑞兰与白凤林的儿子白升儿婚姻纠纷案,上诉人张维金不服安塞县司法处判决,上诉至陕甘宁边区高等法院。

1942 年正月,张维金的女儿张瑞兰(年方十三)与白凤林的儿子白升儿(年方十四)结婚,在订婚时,张维金收受白凤林聘金五百八十元,在结婚时双方家长及男女当事人均无异议。张瑞兰到白家刚一个月,就被张维金接回娘家,到 2 月中旬还没返回白家,张瑞兰的发结,也被放为辫子,又剪为短发。白凤林于 2 月 15 日去延安数日,交涉接瑞兰返回婆家,张维金不允,说他女儿年幼,应该留在延安读书。白凤林怕张维金夫妇将瑞兰另卖图财,于 19 日未通知张维金就把张瑞兰带回去了。张维金夫妇震怒,在安塞县司法处控诉白凤林抢走其女。安塞县司法处 9 月 15 日判决白升儿与张瑞兰婚姻关系不能撤销,对白凤林不通知张维金,即径行领回瑞兰,于理不合,予以当庭批评。张维金不服,以为白凤林抢走他女儿,没有进行处罚,并且坚决主张瑞兰回娘家入学,去陕甘宁边区高等法院上诉,经法院传讯各当事人,白凤林及张瑞兰因病没有到案,由白凤林之父白彩到案辩论。

陕甘宁边区高等法院经审理认为,张瑞兰与白升儿结婚,为双方家长及当事人所同意,迄今男女当事人均不愿离异,安塞司法处原判决未撤销婚姻关系,于理于情,尚无不合。至于张维金控白凤林携六人抢走其女一事,据白凤林供称并无其事,又据张瑞兰本人在第一审供称,仅由白凤林一人来接其,且其愿意同返白家。可见,张维金称白凤林抢走其女,自属不合事实,况且张瑞兰为白家媳妇,白凤林有权接其女回婆家,张维金不得强留其女,长住娘家。只是白凤林接张瑞兰时,没有通知张维金,于理不合,安塞原判予以当庭批评,尚为适当。所以,上诉没有什么理由,按照当时民事诉讼法第四百四十六条第一项,驳回张维金的上诉。

案例出处:《陕甘宁边区判例案例选》。

(冯学伟)

张文标因水利涉讼案

上诉人张文标与被上诉人丁子成等水利纠纷案,上诉人不服怀宁地方法院于 1931 年 5 月 2 日所为第二审判决,提起上诉到安徽高等法院。法院尊重两造的旧制习惯,并认为双方达成的和解协议具有拘束力,双方都应遵行。

本案上诉人主张的系争水沟由来已久,上诉人所说的自道光末年与同治三年(1864 年)天降大雨、山水暴涌、流带泥沙、淤填成平地后,即开有系争水沟来承水源入坝等情,并无确切证据。光绪三年(1877 年)及二十二年(1896 年)上诉人和百塘坝内各田主欲在系争地点挑挖水沟,均因被上诉人和附近西陈村白潭坝及其下丁家坝、百家坝、冯庄坝、梁庄坝内各田主抗争,结果仍遵古制了事。1915 年,上诉人拟在百塘坝桥上修堤开沟,呈请县政府给示,给示文载明"石坝三道"字样,被上诉人因该给示并未载明石坝坐落,恐系上诉人意图混占。经中间人理论,双方写立遵中间人调处字据,载明在白潭坝桥上并无石坝三道,两造仍遵旧制。

安徽高等法院经审理认为,上诉人屡屡想在系争地点开挖水沟,接承东黄山、北黄山两水源入百塘坝,皆因被上诉人方面阻止,致未实现,很难认定。况且百塘坝地势较涧沟约高四尺有余,若系争水沟确属新挖,较外沟仍高约三尺,如上事实业已由原县勘验明确,绘具图说附卷。上诉人对于坝身较涧沟为高亦不否认,辩称系因历年泥沙填淤所致。但就地势而论,百塘坝亦当然不能承受东黄山、北黄山流来之水,上诉人去年竟又在系争地点挖沟,欲截取该二黄山之水利,实与屡次和解内容仍遵旧制汲水就下的原则不合。原怀宁县法院判决认定东北二黄山两水顺势流至白潭坝、丁家坝、百家坝、冯庄坝、梁庄坝五处,为天然水利,上诉人等应受和解及调处拘束,不得以人力从中开沟引水。原审判决驳回上诉人之上诉,尚非不当。所以,驳回上诉人的上诉。

案例出处:《安徽高等法院公报》。

(冯学伟)

张应龙杀人案

张应龙、昂士和因犯杀人罪,经怀宁地方法院检察官侦查起诉,刑庭判处张应龙、昂士和共同杀人罪刑,张应龙、昂士和均不服,提起上诉。后经安徽高等法院撤销改判,张应龙仍不服、上诉,由最高法院将其部分发回安徽高等法院再审。再审量刑从轻,部分改判。

1928 年 9 月 29 日,怀宁县王家河公安分局警目张应龙奉该局局长骆垂令委派,率领警士昂士和、陈安林、杨玉山、吴汉滨等携带枪弹至灵泉下甲磻山保等处巡逻,见史家大屋演戏即前往禁止,并将戏装取走。当时有多人尾追在后,意欲索还衣装。谁知张应龙竟不察时机紧急与否,除喝令警士昂士和开枪示威外,又自行接取警士陈安林所执之枪向人丛中射击,致史祥风在史家会厂受伤倒地,延至 10 月 7 日因伤身死。

安徽高等法院经审理认为,关于史祥风受伤是否为张应龙枪击所致,虽上诉人张应龙坚不供认有枪击史祥风的事实,而以其伤是由警士昂士和对天开枪飞子落下所致。但查对天开枪,子弹出口弹道作抛物线体螺旋以进,达至最高点,射力即失,取垂直势倒落,至于人身充其量不过击成小窟伤口,断无长至一寸八分之理。核阅原卷,已死史祥风致命顶心偏右枪伤一处,斜长一寸八分、宽四分、深四分,伤口血污,确系因伤身死。业已经检察官验明填单附卷,此枪伤是由于平射所致,已极明显。另据昂士和供称,8 月 16 日到史家大屋去蔡戏,民众围上来,其奉巡长(指张应龙)命令对天放了一枪,未伤人,以后张应龙开了一枪就把史祥风打死。杨玉山供称,后面追来的人很多,张应龙就叫开枪,陈安林未开,张应龙在陈安林手里接过枪来开放两下。陈安林供称,枪是巡长拿去打的。吴汉滨供称,张应龙拿姓陈的枪打的。地保查孝先供称,昂士和先打了两枪,没打倒人,后来张应龙打了两枪,就将史祥风打死了。若非亲眼所见,如上涉案人员不可能将当日开枪轰击情形说得如此一致,且经核对与前述伤单内容亦尚相适合。所以,上诉人开枪击毙史祥风之事实证据确凿,不容空言狡赖。

再就最高法院发回再审要点而论,查明昂士和在原审中曾述称"当时看戏的人追着来并无什么暴动的事",杨玉山前在原审曾述称"看戏的人也不少,不过都是空手,张应龙在陈安林手里接过枪来放了,昂士和也接连放的,至于放几声也记不清,所以打死人了以后,他们有拿锄头砖头打我们的",陈安林在侦查中曾述称"巡长(指张应龙)掳了衣服,他们掳我们,巡长拿我的枪拿去打两枪,打伤人的",足见上诉人取去戏装之后尚未开枪,以前虽有多人向其尾追,然皆不过欲索还戏装而已,并无殴击或他种危害可言。且尾追者多系赤手空拳,又在大庭广众中发生此事,只要有一二人向该上诉人追索戏装,则其他诸人自必随来观听此事如何解决,并非全有加害上诉人的意思,更加不是不即时开枪射击不足以排除危害的状况,又怎么有开枪的必要?但上诉人竟开枪射击,而开枪足以致人于死本为一般人所能预见,上诉人作为警目人员,怎么可能说无杀人认识?

至于上诉人开枪行为是否具有不确定的故意(间接故意),或仅意在示威,也是发回更审要点之一。法院查明上诉人喝令警士开枪,的确意在示威,但从陈安林手中取得枪支实行射击,是否存在不确定的故意?查证涉案人员的供述,杨玉山在侦查中供称,巡长枪头拿低些打伤这个人,查孝先在法院供称,史祥风是在史家大屋上叫作史家会厂被打的,上诉人在法院供称,史家大屋隔戏台一点路,一声喊得应。所以上诉人系平射射击,且是向后面人丛中直射,而非对天上或空处射击,已能认定,自然属于具有不确定之故意(间接故意),并不仅意在示威,即不能不负杀人罪的刑事责任,原判处以杀人罪,并非不适当。但因上诉人执行公务被人尾追,一时情急,误为危迫,致罗法网,与普通杀人情形有别,量刑自可从轻,应予撤销改判。所以,原判决关于张应龙部分撤销。张应龙杀人处有期徒刑十年、褫夺公权十年,裁判确定前羁押日数以二日抵徒刑一日。

案例出处:《安徽高等法院公报》。

(冯学伟)

张宗保与张徐氏遗产纠纷案

上诉人张宗保与被上诉人张徐氏(张宗保三婶)等继承及养老产纠纷案,经绥德分庭、绥西办事处及子洲县司法处先后判决不服,上诉到陕甘宁边区高等法院。边区高等法院在司法裁判中秉承男女平权理念,对改变当时落后的社会风气有一定的引导作用。

1923年张玉贵(张宗保祖父)所生四子分家,分家时约定,之前已分到新井上盐地十二个人工的,每份分三个鱼肚盐池,四个人工的,每份一个以及窑洞山川水地照旧管产不动。所剩的养老石子滩地十二个人工的,以四份分,每份三个,沟槽湾盐地十一个人工的,每份分二个,余三个人工的,之前是大、二门管产,现在三、四门念及他是长兄,仍然让大门管产两个,二门管产一个。石刻盐地三个人的,内有盐淋六个,由四门张宗道(树墩子)管理一个(二个淋)。余下的四个淋由大、二、三门三家共同管产。但盐地内有利的按三份同享,有什么负担也应该由三家共同负担,养老山川水地有脑畔山地二垧,准拨给长子树雄私有,余后沟塔地二垧,大扩川地八垧,掏黄坪川地二垧,寨山阳背坪水地与石滩里水棵林大小四份平均照数分管,寨山背漾根枣树,破土窑两孔按四份,依地界上下长形步数划归某份管理。以上之山川水地如是,张玉贵手有典当关系可得到家庭人等当地政府证明者必应有四份管产四份负责,如果不是张玉贵亲手典当或者没有家族等人及政府证明,只管按份管产。另有川地八分,张玉贵自愿随谁居住,该地就归谁种植收获,养育其父,等其死后,四分川地仍以四份分配,埋葬一切费用四门共同负责。至于张宗保继承张徐氏一事,双方都不同意为无效。由张徐氏让给张宗保石窑一孔,圪洞山地二垧,川地半垧,以便张宗保管产。1945年5月又经绥德分庭判决为,原判撤销(撤销1942年的判决),张宗保不服上诉到陕甘宁边区高等法院。上诉人张宗保在上诉状中称,1935年其三叔父病死后,由祖父玉贵与婶母张徐氏商定择其为嗣,并埋葬时执引魂幡,并且和其婶母同居了几个月,还收割庄稼担水送炭盖房子等。后来其外出当兵回来,以其婶母不守妇道,吸食鸦片，任意挥霍出卖产业为由告到绥德地方法院，后判决由其祖父监护，不准随便卖产。但其婶母仍偷卖产业如故，交由张锦华、张宗道等亲房说合人，暗中煽惑，而1945年分庭判决不仅没有追回已出卖的产业，还把养老产业重分，因此上诉人上诉告其婶母背翁瞒子卖产，要求执行1942年判决，和其婶母清算账项，追回卖产并惩罚那些偷卖滩地违反法院判决的人。张徐氏辩称，分庭关于养老产业的判决，其没有太多意见，只原日分产有三个人工盐滩是在其公公手上买的，非大二门所买，还有旅头出典的川地一垧半未分，皆应均分。至于宗保执引魂幡说是其选择的爱子，系完全没有那回旧事，也未有过任何手续，也无为其收割庄稼担水送炭盖房子等事实，对其生活无论，反屡年向政府控告诬其不贞节，企图逼我另嫁，灭门霸产，所以我出卖产业，完全为了连年打官司，嫁女，因病抽烟与生活需要，迫不得已而为，并非故意浪费，其是不要宗保顶门的。张宗道则称，其对分庭判决无意见，其三妈卖产，人所共知，绝非偷卖，而且宗保以前还买过其三妈的地，不过因为不付价未管产，主要是宗保想霸占三门产业。

陕甘宁边区高等法院经过多方调查，分别询问了家长张福荣、张锦花，买产人张荣清、蔡自和、张树羲、张宗昌、杜良花、徐作孔等，最终认为，张宗保说他给张树良（张宗保三叔）打过引魂幡，是张氏所选择的爱子，因而主张承嗣三门，干涉张徐氏的卖产行为，这点依据法院各方调查及张徐氏的当庭辩论，当时执引魂幡是出于张玉贵一人主持，张徐氏并未择爱，而张宗保也无生养死葬事实，询问张宗保也没有具体的说明与证据。相反张宗保屡年兴讼不绝，并诬陷张徐氏与人通奸，持刀行凶显然不是嗣子的行为。查三门张徐氏尚有四女，按照边区施政纲领规定，男女是平等的，各有政治经济文化社会地位，不能以乏嗣而任由家族侄辈相争，助长落后的宗法遗风。现张徐氏既然不同意，那么张宗保继承关系应当认为是无效的。分庭判决让产部分予以变更，遗产由张徐氏择女继承。关于养老产部分，因为张玉贵已经死了，各门分家以后，又彼此抽典兑换频繁变更，各自主张，都不能提出有力证据，应该认为分庭原处理适当。其他上诉部分，如买卖产行为，既然确定是张徐氏所分到的财产，则她就有完全处分权利，他人不得干涉。所以，张宗保的上诉无正当理由，除部分予以变更外，过去张徐氏浪费行为，除当众予以批评外，也应责成区乡政府严加教育改造，特以边区法令及群众意见判决张宗保承嗣关系无效，三门张树良遗产应由张徐氏择女继承。养老产部分除张玉贵已死得按四门共同负担埋葬外，悉依分庭判决办理，平均分配。若是有典当关系，须各就其所得份，出价赎回管产。

案例出处：《陕甘宁边区判例案例选》。

（冯学伟）

张祖唐因坟地涉讼案

上诉人张祖唐与被上诉人龚敬臣坟地纠纷案，上诉人不服安徽高等法院第一分院1929年11月1日第二审判决，提起上诉。安徽高院以事实不清为由，发回安徽高等法院第一分院重审。

1927年张怀忠将讼争坟地卖与被上诉人龚敬臣，但所卖之地是否在上诉人张祖唐所有的光绪三十三年（1907年）姚筱圃契载的“上至石堆之内”，是本案关键。对此，张怀忠（卖主）在原审中供述称：“我的旱地东边到古石堆为界，龚姓坟那里是有一个石堆，这石头是由田内拾取，堆在那里的，有半尺高、二尺宽，这石头有七八年了，是我把地当与胡贵夫，胡姓堆在那里的。”杜家全供述称，有一个天然古石堆在坟上头（指张祖唐的祖坟），是一个整石头，有五尺多大、尺把高。邓博侯供述称,张祖寿是以张怀仁旱地边的浮石堆为界的。姚桂生供述称,张祖唐是以古路西边小浮石为界,不是以古路东边生根的石头为界的。

安徽高等法院审查案卷后认为,如上证人供述各异,究竟光绪三十三年姚筱圃契所载石堆是指路西的浮石堆,还是指路东的生根石呢?如是指路东的生根石,即是一生根巨石,似乎与契载石堆不符。倘若指路西之浮石堆(张怀忠指为胡姓所堆,是否可信,亦无须审究),则被上诉人所葬的坟恰在上诉人界内,为何上诉人放任其一再葬坟而不及时加以阻止,对如上事实,原审均未予审究明晰,尚难作出法律上之判断,应认为有发还重审的理由。所以原判决撤销,发回安徽高等法院第一分院重审。

案例出处:《安徽高等法院公报》。

(冯学伟)

章又杨因码头涉讼案

上诉人章又杨等与被上诉人汪锦章等因码头纠纷案,上诉人不服怀宁地方法院 1931 年 4 月 14 日所作的重审判决,上诉至安徽高等法院。安徽高等法院撤销原判决,驳回被上诉人第二审的诉讼请求。

1931 年上诉人主张讼争码头在其营业界段之内,请求怀宁地方法院确认济民公司码头货物归其承祧,后上诉人不服怀宁地方法院所作的判决,上诉至安徽高院。

安徽高等法院认为,当时民事诉讼条例第二百八十七条规定,提起确认法律关系成立或不成立之诉,非原告即受确认判决有法律上之利益不得为之,即提起确认之诉必须原告要有即受确认判决之法律上利益,即其私法上现所受之危险须依确认判决之既判力始得除去之者,得为之。若其危险已过去或将来可生之危险,自然不得持以为提起确认之诉。本案中,济民公司码头经原审法院查明已歇业,所以诉讼标的已不存在,上诉人在第一审主张讼争码头在其营业界段之内,请求确认济民公司码头货物归其承祧,其主张是否属实是另一问题。其二讼争标的既不存在,那么于其私法上之利益自无危险之可言,其所提起之确认之诉难以得到支持,原审未能识别,只就实体上予以审究,殊有未洽,应予改判。所以,原判决撤销,驳回被上诉人的诉请。

案例出处:《安徽高等法院公报》。

(冯学伟)

赵延泰、赵世泰遗产分割上诉案

上诉人赵延泰、赵世泰与被上诉人赵关氏请求分割遗产纠纷案,上诉人不服北平地方法院于 1936 年 10 月 9 日所作的重审判决,提起上诉到河北高等法院。本案河北高等法院就诉讼中涉及的主体是否适格进行审查,经审查,被上诉人起诉主体不适格,被高院驳回诉请。

据上诉人(原审被告)代理人称,上诉人原有兄弟四人,长兄赵百泰死于 1930 年间,遗有孤女赵荣吉,由上诉人等抚养。次兄赵喜泰死于 1916 年,并无子女,仅存寡妻,即本案被上诉人(原审原告)赵关氏。上诉人等之父张闰生死于 1919 年,当上诉人父故以后,赵百泰已继承其遗产。等到赵百泰死亡时,其女赵荣吉依照当时民法继承编施行法第二条之规定,即作为赵百泰继承人,上诉人等与赵荣吉现在同财共居,依照民法第一千一百五十一条,则赵荣吉也为其祖父赵闰生遗产的共同共有人,毫不容疑。而被上诉人请求分得遗产的四分之一,但因长房赵百泰之女有遗产继承权,则诉请遗产与赵荣吉有直接利害关系,依法即应与上诉人合一确定为被告。如今被上诉人不向共有人全体起诉,故本案被告当事人显不适格,原审并未注意这些,直接按实体法进行判决,实有不合。对此,被上诉人代理人称,被上诉人在第一审起诉请求继承遗产,是因为该项遗产被上诉人等把持。故仅对于把持财产的上诉人等提起诉讼,至于赵荣吉虽继承一部分遗产,然既未把持财产,也无对其起诉的必要。而且被上诉人只请求分得四分之一,不至于害及他人应继份。况且赵百泰死于1930年,其时尚应适用旧法。现虽尚未立嗣,而将来必有承继宗姚之人。在嗣子未立以前,保留其应继份,与长房毫无影响。被上诉人不以赵荣吉被告,自然不能说当事人不适格,况且上诉人在原审对此毫无异议,则不容再争执。

河北高等法院认为,本案被上诉人故夫赵喜泰与上诉人赵延泰、赵世泰及已故之赵百泰均为同胞兄弟。其父赵闰生故于1919年,赵喜泰、赵百泰也于1916年及1930年先后死亡。赵百泰无子,仅有女赵荣吉一人,尚未出嫁,均为两造不争之事实。遗产继承人有数人时,在分割该遗产前,各继承人对于遗产之全部为共同共有,而各就其全部有权利及义务。故关于分割遗产之诉,各继承人必须合一确定,即所谓必要共同诉讼。其由共有人一人请求分割时,即应以其他共有人之全体为被告方为适格,否则诉权之存在要件即为不备。本案中被上诉人(原审原告)主张讼争财产为四门所共有,请求分受四分之一。却舍长门的继承人赵荣吉于不顾,而只对上诉人等二人提起诉讼。依前项说明被告当事人不适格,虽赵荣吉之父赵百泰死于1930年,是在民国继承编施行以前,依当时之法律应为立嗣,但当时河北省已隶属国民政府,依民法继承编施行法第二条之规定,该赵荣吉对于讼争遗产,自已有继承之权利,赵荣吉因其父尚须立嗣,不能完全继承讼争遗产的四分之一,却也是共有人之一。现被上诉人以赵百泰应立嗣子为由,遂说赵荣吉并非共同共有人,自属误会。又查明被上诉人在原审起诉所做的应受判决事项的声明,主张就赵闰生所遗动产及不动产分受四分之一,而其起诉原因和事实依据则是夫亡无子、受志,应依旧法合承夫分,其非仅以上诉人管理遗产二请求交付管理权,至为明显。此后上诉人却以讼争财产被上诉人等所把持为由仅对上诉人等起诉,而无涉及诉外人赵荣吉之必要进行辩解。殊与本件诉讼标的非一致,即不能认为正当。

查当事人之是否适格,属于是否存在诉权的事项,非诉讼程序必备要素。对此在言词辩论终结以前,当事人一方皆得就此抗辩主张。本案如前所述,被告当事人并不适格,则上诉人于第二审程序以此求驳回被上诉人之诉之判决,非为不当。被上诉人以上诉人等在原审并未就此提出异议而为本案辩论,所谓不得在上诉程序进行主张,不予采纳。原审就本件被告当事人是否适格并未注意,只作实体法上裁判,并非适当。上诉人声明撤销原判决不能说没有理由。所以,原判决撤销。被上诉人之请求驳回。

案例出处:《河北高等法院公报》。

(冯学伟)

赵周氏等因毁损及伤害上诉案

再抗告人赵周氏、赵仲民因毁损及伤害上诉案,不服芜湖地方法院1930年1月16日所为裁定,提起再抗告。后被安徽高等法院以于法无据为由驳回。

安徽高等法院认为,依照当时刑事诉讼法第三百五十九条之规定,被告法定代理人为被告利益起见,可独立上诉。然该法所称的法定代理人,系指未成年者之行亲权人及禁治产者之监护人而言。本案再抗告人赵周氏虽为再抗告人赵仲民之母,但查赵仲民年已三十四岁,既非未成年者又无禁治产情形,则赵周氏之对于赵仲民,自无再有法定代理人资格之可言。赵仲民经第一审判处罪刑后,未于法定期间上诉,赵周氏竟以自己名义具状上诉,核与前引独立上诉之规定显相违背。原审法院第一审中批示再抗告人赵周氏不能独立上诉,法院认为合法。将再抗告人之抗告驳回,自属允当。再抗告人等还对此提起再抗告,没有理由。所以,驳回再抗告。

案例出处:《安徽高等法院公报》。

(冯学伟)

郑岷山因地基涉讼案

上诉人郑岷山与被上诉人李斌等因地基纠纷案,上诉人不服芜湖地方法院 1931 年 9 月 30 日作出的第二审判决,上诉至安徽高等法院。安徽高等法院以上诉人不能证明被上诉人现时占有的地基为其所有为由,驳回上诉。

上诉人诉讼中向法院提交一份地契,证明案外人张海记的基房所有权保存登记卷图内载明西至郑姓地为界,东邻的缪世成提出已故的缕问泉笔记中有关于沈冠五卖契底簿内载东至黄郑墙脚为界,以证明讼争地基确属上诉人所有。

安徽高等法院经审理认为,对于所有权纠纷案件,自应由原告方提出确实证据来证明其主张为真实。如原告不能证明,则现时占有自然无须提出反证,而仍应维持现状,归其管业。本案上诉人主张讼争地基为其所有,并未能提出何种管业证据,以资证明。其所提供的地契,经检阅原审勘图,发现讼争地基并不与缪姓住宅毗连,中间尚隔有官巷。即便缪姓及张海记宅地与讼争地基相衔接,而该地契内载仅一郑姓地,亦不能证明属上诉人所有。况且讼争地基由被上诉人管有,已历多年,如果属上诉人所有,断不可任他人居住而不过问,原审法院驳回其第一审之诉,并无不当。所以,驳回上诉。

案例出处:《安徽高等法院公报》。

(冯学伟)

周兰英改嫁案

上诉人唐远祥与被上诉人周兰英改嫁纠纷案,上诉人不服延安县政府判决,上诉至陕甘宁边区高等法院。边区法院认为,被上诉人在丈夫亡故后自愿改嫁,不存在买卖婚姻的情况,对其改嫁的婚姻效力予以确认。

周兰英与唐远祥的儿子唐世才结婚后,1941 年旧历五月六日唐世才病故。当年 10 月周兰英在其亲叔周富贵家和张海娃结婚。当时唐远祥就告到延安县政府,经判决唐远祥的诉讼驳回。唐远祥不服,向陕甘宁边区高等法院提起上诉称,1928 年其用大洋二十四元买来周兰英做童养媳。1937 年 3 月和其儿子唐世才结婚,其儿子病故后,周兰英的叔叔周富贵把周兰英带回家卖与张海娃为妻。听说卖了银币一百元,边币两千元。并认为周富贵在边区买卖人口,为违法行为,请求撤销原判,对周富贵予以惩处。对此周富贵答辩称,其于 1941 年 11 月 13 日,将周兰英接到家,20 日唐远祥之弟唐远华来言说,准备让周兰英招其表侄为赘夫,要周兰英马上回去。到 22 日唐远华和周兰英一同回家,走未远,唐远华返回周富贵家,并说周兰英不愿回去。于是便一起到当地乡政府,让周兰英回去,周不愿回去。后让唐远华把周领回去,唐远华说不敢带。回家以后,才听说周兰英已与张海娃结婚。关于唐远祥说其将周兰英卖了,全无此事,如果调查出来,甘愿受法律制裁。周兰英答辩说,其丈夫唐世才死后,其婆婆曾说过,家中没有办法,要求其招其表侄为赘夫,其不愿意,唐远祥又叫别人说合,其也不愿意。10 月 13 日其到娘家(周富贵家),20 日唐远华也到被上诉人娘家,并说给其续亲(招夫),其不愿意。当时其叔周富贵一定要其回去,22 日其便和唐远华一同起身,走到路上,其想回去后他们要招夫时,没有办法,不如现在不回去,就跑到当地乡政府,唐远华和周富贵都去了,要其回去,其仍不愿回去。唐远华说不回去愿跟谁。其说,谁要就跟谁结婚,当时就跟张海娃自愿结婚。因此其结婚并不是周富贵出卖。请法庭将唐远祥之上诉驳回。

陕甘宁边区高等法院判决认为,唐世才于 1941 年 5 月 6 日死亡,周兰英属于无夫寡妇,法律上有自由择夫再嫁的权利。周兰英自愿与张海娃结婚,已为周兰英所供明,自然不能认为是买卖婚姻。第一审判决尚无不当。唐远祥的上诉为无理由,周兰英与张海娃的婚姻为有效力。

案例出处:《陕甘宁边区判例案例选》。

(冯学伟)

周庆余因债务涉讼案

上诉人周庆余(原审被告)与被上诉人叶级三(原审原告)债务纠纷案,上诉人不服宁国县政府 1930 年 6 月 14 日第一审判决,上诉至安徽高等法院。安徽高院以上诉人提交的收条与本案无关为由,驳回上诉。

1924 年 5 月上诉人向被上诉人借洋钱二千五百元,并向被上诉人开具借条,载明年利二分。但自借去之后,本利一直未予偿还。一审法院判决周庆余应偿还叶级三本金洋钱四千七百元,周庆余不服,上诉至安徽高等法院。其诉称,1924 年其向被上诉人出具二千五百元的借条,约定年利二分,一年后归还。1925 年上诉人曾当面偿付洋钱五百元,1926 年由孙家埠正兴木行拨付息洋五百元,1927 年、1928 年两年又在宁、在巿共付息洋七百元,所欠者仅 1928 年利息洋三百元、1929 年利息洋五百元,共计八百元。该被上诉人竟说本息分文未归,原审法院不察,即判令上诉人应偿还本息洋四千七百元,实难甘服,请撤销原判,变更判决。被上诉人答辩称,上诉人自借去款项后,本利分文未付,其所提出的永源收条是上诉人归付永源辛酉年的旧账,与本次借款无涉,而上诉人竟将辛酉两字改为丙寅,意图蒙混,请驳回上诉人之上诉。

安徽高等法院认为,本案两造对被上诉人(原审原告)曾借本洋二千五百元于被上诉人的事实没有争议,应当仅就上诉人是否付利进行审查。虽上诉人称 1925 年曾付息洋五百元,1926 年付息洋五百元,1927 年、1928 年两年付息洋七百元,现仅欠息洋八百元,但纯属空言主张,无从凭信。而且其所陈述的拨付息洋数目,前后又不一致,(业经原审详予阐明)显系饰捏,不足采信。至于提交的永源收条,丙寅两字与其他各字硃色不一致,并有抹擦痕迹,明显进行过涂改,况且查明永源店已于丙寅(1926 年)以前迁至偷鸡桥(有被上诉人呈案丙寅年信封所载地名可证。该信封盖有邮局戳记,自非捏造者可比),不可能在迁移多年后仍加盖旧地名发单,则被上诉人称该收条丙寅两字系由辛酉两字改造,即辛酉年永源店收上诉人账款之收条与本案借款无涉,自属可信,原审判决并无不当,上诉没有理由。所以,驳回上诉。

案例出处:《安徽高等法院公报》。

(冯学伟)

朱汲三因债务涉讼案

上诉人朱汲三(原审被告)与被上诉人倪叔轩(原审原告)债务纠纷案,上诉人不服庐江县政府1930年8月16日第一审判决,上诉至安徽高等法院。本案高院以原审程序违反直接言词原则和审判人员无审判权为由,撤销原判。

倪叔轩因朱汲三拖欠其开设的泰和义钱庄本息洋三千七百三十六元,向原审庐江县政府提起诉讼,庐江县政府一审查明朱汲三欠倪叔轩本洋二千四百六十元,1928年、1929年利息洋九百八十四元及负担本案讼费洋四十八元,除已完利息洋二百元、本年利息情让外,尚欠三千二百九十二元,朱汲三情愿缴商店定期红条二纸息事,倪叔轩也愿具结。后朱汲三不服,提起上诉。

安徽高等法院经审理认为,当时民事诉讼条例第二百六十二条第二项及《修正县知事审理诉讼暂行章程》第一条明文规定,未参与言词辩论的推事不得参与判决,凡未设法院或司法公署各县之案件,应由县长或承审员审理。本案被上诉人在原县提起诉讼后,竟然由无审判之权的科长宋梓琴莅庭审理,并由未参与言词辩论的承审员徐兆麟于堂谕内盖章,揆诸上述法例,显属违法。故上诉人申请撤销原判,理由正当。所以,撤销原判决,发回庐江县政府重审。

案例出处:《安徽高等法院公报》。

(冯学伟)

朱振声侵占案

被告人朱振声因侵占罚金,被怀宁地方法院检察官侦查起诉,经安徽高等法院判决后,被告朱振声上诉于最高法院,最高法院判决发回安徽高等法院重审。安徽高等法院重审后对上诉人侵占财物的金额进行重新认定,后进行改判。

1928年2月祁门县县长朱振声查获谢志如贩卖红丸,判缴罚金一百元及易科罚金四十三元。3月又查获方江氏(方沛林案)贩卖红丸,判缴金四百八十元。后朱振声除将罚金以二百元充赏、以三百元拨充地方公用外,其余一百二十三元据为己有。对于如上款项,朱振声供述认为,谢志如罚金案内一百元、方江氏罚金案内四百元,除以一百元提充奖金外,其余四百元经地方公团开会决议,拨给女学校一百元、男学校一百元、慈善会一百元、水龙会一百元,均有收据存在卷内,可以调查。

对于上诉人的供述,安徽高等法院嘱托现任祁门县长检送卷宗、收据及交代清册,详加查核,仅有女学校领款一百元、男学校领款一百元、水龙会领款一百元,其余二百元都作为充赏之用,与该案上诉人朱振声之供述略有不符。关于烟案提成充赏,早已经明令通行。对谢志如、方江氏因贩卖红丸判处罚金的五百余元,提赏二百元,依照当时有效的烟案罚金及赌案没收钱财充赏办法第三条甲款规定(烟案罚金项下二十元以下六成充赏、五十元以下五成充赏、五百元以下四成充赏、千元以下三成充赏),尚未超过法定数额。至于将该罚款中的三百元提充学校、水龙会使用,并且未遵章补贴印纸、列册呈报,依最高法院发回重审判决认为,虽属违法处分,但与以不法目的据为己有不同,其并不承担刑事责任,对此法律见解,下级法院当然受其拘束,故难以认定上诉人朱振声应负侵占公务上持有物的罪责,所以关于上诉人朱振声侵占财产的数额,应认定为,谢志如易科罚金案内洋四十三元及方江氏四百八十元罚金案内剩余洋八十元。另据上诉人朱振声在原审中供述称,谢志如易科罚金洋四十三元,原打算补贴司法印纸,因祁门案件极少，向来无司法印纸，当时未补贴。上诉人又称省里来人时即嘱托承审官呈报贴纸事宜，如果真想侵占，也不会呈报。对此安徽高院派歙县承审官任文棠前往调查，承审官回复称，声请易科罚金四十三元交状内，已据谢志如将易科之罚金四十三元缴案，而交状内只贴用印纸三十三元，惟印纸旁有一痕迹似曾贴过印纸十元者，但此项印纸如何脱落，不知其详。等到院后再次讯问上诉人，上诉人称补贴的是四十三元印纸，那十元印纸如何脱落自己不清楚。如仅就任文棠调查报告作为参证，则上诉人朱振声主张无侵占事实，似乎不能说没有原因。但谢志如易科罚金洋四十三元，是在1928年3月缴纳，这年7月安徽高院会同检察处检察官徐尔僖去该县调查，据报未曾补贴用印纸（见检察处卷宗内1928年8月3日徐尔僖调查报告）。如果祁门县因案件不多向来无司法印纸，则谢志如缴款以后，自应申请领取印纸，以符合规章。于是查阅祁门县申请领取印纸卷宗，上诉人朱振声在县长任内并无请领罚金用作补贴印纸的公文到安徽高院（安徽向例罚金印纸上面盖有检字戳记），所以上诉人朱振声蓄意侵占该笔罚金，已可概视。其后11月再派承审官任文棠复查，检阅谢志如卷宗，虽有粘贴三十余元罚金印纸在交状上，不过因已案发，知难掩盖，故于第二次派员往查之前上诉人才开始贴用罚金三十余元，借此逃避责任，情节至为显然。再查方江氏案内之罚款八十元，据上诉人朱振声在原审称，八十元系立条据未经缴纳，并提交杨少波8月31日信函为证。而在安徽高等法院首次审理时，则称八十元已缴修监三十元、补足人犯口粮五十元。后经提讯，又称是补助未决犯口粮等。前后供述自相矛盾，即便八十元是补助、未决犯口粮，然而比对检察官徐尔僖1928年8月3日的调查报告，报告称祁门县囚粮已决犯每人每日发给囚粮一角，未决犯经询在监各犯均称未发囚粮，极不相符，显然是虚假称述。而且该报告还称，谢志如一案共缴一百四十三元，拨充之账仅列一百元。方培林（方江氏之案）一案共缴四百八十元，账上亦仅列四百元，即余下的四十三元以及八十元，早已为上诉人朱振声侵占。其后虽吐出三十三元贴用印纸，而八十元之款又假称拨充未决犯口粮之用，自未便任其幸脱刑事罪责，原审认为触犯当时刑法第三百五十七条，但于本案事实未经分别查明，含混判决，致检察官上诉意旨，就本案事实攻击原判决不当，尚不能说全无理由。所以，原判决撤销。朱振声连续侵占公务上的持有物，处有期徒刑八个月，裁判确定前羁押日数以二日抵徒刑一日。

案例出处：《安徽高等法院公报》。

（冯学伟）

中华人民共和国成立以后案例

包郑照诉苍南县政府强制拆除案

1985年，包郑照经批准，在苍南巴艚镇东面的河滩上建造了一座三层楼房，并办理了房屋产权登记。两年后，苍南县政府下发《关于强行拆除包郑照违章房屋的决定》，并调动数百人强行拆除了包郑照的房屋。年过六旬的包郑照将苍南县县长黄德余告上了法庭。

在诉状中，包郑照要求苍南县县长黄德余确认其房屋的合法性，赔偿其经济损失，并追究主要责任人的法律责任。但由于当时“民告官”无法可依，法院因而没有受理。倔强的包老汉并未作罢,而是向浙江省第四律师事务所的青年律师楼献求助。1988 年 2 月,浙江省高级人民法院指定温州市中级人民法院受理此案。在当时,县长被告上法庭,被认为会影响人民政府形象。黄德余却说:"要负责任,要敢于跟群众面对面。我觉得我们当领导的,首先要解决一个基本的法律概念问题,即当被告并不一定是犯罪。这起案件的公开审理,如果有利于法制建设,那么我愿意成为试验品。"1988 年 8 月 25 日,温州市中级人民法院开审此案。《人民日报》、新华社、中央人民广播电台等 26 家新闻单位的近 50 名记者,齐聚在当时充当临时审判庭的苍南电影院内。能容纳千人的电影院几乎座无虚席。法庭上,包郑照的律师出示 71 份证据,发表了 3 万余字的代理词;黄德余的律师也发表了 16 页的代理词,庭审一直持续到当晚 10 时。法院经实地调查取证,认为包郑照的房屋盖在海堤闸坝的区域内,影响了防洪,危害了水利安全,其有关建房手续未经水利主管部门同意,属手续不全。苍南县政府对其强行拆除,是有法律依据的。3 天后,一审判决认定,包郑照的建房手续未经水利部门同意,属于手续不全,苍南县政府对其进行强行拆除,是有法律依据的。包郑照不服这一判决,向浙江省高院提出上诉。1988 年 12 月,浙江省高院作出终审判决:驳回上诉,维持原判。多年后,楼律师回忆说:"现在想想输是必然的,因为当时是按民事案子审理此案的,原告承担了本不应承担的举证义务。"1989 年 3 月,"包郑照案件"发生不久,第七届全国人大二次会议通过了《行政诉讼法》,"民告官"案件从此有法可依。

案例出处:《人民日报》《人民法院报》《全国"民告官"第一案——包郑照诉苍南县政府强制拆除案》。

(张田田)

刘青山、张子善贪污案

1951 年 10 月,为了发展经济,支援抗美援朝战争,在中共中央和毛泽东同志的号召下,全国开展了爱国增产节约运动。这一运动的开展,暴露出各级党政机关内部存在惊人的贪污、浪费现象和官僚主义问题。11 月 1 日,东北局向中央报告开展增产节约运动的情况,列举沈阳市部分单位揭发有贪污行为人员的事例,认为反贪污蜕化斗争是一个复杂尖锐的斗争。11 月 21 日,刘青山、张子善贪污罪名被揭发,二人分别于 1931 年、1934 年加入中国共产党,是经历过战争考验的老干部,他们都曾在不同的岗位上出生入死,做出过自己的贡献。11 月 29 日,华北局向中央报告了河北省揭发出刘青山、张子善二人在任中共天津地委书记、天津行署专员期间堕落为大贪污犯的严重情况。11 月 30 日,毛泽东同志在批复华北局报告的批语中指出,刘青山、张子善被揭露这件事,向全党提出了警告,必须注意干部被资产阶级腐蚀发生严重贪污行为这一事实,并把反腐蚀当作一场大斗争来抓。1951 年 12 月 1 日,中共中央作出《关于实行精兵简政、增产节约、反对贪污、反对浪费和反对官僚主义的决定》,这个决定是经毛泽东同志修改审定的,他指出:"进城两年来,严重的贪污案件不断发生,证明七届二中全会所提出的防止和克服资产阶级思想腐蚀的正确性。现在是切实执行这一方针的时候了,否则就会犯大错误。"这个指示发出以后,全国范围的"三反"运动正式开始。12 月 4 日,刘青山、张子善被开除党籍,中共河北省委报请华北局批准的开除党籍的决议中指出,刘青山、张子善已经不仅仅是两个普通的贪污犯和窃盗,而是经不起敌人糖衣炮弹攻击、向敌人投降了的、从内部来腐蚀党、瓦解党的反动分子在党内的代理人。12 月 8 日,毛泽东同志以中共中央名义起草了《关于"三反"斗争必须大张旗鼓进行的指示》,强调要把“三反”斗争看作如同镇压反革命斗争一样重要。

刘青山、张子善案件,是“三反”运动中暴露出来的第一大案。毛泽东同志直接督促案件的处理,在党内外引起强烈反响。对于有人提出给刘、张二人说情、对他们宽大处理的意见,毛泽东同志坚决说:“正因为他们两人的地位高,功劳大,影响大,所以才要下决心处决他们。只有处决他们,才可能挽救二十个,二百个,二千个,二万个犯有各种不同程度错误的干部。”1951 年 12 月 29 日,毛泽东同志专门召开中央书记处会议,研究对刘、张二人的处理意见。经过慎重考虑,并征求党外人士的意见,中共中央决定同意河北省委的建议,由河北省人民法院经最高人民法院核准判决,对刘、张二人判处死刑立即执行。

1952 年元旦,毛泽东同志在中央人民政府举行的团拜会上致祝词,号召全国人民和一切工作人员一致行动起来,大张旗鼓、雷厉风行地开展一个大规模的反对贪污、反对浪费、反对官僚主义的斗争,将这些旧社会遗留下来的污毒洗干净。1 月 4 日,毛泽东同志为党中央起草了限期发动“三反”运动的指示。1 月上旬,各中央局、中央分局、省市区党委、各大军区党委、中央人民政府各部,基本上都作了动员和部署。全国县级以上的机关单位,动员干部和全部工作人员学习文件,学习各级领导人的讲话和报告,统一思想,统一认识,自我坦白,检举贪污行为。一些典型的贪污案件被揭发出来。“三反”运动于 1952 年 10 月结束。据统计,全国县以上党政机关贪污千元以上者计十万八千人,其中,被判处有期徒刑的九千九百四十二人,无期徒刑的六十七人,死刑立即执行的四十二人,死刑缓期执行的九人。

案例出处:《人民日报》《中国二十世纪通鉴(1941 - 1960)》。

(张田田)

佘祥林案

佘祥林,湖北省京山县人,1966 年生,曾是京山县公安局马店镇公安派出所治安巡逻队队员。其妻张某于 1994 年 1 月 20 日与佘祥林吵架后失踪。1994 年 4 月 11 日,该镇吕冲村一水塘中发现一具女尸,经村民报案,打捞上来的尸体虽已腐败,面部浮肿,依稀可辨是一名年轻女子。周围村民认不出死者是谁,死者遗物也并未发现任何可以证明其身份的东西,当地警察便上报县公安局。经检验,尸长 155 厘米,头部有六处创伤,颅骨骨折。根据伤口的位置和形状,法医认为这不是跌撞伤,应是钝器击打所伤,一时还无法判断是钝器致死后沉尸还是钝器击昏后溺水身亡,但可以知道死者年龄在 30 岁左右,曾经生育。根据尸体现象和死者着装等情况,法医推断死亡时间较长,可能在两个月以上。

专案组在听取了现场勘查工作人员的汇报之后,决定先通过排查失踪人来查明死者身份。很快得到线索:有人曾报称其女儿张某在几个月前失踪,至今下落不明。家属来辨认尸体后,法医再次对尸体进行了检查,认为张母的描述和死者的特征基本吻合,可以确认死者为张某,理由包括:尸检推断死亡时间与张某失踪时间相吻合;长相相同,且鼻孔朝上翘;脚趾的分布形状与张某相同;张某生小孩时左阴唇有侧切刀伤,与尸检情况完全一致;尸体头发的长短及扎法与张某一致;尸长与张某的身高一致;张某生前穿戴过耳环,与尸检一致;张某有一条同尸体上一样的黑色健美裤;年龄相仿;张某有不穿秋裤的习惯,尸检时未见秋裤;张某双手食指甲朝内弯,同尸检一致。

专案组在确定了无名尸体的身份后明确了侦查方向,限定了犯罪嫌疑人的范围,并立即采取行动，抓捕张某丈夫佘祥林。

侦查人员根据上述情况，给佘祥林施加压力，佘祥林在认罪之后供述了四种不同的作案过程和杀人方法，公安侦查机关采信了佘祥林最后一次供述：1994年1月20日晚10时，我把精神恍惚的张某从床上拉起来，带到村外一个无人的瓜棚，关在那里。凌晨2时，我又把女儿抱到父母的房间，谎称老婆出走了，我要去找。然后，我拿着手电筒、麻绳和事先准备好的衣服，来到瓜棚。我先给张某换了衣服，又拿上事前放在瓜棚的蛇皮袋，然后把她带到山边的一个水塘边，用石头猛击她的头部，将她打昏。我用麻绳将装了4个石块的蛇皮袋捆在她的身上，将她推进水中。第二天下午，我又把从她身上换下来的衣服和鞋放进自家的炉灶里烧毁了。侦查人员认为，佘祥林这一次的供述"符合案件的客观事实"，也能与案件中的其他证据互相印证。综合现有证据，公安机关认定案件事实如下：佘祥林因有外遇，就想除掉患有精神病的妻子。他事先准备了编织袋用于沉尸，准备了更换的衣服来转移侦查视线，事后还四处放风说妻子离家出走，被抓捕之后还百般抵赖，最终还是不得不招认了。拿下口供之后，侦查人员便开始补足有关证据。1994年4月20日，京山县公安局的两名法医和京山县人民检察院的一名法医共同出具了"京公刑（1994）法鉴字第43号法医鉴定书"，结论是张某系被他人用钝器打击头部致昏迷后又抛入水中溺水死亡。佘祥林随后被要求去做杀人现场的指认，连续10天的审讯已经让他筋疲力尽。侦查人员先让他画一张"行走路线图"，佘祥林画不出来，就被侦查人员"指导"着画了一张。

1994年4月22日，京山县公安局宣告佘祥林故意杀害张某案已经侦破，决定对佘祥林刑事拘留。次日，专案组报请京山县人民检察院批准逮捕佘祥林。

1994年10月7日，荆州地区中级人民法院开庭审理佘祥林故意杀人案。1994年10月13日，湖北省荆州地区中级人民法院作出一审判决，佘祥林因犯故意杀人罪，被判处死刑，剥夺政治权利终身。

1995年1月10日，湖北省高级人民法院就佘祥林故意杀人案作出二审裁定：事实不清，证据不足，撤销原判，发回重审。二审法官在裁定书中指出了一审判决中的一些具体问题和疑点，例如，被告人的供述前后矛盾，而且是时供时翻；被告人供述了四种杀妻过程，仅选择其中一种予以认定，缺乏合理依据；仅凭被告人的口供就认定杀人凶器是石头，依据不足；张某被换下的衣服去向不明；本案中的间接证据无法形成完整的证据链，不能完全排除死者离家出走后被他人杀害的可能性。

荆州地区中级人民法院接到湖北省高级人民法院的二审裁定之后，把案件退回检察院，检察院又把案件退回公安局，要求补充侦查。

检察院收到补充侦查的材料之后，经与法院协商，认为这些证据仍无法满足湖北省高级人民法院的要求，就再次"退补"。公安局坚持认为本案证据足以证明佘祥林故意杀人的事实，不再"补查"。案件就此搁置。此时，佘祥林的羁押已经超过了法律规定的期限。

1998年6月15日，京山县人民法院以故意杀人罪判处佘祥林有期徒刑15年，剥夺政治权利5年。佘祥林上诉。同年9月22日，荆门市中级人民法院驳回佘祥林的上诉，维持原判。

2005年3月28日，走失的张某回到了张家。2005年3月30日，荆门市中级人民法院紧急撤销佘祥林故意杀害张某一案的一审判决和二审裁定，要求京山县法院重审此案，同时决定让佘祥林取保候审。

2005年4月13日，京山县人民法院再审开庭。审判长郑重宣判：被告人佘祥林无罪。

在纠正错案之后，当地有关部门的领导与佘祥林及其家人协商，安排国家赔偿和政府救助等事宜。《国家赔偿法》是1994年5月12日由全国人大常委会通过的，1995年1月1日起生效。佘祥林从1994年4月12日被收容审查到2005年4月1日被取保候审，一共被错误羁押了3995天。2005年9月，佘祥林与荆门市中级人民法院签订赔偿协议：荆门市中级人民法院向佘祥林支付人身侵权赔偿金256,900元，10月，佘祥林及其家人又与京山县公安局达成赔偿协议：京山县公安局赔偿佘祥林226,000元；因错误羁押而赔偿其哥哥4000元；因佘母死亡而赔偿其家人220,000元。当地政府还向佘祥林支付了200,000元的生活困难补助款。此外，曾经因出具“良心证明”而遭受关押的两位姚岭村村民也与京山县公安局达成赔偿协议。其中，一人获得了22,000元的国家赔偿；一人获得了3000元的国家赔偿。

2005年4月荆门市政法委成立工作组对该案责任人员进行调查，并作出决定：本案中有关人员的行为已经构成了刑讯逼供和玩忽职守，但是两名主要办案人员已经死亡，不再追究责任；韩某、卢某被免职。

佘祥林案发生后，湖北省政法部门制定了《关于刑事证据若干问题的规定（试行）》，要求政法机关讯问重大案件犯罪嫌疑人时必须进行录音录像，并可以通知其律师到场，还要求对死因不明的尸体应当进行解剖，对相关重要证据应做DNA鉴定。

案例出处：《亡者归来：刑事司法十大误区》《湖北佘祥林案件的反思与点评》。

（张田田）

审判林彪、江青反革命集团案

1976年10月6日，华国锋、叶剑英等代表中共中央政治局对王洪文、张春桥、江青、姚文元等实行隔离审查，并率部队接管新华社等新闻机关，从而结束了“文化大革命”。1977年8月，中共第十一次全国代表大会在京举行。但“左倾”错误仍禁锢着人们的思想。在这种情形下，对林彪、江青反革命集团进行处理具有祛除“文化大革命”遗毒、拨乱反正的重要意义。1978年12月召开的十一届三中全会上，决定将林彪、江青反革命集团案（以下简称“两案”）交给重建的中纪委进行审查。1979年7月，中共中央决定成立“两案”审理领导小组，胡耀邦为组长。经过初步审查，“两案”审理领导小组认定“两案”案犯既有违反纪律的问题，又有触犯刑律的问题。对于当时志在恢复法制的中国来说，这个定性意味着林彪、江青反革命集团案成员将移送司法机关进行审判。1980年2月，中纪委根据对“两案”审查的结果，证明林彪、江青两个集团触犯了国家刑律，决定把“两案”主犯正式移交司法机关依法审理，追究刑事责任。当年3月17日，中共中央书记处决定成立中央“两案”审判指导委员会，由彭真任主任，统一领导“两案”的审判工作。9名被告一起被送上被告席。从全国各地抽调了很多法学专家，主要是各地政法院校刑法和刑事诉讼法专业的老师，开始准备起诉书。

1980年6月5日，邓小平同志在会见美国和加拿大社论撰写人访华团时说，对“四人帮”要进行有限公开的审判形式。8月下旬，“两案”审判指导委员会扩大会议要求按照公开审判做准备。9月8日，中央政治局常委会开会讨论，确定了关于“两案”的审判方案：将“两案”合并为一案起诉；成立特别法庭，公开审判。邓小平同志否决了不公开审理的方案，坚持进行公开审判。公开审判的方式，最终由五届全国人大常委会第十六次全体会议通过：特别法庭进行公开审判，各省、自治区、直辖市，各党派，各人民团体，国家机关，人民解放军派代表参加旁听。

特别法庭的判决为终审判决。1980年9月29日《关于成立最高人民检察院特别检察厅和最高人民法院特别法庭检察、审判林彪、江青反革命集团案主犯的决定》任命了检察、审判的正副厅长和庭长。组建律师小组的任务则交给了司法部,张思之为"两案"辩护律师组长,他回忆说司法部开始想找的名流都拒绝为被告辩护,司法部改变策略,在北京、上海等地抽调专职、兼职律师,他们中的绝大部分人是到了驻地后才知道此行任务的。

"两案"最终于1980年11月20日正式开庭。国人通过旁听及广播、电视、报纸了解到了审判情况。这次审判甚至对国际也表现出一定的开放,外交部在庭审前几天就向外国记者公布了起诉书的部分内容。庭审的实况不仅在国内放送,还通过卫星向全世界播放。著名法学家在接受媒体采访时称,按照法律规定,"两案"因涉及国家机密,可以不公开审判。但公开审判有好处,因为人民关心这件事,强烈要求公开审判。通过公审,把他们的反革命罪行公之于众,可以满足人民的要求,也可以教育人民。

1981年1月25日上午,最高人民法院特别法庭宣告了对被告各自的判决,其中,江青、张春桥死刑,缓期2年执行,剥夺政治权利终身。至此,历时两个多月的对"四人帮"主犯的审判结束。

"两案"宣判次日,《人民日报》刊文称,"这是无法无天的时代的结束,是以法治国的新时代的开端"。邓小平同志在会见澳大利亚外交部长时称,通过这次审判"四人帮"和这个文件的公布(指正在起草的《关于建国以来党的若干历史问题的决议》),把过去的问题都了结了,不再纠缠。我们十亿人民一心一意向前看,向实现四个现代化的目标努力。

案例出处:《人民日报》《特别审判:林彪、江青反革命集团受审实录》《林彪、江青反革命集团案:一次历史的审判》。

(张田田)

孙志刚事件

孙志刚为湖北黄冈人,2003年2月24日被广州市达奇服装有限公司雇佣,未办理暂住证,3月17日晚上他出门上网,也没有带身份证。在当晚11时左右,他在路上被查暂住证的警察送往黄村街派出所。在这里,他打了一个电话给朋友,要求对方把他的身份证明文件送往该派出所。可是当对方到达派出所之后,才发现孙志刚已被转送收容站。3月20日,孙志刚被发现在一家收治收容人员的医院死亡。官方最早坚持他是正常因病死亡,但在《南方都市报》记者陈峰调查后,发现他是被毒打致死。最后公布的结果是孙志刚在医院被护工和同房病人殴打致死。广州市当局后来拘捕了乔燕琴等十多名涉案人士,并于同年6月9日一审判决主犯乔燕琴死刑,第二主犯李海樱死刑,缓期两年执行;其余十名罪犯分别被判处有期徒刑三年至无期徒刑。另有六名有关官员因被控渎职罪,判监1—3年。2003年5月14日三名法学博士向全国人大常委会递交审查原《城市流浪乞讨人员收容遣送办法》的建议书,认为收容遣送办法中限制公民人身自由的规定,与中国宪法和有关法律相抵触,应予以改变或撤销。2003年5月23日,五位著名法学家以中国公民的名义,联合上书全国人大常委会,就孙志刚案及收容遣送制度实施状况提请启动特别调查程序。同年6月20日,时任中华人民共和国国务院总理温家宝签署国务院令,公布《城市生活无着的流浪乞讨人员救助管理办法》,该办法的公布标志着《城市流浪乞讨人员收容遣送办法》的废止。

案例出处:《南方都市报》《孙志刚事件十年祭》。

(张田田)

王海"打假"案

1995年年初,王海在书店里翻到《消费者权益保护法》(1993年,以下简称《消法》),注意到第四十九条规定:"经营者提供商品或者服务有欺诈行为的,应当按照消费者的要求增加赔偿其受到的损失,增加赔偿的金额为消费者购买商品的价款或接受服务的费用的一倍。"3月25日,王海来到北京隆福大厦二楼电讯商场,以170元的价钱购得两副标价为85元一副的日本索尼耳机,耳机包装上印着日本另外一家株式会社的名称。王海申请退假耳机的第一站是北京市东城区消协,但寻找未果。北京市消协的工作人员在电话中告诉王海,找消协处理应先将商品送至技术监督局鉴定。王海在技术监督局得到的答复是:耳机真伪,应送至索尼公司鉴定。索尼公司驻京办事处确认耳机是假货,但表示想从该办事处获得书面证明,则需要法院或者工商等部门介入。这让王海很失望,思前想后,他决定再买10副耳机。接到12副耳机的东城区工商局在一个月后找到王海:索赔属民事纠纷,工商局无权干涉,只能调解。隆福大厦表示,后10副耳机属于"知假买假",只退不赔。民法关于"欺诈"这个概念有三个要件,一是主观故意,二是实施了欺诈行为,三是造成了他人的错误判断。王海认为:索赔不顺利的原因,主要是因为策划不周,让人一看就是知假买假。当他细看了《消法》第六、九条规定的"消费者有监督权"后,新的困惑又出现了:行使监督权的方式之一是举报,消费者如果不去购买假冒伪劣商品,那怎么举报?

经过深思,王海给《中国消费者报》写信,反映自己索赔遭拒的经历。1995年8月4日,《中国消费者报》在一版位置以《刁民?聪明的消费者?》为题,就王海索赔一事,进行专题讨论。稿件刊发后在社会上引起强烈反响。正反两方的争论由此拉开序幕。1995年11月24日,北京建国门外大街赛特俱乐部召开"制止欺诈行为,落实加倍赔偿座谈会"。座谈会的主办方是中国消费者协会和中国消费者报,参加会议的除部分在京商家外,还有全国工商总局、国家技术监督局、全国人大法工委等权威部门领导。会议的中心议题是讨论不久前因在京"知假买假"而名声大噪的王海,借此讨论我国消费者权益保护法的普及工作。会议结束后,王海颇有特色的打假行为以及产生的社会影响,被与会者称为"王海现象"。"王海现象"就此红遍中国。

12月5日,北京隆福大厦在拖延了8个月之后,同意加倍赔偿10副假冒耳机。同时,隆福大厦决定,从12月初开始,凡顾客购买到假冒商品,经有关部门确认后,按《消法》给予加倍赔偿并奖励100元。同年,因王海事件,中国保护消费者基金会设立"消费者打假奖"。1995年12月15日基金会举行新闻发布会,会上,王海除了领到5000元奖金外,又被称作"中国打假第一人"。

案例出处:《中国消费者报》《王海:中国打假第一人》。

(张田田)

外国案例

对苏格拉底的审判(Socrate's Trial,公元前339年)

公元前406年,一个雅典人为了躲避当局的迫害逃离了城邦,雅典城邦的统治者“三十僭主”命令苏格拉底与另外几人将此人捕回,但苏格拉底拒绝执行如上命令,他声称其不再参与公共事务,而要去领导一场道德复兴运动并为之建立科学基础。公元前403年,“三十僭主”被赶下台,雅典又恢复了民主与自由,但愤怒的公众坚持苏格拉底应对“三十僭主”执政期间整个城邦的道德沦丧负责。公元前399年,三个雅典人正式提起诉讼,将苏格拉底告上法庭。原告之一安尼图斯是一个富有的皮革匠,他为雅典重建民主制度出过力,因为苏格拉底曾经批评过城邦中的许多政治家,这让安尼图斯心中不快。原告莫勒图斯是一名年轻诗人,因为苏格拉底曾经讥讽过新一代雅典诗人,所以他对苏格拉底也怀恨在心。而原告吕康则是一位雄辩家,他认为苏格拉底关于雄辩家的议论是对其人格的严重侮辱。

按照雅典的法律规定,案件交由城邦的统治者阿尔贡处理。他首先组织召开听证会,以判断案件是否已经严重到需经法庭审判的地步。原告莫勒图斯对苏格拉底提出三项指控:首先是拒绝礼拜城邦所敬的众神;其次是宣扬新的神灵;最后是腐蚀年轻人。据此,他认为苏格拉底的行为已构成犯罪且应判处死刑。阿尔贡最终决定由公民大会(公民作为陪审员组成法庭的审判方式)对案件进行审判。苏格拉底在公民大会上作了雄辩,但因拒绝迎合法庭陪审员,最终被公民大会以微弱多数判决在三项罪名指控上都有罪。审判结束后,苏格拉底的朋友曾设计多种方案帮助他越狱,但都遭到了他的拒绝,他坚持每个雅典公民都有义务遵守城邦的法律。最终,苏格拉底饮下狱卒交给他的毒酒而死。对苏格拉底的审判被认为是西方历史上最早的因言论与思想自由而判处死刑的案例。

案例出处:《开庭:改变人类进程的115件世纪大案》。

(金　星)

对圣女贞德的审判(Joar of Arc Trial,1431)

贞德于1412年(或1413年)出生于法国东北部劳伦地区的多米来梅村。13岁时,她听到奇怪的声音传来命令:“贞德,要做一个负责任的好孩子,要常去教堂。”她服从了命令。1429年,贞德再次听到奇怪的声音,这次是圣凯瑟琳、圣玛格丽特和天使长米歇尔对她说:“贞德,你要去帮助法王,并恢复他的王国。”当时正是英法百年战争期间,贞德听从命令成为一名战士,并在该年2月觐见了国王查理。宗教思想家们要求贞德证明她得到了来自天国的启示,而不是巫术。贞德说征兆会在奥尔良显现,并预言查理会在雷姆城的天主教堂加冕为王。

5月8日,贞德带领法国军队在奥尔良的战役中将英军赶走。查理于7月15日到达雷姆,并像贞德预言的那样加冕为王。英军重新集结,并准备让亨利六世任法王。贞德又指挥了一场对占领巴黎英军的袭击,1430年5月23日,她在战斗中被俘。英国人准备以女巫之名对她进行审判,目的是证明查理靠巫术获得王权。1431年1月9日,在里昂开始了对贞德的审判。比维斯主教考顿主持审判,他明白指控巫术并无论用,于是将审判重点转向异端问题。随着审判的进行,焦点集中在贞德听到的声音和穿男装问题上。贞德坚信她听到的声音来自神,且拒绝更换身上的男装。法庭最终宣告贞德犯了异端和乔穿男装的罪名。由于英国的坚持,法官提出让贞德收回自己的证词,以削弱查理的力量并阻止其得到王权。贞德同意收回其证词,法庭则向她保证由英国人将她带到英国教堂加以收容。但几天后,贞德收回了她的承诺并重新穿上军装,同时宣称圣徒又对她说话了。1431 年 5 月 30 日,贞德被法庭判为异端,并以火刑处死。在其死后 25 年,教皇下旨给她昭雪。1920 年,教皇本尼迪特五世宣布她为圣女。

案例出处:《开庭:改变人类进程的 115 件世纪大案》。

(金　星)

对马丁·路德的审判(Martin Luther Trial,1521)

16 世纪时,罗马天主教会为了敛财向信众出售"赎罪券",声称购买此券后能使人在炼狱中获救。1517 年,德国的教会也开始出售此券。马丁·路德当时是奥古斯汀派教士,他反对教会出售赎罪券的行为,并写了《九十五条论纲》进行抨击,还把此论纲钉在教堂的门上。教皇发现其严重性,便正式起诉路德是异端。教会同意案件在德国审理,但要求路德须接受卡吉坦的听证会。卡吉坦尽管赞同路德,但坚持教会的权威必须维护,因此要求他收回观点。但路德坚持否认教士是人类与上帝的中间人,并坚信只有虔诚才是通向救赎的道路,他还当众否认教皇有至高无上的地位。因为路德有总督萨克森尼的支持,所以案件陷入僵局。1520 年 1 月,梵蒂冈教廷决定重新审理此案。6 月 1 日,枢机主教正式批准法令,称路德是宗教异端,并规定他有 6 天时间收回说教,否则将被逐出教会。但路德始终不放弃说教,因而被宣布为异端。1521 年初,罗马帝国皇帝查理五世召路德参加在沃姆斯举行的听证会,会上路德与教会仍然分歧严重。由于路德派的势力强大,教会最终无法对他施加惩罚,且德国人也不愿把他交给罗马。路德最后策划了脱险计划来到维滕堡,并继续对教会发起挑战,还把《圣经》译成德文。路德死后 50 年,有 2/3 的德国人改信路德派。在斯堪的纳维亚,这个建立在异端理论基础上的教派甚至成了官方宗教。

案例出处:《开庭:改变人类进程的 115 件世纪大案》。

(金　星)

对托马斯·莫尔的审判(Thomas More Trial,1535)

托马斯·莫尔是著名的作家、政治家、宗教思想家和律师,他在英王亨利八世统治时期被任命为大法官。1532 年,由于对国王逐渐不信任,莫尔辞去了大法官职务。亨利厌倦了皇后——阿拉贡的凯瑟琳,要求不认可离婚的罗马教会宣布其婚姻无效。被教会拒绝后,亨利通过法令宣布自己是英格兰教会的首脑,以摆脱天主教教义对他的约束。1533 年 5 月 23 日,英格兰教会的坎特伯雷第一任大主教托马斯·克兰默顺应亨利的意志,宣布其与凯瑟琳的婚姻无效。9 天后,已怀孕的安妮·菩琳被封为皇后。作为虔诚天主教徒的莫尔对国王违反教义的行为非常失望,因此没有参加安妮·菩琳的加冕典礼。在一个王室会议上,出席会议的莫尔被要求发誓承认《继承法》,该法宣称亨利与凯瑟琳的婚姻无效,而与安妮·菩琳的婚姻有效。莫尔承认安妮现在是皇后,但他拒绝发誓,因为这违背了他的宗教信仰。

1535 年 5 月 7 日,莫尔受到质询,质询依据是《君主至上法》,该法宣称亨利是英国教会的最高首领。莫尔拒绝答复质询,所以被指控犯有四重叛国罪:首先,他接受质询时拒绝承认亨利是英格兰教会的首领;其次,他与主教约翰·费舍尔(后者在1535 年6 月22 日因叛国罪被处死)被一同关押于伦敦塔期间有过叛逆性的书信来往;再次,他称《君主至上法》是一把"双刃剑",接受它虽然挽救了肉体但扼杀了灵魂,拒绝它虽然会失去肉体但拯救了灵魂;最后,他曾经对副检察长理查德·里奇(克劳威尔的盟友之一)表示过坚决反对《君主至上法》。1535 年 7 月 1 日,威斯敏斯特开始了对莫尔的审判。审理本案的审判团由国王的秘书托马斯·克劳威尔和其他 17 名法官组成,其中包括安妮·蒈琳的父亲和哥哥。莫尔在审判中凭借熟练的技巧和渊博的法律知识为自己辩护,他提醒法官说,在 5 月 7 日接受质询时他始终保持沉默,根据英国法律沉默应当被视为同意。他指出自己给费舍尔主教的信件已被焚烧,因此费舍尔关于信件内容的任何言论都不能被认定是叛国罪。他还辩解说自己关于《君主至上法》是"双刃剑"的评论只是为了论证的需要而作出的。他也否认了里奇的指证,并且指责他在法庭上撒谎。辩论的最后,莫尔还提醒法官注意自己曾长期忠实地效力于国王。当大法官托马斯·奥德利宣判的时候,莫尔依然为自己辩护,坚持自己不应该被定罪,更不应该被判刑,因为被用来定罪的法律是无效的。他声称《君主至上法》侵犯了更高级的天主教会法的权威,它甚至和《大宪章》也是相互矛盾的,而《大宪章》则是英国法律的奠基性文献。但其辩护没能改变审判结果,奥德利大法官最终宣布他有罪。

1535 年 7 月 6 日,莫尔被处死。对莫尔的判决仅依赖于单个人的证词,根据当时的法律这是合法的。但此后英国人的法律观念逐渐倾向于对任何适用死刑的罪行,都要求至少有两名证人作证,但直到 1547 年这种观念才被法律所确认。1935 年 5 月 19 日,托马斯·莫尔被罗马天主教会追封为圣徒。

案例出处:《开庭:改变人类进程的 115 件世纪大案》。

(金　星)

对马丁·居埃尔的审判(Martin Guerre Trials,1560)

1527 年,达盖尔带领妻子、儿子马丁和弟弟皮埃尔从大西洋沿岸迁至法国一个叫阿提加的村庄定居。兄弟二人在当地从事制瓦业,将名字改成居埃尔,并开始说法语。1538 年,13 岁的马丁娶博特兰德为妻。1547 年,马丁的儿子出生,但第二年马丁失踪。1556 年,一个自称马丁·居埃尔的人来到阿提加,他看上去比八年前失踪的马丁低矮粗壮,而且不会讲巴斯克语。但他知道很多家人和邻居的细节,他的妹妹们认可了他,博特兰德也说他就是自己的丈夫。此后博特兰德又生了两个孩子,通过经营房地产,马丁也使家庭更为富有。1559 年,马丁对其叔叔提起诉讼,称作为家族企业管理人的皮埃尔欺骗了他和博特兰德。诉讼最后平息了,但皮埃尔指责马丁是冒名顶替者。同年秋天,一名路过阿提加的法国士兵说这个马丁是假的,真的马丁在两年前就失去了一条腿。听到这个消息后,皮埃尔立即开始调查,并很快查明冒名顶替者实际是来自萨亚斯村的阿诺德。阿诺德能言善辩且记忆力超强,他在村里闯祸后加入了国王的军队,有可能在他服役时遇到过马丁并了解了他的一些家庭情况。1560 年 1 月,皮埃尔将阿诺德诉到地方法院。在案件审判中,共有 150 名证人出庭,其中约 40 人坚持认为被告就是马丁·居埃尔,约 50 人认为他是冒名顶替者,其余的则表明他们无法确定。最模棱两可的证词出自博特兰德,被告对博特兰德说,如果她发誓证明他不是真的马丁·居埃尔,那么他愿意接受死刑判决,但博特兰德选择保持沉默。法庭最后宣布被告犯有诈骗和虐待博特兰德的罪行,判决砍头并肢解尸体。

阿诺德提起上诉,并在法庭上对博特兰德和皮埃尔提出反诘。因其言辞极具说服力,法官们认定"犯人是真正的丈夫,而妻子和叔叔一方则有欺骗行为"。博特兰德和皮埃尔随即被关进监狱。接下来的审判中，法庭共传唤了25—30名证人到庭。主审法官科拉斯在仔细研究证词之后认为，皮埃尔曾逼迫博特兰德指控她的丈夫，他还想压制侄子清算家族财务状况。考虑到这对夫妇已经有了孩子，科拉斯决定“宁可放过有罪之人，也不要冤枉好人”。7月底，法庭已准备采纳科拉斯的意见，判定马丁无罪而皮埃尔有罪。这时，一个装着木制假腿，并自称是真正的马丁·居埃尔的男人出现。他解释说自己在离开阿提加后去了西班牙，在那里先做仆人后来参加了西班牙军队。1557年，他在一场战役中失去了一条腿后回到了西班牙，军队给了他一份工作。

法庭开始重新审判，当居埃尔家族也认可他是家族成员时，法官们终于相信他是真正的马丁。最终，博特兰德得到了豁免，法官还宣布她与阿诺德所生的孩子合法，但马丁遭到法官斥责，因为他曾抛弃了家人和祖国。皮埃尔也被释放，至于阿诺德，则被判处绞刑。

案例出处：《开庭：改变人类进程的115件世纪大案》。

（金　星）

对苏格兰女王玛丽的审判（Mary Queen of Scots Trial，1586）

玛丽·斯图亚特生于1542年，其父亲是苏格兰国王詹姆斯五世。由于父亲的逝世，玛丽出生一周后就成为女王。5年半后，母亲安排玛丽与法国国王亨利二世之子弗朗西斯订婚。订婚后她就去了法国，生活在信奉天主教的法国宫廷里，并于1558年4月24日和弗朗西斯正式完婚。1558年9月，英国女王玛丽一世去世，她信奉新教的异母妹妹伊丽莎白一世成为新女王。但当时欧洲的天主教徒们否认伊丽莎白的王位继承权，因为其父母，即国王亨利八世与安妮·菩琳的婚姻不合法。他们认为亨利八世的甥孙女，即苏格兰的玛丽应当继承王位。

1559年7月，亨利二世在比武中受伤而死，弗朗西斯和玛丽加冕为法国国王和王后。但6个月后，弗朗西斯也死了，玛丽只得又回到苏格兰。以前的苏格兰与信奉天主教的法国连在一起，但现在的苏格兰却与信奉新教的英国结成了联盟，而且大多数苏格兰人反对天主教徒。1565年7月29日，玛丽与堂兄达恩利勋爵亨利·斯图亚特结婚。但很快她就厌倦了达恩利，并拒绝给予他因王冠婚姻应得的名分。1566年6月19日，玛丽产下一子，他就是后来的英国国王詹姆斯一世。1567年2月10日，亨利·斯图亚特死在其住所的花园里，人们认为凶手就是博斯韦尔伯爵詹姆斯·赫伯恩，因为传说他是玛丽的情人。詹姆斯·赫伯恩虽然因谋杀罪而被审判，但法庭没有发现他有罪。此后他很快与妻子离婚，并于1567年5月15日和玛丽结婚。这次婚姻使许多原来的追随者也开始反对玛丽，7月24日，玛丽被迫让位于她的儿子。

1568年5月，玛丽逃往英格兰寻求伊丽莎白一世的帮助，但伊丽莎白却让法庭调查她在谋杀案中扮演的角色。尽管法庭没有发现玛丽犯有谋杀罪，但却禁止她返回苏格兰。玛丽被囚禁了18年，其间她一直计划逃跑，苏格兰和英格兰的许多天主教徒也策划将她扶上英国王位。弗朗西斯·沃尔新厄姆是一个秘密警察组织的头目，他通过玛丽的信使吉尔伯特·吉福德了解到一个天主教徒们试图帮助玛丽的密谋。安东尼·巴宾顿是密谋者之一，因此他与玛丽的书信来往都在沃尔新厄姆的监控之下，其中也包括谋杀伊丽莎白女王的计划。沃尔新厄姆伪造了一封信件给巴宾顿，信中以玛丽的名义要求了解其他同伙和计划进展的情况。8月，巴宾顿回信说已经接到来信。沃尔新厄姆随即逮捕了他，经过严厉审问，巴宾顿承认了一切。对玛丽的审判于1586年10月15日正式开始，尽管法国大使请求玛丽应被允许获得律师帮助，但被伊丽莎白女王拒绝。1587 年 2 月 1 日,伊丽莎白下令处死玛丽,一个星期后她被斩首。这一判决确定了新教的胜利以及天主教的失败。

案例出处:《开庭:改变人类进程的 115 件世纪大案》。

(金 星)

对布鲁诺的审判(Giordano Bruno Trials,1592 – 1600)

布鲁诺于 1548 年出生在意大利的诺拉,年轻时加入多米尼加修道团并于 1572 年成为牧师。由于他不服从罗马教会的管理,所以被指控为异端。于是布鲁诺逃离了多米尼加修道团并离开意大利,此后他去了日内瓦并加入加尔文教派,之后又去了巴黎,最后到了伦敦。在伦敦,他阅读了波兰天文学家尼古拉·哥白尼的著作,开始接受人类并不是宇宙中心的观点。因为牛津大学的哲学家们反对哥白尼的观点,所以布鲁诺于 1585 年被逐出英国。1591 年,他又来到威尼斯,因为该城当时的天主教会独立于罗马,所以布鲁诺认为自己的安全能得到保障。但很快,在当地他又和朱安·莫西尼哥发生了争执,莫西尼哥向罗马的宗教裁判所揭发了布鲁诺。

1592 年 5 月 26 日,当地教会对布鲁诺展开审判。两个书商作证,一个说他是“没有信仰的人”,另一个则说他从未听布鲁诺说过与教义不相符合的话。第三个证人布里塔诺作证说,布鲁诺的主要时间都用在思考和写作愚蠢的事情以及占星术上。审判期间,布鲁诺向教会提供了一份忏悔书,威尼斯的法官也准备接受其忏悔。但到了 9 月,梵蒂冈教会让布鲁诺到罗马接受审判。1593 年 2 月 27 日,教皇的狱卒将他押进了罗马的圣安格罗堡地牢。教会花了数年时间调查该案,最终掌握了不利于他的证据,这是从他出版的作品中摘抄的 8 页纸。教会要求布鲁诺收回其中的每一句话,他则试图证实哥白尼的学说和天主教的信条之间并无矛盾,但并未说服教会法官。1599 年 12 月 21 日,布鲁诺宣布拒绝收回他说过的所有的话。1600 年 2 月 8 日,罗马教会称布鲁诺是不可救药的异端,并判处他火刑。

案例出处:《开庭:改变人类进程的 115 件世纪大案》。

(金 星)

对沃尔特·雷利的审判(Walter Raleigh Trial,1603,1608)

沃尔特·雷利爵士是英国女王伊丽莎白一世的宠臣,他曾策划在北美建立弗吉尼亚等殖民地,也曾带领英国战舰抗击西班牙舰队。1592 年,雷利因为引诱了女王的一个女侍从并与之结婚被关进伦敦塔。虽然他很快就被释放,却失去了往日的威望。新国王詹姆斯一世不喜欢他,并剥夺了他的财产。当时有流言说西班牙要阴谋夺取英国王权,雷利被怀疑介入此事,数月之后被指控犯有叛国罪。1603 年 11 月 11 日,法庭开始对他进行审判。检察长爱德华·考克指控他犯有叛国罪,雷利则进行了辩护。他称根据法律规定,对于叛国罪案件必须要有两个证人的证词。但法庭庭长约翰·波佛姆指出,针对叛国罪的最近一项法律变动已经去掉了这一要求。证明雷利犯有叛国罪的唯一证人是戴尔,但他只引用了其他人关于推定雷利犯有叛国罪的话,而雷利拒绝承认这种间接证据。雷利指出其在军队服役时曾三次抗击西班牙人,所以绝不会是西班牙一方的人。检察长考克出示了一封信件,该信件来自雷利的朋友和同谋者亨利·布鲁克·考伯汉姆勋爵。在信中,考伯汉姆称自己在雷利的支持下已经在西班牙找到了代理人。雷利无法反驳这一直接证据,于是被法庭判处死刑。

在狱中,雷利发现考伯汉姆等人虽然被推向断头台,但被砍头之前行刑被制止了。于是他向国王写信祈求宽恕,国王应允。被监禁期间,为了获得自由他又说服詹姆斯一世夺取西班牙人在圭亚那的金矿,而且由他亲自指挥夺取行动。但该行动没有成功,战败的雷利回到英国后再次被关进伦敦塔。1618 年 10 月 22 日,检察长亨利·叶尔沃顿爵士宣读了对雷利的最新指控,法官们再次肯定了第一次对雷利的判决。10 月 29 日,雷利被砍头处死。在英国历史上,人们长期认为雷利被判叛国罪是不正义的。但是,1995 年公布的在牛津大学博德利图书馆发现的证据显示,他确曾希望西班牙入侵英国,也确曾通过充当间谍获得高额报酬。

案例出处:《开庭:改变人类进程的 115 件世纪大案》。

(金　星)

火药阴谋案(Gunpowder Plot Trial,1606)

16 世纪末的英国,天主教的势力渐趋衰退。伊丽莎白任女王期间,法律规定信仰天主教是犯罪且要判处死刑,此外,政府还向天主教会征收重税。英国的天主教徒们把希望寄托在詹姆斯一世身上,因为他是天主教徒玛丽·斯图亚特的儿子。但詹姆斯一世掌权后却采纳其首席顾问罗伯特·塞西尔爵士的建议,将对天主教徒的惩罚性法律扩展到极点。1534 年的《君主至上法》宣称,国王亨利八世是英国教会的首领。在这之后,英国发生了许多宗教叛乱,新教多数派成了天主教少数派的泄愤对象,这种怨恨在“火药阴谋案”中尤为明显。

天主教徒罗伯特·凯茨比是英格兰中部地区的一名地主,1603 年年底,他与教友约翰·莱特、托马斯·伯西和托马斯·温特聚在一起,商讨如何能改变现状以摆脱困境。根据托马斯·温特后来的供认,罗伯特·凯茨比是他们当中第一个提议要去谋杀詹姆斯一世和罗伯特·塞西尔的人。后来,盖伊·福克斯也加入了这一秘密谋杀案中。1604 年,他们在位于伦敦的议院隔壁租了一处房子,并在议院和住所之间挖了一条小隧道。圣诞节过后他们将火药带进隧道,计划在詹姆斯出席庆祝新议会会期开始的典礼上引爆炸药,以炸死国王、威尔士王子、罗伯特·塞西尔及其他最高级谋臣。凯茨比担心会同时炸死天主教议员,就向耶稣会会士亨利·嘎耐特咨询此举造成的牺牲是否值得。嘎耐特反对凯茨比的谋杀计划,但发誓不会将此事泄露出去。实际上,早在密谋者们挖掘议会与其住所之间的秘密隧道时,罗伯特·塞西尔已经获知其举动,但他并没有立即阻止,而是在等待恰当的时机揭露其阴谋。1605 年 11 月 4 日午夜,在国王要来议院的时分,塞西尔发起了行动。盖伊·福克斯在议会地下室被逮捕,他在那里守卫着 36 桶火药。11 月 8 日凯茨比和伯西被射杀,其他与爆炸案有关的人被搜捕后被投入伦敦塔准备审判。

1606 年 1 月 27 日,审判在伦敦的威斯敏斯特厅正式开始,以约翰·波佛姆为首的 5 人组成审判团,检察长则是爱德华·考克爵士。考克称这场阴谋是“在英国谋划的最大的叛国罪之一,它针对的是英国有史以来最伟大的国王”。在简短的退场之后,审判团带着预先准备好的有罪判决回到法庭,它判处除一人以外的所有谋反者以死刑。所以,“火药阴谋案”的审判实质上仅仅是一场表演给普通公众观看的审判。

案例出处:《开庭:改变人类进程的 115 件世纪大案》。

(金　星)

对加里利奥·伽利略的审判(Galileo Galilei Trial,1633)

伽利略于1564年出生在意大利的比萨,大学期间他掌握了大量的数学和天文学知识,其后任教于比萨大学。因其研究的运动定律挑战了传统观念,引起其他老师的不满,在1591年伽利略不得不辞职去佛罗伦萨教书。1613年,伽利略出版了一本为哥白尼的观点进行辩护的著作。该书引起罗马天主教会的关注,1616年,教会命其前往罗马。其间,外界传言教会谴责了伽利略,并强迫他否认自己的观点。伽利略请梵蒂冈同情他的罗伯特·伯拉麦尔主教给他写了一封信,借此对外表示自己既没有被审判也没有被判有罪。教皇保罗·厄本七世认为伽利略出版书籍以及发表辩护的行为极不合适,它是对教廷的公然挑战。

教皇由于需要树立权威,所以在1632年再次命令伽利略前往罗马,并于1633年4月12日开始对他进行审判。代表教会起诉的文森佐·马库兰诺问他是否知道自己被传唤的原因,伽利略说应该和他出版的书籍有关。马库兰诺问及1616年的调查,伽利略承认伯拉麦尔主教已经警告他和哥白尼划清界限。马库兰诺又问他是否收到一种禁令以阻止他再次接受哥白尼的理论,伽利略回答说他记不起这些了。于是马库兰诺向他出示了一份禁令,该禁令要求他不得以任何方式持有、传授或者辩护关于哥白尼地球运动的观点,并提醒他说曾将这份禁令在证人面前念给他听过。其间,一个为了专门审查伽利略的著作而建立的特别委员会还向法庭出具了一份报告,该报告认为伽利略不但传授哥白尼的学说、为该学说辩护,他自己也坚信这种学说。4月末,马库兰诺劝伽利略坦白,以免被判处长期监禁甚至酷刑。4月30日,伽利略再次接受听证,他准备承认错误以换取较轻的处罚,同时还准备修订其著作以反映教会当局的某些观点。5月10日,第三次听证会开始。伽利略称其记不起1616年禁令的事情,并再次请求修订其著作以获宽大处理。6月16日,教会通过判决,要把伽利略关进监狱,再也不允许他"以任何方式,无论是口头还是书面,研究地球运动和太阳静止的问题"。同时,他为哥白尼辩护的书也成为禁书。21日,伽利略表示屈服,声称其不再坚持哥白尼的观点。他的确从此转向新的研究领域,再未涉及哥白尼理论。1638年,伽利略出版了《两种科学》,该书成为现代物理学和工程学的奠基性作品。

案例出处:《开庭:改变人类进程的115件世纪大案》。

(金　星)

对安妮·哈廷森的审判(Anne Hutchinson's Trials,1638)

安妮·哈廷森是马萨诸塞州的一名助产士,她不接受当地的清教牧师所宣扬的人可以通过积善而获救的观点,认为只有上帝的恩典才能将人们从苦难中救出。哈廷森为了进行宗教改革每周举办妇女聚会,一些妇女还带着丈夫一起参加,他们赞成哈廷森对教会和州政府的批评,因此引起当局的注意。1637年11月,哈廷森被传讯接受总督温斯罗普的审判。温斯罗普谴责哈廷森的行为违反教规,当遭到哈廷森的反驳后,温斯罗普转而指责她支持威尔赖特,后者因叛乱与藐视罪被当局放逐。温斯罗普还将殖民政府的法官和总督比作其治下人民的父母,并责问哈廷森"为什么藐视父母",哈廷森则回答"如果父母不给我自由,我当然要反抗"。温斯罗普又将问题转到哈廷森组织宗教集会上,哈廷森则提醒他注意传道者保罗写给泰特斯的一封信,在信中保罗说年长的女性应该引导年轻的女性。在第二天的审判中哈廷森几乎被宣布无罪,但由于她声称自己得到上帝的启示说审判她的人将会毁灭,于是最终被判放逐。

由于哈廷森不顾法律判决继续传教,波士顿的长老们在1638年3月22日对她进行了第二次审判。此次审判的结果是禁止哈廷森加入教会,并开除她的殖民地居民身份。在此次审判后的18个月里,很多其他妇女也受到了类似哈廷森的惩罚。波士顿的牧师们确信其行为是正当的,并将此解释为依照神的旨意做出的惩罚。当哈廷森于1643年被刺杀后,教会甚至认为“让她那该死的异端思想落入地狱……她的死是上帝的惩罚,以避免她的拥护者们在她死后再犯同样的错误”。

案例出处:《开庭:改变人类进程的115件世纪大案》。

(金　星)

对查理一世的审判(Charles Ⅰ Trial,1649)

查理一世是于1625年登上王位的英国国王,因为耗资发动了与法国和西班牙的战争而引起与议会之间的矛盾。1642年1月4日,国王闯入下议院抓捕5名违背其意愿的议员,最终引发了保皇派与议会派之间的内战。1647年2月,胜利无望的查理屈服于议会并被拘押。被拘押期间,查理一世一度逃到怀特岛上的卡里斯布鲁克城堡,但1648年保皇派军队在普雷斯顿战役的失利粉碎了他的所有希望。战役的胜利者奥利弗·克伦威尔成为英国最有权势的人,他决心结束君主制。1649年1月1日,下议院通过法案,要求以叛国罪审判查理,因为他发动了对议会和国家的战争。但上议院的贵族议员否决了该法案。下议院又通过新法案要求审讯查理,并通过特别法令成立了一个由135人组成的高级法庭。1649年1月19日,查理一世被士兵从温莎堡带回伦敦,次日,接受了以约翰·布雷德肖为首的大审判团的审判。副检察长约翰·库克首先宣读指控,他列举了查理一世背叛国家的证据,强调他试图利用外国军队保卫王室,而查理则在法庭上质疑审判的合法性。由于安息日的到来,审判短暂中止。审判恢复后,布雷德肖告诉查理他只有两种选择:要么承认并坦白罪行,要么否认指控。查理不承认审判的权威,并坚持自己不是普通意义上的囚犯。在第二天的审判中,查理仍不承认法庭的合法性。在其后的几天里,审判团一直在听取证词。1月27日,布雷德肖宣布判决,查理被判死罪。三天后,他被送上断头台。该案标志着一个在位的英国国王首次被下议院通过的法律所审判,尽管其合法性可能存在疑问,但它依然产生了深远的影响。自此之后,君权神圣不可侵犯的原则被打破,国王不再享有绝对王权。

案例出处:《开庭:改变人类进程的115件世纪大案》。

(金　星)

对玛丽·戴尔的审判(Mary Dyer Trials,1659－1660)

大约在1650年,乔治·福克斯创办了自己的教友会,他坚持不需要牧师来解释上帝的语言,每个人都能通过自己的心灵直接与上帝沟通。他的教友会不用圣经文典和祷告,举行集会时会员们只需静坐冥思,直到感觉来自上帝的“精神之光”,人们称之为贵格派。在当时的马萨诸塞州,清教徒们虽然建立了自己的殖民地并确保其宗教自由,却并没有将这种自由扩展到宗教异己者身上。1658年10月19日,殖民当局通过法律放逐了贵格派教徒,违反者将被处以死刑。玛丽·戴尔是马萨诸塞的一名贵格派教友。1659年,当她去波士顿探望被关在狱中的教友玛尔玛杜克·史迪芬和威廉姆·罗伯逊时,被看守人员逮捕并一同驱逐出了殖民地。当局威胁说,如果他们再返回殖民地就会被处以死刑。但三人短暂离开后就决定返回,并坚持要“勇敢地面对这流血的法律”。

当局很快监禁了他们,并于 1659 年 10 月 19 日开始审判,总督约翰·迪科特判处三人绞刑。玛丽的丈夫威廉·戴尔写信给波士顿法院,抗议他妻子的宗教自由受到严重破坏。威廉把州法院的法官比作迫害非天主教徒的西班牙宗教法官,他还谴责曾经在英格兰受到宗教迫害的清教徒们,现在又反过来迫害贵格派。执行绞刑时,史迪芬和罗伯逊都被绞死了,但玛丽的绞索却没有被拉紧。随后,官员们将她释放并限定其在 48 小时内离开殖民地,否则将真被处死。7 个月后,玛丽又回到马萨诸塞州并再次被捕。1660 年 5 月 31 日,法院再次判决她死刑,并于次日将其处死。1959 年,马萨诸塞州法院为了表彰玛丽·戴尔,在波士顿议会旁边的草坪上为她竖立了一尊雕像,雕像底座上刻着:“宗教自由的见证人”。

案例出处:《开庭:改变人类进程的 115 件世纪大案》。

(金 星)

对塞伦巫术案的审判(Salem Witchcraft Trials,1692)

1691 年至 1692 年在马萨诸塞州的塞伦,女奴提图巴在帕里斯家做工,帮忙照管其 9 岁的女儿贝蒂和 11 岁的侄女阿碧吉尔。提图巴用巫术和算命和她们做游戏,后来还邀请了另外 8 个女孩加入游戏。对清教徒而言,巫术是一件性质很严重的事情,因为这违反宗教信仰。1692 年 1 月,贝蒂和阿碧吉尔的行为突然变得古怪起来,她们精神恍惚且大声喊叫,与其一起游戏的姑娘们也出现了类似症状。帕里斯怀疑女孩们被巫术蛊惑了,于是请牧师为女孩们祷告并要求她们说出施巫者。在社会压力之下,女孩们说提图巴就是施巫者。1692 年 2 月 29 日,提图巴和奴隶萨拉·古德、萨拉·奥斯本被逮捕。

3 月 1 日,法官乔纳森·科尔文和约翰·哈桑召开听证会。当时已经怀孕的古德否认曾折磨过孩子们,但女孩们突然发作起来谴责古德让她们受罪。奥斯本被人从病床上拖下来参加听证,她也否认曾折磨过孩子,但女孩们又一次发作并大声叫喊,奥斯本最后承认自己是女巫,但在候审时死于狱中。提图巴供认说:有四女一男伤害了孩子后又依附在她身上,但她仅指出了古德和奥斯本,却无法确定另外三人。到了 5 月,塞伦和波士顿的监狱监禁的女巫已人满为患,于是马萨诸塞州新上任的总督威廉·费普斯爵士召集了一个大法庭来审理女巫案。第一个被审的是一个酒店的老板萨拉·贝莎普,6 月 10 日,贝莎普被绞死;6 月 19 日,有 5 个女人被绞死;8 月,有 6 人被判有罪;9 月 15 日则有 15 人被判有罪,其中 8 人被绞死。

此后,一些牧师批评马萨诸塞州法院几乎将所有的证据都不加区别地予以采纳,于是当法庭重新开始审判时,有关魔鬼形象的证据不再被视为有效证据。最后,费普斯赦免了所有已被判死刑的人。随着案件逐渐平息,人们开始反省女巫案。1697 年 1 月,大法庭指定了一天进行祈祷,以纪念那些因巫术被处死的人们。

案例出处:《开庭:改变人类进程的 115 件世纪大案》。

(金 星)

对约翰·彼得·曾格的审判(John Peter Zenger Trial,1735)

约翰·彼特·曾格是一名画家,1710 年,13 岁的曾格从德国移民到美洲殖民地。第二年他开始在一家印刷厂当学徒,1725 年成为《纽约公报》的合伙人。时任总督威廉·柯斯比要求纽约殖民议会支付高额的总督职务费,甚至强迫其前任里普·万·戴姆交出薪酬的一半。殖民地的许多富翁希望将柯斯比的丑恶公之于众,于是向曾格提供经费让他创建自己的报纸。1733 年 11 月 5 日,曾格的《周刊》首次发行,其中大多评论都将矛头指向柯斯比及其朋友,周刊还发表了检察官詹姆斯·亚历山大的讽刺性评论。柯斯比下令逮捕了曾格,并控告他犯有诽谤罪和煽动叛乱罪。

曾格的律师是威廉·史密斯和詹姆斯·亚历山大,但柯斯比禁止这两个检察官做他的辩护律师,并指派约翰·钱伯斯为他辩护,此外他还指定了审理案件的法官。柯斯比确信会赢得官司,因为陪审团的作用仅仅是决定曾格是否有发表评论的"罪行",对此,曾格从未否认。依照当时的法律,只要有发表攻击某人名誉的文章就是诽谤行为,无论其内容真假。最后是由当时殖民地最有名的律师,费城的安德鲁·汉密尔顿为曾格进行辩护。庭审开始时汉密尔顿就承认曾格印刷过那些文章,但他认为如果文章不是恶意的、过激的和虚假的,曾格就不构成诽谤罪。检察官查德·布雷德利提出异议,首席法官也不同意汉密尔顿的观点,他还阻止汉密尔顿请证人来证明文章的真实性。汉密尔顿只得利用最后的机会在总结陈词时宣告:这并不是一个关于可怜画家的诉讼,它也不仅仅是针对你们生活的纽约而言的。它可能会影响到生活在美洲大陆的英国殖民政府下的每一个自由人,它是为自由而诉讼的案件。这个雄辩的总结鼓舞了陪审团成员,休庭之后回到法庭的陪审团宣布被告无罪。

案件裁判结果很快传遍了美洲殖民地并传到英国。1792 年,英国议会通过《欺骗诽谤法案》赋予陪审员们一项权利:在裁决此类案件时,应同时考虑实情和公开性。新闻自由权也从此在美国的《权利法案》中正式实施。曾格案奠定了美国新闻自由的基础,美国政治家高瓦纳·莫里斯将该案形容为"引发美国革命的自由星辰"。

案例出处:《开庭:改变人类进程的 115 件世纪大案》。

（金　星）

对"黑人阴谋案"的审判(The "Great Negro Plot" Trial,1741)

1741 年 2 月,有人闯入罗伯特·霍格的烟草店实施盗窃。当局很快逮捕了凯撒和普林斯两个奴隶,因他俩曾是约翰·休森开的小酒馆里的常客。在他俩被捕后,小酒馆里一个叫玛丽·波顿的奴隶又向当局供认,是休森收购并出售了被盗赃物。警方搜查后发现了被盗物品,于是将休森逮捕,另外三人作为同犯也被拘留。该案发生后不久,纽约又一连发生了几起火灾事故,且火灾中都有货物被盗的现象,许多人怀疑火灾是有预谋的。不久,奎克和科菲作为嫌疑人被警方逮捕。一系列的"黑人阴谋案"引起了公众恐慌,人们认为阴谋者企图发动大暴动将纽约城烧为废墟,并借机谋杀所有的白人居民。玛丽·波顿在陪审团作证说休森带头实施了阴谋,参与的人包括凯撒、普林斯和科菲,他们共同谋划纵火以屠杀白人居民。另一份证据来自在盗窃案中被判处有罪的普林斯,他证明说被指控的几个黑人和他在一起蹲监狱时曾向他坦白了他们的罪行,可被告们却坚决否认。但检察官布雷德利却使用了这个非法的传言证据,且法庭也允许了这些违反正常审判规则的做法。因为在纽约没有一个律师愿意为被告进行辩护,也没有一个人对这种非法的审判提出任何抗议。此后,佐治亚州的总督詹姆斯·奥格雷索普写信给其他的殖民州政府,提醒他们注意防范西班牙的阴谋和间谍。这又让纽约当局将他们怀疑的阴谋与西班牙联系起来，进而怀疑到了一位英国籍的学校校长约翰·尤里。一些证词提到尤里是一位天主教牧师，他是这一系列阴谋的真正头领。尽管这份证词与休森是阴谋事件头领的证词显然相互矛盾，而且尤里有证据证明事件发生时他并不在场，但他最终还是被判绞刑。此后，奴隶汤姆也被判处死刑。在“著名的黑人阴谋案”中，共有 170 多人受到指控，却没有一个人享受到律师提供的辩护服务。直到 1963 年第二次审判克拉伦斯·厄尔·吉迪恩时，美国最高法院才规定，每一名被指控犯有重罪的被告都必须有一名律师为其辩护。该案还确立：如果被告无力负担律师费用，法院将为其指定一名律师，并为其承担相关费用。

案例出处：《开庭：改变人类进程的 115 件世纪大案》。

（金　星）

对波士顿屠杀案的审判（Boston Massacre Trials，1770）

1770 年 3 月 5 日晚，英国军队向聚集在马萨诸塞波士顿海关大楼外的人群开枪，造成三人死亡，超过两人受伤。该事件被称为“波士顿屠杀案”，它是数月来存在于波士顿市民和被派来保护新任命的英国海关专员的英国士兵之间的矛盾摩擦的结果。而沃克与格林之间的一次交易，则是引发这场冲突的导火线。沃克是隶属于第 29 团的一个低级士兵，格林是当地一名制绳工人。由于薪水很低，当时的低级士兵经常靠打零工赚取额外收入。3 月 2 日，格林遇到沃克并问其是否需要工作，沃克说需要，格林就让他去清理自己家的户外厕所。沃克觉得被羞辱了，决定对格林进行报复。几分钟后，他带着另外几个士兵返回并与制绳工们爆发了冲突，但以士兵们的败逃告终。在接下来的几天里，双方冲突不断，局势更加紧张。

1770 年 3 月 5 日，英军士兵与人群又发生冲突，一些市民试图攻打海关大楼。士兵怀特请求支援，托马斯·普雷斯顿上尉立即率领一支小分队前去搭救怀特。冲突中士兵休·蒙特戈默利被击倒在地，有人下令开枪，蒙特戈默利也开了枪，于是人群四散而逃，普雷斯顿则下令停止射击。一个星期后，普雷斯顿及其部下被提起诉讼。指控由副检察长萨缪尔·昆西提起，法庭确定审判分两次进行：一次审理普雷斯顿上尉，另一次则审理士兵们。对上尉的审判开始于 1770 年 10 月 24 日，昆西传唤了证人爱德华·加里克，他证实在普雷斯顿带领部下赶到海关大楼之前，曾看到街上有佩剑的士兵，证人皮特·卡宁汉称普雷斯顿曾命令其部下给枪装填弹药。在第二天的审理中，控方遇到了挫折，证人西奥多·布里斯说普雷斯顿是站在士兵们前面的，他听到有人喊“开火”，但不认为这是上尉发出的命令。在辩论阶段，辩护律师亚当斯发言说“自卫是自然法的首要规定”，他还进一步解释了当一个遭受攻击的人无路可退时，杀人是如何成为正当行为的问题。陪审团最后裁决普雷斯顿无罪。在第二次审判中，陪审团认定蒙特戈默利有过失杀人罪，其他士兵则无罪。在通向美国独立战争的道路上，本案是一个里程碑，它捍卫了人们自卫的权利。

案例出处：《开庭：改变人类进程的 115 件世纪大案》。

（金　星）

磨坊主阿诺德案（The Miller Arnold Case，1771）

磨坊主阿诺德在 1762 年购得争议案件中的水力磨坊，作为领主领地内的农民，他获得了对磨坊的永佃权并每年向领主交付租金。1770 年，当地的贵族格斯多夫在磨坊所在的小河上游修建了一个池塘,并将河水引入池塘。磨坊由于得不到充足的水力而无法正常运转,阿诺德的收入大减且无力支付租金。1771 年 6 月 24 日,领主在领地法院起诉阿诺德要求支付租金,阿诺德则以缺水为由进行抗辩。法官认为"被告所认为的缺水事实不能够免除他的责任,他必须去起诉那个把他的水用掉的人",并判决阿诺德在 1773 年 6 月 29 日支付 34 塔勒尔。阿诺德于 1774 年 3 月 7 日在科斯琴提起对其领主的诉讼,要求免除租金并赔偿因其同意池塘修建而给自己造成的损害。因为自 1773 年复活节之后阿诺德就未支付租金,所以领主再次在领地法院起诉阿诺德,法院于 1774 年 6 月 14 日援引 1773 年的生效判决,判阿诺德支付 85 塔勒尔,阿诺德的妻子罗西娜则在法庭上再次将缺水作为抗辩理由。1775 年 8 月,罗西娜向国王提出申诉,而领主再次在领地法院起诉阿诺德,要求支付数额高达 320 塔勒尔的租金,法官施勒克尔依据同样的理由判决阿诺德支付。由于阿诺德无钱支付,领主于是主张强制拍卖磨坊。

失去磨坊的阿诺德只好求助于国王,最终的判决援引了罗马法,认为案件所涉及的小河任何人均可无限制地使用。阿诺德不服判决,于 1779 年 11 月 15 日再次向国王提出申诉。国王指示阿诺德夫妇上诉,于是他们向柏林高等法院提起上诉。高等法院院长雷贝尔指示兰斯莱贝在卷宗到达的当晚撰写一份报告,以便第二天能够作出判决。兰斯莱贝的报告认为阿诺德并不能证明他的损害,所以格斯多夫不承担损害赔偿责任,报告还否认了阿诺德请求恢复对磨坊占有的权利。第二天,柏林高等法院判决驳回了阿诺德要求重新得到磨坊的请求。阿诺德夫妇再次上诉到高等法院,法院认定该判决已经终局生效所以驳回了其请求。国王在 12 月 11 日召见首相以及 3 名作出判决的法官,他手拿判决问:"一个磨坊主没有水,因此不能磨面也没有收入,人们能不能因为他没有缴纳租金而剥夺其磨坊?这是公正的吗?"他们回答"不公正"。于是,两名与雷贝尔作出判决的法官和兰斯莱尔一起被逮捕,诺伊马克的 4 名法官也同样被逮捕,领主法庭的法官施勒克尔不久也被逮捕。国王还解除了诺伊马克政府首脑芬肯施泰因的职务,他认为这些人就枉法裁判而言也负有罪责。之后国王要求由刑事合议庭依照法律对这些被逮捕的法官从重处罚,作出至少一年监禁的刑事判决,同时令其承担所有的损害赔偿之责。而格斯多夫或者将其池塘拆除,或者另外建设一个风力磨坊。此外国王还免除了格斯多夫的职务,并且完全不考虑当地阶层所拥有的选举权。

高等法院刑庭调查后认定所有被指控的法官无罪,他们全部应该被无罪释放并官复原职。犯罪部部长策德利茨向国王汇报了这个结果,国王回复说,他很熟悉这些人的诡计,并重申他只想知道他们是否会遵从国王的命令。策德利茨回复国王说,刑庭的报告没有错误。国王再次命令他们如此做,策德利茨回复说:"我认定实施违背我的信念的行为是非常不名誉的。依据我以及刑庭所阐述的理由,陛下定能明晓,我不能对参与阿诺德案的被捕的法官作出有罪判决。"于是国王径直判决释放了兰斯莱贝和沙伊布勒,而其他的法官则被免除职务并处以 1 年监禁,同时还须承担对阿诺德的所有损害赔偿,磨坊则被恢复原状。国王在判决之后向策德利茨表明自己完全不想做任何不公正的事情,并再次询问他剥夺一个缺水的磨坊主的磨坊是否公正,而策德利茨则仍然坚持己见。国王最后坚持自己的判决并要求将其公布,策德利茨公布了判决却没有签署自己的名字。但这份判决在国王去世后不到一年就被全部推翻,因为国王基于其王权而恣意干预司法并处罚无辜的法官。阿诺德案在表面上是以国王权力的胜利而告终,但实质上却是以勇敢法官的胜利为结局的。

案例出处:《磨坊主阿诺德案考论》。

(金　星)

对梅杰·约翰·安德鲁的审判(Major John Ardre Trial,1780)

1780年10月2日,一名叫梅杰·约翰·安德鲁的英国军官因犯间谍罪被判绞刑,对他的判刑与美国的迪克特·阿诺德将军的叛逃罪密切相关。阿诺德是一名军事指挥官,华盛顿任命他担任位于费城的西点军事要塞的司令官。由于贪婪和滥用权力,他被起诉八项罪名,军事法庭对其中两项罪名掌握了充分的证据,即以私人目的使用武器和违法给一条船发放通行证让该船离开要塞。阿诺德请求审判,并写信给华盛顿抱怨人们全然不顾他在战时的牺牲。与此同时,阿诺德开始和英国情报部门的梅杰·约翰·安德鲁秘密通信,要求加入英国武装力量或者与亨利·克林顿进行秘密合作。经过协商之后,阿诺德同意将西点要塞交给克林顿将军治下的英国军队,并要求:如果这一行动成功,他应得到2万英镑的酬金;如果不成功,则得到1万英镑的酬金。此后阿诺德提出与梅杰·约翰·安德鲁见面,以商量投降细节。克林顿同意了这个计划,但坚持会面必须在三个前提下进行:(1)安德鲁不到敌人的后方;(2)安德鲁不携带任何有可能使他受牵连的文件;(3)安德鲁应穿制服,这是为了保证即使他被抓也不会被指控为间谍。

1780年9月20日,阿诺德的朋友乔舒亚·史密斯护送安德鲁离开英国船去见阿诺德,史密斯携带的通行证上只允许一个人与其同行,所以陪同安德鲁的贝弗利·罗宾逊上校被留了下来。安德鲁和阿诺德并未按原定计划在史密斯的住所会面,而是在距离河6英里处的长手套山见面。两名农夫划船将安德鲁送过河之后,却拒绝将他渡回。无奈之下,阿诺德和安德鲁罩着斗篷骑马穿过美军防线到了史密斯家里。几小时后,美军开炮轰击英国船,这使将安德鲁秘密送回船上的计划破灭。此时安德鲁所能采取的最简单和最安全的办法就是身穿制服、手持停战白旗穿过美军防线,此前双方也多次以这种方式交换战俘。但安德鲁听从史密斯的建议,未穿制服且携带地图和易使自己受到牵连的文件试图穿过防线,并在途中被俘。

1780年9月29日,安德鲁接受审判。但是他的证言和作为证据呈交的来自阿诺德、克林顿、罗宾逊的信件之间有很大出入。证人都声称安德鲁是在停战旗的庇护下去见阿诺德的,但安德鲁并不知道这些信件的存在,所以当被质询该问题时他予以否认。法庭最后认为安德鲁是敌方间谍并应被判处死刑。第二天,华盛顿批准了判决并决定在次日执行。克林顿派代表团呈送了安德鲁不是间谍的证据,华盛顿决定延期执行死刑。英国人拿出了阿诺德的另一封信,信中他表示要担当所有罪名,他还威胁道,如果安德鲁被处死,美国战俘会遭到同样的命运。但最后,华盛顿还是决定执行死刑,同时拒绝了安德鲁提出的"像个士兵一样死去"的请求,即他将被作为间谍而绞死,而不是被行刑队枪决。

案例出处:《开庭:改变人类进程的115件世纪大案》。

(金　星)

Bounty 叛乱者军事法庭审判(Bounty Mutineers Court – Martial,1792)

1787年12月23日,Bounty号英国商船离开英格兰南海岸港口开往太平洋,它的任务是前往塔希提岛采集面包果树种并带往西印度。如果面包果树在西印度种植成功,就能为当地奴隶提供方便的食物。威廉·布莱是船长,他对手下的45名船员颐指气使,并想尽办法折磨他们。鞭打事件几乎每天发生,船员们已习以为常。但他们最不能容忍的是饥饿,从航行开始船长就不让他们吃饱饭。整个1788年,Bounty号在太平洋寻找面包果树种,饥饿的船员们已处于哗变的边缘。1789 年 4 月 27 日夜里,布莱谴责他的二副弗莱彻·克里斯琴偷了椰子。克里斯琴无法忍受这种屈辱,于是在第二天和另外 6 个船员控制了轮船,并把布莱和另外 18 人赶到一艘小船里任其在南太平洋漂流,留在 Bounty 号上的船员和船却销声匿迹了。6 个星期后,布莱和小船上的大多数人登上了印度尼西亚的一个小岛并存活下来。得到船员叛变的消息后,一艘军舰从英格兰出发去逮捕叛乱者,最后他们从南太平洋的一个小岛上押回 10 名船员,并以叛乱罪提起指控,但没有找到克里斯琴和 Bounty 号。

由于相距遥远且通信缓慢,军事法庭在 3 年后才开庭审理此案。那时布莱已被提升为上尉并在太平洋上航行,因此无法回来作证。军事法庭的法官们旨在确认船员中谁是叛乱者,情况不太确定的是彼得·海伍德,有人作证海伍德当时在 Bounty 号甲板上手持利剑却不知所措。尉官约翰·哈利特也作证说他看见海伍德赤手空拳站在甲板上没有做任何事情。哈利特还作证说当克里斯琴手持刺刀对着布莱时,布莱对海伍德说了几句话,海伍德笑了笑即转身离去。1792 年 9 月 18 日,法官宣布彼得·海伍德与其他船员有罪并对其判处绞刑。10 月 26 日,海伍德和莫瑞森受到国王的宽恕,其他大部分船员的罪状也被推翻。10 月 29 日,最终确定 3 名船员被绞死。1808 年,美国船 Topa2 号在太平洋岛上停泊时,船员发现了一群英国本地口音的人,其中一个叫亚历山大·史密斯的,声称自己是 Bounty 叛乱者中最后的幸存者。他说其他的叛乱者不是死于自然原因,就是被人谋杀。1957 年,潜水员证实在某个岛屿沿岸发现的沉船就是 Bounty 号遗骸。

案例出处:《开庭:改变人类进程的 115 件世纪大案》。

（金　星）

对国王路易十六与王后玛丽·安托瓦内特的审判(Louis XVI and Marie Antoinette Trial,1792,1793)

1789 年巴黎发生民众暴动,国王路易十六试图以军事方式予以平息,却激起了更大的叛乱。7 月 14 日,人们攻陷巴士底狱并释放了所有被关押的囚犯。路易十六与其大臣试图修改宪法让革命党人与君主制共存,但没有成功。1791 年 6 月,路易与其王后玛丽·安托瓦内特从软禁他们的杜伊勒利宫出逃,并奔向靠近比利时边境的瓦伦,但被革命党人重新抓获并带回巴黎。国民公会于 12 月 11 日传唤国王并指控他犯有多项叛国罪,它还指控路易控制咖啡和糖的贸易,并试图用钱收买法国人民。1792 年 12 月 26 日,审判正式开始。律师辩护说,国王并非独裁者,而是形势的受害者。但国民公会的 693 名代表一致决定国王有罪,并最终判决他死刑。1 月 20 日,国民公会核准了死刑判决,第二天国王被处死。10 月 12 日,革命法庭派人来接王后玛丽·安托瓦内特,两天后开始审判。玛丽的律师要求推迟审判,因为自己没有足够的时间准备辩护,但是革命法庭否决了这个请求。尼可拉斯·赫曼主持审判,法庭认定王后曾经给奥地利提供金钱和情报,并曾经阴谋引发一场内战。第二天,玛丽·安托瓦内特也被送上了断头台。对路易十六和玛丽·安托瓦内特的审判结束了法国古老的皇家族系。

案例出处:《开庭:改变人类进程的 115 件世纪大案》。

（金　星）

对夏洛蒂·科黛的审判(Charlotte Corday Trial,1793)

国王路易十六和王后玛丽·安托瓦内特被废之后,激进的雅各宾派执掌大权。在其统治期间,社会失业率上升、物价暴涨、生活必需品短缺。此外雅各宾派的逮捕、勒索和无休止的砍头,更促使许多人背弃了它。1793 年春天,为了寻求安全,人们纷纷涌入法国诺曼底地区的冈城。此地成为温和的吉伦特派的力量中心,吉伦特派在包括冈城在内的城镇进行军队的组织、集会和招募,并计划向巴黎进军。吉伦特派的诺曼领导人发表了一份公开声明,谴责雅各宾派的恐怖统治,而马拉更被吉伦特派称为雅各宾派中最臭名昭著和嗜血的元凶。

当时 24 岁的夏洛蒂·科黛出生于一个诺曼底贵族家庭,她从小受传统教育,将共和制视为改造法国的必由之路,因此将雅各宾派看作革命的破坏者,并期望为结束其专政而献身。此外,科黛的母亲曾因难产而死,神父阿比·冈波特为她举行了葬礼。但冈波特被雅各宾派从他的教堂里赶走,后来又被逮捕并成为第一个被押上断头台的冈城居民,科黛也想替他报仇。1793 年 7 月,马拉身患重病,只有全身浸在冷水中才能缓解病痛。于是他只得将公寓浴室中的浴盆搬到了办公室。7 月 9 日,科黛从冈城出发,两天后到达巴黎。13 日早上,她动身前往皇宫。大约上午 11 时 30 分到达目的地。一位妇女称马拉染病不能接待客人,但科黛给马拉写了一张便条,说她有办法镇压潜逃的吉伦特派成员。下午 7 时,科黛写了另一张便条请求见到马拉。这一次,趁着有人来送面包和报纸的混乱场面,科黛上到楼梯顶端并大声谈论发生在冈城的叛国事件以便让马拉听到。于是马拉在办公室中接见了她,她给了马拉一份阴谋反对雅各宾派冈城居民的名单。马拉说:"很好,我会很快将他们全部送上断头台。"就在这时,科黛从外衣上部抽出刀并刺进马拉胸部,几分钟之后马拉死亡。

刺杀发生后,警察立即在马拉的公寓里审问了科黛,然后将她押往阿巴耶监狱,沿途愤怒的人群高喊要处死她。科黛在监狱中坚决否认刺杀背后有任何阴谋,但革命法庭的法官们都确信有其他人参与了暗杀。多次审问无果之后,法庭对科黛作出了死刑裁决。科黛被处死前在其写给父亲的信中提道:"我想请您忘记我,或者为我的命运而感到高兴。愿事业长青。"

案例出处:《开庭:改变人类进程的 115 件世纪大案》。

(金 星)

异己和煽动叛乱法案(Alien and Sedition Actsm,1798)

1798 年 6 月至 7 月,联邦党人控制下的美国国会通过了四项法令,合称为《异己和煽动叛乱法案》。6 月 18 日的法案宣布,外国人必须在美国居住满 14 年(而不是 5 年)才能取得美国公民身份。6 月 25 日的法案则允许总统驱逐他认为是"危险分子"的任何异己。7 月 6 日的法案进一步允许总统逮捕、监禁或流放与美国处于战争状态国家的公民。最后,7 月 14 日的叛乱法则规定反对政府的行为即为犯罪行为,干扰官员执行公务的行为为非法行为,人们不能进行非法集会,违反这项法律的要处以 5000 美元罚金以及 5 年监禁。法案还规定任何人不得出版"任何不真实的,带有诽谤或恶意的文章"反对美国国会或总统,否则即为犯罪行为,要处以 2000 美元罚金并处两年监禁。该法案通过的国内背景是在当时的激烈党争下,联邦党的信念是建立强有力且由富人掌权的中央政府,而民主共和党则坚持民主与选举权原则。在 1796 年第一次总统竞选中,联邦党人约翰·亚当斯攻击了民主共和党人托马斯·杰斐逊,由此遭到民主共和党的强烈反对。于是联邦党人控制下的国会通过了上述《异己和煽动叛乱法案》,期望通过法律来处罚民主共和党人。

第一个根据《异己和煽动叛乱法案》被指控的是国会议员马修·莱恩,他发表了乔尔·巴鲁写的一封信,信中评论了亚当斯的一场演说。当莱恩试图以《异己和煽动叛乱法案》违宪为由为自己辩护时,被法庭驳回并被判有罪。安东尼·哈斯威尔是莱恩的支持者,他由于为莱恩辩解也受到指控。民主共和党人杜尼因宣称英国贿赂联邦官员,以及英国和美国之间有一个共同对付法国的秘密联盟而被捕。在等待审判的过程中,杜尼因批评了一项参议院议案而再次被捕,政府控告杜尼诽谤了参议院。此外,杜尼的律师托马斯·库柏也因为几个月前印发了一些传单而受到指控。检察官威廉·罗利认为这些传单可能会引发叛乱。尽管库柏坚持他在传单上的言论真实,而且都不是针对亚当斯的。直到 1882 年,联邦最高法院通过的一项决定才永久性地确定《异己和煽动叛乱法案》是违宪的。

案例出处:《开庭:改变人类进程的 115 件世纪大案》。

（金　星）

马伯里诉麦迪逊案(Marbury v. Madison,1803)

1801 年 1 月 20 日,亚当斯总统任命国务卿马歇尔出任最高法院首席大法官,参议院批准后,马歇尔于 2 月 4 日正式赴任,但他仍然代理国务卿职务一直到 1801 年 3 月 3 日亚当斯总统任期届满为止。趁新总统上台和新国会召开之前,国会中的联邦党人于 1801 年 2 月 13 日通过了《1801 年司法条例》,该条例将最高法院大法官的法定人数从 6 名减为 5 名,以防止出现判决僵持的局面。但实际上,由于这项规定将从任何一位现职大法官退休或病故后才开始正式生效,所以其主要目的是想减少杰弗逊总统提名民主共和党人出任大法官的机会。此外,它还将联邦巡回法院由《1789 年司法条例》规定的 3 个增至 6 个,由此增加了 16 个联邦巡回法官的职位。这样,亚当斯在卸任之前可以安排更多的联邦党人进入联邦司法部门。两个星期后国会又通过了《哥伦比亚特区组织法》,正式建立首都华盛顿特区市,并授权亚当斯总统任命特区的 42 名治安法官,任期为 5 年。1801 年 3 月 2 日,亚当斯总统提名清一色的联邦党人出任治安法官,马伯里身列任命名单之中。第二天(亚当斯总统卸任的当天)夜里,即将换届的参议院匆忙批准了对 42 位治安法官的任命。按照法律规定,治安法官的委任状应由总统签署、国务院盖印之后送出才能正式生效。由于当时正是新旧总统交接之际,马歇尔一面要向新国务卿交接,一面又要准备以首席大法官的身份主持新总统的宣誓就职仪式,结果因疏忽致使 17 份委任状在他卸任之前没能及时发出去。

于是,马伯里聘请曾任亚当斯总统内阁总检察长的查尔斯·李为律师把国务卿麦迪逊告到了最高法院,要求最高法院下达执行令,命令麦迪逊按法律程序交出委任状,以使自己上任。控方律师起诉的根据,源自《1789 年司法条例》第 13 条 d 款中的规定:联邦最高法院在法律原则和惯例保证的案件中,有权向任何在合众国的权威下被任命的法庭或公职官员下达执行令状。马伯里诉麦迪逊案使马歇尔大法官陷入了两难困境:他当然可以签发一项执行令,命令麦迪逊按照法律程序发出委任状,但麦迪逊有总统杰弗逊的支持,完全可能对最高法院下达的执行令置若罔闻,如此只会削弱最高法院的司法权威;而如果马歇尔拒绝马伯里的诉讼请求,那就等于主动承认最高法院缺乏权威,无法挑战行政部门目无法纪的举动,这不仅愧对同一阵营中的联邦党人战友,而且使最高法院颜面扫地。

1803 年 2 月 24 日,最高法官最终以 5 比 0 的票数(一位大法官因病未参加投票)对本案作出裁决。马歇尔在判决中提出了三个问题:第一,申诉人马伯里是否有权得到他所要求的委任状?第二,如果申诉人有这个权利,在这一权利受到侵犯时,政府是否应该为他提供法律救济?第三,如果政府应该为申诉人提供法律救济,是否该由最高法院来下达执行令,要求国务卿麦迪逊将委任状派发给马伯里?对于第一个问题,马歇尔指出:"本院认为,委任状一经总统签署,任命即为作出;一经国务卿加盖合众国国玺,委任状即为完成","既然马伯里先生的委任状已由总统签署,并且由国务卿加盖了国玺,那么他就已经被任命了……这项任命是不可撤销的,而且赋予该官员各项法律上的权利受到国家法律的保护"。对于第二个问题,马歇尔的回答也是肯定的:"每一个人受到侵害时都有权要求法律的保护,政府的一个首要责任就是提供这种保护。"对于第三个问题,马歇尔引证《宪法》第 3 条第 2 款说:"涉及大使、其他使节和领事以及以州为一方当事人的一切案件,最高法院具有原始管辖权。对上述以外的所有其他案件,最高法院具有上诉管辖权。"据此,马伯里诉麦迪逊案的当事人既非外国使节,也不是州政府的代表,所以最高法院对这类案件没有管辖权。

马伯里的律师主张,其之所以一开始就把起诉状直接递到联邦最高法院,依据的是国会 1789 年 9 月通过的《1789 年司法条例》第 13 条。对此,马歇尔解释说:"《1789 年司法条例》第 13 条是与宪法相冲突的,因为它在规定最高法院有权向政府官员发出执行令时,实际上是扩大了宪法明文规定的最高法院司法管辖权限。如果最高法院执行《1789 年司法条例》第 13 条,那就等于公开承认国会可以任意扩大宪法明确授予最高法院的权力。"他还特别指出:"宪法构成国家的根本法和最高的法律","违反宪法的法律是无效的","断定什么是法律显然是司法部门的职权和责任"。通过马伯里诉麦迪逊案,确立了联邦最高法院的司法审查权,它可以将违反宪法的法律加以撤销。

案例出处:《美国宪政历程:影响美国的 25 个司法大案》《开庭:改变人类进程的 115 件世纪大案》。

(金　星)

塞缪尔·蔡斯弹劾案(Samuel Chase Impeachment,1805)

塞缪尔·蔡斯于 1741 年 4 月出生在马里兰的萨默塞特郡,早年就因其反英立场而在政治领域十分活跃。他曾被选进马里兰州议会并作为代表参加了 1774 年在费城召开的大陆会议,他还是 1776 年美国独立宣言的起草者之一。独立战争结束后,他被任命为马里兰州上诉法院的首席法官。1796 年,又被任命为美国最高法院法官。蔡斯在法官任上公开以联邦党人的身份从事活动。他不认为美国人应该享有同等权利,并积极支持外侨叛乱法案,支持对卷入反政府示威和所谓叛乱的人进行严厉审判。

1800 年,民主共和党人杰斐逊在总统竞选中获胜,上任后即和联邦党人展开了激烈的政治斗争。美国《宪法》规定:众议院可以对任何一个联邦官员提出弹劾罪状,但审判由参议院进行,且必须有到场的 2/3 的多数票确认其有罪,弹劾案才能通过。于是杰斐逊在众议院的盟友通过了弹劾蔡斯的提案,并很快将提案转呈参议院。在副总统阿伦·伯尔的主持下,参议院关于蔡斯弹劾案的高等法庭在 1805 年 2 月 4 日开庭。法庭一并列举了 8 项罪状,所有罪状都是关于蔡斯在任期间审判过的案件。法庭虽然有充分证据证明蔡斯是联邦党的坚定支持者,并且也能证明他经常在庭审程序中违反相关法律规定,但却没有证据能证明他的行为严重到了违反宪法的地步。参议院用了3个多星期的时间听取证词,然后针对蔡斯的8项指控逐一进行表决,但没有任何一项指控得到了罪名成立所需要的2/3的多数票。于是,参议院否决了对蔡斯的弹劾案,蔡斯得以继续留任联邦最高法院。塞缪尔·蔡斯的无罪开释对总统杰斐逊来说是一个挫败,他本打算在弹劾蔡斯之后继续弹劾首席大法官马歇尔。对蔡斯的弹劾指控是国会第一次试图弹劾最高法院法官。

案例出处:《开庭:改变人类进程的115件世纪大案》。

(金　星)

对阿伦·伯尔的审判(Aaron Burr Trial,1807)

19世纪早期的美国,联邦党人和民主共和党人经常因政见不合而发生争执。联邦党人认为,尽管曾经发生过战争,但美国还是应该和英国进行贸易往来。民主共和党人却认为美国应该和法国结盟一起向英国开战,因为法国曾经在美国独立战争中帮助殖民地反击英国。此外,法国大革命所创建的民主制也与美国有更多相似之处。阿伦·伯尔的政治观念和野心将他带进了这场两党斗争之中。伯尔出生于新泽西的纽瓦克,曾经在普林斯顿大学学习。独立战争期间他曾是一名美军军官,战后从事律师行业,并加入了民主共和党。在1800年的选举中,伯尔和杰斐逊搭档竞选总统,众议院最后选择了杰斐逊担任总统,伯尔担任副总统。但杰斐逊并不相信伯尔,因此在1804年的大选中劝说民主共和党不再提名他作副总统。除杰斐逊外,伯尔还有其他反对者,包括著名的联邦党人亚历山大·汉密尔顿。在1800年的总统大选中,汉密尔顿曾帮助杰斐逊巩固对伯尔的优势。1804年,他还反对伯尔竞选纽约州州长,并在竞选中发表了对伯尔人品的看法。此后,伯尔向汉密尔顿挑战,要求进行决斗。

1804年7月11日,两人在新泽西州的韦霍肯进行决斗,伯尔首先开枪射中了汉密尔顿的胸部,并致其死亡。决斗对伯尔的声誉造成致命打击,纽约和新泽西州的官员以谋杀罪对伯尔提起控诉。伯尔决定逃往西部边远地区,并打算在英国的帮助下领导一场反对联邦政府的起义,成功之后建立了一个“西部帝国”并担任统治者。但伯尔领导的叛乱最终被粉碎,1807年3月26日,弗吉尼亚州里士满的联邦法院对其叛国罪进行审判。案件本应由法官塞路斯·格里芬来审理,但他将这个角色让给了联邦最高法院的首席法官约翰·马歇尔。作为一名联邦党人和杰斐逊的对手,马歇尔愉快地接受了这起审判。对于伯尔犯下的针对美国发动战争的罪行,宪法要求政府方的律师必须提供目击这一“明显行为”的两个证人的证明,但政府方面无法找到满足条件的证人。最后,陪审团判决伯尔无罪。阿伦·伯尔是美国历史上第一个因叛国罪被法庭审判的高级政府官员,尽管法庭在审判过程中没有发现其被指控的犯罪事实,但是审判却彻底结束了他的政治生涯。

案例出处:《开庭:改变人类进程的115件世纪大案》。

(金　星)

马卡洛诉马里兰州案(McCulloch v. Maryland,1819)

由于在独立战争中联邦政府欠下了巨额债务,为了联邦政府的顺利运转并重建政府信用,联邦政府第一位财政部长、联邦党人汉密尔顿上台之后即承诺偿还联邦政府期间欠下的内外债务。他建议设立一个合众国银行存放联邦基金,并以此支持兴建跨州道路和运河等全国性项目。1791年年初,国会通过了汉密尔顿提出的《关于建立国家银行的报告》,决定设立第一合众国银行。总统华盛顿签署法令,第一合众国银行成立,但只有20年的经营权。1812—1814年发生了英美第二次战争,虽然最后美国获得了胜利,但其国内经济受到了严重打击,还欠下了巨额债务。为了应付这种局面,1816年国会通过了设立第二合众国银行的法案,杰弗逊总统也签署了法案,并同样授予它20年的特许经营权。第二合众国银行拥有发行纸币、代理国库的职能,但其资本的4/5为私人所有,主要业务也由私人控制,因此严格说来并不是一个政府银行。尽管它营业后逐步改善了全国的金融秩序,但还是遭到了各州的反对。马里兰州甚至通过法案要向第二银行设在该州的巴尔的摩分行征税。

1818年春末,根据事先安排,巴尔的摩联邦分行的出纳员詹姆斯·马卡洛向分行主任解付了一大批未贴有印花税的钞票。很快,这批钞票开始在巴尔的摩市内流通起来。马里兰州政府遂向州地方法院控告马卡洛违反州税法,法院判马卡洛败诉并罚款100美元。马卡洛上诉,但州上诉法院维持了原判,于是他将案子上诉到了联邦最高法院。1819年2月22日,联邦最高法院开庭审理马卡洛诉马里兰州案。因为案件重要,大法官允许双方各聘请3位律师。合众国银行方面请了著名大律师威廉·平克尼、联邦政府总检察长威廉·怀特和在达特茅斯学院案中名声大噪的丹尼尔·韦伯斯特。被告的律师以马里兰州检察长路德·马丁为首,他曾经参与费城的制宪会议,自认为对宪法本意有着最权威的理解。庭审中,马丁利用他曾参加过制宪会议的优势,主张必须遵从"宪法制定者当时的解释"。因为制定者反对"默示的权力",因此,国会无权建立宪法没有授权的合众国银行。他还提出,尽管费城会议没有对征税主体达成一致,但各州在批准接受宪法时都明确表示"除了关税之外,州的征税权是绝对没有任何限制的"。为了加强自己的说服力,他还找出当年弗吉尼亚州批准宪法时的类似观点,而这一观点正是当时的代表、现在的首席大法官马歇尔提出的。虽然马丁的辩论精彩绝伦,但最高法院7位法官还是全票通过推翻了州法院的决定。

马歇尔在判决中指出,联邦宪法曾提交给各州人民讨论,并由他们特别选举出来的代表会议批准通过而"获得充分权威"。因此,联邦政府直接产生于合众国人民。各州的确拥有主权,但当这一主权与联邦主权发生冲突时,州的主权必须服从于联邦主权。这段论述成为美国联邦主权的经典性界定,它从根本上动摇了州权至上理论。马卡洛诉马里兰州案的影响重大而深远,1912年,美国终于建立起永久性的中央银行——美国联邦储备银行。

案例出处:《美国宪政历程:影响美国的25个司法大案》。

(金　星)

达特茅斯学院诉伍德沃德案(Dartmouth College v. Woodward, 1819)

美国《宪法》第1条第10款规定:任何一个州都不得"通过任何公民权利剥夺法案、溯及既往的法律或损害契约义务的法律"。然而在联邦政府成立之初,就发生了一起与此有关的案件。达特茅斯学院位于新罕布什尔州,学院成立时,英国总督向其颁发了经国王乔治三世签字的特许状。根据该特许状,学院建立了用于募捐的信托基金,同时设立了管理学院的董事会,它有权补充董事缺额并选任院长。学院的首任院长去世后,其子约翰·惠洛克接任。惠洛克曾在华盛顿麾下的军队担任中校,他用管理军队的理念来管理学院,在课堂上不容学生质疑。

学院董事会对他的做法极为不满,但他依然如故,甚至印发宣传册诬陷董事会挪用学院公款。1815 年,在查出惠洛克就是宣传册的作者后,董事会依据章程辞退了惠洛克。惠洛克则到州议会控告学院董事会挪用基金资助乡村传教活动,浪费学校公款。州议会成立的调查组调查此事时,学院董事会揭发了惠洛克的不当做法,并说明乡村传教工作经过了惠洛克的批准。但在作出调查结论前,州议会已依据惠洛克的片面之词作出了改变达特茅斯学院法律性质的裁定,即把该学院转变为公立大学,并由州长威廉·普卢默和州政府选派的监事会管理。董事会拒绝执行此裁定,于是州议会通过新的法律:对抗命的校董和教授每人罚款 500 美元。当时时任学院秘书兼资金管理人的威廉·伍德沃德投奔了新设的公立大学,还带走了学院的校印、账本和文件。学院要求伍德沃德归还文件无果,遂向州法院起诉伍德沃德非法侵占学院财物,同时控告新罕布什尔州议会破坏了具有契约效力的特许状,未经正当程序剥夺了他们的财产权,据此要求法院宣布州议会通过的法律无效,但法院判决他们败诉。学院董事会不服,并上诉到联邦最高法院,最高法院最终判决达特茅斯学院胜诉。联邦最高法院的判决保证了美国私立学院的独立和自治,以及与此密不可分的学术自由。判决还使契约神圣观念在美国深入人心,并对后来法人制度的发展产生了深远影响。

案例出处:《美国宪政历程:影响美国的25个司法大案》。

（金　星）

吉本斯诉奥格登案(Gibbons v. Ogden,1824)

汽船发明人罗伯特·富尔顿在法国遇到了托马斯·杰弗逊总统派往法国的外交公使罗伯特·利文斯顿,利文斯顿决定向富尔顿的发明投资。1801 年,他说服纽约州议会通过法律,给予他和富尔顿在纽约州水域垄断汽船运输的特权。1808 年,纽约州议会又对 1801 年的特许状作了修改,规定未经利文斯顿和富尔顿的允许,任何汽船都不得进入纽约州水域,否则利文斯顿和富尔顿有权予以扣压,此外还把汽船航行的垄断权延长为 30 年。这种垄断经营激起了其他商人的不满,新泽西州商人埃伦·奥格登决定予以反击。奥格登于 1811 年当选为新泽西州长。上任前,新泽西州议会即通过对纽约州的报复性法律,授权本州公民如果遇到他们的汽船被利文斯顿和富尔顿扣压,他们也可以扣压任何一艘在本州水域的纽约州船只。纽约州也对此展开报复,并于 1811 年 4 月通过新法律,规定进入纽约州的外来汽船不仅会被扣押,而且还将由该州法院进行审判。为了进行报复,奥格登与丹尼尔·杜德共同投资建造了汽船"海马"号在新泽西州水域航行,新泽西州议会还授权其垄断本州水域的汽船营运。奥格登建议纽约州召开听证会以解决汽船垄断经营引发的争端,1814 年,纽约州政府召开听证会。听证会的结果是建议结束富尔顿的汽船垄断权,但州议会拒绝了听证会的建议。此后,富尔顿的律师也要求新泽西州议会撤销奥格登的特许经营权。1815 年,新泽西州议会最终取消了奥格登的特许经营权,于是奥格登又从利文斯顿那里买下了从伊丽莎白城到纽约这段航线的垄断经营权,期限为 10 年。

来自佐治亚州的汤姆斯·吉本斯看到汽船航运有利可图,就在伊丽莎白城的一个小河口建了一个码头,并购买汽船开始营运。奥格登向法院起诉吉本斯侵犯了他的特许经营权,要求责令其停业。于是吉本斯只好用自己的汽船把新泽西的客人运送到奥格登的船上,但利文斯顿却认为奥格登只能运送伊丽莎白城的客人到纽约,而不能运送来自新泽西其他地方的乘客。

于是将奥格登和吉本斯同时告到法院，指控他们损害其垄断权。法院判决奥格登和吉本斯败诉，奥格登继续从事此前的营运，而吉本斯被责令停业。吉本斯不服，将奥格登起诉到纽约州法院。审理此案的纽约州大法官詹姆斯·康德认为，国会的确拥有州际贸易管理权，但各州却保有管理州内贸易的权力，所以它有权授予利文斯顿和富尔顿30年的垄断权。而吉本斯的执照只是纳税凭证，而非贸易执照。吉本斯不服，又上诉到联邦最高法院，并请了著名的丹尼尔·韦伯斯特和联邦政府检察长威廉·怀特代理。奥格登的律师则是纽约州检察长汤姆斯·厄梅特。1824年2月4日，最高法院开庭。韦伯斯特称，国会是唯一有权管理州际贸易的机构，而没有禁令、未制定规则正是其管理州际商业的一部分，这不足以证明各州可以自行其是，为少数人牟利。吉本斯已经注册从事沿海贸易，如果国会没有规定须办理其他执照，那么这一个就足够了。厄梅特则认为，宪法修正案明确规定未授予联邦和未禁止各州行使的权力均属于各州。既然宪法没有规定航行水域归联邦政府专管，那么各州就有权自己决定。3月2日，最高法院以7∶0的票数判决纽约州汽船垄断法律与联邦法相抵触，因此无效。这一判决打破了地方保护主义，确立了联邦在管理商业方面所拥有的广泛权力。

案例出处：《美国宪政历程：影响美国的25个司法大案》。

（金　星）

切罗基人诉佐治亚政府案（Cherokee Nation v. Georgia，1831）

切罗基人最先定居于大西洋东南岸的阿巴拉契亚山脉地区，17、18世纪被欧洲殖民者从他们居住的土地上赶走。但切罗基人能够适应白人的生活方式并保留自己的生活习惯，因此他们逐渐按照白人的耕作方式进行耕作，并把孩子送到白人学校接受教育，而且他们还与联邦政府签订条约以保护自己居住的土地。1800年以后，他们甚至还模仿美国政府的形式组成了自己的政府。其间，由于切罗基人在其领地内发现了金矿，因此佐治亚州当局宣布金矿为州所有，禁止他们开采并逼迫他们迁出州境。同时，一些白人闯入他们的领地采矿，并捣毁他们的房屋，偷盗他们的财物。州政府打算把他们的土地交给白人，这一举动遭到切罗基人的坚决反对，1831年，他们请了威廉·沃特律师代理诉讼，将佐治亚州政府直接告到了联邦最高法院，请求法院阻止州政府试图将他们从其土地上赶走的行为。

根据美国《宪法》第三款第二部分的规定，联邦最高法院对以州政府为当事人一方的案件有管辖权，但该条款的适用对象必须是美国公民，而当时的印第安人还不是美国公民。所以，沃特只能援引宪法关于法院有权审理"州或州民与外国政府、公民或主体之间"的相关规定。在起诉时，沃特提醒最高法院，切罗基人有权拥有在佐治亚的土地，其根据就是双方之间的条约规定了边界内的土地属他们。另外，沃特特别提出切罗基人是美国国外的民族的观点。佐治亚州政府拒绝派律师出庭辩护，并认为这是州权力范围内的事务。联邦最高法院驳回了沃特的起诉，认为切罗基人和其他印第安人部落只是"国内的、不独立的民族"，而不是国外的民族。切罗基人因无法得到最高法院的支持，于1838年被迫离开他们的土地向西迁徙。在西迁过程中，因长途跋涉约有4000多人在途中死去，这条路后来也被称作"血泪之路"。

案例出处：《开庭：改变人类进程的115件世纪大案》。

（金　星）

美国诉辛克案(United States v. Ginque,1839 – 1840)

1839 年 6 月,约瑟·路易泽和皮德罗·蒙蒂斯在哈瓦买了 49 名非洲奴隶,其中包括辛克。买主将他们带上了帆船“艾米斯达号”,并准备运到波多黎各岛古巴城镇的庄园中。西班牙船员辱骂这些奴隶并给他们讲恐怖故事,如他们的新主人会将他们吃掉等。7 月 1 日夜里,辛克率领其他奴隶发动暴动并控制了“艾米斯达号”。在暴动中,奴隶们杀死了几名船员,但他们让两个买主活了下来,并命令将船开回塞拉利昂。根据当时的美国法律,一个人拥有奴隶是合法的,但要把新的奴隶带入境内则属于违法行为。英国也支持这一主张,它还利用海军力量迫使西班牙规定将新奴隶带入其管辖区域的行为是违法行为。1839 年 8 月 26 日,美国华盛顿州政府发现了“艾米斯达号”,于是将其捕获并带到了康涅狄格州的新伦敦。在新伦敦,约瑟·路易泽和皮德罗·蒙蒂斯向当局描述了奴隶暴乱的情形,他们要求归还“艾米斯达号”和他们的“货物”。西班牙政府不顾贩卖奴隶的违法事实,竟然支持买主提出的请求。经时任总统马丁·范·布伦的批准,地区检察官威廉·S. 霍拉伯德指控辛克和其他奴隶犯有谋杀罪和在“艾米斯达号”帆船上的海盗罪。

审判于 1839 年 11 月 19 日开始,地点是在康涅狄格州的地区法院。废奴运动的支持者们聘请律师为辛克进行辩护,其中包括美国前任总统约翰·昆西·亚当斯。法官顶着来自布伦政府的压力审判此案,贾德森法官最后宣布:“辛克和其他人生来就是自由的,将来也一直有权利获得自由并且不会成为他人的奴隶。”他还说,“因为捕捉他们的人非法俘获了他们,所以这些人不犯有谋杀罪和海盗罪。他们的行为只是为了让自己重新获得自由”。检察官将案件上诉到联邦最高法院,最高法院包括首席法官罗杰·B. 塔尼在内的 5 名法官,都来自南方并且拥有奴隶。上诉案辩护时,仍由坚定的废奴主义者约翰·昆西·亚当斯来陈述案情。1840 年 3 月 9 日,最高法院宣布维持贾德森法官的原审判决,辛克等人获得自由并回到非洲。单从技术上来说,最高法院的这一判决并没有废除奴隶制,但该案仍然是废奴运动的一次胜利。法院拒绝给几名为了获得自由而杀死船长的奴隶判罪,它是探索结束奴隶制过程中的一个里程碑事件。

案例出处:《开庭:改变人类进程的 115 件世纪大案》。

(金　星)

德莱德·斯科特案(Dred Scott Decision,1856)

18 世纪 90 年代,德莱德·斯科特出生在美国弗吉尼亚州。因为是黑人,所以一出生就是奴隶,其主人是拥有一个大种植园的彼得·布洛欧。1819 年,布洛欧和他的家人带着几个奴隶到亚拉巴马州去开辟一处新的种植园,斯科特也在其中。布洛欧在 1830 年移居到密苏里州的圣路易斯市,经营一家旅馆。1832 年,他和妻子生病离世。1820 年,主张保留奴隶制与废除奴隶制的南北双方达成了《密苏里妥协案》,密苏里将作为一个州加入联邦政府。《密苏里妥协案》规定,在密苏里北部边界约北纬 36 度以北的地区奴隶制为非法,而该线以南的地区都可以推行奴隶制。布洛欧夫妻死亡之后,家里人将斯科特卖给了一个叫约翰·爱默生的医生。爱默生带着斯科特曾到过伊利诺伊州、威斯康星州以及艾奥瓦州的一些地区。根据《密苏里妥协案》的规定,伊利诺伊州属于自由地域。爱默生返回圣路易斯之后于 1843 年 12 月 29 日去世,去世前将其财产都留给了妻子,并指定其妻子的兄弟约翰·F. 桑福德作为财产管理人。斯科特不愿继续作奴隶,他试图买回自己但没有成功。1846 年 4 月 6 日,他向圣路易斯的巡回法院起诉,要求得到自由。由于桑福德是爱默生的财产管理人,是斯科特的合法拥有者,于是法院列上了他的名字。

1847 年 6 月 30 日,法官亚历山大·汉密尔顿开始审理该案。由于斯科特的律师在提供证据时犯了技术性错误,导致陪审团作出了对桑福德有利的判决,于是汉密尔顿法官又给了斯科特一次审判的机会。在第二次审理中,陪审团认定斯科特是一个自由人。因为根据以往的判例,虽然密苏里州是蓄奴州,但如果奴隶曾经在自由州住过,他就获得了自由。桑福德向密苏里州的法院提起上诉,法院在 1852 年 3 月 22 日作出二审判决,宣布斯科特仍是一个奴隶。作出如此判决的原因是赞成奴隶制的民主党人掌握了法院,法官威廉·斯科特甚至说黑人命中注定就要做奴隶。判决作出后,案子又回到了圣路易斯市的汉密尔顿法官手里,他本打算公布判决并结案,但拖延了时间。根据联邦法院管辖权,斯科特作为密苏里州的公民能够到联邦法院指控纽约州的公民桑福德,于是斯科特重新聘请了律师罗斯维尔·M. 费尔德,于 1853 年 11 月 2 日向联邦法院起诉。案件现在送到了密苏里地区美国联邦法院法官罗伯特·W. 韦尔斯手中。在巡回法院 1854 年的春季审判中,韦尔斯将斯科特认定为密苏里"公民"。但在 1854 年 5 月 15 日开庭的第三次审判中,陪审团作出了有利于桑福德的判决。费尔德立刻上诉至联邦最高法院,并请著名的大律师蒙哥马利·布莱尔在华盛顿的最高法院代理斯科特案。

支持奴隶制的南方人意识到了该案的重要性,他们为桑福德聘请了著名的律师亨利·S. 盖尔。斯科特案于 1854 年 12 月 30 日被提交至美国联邦最高法院,并定于 1856 年 2 月开审。斯科特的律师提出了北方人赞同的"自由土地"判例,而桑福德的律师则根据州权提出抗辩。因为斯科特在密苏里州是一个奴隶,他后来又回到了密苏里州并根据密苏里州法律向法院起诉,据此,他们认为密苏里州有权认定斯科特是奴隶。大多数法官赞成驳回斯科特的上诉,但他们在作出判决的法律依据上无法达成共识。在 12 月第二轮辩论结束后,首席法官坦尼宣布了审判结果,他和另外 6 名法官投票支持斯科特为奴隶。坦尼拒绝承认黑人享有宪法规定的公民权,并声称无论斯科特到哪里都是一个奴隶,因此斯科特的主人也可以在任何时候宣布他为自己的财产。他还以同样的理由判定《密苏里妥协案》违宪。该案的审判使斯科特再次成为奴隶,支持奴隶制的南方获得重大胜利,《密苏里妥协案》也被推翻了。

案例出处:《开庭:改变人类进程的 115 件世纪大案》。

(金　星)

对约翰·布朗的审判(John Brown Trial,1859)

1800 年,约翰·布朗出生于康涅狄格州驼铃顿的一个农场。19 世纪上半叶,美国许多西部地区向联邦申请州的法律地位,北方坚持新州应当废除奴隶制,而南方则希望他们保留奴隶制。北方和南方都争取新州派往华盛顿的众议员和参议员的投票,双方在奴隶制问题上的冲突越来越严重,联邦逐渐陷入内战。19 世纪 50 年代中期,布朗带着家人移居到了堪萨斯的奥萨瓦托米的一个小镇。因为堪萨斯当时还不是联邦的州,所以成了南北方两股力量的冲突之地,被称为"流血的堪萨斯"。

为了解放奴隶,布朗和他的儿子带领几个人袭击了支持奴隶制的波塔瓦托米镇,并杀死了 5 人。此后,布朗及其同伙继续对堪萨斯和其他州赞同奴隶制的据点展开武装袭击。在袭击中,布朗不断地获得富有的废奴主义者的资金援助,其中最重要的废奴主义团体自称“秘密六人小组”。1859 年,布朗筹划袭击位于弗吉尼亚哈泼斯渡口的联邦兵工厂,这次行动仍然受到了秘密六人小组的财力支援。10 月 16 日,布朗和 21 名同伴发动进攻并占领了兵工厂,但当地的白人居民包围了他们。稍后,罗伯特·E. 李上校率领一支联邦军队赶来发起进攻,俘获了布朗及其同伙后将其投入弗吉尼亚的查尔斯顿监狱。弗吉尼亚州州长亨利·A. 怀兹担心白人会将布朗私刑处死,所以希望尽快审判此案。因为已经有一个大陪审团在查尔斯顿的联邦法院开庭,所以怀兹决定在弗吉尼亚州法院对布朗进行审判。

法官理查德·帕克主持该场审判,查尔斯顿的地方检察长安德鲁·亨特担任起诉人,本地的律师洛森·博茨和查尔斯顿的市长托马斯·C. 格林担任布朗的辩护人。10 月 27 日开庭审理的时候,律师称其当事人神智失常,无法参加审判。他们援引了一份电报作为证据,该电报来自布朗一家居住在俄亥俄州的阿克隆期间对他们熟悉的某人,电报称神智失常在布朗家族是有遗传性的。但布朗本人却拒绝律师利用电报进行辩护,还用来自俄亥俄州克利夫兰的希拉姆·格利斯沃德和来自华盛顿的萨缪尔·基尔顿取代了原来的辩护人。帕克法官拒绝给予他的两名新律师多余的时间来准备辩护,陪审团于 11 月 2 日宣布,布朗被指控的两项罪名成立,一个月之后执行绞刑。布朗当庭发表了一篇激动人心的演讲,由此激起了人们反对奴隶制和南方的一股新热潮。在接下来的几个月里,帕克法官收到数千封来信请求其宽恕布朗,其中一些信件甚至来自南方蓄奴州,他们认为处死布朗只会加强反对他们的力量。但帕克并没有因此而修改判决。1859 年 12 月 2 日,布朗被绞死。

案例出处:《开庭:改变人类进程的 115 件世纪大案》。

（金　星）

派卡德诉派卡德案(Packard v. Packard,1864)

在 19 世纪,美国的大多数州允许丈夫决定他的妻子在什么时候需要被送进某一机构,而不必出示在其他案件中所必需的精神失常的证据。但是对于一名妇女可否被“关押”在自己家中的情况,法律却并未规定。本案中,伊丽莎白·派卡德在 1863 年的秋天被从伊利诺伊州的精神病院放回来,但是在回家之后不久就被她的丈夫——教士西奥菲勒斯·派卡德软禁在家里。因为西奥菲勒斯认为伊丽莎白是精神病患者,需要进行隔离。伊丽莎白写了一封抗议信,并在朋友萨拉·哈斯莱特的帮助下将信交到了法官查理·R. 斯达尔的手中。法官斯达尔对伊丽莎白是否患有精神病的问题进行了调查后,下令西奥菲勒斯和伊丽莎白一起来见他并接受检验。西奥菲勒斯在法官面前拿出一份书面资料,说伊丽莎白已经被允许离开伊利诺伊州精神病院。因为她是不可医治的精神病人,所以他在保障她安全的限度内,可以对她的自由进行必要的限制。但法官并不相信西奥菲勒斯,因此准备开庭审判来解决这一问题。

其实,派卡德夫妇之间最根本的问题是宗教信仰问题。西奥菲勒斯是一名虔诚的加尔文派牧师,他对法官说:“伊丽莎白的宗教观念是散漫而神秘的,而且她不服从他的宗教权威。她也反对加尔文派相信的人生来就有罪的信仰,并相信人的意志自由。她还相信圣灵是女性。”西奥菲勒斯对伊丽莎白的这些思想极度反对,认为她疯了,所以才将她送进精神病医院。支持西奥菲勒斯的人有 J. W. 布朗医生,他曾扮成流动缝纫机推销员对伊丽莎白进行过观察。他证实说,当讨论到宗教问题时,伊丽莎白就是一个毫无希望的精神病人。此外,西奥菲勒斯的姐夫阿比耶·多尔和姐姐西碧尔·多尔也指证伊丽莎白精神不正常。阿比耶·多尔证实说,伊丽莎白曾经对他说过,她不希望与丈夫继续在一起生活。他认为伊丽莎白精神不正常才会离开她丈夫的教会,否则不会。西碧尔·多尔则指证说,伊丽莎白曾指责她丈夫不让她自己思考宗教问题,只因他们宗教观念不同。伊利诺伊州精神病医院管理人安德鲁·麦克法兰德出示证明说,伊丽莎白是因为无法医治才会被从医院遣回家的。

而辩方证人的观点却恰恰相反。在伊丽莎白被送往精神病医院前,克里斯托弗·诺特大夫就曾对她做过检查。他证明说,尽管在涉及宗教问题时伊丽莎白很容易激动,但在所有其他问题上她都是非常理性的。她的几位邻居证实他们从未发现派卡德夫人精神不正常。最后一名辩方证人是敦坎逊医生,他是一名医学和宗教学博士。他说:"虽然在很多事情上我不同意她,但我不会因为别人与我不一样就认为他们精神不正常。因此,我宣布她是一名精神健全的妇女,并且希望我们的国家再多些这样的妇女。"经过辩方的不懈努力,1864 年 1 月 18 日,陪审团宣布:伊丽莎白是精神健全的。最后,斯达尔法官下达命令说:她应当被解除所有与她作为一名自由妇女地位不相符的束缚和限制。该案例改变了伊利诺伊州允许男人软禁他的妻子而不必出示任何证据的法律,并推动改变了伊利诺伊州、马萨诸塞州、艾奥瓦州和缅因州的类似法律规定,对推动维护妇女权利的运动起了重大作用。

案例出处:《开庭:改变人类进程的 115 件世纪大案》。

(金　星)

对海丝特·沃恩案的审判(Hester Vaughan Trial,1868)

海斯特·沃恩是一名从英国来到美国的少女,结婚一年半之后,她才发现丈夫还有另外一个家庭,而且不久还离开了她。沃恩独自来到宾夕法尼亚州的费城,并找到了一份管家的工作。但不幸又被雇主强奸并怀孕,于是只得辞掉工作并离开了雇主家。她租了一间条件很差的小屋等待孩子降生,但孩子在 1868 年 2 月 8 日生下时便夭折了。沃恩的邻居认为是她将孩子杀死,于是将她告发。警察很快就逮捕了她,并指控她犯有谋杀罪。1868 年 6 月 10 日,法庭开始审判。验尸官沙普雷医生作证说,尸检之后他发现了几处由于钝器敲打而造成的骨折,另外在大脑和颅骨之间还发现一些血痂。另一位证人则声称她曾听到婴儿微弱的呼吸声。沃恩的律师约翰·古福斯只提供了几名证实沃恩拥有良好品行的证人,但没有证人为她开脱。在最后总结时,古福斯也只是说被告的行为不应该被认定为一级谋杀罪,因为孩子夭折之后她是痛苦的,当时她可能已经完全失去了理智。法官詹姆斯·雷利·路德罗最后确定沃恩犯有一级谋杀罪并判处其死刑。沃恩的案件受到苏珊·H. 史密斯医生的关注,经过几次见面以及对沃恩做过一次医学检查之后,史密斯医生认为她并没有犯谋杀罪。她给宾夕法尼亚州州长约翰·W. 基里写了信,讲述沃恩的生活经历。信中写道,因为沃恩的生活条件很差,寒冷的天气里屋内没有食物和火,孩子出生时她几乎冻得失去了知觉。之所以孩子出生时弄伤了头部,是因为她已经昏过去了,因此没有能力再去保护孩子。此时,劳动妇女全国联合会的成员以及女权运动领导者苏珊·B. 安东尼、伊丽莎白·凯迪·斯坦顿等人也开始关注这一案件。他们强烈反对法院对沃恩的判决,并请求基里州长宽免沃恩。同时他们还主张妇女应该享有投票权,并应该享有参加陪审团的权利。1869 年夏,基里同意赦免沃恩,但条件是她必须返回英国且费用自负。在安东尼和斯坦顿的帮助下,沃恩返回英国,并重新获得了自由。海丝特·沃恩案件是当时妇女地位低下的典型表现，当时的陪审团审理案件不允许妇女参加。在女权运动的巨大压力下，一个世纪之后，联邦最高法院宣布将妇女完全排除在州陪审团之外的行为违宪，妇女才取得了参加陪审团的权利。

案例出处：《开庭：改变人类进程的115件世纪大案》。

（金 星）

安德鲁·约翰逊总统弹劾案（President Andrew Johnson Impeachmert Trial，1868）

安德鲁·约翰逊是在亚伯拉罕·林肯总统遇刺之后继任总统的，但民众并不欢迎他，因为他没有足够的声望让人们相信他能够带领美国从内战的创伤中走出来。此外，作为民主党人的约翰逊，在共和党人占优的国会中也并不受欢迎，而且总统和国会的关系因为对《宪法十四条修正案》的争议而变得更加糟糕。该条修正案的主要内容是试图扩大公民自由权。约翰逊针对这一修正案在全国展开了巡回演讲，以推广他自己的观点，他的演讲隐含地批评了其在国会中的对手。然而，巡回演讲进一步削弱了公众对他的支持。此时，国会又通过了一项任职法案，以此来限制总统不经国会批准就可以开除内阁成员的权力。作为回击，约翰逊打算将作战大臣埃德温·斯坦顿开除出内阁，因为此人是其对手的盟友。但他的决定很快遭到反对，众议院通过决议，因为他在任上的严重渎职行为而对其提起弹劾。

根据美国宪法，弹劾成功必须要有2/3多数参议员投票赞成。参议院于1868年3月30日启动了弹劾审判，并由联邦最高法院首席大法官萨蒙·P.蔡斯主持。众议院指定7名国会议员来操纵弹劾审判，本杰明·巴特勒则是这7人的领袖。所以，这次弹劾实际上成了约翰逊和巴特勒两人之间的政治斗争。在巴特勒的指挥下，约翰逊被罗列了11项“严重渎职”的指控。律师们全力为他辩护，然而他们却受到共和党参议员的多方阻挠。审判长达2个月之久，1868年5月26日最终投票时，因7个共和党参议员投票反对弹劾，结果离宪法规定的2/3多数差了关键的一票。约翰逊很幸运地被宣布无罪，在其任期内没有因为被弹劾而下台。

案例出处：《开庭：改变人类进程的115件世纪大案》。

（金 星）

美国诉苏珊·B.安东尼案（United States v. Susan B. Anthony，1873）

美国所有的州在1868年7月开始实施《宪法第十四修正案》，修正案的第二部分规定了美国男性公民的选举权。但根据该修正案，妇女是没有选举权的。苏珊·B.安东尼是1872年参与选举投票的女性投票者之一，在投票前她同法官亨利·R.塞尔敦咨询过，法官同意《宪法第十四修正案》的第一部分赋予了妇女投票的权利。在投票时，安东尼还带着法官的书面意见并声称如果不允许其投票就去法院起诉。11月5日，安东尼和另外14名妇女投了票。但11月28日，这15名妇女与允许她们投票的官员们都被逮捕。法院规定每人交500美元保释金就可获得自由，但安东尼拒绝交款。她的律师亨利·塞尔登辩护说安东尼被非法拘留。1873年1月21日，法官驳回了辩护意见并列出了新的保释条件：1000美元。安东尼再次拒付，这次她的律师塞尔登替她支付了保释金，因为“我不能眼看着我所尊敬的妇女入狱”。安东尼因此获得了自由，但审判还要继续。审判开始前，安东尼在她居住城镇的29个区都作了相同的演讲，以说明她的主张。由于担心她的演讲可能使陪审团成员形成偏见，审判地点由她的家乡蒙洛镇变成了纽约昂达利奥镇的卡南戴迦,时间也改为6月17日。但在6月16日前,安东尼又在昂达利奥的每一个村都作了演讲来表明她的观点。

1873年6月17日,法官沃德·亨特开始审判。地区检察官理查德·克罗利宣读了诉状,他提供了一份投票者名单作为证据,上面有安东尼投票的记录。亨特法官建议陪审团作出安东尼有罪的判决,他认为《宪法第十四修正案》并没有保护她投票的权利。次日,塞尔登请求重新审判此案,但被亨特拒绝。他最后判决安东尼缴纳10,000美元的罚金并承担本次诉讼费用。安东尼则拒绝履行不公正的判决,并称反抗专横就是对上帝的顺从。对《宪法第十四修正案》的挑战,直到1971年的利德控前夫案才获得成功。沙莉·利德的儿子死后没留下遗嘱,州政府自动地将其房产归于利德丈夫的名下,但此时利德已经与其丈夫离婚。利德对此不服,但她的要求却因为她的性别而被拒绝,于是她上诉到最高法院,并最后胜诉。自1868年《宪法第十四修正案》实施后的一百多年,妇女的权利才最终受到法律的平等保护。

案例出处:《开庭:改变人类进程的115件世纪大案》。

(金　星)

雷诺德诉美利坚合众国案(Reynolds v. United States,1879)

摩门教是美国犹他州的一个宗教团体,其信条之一是一夫多妻制。1862年,亚伯拉罕·林肯总统签署了《莫里尔反重婚法案》,该法案规定在美国一夫多妻为非法。但法案还没有来得及实行,南北战争就爆发了,于是直到战争结束该法案才重新被重视起来。1874年的《普兰法》进一步强化了《莫里尔反重婚法案》,并增加了联邦法院在犹他州的权力。摩门教领导人布瑞厄姆·杨及其顾问乔治·Q.加农决定反抗这项法律,因为美国《宪法第一修正案》规定了公民有宗教信仰自由的权利,所以他们企图利用这一修正案来反驳《莫里尔反重婚法案》,以使一夫多妻制合法化。为了实现这一目标,他们选择布瑞厄姆·杨的私人秘书乔治·雷诺德作为被告。雷诺德是一夫多妻制的忠实拥护者,他有两个妻子。1874年10月,政府起诉雷诺德犯有重婚罪,但因为陪审团成员选择的问题,这次审判没有成功。1875年10月,政府再次起诉雷诺德。他被联邦检察官指控犯有重婚罪,因为他同时与玛丽·安图登海姆及艾米丽亚·简·斯科菲尔德保持着婚姻关系。主审法官亚历山大·怀特对陪审团下达了指令,大意就是雷诺德的一夫多妻违法。1875年12月10日,陪审团裁定雷诺德有罪。次年7月6日,犹他州高等法院也支持了这一裁定。雷诺德不服,于1878年11月14日向联邦最高法院提出上诉,要求法院根据宗教信仰自由的规定,推翻原来的有罪判决。但联邦最高法院在1879年1月6日作出裁判支持了裁定,并判处雷诺德2年监禁和500美元罚款。联邦最高法院认为《宪法第一修正案》并不保护一夫多妻制,因为一夫一妻制是基于美国的基本价值取向而确立的婚姻制度,所以在美国生活的所有公民都不能破坏这一基本原则。1890年,摩门教首领正式发表声明放弃一夫多妻制。雷诺德案不仅确保了一夫一妻制的合法性,而且还表明,任何人无论有何种信仰,其行为都需遵循法律的基本原则。

案例出处:《开庭:改变人类进程的115件世纪大案》。

(金　星)

对亚历山大二世遇刺案的审判(Alexarder Ⅱ's Assassins Trial,1881)

沙皇亚历山大二世于1855年继承王位,他在教育、军事以及司法体制等方面都进行了改革,还废除了农奴制。尽管如此,底层的农民们还是要缴纳高额的税赋,沙皇还是拥有绝对的权力,所以一些激进分子开始了反对沙皇的斗争。一个狂热的革命集团民意党决定刺杀沙皇,他们认为刺杀沙皇能激起农民起义从而摧毁君主制。到1879年,民意党共组织了三次刺杀行动,但都以失败告终。1881年,民意党成员决定趁沙皇在星期日阅兵时再次实行刺杀。他们事先探测好了沙皇必经路线,之后在路边租了一家奶酪店,在奶酪店地下挖了一条通道并在里面铺满炸药,计划当沙皇经过时将其炸死。此外,他们还在沙皇经过的街上安排了4名炸弹投掷手,以保证刺杀成功。沙皇出行前,警察们进行了例行的路线检查,但没有发现异常情况。2月27日,刺杀阴谋的主要组织者安德鲁·日莱亚波夫遭到逮捕,但刺杀还在按原计划进行。3月1日(星期日)下午,沙皇进行每周一次的阅兵视察,尼古拉·莱萨科夫引爆了地下通道里的炸药,但爆炸仅炸伤了一些马匹和随从人员,沙皇并未受伤。于是站在路边的阿格内特·格里尼沃茨基在沙皇经过他身边时扔出一枚炸弹,爆炸使沙皇和格里尼沃茨基都身负重伤。回到冬宫后不到一小时,沙皇便死去;当晚,格里尼沃茨基也死去。

政府逮捕了莱萨科夫、米克海洛夫、盖斯娅·赫夫曼、索菲娅·皮洛夫斯卡亚(日莱亚波夫的情妇)、日莱亚波夫和负责制作炸弹的尼古拉·基巴奇希,最终6人被判处死刑。但赫夫曼因怀孕,改为终生服苦役。刺杀完成后,激进分子所希望引起的社会骚乱并没有出现,人们反而痛恨刺杀沙皇的人。沙皇遇刺导致一个已经废除死刑一百多年的国家出现了例外,即全部被告被判死刑,这体现了维护国家统治安定的重要性;同时,对怀孕的妇女不适用死刑也体现了保护人权的重要性。

案例出处:《开庭:改变人类进程的115件世纪大案》。

(金　星)

利格斯诉帕尔默案(Riggs v. Palmer,1882)

帕尔默的祖父生前在遗嘱中指定他为遗产继承人,但其因担心新近再婚的祖父可能改变遗嘱,1882年,帕尔默用毒药杀死了自己的祖父。帕尔默因杀人罪被法庭判处监禁,但对于他是否继续享有继承其祖父遗产的权利,成了疑难问题。帕尔默的两个姑姑主张,既然他杀死了被继承人,就不应当继续享有继承遗产的权利。但当时纽约州的法律并未明确规定如果继承人杀死被继承人就丧失继承权。据此,帕尔默的律师主张,既然遗嘱在法律上是有效的,那么他就应当享有继承遗产的权利。如果法院剥夺帕尔默的继承权,那法院就是在更改法律。审理该案的格雷法官支持律师的说法,他认为法律的含义是由法律文本自身所使用的文字来界定的,而纽约州的遗嘱法清楚且确定,所以没有理由弃之不用。如果帕尔默因杀死被继承人而丧失继承权,那就是对他在判处监禁之外又附加了额外的惩罚。然而对某一罪行的惩罚,应当由立法机关事先作出规定,而不能由法官在事后施加。审理该案的另一位法官厄尔却认为,法规的真实含义不仅取决于法律文本,也取决于文本之外的立法者意图。他最后援引了一条古老的法律原则——任何人不能从其自身的过错中受益——来说明遗嘱法应被理解为否认以杀死被继承人的方式来获取继承权。最后,厄尔法官的意见占了优势,纽约州高等法院判决剥夺了帕尔默的继承权。

案例出处:《司法中法律解释的思维过程探析——就审判利格斯诉帕尔默案与德沃金的对话》。

（金　星）

对秣市骚乱案的审判(Hay Marker Trial,1886)

美国内战后,随着工厂数量的增加,工人队伍也越来越庞大,工人运动随之发展起来。奥古斯特·史皮斯是一家德语报纸的编辑,他积极地参与了工人运动。1886 年 5 月 1 日,全国各地的工会都组织起来要求资方在保持工资不变的基础上实行八小时工作制。5 月 3 日,史皮斯在麦考克农业机械厂对罢工工人做了演讲,之后罢工工人和取代他们的工人之间发生暴力冲突。警察们赶来制止并开枪打死了两名工人,打伤数人。史皮斯在报纸上刊登了该事件,并号召工人第二天在芝加哥秣市广场举行集会抗议警察暴行。史皮斯在集会上发表了演讲,另两名无政府主义者萨缪尔·费尔登和阿尔伯特·帕森斯也发表了演讲抨击资本家、政府和警察。集会于是变成骚乱,警察开始驱散人群。这时人群中有人抛出一枚炸弹,炸死 8 名警察,炸伤 67 人。警察向集会人群开枪,致数十名工人死伤。

爆炸发生后,警察开始逮捕无政府主义者和工人领袖,萨缪尔·费尔登、奥古斯特·史皮斯和阿尔伯特·帕森斯等 8 人被捕,并被指控犯有谋杀罪。1886 年 5 月 27 日,陪审团在压力下按照法官盖里的指引实施了审判。8 月 20 日,8 名被告都被认定有罪,其中尼贝被判 15 年监禁,其他 7 人则被判处死刑。1887 年 11 月 11 日,恩格尔、费舍、帕森斯、史皮斯被绞死,格林此前已自杀。费尔登、尼贝和史瓦特三人则直到 1893 年 6 月 26 日,才被伊利诺伊州新任州长约翰·皮特·阿尔特·基尔德赦免。秣市骚乱案是工人对抗资本家的著名斗争之一,尽管它在政治势力的压制下失败了,但还是激励了以后的工人运动。

案例出处:《开庭:改变人类进程的 115 件世纪大案》。

（金　星）

益和诉霍普金斯案(Yoki Wo v. Hopkins,1886)

美国南北战争之后,国会通过了 3 项宪法修正案来保证战争的胜利成果。其中的第 14 项修正案旨在保证个人的自由和权利不受各州干预,其主要内容是各州“在其管辖范围内,不得拒绝给予任何人以法律的平等保护”。但该修正案通过后,联邦最高法院一直很狭隘地解释这一条款,致使各州在其管辖范围内仍有相当大的权力来侵害人民的自由和权利。但在 1886 年的益和诉霍普金斯案中,法院的判决却认定加利福尼亚州旧金山市的两条市政条例因违反平等保护条款而无效。提出和打赢这一场官司的是一名叫益和的中国人,他是一家华人洗衣店的老板。当时在旧金山大约有 24 家华人洗衣店,由于洗衣店日益昌盛,威胁到了美国人开的洗衣店,因此当地报纸不断鼓动要求取缔华人洗衣店。1873 年至 1884 年,旧金山通过了 14 条被称为“洗衣店条例”的法律,企图将华人赶走。而华人则成立行业协会“同心堂”来抵制市政当局的行为,协会号召其会员拒不服从当局制定的歧视性法律,并设立基金来支付法律活动所需要的费用,益和也是该协会的成员。

益和起诉所针对的是 1880 年 5 月 26 日通过的第 1569 号条例和 1880 年 7 月 28 日通过的

第1587号条例。这些条例规定,任何在市内的木制建筑内经营洗衣店的人,都必须从市政当局获得营业执照;拒不服从者将被罚款1000美元或者最长不超过6个月的监禁或者两项并罚。当时旧金山市内约有320家洗衣店,其中约310家都是在木制建筑内。益和经营的洗衣店完全符合条例的规定,但市政当局却拒绝了他的营业许可申请。于是益和向加州高等法院提起诉讼,控告逮捕他的警长霍普金斯,请求下达人身保护令以使他获得人身自由,并纠正旧金山当局的错误做法。此外,益和还指控洗衣店条例违反了加利福尼亚州宪法、美国联邦宪法和1880年的中美条约。但加州法院驳回了益和的起诉。此时,另一名洗衣店老板和利也向联邦巡回法院提起了同样的诉讼,但法院同样没有支持他。于是益和与和利向联邦最高法院提起上诉,最高法院对这两个案件合并审理,并将审理的焦点集中在"申诉者是否被剥夺了美国宪法或美国联邦法律给予的权利"上。最终,最高法院认定新条例违反了宪法的平等保护原则,裁定两位申诉者的权利被侵害,应立即予以释放。益和案不仅成为以后关于平等保护案件的先例,而且成为美国法学院宪法教学的经典案例。

案例出处:《美国宪政历程:影响美国的25个司法大案》。

(金　星)

奥谢诉帕内尔和奥谢案(O'shea v. Pamell and O'shea,1890)

1875年,查理斯·斯图亚特·帕内尔成为英国议会中爱尔兰米斯地区的代表。此后,他领导了爱尔兰的民族独立运动,也因此成了英国政府的敌人。1881年,英国政府以不服从国教罪将他关进监狱,但牢狱经历反而成为他的政治资本,第二年春天出狱后其声望更为高涨。威廉·奥谢也是爱尔兰独立运动的领导者,虽然与帕内尔是政治对手,但为帕内尔的出狱做了大量工作。帕内尔出狱后不久,奥谢就对他的妻子凯瑟琳·奥谢提起离婚诉讼,理由是她与帕内尔有奸情。帕内尔努力阻止诉讼的发生,他对其支持者说奥谢所言不是事实。他还给了奥谢2万英镑让他撤销诉讼,但奥谢没有同意他的请求,并如期提起了诉讼。在诉状送达法院前,凯瑟琳也提起诉讼,声称丈夫奥谢对她不忠。审判于1890年11月15日进行,但凯瑟琳并没有出庭。她的律师宣布,在与她商量过后,他不想反诘任何证人,也不想传唤任何证人。奥谢的律师爱德华·克拉克则在法庭上积极帮助他的委托人。11月27日,当法官准备结束庭审时,一位陪审员问道:如果没有人对奥谢进行反诘,那么关于凯瑟琳所指控的疑问怎么能消除呢?因此作为原告的奥谢只得站到证人席上回答陪审员的疑问。首先,克拉克询问他关于和妻子在家中分居的问题,奥谢坚持说,在他发现妻子与帕内尔的奸情之前,他们夫妻感情一直很好。那位陪审员对此回答并不满意,他问奥谢:为什么他在已经向帕内尔发出决斗挑战的情况下,还邀其共进晚餐?奥谢撒了个谎为自己的行为辩解,但没有说服陪审员。

法庭决定对奥谢夫妇婚姻存续期间的生活状况进行调查。奥谢的仆人证实,当奥谢不在家时,帕内尔曾与凯瑟琳在夜里相会。奥谢在英格兰布莱顿家中的仆人卡洛琳·皮瑟斯则作证说,在奥谢夫妇搬入英格兰的房子两三天之后,帕内尔便出现在了他们家中。她说当奥谢在家时,帕内尔偶尔会来,但当奥谢不在时,帕内尔几乎每天都会来,而且帕内尔和凯瑟琳经常在夜间外出。皮瑟斯还作证说,有一次奥谢从外面回到家拉响门铃时,帕内尔和奥谢夫人正在房间里独处。等奥谢进入房间后,帕内尔却在前门拉响了门铃,因为在奥谢进入房间前他已经顺着房间内的火灾逃命绳索逃了出去。最后,陪审团认定帕内尔与凯瑟琳构成通奸,并准予奥谢夫妇离婚。法院的裁决极大地影响了帕内尔的政治生命，公众认为一个抢占他人妻子的人不适合做领袖。最后，连爱尔兰议会党也抛弃了他。

案例出处：《开庭：改变人类进程的115件世纪大案》。

（金 星）

阿尔弗勒德·德雷福斯案（Alfred Dreyfus Trials，1894，1899）

阿尔弗勒德·德雷福斯是法国军队的一名炮兵上尉参谋，犹太人。1894年9月，一封涉及法国机密军事文件的信件出现在战争办公室，办公室的官员们一致认为是法国叛徒将这些文件送到了德国人手上。经调查，他们认为叛徒就是35岁的德雷福斯。彼埃尔·埃里·法布里将军将德雷福斯的笔迹与那封可疑信件作了比对后，发现两者很相似。于是，德雷福斯被逮捕并被关进了彻凯·米底监狱。关押期间，战争办公室的阿曼德·杜·帕蒂·迪·德克朗中校对他进行了长达两个星期的审讯，但没有结论。12月4日，一名军队律师控告他犯有叛国罪，并要求成立军事法庭对他进行审判。12月19日，审判正式开始。证人和证据都被带到法庭，但其证明效力很差，连那封信件也被笔迹专家鉴定为非德雷福斯所写。但军方认为德雷福斯会讲德语，对军事事务表现出强烈的好奇心，还有在办公室闲逛的习惯等，这些都成了对他不利的证据。判决很快作出，德雷福斯被剥夺军职，并被押送到法属圭亚那附近的魔鬼岛服刑。

虽然德雷福斯被关进了监狱，但机密文件仍然不断从战争办公室丢失。1896年3月，情报局新任局长乔治·皮卡尔中校怀疑一名叫查理·艾斯特拉奇的官员是叛徒，因为他曾收受过德国外交官的钱财。皮卡尔将他所收集的证据交给了总参谋部，还将案件信息交给了一些政治家。皮卡尔因此得到了政治家克里蒙梭和作家左拉等人的支持，他们对军方施压，要求逮捕艾斯特拉奇。法庭在1898年1月10日对艾斯特拉奇进行审判，他在法庭上高呼"军队万岁"和"打倒犹太人"，法庭取消了指控。几个星期后，德国外交大臣公开声明德雷福斯与德国机构之间毫无联系。法庭最终在6月3日撤销了对德雷福斯的判决，并决定于8月7日在布列塔尼地区的兰尼斯组成新的军事法庭进行二审。二审结束后，他仍以"给军队和国家制造混乱"而获罪，不过最终被赦免了。直到1906年法国的反犹情绪减弱后，德雷福斯才得以平反昭雪并复职回到军队。

案例出处：《开庭：改变人类进程的115件世纪大案》。

（金 星）

布莱西诉弗古逊案（Ferguson Trial，1896）

19世纪90年代，路易斯安那州众议院通过一项法案，规定本州的所有铁路公司在运送旅客时，必须为白人和有色种人种提供平等但隔离的设施，法案同时规定了不遵守此项规定的处罚措施。荷马·A. 布莱西是一名美国公民，有1/8的黑人血统，但按路易斯安那州当时的法律他属于黑人。1892年6月7日，布莱西乘坐从新奥尔良开往路易斯安那州的火车，却没有按照规定坐到"仅供黑人"使用的车厢，而是坐进了"仅供白人"使用的车厢。列车长要求他坐到"仅供黑人"车厢，遭到了布莱西的拒绝，于是报了警。布莱西被关进监狱，并提起诉讼。约翰·A. 弗古逊是主审法官，经过审理后，他宣告布莱西有罪，并处以25美元罚款或拘留两日的处罚。布莱西上诉到联邦最高法院，最高法院在1896年5月18日作出了维持原判决的决定。

虽然“隔离而平等”原则是合法的，但却不符合情理。因此在20世纪50、60年代，联邦最高法院开始推翻布莱西案，“隔离而平等”原则开始在其他私权领域中被废除。

案例出处：《开庭：改变人类进程的115件世纪大案》。

（金　星）

北方证券公司诉美国案（Northern Securities Co. v. United States，1904）

19世纪80年代，美国铁路迅速发展，铁路垄断也随之形成。对大商业客户，铁路运输提供快捷方便且价格低廉的服务，但对小客户则价格很高。1882年7月，铁路大亨们在新格兰就煤炭进入市场的数量和价格达成协议，这导致1883年秋纽约的煤炭价格上涨，进而引发人们对煤炭的抢购。1887年，国会通过《州际商务法》，禁止在铁路运输中支付“回扣”。三年后，国会又通过了《谢尔曼反托拉斯法》，授予国会管制州际商务的权力。该法规定，任何限制州际商务和对外贸易的垄断和阴谋垄断的商业契约、行为和联盟都是违法的。法律虽然制定了，但是铁路大亨和工业巨头们想尽办法规避法律。时任总统西奥多・罗斯福决心推动法律的实施，1901年围绕铁路收购展开的证券风暴正好提供了机会。

引起证券风暴的是铁路大王詹姆斯・希尔和E. H. 哈里曼。希尔拥有美国西北将近1/3的铁路网，为了控制整个西北铁路网，他还在股票市场上收购相关铁路的股票。为了支付庞大的收购费用，他又将收购的大部分股票转售摩根集团控制的北太平洋铁路公司。针对希尔的收购行为，控制西北一半以上铁路网的哈里曼在摩根财团的竞争对手洛克菲勒财团的支持下，大量收购北太平洋铁路公司的股票。双方的收购行为导致了股市的巨大震荡，股票投机猖獗。于是摩根提出组建“北方证券公司”来整合希尔和哈里曼的力量。公司在新泽西州注册成立，它掌握了97%的“北太平洋”股票和75%的“大北方”股票，从而使铁路垄断达到巅峰。罗斯福总统认识到如果任由北方证券公司自由发展，那么美国人所珍视的机会均等、公平竞争的价值观将会遭到践踏。于是在1902年2月19日，司法部长诺克斯宣布北太平洋和大北方的合并违反了《谢尔曼反托拉斯法》，美国政府将调查并控告北方证券公司。在联邦政府起诉前，明尼苏达州就已经把北方证券公司告上了州法院。在立案之前，该州检察长W. B. 道格拉斯曾经拜访诺克斯，诺克斯表示支持，声称如果明尼苏达州起诉失败，联邦政府将起诉它，之后他们还交换了彼此的证据。1920年3月，明尼苏达州的起诉失败。此时，国会通过了一项法案，规定为审理涉及重大公众利益的垄断案，联邦政府可以设立专门的由3位法官组成的临时性地区法院。于是在1903年春，联邦政府在密苏里州的圣路易斯专门成立了临时性地区法院来控告和审理北方证券案。助理司法部长詹姆斯・贝克代表联邦政府出庭，他指出如果北方证券的行为合法，那么摩根、希尔之流就可以购买并控制全国所有的铁路，然后通过控制铁路运费，他们甚至能够控制全国的经济，从而比美国政府还要强大。1903年4月9日，3位法官一致判决北方证券败诉。北方证券不服，并向最高法院提出上诉。最高法院经过7个月的审判之后，于1905年12月14日判决联邦政府获胜。最高法院认为，新泽西州给予北方证券营业特许的做法，妨碍了宪法赋予的国会行使其管制州际商务的权力，因此无效，且北方证券公司必须解散。该判决意味着自由、公平竞争原则的胜利。

案例出处：《美国宪政历程：影响美国的25个司法大案》。

（金　星）

罗吉勒雇用雇员超时工作案(Lochner v. New York,1905)

1905年,纽约州地方法院根据本州关于“面包店雇员工作时间每周不得超过60小时,每天不得超过10小时”的法律规定,判决面包店店主罗吉勒有罪并处以罚款。罗吉勒不服判决并提起上诉。联邦最高法院认为:通过法律对雇佣合同进行干预是必要的,但雇主与雇员之间签订合同又是一项基本的个人权利,是受《宪法第十四修正案》保护的,因此州政府同样有责任维护它。本案中,纽约州政府已立法对劳工的工作时间进行了适当的限制,州政府在立法时首先考虑的是公众的健康问题,而这些维护公众健康的立法也应该得到支持。但联邦宪法中对于个人自由的保护相较而言更应该得到尊重,如果为了公众健康限制工作时间,那不仅雇员的工作时间,甚至连雇主的工作时间也被限定起来。此外像医生、律师、科学家等一些从事特殊工作的人员也会被这种立法条款所限制。基于此,联邦法院不支持州政府颁布的此项法律。相对于保护公众健康的法律,这条法律更多地剥夺了公众的个人自由。最终,联邦最高法院驳回了纽约州对于面包店店主罗吉勒有罪并处以罚款的判决。

案例出处:《大法官的智慧Ⅱ:美国经典司法判例精选88例》。

(金　星)

对哈里·韶的审判(Harry Thaw Trials,1907－1908)

哈里·韶出生于宾夕法尼亚州的一个富有家庭,他性格扭曲还有性虐待倾向。1905年年初,他在观看伊夫林·内比斯特的舞台演出之后便开始追求她。1905年4月4日,韶与内斯比特结婚,但经常对她进行性虐待。在认识韶之前,内比斯特曾被斯坦福·怀特强奸并成为他的情妇。怀特是当时著名的建筑师,曾设计过包括麦迪逊花园在内的著名建筑。当韶得知内斯比特婚前与怀特的关系后,决定对怀特进行报复。1908年6月25日,在麦迪逊广场花园观看演出时,韶遇到了怀特,于是掏出手枪对怀特连开数枪。警察拘捕了他,并指控其犯有谋杀罪。审判于1906年1月23日开始,韶的母亲请了当时最有名的律师德尔芬·德尔玛为他辩护。德尔玛声称当天韶因突然精神失常而枪杀了怀特,但检察官杰罗姆却通过询问证人证实,韶是在近距离平射射程内向怀特开枪的。1907年4月12日,因陪审团不能作出裁决,本次审判宣告无效。1908年1月6日,开始二次审判。2月1日,陪审团认定韶因精神错乱而无罪。此后,他被送进位于纽约马特伊曼的专门收容精神不正常罪犯的精神病院。本案使以精神失常为由为谋杀行为进行辩护的水平达到了新的高度。

案例出处:《开庭:改变人类进程的115件世纪大案》。

(金　星)

对威廉·海伍德案的审判(William “Big Bill” Haywood Trial,1907)

威廉·杜德利·海伍德是美国“西部矿工联合会”的执行干事,社会党成员以及无政府主义的“世界产业工人组织”的成员。他公开支持工人罢工与暴力活动,因此与资本家矛盾尖锐。1892年,西部矿工联合会在爱达荷州的科达伦矿区发动了一场针对矿主的罢工,矿主们则雇佣了一些非工会组织的工人来代替罢工工人。7月11日,罢工者炸毁了一座矿场,于是州和联邦的军队对矿区实行军事管制。由于罢工运动频发,1898年连任的州长弗兰克·斯图南伯格请求更多的军队进驻矿区。1905年12月30日,州长在德威尔的家中被炸死。两天后,警察根据矿工哈里·奥查德的供述,逮捕了海伍德、查理·H.莫耶尔和乔治·佩提博,他们被怀疑是刺杀州长的凶手。

1907年5月9日,在爱达荷州的博伊西开始了审判。控方的主要证人只有凶手哈里·奥查德,他曾经多次犯罪,还有说谎的习惯,但他坚持说是海伍德、莫耶尔指使他去谋杀斯图南伯格的。海伍德的律师达罗怀疑是矿主指使奥查德实施了刺杀,然后嫁祸到海伍德身上。于是他向陪审团提出自己的怀疑,并指出"本案的真正问题是资本家企图消灭海伍德和工会组织"。这是辩护律师使用的一个诉讼技巧,因为陪审团成员基本上都是农民,他这样说可以使陪审员站在海伍德一边。1907年7月28日,陪审团最终认定海伍德无罪,而奥查德有罪。此次审判对以后工人运动的发展起了推动作用。

案例出处:《开庭:改变人类进程的115件世纪大案》。

(金　星)

"三角衬衫公司"火灾案(The Triangle Shirtwaist,1911)

在20世纪初,恶劣的工作条件和过长的工作时间在美国是很普遍的现象。为了改善工作环境,从1909年11月22日到1910年2月15日,纽约和费城的女工进行了大罢工,罢工针对的是三角衬衫公司。尽管许多参加罢工的工人被逮捕,但仍有许多妇女继续向国会请愿。最终,妇女们争取到了每周工作52个小时的待遇,工厂老板们还承诺提高报酬,且不会惩罚罢工人员。1911年3月25日,三角衬衫公司大楼的8楼起火,火势很快蔓延到女工工作的9楼。约500名女工被困在大火中,她们试图出去,但出口却被封上了;消防员想救她们,但救援梯子却只能达到6楼。火灾最终造成146人死亡,愤怒的人群在华盛顿广场集会,为死难者哀悼。12月4日,三角衬衫公司的两位老板马克斯·布兰克和艾萨克·哈里斯被指控犯有杀人罪。主审法官托马斯·C.T.克雷恩认为此案的关键问题是被告们是否知道门是被锁上的。12月27日,陪审团宣布,两名被告的杀人罪不成立。一名陪审员说:"我相信火灾发生时门是锁着的。但如果我们不能确定被告清楚门被锁这一事实,我们就不能判他们有罪。"案件的处理再次引发大罢工,最终,迫于社会压力,政府开始制定新的法律来改善工厂的工作条件,严格规定楼房的布置并严格检查工厂车间的工作条件,并保证各项保障措施得以贯彻。罗斯福总统在任期内又制定了相关规定进一步改善车间的安全措施,此后又成立了工作安全与健康管理部来监督工厂的工作条件。

案例出处:《开庭:改变人类进程的115件世纪大案》。

(金　星)

"泰坦尼克"号调查案(Titanic Inquiry,1912)

"泰坦尼克"号轮船隶属英国白星航运公司,号称当时世界上最大、最豪华且最安全的游轮。然而,在它1912年4月14日的处女航中撞上冰山,并最终沉入纽芬兰海岸附近的北大西洋海底。1522名乘客和船员遇难,只有705人侥幸逃生。沉船事故发生后,有关部门针对为什么游轮上的救生船这么少以及为什么这么少的救生船却被少数富有的乘客占有这两个问题展开了调查,英国贸易委员会还特派海难专家劳德·约翰·莫西来负责此次调查。莫西面对的是代表不同阶层乘客的众多律师,如代表船主沃特·斯达·利恩的律师,代表三等舱乘客们的律师,代表国家和消防队员的律师,以及代表西尔·库斯莫和雷迪·杜夫·高登等富有乘客的律师等。调查中,一名救生船划船手查理斯·亨利克森指控雷迪·杜夫·高登反对搭救更多乘客。因为船长爱德华·史密斯也遇难,所以调查目标最后集中在了白星航运公司总裁布鲁斯·艾斯梅身上。他被指控曾命令史密斯船长无论在什么情况下都要全速前进,但在被调查时他拒绝回答这一问题。当被问到为什么船上缺少救生船时,他则回答说因为泰坦尼克号被认为"永不沉没",所以只带了少量的救生船。而且英国贸易协会也要求这样做,因为这样就有更大的空间来容纳更多的乘客。接下来,莫西又展开另一项调查。在泰坦尼克号沉没当晚,另外一艘"加利福尼亚"号船在附近航行,且该船具有救援能力。船长沃尔特·劳德在调查时承认当时看到了一艘船,但他拒绝承认那艘船就是泰坦尼克号。最终,被告们都被宣告无罪。莫西只能在调查最后总结说:航海界以后要在远航船上多设防水仓,且所有的甲板上都要有救生船,并时刻保持高度警惕。泰坦尼克号沉船事故发生后,航运界开始制定航运安全规则,并成立了国际冰山巡逻队进行冰山巡逻,以避免类似事件再次发生。

案例出处:《开庭:改变人类进程的115件世纪大案》。

(金　星)

对利奥·弗兰克的审判(Leo Frank Trial,1913)

利奥·弗兰克是一名犹太人,1884年出生于得克萨斯州的帕里斯。他在康奈尔大学毕业后来到亚特兰大工作,还是亚特兰大杰出市民。弗兰克的工厂雇用妇女和儿童做一些轻松的工作,13岁的玛丽·费根是其中之一。1913年4月26日,玛丽被解雇,她向弗兰克领取了工资后便被奸杀。但直到第二天早上,夜间警卫纽特·李才在工厂的地下室发现尸体并报警。警察对犯罪现场完成调查后,把李投进监狱关押了好几个月,但并未起诉。接着,警察又对弗兰克展开调查。首席检察官休·梅森·多尔西认为该案的处理可以提升他的名望与地位,于是把嫌疑目标指向弗兰克。在费根被害的当天,弗兰克曾遇到因偷窃被他解雇的约翰·甘特。甘特有酗酒的毛病,遇到他使弗兰克感到很害怕。因此在那天夜里,弗兰克将夜间警卫纽特·李叫过来好几次。多尔西抓住这个把柄,指控弗兰克犯了谋杀罪。

审判于1913年6月28日开始。多尔西称:谋杀案发生的当晚,弗兰克打电话让李为自己警戒,这是因为他预料到尸体会在那天晚上被发现。多尔西还试图证明弗兰克故意让费根于周末前来领取工资,因为以前费根的工资都是由她的朋友海伦·弗克森帮她代领的,但在谋杀的前一天,弗兰克却对前来领取工资的弗克森说让费根自己来领。接下来,工厂守门人吉姆·康利作证说,案发当天弗兰克在工厂里。9月26日,陪审团认定利奥·弗兰克对杀害玛丽·费根承担罪责,法官雷恩判决于10月10日处死弗兰克。弗兰克提出上诉,但佐治亚州上诉法庭维持了原判决。这时,辩方律师找到了新的目击证人,说曾看见康利在工厂里冲洗沾满血的衣服。康利的律师也证明康利曾承认是他强奸并杀害了费根,康利的女友也提供了康利有不正常性倾向的证据。在律师的努力下,美国联邦最高法院推迟了行刑期限。但1915年4月19日,法庭再次驳回了辩方律师的请求。于是,律师又向佐治亚州州长约翰·施莱顿申诉,请求减刑。最终,弗兰克由死刑被改为终身监禁。然而减刑引来了更多争议,在亚特兰大和费根的家乡等地爆发了反犹示威,一些犹太人的住所和店铺被砸。1915年8月16日,一群激进分子使用武力将弗兰克从牢房劫走,并于第二日将他私刑吊死。弗兰克案是美国审判史上的一件丑闻,它显示了当时美国人的反犹情绪和种族歧视。直到 1986 年 3 月 11 日,佐治亚州的宽恕和假释委员会才还弗兰克以清白。

案例出处:《开庭:改变人类进程的 115 件世纪大案》。

(金　星)

阿奇杜克・弗朗茨・斐迪南大公遇刺案(Archduke Franz Ferdinand's Assassins Trial, 1914)

1913 年,当时奥匈帝国统治下的塞尔维亚发生叛乱,驻波斯尼亚的总督奥斯卡・帕提莱克将军暂停了地区议会,并要求警察加强管制行动。为了增加影响力,他邀请奥匈帝国皇储和军队监察长阿奇杜克・弗朗茨・斐迪南于 1914 年 6 月 28 日访问萨拉热窝时检阅军队。当地报纸也刊登了阿奇杜克来访的消息。塞尔维亚族青年加夫里奥・普林西普看到消息后,准备刺杀阿奇杜克,他还找来朋友尼德尔伊科・加布里诺维克和崔夫可・格拉贝兹一起帮助他实施。他们首先从塞尔维亚民族主义团体“黑手”那里弄到枪支弹药,然后与激进的知识分子达尼罗・伊利克联系,让他在萨拉热窝再找几名帮手。伊利克找了麦莫德・麦莫德巴奇克、瓦索・尤布利洛维克和克伏科・波波维克三人,他自己则帮助制定了具体的刺杀计划。当 6 月 28 日阿奇杜克的车队开始经过时,麦莫德巴奇克和尤布利洛维克都没有采取行动,接下来的波波维克、普林西普和格拉贝兹也没有展开行动。最后只有加布里诺维克把炸弹投向了阿奇杜克的车,但阿奇杜克并没有受到伤害,刺杀宣告失败。加布里诺维克被捕后,除了普林西普之外,其他参与刺杀计划的都逃走了。在阿奇杜克访问了市政厅后去医院看望一名被炸伤的助手时,由于司机转错了方向,正好在普林西普埋伏的地方停下来。于是普林西普掏出手枪刺杀了阿奇杜克夫妇,随后被捕。

警察对普林西普和加布里诺维克进行审问,同时还抓捕了多名嫌疑犯。审判于 10 月 12 日开始,但在对凶手们如何提起指控方面,要考虑诸多因素:凶手要被判处死刑,但其帮凶却不能判处死刑;在同谋者中有 5 人是中学生,但依据奥地利的法典,中学生不能被判处死刑。控方还想证明有塞尔维亚高层人士参与了谋杀行动,但没有成功。10 月 28 日,法庭对被告作出裁决:认定 16 名被告有罪,其他 9 名被告无罪。被判有罪的人中,有 5 人被判处绞刑,但其中两人在后来的上诉中被改判。普林西普、加布里诺维克和格拉贝兹被判处服 20 年的苦役。斐迪南大公遇刺案的焦点,主要集中在谁应当对萨拉热窝事件负责上。虽然审判中控方一度想证明是有人指使了这次刺杀行动,但后来并没有任何证据显示在政府的高层存在这种共谋者,刺杀行动只是由一帮愤怒的塞尔维亚族青年独立实施的。

案例出处:《开庭:改变人类进程的 115 件世纪大案》。

(金　星)

对爱迪丝・卡韦尔的审判(Edith Cavell Trial, 1915)

爱迪丝・卡韦尔是一名英国妇女,居住在比利时。她是布鲁塞尔一家名为“伯肯代尔机构”诊所里的护士,同时也是反纳粹秘密组织“比利时抵抗战士”的成员。1914 年 8 月,德国入侵了比利时,英国士兵被切断在敌人的防线后面。伯肯代尔机构当时是红十字会的一个分部,通过它,卡韦尔等人一共帮助了 200 多名英国士兵返回英国。但不久,卡韦尔的逃逸计划暴露了。7 月,德国间谍收集到了一份最重要的抵抗成员名单。7 月 31 日,列于名单上的重点人物菲利普·鲍克在家中被捕,此后数天内,大部分抵抗组织成员都被逮捕。8 月 5 日,卡韦尔也被捕。卡韦尔是一位虔诚的宗教信徒,被讯问时,她诚实地说出了自己曾为抵抗组织秘密工作的事实。在签署承认自己罪行的证词时,卡韦尔被要求在以一种她不懂的语言写成的证词上签字,纳粹企图以此来诬陷她出卖了其他抵抗战士。1915 年 10 月 7 日,包括卡韦尔在内的 35 名被告站在了德国军事会议的审判席上。第二天,法庭宣读判决结果:包括卡韦尔在内的 5 名犯人被判处死刑,其他人则长期服苦役。卡韦尔被处死的消息激怒了全世界,纳粹德国迫于压力,最终将其他几名未执行的死刑犯改判为有期徒刑。

案例出处:《开庭:改变人类进程的 115 件世纪大案》。

（金　星）

对罗杰·凯斯门特的审判(Roger Casement Trial,1916)

罗杰·凯斯门特爵士是前英国外交官,也是一个狂热的爱尔兰民族主义者。1914 年第一次世界大战爆发后,凯斯门特与罗伯特·蒙泰斯、丹尼尔·拜利一起到了德国,计划招募士兵为爱尔兰的独立战斗,但很快被捕。1916 年 4 月 20 日,三人从德军一座监狱里逃出来,并渡海到了凯里郡的麦肯纳城堡。他们商定凯斯门特留下休整,另外两人则与爱尔兰志愿者会合。分手前,蒙泰斯将一份来自德国总参谋部的联络密码交给凯斯门特,让他带给爱尔兰共和军总部。但当地农民约翰·麦卡锡无意中发现了他们渡海的船,麦卡锡的女儿还发现了枪支,于是便报了警。凯斯门特与拜利很快被逮捕,蒙特斯则逃脱。被捕时,凯斯门特携带有双筒望远镜、弹药和各种地图。而他扔到路边的两片纸也被一名年轻人捡到,并交给了负责逮捕他的治安官勃纳德·瑞利,这正是蒙泰斯交给他的德国密码。所有这些物品都成为起诉凯斯门特的证据。

凯斯门特被带往伦敦并被指控犯有叛国罪,审判于 1916 年 6 月 26 日开始。几名德国战俘作证说凯斯门特曾在营房里游说过他们;有证人证实 4 月 20 日凯斯门特等人在爱尔兰海岸活动;治安官瑞利则作证描述了凯斯门特被捕当天的情形。凯斯门特的辩护律师、国王的顾问阿瑟·苏利文辩护说,凯斯门特是在为爱尔兰而不是德国做事,所以不构成叛国。律师还要求他的委托人宣读一份陈辞,于是凯斯门特驳斥了起诉方认为他曾经接受过敌方金钱的指控。但陪审团最后判定凯斯门特有罪,并宣布剥夺了他的爵士身份。凯斯门特于 8 月 3 日早上被绞死,但他的死却激励了更多的人为爱尔兰的民族独立而斗争。

案例出处:《开庭:改变人类进程的 115 件世纪大案》。

（金　星）

艾丽斯·保罗及其他全国妇女党员案(The Trials of Alice Paul and Other National woman's Party Members,1917)

虽然早在 1848 年在纽约召开的塞尼卡·福尔斯会议上,美国妇女就展开了要求享有投票权的运动,但是到 1917 年其仍未获得投票权。艾丽斯·保罗决定采取新战术为妇女获得投票权而斗争。1917 年 10 月,她们展开示威游行活动,目标是伍德罗·威尔逊总统和美国白宫。当时正是第一次世界大战期间,参战前美国政府对游行示威的态度是宽松的。但在 1917 年参战后,政府对游行示威开始采取严厉手段并逮捕示威者。1917 年 4 月 6 日,哥伦比亚警方将反对游行的决定告诉了艾丽斯·保罗,但她没有听从警方的建议。1917 年 6 月 22 日,警方逮捕了两名游行示威者,指控她们堵塞交通,但在起诉前便释放了她们。接下来的几天,警方又逮捕了 16 名妇女。这次法官亚历山大·穆罗尼决定依照 1917 年通过的《间谍法》对示威者进行审判。但最后也只是判决这 16 名妇女因堵塞交通而被监禁。10 月 4 日,警方逮捕了包括保罗在内的 11 名妇女,但她们在法庭上拒绝宣誓作证,且拒绝法院的审判。于是,法庭将其释放。但 10 月 20 日警方再次逮捕了她们,两天后,法官对她们进行了审判。最后,保罗和斯宾塞被判监禁 7 个月,格雷内尔和克罗克被判监禁 30 天。1917 年 11 月 27 日和 28 日,所有被关押的囚犯都被释放。1918 年 3 月 4 日,哥伦比亚区法院宣布她们都遭到了"非法逮捕、非法判罪和非法监禁"。1920 年 8 月 26 日,赋予妇女投票权的《宪法第十九修正案》开始实施,女权活动家们的努力终于取得了成果。

案例出处:《开庭:改变人类进程的 115 件世纪大案》。

(金　星)

对罗莎·卢森堡遇害案的审判(Rosa Luxemburg's Assassins Trial,1919)

罗莎·卢森堡是一名杰出的共产主义活动家,1870 年出生于波兰,1898 年移居德国柏林。1914 年,德国投入第一次世界大战,德国社会党发生分裂。卡尔·李卜克内西反对战争,他和卢森堡共同组建了斯巴达克派进行反政府活动,并因此被政府拘禁。1918 年被释放之后,卢森堡继续投入革命工作,并和斯巴达克派其他成员成为德国共产党的盟友。因为俄国的布尔什维克此时正在进行推翻政府的革命,所以一些斯巴达克派成员也认为这是他们推翻现政府的大好时机,但卢森堡反对此时发动政变。1916 年 1 月 6 日,一场和平的游行示威由于德国共产党激进分子的鼓动,最终变成暴乱。他们占领了几座公共建筑,企图引发群众起义来推翻现政府。但运动很快被镇压,大批共产党人遭到逮捕,卢森堡和李卜克内西也于 1919 年 1 月 15 日被逮捕。后来,政府宣称李卜克内西在被送往监狱的路上因试图逃跑被击毙,而卢森堡则在押送过程中被暴徒枪杀。很快,二人遇害的真相刊登在斯巴达克派的报纸《红旗报》上。李卜克内西被士兵奥托·朗奇枪杀,卢森堡是被朗奇打昏之后,被科特·沃吉尔中尉枪杀。迫于公众压力,警察逮捕了朗奇、沃吉尔以及其他 6 名军官。5 月 14 日,法庭宣布因不能断定谁实施了杀人行为,所以认定其中 5 名军官无罪,而朗奇和沃吉尔则被判有罪。但法庭并未认定沃吉尔犯有杀人罪,只是认定他在处理尸体时做法不当且对此次杀人事件提供了虚假报告,因此判了他 2 年 4 个月的监禁。法庭判了朗奇 2 年的监禁,理由是故意杀人、侵犯人身、滥用武器和使用虚假材料等。1962 年,德国媒体采访了曾审问过卢森堡和李卜克内西的沃德玛·帕波斯特上尉,他证实这些谋杀是在政府主要军事官员古斯塔夫·诺斯克的支持下进行的。

案例出处:《开庭:改变人类进程的 115 件世纪大案》。

(金　星)

申克寄发反征兵邮件案(Schenck v. United States,1919)

申克强烈反对征兵制度,他还印刷并散发文件给已经自愿应召入伍的人,称征募法违反了美国的宪法修正案,并称征募是犯罪。申克因这一行为被指控犯罪,最终在经过三级法院的审理后被判有罪。本案争议的焦点在于,申克的邮件内容是否受到《宪法第一修正案》的保护,或者说他是否在这个问题上享有言论自由的权利。法院为,被告申克有权利保留自己对征募法令的看法,他并不会因不同意见而受到法律的制裁。但本案中,申克不仅持有反对意见,而且做出了向应召入伍的人宣扬其思想的行为,其做法显然已经对国防产生了消极影响。霍姆斯法官在本案中的意见为:一切有关言论的案件,其问题在于所发表的言论在当时所处的环境及其性质下,是否能造成明显而现实的危险,如果有这种危险,法院就有权阻止。本案发生在战争时期,联邦最高法院还指出,很多和平时期的政策,在战争时期反而会成为国家利益的阻碍。最高法院由此认为,被告申克的这一行为严重影响了军队的征募,具有“明显而现实的危险”,故不应该受到宪法修正案的保护。

案例出处:《大法官的智慧Ⅰ:美国经典司法判例精选88例》。

（金　星）

斯肯科诉美国案(Schenck v. United States Appeal,1919)

1917年5月18日美国颁布了《征兵法》,6月15日又通过了一项《间谍法案》,这两项法案是为美国参加世界大战而通过的。但国内的一个政治组织社会主义党反对《征兵法》,该党在1917年费城召开的党内高层会议上决定印发15,000份小册子给新兵们,小册子中印刷了《宪法第十三修正案》中的一些规定,如“除了对被证明有罪的一方进行惩罚外,美国国内及其辖权范围内不得存有奴隶或者非自愿服役”,借此鼓励他们请愿废除《征兵法》。查理斯·T.斯肯科是社会主义党的总书记,官方很快以密谋煽动叛乱并阻碍征兵罪逮捕了他,小册子则成了他的犯罪证据。斯肯科提起了诉讼,其辩护律师约翰·劳德·欧伯利主张,斯肯科是在行使《宪法第一修正案》所保障的一项权利——在公众刊物上的言论自由。但法庭最终宣判斯肯科有罪。斯肯科提起上诉,并最终上诉到联邦最高法院。奥利弗·温德尔·霍姆斯法官在复审了这个案件的证据之后指出:斯肯科是社会主义党的总书记,有理智的人都不会怀疑斯肯科在散发小册子的活动中起到了很大的作用;如果无意使小册子产生任何影响,他们就不会去散发它。霍姆斯还说,宪法保护言论自由,但这种自由只是在和平时期受保护,在战争时期是不受保护的。这就是所谓的“明显而现实的危险”,即在一个国家处于战争状态时,在和平时期那些看似正常的事物可能就会成为战争的阻碍,那么人们就不能再坚持其言论自由,且这种自由也是不受宪法保护的。斯肯科案成为美国《宪法第一修正案》的转折点,它开辟了美国最高法院直接审判政府关于限制言论自由案件的先河。

案例出处:《开庭:改变人类进程的115件世纪大案》。

（金　星）

对塞古—凡吉提案的审判(Sacco-Varzetti Trial,1921)

1920年4月15日下午,马萨诸塞州南部林垂一家鞋厂的出纳员弗莱德里克和他的警卫阿里桑德拉·伯拉戴里,被两个武装人员持枪抢劫并杀害,目击者认为杀人犯可能是意大利人。此时,警方正在调查一起预谋于圣诞节前夜在布瑞支沃特地带实施抢劫的案子,有人在抢劫时使用了霰弹枪,他们也怀疑一伙意大利人是抢劫犯。警官米歇尔·E.斯蒂沃特怀疑麦克·伯达是凶手之一,因为他的车这时正在西蒙·约翰逊的修车厂中,因此斯蒂沃特告诉约翰逊,如果有人来取车时要第一时间向警方报告。此时斯蒂沃特正忙于逮捕一群外籍共产党人,因为根据美国的法律要将他们驱逐出境。5 月,激进分子决定把大量的“红色”(共产主义)刊物隐藏起来,伯达也参与其中。因为运送这些刊物需要汽车,所以伯达与另外 3 人到约翰逊的修车厂准备提走汽车。约翰逊拒绝将汽车交给伯达,并把提车的消息通知了警方。由于没提到车,伯达与另一个人骑摩托车离开,而尼古拉·塞古和巴特罗米奥·凡吉提则上了一辆出租车离开。几个月后,塞古和凡吉提被警方逮捕。警方在塞古身上发现了一支装有 9 发子弹的 32 口径手枪,凡吉提身上则有一支装满子弹的 38 口径连发左轮手枪,还有 4 发霰弹猎枪子弹,这两把手枪都没有枪支使用许可证。地方司法官弗雷德克·盖恩·凯兹曼询问了枪支的来源,塞古说他的手枪是两年前买的,同时他还买了一盒新的子弹;凡吉提说他的手枪是四五年前买的,但没有说明子弹的来源,但他的霰弹枪子弹使他成了圣诞节前夜抢劫未遂案的嫌疑犯。凡吉提辩解说,在圣诞节前夜他一直在卖鳗鲡,不可能实施抢劫行为,然而有好几个目击证人确认他就是圣诞节前夜抢劫案使用霰弹猎枪的人。最后凡吉提被定罪并判处监禁。审问塞古时,他辩解说抢劫案发生时自己在一家鞋厂上班,但经查 4 月 15 日他没有去上班,于是警察将他作为南部林垂谋杀案的嫌疑人。

无政府主义者为了营救塞古和凡吉提组成了辩护委员会,还聘请了加利福尼亚左翼劳工律师弗雷德·H. 摩尔来为他们进行辩护。1921 年 5 月 31 日,法庭开始审理塞古和凡吉提的案件。在审理中发现,塞古和凡吉提在手枪问题上说了谎。致伯拉戴里死亡的那颗子弹是很早以前生产的,与塞古兜里发现的子弹一模一样;凡吉提的手枪则和被害警卫的手枪一模一样,而警卫的手枪在其被害后就不见了。此外,警察在被害警卫的身边发现了一顶帽子,这顶帽子并不是警卫本人的,而塞古的雇主却证实它和塞古平时戴的帽子很像。塞古说这顶帽子不是自己的,但很快法庭又出示了新的证据:他们在塞古的家中发现了一顶和警卫尸体身旁的帽子同样尺寸的帽子。庭审前,法官曾提醒双方的辩论不涉及无政府主义的问题。但是在审判的第 29 天,凡吉提面对其律师杰瑞米亚·J. 马克安纳尼的质询,说他在被捕时对警察撒谎是由于害怕自己因激进主义而被驱逐出境。接下来,塞古也解释说撒谎是因为害怕被驱逐出境。他还解释说在 4 月 15 日他去了波士顿的意大利领事馆办理到意大利的护照,领事馆的工作人员也证实了他那天下午 2 时确实去了领事馆,但他只待了 10 分钟便离开了。塞古还告诉陪审团那天他一整天都在波士顿,许多辩方证人也证明那天确实见到了他。但 7 月 14 日,陪审团仍判定两名被告有罪。

有罪判决引起了激烈反响,支持塞古和凡吉提无罪的人开始积极地进行上诉,但是多次重新审理的请求都被拒绝了。激进领导人伊丽莎白·格利·弗密恩募集资金聘请了哈佛大学法学院的威廉·G. 汤普森向马萨诸塞州的高等法院提起上诉,也被驳回。1927 年 6 月,在汤普森的强烈要求下,马萨诸塞州州长阿尔文·T. 福勒任命哈佛大学校长阿伯特·劳伦斯·洛威尔领导一个顾问委员会重新审查这个案子。经过两个月的审查,最终断定对塞古和凡吉提的审判是公正的。尽管此举引起了更加激烈的抗议,但 1927 年 8 月 23 日,塞古和凡吉提仍被执行死刑。直到 1977 年,马萨诸塞州州长米歇尔·杜卡吉斯才签发了一项特殊法令,正式宣布他们两人“无罪”。

案例出处:《开庭:改变人类进程的 115 件世纪大案》。

（金　星）

对约翰·托马斯·斯科普的审判(John Thomas Scopes Trial,1925)

在20世纪20年代的美国,虽然达尔文的进化论让人们开始重新认识自然,但正统基督教徒却反对达尔文的进化论在公立学校传播。由约翰·华盛顿·巴特勒在田纳西州议会上提出的“讲授任何否认《圣经》上所说的神创造了人的理论”均为非法,且“讲授人是由低级动物演变而成的学说”也为非法的议案,在1925年被通过。这条法律通过后,美国民间自由同盟担心其他州也会跟进,于是宣布将保护被控触犯该法的教师。在当地高中讲授进化论的教师约翰·托马斯·斯科普,因为使用经州政府批准的课本在课堂上讲授进化论而于1925年5月7日被逮捕,并被指控有罪。美国民间自由同盟随即宣布愿意为他辩护,并为他请了阿瑟·加菲尔德、达达利·费尔德·梅隆和著名的克莱伦斯·达伦作辩护人。控方律师是布因。1925年7月15日,审判开始。辩方律师认为,控告违反了《宪法第十四修正案》有关保护审判程序依法进行的规定和《宪法第一修正案》有关保护宗教信仰自由的规定,但没有成功。控方律师A.T.斯蒂沃特指控斯科普的言论违反了《圣经》中造人的说法,因此触犯了巴特勒法。梅隆对此项指控进行了反驳,他说要证明斯科普有罪,首先得证明他曾否认《圣经》中造人的说法以及他曾讲授人来源于低级动物。于是控方提供了证据:斯科普所在的瑞尔县教育系统负责人证实,斯科普承认曾在课堂上讲述过进化论;而斯蒂沃特则拿来一本《圣经》,作为巴特勒法规定的《圣经》描写造人的证据。一位杂货店老板证实斯科普所用的课本是从他那里购买的,而该书的销售经过了田纳西州的批准。斯科普的学生作证说,他曾提到哺乳动物是由单细胞生物进化而来,而且他们从斯科普那里知道人也是哺乳动物。庭审第二天,辩方请来约翰·霍普金斯大学的一位动物学家作证,但是控方反对说法庭不需要听进化论讲座,它要解决的是斯科普讲授进化论是否触犯了法律的问题。梅隆指控基督教正统主义者压制新思想。因为法庭偏向控方,所以在最后陈述中,律师达伦请求陪审团判决斯科普有罪,这样辩方就可以选择上诉。陪审团依照他的请求作了有罪判决,但上诉法庭最后也支持了巴特勒法。直到1967年,巴特勒法才被宣布失效。

案例出处:《开庭:改变人类进程的115件世纪大案》。

(金 星)

对特尔帕特·多姆的审判(The Teapot Dome Trials,1926－1930)

第一次世界大战前,由于美国海军的动力燃料需求增加,石油价格变得非常昂贵。时任联邦内政部长的福尔获得了出租海军石油储备的权力,他还通过出卖储备的原油获取巨额收入。1909年,塔夫脱总统决定通过保留一定量富含原油的公有土地,来保障海军战时的石油储备,而特尔帕特·多姆便是作为石油储备的怀俄明州的一块土地。1922年,福尔督促海军开发特尔帕特·多姆。此时,亨利·F.辛克莱向福尔提出将特尔帕特·多姆的9481英亩的油料储备地租给他的迈莫斯石油公司。福尔私下签订了租约,授予迈莫斯石油公司对特尔帕特·多姆地区20年的排他使用权,而政府则从卖出的石油中获得油价16%—17%的收益。同时,这些以油料许可证形式支付的特许权使用费,将被用来购买迈莫斯公司出产的燃油和储油管。1922年2月,阿尔布开克杂志刊登了租约的相关信息。威斯康星州的参议员罗伯特·M.拉·福利特要求对福尔进行调查,议院于1923年10月召开听证会。多悉尼作证指出,他只借给福尔10万美元,且这些钱跟合同没有任何关系。而海军部长埃德温·登比虽然没有参加计划的任何部分,但他没有根据法律的要求寻找其他有竞争力的投标者,故应对与迈莫斯公司签署的合同负有责任。亨利·辛克莱被提问时,拒绝回答。福尔本人被召到参议院,但他援引《宪法第五修正案》拒绝作证。

1926 年 12 月,罗伯特以合谋欺骗政府为由对福尔和多悉尼进行了审判,陪审团则认定两名被告无罪。1927 年 3 月,辛克莱因其拒绝回答调查委员会的问题而被认定为轻视参议院罪,并被判处监禁 3 个月。但辛克莱雇用了伯恩侦探事务所的私家侦探跟踪陪审团成员,并收买了一个陪审团成员,意图影响审判。西登斯法官于是对辛克莱和他的助手,以及伯恩侦探事务所的主要负责人进行审判,因为他们藐视和阻碍司法,法庭最后判处辛克莱 6 个月的监禁。1928 年 4 月第四次审判,福尔和辛克莱被指控同谋欺骗政府。福尔由于身体原因不能参加审判,辛克莱则承认他将联邦债券和现金赠与福尔,但最终陪审团依然开释了辛克莱。1929 年 10 月,福尔因为收受多悉尼的贿赂而受到第五次审判,陪审团认定其有罪,但提议仁慈判处。于是威廉姆·希茨法官判处福尔 1 年监禁,并判其缴纳 10 万美元罚金。福尔后来提起上诉,但哥伦比亚特区上诉法庭维持原判,美国联邦最高法院也拒绝重审其案件。特尔帕特·多姆案第一次使总统阁员被确认犯有重罪并入狱服刑。

案例出处:《开庭:改变人类进程的 115 件世纪大案》。

(金　星)

巴克诉贝尔案(Buck v. Bell,1927)

20 世纪 20 年代中期,美国有 30 多个州通过了"绝育法"。绝育法规定,对"弱智者"或"不能胜任社会生活者"进行强制绝育,凯丽·巴克就是被强制绝育的人之一。凯利因母亲爱玛·巴克没有能力抚养,所以被多布夫妇收养。17 岁时,她被多布夫妇的儿子强奸并怀孕。在凯丽生下女儿薇薇安之后,多布夫妇联合治安法官夏克福莱德,将她送进了弗吉尼亚聚居区。聚居区的首任主管阿尔伯特·普里迪是绝育手术的首席推行者,由于凯丽被认为是"弱智者",所以准备对她实施绝育手术。1924 年 11 月 19 日,"巴克诉普里迪"案被呈到安荷斯特县巡回法院法官博奈特·戈顿的面前。1925 年 2 月,戈顿判决凯丽将被实施绝育手术。凯丽的律师怀特海向弗吉尼亚州上诉法院提起上诉,因普里迪已死亡,其继任者为贝尔,所以案件名称改为"巴克诉贝尔案"。但上诉法院维持了巡回法院的判决,于是怀特海又把材料递交到了联邦最高法院。但最高法院也并没有支持他,1927 年 5 月 2 日,法官奥利弗·温德尔·霍尔姆斯公布了几乎一致的意见(只有皮尔斯·布特勒法官持反对意见):"如果人们不想看到未来后代们因为犯罪而被处死,或因其智力低下而挨饿,那么,社会防止那些明显不合适的人生儿育女的措施对于整个世界来说就是善的。"1927 年 10 月 19 日,贝尔医生给凯丽实施了绝育手术。不久,凯丽被从聚居区放了出来,此后的种种迹象表明她并不是"弱智者",而且当初被认为可能是"弱智者"的薇薇安在中学里的成绩也名列前茅。这个案例引发了非常严重的社会后果,许多人因此丧失了生儿育女的机会。第二次世界大战后,纳粹甚至用此案例为他们在战争期间对数百万人实施强制绝育的灭绝人性的行为进行开脱和辩护。最后,美国联邦最高法院不得不推翻了该判例。

案例出处:《开庭:改变人类进程的 115 件世纪大案》。

(金　星)

尼尔禁止出版诽谤言论案(Near v. Minnesota,1931)

禁止事先限制原则是美国处理言论自由案件时普遍适用的一项司法原则,最高法院确立此原则的首个案例即“尼尔禁止出版诽谤言论案”。1925年,明尼苏达州通过一项《减轻妨害公众法》,其中规定:“任何人不得从事日常制造、发表、散播、占有、销售或赠送恶意中伤与诽谤的报纸、杂志或其他期刊。违者犯有妨害罪,且任何犯有妨害罪的个人都可受到禁止。”因此,如果报纸或者杂志刊载了恶意诽谤或中伤的内容,法院就可以作出暂时或永久禁止其出版的命令。尼尔和吉尔福德从1927年9月25日到11月29日共出版了9期《星期六新闻报》,其中宣称犹太匪徒在明尼阿波利斯市控制了该市的赌博、走私与诈骗活动,而市政府及执法机构却未能有效地履行其监督与管理职责。该报还指控当时的警察局长与犹太匪徒非法勾结。1927年,检察官奥利森对该报纸提起诉讼。地区法院依据明尼苏达州的《减轻妨害公众法》认定该报属于公共废物并永久禁止其出版。1928年,明尼苏达州高等法院也认为该报在实质上构成了对公众的妨害。如果该报继续刊登危害社会的文章,就构成藐视法庭罪。尼尔则以其享有联邦《宪法第一修正案》规定的“出版自由”为由向联邦最高法院上诉。首席大法官胡斯代表最高法院撰写了判决意见书,推翻了明尼苏达州高等法院的判决,并判定关于公共废物的法律违宪。联邦最高法院认为,本案的焦点不在于确认对有关文章的指控是否属实,而在于对报纸杂志是否可以进行事前审查。联邦最高法院大法官认为,新闻的事先限制侵害了受宪法保护的出版自由,而出版自由是一个自由国家的基本属性之一,这种自由不应进行事先限制。如果出版自由被恶意诽谤者滥用,则可以采取妥当的事后补救措施依法进行惩处。尼尔案确立了“事先限制”和“事后处罚”的两分法,言论表达受到免于事先限制的保障,如果事后被裁定违法则可予以处罚。

案例出处:《大法官的智慧Ⅰ:美国经典司法判例精选88例》。

(金　星)

对斯科特伯罗案的审判(The Scottsboro Trials,1931—1937)

1931年3月的一天,7名年轻白人走进北亚拉巴马一个火车站的站长办公室,控诉几名黑人将他们扔下了火车。站长马上给靠近斯科特伯罗的一个火车站打电话,当火车在该站停下后,执勤人员包围了9名黑人和2名白人妇女。其中一位叫鲁比·贝兹的白人妇女控诉说她和她的朋友维多利亚·普利斯被这9名黑人强暴了,执勤人员马上将二人送到当地的医院进行检查。同年4月6日,强奸案在斯科特伯罗开审。主审法官是阿尔弗里德·E.霍金斯,检察官是贝利,辩护律师是斯蒂芬·R.罗迪,他是卡塔奴戈居民,对亚拉巴马州的法律了解不多。维多利亚在法庭上说她和鲁比搭车去卡塔奴戈找工作未果,于是乘火车回家。在火车上这9名黑人先将7名年轻白人扔下火车,然后对她俩大打出手并实施强暴,最后她昏了过去。但布里奇斯医生作证说,经检查这2名妇女并没有被强暴的迹象。在被控诉的9名黑人中,查理斯·威姆斯20岁、克拉伦斯·塔利斯19岁、欧泽·鲍威尔16岁、奥林·蒙哥马利17岁(他的一只眼是瞎的,另一只眼的视力只有0.1)、威利·罗伯逊17岁(患有梅毒和淋病,靠拐杖走路);另外4名男孩中,海伍德·帕特森和安迪·沃特19岁、尤金·威廉13岁、雷·沃特12岁。法官最后判决除雷·沃特之外的被告死刑。

该判决作出后,有30多万名黑人和白人举行游行。国际劳工保护组织(ILD)催促全国委员会帮助有色人种发展组织(NAACP)将此案上诉到高等法院。ILD 还聘请了卡塔奴戈的著名律师乔治·W. 张伯伦担任辩护律师,张伯伦举证说这 2 名女性是妓女且和黑人交往密切。1933 年 3 月,亚拉巴马市高等法院维持原判,但对尤金·威廉重新审判。于是 ILD 请了著名的纽约律师塞缪尔·雷伯卫兹任辩护律师,雷伯卫兹设法将审判的法庭转到了亚拉巴马的迪卡特。开庭后,案子出现了转折性改变。贝兹当庭承认自己说谎,还承认与已婚的维多利亚有多次通奸行为。布里奇斯医生和霍登医生都证明 2 名妇女并没有被强暴的迹象。但最后,法庭还是判帕特森有罪,处死刑。同年 11 月 20 日,案子重新审理。法官威廉·华盛顿·卡拉汉禁止在法庭内外拍照,他还滥用职权干扰司法,导致帕特森再次被判有罪并入刑。在 1936 年 1 月的第四次审判中,除撤销了对蒙哥马利、沃特、罗伯逊、威廉的起诉外,其余被告均被判处 20 年到 99 年不等的监禁。这些被告有的死在了狱中,有的虽然被释放但很快也去世了。他们所遭受的不公正待遇,使人们开始意识到种族偏见已经严重影响了美国的司法公正。

案例出处:《开庭:改变人类进程的 115 件世纪大案》。

(金　星)

《尤利西斯》案(Ulysses Trial,1933)

《尤利西斯》是爱尔兰小说家詹姆斯·乔伊斯写的一部小说,该书于 1922 年在巴黎首次出版。1928 年,美国法院将《尤利西斯》列入猥亵书目之列,禁止它进入美国。美国出版商兰登书屋现代文学分部的创办者贝纳特·赛尔夫看到了《尤利西斯》的价值,于是联系乔伊斯在美国出版此书。随后,赛尔夫聘请了著名律师欧内斯特,并承诺如果赢了官司,欧内斯特即可得到该书第一版 10,000 本销售额的 5%,并在以后的再版中终生享受销售额的 2%。欧内斯特精心设计了诉讼策略,经过两次海关检查,此书终于被没收并被交给检察官。为了使案子能由法官约翰·M. 沃尔西审理,欧内斯特设法使案件推迟了审理。因为他相信作为一个有文化的绅士,沃尔西一定能领会《尤利西斯》的价值。1933 年 11 月 25 日,案件进入庭审。庭审开始前,检察官对欧内斯特说:政府不会赢得这场官司,如果政府想赢得官司就必须引用书中数量庞大的下流词语,但他做不到,因为法庭上唯一的女士是他的太太。庭审开始后,检察官提出两个明显的反对理由:一是小说中有很多下流词汇,二是小说描写角色的时候过于开放。欧内斯特则援引了 1933 年判断猥亵的标准,指出乔伊斯选用的词并没有使《尤利西斯》变得猥亵,他的主张赢得了法官沃尔西的赞同。欧内斯特进而指出乔伊斯小说的开放性描写正是对凡人都有的思想的描述。沃尔西问欧内斯特,他是否读了乔伊斯的整篇小说,欧内斯特回答:"是的……1923 年我读过它但没深入理解,去年夏天,为了此案又重读了一次。礼拜日,在南诺克特的尤内塔利安教堂演讲时,我只想到银行和银行法律。但实际上,我同时又在冥想教堂后墙上的挂钟,前排的一个老妇人,以及旁边高高的百叶窗。现在,我正处在为这本书的辩护中,但我必须承认同时我也在想你领带上的金饰环,你台案后的乔治·华盛顿画像,以及你的黑色法官袍……这种想象的重叠性正是《尤利西斯》的贡献。"这时,沃尔西拍响前案说:"我现在第一次领略到这本书的意义……我被书尾的梦幻扰乱了,但我必须承认,听你讲话时,我同时在想着你后面的赫伯利·怀特家具。"欧内斯特回答说:"法官先生,这正是本书的意义所在。"12 月 6 日,沃尔西法官作出判决,这本书并不属于猥亵作品。之后,政府又将该案上诉到巡回法庭,但巡回法庭维持了原判。

沃尔西对《尤利西斯》案的裁决，使美国法院和立法机构在界定猥亵罪的政策上作出了重大改变。在该案以前，人们普遍认为禁止猥亵的法律与《宪法第一修正案》不冲突，而《尤利西斯》案则促成减少政府实施猥亵禁令的重大转折。

案例出处：《开庭：改变人类进程的115件世纪大案》。

（金 星）

对国会纵火案的审判（The Reichstag Fire Trial，1933）

1932年，希特勒领导的纳粹党在德国国会占据了多数席位，1933年1月30日，他当选总理。为了在选举中获得多数选票，在国会席位数位列第三的共产党成为希特勒策划除掉的目标。1933年2月27日晚，选举运动正在进行，国会大厦外站岗的警察听到玻璃破碎的声音，接着发现火焰和模糊的人影。警察和消防队及时赶到，并在大厦的角落发现了荷兰人卢贝。24岁的卢贝没受过教育，此前由于事故致其视力严重受损，神志也有点问题。纳粹领导人直接将其认定为共产党员，并以此为由大批逮捕共产党人。希特勒还说服总统兴登堡取消对德国公民的一切保障，并给予希特勒及其纳粹党极大的行动自由。3月5日，德国大选开始，由于许多共产党议员被捕或者在躲避，纳粹党顺利控制了国会，希特勒掌握了大权。1933年9月21日，对卢贝等人的审判在莱比锡市进行，审判没有设陪审团，只有一个以威尔海姆·宾格尔博士为首的法官小组。当5名被告被带入法庭时，人们注意到卢贝看上去无精打采，像是被打了麻醉药。他在法庭上宣称自己在国会大厦中放火，但回答又自相矛盾。政府只强调纵火案是共产党的阴谋，对于卢贝如何到达国会大厦，又如何纵火等细节问题则视而不见。卢贝最后被认定有罪，并于1934年1月9日被处死。对于国会大厦纵火案，有人认为它是纳粹的阴谋，卢贝是无辜的；也有人认为它是纳粹与卢贝共同参与的阴谋，但最后的真相已无法查明。

案例出处：《开庭：改变人类进程的115件世纪大案》。

（金 星）

对布鲁诺·理查德·汉普特曼的审判（Bruro Richard Hauptmam Trial，1935）

布鲁诺·理查德·汉普特曼是一名德国移民，与家人一起住在纽约市的布朗克斯镇。林登伯格是当地的名人，他曾在1927年5月第一次单独驾驶飞机飞越了太平洋。1932年3月1日，林登伯格20个月大的儿子小查尔斯被人绑架。5月12日，孩子的尸体在他家附近的树林里被发现。1934年9月，汉普特曼被怀疑是凶手，因为他拿着10美元的金券去购买汽油。金券在当时是政府发行的一种证券，它以证券所有者的自有黄金作支持，所以在普通人手里很少见。当汉普特曼用金券购买汽油时，工作人员留心记下了他的执照号码，然后拿着该美元金券到银行查看，证实其所有人为林登伯格。而且，该金券还是林登伯格为了赎回儿子而付给绑架者赎金的一部分。此后，警方又在他租住房子的车库木板后找到了14,590美元，经证实，这也是林登伯格所付赎金的一部分。警方还在其住所的壁橱内墙上发现了约翰·F.科丹的地址和电话，而科丹曾是林登伯格与绑架者联系的中间人。

接下来就是对汉普特曼的审判，负责该案的新泽西州总检察长大卫·T.威兰茨向法庭出示了40份汉普特曼的笔记样品及林登伯格收到的15份索取赎金的纸条。经8位权威鉴定专家进行笔迹鉴定，最后指出赎金条和汉普特曼笔记中的字迹相同。接下来，控方又提供了一个证据,他们在林登伯格家车道旁发现了一架梯子,经专家鉴定,这架可疑的梯子上有一段横杆很特殊:它上面的钉子眼与汉普特曼阁楼上横梁的钉子眼一模一样。而汉普特曼自己作证说,他的现金是因为投资于艾斯朵·费兹科的公司而获得的。但费兹科在1933年12月已返回德国,并于1934年3月因患肺结核而死。汉普特曼又说费兹科临走前留给他一大笔财产,其中包括一个鞋盒子(里面有4万美元),他把鞋盒放进了壁橱里。但汉普特曼的妻子证实她从未见过鞋盒子。辩护人的其他各种证据也都被证明无效。最后,汉普特曼被认定犯有一级谋杀罪,并被判处死刑。但汉普特曼于1936年4月3日8时44分被电刑处死后,很多人都批评说对汉普特曼的审判不公平,称他是被陷害的。

案例出处:《开庭:改变人类进程的115件世纪大案》。

(金　星)

道尔比雇佣廉价劳工案(United States v. Darby,1941)

1941年,美国佐治亚州的一名木材制造商道尔比被指控违反1938年的“劳工待遇标准条令”。道尔比对该项指控提出异议,佐治亚州地方法院认定“劳工待遇标准条令”因规定各地劳工的工作时间和工资水平而违宪,据此撤销了对道尔比的指控。联邦最高法院颁布“劳工待遇标准条令”是为了杜绝低标准的劳工待遇通过各州之间的贸易进行传播,及由此衍生的对州际贸易的冲击。国会为了规制全国范围内利用廉价劳工在州际贸易中进行不公平竞争,规定无论商品交易的体积和数量大小,也无论生产商和转运商有多么特殊,此类交易都一概禁止。就本案而言,虽然制造业本身并不属于州际贸易,但是制造业生产的产品作为商品在市场中流通时就涉及州际贸易。因此,尽管本案所涉及的商品不在国会禁止的商品种类范围之内,但是国会对州贸易进行规范的权力不会因为州是否对该贸易有限制而变化。州际贸易市场不应成为廉价劳动力竞争的市场,因为这样竞争的结果不仅不利于贸易本身,也不利于进行贸易的各州。依据上述观点,无论动机和目的是什么,国会对贸易的管理都不违反宪法。因此,联邦最高法院认定国会禁止各州之间交易利用廉价劳工生产产品的规定是符合宪法的。最终,联邦最高法院撤销了佐治亚州地方法院的判决。

案例出处:《大法官的智慧Ⅱ:美国经典司法判例精选88例》。

(金　星)

对反希特勒阴谋案的审判(Anti - Hitler Conspirators Trial,1944)

1944年7月2日,作为储备军长官参谋长的施陶芬贝格在其他军官的帮助下策动了对希特勒的暗杀计划——瓦尔基里计划。7月20日,施陶芬贝格利用工作机会偷偷将一枚炸弹放在希特勒开会的桌子下,并在炸弹爆炸后返回柏林。但暗杀行动仅使希特勒轻微受伤。随后施陶芬贝格等人被其上级德里希·费劳姆将军率领的军队制服,费劳姆曾支持暗杀计划,但在行动失败后立即倒戈。罗兰德·弗雷勒斯主持对施陶芬贝格等人进行审判的人民法庭,他集起诉人、法官、陪审团以及复仇者等角色于一身。人民法庭的特点是被告个人不能出现在法庭上,也不能以任何方式为自己辩护。为了赋予这次审判以合法性,弗雷勒斯还亲自指定辩方律师发言,并指出“帮助法庭作出裁决是辩护的目的之一,即使对于最出色的律师来说,要找到某种可以为被指控者减轻罪责的辩护理由也是不可能的”。全部审判结束后,共有200多人被处死。纳粹还逮捕了数千名可能对其统治构成威胁的人，其中许多人被送入集中营后未经审判便被处死。战后，德国联邦法院重新审查这起案件，最后指出依据当时法律，他们有权对希特勒加以抵制，因此他们的行为是正当的。那些被处死的叛国者最后被认定为爱国者，他们为国家做出了牺牲，并且应该受到人民的尊敬。

案例出处：《开庭：改变人类进程的115件世纪大案》。

（金　星）

纽伦堡大审判（The Nuremberg Trial，1945－1946）

1945年11月20日至1946年10月1日，第二次世界大战的战胜国对轴心国的军事、政治和经济领袖进行了数十次的军事审判，由于审判主要在德国纽伦堡进行，故统称纽伦堡审判。1945年8月8日，苏、美、英、法四国签署的《伦敦协定》和《欧洲国际军事法庭宪章》，规定由四国指派法官组成国际军事法庭，对纳粹德国首要战犯进行统一审判。法庭指控23名纳粹党人4条罪状：共同策划或密谋战争罪、破坏和平罪、战争罪以及反人类罪，被指控的人基本都是纳粹高级领导人。1945年11月20日，庭审正式开始。法庭由英、美、法、苏四国各两名法官组成，主持人是英国上诉法院法官杰弗里·劳伦斯。上午10时第一批被告被带到被告席，他们分别是戈林、里宾特洛甫和鲁道夫·赫斯。指控书的宣读花费了一天多的时间，其后被告们逐一作了无罪辩护。11月29日，法庭放映了一部名为“纳粹集中营”的影片，其中一个画面是推土机正在将堆成山丘一样的尸体推入挖好的坟墓里。另一个从一部德国电影上剪下来的画面则是党卫军将一大批犯人带进仓库，然后浇上汽油并点燃。法庭还指控施佩尔和恩斯特·绍克尔建立了德国的奴隶劳工系统，并从全欧洲搜罗500多万名劳工来给希特勒的军工厂干活。劳工们每天工作14个小时，且经常处于半饥饿状态，很多人劳累致死。绍克尔拒绝承认他对营房和工厂中的状况负有责任，并说那些是由施佩尔负责的。从1946年1月8日起，指控的目标转向单个被告人。德国海军总司令、海军上将卡尔·邓尼茨曾下令不准德国潜艇搭救被他们击沉的舰船上的幸存者，他还曾使用奴隶劳工造船，此外他对迫害犹太人和处死战争逃犯也负有责任。威廉·弗里克则起草过否定犹太人权利的法规。尤利乌斯·斯特赖歇尔则在其报纸《冲锋队员》上掀起了仇恨犹太人的运动。1946年3月6日指控全部结束。3月8日辩护程序开始，戈林承认他曾批准建立集中营，但否认曾签署杀死所有犹太人的命令。里宾特洛甫则提出他对集中营的事情一无所知。凯特尔承认他对下令射杀盟军突击队员和对他们的攻击进行报复负有法律与道义责任。恩斯特·卡尔腾布龙纳是纳粹保安局首脑，他曾签署命令把千万人送到死亡集中营。但因其签字一直是打印的，所以他声称自己只是在形式意义上有罪。施佩尔曾利用饥饿的苏联人来经营纳粹的战争工业，但他宣称自己是反对希特勒的，并试图刺杀希特勒。辩护程序结束后，律师们的总结又持续了一个多月，对7个被起诉的纳粹组织成员的辩护也花费了一个月。8月31日，给每个被告15分钟做最后陈述。

10月1日法庭宣布，戈林、里宾特洛甫、凯特尔、罗森堡和约德尔犯有4条罪状，判处绞刑。赫斯、冯克和埃里希·雷德尔犯有两条或两条以上罪状，判处无期徒刑。施佩尔犯有战争罪和反人类罪，被判处20年监禁。席拉赫犯有反人类罪，判处20年监禁。康斯坦丁·冯·牛赖特犯有全部4条罪状，判处15年监禁。邓尼茨犯有战争罪和破坏和平罪，判处10年徒刑。沙赫特、巴本和弗里切被法庭无罪释放。“盟国管制委员会”拒绝了所有赦免请求，也否决了被告请求用枪决代替绞刑的请求。在行刑前几小时,戈林吞食氰化物死亡。纽伦堡审判用大量的资料证明了德国纳粹的战争罪行,惩罚了其领导人,并树立了一条法律原则,就是个人对其所发动的战争负有法律责任。

案例出处:《开庭:改变人类进程的115件世纪大案》。

(金 星)

对维德昆·吉斯林案的审判(Vidkun Quisling Trial,1945)

维德昆·吉斯林出生于挪威的名门望族,他于1909年进入挪威著名军校克利格斯卡拉,并以优异成绩毕业。1917年他被派往俄国彼得斯堡做外交官,1931年回到挪威担任国防部长。为了消除共产主义和工会,他建立了国家统一党。与其敌对的工人党掌握了国家政权后,他先后写信给英国和德国主张建立统一的欧洲,但均未获得支持。纳粹德国控制挪威后,任命吉斯林对挪威进行统治。从1942年2月1日到1945年5月德军被赶出挪威,他一直担任代总统。1945年8月20日,政府根据他曾经迫害犹太人、杀害挪威公民、与德国人勾结导致其入侵挪威等行为指控他犯有卖国罪。伊利克·索莱姆担任首席法官,检察官安娜尤斯·伯尔首先提出证据指控吉斯林政府在1942年10月制定的一项法律剥夺了所有犹太人的权利。法庭指定的辩护律师亨利克·伯尔努力证明吉斯林好的一面来改变审判中的不利形势,但是法庭出具的吉斯林给希特勒写的一封信让其脱罪变得毫无可能。在信中,他建议在挪威招募志愿军为德国作战。9月10日,法庭判决对吉斯林的所有指控都成立,并判处其死刑。吉斯林上诉到最高法庭但是被驳回。执行死刑后,直到他的尸体示众,人们才相信叛国贼确实死了。

案例出处:《开庭:改变人类进程的115件世纪大案》。

(金 星)

对东京战犯的审判(Tokyo War Crime Trial,1946－1948)

第二次世界大战日本投降后,时任太平洋战区盟军总司令的麦克阿瑟将军效仿纽伦堡审判,要求建立一个远东国际军事法庭来审判那些犯有破坏和平罪行的个人和集团。盟军逮捕了28名特别重要的战犯,称为"甲级战犯",这些人基本都是曾经军政界的重要人物。但裕仁天皇并未受到指控,因为麦克阿瑟将军警告说如果天皇受审将会在日本引起骚乱。1946年,审判在东京的前陆军省和参谋本部的所在地进行。首席法官威廉·韦伯爵士提醒说,指控必须能够证明被告是有罪的,不能仅仅依靠推测。由于国际法中并没有对破坏和平罪和反人类罪作出规定,所以4名被告声称法庭正在忽略他们作为战俘应有的权利,但法庭驳回了其所有辩词。公诉人约瑟夫·B.基南提出,日本已签署《海牙公约》,该公约禁止国家在没有事先发出明确警告的情况下发动战争;日本也签署了《凯洛格—百里安公约》,该公约否认战争是国家政策的工具。一名证人提到军队在未得到天皇许可的情况下侵入中国东北的满洲里,另一名重要证人溥仪则陈述了日本侵略者对满洲人实施的残酷暴行。此外,证人还证实了日本在南京的暴行导致124,130名中国士兵死于日本人手下、20,000名中国妇女被强奸等罪行。

1947年2月4日,庭审进入辩护阶段。高柳贤三律师辩称:对违反条约破坏和平罪的惩罚在各国法律中从未有过规定,战争不是非法的;认为策划和发动战争的人是罪犯的观念完全是一种教条式的思维,他还试图将日本发动战争的动机归结到自我防御上。辩护一直持续到

1948 年 4 月 16 日。在两年多的时间里,共有 419 名证人出庭作证,开庭 818 次,共提出 779 份书面报告,11 位法官花费了 7 个月时间审查证据。11 月 12 日,法庭最终认定 25 名被告有罪。其中 7 名被判处死刑,16 名被判处无期徒刑,1 名被判处 20 年有期徒刑,1 名被判处 7 年有期徒刑。东京审判是历史上最复杂的审判之一。与纽伦堡审判不同,这次审判的大部分被告是军事领导人。但是它与纽伦堡审判一样在历史上无先例可循,审判建立在世界大多数法律体系共有概念的基础之上。

案例出处:《开庭:改变人类进程的 115 件世纪大案》。

(金　星)

对伊齐拉·庞德案的审判(Ezra Pound Trial,1946)

庞德是美国人,1906 年大学毕业,在印第安纳州的瓦巴斯大学任教 4 个月后去了欧洲,并成为爱尔兰诗人威廉·巴特勒·叶芝的秘书,同时开始发表诗作。20 世纪 30 年代,他定居于意大利的拉帕罗并开始创作长诗《Cantos》。庞德认同意大利的法西斯主义,催促美国退出战争,同时鼓吹反犹运动。1941 年日本轰炸珍珠港与美国开战后,庞德在广播中宣扬美国如果保持中立,战争早就结束了,因此罗斯福对战争负有不可推卸的责任。由于庞德在广播中的不当言论,首席检察官弗朗西斯·比德勒指控他犯有叛国罪。美国宪法中规定的叛国罪具体行为包括与美国作战,帮助美国的敌人等。庞德却不承认在电台上讲话就能构成叛国罪。小说家海明威和诗人阿奇博尔德·麦克利认为庞德心智不健全,应该进精神病院。经过检查,医生也认为庞德的心理不健全,不能接受审判。但检察官艾萨·马特莱克坚持审判庞德。1946 年 2 月 13 日,陪审团听取了庞德患有精神病的证词后即宣布庞德的思维不健全。于是他被送往华盛顿伊丽莎白联邦医院接受精神病治疗。1954 年总统曾下令赦免庞德,但赦免令因有人反对而被撤销。1958 年 4 月,曾主持"精神病庭审"的法官撤销了对庞德的指控。

案例出处:《开庭:改变人类进程的 115 件世纪大案》。

(金　星)

"好莱坞十员"案(Hollywood Ten Trials,1948 – 1950)

1947 年美国电影界分裂为两个阵营,一些制片商和演员组成了"友好证人"联盟并发表声明,好莱坞正面临由莫斯科直接指挥的共产主义的威胁,他们还列出了载有 79 名嫌疑人的名单。国会的反美活动调查委员会传讯了该名单上的 19 人,调查委员会主席丁·帕尼尔·托马斯要求其中的 11 人作证,以证明他们现在或以前是美国共产党的一员。遭到这些人的拒绝后,国会对他们发了传票,指控其藐视国会。不久,国会又发表声明解雇"好莱坞十员",并声称"除非他们发誓声明不是共产党人,否则将不再雇佣这些人"。1947 年 11 月,国会召开了一次特别会议,托马斯将"好莱坞十员"藐视罪的公文带到了会上,参议院最终以 347: 17 的多数票通过。1948 年 4 月 12 日劳森被审判,三个星期后杜鲁伯被审判。因为二人要求上诉,所以对他们的判刑暂时中止。"好莱坞十员"中的其他人员自动接受了陪审团的审判,但保留上诉到最高法院的权利,因为他们都深信最高法院会洗清他们的罪名。

1949 年夏,新上任的法官汤姆·克拉克和歇尔曼·明顿使最高法院的多数法官转向保守,因此最高法院拒绝重审劳森和杜鲁伯的犯罪案。1950 年 6 月 9 日,劳森和杜鲁伯被判服刑。6

月29日，另外的6人被宣判有罪，并处一年监禁和1000美元罚款，而德米契克和比伯曼则每人罚款500美元并处6个月监禁。这10个人在刑满释放后仍处于黑名单中，即使写作也只能用笔名。“好莱坞十员案”是美国历史上公民自由运动的最低点，它使政治信仰成为雇佣工人的一项限制性条件。

案例出处：《开庭：改变人类进程的115件世纪大案》。

（金　星）

对甘地遇刺案的审判（Assassins of Gardhi Trial，1948）

1947年8月15日，巴基斯坦从印度分离出来，由此导致了大规模的混乱、屠杀和难民流。为了平息这种局面，甘地宣布他将“绝食至死”，以督促印度政府偿还其一直拒绝向巴基斯坦支付的55,000万卢比的借款。三天后，印度政府同意支付欠款，但甘地继续绝食以期促进印度教徒和穆斯林之间的和解。甘地的行为招致了某些人的不满，纳图拉姆·戈德森抨击甘地，说他的非暴力运动已经使印度人在他们的敌人面前失去了防卫。1947年11月，戈德森联合那拉扬·阿普特开始准备刺杀工作，他们都是右翼政党“印度教大斋会”的成员。1948年1月20日下午，戈德森和另外三名刺杀者向甘地的寓所射击并投掷炸药，但刺杀没有成功。警察逮捕了一名叫帕华的刺杀者，虽然他供出了同伙，但警察并未尽力查找其同伙。1月30日，戈德森再次来到甘地的寓所，并混迹在虔诚的教徒中伺机枪杀甘地。随后，戈德森被捕。

1948年5月27日，对凶手的审判在新德里的穆斯林大本营红堡举行。法官阿特玛·查兰独自主持审判，没有陪审团。法庭赦免了拜奇，因其没有参加第二次暗杀行动，随后拜奇向法庭提交证据并对其他人作了指证。控方根据拜奇的指证对戈德森、阿普特和萨瓦卡发起诉讼攻势。辩方坚决否认共谋，称1月20日和30日的两次袭击仅仅是个人的单独行动。萨瓦卡曾经在伦敦学习法律，精通法律程序，他在提交给法庭的辩词中否认了同谋行为并表达了对甘地的敬仰。而戈德森却试图通过否认同谋来承担暗杀甘地的全部责任。案件经过一审和上诉审，最后戈德森和阿普特被判处绞死，另有两人被无罪释放，其他被告则被判处有期徒刑。在此案发生前，甘地的影响力正逐渐衰减，但案件发生后，甘地成了拥有无上光荣的殉道者，并成为历史上伟大的领袖之一。

案例出处：《开庭：改变人类进程的115件世纪大案》。

（金　星）

“东京玫瑰”案（Tokyo Rose Trial，1949）

东京电台面对日本以及东亚的大部分地区播音，美国士兵称其播音员为“东京玫瑰”，伊娃·伊库克·多古丽便是其中之一。多古丽1916年生于洛杉矶，1941年7月去日本看望生病的姨妈，因12月美国对日本宣战，她滞留在日本。因为她出色的说、写英文的技能，东京电台雇用她并强迫她成为一名电台宣传员，播音内容包括美国流行音乐以及每日信息。1945年10月17日美国占领日本并逮捕了多古丽，但很快释放了她。1948年8月28日，她再次被捕并被送往旧金山接受审判。审判于1949年7月5日开始，多古丽辩称对她的8项叛国罪指控是错误的，她是无罪的。审判持续了将近3个月，陪审团始终无法定罪。但法官罗奇命令陪审团成员继续讨论该案，直到他们决定作出有罪判决。1949年9月29日，陪审团宣判伊娃·伊库克·

多古丽有罪,法官判处她10年监禁,另处1万美元罚金。多古丽在西弗吉尼亚联邦妇女监狱服刑6年后,因表现良好被提前释放。1977年1月18日福特总统赦免了多古丽,政府同时撤销了对她的所有叛国罪指控,并恢复了她的美国国籍。

案例出处:《开庭:改变人类进程的115件世纪大案》。

(金 星)

对红衣大主教乔塞福·迈德斯塞提案的审判(Jozsef Cardinal Mindsenty Trial,1949)

乔塞福·迈德斯塞提是匈牙利大主教、红衣主教,1919年他因撰写的一篇文章触怒了匈牙利政府而被监禁,1944年匈牙利的纳粹又因他试图与苏联修好而逮捕了他,1945年罗马教皇彼尤斯七世任命他为匈牙利大主教。两年后,共产党在匈牙利掌握政权,他又向新政权发起挑战,抗议国家干涉宗教,并呼吁美国人、英国人抗议这些干涉。1948年年末,一些匈牙利官员决定"清理迈德斯塞提问题"。12月26日,警察逮捕了他并指控他阴谋推翻匈牙利人民共和国、作间谍以及滥用法规。严刑拷打后,迈德斯塞提签名认罪,承认他阴谋颠覆匈牙利共和国。

1949年2月3日,对迈德斯塞提进行公开审判。威廉·奥尔第法官宣读了对他的指控:他曾在美国会见哈森堡家族当权人物奥托·万·哈森堡并阴谋复辟帝国,他还曾请求美国官员用武力将匈牙利共产党赶走。迈德斯塞提承认了部分对他的指控,但否认自己曾阴谋推翻政府。2月8日,法院判处迈德斯塞提终身监禁。对迈德斯塞提的审判是西方冷战背景下的典型案例,该案也成为阻止匈牙利政府进入联合国的主要原因之一。

案例出处:《开庭:改变人类进程的115件世纪大案》。

(金 星)

对朱利叶斯·罗森堡、埃塞尔·罗森堡和莫顿·索贝尔的审判(Julius Rosenberg,Ethel Rosenberg and Morton Sobell Trial,1951)

1949年9月23日,苏联宣布成功爆炸了一颗原子弹,美国由此陷入恐慌。1950年2月,"曼哈顿计划"的参与者克劳斯·福希斯由于将美国原子弹情报提供给苏联,所以被逮捕。由此,美国开始了清除间谍行动。间谍伊丽莎白·本特莉被捕,她交代哈里·戈德是取代她的苏联特工。哈里·戈德被捕后,承认他是克劳斯·福希斯与苏联驻纽约外交官之间的联系人,此外还指控戴卫·格林格拉斯的间谍行为。格林格拉斯被捕后,又交代他的弟弟朱利叶斯·罗森堡及其妻子埃塞尔使他成为间谍。随后联邦调查局发现朱利叶斯·罗森堡的两名大学同学麦克斯·爱丽舍和莫顿·索贝尔也是间谍网成员。经过讯问,爱丽舍供认并指控罗森堡与索贝尔是间谍。联邦调查局于是逮捕了罗森堡、埃塞尔和索贝尔,并指控罗森堡与埃塞尔同谋进行战时间谍活动。

1951年3月6日,审判开始。戴卫·格林哥拉斯证实他曾将原子弹的草图交给朱利叶斯·罗森堡,露丝·格林哥拉斯则证实埃塞尔·罗森堡曾经告诉她,她对打印戴卫交给朱利叶斯的便条感到厌烦。哈里·戈德证实苏联曾派他前往墨西哥与新的联络人接头,而苏联方面给他的纸条上写着:"识别暗号。我来自朱利叶斯。"证人的证言都将矛头指向了朱利叶斯,但他否认了这些指控。当法官考夫曼问他是否曾加入"任何"苏联政府的团体时,罗森堡引用《宪法第五修正案》予以反驳。埃塞尔·罗森堡也引用《宪法第五修正案》否认了全部指控。4月

15日,考夫曼宣布判处索贝尔30年监禁,罗森堡夫妇则电椅处死。罗森堡夫妇提起上诉,但1952年2月美国巡回法院维持了原判。同年12月,辩方试图以其中一个证人作了伪证为由,争取对罗森堡重新审判,但未能成功。1953年1月,杜鲁门总统以及社会各界精英都请求法院考虑宽免,但最高法院仍旧拒绝复审罗森堡夫妇案。6月17日,法官威廉·O.道格拉斯同意推迟行刑,他认为该案可能没有得到正确的审判。同时,艾森豪威尔总统也收到了数百万份的赦免请求。于是,正在度假的联邦最高法院大法官们被紧急召回,重新审判卢森堡夫妇的案件。但最后法院还是取消了对卢森堡夫妇行刑日期的延迟决定,艾森豪威尔也否决了群众又一次的赦免请求。1953年6月19日,罗森堡夫妇被处死。该案发生在美国反共浪潮的高峰期,司法审判受到了政治形势的极大影响。

案例出处:《开庭:改变人类进程的115件世纪大案》。

（金　星）

对乔姆·肯尼亚塔案的审判(Jomo Kenyatta Trial,1952－1953)

乔姆·肯尼亚塔出生于1891年10月20日,原名约翰斯敦·卡英·尼吉。1929年去伦敦经济学院学习时把名字改为乔姆·肯尼亚塔。学习期间,他协助组织了泛非联盟,1946年回到肯尼亚后将克古尤文化联合改组为国家政党(KAU)。因为这些活动,肯尼亚政府怀疑他赞助了专门屠杀英国殖民主义者和非洲殖民分子的恐怖组织“莫莫”。1952年10月20日夜里,警方和军队抓捕了成千上万的可疑分子,肯尼亚塔也很快被捕。11月18日,政府将他们带到卡蓬古里亚的一个偏远地区进行审判,还不允许他们聘请律师。肯尼亚塔偷偷捎出信向律师们求助,他的拥护者们筹资组织了一个著名的国际辩护律师团,其中就包括D.W.普利特。他是研究英国法的著名律师,还曾是英国的议会议员,此前为众多的反殖民主义领袖做过辩护。肯尼亚政府则指派殖民主义的坚决拥护者、退休法官兰斯利·萨克尔审理该案。11月24日,萨克尔在无陪审团的情况下进行了审判。律师要求代理检察官安东尼·索莫豪详述对被告的指控,被萨克尔拒绝。于是辩护团请求将审判转移到另一法院并更换法官,但被肯尼亚最高法院拒绝。普利特无奈将这一要求电传给英国议会的一些议员,英国和非洲的一些报纸也报道了这次电传,于是审判推迟。检察官指控普利特藐视法庭,但被肯尼亚最高法院驳回。

1953年1月2日,审判再次开始。警方在肯尼亚塔的家里搜出重达一吨半的文件、信件和书,但都没能证明肯尼亚塔和“莫莫”有关。法官不顾律师的反对,允许控方向肯尼亚塔提出各种各样的问题。由于这是肯尼亚和英国的法律所不允许的,于是普利特发表声明称其是“大英历史上证据最不充分的、幼稚的审判”。肯尼亚最高法院作了有利于被告的判决,被告方又上诉到设在伦敦的英国枢密院,但枢密院拒绝审理。1958年,主要的控方证人罗森·马卡利亚承认在肯尼亚塔一案中收受贿赂并撒谎,但肯尼亚塔已经服完刑。10年后,肯尼亚塔成为肯尼亚的第一任非洲人总统。

案例出处:《开庭:改变人类进程的115件世纪大案》。

（金　星）

杨斯顿钢铁公司总统权限案(Youngstown Sheet & Tube Co. v. Sawyer,1952)

1951年年末,美国钢铁公司和雇员之间就新雇佣合同的有关条款发生争执,联邦工酬委员会试图调解这次争执,但没有成功。1952 年 4 月 4 日,钢铁工人联盟发出通知,将于 4 月 9 日在全国举行罢工。总统杜鲁门主张应尽快由政府接管钢铁厂,因为钢铁是武器和其他战争物资的必需材料,任由事态发展下去将会使国防系统受到严重危害。于是,杜鲁门赶在罢工前紧急签署了 10340 号行政令,命令商业部接管全国大部分钢铁厂并保证其照常生产。接到行政令后,商业部立即发出接管令,要求被接管的钢铁公司总裁转任美国政府的管理人员。而钢铁厂却向地区法院提起诉讼,反对总统的这项行政令。4 月 30 日,法院发出预备禁制令,限制商业部继续接管工厂和执行第 10340 号行政令。当天,上诉法院维持了该禁制令。联邦最高法院在 5 月 3 日受理此案,6 月 2 日即作出维持原判决的裁决。联邦最高法院认为,宪法赋予总统的行政权力无论如何不包括让政府接管私有财产。根据三权分立原则,这个问题永远属于立法者有权处理的领域。联邦最高法院认为总统签署这样的命令在宪法中没有依据,因此维持了初审法院发出的预备禁制令。

案例出处:《大法官的智慧Ⅰ:美国经典司法判例精选 88 例》。

(金　星)

布朗诉教育委员会案(Brown v. Board of Education,1954)

1950 年 9 月,布朗的女儿林达将要上三年级了,为了能让她在附近的公立学校而不是 1 英里外的黑人学校上学,布朗领她到托皮卡公立学校报名。但学校拒绝让林达入学,布朗于是向全国促进有色人种协会在本地的领导人麦肯雷·伯纳特求助。伯纳特联合几名家长向堪萨斯地区法院提起诉讼,要求下令禁止继续在公共学校实行种族隔离。1951 年 6 月 20 日,法院开庭审理此案。布朗和其他非洲裔家长控诉说,他们的孩子要求进入白人学校遭拒。法院听取了一些专家作证,他们说隔离学校是不平等的,因为这给了黑人儿童一个强烈的暗示,即他们低人一等。而教育委员会的律师反驳说,堪萨斯大学的浴室及其他公用设施也是隔离的,隔离制度触及托皮卡和其他许多地区的所有生活领域。教育委员会还认为,隔离学校不一定会带来什么危害,一些有名气的非洲裔美国人,尽管曾遭受过比隔离教育还大的障碍,但仍取得了很大成就。由于这方面最重要的判例是布莱西诉弗古逊案的判决,所以法院只能否决布朗的申请。

原告方决定上诉,1952 年 6 月 9 日,最高法院将此案列入日程,并附加了全国范围内其他的类似案子。12 月 9 日举行了听证会,但没有达成一致结果。最高法院决定于 1953 年 12 月 8 日再次举行听证会,并要求双方当事人将争论集中在《宪法第十四修正案》上。此次辩论之后,最高法院于 1954 年 5 月 17 日一致通过对布朗案的判决。判决书认为,因为种族把黑人儿童与其他同样条件的人隔离开,将会使他们产生一种在团体中地位低下的感觉。这将影响他们的心灵和思想,并且在某种程度上永远无法抹去。因此,隔离教育设施本质上是不平等的。布朗诉教育委员会案,使取消种族隔离成为社会现实。20 世纪 50 年代到 70 年代,法院又取消了美国社会中存在的其他形式的合法隔离现象。

案例出处:《开庭:改变人类进程的 115 件世纪大案》《美国宪政历程:影响美国的 25 个司法大案》《大法官的智慧Ⅰ:美国经典司法判例精选 88 例》。

(金　星)

对萨米尔·夏普德案的审判(Samuel Sheppard Trials,1954－1966)

萨米尔·夏普德是一位医生。1954年7月3日,他和妻子玛丽莲邀请邻居阿辛斯一家到伊利湖岸边的家里做客。当大家开始看电视的时候,夏普德已经在睡椅上睡着了。午夜之后阿辛斯一家告辞,见夏普德仍未睡醒,玛丽莲也上床休息了。不久,夏普德说他听到一声尖叫,于是急奔上楼,在楼上他看到一个白色物体站在床边,然后就眼前一黑晕了过去。苏醒后,他意识到刚才被击中了颈部,于是跌跌撞撞地跑到床边,却发现妻子一动不动地躺在那里。之后他又听到楼下发出一声巨响,冲下楼看到了一个头发浓密的男人。他追赶那个男人一直到湖边,但在搏斗中再次失去知觉。醒来后夏普德发现自己浸在湖水中,于是挣扎回房间打电话报警。警察到了之后发现玛丽莲半裸着躺在血泊中,楼下的写字台被洗劫了。夏普德的两个兄弟闻讯后,迅速把他转移到他们办的一家医院。警察在房间里还发现了一个小帆布袋,里面装着夏普德的手表、钥匙、他兄弟的戒指。警察怀疑是夏普德伪造了抢劫现场,当他与另外一个女人有暧昧关系的情况暴露后,警方加重了对他的怀疑。于是他们逮捕了夏普德,并指控他犯有谋杀罪。

1954年10月18日,俄亥俄州法院开始审理夏普德案。爱德华·C.布里森法官为了得到报界的支持,以便自己在第二年得到连任,特别为两名著名的记者办理了审理通行证。由于缺乏直接证据,检察官约翰·莫汗一直在强调夏普德陈述中存在的一些疑点,他还提到夏普德和他家庭医院的实验室技师苏珊·海丝的暧昧关系,并就此得出夏普德想谋杀妻子的结论。对于谋杀案的凶器,验尸官萨米尔·R.杰伯告诉法院,在玛丽莲的枕头上发现一个血印,据此血印可以推断凶器是一个“双刃且每一刃底部都有锯齿的医疗器械”,辩方律师未对这个模糊的陈述加以质疑。海丝承认了她与夏普德之间的暧昧关系,还说:“夏普德很爱他的妻子,但并不把她当成妻子,他一直想离婚。”但她的证词除了证明夏普德不忠之外,说明不了其他问题。法官布里森也对夏普德持有偏见,并在审判中频繁给辩方增加难题。陪审团辩论了4天后,确认夏普德犯有二级谋杀罪,布里森判处他终身监禁。

1961年11月,29岁的律师F.李·贝利接手了夏普德的案子。他在一次宴会上偶然遇到凯尔盖兰,后者提到了法官布里森在夏普德案中没有记录在案的一些谈话。第二年,贝利向美国联邦最高法院提起诉讼,声称由于法官布里森的歧视使夏普德得到公正审判的权利受到侵犯,最高法院接受了他的观点。1965年6月6日,法院推翻了1954年对夏普德作出的有罪判决,因为法官布里森“没有履行职责以保护夏普德免受带有歧视性色彩刊物的伤害”。俄亥俄州法院再次对本案进行审理,尽管媒体的情绪仍然很高,但这次法官保持了克制。法院于1966年10月24日开庭,律师贝利努力推翻了所有的证词,特别是那件在过去12年中一直未被找到的凶器。1966年12月16日,陪审团作出了无罪判决。本案中,媒体出版物的错误报道侵犯了宪法所规定的被告人得到公正审判的权利,使人们还未听到证言便相信夏普德就是罪犯,从而严重影响了司法公正。

案例出处:《开庭:改变人类进程的115件世纪大案》。

(金　星)

对米洛万·德吉拉斯案的审判(Milovan Djilas Trial,1956)

米洛万·德吉拉斯是前南斯拉夫的一名作家、政治家和共产党员。1937年,他认识了被大家称为“铁托”的约舍普·布罗兹,并在铁托掌握领导权后成为其领导集团中的一员。第二次世界大战结束后他成了铁托的重要帮手,并担任副主席。从1954年开始,德吉拉斯开始发表一些文章,反对南斯拉夫执政党和政府的一些做法,后来被开除出共产党。1954年12月,他在会见《纽约时报》的记者时呼吁国家实行民主,并因此被捕。政府指控其触犯了禁止反政府的活动或思想这条法律,经过秘密审判后被判监禁,但后来暂停执行。德吉拉斯继续写文章批评,于是在1956年11月9日再次被捕。12月12日,法院判处他3年监禁。服刑期间,德吉拉斯写了3本新书,其中一本《新阶级》在美国出版后,政府再次指控他有反政府思想。1957年10月4日,法院再次进行秘密审判,并给他加刑7年。1961年1月德吉拉斯获得假释,他又写了3本书,其中的《与斯大林对话》在西方发表。于是在1962年4月7日,政府依据刚通过的一项禁止官员泄密的法令逮捕了德吉拉斯。德吉拉斯说这本书的内容以前就公开过,但法院同意检察官的观点,认为德吉拉斯泄露了机密。最终德吉拉斯被判处5年监禁,加上因假释而少服的刑期,总共应服刑8年零8个月。德吉拉斯认为官方想通过对他的监禁来改善与苏联的关系,同时也通过该案警告东欧其他的异见人士。

案例出处:《开庭:改变人类进程的115件世纪大案》。

(金　星)

尼普尔修改遗嘱案(In Re Knippel's Estate,1959)

雷·P. 尼普尔去世后,他的第二任妻子爱尼娜·波耶尔却否认其生前所立遗嘱的效力,认为应该按照州的法律规定进行遗产分割。因为遗嘱是在亚利桑那州签署的,而该州法律明确禁止这种婚前财产合同。此外,丈夫尼普尔生前也并没有向其说明财产的真实价值。但县法院在审理时认为:在亚利桑那州该合同是有效的,因为合同当事人没有任何表示错误,所以可以在威斯康星州执行。据此,法院判决驳回尼普尔夫人的请求,要求其依遗嘱执行。尼普尔夫人上诉,终审法院认为案件的焦点主要集中在三个问题上:一是与亚利桑那州法律冲突的婚前财产合同是否应该无效;二是尼普尔生前没有向爱尼娜·波耶尔如实通报其财产状况是否导致该合同无效;三是县法院是否有该合同不能被执行的证据。终审法院对上述三个问题都持否定态度。首先,终审法院认为亚利桑那州法律并没有完全否定婚前财产合同的效力,因此该合同是有效的。其次,本案所争议的不动产所在地是威斯康星州,加之二人婚姻存续期间的居住地也是在威斯康星州,那么本案中与案件最有密切联系的法律是威斯康星州的法律而非亚利桑那州的法律。而依据威斯康星州的法律,婚前财产合同是有效的。最终,终审法院维持了县法院的判决。

案例出处:《大法官的智慧Ⅱ:美国经典司法判例精选88例》。

(金　星)

阿道夫·艾希曼案(Adolf Eichmann Trial,1961)

在纽伦堡大审判中,公诉人注意到几名被告都提到了阿道夫·艾希曼,但当被问到艾希曼身在何处时,所有人都以为他已经死了,最后法庭只是综述了他的罪行。1960年5月11日,几名以色列男子在阿根廷首都布宜诺斯艾利斯的加里巴尔迪街抓住了一个名叫李嘉图·克勒门的人,他承认自己就是阿道夫·艾希曼。几天后,以色列的秘密机构抓获了艾希曼。阿根廷向联合国递交抗议书指责以色列绑架它的公民,以色列虽然致歉,但仍扣留了艾希曼。联合国安理会最后决定艾希曼应该受到正义的审判。

1961 年 4 月 1 日,以色列的耶路撒冷地方法院开庭对艾希曼进行正式审判,他被指控犯有反犹罪、反人类罪和参加战争组织罪。以色列检察总长吉登·霍斯纳负责指控,曾经审讯过纽伦堡案的美国法官迈克尔·A. 慕斯曼诺证实,戈林曾清楚表明艾希曼是决定以何种顺序以及在哪些国家的犹太人将被杀掉等计划的人。斯特拉斯堡大学祖先遗传研究所也证实了艾希曼在集中营的领导地位。该研究所曾按照艾希曼的命令在集中营挑选了 115 名男人和女人,将其用毒气杀死并获取新鲜的骨骼用来做犹太人骨骼研究。进入辩护阶段后,艾希曼的律师罗伯特·瑟瓦休斯辩护说,艾希曼的行为仅仅是服从命令而已。1961 年 8 月 14 日,法官最终宣布艾希曼犯有四种罪行,即致使数百万犹太人被杀、置数百万犹太人于可能致死的条件或环境中、致使犹太人受到身体和精神上的伤害和下令禁止犹太妇女怀孕和生育。艾希曼提出上诉,以色列上诉法院维持了原判。但上诉法院修改了下级法院的判决文字,以使判决与事实相符,即艾希曼"根本没接到过上级命令,他就是自己的上级,在犹太事务中,所有的命令都是他下达的"。5 月 31 日,以色列总统否决了艾希曼的赦免请求,午夜时他被绞死。

案例出处:《开庭:改变人类进程的 115 件世纪大案》。

(金　星)

对克拉伦斯·厄尔·吉迪恩案的审判(Clarence Earl Gideen Trials,1961,1963)

克拉伦斯·厄尔·吉迪恩是佛罗里达州帕拿马市的一名流浪者,偶尔在海湾游泳室帮忙。1961 年 6 月 3 日,一名警察发现海湾游泳室的门开着,进去后发现里面的香烟机和自动电唱机被人偷走了。于是警方逮捕了 51 岁的吉迪恩。1961 年 8 月 4 日,一审开始。由于最高法院在"贝兹控布拉迪案"中规定法院只给那些可能判处死刑的被告指派律师,而佛罗里达州也没有给重刑犯或重罪被告指派律师的法律规定,所以法院没有给吉迪恩指派律师。州助理检察官威廉·E. 哈里斯找了亨利·库克作为吉迪恩案的控方证人。库克作证说抢劫案发生的当天早晨 5 时 30 分,他看见吉迪恩在泳房里,后来他手里拿着一壶酒出来去附近的电话亭打了个电话,叫了辆出租车离开了。吉迪恩反问库克,那个时间他怎么会在外面。库克说他刚跳过舞,并且自己在外面待了一整夜。吉迪恩找了 38 名证人来证明他当时不在场,但没起到任何作用。最终吉迪恩被判有罪,3 个星期后,法官麦克拉里对吉迪恩判处该罪最重的刑罚,即 15 年监禁。吉迪恩向佛罗里达州高等法院上诉,称自己遭到了非法关押,并要求释放,但被拒绝。

吉迪恩又递交材料要求最高法院重审,这次很幸运,最高法院决定受理他的案子,1963 年 1 月 14 日,案件开始审判。阿贝·弗塔斯担任吉迪恩的辩护律师,他认为法院适用"贝兹控布拉迪案"所制定的规则对吉迪恩很不公平,这使他和国内最有法律特权的人形成了强烈的对比。1963 年 3 月 18 日,最高法院全体同意推翻"贝兹控布拉迪案"的规定,并重新规定所有重罪犯人,无论被指控的是何种罪行,都有权由律师代理辩护。1963 年 8 月 15 日,吉迪恩再次站在帕拿马法院,但这次他有经验非常丰富的律师 W. 弗雷德·特纳来为他辩护。尽管他在最高法院的胜利招致了州检察官对他更重的指控,但幸运的是,控方证人库克在特纳的提问下供认其在上次审判中隐瞒了自己的犯罪记录。于是陪审团宣布对吉迪恩的所有指控均不成立。通过该案，确立了所有重罪被告都可以有律师代理的新规则，这极大地提高了美国审判程序的声誉。

案例出处：《开庭：改变人类进程的115件世纪大案》《美国宪政历程：影响美国的25个司法大案》。

（金 星）

恩格尔诉瓦伊塔尔案（Engel v. Vitale，1962）

1951年，出于道德教化的目的，纽约州教育委员会要求公立学校学生在每天上课前诵读祈祷词。1958年，拿骚县教育委员会在全县公立中小学校推行这种做法。但该县新海德公园第九联合自由校区以史蒂文·恩格尔为首的5名学生家长抗议这一做法，他们认为校园祷告是政府向所有学生强制灌输基督教教义，因而侵害了非基督教家庭孩子们的信仰自由，同时也严重违反了《权利法案》所确立的“政教分离”原则。1959年，恩格尔等人把县教育委员会主任小威廉·J. 瓦伊塔尔告上纽约州地方法院，但诉讼请求先后被初审和上诉法院驳回，于是他们将该案上诉到了联邦最高法院。1962年6月25日，雨果·布莱克大法官宣读了由他执笔撰写的多数意见，支持恩格尔等学生家长的上诉请求，要求纽约州法院必须按照联邦最高法院的判决精神重审该案，并禁止在公立中小学中继续推行课前宗教祈祷仪式。

在判决书中，布莱克首先追溯了美国宗教自由观念发展的历史。他指出早期欧洲移民拓殖北美，很重要的一个原因是逃避母国官方教会的宗教迫害。因此《宪法第一修正案》也明确规定禁止确立国教和保护公民信仰自由不受政府干涉。布莱克认为拿骚县教育委员会的做法构成了政府对宗教事务的“卷入”，因此必须予以取缔。另外，针对拿骚县教育委员会所说的学生祈祷是“自愿的”，因而并未侵犯公民信仰自由，也不代表政府支持宗教行为的辩解，布莱克认为这是无法成立的。他指出，只要政府以其权势和财力支持了某一宗教或教派，就对其他宗教组织构成了间接强制，并使它们在宗教事务中处于劣势地位。对此，联邦最高法院必须坚决制止。从恩格尔案判决至今，尽管联邦最高法院的人员构成发生了许多变化，但在严防政府干预宗教、保证公立学校遵守“政教分离”原则方面，其司法裁判始终是一致的。

案例出处：《美国宪政历程：影响美国的25个司法大案》。

（金 星）

米兰达诉亚利桑那州案（Miranda v. Arizona，1963）

1963年3月3日深夜，一位在美国亚利桑那州凤凰城某影院工作的女子（18岁）下班回家时，被一名男子强行塞进汽车后座并捆住手脚后强暴。该女子被放开后，立即报警。根据受害人描述，警察于3月13日将米兰达抓获，女子当场指认他就是罪犯，米兰达本人也供认不讳。以米兰达的供认书为证据，法院判决他犯有劫持罪和强奸罪，分别判处有期徒刑20年和30年。米兰达在狱中多次向联邦最高法院写信上诉，称自己的招供是被迫的，且警察违反了《宪法第五修正案》关于不得强迫被追诉人对自己作证的规定。联邦最高法院最终同意了他的观点，认为虽然被告在肉体上没有受到强迫，但心理上的强迫是存在的。因此联邦最高法院明确规定：在审讯之前，警察必须明确告诉被讯问者：（1）有权保持沉默；（2）如果选择回答，那么其所说的一切都可能作为对其不利的证据；（3）有权在审讯时要求律师在场；（4）如果没有钱请律师,法庭有义务为其指定律师。这就是著名的“米兰达规则”,如果警察在审讯时没有预先作出以上 4 条警告,那么被讯问人的供词一律不得作为证据进入司法程序。

案例出处:《美国宪政历程:影响美国的 25 个司法大案》《开庭:改变人类进程的 115 件世纪大案》。

(金　星)

对内尔森·曼德拉案的审判(Nelson Mandela Trial,1963 - 1964)

内尔森·曼德拉曾是南非一个部落的首领,他看到贫苦的黑人受到虐待,就决心改变这一切。在学校修完法律后,他和奥利弗·汤伯一起成立了第一家黑人律师事务所,此后加入非洲国民议会(ANC)并成为其中的活跃分子。他主张黑人要同住在南非的白人一起,与这个国家的种族隔离政策作斗争。1952 年,他领导了一系列非暴力运动,以抗议南非肆意逮捕黑人的法律制度。随着运动越来越激烈,政府取缔了 ANC 并逮捕了大量黑人。曼德拉于 1961 年又成立了 MK 组织,与 ANC 的活动宗旨不同,MK 主张如有必要,可以采取暴力行动。此后他去英国筹集资金,在 1962 年的回国途中被逮捕,并因组织暴动等罪行被判刑 5 年。1963 年 7 月 12 日,警方袭击了约翰内斯堡郊外利沃尼亚地区的 MK 总部,逮捕多人,并将曼德拉转到比勒陀利亚监禁。10 月 9 日,审判在比勒陀利亚进行。直到审判开始,政府才通知了律师们对其当事人的具体指控,律师要求 6 个星期的准备时间,但法官只给了 3 个星期。审判开始后,律师布拉姆·费希尔提出政府的起诉书缺少指控曼德拉和其他几人犯罪的具体时间和地点,于是法官驳回了起诉。审判再次开始后,律师们预料法院肯定会作出有罪判决,于是将辩护重点转向阻止被告被判死刑上面。1964 年 4 月 23 日,曼德拉在法庭上作了长达 5 个小时的演讲,使辩护达到高潮。法官最终判处被告 7 人监禁,曼德拉决定不再上诉,并回到罗宾岛监狱服刑。1990 年,出狱 4 年后的曼德拉当选为南非总统,并在南非废除了种族隔离制度。

案例出处:《开庭:改变人类进程的 115 件世纪大案》。

(金　星)

《纽约时报》公司控苏利文案(New York Times Company v. Sullivan,1964)

1960 年 3 月 29 日,《纽约时报》像往常一样发行了 60 多万份报纸,其中有 200 多份发行到了亚拉巴马地区。苏利文是蒙特高市政府的专员,他看到了报纸上的一篇公告是支持马丁·路德金和南方自由斗争的某协会委托《纽约时报》刊登的。公告在呼吁公众支持马丁·路德金的同时,也批评了包括蒙特高在内的几个区驱散公民游行活动的行为,但该公告并未指明谁应对此负责。苏利文声称公告是在影射他并间接损害了他的名誉,于是将《纽约时报》诉至巡回法院,要求赔偿 50 万美元。1960 年 11 月 13 日,巡回法院判决《纽约时报》构成诽谤,并赔偿苏利文 50 万美元。1962 年 8 月 30 日,亚拉巴马州高等法院维持了巡回法院的判决,并将诽谤界定为因发表言论而损害了一个人的声誉、职业、交易式商务活动。《纽约时报》上诉到联邦最高法院,1964 年 3 月 9 日,最高法院推翻了亚拉巴马州高等法院的判决,宣判其所称的诽谤侵犯了《纽约时报》拥有的《宪法第一修正案》所赋予的新闻自由权。联邦最高法院还通过了一项新的法令,禁止公职官员随意认定诽谤,除非有证据说明那种言论确实出于预谋。通过《纽约时报》诉苏利文案,法院扩大了言论和新闻自由的范围,使言论不至于因受到诽谤法的威胁而缄默。

案例出处:《开庭:改变人类进程的115件世纪大案》《大法官的智慧Ⅰ:美国经典司法判例精选88例》《美国宪政历程:影响美国的25个司法大案》。

（金　星）

奥布雷恩当众焚烧义务兵役证书案(United States v. O'Bruen,1968)

美国历史上曾数次实行过义务兵役制,战争结束后,临时实行的义务兵役制会随之取消,而恢复到传统的志愿兵役制。但从第二次世界大战开始实行的义务兵役制却持续了将近33年,它规定凡年满18周岁的男性青年必须向当地的征兵委员会登记,以便在紧急武装动员时应征入伍。完成登记5天之后,征兵委员会将向其颁发义务兵役登记证书。1966年3月31日上午,大卫·保罗·奥布雷恩和他的三个同伴在北波士顿法院的门前当众焚烧了其义务兵役登记证书。奥布雷恩声称他反对义务兵役制是因为信仰,并借此宣传其反战思想。初审法院判定奥布雷恩有罪,因为根据《统一军事训练和义务兵役条令》的规定,任何人伪造、改动、有意毁坏或用任何方式改变证书的行为都属于犯罪。奥布雷恩提起上诉,上诉法院认为初审法院判决所依据的条令限制了言论自由,不符合宪法,由此推翻了初审判决。但联邦最高法院的终裁判决推翻了上诉法院的判决,确定奥布雷恩有罪,并指出初审判决所依据的条令没有违宪。本案的争议焦点是,焚烧登记证书的行为是否属于一种"有象征意义的言论",从而受到《宪法第一修正案》的保护。奥布雷恩强调自己焚烧义务兵登记证的行为是在宣传反战精神,因此属于言论自由的范畴。但联邦最高法院表示不能接受这种观点,因为行为就是行为,不能够因为赋予行为某种意义或者是因为其能够表达某种思想,就可适用宪法的保护原则而违背其基本法条。联邦最高法院强调,其审判的最高原则是符合宪法,因此推翻了上诉法院的判决。

案例出处:《大法官的智慧Ⅰ:美国经典司法判例精选88例》。

（金　星）

邦克维斯奇商场羁押顾客案(Bonkowski v. Arlan's Department Store,1968)

原告玛丽安·邦克维斯奇太太在丈夫的陪同下在阿兰百货商场密歇根州萨吉诺分店买了几件东西之后准备离开时,商店保安厄尔·利哈德示意原告返回商场,说商场里有人告诉他原告拿了三套人造珠宝放进提包但没有付钱。邦克维斯奇太太否认自己非法拿过任何东西,但是利哈德说要看看她的提包。原告无奈只好把手提包里的东西都倒出来给他看,经过与购物小票核对,利哈德发现原告并没有盗窃东西,于是他回到了商场。事后,原告声称被告的侵权行为造成了她多种精神症状,包括头痛、神经紧张和抑郁,因此对厄尔·利哈德及阿兰百货商场提出索赔请求。而阿兰百货商场则对厄尔·利哈德的雇主杰拉尔德·凯维克提起诉讼,称其作为密歇根保安服务公司没有履行好自己的职责。在初审判决中,法庭作出赔偿43,750美元的决定。被告请求减少赔偿金额,但被初审法院驳回,于是提出上诉。在终审判决中,法院推翻原判,驳回重审。终审法院判决认为:根据《侵权法阐释》第120A条,商场店主有权拦住某个他有正当理由相信其偷拿物品的人,并对其进行适当的检查。该法条可以理解为,如果被告阿兰百货商场的管理人员厄尔·利哈德有正当理由相信原告非法拿取了商场的物品,那么他有权拦住她并进行适当检查。在本案中,对于错误拘捕的指控,以及被告的雇员厄尔·利哈德是否有正当理由相信原告非法拿了货架上的物品等问题,陪审团应该根据我们的相关法律作出裁判。如果陪审团认为被告的雇员这样做确实有正当理由,那么就要进一步判决随之而来的检查是否在任何情况下都属合法。如果陪审团认为被告没有检查的权利,那么根据事实,被告将构成错误拘捕罪。

案例出处:《大法官的智慧Ⅱ:美国经典司法判例精选88例》。

(金　星)

美国诉比利根案(United States v. Berrigan,1968)

1967年10月26日,为了反对美国对越南的战争,菲利普·比利根、丹尼尔·比利根和另外三人进入巴尔的摩市海关办公大楼,击昏管理员后将一小瓶血倒入档案柜。当局以破坏国家财产、毁坏公共记录为由对比利根兄弟提起指控。法院宣判后,比利根兄弟又率领7人闯入卡敦斯夫利的征兵办公室,抢走了近400份卷宗并烧掉,警方再次逮捕了比利根兄弟。1968年10月7日,审判开始。被告认为美国对越南的战争是错误的、不正义的,丹尼尔·比利根还请求法官根据人类道德而不是技术来解释法律。法官罗塞尔·汤姆森说:"作为一个人,我完全同意你。但不幸的是,我对战争的这些观点不能像你希望的那样表达出来。法律的基本原则就是照章行事,人们不能随心所欲地支配法律。"1968年10月10日,法庭宣判卡敦斯夫利事件中的9人有罪。菲利普·比利根和另一名被告被判处3年半监禁,丹尼尔·比利根和另外两名则被判处3年监禁。被告提出上诉,1969年10月15日,上诉法院维持原判,并指出尽管比利根的理由很高尚,但法律不能容许侵害他人权益的极端行为,这是不符合法律公平正义。

案例出处:《开庭:改变人类进程的115件世纪大案》。

(金　星)

"芝加哥七人"案(Chicago Seven Trials,1969－1970)

雷纳德·C.戴维斯、大卫·德林格、约翰·R.弗朗尼斯、托马斯·H.海登、阿贝·霍夫曼、杰利·C.鲁宾、鲍比·G.西尔和李·威纳8人属于左翼激进分子,由于发动了反对越战的游行示威活动而被官方控告。1969年9月24日,审判正式开始。开庭当天,一名辩护律师发来电传声明退出此案,另外三名则干脆没来。此举惹怒了检察官托马斯·福兰和法官赫夫曼,赫夫曼传令拘捕缺席的四名律师,但由于遭到法律专家和律师们的一致抗议而未予执行。被告西尔骂法官赫夫曼是"猪",并把他比作奴隶主,最后因藐视法庭被判处4年监禁。

在接下来的审判中,法庭传唤了相关证人出庭指控被告。虽然这些指控对被告非常不利,但法庭仍然不能判罪。因为根据《反暴乱法》,只有在被告实施了实际暴动的情况下才能对其定罪。经过几个月混乱的审讯后,1970年2月18日,陪审团宣布戴维斯、德林格、海登、霍夫曼和鲁宾有罪,弗朗尼斯和威纳则无罪。两天后,赫夫曼法官签署了判决,每名有罪被告都受到了最高限度的惩罚,即5年监禁和5000美元的罚金。被告提起上诉,1972年5月11日,第七巡回法院撤销了所有被告的藐视法庭罪。同年11月,上诉法院又撤销了5个人的暴乱罪。"芝加哥七人案"是美国历史上一场辩论最激烈的政治审判。

案例出处:《开庭:改变人类进程的115件世纪大案》。

(金　星)

阿贝纳斯慈善机构侵权豁免案(Abernathy v. Sisters of St. Marys,1969)

本案原告是圣玛丽慈善修女会医院的患者,他在医院住院期间,由于医院的雇员没有尽到妥善照顾义务,没有帮助他从病床走到卫生间,致使他摔倒在地并多处受伤。因此,他以疏忽为由向该医院提出35,000美元的索赔。在案件初审中,被告认为该医院属于非盈利的宗教慈善机构,故应当免其侵权责任。法院支持了该请求,原告不服并提出上诉。上诉法院认为:慈善机构侵权豁免原则属于一种规则上的例外。从最初的效果上来看,要求慈善机构为自己的侵权行为买单可能会打击慈善事业的发展,以至于剥夺了慈善机构带给公众和州的益处。但是在今天,这些例外的理由已经不复存在。首先,慈善事业如今已成为一项宏大的事业,慈善机构的管理人常常是捐赠人,或者是受赠人。由于这些公共性和公益性的组织可以享受免税或减税待遇,所以能给捐赠人带来很大的好处。其次,慈善机构占据了社会生活的很多方面,其薪酬、成本以及其他花费与普通企业已经没有多大区别。再次,多数慈善机构都购买了公共责任保险,以赔付它们因疏忽等情况而带来的损失。最后,在实践中,那些没有给予慈善机构豁免权的州,公众捐赠的积极性也未受到挫败,他们仍然积极地维护慈善事业。鉴于以上这些原因,终审法院认为,慈善机构应当对它的疏忽,或其雇员在受雇期间的疏忽承担法律责任。

案例出处:《大法官的智慧Ⅱ:美国经典司法判例精选88例》。

(金　星)

布兰登堡三K党活动案(Brandenburg v. Ohio,1969)

三K党是美国的一个奉行白人至上的种族主义组织,最早由南北战争中被击败的南方军队中的退伍老兵组成。其初期目标是在南部恢复民主党的势力,并反对在南方强制实行的改善黑人奴隶待遇的政策。因该组织经常实施暴力行动来达成其目的,所以在1871年,尤里西斯·格兰特总统签发法案强行取缔了这个政治组织,但其残余势力偶尔还在组织活动。本案就是由三K党成员在农场举行一场集会引起的。集会的参加者布兰登堡被指控违反了俄亥俄州的《犯罪社团法》,因为他打电话通知了记者并在集会上发言。初审法院判处他1000美元罚款和1—10年的监禁。布兰登堡上诉到联邦最高法院,终审判决认为上诉人享有言论和出版自由的权利,由此撤销了原判,并判决其无罪。联邦最高法院在终审判决书中指出,单纯从理论上教唆采取暴力行动,或者在道德上强调其可能性和必要性,并不等同于为实施这种暴力行为而做组织上的准备。本案上诉人在集会中的发言虽然属于可谴责性言论,但宪法仍保护其不受政府的干预。

案例出处:《大法官的智慧Ⅰ:美国经典司法判例精选88例》。

(金　星)

对西兰·比沙拉·西兰的审判(Sirhan Bishara Sirhan Trial,1969)

1968年6月5日,参议员罗伯特·肯尼迪在初选中获胜后被众多记者围住提问,这时人群中的一名男子开枪刺杀了肯尼迪。该男子是来自约旦的西兰·比沙拉·西兰,他反对肯尼迪支持以色列。鉴于肯尼迪总统遇刺后,凶手李·哈维·奥斯瓦尔德没等受审就被杀了,所以审理本案的法官赫伯特否决了辩诉交易协议,决定让西兰在陪审团面前受审。1969年2月12日,审判开始。起诉人戴维·费特斯列举证据,证明西兰曾精心谋划刺杀。例如在刺杀的前两个晚上,西兰试图了解宾馆的地形,他还曾去射击场练习射击等。控方证人乔治·普林斯顿描述说,西兰看上去非常镇静。但该证词却支持了辩方的主张,即西兰是在某种昏迷状态下开的枪。西兰雇用的垃圾清洁工阿尔文·克拉克作证说,在刺杀发生的一个月之前,西兰就曾向他说过要枪杀肯尼迪。法官准许把西兰笔记本中的一些内容拿来作为证据,笔记本内容显示,虽然他的思想曾受到极大的困扰,但他仍然是一个狡猾而有意志力的人。当被问到刺杀肯尼迪的原因时,西兰发表了一通关于中东阿拉伯人和犹太人冲突的愤怒议论。陪审员们最后作出了有罪认定,法官则判处他死刑。因为有联邦最高法院的先例,所以他的死刑被减为终身监禁。本案中,尽管控辩双方在审判开始之前已经达成了辩诉协议,但法官认为,相对于简单地解决诉讼,将事实全部公开更为重要。

案例出处:《开庭:改变人类进程的115件世纪大案》。

(金　星)

威廉姆·卡利军事法庭案(William Calley Corut - Martial,1970 - 1971)

1968年3月16日,美国第11步兵旅查理连的105名士兵在一个叫梅里的越南村庄屠杀了大约500名村民,美军战地记者罗伯特·赫伯利用相机记录下了这一幕。战争结束后,当局经过调查,决定主要责任由陆军中尉排长威廉姆·卡利承担。1970年11月17日,军事法庭开庭,卡利以谋杀109个"东方人"的罪名被起诉。士兵保罗·麦德罗在瑞德·肯尼迪法官下令逮捕他并给他豁免的情况下同意作证,他的证词揭露了这场屠杀的残忍程度。1971年3月29日,经过将近90个小时的讨论,陪审团6名军官(其中5人曾在越南服役)一致认为卡利对预谋在梅里杀害22名村民负有责任。案件上诉后,他的刑期被最终确定为20年。

案例出处:《开庭:改变人类进程的115件世纪大案》。

(金　星)

格兰迪丝拒绝支付诉讼费案(Gladys Boddle v. Connecticut,1971)

1971年,一些受政府福利救济的人向法院提起诉讼,认为康涅狄格州的一项基本法里关于民事诉讼费用的规定侵犯了他们离婚的权利。因为他们付不起诉讼费,所以即使离婚的请求应当得到法院的支持,也无法向法庭提出离婚诉讼。依照该州法律,离婚诉讼费用是60美元,其中包括支付给法院及其员工的45美元,以及15美元的警官服务费。此外,如果需要公示催告,还需要支付40美元或者50美元的公告费。初审判决认可了这项规定,即要求起诉人缴纳诉讼费,并借此限制一些人在民事法庭特别是离婚法庭上提起诉讼。但联邦最高法院推翻了初审判决,因为美国的程序公正法禁止法院仅因为当事人不能支付诉讼费而剥夺他们离婚的权利。最高法院在终审判决书中指出,程序公正法要求法律必须给予公民诉诸法庭的机会,尤其是当事人只能通过司法途径解决问题时。只有在特殊的情况下为了保障更为重要的国家利益时,这种权利才有可能被限制。在本案中,限制那些穷困的人行使离婚权利,对国家没有任何利益。而且以收取诉讼费的方式阻碍一些人上离婚法庭也没有任何积极的社会意义,反而违反了美国的宪法。康涅狄格州的这项规定剥夺了人们受宪法保护的离婚权利,因此是无效的。联邦最高法院还强调,婚姻问题是美国社会中最重要的问题之一,州政府确实有必要对其进行监管。但这种监管只限于对当事人的婚姻行为进行登记,而绝对不可以干涉。也就是说,政府只要维持公民的婚姻秩序即可,却不能限制公民的婚姻自由,其中包括结婚自由和离婚自由。而本案中争议的强制收取离婚诉讼费用的方式,即使康涅狄格州的规定并不是有意要限制某些人的离婚自由,但在事实上已经产生了干涉的后果。

案例出处:《大法官的智慧Ⅰ:美国经济司法判例精选88例》。

(金 星)

联邦缉毒局官员拘捕公民案(Bivens v. Six Unknown Named Agents of Federal Bureau Ofnarcotics,1971)

本案原告为涉嫌毒品犯罪的美国公民,被告为联邦缉毒局官员。原告起诉被告以联邦政府的名义闯入其公寓并逮捕了他,然后对其公寓进行了彻底搜查。原告称在逮捕和搜查时,被告未出示任何许可证,并且在逮捕过程中不合理地使用了暴力。原告指出,缉毒局官员的违法行为使自己蒙受了巨大的羞辱和难堪,由此向他们提出每人15,000美元的索赔。初审的地方法院认为原告的起诉理由不存在,因此驳回了他的诉讼请求。上诉法院也维持了地方法院的判决。但在终审过程中,法院经过案卷复审推翻了初审判决。终审法院的判决认为:根据《宪法第四修正案》的规定:"人们有保护自己人身、房屋、文件,以及财物安全的权利,抵抗不合理的搜查和抓捕的权利,该权利不得被侵犯。"本案原告的权利受到了联邦官员的非法侵犯,应该得到赔偿,被告对这点没有异议。但被告认为原告所主张的权利——基本隐私权——是州法律而非联邦法律的产物,因此他们认为,原告只能在州法院依据州法律诉其侵权并获得赔偿。被告试图把公民和违法实施其权力的联邦官员之间的关系看成两个公民之间的关系,认为两者没有什么区别。但他们忽略了这样一个事实:官员的违法行为若以美国联邦政府的名义进行,其危害性远远大过无政府授权的个体行为。因此,宪法授予美国公民绝对的权利,免于其受到以联邦政府的名义实施的不合理的搜查和逮捕。被告曾认为金钱赔偿不是《宪法第四修正案》的必然要求。我们的理由是,国会没有明确说明因联邦官员违反《宪法第四修正案》而受到伤害的公民不可以获得金钱赔偿。因此,原告基于《宪法第四修正案》提出的诉讼成立,原告有权因其受到联邦官员的侵犯而获得经济上的赔偿。

案例出处:《大法官的智慧Ⅰ:美国经典司法判例精选88例》。

(金 星)

温特斯顿弃权声明案(Winterstein v. Wilcom,1972)

本案的原告罗兰德·温特斯顿在参加短程加速赛车比赛时,撞上了赛车道上的一截圆柱头,致使身体受到严重伤害。原告认为被告本应该安排雇员站在一座塔顶上观察"赛车道上可能有的危险物",可他出于疏忽没有这么做。据此,原告提出赔偿要求。被告辩称,在参加比赛前,原告已签署了由被告起草的弃权声明。根据该声明,原告知道本次活动的风险和危险,也知道主办方不能预料也不希望这些危险在活动期间发生。所以原告自己承担和活动有关的一切个人及财产风险。原告本人、其继承人、遗产管理人、收益法人,放弃对主办方、操作者、汽车和设备赞助者,以及雇员、代理人、官员、公务员,及所有活动参与者因疏忽或别的错误导致对其人身或财产伤害而产生的所有索赔、诉求和诉讼。原告虽然承认受伤的风险包含在弃权声明中,但争辩说该声明因为关系到"公共政策",应该无效。在初审判决中,法院驳回了原告的诉求。原告不服而上诉,但终审法院维持了原判。终审法院认为,本案的焦点在于确定当事人双方签订的弃权声明是否有效。根据侵权法的规定,当事双方可以事先约定被告不负责照料原告的财物,也不对因疏忽行为而产生的后果负责。但该法令有一个限制性条款,即当事人双方签订条约时,必须是意思自由且真实,并且公开进行。如果一方明显处于不利地位,合约实际上把他置于另一方的疏忽之下,该合约就因违反公共政策而归于无效。因此,法院需要考虑的是什么合约涉及公共利益。在本案的免责合约中,温特斯顿事先明确同意威尔肯不对疏忽行为负责,该免责条款包含在普通规定之中,属有效条款。合约并不存在任何对议价双方的某一方特别不利之处。温特斯顿没有受到胁迫,或者因为别的经济原因被迫参加比赛,很显然他参加比赛只是因为他想参加,也许是为了证明其车辆的卓越性能,也可能希望得到奖金。因此,终审法院不认为该案涉及任何本州有关保护公众安全的法律条款,也不认为被告威尔肯的行为触犯了该条款。弃权声明完全是当事人双方在平等自愿的基础上签订的协议,所以它是有效的。

案例出处:《大法官的智慧Ⅱ:美国经典司法判例精选88例》。

(金　星)

布兰伯格记者拒绝出庭作证案(Branzburg v. Hayes,1972)

布兰伯格是一名记者,曾做过一系列暗访毒品事件的报道。但他拒绝在法庭作证,指认毒品案中的被告人,于是被指控藐视法庭。经过初审法院、州法院以及联邦最高法院的审理,其均被判决藐视法庭罪名成立。本案争议的点在于,记者是否同普通公民一样,有义务回答陪审团关于犯罪案调查的问题。在审判过程中,布兰伯格辩称,求其出庭作证是违反《宪法第一修正案》并侵害其言论和出版自由权的行为。他认为自己一旦出庭作证,日后将失去接触有关犯罪信息的机会。但法院认为,记者不出庭作证会影响到重要的国家利益。因为打击犯罪是为了保护全体公民的利益和安全,所以只要陪审团的审判是在《宪法第一修正案》和《宪法第五修正案》的范围内进行的,就不属于不正当行为。当然,宪法反对陪审团破坏记者与信息提供者之间的关系,这也意味着:如果不是为了实施某项法律,陪审团便不得干扰出版社的正常工作,也不得影响记者的工作。最终,他的辩护观点在终审判决书中被驳回。联邦最高法院认为,无论记者有多么大自由的言论和出版权利,都不能给予他不出庭回答问题的特权。联邦最高法院还强调,如果给予记者特权,将会给法令的统一执行带来理论和实践上的困难。因此,法院判决记者藐视法庭的罪名成立。

案例出处:《大法官的智慧Ⅰ:美国经典司法判例精选88例》。

(金　星)

对安吉拉·戴维斯的审判(Angela Davis Trial,1972)

1970年8月7日上午10时45分,詹姆斯·麦卡兰谋杀案的审理正在加利福尼亚州圣何塞法院进行。这时,"索利戴德兄弟会"的成员乔纳森·杰克逊冲进法院,并将手枪给了麦卡兰、鲁柴尔·马吉和威廉·克里斯莫斯,他们当即把法官哈里德·海利、检察官盖利·托马斯以及3名女性陪审员劫为人质,并试图坐车逃跑。法庭警卫持枪拦阻,激战中法官海利、杰克逊、麦卡兰以及克里斯莫斯中弹身亡,检察官托马斯、马吉受重伤。安吉拉·戴维斯作为乔纳森·杰克逊的大哥乔治·杰克逊的女朋友,被检察官以谋杀、绑架以及同谋罪三项罪名起诉。1972年2月28日,审判开始。由于案件受到种族及政治因素的影响,法官理查德·E.阿纳森谨慎挑选陪审团成员,最后形成了一个全是白人组成的陪审团。检察官阿尔伯特·哈里斯提出,被告在乔纳森·杰克逊的陪同下购买手枪,且在枪击事件发生后几小时即登机逃逸,这足以表明其犯罪意识。新闻摄影师詹姆斯·凯恩作为控方证人,称他在事发地拍摄相关照片时曾听到麦卡兰说:"告诉他们,我们要求在12点之前释放'索利戴德兄弟会'成员。"安吉拉的辩护律师李奥·布兰顿对凯恩进行交叉询问后,确定凯恩的证言不能成为证据。治安副官希奥朵·休弗斯作证说,他清楚地听到一些逃犯大喊:"释放我们的弗尔萨姆监狱兄弟,释放我们所有的兄弟。"控方证人格雷·托马斯因受伤而被人用轮椅推进法庭,他作证说他看到马吉用手枪击中了哈利法官。辩方律师布兰顿主张格雷·托马斯由于受伤未愈,记忆出现了混乱,所以其证词不应被采信。检察官哈里斯又举出了一个重要证据,就是在乔纳森·杰克逊的尸体上发现的记录相关数字的小纸条,这一串数字是三藩市国际机场的公用电话号码。哈里斯认为这足以表明乔纳森打算给在机场的安吉拉打电话,只是安吉拉由于恐惧,没接到电话便登上前往洛杉矶的飞机逃匿。但哈里斯的推测缺乏有力的证据支持,而布兰顿又传唤12位证人以支持他对安吉拉完全无罪的辩护主张。1972年6月4日,安吉拉被无罪释放。在安吉拉·戴维斯案中,陪审员将种族和政治信仰同案件事实区分开来,从而使该案得到了公正的审判。

案例出处:《开庭:改变人类进程的115件世纪大案》。

(金　星)

洛桑被解雇案(Board of Regents v. Roth,1972)

1972年,已在威斯康星州立大学教书一年的教师洛桑被学校解雇。对于解雇行为,校方没有给出任何理由,也没有举行听证会,因为根据该州法律,"是否继续雇佣一个非终身教师可以由校方自由决定"。洛桑提起诉讼,认为校方没有任何理由地解雇他违反了《宪法第一修正案》,侵犯了他的程序公正权,并提出其被解雇的理由是他对校方行政官员提出了批评。威斯康星州地方法院受理此案并对洛桑有关侵犯公正权的指控表示支持,上诉法院也维持了此判决。程序公正权适用于被剥夺自由权和财产权的事项,因为这两项权利是《宪法第十四修正案》明确保护的。当此权利被侵犯时,就必须举行听证会。但《宪法第十四修正案》中程序保护条款对财产权的保护,是针对公民已经获取的某种利益。根据上述内容结合案件实际情况,联邦最高法院否决了原判并驳回重审。

联邦最高法院认为:首先,决定是否适用程序公正法的关键不是去考察"重要性",而应该考察原告所主张权利的实质是什么。根据州法律"是否继续雇佣一个非终身教师可以由校方自由决定"来判断,校方并未有向洛桑提供终止合同原因的义务。且校方解雇他,也并没有实质侵害其自由权与财产权。本案中洛桑的实际情况并不符合宪法关于程序公正的解释,因此他并不受此法律的保护。其次,威斯康星州立大学校方只是拒绝继续聘用洛桑,但并未做出损害其利益或权利的其他行为。由于洛桑的社会地位与口碑并未受到诋毁或者损害,故他无权要求校方举办听证会。洛桑把自己没有被继续聘用这一件事情联系到他自己的言论自由上,但事实上他自己并不能证明他的不被续聘是由于他发表了言论,他所能证明的只是没有被学校续聘这个事实而已。最后,威斯康星州州立大学与洛桑所签订的合同中明确指出他的受雇结束期是6月30日,其中并没有提到任何关于续聘的约定。因此洛桑与学校的合同并不保证他必须被续聘,他也绝对没有要求续聘的权利。此外,程序公正法中所保护的财产或者利益必须是切实存在的,并不是人为想象出来的愿望。由于洛桑想要续聘的愿望不能作为一种实体财产,所以威斯康星州州立大学校方拒绝与其续约也就不存在损害其利益,甚至违反《宪法第一修正案》,或者程序公正法的情况。联邦最高法院终审否决了地区法院和上诉法院的判决。

案例出处:《大法官的智慧Ⅱ:美国经典司法判例精选88例》。

（金　星）

门诺教徒违反义务教育法案(Wisconsin v. Jonas Yoder,1972)

本案被告是门诺教的教徒强纳斯·约德尔、华莱士·米勒和亚当·于兹。根据威斯康星州强制义务教育法的要求,他们的孩子应当进入公立或私立学校接受教育,直到年满16岁。但被告拒绝将其14岁和15岁的孩子送进学校。虽然这些孩子都已经完成了六年级的教育,但他们没有在任何私立学校注册;同时,他们也没有任何公认的理由可以作为强制义务教育法的例外。因此,公立学校的行政官员认为其必须服从该法接受教育。被告宣称,强制教育法的实施侵犯了其受《宪法第一修正案》和《宪法第十四修正案》保护的合法权益。因为根据他们所信仰的门诺教的教义,他们的孩子进入公立或私立高中与他们的宗教信仰和生活方式是相违背的。他们还相信,如果把孩子送进高中接受教育,那他们不仅会受到教区的指责,而且还会得不到救赎。初审法院在审判中虽然确认被告的宗教信仰是诚实的,但仍然判定他们违反了州强制教育法,因此罚款每人5美元。威斯康星州巡回法院同样肯定了这项指控,维持了初审法院判决。但威斯康星州高等法院依据美国《宪法第一修正案》的行动自由条款受理了被告的上诉,并驳回了对被告的指控。而联邦最高法院在终审中认为,威斯康星州不能提供足够的证据表明建立和维护教育体系重要到了可以推翻宗教自由的地步。因此按照美国《宪法第一修正案》,宣布对被告违反威斯康星州强制义务教育法的指控无效,并维持了州高等法院的判决。

本案争议的焦点在于,如果个人的宗教信仰与法律规定发生冲突,法院该如何权衡。门诺教徒认为高中和高中以上的教育不利于树立孩子正确的价值观,并与其宗教所规定的生活方式有很大冲突。依照教规,在这个时期,门诺教的孩子们必须养成门诺教的生活态度:喜爱体力劳动、自立、学会特殊的技能,进而为成年后充当农夫或家庭主妇做好准备。他们认为,只要孩子学会了基本的阅读、写作和算数,剩下的东西完全可以从"实践"中而不是课堂上学到。而且,这个时期门诺教徒的孩子们还必须培养他们的宗教信仰,增进与社区的感情,做好准备接受成年洗礼。门诺教的研究专家琼·荷斯特勒博士也作证说,被告的主张确实是有根据的,因为高中课程的设置与门诺教的价值观是存在差异的,并且即使门诺教徒不接受美国高中教育,也不影响其生活能力,而且他们的孩子同样会遵纪守法。联邦最高法院认为,威斯康星州不能侵犯宪法所保护的公民的基本权利,如宪法第一修正案里的行动自由权和传统的父母权。因此,州所规定的使它的公民接受教育的权利要让位于父母的权利。除非该州能够证明该政策没有妨碍宗教活动自由,或者有重要的国家利益可以超越受宪法保护的活动自由,否则威斯康星州强制义务教育政策就干涉了宗教自由。

案例出处:《大法官的智慧Ⅰ:美国经典司法判例精选88例》。

（金　星）

斯柏威玩笑致残案(Spivey v. Battaglia,1972)

本案的原告和被告同为巴塔格利亚水果公司员工。1965 年 1 月 21 日,包括原告和被告在内的几个员工在公司的工作台旁吃午饭时,被告费尽心思和原告开玩笑。他知道原告很害羞,就故意用手臂挽着原告并把她的头扭过来对着自己。但就在拥抱之后,原告忽然感到自己的后脖子和耳朵一阵钻心的疼痛,结果是其左脸和嘴全部瘫痪。于是原告向奥林奇郡巡回法庭提起诉讼,指控被告犯有:(1)疏忽罪;(2)骚扰和攻击罪。被告提出抗辩,不认为自己“友好而未经请求的拥抱”属法律上的骚扰和攻击。初审判决中,法院作出了有利于被告的判决。原告上诉,但地区法院维持了初审法院的判决。在终审判决中,法院认为本案的问题是:上诉人(初审原告)是否可指控被告犯有疏忽罪;或者,是否被告的行为已构成法律上的骚扰和攻击。终审法院认为,在侵权案中,所谓有意的骚扰行为不必一定要带有敌意或者一定要伤害别人。如果一个理智的人相信某种特定后果肯定会发生,从法律的角度看,他就可以被认定是故意的。因此,故意和疏忽只存在程度上的差别。在本案中,被告作为一个理智的人,他无法判定该结果是否必然会发生,所以法院并不同意存在这种故意。然而,这并不意味着他可以不对这个出乎意料的结果负责。法律认为,被告要对合理而可预见的结果负责,虽然不能预期确切的结果和伤害。

案例出处:《大法官的智慧Ⅱ:美国经典司法判例精选 88 例》。

(金 星)

罗伊诉韦德案(Roe v. Wade,1973)

罗伊真名叫诺玛·麦科威,1969 年,在经历了离婚和失业后她发现自己又怀孕了。当时 21 岁的罗伊已经有一个 5 岁大的女儿,因此她想堕胎。根据其居住地得克萨斯州的法律规定,除非孕妇生命垂危,否则堕胎是违法的。于是,她聘请了年轻的律师琳达·考菲和萨拉·韦丁顿提起诉讼,罗伊的难题在于:即使推翻了这项法律,她也不会受益,因为不等诉讼结束婴儿就已经出生了;但如果不挑战这项法律,在婴儿出生后她的诉讼前提也就不存在了。1970 年 5 月 23 日,案子在得克萨斯州的联邦法院正式开庭。代表州方参加诉讼的杰伊·弗洛伊德称,怀孕的罗伊已经到了堕胎的危险期,所以诉讼应被驳回,但法官没有同意。韦丁顿援引了《宪法第九修正案》中某些权利不得否定人民的其他权利,以及法官威廉·O. 道格拉斯在“格里斯沃德诉康涅狄格州”案中解释的,隐私权是属于公民保留的权利所以州不能侵犯的观点,并得到法官的赞同。1970 年 6 月 17 日,法院宣布得克萨斯州堕胎法违宪,因为他们剥夺了单身妇女和已婚夫妇自己决定是否生孩子的权利,而这些权利是受《宪法第九修正案》保护的。法院虽然宣布了堕胎法违宪,但并不下令停止执行该法律,于是考菲和韦丁顿将案子上诉到了联邦最高法院。

1971 年 12 月 13 日,最高法院开庭审理此案。1973 年 1 月 22 日,法官哈里·布莱克门代表大多数法官发言,法院确定在孕期的前三个月,堕胎的决定由母亲和她的医生保留;中间的三个月里,州可以通过与母亲的健康合理相关的方式约束堕胎程序;而在孕期的最后三个月里,州可以约束甚至禁止堕胎,除非母亲的健康受到威胁。联邦最高法院的这个裁决使得克萨斯州不得不废除堕胎法,而且对其他州也产生了一定影响。虽然还有很多人坚持堕胎违法,但历史潮流已不可逆。

案例出处:《开庭:改变人类进程的115件世纪大案》《美国宪政历程:影响美国的25个司法大案》。

（金　星）

米勒散发色情材料案(Miller v. California,1973)

本案被告米勒为了销售“成人用品”,向许多地方邮寄了包含色情内容的小册子,其中一封寄到了加州一家餐馆。餐馆经理打开信件时,恰好其母亲也在场。小册子中许多描绘性行为的图片使餐馆经理十分尴尬,于是他向警方举报了米勒。检方依据当时加州刑法典中规定的“故意传播淫秽物品罪”对米勒提起控诉。初审法院判决,政府可以阻止这些色情材料的散播。但负责终审的联邦最高法院却撤销原判,并将此案发回重审。联邦最高法院认为,美国《宪法第一修正案》保障公民的言论和出版自由,而这种自由包含传播一般“色情”内容的自由。政府若要对此种自由加以限制,必须拿出非常充分的理由,且不得对公民权利造成过分限制。最高法院在审理过程中认真考虑了对“淫秽”一词如何界定的问题。他们认为:一件作品如果具有严肃的文学、艺术、政治和科学价值,或者其对性行为的刻画尚未达到“明显令人厌恶”的程度,或者该作品从总体上来看并不是为了刺激人的性欲,则它就不是“淫秽”的,政府就不应对它加以完全禁止。当然,那些尚未达到“淫秽”程度的色情作品受《宪法第一修正案》保护,也并不意味着政府完全不可以对此类内容进行规制。在涉及重要公共利益的情况下,政府可以对一般色情作品加以适当限制。

案例出处:《大法官的智慧Ⅰ:美国经典司法判例精选88例》。

（金　星）

安德森儿童烧伤索赔案(Anderson v. Sears, Roebuck & Co.,1974)

原告海伦·布莱坦是个小孩,由于加热器引起的火灾造成他在家中被严重烧伤。原告认为赛尔斯公司及康特尔斯公司在生产该产品时存在疏忽,所以提起控诉。在初审判决中,法院判给原告200万美元的损害赔偿金。被告提出上诉,请求减少赔偿金。在终审判决中,法院驳回了被告的诉讼请求。法院的判决理由认为:判定赔偿金是否可以减少的标准在于“最高赔偿原则”。根据该原则,法院必须判断陪审团判决的金额是否超过了其可以凭理智决定的最大金额。如果超过了,法院就可以把金额减少到陪审团可以给出的最大限度。具体到本案,有5个主要损害要素需要考虑,即已有的身体和精神损害,未来的身体和精神损害,未来的医疗费用,损失的赚钱能力和永久残疾,以及身体毁容。而所有的证据表明,原告对该项伤害的索赔额是合理的,所以维持初审法院的判决。

案例出处:《大法官的智慧Ⅱ:美国经典司法判例精选88例》。

（金　星）

格兹诽谤案(Gertz v. Robert Welch,Inc.,1974)

1968年,一位名叫纽西欧的芝加哥警察因射杀一名叫尼尔森的年轻人而被州地方法院以杀人罪起诉,并被判处二级谋杀罪。代理被害人家属的是著名律师爱尔默·格兹。《美洲评论》的责任编辑受命撰写有关该案庭审的文章,并定期报道。1969年3月,《美洲评论》发表了结论性文章《诬陷:理查德·纽西欧及警察之战》。文章指出,针对纽西欧的指控是完全错误的,对他的起诉是共产主义和警察之间的一场战争。《美洲评论》还把矛头对准了格兹,并将格兹描绘成诬陷纽西欧的罪人,声称他是“马克思主义工业民主联盟”的一位官员。他们还指出格兹曾经是共产主义组织“全国律师协会”的会员,因此极有可能参加了1968年的民主集会并策划了共产党对芝加哥警察的袭击,他们还暗示格兹有犯罪前科。格兹向伊利诺斯北区法庭提出诽谤诉讼,但被否决,法庭认为他“既非政府官员,也非公众人物”。但联邦最高法院在终审时驳回了初审判决,最高法院认为本案的关键在于确认刊登错误言论、毁坏私人名誉的报纸或者广播是否构成犯罪。根据《宪法第一修正案》:思想没有对错之分,无论某个观念如何有害,我们都不是依据法官或者陪审团的良心,而是依据它和别的观念的角逐来进行纠正的。但是对事实的错误陈述却不符合宪法,因此在新闻自由和错误言论之间必须有所区分。

案例出处:《大法官的智慧Ⅱ:美国经典司法判例精选88例》。

(金 星)

玛丽安尼因丈夫伤残请求赔偿案(Mary A. Rodriguez v. Bethlehem Steel Corpation, 1974)

1969年里查德和玛丽安尼结婚,婚后16个月里查德因工伤致终身瘫痪,玛丽安尼不得不辞去工作照料丈夫,并因此失去了正常人的家庭生活。为此,玛丽安尼起诉雇主要求其赔偿丈夫的所有损失,同时要求赔偿自己因照看丈夫而失去的应有收入和相关费用损失。初审法院不支持玛丽安尼基于妻子身份的诉讼主张。加利福尼亚高等法院最后支持了玛丽安尼的赔偿请求,法院认为夫妻一方因第三方原因遭受重大损失的,夫妻都有权利向第三者进行追偿。

案例出处:《大法官的智慧Ⅱ:美国经典司法判例精选88例》。

(金 星)

美国诉尼克松案(United States v. Nixon,1974)

1972年6月17日,警察抓获了5名试图进入华盛顿区水门旅馆的民主党全国委员会办公室的人。由于案件调查进展缓慢,直到1974年3月1日,联邦大陪审团才以密谋阻碍司法为由对司法部长约翰·N.米切尔提起诉讼,另有6名白宫以及总统连任委员会的高级官员被控同谋。4月18日,特别检察官里昂·乔尔斯基要求哥伦比亚的美国联邦地区法院法官约翰·西瑞卡向总统尼克松发出传票,命令其提交“某些录音带、备忘录、文件、副本及其他书面资料”。4月30日,尼克松上交了13页经过修正的谈话记录。5月1日,尼克松的律师詹姆斯·D.圣克莱尔要求西瑞卡撤销传票,但被拒绝。西瑞卡同时命令总统或其他雇员在5月31日前将所拥有的文件提交给法院,5月24日,圣克莱尔向联邦法院哥伦比亚巡回法院提起上诉。同一天,乔尔斯基则请求最高法院审理此案而不必等候上诉法院作出判决。6月15日,联邦最高法院批准了检察官的申请,于是案件从上诉法院移交过来。7月8日,联邦最高法院决定由8位法官开庭审理此案,因为法官威廉·H.伦奎斯特是尼克松提名的,所以回避。律师圣克莱尔指出:第一,总统有权对他与顾问之间的谈话保守秘密,如果每次谈话都可以公之于众,顾问们将无法自由发表意见,总统的决策过程也将大受影响。第二,权力分立原则赋予总统不受司法命令干涉的权力。但联邦最高法院否定了以上观点。7月24日,最高法院公布判决,尼克松声明尽管他对判决很失望,但他尊重并接受法院的判决。8月8日,尼克松宣布辞职。该案是美国历史上的一个重要案例,它维护了法院的司法权,确认总统不能利用行政特权而不将证据上交法庭。

案例出处:《开庭:改变人类进程的115件世纪大案》《美国宪政历程:影响美国的25个司法大案》。

(金 星)

巴德尔—迈因霍夫案(Baader – Meinhof Trial,1975 – 1977)

巴德尔—迈因霍夫团体是一个在德国青年学生中成立并活动的恐怖主义组织,该组织坚持财产私有制是不正义的观点。1968年,其成员安德列斯·巴德尔和他的女友古德龙·恩斯琳纵火烧毁了法兰克福的两家商店,法庭确认他们有罪最后却释放了他们。1970年2月,他们与迈因霍夫联合,随后巴德尔—迈因霍夫团体开始抢劫银行、偷窃汽车并在约旦进行游击战争和恐怖主义活动。返回西德后,他们组建了"红军"组织,继续进行恐怖活动。1972年5月,他们袭击了法兰克福的美军第十五军军官食堂,致使1名军官死亡13人受伤。同年5月,又在奥格斯堡实施爆炸活动,致使5名警官受伤。此外,他们还在海德堡的美军食堂实施炸弹袭击,致使3名美军士兵死亡5人受伤。1972年6月11日,迈因霍夫、巴德尔、拉斯佩、霍尔格·迈因斯、恩斯琳被捕,他们在审判前绝食抗争,迈因斯死于绝食。

1975年5月21日,审判开始,被告们采取各种手段扰乱审判的正常进行。在审判的第40天,刑事诉讼法典修改。其中规定审判可以在被告缺席的情况下继续进行,前提是法官规定被告自己应对导致他们缺席的情况负责。随后,特奥多勃、普林茨法官命令审判继续进行。1976年1月13日,被告承认他们是一个游击组织的成员并声称对爆炸负责,但不承认负有刑事责任。此后,目击证人提供了相关爆炸案件的证据。5月9日,迈因霍夫在牢房自杀。1977年4月7日,联邦总检察官布马克和他的司机在前往法庭的路上遇刺身亡,"迈因霍夫团体"声称对此负责。1977年4月21日,福斯法官作出判决,巴德尔、恩斯琳和拉斯佩被判处终身监禁。1977年9月5日,雇主联合会总裁汉斯·马丁·施莱尔被绑架,司机和3名警察被杀。绑架者要求释放巴德尔、恩斯琳、拉斯佩和其他团伙成员,并给予他们选择前往其他国家的权利。同年12月13日,一架由西班牙飞往法兰克福的汉莎航空公司的客机被劫持,劫机犯要求释放被关押的"红军"分子和被关押在土耳其的两名巴勒斯坦人。在索马里的摩加迪沙机场,德国突击队击毙3名、打伤1名劫机分子,并顺利解救了人质。当天夜里,施塔姆海姆监狱内的巴德尔和拉斯佩饮弹自尽,恩斯琳则自缢身亡。

案例出处:《开庭:改变人类进程的115件世纪大案》。

(金 星)

对吉尔德福德四人案的审判(Guild Ford Four Trial,1975)

1974年,英国受到来自爱尔兰共和军的恐怖主义威胁。10月5日,吉尔德福德和萨里两家酒馆发生爆炸,致5人死亡。同年11月7日,南伦敦的伍威奇酒馆再次发生爆炸,致2人死亡。周末,议会即通过《反恐怖主义法案》,其中规定警方可以逮捕任何被合理怀疑为涉及恐怖主义的人。依据该法案,20岁的鲍尔·希尔被警方逮捕,警方怀疑他涉及杀害退伍老兵布里安·尚的案件。希尔被捕后签署了一份声明,声称其为吉尔德福德和伍威奇的爆炸案负责,同时还供出同谋杰拉德·科隆。警方对他们进行询问后,逮捕了更多的人,其中包括22岁的帕特里克·阿姆斯特丹和他17岁的女友卡洛尔·理查森。但当警方问及他们是否需要辩护时,除希尔之外的其他人都声称自己无罪,招供是为压力所迫而并非其本意。12月末,一个叫弗兰克·约翰逊的人向警方提出,吉尔德福德爆炸案发生时,他和理查森正在伦敦南部观看乐队演出。理查森的辩护律师伊里克·麦尔斯告诉陪审团,警方没有听取约翰逊的任何证词,检察官米歇尔·哈沃斯爵士则忽略约翰逊证词中最重要的部分,并认为理查森有充足的作案时间。被告科隆的律师洛德·巴希尔·韦高德指控警察泰莫西·布雷克在讯问中对科隆施加了肉刑,但警察安东尼·杰米提交的供词以及科隆的审讯笔录都只显示科隆有罪,却没有提到警方的暴行。1975年10月22日,陪审团判定阿姆斯特丹、科隆、希尔以及理查森四名被告有罪,法院判处他们终身监禁。1977年1月24日,4个爱尔兰人被捕,他们声称会对吉尔德福德爆炸案负责。10月10日,开始了新的听证会。哈沃斯再次成为主控检察官,他被迫承认这4人应对吉尔德福德爆炸案负责,但同时坚持说希尔帮助了他们。最后,法庭作出判决维持原判。1989年10月19日,主审法官杰弗里·莱恩重新审理该案,他推翻了对4位被告人的所有判决,并将他们无罪释放。

案例出处:《开庭:改变人类进程的115件世纪大案》。

(金　星)

凯伦·安·昆兰案(In the Matter of Karen Ann Quinlan,1975)

1975年4月15日,21岁的凯伦·安·昆兰陷入昏迷且无法自主呼吸,医生给她戴上了机械助吸器。同年秋,病情恶化,凯伦的父母伊丽莎和约瑟夫向医院提出将助吸器取离。但请求被凯伦的第一位医生罗伯特·莫斯拒绝,于是约瑟夫起诉到法院。1975年10月20日,审判开始。庭审的焦点集中在凯伦是否"有权死亡"这一问题上。罗伯特·莫斯医生作证说,单从医疗技术上说,没有任何理由将凯伦的助吸器拔离,凯伦的另一位医生阿瑟德·贾弗德也称医生的道德标准不允许他们采取这种行为。凯伦的律师则坚持,隐私权和宗教自由应当包括死亡的权利,但法庭为凯伦指定的律师却认为,凯伦不是身患癌症面临死亡的病人,只要有一线希望,就不能因为病人样子难看而断绝其生命。凯伦的家人继续主张停止使用助吸器,其父亲约瑟夫请求法庭"将凯伦身上的机器和吸管等拔掉,让她投入上帝的怀抱"。其母亲茱莉亚也作证说,凯伦曾三次表达过这样的愿望。11月10日,穆尔法官作出判决,驳回昆兰夫妇提出的就其女儿有死亡权的请求,并指定库柏恩为凯伦的监护人。11月17日,约瑟夫向新泽西州高等法院提出上诉。1976年3月31日,法院作出判决,授权可以撤离凯伦的助吸器。法院还说明,该判决是基于凯伦的隐私权。

案例出处:《开庭:改变人类进程的115件世纪大案》。

(金　星)

科克斯公布受害者姓名索赔案(Cox Broadcasting Corp. v. Cohn,1975)

1971年8月,佐治亚州一位被上诉人17岁的女儿被6个年轻人强奸致死。当地媒体对这起案件进行了详细报道,由于Ga. Code Ann条令认为公开强奸案受害人名字或身份属轻度违法,故受害者身份在初审前并未公开。1972 年 4 月,涉及该案的 6 名犯罪嫌疑人在法庭受审,其中 5 人被判强奸或强奸未遂罪。庭审过程中,负责报道该事件的记者华斯尔在起诉书中看见了受害者的姓名,随后在他所工作的 WSB – TV 电台播出的有关庭审的新闻中提到了受害者的名字,并在接下来几天的报道中多次重复该名字。受害者父亲于是依据 Ga. Code Ann 条令向地方初审法院控告 WSB – TV 电台侵害其隐私权,WSB – TV 电台则认为根据州法律及《宪法第一修正案》和《宪法第四修正案》,其有权这么做。初审法院驳回了 WSB – TV 电台的主张,并作出有利于受害者父亲的判决,具体赔偿金额则由陪审团裁定。佐治亚州高等法院也支持初审法院的上述判决。

联邦最高法院在案件终审时认为,在该强奸案的庭审已经公开的情况下,州不应因某新闻机构公布了已故强奸案受害者的名字,而以侵犯个人隐私为由向该机构提起诉讼,这与《宪法第一修正案》和《宪法第四修正案》的原则不符。联邦最高法院认为,虽然被上诉人认为媒体的活动侵犯了他的隐私权,但该案的诉讼程序本来就是完全公开的,且该案与公众之间有着合法联系。因此,媒体有责任也有权利对审判活动进行公开报道。何况这些信息已经包含在正式法庭记录中,并且可供公开查阅。基于此,联邦最高法院推翻了佐治亚州高等法院的判决。

案例出处:《大法官的智慧Ⅱ:美国经典司法判例精选 88 例》。

（金　星）

沃尔士起诉赛尔丁案(Warth v. Seldin,1975)

纽约州罗切斯特市一些居民和机构对彭菲尔德镇“区域、规划和城市建设委员会”提出指控,声称彭菲尔德镇的城区规划条令把一些中低收入的市民排斥在城区之外,因此侵犯了他们受宪法保护的权利。本案当中,提起诉讼的原告沃尔士是否具有起诉权是法院审判的焦点。在美国法律中,起诉权是指当事人有要求法院对相关问题作出裁决的权利,这个权利何时能够行使在法律中是有特别规定的。美国联邦最高法院对原告的起诉权做过两点说明:首先,如果原告受到的伤害实质上是大部分公民都遭受的,那么该种伤害不构成请求法院进行司法管辖的理由;其次,如果原告所受到的伤害可以提起诉讼,他还需要把诉讼目的建立在维护自身而不是第三人的利益上。本案初审法院认为沃尔士没有起诉权,不得提起诉讼。沃尔士于是上诉到联邦最高法院,但联邦最高法院维持了初审法院的判决,认定上诉人没有起诉权,不得起诉。联邦最高法院认为,根据美国《宪法》第 3 条规定,原告必须清晰而明确地肯定他本人受到了伤害,而不能在自己本身没受到伤害但是其他人受到伤害的时候提起诉讼。而本案的起诉者沃尔士恰恰无法证明自己受到了伤害,而且事实上他都没有在该地区生活过,更不存在被伤害的情形。联邦最高法院还认为,并不是取消了该限制性的城区规划条令,原告方就会去那里居住。在美国的法律实践中,如果不存在可以得到证实的且特定的某种伤害,是不会启动司法程序进行审查的。

本案的另一个特点是原告人数众多,属于团体申诉。这里又涉及团体申诉人的起诉权问题。联邦最高法院承认团体有权因为受到伤害而寻求司法救济,它也可以主张其成员的权利,甚至直接由团体代表成员提起诉讼。但这些规定的基础在于,该团体必须真的由于不法行为而受到伤害。而在本案中,这种情况并不存在。本案申诉人之一“迈特瑞行动组织”声称其组织内 90% 的成员居住在彭菲尔德地区,因此由于该条令其成员被剥夺了生活在一个种族融合社区的权利。但该组织如此主张权利的时候,并没有提供证据证明其某一成员的权利因该条令而被侵害。综合本案事实来看,各申诉人均没有证据证明自身由于彭菲尔德城区规划条令而受到实质性的伤害,这正是原告方被三级法院均认定无起诉权的最重要原因。

案例出处:《大法官的智慧Ⅰ:美国经典司法判例精选88例》。

(金　星)

马尔文非婚同居财产分割案(Michelle Marvin v. Lee Marvin,1976)

原告马尔文太太与被告马尔文于1964年12月非婚同居,但对外宣称两人为夫妻关系。二人就同居期间的财产问题订立了口头协议。协议约定:两人将各自的所得合在一起共同享用,且原告负责收拾房间、料理家务并为被告做饭。不久,原告在被告的要求下放弃工作成为一名全职太太;被告则许诺供养其一生。原告诉称,自1964年10月至1970年5月她一直在履行上述约定,而被告却将此期间所有收入作为其个人财产计入自己名下。被告于1970年5月强迫原告搬离他的住处,对原告的扶养费仅付至1971年11月,此后拒绝给付原告任何费用。基于此,原告请求初审法院确认二人之间口头协议的效力,并请求获得二人同居期间财产的1/2。初审法院驳回了原告的诉讼请求,并判决同居期间的财产均归被告所有。原告向加州高等法院提起上诉,法院结合过去十多年的案例,对非婚同居分割财产类案件进行了分析和总结,认为非婚关系案件中不能适用家庭法条例。如果同居双方对财产分割问题有明确约定,法院承认此合同的效力,并可按合同执行,但协议内容非法或涉及性服务的除外。本案原被告双方协议约定共享收入,被告也允诺支付原告赡养费,协议内容合法且未涉及性服务,故加州高等法院支持原告的诉讼请求,并推翻了初审判决。

案例出处:《大法官的智慧Ⅱ:美国经典司法判例精选88例》。

(金　星)

对瓦茨拉夫·哈维尔的审判(Vάclav Havel Trials,1977 -1989)

1976年,捷克斯洛伐克一群持不同政见者起草了一份声明,希望结束政府十多年的压制,这个秘密文件被称为《七七宪章》。宪章规定了三名代表人:前外交官吉利·哈耶克博士、哲学家简·帕多卡教授以及剧作家瓦茨拉夫·哈维尔。1977年1月6日,警方逮捕了哈维尔等人,当时他们正准备向外界寄发该宪章。1977年10月18日,法庭判处他们有罪,理由是其行为损坏了共和国的声誉。哈维尔被判处14个月监禁,在此期间他又协助成立了抵制迫害委员会。1979年5月,政府指控哈维尔和另外5人企图危害国家。同年10月22日,法庭开始第二次审判。审判只进行了两天,6名被告都被判有罪,刑罚2年到5年监禁,哈维尔则被判处4年监禁。1988年8月21日是苏联军队侵占捷克斯洛伐克的20年纪念日,很多捷克人举行游行,但遭到国家安全部门的镇压。1989年1月,捷克人举行了另一场政治集会,纪念20年前为抗议苏联侵占而自焚的学生帕拉克。1月16日,哈维尔在去广场观看纪念活动时被捕,理由是干涉警方清理广场。政府还指控他企图通过纪念帕拉克活动制造暴乱。最终,哈维尔被判有罪,并被处以9个月的监禁。审判引起了强烈的社会反应,很多人联名请求释放他。哈维尔在督促实行民主改革和宗教自由运动中写下了题为“几句话”的请愿书,并获得了4万多人的签名支持。1989年12月29日,哈维尔当选为捷克斯洛伐克总统。

案例出处:《开庭:改变人类进程的115件世纪大案》。

（金　星）

哈里斯精神损害索赔案(Harris v. Jones,1977)

原告威廉·哈里斯在通用汽车公司工作了8年,工作期间归琼斯管理。从1975年3月到8月,琼斯从言词和身体上模仿哈里斯的口吃缺陷。琼斯的行为使哈里斯感到羞辱,于是他请求调到另一个部门,但被琼斯拒绝。哈里斯认为琼斯的行为加重了其神经质,使自己的口吃更加恶化,为此已经持续看了6年医生。于是,他向巴尔的摩市高级法院起诉通用汽车公司及其管理人员罗伯特·琼斯。指控称,琼斯明知哈里斯患有口吃,也知道哈里斯对自己的缺陷非常敏感,却依然"恶毒而残忍地嘲笑他,导致哈里斯严重精神紧张,口吃症状更加恶化"。指控还认为琼斯的行为是在她被通用公司雇佣期间发生的,所以公司也应承担责任。在初审判决中,法院判定哈里斯获得3500美元的赔偿金,并对琼斯和通用公司处以15,000美元的罚金。但特别上诉法院推翻了该判决,终审判决则维持了特别上诉法院的判决。特别上诉法院的依据是侵权法中有关情感伤害的规定:"粗暴行为引起严重的情感痛苦。因其有意或草率的极端粗暴行为对他人造成严重情感伤害的人必须对该情感伤害负责,如果由此产生了身体的伤害,还要为该身体伤害负责。"要确定情感伤害,必须符合四个要素:(1)该行为必须是有意的,或者忽视后果的;(2)该行为必须是非常极端和粗暴的;(3)错误行为和情感痛苦之间是有因果联系的;(4)情感痛苦必须是严重的。而特别上诉法院认为该案件仅仅符合前两个要素,所以推翻了初审判决。

案例出处:《大法官的智慧Ⅱ:美国经典司法判例精选88例》。

（金　星）

斯蒂芬·比科调查案(Stephen Biko Inquest,1977)

斯蒂芬·比科是南非人,从小在种族隔离的环境中长大。20世纪60年代,他发起了黑人觉醒运动并在斗争中成为知名人士。1977年8月18日,他第四次被监禁。在圣来姆监狱里,他受到了严刑拷打,并于1977年9月13日去世,年仅31岁。最初,官员们称他死于饥饿,后来又说他是在审讯过程中自己撞墙而死。由于说法自相矛盾,当局迫于压力同意对死因展开调查。1977年11月14日,调查以政府首席病理专家卢伯瑟博士所做的一份尸检报告开始,他发现比科死于"严重的脑部损伤"。但1977年11月30日,治安官马丁哈斯·普林斯宣布了最终的调查结果,称根据已获得的证据,比科的死亡不可归咎于任何人在刑事犯罪方面的任何行为或疏忽。

纳尔逊·曼德拉当选南非总统后,当局成立了真相与和解委员会。1997年1月28日,参与询问比科的5名警官向真相与和解委员会申请赦免。在申请中,他们承认曾接到命令要对比科残暴一些,但仍声称比科的死亡确属意外。尽管公众要求对他们进行处罚,但截至1997年5月,这些罪行已经过了诉讼时效。

案例出处:《开庭:改变人类进程的115件世纪大案》。

（金　星）

阿纳多利·斯卡拉斯基和亚历山大·金兹伯案(Aratoly Scharansky and Alerandr Ginzburg Trial,1978)

20世纪70年代,苏联发生了两次声势浩大的抗议活动,其中第二次抗议活动的参加者被称作"拒绝者",因为苏联拒绝让他们去以色列和美国,任何提出申请的人都会被解雇。阿纳多利·斯卡拉斯基是一位数学家,1973年他因申请离开苏联而被单位解雇并被关进监狱。1976年他加入了"赫尔辛基监察团",以监督苏联的人权状况。1977年3月4日,苏联官方收到一封信,信里指控斯卡拉斯基和另外三位犹太活动家从事间谍活动。3月15日,警察在首都莫斯科逮捕了斯卡拉斯基,并指控他犯有叛国、参与反苏活动以及反动宣传等罪行。1978年7月10日,审判正式开始,但不允许旁听。斯卡拉斯基声称如果没有旁听者他就不开口,于是法庭只允许他的兄弟莱奥尼德旁听审理。根据苏联法律规定,不得对为自己做律师的被告判处死刑,所以斯卡拉斯基解雇了法院指派的律师。检察官企图让斯卡拉斯基的母亲指证儿子的罪行,但被拒绝。最后,法院判处他3年监禁外加10年劳改。美国总统吉米·卡特为释放斯卡拉斯基给苏联政府施加了压力。1986年2月11日,斯卡拉斯基获释。此后他去了以色列,并参与了"崛起的以色列"等政治运动。

在审判斯卡拉斯基的同一天,在另一个城市开始了对亚历山大·金兹伯的审判。被驱逐的俄罗斯作家亚历山大·索尔仁尼琴曾筹建了基金来援助苏联的政治犯家庭,金兹伯负责筹集资金,他同时还是"赫尔辛基监察团"的成员。于是政府指控他实施了反苏煽动和宣传等行为。最终,金兹伯被判处8年劳改。1979年4月17日,他和另外4名政治犯与被美国关押的两名苏联间谍交换,因而获得了自由。苏联为了阻止人们在苏联参与人权运动和犹太移民运动而将斯卡拉斯基和金兹伯两人判刑,但国际社会对此进行了严正的抗议。

案例出处:《开庭:改变人类进程的115件世纪大案》。

(金 星)

贝克诉加利福尼亚大学案(Bakke v. University of Califomia,1978)

1968年,加利福尼亚大学的戴维斯分校开办了一所医学院,为了增加少数族裔的入学人数,学校制定了特别的入学申请程序,对他们的成绩要求比正常录取的学生低。1973年,阿兰·贝克申请进入医学院,当时的面试总分为500分,他得了468分,但学校仍拒绝录取他。第二年,贝克再一次申请入学,但仍被拒绝。于是他把加利福尼亚大学告到了加利福尼亚州高等法院,声称医学院的特别录取和入学程序因为种族原因拒绝他,这侵犯了《宪法第十四修正案》中的平等保护条款所赋予他的权利。此外,学校还侵犯了加利福尼亚州宪法及公民权法赋予他的权利。法院支持他的观点,但拒绝判令医学院录取他。贝克上诉至州最高法院,法院撤销了前审判决,要求学校录取贝克,于是学校上诉至联邦最高法院。1978年6月28日,刘易斯·F. 鲍威尔法官宣布了判决结果,有5位法官投票支持加利福尼亚州最高法院的判决。联邦最高法院指出,医学院的政策是逆向歧视,是违法的,因此判令学院录取贝克。此外,法院还支持了加利福尼亚州法院关于取消学院特别入学申请程序的判决。不过,学校仍可给少数族裔学生提供优待,只是强调不能因特定的录取比例而将白人排除在外。

案例出处:《开庭:改变人类进程的115件世纪大案》。

(金 星)

罗得海尔禁止结婚案(Zablocki v. Redhail,1978)

美国实行联邦制,各州有权力制定自己的法律。一些州在制定法律时更多的是想更好地治理本州,保障本州的利益,这可能会导致其所制定的法律违反联邦宪法。威斯康星州的法律中有这样一项规定:有未成年的需要其监护的子女,或者法庭判决应该由其支付未成年子女抚养费的居民,在没有得到法院许可的情况下不能结婚。并且,申请人必须提供确切证据表明愿意承担抚养责任,而且孩子不会成为社会的负担,否则法院不允许申请人结婚。没有经过此规定允许结婚的视为无效,违反该法规获取结婚证书的行为违法。一名叫罗得海尔的人因此规定而不得结婚,于是对威斯康星州提起诉讼,认为该项法规违反宪法,不符合宪法中的平等保护条款和程序公正条款。威斯康星州东区法庭受理了此案,并判决此项法律违反宪法,禁止实行。威斯康星州上诉到联邦最高法院,最高法院驳回上诉,维持原判。

本案中,威斯康星州的法律中之所以规定了这条限制结婚的条款,初衷只是想建立一种使有抚养责任的人尽到抚养义务的法律机制,从而保护那些无人监护的孩子的权益。而且非该州居民并不受上述规定的限制。法院认为,这种差别对待是与宪法精神相违背的。婚姻权是公民的基本人权之一,不得被侵犯。州政府想要保障被抚养人的利益,不应该以侵犯基本人权为代价,用法律强制方法来使部分群体不能结婚是违反人道的。对于威斯康星州一直强调该法的实施是为了公共利益,联邦最高法院对此也进行了深入分析。法院发现,若是新配偶的经济条件比申请结婚的人更好,且愿意抚养申请人的孩子,因为申请人不符合该法规而禁止其结婚的规定反而影响了对下一代的抚养。

案例出处:《大法官的智慧Ⅰ:美国经典司法判例精选88例》。

（金　星）

莫瑞森医疗检测伤害案(Morrison v. Macnamara,1979)

上诉人莫瑞森指控被上诉人华盛顿哥伦比亚特区医学实验室,在一项检测尿道滴虫感染的尿液涂片实验中使自己身体遭受损害。该项检测是在莫瑞森站立的状态下进行的,莫瑞森因对检测产生晕厥,头部撞到金属血压架上,造成永久性嗅觉和味觉丧失以及其他一些伤害。在初审过程中,莫瑞森从密歇根州找来的专家证人证实,该检测常常引起病人昏厥,故“国家谨慎标准”要求病人在检测中坐着或躺下。而被上诉人从华盛顿区实验室找来的专家证人则证实,他们总是在病人站立的状况下做此检测。初审法院作出了有利于被上诉人的判决,理由是在医疗渎职案中,专家证人必须来自与被告相同的地区。莫瑞森提起上诉,终审判决推翻了初审法院的判决。法院判决理由认为:谨慎标准一般指医疗专业人员在同等或相似状况下应该具备的合理谨慎的程度及熟练程度。地区原则指医疗专业人员的行为标准测定只依照同一地区其他医疗专业人员的标准而定。当初制定该原则的目的是保护乡村医生,因为他们没有受到足够的培训,也没有足够的经验,而且缺乏有效的交通和交流方式,不可能期望他们有和城市医生同样的熟练技巧和谨慎标准。对地区原则的分析可以发现,它和哥伦比亚特区的医疗实践没有任何关联,哥伦比亚特区在医疗健康方面应处于领导地位。本案中,被上诉人承认其是一所通过国家资格认证的医学实验室,且对公众开放。初审法院指令陪审团只能把被上诉人的行为和华盛顿哥伦比亚特区流行的谨慎标准相比较,但没有采用上诉方有关谨慎标准的专家证词,因此该指令是错误的。据此,法院撤销判决发回重审。

案例出处:《大法官的智慧Ⅱ:美国经典司法判例精选88例》。

(金 星)

帕尔翰对未成年人实施精神治疗案(Parham v. J. R. ,1979)

佐治亚州的司法程序规定,州可以把18岁以下的孩子送进精神病院实施治疗。该司法程序的公正性受到人们的质疑,包括J. R. 和J. L. 在内的一些人作为共同原告提起集体诉讼,被告则为佐治亚州的人事部官员、人事部精神健康部主任以及该精神病院的主要负责人。原告主张这一司法程序侵犯了孩子受《宪法第十四修正案》程序公正条款保护的合法权益,因此要求法院宣布禁止令,停止随意将18岁以下的孩子送进精神病院进行治疗的行为。本案的焦点在于,州立医院收治未成年人为其进行精神治疗的程序是否合法。在现实生活中,将未成年人送进精神病医院进行治疗的法律程序有两种,一种是由未成年人的父母或监护人提出申请,另一种是没有父母或者监护人的未成年人直接由州政府把他们送进精神病医院。因此法院认为,对于本案,首先,需要明确为未成年人实施精神治疗需要保护未成年人的何种权利,须经什么样的程序才能不侵犯未成年人的权利。其次,佐治亚州关于对未成年人实施精神治疗的程序是否存在问题,在实施治疗之前是否需要举行一次由各方参加的辩论会。最后,既存的程序能否保障大多数有精神疾病的未成年人的权利,进而是否需要全部推翻。本案中的J. L. 是因为行为失控而被退学的孩子。1970年他6岁时,曾在州立医院接受过两个月的门诊治疗。此后其母亲要求医院无限期收治他,同时愿意辅助医院对孩子进行家庭治疗。但由于他在家里的行为反常,他的母亲只能要求结束家庭治疗。1974年他的父母自愿将父母权交给县政府。1975年10月24日,J. L. 和J. R. 提出集体诉讼,但J. L. 在本案审判过程中即去世。初审法院判决原告胜诉,认定佐治亚州的规定违反宪法,并发出禁令禁止他们对未成年人实施精神治疗的司法程序,此外还命令佐治亚州专门建造适合对未成年人精神疾病患者进行治疗的医疗设施,使该群体得以在合适的环境中进行治疗。佐治亚州上诉到联邦最高法院,最终联邦最高法院推翻了原判决,认定该州规定并未违反宪法。联邦最高法院在终审判决书中表明:在对孩子进行精神治疗前,除了父母的申请之外,还需要当地医院对孩子进行诊断。法律的这个规定使父母并不是唯一决定孩子做接受精神治疗的人。并且联邦最高法院认为,父母会为了孩子的利益而做出决定,即使个别父母并没有做到为孩子考虑,那也只是个别,因此无须以政府权力取代父母权利。当父母申请对孩子进行精神治疗时,医生作为一个公平裁判者,最终决定是否将孩子收治。法律赋予医生这个权利是因为相信医生会独立地对孩子的精神状态进行专业评估,而不会受到外界干扰。联邦最高法院最后认为,经过这两个法律步骤的限制,孩子的权利就不会受到侵害。

案例出处:《大法官的智慧Ⅰ:美国经典司法判例精选88例》。

(金 星)

斯科特医生违反告知责任案(Sccot v. Bradford,1979)

斯科特太太的医生告诉她她子宫上长了几个纤维瘤,让她入院治疗,并在为她做子宫切除手术前,曾让她在一项常规同意表格上签了字。术后斯科特太太小便失禁,于是她去看了另一位医生。该医生发现她膀胱与阴道连接处有瘘管,致使尿液从膀胱漏入阴道,因此建议她去找泌尿科医生。经过三次外科手术后,她的病症成功消除。事后,斯科特太太及其丈夫以医疗渎职罪指控被告,理由是被告没有告诉她手术的风险及可能的替代治疗,并称假如被告当初告知了手术风险,她会拒绝手术。在初审判决中,陪审团作出了有利于被告的裁决。原告提出上诉,但法院维持了原判。法院的判决理由为:为了达到预期效果,对医学治疗,应该由患者在对该治疗方式、有效的替代治疗方式以及附带风险进行充分了解的基础之上作出决定。所以,"告知同意"与医生在实施该治疗中的谨慎和技术一样是不可或缺的要素,该原则使医生有责任把各种选择及随之而来的风险告知患者。如果医生违背了此原则,患者的同意就是不完全的,医生就要为由此导致的结果负责。当然,也有医生有权不告知的例外情况。对于那些人人都应该知道的风险,或者患者已经知道的风险就没有告知的必要。此外,医生的主要责任是为自己的患者做到最好,如果完全告知会对患者的治疗和最大利益有害,医生就可以不告知。最后,在危急情况下,即患者不能对是否进行治疗做出决定时,决定权也可由医生行使。本案中,初审法院对医生的告知责任作了相当清晰的指令。该指令认为被告不必告知患者子宫切除手术的风险以及替代治疗的可行性。从整体上考虑,该指令理由充分,所以陪审团作出有利于被告的判决是符合法律规定的。

案例出处:《大法官的智慧Ⅱ:美国经典司法判例精选88例》。

(金　星)

威廉·H.离婚赡养案(William H. Orr v. Lillian M. Orr,1979)

1974年2月26日,威廉与莉莲诉讼离婚,法庭判决威廉须按月向莉莲支付生活费。由于威廉拒绝支付生活费,于是莉莲向巡回法院提出上诉,称威廉藐视法庭。威廉辩称亚拉巴马州赡养法要求男方单方面向女方支付生活费的规定违背宪法,因此要求撤销此判决。由于巡回法院未支持其诉讼主张,威廉随后向联邦最高法院提起上诉。联邦最高法院认为,随着社会上女性工作者的增多,妇女依靠丈夫生活的情况已经开始减少。而亚拉巴马州赡养法在当今时代已过分偏向有工作且收入较乐观的女方,甚至由此对男方造成了一定的经济压力和性别歧视。于是联邦最高法院撤销原判决,将此案发回重审,并建议亚拉巴马州法院审理类似案件时可以先举行听证会,查清哪方处于劣势地位,然后针对不同家庭中男女双方的经济情况作出合理判决。

案例出处:《大法官的智慧Ⅱ:美国经典司法判例精选88例》。

(金　星)

威廉·T.残疾父亲争取监护权案(Marriage of Ellen J. and William T. Carney,1979)

1968年12月威廉和艾伦在纽约缔结婚姻,1969年和1971年他们的两个儿子先后出生。之后不久两人分居,并订立协议约定两个孩子的监护权属于威廉。1973年9月,威廉与劳伦·雷维拉同居,之后劳伦生下一个女孩,他们共同抚养这三个孩子。1976年8月,威廉在一次交通事故中因伤瘫痪。1977年5月,他向法院请求与艾伦离婚,艾伦则请求要获得两个儿子的监护权。尽管从1972年夫妻两人分居至1977年法院召开听证会,艾伦除了给孩子们打电话、寄信函和包裹外,从来没去看过他们,但法院却按照艾伦的请求把监护权判给了她。1972年的法典修正之后，规定对未成年孩子的监护权父母双方有同等的地位。法典同时规定，被授予监护权的一方应"有利于孩子，对孩子的最佳利益有好处"。在本案中，两个孩子从记事起就和父亲威廉生活在一起，他们已经习惯了周围的环境和事物。法院把监护权判给艾伦之后，她立即把孩子们带到一个离他们原本生活的地方很远且对他们而言很陌生的环境。所以，艾伦想要获得监护权就必须证明环境的改变有利于孩子，对孩子的最佳利益有好处。在听证会上，艾伦指出威廉现实情况的改变使他根本无法照顾未成年的孩子，因此只有和她在一起，才更有利于孩子们的成长。在庭审过程中，法官提问证人的所有问题都是关于威廉的残疾及其后果的，对其他证据并不关心。只有职业心理医生希尔博士证实威廉是一个非常睿智的人，且有着很好的计划、组织与领导能力，他会对孩子的成长提供许多帮助。因此，他认为孩子们的成长不会因威廉的残疾而遭受不利。

尽管法官不否认希尔的证言，但仍"不认为威廉有能力去做一个正常的父亲，不认为孩子们和他生活在一起会健康地成长"。于是，威廉就转移监护权判决向加利福尼亚州高等法院提起上诉。加州高等法院认为，初审法官的考虑虽有一定道理，但仍是片面的。例如他们单纯地认为只有体格健全的父母才能做合格的父母，才能有利于孩子的健康成长，其实父母对孩子情感和智力上的引导也不容忽视。父母对孩子的培养，重要的不在于有健康的身体和足够的精力带孩子出去游玩，而是在道德上、情感上对孩子进行指导，这才是父母能给予孩子的最有价值的东西。当然，我们并不否认体格健全也是我们考虑"监护权归属"的因素之一，但它绝不是唯一的、最重要的因素。特别是当一个人遭受了身体伤残的时候，更不能允许法院以"体格健全"为借口去判断一个人能否作为一个合格的父亲。从公平、正义的角度出发，从人道主义关怀的角度出发，法院在作出"一个人能否作为合格的父母，是否有利于孩子的健康成长"的判决时，应全面考虑各方面的相关因素。据此，加利福尼亚州高等法院撤销了转移监护权的判决。

案例出处：《大法官的智慧Ⅱ：美国经典司法判例精选88例》。

（金　星）

西尔克伍德控柯尔·麦卡吉案（Silkwood v. Kerr – McGee，1979）

1974年，凯伦·西尔克伍德在生产钚元素的柯尔·麦卡吉核能公司实验室工作，她向联邦原子能协会反映了该公司违反安全标准的一些管理措施。3个月后，西尔克伍德在去见《纽约时报》记者的路上死于交通事故。据推测，她是要给记者一些文件以证明自己的怀疑。法医在检查中发现西尔克伍德的身体中存在钚元素，这证明她在死前就受到了核污染。麦卡吉公司则坚决否认自己违反联邦的安全规则，并声称西尔克伍德所受到的任何核污染都与其无关。西尔克伍德家人指控麦卡吉公司案，于1979年3月6日开审，审判持续了近3个月。杰拉德·斯宾斯代表西尔克伍德的家人一方，约翰·戈夫曼医生作证说：在安全方面，很明显公司是疏忽大意的。麦卡吉公司的前主管詹姆斯·史密斯也作证说，他相信西尔克伍德所指出的公司有40磅的原料（MUF）不知去向，并且他否定了麦卡吉公司有关MUF仍在厂内的说法。另一位公司前员工罗恩·哈莫克则作证说，其主管曾指示其将被包起来的充满钚元素的燃料渣用船搬运到其他工厂。此时，宾夕法尼亚州的三里岛核反应站发生了泄漏事件，这进一步给西尔克伍德案罩上了阴影。麦卡吉公司的辩护律师比尔·保罗请求法官宣布审判无效，因为他担心公众对三里岛的担忧会对本案的判决有不公平的影响。但法官弗兰克·塞伊斯驳回了他的请求。于是保罗请来著名的洛杉矶科学实验室健康中心主任乔治·沃尔兹博士作证,沃尔兹认为西尔克伍德体内的钚元素量低于标准。而斯宾斯则指出西尔克伍德并不适用这种检验下的平均标准,她体重不足100磅,并且吸烟很凶,而这两个因素增加了西尔克伍德受污染的可能性。1979年5月18日,陪审团判定麦卡吉公司确实存过失,其应向西尔克伍德家人赔偿505,000美元。麦卡吉公司请求重审,案子一直拖到1986年8月。在庭外协商中,麦卡吉公司同意付给西尔克伍德家人138万美元的赔偿。西尔克伍德案为核工厂提出了一个明确的标准,即危险的核能源需要制定绝对安全的准则来加以规范。

案例出处:《开庭:改变人类进程的115件世纪大案》。

(金　星)

戴姆斯扣押伊朗财产案(Dames & Moore v. Regan,1981)

1979年11月4日,美国驻德黑兰大使馆遭到使馆外示威人群的袭击,使馆一再请求伊朗当局给予帮助,但伊朗的保安部队一直没有采取保护措施。结果导致使馆整个馆舍被袭击人员侵占,使馆人员和非美籍工作人员被扣留,使馆的档案文件也被全部烧毁。袭击者在11月18日和20日先后释放了13名人质,但此后即拒绝继续释放其他人质,并要求美国满足他们提出的要求。美国使馆被非法占领后,伊朗政府没有采取任何措施制止侵犯行为,也没有对使馆及有关人员的损害进行任何赔偿,却对袭击者占领使馆和扣押人质的行为表示赞同,并拒绝与美国就此问题进行谈判。总统卡特为了应付这场危机,根据国际紧急状态经济制裁条令,在11月14日宣布美国全国进入紧急状态,同时冻结了伊朗政府及其机构的资产。财政部外国资产管理办公室也颁布条令,规定自1979年11月14日起,未经批准或授权,任何有关伊朗财产的扣押、判决、法令、执行及其他司法程序均无效。11月29日,美国向国际法院起诉。12月10日,国际法院在伊朗缺席的情况下开庭审理本案,并于1980年5月24日就本案实质问题作出判决。与此同时,美、伊双方也在阿尔及利亚的斡旋下进行紧张谈判,并于1981年1月19日达成"执行协约"。根据该协约,伊朗于1月20日释放了被俘的美国人质。协约还规定:此协议的目的是结束美伊双方政府和人民之间的所有诉讼,所以双方都必须遵守以仲裁方式解决这场争端的约定。此外还要成立一个伊朗——美国联合法庭,对6个月内没有解决的争议进行裁决。该法庭的裁定将是最终的,且可在任何国家的法院被执行。

在此背景下,1979年12月19日,戴姆斯&摩尔公司根据其子公司与伊朗原子能组织签订的书面合同,在美国地区法院对伊朗政府、伊朗原子能组织及几家伊朗银行提起诉讼,要求被告依照合同偿还原告3,436,694.30美元。该合同在禁止令之前已经签订,于是地区法院发布扣押令对被告的财产实行扣押。被告则认为,根据美国和伊朗之间的执行协约,美国有义务结束所有美国法院审理的相关案件,并将所有争端提交裁决。卡特总统于1981年1月19日也签署命令,批准了美伊之间达成的执行协约,且据此暂停了所有可能提交国际法庭的诉讼。本案的争议焦点是,总统是否具有颁布这种行政命令的权力。联邦最高法院认为该案背景复杂且涉及国际争端,总统签署协议并作出这样的行政法令确实可以有效地解决争端,并且已得到国会的认可。所以联邦最高法院认为总统有这样的权力。

案例出处:《大法官的智慧Ⅰ:美国经典司法判例精选88例》。

(金　星)

对伊莎贝尔·贝隆的审判(Isabel Peron Trial,1981)

1943年,胡安·多明戈·贝隆担任阿根廷总统,1955年其下台。1961年,他与第三任妻子伊莎贝尔·贝隆结婚,并在政局有利的时候重回总统宝座。贝隆于1974年7月1日去世,国家的领导权转到伊莎贝尔手中。在伊莎贝尔的治理下,阿根廷的政治经济形势持续恶化。1976年3月24日,军队发动政变迫使伊莎贝尔辞职并将她软禁。由于有贝隆主义者政党的支持,军队无法以政治因素起诉被废黜的总统,于是他们把注意力放在她在任期间的一起重大丑闻上。伊莎贝尔曾担任一个慈善团体的主席,1975年6月26日,阿根廷国家银行收到来自该团体的75万美元的支票,这笔本该用于购买医疗设备的款项被伊莎贝尔存进了其丈夫的遗产账户中。但几天后,该支票被伊莎贝尔的秘书撤销,她称这笔存款是一个错误。1976年5月6日,伊莎贝尔因不当利用政治基金为个人谋利而受到指控。军队希望找到一个既可使她远离阿根廷政治生活,又不会引起她的支持者发动动乱的解决办法。同年10月25日,她又因盗用50万美元慈善基金而被认定有罪。随后,她被关押在一个海军基地。1981年3月20日,联邦法官指控了她两项罪名,一是她在任期间曾接受一家银行赠与的价值1.4万美元的珠宝首饰;二是她从慈善基金中挪用百万美元归于自己名下。法庭对第一项指控不予追究,但根据第二项指控认定其有罪,并判处其8年监禁。6月24日,法庭认为第二项指控也证据不足,最后她因非法转移财产而被认定有罪。1982年7月,伊莎贝尔获得假释,条件是禁止参加政治活动或在公开场合发表演说。随后她被批准前往西班牙访问,从此定居马德里,再未返回阿根廷。

案例出处:《开庭:改变人类进程的115件世纪大案》。

(金　星)

迈克尔·M.强奸幼女案(Michael M. v. Superior Court,1981)

17岁半的迈克尔和16岁的莎拉在酒后发生了性关系,1978年7月,迈克尔被指控触犯强奸法。初审法院判定迈克尔有罪,州高等法院和联邦最高法院也都维持原判。本案的争议焦点在于,强奸法是否存在性别歧视,是否违反了宪法修正案中的平等保护条款。迈克尔对初审判决不服并上诉到州高等法院,认为强奸法存在性别歧视,违反了州和联邦宪法。他认为自己尽管与不满18岁的女子发生了性关系,但二人是自愿的。因此,根据强奸法"男性与不是自己妻子的、未满18岁的女子性交属于非法性交"的这一规定判定他有罪,并使他成为唯一的责任人是不公平的。州高等法院则站在女性特殊生理事实的立场上,认为只有女性可以怀孕,同时把男性看作能引起女性怀孕的唯一生理原因。所以在强奸法中将男女差别对待,维持迈克尔的有罪判决。迈克尔又上诉到联邦最高法院,但联邦最高法院也维持了州高等法院的判决。联邦最高法院在审理此案时指出,该州"法定强奸法"关于与未成年女性性交属于犯罪的规定,目的是控制未成年女性怀孕的发生。因为在怀孕上女性要比男性承担更多的不利后果,所以该规定并没有违反宪法。联邦最高法院还指出,立法机关在立法过程中不应该忽略男女差异而一味地追求平等,适当的差别对待并不代表不平等。基于此,迈克尔与16岁的莎拉发生性行为是有罪的。

案例出处:《大法官的智慧Ⅰ:美国经典司法判例精选88例》。

(金　星)

对红色旅的审判(Red Brigades Trial,1982—1983)

阿尔多 · 莫罗是意大利基督教民主党党魁,他领导该党与意大利共产党联盟,并在1978年成功执政,但这个联盟引起了意大利很多势力的反对。红色旅诞生于20世纪60年代晚期意大利的激进学生运动中,70年代早期成为恐怖组织。它宣扬以"革命的暴力"来对付政治对手,其领导人是马里奥 · 莫瑞蒂。1978年3月16日,莫罗准备参加在罗马举行的庆祝联盟协议达成的议会会议。红色旅在基督教民主党总部策划了针对莫罗的恐怖活动,他们杀死5名保镖后劫持了莫罗。红色旅提出用13名在押的恐怖分子交换莫罗,但被政府拒绝。5月9日,警方在停放于基督教民主党总部附近的一辆卡车里发现了莫罗的尸体。在当局随后的搜查中,包括莫瑞蒂在内的63名嫌疑人被抓获。1982年4月中旬,审判在罗马奥林匹克体育中心进行。63名被告中有23人被指控与莫罗的死有关,其他人则涉嫌谋杀、绑架和其他罪行。1983年1月,主审法官将案件送交陪审团进行裁定。1月24日,圣阿皮齐法官宣布判决结果,包括莫瑞蒂在内的32名红色旅恐怖分子被判处终身监禁(意大利没有死刑),4人被无罪释放,其余的被告则分别被处以刑期不等的监禁。该判决重创了红色旅恐怖组织。

案例出处:《开庭:改变人类进程的115件世纪大案》。

(金　星)

普莱勒非法移民孩子免费教育案(Plyler v. Doe,1982)

1975年5月,得克萨斯州立法机构授权地方学校拒绝"没有合法身份"的孩子进入公立学校免费读书。从1977年始,得克萨斯州史密斯郡要求"没有合法身份"的孩子必须缴纳"足够的学费"才能进入学校学习。原告普莱勒为墨西哥籍学龄儿童,他因史密斯郡的这一政策而无法进入公立学校读书,于是向法院提起诉讼。原告认为根据美国《宪法第十四修正案》:任何州不得否决其辖区内的任何人受法律平等保护的权利。但得克萨斯州争辩说,没有合法身份的外国人不属于得州"辖区内的人",不适用《宪法第十四修正案》,并且他们也不受得州法律的保护。初审法院认为阻止这些孩子接受公立免费教育,违反了美国宪法的平等保护条款。史密斯郡上诉到美国联邦最高法院,最高法院维持了初审判决,并给予了这些"没有合法身份"的孩子进入公立学校接受免费教育的权利。联邦最高法院认为,"人"并不受辖区内这一修饰词的约束。外国人,甚至非法进入的外国人一直都被认为属于《宪法第十四修正案》规定的"人"的范畴。平等保护条款的目的就是限制州立法机关实施一些与宪法基本原则不符的行为。对这类区别对待的行为,州必须证明这是为了服务于一个压倒一切的国家利益,但上诉人并没有提出这样的证据。因此,联邦最高法院在审核本案后认为,得克萨斯州对这些"没有合法身份"孩子的区别对待是违宪的。

案例出处:《大法官的智慧Ⅰ:美国经典司法判例精选88例》。

(金　星)

梅耶尔地区检察官助理擅自散发问卷案(Connick v. Mayers,1983)

梅耶尔是新奥尔良州的一名地区检察官助理。她的上司检察官科尼克打算把她调到刑事法庭的另一个部门,但梅耶尔并不愿意,于是她向几位主管反映了自己不愿调动的想法,但都没有获得支持。梅耶尔就以问卷的形式向15个地区检察官助理调查有关调动政策、职业道德、设立申诉委员会、人事决定的隐蔽程度以及在工作中是否感到压抑等方面的意见。科尼克认为梅耶尔不服从调动并擅自分发传单，就解雇了她。被解雇之后，梅耶尔以自己的言论自由权受到侵犯为由提起诉讼。本案的争议焦点是，科尼克对梅耶尔的解雇是否与《宪法第一修正案》相冲突。梅耶尔认为自己分发调查问卷的行为应该受到《宪法第一修正案》的保护，科尼克因不满她分发问卷而解雇她，侵犯了她言论自由的权利。地区法院和上诉法院支持梅耶尔的诉讼主张，联邦最高法院在终审程序中否定了地区法院和上诉法院的判决。地区法院和上诉法院都认为，州政府在招收公务员时不能设置条件限制公务员的言论自由，但联邦最高法院认为这样的观念使裁判的天平过度地不利于被告。本案如果只考虑保护梅耶尔言论自由的权利，那么政府的管理将因此受到威胁。如果政府的公务员都以这种方式对抗上级，那么政府机关将无法正常运作。联邦最高法院最后认为，当公务员的言论与保护广大公民的利益无关的时候，政府可以对其进行必要的管理，且正常的管理并不侵犯他们的言论自由。

案例出处：《大法官的智慧Ⅰ：美国经典司法判例精选88例》。

（金　星）

格兰蒂丝继父母支付继子女抚养费案（Gladys Miller v. Jay Miller，1984）

格兰蒂丝·米勒与前夫勒夫·费布雷离婚后，带着两个女儿嫁给了杰·米勒，但不久二人也诉请离婚。格兰蒂丝要求杰支付两个女儿的抚养费，她认为虽然杰不是两个女儿的生父和养父，但由于杰的错误诱导使孩子们把杰当作亲生父亲，并疏远了与其生父的关系。因此，如果杰拒绝支付抚养费就会损害到孩子们的感情。初审法院依据“感情纽带”理论同意了格兰蒂丝的诉求，而上诉法院也认为杰的行为有害两个孩子与其生父的关系，同意初审法院的判决。

此后杰上诉至新泽西州高等法院，高等法院认为，新泽西州没有法律规定继父母要对继子女承担抚养义务，普通法中也没有如此规定。本案中，初审法院提出的“感情纽带”理论并不能支持其判决，因为如果那个判决成立，就会造成这样的影响——如果继父母和继子女保持亲密关系，那么在离婚后就要承担向继子女支付抚养费的义务；相反，如果继父母对继子女保持冷漠，在离婚后就不必承担支付抚养费的义务，这明显不是公正的。我们的法律已经规定生父母应该承担抚养孩子的义务，而继父母只是“代理父母”，当“代理父母”结束这段“代理”关系时，除非有证据证明继父母的行为妨碍了孩子们从生父母那里得到抚养，否则“代理”父母就无需承担支付抚养费这一责任。在本案中，提出诉讼请求的格兰蒂丝并没有提出充分的证据证明杰的行为妨碍了勒夫的抚养责任。因此，终审法院推翻上诉判决，发回重审。

案例出处：《大法官的智慧Ⅱ：美国经典司法判例精选88例》。

（金　星）

玛瑞翁强奸妻子案（People v. Mario Liberta，1984）

玛瑞翁和丹妮丝于1978年结婚，婚后育有一子。孩子出生后不久，玛瑞翁就开始殴打妻子，丹妮丝因此于1980年年初诉至伊利郡家庭法庭。法庭于同年4月30日签发临时保护令，责令被告玛瑞翁与丹妮丝分居，同时给予被告对儿子的周末探望权。此后，玛瑞翁搬到汽车旅馆居住。1981年3月21日是周末，但玛瑞翁并未探望儿子。3月24日（周二）他电话联系丹妮丝请求她允许他和他的一位朋友一同前往丹妮丝住处探望儿子。丹妮丝不愿让被告进自己的家，于是同意被告接她和儿子到他居住的汽车旅馆。当他们到达旅馆后，玛瑞翁在儿子在场的情况下开始对丹妮丝施暴，并强迫与其发生性关系。

1981年7月15日，玛瑞翁被指控犯有一级强奸罪和一级鸡奸罪。被告辩称事发时他和丹妮丝仍存在婚姻关系，因此应适用婚姻豁免。检察官认为，家庭法庭签发的临时保护令已经要求被告和丹妮丝分居，且二人实际上也处于分居状态，因此他们之间应被视为"无婚姻关系"。初审法院认为临时保护令不能要求玛瑞翁和丹妮丝分居，案件应适用"婚姻关系豁免"，据此撤销了对被告的指控。检察官提起上诉，纽约州上诉法院认为虽然根据纽约州刑法，已婚男子强奸或鸡奸妻子因婚姻豁免不能被指控为犯罪，但就本案而言，案发时家庭法庭已命令他们分居，法院的临时保护令有效。因为从1987年开始，立法机关已经把"不存在婚姻关系"的定义扩大，认为夫妻根据法院指令或法庭判决或分居协定实行的分居都属于"不存在婚姻关系"。所以，被告的行为构成犯罪。

案例出处：《大法官的智慧Ⅱ：美国经典司法判例精选88例》。

（金　星）

文森特张贴竞选标语案（Members of Council v. Taxpayers for Vincent，1984）

1979年罗兰德·文森特竞选洛杉矶市议员，其支持者把印有他名字的宣传标语悬挂在了公共设施上。这个行为违反了洛杉矶市的法律规定，因为法令明确禁止在公共设施上张贴标语，此后标语被移除。文森特的支持者遂将洛杉矶市告上法庭，认为该法令限制了他们的言论自由，因而违反了宪法。初审法院撤销了其起诉，支持者们继续上诉，上诉法院支持了他们的诉讼请求，判定该法令违反宪法。但联邦最高法院的终审裁判又将上诉法院的判决推翻，并维持了初审法院的判决。通过本案审判，美国宪法修正案对言论自由保护的意义被揭示出来。《宪法第一修正案》规定："国会不得制定限制言论自由的法律。"该修正案的规定最初是针对国会或者联邦政府的。但联邦最高法院1925年宣布，《宪法第十四修正案》的正当程序条款保护表达自由不受各州侵犯。本案中，文森特的支持者主张，禁止张贴标语的规定并不是在所有地方都无条件地适用，对于临时标语，因为它是一种交流的重要手段，就应当被保留。但联邦最高法院认为，在公共设施上张贴标语并不是唯一重要的交流方式。此外，文森特支持者们的有效交流能力也并不因为州法禁止在公共设施上张贴政治标语而受到限制，他们完全可以通过其他方式来表达自己对文森特的支持。而且，这些支持者并没有提供任何证据证明其有权利在公共设施上张贴标语。最高法院最后认为，除非文森特的支持者们能够证明，除了往公共设施上贴标语之外，没有其他合适的方式表达自己的观点，他们才能主张自己的言论自由受到了侵害。否则，社会公共利益是不容被侵害的。可以看出，美国联邦最高法院在肯定公民言论与表达自由的时候，并没有忽略其他应该被重视的公共利益。在不否认言论自由的情况下，它要求发表言论者用更适当的方式去表达，从而使这个案件得到了公正、合理的解决。

案例出处：《大法官的智慧Ⅰ：美国经典司法判例精选88例》。

（金　星）

阿根廷"肮脏战争"案（Argentina's "Dirty War" Trial，1985）

阿根廷军方推翻了伊莎贝尔·贝隆政府后，建立了新政府。新政府为了实行社会改造，决定将任何被怀疑为反对他们的人处死。该政策叫作"国家重组进程",但阿根廷人习惯性称它为"肮脏战争"。在"肮脏战争"中,许多蓝领工人、自由职业者、学生、记者、修女、教师、心理学家以及工会成员等被安全部队逮捕,有0.9万人到3万人失踪。1982年,阿根廷在与英国争夺福克兰群岛控制权的战争中失败,军人政府下台。1983年12月10日,新总统罗尔·阿方森上台后即对1976年至1982年6月掌权的9位军方领导人进行审判,并调查国民失踪事件。1985年4月22日,审判开始。在总检察官朱利奥·斯特拉提供的1000多份证人证言和调查报告的证实之下,军方领导人的罪行彻底暴露了。多名军方高级将领被指控谋杀、绑架、严刑拷打、抢劫以及使用伪造证件进行非法搜查等罪行。经过长达半年多的审理,1985年12月9日判决宣布:陆军上将乔治·韦德拉和海军上将埃米利奥·麦瑟拉判终身监禁,陆军上将罗伯特·维奥拉7年监禁,海军上将阿曼多·兰布提尼8年监禁,空军准将奥兰多·阿古斯提4年半监禁,陆军上将奥玛·格拉格纳、海军上将乔治·阿那亚和巴斯里奥·莱米·多佐则被判无罪。虽然"肮脏战争"成为阿根廷人心中永远的伤痛,但很多人也把这次判决看作司法系统摆脱政府控制的标志。

案例出处:《开庭:改变人类进程的115件世纪大案》。

(金　星)

克勒贝尼建立智障生活区案(Cleburne v. Cleburne Living Center, Inc., 1985)

1980年7月,简·汉娜在得克萨斯州的克勒贝尼市购买了一幢房子,准备把它租给"克勒贝尼生活中心"。但城市委员会对该中心的申请举行了公开听证会之后,以3:1的投票否决了其申请。城市委员会认为,根据得克萨斯州克勒贝尼市市政规划条令的有关规定,设立这样的智障者生活区必须得到市政当局的许可。上诉法院第五巡回法庭认为,该市政规划条令侵犯了宪法平等保护条款,联邦最高法院的终审判决也判定克勒贝尼市市政规划条令不适用于本案。城市委员会坚持生活区的建立必须得到专门许可,其理由在于:首先,委员会担心该生活区内的业主可能不同意,担心智障者的专门生活区会导致周围的老年人有恐惧心理;其次,委员会声称该生活区穿过一所中学,他们担心这个学校的学生会对智障者进行骚扰;最后,委员会强调该生活区所处的位置在500年洪水泛滥历史的平原上。但联邦最高法院认为这些并不构成不建立专门生活区的正当理由,而只是表明了城市委员会对智障者的偏见。美国宪法对平等的保护是全方位的,对于区别对待的适用也极为严格。最高法院认为智障者的生活区并不区别于寄宿房、看护房或看护中心。既然对于寄宿房、看护房或看护中心等场所的设立并不需要专门许可,那么对于智障者生活区的建立却需要经过专门许可,这显然是不合理的,违反了宪法关于平等对待的规定。上诉法院的判决虽然也判定克勒贝尼市的规划条令违反了宪法平等保护条款,但却认为智障者属于"准可疑的"群体,所以对他们的区别对待应该接受严格于经济或社会领域的司法审核。联邦最高法院在维持上诉法院判决的前提下否认了这一观点。最高法院认为,司法部门应该做的是依据宪法原则对社会上仍然存在的、对智障者的各种歧视现象进行纠正,但纠正的方式不应该是制造一个"准可疑的"群体,并对其进行严格审查。相反地,法院的职能应当是,使智障者与其他人区别对待的立法与合法的政府目的之间建立起合理的联系。

案例出处:《大法官的智慧Ⅰ:美国经典司法判例精选88例》。

(金　星)

希思跨州雇凶杀妻案(Heath v. Alabama,1985)

1981年8月,拉利·杰恩·希思以2000美元的报酬雇佣查尔斯·欧文斯和格雷戈里·蓝普金,刺杀其怀有9个月身孕的妻子瑞贝卡。8月31日,希思离开其在亚拉巴马州拉塞尔郡的住宅,在佐治亚州与欧文斯和蓝普金碰头后,把他俩带回自己的住宅,交给他俩汽车和房门钥匙后,自己则离开住宅并躲到女朋友的卡车里。欧文斯和蓝普金绑架并枪杀了瑞贝卡,此后,瑞贝卡的汽车及尸体在佐治亚州特洛普郡的路边被发现。根据对死亡时间以及尸体被发现地点与希思住宅之间距离的推测,谋杀应发生在佐治亚州,被告对此也未予否认。在初审过程中,希思被佐治亚州指控犯有"蓄意"谋杀罪。在被告知他有可能被判死刑后,希思承认有罪以换取终身监禁。不久,亚拉巴马州大陪审团认为希思犯有绑架谋杀罪,并判决其死刑。希思则主张犯罪行为发生在佐治亚州,故亚拉巴马州无权管辖,但亚拉巴马州法院驳回了希思的申辩。该法院认为:因为整个犯罪行为是从亚拉巴马州开始的,根据亚拉巴马州法律,州有权管辖发生在该州境内的犯罪。初审法官接受了陪审团的提议,即"当被告犯有绑架罪的时候",就可以作出死刑判决。亚拉巴马州高等法院维持了该死刑判决。在终审判决中,法院也维持了亚拉巴马州高等法院的判决。该案适用了双重主权原则,根据该原则,在某案件中当被告违反了两个政府的法律,侵犯了两个主权的"和平与尊严"时,那么他就犯有两个独立的"罪行"。因此,法院认为,应当从文本上理解双重定罪条款,并在司法实践中体现其基本原则。

案例出处:《大法官的智慧Ⅰ:美国经典司法判例精选88例》。

(金　星)

对夏普维尔六人案的审判(The Sharpeville Six Trial,1985)

在南非,授权地方黑人自治的法案于1982年开始施行。根据该法:白人政府须将地方政府的治理权限转给由选举产生的黑人议会,同时赋予他们收取与公共服务相关费用的权力。但该法案的施行很快引起了骚乱。9月2日夜,夏普维尔代理市长贾科巴·德拉米尼的家遭到袭击。第二天早上,抗议的人群再一次袭击了他的住宅,德拉米尼则向外开枪还击。其后,暴徒向房子投掷了汽油弹,德拉米尼被暴徒们点火烧死。警察随后逮捕了8名嫌疑犯,其中包括水果摊贩斯法塔沙。尽管他坚持说自己当时不在现场,但德拉米尼夫人和她的邻居扬蒂奇·马布提都指认他在现场。马布提还指认了包括特尔萨·罗马什莫拉在内的另外5人。警察在审问过程中对罗马什莫拉和斯法塔沙都施以酷刑。雷德莫克尼被捕后遭到拷打,因此也签署了一份向房子扔石块的虚假供状。最后一个被告马帕·迪尼绍,因为持有德拉米尼的枪支而被捕。1985年4月25日,庭审开始,当局声称被告有意使政府被迫放弃将地方管理权交给黑人的计划。控方提供了6名政府方面的目击证人,但3人提出的证据与任何被告都无关。马布提是最关键的证人,但辩方的交叉询问显示其所描述的细节存在许多疑问。在最后裁决时,法官摒弃了产生合理怀疑或者有利于被告方的证据,并判处6人死刑,2人长期监禁。由于国际干预,南非总统P. W. 博萨不得已于1988年11月23日将夏普维尔一案中被判处死刑者的刑罚分别改为15年、20年和25年监禁。直到南非政府开始取消种族隔离制度,这个案件才得以纠正,被告先后被释放。

案例出处:《开庭:改变人类进程的115件世纪大案》。

(金　星)

对英迪拉·甘地遇刺案的审判(Indira Gandhis Assassins Trial,1985-1986)

19世纪80年代初,锡克教原教旨主义者要求在印度北部的旁遮普邦实行自治。总理英迪拉·甘地对此忧心忡忡,因为允许一个宗教团体从印度分离出去可能导致整个国家的分裂。1983年,锡克人开始实施暗杀活动,甘地夫人当即宣布进入紧急状态。但狂热的锡克人领袖圣加内尔·辛格宾德兰威尔下令以锡克神庙——金庙为掩体,发动更多的谋杀活动并建造军火库。于是,1984年6月5日甘地总理下令印度军队发动“蓝星行动”进攻金庙。神庙被亵渎和大批人的丧生将锡克人激怒了,出于安全考虑,甘地的安全顾问建议她将身边的锡克人调走,但遭到她的拒绝。1984年10月31日早上,甘地去参加一个电视节目时,她的警卫本特·辛格、萨特万特·辛格向她开火。5个小时后,英迪拉·甘地身亡。调查结论认为,刺杀总理是一种复仇行为。萨特万特·辛格被指控谋杀罪,鲍伯·辛格、科哈·辛格和本特·辛格的叔父犯有同谋罪。审判于1985年5月13日开始,1986年1月22日,法官钱德拉认定被告有罪并判处他们死刑。但三人坚持他们是无辜的并提出上诉,德里高等法院在法官钱德拉作出的判决中发现了几处技术性错误,但在长达4个月的庭审以后,审理上诉的法官小组拒绝推翻或修改原判决。直到1988年8月3日,鲍伯·辛格的判决被最高法院推翻,但其他两人的死刑判决仍被维持。

案例出处:《开庭:改变人类进程的115件世纪大案》。

(金　星)

克丽丝汀娜婚前财产合同案(John Z. Delorean v. Christina Delorean,1986)

1973年5月8日,23岁的克丽丝汀娜和比她年长25岁的约翰在结婚前几个小时签订了一份婚前财产合同。合同约定婚前婚后双方个人的所有财产收入都归个人所有,任何一方不得以任何名义分割、侵犯对方的财产。13年后二人离婚,如果当初签订的婚前财产合同无效,那么克丽丝汀娜依法可以获得50%的财产,但如果有效,则其可分得的财产微乎其微。于是她提起诉讼,主张婚前财产合同无效,原因是她签订合同时受了丈夫的误导。法院认为判断婚前财产合同是否有效,主要从三个方面考虑:首先,双方签订合同时是否出于自愿。本案中,妻子声称她签订合同时是被迫的,因为它是在距离婚礼举行还剩几个小时才签订的,如果不签丈夫将取消婚礼,所以其对合同的签订是一种被胁迫的行为。但法院认为,克丽丝汀娜已经历过一次婚姻且具有一定的商务经验,同时律师也向其提出过忠告。在这种情况下,即使取消婚礼是一件尴尬的事,但妻子当时仍可以拒绝签字。而丈夫的做法虽然极端,但其意图即不想让妻子以婚姻来获得他的财产。由于双方都是自愿的,所以合同是有效的。其次,合同是不是公平的。法律规定合同的内容不能超过这样一个限度,即任何一方不会因为合同的约定而赤贫或导致国家公诉。双方在公平自愿、意思自主的原则上签订的合同,除非有极为特殊的情况,否则法院是不应该介入的。法院认为本案中的合同显然符合这些规则,因此是公平有效的。最后,双方在签订合同时,是否清楚对方的经济状况。本案的案发地点是加利福尼亚州且合同也约定:“此合同的解释权参照加利福尼亚州法律,并由加利福尼亚州法院管辖。”根据加州法律,只要没有正式结婚,双方就不存在一种亲密关系,合同一方只要得到一个关于对方财产数额的大致信息就够了。在本案中,这些要求丈夫都做到了,因此合同是有效的。基于此,初审和终审法院都认定婚前财产合同有效。

案例出处:《大法官的智慧Ⅱ:美国经典司法判例精选88例》。

(金 星)

对吉恩·贝德尔·博萨卡的审判(Jean - Bedel Bokassa Trial,1986 - 1987)

吉恩·贝德尔·博萨卡是中非共和国的军政首脑,1966年,他发动政变夺取了政权,宣布自己为中非共和国的皇帝。统治期间,他处死了众多被他想象成敌人的政治家,并对批评他的外国记者施以毒打和监禁刑罚。博萨卡曾以吊死监狱中所有对妇女犯罪而被判刑的人的方式,来庆祝1971年的母亲节。他还将批评他的人丢进他在宫殿里的鳄鱼池和狮子笼里,更有甚者,他还吃人肉。1979年,博萨卡参与了杀害在校的100多名儿童的暴行。9月20日,法国空降部队在中非登陆,帮助达奇科重新执政。之后博萨卡定居法国,靠法国军队发给的退休金生活。1986年10月23日,博萨卡回国,但刚下飞机就被逮捕。1986年12月15日,审判开始。法庭整理出了包括谋杀、偷窃政府资金以及吃人肉等罪名在内的15项指控。1987年6月12日,博萨卡被认定有罪并被判处死刑。他的律师提出了上诉,但被上诉法院驳回。1988年2月29日,克林巴总统取消了中非共和国的死刑制度,博萨卡被终身监禁。

案例出处:《开庭:改变人类进程的115件世纪大案》。

(金 星)

斯坦屈纳授课内容不当停职案(Memphis Community School Dist v. Stachura,1986)

斯坦屈纳是密歇根州孟菲斯市公立学校的终身教师,因学生家长不满其在七年级生物课上公开展示性交图片和相关影片(一种教学方法)而被学校停职。尽管斯坦屈纳不久即恢复了教学工作,但在恢复工作之前他向地方法院提起诉讼。他指控学校暂停其教学工作违反了程序公正法并侵犯了《宪法第一修正案》赋予他的自由权,由此提出伤害赔偿和惩罚性补偿请求。地方法院向陪审团说明了赔偿和惩罚性补偿的标准,同时强调额外的补偿罚金应根据被侵犯权利的价值和重要性来裁定。陪审团认定学校应当负责任,因此初审法院判决学校必须支付赔偿金和惩罚性补偿,上诉法院维持了该判决。但终审法院推翻了上诉法院的判决,并发回重审。

终审法院认为:侵权案件中伤害赔偿的目的主要是补偿原告因被告的侵权行为而造成的伤害,包括直接的、能用金钱来计算的损失,以及间接的、不能用金钱来计算的损失。伤害赔偿金的支付应该建立在原告的实际损失之上并符合赔偿原则,也就是说,只要没有伤害发生,就不会有伤害赔偿。本案中,原告因宪法权利被侵犯而请求伤害赔偿,赔偿的程度应当根据侵权法原则来确定。根据伤害赔偿原则,只要没有证据证明有伤害存在,我们就不会给予伤害赔偿。抽象的宪法权利不能成为伤害赔偿的基础,除非原告有证据证明剥夺其抽象的宪法权利确实给其造成了伤害。至于原告辩论说法院的指令准予了一种推定伤害赔偿,但推定伤害赔偿是普通伤害赔偿的替代品,而不是对伤害赔偿的补充。当原告对已经发生但难以确定的伤害请求赔偿时,可以采取推定伤害赔偿的方式,粗略地估计原告所受的伤害,并对损害进行赔偿。本案中,由于法院是以宪法的重要性进行主观判断并以此作为确定伤害赔偿的根据,而不是以已经发生但难以确定的伤害为赔偿根据的,所以不能认定为推定伤害赔偿。

案例出处:《大法官的智慧Ⅱ:美国经典司法判例精选88例》。

(金 星)

詹尼弗要求父亲支付学费案(Jennifer Jones v. Jimmy Jones,1986)

1985年1月25日,詹尼弗已年满18周岁。其父母于1980年离婚,她轮流与父母住在一起。1985年6月,詹尼弗高中毕业并打算去亚利桑那州立大学攻读新闻学学士学位,学费为25,000美元。不久她起诉了父亲,称她利用课余时间打工且进入大学后会继续打工,但该收入不能满足所有费用。因母亲已负担了她的生活费,所以她要求父亲每年向她支付3600美元学费。初审法院驳回了她的起诉,詹尼弗遂向加利福尼亚州法院提起上诉。加利福尼亚州法院认为:州法律没有这样的规定,而且在以前的判例中也无法找到相似的案例。

原告针对其诉讼主张提出了以下两点理由:首先,法律规定:"父母有责任对没有能力靠工作养活自己、需要救助的孩子提供抚养直到他(她)具备这种能力。成年的孩子有责任回报父母的抚养。直到长大成人都接受抚养的人是那些确实不能通过自己的劳动维持生计的人。"其次,法律规定"孩子的父亲和母亲都有同等责任抚养和教育孩子,具体分工视父母双方的收入和能力而定"。该条的A款同时规定:孩子的父母必须支付孩子的抚养费和教育费,在民事案件中,这些义务的执行要为未成年孩子的利益着想,法庭有权命令并且强制执行,离婚家庭也不例外。对于第一点,加州法院称,该条法律的适用对象是那些不能靠工作养活自己的孩子。同时,孩子必须证明他不能自立是由于精神或身体的残疾或一些他所不能控制的因素。基于此,加州法院认为原告提出的理由不能成立,因此不支持她的诉讼请求。对于第二点,加州法院指出:该法律所指的"孩子"实际上指的是"未成年孩子",而本案的原告已到了成年年龄,故该条对她不适用。基于此,加利福尼亚州法院维持了原判。

案例出处:《大法官的智慧Ⅱ:美国经典司法判例精选88例》。

(金 星)

彼特·赖特(间谍)案(Peter Wright (Spycatcher) Trial,1986-1988)

1980年9月,专门描写间谍的英国记者查普曼·平切尔与曾在安全部"MI-5"任职的彼特·赖特见面。随后二人合作出版了《他们的职业是背叛》这本描写赖特间谍生涯的回忆录。书中还描写了"MI-5"的其他成员以及前负责人罗杰·霍利斯,还怀疑前工党领导人和英国首相哈罗德·威尔森是苏联的间谍。5年后,赖特和鲍尔·格林格斯拉在澳大利亚又合著了《间谍猎手》和《前情报官员的坦白自传》两本书,书中写了对霍利斯的调查事件和"MI-5"反对威尔森的秘密计划。英国政府希望根据《公务员机密法》指控赖特,并要求澳大利亚遣送赖特回国。但澳大利亚进行了首次审判,于是,英国政府于1987年3月向澳大利亚的南威尔士法院提出上诉。同年9月,法院作出判决,指出英国政府尽管以违反机密法为依据提出指控,实际上是想借澳大利亚法庭来实施它的《公务员机密法》。此后,案件又上诉到堪培拉的高级法院。最后,澳大利亚解除了对《间谍猎手》和《前情报官员的坦白自传》的出版禁令。1987年的7月28日到30日,英国上议院的高级法庭开始审判该案,判决结果驳回了1988年10月12日提出的"间谍"上诉。多次的审理和上诉,使《间谍猎手》成为最畅销的书籍之一,而书中所揭露的某些内容,也令英国政府陷入了尴尬。

案例出处:《开庭:改变人类进程的115件世纪大案》。

(金 星)

对克劳斯·巴比埃的审判(Klaus Barbie Trial,1987)

克劳斯·巴比埃在纳粹时期是党卫军的一名低级军官,1943年到1944年担任党卫队法国里昂部的领导人。在此期间,他在里昂附近的依兹尤村孤儿院抓捕了44名犹太儿童,并将他们送进死亡集中营。他还将630名犹太人和抵抗运动成员送进了奥斯维辛集中营,并由此得到了"里昂屠夫"的恶名。战争结束后,他逃到南美洲的玻利维亚,身份也变成了德国移民柯劳斯·阿尔特曼。1974年,他在玻利维亚首都拉巴斯被发现,并于1983年被带回里昂。1987年5月11日,对他的审判开始。面对指控,巴比埃声称他从未在伊兹尤进行过搜捕,他也从未有过下令驱逐犹太人的权力。他还争辩说虽然他曾严厉打击抵抗运动,但那是战争,而现在战争已经过去了。7月3日,由12人组成的陪审团开始讨论案件,3名法官列席陪审团的讨论并参与了投票表决。7月4日,法庭裁定巴比埃有罪,并判处其终身监禁。

案例出处:《开庭:改变人类进程的115件世纪大案》。

(金 星)

对约翰·丹杨朱克的审判(John Demjanjuk Trial,1987-1988)

1942—1943年,乌克兰裔士兵"可怕的伊凡"在特雷布林卡的纳粹死亡营中使用毒气杀害了数千名犹太人。第二次世界大战后,伊凡非法进入美国,并定居在俄亥俄州的克利夫兰。1977年,福特汽车公司一位名叫约翰·丹杨朱克的57岁老工人被指控为"可怕的伊凡"。丹杨朱克于1952年来到美国,6年后将名字改为约翰,并成为美国公民。1979年,移民规划局收到一张"伊凡·丹杨朱克"的身份证复印件,丹杨朱克却否认这张身份证是他的。但几名以前的特雷布林卡营的犯人认出了身份证上的人就是"可怕的伊凡",于是移民规划局决定审查丹杨朱克的公民身份申请表。听审会于1981年2月10日开始,特雷布林卡仅存的5名在世的幸存者中有4个飞到美国指证丹杨朱克。丹杨朱克声称自己从未到过特雷布林卡,他的身份证是由苏联秘密警察伪造的。丹杨朱克还称,1942—1943年,他被关押在位于波兰的德军监狱中。最后,法官弗兰克·拜提斯提认定丹杨朱克隐藏了他的战时记录,并非法获取了美国公民身份。因此,他被判决3日内离开美国。1985年12月,移民规划局上诉委员会判定丹杨朱克失去自由离境的权利并将其拘禁,以等待以色列将其引渡回国受审。1987年2月16日,在耶路撒冷对他进行了审判,他被指控犯有更为严重的"种族灭绝"罪。大多数以前已指证过丹杨朱克的特雷布林卡幸存者,再一次出庭作证。1988年4月18日,法官列文宣布丹杨朱克即"可怕的伊凡",并判处其绞刑。丹杨朱克提起上诉,后来法庭发现的文件显示"可怕的伊凡"并不是丹杨朱克,而是另一个叫伊凡·玛奇恩科的乌克兰人。他与丹杨朱克相貌相似,并在1976年被幸存者认定为"可怕的伊凡"。1992年以后,出现了更多的证据显示丹杨朱克并不是"可怕的伊凡"。1993年,以色列最高法院推翻了对丹杨朱克的有罪裁决,宣布他不是"可怕的伊凡"。

案例出处:《开庭:改变人类进程的115件世纪大案》。

(金 星)

格雷乔雷确认父亲身份举证标准案(Gregory L. Ribera v. Jean M. Minnich,1987)

1983年5月28日,未婚的简·玛利·米尼奇生下了卡利·迈克尔·米尼奇。20天后,简声称孩子的父亲是格雷乔雷·雷伍拉,并向宾州兰卡斯特郡普通辩护法院请求格雷乔雷支付孩子的抚养费。在开庭审理前,格雷乔雷要求法院裁决宾州法律违反“程序公正”条款,因为该州的法律规定,有关父亲身份的确认采取相对宽松的“占有优势的证据标准”,格雷乔雷则主张父亲身份的确认必须采用“严格的证据标准”,想确认父亲的身份,必须要有令人信服的证据。他的理由是:在山塔斯吉案中,联邦法院“终止父母”身份时采用的是严格的证据标准,那么这个标准也应当适用于“确认父母”身份的案件中。法院最后根据“占有优势的证据标准”判定格雷乔雷是孩子的父亲,于是格雷乔雷提起上诉。宾州高等法院认为宾州法律采取“占有优势的证据标准”符合宪法,所以维持初审裁决。

格雷乔雷再次上诉到联邦最高法院,联邦最高法院也认为以“占有优势的证据标准”来证明父亲身份是符合宪法的,并从三个方面区分了“终止父母关系”的程序和“确认父母关系”的程序实际上存在的重要区别。首先,“占有优势的证据标准”使与孩子的出生有因果关系的父亲承担起作为父亲的责任,同时不会妨碍任何已有的权利。但“终止父母关系”的程序是在法律上否认其父母身份。两种程序有着重大不同,因此所要求的证据标准也是不一样的。其次,两种程序中对立双方的关系与地位是不一样的。之所以“终止父母身份”适用严格的证据标准,是因为在该程序中争议双方分别是有着丰富的人力物力资源的州政府和势单力薄的个体。所以在审判程序中要让州承担更多的风险,承担严格的举证责任。但是在“确认父母身份”的案件中,争议双方分别是孩子的母亲或者可能的父亲,他们中的任何一方都有可能因为一个不利的判决而受损,因此双方共同承担因为不太精确的事实所带来的风险也是合理的。最后,在“终止父母关系”的程序中和在“确认父母关系”的程序中双方所承担的风险也是大不相同的。严格的证据标准可以使“亲生父母在终止父母权的诉控中不再处于‘双重危险’的地位”,也可以保护父母和孩子免受家庭分离的痛苦。而且就算父母达到获得父母身份的法律条件,也不能阻止政府以后就终止父母身份再次起诉。但确定父母身份的案件则恰恰相反,此类案件在法院作出判决时就会结案,没有重复诉讼的可能存在。根据以上三点,联邦最高法院终审维持了宾夕法尼亚州高等法院的判决。

案例出处:《大法官的智慧Ⅱ:美国经典司法判例精选88例》。

(金　星)

雷蒙德遗腹子争夺继承权案(Estate of Raymond Lukas v. American National Bank and Trust Co.,1987)

1983年2月11日,老雷蒙德·卢卡斯在一次工作中意外死亡,没有留下任何遗嘱。他生前已与妻子玛利·卢卡斯离婚,他们的儿子雷蒙德·约翰·卢卡斯由他抚养。同年11月18日,遗嘱检验法庭宣布约翰为死者的唯一继承人,并于12月22日委托美国国家银行和芝加哥信托公司管理死者的不动产。同一天,未成年的雷蒙德·爱德华·卢卡斯通过他的母亲卡伦·迈胡向库克郡巡回法院提出诉求,要求修改对已故的老雷蒙德不动产继承案的判决。卡伦·迈胡称从1982年12月22日直到老雷蒙德去世,她都与其同居,1983年10月24日爱德华出世。因此卡伦·迈胡请求遗嘱检验法庭修改继承权判决,确认爱德华的遗产继承权。

卡伦在请求修改继承权的听证会上举出相关证据来说明自己与雷蒙德的同居关系，此外，原告和被告还就血液测试出具了专家证词。原告出具的专家证词之一是由一名流行病学副教授作出的，她的结论是，根据 HAL 数据，死者是孩子父亲的可能性是 98.9%；另一位专家马克·杰贝尔博士则作证说根据 GLO 数据，死者是孩子父亲的概率是 97.36%。而作为被告的专家证人，微生物学博士托马斯·辛克莱虽然同意 HAL 和 GLO 遗传标志的存在，但强调不能将其作为决定父亲身份概率的唯一遗传标准。因为 HAL 的概率数字可以通过人工的方式得到，此外也不能确定 GLO 和 HAL 两者是否协调。他认为如果死者真的是孩子的父亲，就必须有重合的现象存在。但他说重合的出现率只有 0.8%。从这个角度考虑，死者不是孩子父亲的可能性是 99.2%。

库克郡巡回法院认为没有清楚而令人信服的证据可以证明爱德华是死者的儿子，于是否认了原告的请求。卡伦又向伊利诺伊州法院提起上诉。她的第一个理由是库克郡巡回法院的法官对她适用了比 1975 年遗嘱检验法令更严格的证据标准；第二个理由是认为自己请的专家资质高于被告，因此法官应优先考虑她的专家证词。但伊利诺伊州法院驳回了她的观点，首先，因为死者生前未经任何法律程序裁决他与爱德华有父子关系，所以原告必须给出"清楚而令人信服的证据"以证明死者的父亲身份。其次，专家证词被法院采用与否的依据不在于专家本人的资质，而在于其作为证人的可信度。由于专家证词都不能证明老雷蒙德一定是爱德华的父亲，所以只有审理此案的法官才能作出最终判断。基于此，伊利诺伊州法院维持了原判。

案例出处：《大法官的智慧Ⅱ：美国经典司法判例精选 88 例》。

（金　星）

有关孩子 M. 的问题（In the Matter of Baby M.，1988）

1985 年 2 月 5 日，理查德·怀特海、玛丽·贝丝·怀特海夫妇与威廉·斯特恩在诺尔·基恩的纽约不育中心签署协议：理查德同意将斯特恩的精子注入妻子玛丽的子宫中，孩子出生后理查德让出自己的监护权和父亲权利，玛丽也同意不与孩子存在"母子关系"，斯特恩则同意支付 1 万美元给怀特海夫妇。此外，斯特恩还支付给诺尔·基恩 1 万美元，由他安排双方签订协议。1986 年 3 月 27 日，孩子出生。玛丽将其带回家并给她取名为萨莎·伊拉莎白·怀特海，同时拒绝领取斯特恩的 1 万美元。复活节当天，斯特恩夫妇将婴儿抱回自己家，并给她取名为梅丽莎·伊丽莎白·斯特恩。玛丽告诉斯特恩夫妇，称其永远不会放弃她的女儿。于是，斯特恩夫妇请了律师盖里·斯科洛夫来保护他们在协议中的权利。1987 年 1 月 5 日，审判开始，法庭指定一名代表保护"孩子 M."（梅丽莎）的权益。法庭授予斯特恩夫妇临时监护权，并下令禁止玛丽给婴儿哺乳，但她可以进行短暂且受到监督的探视。孩子 M. 的代表洛林·阿布拉汉主张斯特恩夫妇应该保有对孩子 M. 的监护权，玛丽不应前往探视。玛丽的律师哈洛德·卡西迪则认为法庭的裁决就是允许富人剥削穷人，因为富人们可以花钱让穷人替他们生儿育女。3 月 31 日，法庭作出判决：终止被告玛丽的母亲权利，斯特恩正式成为梅丽莎·斯特恩的父亲。伊丽莎白·斯特恩则将孩子 M. 收养为女儿。但在 1988 年 2 月 2 日，新泽西州高等法院部分推翻了这项判决。它恢复了玛丽的母亲权利，取消了伊丽莎白·斯特恩的收养权，但赋予威廉·斯特恩对婴儿的监护权。

案例出处：《开庭：改变人类进程的 115 件世纪大案》。

（金　星）

对奥利佛·诺斯的审判(Oliver North Trial,1989)

1985年,美国政府决定向伊朗出售武器,以此为条件来解救被扣押在伊朗的美国人质。但这笔武器最后却被送给了尼加拉瓜的反政府游击队。1986年,交易被曝光,美国政府召开听证会进行调查。奥利弗·诺斯当时是海军陆战队的中校,他同意作证以换取豁免。但大陪审团指控他在调查委员会作了虚假陈述,因此构成阻碍司法。此外,他还被怀疑从武器交易中获取回扣。1989年2月21日,该案开庭审理。首席检察官约翰·柯克尔指控诺斯销毁了文件,并修改了电脑中他所知道的对伊朗反政府组织进行调查的至关重要的记录。而诺斯的辩护律师苏利文则辩护说,他从未违反过法律,他的行为都是被命令去做的。控方又询问了诺斯有关由他开出的30万美元旅行支票的事,在柯克尔的交叉询问下,他最后认罪了。诺斯最终被判处罚款15万美元、两年缓刑考验和1200小时的社区服务。1990年6月20日,美国上诉法院推翻了对诺斯的判决,认为对诺斯不利的证据是在他受豁免的情况下获得的。虽然根据豁免原则使诺斯免遭惩罚,但对于他的行为是否有罪却仍未定案。

案例出处:《开庭:改变人类进程的115件世纪大案》。

(金　星)

马塞尔离婚分割退役养老金案(Gerald E. Mansell v. Gayle M. Mansell,1989)

杰拉德·E.马塞尔与凯勒·M.马塞尔在婚后的第23年离婚。凯勒是退伍军人,按规定可以获得一笔空军退役养老金和残疾福利金,且残疾福利金可以抵销部分退役养老金以增加税后收入。分割财产时,杰拉德要求凯勒支付50%的退役养老金和残疾福利金抵销额。双方产生争议诉到法院,初审法院和郡高级法院都认同了杰拉德的请求。于是凯勒向加州上诉法院提起上诉,理由是《前配偶保护条款》和老兵伤残福利保证条款都不认为退役养老金中被残疾福利金抵销的部分为夫妻共同财产。上诉法院依据"凯萨斯案"驳回了上诉,凯勒最后诉至联邦最高法院。联邦最高法院认为,联邦法律曾经禁止把退役养老金作为夫妻共同财产,这是为了保护军队服役人员的利益。《前配偶保护条款》明确规定:"法院既可以把可支配的养老金作为退役军人的个人财产,也可以把它作为军人与其配偶的共同财产。"但条文对"可支配的养老金"作了明确界定,其并不包含被残疾福利金抵销的部分。所以,州法院无权把全部退役养老金(包括被残疾福利金抵销的部分)作为夫妻共同财产。据此,联邦最高法院推翻了加州上诉法院的判决,将案件发回重审。

案例出处:《大法官的智慧Ⅱ:美国经典司法判例精选88例》。

(金　星)

迈克尔·H.请求父亲权案(Michael H. v. Gerald D. ,1989)

1976年5月9日,卡罗莉·D.与杰罗尔德·D.结婚并定居在加利福尼亚。婚姻存续期间,卡罗莉与邻居迈克尔·H.通奸,次年生下一女取名维多利亚,卡罗莉告诉迈克尔孩子是他的。其后杰罗尔德去纽约做生意,卡罗莉和迈克尔去医院给维多利亚做亲子鉴定,结果表明迈克尔与维多利亚有98.07%的可能性是父女关系。其间,卡罗莉带着维多利亚与迈克尔短暂生活了一段时间,但最后还是回到了丈夫杰罗尔德的身边。迈克尔在1982年请求加利福尼亚高等法院判给他对维多利亚的父亲权和探视权。法院初审判决,迈克尔在请求诉讼期间享有探视权。但作为孩子名义上合法父亲的杰罗尔德请求即席判决,因为根据加利福尼亚州证据法第621条规定:“妻子与丈夫(非性无能或者非不能生育)生活期间所生子女被推定是属于该夫妇所有。而这个推定不能被血型来否定,除非在孩子出生的两年内丈夫提出要与孩子进行血型鉴定,或者亲生父亲书面承认了父亲身份,或者妻子提出了验血的要求。”高等法院于是即席判决,驳回了迈克尔的诉讼主张。迈克尔提起上诉,认为加州高等法院从实体和程序上侵犯了他的合法权利。但法院认为,从实体上调查一个在家庭中受孕并出生在一个家庭的孩子的身份是毫无意义的,这会破坏家庭的完整性并侵犯一个合法家庭的隐私权。从程序上看,根据加州的法律规定,一个家庭中的丈夫已合法证明了他享有的父亲权,就根本不用让第三者证明他是不是孩子的亲生父亲。所以,法院适用的程序是合法的。在此期间,维多利亚也上诉,希望确认她与迈克尔的合法关系。但法院认为,从保护孩子的最大利益出发,法律已经赋予了维多利亚合法出生的身份,因此她没权利主张自己是非法出生的。基于此,法院驳回了她的诉讼主张。此案的审判不仅要考虑传统家庭对子女身份的承认,也要考虑承认第三者权利的后果。法院最终从理性与公正的角度出发,不给维多利亚质疑自己身份的权利,而是直接认定合法。

案例出处:《大法官的智慧Ⅱ:美国经典司法判例精选88例》。

（金　星）

得克萨斯州诉约翰逊案(Texas v. Johnson,1989)

1984年8月,美国共和党在达拉斯举行全国大会。革命共产主义青年旅的成员格里高利·李·约翰逊为了对里根总统的一些政策和总部设立在达拉斯的一些大公司表示抗议,带领其成员举行了游行示威活动。当示威者来到达拉斯市政厅门口时,格里高利焚烧了国旗。警方很快逮捕了他,并指控其违反得克萨斯州有关禁止“亵渎受崇敬物体”的法律规定。审判开始后,多名目击证人出庭作证,明确表示焚烧国旗是对他们情感的严重冒犯。最后法庭作出判决:格里高利罪名成立,判处其有期徒刑一年并罚款2000美元。格里高利上诉到得克萨斯州第五上诉法院,但仍然败诉。随后,他又向得克萨斯州刑事上诉法院上诉,结果胜诉。法院认为,格里高利的行为是一种象征性的言论,因此受到联邦《宪法第一修正案》的保护,得克萨斯州的法律不能对其进行惩罚。1989年,得克萨斯州政府向联邦最高法院提起上诉,经过审理,最高法院以5:4的票数维持了得克萨斯州刑事上诉法院的判决结果。

案例出处:《美国宪政历程:影响美国的25个司法大案》。

（金　星）

约西亚虐待儿童案(Joshua Deshaney v. Winnebago County Depy. of Social Services,1989)

约西亚·迪沙利于1979年出生在怀俄明州,1980年其父母离婚,他的父亲兰迪·迪沙利获得了对他的监护权,并带着他搬到了威斯康星州温内贝戈县定居。此后兰迪精神上出了问题,并将约西亚作为自己的发泄对象。1982年1月,温内贝戈法院得知约西亚被他父亲虐待,这一事实也得到了兰迪第二任妻子的证实。当温内贝戈县社会工作部的工作人员找兰迪查证时,他予以否认,因此社会工作部与法院都未继续追究此事。一年后,约西亚又被送进医院。经过检查,医生怀疑约西亚受到了虐待,于是立即通知了温内贝戈县的社会工作部。社会工作部接到通知后及时采取行动,把约西亚暂时交给医院监护,并制定了一些保护约西亚免受虐待的措施,包括与兰迪签订合作协议,为兰迪提供心理咨询服务等。在采取了这一系列措施后,法庭撤销了案件,将约西亚重新交还他的父亲监护。此后,约西亚仍旧受到其父亲的虐待,但社会工作部的工作人员并没有采取进一步行动,而只做了简要记录。1984 年 3 月,约西亚因父亲的暴打再度昏迷入院,医生诊断其由于脑外伤导致脑部大面积出血,此后只能在医院里度过。约西亚及其母亲向威斯康星州东区法院提起诉讼,控告温内贝戈县及其社会服务部侵犯了约西亚的权利,剥夺了约西亚的自由。虽然本案初审、上诉审以及联邦最高法院的终审都裁定被告无罪,但在社会上引起了很大争议,而且联邦最高法院也有三位大法官以书面形式对该案判决提出了异议。他们之所以反对终审法院的判决,是因为他们认为被告有责任采取有效措施保护约西亚·迪沙利免受其父亲的虐待。在三位提出异议的大法官看来,在约西亚受到虐待之初,被告所采取的保护措施远远不够,因此才使约西亚后来受到更严重的伤害。而被告却没有因此受到法律的制裁,这是对约西亚的不公。但法院则认为,温内贝戈县以及其社会服务部工作人员在履行公务时所要考虑的不仅有约西亚的权利,同时还要考虑其父亲的权利。虽然最后的事实是大家都不愿看到的,但公务员们已经依其职责采取了一系列的措施。没有人会愿意让州及其政府官员过多地干涉自己的私人生活,因此,不能因为约西亚案而赋予州及其政府官员以这种权利。

案例出处:《大法官的智慧Ⅰ:美国经典司法判例精选 88 例》。

（金 星）

蒂美丝生母请求退还领养孩子案(In Re Timothy W. ,1990)

1989 年 5 月 25 日,15 岁的爱丽萨在圣地亚哥生下儿子蒂美丝。由于孩子出生前她曾与一家机构商议把孩子交给住在沃伦奇郡的 S 夫妇抚养,所以蒂美丝出生后就被交给 S 夫妇照管。同年 6 月 7 日,S 夫妇向法院请求领养这个孩子。州社会服务部的社工于 10 月 17 日交给法院的一份报告称,8 月 16 日爱丽萨与其母亲谈话时对把孩子交出去领养的事犹豫不决,之所以交出孩子是迫于压力。爱丽萨的母亲也告诉社工,说爱丽萨很想要回孩子。几周以后,爱丽萨通知州社会服务部的社工,说她打算要回孩子并签署拒绝领养表。她还写信给沃伦奇郡的法院,说不愿意把孩子交给领养人。11 月 27 日,S 夫妇请求法院取消爱丽萨的父母权,他们认为根据法律蒂美丝已被遗弃,法院支持了这一请求。爱丽萨于是上诉到加利福尼亚州法院,请求对方归还孩子。州法院查明,爱丽萨曾与 S 夫妇签署一份社会服务部的“未成年人健康报告表”,该表格上印有重要声明,即该表既不是拒绝也不是同意领养。因此,生父母在正式签署同意领养协议前有权利要回孩子。依照法律规定,孩子的生父母只需填一份“拒绝领养表”就可以要回孩子。但是,如果生父母在社会服务部或公共领养机构代表在场的情况下签署了“同意领养”协议,其要毁约就必须经过法院批准。基于此,加利福尼亚州法院的终审判决推翻了原判。

案例出处:《大法官的智慧Ⅱ:美国经典司法判例精选 88 例》。

（金 星）

南茜·克鲁塞“植物人”案(Nancy Cruzan v. Director, Missouri Dept. of Health,1990)

南茜·克鲁塞因车祸成了植物人,靠机器维持生命。其父母向法院请求撤除她的人工给养，初审法院查证南茜25岁时曾向一位朋友表示：如果自己生病或受伤到连“半正常”的程度都不能达到，那她宁愿结束自己的生命。法院由此推断南茜本人会同意终止人工维持其生命，因此允许了其父母的请求。但密苏里州高等法院认为，根据《密苏里州生存意愿法》，公民有权拒绝治疗，但须经其本人书面同意。法院还认为，南茜曾向其朋友提起的生死愿望这一事实“不能作为可以代表她选择的可靠依据”，“也不足以支持监护人的请求，因为他们不能代表南茜本人的判断”。法院最后还指出，“关于生和死的更宽泛的政策问题应该由议会而不是司法机关来讨论决定”，“在没有得到确切的证据之前，任何人不能假定当事人会放弃自己的生命”。基于此，密苏里州高等法院否决了初审法院的判决。南茜父母继续上诉，联邦最高法院也认为初审法院仅以南茜以往聊天内容为依据不足以认定其本人同意放弃治疗。所以，联邦最高法院最终也维持了密苏里州高等法院的判决。

案例出处：《大法官的智慧Ⅱ：美国经典司法判例精选88例》。

（金　星）

《纽约客》“知识舞男”诽谤案（Masson v. New Yorker Magazine，1991）

原告杰夫里 · 梅森1970年就职于加拿大多伦多大学，从事梵语和印度研究，1978年获得心理分析师资格。1980年，西格蒙德 · 弗洛伊德档案馆馆长埃斯勒尔和弗洛伊德的女儿安娜 · 弗洛伊德聘用杰夫里为弗洛伊德档案馆的项目主任。由于杰夫里不认同弗洛伊德的理论，并在一次演讲中提出自己的理论，不久即被免去该项目主任的职务。被告詹尼特 · 马尔柯姆是《纽约客》杂志的撰稿人。她与杰夫里联系后写了一篇关于原告与档案馆关系的文章。文中大段引用了原告和埃斯勒尔等人的谈话。在文章编辑过程中，杂志社审校部向原告核实过该文的主要事实，原告称其存在大量错误。但《纽约客》还是于1983年12月刊出了文章，1984年，在明知原告认为文章存在大量诽谤性内容的情况下，阿尔弗雷德 · A. 克诺夫出版公司仍将该文章出版。

原告以诽谤罪提起诉讼，因为会谈录音表明书中的很多内容和原告的谈话不一致。被告抗辩说，有些讨论是在散步或是在录音设备没有工作的情况下进行的，但原告否认与被告在上述情形下谈过与文章有关的实质性内容。上诉法院认为：任何对引言的改动都是错误的。但根据职业需要，作家和记者通过对受访者的说话进行必要的变动，可以消除语法和结构上的不妥之处，所以必要的改动以纠正语法和句型上的错误，不能证明作者怀有真实恶意。原告认为，被告在明知原告没有说过引言内容的情况下发表了该引言，这充分证明其有真实恶意。但上诉法院采用了一种更为宽松的原则，即引言内容的轻微不实并不构成虚假引言，只有使读者的理解与真实语表达的意思不同时，引言才被认为是虚假的。终审法院最后认为：虽然根据《宪法第一修正案》，原告需要有确切的证据证明作者有真实的恶意并进行了诽谤性描述，但真实的恶意并不只是从主观判断，而是要从客观上理性分析并加以证实的。本案中，被告的文章中用引号标注文字就是向读者说明，该段文字是一字不漏地重现了说话者所说的内容，而不是作者的解释或其他说明。引言使作者的文章更具有权威性与可信性。作者如果使用了虚假的引言，则会导致读者对说话者的意思或态度做出错误的理解，并因此引起对原告的伤害。终审法院还认为，引言的意义就是在告诉我们，我们正在阅读原告而不是被告对原告所说所想做出的解释。如果对引言按照合理解释的标准进行解释，就等于让记者能够随意把话填进受访者嘴里。这样就会使铅印的文字变得非常不可信,同时让读者无法知道引言的真实意思。所以上诉法院采用的“合理解释”不能作为判断引言是否虚假的标准。终审法院最终认为,关于“知识舞男”的引言是否构成诽谤,应由加利福尼亚州的法律来判定,上诉法院根据《宪法第一修正案》来判决是错误的。

案例出处:《大法官的智慧Ⅱ:美国经典司法判例精选 88 例》。

(金　星)

德波娜诉医院擅自处理死者角膜案(Deborah S. Brotherton v. Frank P. Cleveland,1991)

1988 年,德波娜·S. 布拉热顿的丈夫斯蒂文·布拉热顿在自己的汽车里被发现停止呼吸,送到俄亥俄州辛辛那提市伯士达北方医院时确认已经死亡。德波娜拒绝捐赠其丈夫的遗体给医院,但因办案需要,尸体被解剖。之后斯蒂文的眼角膜被取走,而德波娜在看到尸检报告后才知道这一事实。虽然俄亥俄州法律规定“尸检员在不知道死者、死者配偶、近亲属、监护人或有权处理尸体的其他人反对的情况下,可以不经同意取走死者眼角膜”,但德波娜认为医院取走其丈夫眼角膜的行为违反了程序公正和平等保护条款,因此向医院请求赔偿。在卡利案中,法院认为“死者的亲属有权因为死者的安宁受到打扰而请求赔偿”。在伊弗曼案中,法院认为“配偶或其他家庭成员有对死者进行祭奠和举行葬礼的权利,但这并不意味着一个人可以对别人(无论活着或死去的人)的身体拥有财产权”。因此,依照俄亥俄州的遗体捐赠法案,德波娜对其丈夫的遗体有处置权,她可以因为丈夫的遗体受到打扰而请求赔偿。如今,英美多数法院都已承认死者亲属为安葬或其他合法目的,对死者尸体有“准财产权”。

案例出处:《大法官的智慧Ⅱ:美国经典司法判例精选 88 例》。

(金　星)

对诺列加的审判(Manrel Noriega Trial,1991 –1992)

1988 年 12 月 20 日 0 时 45 分,2.5 万名美国海军陆战队攻入巴拿马,逮捕了诺列加将军。诺列加当时是巴拿马的独裁者,同时也是一个重大毒品走私犯。美国认为他打通了可卡因进入美国的安全渠道,因此将他押往迈阿密,并准备对其提起运输毒品罪的指控。1991 年 9 月 6 日,诺列加曾在美国法庭接受审判。在简要介绍了他的个人经历之后,检察官开始询问证人,诺列加的亲密助手陆军中校德尔·茨德,德尔透露诺列加曾接受贿赂和洗钱。诺列加的私人飞机飞行员弗洛伊德·卡尔顿作证说,哥伦比亚毒品走私团伙麦德林集团通过他接触诺列加,并希望通过诺列加将哥伦比亚的可卡因运输到美国。为了实现这一目的,其每年给诺列加 500 万美元的贿赂。麦德林集团的成员勒代尔·里瓦斯证实诺列加向麦德林集团提供了一条可以使卡洛因运往美国的通道,麦德林集团则答应每通过巴拿马运送 1 公斤可卡因,给诺列加 1000 美元,同时还给他来自毒品交易的 5% 的利润。在整个审判过程中,诺列加始终保持沉默,没有作自我辩护。1992 年 4 月 9 日,法庭判决诺列加对 8 项指控负有罪责,对于另外两项则不负责任。两个月后,判处诺列加 40 年监禁。这次审判因第一次使外国政府前首脑在美国法庭接受刑事指控而著称于世。

案例出处:《开庭:改变人类进程的 115 件世纪大案》。

(金　星)

约翰逊康桥公司歧视妇女案(International Union, Uaw v. Johnson Controls, Inc. 1991)

约翰逊康桥公司是一家电池制造商,因为制造电池的主要原料铅会损害孕妇和胎儿的健康,所以该公司规定不得调动、提升怀孕或者有怀孕能力的妇女从事与铅有接触的工作。这里,"有怀孕能力的妇女"是指所有妇女,除非有医院证明其无怀孕能力。该公司的这一规定被原告认为是一种性别歧视,违反了人权法案。初审法院认同相当一部分专家的意见,即尽管铅的含量不足以对成人造成损害,但可能会对胎儿造成损害。因此,如果起诉人没有更好的办法来保护胎儿,那么约翰逊康桥的这个保护胎儿的政策就是必要的。后来的上诉法院第七巡回法庭也认同这一判决。

但联邦最高法院认为,约翰逊康桥公司之所以成为被告,是由于其存在基于性别歧视的胎儿保护政策。该政策认定只有男性雇员才有权利选择是否愿意承担风险从事这一工作,这明显构成性别歧视。因为有证据证明接触铅对男性生殖也有微弱影响,但公司的政策却只针对了女雇员。联邦最高法院认为,《人权法案》第7条的"性别歧视"包括了因为怀孕和生育的歧视。其次,联邦最高法院认为,除非被告能举证其胎儿保护政策中的"性别"属于"职业资格",否则公司不能实施这一性别歧视政策。被告辩称胎儿保护政策涉及人身安全,因此其不应受到"职业资格"的审查。但联邦最高法院认为,保护孩子是一种正确的人道关怀,但这一关怀并不能阻止其进行"职业资格"审查。因此,联邦最高法院最终推翻上诉法院判决,驳回原判并发回重审。

案例出处:《大法官的智慧Ⅱ:美国经典司法判例精选88例》。

(金　星)

凯赛堕胎案(Planned Parenthood of Southeastern Pa. v. Casey, 1992)

1973年,美国联邦最高法院曾对著名的罗伊案作了终审判决,认定得克萨斯州堕胎法中关于"凡实施堕胎均属犯罪,除非为了挽救母亲生命有医生建议堕胎"的规定不符合美国《宪法第九修正案》。该判决作出以来,联邦政府一直要求推翻它,并在法案中推出了一些与该判决相违背的条款。1982年的"宾夕法尼亚州控制堕胎法案"规定:打算堕胎的妇女在实施堕胎之前必须得到许可;已婚妇女打算堕胎的,必须声明她已经告诉其丈夫自己想要堕胎的想法。如遇"医疗急救"情况,则可以不遵守如上要求。在该法案实施之前的1992年,凯赛向法院提起诉讼,请求法院禁止这些法案中有关限制妇女堕胎条款的实施。州政府限制妇女堕胎的出发点是保护胎儿的人权,而凯赛的立场则是维护自己的堕胎权,这二者是否矛盾,成为法院裁判的焦点。因此,该案的审理焦点也就落在了能否推翻罗伊案的判决上:如果肯定罗伊案,那凯赛的诉讼请求就能得到法院的支持;如果推翻罗伊案的判决,那政府法案中的上述条款就无须禁止。本案经历了初审、上诉审以及联邦最高法院的终审,其中初审法院判决凯赛胜诉,上诉法院却认可了该法案的各项条款,但终审法院重新维持了罗伊案,认定该法案的各项条款违宪。联邦最高法院在审理这个案件的时候,首先对什么时候能算作"生命"进行了法律上的定义,即未出生者不被看作整体意义上的"人"。通过这种界定,州政府的立场便不再有任何意义,妇女们的堕胎权可以受到法律的保护。对于宾夕法尼亚的法案中关于妇女堕胎应事先告知自己丈夫的规定,联邦最高法院认为,如果妇女决定堕胎必须告知丈夫,这极可能使她们不能堕胎。因此,该法律规定实际上是对想要堕胎妇女的一种潜在威胁,它必将影响妇女的堕胎自主决策权。宾州政府认为这类妇女可能只占1%,因此主张不能认定法案无效。但联邦最高法院认为法律不仅要保护大多数人的利益,而且要尽可能地保障每个人的利益,所以宾州政府忽视一部分妇女利益的要求被终审法院否定,即州对潜在生命的保护不能超越个体自由。

案例出处:《大法官的智慧Ⅰ:美国经典司法判例精选88例》。

(金　星)

对洛杉矶警官案的审判(Los Angeles Police Officers' Trial,1992 -1993)

1991年3月3日凌晨,数十名洛杉矶警察全速追击,拦截非洲裔美国人罗德尼·金驾驶的汽车。警方称,由于罗德尼·金拒绝交出车辆并进行激烈反抗,警方只得使用电棍才制服他。但居住在附近的一位居民拍下的视频显示,警察使用暴力强行逮捕了金,并用电棍将他击倒。在这个过程中,金并没有进行任何反抗。案件因为罗德尼·金的非洲裔美国人身份而在当地引起巨大反响,由此,西奥多·J.布里希诺、斯坦西·C.库恩、劳伦斯·M.鲍威尔和蒂莫西·E.温德4名警察被指控使用武力过当并提交虚假报告。在一审中,检方向陪审团提供了81秒的逮捕视频,还有几位在场的目击证人出庭作证。警官的律师辩护说,警方已经认定金当时正受到PCP(一种能使人变得非常危险的药物)作用的支配,而金也承认他在那天夜里喝了酒。针对81秒逮捕视频的指证,律师辩护说,警方的目的只是将这个人制服并监禁起来。最后,陪审团一致同意了律师的辩护。1992年4月29日,法院宣布只确认对鲍威尔的一项指控,对被告的所有其他指控都不成立。判决作出后,许多黑人走上街头表达对该判决的强烈不满。抗议最后演变成暴力冲突,并造成58人死亡。局势迫使美国政府对4名警官提出公诉,指控他们侵犯了人权。1993年4月17日,陪审团作出了最终裁决,库恩和鲍威尔被判处30个月监禁,布里希诺和温德则无罪。

案例出处:《开庭:改变人类进程的115件世纪大案》《美国宪政历程:影响美国的25个司法大案》。

(金　星)

伊文思政府官员勒索案(Evans v. United States,1992)

1985年3月至1986年10月,联邦调查局对亚特兰大地区的腐败问题特别是涉及地产重新划分的问题进行调查。FBI的考曼尼探员佯装地产开发商,主动与佐治亚州德卡布郡委员会的官员伊文思进行了多次通话和当面接触,且多数进行了录音或录像。谈话中,考曼尼希望伊文思帮助他划到25英亩土地作为居住用地。1986年7月25日,考曼尼送给他7000美元现金和一张1000美元的支票帮助其竞选。伊文思填写了州竞选账务公开表,并对1000美元的支票进行了申报,但没有提及7000美元的现金,也未将7000美元现金申报进其1986年的联邦个人收入并进行纳税。初审过程中,陪审团认为,申诉人(伊文思)明知该现金的目的是确保送现金之人在重新划分土地中获利,并在游说其他委员会成员以帮助其获利的情况下接受了这笔现金。因此,陪审团认定他犯有勒索罪和不实申报收入罪。上诉法院与终审法院都维持了对申诉人的有罪判决。法院的判决理由认为:在普通法中,勒索罪是指政府官员"以职务之便"收取不属于自己工作报酬的金钱,但政府官员的要求或强令并非构成该犯罪的要素。因此,伊文思的行为明显构成此罪。

案例出处:《大法官的智慧Ⅰ:美国经典司法判例精选88例》。

（金　星）

朱利耶·L.离婚夫妻冷冻胚胎归属案(Junior L. Davis v. Mary S. Davis,1992)

朱利耶·L.戴维斯和妻子玛丽·S.戴维斯结婚后因玛丽不能生育,决定采用人工授精的方式生育孩子,并委托诺克思威利人工授精诊所帮助培植胚胎。后来朱利耶提出离婚,二人因7个冷冻胚胎的归属问题发生争议并诉至法院。初审法院认为,从卵子受精起胚胎就可以认定是"人类",因此这些可能培育成"孩子"的胚胎的监护权应给予玛丽,并准许她通过将受精卵植入体内怀孕的形式把它们带走。但上诉法院认为这些冷冻胚胎应归双方共有,由此驳回案件并指令双方对胚胎应"共同决定,并平等享有处置权"。

此后双方当事人离婚并分别再婚,玛丽打算将冷冻胚胎捐献出去,但朱利耶坚决反对,于是再起纠纷。由于夫妇二人拟订人工授精计划时并没有明确约定如何处理冷冻胚胎,且当时也无相关法律规定和先例作为参考,所以初审法院认为可以授予胚胎与人相同的合法地位和独立于母体的相关权利,但上诉法院却把"联合监护权"授予了戴维斯夫妇两人。终审法院则采取折中说,认为胚胎既不是人也不是财产,只是因为它们有变成人的可能性而暂时给予其特殊的尊重和保护。此外,法院还需要判断因为不允许有生殖自由的权利而可能给双方当事人带来的负担和相应的责任问题。最后,终审法院的裁决支持了上诉法院的判决。

案例出处:《大法官的智慧Ⅱ:美国经典司法判例精选88例》。

（金　星）

对马库斯·沃尔夫的审判(Markns Worf Trials,1993－1997)

马库斯·沃尔夫是东德情报机构"外国情报局"(HVA)的负责人,他曾成功地将间谍安插在西德政府之中。沃尔夫被逮捕后,1993年5月4日,杜塞尔多夫高等法院正式开始审理此案。联邦政府对沃尔夫的指控是其犯有叛国罪,因为其间谍活动严重威胁到西德的安全。检方对他最重要的指控是,沃尔夫在19世纪70年代将他的得力助手冈特·圭劳姆安插在当时西德政府总理维利·勃兰特身边,这直接导致勃兰特在公众知道真相之后引咎辞职。在庭审过程中,沃尔夫辩护说:"我到底是背叛了哪个国家?如果我背叛了我的祖国,我愿意接受最严厉的惩罚。可我是因为背叛了别的国家而有罪。"民众认为,他的行为并不能与出卖自己祖国的行为相提并论,这一观点甚至得到了庭审法官克劳斯·瓦格纳的支持。1995年5月23日,德国宪法法院裁定:对来自东德的、曾对西德进行间谍活动的人进行指控是不合法的。然而面对宪法法院的撤销令,政府却拒绝让步。1997年1月7日,沃尔夫再次被政府起诉,这次又多了一项绑架罪。1997年5月27日,法院最终裁决判处马库斯·沃尔夫2年监禁和3万美元罚款。对沃尔夫的审判究竟是正义的彰显抑或仅仅是复仇,人们观点并不一致。

案例出处:《开庭:改变人类进程的115件世纪大案》。

（金　星）

萨拉请求无意伤害赔偿案(William E. Twyman v. Sheila K. Twyman,1993)

萨拉和威廉于1969年结婚,1985年萨拉向初审法院提出离婚请求。随后又在离婚申请中增加了对情感伤害的赔偿请求,称威廉曾有意且粗暴地试图与她进行不正常性行为。初审法院判决二人离婚,并对夫妻共同财产进行了分割;此外,法院判决孩子的抚养权归萨拉,威廉负责支付抚养费,同时支付萨拉1.5万美元的精神损害赔偿金。威廉提起上诉,认为根据夫妻间的侵权豁免原则,萨拉无权对无意的感情伤害请求赔偿。但上诉法院维持了原判。对于有意的感情伤害是否为侵权,上诉法院采纳了"侵权契约"进行说明。根据该原则,有意的情感伤害的因素包括:(1)行为人的行为是有意的且不顾后果的;(2)行为是残忍且极端的;(3)行为导致了原告精神极度痛苦。行为人必须对这些残忍行为负责,因为该行为的残忍程度超出了人的尊严所能承受的限度。得克萨斯州高等法院则认为无意识的感情伤害不属于侵权,因此不能针对无意识的感情伤害提起诉讼,据此法院将此案驳回重审。

案例出处:《大法官的智慧Ⅱ:美国经典司法判例精选88例》。

(金　星)

尼克松主审法官弹劾案(Nixon v. United States,1993)

本案中的尼克松曾经是密西西比法院的法官,他因两次在联邦大陪审团面前作伪证而入狱。众议院将相关情况报给参议院后,参议院随即启动了第十一号弹劾条令。在收集证据并举行听证会后,参议院最后投票并以超过2/3多数肯定了尼克松的伪证罪名,同时撤销其法官职务。尼克松认为参议院的弹劾令侵犯了《宪法》"审判弹劾法案"第1款,该款规定"参议院有单独的权力审理所有的弹劾案。他们应该宣誓做真实的陈述;当审理美国总统弹劾案时,首席大法官必须主持审理;没有2/3的成员同意,任何人不得被宣布有罪"。他认为宪法并没有让所有参议员参加证据听证会,于是他向法院提起诉讼。地方法院判定他的请求不属于法院审理范围,上诉法院和最高法院均维持原判。每个案件在受理之前,法院首先要确定其可诉性,这是诉讼的基本要求。美国联邦最高法院认为,不可诉讼的案件通常是指"不能通过法院解决的争端",包括"有书面原文的、可证明的、符合宪法的授权给同级政府行政机构解决的争端;或者在司法上还没有一个实在又便于操作的审判标准的争端"。本案中,原告尼克松认为参议院不能不经过法院审核而认定他有罪并撤销其职位。因此,法院在确定本案是否可诉的时候,其焦点便集中在参议院是否有弹劾权上面。尼克松认为,"审判弹劾条款"第1款中"审理"指的是通过司法程序进行判决。因此,只有在法院审核了参议院是否有权利"审理"他之后,他才可以被宣判有罪。而法院认为,"审理"在这里是广义使用的,因此并没有对参议院行使弹劾权予以限制。据此,参议院的弹劾权并没有违反宪法。此外,尼克松还认为对于弹劾案,除了参议院之外,法院也应该有权审理。法院则认为,审理弹劾案恰恰没有选择司法机关。其原因在于:首先,立法者考虑到被弹劾的个人极有可能会受到两套程序的审判,即弹劾审判和单独的刑事审判。因此,立法者严格区分这两套程序的管辖范围是为了避免产生偏见以确保判决的独立性。其次,司法机关的参与有违立法者的意图。因为根据宪法,弹劾是立法机关对司法机关的唯一监督方式。如果司法机关本身涉入弹劾程序,就会破坏对司法机关的监督。对于尼克松所主张的参议院对"弹劾审判条款"解释权的不可审核性可能导致参议院篡夺司法权力的观点,法院认为,立法者已经采取了两项监督措施:把弹劾权分为两个部分并分别授予两个立法机构行使,即众议院有指控权,参议院有判决权;以及必须有2/3的多数投票同意才能生效。这些措施保证了弹劾的公正性。

案例出处:《大法官的智慧Ⅰ:美国经典司法判例精选88例》。

（金　星）

琼斯诉克林顿和弗古逊案(Jones v. Clinton and Ferguson,1994－1997)

1991年5月8日,堪萨斯州州长比尔·克林顿将在小石城的艾克赛尔旅馆给工业发展委员会作一次演讲,该委员会24岁的职员葆拉·卡宾·琼斯也在其中。负责州长安全事务的骑警丹尼·弗古逊将琼斯带到克林顿的房间,声称克林顿想要见她。1994年琼斯提起诉讼,声称克林顿在会面中对她进行了性侵犯。1996年5月28日,以罗伯特·贝内特为首的总统律师向最高法院提起上诉,要求法院延期审理此案,声称继续审理案件将会损害国家利益。6月25日,最高法院宣布推迟审理克林顿上诉案。1997年1月13日,贝内特又向联邦最高法院提出,主张总统处理工作的能力要比公民要求伸张正义重要得多,但安东尼·斯卡利亚法官否定了他的这种总统私人生活中的法律行为受宪法保护的论调。6月3日,最高法院以9票对0票的结果决定:在总统在职的情况下,琼斯的案子可以继续审理。

案例出处:《开庭:改变人类进程的115件世纪大案》。

（金　星）

对辛普森案的审判(O. J. Simpson Trial,1995)

1994年6月12日午夜,O. J. 辛普森的前妻尼科尔·布朗·辛普森和她的朋友罗纳德·L. 戈德曼的尸体被发现躺在洛杉矶布伦特树林街区尼科尔家门口的人行道上。凶杀案发生后,洛杉矶警察局的菲利普·旺内特尔、汤姆·兰奇和马克·福尔曼立刻前往辛普森的住宅。在敲门无人应答的情况下,他们强行进入了房间。进屋时,福尔曼检查了停在旁边的一辆福特野马车,发现车里有血迹。进屋后,辛普森的大女儿阿内利亚告诉警察,她的父亲坐夜间航班去了芝加哥。她还告诉警察,大约晚上10时40分,她听见屋里有巨大的响声。福尔曼搜查房间时发现了带有血迹的黑色皮手套,这和凶案现场的另一只手套相配。第二天辛普森回家后,警方对他进行了询问,发现他的左手受伤包扎。警方对辛普森的血液进行了采样检测后,宣布他是嫌疑人。1995年1月24日,案件开始审理。案件的主审法官是兰斯·A. 伊藤,控方代表是地区检察官玛西娅·克拉克及其助手克里斯托弗·达丹,辛普森的辩护律师则是著名的美国白人律师罗伯特·L. 夏皮罗和非裔律师约翰尼·科奇兰。审判开始后,克拉克和达丹拿出两项证据:一个是在辛普森住宅发现的血手套,另一个则是辛普森虐打妻子的记录。被告的辩护律师则认为洛杉矶警方在整个调查中程序不合法。1995年6月6日,控方又提交了58名目击证人的证词和488件证物。而辩护律师则打起种族牌。他们拿出了福尔曼在几年前做过的一次访谈节目的录像带,他在谈话中多次使用了"黑鬼"一词。而在此前的询问中,他说他从未这样称呼过黑人,辩方由此指控他犯了伪证罪。1995年10月2日,陪审团判决辛普森无罪。审判虽然结束了,但争议依然存在。白人认为辛普森逃脱了谋杀案的指控,而非裔美国人却认为辛普森击败了不公正的司法制度。

案例出处:《开庭:改变人类进程的115件世纪大案》《美国宪政历程:影响美国的25个司法大案》。

（金　星）

对卢泰愚和全斗焕的审判(Roh Tae - woo and Chun Doo - Hwan Trial,1995 - 1996)

1995 年 10 月 19 日,韩国反对派政治家在国会指控前总统卢泰愚在 1988 年至 1993 年任职期间,接受了来自三星和大宇在内的一些大企业高达 4.92 亿韩元的政治献金。卢泰愚承认了这一指控,并愿意承担全部责任。此外,他还面临由军事政变导致暴乱的指控。因为发生于 1979 年的军事政变,造成了至少 200 多名民主抗议者被杀害的"光州惨案"。1996 年 3 月 11 日,对卢泰愚的第二次审判与对全斗焕的审判一同进行,与他们一起受审的是 14 名与一系列军事政变紧密相关的退役将军。虽然两人都声称如果不进行军事管制,国家就会陷入极端混乱状态,但法庭仍然判处全斗焕死刑,判处卢泰愚则为 22 年零 6 个月的监禁,同时两人被判令支付 4 亿韩元的罚金。13 名前将军则根据其在政变和"光州惨案"中的不同角色,而分别被判处 4—10 年的有期徒刑,只有 1 人被判无罪开释。

案例出处:《开庭:改变人类进程的 115 件世纪大案》。

(金　星)

"宝马"北美公司售卖瑕疵汽车案(Bmw of North American, Inc. v. Gore,1996)

1990 年 1 月,艾拉·戈尔医生花 40,750 美元向亚拉巴马州伯明翰市的宝马车商买了一辆黑色的宝马跑车。戈尔驾驶了近九个月,一直没有发现该车有任何瑕疵。他为了让车显得更酷就将其送到维修商处,维修商却告诉他该车重新上漆。后来证实,该车在从德国到美国的运输过程中曾受到酸雨腐蚀,所以售前宝马公司对腐蚀处重新上漆。戈尔感到自己被欺骗,于是起诉到州法院。审理过程中,宝马公司指出,公司在 1983 年就对生产或运输过程中车辆受损问题有了全球通用的规定:"如果维修破损的费用超过汽车零售价的 3%,并在公司存放了一定时间,就按二手车的价格卖掉;如果维修破损的费用没有超过 3%,就可以按新车的价格卖掉,且可以不告诉零售商该车有过维修。"戈尔的车花费约 600 美元的维修费用,只是该车零售价的 1.5%,所以宝马公司没有把相关情况告知伯明翰市的代理商。戈尔则认为重新上漆的车与新车的价值并不相等,他提供的证据是一位前宝马公司零售商的证词,根据该证词,重新上漆的宝马车价格要比全新的宝马车低 10%,在本案中即 4000 美元。戈尔还证明,1983 年以来,宝马公司共将 983 辆重新整修过的车当作新车出售,其中在亚拉巴马州售出 14 辆。由于每辆车的实际赔偿金额大约为 4000 美元,所以宝马公司总共应支付大约 400 万美元的赔偿金。宝马公司认为其没有义务告知顾客新车受到轻微损伤及整修的情况,并且在很多州宝马公司的这种不告知政策是受法律保护的。在美国的联邦体系中,各州可以根据案件的特殊性来决定惩罚性赔偿的数额,只有各州的惩罚性赔偿被认为"极度过度"时,才涉嫌违反了《宪法第十四修正案》的程序公正条款。各州不可对仅违反本州法律,在其他州却并不违法的行为进行处罚,此外对违法者的经济处罚必须有利于保护顾客及维护州自身的经济利益。本案中,宝马公司没有告知的行为并没有对亚拉巴马州及其居民产生任何影响,且该行为在其他州是合法的。因此,亚拉巴马州法院驳回了当事人的起诉。

案例出处:《大法官的智慧 Ⅰ:美国经典司法判例精选 88 例》。

(金　星)

弗吉尼亚军事学院拒收女生案(Unied States v. Virginia,1996)

弗吉尼亚研究院(VMI)是弗吉尼亚州一所培养“士兵公民”的公立培训学校,并长期受到政府资助。尽管该学校并没有明确拒绝招收女生,但弗吉尼亚州仍然选择将VMI的招生名额都给了男生,这使女生完全失去了到VMI接受教育的机会。1990年,一个想申请进入VMI的高中女生对该研究院提出指控,认为VMI只招收男生的入学政策违反了宪法的平等保护条款。本案的初审判决认为VMI没有违反宪法,上诉法院则推翻了地区法院的判决并给了州政府一个选择题:VMI允许女生入学;或者VMI放弃州政府的资助,像私立教育机构一样自由决定入学政策。该判决下达以后,弗吉尼亚州专门设置了一个只招收妇女的机构——弗吉尼亚州妇女领导人培训学院(VWIM)。该学院设在玛丽伯德文大学,这是一个由州政府资助的为期4年的大学教育项目。妇女领导人培训学院主要招收25—30岁的学员。虽然它与VMI的目的一样,也是旨在培养“士兵公民”,但两者在教学内容、教学方法以及教学经费来源上都不尽相同。原告不服上诉法院的判决结果,继续上诉到联邦最高法院,最高法院的终审判决推翻了地区法院和上诉法院的判决,认定VWIM并不能代替VMI。联邦最高法院认为,无论是谁都不能把“先天差异”的假设作为种族歧视的基础,性别差异更不该被用来作为妇女在法律、社会和经济上长期处于劣势的理由。而且事实上,弗吉尼亚州的VMI培训方法并不是不适用于所有女性,有一部分女性是可以出色地完成任务的。正是为了保护这部分妇女的合法权益,联邦最高法院出于对男女受教育权平等保护的考虑,推翻了上诉法院的判决。

案例出处:《大法官的智慧Ⅰ:美国经典司法判例精选88例》。

(金　星)

劳尔心脏起搏器失败索赔案(Medtronic, Inc. v. Lohr,1996)

劳拉·劳尔于1987年将米蒂特罗尼克公司的4011型起搏器植入自己的心脏,但三年后起搏器停止运作,致使她大面积心肌梗死。劳尔的医生解释说,起搏器停止运作可能由起搏器铅体的小缺陷导致。于是劳尔起诉米蒂特罗尼克公司,认为被告违背了佛罗里达州法律规定的合理谨慎义务,在起搏器铅体中使用有缺陷的原料,且被告明知起搏器有缺陷却仍在患者身上使用,故应负严格赔偿责任。而被告米蒂特罗尼克公司则认为国会颁布的《食品和药物法》优先于佛罗里达州的法律,据此请求法院驳回原告的诉讼请求。

为了保护民众健康,美国国会于1906年颁布《食品和药物法》。但该法要求仅对上市的新药进行审核,对新医疗设备并没有规定。1976年颁布的《医疗设备修正条款》对新上市的医疗设备规定了严格的审核标准。但该法有两个例外,一是在1976年以前进入市场的医疗设备是不用进行审核的;二是与老设备实质相同的新设备也不需要经过审核。本案中的心脏起搏器,就是与1976年以前的老设备实质相同而被批准上市的,因此无须通过严格的审核程序。在联邦体系中,国会制定的法律并不当然优先于各州法律。在国会立法与州立法同时存在时,应优先适用哪一法律,国会制定该法律的意图是决定因素。因为国会制定《食品和药物法》的意图是“为人们提供安全有效的医疗设备”,其意图并非优先于州法律。所以在本案中,《食品和药物法》并不是优先适用的法律规范。本案中,原告根据佛罗里达州的法律向被告请求赔偿,其依据的是医疗设备制造商应合理谨慎地避免其产品存在可预见的危险。而要求其负严格赔偿责任,则是因为被告有责任提醒使用者和购买者,其生产的医疗设备在使用过程中可能出现的风险。所以,被告认为国会的《食品和药物法》优先于州法律的主张不能成立。

案例出处:《大法官的智慧Ⅱ:美国经典司法判例精选88例》。

(金 星)

对蒂莫西·麦克维的审判(Timothy McVeigh Trial,1997)

1995年4月19日上午,一辆满载4000磅爆炸物的租用卡车在俄克拉何马城的阿尔弗雷德·P.莫海政府大楼门外爆炸,导致168人死亡数百人受伤。爆炸发生后很短时间,警方对事件的调查就取得了突破,27岁的退伍军人蒂莫西·麦克维因与租用爆炸卡车的人相貌相符而成为爆炸案的嫌犯。同日,麦克维的战友特瑞·尼科尔斯在堪萨斯州的家中向警方投降。随后,警方在尼科尔斯家中搜查并获得了足够的证据,可以对他们就俄克拉何马城的爆炸案进行指控。麦克维于1997年3月31日接受审判,据麦克维交代,他实施爆炸主要是因为他认为政府应当对1993年发生在得克萨斯州的韦科事件所引发的75人死亡负责。因此,他选择了报复。陪审团经过4天的讨论,认定蒂莫西·麦克维应对所有的指控负有罪责,并判处他死刑。

案例出处:《开庭:改变人类进程的115件世纪大案》。

(金 星)

死亡的权利——安乐死案(Right to Die,1997)

1996年10月1日,美国联邦最高法院同意重审纽约和华盛顿两个州的法院判决。在纽约州的"瓦库诉奎尔"案中,三名医生代表他们的三个病人被纽约州的首席检察官丹尼斯·C.瓦库起诉。这三个病人都长期患病,他们都希望医生能给自己开一些致命的药物让他们死亡。3名医生也说,医疗准则允许医生给病人开出致命药物的处方以协助他们死亡。而华盛顿州法院也在审判类似的案子"华盛顿诉拉克斯伯格"案。最后,这两个州的法院都判决,禁止医生协助病人自杀的法律是不符合宪法的,尤其违反了《宪法第十四修正案》中的人权保护条例。在联邦最高法院辩论开始前,法官安东尼·斯嘉利认为公民显然没有死亡的权利。而华盛顿州的助理首席检察官强调"州方应着力划清作为病人治疗者的医生与作为病人死亡工具的医生之间的界限"。1976年6月26日,联邦最高法院以9:0的票数作出裁决,驳回了"根据宪法医生助人自杀为犯罪"的判定。

案例出处:《开庭:改变人类进程的115件世纪大案》。

(金 星)

巴嘉卡吉安携带巨额现金出国被扣案(United States v. Bajakajian,1998)

1994年7月9日,巴嘉卡与妻子及两个女儿在洛杉矶国际机场准备登机,经意大利飞往塞浦路斯。海关在巴嘉卡已通过安检的行李中发现了大额美元现金,海关人员要求巴嘉卡夫妇申报其托运行李及随身携带的包裹中超过1万美元部分的现金。巴嘉卡说他有8000美元,他妻子有7000美元,除此之外没有需要申报的现金。海关人员对其托运行李和包裹进行搜查,结果发现其中有357,144美元的现金。于是现金被查封,巴嘉卡也被羁押。在初审过程中,地区法院最初认为这357,144美元涉嫌违法,应予没收。但随后法院发现,这些钱与其他犯罪无关,被告运走它们是为了偿还一笔合法债务。法院还发现,被告没有申报这些钱,是因为他作为在叙利亚长大的亚美利亚裔少数族裔,对政府极度缺乏信任。因此,法院最后判决没收现金15,000美元,判处被告3年缓刑及罚金5000美元。美国政府提出上诉,要求对被告携带的现金全额没收,但上诉法院维持了原判。在终审判决中,法院也维持了上诉法院的判决。法院判决理由认为:根据《宪法第八修正案》规定,既不要求有过度保释金,也不允许施加过度罚金,或者过分严酷和超乎寻常的惩戒金。没收属于罚金的一种,因此当指控并判定某人蓄意违反申报条例的时候,宪法允许法院把没收款作为一种额外制裁。但如果惩戒性没收与被告的犯罪行为严重不成比例,该惩戒性没收就违反了过度罚金条款。本案中,法院把被告的犯罪行为与美国政府欲没收的357,144美元进行对比后,认为这样的没收与其犯罪程度严重不成比例。这些高于5000美元的罚款与政府所受到的损害之间没有任何联系。基于此,终审法院维持了原判。

案例出处:《大法官的智慧Ⅰ:美国经典司法判例精选88例》。

（金　星）

布罗根不实陈述有罪案(Brogan v. United States,1998)

1987年至1988年布罗根任工会官员期间,从JRD房地产管理公司收受一笔现金。1993年10月4日,美国劳工部和国内税务局调查JRD和有关涉案人员,希望布罗根能配合调查。调查官员告诉布罗根,如果他愿意配合就应该请一名律师;如果他请不起,官方可以替他安排一名。调查官员问布罗根,在任工会官员期间是否从JRD收受过任何现金或礼品,布罗根回答“没有”。调查官员警告他,在调查过程中对联邦官员撒谎属犯罪行为,但布罗根没有改变他的回答。其后调查官员对JRD的调查却显示了和布罗根的回答相反的结论。初审判决认定布罗根及其他几个共同被告有罪,上诉法院维持原判,终审判决则维持了上诉法院的判决。本案的问题是,不实陈述的有罪判决是否有例外。《刑法》规定:“任何人在面对美国政府各部门的司法调查时蓄意造假、隐瞒、掩盖或歪曲任何事实;制造任何不实的虚假性或欺诈性陈述;制造或使用明知包含不实的虚构性或欺诈性陈述的任何书面文件或记录,须给予不超过10000美元的罚款,或判处5年以下有期徒刑,或二者并罚。”但布罗根主张,只有那些“破坏政府调查功能”的陈述才构成犯罪,他把自己的行为看作“自我无罪辩护”,因此不属于该法律条文中的“不实陈述”,因此不应受到惩罚。法院认为,对违法行为进行调查是政府的一项正当职能,其目的在于揭露真相,而任何对该调查的不实陈述都会破坏这项功能。布罗根请求运用“自我无罪辩护”原则的第二个理由是《宪法第五修正案》。对此,法院认为,《宪法第五修正案》无论从文本还是精神上都没有授予公民撒谎的权利。基于如上理由,法院维持了原判。

案例出处:《大法官的智慧Ⅰ:美国经典司法判例精选88例》。

（金　星）

德沙尔中途释放嫌犯致死案(Deuser v. Vecera,1998)

1986年7月3日到6日,一场名为“蒙面先知”的展览会在密苏里州圣路易斯市的杰弗逊国家拓展纪念广场举行,公园巡逻队负责维持园内秩序。7月4日晚,巡逻队队员戴维·威瑟拉和爱德华·布里斯基发现名叫拉利·德沙尔的男子抓扯一位妇女的屁股,其行为引起了受害人及围观者的不满。巡逻队员立即对他提出警告,但德沙尔仍然为所欲为甚至当众撒尿,于是巡逻队员逮捕了他并决定将他送到圣路易斯警察局。由于展览会当天警察局人满为患,所以巡逻员和圣路易斯警局又释放了德沙尔。德沙尔获释后自己闲逛,不幸在州际高速公路上被汽车撞死。对他体内的酒精浓度测试显示为高于中毒的法定限度。事后,德沙尔的家属以公园巡逻队队员疏忽致人死亡为由向法院提起诉讼,要求市政和联邦官员进行赔偿。初审法官判决撤销该诉讼,德沙尔家属不服并提起上诉,但法院仍维持了原判。其判决理由认为:联邦侵权索赔条令允许因任何美国联邦雇员在其被雇佣期间的疏忽或错误行为引起的财产损失、人身伤害或死亡向联邦政府提起诉讼。但该规定并非没有例外,与本案有关的就是可自由选择行为的例外。它从法律上使政府免于承担因联邦官员或政府雇员的自由选择行为或责任造成的民事索赔。而判断自由选择行为的例外是否适用于本案,则需要查实:(1)巡逻员对德沙尔采取的行为是否为可自由选择行为。如果巡逻员在释放德沙尔时有别的途径可以选择,就不存在任何可受保护的自由选择行为例外。(2)巡逻队员决定终止对德沙尔的逮捕,是否为可以得到保护的自由选择行为。法院认为巡逻员的处置方式在以上两点上均符合条件,因此判令撤销诉讼。

案例出处:《大法官的智慧Ⅰ:美国经典司法判例精选88例》。

(金　星)

条 目 索 引

（以拼音为序）

D

J

K

X